Chile
& Osterinsel

Norte Grande S. 149

Osterinsel (Rapa Nui) S. 427

Norte Chico S. 205

Zentralchile S. 89

⭐ **Santiago** S. 44

Sur Chico S. 235

Chiloé S. 298

Nordpatagonien S. 320

Südpatagonien S. 358

Tierra del Fuego (Feuerland) S. 404

Carolyn McCarthy,
Greg Benchwick, Jean-Bernard Carillet, Kevin Raub, Lucas Vidgen

REISEPLANUNG

Willkommen in Chile	6
Karte	8
Chiles Top 20	10
Gut zu wissen	20
Wie wär's mit	22
Monat für Monat	25
Reiserouten	28
Outdooraktivitäten	33
Reisen mit Kindern	38
Chile im Überblick	40

REISEZIELE IN CHILE

SANTIAGO 44
Geschichte 45
Sehenswertes 45
Aktivitäten 59
Kurse 61
Geführte Touren 61
Feste & Events 63
Schlafen 63
Essen 68
Ausgehen & Nachtleben .. 72
Unterhaltung 74
Shoppen 76
Rund um Santiago 81
Pomaire 81
Maipo-Tal 82
Cajón del Maipo 84
Skigebiete 87

ZENTRALCHILE 89
Valparaíso & die Zentralküste 92
Valparaíso 92
Viña del Mar 104
Casablanca-Tal 110
Quintay 111
Isla Negra 111
Parque Nacional La Campana 111
Aconcagua-Tal 112
Los Andes 112

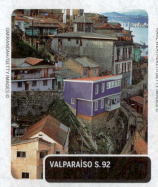
VALPARAÍSO S. 92

RÍO FUTALEUFÚ S. 330

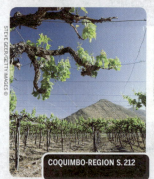
COQUIMBO-REGION S. 212

EL-TATIO-GEYSIRE S. 169

Inhalt

Portillo 114	Los Angeles 135	Reserva Nacional Los Flamencos 167
Südliches Binnenland . . . 114	Parque Nacional Laguna del Laja 140	El-Tatio-Geysire 169
Colchagua-Tal 115	Angol 141	Calama 170
Pichilemu 119	Parque Nacional Nahuelbuta 142	Chuquicamata 172
Curicó 121	**Archipiélago Juan Fernández 142**	Antofagasta 173
Reserva Nacional Radal Siete Tazas 122	San Juan Bautista 145	Iquique 176
Maule-Tal 123	Parque Nacional Archipiélago Juan Fernández 147	Östlich von Iquique 185
Reserva Nacional Altos de Lircay 126		Pisagua 187
Chillán 127		Arica 188
Termas de Chillán & Valle Las Trancas 130	**NORTE GRANDE 149**	Azapa-Tal 196
Küstenorte 131	San Pedro de Atacama 153	Ruta 11 197
Concepción 132		Putre 199
Salto del Laja 135		Parque Nacional Lauca 202

PARQUE NACIONAL TORRES DEL PAINE S. 379

REISEZIELE IN CHILE

NORTE CHICO.....205
La Serena..............207
Elqui-Tal 216
Reserva Nacional
Pingüino de
Humboldt 223
Huasco-Tal............224
Parque Nacional
Llanos de Challe........226
Copiapó 226
Parque Nacional
Nevado Tres Cruces.....229
Ojos del Salado.........229
Caldera................230
Bahía Inglesa 231
Parque Nacional
Pan de Azúcar..........233

SUR CHICO 235
La Araucanía 239
Temuco 239
Parque Nacional
Conguillío..............242
Curacautín.............244
Reserva Nacional
Malalcahuello-Nalcas ...245
Melipeuco 246
Villarrica................247
Pucón 250
Parque Nacional
Villarrica..............257
Río-Liucura-Tal 259
Parque Nacional
Huerquehue 260
Curarrehue 261
Los Ríos 262
Valdivia................262
Das Seengebiet.......268
Osorno 268
Parque Nacional
Puyehue 271
Puerto Varas 273

Ensenada..............283
Parque Nacional
Vicente Pérez
Rosales................284
Cochamó 286
Cochamó-Tal 288
Río Puelo 289
Río-Puelo-Tal..........289
Puerto Montt..........290

CHILOÉ........... 298
Ancud.................300
Monumento
Natural Islotes
de Puñihuil 304
Quemchi 305
Isla Mechuque 305
Dalcahue 307
Isla Quinchao 308
Castro.................309
Parque
Nacional Chiloé 316
Quellón................ 318

NORDPATAGONIEN 320
Hornopirén 321
Parque Nacional
Hornopirén 324

PORTILLO S. 114

Parque Pumalín 326
Chaitén.................328
Futaleufú 330
Palena 333
La Junta................333
Puyuhuapi 335
Termas de
Puyuhuapi 336
Parque Nacional
Queulat 337
Coyhaique 338
Reserva Nacional
Coyhaique 343
Reserva Nacional
Río Simpson 343
Monumento Natural
Dos Lagunas 344
Parque Nacional
Laguna San Rafael......344
Reserva Nacional
Cerro Castillo 345
Villa Cerro Castillo......345
Puerto Ingeniero
Ibáñez.................345
Chile Chico 346
Reserva Nacional
Jeinimeni..............348
Puerto Río Tranquilo 348
Cruce el Maitén 349
Puerto Guadal.........349

Inhalt

ISLA MAGDALENA S. 337

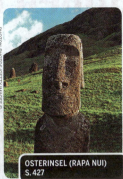

OSTERINSEL (RAPA NUI) S. 427

Puerto Bertrand & der Río Baker 350
Valle Chacabuco (Parque Nacional Patagonia).............. 351
Cochrane 352
Reserva Nacional Tamango 354
Caleta Tortel 354
Villa O'Higgins 356

SÜDPATAGONIEN . . 358

Magallanes 360
Punta Arenas 360
Última Esperanza 371
Puerto Natales 371
Cueva del Milodón 378
Parque Nacional Bernardo O'Higgins 379
Parque Nacional Torres del Paine 379
Argentinisches Patagonien 389
El Calafate.............389
Perito Moreno & Parque Nacional Los Glaciares (Südteil)................ 394
El Chaltén & Parque Nacional Los Glaciares (Nordteil)...............395

TIERRA DEL FUEGO (FEUERLAND).....404

Tierra del Fuego (Chile). 405
Porvenir 408
Parque Nacional Yendegaia 410
Isla Navarino........... 411
Cabo de Hornos & umliegende Inseln 415
Tierra del Fuego (Argentinien). 415
Ushuaia 416
Parque Nacional Tierra del Fuego 424
Tolhuin 425
Río Grande............426

OSTERINSEL (RAPA NUI) 427

Hanga Roa............428
Parque Nacional Rapa Nui 437
Rapa Nui verstehen..............439
Praktische Informationen.......... 441

CHILE VERSTEHEN

Chile aktuell 444
Geschichte............ 446
Leben in Chile......... 461
Chilenischer Wein..... 464
Literatur & Kino 468
Natur & Umwelt 472
Nationalparks......... 478

PRAKTISCHE INFORMATIONEN

Allgemeine Informationen......... 482
Verkehrsmittel & -wege 493
Sprache 502
Register 511
Kartenlegende 521

SPECIALS

Outdooraktivitäten 33
Argentinisches Patagonien 389
Tierra del Fuego (Argentinien) 415
Chilenischer Wein .. 464

Willkommen in Chile

Chiles kolossale Natur ist erstaunlich einfach zu bereisen, wenn man sich Zeit nimmt.

Land der Extreme

Das unheimlich schmale und lange Land erstreckt sich von der Mitte bis zum Fuße Südamerikas, von den trockensten Wüsten der Welt bis zu riesigen Gletscherfeldern im Süden. Auf 4300 km finden sich ausgedörrte Dünen, fruchtbare Täler, Vulkane, Primärwälder, massive Gletscher sowie Fjorde und jedes Detail ist faszinierend. Besucher sind verblüfft, dass die Natur über so lange Zeit intakt bleiben konnte. Vermutlich wird der Mensch diese Schätze bald gefährden, doch für den Moment wartet Chile mit einigen der unberührtesten Regionen der Welt auf, und man sollte sie sich nicht entgehen lassen.

Langsame Abenteuer

Für Abenteurer ist in Chile der Weg das Ziel. Eine Radtour über die grobkörnige Carretera Austral kann auf einer Fähre enden, die man sich mit Geländewagen und Ochsenkarren teilt, und eine falsche Abzweigung führt vielleicht zu einem paradiesischen Obstgarten. Schnell übernimmt der Zufall das Steuer und man sollte offen für eine spontane Änderung des Reiseplans sein. Die Einheimischen haben es nie eilig, und vielleicht sollten Besucher es ihnen gleichtun. „Wer sich beeilt, verschwendet seine Zeit", sagt ein patagonisches Sprichwort, das auch das perfekte Mantra der Traveller sein könnte.

Weinkultur

Ehe Wein ein Exportgut des Luxussektors wurde, stand auf jedem chilenischen Tisch ein schlichtes Weinfass und die Großeltern kümmerten sich um die kleinen Weingärten hinterm Haus. Heute ist Chile ein weltweit beliebter Weinproduzent, dessen vollmundige Rotweine, frische Weißweine und blumige Rosés selbst anspruchsvolle Gaumen zufriedenstellen. Daheim zelebrieren die Chilenen dagegen *la buena mesa*. Dabei geht es nicht darum, schick zu sein, sondern um gutes Essen, nette Gesellschaft, entspannte Gespräche und die Blicke, die sich beim Anstoßen begegnen. *Salud!*

La Buena Onda

Chiles enge Grenzen schaffen Vertrautheit. Das von den Anden und dem Pazifik umrahmte Land ist nur 175 km breit und so verwundert es nicht, dass einem immer wieder dieselben Leute begegnen. Wer sich nicht abhetzt, fühlt sich schnell zu Hause, denn hier wird Gastfreundschaft großgeschrieben und die *buena onda* (gute Stimmung) sorgt für Herzlichkeit. In Patagonien trifft man sich gern zu einer Runde *maté*-Tee: Das Ritual der Entspannung und Freundschaftspflege – ein selbstverständlicher Teil der chilenischen Kultur – lädt zum Bleiben und Kontakteknüpfen ein.

Parque Nacional Torres del Paine (S. 379)

Warum ich Chile liebe

Von Carolyn McCarthy, Autorin

Seit meiner Zeit als Wanderführerin in Chile habe ich jedes Jahr etwas Zeit im Seengebiet von Sur Chico verbracht. Chiles Natur ist einfach perfekt – die gewaltige, verworrene Wildnis ist in vielen Ecken von Menschenhand immer noch unberührt. Je mehr ich reise, desto mehr wird mir klar, wie rar solche Orte auf unserem Planeten geworden sind, dabei brauchen wir sie so dringend. Abgesehen vom materiellen Wert ihrer Ressourcen bedeutet diese Wildnis für mich vor allem Nahrung für die Seele.

Mehr über unsere Autoren siehe S. 522.

Chiles
Top 20

Parque Nacional Torres del Paine

1 Ein Ausflug in die Natur tut immer gut, also sollte man seinen Wanderrucksack schnappen und sich durch windige Steppen sowie verschlungene Wälder zu diesen heiligen Granitbergen aufmachen. Die Torres del Paine sind die Hauptattraktion des Parks (S. 379), doch die weite Wildnis hält noch viel mehr bereit. Besucher können zum Grey-Gletscher wandern, das idyllische Hinterland entdecken, den Río Serrano mit dem Kajak erkunden oder den Ausblick vom Paso John Gardner auf das südliche Gletscherfeld genießen.

Großstadtkultur

2 Santiago (S. 44) ist das kulturelle und intellektuelle Zentrum Chiles. In Pablo Nerudas Haus La Chascona können Besucher auf dessen poetischen Spuren wandeln. Es ist der Geliebten des Surrealisten mit dem wilden Haar gewidmet, die seine dritte Frau werden sollte. Massentaugliche Museen wie das Museo Nacional de Bellas Artes und das Museo de Arte Contemporáneo lohnen einen Besuch, bevor man sich an die unkonventionellen Alternativszenen in den Barrios Brasil, Lastarria und Bellas Artes wagt. *La Chascona* (S. 54)

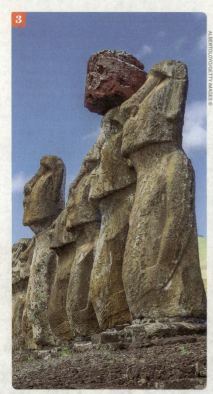

Moai

3 Zweifellos sind die geheimnisvollen *moai* (Statuen) das prägendste Element der Osterinsel (Rapa Nui; S. 427). Die massiven, auf Steinplattformen thronenden Figuren gleichen kolossalen Puppen auf einer übernatürlichen Bühne und verteilen sich über das gesamte Eiland. Sie haben eine mystische Ausstrahlung und stellen vermutlich Stammesvorfahren dar. Das größte Rätsel, nämlich wie die riesigen Statuen von ihrem Herstellungsort auf die Plattformen kamen, ist Gegenstand einer nicht enden wollenden Debatte.
Ahu Tongariki (S. 438)

Surfen an der Nordküste

4 Die Surfmekkas Iquique und Arica (S. 188) in Nordchile warten mit anspruchsvollen Tubes auf. Der konstante Wellengang und die perfekten Reefbreaks vor der verlassenen Küste locken das ganze Jahr über Besucher an. Besonders im Juli und August sorgen die gewaltigen hohlen Lefts für einen Ansturm an der Küste. Ins Gepäck gehören Surfschuhe und ein Neoprenanzug, denn die seichten Riffe sind voller Seeigel und der Humboldtstrom sorgt für niedrige Wassertemperaturen. Surfwelle in Iquique (S. 176)

Die Kirchen von Chiloé

5 Unabhängig davon, wie viele europäische Kathedralen, buddhistische Klöster oder islamische Moscheen man schon gesehen hat, die 16 Holzkirchen aus dem 17. und 18. Jh. – Chiloés Unesco-Weltkulturerbe (S. 310) – bieten einen unvergleichlichen Anblick. Die architektonischen Schätze warten mit einem Mix aus europäischen und indigenen Elementen sowie unkonventionellen Farben und Strukturen auf und wurden von jesuitischen Missionaren zur Bekehrung von Heiden errichtet. Ihr Überleben zeugt von der Unverwüstlichkeit der Chiloten.

Weinproben

6 Vollmundiger Cabernet und Carménère sind die typischen Rebsorten des Colchagua-Tals (S. 115), einem sonnenverwöhnten Stückchen Erde, das sich zu Chiles erster Adresse für Weinproben gemausert hat. Weinliebhaber und Gourmets werden die schicken Weingüter, Bistros und Luxusunterkünfte der Region lieben. Blumige Weißweine und massentaugliche Rotweine gibt es vor Santiagos Stadttoren in den riesigen Weingütern der Täler Casablanca und Maipo, danach locken weiter südlich ein paar schwere, aber unprätentiöse Varianten im Maule-Tal. Viña Las Niñas (S. 116)

Ausblick über das Valle de la Luna

7 Von einer gigantischen Düne aus lässt sich hervorragend die untergehende Sonne beobachten, die den Sand in vielerlei Schattierungen taucht und der Wüste vor der Kulisse ferner Vulkane und der gekräuselten Cordillera de la Sal ein surrealistisches Antlitz verleiht. Wenn im Valle de la Luna (S. 167) das Farbspektakel aus intensiven Lila-, Gold-, Rosa- und Gelbtönen beginnt, vergisst man schnell die Besuchermassen, die dieses Ereignis anzieht.

Elqui-Tal

8 Wer seine lyrische Ader entdecken möchte und die verstorbene Nobelpreisträgerin Gabriela Mistral bewundert, sollte ein paar träge Tage im Elqui-Tal (S. 216) verbringen. Dichtkunst, Pisco, hübsche Dörfer und sternenfunkelnde Nachthimmel prägen die wohltuende Region voller spiritueller Orte, ökologischer Gasthöfe, Aussichtspunkte und kleiner Destillerien. Hier hat man die Möglichkeit, sonnengegarte Gerichte und andine Fusionsküche mit Kräuteraromen zu kosten, Ballast abzuwerfen und in die Mystik des Tals einzutauchen. Montegrande (S. 220)

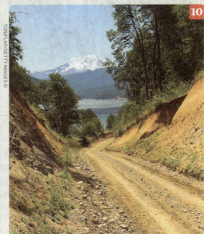

Skifahren in den Anden

9 Die chilenischen Anden bieten einige der besten Skihänge der südlichen Hemisphäre und des Pulverschneeuniversums. Steile Abfahrten, tolles Panorama, Whirlpool-Partys und jede Menge Après-Ski-Vergnügen warten in den Top-Resorts (S. 87) wie dem Allrounder Portillo, dem günstigen El Colorado und dem schicken La Parva. Das weitläufige Wintersportgebiet Valle Nevado umfasst 2800 ha und in den Termas de Chillán kann man seine müden Muskeln in Thermalbecken entspannen. Skiresort La Parva (S. 87)

Nationalparktrio von La Araucanía

10 Der Sur Chico (S. 235) umfasst sieben Nationalparks, darunter die Reserva Nacional Malalcahuello-Nalcas und der Parque Nacional Conguillío, deren dunkle Wüsten aus Vulkanausbrüchen hervorgegangen sind. Mit dem Parque Nacional Tolhuaca voller Araukarien und farbintensiver Lagunen bilden sie ein eindrucksvolles Trio, das die vielfältigen Reize dieser Gegend in sich vereint und über eine Ausgangsbasis an der Straße nach Longquimay gut zugänglich ist. Reserva Nacional Malalcahuello-Nalcas (S. 245)

Santiagos Essen & Nachtleben

11 Santiagos avantgardistische Restaurants (S. 68) kombinieren klassische Elemente mit innovativen Aromen und setzen so neue Maßstäbe in Sachen südamerikanische Fusionsküche. Neben Bistros in Bellavista locken charmante Straßencafés in Lastarria und Luxustempel in Las Condes. Außerdem versteht man es in dieser Stadt, die Nacht zum Tag zu machen: dafür sorgen laute Kneipen, pulsierende *discotecas*, mit Kerzen beleuchtete Poesiehäuser und das schier unendliche Angebot in Partyvierteln wie Bellavista, Bellas Artes und Lastarria.

Roadtrip auf der Carretera Austral

12 Die 1240 km lange Carretera Austral (S. 325) durch andines Hinterland mit Parks und Siedlerhöfen wartet mit unzähligen Abenteuern auf und ist der Traum eines jeden Wanderers. Die staubige Straße ins Nirgendwo wurde in den 1980er-Jahren unter Pinochet gebaut, um Chiles abgelegene Regionen mit dem Rest des Landes zu verbinden. Heute weist sie einen eher dürftigen Zustand auf. Wer genug Zeit hat, für den lohnen sich Umwege zu Gletschern, Küstendörfern und Bergorten.

Puerto Williams, der südlichste Punkt Amerikas

13 Die südlichste Ortschaft des amerikanischen Kontinents ist geprägt durch ihr raues Flair, abenteuerliche Seemannsgeschichten und jede Menge Wildnis. Teil des Reizes ist der Weg hierher über den Beagle-Kanal. Schon wenige Tage nach der Ankunft wird man in Puerto Williams (S. 411) mit Namen begrüßt. Abenteuerlustige können eine fünftägige Trekkingtour auf dem Dientes-de-Navarino-Rundweg durch raues, von steilen Gipfeln gesäumtes Hochland unternehmen.

Valle Chacabuco (Parque Nacional Patagonia)

14 Das auch Serengeti des Südkegels genannte Schutzgebiet (S. 351) ist die beste Adresse zur Beobachtung der patagonischen Tierwelt, denn die ehemals heruntergekommene Vieh- und Schaffarm wurde fachkundig in einen international bekannten Modellpark verwandelt. Hier locken Wanderwege zu türkisfarbenen Lagunen, hügeligen Steppen und Bergkämmen, zudem kann man an der Hauptstraße, die zur argentinischen Grenze nahe der Ruta 40 führt, zahlreiche Tiere entdecken.

El-Tatio-Geysire

15 In warmer Kleidung geht's frühmorgens bei eisigen Temperaturen auf eine Wandertour zu den gurgelnden Geysiren, zerklüfteten Kratern und gasspuckenden Fumarolen von El Tatio (S. 169). Das mit 4300 m über dem Meeresspiegel weltweit höchste Geysirfeld ist umgeben von spitzen Vulkanen und mächtigen Bergen. Während die Sonne über den umliegenden Kordilleren aufgeht und unvermutet in unwirkliche Rot-, Lila-, Grün- und Blautöne taucht, zischt und ächzt das gigantische Dampfbad und stößt weiße Dampfstrahlen aus.

Anakena-Strand

16 Wer von einem idyllischen weißen Strand träumt, hat wahrscheinlich Anakena (S. 438) vor Augen. Die größte und beliebteste Bucht der Osterinsel erstreckt sich über eine langgezogene Wölbung vor der glitzernden, türkisfarbenen See und hübschen Kokoshainen an der Nordküste. Darüber hinaus gibt's Imbisse, Picknickplätze und ein paar Anlagen. Das Besondere an Anakena sind die zwei bedeutenden archäologischen Stätten, die auch die Kulisse dominieren. Ein Traumstrand mit grandiosen *moai* – eindrucksvoller geht's nicht!

Región des los Lagos

17 Auch wenn es der Name vermuten lässt, besteht das Seengebiet (S. 268) nicht nur aus Binnengewässern. Türkisfarbene, blaue und grüne Gletscherseen prägen zwar die Landschaft, sind jedoch nicht die einzige Attraktion. Hoch aufragende, perfekt geformte Vulkane mit schneebedeckten Gipfeln, charmante Seedörfer wie Frutillar, grüne Nationalparks wie der Parque Nacional Huerquehue, jede Menge Outdooraktivitäten und eine einzigartige Latino-Kultur mit deutschen Einflüssen machen den malerischen Allrounder zu einem echten Highlight. Frutillar (S. 278)

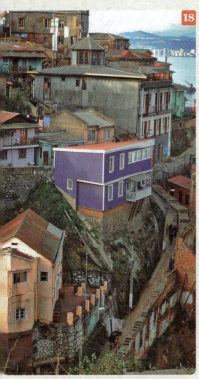

Die Hügel von Valparaíso

18 Generationen von Dichtern, Künstlern, Philosophen und singenden Hafenarbeitern wurden von den bunten *cerros* (Hügeln) in Valparaíso (S. 92) inspiriert. Ein Labyrinth aus verschlungenen Wegen führt zu eindrucksvoller Straßenkunst, tollen Aussichtspunkten und baufälligen Wellblechhütten – ein durch und durch kreativer Ort. Eine Renaissance bringt restaurierte Architektur, superschicke Boutique-Hotels mit Traumblick und erstklassige Restaurants in den Hafenort, dessen Seele dicht stehende Häuser, besondere Ausblicke, eine stete Brise und geschäftige Docks prägen.

Monumento Natural Los Pingüinos

19 Jedes Jahr versammeln sich 60 000 Magellanpinguinpärchen vor der Küste von Punta Arenas auf der Isla Magdalena (S. 337). Die Tiere watscheln umher, bewachen ihre Nester, füttern ihre flauschigen Riesenbabys und beäugen misstrauisch jeden Besucher. Vor Ort befindet sich ein historischer Leuchtturm, der in ein interessantes Besucherzentrum umgebaut wurde. Die Pinguine bewohnen die Insel zwischen Oktober und März.

Caleta Condor

20 Manchmal ist der Weg das Ziel, manchmal ist es andersherum. Auf die Caleta Condor (S. 270), ein abgeschiedenes Paradies an einem geschützten Abschnitt schwer zugänglicher indigener Küste, trifft beides zu. Nach einer Bootstour, Wanderung oder Jeepfahrt gibt der geschützte Valdivianische Regenwald den Weg zu einer traumhaft schönen Bucht an der Mündung des Río Cholcuaco frei. Der Strand, der Fluss und die fast verlassene Landschaft bilden zusammen eines der überraschendsten, inspirierendsten und abgeschiedensten tropischen Paradiese in ganz Chile.

Gut zu wissen

Weitere Informationen siehe S. 481

Währung
Chilenischer Peso (Ch$)

Sprache
Spanisch

Geld
Geldautomaten sind weit verbreitet, außer in Teilen der Carretera Austral. Luxushotels sowie einige Restaurants und Geschäfte akzeptieren Kreditkarten. Reiseschecks werden selten angenommen.

Visa
Nicht erforderlich für Aufenthalte bis zu 90 Tagen.

Handys
Günstige SIM-Karten gibt's fast überall. Man braucht ein Handy ohne Simlock und mit der GSM-Frequenz 850 oder 1900. In Städten hat man meist 3G-Empfang.

Zeit
Vier Stunden hinter der MEZ, während der Sommerzeit fünf Stunden hinter der MEZ. In Chile wird allerdings seit 2015 nicht mehr auf Sommerzeit umgestellt.

Reisezeit

- **Iquique** REISEZEIT ganzjährig
- **San Pedro de Atacama** REISEZEIT März–Dez.
- **Osterinsel** REISEZEIT Okt.–Juni
- **Santiago** REISEZEIT ganzjährig
- **Puerto Montt** REISEZEIT Nov.–März
- **Punta Arenas** REISEZEIT Nov.–April

Wüste, trockenes Klima
trockenes Klima
warme bis heiße Sommer, milde Winter
ganzjährig mild
kühles Klima

Hauptsaison (Nov.–Feb.)
➡ Patagonien ist zwischen Dezember und Februar am schönsten (und am teuersten)

➡ Die Strände sind von Ende Dezember bis Januar völlig überfüllt

Zwischensaison (Sept.–Nov. & März–Mai)
➡ Angenehme Temperaturen; toll für den Santiago-Besuch

➡ Das Seengebiet ist von September bis November schön, im April fällt im Süden Herbstlaub

➡ Im März werden im Weingebiet Trauben geerntet und Feste gefeiert.

Nachsaison (Juni–Aug.)
➡ Die beste Zeit für die Skiresorts ist von Juni bis August

➡ Jetzt lohnen sich Reisen in den Norden

➡ Auf der Carretera Austral ist wenig los und die Bergpässe können durch Schnee blockiert sein

➡ In den Winterferien (Juli) herrscht überall großer Andrang

Websites

Lonely Planet (www.lonelyplanet.com/chile) Wissenswertes, Neuigkeiten und Tipps.

Sernatur (www.chile.travel/de) Die Nationale Touristenorganisation, auf Spanisch, Englisch, Französisch und Deutsch.

Santiago Times (www.santiagotimes.cl) Englischsprachige Online-Zeitung für ganz Chile.

Chileinfo (www.chileinfo.de) Tourismusportal von Prochile Hamburg, der Wirtschaftsabteilung des chilenischen Generalkonsulates.

Go Chile (www.gochile.cl) Allgemeine Touristeninformationen.

Interpatagonia (www.interpatagonia.com) Attraktionen in Patagonien.

Wichtige Telefonnummern

Landesvorwahl für Chile	☏56
Internationale Vorwahl	Betreibernummer (drei Ziffern) + ☏0
Auskunft	☏103
Nationale Touristeninformation (in Santiago)	☏562-731-8310
Polizei	☏133

Wechselkurse

Eurozone	1 €	712 Ch$
Schweiz	1 SFr	676 Ch$
USA	1 US$	648 Ch$

Aktuelle Wechselkurse siehe www.xe.com

Tagesbudget

Günstig: Unter 65 000 Ch$

➡ Preisgünstige *hospedaje*-Zimmer/Schlafsaalbetten: 10 000 Ch$

➡ Abendessen im Budgetrestaurant: 5000 Ch$

➡ Mittagsmenüs und Fertiggerichte aus dem Supermarkt

➡ Kostenlose Attraktionen und Parks

Mittelteuer: 65 000–80 000 Ch$

➡ Doppelzimmer im Mittelklassehotel oder B&B: 50 000 Ch$

➡ Abendessen in besseren Restaurants: 8000 Ch$

➡ Mietwagen bekommt man ab 20 000 Ch$ pro Tag

Teuer: Mehr als 80 000 Ch$

➡ Doppelzimmer im Luxushotel: 80 000 Ch$

➡ Abendessen im gehobenen Lokal: 14 000 Ch$

➡ Ausstattung für Outdooraktivitäten

Öffnungszeiten

In diesem Buch nennen wir die Öffnungszeiten in der Hauptsaison. In vielen Provinz- und Kleinstädten sind Restaurants und andere Dienstleister sonntags nicht geöffnet und die Touristeninformationen schließen in der Nebensaison.

Banken Mo-Fr 9-14 Uhr, manchmal Sa 10-13 Uhr

Geschäfte 10-20 Uhr, einige schließen 13-15 Uhr

Museen Mo oft geschlossen

Regierungsbehörden & private Unternehmen Mo-Fr 9-18 Uhr

Restaurants 12-23 Uhr, viele schließen 16-19 Uhr

Ankunft in Chile

Aeropuerto Internacional Arturo Merino Benítez (Santiago; S. 493)

Minibus-Shuttle Häufige Verbindungen in Santiagos Zentrum (40 Min.); 6400 Ch$

Lokaler Bus 1 Std. bis ins Stadtzentrum, dann Umstieg in die Metro oder den Transantiago-Bus; nur für ganz Sparsame, 1600 Ch$

Taxi 16 000 Ch$

Unterwegs vor Ort

Chile lässt sich leicht bereisen, denn Busse und Flugzeuge verkehren hier häufig; wer sich jedoch abseits der ausgetretenen Pfade bewegen möchte, benötigt dafür ein Auto. Die Fahrer sind im Allgemeinen höflich und halten sich an die Verkehrsregeln. die Autobahnen sind häufig mautpflichtig.

Auto Wer ein eigenes Fahrzeug zur Verfügung hat, kann entlegene Regionen wie Patagonien besser erkunden.

Bus Das beste Verkehrsmittel, um in Chile zu reisen: schnell, mit häufigen Verbindungen, komfortabel, relativ günstig und bedient Städte im ganzen Land. Eignet sich aber weniger, um zu den Nationalparks zu kommen.

Flugzeug Lohnt sich, um auf langen Strecken Zeit zu sparen; in Chile gibt's günstige Tickets

Zug Begrenzt. Einige Strecken in Zentralchile können für Traveller nützlich sein.

Mehr zum Thema **Verkehrsmittel & -wege** siehe S. 493. ➡

Wie wär's mit...

Urbane Entdeckungen

In den Straßen der quirligen chilenischen Städte Santiago und Valparaiso mit Graffiti, großen Lebensmittelmärkten, engen verwinkelten Treppen und begrünten Museumsvierteln pulsiert das Leben.

La Vega Central Lautstarke Verkäufer bieten zu Türmen aufgeschichtete reife Feigen, Avocados und Cherimoyas an. Auf dem nahegelegenen Mercado Central werden köstliche Mittagsgerichte mit Meeresfrüchten serviert. (S. 65)

Museen von Santiago Das klassische Museo Chileno de Arte Precolombino bildet einen Kontrast zum flippigen Museo de Arte Contemporáneo und dem avantgardistischen Museo de la Moda. (S. 48)

Graffiti-Kunst In den Gassen und auf den steilen Treppen von Valparaíso entdeckt man faszinierende Graffiti, die jeden Spaziergang zu einer Erkundungsreise machen. (S. 93)

Nächtliche Radtour Abends kühlt die Luft ab, der Verkehr lässt nach und die Straßenlichter Santiagos gehen an – perfekt für eine Radtour. (S. 61)

Centro Gabriela Mistral In dem neuem, innovativem Kunstzentrum den kulturellen Trends von Santiago nachspüren. (S. 53)

Barrio Recoleta Ein authentisches Stadtviertel abseits ausgetretener Pfade erkunden und großartige ethnische Speisen probieren. (S. 65)

Wandern

Chile hat 4000 km Gebirge sowie Wüstengebiete und Regenwald zu bieten, die alle von Trekkingwegen durchzogen sind. Auch weniger bekannte Routen lohnen sich sehr.

Putre Ideale Ausgangsbasis für Wüstentrekking in großen Höhen und weit weniger überfüllt als San Pedro de Atacama. (S. 199)

Siete Tazas In der Nähe des Weinlandes fließt ein klarer Fluss durch sieben schwarze Basaltbecken. (S. 122)

Cochamó-Tal Durch dieses unberührte Tal mit Wasserfällen und Granit-Panorama führen gut markierte, aber leider recht matschige Wanderwege. (S. 288)

Cerro Castillo Eine Wandertour um den kathedralenartigen Gipfel im Herzen Patagoniens gilt als tolles viertägiges Abenteuer. (S. 345)

Reserva Nacional Jeinimeini Voller Gegensätze, von sehr anspruchsvollen Rucksacktouren über Bergpässe bis hin zu kurzen Wanderungen zu Felsmalereien. (S. 348)

Tierwelt

Andenkondore kreisen um die Berggipfel, und der kalte Humboldtstrom sorgt für eine vielfältige Unterwasserwelt, zu der u. a. Seelöwen und Blauwale zählen. An Land leben Kamele, jede Menge Vogelarten und der gefährdete Andenhirsch, Chiles Nationalsymbol.

Lago Chungará Rund um den surrealen Spiegelsee im Altiplano hausen zahlreiche Vögel, darunter Flamingos. (S. 202)

Reserva Nacional Las Vicuñas Über 20 000 Vikunjas (Kamele) bevölkern dieses hochgelegene von Vulkanen umgebene Wüstengebiet. (S. 204)

Chiloé Bei Ancud nisten Magellan- und Humboldtpinguine. Pudus und viele Vögel findet man im Parque Tantauco. (S. 317)

Valle Chacabuco Ein Refugium für Patagoniens Tierwelt, die von Guanakos über Füchse und Andenkondore bis zu Pumas und Andenhirschen reicht. (S. 351)

Essen & Nachtleben

Im Agrarland Chile dreht sich alles um frische Produkte, angefangen von herrlichen Meeresfrüchten bis hin zu regionalen Weinsorten und Erzeugnissen

im kalifornischen Stil. Das Nachtleben ist rustikal bis vornehm und in der Hauptstadt am spannendsten.

Norte Chico Aufgrund des knappen Feuerholzes betreiben die Frauen im Wüstendorf Villaseca Solaröfen. Ihre Gerichte lösen Begeisterung aus. (S. 219)

San Pedro de Atacama Den Nachthimmel bewundern an einem der besten Orte der Welt zur Sternbeobachtung. (S.153)

Santiago Lokale wie Peumayen und Étniko mit ihrem modernen Interieur und innovativer südamerikanischer Fusionsküche sind eine Bereicherung für die Restaurantszene der Stadt. (S. 68)

Seengebiet Neben deutschen Gerichten gibt's auch *asados* (Barbecues) aus regionalem Rindfleisch, Beerenpasteten und Bio-Sommersalaten. (S. 268)

Stadtviertel von Santiago Partywütige machen in den Tanzhallen der noblen Cafés von Bellavista und Lastarria die Nacht zum Tage. (S. 72)

Patagonia *Cocinas custombristas* sind einfache Restaurants, in denen Großmütter frische Meeresfrüchte-Eintöpfe zubereiten.

Unvergessliche Landschaften

Schöne Landschaften sind in Chile allgegenwärtig – und decken von Wüsten bis hin zu Gletscherbergen jede Klimazone ab.

Atacama-Wüste Rote Felsschluchten, Kakteengebüsch und kupferfarbene Berge sind ein traumhafter Kontrast zum strahlend blauen Himmel. (S. 153)

Chiloé-Archipel Diese grünen Inseln regen mit ihren Klippen im Westen und den von Stelzenhütten übersäten Buchten im Osten die Fantasie an. (S. 298)

Oben: Bemalte Stufen, Valparaíso (S. 93)
Unten: Atacama-Wüste (S. 153)

Seengebiet Regengetränkte Hügellandschaften gespickt mit Dutzenden tiefblauen Seen und schneebedeckten Vulkanen als Wachposten. (S. 268)

Patagonische Anden Im tiefsten Süden des Landes erreichen die Anden ihre spektakulärsten Höhen. (S. 379)

Rano Kau Dieser Kratersee mit Blick auf den weiten, kobaltblauen Ozean zählt zu den imposantesten Landschaften des Südpazifiks. (S. 437)

Tierra del Fuego Die isolierten Inseln und windgepeitschten Landschaften strahlen eine raue und mystische Atmosphäre aus. (S. 404)

Entlegene Zufluchtsorte

Über 90 % der Einwohner Chiles leben im Zentrum des Landes. Man kann in jede Richtung entfliehen – zur Atacama-Wüste, zur isolierten Carretera Austral und zur kargen Tierra del Fuego. Oder man besucht die Osterinsel, die entlegenste Pazifikinsel.

Belén Precordillera Abseits ausgetretener Pfade antike Piktogramme, alte Kolonialkirchen und zauberhafte Landschaften entdecken. (S. 200)

Nordküste der Osterinsel Der gespenstische Streifen nördlich von Ahu Tahai führt an riesigen *moai* und grünen Hügeln vorbei zum Pazifik. (S. 437)

Raúl Marín Balmaceda Vor den Sandstränden des von Farnen überwucherten, verlassenen Dorfes tummeln sich Otter, Delfine und Seebären. (S. 334)

Caleta Condor Ein isoliertes Paradies an einem geschützten Streifen der schwer zu erreichenden indigenen Küste nahe Osorno. (S. 270)

Weinanbaugebiete

Koloniale Bodegas, eine frische Meeresbrise und die herrlichen Anden sind die perfekte Kulisse, um köstlichen Wein zu genießen.

Ruta del Vino Der Weg führt zu lokalen Winzern im Weinanbaugebiet, die Chiles beste Rotweine herstellen. (S. 123)

Lapostolle-Weingut In dem noblen und hübschen Betrieb lässt sich das reichste Terroir Chiles kennenlernen. (S. 116)

Casablanca-Tal Ganz in der Nähe von Santiago wird dank des guten Klimas hervorragender Wein produziert. (S. 110)

Museo de Colchagua Nicht die Ausstellung „El Gran Rescate" über die Rettung der 33 Minenarbeiter im Jahr 2011 verpassen. (S. 117)

Emiliana-Weingut Auf dem Bio-Weingut kann man gleichzeitig edlen Wein und schokoladige Desserts kosten. (S. 110)

Lebendige Geschichte

Museen den Rücken kehren und hautnah erleben, wie in alten Kriegsschiffen an der Küste, auf Pionierpfaden und in Chilote-Dörfern (wo nach wie vor Erfindungen der Ahnen genutzt werden) die Geschichte weiterlebt.

Humberstone Die frühere Nitrat-Boomtown und heutige Geisterstadt beflügelt die Fantasie. (S. 185)

Ascensor Concepción Valparaísos Blütezeit kann man bei einer Fahrt mit der ältesten Standseilbahn bewundern. (S. 93)

Kultstätte Orongo Ein uraltes Dorf im geografischen Zentrum der kuriosen Vogelkultur auf der Osterinsel. (S. 437)

Lago Llanquihue In den historischen deutschen Dörfern rund um den Lago Llanquihue mischt sich lateinisches Lebensgefühl mit einzigartiger Architektur und deutschen Süßigkeiten. (S. 278)

Iquique Hier ankert das alte Marineschiff *Esmeralda*, ein berühmtes Kriegsschiff, das während der Diktatur eine düstere Rolle spielte. (S. 179)

Northern Patagonia Um Palena und Futaleufú die heute ausgetretenen Pfade erkunden, die einst patagonische Pioniere erschlossen. (S. 330)

Pures Adrenalin

Gute Ausrüster, wilde Landschaften, unberührte Natur – Chile ist ideal für Abenteuersportarten. Alpinisten, Kitesurfer und Skifahrer sollten ihre eigene Ausrüstung mitbringen.

Skifahren & Snowboarden Zu Chiles Top-Skigebieten gehören das Valle Nevado, Portillo und das Mekka der Thermalquellen Nevados de Chillán. (S. 35)

Gletscherwege Auf den Grey-Gletscher der Torres del Paine, den San-Rafael-Gletscher oder die entlegenen Eisberge an der Carretera Austral wandern. (S. 379)

Surfen Pichilemu oder Iquique warten mit einigen der besten Wellen in ganz Südamerika auf. In Buchupureo geht's dagegen etwas ruhiger zu. (S. 37)

Raften & Kajakfahren Der Cajón del Maipo bei Santiago, der Río Petrohué bei Puerto Varas und der erstklassige Río Futaleufú locken mit tollen Bedingungen. (S. 37)

Sandboarden In San Pedro Atacama und Iquique diesen relativ neuen Sport ausprobieren. (S. 156)

Monat für Monat

TOP-EVENTS

Silvester in Valparaíso, Dezember

Fiestas Patrias, September

Carnaval Ginga, Februar

Campeonato Nacional de Rodeo, März

Tapati Rapa Nui, Februar

Januar

Zum Höhepunkt des Sommers tummeln sich die Chilenen an den Stränden. Jedes Jahr finden in sämtlichen Städten des Landes Feiern mit Livemusik, Festbanketten und Feuerwerk statt. Auch in Patagonien ist jetzt Hauptsaison.

☆ Santiago a Mil

Das größte Theaterfest (www.stgoamil.cl) Lateinamerikas bringt in Santiago Künstler, internationale Werke und Akrobaten auf die Straße.

🎭 Muestra Cultural Mapuche

Kunsthandwerker, indigene Musik, Essen und rituelle Tänze: Sechs Tage lang dreht sich in Villarrica alles um die Mapuche.

☆ Semanas Musicales

Den ganzen Monat zeigen renommierte internationale Ensembles im beeindruckenden Teatro de Frutillar (www.semanasmusicales.cl) im südlichen Frutillar vor einer beeindruckenden Kulisse ihr ganzes Können.

🎭 Brotes de Chile

Eines der größten Volksfeste Chiles mit traditionellem Tanz, Essen und Kunsthandwerk findet in der zweiten Januarwoche in Angol statt.

🏃 Ruta del Huemul

Am letzten Januarwochenende durchquert eine hundertköpfige Wandergruppe in zwei Tagen der Reserva Nacional Tamango nahe Cochrane. Reservieren.

Februar

Der liebste Reisemonat der Chilenen. Weil es vom Norden bis Santiago unerbittlich heiß ist, zieht es die Einwohner in den Süden. Die Strände füllen sich und Santiagos Nachtleben verlagert sich nach Viña del Mar und Valparaíso.

🎭 Fiesta de la Candelaria

Dieses religiöse Fest Anfang Februar wird am inbrünstigsten in Copiapó gefeiert, wo Tausende Pilger und Tänzer zusammenkommen.

☆ Festival Internacional de la Canción

Konzertreihe mit vielen Stars: In Viña del Mar treten die Top-Künstler des lateinamerikanischen Pop auf.

🎭 Festival Costumbrista

Castro brüstet sich zur Mitte des Monats mit Chiloés einzigartiger Volksmusik, traditionellem Tanz und Unmengen von Essen.

🎭 Carnaval

Gute Stimmung und Blumenbomben im Bergdorf Putre. Das Fest endet mit der rituellen Verbrennung des *momo*, einer Figur, die für die Frivolität des Karnevals steht.

🎭 Tapati Rapa Nui

Zu dem unglaublich farbenprächtigen zweiwöchigen Fest auf der Osterinsel gehören Tanz-, Musik- und Kulturwettbewerbe.

🎭 Carnaval Ginga

Mitte Februar werden in Arica die musikalischen Talente regionaler *comparsas* (Tanzgruppen) präsentiert.

März

Ein toller Monat, um Chile zu erkunden. Die Sommermassen zerstreuen sich und es wird kühler, doch in Patagonien ist es nach wie vor trocken, weniger windig und toll zum Wandern. Nun beginnt die Traubenernte im Valle Central.

☆ Lollapalooza Chile

60 Bands rocken bei dem internationalen Musikfestival (www.lollapaloozacl.com) Mitte März in Santiagos Parque O'Higgins. Kinder lassen sich im angrenzenden Kidsapalooza zu Punkern stylen.

☆ Campeonato Nacional de Rodeo

Ende März ist in Rancagua die Nationale Rodeomeisterschaft mit Feierlichkeiten, *cueca* (spielerischer Tanz, bei dem das Wedeln eines Taschentuchs das Balzen von Hahn und Henne imitiert) und Shows von chilenischen Cowboys.

🍷 Fiesta de la Vendimia

Santa Cruz feiert die Traubenernte mit Weinständen auf der Plaza, der Krönung einer Erntekönigin und Volkstanz.

April

Die Wälder Nordpatagoniens färben sich leuchtend rot und gelb; es ist jeden Tag mit Regen zu rechnen. Fast alle Gäste verlassen den Süden, doch mit Glück kann man noch anständiges Wanderwetter erwischen. In Santiago und im Valle Central herrschen noch angenehme Temperaturen.

Oben: Tänzer, Tapati Rapa Nui (S. 25)
Unten: Campeonato Nacional de Rodeo

Juni

Der Winter setzt ein. Jetzt sind die Tage am kürzesten, Nachtleben und Kulturveranstaltungen nehmen zu und die erstklassigen Skiorte rund um Santiago machen sich für die kommende Saison bereit. Eine gute Zeit für einen Besuch der Wüste.

✯ Festival de la Lluvia

Was könnte näher liegen, als den im Seengebiet so reichlichen Winterregen zu feiern? Bei dem kostenlosen einwöchigen Fest Anfang Juni in Puerto Varas gehören ein Umzug mit geschmückten Regenschirmen und Livemusik zum Programm.

✯ Fiesta de San Pedro y San Pablo

Das religiöse Fest wird am 29. Juni mit Volkstanzgruppen, Rodeo und feierlichen Prozessen gefeiert.

Juli

Während der Winterferien sind viele chilenische Familien auf Reisen. In den Skiorten ist jetzt Hauptsaison, und wer sich nach Patagonien wagt, wird mit schönen windstillen Winterlandschaften belohnt.

✯ Festival de la Virgen del Carmen

40 000 Pilger zollen Mitte Juli in La Tirana Chiles Jungfrau Tribut, indem sie auf der Straße in Teufelsmasken samt Hörnern und leuchtenden Augen sowie mit Pailletten besetzten Umhängen tanzen.

✯ Carnaval de Invierno

Ende Juli gibt's während der längsten Nächte in Punta Arenas Feuerwerk, Musik und Umzüge.

August

Eine tolle Zeit für einen Besuch. Die Skisaison endet ebenso wie die Schulferien, deswegen sinken die Zimmerpreise in Urlaubsorten. Im Süden nimmt der winterliche Regen ab.

☆ Festival de Jazz de Ñuñoa

Bei dem kostenlosen Jazzfestival musizieren Chiles beste Jazzkünstler an einem Wochenende Ende August.

✯ Fiesta de Santa Rosa de Lima

Bei dem riesigen katholischen Fest wird am 30. August der hiesigen Heiligen mit einem bunten Straßenumzug gedacht.

September

Der Frühling beschert Santiago milde, sonnige Tage. In ganz Chile ist Nebensaison, aber es handelt sich um eine gute Reisezeit. Rund um den Nationalfeiertag schließen alle Geschäfte und die Menschen feiern ungestüm.

✯ Fiestas Patrias

Mit den Fiestas Patrias in der Woche vom 18. September wird sieben Tage lang überall im Land Chiles Unabhängigkeit gefeiert. Zum Programm gehören große Grillfeste und *terremotos* (starker Weinpunsch).

Oktober

In Nord- und Zentralchile blühen Frühlingsblumen. Eine schöne Reisezeit.

Oktoberfest

Beim Oktoberfest in Puerto Varas und Valdivia gibt's Bier und Live-Blasmusik.

November

Chiles Süden steht in voller Blüte und das Wetter ist noch frisch. Es lohnt sich, die Strandorte und Patagonien zu besuchen, denn es herrscht wenig Andrang und die Preise bleiben noch rund einen Monat niedrig.

✯ Feria Internacional de Artesanía

Auf der riesigen Messe im Parque Bustamante in Providencia gibt es Chiles bestes traditionelles Kunsthandwerk zu sehen.

✯ Puerto de Ideas

Der „Hafen der Ideen" in Valparaíso ähnelt den TED-Konferenzen und zieht Intellektuelle und Denker aus ganz Lateinamerika an.

Dezember

Der Sommer beginnt und die Carretera Austral zieht wieder Touristen an. Da es nach wie vor relativ ruhig zugeht, bieten sich Outdooraktivitäten im Seengebiet und in Patagonien an.

✯ Silvester

Valparaísos größte Feier des Jahres, bei der Menschen auf den Balkonen und Straßen tanzen, trinken und sich das Feuerwerk über der Bucht ansehen.

Reiserouten

 Das volle Programm

In einem Monat führt diese Tour durch die erstaunliche Vielfalt Chiles. Von **Santiago**, geht es in die inspirierende Bohème-Hauptstadt **Valparaíso**. Wenn gerade Winter ist, kann man sich in den besten Resorts der Anden wie **Portillo** im Schnee tummeln.

Dann geht's weiter in wärmere Gefilde: Mit dem Flugzeug oder Bus erreicht man das Hochlanddorf **San Pedro de Atacama**. Im stimmungsvollen Altiplano besucht man die Mondlandschaft **Valle de la Luna**, die **El-Tatio-Geysire** und das karge **Reserva Nacional Los Flamencos**. Tagsüber stehen Wandern, Reiten und Vulkanbesteigungen auf dem Programm, während die milden Abende am Lagerfeuer verbracht werden.

Anschließend kehrt man in den Süden zurück. In **Pucón** locken Rafting, Wanderungen und Thermalquellen inmitten gemäßigten Regenwaldes. Von **Puerto Montt** bietet sich ein Abstecher in die Folklorehauptstadt **Chiloé** oder ein viertägiger Bootstrip durch die Gletscher und Fjorde nach **Puerto Natales** an. Danach dürfte man gut genug in Form sein, um drei Tage bis eine Woche lang das Wandergebiet **Parque Nacional Torres del Paine** zu erkunden. Oder man reist zurück nach Santiago und fliegt von dort für fünf Tage zur **Osterinsel (Rapa Nui)** und bestaunt die archäologischen Funde dort.

2 WOCHEN La Capital & das Weinanbaugebiet

Chile ist bei traditionellem südamerikanischem Essen und Trinken kaum zu übertreffen. Die hiesige Weinkultur beinhaltet alles von städtischen Weinkellern bis hin zu Weingütern im Schatten der Anden und die Atmosphäre reicht von lebhaft und dynamisch bis herrlich entspannt.

Diese Tour beginnt in der angesagten Hauptstadt **Santiago** mit einem Spaziergang durch das historische Zentrum, einem Meeresfrüchte-Mittagessen im lauten Mercado Central und einer Besichtigung von La Chascona, Pablo Nerudas Wohnhaus in Bellavista. Anschließend probiert man den Champagner im Boca Narìz oder sieht sich im Centro Gabriela Mistral experimentellen Tanz an.

In den Außenbezirken Santiagos werden vollmundige Rotweine auf Weingütern wie dem enorm erfolgreichen **Viña Concha y Toro** und dem edlen **Viña Aquitania** gekeltert. Probieren sollte man auch die chilenischen Weißweine im **Casablanca-Tal**, wo man im März in den Casas del Bosque sogar bei der Traubenlese mitmachen darf. Im Sommer startet in Santiago der Santa Cruz Tren Sabores del Valle, bei dem es auch Weinverkostungen an Bord gibt.

Dann geht es weiter ins abgefahrene **Valparaíso**, um die berühmten steilen Hügel zu besteigen und in einem der antiquierten Aufzüge mitzufahren – am besten im Cerro Concepción, dem ältesten der Stadt. Danach flaniert man durch die Gassen voller Graffitti, besucht Nerudas Ferienhaus La Sebastiana und lässt sich frische Meeresfrüchte schmecken. Und anschließend wartet etwas Erholung an den Stränden der nahen Ferienorte **Viña del Mar**, **Zapallar** oder **Maitencillo**.

Die Tour endet in Chile bekanntester Weinregion, dem **Colchagua-Tal**. Nach einer Übernachtung in **Santa Cruz** besucht man am Morgen das Museo de Colchagua und macht anschließend eine Kutschfahrt in Viu Manent oder gönnt sich einen erstklassigen Lunch zum Fixpreis im Lapostolle. In der entspannten Partystadt **Pichilemu** kann man surfen oder die weniger bekannten Weingüter im **Maule** besuchen.

Patagonien entdecken

4 WOCHEN

Bei dieser vierwöchigen Tour folgt man weitgehend der Carretera Austral, die sich kreuz und quer durch abgelegene Landstriche windet. Die Reise bietet sich im Sommer an, wenn die Verkehrsverbindungen und das Wetter besser sind.

Von **Puerto Montt** und Puerto Varas gelangt man in die Täler des **Cochamó** oder **Río Puelo**, wo man wandern, ausreiten, zelten oder in abgelegenen Gehöften übernachten kann. Mit der Fähre geht's von Puerto Montt nach **Parque Pumalín**, wo uralte Waldgebiete und ein Aufstieg zum dampfenden Krater des Volcán Chaitén warten. Danach fährt man über die Carretera Austral nach **Futaleufú**, das mit beeindruckender Landschaft und aufregenden Wildwasserfahrten aufwartet. Lohnenswert sind auch die Thermalquellen bei **Puyuhuapi** und eine Übernachtung im Zelt unter dem hängenden Gletscher im **Parque Nacional Queulat**.

Coyhaique ist das nächste regionale Zentrum. Wer es auf dem riesigen Lago General Carrera bis **Chile Chico** geschafft hat, überquert die Grenze nach **Los Antiguos** und fährt auf Argentiniens Ruta 40 bis nach **El Chaltén**, um dort eine Wandertour rund um den wild gezackten Cerro Fitz Roy zu unternehmen. Für **El Calafate** sind zwei Tage vorgesehen; einer davon für den prächtigen Gletscher **Perito Moreno** im **Parque Nacional Los Glaciares**. Bei der Gelegenheit sollte man sich ein Steak und feurigen Malbec schmecken lassen.

Von El Calafate gibt's eine einfache Busverbindung über **Puerto Natales** zum **Parque Nacional Torres del Paine**. Hier entscheidet man sich entweder für die „W"-Route oder für die ganze einwöchige Trekkinggrundtour. Zurück in Natales gönnt man sich Erholung – also gutes Bier, Whirlpool und leckere Pizza. Wer noch etwas Zeit hat, nimmt die Navimag-Fähre zurück nach Puerto Montt.

Eine Alternativroute lässt Chile Chico aus und folgt stattdessen der Carretera Austral bis ans südliche Ende nach **Villa O'Higgins** zum Relaxen, Angeln und Wandern. Von dort geht's per Boot und zu Fuß über die argentinische Grenze nach El Chaltén, wo man eine Woche später als bei der anderen Route wieder auf die oben beschriebene Route stößt.

Oben: Laguna Miscanti (S. 169), Reserva Nacional Los Flamencos

Rechts: Cochamó-Tal (S. 288)

Durch einsame Wüsten

Wie wäre es damit, ein paar Tage unter einem sternenübersäten Himmel zu schlafen und tagsüber Kondore über den Berggipfeln kreisen zu sehen? Dafür braucht man einen Wagen mit Allradantrieb und reichlich Lebensmittel, Wasser und Benzin. Vorher ist an der Playa Cavancha und Playa Huaiquique in **Iquique** aber erst einmal Surfen und ein Tandemgleitschirmflug von den Klippen angesagt. Nach diesem Adrenalinstoß folgt ein gemächlicher Spaziergang durch die Geisterstädte **Santa Laura** und **Humberstone**. Heute kann man sich in den einst florierenden und prächtigen Salpeterstädten zwischen unheimlichen verlassenen Gebäuden umschauen.

Als Nächstes geht's Richtung Norden, vielleicht mit Zwischenstopp in der einsamen Küstenstadt **Pisagua**, die während der Salpeterära ein geschäftiger Hafen und später eine Strafkolonie war. Inzwischen lebt dort allerdings kaum noch jemand. Die Algensammler bei den Ruinen verfallener Villen wirken nahezu poetisch, genau wie der windgepeitschte alte Friedhof auf einem einsamen Hügel.

Heiterer wird es in **Arica**. Unter dem imposanten Felskap El Morro herrschen ideale Surfbedingungen, zudem gibt's ein kleines Museum mit bemerkenswert gut erhaltenen Chinchorro-Mumien. Von der Küste reist man auf dem Highway 11 vorbei an Geoglyphen, Kapellen aus der Kolonialzeit und Bergdörfern zum hübschen Andendorf **Putre**.

Auf schwindelerregenden 3530 m Höhe akklimatisiert man sich ein, zwei Tage und bricht dann zum nahe gelegenen Unesco-Biosphärenreservat **Parque Nacional Lauca** auf, wo der perfekte Kegel des Volcán Parinacota, das winzige gleichnamige Aymara-Dorf, eine Wanderung um den hübschen Lago Chungará und eine beeindruckende Tierwelt warten.

Weiter südlich tummeln sich im entlegenen **Reserva Nacional Las Vicuñas** Tausende scheue Vikunjas. Noch weiter südlich geht's über schwieriges Gelände durch überwältigende Landschaften und die isolierte Salzebene des **Monumento Natural Salar de Surire**, wo drei Flamingoarten leben (am besten zu sehen von Dezember bis April). Anschließend stehen der extrem abgelegene **Parque Nacional Volcán Isluga** und die Rückkehr nach Iquique auf dem Programm.

Parque Nacional Torres del Paine (S. 379)

Reiseplanung
Outdooraktivitäten

Von der ausgedörrten Atacama-Wüste über milde Regenwälder bis hin zu Gletschern im Süden – die vielseitige Geografie Chiles ist wie geschaffen für Aktivitäten im Freien. Mit ausreichend Zeit sind die Möglichkeiten unbegrenzt. Wer auf den Wechsel der Jahreszeiten vorbereitet ist, über die richtige Ausrüstung verfügt und gute Tourveranstalter bzw. Guides findet, hat den Outdoor-Jackpot geknackt.

Nervenkitzel

Wandern im Valle Francés
Das von hohen Gipfeln eingefasste Tal im Torres-del-Paine-Nationalpark hinterlässt einen bleibenden Eindruck.

Einen Vulkan besteigen
Der Ojos del Salado ist der höchste Vulkan der Welt, aber es gibt noch Dutzende andere.

Die Atacama entdecken
Auf riesige Dünen klettern, Petroglyphen entziffern und sich die Augen reiben („Ist das eine Wüstenoase oder eine Fata Morgana?").

Surfen in Pichilemu
Die Wellen vor Punta de Lobos gelten als perfekt.

Pulverschnee in Portillo
Steile Pisten und tiefer Schnee – ein Paradies für Snowboarder und Skifahrer.

Tauchen vor der Osterinsel
Im Gewässer rund um die Felsnadel Motu Kao Kao liegt die Sichtweite bei grandiosen 60 m!

Radfahren auf der Carretera Austral
Jeden Sommer unternehmen mehr Radfahrer diese abenteuerliche Reise.

Wandern & Trekking

Der großartige Nationalpark Torres del Paine ist eines der beliebtesten Wanderparadiese des Kontinents, gesegnet mit unzähligen Gletschern, leuchtenden Seen und weltberühmten Granittürmen. Er ist gut mit öffentlichen Verkehrsmitteln zugänglich und wartet mit zahlreichen *refugios* (Schutzhütten) und Zeltplätzen auf, die ein guter Ausgangspunkt für mehrtägige Wanderungen sind. Allerdings platzt die Region aufgrund der vielen Besucher fast aus den Nähten. Eindrucksvoll und herrlich einsam ist auch der Circuito Dientes de Navarino in Feuerland, die Reise dorthin gestaltet sich jedoch schwieriger.

Das Seengebiet bietet unzählige Wanderwege und Traumlandschaften. Im Norden Patagoniens sind im Parque Pumalín tolle Tagestrips möglich; eines der Highlights ist die Wanderung zum Krater-Aussichtspunkt des rauchenden Volcán Chaitén.

Lohnenswerte Zufluchtsorte in Santiago sind das nahe gelegene Monumento Natural El Morado oder der Parque Nacional La Campana. Altos de Lircay in Zentralchile verfügt ebenfalls über lohnenswerte Routen. Rund um San Pedro de Atacama und im Parque Nacional Lauca finden sich eine Reihe interessanter Strecken. Mit dem Flugzeug geht's in den Parque Nacional Juan Fernández und auf die Osterinsel.

Aber Trekkingausflüge müssen sich nicht auf die Nationalparks beschränken, bestes Beispiel sind der Sendero de Chile und das touristische Engagement der ländlichen Gemeinden im Süden. Dort werden oft Ausflüge zu Pferd angeboten. Private Schutzgebiete wie der Parque Tantauco der Insel Chiloé und El Mirador de Chepú sowie der zukünftige Parque Nacional Patagonia nahe Cochrane und weitere Reservate schützen herausragende Naturräume.

Einige lokale Conaf-Büros haben brauchbare Wanderkarten. Auch in den für den touristischen Gebrauch konzipierten JLM-Karten gibt's eingezeichnete Wege und Infos.

Bergsteigen & Klettern

Chile ist das Land der Bergsteiger und Eiskletterer. Auf sie warten Hunderte von Gipfeln, einschließlich 50 aktiver Vulkane, die vom schlafenden Parinacota auf dem nördlichen Altiplano bis zum schwer besteigbaren Vulkan Ojos del Salado reichen.

Eine eindrucksvolle Kette niedrigerer Vulkankegel erstreckt sich quer durch La Araucania, das Seengebiet und Torres del Paine und beliebte Routen finden sich u. a. am Volcán Osorno mit seinen Eishöhlen. Inzwischen können Eiskletterer auch die in der Nähe von Santiago gelegenen Bergmassive Loma Larga und Plomo erkunden

Für die Besteigung der auf der Grenze gelegenen Gipfel des Pallachatas oder des Ojos del Salado benötigt man eine Genehmigung von der Dirección de Fronteras y Límites (S. 384). Eine entsprechende Erlaubnis kann schon vor der Ankunft im Land auf der Website der Grenzschutzbehörde online angefordert werden.

Weitere Infos gibt's bei der **Federación de Andinismo** (02-222-9140; www.feach.cl; Almirante Simpson 77, Providencia, Santiago).

Unter www.escalando.cl findet man Routenbeschreibungen und Fotos.

Ski- & Snowboardfahren

Die chilenischen Anden bieten Weltklasse-Resorts zum Skifahren und Snowboarden. Viele verlangen entsprechend ihres hohen Standards allerdings auch hohe Preise. Ein neuer Trend sind Erst-Abfahrten an einem der patagonischen Berghänge.

Fast alle Skiorte liegen nur eine Autostunde von Santiago entfernt, darunter das familienorientierte La Parva, El Colorado mit allen Schwierigkeitsgraden und das große Valle Nevado mit der Möglichkeit zum Heli-Skiing. Das legendäre Skizentrum Portillo – Schauplatz so manches Geschwindigkeitsrekords und Sommertrainingsort für Profis – befindet sich nordöstlich von Santiago an der argentinischen Grenze auf Höhe von Mendoza.

Termas de Chillán östlich von Chillán ist ein etwas abgelegener Skiort mit Pisten für Anfänger, und im Parque Nacional Villarrica nahe dem Ferienort Pucón kann man sich die Hänge eines aktiven Vulkans hinabstürzen (das dortige Resort könnte aufgrund der Eruption 2015 aber zeitweise geschlossen sein). Corralco am Volcán Lonquimay verfügt über gutes Terrain für Amateure und Profis sowie exzellenten Zugang zum Hinterland. Von den Vulkanen Osorno und Antillanca bei Osorno aus genießt man beim Skifahren einen atemberaubenden Ausblick. Diese südlichen Ferienorte befinden sich oft in der Nähe von Thermalquellen, die nach einem langen Skitag eine echte Wohltat sind. Coyhaique hat sein eigenes kleines Skigebiet, während Punta Arenas mit seinem Meerblick wirbt.

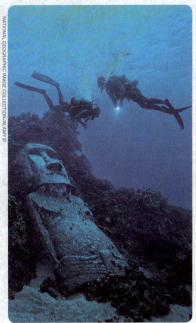

Taucher, Osterinsel (S. 427)

Die Skisaison dauert von Juni bis Oktober, obwohl der Schneefall im Süden weniger beständig ist. Eine Ausrüstung kann man in Santiago oder in den jeweiligen Skiorten ausleihen.

Unter www.andesweb.com erfährt man alles Wissenswerte über die Skiorte.

VERANTWORTUNGSVOLLES WANDERN

➡ Vorsicht mit Lagerfeuern in der windigen patagonischen Steppe.

➡ Nie über offenem Feuer kochen, sondern mit einem kleinen Butangas-Kocher.

➡ Müll wieder mitnehmen.

➡ Wenn es keine Toilette gibt, muss man Fäkalien in einem etwa 15 cm tiefen Loch vergraben, mindestens 100 m von Wasserläufen entfernt. Vor dem Weiterwandern muss es mit Erde oder Steinen abgedeckt werden. Toilettenpapier wieder mitnehmen.

➡ Zum Waschen biologisch abbaubare Seife verwenden und einen Wasserbehälter mindestens 50 m entfernt von Wasserläufen benutzen.

➡ Freilebende Tiere niemals füttern.

➡ Einige Wanderwege erstrecken sich auf Privatgrund. Wer hier durch muss, sollte den Besitzer um Erlaubnis fragen und die Gatter hinterher wieder schließen.

Kitesurfen mit den Anden als Kulisse

Fahrradfahren & Mountainbiken

Von gemütlichen Touren um die Seen bis hin zu rasanten Abfahrten an rauchenden Vulkanhängen hat Chile alles zu bieten. Mountainbiker bevorzugen die Gegend um San Pedro de Atacama, alle anderen sind im Seengebiet gut aufgehoben. Per Fahrrad kann man in abgelegene Gebiete vordringen, die mit öffentlichen Verkehrsmitteln schlecht oder auch gar nicht zu erreichen sind. Der neue Lago-Llanquihue-Radweg ist beliebt, ebenso wie die Ojos-de-Caburgua-Schleife bei Pucón. Die lange, anspruchsvolle, aber extrem lohnenswerte Route entlang der Carretera Austral hat sich zu einer Kultstrecke für Radler aus aller Welt entwickelt.

Immer mehr Radfahrer stürzen sich mit Begeisterung in die größte Herausforderung, die Chile zu bieten hat: eine Durchquerung des ganzen Landes. In großen Städten gibt's eigentlich immer Fahrradläden, aber ein eigenes Reparaturset sollte dennoch auf gar keinen Fall im Gepäck fehlen.

Reiten

Den Spuren der chilenischen *huascos* (Cowboys) zu folgen macht Spaß und ist eine gute Möglichkeit, die Wildnis zu erkunden. Für die Pferde sind weder Flussüberquerungen noch Andenberge ein Problem. Heute kann man mühelos in mehreren Tagen über die Anden nach Argentinien reiten – an Stellen, wo es sonst keinen Übergang gibt. Mit Ausnahme des hohen Nordens sind Wanderritte (fast) überall drin.

Dank lokaler Initiativen der ländlichen Bevölkerung Südchiles kann man in zahlreichen Regionen geführte Reit- und Trekkingtouren mit Packpferden unternehmen, um entlegene Regionen zu erkunden. Die ortsansässigen Führer verlangen faire Preise, bieten Unterkunft bei ihren Familien und Einblick in ihre Kultur. Veranstalter gibt's in Río Cochamó, Palena und Coyhaique.

Gute Anbieter haben mehrsprachige Guides und ein breites Spektrum an Serviceleistungen. So können unerfahrene Reiter Praxisunterricht nehmen, bevor sie zu einer längeren Tour aufbrechen. Zu empfehlen sind eintägige oder mehrtägige Ausflüge ab Pucón, Cochamó, Puyehue, dem Elqui-Tal,

DAS WAR NOCH LÄNGST NICHT ALLES ...

Canyoning In kristallklare Wasserlöcher hüpfen und sich neben rauschenden Wasserfällen abseilen. Besonders schön ist es um Puerto Varas und Pucón.

Baumkronentouren (Canopy-Touren) Nur bei empfohlenen Firmen anmelden! Zur unerlässlichen Ausrüstung gehören ein Klettergurt mit zwei Seilen, die am Kabel hängen (eines dient zur Sicherung), ein Schutzhelm und Handschuhe.

Paragliding & Landsegeln Steile Küstenlandschaften, eine gute Luftströmung und sanft gewellte Dünen machen Iquique zu einem der Südamerikas Top-Zielen für Paraglider. Außerdem kann man in der Wüste Landsegeln und Kitebuggying betreiben.

Fliegenfischen Angler kommen in Massen nach Patagonien und ins Seengebiet, weil sich dort Bach- und Regenbogenforellen sowie atlantische Lachse (eine nicht-endemische Art) im Wasser tummeln. Die Saison dauert von November bis Mai.

Sandboarding Gute Möglichkeiten bieten San Pedro de Atacama und Iquique.

Tauchen Aufregende Tauchspots erstrecken sich rund um den Juan-Fernández-Archipel und die Osterinsel. Entlang der Festlandküste ist Norte Chico eine Option.

Schwimmen Chiles Küstenlinie hat zahlreiche Sandstrände und der Humboldtstrom hält die Wassertemperaturen niedrig. Ausnahme: der äußerste Norden um Arica.

Hurtado, San Pedro de Atacama und im Nationalpark Torres del Paine. Auch Chiloé ist eine beliebte Anlaufstelle

Gute Anlaufpunkte liegen im Parque Pumalin und in den Buchten um Chiloé. Beliebt sind zudem Kajaktouren und Stand Up Paddling (SUP) im Seendistrikt.

Raften & Kajakfahren

Die Vielfalt an malerischen Flüssen, Seen, Fjorden und Buchten in Südchile macht das Land zu einem echten Paradies. Zweifellos sind die Flüsse Weltklasse. Der Río Futaleufú (Klasse IV und V) in Nordpatagonien bietet nach wie vor unvergessliche Wassersporterlebnisse. Tolle – wenn auch technisch weniger anspruchsvolle – Möglichkeiten gibt's bei Pucón und Puerto Varas (Río Petrohué). Ebenfalls ein Abenteuer wert sind der Río Simpson und der Río Baker in der Region Aisén.

Der Cajón del Maipo nahe Santiago hat sanfte, aber lohnenswerte Abfahrten. Detaillierte Infos zum Kajakfahren findet man unter riversofchile.com.

Agenturen in Santiago, Pucón, Puerto Varas und anderen Urlaubsorten veranstalten Fahrten mit unterschiedlichem Niveau. Es gibt keine offizielle Kontrollbehörde, daher sollte man sich vergewissern, dass die Guides Erste-Hilfe- und spezielle Flusssicherheitstrainings absolviert haben und dass die Ausrüstung hochwertig ist. Ein Taucheranzug könnte notwendig sein.

Die Fjorde und Buchten in Südchile sind ein toller Hotspot für Kajakfahrer.

Surfen & Kitesurfen

Das Land Surfern eine ganze Menge zu bieten, vor allem an der Küste im Norden und im Zentrum. In Pichilemu mit seinen hohen Brechern finden die chilenischen Surfmeisterschaften statt. Pilger auf der Suche nach der perfekten Brandung zieht es an die linksbrechende Welle vor Punta de Lobos, Anfänger können sich im nahe gelegenen La Puntilla austoben. Bei Iquique türmen sich die Wellen an einem seichten Riff, wegen der Seeigel sollte man aber Gummischuhe tragen. Entlang der Küstenstraße Ruta 1 finden sich unzählige Surfstrände.

Nur bei Arica ist das Wasser einigermaßen warm, weshalb Neoprenanzüge an allen anderen Küstenabschnitten unverzichtbar sind. Die größten Brecher gibt's im Juli. Allzu stürmische Zonen sollten gemieden werden, außerdem sollte man nie allein surfen gehen. Überall lassen sich Bretter mieten oder kaufen und Kurse buchen.

Chile bietet überdies viele Möglichkeiten zum Kitesurfen, etwa in Pichilemu und Puclaro (bei Vicuña). Siehe unter www.kitesurf.cl.

Reiseplanung
Reisen mit Kindern

Chile ist ein tolles Reiseland für Familien. Kinder werden im ganzen Land geschätzt, oft bieten sogar Fremde ihre Hilfe an und Hotels sowie Dienstleister sind meist auch sehr familienfreundlich. Die Kleinen können abenteuerlichen Aktiv-Urlaub erleben, zudem gibt's zahlreiche familienorientierte Resorts und Unterkünfte.

Highlights für Kinder

Abenteuer
- Rafting auf dem Petrohué
- Reiten in den Andenausläufern
- Geländepark und Grillveranstaltungen für Familien im Skiresort Valle Nevado

Unterhaltung
- Sommerliche Rodeos in *medialuna*-(Halbmond-)Stadien
- Kinderanimation auf dem Lollapalooza
- Kostenlose Führungen in Santiago und der Parque Bicentenario

Abendessen
- *Asados* (Grillpartys) mit Gartenatmosphäre
- Burger, die man auf den glänzenden Stühlen einer *fuente de soda* (Sodaquelle) genießt
- Frische Beerenküchlein in den Teehäusern im Seengebiet

Zufluchtsorte an Regentagen
- Besuch in Santiagos Museo Interactivo Mirador
- Workshops für Kinder im Teatro del Lago in Frutillar
- Kinderstudio im Museo Artequín in Santiago

Reiseplanung

Chile könnte kaum kinderfreundlicher sein, trotzdem sollte man auch hier die gleichen Reisevorkehrungen treffen wie anderswo. Oft ist der Eintritt für die Kleinen bei Veranstaltungen kostenlos oder ermäßigt. Die Menschen in öffentlichen Verkehrsmitteln sind hilfsbereit und machen häufig gern Platz für Eltern mit Kindern. Werdenden Müttern stehen zahlreiche ausgewiesene Parkplätze und Sonderschlangen in Lebensmittelgeschäften zur Verfügung.

Spontan eine Betreuung zu finden ist aber nicht einfach. Babysitterservice oder Kinderclubs beschränken sich auf exklusive Hotels und Skiresorts. Natürlich kann man sich von Bekannten, denen man vertraut, einen Babysitter empfehlen lassen.

Milchpulver, Babynahrung und Wegwerfwindeln bekommt man überall. Öffentliche Sanitäranlagen sind in schlechtem Zustand. Man sollte immer Toilettenpapier bei sich haben sowie Hand-Desinfektionsmittel, denn es fehlen oft Seife und Handtücher. Während Frauen mit kleinen Jungen auf die Toilette gehen können, ist es für Männer gesellschaftlich inakzeptabel, ein Mädchen mit auf die Herrentoilette zu bringen.

In Chile gibt es keine besonderen Lebensmittel- und Gesundheitsrisiken. Wer einen empfindlichen Magen hat, sollte Wasser in Flaschen kaufen.

Abenteuer

Aktivitäten wie Radfahren und Wandern machen Kindern Spaß, solange sie ihren Rhythmus selbst bestimmen können. Also das eigene Tempo anpassen, etwas zu essen mitnehmen und einen Plan B haben, falls das Wetter schlecht wird oder die Kleinen ermüden. Oft sind schon die Durchquerung eines Fjords oder eine Fahrt mit der Fähre oder U-Bahn für Kids ein Abenteuer, außerdem lassen sich Aktivitäten für Erwachsene auf Kinder zuschneiden. Bei geführten Ausritten (meist ab acht Jahren), Rafting und Canyoning gibt's oft ein Mindestalter, für Teenager ist die Auswahl jedoch groß.

Ländliche Gegenden bieten Agrotourismus. In manchen Flüssen haben Kinder die Möglichkeit, in einem Reifen zu schwimmen oder zu raften. Vorher sollte man sich allerdings vergewissern, dass die Anbieter Rettungswesten und Neoprenanzüge stellen.

Abendessen

Restaurants haben keine Kinderteller, dafür aber einige schwach gewürzte Speisen. Die Portionen sind riesig, deswegen können sich zwei Kinder bzw. ein Erwachsener und ein Kind gut ein Gericht teilen. Hochstühle gibt's selten. Gewöhnungsbedürftig ist, dass Restaurants nicht vor 19 bzw. 20 Uhr öffnen. Außerdem ist der Service oft langsam.

Top-Regionen für Kinder

Santiago
Museen für Kinder, Parks und Winterresorts mit einfachem Terrain, außerdem gibt's jede Menge Kurse für die Kleinen. Im nahen Cajón del Maipo sorgen Öko-Abenteuerparks, Ausritte und Ziplines für aufregende Erlebnisse.

Sur Chico
Hier locken Ausritte, Badeseen, Besuche auf dem Bauernhof, Wassersport und Vulkane. Die besten Ausgangspunkte für eine Erkundung der Region sind Pucón und Puerto Varas. Sie liegen am See und bieten im Sommer Veranstaltungsprogramme für Kinder.

Norte Chico
Resorts am Meer versprechen Strandspaß, Badefreuden und Surfkurse. Kinder lieben die Gezeitenpools am Strand La Piscina in der Bahía Inglesa. Das milde, sonnige Klima eignet sich toll für einen Urlaub am Meer.

> **REISEPLANUNG**
>
> Wer ein Auto mietet, muss vorab um einen Kindersitz bitten, denn diese sind nicht immer verfügbar. Möchte man sich nicht auf einen Zeitplan beim Reisen festlegen, kann man viele Aktivitäten auch einige Tage im Voraus buchen.
>
> **Reisezeit**
> - Im Sommer (Dez.–Feb.) ist gutes Wetter, ideal für Aktivitäten im Freien.
> - Die Wüste im Norden kann man das ganze Jahr über bereisen.
> - Den Süden in den regenreichsten Monaten (Mai–Juli) meiden.
> - Im Winter (Juni–Aug.) können Kids Ski fahren.
>
> **Unterkunft**
> - Hotels gewähren oft Familienrabatt und stellen Kinderbetten.
> - In Städten sind Apartmenthotels praktisch und preisgünstig.
> - Hütten (oft für Selbstversorger) können im Sommer vielerorts gebucht werden.
> - Einige Campingplätze im Süden haben *quinchos* (Grillhütten), in denen man sich bei Regen unterstellen kann.
>
> **Das gehört ins Gepäck**
> - Badesachen, Sonnenhut, warme Kleidung
> - Insektenspray ohne Giftstoffe
> - Babytragen – nicht überall sind Kinderwagen praktisch.

Chile im Überblick

Das schmale Chile erstreckt sich bis Kap Hoorn und zeigt seine Vielfalt an der Atacama, der trockensten Wüste der Welt, einem Flickwerk aus Weinhängen und Höfen, dem tiefen Grün des Regenwalds sowie dem kühlen Blau der Gletscherfelder. Konstanten sind der aufgewühlte Pazifik im Westen und die zerklüfteten Anden im Osten. Ein Großteil der Bevölkerung lebt in der Landesmitte, wo in Santiago bis in die frühen Morgenstunden etwas los ist. Urbane Coolness verströmt auch das nahe gelegene Valparaíso mit seinen engen Gassen voller Graffiti. In jeder Richtung erwarten einen pulsierendes Landleben, Dörfer, in denen die Uhr langsamer zu ticken scheint, und Wildnis, die nur darauf wartet, entdeckt zu werden.

Santiago

**Geschichte
Kunst
Nachtleben**

Bewegte Vergangenheit

Santiagos Museen dokumentieren Chiles faszinierende Vergangenheit von der frühen Unabhängigkeit bis zum Sturz Salvador Allendes 1973 und den Jahren der Militärdiktatur.

Weg der Schönheit

Das Beste von Alt und Neu: Präkolumbische Objekte und chilenische Meisterwerke füllen die traditionellen Museen, Zentren zeitgenössischer Kunst und Galerien zeigen die Werke von Nachwuchskünstlern, Fotografen und Filmemachern.

Partynächte

Chiles lebhafte Hauptstadt zieht Nachteulen an. *Carrete* (Nachtleben) bieten die Bars von Bellavista und dem Barrio Brasil, die Cocktail-Lounges von Vitacura sowie Livemusikclubs.

S. 44

Zentralchile

**Wein
Strände
Aktivitäten**

Weingebiete

¿Tinto o blanco? Chiles gastfreundliche Winzer haben reichlich Rot- und Weißwein. Das Colchagua-Tal ist auf Cabernet Sauvignon spezialisiert, während im Casablanca-Tal köstlicher Chardonnay und Sauvignon Blanc produziert werden.

Die Küste entlang

Überall an der Küste warten fantastische Wellen förmlich auf Surfer. Zu den Hotspots zählen Pichilemu, Buchupureo und das günstigere Maitencillo.

Wandern & Skifahren

In Chile erstreckt sich über 14 km Südamerikas längster Skihang. Im Sommer locken die Torres del Paine und die Atacama-Wüste Menschenmassen an. Dagegen bleiben die Nationalparks im Zentrum relativ leer.

S. 89

Norte Grande

Landschaften
Aktivitäten
Geschichte

Naturschönheit

Norte Grande wartet mit vielfältiger Landschaft auf, darunter die Höhen des Altiplano und die Wüste mit ihren Sonnenuntergängen und einem sternenübersäten Nachthimmel.

Abenteuerlust

In dieser Gegend gibt's eine gesunde Dosis Adrenalin, etwa beim Wellenreiten in Arica, beim Paragliding vor Iquiques Klippen, beim Sandsurfen rund um San Pedro de Atacama und beim Reiten durch die trockenste Wüste der Welt.

Geister der Vergangenheit

Die Geisterstädte Humberstone und Santa Laura durchstreifen, das historische Schiff Esmeralda im Hafen von Iquique erkunden und in Arica die gruseligen Chinchorro-Mumien betrachten.

S. 149

Norte Chico

Strände
Aktivitäten
Architektur

Sonnige Küsten

Eine Reihe schöner Strände wie das quirlige La Serena säumen die Küste von Norte Chico. Es gibt fast unberührte Sandstreifen und hippe Refugien wie das kleine Bahía Inglesa.

Von Vulkanen bis zum Meer

Den höchsten aktiven Vulkan der Welt Ojos del Salado erklimmen, eine Segeltour rund um Bahía Inglesa unternehmen, bei einer Bootstour Humboldtpinguine beobachten und vor der Küste von La Serena surfen.

Überbleibsel der Kolonialzeit

Vom kolonialen Charme des grünen La Serena bis zu Calderas neoklassizistischen Herrenhäusern aus der Zeit des frühen Bergbaus bietet Norte Chico eine Menge für Architekturliebhaber.

S. 205

Sur Chico

Parks
Aktivitäten
Seen

Naturreservate

Die Parks dieser Region umfassen die unterschiedlichsten Landschaften. Rund um Pucón liegt fruchtbare Natur und in den Parks warten alpine Seen, Araucaria-Wälder und Skihänge.

Adrenalinkick

Zu den zahlreichen Möglichkeiten der Region gehören Wanderungen sowie Rafting, Kajakfahren im Regenwald, Mountainbiketouren und Vulkanklettern. Pucón ist Chiles Epizentrum für Adrenalinstöße und Puerto Varas ein nahe gelegener Cousin.

Nasse Ablenkung

Tiefblaue und jadegrüne Seen zählen zu den Highlights der Region, aber es gibt auch Thermalquellen wie die verlockenden Termas Geométricas. Die Flüsse sind voller Forellen und reich an Wasserfällen.

S. 235

Chiloé

Kirchen
Kultur
Natur

Das Erbe der Jesuiten

Chiloés Kirchen zählen zum Unesco-Welterbe. Sie haben eine anbetungswürdige Architektur und wurden im 17. und 18. Jh. für die Jesuiten errichtet.

Regionale Geschmäcker

Die Mythologie und Folklore der Region prägte die Bauart der Kirchen und *palafitos* (Stelzenhäuser), während die hiesige Küche auf prähispanische Kulturen zurückgeht. Meeresfrüchte und Kartoffeln sind sehr beliebt und werden vor allem im *curanto* (Eintopf) verwendet.

Heimatliche Regenwälder

Der Parque Nacional Chiloé und der Parque Tantauco schützen Tiere und Regenwald. Magellan- und Humboldtpinguine sieht man am Monumento Natural Islotes de Puñihuil.

S. 298

Nordpatagonien

**Kultur
Aktivitäten
Natur**

Cowboy-Kultur

Die nördlichste Region Patagoniens ist der entlegenste Teil von Chile und eine Cowboy-Hochburg. Ihre Bewohner versorgen sich autark und leben mit einer launischen Natur.

Entfesselte Natur

Beim Fliegenfischen einen großen Fang machen, auf wilden Flüssen raften oder Reitausflüge ins Hinterland unternehmen. Landschaft und echte Abenteuer bietet die unasphaltierte Carretera Austral.

Wildtierbeobachtung

Das Valle Chacabuco (Parque Nacional Patagonia) ist der beste Ort, um Tiere wie Guanakos und Flamingos zu beobachten. Unweit von Raul Marín Balmaceda erblickt man vom Kajak aus Delfine und Seelöwen.

S. 320

Südpatagonien

**Seefahren
Trekking
Parks**

Inseln & Buchten

Segler begründeten den Mythos dieser Kanäle voller Inseln, Wale und Delfine. Heute setzen Fähren nach Puerto Montt und Puerto Williams über und man kann mit Kajaks durch gletschergesäumte Buchten paddeln.

Andische Höhen

Zwischen den Torres del Paine und Argentiniens Fitz-Roy-Massiv erstrecken sich tolle Trekkingrouten, und Refugios laden zu Pausen ein. Nach Pali Aike oder zum Cabo Froward führen weniger ausgetretene Wege.

Filmreife Landschaften

Gletscher, Felsspitzen und hügelige Steppe: Patagonien ist eine wahre Augenweide. Die Torres del Paine sowie Argentiens Parque Nacional Los Glaciares zählen zu den schönsten Parks.

S. 358

Tierra del Fuego

**Wildnis
Geschichte
Landschaften**

Wilde Natur

Ob man dem felsigen Rundweg Dientes de Navarino folgt, Pinguine beobachtet oder mit dem Boot zwischen Gletschern und Seelöwen umherfährt – in Feuerland erwacht die Lust auf Abenteuer.

Kulturerbe

Auf der abgelegenen Insel ist die Vergangenheit allgegenwärtig. Das zeigt sich an den Muschelhaufen der Ureinwohner, in Puerto Williams Museo Martín Gusinde oder in Ushuaias altem Gefängnis, dem Museo del Presido.

Freie Aussicht

Von steilen, schneebeckten Gipfeln und goldgelben Ebenen bis hin zu labyrinthähnlichen Kanälen - das atemberaubende Feuerland bietet unzählige Möglichkeiten für Trekking, Küstenspaziergänge oder langen Bootsfahrten.

S. 404

Osterinsel (Rapa Nui)

**Geschichte
Landschaften
Aktivitäten**

Graue Vorzeit

Rapa Nui ist ein Freiluftmuseum mit archäologischen Überresten aus präeuropäischen Zeiten, darunter *moai* (anthropomorphische Statuen), *ahu* (Plattformen für Zeremonien) und Hügelgräber.

Perfektes Panorama

Die Kamera nicht vergessen! Besonders spektakulär ist der Blick vom Rand des Kratersees Rano Kau oder bei einer Wanderung über die schöne Poike-Halbinsel.

Wandern & Tauchen

Outdoor-Fans schweben hier im siebten Himmel. Es locken eine Wanderung auf den Mt. Terevaka, Surfkurse, zahlreiche Schnorchel- und Tauchspots sowie Trekking- und Radtouren auf der Poike-Halbinsel.

S. 427

Reiseziele in Chile

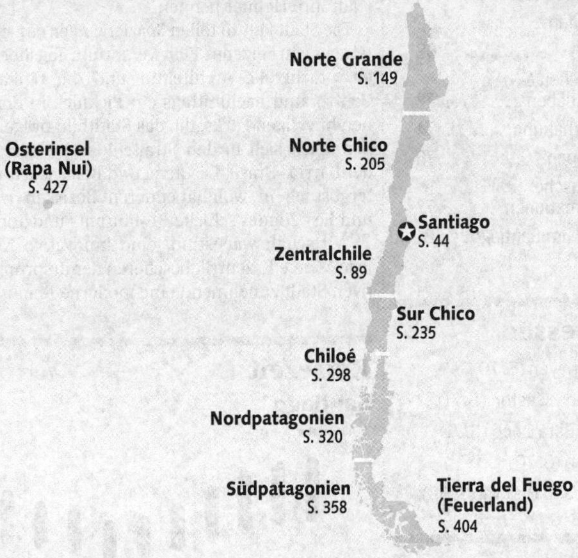

Norte Grande
S. 149

Osterinsel (Rapa Nui)
S. 427

Norte Chico
S. 205

⭐ **Santiago**
S. 44

Zentralchile
S. 89

Sur Chico
S. 235

Chiloé
S. 298

Nordpatagonien
S. 320

Südpatagonien
S. 358

Tierra del Fuego (Feuerland)
S. 404

Santiago

02 / 6 034 000 EW.

Inhalt ➡

Sehenswertes 45
Aktivitäten 59
Kurse 61
Geführte Touren 61
Schlafen 63
Essen 68
Ausgehen &
Nachtleben 72
Unterhaltung 74
Shoppen 76
Praktische
Informationen 77
Rund um Santiago 81

Auf nach Santiago

Santiago überrascht als kosmopolitische, energiegeladene, kultivierte und weltgewandte Stadt voller Kultur, Megapartys, riesiger Museen und erstklassiger Restaurants. Da verwundert es kaum, dass 40 % aller Chilenen die grüne Hauptstadt ihre Heimat nennen.

Die Stadt lädt zu tollen Spaziergängen ein, wobei jedes Viertel sein ganz eigenes Flair versprüht. Tagsüber locken Museen, prachtvolle Architektur und die Einkaufsstraßen im Centro, und nachmittags ein Picknick in den wunderschönen hügeligen Parks, die das Stadtbild prägen. Das Nachtleben spielt sich in den Straßenlokalen, Cafés und Kneipen der Barrios Brasil, Lastarria und Bellavista ab, während weiter östlich in wohlhabenderen Bezirken wie Providencia und Las Condes schicke Restaurants und Tophotels warten.

Wirtschaftswachstum, eine innovative Kunstszene und jede Menge Exzentrik bescheren der ursprünglich konservativen Stadt zunehmend eine moderne Renaissance.

Gut essen

- ➡ Peumayen (S. 70)
- ➡ Astrid y Gastón (S. 71)
- ➡ Aquí Está Coco (S. 71)
- ➡ Etniko (S. 70)
- ➡ Mercado Central (S. 68)

Schön übernachten

- ➡ W Santiago (S. 67)
- ➡ Aubrey Hotel (S. 66)
- ➡ Hotel Boutique Tremo (S. 66)
- ➡ Happy House Hostel (S. 67)
- ➡ La Chimba (S. 66)

Reisezeit

Santiago

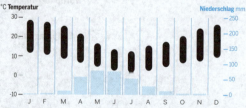

März–Aug. Die Weinernte beginnt und der Mai beschert den Skigebieten Schnee.

Sept.–Nov. Dank milder Temperaturen bietet sich die Zwischensaison ideal fürs Sightseeing an.

Dez.–Feb. Im Sommer gibt's Straßenfeste und tolle Unternehmungen auf dem Land.

Geschichte

Bereits 10 000 v. Chr. lebten hier nomadische Jäger und Sammler, aber erst 800 v. Chr. ließen sich Mapuche dauerhaft in der Region nieder. Bald nachdem die Inka die Gegend zu einem bedeutenden Knotenpunkt ihres Straßennetzes gemacht hatten, traf der spanische Soldat Pedro de Valdivia ein, gründete am 12. Februar 1541 die Stadt Santiago de la Nueva Extremadura und zog dann weiter, um die Mapuche im Süden anzugreifen. Die Mapuche der Umgebung wollten dies jedoch nicht akzeptieren und zettelten ihrerseits einen Aufstand an. Inés de Suárez, die Freundin Valdivias und ebenso blutrünstig wie er, übernahm die Verteidigung des Orts und enthauptete höchstpersönlich mindestens einen Mapuche-Häuptling. Trotz ständiger Attacken, Überflutungen und Erdbeben gaben die Konquistadoren Santiago nicht auf und die Stadt wurde größer und größer.

1810 war Santiago Schauplatz der chilenischen Unabhängigkeitserklärung von Spanien und der entscheidenden Schlacht, die die Kolonialmächte 1818 zum Rückzug zwang. Mit ständig wachsender Bevölkerung veränderte sich auch das Stadtbild: Es wurden öffentliche Gebäude errichtet, Santiago avancierte zum Zentrum des expandierenden Eisenbahnnetzes und konnte schließlich Anfang des 20. Jhs. Valparaíso als wichtigste Finanzmetropole des Landes ablösen. Nicht alle lebten jedoch im Wohlstand: Verarmte Bauern strömten herbei, und die Oberschicht zog sich in die östlichen Vororte zurück. Die rasche Industrialisierung nach dem Zweiten Weltkrieg schuf zwar Arbeitsplätze, aber längst nicht genügend. In der Folge entstanden unzählige illegale Slums, sogenannte *callampas* (Pilze). Sie erhielten diesen Spitznamen, weil sie quasi wie Pilze über Nacht aus dem Boden schossen.

Santiago stand 1973 im Zentrum des Putsches gegen Salvador Allende. In den folgenden finsteren Zeiten wurden Tausende politische Gefangene hingerichtet. Folterzentren und geheime Gefängnisse verteilten sich über die ganze Metropole. Dennoch konnte sich der Militärdiktator General Augusto Pinochet bis 1990 als Präsident an der Spitze des Landes halten. Erst mit der Wahl von Patricio Aylwin zum Präsidenten im selben Jahr lag die Macht wieder in den Händen einer demokratischen Regierung; Pinochet hingegen blieb Oberbefehlshaber des Militärs.

In den 1990er-Jahren vergrößerte sich die Kluft zwischen Arm und Reich, und die soziale Ungleichheit – wenn auch weniger ausgeprägt als in anderen lateinamerikanischen Städten – wird wohl noch eine Weile bestehen bleiben. Gelegentliche Demonstrationen und Streiks von Studenten und Arbeitern halten an, zudem beunruhigten im vergangenen Jahrzehnt rund 200 kleinere Anschläge mit einfachen Rohrbomben die Hauptstadt. Diese geschahen größtenteils bei Nacht, richteten sich gegen Banken und Regierungsgebäude und wurden höchstwahrscheinlich von anarchistischen Gruppen verübt. Bisher kam dabei nur eine Person (ein Attentäter 2009) ums Leben. Dennoch gilt Santiago weithin als eine der sichersten Großstädte Lateinamerikas und ein ordentliches Wirtschaftswachstum hat eine Art Renaissance eingeleitet, besonders vor Chiles Feierlichkeiten zum 200-jährigen Bestehen der Republik 2010.

In den letzten Jahren entstanden neue Parks und Museen, außerdem supermoderne Wohngebäude und auch das Flussufer wurde neu gestaltet. Zudem wurden einige großangelegte Projekte umgesetzt, wie etwa der Ausbau neuer Metrolinien sowie das Costanera Center, das nach seiner Fertigstellung der größte Wolkenkratzer in Südamerika sein wird.

⊙ Sehenswertes

Dank des Baubooms der letzten Jahre im Rahmen des 200-jährigen Jubiläums der Republik Chile bietet die Hauptstadt ultramoderne Kulturzentren, schicke Museen und große grüne Parks voller farbenprächtiger Skulpturen sowie Einheimischer, die die Sonne genießen. Santiagos Essensmärkte, schattige Wohnbezirke, Straßencafés und lebendige Einkaufsmeilen sind die besten Orte, um die besondere Mischung aus für Lateinamerika typischem Trubel und eher europäischer Zurückhaltung zu spüren, die diese Metropole ausmacht.

⊙ Centro

Das keilförmige Centro ist der älteste und auch der geschäftigste Teil Santiagos. Gesäumt wird es von drei geradezu teuflisch schwer zu überwindenden Grenzen: dem Río Mapocho, der Autobahn Autopista Central (über die nur hier und da mal eine Brücke führt) und der Alameda, deren Mittelgeländer das persönliche Sprungvermögen auf die Probe stellt. Architektonisch ist das Stadtzentrum eher opulent denn elegant: Nachlässig gepflegte Gebäude aus dem 19. Jh. ste-

Highlights

① Vom Gipfel des **Cerro San Cristóbal** (S. 55) den herrlichen Ausblick auf Santiago bewundern.

② In **La Chascona** (S. 54), dem einstigen Wohnhaus von Pablo Neruda, auf den Spuren des legendären chilenischen Dichters wandeln.

③ *Paila marina* (Meeresfrüchteeintopf) im geschäftigen **Mercado Central** (S. 68) kosten und Einheimische beim Feilschen beobachten.

④ Experimentellen Tanz ansehen im innovativen Komplex für darstellende Kunst, dem **Centro Gabriela Mistral** (S. 53).

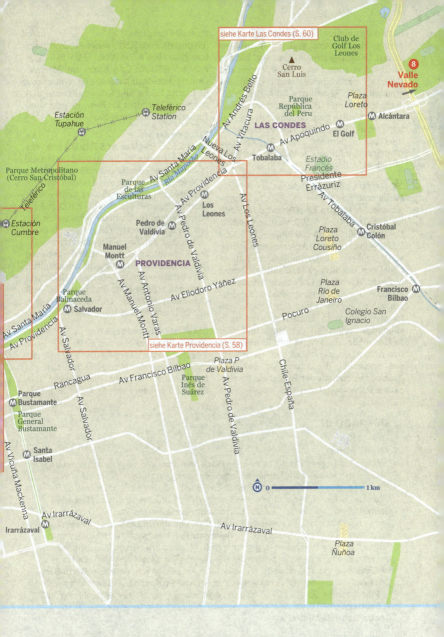

5 In einem atmosphärischen Straßencafé im **Barrio Bellas Artes** (S. 53) das bunte Treiben auf sich wirken lassen.

6 Im **Museo Chileno de Arte Precolombino** (S. 48) die Wurzeln chilenischer Kultur und Kunst kennenlernen.

7 Essen, trinken und die ganze Nacht durchtanzen im Partyparadies **Bellavista** (S. 73).

8 Die Hänge in Chiles Top-Skiort **Valle Nevado** (S. 88) hinabdüsen.

9 Im wunderschönen **Cajón del Maipo** (S. 84) raften, wandern oder radeln.

hen neben vereinzelt hervorstechenden modernen Hochhäusern und die überfüllten *paseos* (Fußgängerzonen) sind von billigen Kleidergeschäften, Fast-Food-Schuppen und Cafés mit spärlich bekleideten Bedienungen gesäumt. Die Regierungsbüros, der Präsidentenpalast und das Bankenviertel machen das Centro zum administrativen Mittelpunkt der Hauptstadt. Hier gibt es einige interessante Museen, zum Mittag- und Abendessen lohnt sich jedoch ein Abstecher in andere Stadtviertel.

★ Museo Chileno de Arte Precolombino MUSEUM

(Chilenisches Museum für präkolumbische Kunst; Karte S. 50 f.; 02-928-1500; www.precolombino.cl; Bandera 361; Eintritt 3500 Ch$; Di–So 10–18 Uhr; Plaza de Armas) Auserlesene Keramik vieler größerer präkolumbischer Kulturen bildet den Grundstock für Santiagos bestes Museum, das Museo Chileno de Arte Precolombino. Zu den herausragenden Exponaten zählen neben Dutzenden komplex geformter Gefäße in Menschengestalt auch stämmige Steinstelen der Maya und eine faszinierende Ausstellung mit Textilien aus den Anden. Ungewöhnlich sind die hölzernen Speispatel, die Schamanen aus dem Amazonasgebiet vor der Einnahme psychoaktiver Pulver benutzten.

Mercado Central MARKT

(Hauptmarkt; Karte S. 50 f.; www.mercadocentral.cl; Ecke 21 de Mayo & San Pablo; Mo–Sa 7–17, So 7–15 Uhr; Puente Cal y Canto) Im Mercado Central begeistern haufenweise schimmernde frische Fische und Krustentiere auf Bergen von glitzerndem Eis Feinschmecker und Fotografen gleichermaßen.

Plaza de Armas PLAZA

(Karte S. 50 f.; Ecke Monjitas & 21 de Mayo; Plaza de Armas) Seit der Stadtgründung 1541 ist die Plaza de Armas Santiagos symbolisches Herz. In Kolonialzeiten bildete ein Galgen den gruseligen Mittelpunkt des Platzes, heute ersetzt das Balkengerüst ein von über 100 chilenischen Palmen beschatteter Brunnen zu Ehren des *libertador* (Befreier) Simón Bolívar.

Aus den parallelen Fußgängerzonen Paseo Ahumada und Paseo Estado ergießen sich an den Wochenenden und an sonnigen Nachmittagen massenhaft bummelnde Santiaguinos auf den Platz und lassen sich von Clowns, Musikanten, Luftballonverkäufern und Imbissbuden bei Laune halten.

Catedral Metropolitana KIRCHE

(Karte S. 50 f.; Plaza de Armas; Mo–Sa 9–19, So 9–12 Uhr; Plaza de Armas) Die Plaza de Armas wird von der klassizistischen Catedral Metropolitana überragt, die zwischen 1748 und 1800 errichtet wurde. Unter dem opu-

---

SANTIAGO IN...

...zwei Tagen

Der erste Tag beginnt auf der hektischen **Plaza de Armas**. Morgens stehen Kunst und Kultur in den **Museen** im Zentrum auf dem Programm: im Museo Chileno de Arte Precolombino, im Centro Cultural Palacio La Moneda oder im Museo Nacional de Bellas Artes. Gegen den Hunger hilft anschließend ein Meeresfrüchtegericht im **Mercado Central**, dann geht's hinauf auf den **Cerro Santa Lucía**, um die Stadt von oben zu bewundern. Nachmittags gewährt eines der **Cafés im Barrio Lastarria** einen Blick auf das bunte Treiben, danach gibt's in **Bellavista** ein unvergessliches Abendessen im Peumayen, bevor eine Nacht lang *carrete* (Feiern) in den Kneipen und Diskotheken des Bezirks angesagt ist. Inspiration für den zweiten Tag bietet Pablo Nerudas Haus **La Chascona**, gefolgt von weiteren großartigen Aussichten vom Gipfel des **Cerro San Cristóbal**. Nach einem Ceviche-Mittagessen im **Azul Profundo** bietet sich eine geführte **Tour** durch die Stadt – zu Fuß oder mit dem Fahrrad – an. Später lässt man sich im **W Santiago** einen Pisco Sour schmecken und sieht sich dann eine Vorstellung im **Centro Gabriela Mistral** an.

...vier Tagen

Am dritten Tag geht's hinaus aufs Land zum **Cajón del Maipo** oder zu den **Weingütern** in der Nähe. Im Winter lockt der Schnee in **Tres Valles**. Am vierten Tag lässt man die Straßenkunst im **Barrio Brasil** auf sich wirken und stärkt sich zur Mittagszeit in der alten **Peluquería Francesa**. Zum Abschluss wartet eine Weinprobe im renommierten Boca Naríz in Lastarria.

lenten Hauptaltar befindet sich die Krypta mit den Gräbern ehemaliger Bischöfe. Bei Redaktionsschluss wurde die Fassade gerade renoviert, im Sommer 2015 sollten die Arbeiten jedoch abgeschlossen sein.

Cerro Santa Lucía PARK
(Karte S. 50 f.; Eingänge Ecke O'Higgins & Santa Lucía, Ecke Santa Lucía & Subercaseaux; ⏱ März–Sept. 9–18 Uhr, Okt.–Feb. bis 20 Uhr; Ⓜ Santa Lucía) GRATIS Ein nachmittäglicher Spaziergang in dieser wunderschön gestalteten Grünanlage bietet Erholung vom chaotischen Centro. Benjamín Vicuña Mackenna, ein früherer Bürgermeister, ließ den felsigen Hügel im 19. Jh. in einen der schönsten Parks der Stadt umgestalten.

Ein Wegenetz und steile Steintreppen führen über Terrassen hinauf zum Gipfel und zum Torre Mirador. Unterwegs gibt es ein paar Kirchen und einige interessante Gebäude zu sehen. Wer keine Lust auf Bewegung hat, nimmt einfach den kostenlosen Aufzug.

Centro Cultural Palacio La Moneda KUNSTZENTRUM
(Karte S. 50 f.; ☎ 02-355-6500; www.ccplm.cl; Plaza de la Ciudadanía 26; Ausstellungen ab 5000 Ch$; ⏱ 9–21 Uhr, Ausstellungen bis 19.30 Uhr; 📶 ♿; Ⓜ La Moneda) Der Begriff Untergrundkunst erhält in einem von Santiagos neueren Kulturzentren eine neue Bedeutung, denn das Centro Cultural Palacio La Moneda liegt unterhalb der Plaza de la Ciudadanía. Ein Glasdach versorgt den gewölbeartigen Raum mit natürlichem Licht; Rampen führen durch das zentrale Atrium hinter der Cineteca Nacional (einem staatlichen Kunstfilmkino) hinab zu zwei großen Räumen, die für Wechselausstellungen genutzt werden. Die oberste Ebene beherbergt einen Fair-Trade-Kunsthandwerksladen, ein Café und eine Galerie.

Palacio de la Moneda HISTORISCHES GEBÄUDE
(Karte S. 50 f.; Morandé 130; ⏱ Mo-Fr 10–18 Uhr; Ⓜ La Moneda) GRATIS Das chilenische Präsidialamt ist im Palacio de la Moneda untergebracht. Das verschnörkelte klassizistische Gebäude wurde Ende des 18. Jhs. von dem italienischen Architekten Joaquín Toesca entworfen und war ursprünglich die Münzstätte des Landes. Die inneren Hofanlagen sind in der Regel für Besucher zugänglich; Führungen sind eine Woche im Voraus per E-Mail an visitas@presidencia.cl zu buchen.

Während des Militärputsches 1973 nahm die Nordfassade durch Bombardierung der Luftwaffe schweren Schaden. Präsident Salvador Allende hatte sich geweigert zu fliehen und wurde hier gestürzt. Ihm zu Ehren steht gegenüber auf der Plaza de la Constitución ein Denkmal.

Barrio París-Londres STADTVIERTEL
(Karte S. 50 f.; Ecke París & Londres; Ⓜ Universidad de Chile) Dieses winzige Viertel entwickelte sich aus dem Gelände des Franziskanerklosters Iglesia de San Francisco und besteht aus den zwei gepflasterten Querstraßen París und Londres (London). Sie sind von hübschen europäischen Häusern aus den 1920er-Jahren gesäumt. In der Londres 38 erinnert ein Denkmal an die Regierungszeit Pinochets: Damals diente das Gebäude als Folterzentrum.

Iglesia de San Francisco KIRCHE
(Karte S. 50 f.; O'Higgins 834; ⏱ Mo-Sa 11–18, So 10–13 Uhr; Ⓜ Universidad de Chile) Der erste Stein der nüchternen Iglesia de San Francisco wurde 1586 gelegt, was sie zum ältesten noch erhaltenen Kolonialgebäude in Santiago macht. Ihre massiven Mauern widerstanden einigen gewaltigen Erdbeben, der heutige Glockenturm – 1857 vollendet – ist jedoch bereits der vierte. Wer möchte, kann das angeschlossene Museum für Kolonialkunst besuchen. Auf dem Hauptaltar steht die Schnitzfigur der Virgen del Socorro (Unsere Liebe Frau der

---

> **ⓘ ORIENTIERUNG**
>
> Der Großraum Santiago liegt zwischen zwei Bergketten, den Anden und der Küstenkordillere. Er besteht zwar aus 32 *comunas* (Stadtteilen), doch die meisten Sehenswürdigkeiten und Aktivitäten konzentrieren sich auf ein paar wenige zentrale Viertel.
>
> Hauptachse der Stadt ist die ost-westlich verlaufende Avenida O'Higgins (besser bekannt als Alameda); östlich der Plaza Italia wird sie zur Avenida Providencia und dann zur Avenida Apoquindo. Unter ihr verläuft über fast die gesamte Länge die Metrolinie 1. Nördlich von ihr fließt weitgehend parallel der stark verschmutzte Río Mapocho, der zugleich die Grenze zwischen dem Stadtzentrum und den nördlichen Vororten bildet.
>
> Aus der flachen Stadtlandschaft ragen zwei Hügel hervor: der Cerro San Cristóbal, ein großer Freizeitpark, und der kleinere Cerro Santa Lucía.

Santiago Zentrum

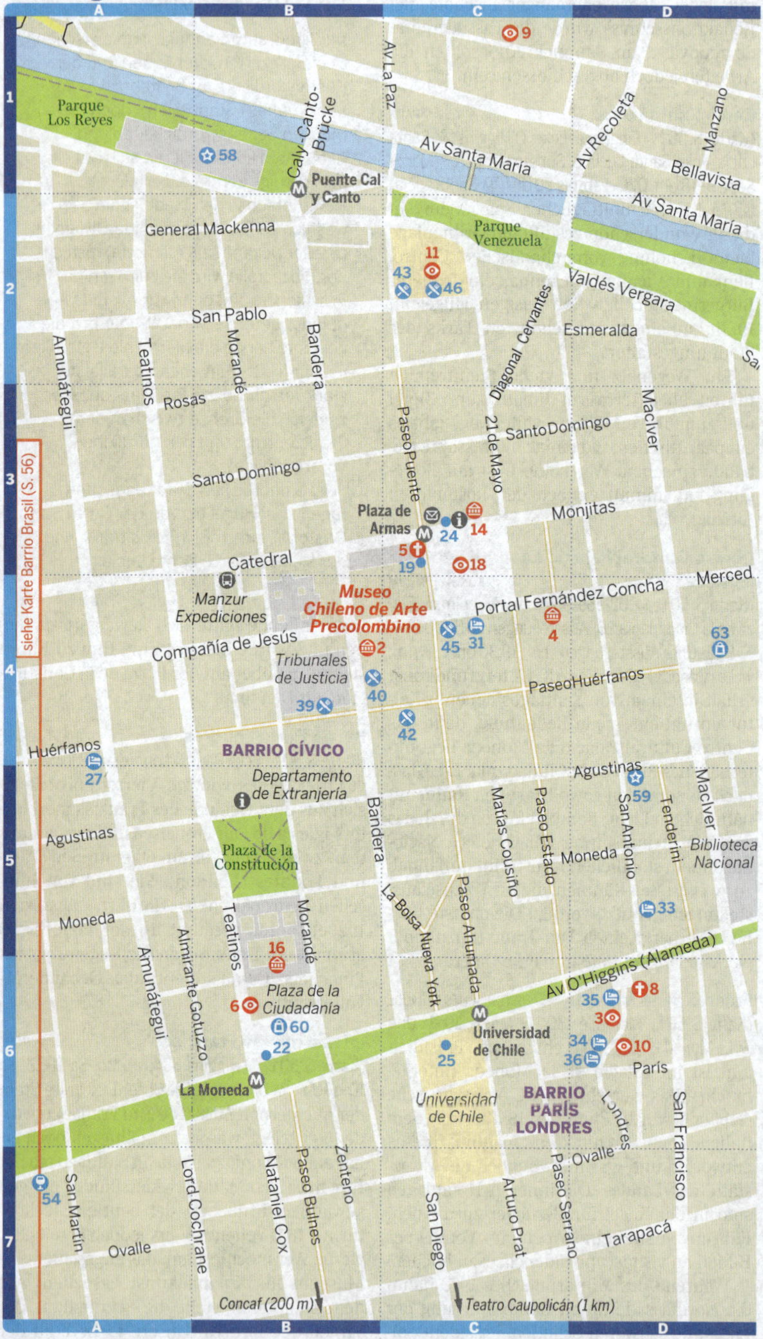

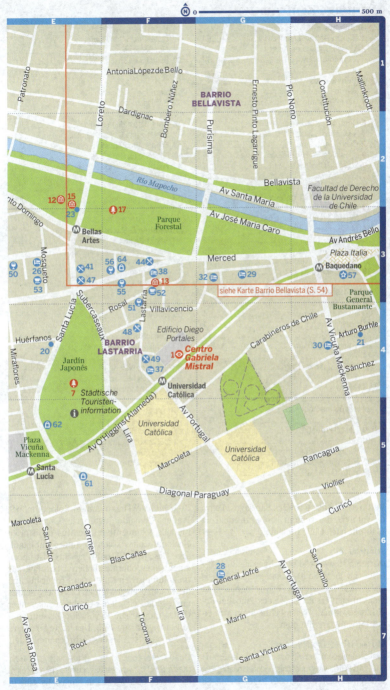

Santiago Zentrum

◎ Highlights
1. Centro Gabriela Mistral F4
2. Museo Chileno de Arte Precolombino B4

◎ Sehenswertes
3. Barrio París-Londres D6
4. Casa Colorada C4
5. Catedral Metropolitana C3
6. Centro Cultural Palacio La Moneda B6
7. Cerro Santa Lucía E4
8. Iglesia de San Francisco D6
9. La Vega Central C1
10. Londres 38 .... D6
11. Mercado Central C2
12. Museo de Arte Contemporáneo E2
13. Museo de Artes Visuales F3
14. Museo Histórico Nacional C3
15. Museo Nacional de Bellas Artes E2
16. Palacio de la Moneda B6
17. Parque Forestal F3
18. Plaza de Armas C3

⊕ Aktivitäten, Kurse & Touren
19. Free Tour Santiago C3
20. Instituto Británico de Cultura E4
21. Natalislang H4
22. Spicy Chile B6
23. Tours 4 Tips E3
24. Turistik C3
25. Universidad de Chile C6

⊜ Schlafen
26. Andes Hostel & Apartments E3
27. Augustina Suites A4
28. Ecohostel G6
29. Hostal Forestal G3
30. Hostal Río Amazonas H4
31. Hostel Plaza de Armas C4
32. Hotel Boutique Lastarria G3
33. Hotel Galerías D5
34. Hotel Plaza Londres D6
35. Hotel Plaza San Francisco D6
36. Hotel Vegas D6
37. Lastarria 43 .... F4
38. The Singular F3

⊗ Essen
39. Bar Nacional B4
40. Bar Nacional 2 .... B4
41. Café Bistro de la Barra E3
42. El Naturista C4
43. Empanadas Zunino C2
44. Emporio La Rosa F3
45. Fast-Food-Stände C4
46. Mercado Central C2
47. Opera E3
48. Sur Patagónico F4
49. Tambo F4

⊙ Ausgehen & Nachtleben
50. Bar The Clinic E3
51. Boca Naríz F3
52. Café del Museo F3
53. Café Mosqueto E3
 Catedral .... (siehe 47)
54. Confitería Torres A7
55. El Diablito F3
56. Mamboleta F3

⊙ Unterhaltung
57. Centro de Extensión Artística y Cultural H3
 Cineteca Nacional .... (siehe 6)
58. Estación Mapocho B1
59. Teatro Municipal D5

⊙ Shoppen
60. Artesanías de Chile B6
61. Centro Artesanal Santa Lucía E5
62. Centro de Exposición de Arte Indígena E5
63. Contrapunto D4
64. Kind of Blue F3

Rettung), die der Gründer Santiagos, Pedro de Valdivia, auf seinem Eroberungsfeldzug 1540 mit nach Chile brachte.

Londres 38   HISTORISCHE STÄTTE
(Karte S. 50 f.; www.londres38.cl; Londres 38; ⊗ Di-Fr 10-13 & 15-18, Sa 10-14 Uhr; Ⓜ Universidad de Chile) GRATIS Das frühere Gefangenenlager ist den dunklen ersten Tagen des Pinochet-Regimes gewidmet. Wer möchte, kann sich einer Führung anschließen.

Museo Histórico Nacional   MUSEUM
(Nationalmuseum der Geschichte; Karte S. 50 f.; ☏ 02-411-7010; www.museohistoriconacional.cl; Plaza de Armas 951; Erw./Kind 600/300 Ch$; ⊗ Di-So 10-17.30 Uhr; Ⓜ Plaza de Armas) Kolonialmöbel, Waffen, Gemälde, historische Objekte und Modelle dokumentieren im Museo Histórico Nacional Chiles koloniale und republikanische Geschichte. Das Erdgeschoss ist neben einem eher oberflächlichen Überblick zur präkolumbischen Kultur der Eroberung und der Kolonialzeit gewidmet. Das Obergeschoss umfasst die Zeit seit der Unabhängigkeit über Chiles industrielle Revolution bis hin zum Militärputsch von 1973. Das letzte bewegende Exponat ist Allendes zerbrochene Brille.

Casa Colorada   HISTORISCHES GEBÄUDE
(Karte S. 50 f.; www.santiagocultura.cl/casa-colorada; Merced 860; Ⓜ Plaza de Armas) Es gibt in

Santiago nur noch wenige Kolonialhäuser. Eine der erfreulichen Ausnahmen ist die einfache ochsenblutfarbene Casa Colorada. Doch auch hier hat nur die vordere Fassade des originalen Gebäudes aus dem 18. Jh. überlebt. Aktuell finden Renovierungsarbeiten statt; die Wiedereröffnung ist für November 2015 geplant.

Barrio Lastarria & Barrio Bellas Artes

Die beiden hübschen Viertel unweit des Cerro Santa Lucía sind nicht nur Standort von drei der besten Museen Santiagos, sondern auch die Szenetreffs der Stadt. Das Barrio Lastarria östlich des Cerro wurde nach seiner schmalen gepflasterten Hauptstraße JV Lastarria benannt, in der zahlreiche trendige Bars und Restaurants liegen. Das wahre Zentrum von Santiagos Cafékultur befindet sich jedoch im Barrio Bellas Artes, wie die wenigen Straßenzüge nördlich des Hügelparks Cerro Santa Lucía heute heißen. Hauptachse ist die JM de la Barra.

★ Centro Gabriela Mistral   KUNSTZENTRUM

(GAM; Karte S. 50 f.; 02-566-5500; www.gam.cl; Av O'Higgins 227; Plazas 8–24 Uhr, Ausstellungsräume Di–Sa 10–20, So ab 11 Uhr; ; M Universidad Católica) GRATIS Das faszinierende Zentrum für Kultur und darstellende Künste ist nach der chilenischen Dichterin Gabriela Mistral benannt, der ersten lateinamerikanischen Literaturnobelpreisträgerin. Der faszinierende Neuling in Santiagos Kunstszene bietet fast jeden Tag Konzerte und Vorstellungen.

Die großen Ausstellungsflächen und wechselnden Kunstausstellungen im Erdgeschoss, die eindrucksvolle Architektur mit gewölbeartigen und scheinbar schwebenden Elementen im Inneren, die Fassade, die von der Straße her einer rostigen Käsereibe ähnelt, sowie die kleinen Plazas, Wandgemälde, Cafés und mehr lohnen in jedem Fall einen Besuch. Jede Stunde starten kostenlose Führungen (einfach am Infoschalter nachfragen).

Museo Nacional de Bellas Artes   MUSEUM

(Nationalmuseum der Schönen Künste; Karte S. 50 f.; www.mnba.cl; Parque Forestal s/n; Erw./Kind 600 Ch$/frei; M Bellas Artes) Das Museum der Schönen Künste ist im prachtvollen neoklassizistischen Palacio de Bellas Artes untergebracht, der 1910 als Teil von Chiles Hundertjahrfeierlichkeiten errichtet wurde. Das Museum beherbergt eine hervorragende ständige Sammlung chilenischer Kunst. Samstags und sonntags ab 10.30 Uhr gibt es kostenlose Führungen.

Bemerkenswert sind die Werke von Luis Vargas Rosas. Er ist wie der chilenische Künstler Roberta Matta, dessen Arbeiten hier ebenfalls gut vertreten sind, ein Mitglied der berühmten Gruppe Abstraction-Création.

Museo de Arte Contemporáneo   MUSEUM

(MAC, Museum für Zeitgenössische Kunst; Karte S. 50 f.; www.mac.uchile.cl; Parque Forestal s/n; Eintritt 600 Ch$; Di–Sa 11–19, So 11–18 Uhr; M Bellas Artes) Das Museo de Arte Contemporáneo im Palacio de Bellas Artes zeigt oft Wechselausstellungen mit zeitgenössischer Fotografie, Design, Bildhauerei, Installationen und Web-Art. Die gepflegten Ausstellungsräume sind das Ergebnis umfangreicher Restaurierungen, die nach Feuer- und Erdbebenschäden nötig wurden. Den Schwerpunkt der ständigen Sammlung bilden chilenische Gemälde aus dem 20. Jh.

Museo de Artes Visuales   MUSEUM

(MAVI, Museum für Bildende Kunst; Karte S. 50 f.; 02-664-9337; www.mavi.cl; Lastarria 307, Plaza Mulato Gil de Castro; Eintritt 1000 Ch$, So frei; Di–So 10.30–18.30 Uhr; M Bellas Artes) Sichtbeton, unbehandeltes Holz und Glas wählte der einheimische Architekt Cristián Undurraga als Materialien für sein verblüffend schlichtes Museo de Artes Visuales. Der Bestand der vier offenen Galerien ist ebenso faszinierend wie das Gebäude selbst: Regelmäßig wechselnde Ausstellungen zeigen moderne Stiche, Skulpturen, Gemälde und Fotografien, alle in erlesener Qualität.

Die Eintrittskarte erlaubt auch den Besuch des im obersten Stockwerk versteckten **Museo Arqueológico de Santiago** (MAS; Archäologisches Museum von Santiago). Der gedämpft beleuchtete Raum mit dunklen Steinwänden und -böden bildet eine atmosphärisch dichte Kulisse für eine kleine, aber hochwertige Sammlung indianischer Diaguita-, San-Pedro- und Molle-Keramik, Mapuche-Schmucks sowie polynesischer Steinarbeiten von der Osterinsel.

Parque Forestal   PARK

(Karte S. 50 f.; ; M Bellas Artes) An Wochenendnachmittagen geht's im Parque Forestal, einer schmalen Grünanlage zwischen dem Río Mapocho und der Merced, stets hoch her. Ansonsten tummeln sich dort eher Jogger und Powerwalker.

Bellavista

Touristen verbinden Bellavista mit Pablo Nerudas Haus und der Marienstatue, die auf dem Cerro San Cristóbal über der Stadt thronen. Für Einheimische ist Bellavista hingegen gleichbedeutend mit *carrete* (Nachtleben). Dank der bis zum Morgengrauen dauernden Partys wirken die farbenfrohen Straßen und die gepflasterten Plätze bei Tag wunderbar verschlafen. Hier kann der Stadtplan getrost in der Tasche bleiben: Die begrünten Wohnstraßen östlich der Plaza de la Constitución eignen sich bestens für einen Spaziergang aufs Geratewohl, während die Straßenzüge westlich davon mit ihren vielen Graffitis ein Paradies für Fotografen sind.

★ La Chascona   HISTORISCHES GEBÄUDE
(Karte S. 54; 02-777-8741; www.fundacionneruda.org; Fernando Márquez de La Plata 0192; Erw./Student 5000/1500 Ch$; Jan. & Feb. Di–So 10–19 Uhr, März–Dez. Di–So bis 18 Uhr; M Baquedano) Als der Dichter Pablo Neruda ein geheimes Liebesnest für sich und seine Geliebte Matilde Urrutia brauchte, ließ er La Chascona errichten. Den Namen („die Ungekämmte") erhielt das Haus wegen Matildes schwer zu bändigenden Haares. Neruda liebte das

Barrio Bellavista

Meer, dementsprechend ließ er das Esszimmer wie eine Schiffskajüte und das Wohnzimmer wie einen Leuchtturm gestalten.

Audiotouren (auf Englisch, Französisch, Deutsch, Portugiesisch und Spanisch) erläutern die Geschichte des Gebäudes und erklären die Sammlung aus Buntglas, Muscheln, Möbeln und Kunstwerken von berühmten Freunden. Leider ging vieles verloren, als das Haus während der Diktatur geplündert wurde. Die Fundación Neruda, die Nerudas Domizile verwaltet, hat hier ihren Hauptsitz und betreibt ein hübsches Café sowie einen Andenkenladen. Besucher sollten sich mindestens einen Tag im Voraus per Onlineformular oder Telefon anmelden.

Cerro San Cristóbal PARK
(Karte S. 54; www.parquemet.cl; Pío Nono 450; Seilbahn hin & zurück 2000 Ch$; Seilbahn Di–So 10–19 Uhr, Mo 14–19 Uhr; ; M Baquedano) Die Gipfel und Aussichtspunkte im **Parque Metropolitano**, besser bekannt als Cerro San Cristóbal, bieten den besten Blick über Santiago. Mit 722 ha ist dies die größte Grünanlage in Santiago, die aber immer noch eindeutig urbanes Flair verströmt: Durch verschiedene Parkabschnitte fahren Standseilbahnen und Seilbahnen; die Straßen sind eher für Autos als für Spaziergänger gedacht.

Auf dem *cumbre* (Gipfel) der Bellavista-Seite des Parks ragt die schneeweiße 14 m hohe Statue der **Virgen de la Inmaculada Concepción** (Karte S. 54) empor. Bänke zu ihren Füßen erinnern daran, dass Papst Johannes Paul II. im Jahr 1984 hier unter freiem Himmel die Messe las. Hierher gelangt man über eine steile, unbefestigte Serpentinenstraße oder mit der **Seilbahn** ab der Plaza Caupolicán, wo sich außerdem ein Infokiosk für Touristen befindet.

Weitere Attraktionen auf dem Berg sind der Nationalzoo (S. 55), der **Jardín Botánico Mapulemu** (Botanischer Garten), die kinderfreundliche **Plaza de Juegos Infantiles Gabriela Mistral** mit einem hübschen Holzspielplatz und einem interaktiven Springbrunnen sowie die zwei großen öffentlichen Schwimmbäder **Piscina Tupahue** und **Piscina Antilén**. Der kleine perfekt gestaltete **Jardín Japonés** (Japanischer Garten) erstreckt sich 400 m weiter östlich.

Nahe der Bergstation der Standseilbahn befindet sich die **Terraza Bellavista** (Karte S. 54) mit ein paar Snackständen und grandiosem Blick über die Stadt. Der Metropolitano liegt nördlich von Bellavista und Providencia und hat in beiden Vierteln einen Eingang.

Zoológico Nacional ZOO
(Nationalzoo; Karte S. 54; 02-730-1334; www.parquemet.cl/zoologico-nacional; Parque Metropolitano; Erw./Kind 3000/1500 Ch$; Di–So 10–18 Uhr; M Baquedano) Im wenig attraktiven Zoológico Nacional leben ein paar vernach-

Barrio Bellavista

Highlights
1 La Chascona C3

Sehenswertes
2 Cerro San Cristóbal C3
3 Patio Bellavista C4
4 Patronato A4
5 Terraza Bellavista C2
6 Virgen de la Inmaculada
 Concepción C1
7 Zoológico Nacional C3

Aktivitäten, Kurse & Touren
8 Enotour C4
9 La Bicicleta Verde A4

Schlafen
10 Bellavista Home D3
11 Bellavista Hostel C4
12 Hostal Caracol B3
13 Hostal del Barrio Bellavista A3
14 Hotel Boutique Tremo D4
15 La Chimba B3
16 Nomades Hostel D4

17 The Aubrey Hotel C3

Essen
18 Azul Profundo C4
19 El Caramaño B3
20 Etniko C4
21 Galindo C4
22 Peumayen C4
23 Vietnam Discovery A3

Ausgehen & Nachtleben
24 Club La Feria C3
25 Dublin C4
26 El Clan B3
 Patio Bellavista .... (siehe 3)
27 Restobar KY B2

Unterhaltung
28 Bar Constitución C4
29 La Casa en el Aire C4

Shoppen
 Patio Bellavista .... (siehe 3)

lässigte, in die Jahre gekommene Tiere. Allerdings ist er der einzige Ort im Land, in dem Besucher garantiert den Pudu zu sehen bekommen, Chiles Nationaltier. Die Seilbahn hält nur auf dem Weg hinauf am Zoo, nicht auf dem Weg hinab.

Patio Bellavista
GEBÄUDE

(Karte S. 54; www.patiobellavista.cl; Constitución 30-70, Bellavista; ⊗ So-Mi 11-2, Do-Sa 10-4 Uhr; M Baquedano) Gehobene Restaurants und noble Andenkenläden, die sich rund um diesen großen Hof gruppieren, sind der sichtbare Versuch von Stadtplanern, den ramponierten Charme des Viertels etwas aufzupeppen. Die Website listet den aktuellen Veranstaltungskalender auf, samt Livemusikkonzerten und Theatervorstellungen.

◉ Barrio Brasil & Barrio Yungay

Beim Bummel durch die etwas verschlafenen Viertel westlich des Zentrums, der einer Reise in die Vergangenheit gleichkommt, darf der Stadtplan im Rucksack ruhig fehlen, nicht jedoch der Fotoapparat. Mit lebendiger Straßenkunst, rebellischen Studenten, baufälligen altmodischen Häusern, rustikalen Märkten und kleinen ausländischen Imbissläden bieten die *barrios históricos* (historische Stadtviertel) einen charmanten Gegensatz zur hochgestochenen Glitzerwelt in Santiagos Geschäftsbezirken. Touristische Sehenswürdigkeiten sind zwar Mangelware und abends geht's recht zwielichtig zu, doch dafür vermittelt die Gegend Eindrücke einer verblichenen Pracht, wie sie nirgendwo sonst in der chilenischen Hauptstadt zu finden ist.

Eine Andentanne beschattet die **Plaza Brasil**, das grüne Herz des Viertels. Allmählich schwappt eine Welle der Stadterneuerung in die umgebenden Straßen, wo immer mehr Bars und coole Hostels aus dem Boden schießen. So gar nicht zu all den Autozubehörläden zwischen dieser Gegend und der

Alameda passen will das winzige Barrio Concha y Toro, ein bezaubernder kleiner Platz mit gepflasterten Straßen und Art-déco- sowie Beaux-Arts-Villen.

Museo de la Memoria y los Derechos Humanos
MUSEUM

(Museum des Gedenkens & der Menschenrechte; Karte S. 56; ☎ 02-597-9600; www.museodelamemoria.cl; Matucana 501; ⊗ Di–So 10–18 Uhr; Ⓜ Quinta Normal) GRATIS Für Menschen mit schwachen Nerven ist dieses 2010 eröffnete Museum eindeutig nicht geeignet: Die Ausstellungen widmen sich den schrecklichen Menschenrechtsverletzungen und dem „Verschwinden" vieler Chilenen in den Jahren 1973 bis 1990 unter der Militärregierung.

Zweifellos schockiert es, Details über die 40 000 Opfer von Folter und Exekutionen zu erfahren, doch es hilft den Besuchern auch, die jüngste bewegte Geschichte des Landes besser zu verstehen.

Parque Quinta Normal
PARK

(Karte S. 56; Ⓜ Quinta Normal) Spaziergänge, Picknicks, Tretbootfahrten, Fußballspiele und leidenschaftliche Sonntagsreden gehören zu den beliebtesten Aktivitäten im 40 ha großen Parque Quinta Normal, der westlich des Barrio Brasil liegt. Außerdem gibt's mehrere Museen, die jedoch leider nicht mit dem in der Stadt sonst üblichen Standard mithalten können.

Museo de Arte Contemporáneo Espacio Quinta Normal
MUSEUM

(Museum für Zeitgenössische Kunst, Außenstelle Quinta Normal; Karte S. 56; ☎ 02-977-1741; www.mac.uchile.cl; Matucana 464; Eintritt 600 Ch$; ⊗ Di–Sa 11–19, So 11–18 Uhr; Ⓜ Ricardo Cumming) Diese Filiale des Museo de Arte Contemporáneo im Stadtzentrum präsentiert unkonventionelle und experimentelle Ausstellungen. Sie ist im Palacio Versailles untergebracht, der 2004 zum nationalen Denkmal erklärt wurde.

◉ Barrio Estación Central

Museo de la Solidaridad Salvador Allende
MUSEUM

(Karte S. 56; ☎ 02-689-8761; www.mssa.cl; Av República 475; Eintritt 1000 Ch$; ⊗ Di–So 10–18 Uhr; Ⓜ República) Picasso, Miró, Tápies und Matta sind nur vier der namhaften Künstler, die dem Museo de la Solidaridad Salvador Allende Werke übereignet haben. Die Sammlung, die als populistische Kunstinitiative unter Allendes Präsidentschaft begann und nach ihm benannt ist, war während der Diktatur ins Ausland ausgelagert und wurde dort zum Symbol des chilenischen Widerstands.

2006 fanden die 2000 Werke schließlich eine neue Heimstatt, als die Fundación Allende dieses stattliche alte Haus kaufte und umbaute. Gelegentlich geht die Dauerausstellung auf Tournee und wird dann von Wechselausstellungen ersetzt. In einem abgedunkelten Raum gibt's eine beklemmende Präsentation persönlicher Gegenstände Allendes. Die Führungen (per E-Mail buchen) zeigen auch das Untergeschoss, in dem verknotete Telefonleitungen und Folterinstrumente aus der Zeit zu sehen sind, als das Gebäude noch von der diktatorischen DINA als berüchtigte Abhörstation genutzt wurde.

Palacio Cousiño
PALAST

(☎ 02-698-5063; www.palaciocousino.co.cl; Dieciocho 438; Einlass nur im Rahmen einer Führung; ⊗ Di–Fr 9.30–13.30 & 14.30–17, Sa & So 9.30–13.30 Uhr, letzte Führung 1 Std. vor Schließung; Ⓜ Toesca) „Klotzen statt kleckern" scheint das Leitmotiv beim Bau des überfrachteten Palacio Cousiño gewesen zu sein. Errichtet wurde er zwischen 1870 und 1878 von der prominenten Familie Cousiño-Goyenechea, die durch Weinbau sowie Kohle- und Silberbergbau ein riesiges Vermögen erwirtschaf-

---

Barrio Brasil

◉ Sehenswertes
1 Museo de Arte Contemporáneo Espacio Quinta Normal A2
2 Museo de la Memoria y los Derechos Humanos A1
3 Museo de la Solidaridad Salvador Allende C4
4 Parque Quinta Normal A2

🛏 Schlafen
5 Happy House Hostel D2
6 La Casa Roja C2

🍴 Essen
7 Las Vacas Gordas C2
8 Peluquería Francesa B2
9 Platipus C2
10 Plaza Garibaldi C2
11 Squella Restaurant C2

🍷 Ausgehen & Nachtleben
12 Baires C2
13 Blondie A3

🎭 Unterhaltung
14 Centro Cultural Matucana 100 .... A2
15 El Huaso Enrique A2
16 Galpón Víctor Jara C2

tet hatte. Er bietet einen faszinierenden Einblick in das Leben der chilenischen Elite im 19. Jh.: Säulen aus Carrara-Marmor, ein 500 kg schwerer Kronleuchter aus böhmischem Glas, Möbel aus chinesischem Kirschholz, Goldbesteck und die erste Elektroinstallation des Landes sind nur ein paar Beispiele ihrer Verschwendungssucht. Aktuell ist nur die Außenanlage zugänglich; das Gebäude wurde beim Erdbeben 2010 beschädigt und wird seitdem renoviert.

Providencia

Je weiter östlich vom Centro gelegen, desto feiner werden Santiagos Stadtteile. Providencia, traditionell ein Viertel der oberen Mittelschicht, ist recht arm an Sehenswürdigkeiten, aber dafür sehr reich an Ausgehmöglichkeiten. Die Hochhäuser aus den 1970er- und 1980er-Jahren in der Hauptstraße Avenida Providencia machen ästhetisch gesehen nicht viel her, doch in den Wohnstraßen der Umgebung sind ein paar wunderbare Häuser aus dem frühen 20. Jh. erhalten geblieben.

Parque de las Esculturas PARK
(Skulpturenpark; Karte S. 58; Av Santa María 2205; 10–19.30 Uhr; M Pedro de Valdivia) GRATIS Direkt an der Nordseite des Río Mapocho befindet sich eine Grünanlage mit über 20 einzigartigen Skulpturen von bekannten chilenischen Künstlern.

Casa Museo Eduardo Frei Montalva HISTORISCHES GEBÄUDE
(02-881-8674; www.casamuseoeduardofrei.cl; Hindenburg 683; Erw./Kind & Senior 1300/700 Ch$, letzter So im Monat Eintritt frei; Di–So 10–18 Uhr, im Feb. geschl.; M Pedro de Valdivia) Das ehemalige Wohnhaus des chilenischen Präsidenten Eduardo Frei Montalva (1964 gewählt) beherbergt eine Sammlung seiner Möbel, Textilien, Gemälde, Glasarbeiten und Bestecke sowie Familienfotos und Erinnerungsstücke von seinen Dienstreisen.

Providencia

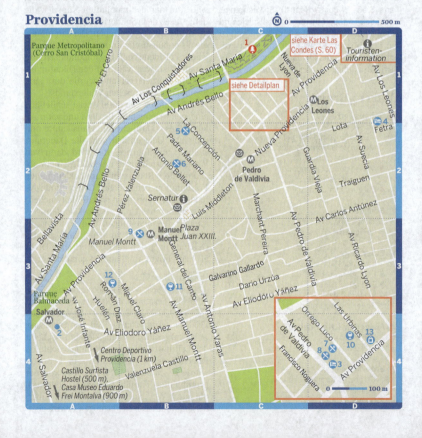

Las Condes, Barrio El Golf & Vitacura

Funkelnde Hochhäuser, gut gesicherte Apartmentblocks und nagelneue Einkaufszentren: Las Condes soll das internationale Gesicht des phänomenalen Wirtschaftswachstums von Chile werden. Neben schicken Lokalen und amerikanischen Kettenrestaurants findet man in diesen nobeln Stadtvierteln auch Santiagos exklusivste Einkaufsstraße, die Avenida Alonso de Córdova. Zudem locken elegante Hotelblocks zahlreiche Geschäftsreisende in die Gegend. Der augenzwinkernde Spitzname „Sanhattan" bezeichnet den Finanzdistrikt rund um das Costanera Center, das nach Fertigstellung das höchste Gebäude in ganz Südamerika sein wird. Wie erwartet, herrscht hier nicht das Flair anderer Stadtviertel, dafür gibt's Mode, Shoppingmöglichkeiten und gute Restaurants.

★ **Museo de la Moda** MUSEUM
(Modemuseum; ☎ 02-219-3632; www.museodelamoda.cl; Av Vitacura 4562; Erw./Student & Senior/Kind 3500/2000 Ch$/frei, Mi & So für alle Besucher 1800 Ch$; ⊗ Di–Fr 10–18, Sa & So 11–19 Uhr; Ⓜ Escuela Militar) Dieses schicke privat betriebene Modemuseum zeigt eine erlesene Dauerausstellung westlicher Kleidung mit dem Schwerpunkt auf Designern des 20. Jhs.

Providencia

◉ Sehenswertes
1 Parque-de-las-Esculturas..C1

✦ Aktivitäten, Kurse & Touren
2 Escuela de Idiomas Violeta Parra/Tandem Santiago................A4

🛏 Schlafen
3 Hotel Orly...D4
4 Intiwasi Hotel...D1

✕ Essen
5 Aquí Está Coco..B2
6 Astrid y Gastón...B2
7 El Huerto..D4
8 Liguria..D4
9 Voraz Pizza...B3

🍸 Ausgehen & Nachtleben
10 California Cantina..D4
11 Mito Urbano..B3
12 Santo Remedio...A3

🛍 Shoppen
13 Galería Drugstore..D4

Besondere Highlights sind John Lennons Jacke von 1966, der Büstenhalter, den Jean Paul Gaultier für Madonna entwarf, und ein Abendkleid, das Lady Diana 1981 spendete. Die Sammlung umfasst 10 000 Stücke, von denen allerdings jeweils nur ein Bruchteil zu sehen ist. Bisher präsentierte unterhaltsame Wechselausstellungen waren z. B. eine Hommage an Michael Jackson, eine Zeitreise in die 1980er-Jahre und eine *fútbol*-Ausstellung mit Sportkleidung der Fußball-WM in Chile 1962. Im luftigen Café kann man sich in modebewusstem Ambiente einen Kaffee oder ein Mittagessen schmecken lassen.

Besucher nehmen ab der Metrostation Escuela Militar auf der Westseite der Américo Vespucio den Bus 305 (nur mit Bip!-Karte) bis zur Haltestelle an der Kreuzung mit der Avenida Vitacura.

Parque Bicentenario PARK
(Zweihundertjahr-Park; Andrés Bello 2461; Ⓜ Tobalaba) Wie der Name bereits verrät, entstand diese wunderbare urbane Oase anlässlich Chiles 200-jährigen Bestehens. Neben Radwegen, 4000 Bäumen und der idyllischen Lage am Río Mapocho bietet der Park gemütliche Chaiselongues und Sonnenschirme sowie einen topmodernen Kinderspielplatz.

Hierher führt eine kurze Taxifahrt ab der Metrostation Tobalaba. Alternativ nimmt man den Bus 405, steigt an der Haltestelle Alonso de Córdova aus, läuft in die Richtung, in die der Bus fährt, und biegt in die Avenida Bicentenario ein, dann sind es noch ein paar Blocks bis zum Park.

Costanera Center GEBÄUDEKOMPLEX
(Karte S. 60; www.costaneracenter.cl; Andrés Bello 2461; Ⓜ Tobalaba) Finanzielle Probleme stoppten bereits mehrmals den Bau des anspruchsvollen Gebäudekomplexes, der 2015 komplett fertiggestellt sein sollte. Zu den vier Wolkenkratzern, die das Costanera Center bilden, gehört der **Gran Torre Santiago**, das höchste Gebäude Südamerikas (300 m). Die Hochhäuser beherbergen einige hochpreisige Apartments, ein Luxushotel, ein Einkaufszentrum und einen Food Court mit Panoramablick.

🏃 Aktivitäten

Schwimmen

Die beiden großen Freibäder auf dem Cerro San Cristóbal – die **Piscina Tupahue** (☎ 02-732-0998; Cerro San Cristóbal s/n; Erw./Kind 6000/3500 Ch$; ⊗ Nov.–März Di–So 10–19.30 Uhr; Ⓜ Baquedano) und die **Piscina Antilén** (Kar-

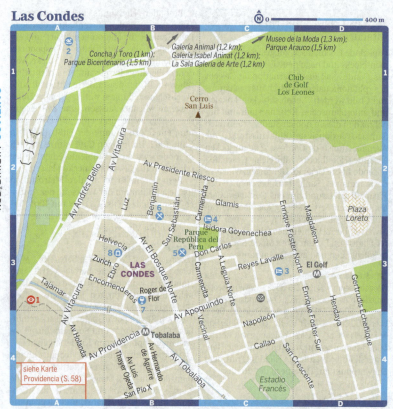

Las Condes

⦿ Sehenswertes
1 Costanera Center A3

✦ Aktivitäten, Kurse & Touren
2 Piscina Antilén A1

🛏 Schlafen
3 Ritz-Carlton C3
4 W Santiago C3

🍴 Essen
5 Café Melba B3
6 Dominó B3

🍸 Ausgehen & Nachtleben
7 Flannery's B3

🛍 Shoppen
8 Andesgear B3
   El Mundo del Vino .... (siehe 4)

te S. 60; 02-732-0998; Cerro San Cristóbal s/n; Erw./Kind 7500/4000 Ch$; Nov.–März Di–So 10–19.30 Uhr; M Baquedano) – warten mit einer großartigen Aussicht auf. Beide eignen sich allerdings eher, um ein bisschen herumzuplanschen, als für ein ernsthaftes Schwimmtraining.

Centro Deportivo Providencia SCHWIMMEN
(02-341-4790; www.cdprovidencia.cl; Santa Isabel 0830; Tageskarte 5000–7000 Ch$; Mo–Fr 6.30–22, Sa & So 9–18 Uhr) In dem 25 m langen Hallenbecken in Providencia kann man das ganze Jahr über seine Bahnen schwimmen.

Wandern, Joggen & Radfahren
Einheimische laufen, wandern und radeln liebend gern am Río Mapocho (besonders durch den Parque Forestal), im Parque Quinta Normal und auf den steilen Straßen des Cerro San Cristóbal. Wer am ersten Dienstag im Monat vor Ort ist, kann sich den vielen Radfahrern anschließen, die als **Movimien-**

to Furiosos Ciclistas (Bewegung der rasenden Radfahrer; www.furiosos.cl) durch die Stadt düsen. Weitere Infos hält La Bicicleta Verde bereit.

★ **La Bicicleta Verde** RADTOUR
(Karte S. 54; ☏ 02-570-9338; www.labicicletaverde.cl; Loreto 6; Radtouren ab 18 000 Ch$, Fahrradverleih pro Std./Tag 2000/15 000 Ch$; Ⓜ Bellas Artes) Verleiht Räder sowie Helme und organisiert empfehlenswerte geführte Touren wie etwa den abendlichen Ausflug „Bike at Night" (30 000 Ch$).

🎓 Kurse

Santiago ist zwar nicht das preiswerteste Pflaster für einen Spanischkurs, die folgenden Sprachschulen genießen aber einen hervorragenden Ruf. Wer in einer chilenischen Familie unterkommt, lernt besonders viel, und wer sich für Tandems und andere Formen des Sprachenlernens interessiert, ist an der Universidad de Chile richtig.

Universidad de Chile SPRACHKURS
(Karte S. 50 f.; www.uchile.cl; O'Higgins 1058; Ⓜ Universidad de Chile) Sprachtandems und andere alternative Lernformen bietet die Universidad de Chile an. Auf dem Hauptcampus an der O'Higgins ist die Abteilung für internationale Beziehungen ansässig.

Escuela de Idiomas Violeta Parra/ Tandem Santiago SPRACHKURS
(Karte S. 58; ☏ 02-236-4241; www.tandemsantiago.cl; Triana 863, Providencia; Anmeldegebühr 55 US$, Einzelstunde 22 US$, 20-stündiger Kurs 180 US$; Ⓜ Salvador) Verbindet seinen herausragenden akademischen Ruf mit freundlicher Atmosphäre und kulturellen Aktivitäten. Als Unterkünfte werden Gemeinschafts- oder Privatapartments angeboten. Die Website informiert über Spezialkurse wie „Spanisch für Anwälte" oder „Medizinisches Spanisch".

Natalislang SPRACHKURS
(Karte S. 50 f.; ☏ 02-222-8685; www.natalislang.com; Arturo Bührle 047, Centro; 3-tägiger Intensivkurs für Urlauber ab 135 000 Ch$; Ⓜ Baquedano) Bestens geeignet für schnelle Intensivkurse. Eine umfangreiche Liste des Angebots gibt's online.

Instituto Británico de Cultura SPRACHKURS
(Karte S. 50 f.; ☏ 800-387-900; www.britanico.cl; Huérfanos 554, Centro; Ⓜ Santa Lucía) Ausgebildete Englischlehrer könnten in der Sprachschule eine Beschäftigung finden.

👉 Geführte Touren

Ein paar Veranstalter bieten zu den wichtigsten Touristenattraktionen der Stadt kostenlose Stadtspaziergänge auf Englisch an. Die Guides erhalten für ihre Arbeit keinen Lohn, Teilnehmer sollten deshalb etwas Trinkgeld geben. Exzellente Radtouren veranstaltet La Bicicleta Verde.

Tours 4 Tips STADTFÜHRUNG
(Karte S. 50 f.; www.tours4tips.com; Parque Forestal s/n; ⊙ 10 & 15 Uhr; Ⓜ Bellas Artes) Die Führungen unter ehrenamtlicher Leitung (einfach ein angemessenes Trinkgeld geben) beginnen täglich um 10 und um 15 Uhr vor dem Museo de Bellas Artes. Die Guides tragen rot-weiß gestreifte T-Shirts. Die Tour am Morgen führt zu Santiagos unkonventionelleren Ecken, nachmittags geht's zu den üblichen Sehenswürdigkeiten.

KUNSTGALERIEN

Die beste Adresse für Ausstellungen zeitgenössischer chilenischer Kunst und das perfekte Terrain, um Santiagos Schickeria in ihrem natürlichen Lebensraum zu erleben, sind die verschiedenen Galerien rund um die Alonso de Córdova. Bei Vernissagen läuft die Szene mit Champagnerglas in der Hand zu Höchstform auf. Aktuelle Veranstaltungen und Termine erfährt man auf den jeweiligen Websites.

Galería Animal (☏ 02-371-9090; www.galeriaanimal.com; Nueva Costanera 3731) Ausgefallene zeitgenössische Werke in einem eindrucksvollen mehrstöckigen Ausstellungsbereich.

La Sala Galería de Arte (www.galerialasala.cl; Alonso de Córdova 2700) Fotografien, Skulpturen und Gemälde aufstrebender chilenischer Künstler.

Galería Isabel Aninat (☏ 02-481-9870; www.galeriaisabelaninat.cl; Espoz 3100) Seit 1983 stellt die bekannte Galerie Werke bedeutender chilenischer und internationaler Künstler aus, darunter Joan Miró und Antoni Gaudí.

Free Tour Santiago STADTFÜHRUNG
(Karte S. 50 f.; ☏ Mobil 9236-8789; www.freetoursantiago.cl; Catedral Metropolitana, Plaza de Armas; ⊙ 10 & 15 Uhr; Ⓜ Plaza de Armas) Kostenlose vierstündige Stadtführungen durch Santiagos Innenstadt. Die Guides arbeiten auf Trinkgeldbasis – ein bisschen Großzügigkeit ist angemessen. Reservierung ist nicht erforderlich, einfach vor der Catedral Metropolitana (S. 48) nach den Guides in roten Hemden Ausschau halten.

Spicy Chile STADTFÜHRUNG
(Karte S. 50 f.; ☏ Mobil 9821-3026; www.spicychile.cl; ⊙ Mo-Sa 10 & 14 Uhr; Ⓜ La Moneda) Die Hauptführung startet an einem Treffpunkt vor dem Palacio de la Moneda. Die Guides tragen grüne Hemden. Online gibt's Infos über alternative Touren, die an den Metrostationen Patronato und República beginnen.

Enotour GEFÜHRTE TOUR
(Karte S. 54; ☏ 02-481-4081; www.enotourchile.com; Patio Bellavista, Constitución 30–70; 20 000–39 000 Ch$; Ⓜ Baquedano) Die ein- bis zweitägigen Ausflüge umfassen wunderbare Weinproben in den nahe gelegenen Tälern Maipo, Casablanca und Colchagua. Die Guides sind auf Wein und Gastronomie spezialisiert.

Santiago Adventures STADTFÜHRUNG
(☏ 022-244-2750; www.santiagoadventures.com) Kenntnisreiche Englisch sprechende Guides begleiten die Teilnehmer auf individuell zugeschnittenen Stadt-, Gourmet- und Weintouren sowie bei Tagesausflügen zur Küste und zu anderen Zielen im Land.

Turistik BUSTOUR
(Karte S. 50 f.; ☏ 02-820-1000; www.viajesturistik.com; Plaza de Armas s/n, Städtische Touristeninformation; Tageskarte ab 20 000 Ch$; ⊙ 9.30–18 Uhr; Ⓜ Plaza de Armas) Doppeldeckerbusse mit beliebigem Ein- und Ausstieg verkehren zwischen dem Centro und dem Parque-Arauco-Einkaufszentrum und legen dabei 12 Stopps ein. Weitere Informationen bietet eine Online-Karte.

SANTIAGO MIT KINDERN

Santiaguinos sind Familienmenschen und reagieren gegenüber Reisenden mit Kindern äußerst freundlich. In Chile bleiben die Kids lange auf und begleiten ihre Eltern oft zu Partys und in Restaurants, wo sie gern gesehen sind und lieber von der normalen Speisekarte bestellen statt von der Kinderkarte. Abgesehen davon sind die meisten kinderorientierten Aktivitäten eher hilfreiche Ablenkungen als besondere Sehenswürdigkeiten. Im Notfall helfen das cremige chilenische Eis, das überall verkauft wird, und die Clowns und Akrobaten, die am Wochenende auf der Plaza de Armas und im Parque Forestal ihr Können zeigen. Außerdem sind Trips zum Cajón del Maipo oder in die Skigebiete großartige Ausflüge.

Fantasilandia (☏ 02-476-8600; www.fantasilandia.cl; Av Beauchef 938; Erw./Kind ab 10 900/5490 Ch$, Kinder unter 90 cm frei; ⊙ tgl. 12–21 Uhr; Ⓜ Parque O'Higgins) Dieser farbenfrohe Vergnügungspark verspricht Action und Zuckerwatte. Mehr darüber sowie über regelmäßige Promotionen und Rabatte erfährt man auf der Website.

Cerro San Cristóbal (S. 55) Spaß pur gibt's auf dem Cerro San Cristóbal, der einen schlichten Zoo, zwei tolle Freibäder und einen gut gepflegten Spielplatz mit spannenden Transportmitteln (u. a. eine Standseilbahn und eine Drahtseilbahn) beherbergt. An Wochenenden tummeln sich am Bellavista-Eingang Händler mit kandierten Äpfeln und Schausteller nebst fotogenen Lamas, die nur gegen Gebühr fotografiert werden dürfen.

Museo Interactivo Mirador (MIM; Interaktives Museum Mirador; ☏ 02-828-8000; www.mim.cl; Punta Arenas 6711, La Granja; Erw./Kind 3900/2700 Ch$, Mi Tickets zum halben Preis; ⊙ Di–So 9.30–18.30 Uhr; ♿; Ⓜ Mirador) Im Museo Interactivo Mirador geht's eindeutig intellektueller, aber dennoch unterhaltsam zu. „Nicht anfassen" ist hier ein Fremdwort: Besucher dürfen die Exponate berühren, drücken, sich drauflegen und in die meisten sogar hineingehen. Ab vier Jahren.

Museo Artequín (☏ 02-681-8656; www.artequin.cl; Av Portales 3530; Erw./Kind 1000/500 Ch$; ⊙ Di–Fr 9–17, Sa & So 11–18 Uhr, Feb. geschl.; ♿; Ⓜ Quinta Normal) Bildung und Unterhaltung verbinden sich auch im Museo Artequín – mit Kopien berühmter Kunstwerke, die in Kinderhöhe aufgehängt sind. Das auffällige Gebäude aus Gusseisen und Glas war Chiles Pavillon auf der Pariser Weltausstellung 1889.

✨ Feste & Events

Im Sommer stehen kostenlose Konzerte und viele andere Veranstaltungen in den Parks der Stadt auf dem Programm. Über solche Events informieren **El Mercurio** (www.elmercurio.cl), **Estoy** (www.estoy.cl) und **The Santiago Times** (www.santiagotimes.cl).

Santiago a Mil   THEATER
(www.fundacionteatroamil.cl/santiago-a-mil) Das bedeutende Theaterfestival lockt im Januar experimentelle Gruppen aus aller Welt auf Santiagos Bühnen.

Festival Nacional del Folklore   MUSIK
(www.sanbernardo.cl) Ende Januar feiert das fünftägige Festival im südlichen Vorort San Bernardo traditionelle chilenische Musik, Kultur, Tänze und Speisen.

Fiesta del Vino   WEIN
(www.fiestadelvinodepirque.cl) Rund um die Metropole finden zur Erntezeit viele Weinfeste statt. Das in Pirque lockt Anfang April mit traditioneller Küche und Folkloremusik.

Rodeo-Saison   RODEO
(www.rodeochileno.cl) Im März dreht sich in Chile alles um *huasos* (Cowboys) und widerspenstige Wildpferde. Zentrum des Geschehens ist Rancagua (S. 116) 145 km südlich von Santiago, Rodeos gibt's aber auch in der Hauptstadt.

Lollapalooza Chile   MUSIK
(www.lollapaloozacl.com) Bei Chiles Version des bekannten Festivals treten nationale und internationale Bands auf. Meist im März.

Santiago Festival Internacional de Cine   FILM
(SANFIC; www.sanfic.com) Jeden August präsentiert Santiagos einwöchiges Filmfestival ausgewählte Independent-Streifen.

Festival de Jazz de Ñuñoa   MUSIK
(www.ccn.cl) Chilenische Spitzenmusiker geben an einem Augustwochenende im Teatro Municipal de Ñuño Free-Jazz- und Blueskonzerte. Beim kostenlosen Theaterfestival im Sommer (Jan.) stehen Musik, Tanz und noch mehr auf dem Programm.

Feria Internacional de Artesanía   KUNST
Begabte Kunsthandwerker zeigen jeden November im Parque Bustamente in Providencia ihre Kreationen.

Feria Internacional del Libro   BÜCHER
(www.camlibro.cl) Unzählige Verlage und Autoren aus der ganzen Spanisch sprechenden Welt versammeln sich in der letzten Novemberwoche in der Estación Mapocho.

🛏 Schlafen

Santiagos einzigartige Stadtviertel bieten unterschiedlichen Hintergrund für einen Aufenthalt. Schnellen Zugang zu Museen und Restaurants bieten das Centro, das günstigere Barrio Brasil oder Ausgehbezirke wie das elegante Lastarria und das feucht-fröhliche Bellavista. Schickere Quartiere und edlere Lokale gibt's im grünen Providencia oder in Las Condes mit seinen Wolkenkratzern, allerdings sind von dort die meisten Sehenswürdigkeiten weiter entfernt. Bei längeren Aufenthalten lohnt es sich, ein möbliertes Apartment zu mieten. **Contact Chile** (📞 02-264-1719; www.contactchile.cl) ist ein renommierter Vermittlungsservice, und **Augustina Suites** (Karte S.50 f.; 📞 02-710-7422; www.augustinasuite.cl; Huérfanos 1400 Oficina 106B, Centro; Apt. ab 59 US$; 📶❄; Ⓜ Santa Ana) verfügt über möblierte Miniapartments mitten im Centro.

🛏 Centro

Hostel Plaza de Armas   HOSTEL $
(Karte S.50 f.; 📞 02-671-4436; www.plazadearmashostel.com; Compañía de Jesus 960, Apt. 607, Plaza de Armas; B 6000–10 000 Ch$, DZ 24 000 Ch$, DZ ohne Bad 20 000 Ch$; @📶; Ⓜ Plaza de Armas) Steht man vor dem geschäftigen Wohnhaus an Santiagos Hauptplatz, befürchtet man vielleicht zunächst, man habe sich in der Adresse geirrt. Fährt man dann aber mit dem Aufzug in den sechsten Stock, trifft man auf ein überraschend fröhliches Hostel mit winzigen Schlafsälen, gut ausgestatteter Gemeinschaftsküche sowie tollen Balkonen mit Blick auf die Plaza de Armas. Solide Budgetoption.

Ecohostel   HOSTEL $
(Karte S.50 f.; 📞 02-222-6833; www.ecohostel.cl; General Jofré 349B, Barrio Estación Central; B/EZ/DZ ohne Bad 8000/15 000/21 000 Ch$; @📶; Ⓜ Universidad Católica) 🌿 Backpacker und Familien auf der Suche nach Entspannung lieben den freundlichen und persönlichen Service, die gemütlichen Sofas und den sonnigen Hof mit Hängematten. Die Schlafsäle für sechs oder acht Personen (einer nur für Frauen) in dem umgebauten alten Haus wirken teilweise etwas dunkel, aber Betten und Schließschränke sind groß, und es gibt ausreichend viele sowie gut abgetrennte Bäder.

In einer ruhigen Straße im Barrio Estación Central, ein Stück vom Nachtleben entfernt.

Hotel Plaza Londres   HOTEL $
(Karte S.50 f.; 📞 02-633-3320; Londres 35; EZ/DZ/3BZ 25 000/35 000/40 000 Ch$; ❄📶; Ⓜ U-

niversidad de Chile) Am Ende der ruhigen kopfsteingepflasterten Calle Londres beherbergt dieses einfache Hotel modern anmutende Zimmer im Stil der 1970er-Jahre mit etwas deplatzierten Fotos von Privatjets und anderem Schnickschnack. Das verwohnte, recht schäbige Kolonialhaus versprüht einen gewissen Charme und die Flure ziert recht anständige moderne Kunst.

Hostal Río Amazonas   PENSION $$
(Karte S. 50 f.; ☎ 02-635-1631; www.hostalrioamazonas.cl; Av Vicuña Mackenna 47; EZ/DZ 25 000/40 000 Ch$; @ 🛜; M Baquedano) Wer die Geselligkeit eines Hostels ebenso schätzt wie die Privatsphäre in einem eigenen Zimmer, ist hier genau richtig. Die alteingesessene Pension in einem nachgebauten Tudor-Herrenhaus verfügt über helle Zimmer, eine große Terrasse und eine moderne Gemeinschaftsküche.

Hotel Vegas   HOTEL $$
(Karte S. 50 f.; ☎ 02-632-2498; www.hotelvegas.net; Londres 49; EZ/DZ 44 500/54 400 Ch$; P ❄ @ 🛜; M Universidad de Chile) Die prächtigen alten Zimmer strahlen ein gewisses Vintage-Flair

---

ABSTECHER

PARQUE POR LA PAZ

Während der Pinochet-Diktatur sind in der Villa Grimaldi von der mittlerweile aufgelösten DINA (nationaler Geheimdienst) etwa 4500 politische Gefangene gefoltert und 266 hingerichtet worden. Das Gelände wurde in den letzten Tagen der Diktatur geschleift, um Beweise zu vernichten. Nach Wiedereinführung der Demokratie gestaltete man es jedoch zu einer eindringlichen Gedenkstätte mit dem Namen **Parque por la Paz** (☎ 02-292-5229; www.villagrimaldi.cl; Av José Arrieta 8401, Peñalolén; ⏱ 10–18 Uhr) um.

Jedes Element symbolisiert einen Aspekt der Gräueltaten, die dort stattfanden. Eine Besichtigung ist faszinierend, aber zugleich erschütternd. Ein wichtiger Hinweis: Beim Fotografieren sollte man sich unbedingt rücksichtsvoll verhalten, da viele Besucher ehemalige Gefangene oder deren Angehörige sind! Eine Führung lässt sich im Voraus online buchen. Zum Parque por la Paz fährt der Transantiago-Bus D09 (nur mit Bip!-Karte) direkt vor dem Ausgang der Metrostation Plaza Egaña (Av Vespucio) ab; er hält gegenüber der Gedenkstätte.

---

aus – mit einem Stilmix aus Holzvertäfelung, beigefarbenen Bädern und limettengrünen Akzenten. Das Gebäude ist kolonial geprägt und die sauberen, großen Zimmer verfügen teils über Sitzbereiche; manche Betten sind allerdings recht durchgelegen.

Hotel Galerías   HOTEL $$$
(Karte S. 50 f.; ☎ 02-470-7400; www.hotelgalerias.cl; San Antonio 65; EZ/DZ 78 000/88 000 Ch$; ❄ @ 🛜 ≋ 🐕; M Santa Lucía) Dieses Hotel ist sichtlich stolz, chilenisch zu sein: Nachgebildete *moai* (Statuen der Osterinseln) bewachen den Eingang, das Restaurant setzt auf regionale Küche, und die einfachen, aber gut ausgestatteten Zimmer zieren traditionelle Webstoffe sowie Hartholzmöbel. Der Außenpool und die Tatsache, dass Kinder unter zehn Jahren in Begleitung der Eltern nichts bezahlen, machen die Bleibe zu einer familienfreundlichen Option.

Hotel Plaza San Francisco   LUXUSHOTEL $$$
(Karte S. 50 f.; ☎ 02-639-3832; www.plazasanfrancisco.cl; O'Higgins 816; DZ 91 500 Ch$; ❄ @ 🛜 ≋; M Universidad de Chile) Eichengetäfelte Rezeption, Drucke mit Jagdszenen und nüchtern dunkelrot und senfgelb eingerichtete Zimmer: Das Hotel bemüht sich ganz offensichtlich um englischen Salonlook. Die Angestellten nehmen es dank ihrer untadeligen Umgangsformen mit jedem englischen Butler auf, das Fitnesscenter ist komfortabel und das Frühstücksbüfett sowie das Restaurant überzeugen auf ganzer Linie, trotzdem würde eine Renovierung nicht schaden.

🛏 Barrio Lastarria & Barrio Bellas Artes

Andes Hostel & Apartments   HOSTEL $
(Karte S. 50 f.; ☎ 02-632-9990; www.andeshostel.com; Monjitas 506; B 15 100–16 400 Ch$, DZ mit/ohne Bad 55 700/39 000 Ch$, Apt. 72 200 Ch$; @ 🛜 ≋; M Bellas Artes) Pistazienfarbene Wände, ein Teppich mit Zebramuster, zusammengewürfelte Retro-Sofas und eine mosaikgefliese Bar sorgen für den (poppigen) Charme dieses zentral gelegenen Hostels. In den 4er- und 6er-Zimmern kann es in Sommernächten recht heiß werden. Gruppenreisenden empfehlen wird den Aufpreis für ein Andes-Apartment im benachbarten Häuserblock.

Hostal Forestal   HOSTEL $
(Karte S. 50 f.; ☎ 02-638-1347; www.hostalforestal.cl; Coronel Santiago Bueras 120; B 6500–8000 Ch$, EZ ohne Bad 18 000 Ch$, DZ mit/ohne Bad 27 000/22 000 Ch$; @ 🛜; M Baquedano) Das Hostel

ABSEITS DER ÜBLICHEN PFADE

BARRIO RECOLETA

Geschäftige koreanische Lokale und nahöstliche Imbisse, ein lebendiger Markt voll reifer Früchte, ein buntes Durcheinander von Straßenhändlern und eine angesagte Cocktail-Lounge – all das findet man in diesem aufstrebenden Viertel unmittelbar westlich von Bellavista, das sich etwas abseits der Touristenwege erstreckt. Folgende Adressen lohnen einen Besuch:

Patronato (Karte S. 54; grenzt an Recoleta, Loreto, Bellavista & Dominica ; M Patronato) Dieses Barrio im Barrio wird in etwa von den Straßen Recoleta, Loreto, Bellavista und Dominica begrenzt und ist das Zentrum von Santiagos Einwanderern, insbesondere der Koreaner, Chinesen und Araber. Die farbenfrohen, etwas baufälligen Blocks bestehen aus alten Gebäuden mit leuchtenden Neonschildern, wobei Cumbia-Klänge für die musikalische Untermalung sorgen. Vor Ort kann man einfache ausländische Supermärkte besuchen, sich an Straßenständen satt essen oder über den Kleidermarkt bummeln, wo Einheimische um Kleider für die *quinceañera* (15. Geburtstag) und chinesische Hausschuhe feilschen.

La Vega Central (Karte S. 50 f.; www.lavega.cl; Ecke Nueva Rengifo & López de Bello ; Mo–Sa 6–18, So 6–15 Uhr; M Patronato) Himbeeren, Quitten, Feigen, Pfirsiche, Khakifrüchte, Zimtäpfel… alles, was in Chile wächst, ist hier zu finden. Morgens sind die schreienden Händler in Aktion zu erleben.

Vietnam Discovery (Karte S. 54; 02-737-2037; www.vietnamdiscovery.cl; Loreto 324; Hauptgerichte 4800–7600 Ch$; So–Fr mittags & abends, Sa mittags; ; M Patronato) Schon bevor ein französisch-thailändisches Paar dieses intime neue Lokal eröffnete, lockte die Gegend hippe Santiaguinos an. Die junge stylishe Version der für das Barrio typischen ausländischen Restaurants serviert kreative thailändische und vietnamesische Küche. Im Vietnam Discovery bekommt nur einen Platz, wer im Voraus online reserviert hat.

Restobar KY (Karte S. 54; www.restobarky.cl; Av Perú 631; Di–So; M Cerro Blanco) Eine eindrucksvolle, vom südostasiatischen Flair des Barrio inspirierte Cocktailbar. Der Besitzer, ein Fotograf, hat an dem baufälligen alten Haus wahre Wunder vollbracht: Nun erstrahlt das unwirkliche Innere im Licht chinesischer Laternen und alter Kronleuchter und wird von einem faszinierenden Mix aus altmodischen Stühlen, exotischen Pflanzen, verzierten Holzmöbeln sowie lebendiger Kunst geschmückt.

---

punktet mit seiner zentralen Lage, der Gemeinschaftsküche und dem Billiardtisch. Die dunklen, etwas schäbigen Schlafsäle wirken jedoch verwohnt.

Lastarria 43 APARTMENTS $$
(Karte S. 50 f.; 02-638-3230; www.apartmentsantiago.cl; Lastarria 43; Studio 38 000–45 000 Ch$, 3-6-Pers.-Apt. 75 000–92 000 Ch$; ; M Universidad Católica) An einer ruhigen Straße am Rand von Lastarria bieten diese Studios und Apartments für Familien ein tolles Preis-Leistungs-Verhältnis. Gemeinschaftsbereiche gibt's hier nicht, dafür fühlt man sich in den möblierten Apartments mit luxuriösen Extras wie in einer der wohlhabenderen Wohnbezirke von Santiago. Im Gegensatz zu anderen Ferienwohnungen ist hier täglicher Reinigungsservice inbegriffen.

The Singular BOUTIQUE-HOTEL $$$
(Karte S. 50 f.; 02-306-8810; www.thesingular.com; Merced 294, Lastarria; Zi. ab 250 US$; ; M Universidad Católica) Stilvoll, raffiniert, wohl durchdacht und einfach einzigartig: Das Schmuckstück im Herzen von Lastarria setzt neue Maßstäbe in Sachen Boutique-Luxus. Die großen Zimmer mit eklektischen Möbeln und Kunstwerken werden wohl selbst anspruchsvollste Designliebhaber überzeugen. Abgerundet wird das Gesamtpaket durch Pool und Spa.

Hotel Boutique Lastarria BOUTIQUE-HOTEL $$$
(Karte S. 50 f.; 02-840-3700; www.lastarriahotel.com; Coronel Santiago Bueras 188; Zi. 279–339 US$, Suite 369–399 US$; ; M Bellas Artes) Trotz des recht hohen Standards scheinen uns die 14 Zimmer in diesem Boutique-Hotel etwas überteuert. Für einen Aufenthalt sprechen der begrünte Pool im Garten hinterm Haus, Zimmer mit gewölbten Decken und Travertin-Fliesen, Möbel in klassisch-modernem Stil, jede Menge Platz, ein kleines Fitnessstudio und die ideale Lage.

Bellavista

La Chimba
HOSTEL $

(Karte S. 54; 02-735-8978; www.lachimba.com; Ernesto Pinto Lagarrigue 262; B 11 000 Ch$, EZ/DZ 24 000/36 000 Ch$, ohne Bad 18 000/30 000 Ch$; @ 🛜; M Baquedano) Ein riesiges Wandbild begrüßt die Gäste dieses Party-Hostels in Bellavista. Die coole Lounge mit brennendem Kerzenleuchter und anderem Krimskrams überspannt ein paar Jahrzehnte und erinnert an die 1950er-Jahre. Die etwas schäbigen, aber geschmackvollen Zimmer verbreiten ein gewisses Punk-Rock-Flair und die große Piazza hinterm Haus lädt zu geselligen Stunden ein.

Nomades Hostel
HOSTEL $

(Karte S. 54; 02-789-7600; Bellavista 0318; B/EZ 10 000/18 000 Ch$, DZ mit/ohne Bad 36 000/27 000 Ch$; M Baquedano) Hier trifft modernes Design auf altmodisch-elegante Architektur. Neben toller Kunst gibt es einen kühlen Patio im Freien und eine wunderbare Gemeinschaftsküche als Herzstück. Die Schlafsäle bieten Platz für fünf Personen.

Bellavista Hostel
HOSTEL $

(Karte S. 54; 02-899-7145; www.bellavistahostel.com; Dardignac 0184; B 12 000 Ch$, EZ/DZ ohne Bad 18 000/30 000 Ch$; @ 🛜; M Baquedano) Das sehr gesellige Hostel ist ein Klassiker in Bellavista. In leuchtenden Farben gestrichene Wände voller bunter Gemälde und Graffiti sorgen für entspannte Künstleratmosphäre, zudem gibt es eine tolle Terrasse und zwei Küchen. Es könnte allerdings etwas sauberer sein. Die besten Bars und Clubs der Stadt liegen direkt vor der Haustür – friedliche Nachtruhe kann hier keiner garantieren. Wer nachts nicht lange ausgehen möchte, übernachtet am besten im Anbau oder sucht sich gleich eine andere Bleibe.

Hostal Caracol
HOSTEL $

(Karte S. 54; 02-732-4644; www.caracolsantiago.cl; General Ekdhal 151; B 9000–10 000 Ch$, DZ ab 30 000 Ch$; @ 🛜; M Patronato) Sauber und modern, wenn auch karg und wenig herzlich. Die recht anständigen Schlafsäle des Hostels verteilen sich auf drei Stockwerke und es gibt eine Gemeinschaftsküche sowie eine Terrasse, auf der sich Gäste entspannen können.

Hostal del Barrio Bellavista
HOSTEL $

(Karte S. 54; 02-732-0598; hostal.del.barrio@gmail.com; General Ekdhal 159; B/DZ 10 000/25 000 Ch$; 🛜; M Patronato) Positiv ins Gewicht fallen die Gemeinschaftszimmer für nur drei bis vier Personen, doch der Mangel an attraktiven Gemeinschaftsbereichen und an echtem Traveller-Flair macht das Hostel für viele zu einer Option zweiter Wahl.

★ Hotel Boutique Tremo
BOUTIQUE-HOTEL $$

(Karte S. 54; 02-732-4882; www.tremohotel.cl; Alberto Reyes 32; Zi. 67 000 Ch$; 🛜; M Baquedano) Wer nach einer Boutique-Unterkunft zu fairen Preisen sucht, ist hier richtig. Die hübsch umgebaute Villa in einer ruhigen Straße in Bellavista verfügt über eine großartige Patio-Lounge, freche Art-déco-Elemente, erstklassigen Service und Klimaanlage.

Eine Wendeltreppe führt zu den hohen in Weiß gehaltenen Zimmern in minimalistischem skandinavischem Design mit flippiger Kunst und modernen Bädern.

Bellavista Home
B&B $$

(Karte S. 54; 02-247-3598; www.bellavistahome.cl; Capellán Abarzúa 143; EZ/DZ 35 000/45 000 Ch$, EZ/DZ/3BZ ohne Bad 25 000/40 000/55 000 Ch$; @ 🛜 ≋ 🐾; M Baquedano) Das B&B befindet sich in einem alten Gebäude – einst ein Künstleratelier – und verströmt trotz *carrete* und des Trubels in Bellavista eine familienfreundliche, idyllische Atmosphäre. Die luftigen Zimmer bieten makellose weiße Bettwäsche, farbenfrohe kleine Teppiche und bunte Holztüren. Weit im Voraus reservieren.

Gäste haben Zugang zur Küche. Im hübschen Gartenpatio werden tolles Frühstück und rund um die Uhr Kaffee serviert.

The Aubrey Hotel
LUXUSHOTEL $$$

(Karte S. 54; 02-940-2800; www.theaubrey.com; Constitución 299–317; DZ ab 250 US$, Suite 450–550 US$; ❄ @ 🛜 ≋; M Baquedano) Die umgebaute spanische Patrizierwilla von 1926 ist die beste Luxus-Boutique-Unterkunft der Stadt. Besondere Details sind der ansprechende, gut beheizte Außenpool, die ausgeklügelte Beleuchtung, romantische Mahlzeiten unter freiem Himmel im italienischen Hotelrestaurant und die traumhafte Lage am Fuße des Cerro San Cristóbal.

Der Mix aus Art-déco mit modernem und klassischem Design zieht sich von den Gemeinschaftsbereichen durch bis zu den gut ausgestatteten Zimmern, zudem steht auf Abruf ein Portier bereit, mit dem man auch mal einen kurzen Plausch halten kann.

Barrio Brasil & Barrio Yungay

Happy House Hostel
HOSTEL $

(Karte S. 56; 02-688-4849; www.happyhousehostel.com; Moneda 1829; B/EZ/DZ ohne Bad 10 000/23 000/30 000 Ch$, EZ/DZ 36 000/40 000 Ch$;

@ 🛜 ❄ ; Ⓜ Los Héroes) Das beste Hotel im Barrio Brasil wird müden Reisenden gefallen. Die Villa von 1910 schmücken großartige Stuckdecken, originelle moderne Elemente und überraschendes Art-déco-Styling. Es gibt einen Pool, eine Bar, einen Patio hinterm Haus, ein paar Stockwerke mit Schlafsälen und sehr lohnenswerte Privatzimmer.

La Casa Roja HOSTEL **$**

(Karte S. 56; ☏ 02-696-4241; www.lacasaroja.cl; Agustinas 2113; B 8000–10 000 Ch$, DZ mit/ohne Bad 32 000/28 000 Ch$; @ 🛜 ❄ ; Ⓜ Ricardo Cumming) Swimmingpool, luftige Terrassen, Open-Air-Bar, Garten und eine große, gut konzipierte Küche – kein Wunder, dass der von Australiern betriebene Laden ein Paradies für Backpacker ist. Das gesellige Flair ist nur einer der vielen Vorzüge: Mit breit geschwungenen Treppen und himmelhohen Stuckdecken verströmt das liebevoll restaurierte Haus aus dem 19. Jh. viel Atmosphäre.

Besonders toll für den Preis sind die Doppelzimmer, die über schicke Retro-Möbel und schmucke Bäder verfügen.

🛏 Providencia

Castillo Surfista Hostel HOSTEL **$**

(☏ 02-893-3350; www.castillosurfista.com; Maria Luisa Santander 0329; B 8500 Ch$, DZ ohne Bad 21 400–25 400 Ch$; @ 🛜 ; Ⓜ Baquedano) Ein kalifornischer Surfer betreibt dieses renovierte Haus in recht abgeschiedener Lage. Es bietet gemütliche Schlafsäle und Doppelzimmer, gepflegte Gemeinschaftsbereiche und entspannte Gastgeber mit guten Kontakten zur Surfszene. Der Besitzer organisiert Tagesausflüge zu weniger bekannten Surfspots und verleiht Wicked-Wohnmobile an Surfer, die sich in Eigenregie zu den Stränden aufmachen möchten.

Intiwasi Hotel BOUTIQUE-HOTEL **$$**

(Karte S. 58; ☏ 02-985-5285; www.intiwasihotel.com; Josue Smith Solar 380, Providencia; Zi. 85–90 US$; ❄ @ 🛜 ; Ⓜ Los Leones) Eine gemütliche, zentral gelegene Bleibe für ältere Semester. Die Besitzer helfen gern bei der Reiseplanung und der Stil mit bunten Textilien, dunklem Holz sowie leuchtenden Rot- und Orangetönen ist indigen gehalten (Intiwasi bedeutet auf Quechua „Haus der Sonne"). Alle Zimmer haben Privatbäder und LCD-Fernseher.

Hotel Orly LUXUSHOTEL **$$$**

(Karte S. 58; ☏ 02-630-3000; www.orlyhotel.com; Av Pedro de Valdivia 027, Providencia; EZ/DZ 145/

ABSTECHER

CEMENTERIO GENERAL

Santiagos **Cementerio General** (www.cementeriogeneral.cl; Av Profesor Alberto Zañartu 951; ⊗ 8.30–18 Uhr; Ⓜ Cementerios) ist mehr als nur ein Friedhof, eher eine Stadt aus Grabmälern, von denen viele mit Werken berühmter lokaler Bildhauer geschmückt sind. Die Namen oberhalb der Grüfte lesen sich wie das *Who's who* der chilenischen Geschichte. An die turbulentesten Momente erinnern das Grab von Salvador Allende und das **Memorial del Detenido Desaparecido y del Ejecutado Político**, eine Gedenkstätte für die „Verschwundenen" während Pinochets Diktatur.

Wer zur Gedenkstätte möchte, geht vom Haupteingang zunächst die Avenida Lima entlang, biegt dann rechts in die Horvitz ab und folgt ihr 200 m. Hinter der Brücke kommt die Gedenkstätte auf der rechten Seite in Sicht.

---

165 US$, Apt. 145 US$; 🅿 ❄ @ 🛜 ; Ⓜ Pedro de Valdivia) Das stattliche (und recht biedere) Hotel verfügt über eine tolle verglaste Terrasse. Dunkle Holzmöbel, schneeweiße Bettwäsche und dunkelrote schwere Vorhänge verbinden sich zu einem eher klassischen Stil. Im Frühstückszimmer gibt's den ganzen Tag über Kaffee, Tee und Kuchen. Für Familien lohnen sich die zwölf Apartments des Orly. Frühstück ist im Preis inbegriffen.

🛏 Las Condes, Barrio El Golf & Vitacura

W Santiago LUXUSHOTEL **$$$**

(Karte S. 60; ☏ 02-770-0000; www.starwoodhotels.com; Isidora Goyenechea 3000, Las Condes; Zi. ab 269 US$; 🅿 ❄ @ 🛜 ❄ ; Ⓜ El Golf) Stilbewusst, voller Energie, dekadent und sexy: Das W Santiago bietet alles, was man von der internationalen Kette erwartet. Hier gibt's Partys, spontane Modeschauen, großartige Restaurants, pulsierende Nachtclubs, Promis und jede Menge schöner Menschen. Die schicken Gästezimmer und Suiten bieten Panoramafenster und alle modernen und technischen Extras, die man sich nur wünschen kann.

Auch wenn man nicht hier übernachtet, lohnt sich ein Abendessen oder eine Partynacht in diesem Komplex. Zur Auswahl stehen mehrere Bars und eine laute Diskothek sowie französische, chilenische und japanische Fusionsküche im Terrassenbistro. Gäste lieben den Pool auf dem Dach und das Spa in der dritten Etage.

Ritz-Carlton
LUXUSHOTEL $$$

(Karte S. 60; ☎ 02-470-8500; www.ritzcarlton.com/santiago; El Alcalde 15; Zi. ab 398 US$; ✱ @ ⚏ ☰; Ⓜ El Golf) Im Ritz, einem glanzvollen Symbol der florierenden Wirtschaft Chiles, dürfen sich Gäste auf breite Betten mit herrlich komfortablen Matratzen und ägyptischer Baumwolle sowie auf verschiedene Spabehandlungen freuen.

Highlights sind im obersten Stock der Wellnessclub und der Swimmingpool mit gläsernem Dachgewölbe, wo man unterm Sternenhimmel schwimmen kann. Wer flüssige „Wellness" im Glas bevorzugt: Die in der Bar eigens kreierten Pisco Sours sind geradezu legendär.

🍴 Essen

Santiago hat sich zu einem echten Feinschmeckerparadies entwickelt. Kreative Gastronomen aus Peru, Argentinien und Europa haben der ohnehin exzellenten Restaurantszene der Stadt in den letzten Jahren noch zusätzlichen Pepp verliehen. Nach wie vor schwingen zwar traditionelle chilenische Meeresfrüchtegerichte das kulinarische Zepter, aber es gibt auch eine gute Auswahl peruanischer und japanischer Küche sowie gehobenes Café-Essen.

Die besten Restaurants konzentrieren sich in Lastarria, Bellavista und Providencia. Viele offerieren unter der Woche auch preiswerte Mittagsmenüs. Wer klassische chilenische Gerichte sucht, sollte mittags den zentralen Fischmarkt mit seinen günstigen Meeresfrüchten, die überall in der Stadt anzutreffenden Empanada-Stände oder die Diners im Zentrum mit ihren *completos* (mit Avocado verfeinerte Hotdogs) ansteuern.

🍴 Centro

Zur Mittagszeit sind die *fuentes de soda* (Sodaquellen) zu empfehlen, atmosphärische Vintage-Lokale im Diner-Stil, in denen sich Geschäftsleute Sandwiches und chilenische Klassiker schmecken lassen. Abends finden sich in anderen Stadtteilen bessere Optionen.

★ Mercado Central
FISCH & MEERESFRÜCHTE $

(Central Market; Karte S. 50 f.; www.mercadocentral.cl; Ecke 21 de Mayo & San Pablo; ⊙ Essensstände & Restaurants Mo–Fr 9–17, Sa & So 7–15.30 Uhr; Ⓜ Puente Cal y Canto) Santiagos schmiedeeiserne Fischmarkthalle ist ein Klassiker für Meeresfrüchtegerichte (und Fischeintöpfe, die gegen Kater helfen, wie *caldillo de congrio* mit Tomaten und Kartoffeln – Pablo Nerudas Lieblingsgericht). Am besten lässt man die zentral gelegenen touristischen Restaurants links liegen und steuert die kleinen unscheinbaren, günstigen Buden am Rand an.

Bar Nacional
CHILENISCH $

(Karte S. 50 f.; Huérfanos 1151; Hauptgerichte 3400–5500 Ch$; ⊙ Mo–Sa 9–23 Uhr; Ⓜ Plaza de Armas) Von der Chromtheke bis hin zum betagten Bedienungspersonal ist dieser *fuente de soda* durch und durch altmodisch. Seit Jahren werden hier chilenische Spezialitäten wie *lomo a lo pobre* (Steak und Pommes frites mit Spiegelei) serviert. Wer Geld sparen möchte, fragt einfach nach der Sandwichkarte.

El Naturista
VEGETARISCH $

(Karte S. 50 f.; www.elnaturista.cl; Huérfanos 1046; Hauptgerichte 3400-5000 Ch$; ⊙ Mo–Sa 9–22 Uhr; 🍴; Ⓜ Plaza de Armas) In dem etablierten vegetarischen Restaurant gibt's einfache, aber sättigende Suppen, Sandwiches, Salate, Tartes, frisch gepresste Säfte, leichtes Frühstück und Fruchteis. Die zweite Filiale in der Moneda 846 ist nicht weit entfernt.

Empanadas Zunino
BÄCKEREI $

(Karte S. 50 f.; www.empanadaszunino.cl; Puente 801; Empanadas 650–800 Ch$; ⊙ Mo–So 9–17 Uhr; Ⓜ Puente Cal y Canto) Seit den 1930er-Jahren fertigt die klassische Bäckerei fantastische Empanadas. Chilenische Gastronomiejournalisten erklärten sie kürzlich zu den zweitbesten in Santiago.

Bar Nacional 2
CHILENISCH $

(Karte S. 50 f.; Bandera s/n; Hauptgerichte 3400–5500 Ch$; ⊙ Mo–Sa 9–23 Uhr; Ⓜ Plaza de Armas) Aufgrund ihrer großen Beliebtheit hat die Bar Nacional nicht weit vom Zentrum gleich zwei Filialen. Auf den Tisch kommen chilenische Küche und traditionelle Kost.

Imbissstände
CHILENISCH $

(Karte S. 50 f.; Portal Fernández Concha; Portionen 500–2000 Ch$; ⊙ Mo–Sa 9–21 Uhr; Ⓜ Plaza de Armas) Mit das günstigste Essen der Stadt gibt's an den zahllosen Imbissbuden entlang dem Portal Fernández Concha, einer Arkade auf der Nordseite der Plaza de Armas. Tag und Nacht werden hier überdimensionierte Empanadas, *completos* und Pizzastücke über den Tresen gereicht.

Barrio Lastarria & Barrio Bellas Artes

In den stylishen Stadtvierteln findet man einige der besten Lokale der ganzen Stadt sowie moderne Cafés, ausländische Restaurants und jede Menge nette Sitzgelegenheiten im Freien.

Sur Patagónico CHILENISCH $
(Karte S. 50 f.; Lastarria 92; Hauptgerichte 6900–7700 Ch$; Mo-Sa 12–23 Uhr; M Universidad Católica) Der Service ist notorisch langsam, doch wenn man einen der hübschen Tische im Freien ergattert, stört das kaum, denn an der geschäftigen Ecke lässt sich wunderbar das bunte Treiben beobachten, am besten mit einem kalten chilenischen Bier in der Hand.

Die gedämpften Muscheln kann man wunderbar teilen, zudem gibt's gehaltvollere von Patagonien inspirierte Gerichte wie Pilzrisotto, Steak und Lamm von der *parrilla* (Grill). Der rustikale Speiseraum erinnert an einen alten Gemischtwarenladen.

Tambo PERUANISCH $
(Karte S. 50 f.; www.tambochile.cl; Lastarria 65; Hauptgerichte 5500–7700 Ch$; Mo-Sa 12–23 Uhr; M Universidad Católica) Das moderne Restaurant liegt an einer der charmantesten Straßen Lastarrias und überzeugt mit aromatischen peruanischen Speisen und Getränken. Auf jeden Fall probieren sollte man das fantastische Ceviche. Ein guter Einstieg in die Geschmacksnoten von der anderen Seite der Grenze ist ein köstlicher Pisco Sour mit *maracuyá* (Passionsfrucht).

Café Bistro de la Barra CAFÉ $
(Karte S. 50 f.; JM de la Barra 455; Sandwiches 3500–7000 Ch$; Mo-Fr 9–21.30, Sa & So 10–21.30 Uhr; ; M Bellas Artes) Abgenutzte alte Bodenfliesen, ein Samtsofa, eine Schaukel aus den 1940er-Jahren und Lampen aus Tassen und Teekannen bilden die verschrobene, aber hübsche Kulisse für den besten Brunch und die besten *onces* (Nachmittagstee) in der Stadt. Zu den üppigen Sandwiches zählen die Croissants mit Lachs oder Parmaschinken und Rucola auf fluffigem Olivenbrot. Unbedingt noch Platz lassen für den schön festen Käsekuchen mit Beeren.

Emporio La Rosa EIS $
(Karte S. 50 f.; www.emporiolarosa.com; Merced 291; Eis 900–1800 Ch$, Salate & Sandwiches 2500–3900 Ch$; Mo-Sa 9–23 Uhr; ; M Bellas Artes) Schoko mit Chili, Rosenblüten oder Erdbeere mit schwarzem Pfeffer sind nur ein paar der sagenhaften Geschmacksrichtungen der extra sämigen handgemachten Eiscreme, die angeblich süchtig macht. Die blättrigen Schokocroissants und weichen Focaccia-Sandwiches sind zwei weitere Gründe, sich an den Chromtischen niederzulassen.

Opera FRANZÖSISCH $$
(Karte S. 50 f.; 02-664-3048; www.operacatedral.cl; Merced 395; Hauptgerichte 9200–12 000 Ch$; Mo-Fr 13–15.30 & 20–23, Sa 20–24 Uhr; M Bellas Artes) Vom ersten Bissen Foie gras bis zum letzten Klecks Crème brulée ist das Essen im Opera klassische französische Küche, die mit hervorragenden chilenischen Zutaten zubereitet wird. Zu den leckersten Hauptgerichten gehören Lammschinken in Cabernet-Sud und das perfekte rosa Kalbskotelett in buttriger Sauce Béarnaise. Die Catedral, eine Bar im oberen Stock, serviert schlichte, aber ebenso exzellente Speisen. Das eindrucksvolle alte Eckhaus ist ein historisches Nationaldenkmal.

Bellavista

In Bellavista kann man wunderbar rund um die Uhr essen und ausgehen. Hier gibt's alteingesessene Familienunternehmen, die bei den Einheimischen seit Jahren beliebt sind, ständig wechselnde schicke Restaurants an der Constitución und der Dardignac sowie einfache Imbissläden in der Pío Nono, die junge Partygänger mit günstigen Empanadas, Pizzastücken, *completos* und Sandwiches durch die langen Nächte bringen.

Galindo CHILENISCH $
(Karte S. 54; www.galindo.cl; Dardignac 098; Hauptgerichte 2800–5800 Ch$; Mo-Sa 12–23 Uhr; M Baquedano) Retro-Neonschilder schmücken die holzverkleidete Bar des altbewährten und beliebten Lokals, das meist aus allen Nähten platzt. Der Grund ist offensichtlich: Anders als in den edlen Restaurants ringsum dreht sich im Galindo alles um brutzelnde *parrilladas* (Grillplatten) und herzhafte chilenische Gerichte wie *chorrillana* (Pommes frites mit gegrillten Zwiebeln und Fleisch), die mit frisch gezapftem Bier oder Hauswein hinuntergespült werden.

El Caramaño CHILENISCH $
(Karte S. 54; http://caramano.tripod.com; Purísima 257; Hauptgerichte 3200–7500 Ch$; Mo-Sa 12–23 Uhr; M Baquedano) Die umfangreiche Auswahl an köstlich zubereiteten chilenischen Klassikern wie *machas a la parmesana* (gratinierte Schwertmuscheln), *merluza a la trauca* (gebackener Seehecht mit Chorizo

und Tomatensoße) und *oreganato* (zerlassener Ziegenkäse mit Oregano) lockt einheimische Familien seit Jahren hierher. Eine verlässliche Wahl für eine hochwertige und dennoch erschwingliche Mahlzeit.

★ Peumayen
CHILENISCH $$

(Karte S. 54; www.peumayenchile.cl; Constitución 136; Probiermenü 10 500 Ch$; Di–Sa 19–23, So 13–15 Uhr; M Baquedano) Der Neuling in Bellavista verspricht zweifellos eines der unvergesslichsten gastronomischen Erlebnisse des Landes. Die innovative chilenische Küche greift zurück auf die kulinarischen Wurzeln der Mapuche, der Einwohner der Osterinseln und der Quechua.

Wenn man nicht gerade in einer großen Gruppe unterwegs ist, lohnt es sich kaum, à la carte zu bestellen. Stattdessen ordert man das auf einer Steinplatte servierte Probiermenü, das indigene Gerichte modern interpretiert, u. a. mit Lama, Lammzunge, Kalbsbries, Pferd und Lachs. Der dramatisch beleuchtete Innenhof und der Innenraum mit der niedrigen Decke sind die perfekte Kulisse für eine bunte Reise zu Chiles kulinarischen Ursprüngen.

Azul Profundo
FISCH & MEERESFRÜCHTE $$

(Karte S. 54; www.azulprofundo.cl; Constitución 111; Hauptgerichte 7500–13 000 Ch$; Mo–Sa 12–23 Uhr; M Baquedano) Maritimes Flair dient als Kulisse für fabelhaft frische und innovative Meeresfrüchtegerichte. Zum Teilen eignet sich der appetitliche Ceviche-Probierteller, und dazu eine Runde Pisco Sour. Das üppige Essen gehört sicherlich zu den denkwürdigsten kulinarischen Erlebnissen in Chile.

Etniko
FUSIONSKÜCHE $$

(Karte S. 54; 02-732-0119; www.etniko.cl; Constitución 172; Hauptgerichte 5900–11 000 Ch$; Mo–Sa 12–3 Uhr; M Baquedano) Leicht übersinnliche Energie, riesige Sushi-Teller und Anleihen aus der japanischen, thailändischen und chilenischen Küche machen dieses hippe, stilbewusste und freundliche Lokal aus. Die Atmosphäre prägt ein Mix aus Stein, Metall, Bambus, Licht und Sound.

Barrio Brasil & Barrio Yungay

Platipus
ASIATISCH $

(Karte S. 56; www.platipus.cl; Agustinas 2099; Sushi 2900–5900 Ch$; Mo–Sa abends; M Ricardo Cumming) Kerzen werfen in dem lässigen Sushi-Lokal ihren warmen Schimmer auf die Ziegelwände. Eile ist hier nicht angesagt, aber sowohl Sushi als auch die *tablas* (Häppchen-Platten) lohnen die Wartezeit. Vegetarier finden ebenfalls eine große Auswahl vor.

Las Vacas Gordas
STEAKS $

(Karte S. 56; Cienfuegos 280; Hauptgerichte 4000–7000 Ch$; Mo–Sa 12–23 Uhr; M Ricardo Cumming) Steaks, Schweinefleisch, Hühnchen und Gemüse brutzeln auf dem riesigen Grill vor dem geschäftigen Hauptspeisebereich und werden dann von Kellnern alter Schule mit ausdruckslosem Gesicht an die Tische gebracht. Das beliebte Steakhaus ist meist gut besucht, deswegen sollte man reservieren oder früh herkommen.

Plaza Garibaldi
MEXIKANISCH $

(Karte S. 56; www.plazagaribaldi.cl; Moneda 2319; Hauptgerichte 3800–6200 Ch$; Mo–Sa 12–16 und 19–24 Uhr; M Ricardo Cumming) Zwischen leuchtend bunten Wänden und Schwingtüren serviert das Plaza Garibaldi mexikanische Klassiker wie Tacos, Quesadillas und *chimichangas* (gebratene Burritos). Das Essen ist nicht scharf genug, um wirklich authentisch zu sein, dafür sind die mexikanischen Gerichte mit chilenischem Touch aber frisch und sättigend und die Kellner freundlich.

★ Peluquería Francesa
FRANZÖSISCH $

(Boulevard Lavaud; Karte S. 56; 02-682-5243; www.boulevardlavaud.cl; Compañía de Jesús 2789; Hauptgerichte 3300–7000 Ch$; Mo–Sa 12–23 Uhr; M Ricardo Cumming) Das Lokal zählt zu Santiagos innovativeren kulinarischen Adressen. Der Name „Französischer Friseur" passt, schließlich erfüllte das elegante Eckhaus von 1868 ursprünglich genau diesen Zweck. Mit skurrilen Antiquitäten (die alle käuflich zu erwerben sind) bewahrt sich das Gebäude seinen historischen Charme und lockt an den Wochenenden abends jede Menge hippe Santiaguinos an, die die exzellenten französisch inspirierten Meeresfrüchtegerichte und die unkonventionelle Atmosphäre schätzen.

Squella Restaurant
FISCH & MEERESFRÜCHTE $$

(Karte S. 56; www.squellarestaurant.cl; Av Ricardo Cumming 94; Hauptgerichte 7200–9500 Ch$; Mo–Sa 19–24 Uhr; M Ricardo Cumming) Beim Betreten dieses kleinen weißen Lokals schwimmt oder krabbelt das Abendessen höchstwahrscheinlich noch in den blubbernden Becken, die eine Seite des Speiseraums säumen. Die frischen Austern, Garnelen, Venusmuscheln und das Ceviche locken bereits seit Jahrzehnten jede Menge Einheimische in das alteingesessene Fischrestaurant.

Providencia

El Huerto
CAFÉ $
(Karte S. 58; www.elhuerto.cl; Orrego Luco 054; Hauptgerichte 5700–6100 Ch$; ⊗ Mo-Sa 12–24 Uhr; ☑; Ⓜ Pedro de Valdivia) Die vegetarische Küche dieses bodenständigen Restaurants findet großen Anklang bei coolen jungen Mädchen und Damen, die zum Mittagessen herkommen. Zur Auswahl stehen Eiweißomeletts, Erdbeersmoothies, Quinoa-Salate und wunderbare Desserts mit Milchkaffee.

Voraz Pizza
PIZZA $
(Karte S. 58; www.vorazpizza.cl; Av Providencia 1321; Pizzas 3300–4000 Ch$; ⊗ Mo-Sa 12–23 Uhr; ☑; Ⓜ Manuel Montt) Das winzige, einfache Lokal bietet sehr gute dünne Pizzas zu einem günstigen Preis, Craft Beer, Straßentische und einen Lieferservice. Vegetarier können sich über einige leckere fleischlose Varianten freuen und auch Veganer kommen auf ihre Kosten.

Aquí Está Coco
CHILENISCH $$
(Karte S. 58; ☎ 02-410-6200; www.aquiestacoco.cl; La Concepción 236; Hauptgerichte 9100–13 000 Ch$; ⊗ Mo-Sa 12–23 Uhr; ☑; Ⓜ Pedro de Valdivia) ✿ In der wunderschönen kleinen Villa, die mit nachhaltigen Materialien restauriert wurde, befindet sich eines von Providencias hippsten Restaurants. Der Name „Hier ist Coco" bezieht sich auf den fantasievollen Besitzer, der in den Räumlichkeiten Kunst und Artefakte von seinen Weltreisen zeigt und sich außerdem durch beachtliches kulinarisches Talent und seine Leidenschaft für Wein auszeichnet.

Mit der *centolla* (Königskrabbe aus Patagonien) trifft man immer eine gute Wahl. Weitere Highlights aus Cocos nach eigener Aussage „einfacher und ehrlicher Küche" sind Jakobsmuscheln mit Kokossoße und kurz gebratener Thunfisch von der Osterinsel.

Liguria
MEDITERRAN $$
(Karte S. 58; ☎ 02-334-4346; www.liguria.cl; Av Pedro de Valdivia 47; Hauptgerichte 5300–9800 Ch$; ⊗ Mo-Sa 12–23 Uhr; Ⓜ Pedro de Valdivia) Der Klassiker in Santiagos Restaurantszene ist eine perfekte Mischung aus Bar und Bistro. Die Kreidetafeln, die von adretten Kellnern alter Schule souverän auf rot karierten Tischdecken platziert werden, kündigen Speisen wie geschmortes Kaninchen und andere besondere Gerichte an.

Der holzgetäfelte Raum ist mit klassischer Reklame, chilenischen Memorabilien und alten Flaschen dekoriert. Aber die Gäste kämpfen eher um die Straßentische – selbst wochentags sollte man vorab reservieren. In der Stadt gibt es zwei weitere Filialen.

Astrid y Gastón
PERUANISCH $$$
(Karte S. 58; ☎ 02-650-9125; www.astridygaston.com; Antonio Bellet 201; Menü 40 000 Ch$; ⊗ Mo-Fr mittags, Mo-Sa abends; Ⓜ Pedro de Valdivia) Dank der saisonal wechselnden Karte mit peruanischer Haute cuisine avancierte dieses Lokal, ein Ableger des berühmten Restaurants in Peru, zu Santiagos meistgefeiertem Restaurant. Die herzliche routinierte Bedienung erläutert gern die dezente, moderne Version traditioneller Ceviches, *chupes* (Fischeintöpfe) und *cochinillos* (Spanferkel), die alle wunderbar präsentiert werden.

Las Condes, Barrio El Golf & Vitacura

In Santiagos vornehmsten Gegenden leben die Superreichen – die dort auch die teuersten Restaurants und Bars besuchen. Dennoch sieht man auch zahllose Starbucks-Filialen und amerikanische Restaurantketten.

Café Melba
CAFÉ $
(Karte S. 60; Don Carlos 2898; Sandwiches 2900 Ch$, Hauptgerichte 4000–7500 Ch$; ⊗ tgl. 7–15 Uhr; ☑; Ⓜ Tobalaba) Eier mit Speck, Muffins, Bagels und riesige Tassen Kaffee sind einige der leckeren ganztägig servierten Frühstücksvarianten in dem gemütlichen Café unter neuseeländischer Leitung. Lokale Finanzangestellte bestellen gern die ordentlich belegten Sandwiches und herzhafteren Gerichte wie thailändisches grünes Fischcurry oder Schweinemedaillons, doch die eigentliche Spezialität ist der Brunch.

Dominó
SANDWICHES $
(Karte S. 60; Isidora Goyenechea 2930, Las Condes; Sandwiches 1800–4000 Ch$; ⊗ Mo-Mi 8–22, Do & Fr bis 23, Sa 12–23 Uhr; Ⓜ Tobalaba) Diese Dominó-Filiale, eine moderne Version der traditionellen *fuentes de soda*, füllt sich zur Mittagszeit mit attraktiven jungen Büroangestellten. In coolem weißem Chrom-Dekor wird stylishes Fast Food auf Chile-Art wie günstige Sandwiches und *completos* serviert. In der Stadt gibt's noch weitere Filialen.

Ñuñoa

Eine zurückhaltende, aber durchaus existierende Restaurant- und Barszene machen Ñuñoa zu einem beliebten Ausgehviertel der gesetzteren Santiaguinos. Der Stadtbezirk liegt östlich des Centro und südlich von Providencia, entsprechend weit ist der Weg zu einer Metrostation. Doch das sollte niemanden von einem Besuch abhalten: Die Buslinie 505 verkehrt über die Merced und die Salvador zur Plaza Ñuñoa, dem Zentrum des Geschehens. Ein Taxi vom Centro kostet etwa 5000 Ch$.

Fuente Suiza   DINER $

(www.fuentesuiza.cl; Av Irarrázaval 3361; Sandwiches 2400–3600 Ch$; ⊙ Mo–Do 11–24, Fr bis 2, Sa bis 1 Uhr) Triefende Schweinefleischsandwiches und frittierte Empanadas machen das einfache Restaurant in Familienbesitz zum perfekten Ort, um sich auf eine lange Kneipentour vorzubereiten (oder sich davon zu erholen).

Ausgehen & Nachtleben

Klassischerweise wird das Nachtleben ganz in der Tradition des noch immer beliebten *once* zwischen 17 und 20 Uhr mit dem Nachmittagskaffee oder -tee samt Kuchen eingeläutet.

Wer möchte, kann den Kaffee durch Bier ersetzen und sich der Feiermeute in den Kneipen und Lounges anschließen, die sich ab 20 Uhr füllen. Scheinbar legen die Santiaguinos nur sonntags eine Trinkpause ein, irgendwo findet man immer eine gute Party. Der größte Ausgehbezirk ist Bellavista, man kann jedoch auch im schicken Lastarria, im Arbeiterviertel Brasil und in den eleganten Gegenden Las Condes und Providencia viel Spaß haben.

Wer auf Clubtour gehen möchte, braucht einen langen Atem. In den meisten Clubs ist erst ab Mitternacht etwas los, geschlossen wird um 4 oder 5 Uhr. Und selbst danach wird oft noch bis zum Morgengrauen weitergefeiert.

Centro

★ Café Mosqueto   CAFÉ

(Karte S.50 f.; ☎ 02-664-0273; Mosqueto 440; ⊙ Mo–Fr 8.30–22, Sa 10–21.30, So 11–21 Uhr; Bellas Artes) An einem verregneten Tag lädt das reizende Mosqueto zu gemütlichem Verweilen ein, und bei Sonnenschein lässt sich von den Tischen in der Fußgängerzone wunderbar das bunte Treiben beobachten. Die verkehrsberuhigte Einkaufsstraße in der Mosqueto zwischen Monjitas und Santo Domingo ist von mehreren ähnlichen Cafés gesäumt.

Confitería Torres   BAR

(Karte S.50 f.; www.confiteriatorres.cl; O'Higgins 1570; ⊙ Mo–Sa 10.30–24 Uhr; M Los Héroes) Selbst nach Renovierungsarbeiten, die dem Erscheinungsbild eine gewisse moderne Eleganz verleihen, ist hier noch jede Menge Geschichte zu spüren. Die Confitería Torres ist eines von Santiagos ältesten Cafés. Alternde Kellner bedienen souverän unter schimmernden Kronleuchtern, und die grün-weißen Bodenfliesen sind schon recht abgewetzt.

Der ehemalige Präsident Barros Luco bestellte hier stets ein mit Käse überbackenes Steak-Sandwich. Zur illustren Auswahl weiterer Berühmtheiten, die sich hier einen Kaffee oder Pisco Sour schmecken ließen, gehören auch Plácido Domingo und Rubén Darío.

Barrio Lastarria & Barrio Bellas Artes

★ Bar The Clinic   COCKTAILBAR

(Karte S.50 f.; www.bartheclinic.cl; Monjitas 578; M Bellas Artes) Die coole schräge Bar mit Esslokal hat einen intellektuellen Touch. In der offiziellen Stammkneipe der Mitarbeiter von Chiles politischem Magazin *The Clinic* lassen sich hippe Journalisten mit dunkel umrandeten Brillen klassische Cocktails und hochwertige Pubkost schmecken.

Boca Naríz   WEINBAR

(Karte S.50 f.; ☎ 02-638-9893; www.bocanariz.cl; Lastarria 276; Hauptgerichte 5000–9000 Ch$; ⊙ Mo–Sa 12–24 Uhr, So 19–23 Uhr; M Bellas Artes) Anderswo gibt es sicherlich besseres Ceviche, dafür sucht sie aber die Weinkarte in Chile ihresgleichen. Zudem punktet die Bar mit intimer Atmosphäre, Weinproben und önologischer Hingabe. Reservierung empfehlenswert.

Café del Museo   CAFÉ

(Karte S.50 f.; Lastarria 305, Plaza Mulato Gil; ⊙ Mo–Fr 11–20.30, Sa & So 10–21.30 Uhr; Bellas Artes) Das farbenfrohe Innenhof-Café befindet sich neben einem kleinen Kunstmuseum (daher der Name) in einer von Lastarrias niedlichen Kopfsteinpflastergassen und kredenzt leckeren Cappuccino, frischen Tee, Gebäck, Gourmetsandwiches sowie Salate.

Catedral   COCKTAILBAR

(Karte S.50 f.; www.operacatedral.cl; Ecke JM de la Barra & Merced; M Bellas Artes) Zweifellos geht die edle Speiseauswahl des Catedral weit über Barsnacks hinaus ... Wie wär's z. B. mit einem Glas Champagner und lilafarbener Crème Brûlée? Die selbstbewussten, meist berufstätigen Gäste zwischen 20 und 40 Jahren schätzen die minimalistischen zweifarbigen Sofas, die weiche Holztäfelung und die harmonische Musik.

Diese Cocktailbar ist eine von zwei stilvollen Adressen der Betreiber des Opera-Restaurant; beide befinden sich im selben wunderschön restaurierten Eckhaus.

El Diablito BAR
(Karte S. 50 f.; Merced 336; M Bellas Artes) Die dunklen Wände des verrauchten Schuppens hängen voll mit alten Fotos und altmodischen Haushaltsgegenständen. Bei Nacht laden die winzigen mit Kerzen beleuchteten Tische förmlich dazu ein, bis zum Morgengrauen konspirativ zusammenzusitzen. Dass *schop* (Bier vom Fass) und die Pisco Sours preiswert sind, ist ein weiterer Grund, hier hängen zu bleiben.

Mamboleta BAR
(Karte S. 50 f.; Merced 337; Di-Sa 9–2 Uhr; M Bellas Artes) Abwechslungsreiche Musik von verschiedenen Kontinenten und aus unterschiedlichen Jahrzehnten und ein recht ansprechender Innenhof machen die Bar zu einem guten Ausgangspunkt für eine Kneipentour durch die *noche de carrete*.

Bellavista

In Santiago ist das Barrio Bellavista strahlender Mittelpunkt des *carrete* (Nachtleben). Gegen 22 Uhr sind die Tische der vielen Bars sowohl drinnen als auch draußen von lärmenden Gruppen Santiaguinos besetzt, die sich heftigst der *previa* (Antrinken vor dem Clubbesuch) widmen. Viele der Restaurants und Clubs in Bellavista dienen gleichzeitig als Bars.

Die fast identisch aussehenden Kneipen in der Pío Nono sind einfach und superbillig – wässriges Bier wird hier gleich krügeweise getrunken. In der Constitución und der Antonia López de Bello mit ihren kunstorientierten Cocktailbars wirken sowohl die Getränke als auch die Gäste ein bisschen kultivierter. In der Bombero Núñez weiter westlich gibt's einige Undergroundläden sowie ein paar der besten schwulen Lokalitäten in Santiago.

Die Bars und Cafés im **Patio Bellavista** (Karte S. 54; 02-777-4582; www.patiobellavista.cl; Pío Nono 73; M Baquedano) kommen zwar ein bisschen öde daher, haben dafür aber auch sonntagnachts geöffnet.

Dublin KNEIPE
(Karte S. 54; 02-732-0526; www.dublin.cl; Constitución 58; So–Do 12–24, Fr & Sa 12–4 Uhr; M Baquedano) Abgesehen von den chilenisch inspirierten Barsnacks bietet das lebendige Irish Pub wenig Lokalkolorit, überzeugt jedoch mit großartiger Whiskey-Auswahl. Fast jeden Abend trifft sich hier eine gesellige Runde junger Santiaguinos und ortsansässiger Ausländer. Das Patio vorne ist leider ausschließlich fürs Abendessen reserviert.

Club La Feria CLUB
(Karte S. 54; www.clublaferia.cl; Constitución 275; Eintritt 3000–5000 Ch$; Do–Sa ab 23 Uhr; M Baquedano) Berauschende House- und Techno-Sounds, eine aufgeheizte Partymeute und spitzenmäßige DJs – der richtige Ort für elektronische Musik.

El Clan CLUB
(Karte S. 54; www.elclan.cl; Bombero Núñez 363; Eintritt 2000–5000 Ch$; Di–Sa ab 23 Uhr; M Baquedano) Der Name ist die Kurzform von El Clandestino (der im Untergrund Lebende) – ein Hinweis auf die Zeit der Undercover-Existenz des kleinen Clubs (draußen gibt es immer noch kein Schild). Die Gäste zwischen 20 und 30 Jahren hält eine kleine Truppe DJs bei Laune; aufgelegt wird alles von den 1980er-Jahren bis House, R&B, Funk oder Techno.

Barrio Brasil & Barrio Yungay

In dem Viertel links vom Zentrum gibt's ein ständig wachsendes Angebot an Ausgehmöglichkeiten. Die ruhigen Seitenstraßen sind zu später Stunde allerdings teils recht zwielichtig. Am besten nimmt man ein Taxi.

Baires BAR
(Karte S. 56; Brasil 255; M Ricardo Cumming) Offiziell ist das Baires ein „Sushi-Club". Abends füllen sich die Tische auf der Terrasse schnell, selbst an Werktagen. Die Getränkekarte ist ein regelrechter Wälzer und an Wochenenden legen oben DJs auf.

Blondie CLUB
(Karte S. 56; 02-681-7793; www.blondie.cl; O'Higgins 2879; Eintritt 3000–5000 Ch$; Do–Sa ab 23 Uhr; M Union Latinoamericano) Mindestens eine Tanzfläche des Blondie wird noch von den 1980er-Jahren beherrscht, während auf der anderen alles von Gothic Rock und Techno bis zu Britpop oder chilenischem Indie zu hören ist. Sehr beliebt bei Studenten und der Schwulengemeinde und meist proppevoll.

Providencia

California Cantina SPORTBAR
(Karte S. 58; 02-361-1056; www.californiacantina.cl; Las Urbinas 56; Mo-Di 17.30-2, Mi-Fr ab 12.30, Sa & So ab 15.30 Uhr; Los Leones) Die geräumige kalifornisch inspirierte Bar in Providencias Happy-Hour-Szene bietet fast für jeden etwas: ein Dutzend Biersorten vom Fass, mexikanisches Kneipenessen wie Tacos und Quesadillas, Sitzgelegenheiten auf der Terrasse, tägliche Cocktail-Specials und *fútbol*-Spiele auf Großbildschirm.

Santo Remedio COCKTAILBAR
(Karte S. 58; www.santoremedio.cl; Román Díaz 152; Mo-Fr 13-15.30 & 18.30-4, Sa & So 13-15.30 & 20.30-4 Uhr; Manuel Montt) Genau genommen ist das dämmrig beleuchtete alte Haus mit den hohen Decken ein Restaurant, und ein aphrodisisches noch dazu. Aber eigentlich kommen die Leute wegen der Bar: Heftige, gut gemixte Cocktails und regelmäßige DJ-Auftritte halten die um die Zwanzig- und Dreißigjährigen bei Laune.

Mito Urbano CLUB
(Karte S. 58; www.mitourbano.cl; Manuel Montt 350; Eintritt 4000-6000 Ch$; Manuel Montt) Unter den blinkenden Discokugeln in diesem unterhaltsamen Nachtclub tanzen Gäste in den Zwanzigern, Dreißigern und Vierzigern zu Oldies und chilenischem Pop. Der Veranstaltungskalender informiert über Salsakurse, Karaoke, Livejazz und andere Angebote, die die Leute schon vor Mitternacht herbeilocken.

Las Condes, Barrio El Golf & Vitacura

Flannery's IRISH PUB
(Karte S. 60; www.flannerys.cl; Encomenderos 83; Mo-Sa 12.30-2.30, So 17.30-0.30 Uhr; Tobalaba) Die Kneipe ist bei Ausländern und durchtrainierten, feierfreudigen Einheimischen gleichermaßen beliebt. Auf drei Etagen findet man viele Nischen und Ecken, zudem gibt's eine Dachterrasse und eine exzellente Bierkarte.

Ñuñoa

HBH Brewery BRAUHAUS
(www.cervezahbh.cl; Av Irarrázaval 3176; Mo-Fr 17-2, Sa ab 19.30 Uhr) Bierfreunde und Studenten schwärmen von dieser lockeren Mikrobrauerei. Neben Krügen mit eisgekühltem ei- gengebrautem Stark- und Lagerbier schenkt das HBH auch eine fantastische Auswahl erlesener Biere aus der ganzen Welt aus.

Unterhaltung

Ob man die Tanzfläche oder das Fußballstadion bevorzugt, lieber im Rhythmus mit klimpernden Folksängern klatscht oder am Ende einer dreistündigen Oper: Santiago bietet jede Menge Vergnügungen. Die überregionalen Tageszeitungen *El Mercurio* (S. 63) und *La Tercera* (www.latercera.cl) veröffentlichen Programme von Kino, Theater und klassischen Konzerten. Informationen und Karten für viele größere Vorstellungen und Sportveranstaltungen gibt's bei **Ticketek** (www.ticketek.cl). Aktuelle Termine für Clubpartys, Livemusik und Nachtleben sind über Suchfunktion auf **Saborizante** (www.saborizante.com) zu finden, andernfalls kann man sich direkt an der Quelle auf den Websites oder Blogs der Clubs und Bars selbst informieren.

Livemusik

Chile hat keinen musikalischen Ruf wie andere lateinamerikanische Länder, trotzdem gibt's einige gute Bands, darunter Top-Indie-Gruppen, die bei Santiagos Lollapalooza-Version auftreten und auch oft in Musik-Bars spielen. Salsa und Tango sollten den Ländern überlassen bleiben, die das am besten beherrschen: Santiago hingegen bietet mit volkstümlichen Liedermachern, chilenischen oder argentinischen Indie-Gruppen, jungem *rock nacional* (chilenischer Rock) und Vertretern der lateinamerikanischsten aller lokalen Rhythmen, der *cumbia chilombiana*, genug Alternativen. Also muss niemand enttäuscht abreisen. Auch internationale Musikprominenz besucht die Stadt regelmäßig und die Karten sind meist viel billiger als daheim.

Bar Constitución LIVEMUSIK
(Karte S. 54; Constitución 62, Bellavista; 20-4 Uhr; Baquedano) In Bellavistas coolstem Club sorgen jeden Abend Livebands und DJs für Stimmung, wobei der ungewöhnliche, aber unfehlbare Geschmack der Geschäftsführer Electroclash, Garage, Nu-Folk, House und weitere Stilrichtungen umfasst. Auf der Website wird das aktuelle Programm vorgestellt.

La Casa en el Aire DARSTELLENDE KUNST
(Karte S. 54; 02-735-6680; www.lacasaenelaire.cl; Antonia López de Bello 0125, Bellavista; Mo-

NICHT VERSÄUMEN

EL HUASO ENRIQUE

Aufführungen des chilenischen Nationaltanzes *la cueca*, bei dem mithilfe eines Taschentuchs der Balztanz zwischen Hahn und Henne nachgeahmt wird, erlebt man in erster Linie auf Volksfesten, bei Feierlichkeiten zum Unabhängigkeitstag oder in staubigen Ortschaften auf dem Land. Doch auch das traditionelle Restaurant **El Huaso Enrique** (Karte S. 56; 02-681-5257; www.elhuasoenrique.cl; Maipú 462, Barrio Yungay; Eintritt 2500–3000 Ch$; M Quinta Normal) im Barrio Yungay, das bereits seit rund 60 Jahren im Geschäft ist, wartet mit Vorstellungen auf. Während sich die Gäste herzhafte regionale Speisen wie *pastel de choclo* (Auflauf aus Mais, Fleisch und Käse) schmecken lassen, wirbeln stolze Chilenen über die Tanzfläche. Am Wochenende sorgt Livemusik für Stimmung. Tanzbegeisterte können zudem an einem der cueca-Kurse des El Huaso Enrique teilnehmen (Infos siehe Website).

So 20 Uhr–open end; M Baquedano) Lateinamerikanische Folkmusik, Treffen von Geschichtenerzählern, Filmreihen, Dichterlesungen und andere Kulturevents finden allabendlich in dieser herrlich zwanglosen Boho-Bar statt.

Club de Jazz   JAZZ
(02-830-6208; www.clubdejazz.cl; Av Ossa 123; Do–Sa 22.30–3 Uhr) Die renommierte Adresse ist einer der bestbewährten Jazzclubs Lateinamerikas – Louis Armstrong und Herbie Hancock gehörten zu den Größen, die hier auftraten. Darüber hinaus organisiert der Club Jazzveranstaltungen in anderen Veranstaltungsstätten.

La Batuta   LIVEMUSIK
(www.batuta.cl; Jorge Washington 52, Ñuñoa; M Plaza Egaña) Die enthusiastischen Gäste toben sich zu Ska, *patchanka* (neotropische Polka wie von Manu Chao), *cumbia chilombiana*, Rockabilly und Surf sowie Tribute Bands und Gothic Rock aus – genauer gesagt zur gesamten Palette an Alternativmusik.

Galpón Víctor Jara   LIVEMUSIK
(Karte S. 56; Huérfanos 2146, Barrio Brasil; 20–2 Uhr; M Ricardo Cumming) Der speicherähnliche Laden ist nach dem „verschwundenen" Sänger, Liedermacher und Aktivisten Víctor Jara benannt. Der chilenische Revolutionär soll von der Militärregierung umgebracht worden sein, nachdem er seinen liberalen Ansichten öffentlich Ausdruck verliehen hatte. Hier treten aufstrebende lokale Bands auf.

Teatro Caupolicán   LIVEMUSIK
(02-699-1556; www.teatrocaupolican.cl; San Diego 850; 20–1 Uhr; M Parque O'Higgins) Zu den lateinamerikanischen Rockern, die hier bereits aufgetreten sind, zählen die Mexikaner Café Tacuba, die argentinische Elektro-Tango-Band Bajofondo und der Oscar-Gewinner aus Uruguay Jorge Drexler. Zudem spielen internationale Künstler wie Garbage und Snow Patrol im Teatro Caupolicán.

Theater, Tanz & klassische Musik
Oftmals dreht sich alles um die Showgirls in Pailletten und Klunkern, die in den sogenannten *comedias musicales* auftreten, aber Santiago hat auch ein paar hervorragende Theater- und Ballettkompanien, Orchester und Chöre. Im Centro Gabriela Mistral (S. 53) gibt es jeden Abend Musik, Tanz und Theater.

Teatro Municipal   THEATER
(Karte S. 50 f.; 02-463-1000; www.municipal.cl; Agustinas 794, Centro; Karten ab 3000 Ch$; Theaterkasse Mo–Fr 10–19, Sa & So 10–14 Uhr; M Santa Lucía) Das wunderschöne klassizistische Gebäude ist das renommierteste Theater der Stadt und Stammhaus des Ballet de Santiago, es zeigt aber auch Opernaufführungen von Weltrang sowie als Schautanz inszenierten Tango und klassische Konzerte.

Estación Mapocho   KULTURZENTRUM
(Mapocho Station; Karte S. 50 f.; www.estacionmapocho.cl; Veranstaltungszeiten variieren, s. Website; M Puente Cal y Canto) Von der Estación Mapocho fuhren einstmals die Züge nach Norden ab. Erdbebenschäden und der Verfall des Schienennetzes führten zur Schließung des Bahnhofs, er erstand jedoch wieder neu als Kulturzentrum, in dem Kunstausstellungen sowie größere Konzerte und Messen stattfinden.

Ein Besuch lohnt sich allein schon wegen der hoch aufragenden gusseisernen Konstruktion der Haupthalle. Sie wurde in Frankreich gebaut und dann in Santiago hinter der goldenen Beaux-Arts-Steinfassade montiert.

Centro Cultural Matucana 100 KUNSTZENTRUM

(Karte S. 56; ☎ 02-946-9240; www.m100.cl; Matucana 100; Ticketpreise für Vorstellungen variieren; ⓘ 11–13 & 14–21 Uhr; Ⓜ Quinta Normal) GRATIS Das riesige backsteinerne Centro Cultural Matucana 100 gehört zu Santiagos hippsten alternativen Kunstzentren und verdankt seine düstere Industriearchitektur der früheren Nutzung als Regierungsdepot. Seit der Renovierung im Rahmen des 200-jährigen Bestehens Chiles birgt es eine Galerie, die an einen Hangar erinnert und daneben ein Theater für Kunstfilmreihen, Konzerte und Szeneveranstaltungen.

Centro de Extensión Artística y Cultural THEATER

(Karte S. 50 f.; ☎ 02-978-2480; www.ceacuchile.com; Providencia 043, Centro; Ⓜ Baquedano) In diesem exzellenten Theater unter der Leitung der Universität von Chile treten zwei hochklassige Ensembles auf, das Orquesta Sinfónica de Chile und das Ballet Nacional de Chile. Während der herbstlichen Theatersaison finden Ballett, Chor-, Orchester- und Kammerkonzerte und manchmal sogar Rockkonzerte statt.

Cineteca Nacional KINO

(Karte S. 50 f.; www.ccplm.cl/sitio/category/cineteca-nacional; Centro Cultural La Moneda; Erw./Student 3000/1500 Ch$; Ⓜ La Moneda) Das alternative Kino im Centro Cultural La Moneda zeigt Arthausklassiker (meistens nur auf Spanisch).

Zuschauersport

Estadio Nacional FUSSBALL

(Nationalstadion; ☎ 02-238-8102; Av Grecia 2001, Ñuñoa; Ⓜ Irarrázaval) Im Großen und Ganzen sind die Chilenen recht gelassen – zumindest, bis sie ein Fußballstadion betreten. Am dramatischsten sind Spiele gegen benachbarte Rivalen wie Peru oder Argentinien, wenn lautes „Chi-Chi-Chi-Le-Le-Le" durch das Estadio Nacional hallt.

Karten werden direkt im Stadion selbst oder bei Feria del Disco verkauft. Nicht weniger leidenschaftlich sind auch die *hinchas* (Fans) von Santiagos Zweitligateams: Colo Colo, Universidad de Chile und Universidad Católica.

Club Hípico de Santiago PFERDERENNEN

(☎ 02-693-9600; www.clubhipico.cl; Av Blanco Encalada 2540; Ⓜ Parque O'Higgins) Santiagos bedeutendste Rennbahn mit einem grandiosen Blick auf die Anden.

🛍 Shoppen

Santiago mag zwar nicht gerade ein Einkaufsziel von Weltrang sein, aber es gibt hier immerhin interessantes Kunsthandwerk und ungewöhnliche Kleidung oder Inneneinrichtung von jungen Designern zu kaufen. Die belebtesten Einkaufsstraßen des Centro sind die Fußgängerzonen Ahumada und Huérfanos mit billigen Bekleidungs- sowie Schuhgeschäften und Kaufhäusern. Richtig billige Kleidung wird im koreanischen und palästinensischen Immigrantenviertel Patronato westlich von Bellavista zwischen Patronato und Manzano verkauft. Secondhandläden verteilen sich über die ganze Stadt (oft gekennzeichnet mit dem Schild „Ropa Europea/Americana"), ein Schwerpunkt ist das Areal um die Metrostation Manuel Montt in Providencia.

Zum hochwertigen chilenischen Kunsthandwerk in Santiago gehören handgewebte Alpakaschals, Mapuche-Silberschmuck, Lapislazuli, Holz- und Lederarbeiten und gelegentlich Kupferwaren. Nahe dem Eingang zum Cerro Santa Lucía bieten Straßenhändler im vorwiegend indigenen **Centro de Exposición de Arte Indígena** (Karte S. 50 f.; O'Higgins 499, Centro; ⓘ Mo–Sa 10–18 Uhr; Ⓜ Santa Lucía) und im kommerzielleren **Centro Artesanal Santa Lucía** (Karte S. 50 f.; Ecke Carmen & Diagonal Paraguay, Centro; ⓘ 10–19 Uhr; Ⓜ Santa Lucía) ihre Waren an.

★ Artesanías de Chile KUNSTHANDWERK

(Karte S. 50 f.; ☎ 02-235-2014; www.artesaniasdechile.cl; Plaza de la Ciudadanía 26; ⓘ Mo–Sa 10–18 Uhr; Ⓜ La Moneda) 🖉 Schmuck, Schnitzarbeiten, Keramik und Wollwaren (Alpaka oder Schaf) werden zu bezahlbaren Preisen verkauft. Der Löwenanteil des Geldes geht an den jeweiligen Kunsthandwerker, dessen Name auf jedem Einzelstück steht. In Santiago sowie in ganz Chile befinden sich weitere Filialen.

Patio Bellavista EINKAUFSZENTRUM

(Karte S. 54; www.patiobellavista.cl; Pío Nono 73, Bellavista; ⓘ 11–22 Uhr; Ⓜ Baquedano) Das Hinterhofeinkaufszentrum verkauft schickes modernes Kunsthandwerk, Lederwaren, Webarbeiten und Schmuck zu Spitzenpreisen.

Galería Drugstore MODE

(Karte S. 58; www.drugstore.cl; Av Providencia 2124, Providencia; ⓘ Mo–Sa 10.30–20 Uhr; Ⓜ Los Leones) Ein cooles vierstöckiges Einkaufszentrum mit Kleidung, wie sie daheim garantiert niemand hat, denn hier verkaufen in winzigen Boutiquen junge aufstrebende Nachwuchsdesigner ihre Kreationen. Außerdem gibt's Kunst-Buchhandlungen und Cafés.

Kind of Blue MUSIK
(Karte S. 50 f.; Merced 323; ⏲ So–Do 10–22, Fr & Sa 10–23 Uhr; Ⓜ Bellas Artes) Die kenntnisreichen mehrsprachigen Angestellten im besten Musikladen der Stadt erläutern gern die einheimische Musik und ihre Interpreten. Sie können auch in kürzester Zeit schwer auffindbare Importartikel organisieren.

El Mundo del Vino WEIN
(Mundo del Vino; Karte S. 60; ☎ 02-584-1173; www.emdv.cl; Isidora Goyenechea 3000, Las Condes; ⏲ 10–21 Uhr; Ⓜ Tobalaba) Die renovierte Filiale der edlen Weinkette im hippen W Hotel (weitere Vertretungen gibt's vor Ort und in ganz Chile) hat 6000 Sorten aus der ganzen Welt bzw. aus dem nicht weit von der Stadt entfernten Valle de Colchagua auf Lager.

Alto Las Condes EINKAUFSZENTRUM
(www.altolascondes.cl; Av Kennedy 9001, Las Condes; ⏲ 10–22 Uhr) Neben chilenischen und argentinischen Spitzenlabels beherbergt die Mall auch eine Filiale des Kaufhauses Falabella und einen Kinokomplex. Am einfachsten gelangt man zum Einkaufszentrum mit einem der Busse, die vor der Metrostation Escuela Militar halten und als Ziel „Alto Las Condes" im Fenster stehen haben.

Parque Arauco EINKAUFSZENTRUM
(www.parquearauco.cl; Av Kennedy 5413; ⏲ 10–21 Uhr; Ⓜ Manquehue) Eine große Auswahl an einheimischen und internationalen Modeläden sorgt dafür, dass die Fashionistas in Scharen herbeieilen. Von der Metrostation Manquehue sind es rund 1½ km in nordwestlicher Richtung entlang der Alonso de Córdova, die man entweder zu Fuß oder per Taxi zurücklegen kann.

Contrapunto BÜCHER
(Karte S. 50 f.; www.contrapunto.cl; Huérfanos 665; ⏲ Mo–Fr 10.30–20, Sa 10.30–14 Uhr; Ⓜ Santa Lucía) Der Buchladen, der zu einer Kette gehört, hat ein großes Sortiment, wobei die Auswahl an englischsprachiger Literatur begrenzt ist.

Andesgear OUTDOOR-AUSRÜSTUNG
(Karte S. 60; ☎ 02-592-0540; www.andesgear.cl; Helvecia 210, Las Condes; ⏲ Mo–Fr 10–20, Sa 10.30–14 Uhr; Ⓜ Tobalaba) Vor Ort bekommt man importierte Kletterausrüstung und alles, was man für Hochgebirgs-Camping auf Reisen durch Patagonien benötigt. In der Stadt gibt es mehrere Filialen.

ABSTECHER

PERSA BÍO BÍO

Antiquitäten, Sammelobjekte und faszinierender alter Trödel füllen die Stände dieses berühmten **Flohmarkts** (Franklin-Markt; ⏲ Sa & So 9–19 Uhr; Ⓜ Franklin) zwischen Bío Bío und Franklin. Sich durch alte Sonnenbrillen und Kognakgläser, Cowboysporen, altmodische Badeanzüge und ausrangierte Bücher zu wühlen ist ein echtes Erlebnis.

Zudem kann man an Straßenständen chilenische Snacks wie frittierte Empanadas, Tacos und Sandwiches mit gegrilltem Schweinefleisch sowie frisch gepresste Säfte und den Klassiker *mote con huesillo* (ein süßes lokales Getränk aus getrockneten Pfirsichen und geschältem Weizen) kaufen. Beim Essen sollte man allerdings immer ein Auge auf seine Habseligkeiten haben, denn ahnungslose Marktbesucher sind willkommene Opfer für Taschendiebe.

ⓘ Praktische Informationen

GEFAHREN & ÄRGERNISSE
Gewaltverbrechen kommen in Santiago relativ selten vor, schließlich gilt es als sicherste Großstadt Lateinamerikas. Taschendiebstahl und Handtaschenraub nehmen jedoch stetig zu, meist sind Touristen Objekt der Begierde. Besonders um die Plaza de Armas, den Mercado Central, den Cerro Santa Lucía und den Cerro San Cristóbal sollte man vorsichtig sein und doppelt wachsam auf persönliche Gegenstände achten. Auch bevor man die Digitalkamera zückt, lohnt sich ein unauffälliger Blick. Organisierte Taschendiebbanden wählen manchmal Barbesucher in der Pío Nono in Bellavista als Ziel. Die kleineren Straßen im Barrio Brasil sind abends ebenfalls kein sicheres Pflaster.

Politische Unzufriedenheit entlud sich in den letzten Jahren in Form von (teils gewalttätigen) Protesten und Bombenanschlägen anarchistischer Gruppen. Wer nicht Teil der Bewegung ist, sollte politische Demonstrationen meiden.

Wer überfallen wurde, bringt dies bei der Polizei zur Anzeige. Oftmals kommt die Reiseversicherung für den Schaden auf. Auch das jeweilige Konsulat kann helfen, allerdings nur, wenn keine Drogen im Spiel sind.

GELD
Geldautomaten findet man fast überall, z. B. in Supermärkten, Apotheken, Tankstellen und an ganz normalen Straßenecken. Man erkennt sie

am dunkelrot-weißen Schild „Redbanc". Aber Vorsicht vor Falschgeld und Geldwechslern ohne Lizenz!

Cambios Afex (☎ 02-636-9090; www.afex.cl; Agustinas 1050, Centro; ⊙ Mo–Fr 9–18, Sa 10–14 Uhr; Ⓜ Universidad de Chile) Bewährte Wechselstube mit Filialen in der ganzen Stadt.

INTERNETZUGANG & TELEFON

Die Zahl der Internetcafés ist stark rückläufig, doch im Centro und rund um die Universitäten findet man noch ein paar. Die Preise schwanken zwischen 400 und 1000 Ch$ pro Stunde. Viele gehören zu einem *centro de llamados* (öffentliches Telefonzentrum), wo man auch Orts- und Ferngespräche tätigen kann. Einige Cafés und die meisten Hotels bieten ihren Gästen mittlerweile kostenloses WLAN.

Centro de Llamados (Moneda 1118, Centro; 600 Ch$ pro Std.; ⊙ Mo–Fr 9.30–22.30, Sa & So 10–20 Uhr; Ⓜ Universidad de Chile)

Cyber Station (Av Brasil 167, Barrio Brasil; 700 Ch$ pro Std.; ⊙ Mo–Sa 13–23, So ab 16 Uhr; Ⓜ Ricardo Cumming)

KARTEN & STADTPLÄNE

In den Touristeninformationen gibt's eine sich ständig verändernde Kollektion an kostenlosen (sprich gesponserten) Stadtplänen des Zentrums (Centro) und von Providencia, wobei in vielen ganze Straßenzüge oder wichtige Sehenswürdigkeiten fehlen. Die Karten mit Suchfunktion von **Map City** (www.mapcity.com) und **EMOL** (www.mapas.emol.com) sind zuverlässige Onlinequellen.

Informationen zum Trekking und Klettern, aber auch preiswerte Karten und andere Nationalpark-Publikationen (meist auf Spanisch) bietet die **Conaf** (Corporación Nacional Forestal; ☎ 02-663-0000; www.conaf.cl; Bulnes 285, Centro; ⊙ Mo–Do 9.30–17.30, Fr 9.30–16.30 Uhr; Ⓜ Toesca).

MEDIZINISCHE VERSORGUNG

Ärztliche Beratung ist billig in Santiagos staatlichen Krankenhäusern, allerdings muss man mit langen Wartezeiten rechnen und es wird nur selten Englisch gesprochen. Wer eine sofortige ärztliche oder zahnärztliche Behandlung wünscht, muss eine *clínica* (Privatklinik) ansteuern, aber da wird es gleich teuer, deshalb ist eine entsprechende Versicherung unumgänglich.

Clínica Alemana (☎ 02-210-1111; www.alemana.cl; Av Vitacura 5951, Vitacura; Ⓜ Escuela Militar) Eine der besten – und teuersten – Privatkliniken der Stadt.

Clínica Las Condes (☎ 022-210-4000; www.clinicalascondes.cl; Lo Fontecilla 441, Las Condes) Klinik in Las Condes.

Clínica Universidad Católica (☎ 02-676-7000; www.clinicauc.cl; Lira 40; Ⓜ Universidad Católica) Universitätsklinik.

Farmacia Ahumada (☎ 600-222-4000; www.farmaciasahumada.cl; Av Portugal 155, Centro; Ⓜ Universidad Católica) 24-Stunden-Apotheke.

Hospital de Urgencia Asistencia Pública (☎ 02-568-1100; www.huap.cl; Av Portugal 125; ⊙ 24 Std.; Ⓜ Universidad Católica) Santiagos größte öffentlich geführte Notfallklinik.

Hospital San Juan de Dios (☎ 600-360-7777; www.hsjd.cl; Huérfanos 3255, Barrio Brasil; Ⓜ Quinta Normal) Großes staatliches Krankenhaus.

NOTFALL

Feuerwehr (Bomberos; ☎ 132)

Krankenwagen (☎ 131)

Polizei (Carabineros; ☎ 133)

Prefectura de Carabineros (Polizeizentrale; ☎ 02-922-3660; O'Higgins 280, Centro)

POST

FedEx (Karte S. 58; ☎ 02-361-6000; www.fedex.com/cl_english/contact; Av Providencia 1951; ⊙ 9–13.30 & 14.30–19 Uhr; Ⓜ Pedro de Valdivia) Internationaler Versand.

Post Office (Karte S. 50 f.; ☎ 800-267-736; www.correos.cl; Catedral 987, Plaza de Armas; ⊙ Mo–Fr 8–22, Sa bis 18 Uhr; Ⓜ Plaza de Armas) Mit Filialen in der ganzen Stadt.

REISEBÜROS

Navimag (☎ 022-442-3120; www.navimag.cl; Av El Bosque Norte 0440, Piso 11; ⊙ Mo–Fr 9–18.30 Uhr; Ⓜ Tobalaba) Fährtickets für Patagonien müssen im Voraus gebucht werden.

TOURISTENINFORMATION

Sernatur (Karte S. 58; ☎ 02-731-8336; www.chile.travel; Av Providencia 1550; ⊙ Mo–Fr 9–18, Sa 9–14 Uhr; Ⓜ Manuel Montt) Versorgt Besucher mit Karten, Broschüren und Ratschlägen und organisiert auch Weingutbesuche.

WÄSCHEREI

Fast alle Hotels und Hostels bieten einen Wäschedienst an. Zudem kann man seine schmutzigen Klamotten (Ladung ca. 6000 Ch$) in allen *lavanderías* abgeben; Waschsalons mit Selbstbedienung sind in Chile jedoch unüblich.

Laundromat (Monjitas 504, Centro; 5900 Ch$ pro Ladung; ⊙ 8–20 Uhr; 📶; Ⓜ Plaza de Armas)

ⓘ An- & Weiterreise

AUTO

Der grauenhafte Stoßverkehr und hohe Parkgebühren machen einen Mietwagen in Santiago zu einem sinnlosen Unterfangen. Ein eigenes Fahrzeug ist jedoch von unschätzbarem Wert für Ausflüge ins Valle de Casablanca sowie zu Naturschönheiten wie Cerro la Campana und Cajón del Maipo.

Chilenische Autovermietungen sind meist etwas preiswerter als internationale, man sollte aber wissen, dass die Verträge oft einen himmelhohen Selbstbehalt einschließen. Die meisten Autovermietungen haben ihre eigene Pannenhilfe, ansonsten bietet der **Automóvil Club de Chile** (Acchi; ☎ 600-464-4040; www.automovilclub.cl; Andrés Bello 1863, Santiago) Mitgliedern anderer Automobilclubs Hilfe an. Dafür muss man sich allerdings in einem Acchi-Büro registrieren lassen. Einige der folgenden Vermietungen haben auch Schalter im Flughafen in Pudahuel.

Budget (☎ 600-441-0000; www.budget.cl; Av Francisco Bilbao 1439, Providencia) Sehr hilfsbereites Personal und keine Selbstbeteiligung.

Chilean (☎ 02-963-8760; www.chileanrentacar.cl; Bellavista 0183, Bellavista) Hohe Selbstbeteiligung; viele Zusatzleistungen kosten extra.

First Rent a Car (☎ 02-225-6328; www.firstrentacar.cl; Rancagua 0514, Providencia) Chilenische Version von Rent a Car.

Hertz (☎ 800-360-8666; www.hertz.cl; Av Andrés Bello 1469) Internationale Mietwagenfirma.

Piamonte (☎ 02-751-0230; www.piamonte.cl; Irarrázaval 4290, Ñuñoa) Sehr günstige Preise.

United (☎ 02-737-9650; www.united-chile.com; Curricó 360, Centro) Faire Preise und geringe Eigenbeteiligung.

BUS

Verwirrend viele Busgesellschaften verbinden Santiago mit dem Rest des Landes sowie mit Argentinien und Peru. Zudem starten die Fahrzeuge auch noch von fünf unterschiedlichen Busbahnhöfen. Ticketpreise schwanken erheblich während der Hochsaison und verdoppeln sich für eine *cama* (Schlafkoje). Die folgenden Preise für *clásico* oder *semi-cama* (Standard) sind daher Richtwerte. Die Fahrzeiten gelten für die Hauptreiseziele, die von verschiedenen Busgesellschaften angesteuert werden. Oft gibt's Ermäßigungen, ein Preisvergleich lohnt sich also. Fahrpreise für kleinere Strecken sind bei den entsprechenden Destinationen zu finden.

ZIEL	PREIS (CH$)	FAHRTDAUER (STD.)
Antofagasta	30 000	19
Arica	45 900	30
Buenos Aires (Argentinien)	81 000	22
Chillán	7900	5
Concepción	8000	6½
Copiapó	20 000	12
Iquique	37 400	25
La Serena	10 000	7
Los Andes	2900	1½
Mendoza (Argentinien)	25 400	8
Osorno	21 800	12
Pichilemu	5000	4
Pucón	16 800	11
Puerto Montt	21 800	12
San Pedro de Atacama	40 600	23
Santa Cruz	4000	4
Talca	5000	3½
Temuco	14 900	9½
Valdivia	16 900	10–11
Valparaíso	1900	2
Viña del Mar	1900	2¼

Terminal de Buses Alameda

Am **Busbahnhof** (Ecke O'Higgins & Jotabeche; Ⓜ Universidad de Santiago) neben dem Terminal de Buses Santiago starten die Fahrzeuge der Gesellschaften **Tur Bus** (☎ 600-660-6600; www.turbus.cl) und **Pullman Bus** (☎ 600-320-3200; www.pullman.cl). Beide Firmen haben eine Flotte mit komfortablen und pünktlich verkehrenden Bussen zu Zielen in ganz Chile. Alle 15 Minuten bestehen Verbindungen zu den nahe gelegenen Städten Valparaíso und Viña del Mar.

Terminal de Buses Santiago

Santiagos größter **Busbahnhof** (O'Higgins 3850; Ⓜ Universidad de Santiago) wird auch Terminal Sur genannt, meistens geht's dort sehr hektisch zu. Die Busgesellschaften, die in der großen, halb überdachten Schalterhalle vertreten sind, bedienen hauptsächlich Ziele im Süden von Santiago wie die zentrale Küstenregion, das Seengebiet und Chiloé. Ein paar Unternehmen bieten auch Verbindungen Richtung Norden und ins Ausland an.

Bus Norte (☎ 600-401-5151; www.busnortechile.cl) ist auf den Strecken nach Puerto Montt und Valparaíso unterwegs und lockt mit superbilligen Preisen. Die modernen, gut ausgestatteten Busse von **Línea Azul** (www.buseslineaazul.cl) verbinden Santiago mit Zielen im Süden, ebenso wie **JAC** (☎ 02-680-6927; www.jac.cl) und **Andimar** (☎ 02-779-3810; www.andimar.cl).

Nilahué (☎ 02-776-1139; www.busesnilahue.cl) fährt nach Cobquecura (11 000 Ch$, 7 Std., 1-mal tgl.), zum Skiort Termas de Chillán (14 000 Ch$, 7 Std., 2-mal tgl.), nach Santa Cruz (7000 Ch$, 4 Std., 2-mal stündl.) und Pichilemu (5500 Ch$, 4 Std., stündl.). **Pullman del Sur** (☎ 02-776-2424; www.pdelsur.cl) verkehrt auf ähnlichen Strecken nach Santa Cruz und Pichilemu, ist aber etwas komfortabler. **Condor** (☎ 600-660-6600; www.condorbus.cl) steuert Concón und Quintero (5000 Ch$, 2½ Std., 3-mal stdl.) im Norden von Valparaíso und größere Städte im Süden an.

Tickets für internationale Strecken werden an Schaltern im Busbahnhof verkauft. **Cata Inter-**

nacional (📞 800-122-2282; www.catainternacional.com) fährt viermal täglich nach Mendoza und Buenos Aires. **El Rápido** (www.elrapidoint.com.ar) bietet ähnliche, aber etwas billigere Verbindungen, ebenso wie **Tas Choapa** (📞 02-490-7561; www.taschoapa.cl).

Terminal Los Héroes
Der kleine, aber zentrale **Busbahnhof** (Karte S. 56; 📞 02-420-0099; Tucapel Jiménez 21; Ⓜ Los Héroes), auch Terrapuerto genannt, ist Standort einiger Busgesellschaften. **Libac** (📞 02-646-8940; www.buseslibac.cl) befährt zweimal täglich Strecken in Richtung Norden, während **Cruz del Sur** (📞 065-436-410; www.busescruzdelsur.cl) mehrere Routen Richtung Süden anbietet und auch Anschlusstickets nach Bariloche in Argentinien via Osorno (28 000 Ch$, 24 Std.) verkauft. **Ahumada** (📞 02-784-2512; www.busesahumada.cl) startet dreimal täglich nach Mendoza; einige Busse verkehren weiter nach Buenos Aires.

Terminal San Borja
Busse in die Umgebung von Santiago starten an diesem renovierten **Busbahnhof** (Karte S. 56; O'Higgins 3250, San Borja 184; Ⓜ Estación Central). Die Ticketschalter befinden sich nach Regionen aufgegliedert im zweiten Stock. Nützliche Verbindungen bieten **Ahumada** (www.busesahumada.cl) und **Pullman Bus** (📞 600-320-3200; www.pullman.cl). Vor Ort fahren die Busse nach Pomaire ab.

Terminal Pajaritos
In dem kleinen **Busbahnhof** (General Bonilla 5600; Ⓜ Pajaritos) halten die Busse von Santiago zum Flughafen sowie nach Valparaíso und Viña. Da die Station an der Metro Línea 1 liegt, kann man den Innenstadtverkehr umgehen.

FLUGZEUG
Chiles Verkehrsknotenpunkt für internationale und nationale Flüge ist der Aeropuerto Internacional Arturo Merino Benítez (S. 493) 26 km westlich des Hauptstadtzentrums.

LAN (📞 600-526-2000; www.lan.com), **Aerolíneas Argentinas** (📞 800-610-200; www.aerolineas.com.ar) und der Billigflieger **Gol** (www.voegol.com.br) steuern nationale und internationale Ziele an. Alle großen internationalen Gesellschaften, die Chile bedienen, haben Büros oder Vertretungen in der Hauptstadt.

ZUG
Zentrum von Chiles schickem Überlandbahnnetz **Trenes Metropolitanas** (📞 600-585-5000; www.tmsa.cl) ist die **Estación Central** (O'Higgins 3170; Ⓜ Estación Central). Bahnfahrten sind im Allgemeinen etwas langsamer und teurer als Busreisen, aber die Waggons werden gut instand gehalten und die Züge fahren meist pünktlich.

Die Zugstrecke TerraSur verbindet Santiago drei- bis fünfmal täglich mit Rancagua (5600 Ch$, 1 Std.), Curicó (5600–19 000 Ch$, 2¼ Std.), Talca (8000–19 000 Ch$, 3 Std.) und Chillán (8000 Ch$, 5½ Std.), wo ein Anschlussbus nach Concepción startet. Bei Onlinebuchungen gibt's 10 % Rabatt; Fahrkarten erster Klasse kosten etwa 20 % mehr.

Unterwegs vor Ort

AUTO & MOTORRAD
Für Fahrten auf der Stadtautobahn in Santiago muss jedes Auto einen elektronischen Sensor, den TAG, an der Windschutzscheibe haben – alle Mietwagen sind damit ausgestattet. In einigen Bereichen des Zentrums ist Parken auf der Straße verboten, in anderen gebührenpflichtig (wird häufig kontrolliert). Die Kosten liegen je nach Gegend bei 1000 bis 3000 Ch$ pro Stunde. Sind keine Parkautomaten vorhanden, ist es üblich, den „Parkwächtern" eine ähnliche Gebühr zu zahlen. Weitere Infos zum Thema Autofahren und Parken in Santiago liefert die hilfreiche Seite **Mietwagen in Chile** (www.mietwagen-in-chile.de), über die man außerdem Autos mieten kann.

BUS
Die Transantiago-Busse sind eine billige und bequeme Methode, in der Stadt herumzukommen, besonders wenn die Metro nachts nicht mehr fährt. Grün-weiße Busse verkehren in Santiagos Zentrum oder verbinden zwei Bezirke der Stadt. Jeder Vorort hat seine eigenen farblich markierten Busse und einen ihn kennzeichnenden Buchstaben vor der Streckennummer (Strecken in Las Condes und Vitacura beispielsweise beginnen mit einem C, die Busse sind einheitlich orange). Die Strecken folgen meist größeren Straßen. Haltestellen liegen weit auseinander und treffen oft mit Metro-Stationen zusammen. An vielen Stationen gibt's Routenkarten, die (ebenso wie die Auskunft des Busfahrers) zuverlässiger sind als Informationen der Einheimischen, da diese von den neuen Strecken immer noch verwirrt sind.

Sonntags und an Feiertagen kommen Besucher in den Genuss des **Circuito Cultural Santiago** (www.transantiago.cl; ⊙ So & Feiertage 10–18.30 Uhr), einer Rundfahrt, die an der Estación Central beginnt und an den Hauptattraktionen der Stadt (Museen, Kulturzentren) vorbeiführt. Man kauft sich einfach per Bip!-Karte ein gewöhnliches Busticket und bekommt dann vom Fahrer ein Armband ausgehändigt, mit dem man beliebig oft die Circuito-Busse nutzen kann. Diese sind gut erkennbar mit dem Schild „Circuito Cultural" gekennzeichnet.

FAHRRAD
Santiago ist flach und kompakt und bietet zudem ein gutes Klima. Es ist zwar nicht besonders

fahrradfreundlich, verfügt aber doch über ein kleines Netz an *ciclovías* (Radwegen) und immer mehr Santiaguinos radeln zur Arbeit. Auf der interaktiven Karte der Gruppe **Recicleta** (www.recicleta.cl/mapa-de-santiago-en-bicicleta), die Radfahren in der Stadt fördert, sind Routen und für Radler geeignete Anlagen eingezeichnet. Eine gute Anlaufstelle ist auch die Bewegung Movimiento Furiosos Ciclistas (S. 60), die jeden ersten Dienstag im Monat eine Critical-Mass-Fahrradtour organisiert. Der Reiseveranstalter La Bicicleta Verde (S. 61) verleiht Fahrräder und Helme.

Bike Santiago (600-750-5600; www.bikesantiago.cl) Wer das Leihsystem nutzen möchte, muss eine monatliche Anmeldegebühr (4990 Ch$) zahlen. Die ersten 30 Minuten sind kostenlos, danach werden 500 Ch$ pro halbe Stunde fällig.

VOM/ZUM FLUGHAFEN

Zwei günstige und zuverlässige Buslinien verbinden den Flughafen mit dem Stadtzentrum: **Buses Centropuerto** (Karte S. 56; 02-601-9883; www.centropuerto.cl; Manuel Rodríguez 846; einfach/hin & zurück 1500/2900 Ch$; 5.55–23.30 Uhr, alle 10–15 Min.) und **TurBus Aeropuerto** (600-660-6600; www.turbus.cl; 1550 Ch$). Beide starten direkt vor der Ankunftshalle. Fahrkarten bekommt man im Bus selbst oder am Ticketschalter im Flughafen. Abgesehen von den ganz frühen Bussen halten alle Fahrzeuge an der Metrostation Pajaritos (Linea 1) – durch Umsteigen vermeidet man den Innenstadtverkehr. Die gesamte Fahrt dauert vom Aeropuerto 40 Minuten.

In der Ankunftshalle treibt sich eine aufdringliche Mafia „offizieller" Taxifahrer herum. Die Fahrt ins Stadtzentrum sollte zwar rund 16 000 Ch$ kosten, oft wird aber sehr viel mehr verlangt. Sicherer ist es, sich an den Schalter von **Transvip** (02-677-3000; www.transvip.cl) zu wenden, der Taxifahrten zu festen Preisen (ab 18 000 Ch$) und achtsitzige Minibusse (ab 6400 Ch$) ins Zentrum anbietet. Wer nach Providencia oder Las Condes möchte, muss etwas tiefer in die Tasche greifen. TurBus Aeropuerto hat ähnliche Verbindungen im Programm.

METRO

Die sich ständig erweiternde **Metro** (www.metrosantiago.cl; Mo–Sa 6.30–23, So 8–23 Uhr) gehört zu Transantiago und ist ein sauberes, effizientes Transportmittel. Alle fünf miteinander verbundenen Linien verkehren häufig, platzen aber oft aus allen Nähten. Eine neue Strecke soll 2016 eröffnet werden. Wer die unterirdischen Züge nutzen möchte, braucht eine Bip!-Karte oder kauft sich ein Einzelticket. Nach Passieren der Drehkreuze sucht man sich seine jeweilige Linie. Tagsüber ist die Metro ein praktisches Transportmittel für Besucher, morgens und während des Feierabendverkehrs jedoch geht man vielleicht besser zu Fuß.

TAXI

In Santiago sind unglaublich viele schwarze Taxis mit gelbem Dach unterwegs. Der Grundpreis beträgt 250 Ch$, weitere 120 Ch$ werden alle 200 m (oder pro Minute Wartezeit) fällig. Für längere Fahrten – z. B. vom Stadtzentrum zum Flughafen – lässt sich manchmal ein Festpreis aushandeln. Man kann problemlos ein Taxi auf der Straße anhalten, aber Hotels und Restaurants bestellen auch gerne eines. Die meisten Fahrer sind ehrlich, höflich und hilfsbereit, aber ein paar nehmen gern lange Umwege. Wer sich vorab über die Strecke informiert, ist auf der sicheren Seite. Bei den schwarzen Taxis Colectivos zeigen Schilder auf dem Dach die jeweilige Route an; eine Fahrt mit den Gemeinschaftstaxis kostet in der Regel 1000 bis 1500 Ch$.

TRANSANTIAGO

2006 wurden im Zuge der Vereinigung von Bus und Metro zum staatlich betriebenen öffentlichen Verkehrssystem **Transantiago** (800-730-073; www.transantiago.cl) auch die vielen konkurrierenden privaten Busse der Stadt durch extralange, schnittige Fahrzeuge ersetzt, mit denen man sich schnell, billig und effizient in Santiagos Innenstadt bewegen kann. Die Website von Transantiago bietet Streckenkarten zum Herunterladen und einen Reiseplaner vom gewünschten Start- zum Zielort.

Fahrgäste benötigen eine *tarjeta*-Bip! (sensorgesteuerte Fahrkarte). Diese kostet 2700 Ch$ (nicht erstattbar) und wird dann mit beliebig viel Geld „aufgeladen". Zwei Personen können sich eine Karte teilen, die übrigens auch für die Metro gilt. Transantiago verlangt während des Stoßverkehrs (7–9 & 18–20 Uhr) 720 Ch$, ansonsten 640 Ch$. Ein Ticket ist zwei Stunden lang für Fahrten innerhalb des Netzes gültig, mehrmaliges Umsteigen inklusive.

RUND UM SANTIAGO

Nationalparks, verschlafene Täler, Weinanbaugebiete, schneereiche Hänge (im Winter) und hoch gelegene Wanderwege (im Sommer) machen es leicht, der Stadt hin und wieder zu entfliehen.

Pomaire

In dem kleinen rustikalen Dorf 68 km südwestlich von Santiago fertigen geschickte Töpfer wunderbar schlichte braune sowie schwarze Steingutkeramik und verkaufen sie zu unglaublich niedrigen Preisen (eine handgemachte Kaffeetasse gibt's beispielsweise schon für 1000 Ch$). Hierher kann man einen angenehmen halbtägigen Ausflug unternehmen, besonders da der Ort auch für seine traditionelle chilenische Küche berühmt ist.

An den Wochenenden drängen sich in Pomaire die Tagesausflügler, aber montags, wenn die Töpfer ihren Ruhetag haben, wirkt das Dorf geradezu ausgestorben.

✖ Essen

Zwischen den Keramikläden in Pomaire haben provisorische Essensstände köstliche Empanadas, *humitas* (Mais-Tamales), Steak-Sandwiches und hausgemachtes Gebäck im Angebot; darüber hinaus servieren mehrere traditionelle Lokale an der Hauptstraße in wunderbar entspannter Atmosphäre authentische Gerichte.

La Greda CHILENISCH
(📞 02-832-3955; Manuel Rodríguez 251; Hauptgerichte 3000–5800 Ch$; ⏱ 10–24 Uhr) Auf der Karte des beliebten La Greda steht überwiegend Grillfleisch. Der Name bedeutet „Ton" und die herzhaften Schmorgerichte werden tatsächlich in lokal gefertigten Tontöpfen zubereitet. Berühmtheit erlangte das Restaurant 1995 durch einen Eintrag im *Guinness-Buch der Rekorde* für die längste Empanada der Welt.

❶ An- & Weiterreise

Mehrere Busse verkehren zwischen dem Busbahnhof San Borja in Santiago und Pomaire und Umgebung (1200 Ch$, 1 Std.). Um 9.30 Uhr gibt's eine Direktverbindung; alternativ nimmt man eine der regelmäßigen Buslinien nach Melipilla (1300 Ch$, 30 Min., 4-mal stdl.) und steigt an der *cruce* (Kreuzung) nach Pomaire aus. Dort fahren *colectivos* und *liebres* (Minibusse) in die Stadt (500 Ch$). **Buses Jiménez** (📞 02-776-5786) startet mehrmals pro Stunde nach Melipilla.

Maipo-Tal

Wer genug hat von Museen und Plätzen, kann sich gen Süden aufmachen, wo die wunderschönen Weinberge und riesigen Weingüter des Maipo-Tals locken. Hier dreht sich alles um vollmundigen Rotwein wie Cabernet-Sauvignon, Merlot, Carménère und Syrah. Aromen von Eukalyptus oder Minze sind typische Eigenschaften dieser edlen Tropfen.

In die Region gelangt man auf eigene Faust, so liegen viele Weingüter eine 1½-stündige Fahrt mit öffentlichen Verkehrsmitteln vom Zentrum entfernt. Wer die Gegend mit einem sachkundigen Guide erkunden möchte, bucht eine der speziellen Touren von **Uncorked Wine Tours** (📞 02-981-6242; www.uncorked.cl; halb-/ganztägige Tour 135/195 US$). Inbegriffen ist die Besichtigung dreier Weingüter in Begleitung eines Englisch sprechenden Reiseführers sowie ein Mittagessen. Ebenso zu empfehlen sind die Radtouren von La Bicicleta Verde (S. 61), zudem bietet auch Enotour (S. 62) Weintouren an. Für die meisten ist eine Reservierung erforderlich.

⊙ Sehenswertes

Reserva Nacional Río Clarillo PARK
(www.conaf.cl/parques/reserva-nacional-rio-clarillo; Erw./Kind 3000/1000 Ch$; ⏱ 8.30–18 Uhr) Andenwald und Buschland kennzeichnen das hügelige 100 km² große Naturreservat in einer malerischen Seitenschlucht des Cajón del Maipo 18 km südöstlich von Pirque. Dort tummeln sich unzählige Vogelarten, Füchse und Nagetiere sowie der gefährdete chilenische Leguan.

Nahe dem Conaf-Rangerbüro, etwa 300 m hinter dem Eingang, beginnen zwei kurze, deutlich ausgeschilderte Wege: Die Wanderung auf der Quebrada Jorquera dauert etwa eine halbe Stunde, für den Weg Aliwen Mahuida sind rund 1½ Stunden einzuplanen. Tipps für längere Wanderungen am Fluss entlang erhält man von den Rangern. Wer eine solche Tour plant, sollte früh genug starten, da Zelten generell nicht erlaubt ist. Für eine Mittagspause gibt's mehrere Picknickplätze mit Tischen und Grillstellen.

Viña Aquitania WEINGUT
(📞 02-791-4500; www.aquitania.cl; Av Consistorial 5090; Tour & Weinprobe 8000–15 000 Ch$; ⏱ Mo–Fr 9–17 Uhr nur nach Vereinbarung) Santiagos interessantestes Weingut liegt am Fuße der Anden. Es produziert zwar nur winzige Mengen, diese aber in Spitzenqualität.

Von der Metrostation Grecia (Línea 4) fährt der Bus D07 südlich der Haltestelle 6 bis zur Kreuzung der Avenida Los Presidentes und Consistorial (nur mit Bip!-Karte). Die Viña Aquitania befindet sich 150 m weiter südlich. Übrigens sind es von hier bis zur Viña Cousiño Macul nur 2 km.

Viña Cousiño Macul WEINGUT
(📞 02-351-4100; www.cousinomacul.com; Av Quilín 7100, Peñalolen; Touren 9000–18 000 Ch$; ⏱ eng-

Rund um Santiago

lischsprachige Touren Mo–Fr 11, 12, 15 & 16 Uhr, Sa 11 & 12 Uhr; Ⓜ Quilín) Eine hübsche Winzerei im Umland der Stadt. Heute liegen die meisten Weingüter in Buin, aber im Rahmen der Touren werden auch der Produktionsprozess und die unterirdische Bodega von 1872 gezeigt. Von der Metro ist sie 2¼ km zu Fuß oder per Taxi entfernt.

Viña Almaviva WEINGUT
(☏ 02-270-4200; www.almavivawinery.com; Av Santa Rosa 821, Paradero 45, Puente Alto; Touren inkl. 1 Glas Wein 80 US$; ⊗ Mo–Fr 9–17 Uhr nur nach Vereinbarung) Dieses erlesene kleine Weingut wird in Zusammenarbeit mit dem Unternehmen des verstorbenen Baron Philippe de Rothschild und Concha y Toro betrieben. Die luxuriösen Verköstigungen müssen im Voraus reserviert werden.

Wer hierherkommen möchte, nimmt den Bus 207 ab der Estación Mapocho, der am 1 km vom Gutsgebäude entfernten Eingang vorbeifährt. Bei der Viña Almaviva handelt es sich um die elegantere Schwesterfiliale der Viña Concha y Toro, die im Rahmen massentauglicher Touren Weinherstellung im großen Stil zeigt.

Viña Santa Rita WEINGUT
(☏ 02-362-2000; www.santarita.com; Camino Padre Hurtado 0695, Alto Jahuel; Touren 10 000–30 000 Ch$) Die Viña Santa Rita ist für erstklassigen Casa Real Cabernet bekannt. Sie veranstaltet Rad- und Weintouren sowie Picknicks. Um herzugelangen, fährt man mit der Metro zur Haltestelle Buin und steigt dort in den Bus 5064, der am Eingang des Weinguts hält.

Viña de Martino WEINGUT
(☏ 02-819-2959; www.demartino.cl; Manuel Rodríguez 229, Isla de Maipo; Touren ab 20 000 Ch$) Südamerikas einziges CO_2-neutrales Weingut bietet Weinproben in einer toskanisch anmutenden Villa.

Viña Undurraga WEINGUT
(☏ 02-372-2900; www.undurraga.cl; Camino a Melipilla, Km 34, Talagante; Touren ab 34 000 Ch$) Dieses unterirdische Gut bei Undurraga stammt aus dem Jahr 1885.

Viña Concha y Toro WEINGUT
(☏ 02-476-5269; www.conchaytoro.com; Virginia Subercaseaux 210, Pirque; Standardtour & Verkostung 8000 Ch$; ⊗ 10–17 Uhr) Wer sich für Weinherstellung in größerem Umfang interessiert, schließt sich am besten einer der Touren von Viña Concha y Toro in Pirque an.

✕ Essen

La Vaquita Echá CHILENISCH $$
(www.lavaquitaecha.cl; Ramón Subercaseaux 3355; Hauptgerichte 5200–8500 Ch$) Der alteingesessene Favorit der Einheimischen ist zu Recht für köstliche Grillgerichte wie Steaks, Rippchen, Fisch und sogar Wildschwein bekannt. Direkt in Pirque.

❶ An- & Weiterreise

Der Ort Pirque ist eine zentrale Ausgangsbasis für Ausflüge ins Maipo-Tal. Die meisten Weingüter sind in einem recht großen Gebiet verteilt, deswegen ist ein Leihwagen die beste Option. Um nach Pirque zu gelangen, fährt man in Santiago mit der Metro zur Plaza de Puente Alto, der Endhaltestelle der Linie 4. Dann steigt man in einen blauen Minibus mit dem Schild „Pirque" im Fenster und bittet den Fahrer, an der Plaza Pirque oder der Viña Concha y Toro zu halten. Die Busse verkehren regelmäßig, ein Ticket kostet 500 Ch$. Die Plaza Pirque liegt etwa 4 km vor dem Eingang zur Reserva Nacional Río Clarillo. Manche Busse fahren bis zum Parkeingang.

Cajón del Maipo

Die steilen, felsigen Wände der atemberaubenden Schlucht, durch die der Río Maipo fließt, sind üppig bewachsen. Die Klamm beginnt nur 25 km südöstlich von Santiago und ist am Wochenende ein beliebtes Ausflugsziel der Santiaguinos, die hier zelten, wandern, Rad fahren, raften und die Pisten hinunterrasen. Zahlreiche traditionelle Restaurants und Teehäuser sowie ein großes Weingut sorgen dafür, dass auch die Schlemmerei nicht zu kurz kommt. Seit einiger Zeit locken verschiedene neue Angebote im Cajón del Maipo wie Motorradtouren und ein „Glamping"-Platz (glamouröses Camping) mehr Besucher in die eher ruhige Region.

Es gibt Pläne für den Bau eines Wasserkraftwerks, das weitreichende Auswirkungen auf das Ökosystem der Gegend haben könnte. Bis dahin heißt es die unberührte Natur genießen, die man von der Hauptstadt aus problemlos mit dem Auto oder mit öffentlichen Verkehrsmitteln erreicht.

Zwei Straßen schlängeln sich beidseitig des Flusses den Cajón hinauf und treffen sich in El Melocotón (7 km vor San Alfonso). Die unbezifferte Straße an der Südseite führt durch Pirque, die G-25 auf der Nordseite durch San José de Maipo und San Alfonso bis zu den Baños Morales und dem Nationalpark Monumento Nacional el Morado.

Raftingsaison ist von November bis März, während Skihasen von Juni bis September auf die Pisten strömen. Wandern, Reiten und Restaurantbesuche sind ganzjährig beliebte Zeitvertreibe. Seine Papiere sollte man immer dabeihaben, wenn es über San Gabriel hinausgeht (am Ende der Asphaltstraße an der Abzweigung nach Morales), denn wegen der Nähe zur argentinischen Grenze führt die Polizei regelmäßige Kontrollen durch.

San Alfonso & Cascada de las Animas

Auf halbem Weg im Cajón del Maipo stößt man auf San Alfonso, eine Ansammlung von Häusern und Teestuben. Dort erstreckt sich auch das herrliche private Naturschutzgebiet Santuario de la Naturaleza Cascada de las Animas, ein naturnaher, halbwilder Freizeitpark.

Sehenswertes & Aktivitäten

Leider liegen die meisten guten Wanderwege im privaten Reservat. Alternativ fragt man Einheimische nach kostenlosen Routen in den Bergen der Umgebung.

Cascada de las Animas OUTDOORAKTIVITÄTEN
(02-861-1303; www.cascada.net; Camino al Volcán 31087, Casilla 57, San Alfonso; Raftingtouren 21 000 Ch$) Besuche im Naturreservat sind nur über einen organisierten Ausflug möglich: Wandern, Reiten, Rafting und Ziplining sind im Angebot. Das Schutzgebiet erhielt seinen Namen von dem Wasserfall, den man über die kürzeste der angebotenen Wanderungen erreicht (4000 Ch$). Möglich ist auch eine geführte Halbtageswanderung in die hügelige Umgebung (10 000 Ch$). Als größte Attraktion gelten aber Ausritte – schließlich ist das Reservat gleichzeitig eine aktive Ranch.

Bei gutem Wetter werden zweistündige Reitausflüge (20 000 Ch$), Ganztagestouren (45 000 Ch$ inkl. *asado*-Mittagessen) und Trips mit Übernachtung (160 000 Ch$) angeboten. Im Voraus reservieren.

Raftingtouren auf dem Río Maipo RAFTING
(www.cajondelmaipo.com; Touren 16 000 – 23 000 Ch$) Dreistündige Raftingtouren führen über Stromschnellen der Klasse III und IV sowie durch einige wunderbare Schluchten bis nach San José de Maipo. Zu den diversen Anbietern gehört auch Cascada Animas. Alle Touren finden unter der Leitung erfahrener Führer statt; Helme, Neopren-Anzüge und Schwimmwesten werden gestellt.

Der Fluss selbst hat einige Stromschnellen der Klasse III und nur wenige ruhigere Zonen – Rafter werden oft ins Wasser geschleudert. Immerhin ist es nicht mehr so gefährlich wie in den 1970er-Jahren, als hier die ersten Kajakfahrer unterwegs waren und sich Maschinengewehren gegenübersahen, wenn sie am Anwesen von General Pinochet in El Melocotón vorbeipaddelten. Die enge, felsige Fahrrinne an dieser Stelle – eine der spannendsten Stromschnellen überhaupt – wird heute nach dem Spitznamen des Ex-Diktators „El Pinocho" genannt.

Geoaventura ABENTEUERSPORT
(02-871-2110; www.geoaventura.cl; Camino a San José del Maipo s/n; Bungee-Jumping 15 000 Ch$, Gleitschirmfliegen 70 000 Ch$; Sa & So 10–18 Uhr) Kurz vor dem Cajón del Maipo bietet dieses Abenteuerzentrum Bungee-Jumping, Gleitschirmfliegen, eine Kletterwand, Paintball und mehr.

Schlafen & Essen

Cascada Lodge LODGE $$
(DZ mit/ohne Bad 40 000/25 000 Ch$, Hütten für 3/6/8 Pers. 60 000/95 000/120 000 Ch$, Stellplatz 10 000 Ch$ pro Pers.) Eine ruhige, idyllische Nacht versprechen die Bungalowsuiten der Cascada Lodge. Für rustikalen Schick sorgen Möbel aus unbehandeltem Holz und Stein, Dachfenster, Mosaikfliesen und breite Doppelbetten aus Italien.

Zur Auswahl stehen außerdem verschiedene Holzhütten mit Kamin und komplett eingerichteten Küchen oder kleinere Gästezimmer. Ansonsten besteht noch die Möglichkeit, sein Zelt auf einem schattigen Campingplatz aufzuschlagen.

Santuario del Río LODGE $$$
(02-790-6900; www.santuariodelrio.cl; Camino al Volcán, San Alfonso; DZ/4BZ 92 000/162 000 Ch$; P) Die idyllische Lodge direkt vor San Alfonso ist auf Firmenveranstaltungen spezialisiert, es gibt jedoch eine sehr hübsche Auswahl an Zimmern und Hütten aus Holz und Lehm mit erholsamem Flussblick sowie Betten und gewölbten Decken aus Holz. Darüber hinaus gehören zur Anlage ein Baumwipfelpfad, eine Zipline-Strecke und ein exzellentes Restaurant.

Los Baqueanos CAMPINGPLATZ $$$
(Mobil 9618-7066; www.losbaqueanos.cl; Paket inkl. Verpflegung ab 80 000 Ch$;) Seit 2011 bietet Los Baqueanos sogenanntes „Glamping" (glamouröses Camping) an, bei dem

man trotz Übernachtung in freier Natur auf keinerlei Annehmlichkeiten verzichten muss. Gäste schlafen in luxuriösen kuppelförmigen Zelten, die mit Solarenergie beheizt werden und komfortabel mit gemütlichen Liegen, ergonomischen Stühlen sowie WLAN ausgestattet sind.

Der Küchenchef bereitet Gourmetfrühstück und edle Mahlzeiten zu, während wunderschöne chilenische Pferde darauf warten, sich mit den Gästen auf Tagesausflüge zum Cajón del Maipo aufzumachen.

❶ An- & Weiterreise

Das Schutzgebiet betreibt private Minibusse, die nach/ab Santiago und Valparaíso (hin & zurück für 1/2 Pers. 70 000/170 000 Ch$) verkehren. Wer Geld sparen und deswegen öffentliche Verkehrsmittel benutzen möchte, nimmt die Metrolinie 4 zur Haltestelle Las Mercedes und steigt dort in den Bus 72 (550 Ch$) bzw. jeden Bus mit dem Schild „San Alfonso" im Fenster. Manche haben San José de Maipo (450 Ch$, 1½ Std., 4-mal stdl.) als Ziel, was dann allerdings klar gekennzeichnet ist. Diese Busse steuern auch die Metrostation Bellavista La Florida (Línea 5) an, die Fahrtzeit ist jedoch kürzer, wenn man bis Las Mercedes die Metro nimmt.

Baños Morales & Monumento Natural El Morado

Die G-25 führt von San Alfonso weiter bergauf (etwa 10 km asphaltiert, dann 20 km als zerfurchte Piste) bis zu den kleinen Thermalquellen Baños Morales. Dort kann man ausgezeichnet wandern oder sich in den Thermalbecken vergnügen. Auf ambitionierte Trekker warten Abenteuer in den Hochanden sowie Klettertouren und noch vieles mehr.

❂ Sehenswertes & Aktivitäten

Die Besitzer des Refugio Lo Valdés veranstalten verschiedene Exkursionen, darunter exzellente Ausritte (14 000–30 000 Ch$), die mit einem Barbecue in den Bergen kombiniert werden können (ab 30 000 Ch$ inkl. Ausritt). Darüber hinaus organisieren sie Guides, Trekkingtouren und Ausflüge zu den heißen Quellen Termas de Colina. Im Winter kann man Schneeschuhe ausleihen (10 000 Ch$ pro Tag).

Monumento Natural El Morado PARK
(www.conaf.cl/parques/monumento-natural-el-morado; Erw./Kind 2000/1000 Ch$; ⊙ Okt.–April 8.30–14.30 Uhr) Bei den Baños Morales befindet sich der Eingang zum kleinen Nationalpark Monumento Natural El Morado. Dort gewährt das Ufer der glitzernden Laguna El Morado einen großartigen Blick auf den Gletscher San Francisco und den 5000 m hohen Gipfel des Cerro El Morado. Zum See sind es ab dem Conaf-Posten etwa 2 Stunden über den gut ausgeschilderten 8 km langen Trekkingweg.

Im Sommer können motivierte Wanderer bis zum Fuß des Gletschers El Morado (einfache Strecke 6 Std. ab dem Startpunkt) am unteren Hang des Bergs weitermarschieren; rund um den See darf man auch kostenlos zelten.

Balneario Termal Baños Morales THERMALQUELLEN
(Baños Morales; 2500 Ch$; ⊙ Di–So 9–18, Mo 9–15.45 Uhr) Nach einer Tageswanderung sorgen die trüben Thermalquellen für Erholung.

🛏 Schlafen & Essen

Refugio Lo Valdés PENSION $
(📱 Mobil 9230-5930; www.refugiolovaldes.com; Refugio Alemán, Ruta G-25 Km 77; B 15 000 Ch$, DZ inkl. Frühstück ab 48 000 Ch$) Gegenüber den Baños Morales auf der anderen Seite des Río Volcán beherbergt dieses Chalet einfache holzverkleidete Zimmer. Die Hütte bietet traumhaften Ausblick über den Cajón und platzt am Wochenende aus allen Nähten. Es gibt ein hauseigenes Restaurant mit herzhaftem Speiseangebot und *onces*. Für die „Mansarden"-Unterkünfte im Schlafsaalstil, die sich an Camper mit eigener Ausrüstung richten, werden weder Bettwäsche noch Handtücher gestellt.

❶ An- & Weiterreise

Von September bis März verkehren manche Linien aus San Alfonso bis zu den Baños Morales. Von April bis Oktober fährt an Wochentagen täglich ein Bus um 7 Uhr hin und um 17 Uhr wieder zurück.

Termas Valle de Colina

16 km nach dem Abzweig zu den Baños Morales erreicht die G-25 die Thermalquellen **Termas Valle de Colina** (📱 02-985-2609; www.termasvalledecolina.com; Eintritt inkl. Camping Erw./Kind 8000/4000 Ch$, DZ ohne Bad 30 000 Ch$; ⊙ Okt.–Feb.), deren heiße natürliche Becken über das Tal blicken. Vor Ort befinden sich ein gut geführter Campingplatz und ein einfaches, sauberes Hostel; ausreichend Lebensmittel muss allerdings jeder selbst mitbringen. Die Verwaltung hat auch

geführte Wanderungen und ein- bis dreitägige Reitausflüge im Programm.

Echtes Abenteuer verspricht eine geführte Motorradtour durch die Region mit **Enduro Trip** (Mobil 8764-2774; www.endurotrip.com; Touren 100 000 Ch$ pro Pers.), die um 9 Uhr in Santiago beginnt. Die unternehmungslustigen Guides bieten vier Standardrouten an, darunter eine zu den Baños Morales, den Termas de Colina und dem Glaciar El Morado. Neben der Fahrt selbst und wunderbaren Gelegenheiten, Tiere zu beobachten, werden auf dem Weg Stopps eingelegt, um regionale Spezialitäten wie Empanadas und hausgemachtes Brot zu probieren.

❶ An- & Weiterreise

Zu den Termas Valle de Colina gibt's keine öffentlichen Verkehrsmittel. Private Kleinbusse der Firma **Manzur Expediciones** (Karte S. 50 f.; Mobil 9335-7800; hin & zurück ab 15 000 Ch$) starten jedoch auf der Plaza Italia meist mittwochs, samstags und sonntags zu den Thermalbädern.

Die 93 km lange Fahrt vom Zentrum Santiagos zu den Baños Morales dauert etwa zwei Stunden und ist mit einem normalen Auto zu bewältigen. Zu den Termas Valle de Colina benötigt man weitere 20 Minuten. Je nach Straßenzustand kann für das letzte Stück ein Vierradantrieb nötig sein.

Skigebiete

Etliche der besten Skigebiete in Chile liegen so nahe bei Santiago, dass problemlos Tages- oder Zweitagesausflüge möglich sind. Wer kann, sollte unter der Woche zum Skifahren gehen, denn am Wochenende drängen sich auf den Pisten und Zufahrtsstraßen die schneebegeisterten Santiaguinos.

Lagunillas

Das günstigste Skigebiet in der Nähe der Hauptstadt befindet sich bei **Lagunillas** (www.skilagunillas.cl; Tagesskipass Erw./Kind 25 000/20 000 Ch$), einer kleinen Gemeinde 67 km südöstlich von Santiago, und ist über San José de Maipo zu erreichen. Es wird vom Club Andino de Chile betrieben, hat vier Lifte und 13 Pisten. Die Landschaft ist atemberaubend, der Schnee aber meist nicht so gut wie in Santiagos exklusiveren Skigebieten. Vor Ort vermietet der Club Andino ein paar kleine Hütten, man kann aber auch von Santiago aus einen Tagesausflug unternehmen.

Cajón de Mapocho – Tres Valles

Santiagos vier beliebteste Skizentren – Farellones/El Colorado, La Parva und Valle Nevado – drängen sich in drei Tälern des Río-Mapocho-Canyon, daher ihr gemeinsamer Name Tres Valles. Sie liegen zwar nur 30 bis 40 km nordöstlich der Hauptstadt, aber auf den verstopften Straßen geht's oft nur zäh voran. Alle hier angegebenen Preise gelten für das Wochenende und die Hochsaison (meist Anfang Juli bis Mitte August). Außerhalb dieser Zeit gibt's werktags für Skipässe und in Hotels kräftige Ermäßigungen. Gut markierte Abfahrten abseits der Pisten verbinden die drei Täler. Da überwiegend Schlepplifte im Einsatz sind, muss man in den Winterferien mit langen Schlangen rechnen, doch davon einmal abgesehen bleiben die Besucherzahlen in erträglichem Rahmen. Wer in verschiedenen Resorts fahren möchte, fragt am besten nach Kombitickets.

Aktivitäten

Farellones & El Colorado   SKIFAHREN
(02-889-9210) Da die beiden nur 32 km von Santiago entfernten Skiorte sehr nahe beieinanderliegen, kann man sie als ein Ziel zusammenfassen. Weil es kaum Restaurants und Après-Ski-Möglichkeiten gibt, kommen die Leute nur tagsüber her.

Chiles erster Skiort **Farellones** (www.farellones-centroski.com; Tagesskipass 15 000 C$) ist die günstigere der beiden Gemeinden. Mit bis zu etwa 2500 m liegt das Skigebiet tiefer als **El Colorado** (www.elcolorado.cl; Nevería 4680, Las Condes) und seine paar Pisten locken hauptsächlich Anfänger sowie Snowtubing-Fans an. El Colorado wartet mit einer größeren Auswahl auf. Seine 22 Pisten sprechen sowohl Anfänger als auch Könner an. Der höchste der 18 Lifte führt auf über 3300 m.

La Parva   SKIFAHREN
(02-964-2100; www.laparva.cl; Büro in der Av El Bosque Norte 0177, 2. OG, Las Condes, Santiago); Tagesskipass Erw./Kind 40 000/27 500 Ch$) La Parva ist Santiagos exklusivster Skiort und richtet sich eindeutig nicht an die Pulverschnee- und-Party-Truppe, sondern an vornehmere Familien. Die Gemeinde besteht aus privaten Hütten und Apartments. Von hier bedienen 14 Lifte 30 Pisten, von denen die höchste 3630 m über dem Meeresspiegel beginnt.

Bei reichlich Schnee gibt's auch zahlreiche Abfahrten außerhalb der Pisten. Die

Hänge zwischen La Parva und Valle Nevado oder Farellones sind bei erfahrenen Skifahrern ebenfalls beliebt.

Valle Nevado
SKIFAHREN

(☎ 02-477-7700; www.vallenevado.com; Av Vitacura 5250, Oficina 304, Santiago; Tagesskipass Erw./Kind 43 000/31 000 Ch$) Das Valle Nevado wurde europäischen Anlagen nachempfunden und umfasst ein fast 3000 ha großes Skigebiet, das größte in ganz Südamerika. Zudem ist es das bestgepflegte der Resorts rund um Santiago und bietet die anspruchsvollsten Pisten. Verschiedene Anfängerabfahrten eignen sich auch für Kinder.

Dreizehn Sessellifte, eine tolle Gondelbahn (Gondeln für acht Personen) und Schlepplifte fahren zu den Startpunkten zwischen 2680 und 3670 m. Auch für Adrenalinstöße ist gesorgt: Es gibt einen Snowpark, Freeride-Abfahrten und die Möglichkeit zum Heli-Skiing.

Im Sommer bringt der **Sessellift Mirador** (hin & zurück 10 000 Ch$) täglich Wanderer und mit Picknickkörben bewaffnete Familien zu einem 3300 m hohen Gipfel. Die Website informiert über Ausritte, Felsklettern, geführte Trekkingtouren, Aktivitäten für Kinder und Mittagessen mit Panoramablick im Gipfelrestaurant. Das Resort liegt 12 km von Farellones entfernt.

🛏 Schlafen

Für die drei Hotels in Valle Nevado muss man tief in die Tasche greifen, allerdings ist die Qualität von Unterkunft und Service reines Glücksspiel. In den Preisen sind Skipass und Halbpension inbegriffen. Im Juli gilt ein Mindestaufenthalt von einer Woche; wer mehr Flexibilität möchte, kommt am besten im Juni, August oder September.

Alternativ bietet das Resort hübsche Ferienwohnungen; dort sind Lifttickets und Verpflegung nicht im Übernachtungspreis (Apt. für 2/3/6 Personen ab 427/586/1137 US$ pro Nacht) inbegriffen.

Hotel Tres Puntas
HOTEL $$$

(Camino Farellones s/n; B/DZ inkl. Frühstück & Abendessen 219/412 US$) In der „Budgetunterkunft" wird zwar mit Luxus geknausert, nicht aber bei den Preisen: Das Hotel Tres Puntas verfügt sowohl über normale Zimmer als auch über enge, jedoch funktional ausgestattete Schlafsäle. Daneben bietet das Resort hübsche Apartments; Lifttickets und Verpflegung sind im Zimmerpreis nicht enthalten.

Hotel Valle Nevado
LUXUSHOTEL $$$

(Camino Farellones s/n; DZ inkl. Frühstück & Abendessen ab 724 US$; @ ≋) Mit den Skiern kann man praktisch bis vor die Tür des Hotel Valle Nevado abfahren. Außerdem ist diese Bleibe am besten ausgestattet, hat ein beheiztes Freibad, Wellnessangebote und eine Pianobar mit großem Kamin, und das Abendessen im hauseigenen Restaurant Fourchette d'Or rechtfertigt einigermaßen den Preis.

🍴 Essen

Ein schnelles Sandwich oder einen Snack bekommt man im Fastfood-Imbiss neben dem Skigebiet beim Hotel Puerta del Sol. In den Resorts gibt's keine Supermärkte, deshalb muss man alles Nötige in Santiago besorgen.

La Fourchette d'Or
CHILENISCH $$$

(Hotel Valle Nevado; Hauptgerichte 15 000–22 000 Ch$; ⊙ Mo–Fr 20–23, Sa & So 12.30–15.30 & 20–23 Uhr) Das gehobenste der sechs Restaurants im Valle Nevado.

ℹ An- & Weiterreise

Santiagos Skiresorts werden nicht von öffentlichen Verkehrsmitteln angesteuert. Mehrere private Veranstalter bieten in der Saison regelmäßige Shuttleverbindungen nach Tres Valles und Lagunillas. Alternativ gelangt man nach Lagunillas, indem man mit dem Bus nach San José de Maipo fährt und für die letzten 20 km ein Taxi nimmt.

KL Adventure (☎ 02-217-9101; www.kladventure.com; Augusto Mira Fernández 14248, Las Condes, Santiago; Hin- und Rückfahrt nach Tres Valles 26 500 Ch$, mit Hotel-Abholservice 37 000 Ch$) Das Shuttle startet um 8 Uhr und kehrt um 17 Uhr zurück.

SkiTotal (☎ 02-246-0156; www.skitotal.cl; Av Apoquindo 4900, Local 39–42, Las Condes, Santiago; einfache Fahrt 13 000–15 000 Ch$) Das Shuttle startet um 8 Uhr und kehrt um 17 Uhr zurück.

Zentralchile

Inhalt ➡
Valparaíso 92
Viña del Mar 104
Los Andes 112
Colchagua-Tal 115
Curicó..............121
Maule-Tal 123
Chillán 127
Concepción 132
Salto del Laja 135
Los Angeles.........135
Archipiélago Juan Fernández 142

Gut essen
- Café Vinilo (S. 101)
- Vino Bello (S. 118)
- Lapostolle (S. 116)
- Restaurante Miguel Torres (S. 122)
- Emiliana (S. 110)

Schön übernachten
- La Joya del Mar (S. 132)
- Zerohotel (S. 100)
- Hostal Casa Chueca (S. 124)
- Hotel Casa Pando (S. 117)
- Ecobox Andino (S. 131)

Auf nach Zentralchile

Wein, endlose Frühlinge, Straßenkunst, aber auch Skifahren, Wandern, Klettern, Surfen oder einfach nur Faulenzen an einsamen Stränden – wer all das liebt, ist in Zentralchile genau richtig. Es ist das bedeutendste Weinanbaugebiet des Landes, und ein Aufenthalt in den Weingütern und gemütlichen Frühstückspensionen der sonnenbeschienenen Täler Colchagua, Maule und Casablanca verwöhnen den Gaumen und die Sinne. Surfer finden hier wahre Killerbreaks, und in Städten wie Pichilemu und Buchupureo hat sich eine tolle Surferkultur entwickelt. Wanderer und Skifahrer werden die einsamen Lagunen und steilen Pisten im Osten der Anden begeistern, und Kulturfreunde sollten sich unbedingt die Wandmalereien und Gassen von Valparaíso ansehen und die super Musikkonzerte in Concepción erleben. Das Erdbeben von 2010 hat die Region besonders hart getroffen, aber sie erholt sich zunehmend, und die meisten Geschäfte sind wieder geöffnet.

Reisezeit
Valparaiso

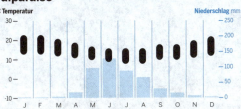

Juni–Sept. Häufiger Schneefall lockt Skiläufer und Snowboarder auf die Pisten.

Okt.–Dez. Vor dem Ansturm im Sommer sind die Strandorte ruhig und die Hotelpreise niedriger.

Jan.–Mai Jetzt finden die Traubenernte auf den Weingütern und viele Weinfeste statt.

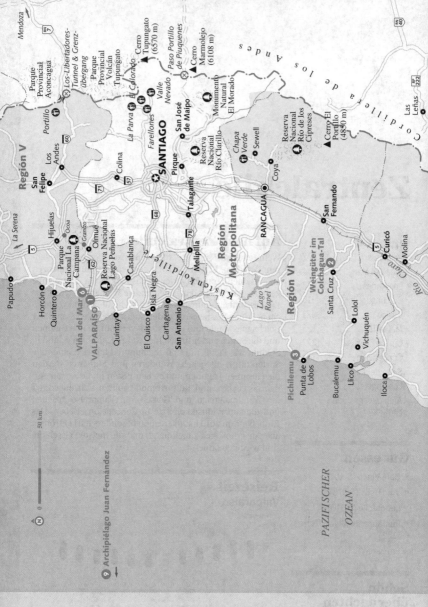

Highlights

❶ Sich im steilen Labyrinth der von Wandmalereien gesäumten Gassen verlieren, die sich wie ein Spinnennetz über die Hügel **Valparaísos** (S. 92) ziehen.

❷ Die vollmundigen Rotweine des **Colchagua-Tals** (S. 115) kosten.

❸ Auf den tollen Wellen der berühmten Brandung von **Pichilemu** (S. 119) reiten.

❹ Den Panoramablick vom Gipfel des El Enladrillado im **Reserva Nacional Altos de Lircay** (S. 126) genießen.

❺ Bei Sonnenuntergang am ruhigen Strand von **Buchupureo** (S. 132) ein Picknick machen.

❻ In den Discos von **Viña del Mar** (S. 108) die Nacht zum Tag machen.

❾ **Archipiélago Juan Fernández**

7 In den **Nevados de Chillán** (S. 130) auf der längsten Skipiste Südamerikas zwischen Bäumen hindurchgleiten.

8 Im **Maule-Tal** (S. 123) mit Wein, Spabehandlungen und gutem Essen die Sinne verwöhnen.

9 Im **Archipiélago Juan Fernández** (S. 142) Abenteuer wie Robinson Crusoe erleben.

ℹ An- & Weiterreise

Santiago befindet sich in Zentralchile und bietet internationalen Zugang zur Region; auch Concepción im Süden hat einen großen Flughafen. Die Panamericana verläuft durch oder in der Nähe der meisten Gegenden, die in diesem Kapitel beschrieben werden. Alle liegen weniger als eine Zweitagesreise von Santiago entfernt. Schnellstes und günstigstes Verkehrsmittel auf der Schnellstraße sind die hervorragenden Überlandbusverbindungen, egal ob man aus dem Seengebiet im Süden, aus Santiago im Norden oder über die Anden aus dem argentinischen Mendoza anreist.

ℹ Unterwegs vor Ort

Regional- und Langstreckenbusse verbinden die größeren Orte Zentralchiles miteinander sowie mit Santiago, dem Mittelpunkt der Region. Zudem verkehren Züge zwischen Santiago und Chillán zu den Städten am Rand der Panamericana. Die Fahrt dauert genauso lang wie mit dem Bus, ist aber merklich teurer, deshalb lohnt sie sich nur für Leute, die gern mit der Bahn unterwegs sind.

Schwieriger erreicht man die Nationalparks und kleineren Orte: Im Winter schneidet Schnee einige Gegenden vom Rest des Landes ab, in anderen sind außerhalb des Sommers weniger öffentliche Verkehrsmittel unterwegs, und manche Flecken haben gar keine öffentliche Anbindung.

Demnach ist ein Auto für Ausflüge zu weit entlegenen Parks und Besuche von Weingütern im Colchagua-, Maule- und Casablanca-Tal von unschätzbarem Wert.

VALPARAÍSO & DIE ZENTRALKÜSTE

Die charakteristische Küstenlinie wird von den beiden Großstädten Valparaíso und Viña del Mar dominiert. Die herrlichen Strände, die sich Richtung Norden und Süden erstrecken, sind ein beliebtes Urlaubsziel der Hauptstädter. Im Inland kann man die besten Weißweine Chiles von den Hängen des Casablanca-Tals genießen oder den abgelegenen Parque Nacional La Campana erkunden.

Valparaíso

♪ 032 / 263 500 EW.

Valparaíso ist extravagant, verfallen, bunt und poetisch – kurz: eine herrlich chaotische Stadt. Pablo Neruda, den die Hafenstadt mit ihren hart arbeitenden Bewohnern stark inspiriert hat, drückte es am besten aus: „Valparaíso, wie töricht du bist ... du

> ## ℹ STADTRUNDFAHRT MIT DEM BUS
>
> Natürlich kann man einen der launenhaften uralten Fahrstühle benutzen oder den Hügel zu Fuß bezwingen, doch es gibt noch einen weiteren unvergesslichen Weg, um die Magie von Valparaíso zu erleben. Auf der Route des Lokalbusses O (mit der Aufschrift *micro O* oder auch *micro 612*) wird eine bunte Mischung aus müden Einheimischen und Touristen mit Kameras durch die engen Gassen und über viele der steilen Hänge der Stadt kutschiert. Einsteigen kann man vor dem Congreso Nacional, auf dem Cerro Alegre und an zahlreichen weiteren Punkten.

kämmtest nicht dein Haar, hattest nie Zeit dich anzukleiden, das Leben hat dich stets überrascht."

Doch Neruda war nicht der einzige Künstler, der Valparaísos unvermuteten Reizen verfiel. Dichter, Maler und Möchtegernphilosophen werden seit jeher von Chiles ungewöhnlichster Stadt angezogen. Zusammen mit der sich stets verändernden Bevölkerung aus Seeleuten, Hafenarbeitern und Prostituierten haben sie Valparaíso, der Harschen, der wunderbar Spontanen, ein trendiges Flair von „alles ist möglich" verliehen. Angesichts der atemberaubenden verblühten Schönheit der chaotischen *cerros* (Hügel), der zum Teil besten Straßenkunst Lateinamerikas, des Labyrinths aus steilen, gewundenen Straßen, Gassen und *escaleras* (Treppen) voller zerfallender Häuser wird schnell klar, warum manche Besucher hier wesentlich mehr Zeit als in Santiago verbringen. Man hat große Anstrengungen unternommen, um Spitzenrestaurants und Luxushotels in die Stadt zu holen und zumindest das Touristenzentrum dieser notorisch unsicheren Hafenstadt sicher zu halten – und so strahlen Valpos Lichter heute heller als je zuvor.

Geschichte

Seit jeher hat das Meer die Geschichte Valparaísos und seines Umlands bestimmt. Die ersten Einwohner der Gegend, die Chango, ernährten sich vom Fischfang. Kaum waren die spanischen Eroberer eingetroffen, wurde Valparaíso zum Hafen jener Schiffe, die Gold und andere lateinamerikanische Güter nach Spanien verfrachteten. Bald folgten weitere plündernde Seeleute: englische und holländische Piraten, darunter Sir Francis Drake, der die Stadt mit wechselnder Mannschaft mehrmals auf der Suche nach Gold brandschatzte.

Valparaíso wuchs zunächst langsam, florierte aber, als während des kalifornischen Goldrauschs ein gewaltiger Bedarf an chilenischem Weizen entstand. Als erster Anlaufhafen der Schiffe nach der Umrundung des Cabo de Hornos (Kap Hoorn) von der Atlantikseite entwickelte sich der Ort zum Handelszentrum der gesamten Pazifikküste und Mittelpunkt des aufkeimenden Bankwesens im Land.

Nach den rosigen Anfängen durchlebte die Hafenstadt im 20. Jh. schwere Zeiten: Das Erdbeben von 1906 zerstörte die meisten Gebäude; eine vergleichbar katastrophale Auswirkung auf die Wirtschaft hatte die Eröffnung des Panamakanals. Lediglich die chilenische Marine war stets präsent.

Heute ist Valparaíso als Anlaufhafen für Kreuzfahrtschiffe wieder auf der Seekarte vermerkt, und Chiles wachsender Obstexport hat ihm ebenfalls Auftrieb verliehen. Bedeutender jedoch ist der Umstand, dass es seit 1990 als Sitz des chilenischen Kongresses dient und 2003 zur Kulturhauptstadt ernannt wurde. Darüber hinaus verlieh die Unesco der Stadt den Status als Weltkulturerbe, was dem Tourismus zusätzlich Aufschwung verlieh.

◉ Sehenswertes & Aktivitäten

Am besten bummelt man einfach durch die Straßen und sieht sich die Wandgemälde und verfallenen Bauwerke an. Einen extra Adrenalinstoß vermittelt die Fahrt mit einem der 15 scheppernden *ascensores* (Aufzüge) aus den Jahren 1883 bis 1916, mit denen man die Hügel und die gewundenen Gassen hinaufzuckelt. Strandfans sollten Richtung Norden nach Viña und Zapallar fahren. Gleich westlich der Stadt kann man an den Stränden San Mateo, Carvallo und Torpederas herrlich spazieren gehen.

◉ Cerros Concepción & Alegre

Die steilen gepflasterten Straßen sind gesäumt von traditionellen Häusern aus dem 19. Jh., deren bunt bemalte Wellblechfassaden ein strahlendes Patchwork unterschiedlicher Farben bilden. Hier gibt's auch einige der besten Cafés und Restaurants (allerdings keine Clubs, da nächtliche Musik verboten ist).

Museo de Bellas Artes MUSEUM
(Paseo Yugoslavo 166; Eintritt 2000 Ch$) Das weitläufige Art-Nouveau-Gebäude am westlichen Ende des Cerro Alegre wird Palacio Baburizza genannt und beherbergt das Museo de Bellas Artes (Museum der Schönen Künste). Es zeigt eine gute Dauerausstellung und vermittelt viele Infos über die ursprünglichen Besitzer des Hauses. Der **Ascensor El Peral** (Plaza de Justicia (El Plan) & Paseo Yugoslavo (Cerro Alegre); Eintritt 100 Ch$; ⊙ Di–So 10.30–17.30 Uhr) fährt hierher; er startet an der Plaza Sotomayor. Ein Stück weiter oben an der Ostseite von Cerro Alegre befindet sich der **Ascensor Reina Victoria** (Eintritt 250 Ch$; ⊙ 7–23 Uhr), der die Avenida Elias mit dem Paseo Dimalow verbindet.

Ascensor Concepción HISTORISCHE STÄTTE
(Prat (El Plan) & Paseo Gervasoni (Cerro Concepción); Eintritt 300 Ch$; ⊙ 7–22 Uhr) Der älteste Aufzug der Stadt führt zum Paseo Gervasoni am Fuß des Cerro Concepción. Er wurde bereits 1883 gebaut und ursprünglich mittels Dampfkraft angetrieben.

> **VALPARAÍSOS WANDMALEREIEN**
>
> Geht man die gewundenen Hügel von Valparaíso hinauf und hinab, stößt man überall auf bunte öffentliche Kunstwerke an Garagentoren, von träumerischen Malereien glamouröser Frauen bis hin zu politisch motivierten graffitiähnlichen Wandbildern. Top-Spots für diese Straßenkunst sind die Cerros Concepción, Alegre und Bellavista. Der Cerro Polanco wurde beim ersten Latin American Graffiti-Mural-Festival von Graffitikünstlern aus ganz Lateinamerika geradezu bombardiert – in nur wenigen Tagen entstanden damals über 80 Wandmalereien. Auch die umliegenden Straßen eignen sich tagsüber für einen Spaziergang, nachts sollte man sie allerdings meiden.
>
> Unterwegs lohnt es sich, nach dem chilenischen Künstler Inti Ausschau zu halten. Sein riesiges Wandgemälde, das sich über mehrere benachbarte Gebäude erstreckt und vom Cerro Concepción aus sichtbar ist, wurde Anfang 2012 enthüllt. Das lebendige Bild zeigt eine mysteriöse, teils fragmentierte Figur, die mit exotischem Schmuck behangen ist.

Valparaíso

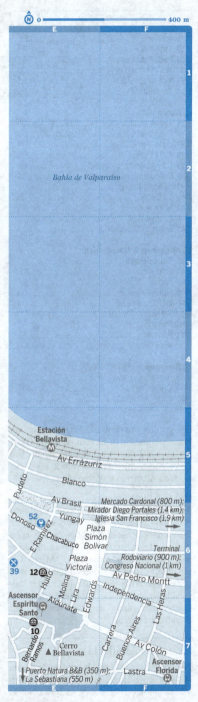

Museo Lukas
MUSEUM

(☎032-222-1344; www.lukas.cl; Paseo Gervasoni 448, Cerro Concepción; Erw./Kind & Senior 1000/500 Ch$; ⊗Di–So 10.30–14 & 15–18 Uhr) Für die Eigentümlichkeiten Valaparaísos hatte der lokale Karikaturist Lukas einen scharfen Blick. Um die sarkastischen politischen Comicstrips im Museum zu verstehen, sind Spanischkenntnisse und Geschichtsverständnis nötig, doch die Tuschezeichnungen der Gebäude sprechen für sich selbst.

⊙ Cerro Cárcel

Parque Cultural de Valparaíso
KUNSTZENTRUM

(www.pcdv.cl; Castro s/n, Cerro Cárcel) GRATIS Dieses Kulturzentrum wurde auf den Überresten eines Gefängnisses erbaut und bietet Interessierten von allem etwas. In den alten Exerzierhöfen befinden sich exzellente Wandgemälde; außerdem gibt's wechselnde Kunstausstellungen, Live-Theater, Tanzvorführungen sowie gelegentlich auch Kurse, Diskussionsrunden und weitere intellektuelle Events.

Um das Zentrum zu erreichen, läuft man die Subida Cumming hinauf.

⊙ Cerro Panteón

Cementerios 1 & 2
FRIEDHOF

(Dinamarca s/n; ⊗8 Uhr bis Sonnenuntergang) Valaparaísos berühmteste, einflussreichste und berüchtigtste verstorbene Bewohner ruhen auf dem Cementerio 1. Ihre Gräber gleichen überladenen Minipalästen. Auf dem daneben liegenden Cementerio 2, dem **Cementerio de Disidentes** („Dissidentenfriedhof") liegen englische und europäische Immigranten.

Trotz des Namens waren die hier Bestatteten keine Aufrührer, sondern schlichtweg Protestanten und daher auf den traditionellen Friedhöfen nicht geduldet. Allein der Ausblick ist einen Besuch wert. Wer zu Fuß herkommt, kann auch die Avenida Ecuador hinaufgehen.

⊙ Cerro Bellavista

Künstler und Schriftsteller haben schon immer diesen ruhigen Wohnhügel bevorzugt. Ein paar gute Restaurants und Cafés hier lohnen einen Besuch.

★ La Sebastiana
HISTORISCHES BAUWERK

(☎032-225-6606; www.fundacionneruda.org; Ferrari 692; Erw./Kind & Senior 5000/1500 Ch$; Jan. & Feb. Di–So 10.30–18.50 Uhr, März–Dez. Di–So 10.10–18 Uhr) Bellavistas berühmtester Bewoh-

Valparaíso

◉ Sehenswertes
1 Ascensor Concepción C4
2 Ascensor El Peral B4
3 Ascensor Reina Victoria C5
4 Cementerio de Disidentes C6
5 Cementerios 1 & 2 .... D6
6 Edificio de la Comandancia Naval B3
7 Iglesia La Matriz A3
8 Mercado Puerto B2
9 Monumento a los Héroes de
     Iquique C3
10 Museo a Cielo Abierto E7
11 Museo de Bellas Artes C4
12 Museo de Historia Natural E6
13 Museo Lukas C5
14 Museo Naval y Marítimo B1
15 Parque Cultural de Valparaíso C6
16 Plaza Matriz B3
17 Plaza Sotomayor C3
18 Reloj Turri C4

◉ Aktivitäten, Kurse & Touren
   Gonzalo Lara .... (siehe 38)
19 Hafenrundfahrten C3
20 Natalis Language Center B4
21 Tours 4 Tips B3

◉ Schlafen
22 Casa Aventura C5
23 Casa Higueras B4
24 Hostal Cerro Alegre C5
25 Hostal Jacaranda C5
26 Hostal Luna Sonrisa B5
27 Hostal Morgan C5
28 Hotel Ultramar B7
29 La Nona B6
30 Mm 450 .... B5
31 Pata Pata Hostel C5
32 Vía Vía Hotel Art Deco C5
33 Yellow House B1
34 Zerohotel B5

◉ Essen
35 Abtao C5
36 Café del Poeta D5
37 Café Turri C4
38 Café Vinilo C5
39 Casino Social J Cruz E6
40 Delicatessen Emporio C4
41 Delicias Express C4
42 La Cocó B5
43 Norma's C5
44 Pasta e Vino C5
45 Puerto Escondido C4

◉ Ausgehen & Nachtleben
46 Bar La Playa B3
47 Cinzano D5
48 Fauna D5
49 Hotel Brighton D5
50 La Piedra Feliz D4
   Máscara .... (siehe 47)
51 Pagano B2
52 Pajarito E6
   Viá Viá Café .... (siehe 32)

◉ Shoppen
53 Art in Silver Workshop B5
54 Cummings 1 .... D5
55 Taller Antiquina B5

---

ner Pablo Neruda liebte es, Valparaísos jährliches Silvesterfeuerwerk von seinem Haus La Sebastiana auf dem Gipfel des Hügels zu beobachten. Wer zuerst kommt, mahlt zuerst, darum sollte man am besten schon morgens da sein.

Der Marsch bergauf ist anstrengend, und auch im Haus selbst geht's mit dem Klettern weiter. Doch der atemberaubende Blick über den Hafen von jedem der Stockwerke aus belohnt einen für die Mühe. Im Gegensatz zu den anderen Häusern Nerudas kann man La Sebastiana auf eigene Faust erkunden und sich die chaotische Sammlung von Galionsfiguren, Glas, Möbeln der 1950er-Jahre sowie Kunstwerken seiner berühmten Freunde im eigenen Tempo anschauen. Neben dem Haus hat die Fundación Neruda das **Centro Cultural La Sebastiana** mit einem kleinen Ausstellungsraum, Café und Souvenirladen errichten lassen. Es liegt vom Ascensor Espíritu Santo 800 m zu Fuß die Héctor Calvo hinauf. Alternativ nimmt man den grünen Bus O ab der Serrano nahe der Plaza Sotomayor in El Plan oder vom Platz am oberen Ende der Templeman auf dem Cerro Alegre hierher (am Block 6900 der Avenida Alemania aussteigen).

Museo a Cielo Abierto MUSEUM
(Open-Air-Museum; Ecke Rudolph & Ramos; ⊙24Std.) GRATIS Zwanzig klassische bunte Wandbilder zieren die Mauern und Fassaden in den unteren Straßen des *cerro* und bilden zusammen das Museo a Cielo Abierto. Geschaffen wurden sie zwischen 1969 und 1973 von Studenten des Instituto de Arte der Universidad Católica. Der **Ascensor Espíritu Santo** fährt hinter der Plaza Victoria zur Wandkunst hinauf.

◉ Cerro Artillería

Ein freier Blick über das Meer machte diesen südwestlichen Hügel zu einem strategischen Verteidigungspunkt, daher auch der Name.

Hier gibt's nicht so schöne Wandbilder wie in anderen *cerros*, dafür aber einige hübsche Kunsthandwerksläden – ein tolles Ziel für den zweiten oder dritten Tag in der Stadt.

Museo Naval y Marítimo MUSEUM
(Marine- & Meeresmuseum; 032-243-7651; www.museonaval.cl; Paseo 21 de Mayo 45, Cerro Artillería; Erw./Kind 1000/300 Ch$; Di–So 10–18 Uhr) Noch immer stehen Kanonen vor diesem Museum, das Chiles Sieg im Salpeterkrieg im 19. Jh. viel Raum widmet.

Zu den weiteren Exponaten gehören historische Gemälde, Uniformen, Schiffsmöbel, Schwerter, Navigationsinstrumente und Medaillen, alle säuberlich in einem der Flügel um den großen Hof ausgestellt. Man erreicht das Museum mit dem scheppernden **Ascensor Artillería** (zurzeit wegen Renovierungsarbeiten geschlossen) ab der Plaza Aduana.

Cerros Barón & Lecheros

Mirador Diego Portales AUSSICHTSPUNKT
(Ecke Av Diego Portales & Castelar, Cerro Barón) Vom Mirador Diego Portales im Osten Valparaísos sieht man alle bunten Hügel des Stadtzentrums.

Iglesia San Francisco KIRCHE
(Ecke Blanco Viel & Zañartu, Cerro Barón) Der Glockenturm der verschnörkelten Backsteinkirche Iglesia San Francisco diente als Landmarke für anfahrende Seeleute. Der Kirche verdankt die Stadt ihren geläufigen Spitznamen „Pancho", eine Verkleinerungsform von Francisco.

El Plan & El Puerto

Valparaísos in der Ebene gelegenes Geschäftsviertel ist nicht so atmosphärisch wie die Hügel dahinter, aber es gibt auch dort etliche Baudenkmäler.

Plaza Matriz PLAZA
Historisches Zentrum der Stadt ist die Plaza Matriz, die von der **Iglesia La Matriz** überragt wird: Die fünfte Kirche an dieser Stelle seit dem Bau der ursprünglichen Kapelle 1559 stammt aus dem Jahr 1837.

In den umliegenden Straßen bezeugen grell beleuchtete *„cabarets"* (sprich Bordelle) und Alkoholläden, dass das Hafenleben in Valpo noch recht lebendig ist.

Reloj Turri DENKMAL
(Ecke Esmeralda & Gómez Carreño) An der Stelle, wo Prat und Cochrane zusammentreffen und zur Esmeralda werden, verengt sich das Edificio Turri auf die Breite seines gleichnamigen Glockenturms, des Reloj Turri.

Plaza Sotomayor PLAZA
Die Plaza Sotomayor wird von dem beeindruckenden blauen **Edificio de la Comandancia Naval** (Marinekommandantur) dominiert. In der Mitte des Platzes liegt das **Monumento a los Héroes de Iquique**, ein unterirdisches Mausoleum, das Chiles Marinemärtyrern Tribut zollt.

In der Nähe befinden sich auch das **Aduana Nacional** (Zollhaus) und die Estación Puerto, der Endbahnhof der Merval-Pendlerzüge. Auf der Plaza gibt's einen hilfreichen Touristenkiosk und einen Kunsthandwerksmarkt, die Feria de Artesanía. Am **Muelle Prat**, dem Pier am unteren Ende der Plaza Sotomayor, geht es an den Wochenenden sehr lebhaft zu – er ist auch ein perfekter Ort, um die Kräne und Container am Hafen zu beobachten.

Museo de Historia Natural MUSEUM
(www.mhnv.cl; Condell 1546, El Plan) GRATIS In neun Räumen erfährt man alles über Chiles Naturgeschichte mit Fokus auf Biologie und Ökosysteme. Die Beschilderungen sind nur auf Spanisch.

Congreso Nacional HISTORISCHES BAUWERK
(Ecke Av Pedro Montt & Rawson) Eines der wenigen modernen Wahrzeichen Valparaísos ist das umstrittene Kongressgebäude. Seine Ursprünge liegen buchstäblich und parlamentarisch in Pinochets Zeit der Präsidentschaft und davor: Es wurde auf einem seiner Elternhäuser errichtet und durch die Verfassung von 1980 (durch die das Parlament aus Santiago abgezogen wurde) legitimiert.

SENDERO BICENTENARIO

Wenn man eines in Valparaíso tun sollte, dann das: Der **Sendero Bicentenario**, eine 30 km lange kulturelle und historische Route, führt „in die Tiefen" – besser gesagt zur Spitze – der Stadt. Angelegt von der einheimischen Wohltätigkeitsorganisation **Fundación Valparaíso**, ist der Weg in 15 thematische Abschnitte gegliedert und erschließt Teile des Hafens, El Plan sowie viele der weniger bekannten Hügel der Stadt. Karten der Route sind in den Hotels und Touristenkiosken erhältlich.

Mercado Cardonal MARKT
(⊙6–17 Uhr) Die Obst- und Gemüseauslagen im Mercado Cardonal zwischen Yungay, Avenida Brasil, Uruguay und Rawson sind so farbenfroh wie Valparaísos charakteristische Häuser – und fast ebenso hoch aufgetürmt.

Barrio El Puerto STADTVIERTEL
Das Barrio El Puerto (Hafenviertel) im Westen von El Plan hält gleich zwei Rekorde: Es ist der älteste Stadtteil Valparaísos und auch der am stärksten verfallene. Die bröckelnden Steinfassaden deuten auf längst vergessene Zeiten hin, z. B. die nicht mehr genutzte Markthalle des Mercado Puerto (Ecke Cochrane & San Martín, Puerto), in der sich heute streunende Katzen herumtreiben.

Kurse

Chilean Cuisine KOCHKURS
(☏ Mobil 6621-4626; www.cookingclasseschile.cl; Veranstaltungsorte variieren; Kurs ab 37 000 Ch$ pro Pers.) Eine energiegeladene Köchin begleitet die Kursteilnehmer beim Einkaufen der Zutaten über den einheimischen Markt, zeigt, wie man Pisco Sours mixt, lokale Weine probiert und schließlich ein typisch chilenisches Menü zubereitet und verspeist.

Gonzalo Lara KOCHKURS
(☏ 032-223-0665; gonzalolarachef@yahoo.es) Der verrückte Koch des Café Vinilo hat ein Gourmetangebot im Programm, das fantastische Kritiken von Travellern bekommen hat. Preise und Verfügbarkeit erfragt man per Mail direkt bei ihm.

Natalis Language Center SPRACHKURS
(☏ 032-225-4849; www.natalislang.com; Plaza Justicia 45, 6. OG, Oficina 602, El Plan; Kurse ab 90 000 Ch$ pro Woche, dreitägiger Crashkurs 135 000 Ch$) Erzielt schnelle Resultate.

Geführte Touren

Santiago Adventures
(☏ 02-2244-2750; www.santiagoadventures.com; Guardia Vieja 255, Oficina 403, Providencia, Santiago) Bietet Ganztagestouren von der Hauptstadt aus.

★ Tours 4 Tips STADTTOUR
(www.tours4tips.com; Plaza Sotomayor, El Plan; ⊙10 & 15 Uhr) Einfach zur Plaza Sotomayor kommen, auf der Mitte des Platzes nach den freundlichen Guides Ausschau halten (sie tragen rot-weiße Hemden) und ab geht's zu einer netten Tour durch die Stadt mit Fokus auf Straßenkunst, Kulturgeschichte und Politik. Man gibt nur Trinkgeld, wenn die Tour Spaß gemacht hat (5000–10 000 Ch$ sind eine gute Summe).

Hafenrundfahrten BOOTSTOUR
(ab dem Muelle Prat; 30-minütige Tour 3000 Ch$, ⊙9.30–18.30 Uhr) Im Rahmen der Hafentouren kommt man an riesigen Kreuzfahrtschiffen oder Schlachtschiffen der Marine vorbei, und manchmal kann man auch ein paar Seelöwen beobachten. Mehrere Gesellschaften bieten Ausflüge an, deshalb lohnt sich ein Preisvergleich.

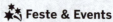 Feste & Events

Puerto de Ideas KULTURELL
(www.puertodeideas.cl; ⊙Nov.) Die Intellektuellen-Konferenz findet Ende November statt und ist Chiles Äquivalent zu TED. Für Spanischsprachige kann sie sehr faszinierend sein.

Año Nuevo NEUJAHR
(⊙31. Dez.) Ein fantastisches Feuerwerk über dem Hafen zieht jeden 31. Dezember Hunderttausende Zuschauer in die Stadt. Eine Unterkunft für diese Zeit sollte lange im Voraus gebucht werden.

DIE FÜNF SCHÖNSTEN AUSSICHTSPUNKTE

➡ **Paseo 21 de Mayo auf dem Cerro Artillería**, um auf die Kräne und Container im Hafen zu schauen.

➡ **Plaza Bismark auf dem Cerro Cárcel** für einen Panoramablick über die Bucht.

➡ Mirador Diego Portales (S. 97) auf dem **Cerro Barón** für traumhafte Aussicht auf das Stadtzentrum mit seinen bunten Häusern.

➡ Der Aussichtspunkt am Ende der **Calle Merlet auf dem Cerro Cordillera** für einen Blick von oben auf die rostigen Dächer des Barrio El Puerto (S. 97) und die Gebäude an der Plaza Sotomayor.

➡ **Paseo Atkinson auf dem Cerro Concepción** tagsüber, um typische Häuser von Valparaíso zu sehen, und abends, um das Lichtermeer auf den Hügeln zu genießen.

🛏 Schlafen

Yellow House
B&B $

(☎ 032-233-9435; www.theyellowhouse.cl; Capitán Muñoz Gamero 91, Cerro Artillería; Zi. inkl. Frühstück mit/ohne Bad 38 000/35 000 Ch$, @ 🛜) Ein sensationeller Blick über den alten Hafen und die Hügel, aber ebenso die Fürsorge, mit der die chilenischen Besitzer ihre Gäste verwöhnen, machen das ruhige B&B zu etwas ganz Besonderem. Die behaglichen pastellfarbenen Zimmer sind mit dicken weißen Steppdecken ausgestattet. Vom „Oceano" hat man die schönste Aussicht. Einziger Nachteil: Die Pension liegt recht weit entfernt vom Trubel und den Restaurants und Ausgehlocations der beliebteren *cerros*.

Wer spät nachts anreist, sollte Vorsicht walten lassen.

La Nona
B&B $

(☎ Mobil 6618-6186; www.bblanona.com; Galos 660, Cerro Alegre; EZ/DZ/3BZ inkl. Frühstück 25 000/36 000/46 000 Ch$; 🛜) Die Englisch sprechenden Betreiber lieben Valpo leidenschaftlich und geben ihren Besuchern jede Menge Insidertipps. Die Zimmer sind einfach, aber in Ordnung; Buntglas- und Dachfenster sorgen für Luft und Licht. Ein weiterer absoluter Pluspunkt ist die zentrale Lage auf dem Cerro Alegre. Man sollte sich ein Zimmer mit Ausblick geben lassen.

Hostal Jacaranda
HOSTEL $

(☎ 032-327-7567; www.hostaljacaranda.blogspot.com; Urriola 636, Cerro Alegre; B/DZ ab 7000/20 000 Ch$; 🛜) 🌿 Klein, aber einladend und perfekt gelegen in einem lebendigen Abschnitt des Cerro Alegre. Die Terrasse des fröhlichen, nachhaltig geführten Hostels (man beachte die Anstrengungen beim Recycling) wird bei Dunkelheit romantisch beleuchtet, außerdem sind die Besitzer eine Quelle an Informationen. Auf Nachfrage zeigen sie einem vielleicht sogar, wie man chilenische Spezialitäten à la Pisco Sours und Empanadas zubereitet.

Pata Pata Hostel
HOSTEL $

(☎ 032-317-3153; www.patapatahostel.com; Templeman 657, Cerro Alegre; B 7500–10 000 Ch$; DZ ohne Bad 28 000 Ch$; 🛜) Pata Pata richtet sich vor allem an junge Leute. Schon der idyllische, blumengeschmückte Treppenaufgang strahlt positive Energie aus; zudem gibt's viele Bereiche zum Entspannen und gute Musik. Das Hostel ist ein wenig verwahrlost (doch das ist die ganze Stadt), aber die Matratzen in den Schlafsälen sind noch okay.

Mm 450
HOSTEL $

(☎ 032-222-9919; www.mm450.cl; Lautaro Rosas 450, Cerro Alegre; B 14 080–17 850 Ch$, Zi mit/ohne Bad inkl. Frühstück 71 400/53 500 Ch$; 🛜) Das „Boutique-Hotel" hat einen modernen Look und supergemütliche Schlafsäle mit glänzend weißen Daunendecken. Nebenan befinden sich ein angesagtes Restaurant und eine Lounge, daher ist immer etwas los. Trotz des hübschen Innenhofs herrscht allerdings keine besondere Traveller-Atmosphäre – zumindest noch nicht. Es gibt keine Gemeinschaftsküche.

Hostal Luna Sonrisa
HOSTEL $

(☎ 032-273-4117; www.lunasonrisa.cl; Templeman 833, Cerro Alegre; B/EZ/DZ ohne Bad 9000/14 000/25 000 Ch$, DZ/Apt. 32 000/52 000 Ch$; 🛜) Klein, ruhig und in der Nähe der Restaurants und Bars des Cerro Alegre gelegen. Das Hostel ist sein Geld wert, obwohl es hier nicht so lebhaft zugeht wie in anderen Unterkünften und man den Angestellten nur schwer ein Lächeln abringen kann.

Hostal Cerro Alegre
B&B $

(☎ 032-327-0374; www.hostalcerroalegre.cl; Urriola 562, Cerro Alegre; B 12 000 Ch$, Zi. mit/ohne Bad 39 000/25 000 Ch$; 🛜) Schicke Antiquitäten, originale Ölgemälde des früheren Besitzers und ein toller Sinn für Farben, Stil und Design – dieses Hostel ist ein super Ziel für Bohemiens. Es gibt eine Gemeinschaftsküche und einen kleinen Aufenthaltsbereich; in den Schlafsälen können bis zu drei Personen übernachten.

Casa Aventura
HOSTEL $

(☎ 032-275-5963; www.casaventura.cl; Pasaje Gálvez 11, Cerro Concepción; B/EZ/DZ ohne Bad 9000/17 000/25 000 Ch$; 🛜) Eines der ältesten Hostels der Stadt. Das baufällige Haus birgt luftige Schlafsäle in Pastellfarben, die Doppelzimmer haben sehr hohe Decken und Originalfußböden aus Holz. Es gibt eine Gemeinschaftsküche, aber leider keine kühle Terrasse oder größere Aufenthaltsbereiche.

El Mirador
B&B $

(☎ 032-234-5937; www.elmiradordevalparaiso.cl; Levarte 251, Cerro Playa Ancha; EZ/DZ/3BZ inkl. Frühstück 15 500/36 200/51 700 Ch$, Apt. für 2 Pers. 62 000 Ch$; @) Sparsame Pärchen und Alleinreisende schwärmen von diesem schönen B&B. Es liegt zwar etwas abseits, dafür hat das gepflegte Anwesen – ein restauriertes Haus mit gemütlichen Doppelzimmern, Apartments inklusive Küchenzeilen, freundlichen Gastgebern und einer großen Terrasse – ein tolles Preis-Leistungs-Verhältnis. Hierher kommt man, indem man vom Museo Naval y Maritimo aus auf der Playa Ancha den Hügel hinaufgeht und links in die Levarte einbiegt.

Vía Vía Hotel Art Deco BOUTIQUE-HOTEL $$
(032-319-2134; www.viaviacafe.cl; Almirante Montt 217, Cerro Alegre; Zi. 39 000–58 000 Ch$;) Das Boutique-Hotel im Art-déco-Stil ist vor allem bei Kunst- und Kulturbegeisterten beliebt. Mit nur fünf Zimmern ist es eine gemütliche Angelegenheit. Die Räume sind schlicht, aber schön luftig, die Bäder mit Solarduschen und eleganten Steinakzenten ausgestattet. Das fröhliche Café im Erdgeschoss ist ein prima Ort zum Ausgehen.

Puerto Natura B&B B&B $
(032-222-4405; www.puertonatura.cl; Héctor Calvo 850, Cerro Bellavista; DZ mit/ohne Bad inkl. Frühstück 67 000/44 000 Ch$;) Gute Mittelklasseoption: Das Gebäude wurde 1935 errichtet, heute findet man hier kuschelige Betten und blitzsaubere, individuell dekorierte Zimmer. Übrigens sind die Besitzer Heilpraktiker, die Reiki, Massagen, Yoga und türkische Bäder anbieten. Hinter dem Gebäude gibt's einen Terrassengarten voller Obstbäume. Pablo Nerudas Haus La Sebastiana steht in unmittelbarer Nähe.

Hostal Morgan B&B $$
(032-211-4931; www.hostalmorgan.cl; Capilla 784, Cerro Alegre; DZ mit/ohne Bad 54 000/48 000 Ch$;) Bei Travellern ist das fröhliche gelbe B&B ein Dauerbrenner. Die altmodischen Eisen- und Holzbettgestelle, die Federkernmatratzen und die blütenweiße Bettwäsche in dem herrlich gemütlichen alten Haus sind ideal, um lange auszuschlafen.

Zerohotel BOUTIQUE-HOTEL $$$
(032-211-3113; www.zerohotel.com; Lautaro Rosas 343, Cerro Alegre; DZ inkl. Frühstück 166 000–238 000 Ch$;) Das Hotel besitzt eine der schönsten Terrassen der Stadt. Hier am Pool zu entspannen und die Sonne zu genießen ist ein Erlebnis, an das man noch lange denken wird. Es gibt nur neun Zimmer, alle mit hohen Decken, minimalistischem Design und vielen luxuriösen Annehmlichkeiten, z. B. eine Bar mit einigen der besten Weine Chiles.

Die moderne Einrichtung passt erstaunlich gut zur Architektur des 1880 erbauten Hauses.

Casa Higueras BOUTIQUE-HOTEL $$$
(032-249-7900; www.casahigueras.cl; Higuera 133, Cerro Alegre; Zi. 190 000–324 000 Ch$;) Reiche Santiaguinos verbringen ihre Wochenenden lieber in Viña als in Valpo, doch die schicken Zimmer dieses Hotels mit dunklen Holzmöbeln und riesigen Betten, Bädern mit Mosaikkacheln und großen Waschbecken sowie das ruhige Wohnzimmer voller asiatischer Skulpturen und mit niedrigen beigen Sofas haben es ihnen angetan.

Vom Haus, vom Pool, vom Whirlpool und von der Terrasse blickt man auf die Bucht. Auf Letzterer kann man hervorragend bei Sonnenuntergang einen Cocktail trinken.

Hotel Ultramar BOUTIQUE-HOTEL $$$
(032-221-0000; www.hotelultramar.com; Pérez 173, Cerro Cárcel; DZ inkl. Frühstück 83 000 Ch$;) Die unvergleichliche Aussicht über die Bucht rechtfertigt den Fußweg zum schicken Ultramar hoch auf dem Cerro Cárcel. Hinter der tristen braunen Ziegelfassade wirkt die Unterkunft mit ihren hohen roten und weißen Wänden, schwarzem Treppen-

---

ⓘ ORIENTIERUNG IN VALPARAÍSO

Valparaíso besteht aus zwei Teilen: El Plan, dem verkehrsreichen, ebenen Geschäftsviertel direkt am Meer, und den 42 steil dahinter aufragenden *cerros* (Hügeln).

Valparaísos Hügel bereiten selbst den erfahrensten Kartografen Probleme. Die Avenida Almirante Montt und die Urriola führen von El Plan zum Cerro Concepción und Cerro Alegre. Von der Plaza Aníbal Pinto verläuft die Cumming zum Cerro Cárcel, von der Avenida Ecuador schlängelt sich die Yerbas Buenas den Cerro Bellavista hoch, der von der anderen Seite über die Ferrari zugänglich ist. Die Avenida Alemania zieht sich oben auf den zentraleren Hügeln entlang.

Bei Weitem die beste Karte ist die *Valparaíso Map* (www.valparaisomap.cl). Ascensores de Valparaíso (www.ascensoresvalparaiso.org) bietet einen interaktiven Plan der alten Aufzüge. Die einzelnen Viertel sieht man auch auf den Onlinekarten der Website Ciudad de Valparaíso (www.ciudaddevalparaiso.cl). In Hotels und an Touristeninformationskiosken gibt's gedruckte Pläne.

geländer und Böden in Schachbrettmuster sehr modern.

Unbedingt rechtzeitig buchen, denn der Unterschied zwischen den großen Doppelzimmern mit schönem Ausblick und den kleineren Räumen ohne Meerblick ist gewaltig.

Essen

Cerro Concepción

Puerto Escondido CHILENISCH $
(www.puertoescondido.cl; Papudo 424; Hauptgerichte 3500–6200 Ch$) Dieses familienbetriebene Lokal liegt in einem von Valparaísos skurrilen uralten Häusern. Auf der kurzen Speisekarte stehen chilenische Klassiker wie *pastel de papas* (Kartoffelauflauf mit Hackfleisch) und sonstige Hausmannskost, die man in modernen Restaurants nicht mehr findet. Die bodenständige Atmosphäre ist ebenso toll wie das Essen.

Café Turri FISCH & MEERESFRÜCHTE $
(www.cafeturri.cl; Templeman 146; Hauptgerichte 4500–8200 Ch$) Mal ist der Service gut, mal schlecht, und für das, was man bekommt, werden gesalzene Preise verlangt. Dafür genießt man im Café Turri einen unvergesslichen Blick auf den Hafen und den Ozean. Wer es nicht eilig hat, sollte es sich mit einem Pisco Sour und gedünsteten Muscheln oder *palta cardenal* (mit Garnelen gefüllte Avocado) auf der Terrasse gemütlich machen.

Abtao FISCH & MEERESFRÜCHTE $$
(032-222-3442; www.restauranteabtao.cl; Abtao 550, Cerro Concepción; Hauptgerichte 8500–10 900 Ch$) Wenn es draußen heiß ist, kann man auf der verglasten Terrasse sitzen; wenn nicht, wartet ein intimer und eleganter Speiseraum im Art-déco-Stil. Das Essen ist kreativ und innovativ – der Koch kombiniert Früchte mit Fisch, Süßes mit Herbem und verwendet Gewürze aus aller Welt.

Cerro Alegre

★ Café Vinilo CHILENISCH $
(Almirante Montt 448, Cerro Alegre; Hauptgerichte 5800–8500 Ch$) Die luxuriöse Restaurantbar gilt als einer der Top-Spots der Stadt. Die Einrichtung ist gut durchdacht, die Atmosphäre esoterisch und nobel. Abends gibt's frischen Lachs, Thunfisch und andere Fänge aus der Region. Alle Gerichte werden innovativ präsentiert und in köstlichen Geschmackskombinationen zubereitet.

Das Vinilo strahlt einen gewissen Retro-Chic aus, der perfekt (und andererseits ganz und gar nicht) zu den Farben und Rhythmen der Stadt passt. Wenn die letzten Teller leergegessen sind, verwandelt sich das Restaurant in eine Bar, in der Platten aufgelegt werden.

Delicias Express CHILENISCH $
(Urriola 358, Cerro Alegre; Empanadas 1000–1300 Ch$; 8–18Uhr) Bietet 60 Sorten Empanadas mit knuspriger Kruste sowie freundlichen Service – eines der besten Empanadalokale an der gesamten Küste!

Delicatessen Emporio CHILENISCH $
(Urriola 383, Cerro Alegre; Mittagsmenü 3900–5900 Ch$; Mo-Do 11–15, Fr & Sa 11–23 Uhr;) Das kleine Lokal serviert hochwertige Tagesmenüs mit wahlweise Suppe oder Salat als Vorspeise, frischem Lachs oder hausgemachten Gnocchi in Tomatensoße als Hauptgericht und einem üppigen Dessert. Die Küche ist halboffen und sehr sauber.

La Cocó SANDWICHES $
(www.lacoco-sangucheriaartesanal.blogspot.com; Monte Alegre 546, Cerro Alegre; Sandwiches 3800–5000 Ch$; Mo & Di geschl., So nur Mittagessen;) Sehr beliebt bei hippen Stadtbewohnern und cleveren Reisenden ist diese *sangucheria artesanal*, in der man köstliche hausgemachte Sandwiches bekommt. Die leckeren Schnitten sind dick belegt mit frischen Meeresfrüchten und Fisch (Räucherlachs mit scharfer Chorizo ist zurzeit der Hit). Alternativ gibt's auch vegetarische Varianten. Abends sorgen Livemusik und Dichterlesungen für Unterhaltung.

Norma's CHILENISCH $
(Almirante Montt 391, Cerro Alegre; Mittagsmenü 4900–6900 Ch$; Mo geschl.) Vom Namen und dem nichtssagenden Eingang sollte man sich nicht abschrecken lassen, sondern einfach die hohe Treppe zum fröhlichen, lässig-eleganten Restaurant hinaufsteigen und sich von einem gut zubereiteten Mittagsmenü überraschen lassen, das budgetfreundlicher ist, als man es in der Gegend erwartet. Das restaurierte Haus hat noch die prächtigen Dimensionen, gebohnerten Holzböden und charmanten antiken Holzfensterrahmen des Originalbaus.

Pasta e Vino ITALIENISCH $$
(032-249-6187; www.pastaevinoristorante.cl; Templeman 352; Hauptgerichte 6900–9900 Ch$) Wer das Gourmet-Restaurant besuchen möchte,

sollte im Vorfeld reservieren (einfach das Onlineformular auf der Website ausfüllen) und in schicker, heimeliger Atmosphäre mit nur einem Dutzend Tischen die einfallsreiche Pasta des Tages verspeisen.

🍴 El Plan & El Puerto

Casino Social J Cruz   CHILENISCH $
(Condell 1466, El Plan; Hauptgerichte 4500–6000 Ch$) Alle Tischflächen und Fenster in dem winzigen Café in einer schmalen Gasse in El Plan sind mit Tipp-Ex-Graffiti bekritzelt. Es gibt keine Speisekarte und nur ein wesentliches Gericht: *chorrillana* (ein Berg Pommes frites mit gebratenem Schweinefleisch, Zwiebeln und Ei). Am Wochenende treten bis in die frühen Morgenstunden Folksänger auf.

Café del Poeta   CAFÉ $
(Plaza Aníbal Pinto 1181, El Plan; Hauptgerichte 3500–7800 Ch$; ⊙ Mo-Fr 8.30–24, Sa & So ab 11 Uhr; 🛜) Dieses süße Café-Lokal verleiht der zentralen Plaza in El Plan eine gewisse Raffinesse. Auf der Speisekarte stehen herzhafte Crêpes, Pasta und Meeresfrüchte. Einen entspannenden Nachmittagstee oder ein Glas Wein kann man auch draußen auf dem Bürgersteig genießen. Zusätzlich laden ein paar Bücher über Valparaíso zum längeren Verweilen ein.

Mercado Cardonal   MARKT $
(Mercado Cardonal, 2. Etage, El Plan; Hauptgerichte 3500–5000 Ch$; ⊙ 9–22 Uhr) An den Ständen des Hauptmarktes gibt's eine gute Auswahl an Fisch und Meeresfrüchten. Wir empfehlen z. B. El Rincón de Pancho und Desayunador Paloma.

Caleta El Membrillo   FISCH & MEERESFRÜCHTE $
(Av Altamirano 1569, El Puerto; Hauptgerichte 2800–5200 Ch$; ⊙ Mo-Do 12–18 Uhr, Fr & Sa länger geöffnet) Das legere, familienfreundliche Lokal am Wasser eignet sich für ein entspanntes Mittagessen im Freien. Während man frische, einfach zubereitete Garnelen, gebratenen Fisch und chilenische Spezialitäten genießt, sieht man die kommerziellen Fischerboote ein- und auslaufen.

🍷 Ausgehen & Unterhaltung

★ Viá Viá Café   CAFÉ
(📞 032-319-2134; www.viaviacafe.cl; Almirante Montt 217, Cerro Alegre; ⊙ 12–2 Uhr; 🛜) 🌿 Das Gartencafé befindet sich unter einem steilen Treppenaufgang und ist mit einem dreistöckigen Wandgemälde geschmückt. Es sprüht nur so vor Kreativität und strahlt viel positive Energie aus. Gelegentlich gibt's Livemusik; serviert werden einfache Gerichte und eine gute Mischung aus belgischen Bieren und chilenischen Weinen vom Fass. Ein Pflichtbesuch für Feierfreudige und Fans von Wandmalereien.

Fauna   BAR
(www.faunahotel.cl; Pasaje Dimalow 166, Cerro Alegre; ⊙ 13–23 Uhr) Eine der besten Dachterrassen der Stadt bietet diese angesagte Lounge und Restaurantbar (mit schickem Hotel nebenan). Ein beliebtes Ziel für Einheimische, die hier Craft-Beer, Cocktails und Wein genießen.

Hotel Brighton   BAR
(www.brighton.cl; Paseo Atkinson 151, Cerro Concepción; ⊙ So-Do 10–24, Fr & Sa 10–3 Uhr) Am Rande des Cerro Concepción gelegene Bar mit einem herrlichen Terrassenrestaurant, das einen schönen Ausblick auf Hafen und Stadt ermöglicht. Man sollte bei Sonnenuntergang herkommen und das gute Essen genießen. An Wochenenden gibt's hier Livemusik.

Pajarito   BAR
(www.pajaritobar.blogspot.com; Donoso 1433, El Plan; ⊙ So geschl.) 20- bis 30-jährige *porteños* aus der Kunstszene drängen sich in der lässigen, altmodischen Bar an Resopaltischen, um bei Bier und Piscola über Poesie und Politik zu reden.

Cinzano   BAR
(www.barcinzano.cl; Plaza Aníbal Pinto 1182, El Plan; ⊙ So geschl.) Seit 1896 hängen Alkoholiker, Seeleute und Musikanten am Tresen der überladenen Bar rum. Heute wird das Cinzano auch von Touristen geschätzt, die erleben wollen, wie musikalische Veteranen Tangos und Boleros schrammeln, als gäbe es kein Morgen.

La Piedra Feliz   BAR, CLUB
(www.lapiedrafeliz.cl; Av Errázuriz 1054, El Plan; Eintritt ab 3000 Ch$; ⊙ Di–So ab 21 Uhr) Jazz, Blues, Tango, Son, Salsa, Rock, Trinken, Essen, Kino: Gibt's irgendetwas in dem klotzigen Haus am Hafen, was es nicht gibt? Im Nachtclub La Sala im Untergeschoss legen DJs bis 4 Uhr morgens auf.

Bar La Playa   BAR
(Serrano 567, El Puerto) Die traditionelle holzgetäfelte Bar mit Kellerdisco mag zwar 80 Jahre auf dem Buckel haben, aber von Nach-

lassen kann keine Rede sein. An Wochenenden locken billiges Bier, starker Pisco und eine freundliche Atmosphäre scharenweise Studenten und junge unkonventionelle Besucher an.

Máscara
CLUB
(www.mascara.cl; Plaza Aníbal Pinto 1178, El Plan; Eintritt 2500–3500 Ch$) 20- bis 30-jährige Musikkenner lieben diesen schwulenfreundlichen Club für sein Angebot: Das Bier ist billig, es gibt reichlich Platz, und vor Ort trifft man kaum Teenies. Happy Hour ist Dienstag bis Freitag zwischen 18 und 22 Uhr.

Pagano
CLUB
(032-223-1118; www.paganoindustry.cl; Blanco 236; Eintritt unterschiedlich) Eingefleischte Nachteulen, ob schwul oder hetero, können die ganze Woche über im brechend vollen, stickigen Pagano abtanzen.

Shoppen

Die meisten Galerien und Kunsthandwerksläden befinden sich in den Cerros Concepción und Alegre.

Taller Antiquina
ACCESSOIRES
(San Enrique 510, Cerro Alegre; 11–20 Uhr) Wunderschön gearbeitete Ledertaschen, Gürtel und Brieftaschen werden vor Ort liebevoll angefertigt.

Art in Silver Workshop
SCHMUCK
(Lautaro Rosas 449A, Cerro Alegre) Silber und Lapislazuli werden in diesem kleinen Laden zu ungewöhnlichen Schmuckstücken zusammengefügt. Manchmal kann man dem Silberschmied Victor Hugo bei der Arbeit zusehen.

Cummings 1
BÜCHER
(www.cummings1.cl; Subida Cummings 1, Plaza Aníbal Pinto, El Plan; Mo 12–21, Di–Sa 11.30–14 & 16.30–21 Uhr) Lateinamerikanische Literatur auf Deutsch, Spanisch, Englisch und Französisch.

ⓘ Praktische Informationen

GEFAHREN & ÄRGERNISSE
Im alten Hafenviertel von Valparaíso werden oft Kleinkriminalität und Straßenraub gemeldet, deshalb muss man auf sein Eigentum achten. Besonders begehrt sind Kameras und andere elektronische Geräte. Der Rest der Stadt ist relativ sicher, trotzdem sollten sich ausländische Besucher nachts an die Hauptstraßen halten und dubiose *escaleras* (Treppenaufgänge und Gassen) meiden.

GELD
Banco Santander (032-220-7940; Prat 882, El Plan) Eine von vielen Banken mit Geldautomaten am Prat.
Inter Cambio (Plaza Sotomayor 11, El Plan; Mo–Fr 9–18, Sa 10–13 Uhr) Wechselstube.

INTERNETZUGANG & TELEFON
Zahlreiche Unterkünfte bieten kostenloses Internet oder WLAN.

MEDIEN
Ciudad de Valparaíso (www.ciudaddevalparaiso.cl) Nützliche, ausführliche Verzeichnisse mit Dienstleistungen in der Stadt.
El Mercurio de Valparaíso (www.mercuriovalpo.cl) Größte Tageszeitung der Stadt.
Valparaíso Times (www.valparaisotimes.cl) Englischsprachige Zeitung im Internet, die von derselben Redaktion gemacht wird wie die *Santiago Times*.

MEDIZINISCHE VERSORGUNG
Hospital Carlos Van Buren (032-220-4000; Av Colón 2454, El Plan) Öffentliches Krankenhaus.

POST
Postamt (Prat 856, El Plan; Mo–Fr 9–18, Sa 10–13 Uhr)

TOURISTENINFORMATION
Kiosk der Touristeninformation (032-293-9262; www.ciudaddevalparaiso.cl; Mo–Sa 10–14 & 15–18 Uhr) An den kleinen Informationsständen Muelle Prat (gegenüber der Plaza Sotomayor, El Plan) und Plaza Aníbal Pinto (Ecke O'Higgins & Plaza Aníbal Pinto, El Plan) bekommt man Karten und persönliche Auskünfte, wenn man endlich an der Reihe ist.

WASCHSALON
Lavanda Café (Av Almirante Montt 454, Cerro Alegre; 7500 Ch$ pro Ladung; Mo–Fr 9.30–19, Sa 10–14 Uhr) Hier kann man Wäsche waschen und nebenbei Kaffee trinken oder etwas essen.

ⓘ An- & Weiterreise

AUTO
Die nächstgelegenen Autovermietungen befinden sich in Viña del Mar – einige bringen den Wagen bei vorheriger Buchung zum Hotel.

BUS
Alle wichtigen Intercitybusse fahren vom und zum **Terminal Rodoviario** (Av Pedro Montt 2800, El Plan) etwa 20 Straßen östlich des Stadtzentrums. Achtung: Nicht immer stehen Taxis vor dem Terminal bereit, besonders wenn man nachts ankommt. Wer sich ins Hotel oder Hostel bringen lassen möchte, muss eines rufen oder im Vorfeld die Abholung organisieren.

Nach Santiago starten alle 15 bis 20 Minuten Busse von **Tur Bus** (☏ 600-660-6600; www.turbus.cl) und **Condor Bus** (☏ 02-2822-7528; www.condorbus.cl). Beide Unternehmen bieten ebenfalls Verbindungen Richtung Süden nach Puerto Montt (3-mal tgl.), Osorno (3-mal tgl.) und Temuco (3-mal tgl.). Tur Bus bedient zudem Pucón (3-mal tgl.), Concepción (3-mal tgl.) und Chillán (3-mal tgl.).

Tur Bus fährt auch Richtung Norden nach Iquique (2-mal tgl.), Calama (3-mal tgl.) sowie nach Antofagasta (3-mal tgl.). **Romani** (☏ 032-222-0662; www.busesromani.cl) verkehrt auf den gleichen Strecken, allerdings weniger häufig.

Nach Mendoza in Argentinien gelangt man mit Tur Bus, **Cata Internacional** (☏ 800-122-2282; www.catainternacional.com), **El Rápido** (☏ 810-333-6285; www.elrapidoint.com.ar), **Ahumada** (☏ 02-696-9798; www.busesahumada.cl) und **Andesmar** (www.andesmar.com). Manche Busse fahren weiter bis nach Buenos Aires. **Buses JM** (☏ 034-344-4373; www.busesjm.cl) startet jeweils stündlich nach Los Andes.

Pullman Bus Lago Peñuela (☏ 032-222-4025) steuern alle 15 Minuten Isla Negra an. Ab der 12 de Febrero gleich vor dem Bahnhof verkehren alle 15 Minuten *taxis colectivos* (Sammeltaxis) von **Transportes Quintay** (☏ 032-236-2669) nach Quintay.

Die städtische Verkehrsgesellschaft **Transporte Metropolitano Valparaíso** (TMV; www.tmv.cl) betreibt Busse zu den Badeorten nördlich von Valparaíso und Viña del Mar. Nach Reñaca fahren die orangefarbenen Linien 607, 601 und 605. Die beiden Letzteren haben überdies Concón zum Ziel. Alle Busse nutzen die Condell und dann die Yungay.

Die Ticketpreise können sich während der Schulferien und an langen Wochenenden erheblich erhöhen. Auf Langstrecken bezahlt man mehr für die *cama*-Klasse (mit Liegesitzen).

ZIEL	PREIS (CH$)	FAHRTDAUER (STD.)
Antofagasta	31 000	15
Calama	34 700	23
Chillán	8200	8
Concepción	8400	9
Iquique	38 400	20
Isla Negra	2600	1½
Los Andes	4500	7
Mendoza	29 800	8
Osorno	22 000	14
Pucón	19 500	12
Puerto Montt	25 000	16
Santiago	2100	1½
Temuco	16 900	11

❶ Unterwegs vor Ort

Zu Fuß kann man Valparaíso und die Hügel am besten erkunden – ein bisschen Schummeln auf dem Weg bergauf durch Benutzung eines *ascensor* oder eines *taxi colectivo* (500 Ch$) ist aber natürlich erlaubt. *Colectivos* zu den Cerros Concepción und Alegre warten am unteren Teil der Almirante Montt, die Sammeltaxis zu den Cerros Cárcel und Bellavista in der Avenida Ecuador.

Zahlreiche Busse des **TMV** (einfache Strecke innerhalb von El Plan 310 Ch$, von El Plan nach Cerro 370 Ch$) verbinden das eine Ende von El Plan mit dem anderen. Sie verkehren über die Condell, die Avenida Pedro Montt, die Avenida Brasil und die Yungay. Ein paar fahren auf verschiedene Hügel hinauf und weiter nach Viña oder die Nordküste entlang; die Zielorte stehen an der Frontscheibe. Die berühmteste Buslinie ist die 801, auf der die ältesten noch fahrenden Trolleybusse der Welt eingesetzt sind. Diese gelenkigen Fahrzeuge stammen aus dem Jahr 1947 und wurden zum *monumento nacional* (nationales Wahrzeichen) ernannt.

Die Pendlerzüge der **Metro Regional de Valparaíso** (Merval; ☏ 032-252-7633; www.merval.cl) verkehren alle 6 bis 12 Minuten zwischen der **Estación Puerto** (Ecke Errázuriz & Urriola) und der **Estación Bellavista** (Ecke Errázuriz & Bellavista) nach Viña del Mar (je nach Abfahrtszeit 410–456 Ch$).

Taxis sind in Valparaíso deutlich teurer als in anderen chilenischen Städten.

Wer die Hügel mit dem Rad bezwingen möchte, findet in der Stadt mehrere Verleihstellen (halber Tag 5000 Ch$). Für 1000 Ch$ extra wird das Rad zur Unterkunft gebracht.

Viña del Mar

☏ 032 / 286 931 EW.

Das saubere, ordentliche Viña del Mar steht in scharfem Kontrast zum charmanten Durcheinander des benachbarten Valparaíso. Von Palmen gesäumte, gepflegte Boulevards, ein weitläufiger, öffentlicher Strand und wunderbare Parks haben dem Ort den Spitznamen *Ciudad Jardín* (Gartenstadt) eingebracht. Sein offizieller Name – übersetzt: „Weingarten am Meer" – geht auf die Kolonialzeit zurück: Damals gehörte das Stadtgebiet zur Hacienda der Familie Carrera.

Nur wenige ausländische Traveller übernachten in der Stadt, die meisten kommen bloß zu Tagesausflügen von Valparaíso aus hierher. Dennoch ist Viña immer noch ein beliebtes Ferienziel betuchter Santiaguinos – und die *carrete* (Partys) hier sind erste Sahne!

⊙ Sehenswertes & Aktivitäten

Die meisten Straßen sind durch Nummern und Himmelsrichtung gekennzeichnet, also mit Norte (Norden), Oriente (Osten) oder Poniente (Westen) benannt. Die Avenida Libertad trennt die Ponientes von den Orientes. Die Stadt wurde 2010 schwer vom Erdbeben getroffen, und bei unserem Besuch wurde die Plaza Sucre gerade renoviert.

Viñas weiße Sandstrände erstrecken sich nordwärts vom Nordufer des Fließgewässers Estero Marga Marga bis zu den Rändern der Vororte Reñaca und Concón.

Parque Quinta Vergara   PARK
(Errázuriz 563; 7–18 Uhr) Nirgends sonst kommt Viñas Bezeichnung als Gartenstadt besser zum Ausdruck als im prachtvoll gestalteten Parque Quinta Vergara. Der Eingang liegt in der Errázuriz am Südende der Libertad. Einst gehörte das Grundstück einer der berühmtesten Familien der Stadt, den Alvares-Vergaras.

Ihr Familiensitz, der venezianisch-neogotische **Palacio Vergara**, beherbergt heute das **Museo Municipal de Bellas Artes** mit interessanten Sammlungen europäischer und chilenischer Kunst aus der Zeit vom 17. bis 19. Jh.

Leider wurde das Museum beim Erdbeben 2010 schwer beschädigt und war bei Redaktionsschluss für unbestimmte Zeit geschlossen.

Museo de Arqueología e Historia Francisco Fonck   MUSEUM
(032-268-6753; www.museofonck.cl; 4 Norte 784; Erw./Kind 2500/500 Ch$; Mo 10–14 & 15–18, Di–Sa 10–18, So 10–14 Uhr) Die originalen *moai* (Osterinselstatuen) vor dem Museum sind nur ein Vorgeschmack auf die wunderschön präsentierten archäologischen Fundstücke von den Osterinseln, die Mapuche-Silberarbeiten und Moche-Keramiken in menschenähnlicher Form. Im oberen Stock befinden sich altmodische Insektenkästen und eine anschauliche Erläuterung zur Herstellung von Schrumpfköpfen (einschließlich fertiger Exemplare).

Artequin   MUSEUM
(032-294-3637; www.artequinvina.cl; Parque Portrenillos 500; Erw./Kind 1000/500 Ch$; Di–Fr 9–17.30, Sa & So 11–18 Uhr;) Das Kindermuseum verfügt über zahlreiche Spielbereiche und eine große Werkstatt. Es sind auch ein paar Reproduktionen von Meisterwerken aus dem 15. bis 20. Jh. zu sehen.

Parroquia Nuestra Señora de Dolores   KIRCHE
(Alvares s/n) Die Ikonografien in Viñas ältester Kirche – errichtet und neu aufgebaut zwischen 1882 und 1912 – sollte man sich unbedingt ansehen.

Castillo Wulff   HISTORISCHES BAUWERK
(Av Marina s/n; Di–So 10–13.30 & 15–17.30 Uhr) **GRATIS** Das schöne Castillo Wulff wurde Anfang des 20. Jh. von einem berühmten Geschäftsmann aus Valparaíso auf einer Klippe über dem Meer erbaut. Nach einem Blick auf die Kunstausstellung geht's zum Turm ganz hinten, durch dessen dicken Glasboden die darunter liegenden Felsen und Wellen zu sehen sind.

Jardín Botánico Nacional   PARK
(Nationaler Botanischer Garten; 032-267-2566; www.jardin-botanico.cl; Camino El Olivar s/n; Erw./Kind 2000/1000 Ch$; Mai–Aug. 10–18, Sept.–April 10–19 Uhr) Chiles Jardín Botánico Nacional erstreckt sich auf einer Fläche von 61 ha Parkland. Mehr als 3000 Pflanzenarten sind hier ansässig. Der Botanische Garten liegt 8 km südöstlich des Stadtzentrums. Dorthin fährt man mit dem Bus 203 ab Viña auf der Calle Alvarez zum Puente El Olivar, dann geht man über die Brücke und schlendert weitere 500 m Richtung Norden zum Parkeingang.

🎉 Feste & Events

Festival Internacional de la Canción   LIEDER
(Internationales Liederfestival; www.festivaldevina.cl) Seit 1960 ziehen auf Chiles größtem Musikfestival lateinamerikanische Pop-, Rock- und Folkstars die Massen an. Es findet jeweils im Februar oder März statt.

🛏 Schlafen

Im Sommer und am Wochenende steigen die Preise sprunghaft an.

Vista Hermosa 26   HOTEL $
(032-266-0309; www.vistahermosa26.cl; Vista Hermosa 26; EZ/DZ/3BZ inkl. Frühstück 24 000/38 000/42 000 Ch$;) Polierte Holzfußböden und ein großer Kamin verleihen der Lounge dieses ruhigen, aber freundlichen Hostels eleganten Charme. Es liegt am Rande des Cerro Castillo (ein sehr sehenswerter *cerro* mit einigen der schönsten Bauwerken der Stadt) und bietet einfache, aber große Zimmer – eine gute Mittelklasseoption.

Delirio Hostel   HOSTEL $
(032-262-5759; www.deliriohostel.com; Portales 131; B 6000–10 000 Ch$;) Dank des riesi-

Viña del Mar

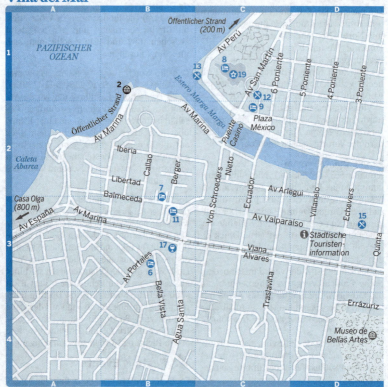

gen, langgestreckten Gartens vor dem besten Hostel Viñas muss man seine Freiluftaktivitäten nicht auf den Strand reduzieren. Leider setzt sich das Flair drinnen nicht fort. Es gibt zwar eine Gemeinschaftsküche, doch man vermisst einen Aufenthaltsbereich. Pluspunkt: Die jungen Besitzer helfen bei der Organisation von Touren, Pubnächten und anderen Unternehmungen.

Kalagen Hostel HOSTEL $
(032-299-1669; www.kalagenhostel.com; Av Valparaíso 618; B 7500–11 200 Ch$, DZ mit/ohne Bad inkl. Frühstück 37 000/24 900 Ch$;) Eine fröhliche Stadtherberge mit stilvollen Schlafsälen und Doppelzimmern mit bunter Bettwäsche, Hartholzböden und asiatischen Papierlaternen. Es ist ein wenig schmutzig, aber die zentrale Lage ist toll; zudem gibt's eine Gemeinschaftsküche, einen Schlafsaal nur für Frauen und einen Aufenthaltsraum mit Fernseher. Die Privatzimmer sind eigentlich ganz passabel.

Eco-Hostal Offenbacher-Hof B&B $$
(032-262-1483; www.offenbacher-hof.cl; Balmaceda 102; EZ/DZ inkl. Frühstück 35 000/44 000 Ch$;) Die eindrucksvolle rotbraune und gelbe Villa auf dem Gipfel des Cerro Castillo steht unter Denkmalschutz und bietet einen großartigen Blick über Ozean und Stadt. Dank des Meerblicks, der frisch renovierten Badezimmer und der „antiken" Einrichtung ist das makellose Hotel eines der besten Schnäppchen der Stadt. Der Besitzer ist charmant, und es gehört eine schöne Terrasse zu dem B&B, auf der man nachmittags Tee trinken kann.

Casa Olga B&B $$
(032-318-2972; www.casa-olga.com; 18 de Septiembre 31; DZ/Apt. inkl. Frühstück 55 000/65 000 Ch$;) Dieses prächtige B&B im Boutique-Stil besticht mit einer leichten weißen Inneneinrichtung, brandneuen LCD-Fernsehern, gemütlichen Doppelbetten und eigenen renovierten Bädern. Dazu kommt die

Viña del Mar

◎ Sehenswertes
1. Artequin E4
2. Castillo Wulff B1
3. Museo de Arqueología e Historia Francisco Fonck E1
4. Parque Quinta Vergara E4
5. Parroquia Nuestra Señora de Dolores E3

🛏 Schlafen
6. Delirio Hostel B3
7. Eco-Hostal Offenbacher-Hof B3
8. Hotel del Mar C1
9. Hotel Monterilla C2
10. Kalagen Hostel E3
11. Vista Hermosa 26 .... B3

🍴 Essen
12. Divino Pecado C1
13. Mercado del Mar C1
14. Panzoni E3
15. Portal Álamos D3
16. Samoiedo E3

🍷 Ausgehen & Nachtleben
17. Café Journal B3

✪ Unterhaltung
18. Anfiteatro Quinta Vergara E4
19. Casino Municipal C1

Lage praktisch direkt am Strand. Die Casa Olga befindet sich unmittelbar außerhalb von Viña – je nach Reiseplänen ist dies ein Vor- oder ein Nachteil.

Hotel del Mar   LUXUSHOTEL $$$
(☏ 032-250-0800; www.enjoy.cl; Ecke Av Perú & Los Héroes; Zi. inkl. Frühstück 158 000–214 200 Ch$; ✱ 🛜 ≋) Die Aussicht von der eleganten, verglasten Lobby in Viñas Spitzenhotel ist ein Vorgeschmack auf das, was einen oben erwartet: Auf vielen Stockwerken sieht man den Pazifischen Ozean vom Bett aus, und selbst das Hallenbad scheint in die Meereswellen hinter dem Glas überzugehen. Der glamouröse Service und Stil lassen die wilden 1920er-Jahre wieder aufleben.

Hotel Monterilla   HOTEL $$$
(☏ 032-297-6950; www.monterilla.cl; 2 Norte 65; EZ/DZ 86 600/108 350 Ch$; 🛜) Die völlig reizlose Fassade täuscht: Fröhliche Kunstwerke und Stiche bilden einen schönen Kontrast zu den weißen Wänden und den kastenförmigen Sofas im Foyer und Restaurant dieses Hotels. Gefliesste Böden und spärliches Mobiliar wirken bei heißem Wetter erfrischend, aber erzeugen im Winter Sehnsucht nach etwas Farbe – eine geeignete Adresse für alle, die anstelle chilenischen Charmes Annehmlichkeiten im amerikanischen Stil suchen.

🍴 Essen

Viele preiswerte Restaurants drängen sich in oder um die belebte Avenida Valparaíso im Stadtzentrum. Dazu gehören auch die immer gleichen *schopperias* (Fassbier-) und Sandwichlokale, die den oberen offenen Stock der Einkaufspassage **Portal Álamos** (Av Valparaíso 553) einnehmen.

Panzoni   ITALIENISCH $
(Paseo Cousiño 12-B; Hauptgerichte 3000–4800 Ch$) Eines der günstigsten Lokale im Zentrum von Viña versteckt sich an einem Durchgang. Dank der gut zubereiteten italienischen Pasta und des freundlichen Personals ist hier zur Mittagszeit immer richtig viel los.

Samoiedo
SANDWICHES $

(☎ 032-268-1382; Valparaíso 637; Sandwiches 2500–4500 Ch$, Mittagsmenü 5000–7000 Ch$) Seit einem halben Jahrhundert treffen sich Männer in dieser traditionellen *confitería* (Café mit einfachen Gerichten) zum Mittagessen bei Steaks und Pommes oder gut belegten Sandwiches. Der Sitzbereich im Freien ist eindeutig schöner als der im Inneren, der zu einem lebendigen Einkaufszentrum hinausgeht.

Divino Pecado
ITALIENISCH $$

(www.divinopecado.cl; Av San Martín 180; Hauptgerichte 6500–9900 Ch$) Die kurze, aber überraschende Karte dieses gemütlichen italienischen Restaurants mit Kerzenschein enthält Gerichte wie gratinierte Muscheln, Thunfisch-Carpaccio und fantastische Fettuccine mit Lammragout – eine (wie der Name schon sagt) wahrhaft göttliche Sünde!

Mercado del Mar
CHILENISCH $$

(Av Perú s/n; 5500–9500 Ch$; 🛜) Ein Drink bei Sonnenuntergang sollte für alle Viña-Besucher ein Muss sein. Von der verglasten Terrasse oberhalb der Mündung des Marga Marga genießt man einen Panoramablick auf den Pazifik.

🍷 Ausgehen & Unterhaltung

Vom Strand aus die 5 Norte hinauf findet man die besten Clubs und Lounges der Stadt.

La Flor de Chile
BAR

(www.laflordechile.cl; 8 Norte 601; Hauptgerichte 3000–6500 Ch$) Seit fast 100 Jahren trinken alte und junge Viñamarinos an den dicht besetzten Tischen der wunderbar altbackenen Bar ihre *schops* (Fassbier).

Café Journal
CLUB

(Ecke Agua Santa & Alvares; Eintritt frei–3000 Ch$; ⊙ Mi–Sa 22 Uhr–open end) Elektronische Musik steht auf dem Programm des immer beliebteren Clubs, der drei brodelnde Tanzflächen hat.

Scratch
CLUB

(www.scratch.cl; Quillota 898; Eintritt 2000–5000 Ch$) Der großartige Club ist extrem beliebt bei Studenten und Einheimischen um die 20, die bis 5 Uhr morgens zu Reggaeton und DJ-Musik tanzen.

Casino Municipal
CASINO

(☎ 032-250-0700; www.enjoy.cl/enjoy-vina-del-mar; Av San Martín 199) In dem eleganten Wahrzeichen beim Strand am Nordufer des Marga Marga kann man sein Geld in Spielautomaten, beim Bingo, Roulette und Kartenspiel verprassen. Formale Bekleidung.

Anfiteatro Quinta Vergara
DARSTELLENDE KUNST

(Parque Quinta Vergara) Im riesigen Amphiteater im Parque Quinta Vergara finden Konzerte und weitere Veranstaltungen statt.

ℹ️ Praktische Informationen

Banco Santander (☎ 032-226-6917; Plaza Vergara 108) Eine von mehreren Banken mit Geldautomaten am Hauptplatz.

Conaf (☎ 032-232-0210; www.conaf.cl; 3 Norte 541; ⊙ Mo–Fr 8.30–17.30 Uhr) Infos zu Parks in der Nähe, u. a. zum Parque Nacional La Campana.

Hospital Gustavo Fricke (☎ 032-265-2200; Alvares 1532) Viñas größtes öffentliches Krankenhaus östlich der Innenstadt.

Lavarápido (☎ 032-290-6263; Av Arlegui 440; 4200 Ch$ pro Ladung; ⊙ Mo–Sa 10–21 Uhr) Bietet auch einen Express-Service.

Postamt (Plaza Vergara s/n; ⊙ Mo–Fr 9–19, Sa 10–13 Uhr)

Städtische Touristeninformation (www.visitevinadelmar.cl) Gibt einen anständigen Stadtplan und einen monatlichen Veranstaltungskalender heraus (alles online).

ℹ️ An- & Weiterreise

Langstreckenbusse starten vom **Rodoviario Viña del Mar** (☎ 032-275-2000; www.rodoviario.cl; Valparaíso 105). Hier gibt's auch eine Touristeninformation und eine Gepäckaufbewahrung (untere Etage; 1000 Ch$).

Mehrere lokale Linien des städtischen Busnetzes **Transporte Metropolitano Valparaíso** (TMV; www.tmv.cl; einfache Strecke 440 Ch$) sowie die private Busgesellschaft **Sol del Pacífico** (☎ 032-275-2030; www.soldelpacifico.cl) bedienen regelmäßig nördlich gelegene Küstenorte wie Reñaca und Concón. Sie fahren an der Plaza Vergara und rund um die Metrohaltestelle Viña del Mar ab. Ein einfaches Ticket kostet je nach Ziel zwischen 1200 und 2200 Ch$. Nach Reñaca verkehren die orangefarbenen Busse 607, 601 und 605. Die Linien 601 und 605 steuern anschließend Concón an.

ℹ️ Unterwegs vor Ort

Regionalbusse von Transporte Metropolitano Valparaíso verbinden Viña und Valparaíso. Einige Strecken folgen der Küste über die Avenida Marina und Avenida San Martín, andere verlaufen über die Avenida España und Avenida Libertad durch das Stadtzentrum. Die Zielorte stehen meist an der Frontscheibe. Der Vorortzug **Metro Regional de Valparaíso** (Merval; ☎ 032-252-7633; www.merval.cl) pendelt ebenfalls zwischen Viña und Valpo.

DIE SCHÖNSTEN STRANDORTE

Nördlich von Viña del Mar führt eine hübsche Straße die Küste entlang durch eine Reihe Badeorte, die zwischen Dezember und Februar von urlaubenden Chilenen gestürmt werden. Die Strände reichen von kleinen, felsigen Buchten bis zu breiten Sandstreifen. Einige sind von hohen Wohnblocks gesäumt, andere von rustikalen Hütten oder den großen Sommerhäusern der Reichen und Berühmten.

Reñaca & Concón

Viñas Hochhäuser gehen über in die mehrstufigen Apartmentanlagen von Reñaca, einem Vorort im Norden, der mit einem breiten hübschen Strand aufwartet. Bei Sonnenuntergang empfiehlt sich der Aufstieg zur Roca Oceánica. Der steinige Hügel ist ein regionales Wahrzeichen und bietet einen unglaublichen Blick auf den Pazifik (fährt man gen Norden aus der Stadt hinaus, liegt er linker Hand Richtung Meer).

Concón befindet sich unmittelbar nördlich von Reñaca und ist bekannt für seine wunderbar authentischen Fischrestaurants. Wir empfehlen die mit Garnelen gefüllten Empanadas von Las Deliciosas (Av Borgoño 25370; Empanadas 900 Ch$). Den alteingesessenen Favoriten La Gatita (Av Borgoño 21550; Hauptgerichte 6000–8500 Ch$) besucht man am besten für einen abendlichen Cocktail und *machas* (Scheidenmuscheln).

Horcón

Chiles Hippiebewegung entstand im Fischerörtchen Horcón auf einer kleinen gekrümmten Halbinsel 28 km nördlich von Concón. Leuchtend bunte, baufällige Häuser drängen sich in der steilen Hauptstraße bis hinunter zum kleinen Felsstrand, wo Fischerboote an- und ablegen. Auch heute merkt man noch Spuren von Frieden, Liebe und Kommune: Am Strand versammeln sich bei Sonnenuntergang viele vergnügte Menschen mit Hunden, Gitarren und Alkoholflaschen in Papiertüten.

Maitencillo

Maitencillo liegt 12 km nördlich von Horcón. Der lange Sandstrand erstreckt sich über mehrere Kilometer und zieht viele Besucher an. Bei der Escuela de Surf Maitencillo (Mobil 9238-4682; www.escueladesurfmaitencillo.cl; Av del Mar 1250; Unterrichtsstunde in der Gruppe 16 000 Ch$ pro Pers.) kann man auf entspannte Weise Surfen lernen.

Obwohl der Ort voller Ferienwohnungen ist, hat er noch eine angenehm lockere Atmosphäre. La Canasta (www.hermansen.cl; Av del Mar 592; Hauptgerichte 5900–8800 Ch$, Hütte 77 000 Ch$), ein tolles Restaurant mit Bar, kredenzt Pizzas aus dem Holzofen und – natürlich – frischen Fisch.

Cachagua

Der kleine gemütliche Ort 13 km nördlich von Maitencillo befindet sich am Nordende eines langen, gebogenen Strands. Gleich gegenüber ragt das Monumento Nacional Isla de Cachagua (www.conaf.cl/parques/monumento-natural-isla-cachagua/) aus dem Meer, eine von Guano bedeckte Felsnase, auf der sich über 2000 Humboldtpinguine und eine Seelöwenkolonie angesiedelt haben. Man kann die örtlichen Fischer bitten, einen näher an die Insel heranzubringen, darf das Boot aber nicht verlassen.

Zapallar

Santiagos Elite würde es nicht im Traum einfallen, anderswo als im exklusivsten aller chilenischen Badeorte ihren Strandurlaub zu verbringen. 2 km nördlich von Cachagua überziehen millionenteure Villen die bewaldeten Hügel hinter dem Strand. Der kleine, aber unberührte Bogen aus gelbem Sand liegt in einer geschützten Bucht.

Alle, die in Zapallar etwas auf sich halten, speisen im El Chiringuito (Caleta de Pescadores; Hauptgerichte 8200–12 400 Ch$) zu Mittag, wo die Terrassentische über die Felsen und auf eine Schar hungriger Pelikane blicken, die sich ihre Fische selbst holen müssen.

An- & Weiterreise

Um von Viña del Mar oder Valparaíso aus zu den nördlichsten Sandstreifen zu kommen, mietet man am besten ein Auto. Alternativ fährt man mit einem der regionalen Busse oder reist direkt mit Pullman del Sur (02-776-2424; www.pdelsur.cl) von Santiago nach Concón.

Rund um Valparaíso & Viña del Mar

Im Sommer leidet Viña unter Staus und Parkplatzmangel, ein eigenes Auto kann lästig sein. Wer plant, die Nordküste zu erkunden oder eines der Weingüter im Valle de Casablanca zu besuchen, für den lohnt sich ein Leihwagen. Bei **Budget** (032-268-3420; www.budget.cl; Marina 15) kann man am günstigsten ein Auto mieten.

Casablanca-Tal

Ein kühles Klima und krasse Unterschiede zwischen den Tages- und Nachttemperaturen machen dieses Tal auf halbem Weg zwischen Santiago und Valparaíso zu einem von Chiles besten Anbaugebieten für fruchtige Chardonnays, Sauvignon Blancs und Pinots. Auf den gut organisierten Weingütern wird der Wein- und Lebensmitteltourismus ernst genommen. Viele haben ein angeschlossenes Restaurant. Zu keinem der Winzer fahren öffentliche Verkehrsmittel, doch mit einem Mietauto kann man problemlos vier bis fünf an einem Tag besuchen. Die meisten liegen an der Ruta 68 oder ganz in der Nähe. Alternativ kontaktiert man die **Ruta del Vino de Casablanca** (032-274-3755; www.casablancavalley.cl; Punta Arenas 46, Casablanca) oder Enotour (S. 62) für geführte Touren. Man sollte vorab einen Fahrer bestimmen. Dieser sollte tatsächlich überhaupt nichts trinken, da in Chile die 0,0-Promille-Grenze gilt. Einige größere Weingüter können spontan besucht werden, wir empfehlen aber eine Buchung im Voraus.

Aktivitäten

★ Emiliana   WEINGUT
(02-353-9130; www.emiliana.cl; Ruta 68, Km 61,5; Degustation ab 9000 Ch$; 10–17 Uhr) Verkostungen finden in einem prächtigen Gebäude aus Schiefer und Holz mit Blick auf die Bioreben statt, die nach biodynamischen Prinzipien gezüchtet werden. Besondere Verkostungen wie „Schokolade und Wein" bzw. Fahrradtouren, Premium-Weinproben oder Picknicks müssen im Voraus gebucht werden.

Viña Indómita   WEINGUT
(032-215-3900; www.indomita.cl; Ruta 68, Km 6; Führung inkl. Degustation von 3 Gläsern 9000 Ch$; 11–17 Uhr) Die Sicht von diesem Weingut ist schlichtweg unschlagbar. Schon von Weitem erblickt man das Schild im Hollywoodstil auf dem Hügel. Beim letzten International Wine Competition wurde der beste Carménère des Indómita lobend erwähnt.

Viña Matetic   WEINGUT
(02-595-2661; www.matetic.com; Fundo Rosario, Lagunillas; Degustation von 2 Gläsern & Führung 10 000 Ch$; Di–So 11–15.30 Uhr) Ein echter Hingucker: Das Gebäude aus Glas, Holz und Stahl ist nicht weniger interessant als die Weine selbst. Normalerweise muss man mehrere Tage im Voraus reservieren. Übernachten kann man im La Casona, dem Boutique-Hotel vor Ort.

House of Morandé   WEINGUT
(032-275-4701; www.morande.cl) Zu diesem Weingut gehört ein fantastisches Gourmetrestaurant.

Viña Casas del Bosque   WEINGUT
(02-480-6940; www.casasdelbosque.cl; Hijuelas 2 Ex Fundo Santa Rosa; Degustation ab 9000 Ch$) Hat einen einmalig schönen *mirador* mit Blick auf das Valle de Casablanca und bietet auch Fahrradtouren an.

William Cole Vineyards WEINGUT
(%032-215-7777; www.williamcolevineyards.cl) Die Architektur des besucherfreundlichen modernen Weinguts wurde von altmodischen chilenischen Missionen inspiriert.

Catrala WEINGUT
(%02-243-2861; www.catrala.cl) Weinverkostung und eine interessante Wanderung durch den Weinberg von Catrala, benannt nach einer rätselhaften chilenischen Frau, die hier im 17. Jh. lebte.

Viña Mar WEINGUT
(%032-275-4301; www.vinamar.cl; ☺Di-So 10-16 Uhr) Das auffällige Herrenhaus inmitten der sorgfältig angelegten Liegenschaft beherbergt das Gourmetrestaurant Ristorante San Marco.

Viña Veramonte WEINGUT
(%032-232-9999; www.veramonte.cl; Degustation ab 11 000 Ch$) Veramontes Cabernets und Chardonnays gewinnen regelmäßig die Auszeichnung „Spitzenleistung" des *Wine Spectator*.

🛈 Anreise & Unterwegs vor Ort

Für einen Besuch dieser Weingüter braucht man ein Auto. Entweder fährt man von Valparaíso hierher oder mietet einen Wagen ab Santiago.

Quintay

Wenn die Sonne über dem Pazifik untergeht, leuchten die schroffen Felsen vor der winzigen Fischerbucht **Caleta Quintay** tiefrosa. Etliche der farbenprächtigen Häuser beherbergen Fischrestaurants. Eines der besten für einen Sundowner mit Knoblauchgarnelen oder *centolla* (Königskrabben) ist die Terrasse des **Restaurant Miramar** (Costanera s/n; Hauptgerichte 5900–8500 Ch$).

Austral Divers (%02-492-7975; www.australdivers.cl), ein PADI-zertifizierter Anbieter, veranstaltet vor Ort Tauchexkursionen.

Ein ausgeschilderter Abzweig etwa 1,2 km zurück auf der Straße nach Valparaíso führt über einen 1,5 km langen Feldweg zur langgestreckten **Playa de Quintay**, einem der schönsten und unberührtesten Strände der Region.

🛈 An- & Weiterreise

Quintay kann von Valparaíso aus problemlos an einem halben Tag besucht werden. **Transportes Quintay** (%032-236-2669) betreibt *taxis colectivos* zwischen dem Busbahnhof in Valparaíso und der Hauptstraße in Quintay (ab 1800 Ch$, 1 Std.) 500 m von der Caleta Quintay und 2,5 km von der Playa de Quintay entfernt.

Mit dem Auto geht's über die Ruta 68 ab Valparaíso oder Viña Richtung Santiago; die Abzweigung folgt 18 km südlich von Valpo, ab dort sind es noch 23 km bis nach Quintay.

Isla Negra

Die spektakuläre Lage auf einer windgepeitschten Landspitze veranschaulicht, warum die **Casa de Isla Negra** (Pablo Nerudas Haus; %035-461-284; www.fundacionneruda.org; Poeta Neruda s/n; Eintritt nur im Rahmen einer Führung 5000 Ch$; ☺Jan.–Feb. Di–So 10–18, Sa & So bis 20 Uhr) Pablo Nerudas Lieblingshaus war. Der zu Wohlstand gekommene Dichter hatte es in den 1950er-Jahren errichten lassen. Ein paar Tage nach dem Militärputsch 1973 wurde es gestürmt, Neruda lag zu dieser Zeit mit einem Krebsleiden im Sterben.

Die übereifrige Kommerzialisierung wirkt störend: Gleichgültige Guides treiben die Besucher durch das Haus und sehen es lieber, dass sie im Andenkenladen herumstöbern, als dass sie sich in Ruhe die außergewöhnliche Sammlung aus Muscheln, Buddelschiffen, nautischen Instrumenten, Buntglas und Büchern ansehen. Dennoch sind das scheinbar endlos große Haus (Neruda erweiterte es ständig) und seine Einrichtung beeindruckend. Auf der Terrasse, wo mit Blick aufs Meer Nerudas Grab und das seiner dritten Frau Matilde liegen, kann sich jeder nach Belieben Zeit für die ausführliche Besichtigung lassen.

In der Hochsaison ist eine Reservierung notwendig.

🛈 An- & Weiterreise

Das Haus liegt eine bequeme Halbtagestour von Valparaíso entfernt. **Pullman Bus Lago Peñuela** (%032-222-4025) bietet vom Busbahnhof in Valparaíso alle 30 Minuten Verbindungen hierher an (3200 Ch$, 1½ Std.). **Pullman Bus** (%600-320-3200; www.pullman.cl) startet direkt vom Terminal de Buses Alameda in Santiago nach Isla Negra (7500 Ch$, 1½ Std., alle 30 Min.).

Parque Nacional La Campana

In diesem **Nationalpark** (%033-244-1342; www.conaf.cl/parques/parque-nacional-la-campana; Erw./Kind 2500/1500 Ch$; ☺Sa–Do 9–17.30,

Fr 9–16.30 Uhr) ragen zwei der höchsten Berge der Küste auf, der Cerro El Roble (2200 m) und der Cerro La Campana (1880 m). Letzteren erklomm Charles Darwin im Jahr 1834. Seither ist zwar die Zahl der Besucher ständig gestiegen, aber La Campana wirkt trotz seiner Nähe zu Santiago noch relativ verlassen. Der Park ist in zwei Hauptabschnitte unterteilt: Die Conaf-Hauptverwaltung befindet sich in Granizo bei Olmué 1,5 km vor dem Südwesteingang des Parks; gelegentlich sind Ranger auch in Ocoa im Norden anzutreffen.

Die Vegetation in einem Großteil des 80 km² großen Schutzgebiets ähnelt dem trockenen, zerklüfteten Buschland der südkalifornischen Berge. Der Park schützt rund 100 Tier- und mehrere endemische Pflanzenarten. Außerdem bietet er großartige Wandermöglichkeiten: Frühling ist die schönste Zeit dafür. Asphaltierte Zugangsstraßen führen zu den beiden Eingängen. Im Park selbst gibt's keine Straßen. Man muss sein eigenes Wasser (oder Wasserfilter) mitbringen.

Aktivitäten

Sendero Andinista WANDERN
Viele Besucher wollen es Darwin nachmachen und den Cerro La Campana besteigen: An klaren Tagen bietet dieser einen spektakulären Blick vom Pazifik bis zum Andengipfel Aconcagua. Vom Eingang in Granizo (373 m) steigt der Wanderpfad Sendero Andinista auf einer Länge von nur 7 km ganze 1455 m an.

Zum Glück liegt der Weg meistens im Schatten, und es gibt unterwegs drei Trinkwasserquellen. Kurz vor dem letzten, schwindelerregenden Stück steht eine Granitmauer mit einer Plakette zum Gedenken an Darwins Besuch. Für den Aufstieg sollte man vier Stunden, für den Abstieg drei Stunden einplanen.

Sendero Los Peumos WANDERN
Der 5,5 km lange Sendero Los Peumos verbindet den Eingang in Granizo mit dem Sendero Amasijo, der sich weitere 7 km durch eine von Palmen übersäte Schlucht nach Ocoa zieht. Die komplette einfache Strecke nimmt fünf Stunden in Anspruch. Der südliche Teil des Sendero Amasijo führt steil bergab in den Cajón Grande, eine Schlucht mit sommergrünen Wäldern der Scheinbuche.

Sendero La Cascada WANDERN
Von Ocoa windet sich der 6 km lange Sendero La Cascada zum Salto de la Cortadera, einem hübschen 30 m hohen Wasserfall, der während der Frühjahrsschmelze am meisten beeindruckt.

Schlafen

Conaf Camping CAMPINGPLATZ $
(Campstelle 7000 Ch$) Die Conaf betreibt in Granizo und im Cajón Grande weiter südlich zwei einfache Campingplätze für 23 Zelte, die zudem über Toiletten, Grillplätze sowie Kaltwasserduschen verfügen. Wildes Zelten ist nicht erlaubt. Lebensmittel und Trinkwasser müssen von den Besuchern selbst mitgebracht werden.

❶ An- & Weiterreise

In Ocoa trifft man die Ranger nur gelegentlich vor Ort an, es ist also sinnvoller, den Eingang in Granizo zu benutzen. Busse fahren regelmäßig ab der Erráruriz in Valparaíso nach Limache (1000 Ch$), von wo lokale Busse und colectivos weiter nach Olmué und einige nach Granizo verkehren. **Casa Chueca/Trekking Chile** (☎ 071-197-0096; www.trekkingchile.com) in Talca bietet geführte Wanderungen (30 000 Ch$) durch den Park an.

Mit dem Auto ist das Schutzgebiet von Santiago (160 km) und Viña del Mar/Valparaíso (60 km) gut zu erreichen. Von der Hauptstadt geht's nordwärts über die Panamericana (CH-5), dann über den Abzweig nach Tiltil und weiter bis Olmué 4 km vor Granizo. Ab Viña und Valparaíso führt die Autopista Troncal Sur (CH-62) an Quilpué und Villa Alemana vorbei nach Limache, wo man ostwärts weiter nach Olmué fährt.

ACONCAGUA-TAL

Wer von Mendoza aus über den Landweg nach Chile einreist, taucht als Erstes in die fruchtbare Landschaft des Gran Valle de Aconcagua ein. Bewässert wird es vom Río Aconcagua, der vom höchsten Berg Amerikas, dem Cerro Aconcagua (6962 m), gleich jenseits der argentinischen Grenze westwärts fließt. Die malerische Schnellstraße CH-60 verläuft durch das ganze Tal und führt ostwärts weiter über die Anden bis nach Mendoza.

Los Andes

☎ 034 / 61 000 EW.

Die staubige Agrarstadt ist ein praktischer Zwischenstopp auf dem Weg zum Portillo-Skigebiet oder auf der Reise nach Argentinien. Abgesehen vom großartigen Ausblick auf die umliegenden Hügel und ein paar ruhigen Museen hat Los Andes jedoch nicht viel zu bieten. Im Hotel kann man sich nach Wanderrouten erkundigen. Wahrscheinlich erfährt man dabei sogar, dass die Nobelpreis-Gewinnerin Gabriela Mistral hier einst an einer Schule unterrichtet hat. Eine weitere bedeutende chilenische Frau, die Nonne Santa Teresa de los Andes, hat in der Stadt ihre Wunder vollbracht.

⊙ Sehenswertes & Aktivitäten

Museo Arqueológico MUSEUM
(034-242-0115; Av Santa Teresa 398; Eintritt 1000 Ch$; ⊙ Di-Sa 10-18 Uhr) Interessante präkolumbische Keramiken in staubigen Schaukästen.

Museo Antiguo Monasterio del Espíritu Santo MUSEUM
(034-242-1765; Av Santa Teresa 389; Erw./Kind 500/300 Ch$; ⊙ Mo-Fr 9-13 & 15-18, Sa & So 10-18 Uhr) Der Preis für die unfreiwillig skurrilsten Exponate in Zentralchile geht an das Antiguo Monasterio del Espíritu Santo. Schaufensterpuppen in Nonnenkleidern stellen Szenen aus dem Leben der hl. Teresa nach: Die Nonne legte in diesem ehemaligen Konvent ihr Gelübde ab und starb bereits mit 19 Jahren an Typhus. Auch die Volksheilige und zwölfjährige Rebellin Laura Vicuña wird hier geehrt. Sie entschied sich zu sterben, weil sich ihre verwitwete Mutter einen verheirateten Liebhaber nahm.

Góndola Carril TOURISTENZUG
(www.chiletren.cl; Tickets 35 000 Ch$) Leider verkehrt dieser Touristenzug nur unregelmäßig. Er fährt um 10.30 Uhr vom FEPASA-Bahnhof Los Andes ab und rattert mit einer altmodischen Passagierlokomotive entlang der alten Trans-Anden-Route das Tal hinauf nach Río Blanco, wo er für eine Mittagspause anhält. Um 18.30 Uhr kommt der Zug wieder in Los Andes an. Am besten checkt man online, ob gerade ein Trip ansteht.

🛌 Schlafen & Essen

Familienfreundliche Restaurants säumen die Avenida Santa Teresa.

Hotel Manuel Rodríguez HOTEL $
(034-229-6217; tresmerce@hotmail.com; Rodríguez 234; EZ/DZ 12 000/18 000 Ch$; 🛜) Spartanisch, sauber, zellenartig und billig. Es ist nicht das beste Hotel der Welt, aber es reicht aus. Zudem gibt's sogar eine hübsche kleine Terrasse.

Hotel Plaza HOTEL $$
(034-259-2400; www.hotelplazalosandes.cl; Rodríguez 368; EZ/DZ inkl. Frühstück 49 000/55 000 Ch$; P 🛜 ✱) Beigefarbene Bettdecken und lackierte Holzmöbel verströmen im feinsten Hotel von Los Andes das Flair der 1970er-Jahre. Alle Zimmer blicken auf den Parkplatz, sind aber groß, luftig und hell und haben Heizung sowie Kabel-TV.

Fuente de Soda Primavera CHILENISCH $
(Ecke Santa Rosa & O'Higgins; Hauptgerichte 2850-5200 Ch$) Spezialität des Hauses im beliebten *fuente de soda* (Sodabrunnen) ist der köstliche *completo* (Hotdog), auf dem sich frische Zutaten türmen.

La Table de France FRANZÖSISCH $$
(Camino Internacional Km 3, El Sauce; Hauptgerichte 4500-12 900 Ch$) Zwischen den Anden und der weitläufigen Terrasse des von Franzosen betriebenen Restaurants auf einem Hügel (3 km außerhalb des Orts) erstreckt sich eine sanft gewellte Landschaft. Ente, Kaninchen, Wildschwein und sogar Strauß befriedigen alle Gäste mit Hunger auf Fleisch, während Gnocchi mit Ziegenkäse oder Kingklip (ähnlich Aal) in Carménère-Traubensoße auch die Fischfreunde und Vegetarier nicht zu kurz kommen lassen.

Vom Stadtzentrum gelangt man in einer kurzen dreiminütige Fahrt über die Avenida Esmeralda Richtung Osten zur General del Canto.

ℹ️ Praktische Informationen

Die Straße zur argentinischen Grenze (CH-60, Carretera Internacional) verläuft durch den Norden von Los Andes, wo sie Avenida Argentina heißt. Nördlich davon liegt die Bushaltestelle, acht Straßenzüge vom Ortszentrum entfernt. An der Südseite der Plaza de Armas führt die Hauptgeschäftsstraße Esmeralda entlang; hier finden Traveller fast alles, was sie brauchen.

DER BERG ACONCAGUA

Wer möglichst dicht an den höchsten Gipfel Südamerikas herankommen will, aber nicht viel Zeit hat, wendet sich an die in Santiago ansässige Firma **Andes Wind** (Mobil 9710-7959; www.andeswind.cl; Tagestour 60 000 Ch$), die Tagestouren in die Nähe des Gipfels anbietet. Auf dem Rückweg macht man Halt in Portillo, bevor man gegen 19.30 Uhr wieder zurück in der Hauptstadt ist.

❶ An- & Weiterreise

Los Andes ist der letzte (oder erste) chilenische Ort auf der Strecke zwischen Santiago und Mendoza in Argentinien. Busse verkehren über den **Rodoviario Internacional** (Av Carlos Díaz 111), der acht Straßen nordwestlich der Plaza de Armas an der nördlichen Verlängerung der Avenida Santa Teresa liegt.

Ahumada (034-421-227; www.busesahumada.cl) und **Pullman Bus** (034-425-973; www.pullman.cl) bieten einen regelmäßigen Service zum Busbahnhof San Borja in Santiago (1500–2900 Ch$, 1½ Std., stdl.). **El Rápido** (810-333-6285; www.elrapidoint.com) steuert Mendoza (25 200 Ch$, 6 Std., 5-mal tgl.) an.

Portillo

Portillo (02-263-0606; www.skiportillo.cl; Tagesskipass Erw./Kind 39 000/26 000 Ch$) am spektakulären Bergsee Laguna del Inca bei der argentinischen Grenze ist einer der beliebtesten Skiorte Chiles. Im Sommer kann man hier nicht viel machen außer zur anderen Seite des Sees zu wandern (zwei Stunden pro Strecke), und außerhalb der Skisaison ist das Resort meist geschlossen. Doch mit dem Schnee kommt auch der Spaß. Nicht nur Freizeitsportler lieben die steilen Hänge: Die Nationalmannschaften der USA, Österreichs und Italiens absolvieren hier ihr Sommertraining. Zudem wurde hier erstmals der Geschwindigkeitsrekord von 200 km/h gebrochen. Ein Teil des Geländes eignet sich für Anfänger, aber vor allem eingefleischte Skijunkies blühen auf. Die 19 Pisten (die längste ist 3,2 km lang) liegen zwischen 2590 und 3310 m. Außer dem Resort gibt's hier keine weiteren Einrichtungen oder Geschäfte.

🛏 Schlafen & Essen

Unterkünfte in Portillo werden wochenweise und mit All-Inklusive-Verpflegung vermietet. (Wer 70 km weiter westlich in Los Andes übernachtet, kommt viel billiger weg.) Alle Hotels sind auf der Website des Resorts buchbar. Egal, wo man übernachtet, man darf immer den Fitness- sowie den Yogaraum, die Eislaufbahn, das Spielezimmer, das kleine Kino und den Babysitterservice kostenlos nutzen. Läden, ein Internetcafé, eine Bar und eine Disco sind ebenfalls vorhanden. Die mit Abstand herausragendste Annehmlichkeit ist jedoch das spektakuläre beheizte Freibad.

Inca Lodge   LODGE $
(02-263-0606; www.skiportillo.com; Zi mit VP 990 US$ pro Pers./Woche; P 🛜 ☒) Die Inca Lodge verströmt eine etwas verwahrloste Atmosphäre. Wer Geld sparen will, übernachtet im Schlafsaal, der über vier Betten verfügt.

Octagon Lodge   LODGE $$
(02-236-0606; www.skiportillo.com; Zi. inkl. Mahlzeiten & Liftpass 1800 US$ pro Pers./Woche) Bietet vier Schlafsäle mit Bädern und zieht ein etwas älteres Publikum an.

Hotel Portillo   HOTEL $$$
(02-263-0606; www.skiportillo.com; Zi. inkl. Mahlzeiten & Liftpass 3100–6800 US$ pro Pers./Woche; P 🛜 ☒) Portillos luxuriöseste Unterkunft ist das Hotel Portillo mit kleinen Doppelzimmern und Ausblick auf das Tal oder den See. Im Sommer sind das Hotel und die dazugehörigen Einrichtungen geschlossen – nur das Restaurant bleibt geöffnet.

Chalets   HÜTTE $$$
(02-263-0606; www.skiportillo.com; EZ/DZ 88 000/114 000 Ch$; P 🛜 ☒) Im Sommer sind diese Hütten im 70er-Jahre-Stil und mit dem Flair einer Schiffskabine die einzige Option. In jeder Hütte können sechs bis acht Personen übernachten. Der Ausblick ist herrlich.

❶ An- & Weiterreise

Je nach Straßenzustand dauert die Fahrt von Santiago nach Portillo rund zwei bis vier Stunden.

Das Skiresort (www.skiportillo.cl) betreibt Shuttlebusse (einfach 70 US$) vom bzw. zum Flughafen Santiago, jedoch nur samstags. **Portillo Tours & Travel** (02-2263-0606; ptours@skiportillo.com) organisiert für einen etwas höheren Preis ein Shuttle an den übrigen Wochentagen.

Eine Alternative sind private Skitransfers, die mittwochs und samstags Shuttlebusse von Santiago zu den Skipisten bieten. Wir haben mit **Ski Total** (02-2246-0156; www.skitotal.cl; Apoquindo 4900, Locales 37–46, Las Condes, Santiago; einfach 23 000 Ch$) gute Erfahrungen gemacht. Hier kann man auch die nötige Ausrüstung leihen, was später in Portillo Zeit spart.

Busse von **Buses Tas Choapa** (www.taschoapa.cl), die zwischen Santiago und Mendoza verkehren, halten in Portillo. Wenn Plätze frei sind, klappt von dort auch die Weiterfahrt nach Los Andes, Santiago oder Mendoza.

SÜDLICHES BINNENLAND

Mit seinem mediterranen Klima und den Plantagen von Äpfeln, Birnen, Aprikosen und Kiwis sowie den Weingärten gilt das Valle Central südlich von Santiago zwischen den Anden und den Küstenkordilleren sozusagen als Obstkorb des Landes: Hier wird der größte Teil des chilenischen Weins produziert. Die Anden machen in dieser Gegend einen besonders spektakulären Eindruck: Scheinbuchenwälder bedecken ihre Hänge, und breite Flüsse rauschen ins Tal hinab. Die Küste wartet mit einem atemberaubenden Ausblick, endlosen Stränden und relaxten Surferorten auf.

Das Erdbeben im Februar 2010 mit einer Stärke von 8,8 auf der Richterskala sorgte vor allem in dieser Region für verheerende Schäden. Nicht nur unzählige Häuser und Büros in Curicó, Concepción sowie Chillán fielen ihm zum Opfer, auch historische Wahrzeichen wie der zentrale Markt in Talca wurden so schlimm beschädigt, dass sie vielleicht nie wieder eröffnen. Andere historische Gebäude sind ebenfalls schwer angeschlagen; die meisten Geschäfte haben inzwischen aber wieder geöffnet.

Geschichte

Nach 7000 einigermaßen ungestörten Jahren wurden die Mapuche-Stämme Zentralchiles in recht kurzer Folge gleich zweimal überfallen – erst von den Inka und dann von den Spaniern. Erdbeben und ständige Belagerungen der Mapuche ließen die frühen spanischen Kolonialstädte fast ebenso schnell zusammenbrechen, wie sie gegründet wurden. Schließlich zogen sich die Mapuche südlich des Río Biobío zurück; das koloniale Zentralchile erlebte eine Blütezeit und wurde zum Dreh- und Angelpunkt im Kampf um die Unabhängigkeit. Dem politischen Wandel folgte das wirtschaftliche Wachstum. Gewaltige Bewässerungsprojekte verwandelten die Täler des Zentrums in fruchtbares Ackerland, bedeutende Bodenschätze wurden entdeckt und ausgebeutet: Kohle in der Nähe von Concepción, Kupfer in Rancagua. Während der Diktatur litt die Region unter extremer Unterdrückung, seit der Rückkehr zur Demokratie ist sie jedoch zum Schauplatz lautstarker Streiks von Studenten und Arbeitern geworden.

❶ An- & Weiterreise

Die komfortable und gut zu erreichende Bahnstrecke TerraSur (S. 80) verbindet Santiago mit Chillán sowie sämtlichen größeren Orten und Städten. Mit den zahlreichen Buslinien in der Region reist man allerdings um einiges günstiger, darüber hinaus sind die Abfahrten regelmäßiger.

❶ Unterwegs vor Ort

Aus praktischer Sicht ist ein Mietwagen ein Muss, wenn man die Weingüter und abgelegenen Nationalparks besuchen möchte. Manche Ziele werden von öffentlichen Verkehrsmitteln angesteuert, aber selten direkt. Reisende sollten sich darauf gefasst machen, von der Stelle, wo der Bus hält, noch ein paar Kilometer laufen zu müssen. Außerhalb der Städte kann man auch Glück beim Trampen haben.

Colchagua-Tal

Diese sonnenverwöhnte Region voller Weinhänge und Obstgärten ist rundum von Bergen gesäumt und produziert die besten Rotweine Chiles. Die Stadt Santa Cruz verfügt über einige gute Hotels und eine hübsche Plaza; sie dient als zentraler Verkehrsknotenpunkt. Aber der wahre *encanto* hier ist die landschaftliche Umgebung, in der man exzentrische Winzer treffen, viel über Wein lernen und das Flair dieser idyllischen Gegend erleben kann.

Weingüter im Colchagua-Tal

Ihren Anfang nahm die Weinherstellung im Colchagua-Tal kurz nach der Eroberung Mitte des 16. Jhs., als jesuitische Missionare hier die ersten Weinreben pflanzten. Der Bergbau-Boom im späten 19. Jh. brachte der Region Wohlstand und edle Trauben französischer Herkunft. Eine wunderbar hilfreiche Infoquelle ist **Ruta del Vino** (📞 032-823-199; www.rutadelvino.cl; Plaza de Armas 298; ⊙ Mo–Fr 9–18, Sa & So 10–18 Uhr). In dem freundlichen Büro am Hauptplatz von Santa Cruz werden Touristen nicht nur mit Auskünften und Empfehlungen zu den Weingütern der Gegend versorgt, sondern können auch Verkostungstouren (10 000–20 000 Ch$; Reservierungen 48 Std. im Voraus notwendig) buchen. Mehrere kleine Weingüter haben sich zur Vereinigung **Red Del Vino** (📞 072-282-3422; www.reddelvino.com; geführte Touren ab 30 000 Ch$) zusammengeschlossen, die interessante Touren zu den kleineren Produzenten im Tal anbietet. Am besten besucht man die Weingüter mit einem Mietwagen oder im Rahmen einer geführten Tour. Aber Vorsicht: Es gilt die 0,0-Promille-Grenze!

🏃 Aktivitäten

Die meisten Weingüter müssen vorab reserviert werden. Dabei sollte man unbedingt beachten, dass manche Winzereien im August schließen.

ABSTECHER

RODEO IN RANCAGUA

Buckelnde halbwilde Pferde in einer staubigen Arena, echte Cowboys in Lederkleidung – das sieht man beim **Campeonato Nacional de Rodeo** (Nationale Rodeomeisterschaft; www.caballoyrodeo.cl; Medialuna de Rancagua, Ecke Av España & Germán Ibarra; Eintritt 7500–12 000 Ch$). Der Wettbewerb findet zwischen Ende März und Anfang April in Rancagua statt und ist der Höhepunkt der ganzjährigen tollen Rodeosaison von Rancagua. Abends erwacht die Plaza de los Héroes zum Leben, wenn die traditionelle chilenische *cueca* aufgeführt wird: Bei dem spielerischen Tanz imitiert das Wedeln eines Taschentuchs das Balzen von Hahn und Henne. Darüber hinaus gibt's einen bunten Markt mit regionalen Speisen und Kunsthandwerk.

Rancagua kann man von Santiago aus mühelos an einem Tag besuchen. Vom EFE-Bahnhof fahren täglich fünf bis sieben TerraSur-Züge (S. 80) Richtung Norden nach Santiago (5600 Ch$, 1 Std.). An Terminals im Westen der Stadt starten/enden stündlich Busse von **Tur Bus** (600-660-6600; www.turbus.cl; O'Carroll 1175) und **Pullman** (600-320-3200; www.pullman.cl; Ecke Av Brasil & Lastarria) nach/von Santiago (1700–2200 Ch$, 1½ Std.).

Lapostolle — WEINGUT
(072-295-5330; www.lapostolle.com; Apalta-Tal; Führung 20 000 Ch$, Mittagsmenü zum Festpreis von 40 000–60 000 Ch$, Zi. ab 975 US$; 10.30–17.30 Uhr) Dieses typische Weingut ist in einem sechsstöckigen Komplex auf einem Hügel über dem Apalta-Tal untergebracht und veranstaltet hervorragende Degustationstouren. Die Rotweine sind exzellent, und die Führung beinhaltet eine Verkostung der Hausmarke Clos de Apalta. Man sollte sich genug Zeit nehmen, um hier ein hervorragendes Mittagessen zu genießen.

Viña Las Niñas — WEINGUT
(www.vinalasninas.cl; Apalta-Tal) Das ausschließlich von Frauen geführte Weingut eröffnet bald ein neues Besucherzentrum. Dort soll auch eine Kombination von Verkostungen und Mountainbike-Touren/Wanderungen in die umliegenden Berge angeboten werden.

Emiliana — WEINGUT
(Mobil 9225-5679; www.emiliana.cl; Camino Lo Moscoso s/n, Placilla; biodynamische Führung inkl. Degustation von 4 Gläsern 10 000 Ch$; Führungen 10.30, 11.30, 12.30, 14.30 & 16.30 Uhr) Biodynamische Anbautechniken werden auf diesem Bioweingut im Rahmen der Führung „Biologisch & biodynamisch" erläutert (10 000 Ch$). Anschließend gönnt man sich ein köstliches Biopicknick (28 000 Ch$ für zwei Personen inkl. einer Biotour).

Viu Manent — WEINGUT
(02-840-3181; www.viumanent.cl; Carretera del Vino, Km 37; Degustation 10 000 Ch$; Führungen 10.30, 12, 15 & 16.30 Uhr) Dieses Anwesen ist bereits in der dritten Generation im Besitz derselben Familie. Führungen beinhalten eine Kutschfahrt durch 80 Jahre alte Reben und einen lehrreichen Besuch des Guts in der Nähe von Santa Cruz. Überraschenderweise stellt das Weingut auch Malbec (besser bekannt als argentinischer Wein) her.

MontGras — WEINGUT
(072-282-3242; www.montgras.cl; Camino Isla de Yáquil s/n, Palmilla; Degustation von 2/4/6 Reservas 6000/9000/12 000 Ch$; Degustationen Mo–Fr 10.30–18, Sa 10.30–16.30 Uhr) Neben Verkostungen und Workshops zur Herstellung eines eigenen Weins bietet das preisgekrönte Gut auf seinem Gelände Reiten, Wandern, Ziplining und Mountainbikefahrten an.

Estampa — WEINGUT
(02-202-7000; www.estampa.com) Nach der Weinprobe kann man unter einem riesigen Feigenbaum picknicken.

Montes — WEINGUT
(Mobil 9969-1017; www.monteswines.com; Apalta-Tal; Führung ab 12 000 Ch$) Umweltbewusste Hightech-Weinherstellung und Reben auf malerischen Hügeln. Die Führungen beginnen mit einem Besuch auf den Hängen und enden mit einer Verkostung von vier Weinen.

Viña Bisquertt — WEINGUT
(02-756-2500; www.bisquertt.cl) Berühmt für seinen La Joya Cabernet. Im charmanten Gästehaus Las Majadas kann man auf dem Weingut übernachten.

Viña Casa Silva — WEINGUT
(072-291-3117; www.casasilva.cl) Eines der ältesten Weingüter Chiles. Zum Angebot gehören Kutschfahrten und Polospiele.

Tren Sabores del Valle ZUGFAHRT
(☎ 600-585-5000; www.tmsa.cl/link.cgi/servicios/tren-valle-colchagua; Tickets 39 900–49 900 Ch$)
Der Zug startet um 9.50 Uhr an Santiagos Alameda-Terminal und macht sich auf eine achtstündige Reise zum Colchagua-Tal mit Halt im Bahnhof San Fernando. Dort steigt man aus und fährt mit dem Bus in eine beliebte Weinregion, um edle Tropfen zu kosten.

Der touristenorientierte Trip beinhaltet Verpflegung und eine Weinverkostung an Bord des Zuges. Er findet nicht das ganze Jahr über statt, im Sommer aber wohl mindestens einmal im Monat. Auf der Website stehen die aktuellen Fahrpläne.

Santa Cruz

Der Startpunkt für Reisen ins Weinland ist eine eher schläfrige Stadt mit hübschem Hauptplatz, tollem Privatmuseum, einigen guten Restaurants und natürlich einem Casino. Außer einem Spaziergang über die Plaza und einem Besuch des Museums kann man hier nicht viel unternehmen. Doch der Ort ist eine gute Basis, um die Umgebung zu erkunden und Picknicks oder Weinverkostungen zu genießen.

⊙ Sehenswertes & Aktivitäten

Museo de Colchagua MUSEUM
(☎ 072-821-050; www.museocolchagua.cl; Errázuriz 145; Erw./Kind 7000/3000 Ch$; ⊙ 10–19 Uhr)
In diesem Museum wird die beeindruckende Privatsammlung des umstrittenen Unternehmers und Waffenhändlers Carlos Cardoen ausgestellt. Es ist das größte Privatmuseum des Landes. Zur Kollektion gehören präkolumbische menschenförmige Keramiken aus ganz Lateinamerika, Waffen, religiöse Artefakte und Mapuche-Silber, zudem ist ein ganzer Raum der Cowboykleidung der *huasos* gewidmet.

Schlagzeilen macht die neue Ausstellung *El Gran Rescate* (Die Große Rettung). Sie zeigt Objekte, Fotos und Filme rund um die Rettung von 33 Minenarbeitern, die im August 2010 in San José 700 m unter der Erde festsaßen.

Feste & Events

Fiesta de la Vendimia WEIN
Mit der quirligen Fiesta de la Vendimia im März feiert Santa Cruz die Weinlese. Buden lokaler Weingüter säumen die Plaza de Armas, eine Weinkönigin wird gekrönt, und es gibt überall Gesang und Volkstanz.

Schlafen & Essen

Die Weinregion ist voller schöner Pensionen und Lodges, von denen viele auf den Weingütern selber liegen. Fast alle gehören zur Spitzenklasse und richten sich an Reisende mit eigenem Auto.

★ Hotel Casa Pando B&B $$
(☎ 072-282-1734; www.casapando.cl; Cabello 421, 6 Blocks nördlich der Plaza de Armas; Zi. 75 000 Ch$; P ⊛ ☼) Die superfreundliche Frühstückspension am Rand der Stadt wird von den Gourmets und Weinliebhabern José María und Mariela geführt. Das umgebaute Haus steht mitten in einem schönen Garten und verfügt über neun große Zimmer (die ein wenig heller sein könnten, aber dennoch sehr komfortabel sind). Es gibt einen großen Pool, und die Besitzer wissen alles, was wichtig ist, um das Weinland angemessen zu erkunden.

Hotel Plaza Santa Cruz RESORT $$$
(☎ 072-220-9600; www.hscp.cl; Plaza de Armas 286; Zi./Suite inkl. Frühstück ab 335/456 US$; P ⊛ ☼ ⚲) ⚐ Durch den Torbogen abseits des Hauptplatzes betritt man ein auffälliges neues Resort im spanischen Kolonialstil. Über üppig angelegte Grünflächen kommt man zu einem lagunenartigen Pool, zu einer eleganten *vinoteca*, zwei tollen, auch für Nichtgäste zugänglichen Gourmetrestaurants, einem Wellnessbereich und natürlich dem funkelnden Casino Colchagua.

Die Gästezimmer sind groß, makellos sauber und mit Holzbetten aus Peru sowie leuchtenden Lampen von lokalen Künstlern ausgestattet.

Casa Silva HISTORISCHES HOTEL $$$
(☎ 072-716-519; www.casasilva.cl; Hijuela Norte s/n, San Fernando; DZ inkl. Frühstück ab 120 000 Ch$) Ahornbäume beschatten den gepflasterten Hof mit Brunnen im Herzen des 100 Jahre alten Hauses am Rand eines Weinguts nahe der Ruta 5 (Km 132). Die üppig ausgestatteten Zimmer verströmen mit ihren gepolsterten Wandverkleidungen, den alten Drucken, antiken Schränken und Bettgestellen (viele davon Himmelbetten) europäischen Charme.

Residencia Histórica de Marchihue HISTORISCHES HOTEL $$$
(☎ Mobil 9307-4183; www.residenciahistorica.com; 5 km nördlich von Marchihue; Zi. inkl. Frühstück 115 000 Ch$; P ⊛ ☼) Das weitläufige Hotel wurde 1736 erbaut und von den Jesuiten ur-

sprünglich als Verwaltungsgebäude genutzt. Es ist recht abgelegen, bietet aber alles, was man braucht: einen Pool, einen Weinkeller, Mountainbikes, Pferde und viele Möglichkeiten zum Erkunden des 50 ha großen *fundo* (Anwesens).

Die historischen Zimmer sind massiv, aber weniger elegant als erhofft. Am besten bittet man um eines mit Kamin.

179 Sandwich Bar SANDWICHES $

(www.bar179.cl; Besoain 179; Sandwiches 3400–5900 Ch$) Köstliche Sandwiches und exzellenter Wein im Glas locken zur Mittagszeit zahlreiche Besucher in die stilvolle Bar oberhalb der Plaza de Armas. Abends erstrahlt der Laden in blauem Licht, DJs geben sich die Ehre, und die Gäste trinken kreative, starke Cocktails.

Vino Bello ITALIENISCH $

(www.vinobello.cl; Barreales s/n; Hauptgerichte 4600–7800 Ch$) Obwohl das herzliche italienische Restaurant nur einen Kilometer außerhalb der Ortschaft liegt, fühlt man sich wie mitten im Weinbaugebiet – erst recht, wenn man bei Sonnenuntergang auf der traumhaften Terrasse ein Gläschen Carménère genießt oder im Kerzenschein hausgemachte Gnocchi, Pizza mit dünnem Boden oder überbackenen Brie mit Birnen verspeist.

Wer hier ein Essen genießen möchte, geht von der Plaza de Armas die Nicolas Palacios hinauf, vorbei an den Laura-Hartwig-Weinkulturen, bis man linker Hand den Eingang zum Vino Bello erreicht.

Viña La Posada MODERNE KÜCHE $$

(Barreales s/n; Hauptgerichte 5600–8500 Ch$) Etwa zehn Blocks westlich der Plaza de Armas stößt man auf dieses schöne Weingut im Kolonialstil, das über mehrere internationale Restaurants verfügt. **La Casita de Barreales** serviert köstliche peruanische Speisen. Leckere Rindfleischgerichte gibt's im argentinischen *parrillada*-Lokal **La Cava de Fuasto**.

El Cazador hingegen bietet einzigartige Variationen von regionalem Wildfleisch, und im **Retinto** kann man spanische Tapas genießen.

❶ Praktische Informationen

BancoEstado (Besoain 24; ⊙ Mo–Fr 9–14 Uhr) Hat einen Geldautomaten und wechselt US-Dollars.

Postamt (☎ 800-267-736; Besoain 96; ⊙ Mo–Fr 9–14 & 15–18, Sa 10–13 Uhr)

❶ An- & Weiterreise

Langstreckenbusse steuern das **Terminal de Buses Santa Cruz** (Rafael Casanova 478) rund vier Häuserblocks westlich der Plaza de Armas an. **Buses Nilahué** (www.busesnilahue.cl) und weitere Linien fahren zweimal stündlich von Santa Cruz nach Pichilemu (4000 Ch$, 3½ Std.), San Fernando (1000 Ch$, 30 Min.) und Santiago (7000 Ch$, 4 Std.).

Nach Lolol und Curicó (800–1200 Ch$) verkehrt eine ganze Armada lokaler Minibusse. Sie starten am Parkplatz neben dem Hauptterminal, sobald sie voll besetzt sind.

ABSTECHER

LOLOL

Das verschlafene **Lolol** 23 km südöstlich von Santa Cruz ist von dort aus ein malerischer Abstecher. Schön erhaltene Kolonialhäuser mit Holzsäulen und Terrakottadächern säumen die Straße, bevor man sich einigen exzellenten Museen und Weingütern nähert. **Museo Artesanía Chilena** (www.museocolchagua.cl; Los Aromos 95; Erw./Kind 3000/1500 Ch$; ⊙ Di–So 12–19 Uhr) Das gut geführte Museum für chilenische Volkskunst präsentiert Tausende Exponate von Töpferwaren bis zu Textilien und Cowboysporen, von denen viele über Jahrzehnte in den Lagerräumen der Universidad Católica de Chile Staub angesetzt haben.

Viña Santa Cruz (☎ 072-235-4920; www.vinasantacruz.cl; Lolol; Erw./Kind 17 000/500 Ch$; 👶) Das 900 ha große Weingut zielt speziell auf Touristen ab und ist das einzige in der Region, das auch für Kinder geeignet ist. Bei der Führung inklusive Verköstigung von drei Weinen fahren die Gäste mit einer Gondel hinauf zu einer kleinen Sternwarte (die nachts auch Sterntouren anbietet) und zu einigen nachgestellten indigenen Dörfern.

Museo del Automóvil (☎ 072-235-4838; www.museodelcolchagua.cl; Viña Santa Cruz; Erw./Kind 5000/2000 Ch$) Das Automuseum am Eingang zu Viña Santa Cruz zeigt in seinem großen Ausstellungsraum ältere Automobilmodelle.

Pichilemu

072 / 12 500 EW.

Pichilemu ist Chiles inoffizielle Surfhauptstadt. Die Wellenreiter trotzen dem eisigen Gewässer das ganze Jahr über, einfache Strandbesucher tummeln sich von Dezember bis März auf dem langen schwarzen Strand. Außerhalb des Zentrums sind die Straßen noch unbefestigt, was dem friedlichen Surferort ein ursprüngliches Flair verleiht. Weiter südlich erstrecken sich mehrere kleine Dörfer mit hervorragenden Surfmöglichkeiten, kleinen Unterkünften und jeder Menge guter Stimmung, die an die goldenen Tage des Surfens erinnert.

Sehenswertes & Aktivitäten

Centro Cultural Augustín Ross MUSEUM
(072-297-6595; Ross s/n; 9–22 Uhr) GRATIS
Das dreistöckige Kulturzentrum befindet sich in einem hübschen Gebäude, das einst als Stadtcasino diente. Die Ausstellungen bieten eine willkommene Abwechslung vom lagerfeuerlastigen Strandleben.

Surf Shop Puesta del Sol FAHRRÄDER
(Ortúzar 262; Leihfahrrad 1000/3500 Ch$ pro Std./Tag) Verleiht Fahrräder in meist schlechtem Zustand.

Surfen

Der westlichste Teil Pichis ragt als **La Puntilla** ins Meer hinaus und ist die nächstgelegene Surfstelle. Hier gibt's lange und gemächliche Point Breaks. Im Nordosten erstreckt sich vor dem Stadtzentrum die windstille **Playa Principal** (Hauptstrand), im Süden hingegen befindet sich der längere und rauere Strand **Infiernillo**, der für seine gefährlichen Lefts, Fast Tows und sein schönes Strandgut berühmt ist. Die beste Surfstelle ist **Punta de Lobos** 6 km südlich von Pichi; hier findet man steile Lefts. Man kann das ganze Jahr über surfen, von September bis Mai sind die Wellen jedoch am besten. Man braucht definitiv einen Neoprenanzug. Das Pichilemu Surf Hostal verleiht Kiteboards und veranstaltet Bootstouren zu abgelegenen Stränden (ab 50 000 Ch$).

Lobos del Pacífico SURFEN
(www.lobosdelpacifico.cl; Av Costanera 720; ganztägiger Verleih eines Boards 8000 Ch$, zweistündiger Unterricht 12 000 Ch$) Bei Lobos del Pacífico in Infiernillo kann man Bretter und Neoprenanzüge (unverzichtbar) leihen sowie Unterricht bei international zertifizierten Lehrern nehmen. Angeblich ist dies auch die beste Adresse zur Reparatur von Surfboards in ganz Pichi.

Escuela de Surf Manzana 54 SURFEN
(Mobil 9574-5984; www.manzana54.cl; Av Costanera s/n; ganztägiger Verleih eines Boards & Ausrüstung 7000–8000 Ch$, zweistündiger Unterricht 10 000 Ch$) Die verlässliche Surfschule am Strand La Puntilla bietet gute Bedingungen für Anfänger.

Reiten

Immer schon davon geträumt, auf dem Rücken eines Pferdes den Strand entlangzugaloppieren? Glück gehabt! Wenn es in Pichilemu nicht zu heiß ist, wartet eine kleine Gruppe schöner Pferde – gesattelt und fertig für einen Ausritt – am Nordende des Hauptstrandes in der Nähe des Sees. Man kann mühelos den Preis für den schönen einstündigen geführten Ausritt verhandeln (4000–6000 Ch$), der vorbei am See, durch den Wald und am Meeresufer entlang zurück zum Ausgangspunkt führt.

Kurse

Pichilemu Language School SPRACHKURS
(www.studyspanishchile.com; Aníbal Pinto 21, Piso 3, Oficina 3; 9000 Ch$ pro Std.) In dieser Sprachschule, die auch Aufenthalte bei Gastfamilien organisiert, kann man eine Pause vom Surfen einlegen.

Schlafen

Während der Sommermonate sollten Unterkünfte lange im Voraus gebucht werden. Im Winter und Herbst lohnt es sich, nach Ermäßigungen zu fragen.

Pichilemu Surf Hostal HOSTEL $
(Mobil 9270-9555; www.surfhostal.com; Eugenio Díaz Lira 167; B/EZ/DZ inkl. Frühstück 13 000/30 000/45 000 Ch$;) Alle Zimmer in dem ungewöhnlichen Schindelhaus gegenüber dem Infiernillo-Strand haben mansardenartige Ausgucke mit schönem Blick aufs Meer. Toll sind auch die festen Matratzen, die helle Bettwäsche und die großen gerahmten Fotos von der Brandung vor der Tür. Der holländische Besitzer und Surfer Marcel gibt gern fachmännischen Rat.

Es gibt kostenlose Leihfahrräder, und man kann Salzwasserbäder mit Strandblick genießen.

Cabañas Waitara HÜTTEN $
(072-284-3026; www.waitara.cl; Costanera 1039; DZ/3BZ/4BZ 35 000/40 000/45 000 Ch$;) Ei-

ABSEITS DER ÜBLICHEN PFADE

EINSAME STRÄNDE & BUNGALOWS IM SÜDEN

Südlich von Pichilemu die Costanera entlang gibt's mehrere kleine Dörfer und ein paar abgelegene Surfspots, die einen Besuch lohnen. Hier unsere Favoriten:

La Loica (Mobil 7897-8190; www.loicachile.cl; Punta de Lobos; DZ/4BZ 75 000/80 000 Ch$;) Diese Hütten in Punta de Lobos haben Wände aus Pinienholz, hübsche Panoramafenster mit Meerblick und gemütliche Terrassen – das perfekte Ziel für Familien und Surfer. Sie sind mit Küchen, Holzöfen und vielen modernen Annehmlichkeiten ausgestattet. Wir finden Nummer 3 am besten.

Cahuil Das kleine Dorf bietet einen tollen Ausblick auf den Ozean und ein paar Restaurants und Hütten. An der Brücke starten halbstündige Bootstouren zur Laguna de Cahuil (5000 Ch$ pro Boot für bis zu 5 Pers.); hier kann man auch Keramik aus der Region kaufen.

Surf Farm (Mobil 9539-8693; www.surfarm.cl; 1 km südlich der Cahuil-Brücke; B/DZ 10 000/25 000 Ch$, Reitausflug 12 000 Ch$, Surfkurs 15 000 Ch$) Wer wirklich einmal allem entfliehen will, kann zu diesem ehemaligen Camp für Arbeiter fahren, das der Jungunternehmer Nico zu einem rustikalen Hotel mit Surflodge umgebaut hat. Die Wellen und Breaks hier sind super. Die Schlafsäle sind ziemlich rustikal, die Doppelzimmer hingegen etwas hübscher – sie verfügen über Pinienholzwände, feste Betten und Privatbäder. Man muss sein eigenes Essen mitbringen. Um hierher zu gelangen, ruft man am besten vorher an und lässt sich von Nico abholen.

---

ne perfekte Option für Gruppen: Die Hütten liegen oberhalb des Hauptstrandes der Stadt und verfügen über Giebeldächer, sonnige Veranden, einfache Bäder und kleine Wohnzimmer mit Küchenzeilen. In den unterschiedlich großen Hütten haben jeweils zwei bis zwölf Personen Platz.

Hotel Chile España HOTEL $
(072-841-270; www.chileespana.cl; Av Ortúzar 255; EZ/DZ/3BZ inkl. Frühstück 20 000/35 000/50 000 Ch$; @) Einst ein beliebter Surfertreffpunkt, zieht das Budgethotel am Rand der Stadt inzwischen eher ältere Traveller an. Wer nicht unbedingt Party machen möchte, kann sich hier einquartieren.

Das spanisch anmutende Gebäude mit einem grünen, zentralen Hof, Holzläden und antiker Inneneinrichtung ist äußerst charmant, nur die Zimmer sind teilweise etwas zellenartig.

Camping La Caletilla CAMPINGPLATZ $
(Mobil 8171-2725; www.campingpichilemu.cl; Eugenio Suarez 905, 1 km südlich der Stadt; Campingplatz 4000–5000 Ch$ pro Pers.) Auf diesem angesagten Campingplatz stehen Warmwasserduschen, eine Open-Air-Küche und geschützte Zeltplätze zur Verfügung. Die meisten Einrichtungen wurden aus recycelten Materialien erbaut.

Cabañas Guzmán Lyon BUNGALOW $$
(072-284-1068; www.cabanasguzmanlyon.cl; San Antonio 48; DZ/3BZ/4BZ inkl. Frühstück 40 000/ 45 000/55 000 Ch$;) Das weitläufige Resort auf einem Felsvorsprung besteht aus einer Reihe von hellen Schindelhäusern. Einmalig schön sind jedoch die Bunglows: Auf den privaten Terrassen davor wird jeden Morgen das Frühstück serviert, und man blickt aufs Meer und den See.

Essen & Ausgehen

Die meisten Restaurants schließen von Juni bis August.

Pulpo PIZZERIA $
(Ortúzar 275; Hauptgerichte 6900–7900 Ch$, Mittagsmenü 2000–4000 Ch$; Di–So 12–1Uhr;) Zentrale Pizzeria mit hübscher Terrasse und hellem Innenraum. Sie serviert knusprige Steinofenpizzas, darunter auch vegetarische Optionen, z. B. mit Artischockenherzen und sonnengetrockneten Tomaten. Die Kruste ist perfekt, doch für den richtigen Geschmack muss man etwas nachwürzen.

La Casa de las Empanadas CHILENISCH $
(Aníbal Pinto 268; Empanadas 1200–1900 Ch$) Unzählige Surfer sitzen vor der Casa de las Empanadas und schmausen aus braunen Papiertüten göttliche Empanadas. Absolut unschlagbar sind die Varianten mit Meeresfrüchten wie *machas y queso* (Scheidenmuscheln und Käse).

Restaurant Los Colchaguinos CHILENISCH $
(Aníbal Pinto 298; Empanadas & Pailas 900–2500 Ch$; Mo–Sa 12–15 & 19.30–23, So 12–15 Uhr)

Große, saftige Empanadas sind der Renner in dem kleinen familiengeführten Imbiss. Es gibt aber auch reichhaltige hausgemachte *paila marina* (Eintopf aus Meeresfrüchten).

El Puente Holandés FISCH & MEERESFRÜCHTE $

(Mobil 9270-0955; Eugenio Díaz Lira 167; Hauptgerichte 3500-6900 Ch$; 9-23 Uhr, Juni-Aug. geschl.) Von der Costanera führt eine hölzerne Bogenbrücke in die hohe Bar mit Restaurant am Infiernillo-Strand. Sie hat den gleichen Besitzer wie das Pichilemu Surf Hostal. Hier werden einfache Meeresfrüchtegerichte wie gegrillter Seebarsch oder Muschel-Krabben-Ravioli lecker zubereitet. Auf der Terrasse schmeckt das Bier zu ein paar Empanadas gleich noch besser.

Disco 127 CLUB

(Av Angel Gaete 217; März-Dez. Di-Sa 22 Uhr-open end, Jan. & Feb. tgl. 22 Uhr-open end) Bei den Geschichten der meisten Reisenden über ihre Abenteuer in Pichilemu fällt mindestens einmal der Name dieses herrlich wilden Schuppens, gefolgt von dem Satz „... und dann bin ich auf der Tanzfläche zusammengebrochen".

❶ Praktische Informationen

BancoEstado (Errázuriz 397; Mo-Fr 9-14 Uhr) Bankautomat und Geldwechsel.

Oficina de Información Turística (www.pichilemu.cl; Av Angel Gaete 365, Municipalidad; 9-18 Uhr) Basisinformationen zu Unterkünften und Events gibt's in dieser Touristeninformation im Rathaus.

Postamt (Av Ortúzar 568; Mo-Fr 9.30-16, Sa 9.30-12 Uhr)

❶ An- & Weiterreise

Der **Terminal de Buses** (072-841-709; Ecke Av Millaco & Los Alerces) liegt im südwestlichen Teil von Pichilemu. Die nächstgelegene Haltestelle am Ortszentrum befindet sich an der Ecke Santa María und Ortúzar. Vom Busbahnhof verkehren regelmäßig Linien von **Buses Nilahué** (02-7676-1139; www.busesnilahue.cl; Aníbal Pinto 301) und **Pullman del Sur** (02-2776-2424; www.pdelsur.cl; Aníbal Pinto 213, Local A) nach Santa Cruz (3000 Ch$, 3 Std.), San Fernando (4000 Ch$, 3½ Std.) und Santiago (5500 Ch$, 4 Std.). Tickets bekommt man auch in deren Geschäftsstellen in der Innenstadt. Für Busse oder Züge Richtung Süden muss man in San Fernando umsteigen.

Wer nach Santiago reist, sollte nach einem Bus via Melipilla fragen. Zwar ist die Überlandstrecke mehrere Kilometer lang holprig, aber dafür gelangt man mit dieser neueren, direkten Verbindung in weniger als vier Stunden nach Santiago.

Curicó

075 / 244 053 EW.

„Nette Plaza" ist so ziemlich alles, was die meisten Einheimischen über Curicó zu sagen haben. Stimmt: Etwa 60 hohe Palmen umgeben den Platz, während die Mitte von Zedern, Andentannen, einem markanten Musikpavillon aus dem frühen 20. Jh. und einer Holzstatue des Mapuche-Häuptlings Toqui Lautaro geschmückt ist. (Am Rande bemerkt: Curicó heißt auf Mapuche „schwarzes Wasser".) Zum Glück blieb die malerische Plaza beim Erdbeben 2010 größtenteils verschont. Der Rest der Stadt hatte weniger Glück – bis zu 90 % der älteren Häuser in Curicós historischem Zentrum stürzten ein.

Doch trotz dieses Schicksalsschlags geht hier im Frühherbst beim dreitägigen **Festival de la Vendimia** (Weinlesefest) nach wie vor so richtig die Post ab.

Die meisten Traveller nutzen Curicó als Ausgangspunkt für Touren in die beeindruckende Reserva Nacional Radal Siete Tazas oder zu den nahe gelegenen Weingütern im Curicó- und Maule-Tal.

🏃 Aktivitäten

Ruta del Vino Curicó GEFÜHRTE TOUR

(075-232-8977; www.rutadelvinocurico.cl; Carmen 727, Hotel Raíces) Geführte Tour zu den besten Weinbergen im Curicó-Tal, z. B. Miguel Torres, San Pedro, Echeverria und Millamar.

🛏 Schlafen & Essen

Hotel Prat HOSTEL $

(075-231-1069; www.hotelpratcurico.cl; Peña 427; EZ/DZ mit Gemeinschaftsbad inkl. Frühstück 15 000/25 000 Ch$, EZ/DZ mit Bad 25 000/35 000 Ch$;) Das baufällige alte, in grellen Farben gestrichene Gebäude wartet mit den günstigsten Schlafgelegenheiten in Curicó auf. Austauschstudenten schätzen es wegen der Gemeinschaftsküche und des Kabelfernsehens. Die Inhaber sind superfreundlich, und die Gemeinschaftsbereiche ein toller Ort, um andere Traveller zu treffen. Die Bäder könnten mal wieder geschrubbt werden.

Hostal Viñedos B&B $$

(075-326-785; www.hostalvinedos.cl; Chacabuco 645; EZ/DZ/3BZ inkl. Frühstück ab 30 000/40 000/45 000 Ch$;) Alle Zimmer des modernen B&B wurden nach Rebsorten benannt. Die Räume nach vorne bekommen mehr Licht ab, doch die großen federnden Betten sind auf jeden Fall wunderbar angenehm.

Hotel Raíces
BUSINESSHOTEL $$

(☎ 075-543-440; www.hotelraices.cl; Carmen 727; EZ/DZ inkl. Frühstück 66 400/73 500 Ch$) Das moderne Hotel punktet mit Fußböden aus Schiefer, schicker Weinbar und einem sonnendurchfluteten Café mit Glaswänden. Zwar sind die Gästezimmer etwas gewöhnlich, doch bieten sie große Flachbildfernseher und gemütliche Betten, die zum Entspannen einladen, nachdem man den ganzen Tag Cabernet gesüffelt hat. Man sollte an der Rezeption nach einem Raum mit Gartenblick fragen.

El Rincón Che
SANDWICHES $

(Carmen 485; Hauptgerichte 3500–5200 Ch$) In der Nähe der Plaza Talca. Sandwiches und lokale Biere.

Restaurante Miguel Torres
CHILENISCH $$

(☎ 075-242-9360; www.migueltorres.cl; Panamericana Sur, Km 195; Hauptgerichte 8100–13 400 Ch$) Inmitten welliger Weinberge stößt man auf dieses Restaurant der Spitzenklasse mit Gourmetvariationen chilenischer Klassiker. Zu jedem Gericht wird ein Wein empfohlen (wir wär's z. B. mit Olivenravioli, gefüllt mit Räucherlachs und Blauschimmelkäse, und dazu einem Rosé Santa Digna? *Si, por favor.*) Das Restaurant liegt südlich der Stadt an der Schnellstraße 5.

❶ Praktische Informationen

Banco Santander (Estado 356; ⊙ Mo–Fr 9–14 Uhr) Eine von vielen Banken mit Geldautomaten rund um die Plaza de Armas.

❶ An- & Weiterreise

BUS

Die meisten Busse in Curicó steuern das **Terminal de Buses** (Ecke Prat & Maipú) unweit des Bahnhofs und fünf Straßen westlich der Plaza de Armas an. Busse von **Andimar** (☎ 075-312-000; www.andimar.cl) und **Pullman del Sur** (☎ 02-2776-2424; www.pdelsur.cl) fahren von hier regelmäßig nach Santiago (2000–3200 Ch$, 2½ Std., alle 30 Min.).

Zur Reserva Nacional Las Siete Tazas kommt man mit einem Bus der Gesellschaft **Aqualarre** (☎ 075-314-307) nach Molina (500 Ch$, 35 Min., alle 5 Min.). Los geht's am Terminal de Buses Rurales gegenüber dem Hauptbusbahnhof. Ab Molina bestehen im Januar und Februar regelmäßige Verbindungen zur Reserva, die restlichen Monate verkehrt zumindest ein Bus täglich nach Radal, das 9 km vor dem eigentlichen Parkeingang liegt.

Tur Bus (☎ 600-660-6600; www.turbus.cl; Av Manso de Velasco 0106) verfügt über eine eigene Haltestelle südöstlich der Stadt. Dort starten Busse nach Santiago (3900 Ch$, 2½ Std., 3-mal tgl.) und Valparaíso (6900 Ch$, 4½ Std., 1-mal tgl.) sowie Richtung Süden nach Osorno (16 600 Ch$, 10 Std., 4-mal tgl.), Puerto Montt (17 500 Ch$, 12 Std., 2-mal tgl.) und Valdivia (14 400 Ch$, 11 Std., 2-mal tgl.).

ZUG

Die Passagierzüge von Trenes Metropolitanos (S. 80) zwischen Santiago und Chillán halten am **Bahnhof** (Maipú 657) von Curicó. Er liegt von der Plaza de Armas aus gesehen fünf Straßen weiter westlich an der Prat, und auch zum Busbahnhof ist es von hier aus nicht weit. Sieben Züge starten täglich nach Santiago (5600–19 000 Ch$, 2¼ Std.) und nach Chillán (8000–19 000 Ch$, 2½ Std.), wo eine Verbindung nach Concepción besteht.

Reserva Nacional Radal Siete Tazas

Das obere Becken des Río Claro markiert den ökologischen Übergang zwischen der trockenheitsverträglichen mediterranen Vegetation im Norden und den feuchten, immergrünen Wäldern des Südens. Hier, 78 km südöstlich von Curicó an einer schmalen Schotterstraße, liegt die **Reserva Nacional Radal Siete Tazas** (☎ 071-222-4461; www.conaf.cl; Erw./Kind 4000/600 Ch$; ⊙ Dez.–Feb. 8.30–20 Uhr, März–Nov. bis 17.30 Uhr).

Das Hauptbüro der Conaf befindet sich im Abschnitt **Parque Inglés** 9 km hinter dem Parkeingang in Radal. Schon auf dem Weg dorthin gibt's zwei interessante Sehenswürdigkeiten: Der **Velo de la Novia** („Brautschleier") ist ein 40 m hoher Wasserfall, den man 2,6 km hinter Radal von einem kleinen Aussichtspunkt an der Straße aus sieht. 4,4 km weiter folgen der Parkplatz und die Conaf-Rangerhütte (meist nur im Sommer besetzt). Ab hier ist der 400 m lange Pfad zu den **Siete Tazas** ausgeschildert: Die „Sieben Tassen" sind eine atemberaubende Serie von sieben Wasserfällen und Becken, die vom Río Claro aus dem schwarzen Basalt ausgewaschen wurden. Vom Wasserfall führt ein weiterer kurzer Weg zu einem Aussichtspunkt mit Blick auf den **Salto la Leona**, der über 50 m von einer schmalen Klamm in das Hauptbett des Río Claro stürzt.

Zwei gut markierte Rundwanderwege beginnen am Camping Los Robles im Parque Inglés: der 1 km lange **Sendero el Coigüe** und der 7 km lange **Sendero Los Chiquillanes**, der tolle Aussicht auf das Valle del Indio bietet (etwa 4 Std. für beide Wege einplanen). Der erste Streckenabschnitt ist Teil des Sendero de Chile (www.senderodechile.cl), der bis zur Schutzhütte in El Bolsón und zum Valle del Indio verläuft. Von hier geht's auch durch das Abflussgebiet des Río Claro zur Reserva Nacional Altos del Lircay. Die zweitägige Wanderung dorthin führt über eine nicht ausgeschilderte Route und über privaten Grund. Wer sich dafür interessiert, sollte sich nur mit einem ortskundigen Guide oder zumindest mit detaillierten Informationen von der Conaf, einer topografischen Karte, Kompass und entsprechender Ausrüstung auf den Weg machen. Casa Chueca (071-197-0097; www.trekkingchile.com) veranstaltet geführte Touren hierher.

Schlafen & Essen

Die Conaf betreibt im Parque Inglés zwei Campingplätze (075-228-029; Stellplatz 1500 Ch$ pro Pers.), auf denen es nur kaltes Wasser gibt: Camping Rocas Basálticas und Camping Parque Inglés. Im Sommer sind beide überfüllt.

Camping Los Robles CAMPINGPLATZ $
(075-228-029; Stellplatz für 6 Pers. 8000 Ch$) Auf dem privat betriebenen Zeltplatz gibt's heißes Wasser und Grillplätze. Lebensmittel müssen mitgebracht werden – gegenüber dem Busbahnhof in Molina befindet sich ein großer Supermarkt.

Valle de las Catas CAMPINGPLATZ $$
(Mobil 9168-7820; www.sietetazas.cl; Camino Privado s/n; Stellplätze pro Pers./Hütten 6000/45 000 Ch$) Die Betreiber dieses gut organisierten Campingplatzes mit Hütten helfen bei der Organisation von Kanu- und Mountainbiketouren.

An- & Weiterreise

Im Januar und Februar fährt Buses Hernández recht oft von Molina (Maipú 1735 Ch$) zum Parque-Inglés-Abschnitt der Reserva Nacional (1800 Ch$, 2½ Std., 8-mal tgl.). Von März bis Dezember verkehrt dagegen nur einmal täglich ein Bus nach Radal (2000 Ch$, 2 Std., tgl. um 17 Uhr). Dieser Ort liegt 10 km unterhalb des Parque Inglés.

Wer mit dem Auto nach Radal Siete Tazas will, nimmt die Panamericana südlich von Curicó und fährt bei Molina ab. Die asphaltierte Straße K-25 verlässt Molina südwärts Richtung Cumpeo und wird 25 km weiter zur Schotterpiste. Von dort sind es noch holprige 39 km bis Radal und anschließend weitere 10 km bis zum Parkabschnitt Parque Inglés.

Maule-Tal

Das Valle del Maule, ein wichtiges Weinbaugebiet des Landes, liefert den Großteil des Exportweins in Chile. Seine Spezialität ist ein vollmundiger Cabernet Sauvignon. Im Februar 2010 war die Region das Epizentrum eines Erdbebens. Ein Weingut hat nach eigenen Angaben seinen Bestand von 80 000 Flaschen verloren, zudem wurden die Häuser unzähliger Arbeiter und der historische Marktplatz, das Krankenhaus sowie das Museum in der nahe gelegenen Stadt Talca zerstört. Natürlich kam die Tourismusindustrie zum Erliegen, doch die Weinindustrie hat sich größtenteils wieder erholt, z. T. auch dank der beherzten Hilfe durch die Gemeinde.

Viele Traveller nutzen Talca als Anlaufstelle, um die Weingüter und das nahe gelegene Reserva Nacional Altos de Lircay zu besuchen. Vor Ort sollte man nach der kostenlosen Broschüre *Región del Maule* fragen. Sie beinhaltet tolle Informationen (auf Englisch) zu Wanderungen, Tipps zur Umgebung sowie einen Führer zur Flora und Fauna der Region.

Weingüter im Maule-Tal

Viele der Weingüter kann man auf eigene Faust oder im Rahmen einer geführten Tour der Ruta del Vino (08-157-9951; www.valledelmaule.cl; Av Circunvalación Oriente 1055, Casino Talca Hotel Lobby, Talca; Mo–Fr 9–18.30 Uhr) besuchen. Über ein Dutzend Winzereien sind der Strecke angeschlossen.

Aktivitäten

Viña Balduzzi WEINGUT
(073-232-2138; www.balduzziwines.cl; Av Balmaceda 1189, San Javier; Führungen inkl. Verkostung von 4 Weinen ab 3600 Ch$; Mo–Sa 9–18 Uhr) Das nette Weingut inmitten weitläufiger Gärten und gepflegter Kolonialgebäude ist bereits seit vier Generationen in Familienbesitz. Anders als bei vielen anderen Winzereien ist keine Reservierung erforderlich.

Außerdem handelt es sich um eines der wenigen Anwesen, die man gut mit öffentlichen Verkehrsmitteln erreicht: Man muss einfach nur am Busterminal in Talca in einen Bus mit der Aufschrift „San Javier Directo" (750 Ch$) steigen, der Passagiere in der Nähe der Viña Balduzzi absetzt.

Via Wines WEINGUT
(02-2355-9900; www.viawines.com; Fundo Las Chilcas s/n; Führungen inkl. Degustation von 3 Wei-

nen 10 000 Ch$, Mo–Sa 9–17 Uhr, Führung & Degustation mit Reservierung) Eines der ersten Weingüter des Landes mit ausgewiesener nachhaltiger Produktion. Hier werden köstlicher Sauvignon Blanc und Syrah hergestellt. Besucherfreundliche Programme umfassen die Bioführung über das Weingut und die Führung „Vino, Arte y Sabores" (inkl. Mittagessen 60 000–94 500 Ch$ pro Pers.). Zunächst treffen sich die Teilnehmer mit lokalen Künstlern, dann wird eine Auswahl aus vier Reservas gereicht.

Viña Gillmore — WEINGUT
(073-197-5539; www.gillmore.cl; Camino Constitución, Km 20; Führung inkl. Degustation von 2 Weinen 5000 Ch$; Mo–Sa 9–17 Uhr) Auf diesem Boutique-Anwesen kann man mehr machen als nur Wein zu probieren und ihn im Glas zu schwenken (obwohl der Cabernet Franc einfach göttlich ist). Derzeit wird das Weingut auf Biobetrieb umgestellt. Darüber hinaus gibt's vor Ort schöne Wanderwege und einen Wellnessbereich mit zahlreichen Anwendungen auf Weinbasis.

Viña J. Bouchon — WEINGUT
(073-197-2708; www.jbouchon.cl; Evaristo Lillo 178, oficina 21, Las Condes; Mo–Sa 9–18 Uhr) Zum Programm des nachhaltig geführten Weinguts 30 km von Constitución gehören Ausritte und andere Outdooraktivitäten. Wer will, kann im hübschen Gästehaus übernachten.

Casa Donoso — WEINGUT
(071-234-1400; www.casadonoso.cl; Camino a Palmira, Fundo La Oriental, Km 3,5; Mo–Fr 8–18 Uhr) Das traditionell und nachhaltig geführte Weingut rund um ein Gehöft aus der Kolonialzeit liegt 30 km von Constitución entfernt.

Talca
071 / 189 500 EW.

Einst zählte das 1690 gegründete Talca zu den wichtigsten Städten des Landes, immerhin wurde hier 1818 Chiles Unabhängigkeitserklärung unterzeichnet. Heute ist es vor allem ein guter Ausgangspunkt für die Erkundung der wunderschönen Reserva Nacional Altos de Lircay und der Weingüter des Valle del Maule. Teile von Talca wurden beim Erdbeben 2010 stark beschädigt, und es gibt noch mehrere Blocks mit verlassenen Gebäuden im Stadtzentrum.

Das Angebot für Traveller ist recht gut, man findet u. a. Restaurants und Unterkünfte, dazu von vielen Punkten aus einen schönen Blick auf die Anden, wenn man in der glühenden Mittagssonne die Fußgängerstraße hinabschlendert.

Schlafen & Essen

Cabañas Stella Bordestero — BUNGALOW $
(071-235-545; www.turismostella.cl; 4 Poniente 1 Norte 1183; EZ/DZ ohne Bad inkl. Frühstück 16 000/24 000 Ch$;) Obwohl die Schindelhütten in einem baumbestandenen Garten mit Swimmingpool, Liegestühlen und Schaukeln nur vier Straßen von der Plaza de Armas entfernt liegen, sind sie eine Welt für sich. Auch innen haben die Besitzer ganze Arbeit geleistet: Die schönen Bungalows verfügen über feste Matratzen, Kabel-TV und kleine Holzveranden, auf denen man abends bei einem Glas Wein entspannen kann.

Hostal Maea — GÄSTEHAUS $
(071-221-0910; www.hostalmaea.cl; 1377 Calle 3 Norte; DZ mit/ohne Bad ab 30 000/20 000 Ch$;) Einfaches, aber einladendes Gästehaus im 50er-Jahre-Stil. Die luftigen Zweibettzimmer sind halbwegs angenehm. Doch insgesamt ist alles etwas heruntergekommen.

Hostal Casa Chueca — HOTEL $$
(071-197-0096; www.trekkingchile.com/casachueca; Viña Andrea s/n, Sector Alto Lircay; B/DZ 12 500/44 000–75 000 Ch$;) Gärten mit Blick auf den Río Lircay umgeben die rustikalen Hütten der von Deutschen geführten Casa Chueca. Sie befindet sich auf dem Land außerhalb von Talca. Schon das Hostel an sich ist ein Reiseziel für Outdoor-Fans geworden, denn die kenntnisreichen Besitzer helfen bei der Planung von Wanderungen und Reitausflügen im nahe gelegenen Parque Nacional Altos de Lircay.

Sie organisieren zudem Weinproben, Spanischunterricht und sogar eine Schatzsuche für Kids. Bei der Ankunft vom Flughafen in Talca aus anrufen (oder vorab die Anreisezeit durchgeben), in einen Mikrobus Taxutal „A" Richtung San Valentín setzen und an der Endhaltestelle aussteigen. Dort wird man abgeholt.

La Buena Carne — CHILENISCH $
(Ecke 6 Oriente & 1 Norte; Hauptgerichte 3000–5500 Ch$) Gemütliches, modernes Steakhaus mit freundlichem Personal, toller zentraler Lage und einer Speisekarte mit gigantischen Steak-Sandwiches, Wein im Glas, klassischen chilenischen Gerichten und leckerer peruanischer Ceviche. Abends treffen sich hier die Einheimischen, um Bier zu trinken und *fútbol* zu schauen.

Las Viejas Cochinas CHILENISCH $
(☎ 071-221-749; www.lasviejascochinas.cl; Rivera Poniente; Hauptgerichte 4200–10 000 Ch$; ⊙ 12–24 Uhr) In der großen Kantine außerhalb der Stadt am Río Claro brauchen mürrische Kellner ewig, um die Hausspezialität *pollo mariscal* (Huhn in Brandy- und Meeresfrüchtesoße) zu servieren, aber das Warten lohnt sich. Die Portionen sind groß genug für zwei.

Man erreicht das Lokal, indem man Talca Richtung Westen auf der Avenida Bernardo O'Higgins verlässt, die Brücke über den Río Claro überquert, sich rechts hält und an der nächsten Straßengabelung rechts fährt.

Rossini CAFÉ $
(Ecke 1 Norte & 3 Oriente; Mittagsmenü 3300 Ch$; ☎) Das zentrale moderne Café ist ein tolles Plätzchen, um bei einem Kaffee Mails zu lesen oder ein Mittagessen zu sich zu nehmen.

❶ Praktische Informationen

BancoEstado (☎ 071-345-201; 1 Sur 971; ⊙ 9–14 Uhr) Einer von zahlreichen Geldautomaten an der 1 Sur.
Hospital Regional (☎ 071-242-406; www.hospitaldetalca.cl; 1 Norte) Betriebsames öffentliches Krankenhaus an der Ecke 13 Oriente.
Postamt (☎ 800-267-736; 1 Oriente 1150; ⊙ Mo–Fr 9–18, Sa 9–12 Uhr) In einem großen Gebäude abseits der Plaza de Armas.
Sernatur (www.chile.travel; 1 Oriente 1150; ⊙ Mo–Fr 8.30–17.30 Uhr) Außergewöhnlich hilfsbereites englischsprachiges Personal informiert über Unterkünfte und Aktivitäten und gibt zudem Spartipps für Talca.

❶ An- & Weiterreise

BUS

Die meisten Unternehmen nutzen das **Terminal de Buses de Talca** (2 Sur 1920, Ecke 12 Oriente), elf Straßen östlich der Plaza de Armas. **Talca, París y Londres** (☎ 071-221-1010; www.busestalcaparisylondres.cl) fährt stündlich nach Santiago, und **Buses Linatal** (☎ 071-242-759; www.linatal.cl) bietet elf Busverbindungen pro Tag nach Süden. **Buses Línea Azul** (www.buseslineaazul.cl) verkehrt stündlich südwärts nach Chillán und **Buses Vilches** fünfmal täglich nach Vilches Alto, dem Tor zur Reserva Nacional Altos de Lircay. Zum Freilichtmuseum Villa Cultural Huilquilemu geht's per Bus nach San Clemente, dann bittet man den Fahrer, an der Ruta del Vino zu halten (500 Ch$, 10 Min.).

Tur Bus (☎ 600-660-6600; www.turbus.cl; 3 Sur 1960) startet stündlich nach Santiago und sechsmal täglich südwärts nach Puerto Montt mit Halt in Chillán, Los Angeles, Temuco, Osorno sowie anderen Orten an der Panamericana. Zu den weiteren Unternehmen, die ähnliche Strecken bedienen, gehören **Pullman del Sur** (☎ 02-2776-2424; www.pdelsur.cl) und **Pullman Bus** (☎ 600-320-3200; www.pullman.cl).

Rund um Curicó & Talca

ZIEL	PREIS (CH$)	FAHRTDAUER (STD.)
Chillán	4800	3
Osorno	16 700	11
Puerto Montt	14 000	12
Santiago	4500	3
Temuco	10 500	6
Valparaíso/ Viña del Mar	6900	6
Vilches	1400	1½

ZUG

Vom **Bahnhof** (11 Oriente 1000) fahren täglich acht Züge Richtung Norden nach Santiago (8000–19 000 Ch$, 2¾ Std.) und südwärts nach Chillán (8000 Ch$, 2 Std.) entlang der Terra-Sur-Linie von Trenes Metropolitanos (S. 80).

Reserva Nacional Altos de Lircay

Der gut organisierte, leicht zugängliche **Nationalpark** (www.conaf.cl/parques/reserva-nacional-altos-de-lircay; Erw./Kind 4000/600 Ch$; ⊙ 8–13 & 14–17.30 Uhr) punktet mit atemberaubenden Aussichten und einem großartigen Angebot an anspruchsvollen Wanderwegen. Auf seinen 121 km² erstrecken sich Hochandensteppen, Lagunen und Laubwälder, die sich im Herbst rotgolden färben. Im Schutzgebiet leben auch Pudu-Hirsche, patagonische Füchse und Colocolos (Pampaskatzen), die allerdings nur selten zu sehen sind.

2 km vor dem Parkeingang liegt das von der Conaf betriebene **Centro de Información Ambiental** mit naturkundlichen und kulturhistorischen Exponaten (in der Gegend lebten vier indigene Völker nacheinander). In der **Adminstración** etwa 500 m hinter dem Eingang zahlt man den Eintritt und registriert sich für Camping und Wanderungen.

Aktivitäten

Das hilfsbereite Team der Conaf-Ranger bietet detaillierte Tipps zum Wandern und Zelten im Park und verteilt fotokopierte Karten des Geländes.

Wer ein Stück Wildnis ohne wund gelaufene Füße erleben will, kann die Mühe auf ein Lasttier abwälzen. Mehrere Einwohner in Vilches verleihen unweit des Parkeingangs Pferde zum Ausritt (Pferd/Guide 12 000/15 000 Ch$ pro Tag).

Sendero Enladrillado WANDERN

Der wohl beste Wanderweg in ganz Zentralchile ist der Sendero Enladrillado, der auf ein 2300 m hohes Basaltplateau führt. Er folgt zunächst zwei Stunden lang Richtung Osten dem Sendero de Chile, dann geht's an einer ausgeschilderten Abzweigung nach rechts für etwa eine Stunde steil durch dichten Wald, bevor es wieder ebener wird. Schließlich endet der Weg auf der extrem flachen Plattform des **El Enladrillado** – viele glauben, dass er ein Ufolandeplatz ist. Im Westen sind der abgeflachte Krater des **Volcán Descabezado** („kopfloser Vulkan") und daneben der spitze Gipfel des **Cerro Azul** zu sehen. Die 10 km lange Wanderung dauert aufwärts etwa vier und abwärts drei Stunden. Es gibt zwar zwei oder drei Trinkwasserquellen unterhalb der Baumgrenze, aber jeder sollte trotzdem vernünftigerweise so viel Wasser mitnehmen, wie er tragen kann!

Sendero Laguna WANDERN

Der Sendero Laguna folgt ebenfalls für etwa eine Stunde dem Sendero de Chile, bevor er nach rechts abbiegt und drei Stunden lang zur wunderschönen Laguna del Alto aufsteigt. Der von Bergen eingerahmte See liegt auf 2000 m Höhe. Hin und zurück dauert die Wanderung jeweils etwa drei Stunden. Wer will, kann noch zwei Stunden auf einem Weg gen Nordwesten zum El Enladrillado weitermarschieren – für die Gesamttour sollte man acht Stunden einplanen.

Mirador del Valle Venado WANDERN

Ein sanfter Dreistundenmarsch auf dem Sendero de Chile führt von der Administración zum **Mirador del Valle Venado** mit Blick über den Volcán Descabezado und das Tal des Río Claro.

Von dort verläuft ein Weg weiter nach Südosten (immer noch auf dem Sendero de Chile) durch eine lange Schlucht bis zum Río Claro mit einer kleinen Schutzhütte. Sie liegt 15 km (6 Std.) von der Administración entfernt. 5 km (3 Std.) weiter erreicht man das Valle del Venado, wo Zelten erlaubt ist. Die Tour dauert insgesamt zwei Tage.

Circuito de los Cóndores WANDERN

Eine weitere Wanderung in sowie rund um den Park ist der Circuito de los Cóndores, ein siebentägiger Marsch, für den eine topografische Karte oder ein Führer empfohlen werden. Außerdem gibt's einen Rundweg über den Abfluss des Río Claro bis zur Reserva Nacional Radal Siete Tazas.

Geführte Touren

Casa Chueca/Trekking Chile GEFÜHRTE TOUREN

(☎ 071-197-0096; www.trekkingchile.com) Ein erfahrener deutscher Wanderer bietet exzellente geführte Touren an. Er ist im Hostal Casa Chueca zu finden. Eine Tour kostet etwa 15 000 Ch$ pro Tag.

Costa y Cumbre Tours GEFÜHRTE TOUR

(☎ Mobil 9943-5766; www.costaycumbretours.cl) Ausritte, Wanderungen und Campingzubehör.

Schlafen

Camping Antahuara CAMPINGPLATZ $

(Stellplatz 10 000 Ch$) Die Conaf betreibt den hervorragenden Campingplatz Antahuara am Río Lircay etwa 500 m hinter der Administración. Er ist mit dem Auto zu erreichen und verfügt über Strom, heißes Wasser, Spülklos sowie eine Müllabfuhr. Es gibt darüber hinaus zwei *campings primitivos* (ausgewiesene Campingplätze ohne sanitäre Einrichtungen), die jeweils einen ein- bzw. zweieinhalbstündigen Marsch über den Wanderweg Sendero de Chile von der Administración entfernt liegen.

Hostería de Vilches HÜTTEN
(Mobil 9826-7046; www.hosteriadevilches.cl; Camino Vilches Alto, Km 22, San Clemente; Hütte für 2 Pers. ab 50 000 Ch$;) In der Hostería de Vilches kommt man direkt außerhalb des Parks unter, fühlt sich aber wie mitten in der Natur. Von den schönen Einzelhütten genießt man einen Blick auf gepflegte Gärten und zwei Pools. Herzhafte Hausmannsküche (Abendessen 7500 Ch$), entspannte Atmosphäre, ein einladender Whirlpool und ein Schlammbad sind nach einem Wandertag ein Geschenk des Himmels.

An- & Weiterreise

Buses Vilches fährt vom **Terminal de Buses de Talca** (2 Sur 1920, Talca) nach Vilches Alto (1400 Ch$, 2 Std.), einer Häuseransammlung 2 km unterhalb des Centro de Información Ambiental und 5 km vor der Administración der Reserva Nacional Altos de Lircay entfernt. Busse starten in Talca von März bis Dezember täglich um 7.15, 10, 12, 13 und 16.55 Uhr, im Januar und Februar sogar zehnmal pro Tag.

Mit dem Auto ist man von Talca zum Reservat ungefähr 1½ Stunden unterwegs. Man nimmt die Straße 115 durch San Clemente; 38 km hinter Talca befindet sich links die Abzweigung nach Vilches (25 km).

Chillán

042 / 180 197 EW.

Immer wieder in seiner turbulenten Geschichte wurde Chillán von Erdbeben erschüttert – zuletzt 2010. Die ständig im Wiederaufbau begriffene Stadt ist zwar nicht besonders hübsch oder interessant, aber eine gute Ausgangsbasis zu einigen der schönsten Landschaften Zentralchiles, nicht zu vergessen zu den wunderbaren Skipisten und Trekkingrouten in den umliegenden Bergen.

Sehenswertes

Catedral de Chillán KIRCHE
(Ecke Av Libertad & Arauco; Mo-Sa 10–18, So 10–14 Uhr) GRATIS An der nordöstlichen Ecke des Hauptplatzes von Chillán steht die nüchterne, modernistische Catedral de Chillán von 1941. Ihr eiförmiges Aussehen verdankt sie mehreren großen und erdbebensicheren

ABSTECHER

VILLA CULTURAL HUILQUILEMU

Früher war dieser im 19. Jh. errichtete Komplex aus restaurierten Gebäuden ein wichtiger *fundo* (Gutshof). Heute dient er als kulturelles Wahrzeichen und wunderbares Beispiel für Kolonialarchitektur. Er wurde beim Erdbeben 2010 so stark beschädigt, dass das Museum (das Volkskunst, religiöse Bildnisse und auch das Becken, in dem der Lokalheld Bernardo O'Higgins getauft wurde, enthält) schließen musste.

Bei Redaktionsschluss fanden wieder besondere Veranstaltungen und Festivals im Kulturkomplex statt. Allein wegen seiner alten Backsteinmauern und der umliegenden Gärten voller Mammutbäume, Araukarien, Magnolien, Palmen und Eichen lohnt die Villa Cultural Huilquilemu einen Besuch. Weitere Informationen gibt's im Büro der Ruta del Vino in Talca. Der Komplex liegt 7 km östlich von Talca; alle Busse vom Busbahnhof in Talca nach San Clemente kommen hier vorbei.

Bögen. Das 36 m hohe Hochkreuz daneben erinnert an die Tausende Einwohner Chilláns, die beim Beben 1939 ums Leben kamen.

Escuela México DENKMAL
(Av O'Higgins 250; Spenden willkommen; Mo-Fr 10–13.30 & 14–18, Sa & So 10–18 Uhr) Als Reaktion auf die verheerenden Erdbebenschäden 1939 stiftete die mexikanische Regierung die Escuela México in Chillán. Auf Bitte von Pablo Neruda dekorierten die mexikanischen Wandmaler David Alfaro Siqueiros und Xavier Guerrero jeweils die Bibliothek und das Treppenhaus mit symbolhaltigen Wandbildern, die 2008 vollständig restauriert wurden. Heute ist die Escuela eine ganz normale Schule.

Mercado de Chillán MARKT
(Mittagsmenü 1500–3200 Ch$; 9–18 Uhr) Der Stadtmarkt teilt sich in zwei Abschnitte beidseitig der Maipón zwischen Isabel Riquelme und 5 de Abril. Er ist zurzeit wegen Renovierungsarbeiten geschlossen, soll 2015 möglicherweise aber wieder eröffnet werden.

Schlafen

Chilláns Hotels sind während der Skisaison von Juni bis August schnell belegt, deshalb ist eine Reservierung ratsam.

Chillán

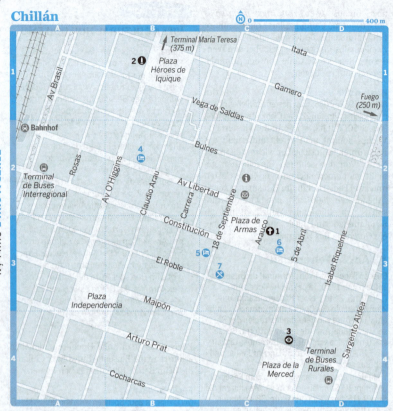

Chillán

◎ Sehenswertes
1 Catedral de Chillán C3
2 Escuela México B1
3 Mercado de Chillán..............................C4

🛌 Schlafen
4 Hostal Canadá..B2
5 Hotel Bavaria..C3
6 Hotel Las Terrazas Express C3

✖ Essen
7 Arcoiris Vegetariano............................C3

Hotel Bavaria GÄSTEHAUS $
(☏ 042-221-7235; www.hotelbavaria.cl; 18 de Septiembre 648; EZ/DZ inkl. Frühstück 30 000/35 000 Ch$; 🅿 🛜) Wer Chilláns Betondschungel hinter sich lässt und hierherfährt, findet sich in einer bayrischen Landvilla wieder. Die Lage ist schön ruhig und die Zimmer gemütlich (aber etwas in die Jahre gekommen).

Hostal Canadá GÄSTEHAUS $
(☏ 042-234-515; Av Libertad 269; EZ/DZ 8000/16 000 Ch$; 🛜) Wer eine Nacht in dieser von Mutter und Tochter betriebenen Unterkunft verbringt, wird sich fühlen, als wäre er in dem Apartment der beiden unterkommen: Es erwarten einen verwaschene Blümchenbettwäsche, ausgetretene Teppiche, klumpige Kopfkissen usw. Am besten lässt man sich ein Zimmer auf der Rückseite abseits vom Straßenlärm geben.

Hotel Las Terrazas Express HOTEL $$
(☏ 042-243-7000; www.lasterrazas.cl; Constitución 663; EZ/DZ inkl. Frühstück 53 000/60 000 Ch$; @ 🛜) Die Zimmer sind zwar etwas eng, aber wer mit wenigen Annehmlichkeiten auskommt und lieber mitten im Stadtzentrum wohnt, ist in diesem Businesshotel genau richtig. Die Lobby und das Café im Erdgeschoss sind hell und luftig, und darüber hinaus gibt es noch ein paar nette Bereiche zum Abhängen.

🍴 Essen & Ausgehen

Arcoiris Vegetariano VEGETARISCH $
(El Roble 525; Büfett/Hauptgericht 5900/4000 Ch$; ⏰ Mo–Sa 9–18.30 Uhr; 🛜 ✏️) Ein gutes vegetarisches Restaurant im provinziellen Chile. Sättigende Mittagsgerichte vom Büfett mit Linsen und Bulgur werden hinten serviert, während vorne ein Café Sandwiches und Kuchen anbietet – alles untermalt mit den Klängen von Windspielen und sphärischen Walgesängen.

Fuego Divino STEAKS $
(✏️ 042-243-0900; www.fuegodivino.cl; Gamero 980; Hauptgerichte 5500–7800 Ch$) Stilvolle Restaurants sind in Chillán dünn gesät. Dieses wartet mit glänzenden schwarzen Tischen auf und platzt am Wochenende stets aus allen Nähten – vermutlich auch deshalb, weil die gekonnt gegrillten Temuco-Rinderfilets so verflixt gut schmecken.

Santos Pecadores COCKTAILBAR
(www.santospecadores.cl; Av Vicente Méndez 275; ⏰ Di–Sa 20.30 Uhr–open end; 🛜) Wer das nötige Kleingeld hat, kommt für Sushi, Ceviche und jede Menge Cocktails in diese schicke rotwandige Chichi-Bar nordöstlich des Stadtzentrums.

ℹ️ Praktische Informationen

Internetcafés, Callcenter, Wäschereien und andere für Traveller nützliche Dienstleistungen findet man in der Fußgängerstraße Arauco.
BancoEstado (Constitución 500; ⏰ Mo–Fr 9–14 Uhr) Einer von vielen Geldautomaten an dieser Straße.
Hospital Herminda Martín (✏️ 042-208-221; Francisco Ramírez 10) Öffentliches Krankenhaus an der Ecke Avenida Argentina.
Postamt (✏️ 800-267-736; Av Libertad 501; ⏰ Mo–Fr 8.30–18.30, Sa 9–12.45 Uhr)
Sernatur (www.chile.travel; 18 de Septiembre 455; ⏰ Mo–Fr 8.30–13.30 & 15–18 Uhr) Freundliches Personal, Stadtpläne sowie Infos zu Unterkünften und Verkehrsmitteln.

ℹ️ An- & Weiterreise

AUTO
Das eigene Auto bietet die Möglichkeit, viele Nationalparks zu besuchen oder Tagestouren hoch zu den Termas de Chillán zu unternehmen. Eine der lokalen Autovermietungen ist **Rent-a-car** (✏️ 042-221-2243; www.rentacares.com; 18 de Septiembre 380) am Bahnhof. Die Preise liegen bei etwa 23 000 Ch$ pro Tag. Wenn die Bergstraßen rutschig sind, sollte man sich zusätzlich Schneeketten ausleihen.

BUS
Chillán hat zwei Bahnhöfe für Langstreckenbusse. Vom zentralen **Terminal de Buses Interregional** (Constitución 01) fünf Straßen westlich der Plaza de Armas an der Ecke Rosas fährt **Tur Bus** (✏️ 600-660-6600; www.turbus.cl) stündlich nach Santiago, einige Linien halten zudem in Talca und anderen Städten entlang der Panamericana. Außerdem verkehrt das Unternehmen direkt nach Valparaíso und südwärts nach Temuco, Osorno, Valdivia sowie Puerto Montt (7-mal tgl.). **Línea Azul** (www.buseslineaazul.cl) steuert ebenfalls Santiago sowie Los Angeles (10-mal tgl.), Angol (2-mal tgl.) und Concepción (alle 15 Min.) an.

Andere Gesellschaften nutzen das neuere **Terminal María Teresa** (O'Higgins 010) nördlich der Avenida Ecuador, darunter Buses Jota Be, das täglich Salto del Laja bedient und stündlich direkt nach Los Angeles startet. **Pullman Bus** (✏️ 600-320-3200; www.pullmanbus.cl) steuert Calama, Antofagasta und das chilenische Nordende in Arica (5-mal tgl.) sowie Puerto Montt (5-mal tgl.) im Süden an.

Sol del Pacífico (www.soldelpacifico.cl) bietet Verbindungen nach Santiago, Viña und Valparaíso. **Buses Jac** (✏️ 273-581) und **Condor** (✏️ 270-264), die ebenfalls über die Panamericana verkehren, pendeln zwischen Temuco und Santiago.

Stadt- und Regionalbusse starten am **Terminal de Buses Rurales** (Maipón 890). **Rembus** (✏️ 042-222-9377; www.busesrembus.cl) bedient das Valle Las Trancas (6- bis 7-mal tgl.); die Busse um 7.50 und 13.20 Uhr fahren freitags, samstags und sonntags weiter ins Valle Hermoso. **Vía Itata** (www.busesviaitata.cl) steuert Ninhué (10-mal tgl.) und Cobquecura (4-mal tgl.) an, **Turbus** hat Quirihue (3-mal tgl.) zum Ziel, wo Anschlussverbindungen in den Surfort Buchupureo bestehen.

ZIEL	PREIS (CH$)	FAHRTDAUER (STD.)
Angol	4100	2¼
Cobquecura	1800	2¾
Concepción	2500	1½
Los Angeles	2600	1½
Osorno	10 100	8
Puerto Montt	11 200	9
Quirihue	2000	1
Santiago	7000	6
Talca	4000	3
Temuco	9000	5
Termas de Chillán	3000	1½
Valdivia	10 700	6
Valparaíso	9000	8
Valle Los Trancas	1500	1¼

ZUG

Der TerraSur-Zug von Trenes Metropolitanos (S. 80) fährt vom **Bahnhof** (Ecke Avs Brasil & Libertad) nach Santiago (8000 Ch$, 4½ Std., 3-mal tgl.) und hält unterwegs u. a. in Talca (8000 Ch$, 1¾ Std.) und Curicó (8000 Ch$, 3¼ Std.).

Termas de Chillán & Valle Las Trancas

Eine 80 km lange kurvige Straße führt von Chillán in die Berge zum Valle Las Trancas und zu den Termas de Chillán. Im Winter zieht es die chilenischen Schneefanatiker in Scharen zu diesen Hängen, sodass üblicherweise am Ende der Straße mit stockendem Verkehr zu rechnen ist. Das restliche Jahr über geht's gemächlicher zu. Dann blühen die Täler in bunten Farben und stehen in üppigem Grün und eignen sich ideal zum Wandern, Klettern und Reiten oder einfach nur zum Faulenzen in schöner Umgebung. An Sommerwochenenden sind viele Wanderer unterwegs, doch alltags ist im Sommer nichts los. Am besten bringt man dann ein Picknick mit und rechnet damit, dass die Hotels geschlossen sind. Bei den meisten dieser Unterkünfte gibt's keine Bankautomaten, also sollte man sich bereits in Chillán mit Bargeld versorgen.

👁 Sehenswertes & Aktivitäten

Cueva de los Pincheira HÖHLE
(Ruta 55, Camino Termas de Chillán; Erw./Kind 2000/1000 Ch$; 👪) Auf dem Weg zum Resort lohnt ein Abstecher zu dieser Höhle mit Wasserfall, wo man etwas über die Eskapaden der Pincheira-Brüder erfahren kann, Banditen, die sich hier einst versteckten. In der Hochsaison finden historische Inszenierungen statt.

Observatorio STERNWARTE
(www.milodge.com; M I Lodge; 10 000 Ch$; 👪) Im Sommer engagiert die M I Lodge einen Astronomen, der in der Sternwarte nächtliche „Sternentalks" veranstaltet (auf Englisch).

Nevados de Chillán Ski Center SKIFAHREN
(☎ 042-220-6100; www.nevadosdechillan.com; Tagesskipass Erw./Kind 35 000/23 000 Ch$) Die Südhänge des 3122 m hohen Volcán Chillán bilden die atemberaubende Kulisse dieses Ski-Mekkas. Viele der 30 Abfahrten führen – für Chiles Skigebiete ungewöhnlich – durch Wald und sind eine gute Mischung aus Anfänger- und Fortgeschrittenenpisten.

Superlative gibt's reichlich, so hat Nevados de Chillán: die längste Piste in Südamerika (Las Tres Marías: 13 km), den längsten Sessellift und einige der größten bzw. besten Variantenabfahrten. Seit 2008 wartet die Gegend zusätzlich mit einem Snowpark und einem Fahrradpark (nur im Sommer) auf. Oft beginnt die Saison schon Mitte Mai und dauert meist bis Mitte Oktober. Einheimische schwören darauf, dass wegen des Superschnees, der leeren Hänge und der ermäßigten Skipässe Anfang Oktober die beste Zeit ist. Im Sommer kann man wandern, reiten, klettern sowie Fahrräder mieten und sich im Canyoning wagen. Alle Angebote sind auf der Website nachzulesen. Wenn Geld keine Rolle spielt, quartiert man sich vor Ort im **Hotel Nevados de Chillán** (DZ inkl. Frühstück 87 900–96 300 Ch$; 👪) ein. Hier füllt warmes Thermalwasser den Pool im Freien, der mitten im Schnee liegt.

Valle Hermoso OUTDOORAKTIVITÄTEN
(www.nevadosdechillan.com; Erw./Kind 8000/6000 Ch$, Stellplatz 21 000 Ch$ pro Zelt; ⊙ Thermalquellen 9–17 Uhr) Eine Abzweigung genau zwischen dem Valle Las Trancas und dem Skizentrum führt zu diesem grünen Erholungsgebiet, das vor allem wegen der **Thermalquellen** besucht wird. Letztere sind durch ein Holzhaus geschützt und ganzjährig geöffnet. Ziplines, Reiten und Kletterwände sorgen für Extraspaß im Sommer, wenn die Übernachtung auf dem kleinen **Campingplatz** möglich ist.

Eco Parque Shangri-Lá SEILRUTSCHE
(☎ Mobil 9321-7567; www.milodge.com; Camino Shangri-Lá, Km 3; Erw./Kind 15 000/12 000 Ch$; ⊙ Jan.–März; 👪) Die wunderbare einstündige Baumkronentour bietet 25 Zipline-Plattformen für Erwachsene. Die Route für Kinder erhebt sich nur 4,5 m über den Erdboden.

Marula Spa SPA
(☎ Mobil 9321-7567; www.milodge.com; M I Lodge; 10 000 Ch$) Das Spa ist auch für Nichtgäste zugänglich. Es bietet einen Pool sowie Massagen und Yogakurse.

🛏 Schlafen & Essen

Auf dem Berg stehen zwei Arten von Unterkünften zur Verfügung: Die feinen Hotels in Termas de Chillán am oberen Ende der Straße liegen den Abfahrtshängen am nächsten. In den Hütten, Hostels und Pensionen unten im Valle Las Trancas sind die Preise jedoch niedriger. Viele Hotels bieten in der Nebensaison erheblichen Preisnachlass.

Chil'in Hostería & Restaurante   HOSTEL $

(☏ 042-224-7075; www.chil-in.com; Ruta 55, Camino Termas de Chillán, Km 72; B/DZ ohne Bad 9 000/22 000 Ch$; @ 🛜) Die Zimmer des Hostels im Stil einer Skilodge sind einfach, aber sauber. Im gemütlichen Wohnzimmer und der Bar herrscht eine gute, gemeinschaftliche Atmosphäre. Einige Räume verfügen über Lofts, um noch mehr Skier unterzubringen.

★ Ecobox Andino   BOUTIQUE-HOTEL $$

(☏ 042-242-3134; www.ecoboxandino.cl; Camino a Shangri-Lá, Km 0,2; Hütten für 2–5 Pers. ab 120 000 Ch$, DZ inkl. Frühstück 65 000 Ch$; 🛜 ♨) 🌿 Vielleicht ist dies die hippste Bleibe in ganz Zentralchile. Kaum zu glauben, dass die einwandfrei gestalteten Hütten einst Schiffscontainer waren. Helle geometrische Muster schmücken die Außenwände, innen wird die moderne Einrichtung durch Kunsthandwerk ergänzt. Man hat die Hütten im Lego-Stil miteinander verzahnt und dadurch außergewöhnliche Unterkünfte im Art-déco-Stil mit moderner Innenausstattung geschaffen (manche werden die niedrigen Betten vielleicht nicht mögen).

Von den Holzveranden fällt der Blick auf den baumbestandenen Garten, durch den sich mehrere Wege zum Swimmingpool schlängeln. Ein neues *refugio* verfügt über sechs Zimmer mit Privatbädern und Sicht auf die Gemeinschaftsküche und den Wohnbereich.

M I Lodge   LODGE $$$

(☏ Mobil 9321-7567; www.milodge.com; Camino a Shangri-Lá; Zi. inkl. Frühstück & Abendessen 62 000 Ch$; @ ♨) 🌿 Zweifellos hat diese umweltbewusste Lodge eine Menge zu bieten: rustikal-schicke Möbel, ein wunderschön gestaltetes französisches, auch für Nichtgäste geöffnetes Restaurant (Spezialität des Hauses sind Crêpes) mit Glas- und Holzwänden sowie einem prasselnden Feuer. Die Räume sind etwas dunkel, bieten aber viel Platz und dicke Matratzen. Man sollte sich ein Zimmer mit Ausblick geben lassen.

Restaurante El Tren   CHILENISCH $

(Camino Termas de Chillán, Km 73; Hauptgerichte 4500–6800 Ch$) Bei dem gemütlichen Speiseraum des eleganten El Tren handelt es sich tatsächlich um einen alten englischen Waggon. Die Weinkarte kann sich sehen lassen, ebenso wie die schmackhaften chilenischen Spezialitäten. Besucher sitzen auf einer Holzterrasse mit einem tollen Blick auf die schneebedeckten Berge.

Snow Pub   PUB-ESSEN $

(Camino Termas de Chillán, Ruta 55, Km 71; Hauptgerichte 3200–5000 Ch$; ⊙ 13 Uhr–open end) Seit Jahren strömen die Après-Ski-Fans des Valle Las Trancas in diese stimmungsvolle Bar, die in der Hochsaison vor Nachtschwärmern aus allen Nähten platzt.

🛈 An- & Weiterreise

Am Terminal de Buses Rurales in Chillán starten Busse von Rembus (S. 129) montags bis samstags gegen 7.50, 8.50, 10.15, 11.15, 12.40, 13.20, 15.10, 17, 17.50 und 19.20 Uhr (je nach Saison können die Zeiten leicht abweichen) ins Valle Las Trancas (2000 Ch$, 1¼ Std.). Alle Busse außer dem letzten verkehren auch sonntags. Freitags, samstags und sonntags fahren einige weiter ins Valle Hermoso (3000 Ch$, 1½ Std.) – ist dies das Reiseziel von Chillán aus, erkundigt man sich im Vorfeld, welche Busse dort halten. Vom Terminal Sur in Santiago bestehen zwei Direktverbindungen von **Buses Nilahué** (☏ 02-776-1139; www.busesnilahue.cl) ins Valle Las Trancas (14 000 Ch$, 7 Std., 6.50 & 14.55 Uhr). Im Winter pendeln Shuttlebusse von Las Trancas in das Skigebiet. Trampen ist ebenfalls möglich.

Küstenorte

In den abgelegenen Küstenorten nordwestlich von Chillán erstrecken sich stille Strände am Rande einer ländlichen Umgebung. Die Gegend eignet sich ideal für gemächliche Spaziergänge am Meer; gute, ruhige Surfgelegenheiten ziehen Menschen an, die Wellen für sich ohne die üblichen Partys schätzen.

Cobquecura

Cobquecura ist ein beschaulicher kleiner Ort mit malerischen Häusern und Trockenmauern aus lokalem Schiefer, von denen beim Erdbeben 2010 leider viele einstürzten. Zur Gemeinde gehört ein langer, breiter Strand mit einer ordentlichen Brandung. Er füllt sich alljährlich Anfang Februar, wenn in Cobquecura das **Campeonato Nacional de Surf y Body Board** stattfindet. Wer am Wasser unterwegs ist, hört von den Felsen 50 m vor der Küste ein tiefes bellendes Geräusch: Auf **Piedra de la Lobería** lebt eine große Kolonie von sonnenbadenden Seelöwen. Wenn man 5 km auf der Küstenstraße Richtung Norden fährt und dann zum Strand abbiegt, stößt man auf die eindrucksvolle **Iglesia de Piedra** (Steinerne Kirche), einen Monolith mit riesigen Kavernen, die sich zum Meer hin öffnen. Das Licht in den

Höhlen ist geheimnisvoll – die präkolumbischen Einwohner Cobquecuras hielten wohl auch deshalb im Felsen rituelle Versammlungen ab. Heutzutage steht dort eine Figur der Jungfrau Maria.

Vom Terminal de Buses Rurales in Chillán fährt **Via Itata** (042-211-196; www.busesviaitata.cl) nach Cobquecura (2200 Ch$, 2½ Std.) und von dort weiter nach Buchupureo (2500 Ch$). Im Sommer gibt's täglich mehrere Verbindungen, in der Nebensaison jedoch nur eine täglich um 7.30 Uhr ab Chillán. **Nilahué** (02-776-1139; www.busesnilahue.cl) betreibt einen Direktbus vom Terminal Sur in Santiago um 15.50 Uhr nach Cobquecura (11 000 Ch$, 7 Std., 1-mal tgl.).

Buchupureo

Das geruhsame Bauerndorf 13 km nördlich von Cobquecura ist wirklich zauberhaft. In der Umgebung erstrecken sich steile Hänge mit üppigem Pflanzenwuchs, was für tropisches Flair sorgt. Obwohl der Ort bei Touristen immer beliebter wird, verläuft das Leben sehr gemächlich: Ochsenkarren sind wohl immer ein alltäglicher Anblick. Buchupureo zieht zudem viele Angler an, denn *corvinas* (Seebarsche) schnappen in diesen Gewässern offenbar nach jedem Haken, der vom Strand ins Wasser geworfen wird.

Dünen und Gebüsch trennen den einsamen braunen Sandstrand von der Hauptstraße, die parallel zur Küste verläuft, bevor sie durch das kleine Ortszentrum zum Meer hin einen Bogen macht. Ein paar hölzerne Laufstege verbinden zusätzlich Straße und Strand.

Schlafen & Essen

Ayekán Aldea Turística   HÜTTEN $
(Mobil 9988-5986; www.turismoayekan.cl; Stellplatz 20 000 Ch$, Hütten für 2/4 Pers. 35 000/80 000 Ch$) Im Sommer stehen 20 Zeltplätze unweit des Strands in einer hübschen Lichtung am Ende einer von Eukalyptus gesäumten Auffahrt zur Wahl. Das runde Restaurant serviert preiswerte Hausmannskost; die Hütten verfügen über Küchen und Holzmöbel. Von der Veranda aus kann man dem Strandleben lauschen.

La Joya del Mar   B&B $$$
(042-197-1733; www.lajoyadelmar.com; Villen für 2/5 Pers. inkl. Frühstück 78 000/137 000 Ch$;) Üppige tropische Pflanzen überwuchern die Terrassen, der Pool scheint mit dem Meer zu verschmelzen – eine wunderbar romantische Unterkunft! Das Flair greift auch auf das luftige Restaurant mit Glasfront über, das Speisen aus erntefrischen Zutaten serviert (Hauptgerichte 7900–9600 Ch$, 12–22 Uhr geöffnet). Das Anwesen wird von einer kalifornischen Familie geführt. In den drei Villen können zwei bis fünf Personen übernachten.

Die Zimmer sind ziemlich protzig, doch der Blick aus den hübschen Fenstern macht das La Joya zu einem echten Knaller.

An- & Weiterreise

An Chilláns Terminal de Buses Rurales starten in der Hauptsaison täglich einige Busse von **Via Itata** (042-211-196; www.busesviaitata.cl) nach Buchupureo (2500 Ch$, 3 Std.). Dort bestehen gute Anbindungen zu anderen Fahrtzielen.

Concepción

041 / 229 000 EW.

Die wichtige, betriebsame Hafenstadt Concepción ist vor allem für ihre Universitäten und ihre Musikszene bekannt. Viele der besten Rockmusiker Chiles haben hier ihre Karriere gestartet. Sie verfügt über mehrere sehenswerte Plazas und Museen; wer Spanisch spricht, wird die dynamische und jugendliche Kunst-, Musik- und Kulturszene voll auskosten können. Die Stadt liegt am Nordufer des Río Biobío, des einzigen bedeutenden schiffbaren Flusses im Land, der etwa 10 km weiter in den Pazifik mündet. Die Metropole scheint immer weiter zu wachsen – inzwischen leben in der Umgebung schätzungsweise 900 000 Menschen. Auch „Conce", so die regionale Bezeichnung, wurde 2010 vom Erdbeben schwer getroffen und danach von Plünderungen und Gesetzlosigkeit heimgesucht; doch dank ihrer wirtschaftlichen Bedeutung wurde die Stadt schnell wieder aufgebaut.

Geschichte

Pedro de Valdivia gründete 1551 das ursprüngliche Concepción nördlich des heutigen Standorts nahe Penco (Conces Einwohner werden noch immer Penquistas genannt). Im Laufe der folgenden Jahrhunderte wurde die Stadt mehrmals im Krieg zwischen Spaniern und Mapuche belagert, von englischen und holländischen Piraten überfallen und 1730 sowie 1751 von Erdbeben zerstört. Aber die hiesigen Kolonialisten gaben nicht auf, und schließlich wurde Concepción zu einem der südlichsten befestigten Vorposten des spanischen Reiches.

> **ABSEITS DER ÜBLICHEN PFADE**
>
> ### MINENTOUR IN LOTA
>
> Concepcións exponentielles Industrie- und Wirtschaftswachstum ist größtenteils den gewaltigen Kohlevorkommen vor der Küste zu verdanken, die südlich der Stadt an der sogenannten Costa del Carbón (Kohleküste) entdeckt wurden. Als man die Gruben 1997 schloss, stürzte der hügelige Küstenort Lota in die Armut, und es bildeten sich dort einige der heruntergekommensten Slumsiedlungen des Landes. Mittlerweile hat sich die Gemeinde jedoch als Touristenziel für Gruppenbesichtigungen neu erfunden und ist ein interessantes Ziel für einen Halbtagesausflug von Concepción aus.
>
> Als Hauptattraktion dient die **Mina Chiflón del Diablo** (Teufelspfiffgrube; 041-287-1565; www.lotasorprendente.cl; Führungen 5000 Ch$; Museum 800 Ch$, Park 2000 Ch$, Dorf 800 Ch$; 9–18.30 Uhr), eine natürlich belüftete Unterwassergrube, die von 1884 bis 1976 in Betrieb war. Ehemalige Grubenarbeiter betätigen sich heute als Guides auf der gut gemachten 45-minütigen Tour, die durch Stollen und Tunnel zu einem Flöz (Kohlenstoß) 50 m unter dem Meeresspiegel führt. Alle Besucher erhalten vor dem Einstieg in den ratternden Metallkäfig, der sie nach unten bringt, eine Grubenlampe und Sicherheitsausrüstung. Zu besichtigen ist auch das **Pueblito Minero**, ein liebevoller Nachbau typischer Bergarbeiterhäuschen, die für den hier gedrehten chilenischen Film *Sub Terra* (Unter Tage) gebaut wurden. Das Ticket zur Mine beinhaltet außerdem den Eintritt zum beeindruckenden, 14 ha großen **Parque Botánico Isidora Cousiño** ein Stück weiter die Straße hinab. Durch das Areal mit gepflegten Blumenrabatten, kleinen Teichen und natürlichen Wäldchen schlängeln sich Pfade bis zu einem Leuchtturm auf einer Landspitze.
>
> Von Concepción nach Lota fahren Busse mit der Aufschrift „Coronel–Lota" (800 Ch$, 30 Min., alle 15 Min.). Man bittet den Fahrer, an der Iglesia Parroquial zu halten, und folgt dann den Schildern hügelabwärts zur Mine.

Nach der Unabhängigkeit führte Concepcións Isolierung von Santiago zusammen mit dem Braunkohlevorkommen bei Lota (einem Küstenort südlich von Concepción) zur Entwicklung einer eigenständigen industriellen Tradition. Der Weizenexport nach Kalifornien während des kalifornischen Goldrausches kurbelte das Wirtschaftswachstum der Region zusätzlich an.

Anfang der 1970er-Jahre war der Ort eine Bastion des marxistischen Präsidenten Salvador Allende und seiner Partei Unidad Popular. Mehr als andere Regionen litt er unter der Militärdiktatur von General Augusto Pinochet 1973 bis 1990.

Sehenswertes

La Casa del Arte · MUSEUM

(041-224-2567; Ecke Chacabuco & Paicaví, Barrio Universitario; Di–Fr 10–18, Sa 10–17, So 10–14 Uhr) GRATIS *La Presencia de América Latina*, ein gewaltiges hochpolitisches Wandbild, ist das Highlight des Kunstmuseums der Universität. Es wurde vom mexikanischen Künstler Jorge González Camarena geschaffen, einem Protégé der Wandmalerlegende José Clemente Orozco. Das Werk feiert die indigenen Völker Lateinamerikas und die Unabhängigkeit von kolonialen und imperialistischen Mächten.

Weitere Kunst findet man rund um den Campus in Form von öffentlichen Wandgemälden auf nahezu jedem Zentimeter Mauerwerk.

Parque Ecuador · PARK

(Av Lamas) Es handelt sich um eine schmale Grünanlage am Fuß des **Cerro Caracol**. Zwei Zugangsstraßen (Verlängerungen der Caupolicán und Tucapel) führen auf den Gipfel des Hügels, der eine großartige Aussicht auf Concepción bietet.

Schlafen

In Flughafennähe befinden sich mehrere luxuriöse Businesshotels, die man am besten online bucht. Wer näher am Zentrum übernachten möchte, kann es mit folgenden Unterkünften versuchen:

Hotel Alborada · BOUTIQUE-HOTEL $

(041-291-1121; www.hotelalborada.cl; Barros Arana 457; DZ inkl. Frühstück ab 37 000 Ch$;) Das überraschend stilvolle neue Haus in Concepcións Hotellandschaft liegt zentral und ist minimalistisch-cool eingerichtet. Die weiß möblierten und mit viel Glas und Spiegeln ausgestatteten Gemeinschaftsräume kommen schicker daher als die Gästezimmer selbst, die zwar geräumig und bequem, aber nichts Besonderes sind.

Hotel Boutique Antiyal   MOTEL $
(☎ 041-221-8623; Caupolicán 1067; EZ/DZ inkl. Frühstück 25 000/35 000 Ch$; [P][@]) Eine freundliche Unterkunft und eine Art „Boutique-Motel", die über zahlreiche gemütliche Gästezimmer mit Daunendecken, Holzvertäfelung und Kabelfernsehen verfügt. Zum Stadtzentrum und zu mehreren großen Supermärkten ist es nur ein kurzer Fußweg.

Hostal Bianca   HOSTEL $
(☎ 041-225-2103; www.hostalbianca.cl; Salas 643-C; EZ/DZ inkl. Frühstück 22 500/29 900 Ch$, ohne Bad 15 900/26 500 Ch$; [@]) Conces beste Budgetbleibe hat helle, frisch renovierte, allerdings eher kleine Zimmer mit festen Matratzen und Kabel-TV.

✖ Essen & Ausgehen

Günstiges Ethno-Essen (japanisch, Pizza, Gyros, Tacos & vieles mehr) sowie Bier und Pisco in Strömen bekommt man im Universitätsviertel rund um die Plaza Perú. Lang geöffnete Lokale und Nachtleben findet man um die Plaza España im Viertel Barrio Estación.

★ Deli House   CHILENISCH $
(www.delihouse.cl; Av Diagonal Pedro Aguirre Cerda 12-34; Hauptgerichte 3500-4800 Ch$; [@]) An den Tischen inmitten einer grünen Umgebung kann man toll bei Kaffee, Sandwiches, köstlicher Pizza oder in der Happy Hour abschalten und die unkonventionelle Studentenschaft beobachten.

Café Rometsch   CAFÉ $
(☎ 041-274-7040; Barros Arana 685; ⊙ 8.30-20.30 Uhr) Köstliche Kuchen und Eis und elegante Tische auf dem Bürgersteig an der Plaza – müssen wir noch mehr sagen?

Fina Estampa   PERUANISCH $
(Angol 298; Hauptgerichte 4900-7500 Ch$) Gestärkte Tischtücher, akkurat gefaltete Servietten und ehrerbietige Kellner mit Fliege verleihen dem peruanischen Restaurant altmodische Eleganz. Ceviche, *ají de gallina* (Huhn in pikanter gelber Pfeffersoße) und andere Klassiker sind ebenso wie der gegrillte Fisch perfekt zubereitet.

ⓘ Praktische Informationen

BancoEstado (O'Higgins 486; ⊙ Mo-Fr 9-14 Uhr) Eine von vielen Banken mit Geldautomaten unweit der Plaza Independencia.
Conaf (☎ 041-262-4000; www.conaf.cl; Barros Arana 215; ⊙ Mo-Fr 8.30-13 & 14.30-17.30 Uhr) Spärliche Informationen zu nahe gelegenen Nationalparks und Schutzgebieten.
Hospital Regional (☎ 041-220-8500; Ecke San Martín & Av Roosevelt) Öffentliches Krankenhaus.
Postamt (Ecke O'Higgins & Colo Colo; ⊙ Mo-Fr 8.30-19, Sa 8.30-13 Uhr)
Sernatur (☎ 02-741-4145; www.chile.travel; Pinto 460; ⊙ Jan. & Feb. 8.30-20 Uhr, März-Dez. Mo-Fr 8.30-13 & 15-18 Uhr) Bietet außer Broschüren wenig.

ⓘ An- & Weiterreise

AUTO
Ein Auto ist bei der Erkundung der Nationalparks südlich von Concepción nützlich. **Hertz** (☎ 041-279-7461; www.autorentas.cl; Av Arturo Prat 248) verfügt über ein Büro in der Innenstadt.

BUS
Concepción hat zwei Fernbusbahnhöfe. Die meisten Unternehmen nutzen den **Terminal de Buses Collao** (Tegualda 860) 3 km östlich des Stadtzentrums. Vor der Haltestelle fahren Taxis in die Stadt. Einige Gesellschaften bedienen auch den **Terminal Chillancito** (Camilo Henríquez 2565) nordöstlich an der Verlängerung der Bulnes.

Nach Santiago bestehen täglich Dutzende Verbindungen, u. a. von **Eme Bus** (☎ 041-232-0094; www.emebus.cl), **Pullman Bus** (☎ 600-320-3200; www.pullmanbus.cl), **Nilahué** (☎ 02-776-1139; www.busesnilahue.cl) und **Tur Bus** (☎ 600-660-6600; www.turbus.cl; Tucapel 530). Letzteres Unternehmen fährt auch nach Valparaíso sowie südwärts nach Temuco, Valdivia und Puerto Montt.

Línea Azul (☎ 042-203-800; www.buseslineaazul.cl) startet alle 30 Minuten nach Chillán. Buses Jota Be verbindet Conce mit Los Angeles (25-mal tgl.); einige Busse halten am Salto del Laja. **Buses Bio Bio** (www.busesbiobio.cl) bedient ähnliche Strecken und verkehrt ebenfalls nach Angol (10-mal tgl.). Für Fahrten entlang der Küste eignet sich **Jota Ewert** (☎ 041-285-5587; Ticketbüro im Zentrum in der Lincoyán 557).

ZIEL	PREIS (CH$)	FAHRTDAUER (STD.)
Angol	4000	2½
Chillán	2500	2
Los Angeles	3300	2
Lota	800	½
Puerto Montt	9000	7
Santiago	7000	6½
Talcahuano	500	½
Temuco	7200	4
Valdivia	8100	6
Valparaíso/ Viña del Mar	9500	8

Salto del Laja

Auf halber Strecke zwischen Los Angeles und Chillán stürzt der Río Laja über einen Steilhang fast 50 m in die Tiefe und bildet dabei einen hufeisenförmigen **Wasserfall**. Wenn er nach ergiebigen Niederschlägen voll ist, bezeichnen ihn manche gerne etwas übertrieben als „Iguazú-Wasserfälle en miniature". Nichtsdestotrotz beeindruckt der Anblick von der Straßenbrücke über den Río Laja auf die Fälle. Die Straße selbst ist die alte Panamericana, aber eine neue Umgehung der Ruta 5 im Westen führte dazu, dass nur noch wenige Busse zwischen Chillán und Los Angeles hier durchfahren. Eine Ansammlung von billigen Souvenirbuden und konkurrierenden Restaurants zeugt von der Beliebtheit des Salto del Laja bei den Chilenen aus benachbarten Städten.

Schlafen & Essen

Los Manantiales RESORT $
(043-314-275; www.losmanantiales.saltosdellaja.com; Variante Salto del Laja, Km 480; Campingplatz 21 000–26 000 Ch$, EZ/DZ 24 000/35 000 Ch$;) Für einen längeren Aufenthalt am Salto del Laja eignet sich das beliebte Budgethotel Los Manantiales, dessen großes Restaurant einen spektakulären Blick auf den Wasserfall bietet. Die holzgetäfelten Zimmer sind geräumig und sauber, und die Einrichtung des gesamten Komplexes scheint seit den 1970er-Jahren herrlich unverändert geblieben zu sein.

Wer mit einem Zelt unterwegs ist, kann auch campen. Egal was die Schilder am Eingang ankündigen: Zum Wasserfall sind es 15 Gehminuten auf einer kurvigen Straße.

Residencial El Rincón LODGE $$
(Mobil 9082-3168; www.elrinconchile.cl; EZ/DZ 40 000/45 000 Ch$, ohne Bad 28 000/35 000 Ch$) Das von Deutschen betriebene Hotel 15 km südlich des Salto del Laja lohnt schon allein aufgrund seiner schönen Lage auf dem Land einen Ausflug und eignet sich hervorragend für ein paar Tage Erholung von den Strapazen des Reisens. Es wartet mit gemütlichen, komplett aus Holz errichteten Zimmern auf und serviert fabelhaftes hausgemachtes Frühstück sowie Abendessen (Drei-Gänge-Dinner 16 000 Ch$).

Darüber hinaus haben die Besitzer geführte Wanderungen und Ausritte im Programm. Wer vor Ort übernachten möchte, nimmt einen der Busse Richtung Süden bis zur Ausfahrt Perales/Los Olivos an der Panamericana (Km 494), das auch als Cruce La Mona bekannt ist (sagt man dem Fahrer Bescheid, hält er hier an). Von dort sind die 2 km bis zum Gästehaus ausgeschildert; wer vorher anruft oder eine E-Mail schreibt, wird auf Wunsch kostenlos abgeholt.

An- & Weiterreise

Die meisten Busse von **Buses Jota Be** (041-286-1533) zwischen Los Angeles und Concepción bzw. Chillán steuern den Salto del Laja an. Fahrpläne ändern sich regelmäßig, deshalb sollte man immer die Zeit des Anschlussbusses bestätigen lassen, um nicht unterwegs festzusitzen, und dem Fahrer auf jeden Fall Bescheid sagen, dass man am Wasserfall aussteigen möchte, denn sonst braust er eventuell daran vorbei.

Los Angeles

043 / 169 929 EW.

Los Angeles ist zwar ein ganz brauchbarer Standort für den Besuch des Parque Nacional Laguna del Laja, aber ansonsten ein unscheinbares landwirtschaftliches und industrielles Dienstleistungszentrum 110 km südlich von Chillán.

Schlafen & Essen

Hotel del Centro HOTEL $$
(043-236-961; www.hoteldelcentro.cl; Lautaro 539; EZ/DZ inkl. Frühstück 31 500/40 000 Ch$) 2010 wurde das Hotel zwar aufwendig renoviert, doch es ist immer noch eher traditionell als stylish. Mit seinen bunten Wandbildern, Flachbildfernsehern in den Zimmern und einem komfortablen kontinentalen Frühstück eignet es sich trotzdem prima für eine Übernachtung.

Four Points Sheraton BUSINESSHOTEL $$
(043-240-6400; www.starwoodhotels.com; Colo Colo 565; Zi. inkl. Frühstück ab 58 000 Ch$;) Das schicke neue Businesshotel lädt mit nordamerikanischem Komfort zum Kräftetanken ein. Es hat einen schönen Pool, ein Fitnessstudio, einen Wellnessbereich und eine Cocktailbar in der Lobby, die auch für Nichtgäste zugänglich ist. Im Gebäude befindet sich auch das Stadtcasino.

Se Llama Perú PERUANISCH $$
(043-223-0391; San Martín 357; Hauptgerichte 5900–8900 Ch$; 11–24 Uhr) Es ist ein ziemlich weiter Weg hierher, doch dieses Restaurant zählt zu den elegantesten der Stadt. Man sollte das Rindfleisch überspringen

Wein

Man stelle sich einen fantastisch blauen Himmel vor, in sauberen Reihen gepflanzte Weinreben voller kräftiger Trauben sowie hohe Pappeln und schillernde Berggipfel in der Ferne. Wer bei dieser verträumten Landschaft an Kalifornien oder Norditalien denkt, liegt falsch. Chiles Weinregion hat von den großen Anwesen alter Dynastien bis zu emporkommenden Garagenweinen alles zu bieten. Einfach aufkorken und genießen.

1. Chilenische Rebsorten (S. 465)
Die Täler von Maipo und Colchagua sind zwei der besten
Gegenden für die Herstellung von Cabernet Sauvignon.

2. Colchagua-Tal (S. 115)
Das wunderschöne, zu allen Seiten von Bergen umgebene Tal ist der perfekte Ort für ein Picknick.

3. Keller im Viña Indómita (S. 110)
Diese Weinkellerei im Casablanca-Tal ist für ihren
hervorragenden Carménère bekannt.

4. Maipo-Tal (S. 82)
Huasos (Cowboys) begutachten die Weinberge.

1. Casablanca-Tal (S. 110)
In diesem Tal, das für seine fruchtigen Chardonnays, Sauvignon Blancs und Pinots bekannt ist, lässt es sich herrlich im Freien speisen.

2. Traubenernte
Im März werden die Trauben geerntet und passend dazu überall in Chiles Weinregionen Feste gefeiert.

3. Maipo-Tal (S. 82)
Prächtige Weinkellereien und große Massenproduktionsstätten kennzeichnen das Maipo-Tal direkt südlich von Santiago.

4. Colchagua-Tal (S. 115)
Jesuitische Missionare führten in der Mitte des 16. Jh. den Weinanbau in diesem Teil von Chile ein.

und direkt zu Fisch und Meeresfrüchten bzw. Ceviche übergehen. Der Speiseraum mit einem Dach aus Pinienholz verströmt ein gemütliches Flair, das ein wenig an Peru erinnert.

ⓘ An- & Weiterreise

AUTO

Da es keine öffentlichen Verkehrsmittel bis zum Eingang des Parque Nacional Laguna del Laja gibt, kann ein Mietwagen sinnvoll sein, besonders für ein- oder zweitägige Ausflüge. **Interbruna** (☏ 043-231-3812; www.interbruna.com; Almagro 191) ist eine der wenigen Autovermietungen in der Region.

BUS

Langstreckenbusse starten an zwei benachbarten Haltestellen in der Avenida Sor Vicenta, der Verlängerung der Villagrán am nordöstlichen Stadtrand.

Pullman Bus (☏ 600-320-3200; www.pullman.cl) und **Tur Bus** (☏ 600-660-6600; www.turbus.cl) fahren vom **Tur-Bus-Terminal** (Av Sor Vicenta 2061) ab. Beide bieten täglich zahlreiche Verbindungen nach Santiago (6900 Ch$, 6½ Std.), meist mit Halt in Talca, Curicó und Rancagua. Über 20 Busse verkehren täglich Richtung Süden nach Temuco (4900 Ch$, 2 Std.), Osorno (8500 Ch$, 5½ Std.) und Puerto Montt (9000 Ch$, 7 Std.).

Alle anderen Strecken laufen über das benachbarte **Terminal Santa María** (Av Sor Vicenta 2051). **Buses Jota Be** (www.busesjotabe.cl) nimmt von hier Kurs auf Concepción (3300 Ch$, 2 Std., alle 30 Min.) und Angol (2800 Ch$, 1½ Std., stdl.), dem Tor zum Parque Nacional Nahuelbuta. Einige Busse nach Chillán (2900 Ch$, 1¾ Std., stdl.) kommen am Salto del Laja (2000 Ch$, 45 Min.) vorbei. **Buses Bío Bío** (www.busesbiobio.cl) bedient die gleichen Strecken, nur etwas seltener.

Busse in die nähere Umgebung starten am **Terminal de Buses Rurales** (Terminal Santa Rita; Villagrán 501) an der Ecke Rengo.

Parque Nacional Laguna del Laja

93 km östlich von Los Angeles erstreckt sich der 116 km² große **Parque Nacional Laguna del Laja** (☏ 043-232-1086; http://www.conaf.cl/parques/parque-nacional-laguna-del-laja; Erw./Kind 1200/600 Ch$; ⊙ Dez.–April 8.30–20 Uhr, Mai–Nov. bis 18.30 Uhr). Innerhalb des Parks erhebt sich der symmetrische Kegel des Volcán Antuco (2985 m). Lava von diesem Vulkan hat den Río Laja gestaut und jenen See geschaffen, nach dem der Park benannt wurde. Die Lavafelder direkt um das Gewässer gleichen einer gespenstischen Mondlandschaft. Auch wenn der Vulkan ruhig wirkt, ist er doch nicht erloschen: Die letzte vulkanische Aktivität fand vor etwa 70 Jahren statt.

Im Park stehen die Chilezeder (*Austrocedrus chilensis*), die Araukarie oder Andentanne sowie weitere eher seltene Baumarten unter Schutz. Säugetiere sind selten, obwohl schon Pumas, Füchse und Viscachas gesichtet wurden. Fast 50 Vogelarten leben in der Region, darunter auch der Kondor.

Es gibt einen kleinen Conaf-Posten am Parkeingang **Los Pangües**, wo sich Besucher registrieren lassen müssen. Von dort führt eine kurvige Straße über 3 km bis zur Hauptverwaltung in **Chacay**.

🏃 Aktivitäten

Durch einige Teile des Parks kann man nicht nur wandern, sondern auch mit dem Auto fahren: Von Chacay führt eine Straße 6 km in Haarnadelkurven zu der von Lava eingefassten Laguna del Laja hinauf. Dann verläuft sie 28 km am See entlang bis zu der roten Armeehütte in Los Barros. Wer einen Vierradantrieb hat, kann weiter bis zur argentinischen Grenze (von April bis Sept. geschlossen) fahren.

Chacay WANDERN

Chacay ist der Startpunkt für mehrere gut markierte Wanderwege. Links von der Straße verläuft eine einfache anderthalbstündige Route zu zwei kleinen, aber sehenswerten Wasserfällen, dem **Salto de Las Chilcas** (wo der unterirdische Río Laja auftaucht) und dem **Salto del Torbellino**.

Ein 10 km langer Abschnitt des Sendero de Chile zweigt rechts von der Straße zur **Laguna del Laja** ab. Nicht weit davon beginnt der **Sendero Los Coigües**, eine 2,5 km lange Strecke zu einer Aussichtsstelle mit großartigem Blick auf den Volcán Antuco.

Sendero Sierra Velluda WANDERN

Der Star unter den Wanderwegen des Parks ist die dreitägige Rundwanderung auf dem Sendero Sierra Velluda, der nach dem Hängegletscher benannt ist, der am Weg liegt. Die Route führt vorbei an Wasserfällen und Lavafeldern um den Volcán Antuco. Unterwegs sind häufig Kondore zu sehen.

Club de Esquí de los Ángeles SKIFAHREN

(☏ 043-232-2651; www.skiantuco.cl; Liftpass 20 000 Ch$) Im Winter betreibt der Club de Esquí de los Ángeles an den Hängen unweit den Häuschen von Chacay – bekannt als Cancha de Ski Antuco – drei Schlepplifte und ein kleines Restaurant (Hauptgerichte 3000–4500 Ch$).

🛌 Schlafen

Lagunillas CAMPINGPLATZ $
(📞 043-232-1086; Stellplatz 10 000 Ch$, Hütte für 6 Pers. 30 000 Ch$) Im Park darf in Lagunillas 2 km vom Eingang entfernt gezeltet werden. Es gibt dort 22 Plätze, Strom, Duschen und Toiletten. Außerdem können schlichte Hütten mit heißem Wasser und Elektrizität gemietet werden.

ℹ️ An- & Weiterreise

Vom Terminal de Buses Rurales in Los Angeles starten Regionalbusse ins Dorf El Abanico, das 11 km vom Eingang zum Parque Nacional Laguna del Laja (1600 Ch$, 1½ Std., 7-mal tgl.) entfernt liegt. Der letzte Bus zurück nach Los Angeles verlässt Abanico um 17.30 Uhr. Ausnahme ist sonntags, dann startet der letzte Bus um 19.15 Uhr. Zwischen Abanico und dem Park sind keine öffentlichen Verkehrsmittel unterwegs. Zum Campingplatz Lagunillas läuft man zu Fuß anderthalb Stunden. Trampen ist generell möglich, viel Verkehr gibt's aber nicht. Wer selbst fährt, benötigt für diese Straße zwischen Mai und September ein Fahrzeug mit Allradantrieb und Ketten.

Angol
📞 045 / 56 204 EW.

Trotz ihrer turbulenten und interessanten Geschichte – während des Konflikts zwischen den Mapuche und den Eroberern wurde die Stadt sechsmal dem Erdboden gleichgemacht – ist Angols einzige wirkliche Attraktion ihr guter Zugang zum bergigen Parque Nacional Nahuelbuta.

Angol erstreckt sich zu beiden Seiten des Río Vergara, einem oberen Zufluss des Biobío, der wiederum vom Zusammenfluss des Río Picoiquén und Río Rehue gebildet wird. Der ältere Stadtkern liegt am Westufer um die hübsche Plaza de Armas voller großer, schattiger Bäume und gepflegter Blumenbeete. Außerdem steht hier ein **Brunnen** mit vier herrlich erhabenen Marmorstatuen, die Europa, Asien, Amerika und Afrika repräsentieren.

🎉 Feste & Events

Brotes de Chile MUSIK
(www.brotesdechile.com; Jan.) Eines der größten Folkfestivals des ganzen Landes mit traditionellen Tänzen, Essen und Kunsthandwerk findet in der zweiten Januarwoche statt.

🛌 Schlafen & Essen

Hotel Angol HOTEL $
(📞 045-719-036; Lautaro 176; DZ inkl. Frühstück 28 000 Ch$; 📶) Die 15 einfachen, zentral gelegenen Hotelzimmer haben eigene Bäder und Kabel-TV. Das Frühstück wird unten im Café de la Rueda serviert, das auch Nichtgästen offensteht.

Duhatao BOUTIQUE-HOTEL $$
(📞 045-714-320; www.hotelduhatao.cl; Arturo Prat 420; EZ/DZ inkl. Frühstück 36 000/45 000 Ch$; 📶) Ein Designerhotel in Angol – wer hätte das gedacht? Das Duhatao verbindet klare moderne Linien mit ortsansässigem Kunsthandwerk und natürlichen Farben. Die gut gefederten Betten verfügen über Kopfbretter aus alten Torfpfosten und handgewebte Überwürfe, die Bäder über große Schalenwaschbecken. Im Haus gibt's ein schickes Restaurant und eine Bar.

Sparlatto Pizza PIZZA $
(Lautaro 418; Hauptgerichte 3500–5200 Ch$) Auf der Karte des lebendigen kleinen Restaurants auf der Plaza stehen Sandwiches mit Steak, chilenische Favoriten und Pizza. Abends kommen vorwiegend jüngere Gäste zum Biertrinken her.

ℹ️ An- & Weiterreise

Die meisten Langstreckenbusse starten am **Terminal Rodoviario** (Bonilla 428) zehn Gehminuten von der Plaza de Armas entfernt. Von dort zum Stadtzentrum sind es gleich links vom Hauptausgang vier Blocks der José Luis Osorio hinunter zur Hauptstraße Bulevar O'Higgins, wo man rechts abbiegt und die Brücke überquert.

Verschiedene Busunternehmen fahren mehrmals täglich nordwärts nach Santiago (9300–11 200 Ch$, 8 Std.), darunter Pullman JC, **Línea Azul** (www.buseslineaazul.cl) und **Tur Bus** (📞 600-660-6600; www.turbus.cl). Sie halten auch in Chillán (5100 Ch$, 3¼ Std., 2-mal tgl.), Talca (7500 Ch$, 5 Std., 2-mal tgl.) und Los Angeles (2800 Ch$, 1 Std., 22-mal tgl.).

Ein eigenes Busterminal hat **Buses Bio Bio** (www.busesbiobio.cl; Caupolicán 98). Die Busse verkehren nach Los Angeles (1600 Ch$, 1 Std., 11-mal tgl.) und Concepción (4700 Ch$, 2½ Std., 25-mal tgl.).

Nahverkehrs- und regionale Busse starten am **Terminal de Buses Rurales** (Ilabaca 422), darunter auch einige zum Parque Nacional Nahuelbuta.

Parque Nacional Nahuelbuta

Im 68 km² großen **Parque Nacional Nahuelbuta** (www.parquenahuelbuta.cl; Erw./Kind 4000/2000 Ch$; ⊙ 8.30–20 Uhr) ragt das Küstengebirge zwischen Angol und dem Pazifik bis zu 1550 m hoch auf. Dies ist eines der letzten Refugien außerhalb der Anden für Araukarien (Andentannen). Im Sommer gedeihen hier viele interessante Pflanzen, etwa 16 Orchideen- und zwei fleischfressende Arten.

Verschiedene Arten der Scheinbuche (*Nothofagus*) kommen ebenfalls häufig vor und bieten dem Magellanspecht einen Lebensraum. Darüber hinaus beherbergt das Schutzgebiet seltene Säugetiere wie Pumas, Darwin-Füchse und den chilenischen Minihirsch Pudu. Einige Menschen meinen übrigens, dass die Gegend auch gut zum Ufo-Beobachten taugt ...

Die Piste zwischen Angol und Cañete verläuft durch den Park. Verwaltung und Informationszentrum der Conaf liegen in **Pehuenco**, ungefähr auf halbem Weg zwischen den beiden Eingängen, die unregelmäßig von Rangern besetzt sind. Es gibt im Nahuelbuta selbst keine Läden und Restaurants, Lebensmittel müssen also mitgebracht werden. Die Sommer sind warm und trocken, aber im Winter ist die Landschaft meist schneebedeckt. Beste Zeit für einen Besuch sind daher die Frühjahrs- und Sommermonate November bis April.

Aktivitäten

Etwa 30 km Straßen und 15 km Fußwege durchziehen den Nationalpark, eine Besichtigung ist also per Auto und/oder zu Fuß möglich. In Pehuenco beginnen mehrere markierte **Wanderstrecken**.

Cerro Piedra del Águila — WANDERN

Größter Beliebtheit erfreut sich ein leichter 4,5 km langer Marsch durch Araukarienwälder bis zur 1379 m hohen Granitspitze des Cerro Piedra del Águila (wörtlich: „Adlerfelsen"), von dem der Blick von den Anden bis zum Pazifik schweift.

Im Südosten sieht man die gesamte Kette der Andenvulkane von Antuco östlich von Chillán bis zum Villarrica und Lanín östlich von Pucón. Für den Rückweg bietet sich nach Pehuenco eine Alternativroute über das Tal des Estero Cabrería im Süden an: Diese beginnt unter der Westseite der Granitspitze und dauert etwa drei Stunden. Wer weniger Zeit hat, kann auch mit dem Auto über einen Zugangsweg Richtung Gipfel fahren, vom Parkplatz sind es dann noch 800 m bis zum Gipfel des Cerro Piedra del Águila.

Cerro Anay — WANDERN

Dieser Weg führt 5 km nordwärts von Pehuenco zum Cerro Anay, einem 1450 m hohen Berg mit grandioser Aussicht. Es handelt sich um einen leichten dreistündigen Marsch an Wildblumenwiesen und großen Araukarienbeständen vorbei.

🛏 Schlafen

Camping Pehuenco — CAMPINGPLATZ $
(www.parquenahuelbuta.cl; Stellplatz für 6 Pers. 12 000 Ch$) Neben der Parkverwaltung, 5,5 km vom Eingang an der Angol-Seite des Schutzgebiets entfernt, befinden sich elf Zeltplätze auf schattigen Waldlichtungen mit Picknicktischen sowie einfache Bäder mit Spültoiletten und Kaltwasserduschen.

ⓘ An- & Weiterreise

Mehrere Buslinien, darunter **Buses Carrasco** (☏ 045-715-287), **Buses Nahuelbuta** (☏ 045-715-611) und **Buses Moncada** (☏ 045-714-090), fahren um 6.45 und 16 Uhr von Angol nach Vegas Blancas (1700 Ch$, 1½ St.) 7 km vom östlichen Eingang des Parks und 12,5 km von der Hauptverwaltung in Pehuenco entfernt. Manche verkehren montags, mittwochs und freitags, andere an alternierenden Tagen. Alle starten am **Terminal de Buses Rurales** (Ecke Ilabaca & Lautaro) in Angol und kehren aus Vegas Blancas um 9 und um 18 Uhr zurück (Zeiten bestätigen lassen, damit man nicht festsitzt). Im Januar und Februar hält der Morgenbus meist auch direkt am Parkeingang. Für Autos mit niedriger Radaufhängung kann die steile und staubige Straße schwierig befahrbar sein, und in den Wintermonaten von Juni bis August sind Vierradantrieb sowie Schneeketten nötig.

Mountainbiker müssen meist absteigen und den letzten Teil des Wegs hinauf schieben (Achtung: Wasser ist auf der Strecke nur schwer zu finden.). Beide Busse nach Vegas Blancas nehmen jedoch generell gerne Fahrräder mit, von dort zu radeln ist also eine Alternative.

ARCHIPIÉLAGO JUAN FERNÁNDEZ

Obwohl die abgeschiedenen Vulkaninseln 667 km westlich von Valparaíso liegen, gehören sie zu dessen Region. Ursprünglich entdeckte ein Seemann auf dem Weg von Peru nach Valparaíso den Archipel. Dies war auch der Ort, wo der Schiffbrüchige Alexander Selkirk (der später als Inspiration für Daniel Defoes *Robinson Crusoe* diente) jahrelang Ziegen hinterherjagte und den Horizont nach Schiffen absuchte. Später wurde die einstige anonyme Zwischenstation für Piraten, Robbenfänger und Kriegsschiffe zum Nationalpark und Unesco-Biosphärenreservat erklärt.

Die Inselkette besteht aus drei Hauptinseln vulkanischen Ursprungs. Robinson Crusoe, ursprünglich als Más A Tierra bekannt, ist die touristische Hauptattraktion; Alejandro Selkirk und Santa Clara werden nur selten besucht.

In jüngster Zeit geriet der Außenposten im Pazifik mit zwei großen Tragödien in die Schlagzeilen: Zuerst beschädigte der Tsunami, der auf das Erdbeben 2010 folgte, seine Infrastruktur schwer, worauf die Wohltätigkeitsstiftung Desafío Levantemos Chile („Chile auf die Beine bringen") sofort nach der Katastrophe mit dem Wiederaufbau begann. Im September 2011 waren eine Gruppe prominenter chilenischer TV-Journalisten sowie das Team des Morgenprogramms *Buenos Días a Todos* zu den Inseln unterwegs, um einen Film über die Wiederaufbauarbeiten zu drehen. Nahe dem Robinson-Crusoe-Eiland stürzte ihr Flugzeug ab, und alle 21 Insassen kamen ums Leben. Die chilenische Bevölkerung war schockiert und mit dem Archipel ging es noch weiter bergab. Bei Redaktionsschluss hatte er sich noch immer nicht vollständig erholt. Zwar mag sich das Gebiet in den nächsten Jahren zu einem erstklassigen Tauchgebiet entwickeln, doch heute ist die Reise zum Archipel noch ein schwieriges Thema. Aktuelles erfährt man unter www.comunajuanfernandez.cl (auf Spanisch).

Geschichte

Im November 1574 kam der portugiesische Seefahrer Juan Fernández zwischen Peru und Valparaíso vom Kurs ab und stieß auf diese Inseln, die heute seinen Namen tragen. Anders als bei der Osterinsel gibt es keine historischen Belege dafür, dass der Archipel vor seiner Entdeckung von Polynesiern oder amerikanischen Ureinwohnern aufgesucht wurde. In den folgenden Jahrhunderten erwiesen sich die Eilande als beliebter Ankerplatz für Schiffe, die im Humboldtstrom kreuzten. In den wenigen Buchten suchten Piraten Zuflucht, jagten wilde Ziegen und legten Felder an, um Proviant für zukünftige Besuche zu haben. Zudem stieg die Zahl der Robbenjäger.

Im 19. Jh. spielte eine Insel eine berüchtigte Rolle in Chiles Unabhängigkeitskampf.

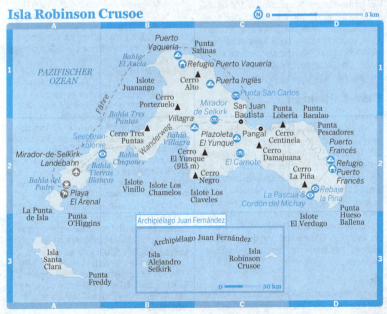

Isla Robinson Crusoe

Die spanischen Machthaber verbannten 42 Patrioten nach der katastrophalen Schlacht von Rancagua (1814) in feuchte Höhlen oberhalb von San Juan Bautista. Zu ihnen zählten Juan Egaña und Manuel de Salas, Persönlichkeiten der chilenischen Oberschicht.

1877 gründete Chile eine permanente Niederlassung. Das seit Kurzem unabhängige Land nutzte die Insel über viele Jahre als nahezu ausbruchssicheres politisches Gefängnis. Im Ersten Weltkrieg dann spielte sie erneut eine denkwürdige historische Rolle, als die britischen Marineschiffe *Glasgow* und *Orama* in der Bahía Cumberland dem deutschen Kreuzer *Dresden* gegenüberstanden. Die deutsche Besatzung versenkte kurzerhand ihr Schiff, bevor es dem Gegner in die Hände fallen konnte.

Geografie & Klima

Die Landmasse der Inseln ist sehr klein, doch ihre Berge sind außergewöhnlich zerklüftet. Geologisch betrachtet ragen die Gipfel einer unterseeischen Bergkette aus dem Meer heraus und ließen so das Archipel entstehen: Dieser Juan-Fernández-Rücken erstreckt sich über 400 km am südlichen Ende des chilenischen Beckens in ostwestlicher Richtung.

Der Archipel liegt weit genug vom Kontinent entfernt, sodass die subtropischen Wassermassen die Temperaturen des antarktischen, kalten Humboldtstroms, der nordwärts an der chilenischen Küste entlangfließt, etwas anheben. Das Klima ist hier ausgesprochen mediterran: Die Sommer sind warm und trocken, die Winter kühl und feucht.

Tiere & Pflanzen

Fauna

Der Juan-Fernández-Seebär, das einzige einheimische Säugetier des Archipels, bewohnt die Gewässer und Küsten der Isla Robinson Crusoe und der Isla Santa Clara. Die eindrucksvollste der elf einheimischen Vogelarten ist der Juan-Fernández-Kolibri (*Sephanoides fernandensis*), von dem es nur noch etwa 700 Exemplare gibt. Er ernährt sich vom prachtvollen Juan-Fernández-Kohlbaum, der in vielen Gärten von San Juan Bautista wächst, lebt aber in den ursprünglichen Wäldern.

Flora

Der Archipel ist eine einzigartige Ökozone mit Pflanzen, die sich in ihrer Isolation langsam entwickeln und sich dabei lokalen Umweltbedingungen angepasst haben. Heute findet man die größte Konzentration einheimischer Flora daher in den Regionen, wohin die Ziegen weder vordringen noch überhandnehmen können.

Die Vegetation zeigt eine ungewöhnliche Bandbreite an geografischen Verwandtschaften. Sie reicht von Pflanzen, die man aus den Anden und der Región Magallanes y de la Antártica Chilena (Magallanes und Chilenische Antarktis) kennt, bis zu solchen, die für Hawaii und Neuseeland typisch sind. Unter den insgesamt 87 Pflanzengattungen, die auf den Inseln zu finden sind, gibt es 16 endemische, also ausschließlich hier wachsende; von den 140 einheimischen Pflanzenarten sind 101 endemisch. Diese Pflanzen gedeihen im immergrünen Regenwald, der immergrünen Heide und der savannenähnlichen Buschsteppe.

Am auffälligsten sind jedoch das dichte Unterholz, das von Kletterwein dominiert wird, und die hohen endemischen Baumfarne *Dicksonia berteroana* sowie *Thyrsopteris elegans*.

❶ An- & Weiterreise

Von Santiago aus fliegen zwei Airlines zum Juan-Fernández-Archipel. Zwischen September und April starten mehrere Flieger täglich, im restlichen Jahr weniger. Auf dem 2¼-stündigen Flug nehmen sie zehn bis zwanzig Passagiere an Bord. Das Klima spielt eine große Rolle bei den Flugzeiten. Schlechtes Wetter kann im letzten Moment zu einer Verzögerung oder Stornierung führen.

Abflugsort ist der Internationale Flughafen Santiagos. Nach der Landung auf der Insel werden die Passagiere mit einem Boottaxi (meist im Flugticket enthalten) auf einer einstündigen Fahrt nach San Juan Bautista gebracht. Für den Rückflug muss eine Mindestanzahl Passagiere zusammenkommen. Reisepläne sollten also entsprechend flexibel gestaltet sein, denn unter Umständen muss man ein paar Tage länger als geplant auf der Insel ausharren. Preise erfährt man bei den Fluglinien. Der Flug hin und zurück kostet mindestens 550 000 Ch$.

ATA (02-2611-3670; www.aerolineasata.cl; Larraín Alcalde s/n) fliegt von Aeródromo Tobalaba aus, bietet in der Nebensaison aber nur wenige Flüge in kleinen Maschinen.

Lassa (02-273-5209; www.aerolassa.cl; Larraín Alcalde s/n) verfügt über einen Twin Otter mit 19 Sitzplätzen, der in der Regel um 9.30 Uhr startet. Die Flüge können direkt vor dem Abflug im Aeródromo Tobalaba bezahlt werden.

SELKIRK: DER INBEGRIFF EINES SCHIFFBRÜCHIGEN

Más a Tierra, heute als Isla Robinson Crusoe bekannt, war lange Zeit das Zuhause eines der berühmtesten Schiffbrüchigen der Welt (und damit meinen wir nicht Tom Hanks und seinen Volleyball Wilson). Nach anhaltenden Streitigkeiten mit dem Kapitän des Kaperschiffs Cinque Ports über die Frage nach der Seetüchtigkeit des (ziemlich verrotteten) Kahns bat der Schotte Alexander Selkirk 1704 darum, auf dieser Insel ausgesetzt zu werden. Er verbrachte vier Jahre und vier Monate auf der Insel, bis er gerettet wurde. Eine solche Aussetzung kam einem Todesurteil gleich, da die Ausgestoßenen bald verhungerten oder sich erschossen. Selkirk jedoch passte sich der neuen Umgebung an und harrte trotz seiner hoffnungslosen Isolierung all die Jahre aus.

Die Spanier waren zwar strikt gegen Freibeuter in ihrem Herrschaftsbereich, aber ihr Weitblick ermöglichte Selkirks Überleben. Más a Tierra hatte anders als andere kleine Inseln reichlich Trinkwasser und dank der Spanier einige ausgesetzte und inzwischen verwilderte Ziegen. Selkirk fing die Ziegen, verschlang ihr Fleisch und bekleidete sich mit ihren Häuten. Er verkrüppelte und zähmte einige als Haustiere sowie zum einfacheren Jagen. Gesellschaft leisteten ihm auch Seelöwen, Wildkatzen und aus Europa eingeführte Ratten. Selkirk kletterte oft zu einem Ausguck oberhalb der Bahía Cumberland (Cumberland-Bucht) in der Hoffnung, am Horizont ein Schiff zu erblicken. Aber erst 1708 traf sein Retter Kapitän Woodes Rogers mit den englischen Kaperschiffen *Duke* und *Duchess* ein, Navigator an Bord war der berühmte Freibeuter William Dampier. Rogers erinnerte sich an seine erste Begegnung mit Selkirk, als seine Männer mit ihm vom Landgang aufs Schiff zurückkehrten: Er charakterisierte ihn als „Mann in Ziegenfellen, der wilder aussah als deren ursprüngliche Besitzer".

Nachdem Selkirk bei Rogers angeheuert hatte und nach Schottland zurückgekehrt war, wurde er zur Berühmtheit und Inspiration für eine bunte Mischung aus Realityshows, Vergnügungsparks und großartiger Literatur. Daniel Defoes Klassiker *Robinson Crusoe* soll durch Selkirk inspiriert worden sein. Weitere lesenswerte Romane sind u. a. Kapitän Woodes Rogers: *A Cruising Voyage Round the World,* außerdem *Robinson Crusoe's Island* (1969) von Ralph Lee Woodward und der revisionistische Roman *Mr. Cruso, Mrs. Barton und Mr. Foe* (1986) aus der Feder des Nobelpreisträgers J. M. Coetzee.

Die britische Autorin Diane Souhami ließ die traditionelle Biografie außen vor, als sie die Menschen vor Ort porträtierte. Ihre Interpretation *Selkirk's Island* gewann 2001 den Whitbread Biography Award. Während ihres Rechercheaufenthalts auf dem Archipel war sie fasziniert davon, wie die Insel modernes Leben auf das Wesentliche beschränkt. Souhami stellte fest, wie sich Selkirks Beziehung zu der Insel, die er einst verfluchte, nach der Rettung veränderte. „Er nannte sie nun ‚meine wunderschöne Insel'", sagt Souhami. „Sie wurde zur wichtigsten Beziehung seines Lebens."

❶ Unterwegs vor Ort

Da es nur ein paar Kilometer Straße in San Juan Bautista gibt und steile Hänge die Täler einrahmen, ist ein Boot das beste Transportmittel. Ein Wassertaxi kann in der Municipalidad gegenüber dem Hauptplatz bestellt werden.

San Juan Bautista

♪ 032 / 600 EW.

San Juan Bautista (Hl. Johannes der Täufer) ist die einzige bewohnte Ortschaft der Insel und ein verschlafenes Fischerdorf mit Hummerfängern in Wollmützen und verstaubten Läden, denen Käse und Bier ausgeht, bevor das Versorgungsschiff kommt. Über die steilen Hügel verteilen sich bescheidene Häuschen und üppige Gärten. Sie sind durchzogen von Pfaden, die zu Pferdeweiden und Wanderwegen im Wald führen. Leider wurden das Wahrzeichen der Gemeinde, ihr Leuchtturm, und der Friedhof beim Erdbeben zerstört.

◉ Sehenswertes

San Juan ist logistisches Zentrum und Ausgangspunkt für alle Aktivitäten wie Angeln, Wanderungen, Bootsausflüge zu den Nachbarinseln, Tauchen und Touren zu den lokalen Sehenswürdigkeiten.

Fuerte Santa Bárbara BAUWERK
Die spanische Befestigungsanlage wurde 1749 zur Abwehr von Piraten gebaut und 1974 re-

konstruiert. Zu erreichen ist sie über den Weg von den Cuevas de los Patriotas oder direkt vom Hauptplatz über die Subida El Castillo hinauf. Der Pfad führt weiter zum Mirador de Selkirk.

Cuevas de los Patriotas   HÖHLEN
In den feuchten Höhlen, nur einen kurzen Fußweg von der Larraín Alcalde entfernt und bei Nacht beleuchtet, lebten nach ihrer Niederlage in der Schlacht von Rancagua 1814 Juan Egaña, Manuel de Salas und 40 weitere Patrioten mehrere Jahre lang.

Aktivitäten

Tauchen rund um die Isla Robinson Crusoe ist wie das Hineingleiten in einen riesigen Abgrund. Das einzigartige Ökosystem bietet Tauchgründe von Weltklasse. Muränen, Flundern, Hummer und gewaltige Schwärme von Gelbschwänzen durchziehen die klaren Gewässer. Die größte Attraktion ist jedoch der verspielte Juan-Fernández-Seebär (*Arctocephalus philippii*). Der Parque Nacional Archipiélago Juan Fernández, der die gesamte Insel umfasst, bietet exzellente Wanderwege.

Geführte Touren

Im Conaf-Kiosk am Platz gibt's ein gutes Verzeichnis registrierter Guides und die Termine von Touren. Im Refugío Náutico befindet sich ein PADI-zertifiziertes Taucherzentrum.

ABSEITS DER ÜBLICHEN PFADE

ISLA ALEJANDRO SELKIRK

Wem die Isla Robinson Crusoe noch nicht einsam genug ist, dem bleibt immer noch die Isla Alejandro Selkirk. Das schwer zugängliche Eiland 181 km westlich wird selten von Ausländern besucht. 25 Familien nutzen es als temporären Wohnort während des Hummerfangs. Wenn sie nicht gerade fischen, spielen sie Fußball, reparieren ihre Boote oder jagen wie Crusoe wilde Ziegen. Selkirk ist hergigor als Crusoe: Der 1650 m hohe Cerro Los Inocentes ist die höchste Erhebung des Archipels. Wer die Insel besuchen will, muss sein eigenes Zelt und seine eigenen Lebensmittel mitbringen. Die Rückfahrt sollte unbedingt vorher geregelt werden, andernfalls sitzt man hier längere Zeit fest.

 Feste & Events

Rodeo de Villagra   RODEO
(Jan.–Feb.) Ende Januar oder Anfang Februar findet das inselweite Rodeo mit zahlreichen Rindern statt.

Fiesta de San Pedro   RELIGIÖSES FEST
(Juni) Der Schutzheilige der Fischer wird am 29. Juni mit einer Meeresprozession auf geschmückten Booten geehrt.

Fiesta de Aniversario   HISTORISCHES FEST
(Nov.) Am Día de la Isla (22. Nov.) erinnert dieses Fest an den Tag, als der portugiesische Seemann Juan Fernández 1574 den Archipel entdeckte. Zum Veranstaltungsprogramm gehören eine Regatta und ein Wettrennen über 13 km von der Punta de Isla zur Bahía Cumberland.

Schlafen & Essen

Seit dem Tsunami haben sich die Restaurants und Hotels in dem Ort verändert. Auf der städtischen Website (www.comunajuanfernandez.cl, nur auf Spanisch) sind ein Dutzend schlichte Unterkünfte verzeichnet, die Besucher aufnehmen. Da es nur wenige Lokale gibt, entscheiden sich die meisten Gäste für Halbpension (Abendessen & Frühstück); soweit nicht anders angegeben, schließen die nachfolgend genannten Preise Halbpension ein. Vollpension ist in der Regel auf Nachfrage möglich. Wer eines der Restaurants besuchen möchte, muss vorher einen Tisch reservieren, das gilt insbesondere für Gruppen oder wenn bestimmte Gerichte gewünscht werden.

Hostería Petit Breulh   GÄSTEHAUS $
(032-275-1107; Vicente González 80; Zi. 22 500 Ch$ pro Pers.; @) Minibar am Bett, dunkles Leder, Massageduschen und Kabelfernseher bilden ein Paradies für Möchtegernplayboys, die zudem ein paar Felle an der Wand gut finden (typisch 1980er-Jahre-Stil). Der Hit sind jedoch die Mahlzeiten (6000 Ch$): Ceviche mit Kapern sowie Zucchini mit viel frischem Fisch und knuspig mit Käse überbacken. Nichtgäste sollten vorher reservieren.

Residencial Mirador de Selkirk   GÄSTEHAUS $$
(032-275-1028; mfernandeziana@hotmail.com; Pasaje del Castillo 251; Zi. inkl. Frühstück 30 000 Ch$ pro Pers.; @) Das Familienhaus hoch oben auf dem Hügel hat drei gemütliche Gästezimmer und eine große Terrasse mit Blick auf die Bucht (wo man sich nach dem

Marsch bergauf wieder erholen kann). Señora Julia serviert dort fantastische Mahlzeiten (5000 Ch$), darunter Hummer-Empanadas und *parol* (Eintopf) aus leckeren Meeresfrüchten.

Refugio Náutico BOUTIQUE-HOTEL $$$
(Mobil 7483-5014; www.islarobinsoncrusoe.cl; Carrera Pinto 280; EZ/DZ mit VP 78 000/ 144 000 Ch$) Dieses Refugium am Wasser verbindet Kochkunst mit allem häuslichen Komfort. Es verfügt über helle, sehr private Zimmer mit eigenen Terrassen sowie einen Aufenthaltsraum voller Bücher, DVDs und Musik – ideal für Regentage und eine Pause nach dem Essen. Das Restaurant ist sehr empfehlenswert.

Draußen befindet sich ein PADI-zertifiziertes Tauchzentrum mit Kajakvermietung, Wander- und Tauchausflügen. Kreditkarten werden akzeptiert.

Crusoe Island Lodge LUXUSHOTEL $$$
(Mobil 9078-1301; www.crusoeislandlodge.com; EZ/DZ inkl. Frühstück ab 280/370 US$;) Die stilvolle Ökolodge mit 15 rustikal-schicken Zimmern und Suiten samt Blick auf die Bucht von Pangal wurde schon im Reisemagazin *Travel & Leisure* erwähnt. Es gibt einen kleinen Wellnessbereich und ein Gourmetrestaurant (Spezialitäten des Hauses sind frischer Hummer und Krebse). Vor Ort werden Vogelbeobachtungsausflüge, Wanderungen, historische geführte Touren und Angeltrips organisiert.

Praktische Informationen

Es gibt auf der Insel keine Bank und keine Wechselstube, deshalb sollte man ausreichend Bargeld in möglichst kleinen Scheinen mitbringen. Kreditkarten werden nur selten akzeptiert. Einige Reiseveranstalter oder Hotels nehmen jedoch US-Dollars und Euros zu einem schlechten Umtauschkurs an.

Etliche Kioske haben ein öffentliches Telefon, aber Ferngespräche ins Ausland sind unglaublich teuer.

Conaf (Larraín Alcalde; Mo–Fr 8–18, Sa & So 9–18 Uhr) In dem kleinen Kiosk nahe dem Hauptplatz werden der Parkeintritt kassiert und Infoblätter mit guten Karten ausgegeben. Für Parkbesuche außerhalb der unmittelbaren Umgebung von San Juan Bautista muss die Conaf vorher kontaktiert werden.

Postamt (Mo–Fr 9–18, Sa 9–12 Uhr) An der Südseite des Platzes.

Posta de Salud (Vicente González) Staatliches Gesundheitszentrum gleich unterhalb des Eingangs zum Conaf-Gelände.

San Juan Bautista

San Juan Bautista

Sehenswertes
1 Cuevas de los Patriotas A3
2 Fuerte Santa Bárbara A2

Schlafen
3 Hostería Petit Breulh A3
4 Refugio Náutico B4
5 Residencial Mirador de Selkirk A2

Parque Nacional Archipiélago Juan Fernández

Der **Nationalpark** (www.www.conaf.cl/parques/parque-nacional-archipielago-de-juan-fernandezl; Erw./Kind 3000/800 Ch$) umfasst den gesamten Archipel, also insgesamt 93 km², allerdings sind die Gemeinde San Juan Bautista und der Flughafen davon ausgenommen. Die Conaf erlaubt das Begehen vieler Wege nur im Rahmen organisierter Touren mit lokalen registrierten Guides: So soll der Zugang zu den sensibelsten Gebieten des Parks kontrolliert werden. Ein Verzeichnis der Führer samt Preisen hängt im Kiosk unweit vom Platz aus, wo sich Wanderer außerdem vor jeder individuellen Tour registrieren lassen müssen. Tageswanderungen für eine Gruppe von sechs Personen kosten zwischen 15 000 und 30 000 Ch$. Dennoch sind einige Gegenden auch ohne Guide zugänglich.

Eine andere Möglichkeit, den Nationalpark zu besuchen, ist eine Bootsfahrt. Lokale Reiseveranstalter organisieren Ausflüge zu den Seebärenkolonien an verschiedenen Orten rund um die Insel. Campen ist auf den ausgewiesenen Campingplätzen erlaubt, aber jeweils nur für eine Nacht.

Aktivitäten

Mirador de Selkirk   WANDERN
Der vielleicht großartigste und spektakulärste Wanderweg der Insel ist jener zum Mirador de Selkirk (Aussichtsplatz) oberhalb von San Juan Bautista – dort hielt Selkirk vier Jahre lang nach Schiffen Ausschau. Der 3 km lange Marsch mit insgesamt 565 m Höhenunterschied dauert etwa anderthalb Stunden (ohne Pause), belohnt aber mit einem Blick über beide Seiten des Eilands.

Villagra to La Punta de Isla   WANDERN
Hinter Selkirks Ausguck setzt sich der Weg an der Südseite fort bis nach Villagra (4,8 km, 1 Std.), wo es Campingplätze gibt. Von dort führt ein breiter Pfad an den südlichen Klippen entlang bis nach La Punta de Isla (13 km, etwa 4 Std.) und zum Flugfeld, wo sich ebenfalls ein Campingplatz befindet. Auf der Strecke liegt die Bahía Tierras Blancas, die größte Kolonie der Juan-Fernández-Seebären. Die malerische und nicht allzu anspruchsvolle Route umfasst einen beträchtlichen Teil der Insel und eignet sich wunderbar, um ihre natürliche Schönheit zu genießen. Ab Villagra werden geführte Touren zum Fuß des Cerro El Yunque und des Cerro Negro (3,5 km) angeboten.

Plazoleta El Yunque   WANDERN
Die Plazoleta El Yunque ist eine Lichtung mit Toiletten, Wasser und Picknickplätzen am Fuß des 915 m hohen Cerro El Yunque („Amboss"). Unterwegs führt der Weg an den zerfallenen Fundamenten eines Gehöfts vorbei, das einst einem deutschen Überlebenden der *Dresden* gehörte. Er wurde als der „deutsche Robinson" bezeichnet.

Centinela   WANDERN
Auf dem Cerro Centinela (362 m) stehen die Ruinen der ersten Radiostation der Insel, die 1909 errichtet wurde. Der 3 km lange Wanderweg ist von Pangal aus zugänglich.

Salsipuedes   WANDERN
Auf der Spitze des La Pólvora schlängelt sich ein Pfad durch Eukalytuswäldchen, Farne und schließlich durch ein Dickicht aus Guaven bis zum Bergrücken Salsipuedes, was so viel heißt wie „Lauf, wenn du kannst". Wer eine geführte Wanderung machen will, kontaktiert am besten eines der Reisebüros auf der Insel.

Puerto Inglés   WANDERN
Der 2,3 km lange Weg nach Puerto Inglés beginnt in Salsipuedes und verläuft weiter über einen gefährlichen Bergkamm zum Strand hinunter, wo Selkirks Unterkunft rekonstruiert wurde.

Puerto Francés   WANDERN
Puerto Francés an der Ostküste der Insel war früher ein Zufluchtsort französischer Freibeuter; ihretwegen errichtete Spanien 1779 Befestigungsanlagen, deren Überreste heute allerdings fast alle verschwunden sind. Vom Cerro Centinela führt eine 6,4 km lange Route zu einem Hafen mit fünf Campingplätzen, einem *refugio*, fließendem Wasser und einem Bad.

Norte Grande

Inhalt ➜

San Pedro de
Atacama............153
Reserva Nacional
Los Flamencos......167
El-Tatio-Geysire......169
Chuquicamata......172
Antofagasta.........173
Iquique.............176
Pisagua............187
Arica...............188
Ruta 11............197
Putre...............199
Parque Nacional
Lauca.............. 202

Auf in den Norte Grande

Windhosen fegen durch den sonnenverbrannten Norte Grande mit seinen sanft gerundeten Felsen und Steinen, hochgelegenen Andenlagunen, schneebedeckten Vulkanen, mit Salzebenen und zerklüfteter Küstenlinie. Die Region ist für ihre Observatorien auf Bergkuppen ebenso berühmt wie für ihre ergiebigen Kupferminen. Weite, unbewohnte Flächen berühren die Seele und beleben die Fantasie. Hauptattraktion des „Großen Nordens" ist das winzige Dorf San Pedro de Atacama mit seinen Lehmziegelhäusern, das gerade mal einen Tagesausflug vom weltweit höchstgelegenen Geysirfeld und einigen eindrucksvollen Wüstenformationen weg liegt.

Im Hochgebirgsreservat des Parque Nacional Lauca bei Putre oder am Salar de Surire warten zudem wirklich atemberaubende Abenteuer. An den Stränden von Iquique und Arica können sich Sonnenhungrige bräunen, und auch die für diese Gegend charakteristischen Geisterstädte und unwirtlichen Bergbauzentren lohnen einen Blick.

Gut essen

➜ El Wagón (S.183)
➜ La Casona (S.160)
➜ Los Aleros de 21 (S.194)
➜ Cafe del Sol (S.175)

Schön übernachten

➜ Hotel Aruma (S.193)
➜ Terrace Lodge & Cafe (S.201)
➜ Casa Baquedano (S.182)
➜ Hostal Quinta Adela (S.158)

Reisezeit
Iquique

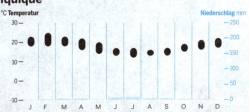

Jan.–Feb. Urlauber überschwemmen die Küste. Manche Hochlandregionen sind unzugänglich.

Sept.–Okt. Solides Wetter auf dem Altiplano, aber viele Urlauber sind bereits abgereist.

Juli–Aug. Die beste Zeit für Ausflüge ins Hochland und Surferien; nachts wird es bitterkalt.

Highlights

1. Die Masken der weltweit ältesten Mumien im **Museo Arqueológico San Miguel de Azapa** (S. 196) betrachten.

2. Ein Test für die Lungen ist der Besuch der Andendörfer und Hochgebirgsseen im **Parque Nacional Lauca** (S. 202).

3. Tagsüber Wellenreiten und abends Pisco Sour schlürfen in der netten Stadt **Iquique** (S. 176), die aus der Salpeterära stammt.

4. Die Touristenpfade verlassen und in das unerforschte Grenzland nördlich von **Putre** (S. 199) vordringen.

5. Auf dem Weg zum höchstgelegenen Geysirfeld der Welt, **El Tatio** (S. 155), nach Lamas und Vikunjas Ausschau halten.

Geschichte

Obwohl so weit von Santiago entfernt, spielte die Region in Chiles politischen und ökonomischen Arenen schon immer eine wichtige Rolle. Das verdankt sie größtenteils den gewaltigen Rohstoffvorkommen unter ihrer felsigen Oberfläche. Trotz der extremen Trockenheit bot das Wüstengebiet seit vielen Tausend Jahren Menschen ein regelmäßiges Auskommen.

Zu den ersten Bewohnern zählen die Chinchorro, bekannt für ihre ungewöhnlichen Begräbnisformen, die Chango an der Küste und die Atacameño, die in den Oasen bei Calama und San Pedro de Atacama lebten und Bewässerungstechniken der Tiwanaku-Kultur im heutigen Bolivien nutzten.

Während der spanischen Eroberung Ende des 16. Jhs. wurden die indigenen Völker weitgehend unterworfen, einige Changogemeinschaften konnten allerdings ihre Unabhängigkeit bewahren. Eine Welle der Neubesiedlung setzte im Norte Grande erst ein, als in den Jahren nach 1810 Funde großer Lagerstätten von Nitrat (Salpeter) einen Boom auslösten.

Interessanterweise gehörte dieser Teil des Landes erst ab dem späten 19. Jh. zu Chile. Vor dem Salpeterkrieg (1879–84) kontrollierten Peru und Bolivien die Region, danach hatte Chile seine Landmasse um ein Drittel vergrößert.

Die Chilenen profitierten jedoch keineswegs als Einzige vom Ausgang des Krieges. Ausländische Unternehmer beeilten sich, aus Chiles Landgewinn Kapital zu schlagen, und so nahm der Salpeterboom einzigartige Ausmaße an. Von Unternehmen gegründete Städte erlebten Anfang des 20. Jhs. eine Blüte und wurden zu Oasen der Vitalität und des Profits, zudem florierten auch große Hafenorte wie Antofagasta und Iquique.

Der Boom hielt jedoch nicht lange an. Die Erfindung von Düngemitteln auf Petroleumbasis bedeutete den Niedergang für die Salpeterindustrie. Die folgende Krise trieb das Land an den Rand des Ruins, und an der Panamericana entstanden zahlreiche Geisterstädte.

Bergbau verhalf Chile jedoch erneut auf die Beine: Mit steigenden Kupferpreisen schlug die Stunde der bis dahin stagnierenden Kupferindustrie. Bald durchzogen riesige Gruben die Landschaft (darunter eine der weltgrößten Kupfertagebaugruben in Chuquicamata) und sorgten für wirtschaftlichen Aufschwung. Sie brachten jedoch auch jede Menge immer noch aktuelle Probleme wie Umweltzerstörung, Preissteigerung, Übervölkerung und Luftverschmutzung mit sich.

ⓘ Gefahren & Ärgernisse

Nordchile ist alles in allem eine sehr sichere Region. In den rauen Bergbausiedlungen wie Calama kann es allerdings passieren, dass Frauen sich aufdringliche Pfiffe sowie anzügliches Grinsen gefallen lassen müssen; und auch wenn sie abends allein unterwegs sind, ist Vorsicht geboten. Viele der Low-Budget-Hotels in der Region dienen inzwischen als Dauerunterkünfte für umherziehende Bergleute, was Frauen eventuell unangenehm erscheinen kann.

Die Strömungen an den Stränden sind mitunter ziemlich heftig – gut zum Surfen, aber nicht gerade ideal zum Schwimmen. An den meisten dieser Orte finden sich entsprechende Warnschilder mit der Aufschrift *„no apta para bañarse"* („zum Schwimmen ungeeignet").

Autofahrer sollten das Licht nicht nur nachts, sondern auch tagsüber einschalten und besonders vorsichtig sein, wenn Schilder auf eine *zona de derrumbes* (Steinschlag) hinweisen.

In der Wüste rund um San Pedro liegen bis heute einige Landminen, selbst im touristischen Valle de la Luna. Besonders aufpassen muss man nahe der peruanischen Grenze. Die Minen ließ Diktator Pinochet in den 1970er-Jahren wegen politischer Spannungen mit dem Nachbarland auslegen. Dass man versehentlich auf eine tritt, ist eher unwahrscheinlich, aber ob man wirklich allein in abgeschiedene Grenzbezirke vorstoßen muss, sollte man sich zweimal überlegen.

ⓘ Anreise & Unterwegs vor Ort

Wer mit dem Auto nach Peru oder Bolivien fährt, kann sich beim Konsulat nach den aktuell erforderlichen Formularen erkundigen. Der Grenzübergang von und nach Peru in Chacalluta ist täglich von 8 bis 24 Uhr (chilenische Zeit) bzw. von Freitag auf Samstag rund um die Uhr geöffnet. Nicht vergessen: Vorräte an Benzin, Wasser und Frostschutz mitnehmen. Wer Richtung Norden nach Peru fährt, passiert den Complejo Fronterizo Santa Rosa in Tacna, geöffnet von 7 bis 23 Uhr (peruanische Zeit) bzw. rund um die Uhr von Freitag auf Samstag.

Am einfachsten ist es, den Norte Grande mit einem Leihwagen zu bereisen; Autoverleihfirmen findet man in allen größeren Städten. Busunternehmen bieten erstklassige regelmäßige Verbindungen zu fast allen Orten; Reiseagenturen veranstalten Ausflüge in schwer erreichbare Nationalparks. Alle größeren Städte im Norte Grande sind auch per Flugzeug zu erreichen, allerdings muss man dafür tief in die Tasche greifen.

San Pedro de Atacama

♪ 055 / 3899 EW. / 2438 M

Es heißt, die großen Quarz- und Kupfermengen in der Region verleihen den Menschen positive Energie; und gute Stimmung herrscht ganz sicher in Nordchiles Touristenattraktion Nummer eins: in San Pedro de Atacama.

Entscheidend für die Beliebtheit der aus Lehmziegeln errichteten Oase in der Vorkordillere ist ihre Lage, befindet sie sich doch im Herzen einer der spektakulärsten Landschaften Nordchiles. Eine kurze Fahrt entfernt breitet sich die größte Salzebene des Landes aus, deren Ränder majestätisch von Vulkanen überragt werden (der symmetrische 5916 m hohe Licancábur liegt dem Dorf am nächsten). Wie weißer Nebel steigt der Dampf von Geysiren auf, Felsen bilden die ungewöhnlichsten Formen, und sanfte Erhebungen unterbrechen die weite Landschaft.

San Pedro selbst, 106 km südwestlich von Calama (auf der asphaltierten Chile 23), kann die Horden von Reisenden, die hier einfallen, nur mit Mühe aufnehmen; es ist kaum mehr als eine Handvoll malerischer Gassen, gesäumt von Lehmziegelhäusern. Die Kirche an der hübschen baumbestandenen Plaza erhebt sich wie ein Postkartenidyll. In den letzten zehn Jahren ist die Zahl der Gästehäuser, Edelresorts, Restaurants, Internetcafés und Reiseagenturen enorm gewachsen. Urlauber zwängen sich in die staubigen Straßen und drohen die Dorfidylle in eine Art Hochland-Disneyland zu verwandeln.

Und natürlich leidet San Pedro unter den typischen Nebenwirkungen, die eine Karriere als Touristenattraktion mit sich bringt: hohe Kosten, lästige Restaurantschlepper und desinteressierte Reiseagenturen. Dennoch verströmt die Stadt eine entspannte Atmosphäre mit Suchtpotenzial, und das enorme Angebot an Touren in die schöne Umgebung kann Traveller wochenlang in Trab halten. Und am Ende jedes Ausflugs warten in San Pedro ein cremiger Cappuccino, würziges Essen und ein bequemes Bett.

Geschichte

Einst war San Pedro ein präkolumbischer „Boxenstopp" auf der Handelsroute, die Hochland und Küste verband. Pedro de Valdivia besuchte den Ort 1540. Anfang des 20. Jhs. wurde das Dorf eine wichtige Station für durchziehende Viehtreiber, die von Ar-

gentinien zu den Salpeter-*oficinas* in der Wüste unterwegs waren.

Die einheimischen Atacameños leben nach wie vor von der Landwirtschaft und gehören den traditionellen *ayllus* (a-i-us; kleine indigene Gemeinden) an. Viele nutzen für den Landbau die Terrassen, die bereits vor über 1000 Jahren angelegt wurden.

◉ Sehenswertes

Das Dorf selbst ist klein und kompakt, sodass sich alles Interessante rings um die Plaza konzentriert. Einige Gebäude haben inzwischen Hausnummern, viele kommen aber immer noch ohne aus.

★ Museo Gustavo Le Paige   MUSEUM

(Le Paige 380; Erw./Stud. 2500/1000 Ch$; ⊙ Mo–Fr 9–18, Sa & So 10–18 Uhr) Auch wer um Museen normalerweise einen Bogen schlägt, sollte für das ausgezeichnete Museo Gustavo Le Paige eine Ausnahme machen. Die Atacama-Wüste ist für Archäologen eine Art Märchenland, denn die fast niederschlagslose Umgebung konserviert Artefakte über Tausende von Jahren. Dementsprechend ist das achteckige Museum vollgepackt mit faszinierenden Funden: gut erhaltene Keramik und Textilien sowie eine schöne Sammlung mit Schamanen-Utensilien, die zum Verarbeiten und Konsumieren halluzinogener Pflanzen dienen.

Detaillierte Erklärungen auf Englisch und Spanisch folgen der Entwicklung der Region von den frühesten Kulturen bis zur Eroberung durch die Inka und zur spanischen In-

---

VERANTWORTUNGSVOLLER TOURISMUS

Während der Hauptsaison fallen Tausende Touristen in das winzige San Pedro ein. Die Einheimischen, insbesondere die indigenen Atacameños, reagieren empfindlich auf die überwältigende Präsenz der „Fremden", deshalb sollte man sich viel Mühe geben, um sich anzupassen und sich angemessen zu verhalten. Im Klartext heißt das, nicht zu viel Haut zu zeigen (Bikinis für die Thermalquellen aufbewahren), Hüte in Kirchen abzunehmen, lange Hosen zu tragen und keine Fotos von Personen zu machen, ohne zuvor um Erlaubnis zu bitten!

Da Wasser knapp ist, sollten ausgedehnte Duschorgien vermieden werden.

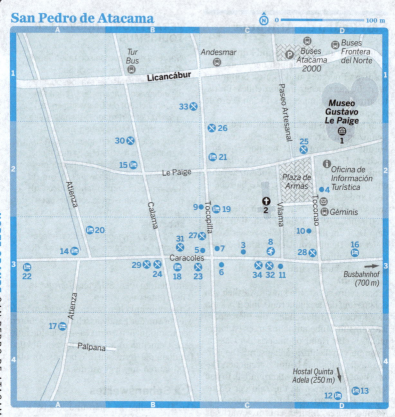

San Pedro de Atacama

◎ Highlights
1 Museo Gustavo Le Paige D2

◎ Sehenswertes
2 Iglesia San Pedro C2

✈ Aktivitäten, Kurse & Touren
3 Ahlarkapin...C3
4 Atacama Inca Tour D2
5 Cordillera Traveler C3
6 CosmoAndino Expediciones C3
7 Desert Adventure C3
8 Kiri O..C3
9 Rancho La Herradura C2
10 Terra Extreme D3
11 Vulcano Expediciones C3

⌂ Schlafen
12 Hostal Edén Atacameño D4
13 Hostal La Ruca D4
14 Hostal Lickana A3
15 Hostal Sonchek B2
16 Hostelling International D3
17 Hotel Don Sebastián A4
18 Hotel Lomas Sanchez B3
19 Hotel Terrantai.....................................C2
20 Katarpe Hostal A3
21 Residencial Vilacoyo C2
22 Takha Takha Hotel &
    Camping A3

✕ Essen
23 Adobe..B3
24 Blanco B3
25 Café Peregrino.....................................D2
26 Ckunna C2
27 El Churruá C3
28 El Toconar D3
29 La Casona B3
30 Las Delicias de Carmen B2
31 Paatcha..B3
32 Salon de Te O2....................................C3
33 Tahira B1
34 Todo Natural C3

vasion. Die Infos beziehen sich auf die archäologischen Stätten in der Umgebung, wie die Festungsanlagen Pukará de Quitor und Aldea de Tulor.

Zu verdanken ist das ausgezeichnete Museum hauptsächlich dem belgischen Priester und Amateur-Archäologen, nach dem es benannt wurde. Pater Gustavo Le Paige kam 1955 nach San Pedro und verbrachte die folgenden 35 Jahre seines Lebens damit, in der Region historische Artefakte zu sammeln. Heute steht vor dem Museum sein Denkmal, und drinnen ist ihm eine kleine Ausstellung gewidmet. Dienstags bis sonntags werden mehrmals täglich 45-minütige Führungen in mehreren Sprachen angeboten (1800 Ch$). Die Ausstellungen im hinteren Bereich wechseln alle paar Monate.

Iglesia San Pedro　　　　　KIRCHE

(Le Paige s/n) GRATIS Die strahlend weiße kleine Kirche im Kolonialstil wurde mit traditionellen Materialien errichtet – klobige Lehmziegel für Wände und Dach, *cardón* (Holz vom Kandelaberkaktus) für die Decke und kräftige Lederriemen anstelle von Nägeln. Sie datiert ins 17. Jh., die heute bestehenden Wände stammen jedoch von 1745 und der Glockenturm kam 1890 hinzu.

👉 Geführte Touren

Das hiesige Angebot umfasst eine riesige Zahl an geführten Touren. Leider haben manche Veranstalter in der Qualität nachgelassen, und manche Reisende klagen über Unternehmen, die kurzfristig absagen oder Fahrzeuge einsetzen, die nicht den Sicherheitsstandards entsprechen. Bisweilen leiten lediglich Fahrer die Touren und nicht ausgebildete Guides. Die Agenturen beauftragen häufig unabhängige Fahrer, die für verschiedene Firmen arbeiten, sodass deren Qualität letztendlich Glückssache ist. Dies sei vorausgeschickt, ist aber noch kein Grund, einheimische Fahrer zurückzuweisen. Viele sind sehr höflich, wissen gut Bescheid und vermitteln eine interessante Insider-Sichtweise.

Mitunter ist der Veranstalter, bei dem gebucht und bezahlt wird, nicht derselbe, der die Ausflügler abholt. Einige bieten geführte Touren auf Deutsch, Englisch oder Holländisch an, allerdings sind dafür möglicherweise längere Voranmeldung oder Extragebühren fällig. Doch die zahlreiche Konkurrenz hält die Preise niedrig, und Agenturen kommen und gehen.

Im Büro der Touristeninformation gibt's ein hilfreiches, unterhaltsames und gelegentlich erschreckendes Beschwerdebuch. Darin ist beinahe jede Agentur erwähnt, und wer hier zu viel über betrunkene Fahrer oder solche ohne Zulassung liest, könnte sich vielleicht entschließen, besser gar nichts zu unternehmen. Das wäre in dieser wunderschönen Gegend aber ein tragischer Fehler. Dennoch: Bevor man sich für einen Veranstalter entscheidet, sollte man viele Fragen stellen, mit anderen Travellern sprechen, dem eigenen Urteilsvermögen vertrauen und versuchen, flexibel zu sein. Touren auf der Straße zu kaufen ist nicht zu empfehlen – vertrauenswürdige Anbieter haben ein Büro, und es gab bereits Fälle leichtgläubiger Touristen, die auf falsche Versprechungen hereingefallen sind. Bei der letzten Zählung waren über 50 Reisebüros in der Stadt ansässig, umso mehr lohnt es sich, die Angebote zu vergleichen.

Standardtouren

Die nachfolgend beschriebenen Standardtouren werden von fast allen Veranstaltern in San Pedro angeboten. Eintrittsgelder sind nicht in den angegebenen Preisen enthalten.

Desert Adventure　　　GEFÜHRTE TOUREN

(📞 055-285-1067; www.desertadventure.cl; Ecke Caracoles & Tocopilla; ⊙ Mo–Sa 9–13 & 15–19, So 9–13Uhr) Englischsprachige Guides.

Terra Extreme　　　　　GEFÜHRTE TOUREN

(📞 055-285-1274; www.terraextreme.cl; Toconao s/n; ⊙ 9–13 & 15–18 Uhr) 🌱 Eine umfassende Auswahl an Standardtouren und eine eigene gepflegte Fahrzeugflotte.

Altiplano-Seen　　　　　GEFÜHRTE TOUREN

(Tour 15 000–30 000 Ch$, Eintrittsgebühr 5000 Ch$) Abfahrt in San Pedro zwischen 7 und 8 Uhr. Zu sehen gibt's drei Arten Flamingos an der Laguna Chaxa im Salzsee Salar de Atacama, die Stadt Socaire, die Lagunas Miñiques, Miscanti und Toconao und die Quebrada de Jere. Rückkehr zwischen 16 und 19 Uhr.

El-Tatio-Geysire　　　　GEFÜHRTE TOUREN

(Tour 18 000–20 000 Ch$, Eintrittsgebühr 5000 Ch$) Die beliebte Tour startet um 4 Uhr morgens, damit man die unwirklich anmutenden Geysire bei Sonnenaufgang sieht. Rückkehr zwischen 12 und 13 Uhr. Bei den meisten Trips sind Thermalbäder und Frühstück im Preis inbegriffen.

Valle de la Luna　　　　GEFÜHRTE TOUREN

(Tour 8000–10 000 Ch$, Eintrittsgebühr 2000 Ch$) Abfahrt von San Pedro nachmittags, um den Sonnenuntergang über dem Tal mitzuerleben, Rückkehr am frühen Abend. Mit Valle de la Luna, Valle de la Muerte und Tres Marías.

Tulor & Pukará de Quitor GEFÜHRTE TOUREN
(Tour ca. 15 000 Ch$, Eintrittsgebühr 10 000 Ch$) Die halbtägigen archäologischen Touren führen zu zwei präkolumbischen Ruinen (Abfahrt zwischen 8 und 9 Uhr, Rückkehr zwischen 13 und 15 Uhr).

Alternative Touren

Reisende können Tagesausflüge buchen, die morgens zu den Tatio-Geysiren führen, dann in die Dörfer Caspana und Chiu Chiu, zur Festung Pukará de Lasana und zuletzt nach Calama (praktisch, wenn man für den Folgetag einen Flug gebucht hat) bzw. zurück nach San Pedro.

Zunehmend häufiger nachgefragt werden auch Touren zur Laguna Cejar und zu den Ojos de Salar (in beiden kann man schwimmen, und in Ersterer treibt man auf der Oberfläche wie im Toten Meer), zu den vielfarbigen Felsformationen im Valle del Arcoiris (Regenbogental) und zum Salar de Tara. Letzteres ist wohl die spektakulärste Tour ab San Pedro, auf der insgesamt 200 km langen Rundfahrt erreicht man Höhen von bis zu 4300 m.

Diese Exkursionen werden nicht ganz so regelmäßig angeboten und sind teurer als die gängigen Standardtouren.

Wandern & Radfahren

Rings um San Pedro ragen gewaltige Vulkane auf. Einige von ihnen sind noch aktiv und schreien förmlich danach, bestiegen zu werden. Wer nicht so gerne klettert, kann zu den anderen Attraktionen in der Region wandern oder radeln, z. B. ins Valle de la Luna. Fahrräder werden von verschiedenen Reiseveranstaltern und Hotels in der Stadt für um die 6000 Ch$ pro Tag verliehen, z. B. von Km O (Caracoles 282B; halber/ganzer Tag 3500/ 6000 Ch$).

Vulcano Expediciones ABENTEUERSPORT
(Mobil 5363-6648; www.vulcanochile.com; Caracoles 317) Bietet Vulkan- und Bergwanderungen an, darunter eintägige Besteigungen des Sairecabur (5971 m; 110 000 Ch$), des Lascar (5592 m; 100 000 Ch$) und des Tocco (5604 m; 70 000 Ch$). Bei längeren Treks geht's auf den Licancábur und den Llullaillaco. Außerdem werden Radfahrten bergab (20 000–35 000 Ch$) und Motorradausflüge von On Safari (www.onsafariatacama.com) angeboten.

CosmoAndino Expediciones GEFÜHRTE TOUREN
(055-285-1069; www.cosmoandino.cl; Caracoles 259) Das renommierte Unternehmen ist auf Trekkingausflüge zu den Sehenswürdigkeiten in der Umgebung spezialisiert. Man zahlt mehr als für eine Standardtour, verbringt aber auch mehr „Quality Time in der Atacama-Wüste" – so das Motto von Cosmo-Andino.

Azimut 360 ABENTEUERSPORT
(in Santiago 056-2235-3085; www.azimut360.com) Der Tourveranstalter mit Sitz in Santiago hat zwar keine Niederlassung in San Pedro, aber ein paar Angestellte vor Ort, die erstklassige Kletter- und Wanderexkursionen auf die Beine stellen. Für Infos und Buchungen das Büro in der Hauptstadt kontaktieren.

Reiten

Rancho La Herradura REITEN
(055-285-1956; www.atacamahorseadventure.com; Tocopilla 406) Sightseeing hoch zu Ross ist bei verschiedenen Agenturen möglich, etwa bei Rancho La Herradura. Es gibt sowohl zweistündige Ausritte (15 000 Ch$) als auch epische zehntägige Reitwanderungen inklusive Camping. Man hat die Wahl zwischen deutsch-, englisch- und französischsprachigen Guides.

Sandboarding

Auf einem Sandboard eine der gewaltigen Sanddünen (150 m) im Valle de la Muerte hinunterzurutschen ist eine der beliebtesten Aktivitäten in San Pedro – Adrenalinkick garantiert!

Wer den Dreh raushat, kann bei verschiedenen Anbietern in San Pedro Boards leihen, z. B. bei Vulcano (4000 Ch$ für einen halben Tag).

Atacama Inca Tour ABENTEUERSPORT
(055-285-1062; www.sandboardsanpedro.com; Toconao 421-A) Verschiedene Agenturen bieten Sandboarding an. Meistens handelt es sich bei den Ausflügen um die Atacama Inca Tour, unser Geheimtipp. Die Boards sind hochwertig und man wird von erfahrenen Guides begleitet. Standardtrips für 10 000 Ch$ dauern von 9 Uhr bis mittags bzw. 15 bis 19 Uhr. Man erhält 20 Minuten Unterricht und eine DVD mit seiner Dünenabfahrt.

Neuester Programmpunkt ist die nächtliche Sandboardparty (12 000 Ch$; 21–24 Uhr) mit Flutlichtbeleuchtung auf der Düne, riesigen Lautsprechern und DJ.

BLICK IN DEN STERNENHIMMEL

Auf der Hochebene von Chajnantor, 40 km östlich von San Pedro de Atacama in einer Höhe von 5000 m, steht das ambitionierteste Radioteleskop der Welt. Das Atacama Large Millimeter/submillimeter Array (ALMA; was im Spanischen „Seele" heißt) besteht aus 66 gewaltigen Antennen, von denen die meisten einen Durchmesser von etwa 12 m haben. Dieses Feld von interstellaren „Ohren" simuliert ein Teleskop, das unglaubliche 16 km Durchmesser aufweist und es möglich macht, Objekte wahrzunehmen, die bis zu 100-mal schwächer sind als die, die bisher zu erkennen waren. In naher Zukunft soll zudem ein Besucherzentrum eröffnet werden (Aktuelles unter www.almaobservatory.org).

Dies ist jedoch nur das jüngste unter den innovativen Observatorien im Norden Chiles. Die klimatischen Bedingungen in der Atacama-Wüste machen sie zu einem idealen Standort für den Blick in den Sternenhimmel. Das liegt nicht nur am wolkenlosen Nachthimmel, sondern auch an den vorhersagbaren Winden, die stetig vom Pazifik herüberwehen und nur minimale Turbulenzen verursachen – eine Grundvoraussetzung für Observatorien, um eine optimale Bildqualität zu erzielen.

Zu den größeren Observatorien im nördlichen Chile zählt die Europäische Südsternwarte (ESO) in Cerro Paranal. Norte Chico hat das Observatorio Interamericano Cerro Tololo und den nahe gelegenen Cerro El Pachón. Noch eine ESO-Anlage befindet sich in La Silla (kann von September bis Juni samstags um 13.30 Uhr kostenlos besichtigt werden; siehe unter www.eso.org/public/teles-instr/lasilla.html), und das Observatorio Las Campanas der Carnegie Institution liegt gleich nördlich von La Silla.

Wer jetzt Lust auf Astronomie bekommt, sollte überlegen, von San Pedro aus eine „Tour of the Night Sky" zu buchen. Dort stehen noch viele weitere astronomische Ausflüge zur Auswahl, besonders empfehlenswert ist dabei der Anbieter **Ahlarkapin** (099-579-7816; www.ahlarkapin.cl; Caracoles 151); seine Touren richten sich eher nach den Wünschen der maximal zwölf Teilnehmer, wobei der Fokus auf Andenkosmologie liegt. Sie dauern zwei Stunden, kosten 15 000/10 000 Ch$ für Erw./Kinder und beginnen im Sommer allabendlich um 21.30 Uhr, im Winter früher.

Feste & Events

Fiesta de Nuestra Señora de la Candelaria   RELIGIÖSES FEST
(Feb.) Anfang Februar feiert San Pedro mit religiösen Tänzen.

Carnaval   FEST
Im Februar oder März (abhängig vom Zeitpunkt des Osterfests).

Fiesta de San Pedro y San Pablo   RELIGIÖSES FEST
(Juni) Am 29. Juni gibt's Volkstänze, eine Messe, eine Prozession, Rodeo und modernen Tanz, der gegen Mitternacht in Raufereien ausarten kann.

Fiesta de Santa Rosa de Lima   RELIGIÖSES FEST
(Aug.) Das traditionelle religiöse Fest findet am 30. August statt.

Schlafen

In San Pedro gibt es eine riesige Auswahl an Unterkünften. Allzu viele Schnäppchen sollte man jedoch nicht erwarten, denn man befindet sich in der Touristenhochburg des Nordens. In ein paar Budgethotels müssen sich Alleinreisende während der Hauptsaison sogar Zimmer teilen.

Mittelklassebleiben sind eher die Ausnahme in diesem Backpackerparadies, aber viele Hostels beherbergen Zimmer mit gehobenem Standard. Die zahlreichen Nobelhotels liegen meist außerhalb des Stadtzentrums.

Hostal Sonchek   HOSTEL $
(055-285-1112; www.hostalsonchek.cl; Ecke Paige & Calama; B 8500 Ch$, DZ 36 000 Ch$, EZ/DZ ohne Bad 12 000/20 000 Ch$;) Strohdächer und Lehmziegelmauern zeichnen die mit Teppich ausgelegten Quartiere dieses netten Hostels aus, die um einen kleinen Hof angeordnet sind. Das Sonchek verfügt zudem über eine Gemeinschaftsküche, Gepäckaufbewahrung und einen kleinen Garten mit Tischtennisplatte und Hängematten. Vermutlich sind die Bäder mit den durch Solarenergie beheizten Warmwasserduschen so ziemlich die saubersten in ganz San Pedro. Die Betreiber sprechen Englisch und Französisch.

Hostal Edén Atacameño HOSTEL $

(☎ 055-285-1154; hostaleden@gmail.com; Toconao 592; EZ/DZ 25 000/40 000 Ch$, ohne Bad 12 000/20 000 Ch$; [P] [@] [🛜]) Lässiges Hostel mit Zimmern rund um ein paar nette mit Hängematten und vielfältigen Sitzgelegenheiten gespickte Patios. Gäste haben Zugang zu einer Küche, zudem kann man Kleidung waschen und Gepäck einschließen. Die Gemeinschaftsbäder sind sauber und bei den Zimmern mit eigenem Bad ist das Frühstück im Preis inbegriffen.

Residencial Vilacoyo PENSION $

(☎ 055-285-1006; vilacoyo@sanpedroatacama.com; Tocopilla 387; 10 000 Ch$ pro Pers.; [P]) Pension ohne großartigen Schnickschnack. Im kiesbestreuten behaglichen Hof findet man Hängematten und es gibt eine Küche sowie eine Gepäckaufbewahrung. Das Wasser in den Gemeinschaftsduschen ist nur zwischen 7 und 22 Uhr warm.

Hostelling International HOSTEL $

(☎ 055-256-4683; hostelsanpedro@hotmail.com; Caracoles 360; B/EZ/DZ 7000/33 000/36 000 Ch$, EZ/DZ ohne Bad 20 000/23 000 Ch$; [🛜]) Diese Unterkunft verströmt eine gesellige Atmosphäre und bietet Mehrbettzimmer (manche Etagenbetten sind fast 3 m hoch!) sowie ein paar Doppelzimmer an einem kleinen Hof. Gäste können die Küche und Schließfächer nutzen sowie Touren buchen. HI-Mitglieder erhalten 2000 Ch$ Rabatt.

★ Hostal Quinta Adela B&B $$

(☎ 055-285-1272; www.quintaadela.wix.com/quinta-adela; Toconao 624; Zi. ab 70 000 Ch$; [@] [🛜]) Netter Familienbetrieb, der nur einen kurzen Fußmarsch von der Stadt entfernt liegt. Die sieben individuell gestalteten Zimmer haben sehr viel Charme, außerdem gibt es eine schattige Terrasse und nebenan erstreckt sich ein Obsthain mit Hängematten. Gepäck kann man einschließen. Außerdem sind die Zeiten zum Ein- und Auschecken flexibel.

Hotel Lomas Sanchez HOTEL $$

(☎ 055-242-3649; www.lomassanchez.cl; Caracoles 259-A; EZ/DZ 25 000/45 000 Ch$; [🛜]) Die Zimmer auf der Straßenseite dieses familiengeführten Hotels mitten auf der Caracoles sind ziemlich laut, dafür jedoch charmant mit hübschen Details wie Holzdielen und Webarbeiten aus der Region. Frühstück wird im sonnigen Hof oder im gemütlichen Speisebereich serviert.

Hostal La Ruca HOSTEL $$

(☎ 055-285-1568; www.larucahostal.cl; Toconao 513; EZ/DZ 37 000/50 000 Ch$; [@] [🛜]) Einen Hauch rustikales Flair (bunte andine Tagesdecken und Wandteppiche) verströmen die Zimmer dieses süßen Hostels mit den winzigen, sauberen Bädern, einem sonnigen Hof mit Hängematten und einer Gemeinschaftsküche. Das nette Personal spricht Englisch und ein wenig Deutsch.

ABSTECHER

AUSFLUG NACH UYUNI, BOLIVIEN

Farbenprächtige Hochlandseen, bizarre Spielwiesen aus Felsen, die eines Salvador Dali würdig wären, Flamingos, Vulkane und die berühmte blendend weiße Salzebene von Uyuni: Dies sind einige der Eindrücke, die bei einem Abstecher nach Bolivien nordöstlich von San Pedro de Atacama auf die Besucher warten. Einen gemütlichen Ausflug aufs Land darf man sich allerdings nicht vorstellen, denn auf fünf Reisende, die Uyuni als Highlight ihres Trips preisen, kommt einer, der das Ganze als Alptraum beschreibt.

In der Regel dauert der Ausflug drei Tage. Die bolivianische Grenze wird in Hito Cajón passiert, dann geht's vorbei an der Laguna Colorada zum Salar de Uyuni und in die Stadt Uyuni. Der durchschnittliche Preis beträgt 98 000 Ch$ und schließt den Transport in überfüllten geländegängigen Jeeps, schlichte, oft zum Zähneklappern kalte Unterkünfte sowie Essen ein. Für einen Mehrpreis von 15 000 bis 23 000 Ch$ findet die Rückreise nach San Pedro erst am vierten Tag statt (normalerweise fahren die Tourveranstalter die dritte Nacht durch). Ins Reisegepäck gehören Getränke und Snacks, warme Kleidung und ein Schlafsack. Die Formalitäten zur Rückkehr nach Chile werden in San Pedro und die Einreiseformalitäten nach Bolivien bei der Ankunft in Uyuni geregelt. Eintrittsgelder für bolivianische Parks (insgesamt ca. 17 000 Ch$) sind nicht im Tourpreis inbegriffen.

Keine der Agenturen, die diese Tour anbieten, erhält uneingeschränkt begeisterte Rückmeldungen. Am empfehlenswertesten nach bisherigen Berichten ist **Cordillera Traveler** (☎ 055-285-1291; www.cordilleratraveller.com; Toconao 447-B & Tocopilla 429-B).

Katarpe Hostal
HOTEL $$

(☎ 055-285-1033; www.katarpe.cl; Domingo Atienza 441; EZ/DZ 38 000/48 000 Ch$, DZ ohne Bad 32 000 Ch$; P ⓢ) Tolle Lage unweit der Caracoles. Gäste haben die Wahl zwischen verschiedenen ausreichend großen Zimmern, die mit frischen Laken und vernünftigen Betten ausgestattet sind. Die Zimmer sind um ein paar Innenhöfe angeordnet, in einem davon stehen lange Holztische. Außerdem: Wäscheservice und zuvorkommendes Personal.

Takha Takha Hotel & Camping
HOTEL, CAMPINGPLATZ $$

(☎ 055-285-1038; www.takhatakha.cl; Caracoles 101-A; Stellplatz pro Pers. 10 000 Ch$, EZ/DZ 38 400/50 000 Ch$, ohne Bad 14 400/30 000 Ch$; ⓢ) Beliebte Anlage mit Stellplätzen, schlichten Budgetzimmern und blitzblanken Mittelklasseräumen rund um einen üppigen Blumengarten samt Swimmingpool.

Hotel Don Sebastián
HOTEL $$

(☎ 055-285-1972; www.donsebastian.cl; Domingo Atienza 140; EZ/DZ 50 000/70 000 Ch$, Hütten 80 000 Ch$; P @ ⓢ) Solide Mittelklasseoption nur einen Steinwurf von der Stadt entfernt. Die Zimmer sind beheizt und gut ausgestattet. Außerdem gibt's eine Handvoll Hütten mit Küchenzeile. Nette Gemeinschaftsbereiche, allerdings tummeln sich hier manchmal zu viele Reisegruppen.

Hostal Lickana
PENSION $$

(☎ 055-285-1940; www.lickanahostal.cl; Caracoles 140; EZ/DZ 34 000/47 000 Ch$; ⓢ) Etwas abseits der Hauptstraße punktet das Hotel mit blitzsauberen Zimmern inklusive großer Schränke, bunter Tagesdecken und strohgedeckter Patios. Was fehlt, sind gesellige Gemeinschaftsbereiche.

Atacama Awasi
HOTEL $$$

(☎ 055-285-1460; www.awasiatacama.com; Tocopilla 4; All-Inclusive-Paket für 2 Nächte EZ/DZ 2475/3300 US$) Das Awasi, eines der besseren Luxushotels in der Gegend, liegt etwa 1 km südlich der Stadt. Die Zimmer sind wunderschön in rustikal-schickem Stil mit größtenteils hiesigen Materialien eingerichtet; sogar das Badesalz stammt aus der Region. Es gibt ein tolles hauseigenes Restaurant, einen hübschen kleinen Poolbereich und Extras wie einen persönlichen Guide/Fahrer für jeden Gast.

Tierra Atacama Hotel & Spa
HOTEL $$$

(☎ 055-255-5976; www.tierraatacama.com; Séquitor s/n; All-Inclusive-Paket für 2 Nächte EZ/DZ 1650/2700 US$; P @ ⓢ ☒) Luxus und Stil erwarten alle, die 20 Minuten von der Stadt in diesem an ein Resort erinnernden Refugium übernachten. Die Zimmer mit Steinboden haben einen minimalistischen Look, die Duschen befinden sich im Freien und von den Terrassen genießt man einen überwältigenden Blick auf den Licancábur. Außerdem gibt's ein Spa und ein Restaurant. Das All-Inclusive-Paket umfasst Essen, Getränke und Touren.

Hotel Terrantai
HOTEL $$$

(☎ 055-285-1045; www.terrantai.com; Tocopilla 411; DZ 105 000–120 000; Ch$ P ⓢ ☒) Zweifellos das intimste und am zentralsten gelegene der Spitzenhotels in San Pedro. Das Geheimnis liegt in der Architektur: Hohe, schmale Korridore aus dem weichem Gestein, das aus dem Loa-Fluss gewonnen wird, führen zu eleganten Zimmern mit andinen Stoffen und Deckenventilatoren. Die „Superior"-Zimmer sind etwas teurer, dafür aber auch geräumiger, heller und bieten einen schöneren Blick.

Hinten schließen sich ein von Bambus beschatteter Skulpturengarten, ein Tauchpool und eine Bar an.

🍴 Essen & Ausgehen

Die Restaurants in San Pedro bieten eine verlockende Vielfalt, besonders für Vegetarier, allerdings muss man dafür tief in die Tasche greifen! Viele der typischen Touristenlokale beschäftigen Schlepper, die mit 10 % Rabatt oder einem Freigetränk werben (man muss aber hinterher sein, dass man das auch bekommt!).

Wer nicht allzu tief in die Tasche greifen möchte, sollte es den Einheimischen gleichtun und an den Stadtrand ausweichen, z. B. auf die Licancábur. Dort kostet ein Mittagsmenü etwa 4000 Ch$. Die beste Anlaufstelle für wirklich günstiges Essen sind die Stände beim Parkplatz an San Pedros Nordrand. Dort werden für knapp 3000 Ch$ einfache Mittagsmenüs mit *cazuela,* Hauptgericht und Dessert serviert. Empanadas als Imbiss zwischendurch gibt's den ganzen Tag über.

Salon de Te O2
CAFÉ $

(Caracoles 295; Frühstück ab 2500 Ch$, Hauptgerichte ca. 5000 Ch$; ⏱ 7–21 Uhr; ⓢ) Frühstück in aller Herrgottsfrühe (ab 7 Uhr), leckere Quiche, saftige Sandwiches mit Fleisch und wunderbare Törtchen sind die Highlights in diesem bunten Café, das von einem chilenisch-französischen Paar betrieben wird. Im Hof hinten kann man problemlos einen Nachmittag vertrödeln.

Cafe Peregrino CAFETERIA $

(Gustavo Le Paige 348; Frühstück ab 3000 Ch$, Sandwiches ca. 4000 Ch$; ⊙9–20 Uhr; 🛜) San Pedros nettestes Café gewährt von seinen Bänken einen Blick über die Plaza und die vorbeieilenden Leute. Drinnen gibt's nur vier Tische. Was das Essen angeht, darf man sich auf Pizzas, Salate, Sandwiches sowie leckere Kuchen und Gebäck freuen. Außerdem werden richtige Espressos und Cappuccinos serviert.

El Toconar INTERNATIONAL $

(Ecke Toconao & Caracoles; Hauptgerichte 4000–9000 Ch$; ⊙12–1 Uhr) Die beste Gartenkulisse der Stadt mit Lagerfeuer für kühle Wüstennächte. Zudem gehören eine umfangreiche Speisekarte, eine großartige Cocktailauswahl (u. a. Pisco Sour mit Wüstenkräutern), günstiges Bier und eine Happy Hour zum Programm.

El Churruá PIZZERIA $

(Tocopillo 442; Hauptgerichte 5000–8000 Ch$; ⊙12.30–23 Uhr) Das unauffällige Lokal abseits der Hauptstraße serviert die beste knusprig-dünne Pizza der Stadt. Es gibt nur wenige Tische, die Wartezeit lohnt sich aber. Alkohol sucht man auf der Karte vergeblich, das Personal geht jedoch gerne im nächsten Laden welchen holen.

Las Delicias de Carmen CHILENISCH $

(Calama 370; Hauptgerichte 5000–10 000 Ch$; ⊙8–22.30 Uhr; 🛜🍽) Tolles Frühstück, köstliche Kuchen und Empanadas, Pizzas aus dem Lehmziegelofen (den Belag darf man selbst wählen) und täglich unterschiedliche Gerichte werden in dem lichtdurchfluteten Restaurant mit Blick ins Grüne aufgetischt. Die Terrasse teilt sich das Lokal mit dem Hostal Sonchek nebenan.

Tahira CHILENISCH $

(Tocopilla 372; 3000–7000 Ch$; ⊙12–23 Uhr) Ein bodenständiges Café, in dem die Einheimischen den Touristen zahlenmäßig überlegen sind. Hier macht man sich über schnörkellose chilenische Klassiker her. Am Wochenende locken Grillgerichte.

★ La Casona CHILENISCH $$

(www.lacasonadeatacama.cl; Caracoles 195; Mittagsmenü 6000–7000 Ch$, Hauptgerichte 8000–10 000 Ch$; ⊙12–1 Uhr; 🛜) Das Restaurant verfügt über einen Speisesaal mit hohen Decken, dunkler Holzvertäfelung und Lehmziegelkamin. Auf der Karte stehen *parrilladas* und chilenische Leibspeisen wie *pastel de choclo*. Zudem gibt's eine große Auswahl an chilenischen Weinen und einen kleinen Hof, in dem Mittagessen unter freiem Himmel serviert wird.

Adobe INTERNATIONAL $$

(Caracoles 211; Hauptgerichte 7500–9500 Ch$; ⊙Do–Di 12–1, Mi 19–1 Uhr; 🛜) Wegen seiner gewollten Schlichtheit, den Malereien an den Wänden, den Sitzbänken und dem rauchigen Feuer im Essbereich draußen steht das Adobe bei Reisenden hoch im Kurs. Die Kellner servieren leckere, aber teure Gerichte wie Pilz-Quinoa-Risotto. Auch nett für einen Drink.

Blanco INTERNATIONAL $$

(Caracoles 195b; Hauptgerichte 7500–9000 Ch$; ⊙Mi–Mo 7–24 Uhr; 🛜) Das hippste Restaurant der Stadt ist in einem weißen Lehmziegelgebäude mit Aquariumfenstern und einer Terrasse nach hinten samt Kamin untergebracht. Es überzeugt mit guter Gerichteauswahl und lebendiger Atmosphäre. Die Menüs (6000–7000 Ch$) sind ein Schnäppchen.

Todo Natural INTERNATIONAL $$

(Caracoles 271; Menü 7000 Ch$, Hauptgerichte 7000–11 000 Ch$; ⊙12–23 Uhr; 🛜🍽) Hiesige Zutaten wie Quinoa, asiatische Einflüsse, Vollkorn-Sandwiches, gute Salate und andere gesunde Gerichte machen die umfangreiche Speisekarte aus. Der Service ist nicht so der Hit, aber das Essen schmeckt und es gibt eine Happy Hour (18–20 Uhr).

Ckunna INTERNATIONAL $$

(Tocopilla 359; Hauptgerichte 8000–12 000 Ch$; ⊙12–15 & 19–23.30 Uhr; 🛜) In einem alten Gebäude einen kurzen Fußmarsch von der Hauptstraße entfernt locken selbst gemachte Pastagerichte und Fusionsküche (Altiplano goes Mittelmeer). Die Bar und die Terrasse mit dem offenen Feuer wirken einladend.

Paatcha STEAKHAUS $$

(Caracoles 218; Hauptgerichte 6000–10 000 Ch$; ⊙12–15 & 19.30–23.30 Uhr) Das intime kleine Lokal serviert gute *parrillada* (Fleischteller), zudem gibt's eine anständige Cocktailkarte und ruhige Musik.

☆ Unterhaltung

Die kleine Gemeinde ist zwar herzlich um Besucher bemüht, Nachtschwärmer sind jedoch nicht so gern gesehen. Lokale, in denen nur Alkohol verkauft wird, sind verboten und nach 1 Uhr nachts wird kein Alkohol mehr ausgeschenkt. Die Polizei greift hart gegen Trinken in der Öffentlichkeit durch, zudem haben die örtlichen Gesetzgeber kürzlich nächtliche Tanzveranstaltungen im Stadtzentrum verboten. Für Reisende, die früh zu einer Tour aufbrechen, ist die Nacht aber sowieso sehr kurz: Das Aufstehen gegen vier Uhr morgens, um z. B. an einem Ausflug nach El Tatio teilzunehmen, bereitet schon genug Kopfschmerzen, auch *ohne* Kater!

Für Freunde ausgiebigen Nachtlebens ist jedoch nicht alles verloren, denn es gibt zahlreiche Bar-Restaurants, wo Traveller rund um ein offenes Feuer Geschichten austauschen und das Happy-Hour-Angebot genießen können. Überdies finden regelmäßig Rave-Partys in der Wüste statt, für die allerdings aus Angst vor Polizeirazzien nicht öffentlich Werbung gemacht wird. Das Ganze läuft über Mundpropaganda, also Ohren aufsperren und rumfragen, wo und wann das nächste Mal gefeiert wird.

Shoppen

Der schattige Paseo Artesanal, eine Gasse, die von der Plaza nach Norden führt, ist der richtige Ort, um ungewöhnliche *cardón*-Schnitzereien, Kleidung aus Lama- und Alpakawolle und viele andere Dinge zu erstehen. Weitere Läden, die Kunsthandwerk anbieten, verteilen sich über die ganze Stadt.

Praktische Informationen

In der Stadt gibt's drei Geldautomaten (zwei auf der Caracoles und einen gegenüber vom Museum), die aber nicht immer ausreichend gefüllt sind. Aus diesem Grund sollte man ein dickes Bündel Geldscheine mitbringen. In vielen Lokalen, Unterkünften etc. kann man mit Karte zahlen, manchmal wird jedoch harte Währung bevorzugt. Die Kurse in den Wechselstuben, die man vor allem entlang der Toconao findet, sind nicht berauschend.

Entlang der Caracoles stößt man auf Internetcafés (800 Ch$ pro Std.), doch auch die meisten Unterkünfte bieten Internetzugang. Auf der Hauptplaza hat man kostenlosen WLAN-Empfang.
Oficina de Información Turística (055-285-1420; Ecke Toconao & Le Paige; 9–21 Uhr) Die hilfsbereiten Angestellten geben Auskünfte und verteilen Stadtpläne und Broschüren. In dem Buch mit den Gästekommentaren findet man aktuelles Feedback zu verschiedenen Reiseveranstaltern, Hostels, Restaurants, Transportunternehmen und mehr.
Postamt (Tocanao s/n) Das Postamt zieht quasi jährlich um, deswegen fragt man am besten vor Ort nach, wenn die Adresse nicht mehr stimmen sollte.
Posta Médica (055-285-1010; Toconao s/n) Lokale Klinik an der Plaza.

An- & Weiterreise

Der neue **Busbahnhof** (Tumisa s/n) von San Pedro liegt 1 km südöstlich der Plaza. Hier erfolgen mittlerweile Abfahrt und Ankunft aller Busse, Tickets sind jedoch auch weiterhin in den Büros der Busunternehmen im Zentrum entlang der Licancábur erhältlich.
Buses Atacama 2000 (Licancábur s/n; 8–19 Uhr) bietet Verbindungen nach Calama (ab 2700 Ch$, 3-mal tgl.), wo Anschluss nach Uyuni besteht. **Buses Frontera del Norte** (Licancábur s/n) fährt fünfmal täglich nach Calama sowie jeden Abend um 20 Uhr nach Arica (ab 16 100 Ch$) und Iquique (15 000 Ch$).
Tur Bus (055-851-549; Licancábur 294) verkehrt stündlich nach Calama (3000 Ch$) mit Anschlüssen zu allen wichtigen Reisezielen in Chile.
Andesmar (055-259-2692; www.andesmar.com; Licancábur s/n) steuert Salta und Jujuy in Argentinien an (Di, Mi, Fr & So 9.30 Uhr, ab 30 000 Ch$, 12 Std. inkl. Grenzformalitäten).
Géminis (055-892-049; Toconao 428) fährt um 9.30 Uhr am Dienstag und Sonntag und freitags um 8.30 Uhr ebenfalls nach Salta (32 000 Ch$, 12 Std.).

Mehrere Anbieter in der Stadt wie **Desert Adventure** (055-285-1067; Caracoles s/n) bieten Transfers zum Flughafen von Calama an. Der Preis liegt bei etwa 16 500 Ch$ pro Person.

Unterwegs vor Ort

Mit dem Mountainbike kann man großartig durch die Umgebung von San Pedro düsen. Um sicherzugehen, dass nur Kalorien verbrannt werden, sollte man immer Wasser und Sunblocker dabeihaben. Verschiedene Reisebüros und Hostels vermieten Räder für etwa 6000 Ch$ pro Tag. Teilweise gibt's dazu auch eine (fotokopierte) Karte.

Rund um San Pedro de Atacama

Viele Attraktionen sind von der Stadt aus nicht zu Fuß zu erreichen und öffentliche Verkehrsmittel gibt's nur begrenzt. Deshalb sollte man ein Auto (in Calama) oder ein Fahrrad mieten oder an einem organisierten Ausflug teilnehmen. Glücklicherweise unterliegen die Anbieter geführter Touren einem harten Wettbewerb, sodass sich ihre Preise in einem vernünftigen Rahmen bewegen. Es ist eine Überlegung wert, in den abgelegenen Dörfern und Zielen, die man besucht, zu übernachten. Wer die touristischen Pfade ausweitet, trägt dazu bei, den Menschen der Region eine Perspektive zu geben.

Die chilenische Natur

Hier kann man die weitläufige einsame Wüste genießen, die rauen Gipfel der Anden erklimmen oder durch die heiligen Wälder des Dichters Pablo Neruda wandern. Vor der endlosen Küste surfen, paddeln und segeln… oder aber die Geheimnisse der Osterinsel erkunden, Sterne beobachten, in Thermalquellen baden oder das Kalbeis bewundern. In Chile ist die Natur praktisch allgegenwärtig.

1. Parque Nacional Torres del Paine (S. 379)
Granitsäulen thronen über der Steppe Patagoniens.

2. Valparaíso (S. 92)
Die Panoramafahrt über die Küstenstraße ist der schönste Weg in den Küstenort.

3. Osterinsel (S. 428)
Rätselhafte *moai* (Statuen) auf der einsamen Insel.

4. Guanakos (S. 473)
Diese zarten Kamele finden sich am häufigsten in den Steppen Patagoniens, etwa im Parque Nacional Torres del Paine.

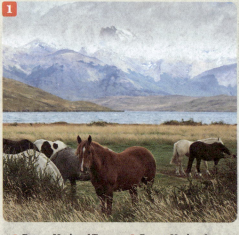

1. Parque Nacional Torres del Paine (S. 379)
Imposante Gipfel und die Laguna Azul bilden einen wundervollen Hintergrund für grasende Pferde.

2. Valle de la Luna (S. 167)
Hier warten riesige Sanddünen und surreale, mondähnliche Landschaft.

3. Parque Nacional Bernardo O'Higgins (S. 379)
Gletscher und einsame Eisfelder lassen sich per Boot erkunden.

4. El-Tatio-Geysire (S. 169)
Der an eine riesige, gurgelnde Sauna erinnernde El Tatio umfasst 64 Geysire und 100 Fumarole.

Rund um Calama & San Pedro de Atacama

Die Ruinen der **Pukará de Quitor** (Eintritt 3000 Ch$; Juni–Aug. 9–19.30 Uhr, Sept. Mai bis 18 Uhr) aus dem 12. Jh. thronen auf einem Felssporn über dem Río San Pedro. Diese Festung war eine der letzten Bastionen im Norden Chiles gegen Pedro de Valdivia und seine spanischen Truppen. Die indigenen Streitkräfte kämpften tapfer, konnten ihren Widersachern an Waffengewalt jedoch nichts entgegenhalten und wurden oft sofort geköpft. Noch heute sind die Verteidigungsstellungen, etwa hundert an der Zahl, zu sehen; sie drücken sich an den Hang wie große steinerne Vogelnester. Von der Bergspitze eröffnet sich ein eindrucksvoller Blick auf die gesamte Oase. Die Festung liegt nur 3 km nordwestlich von San Pedro und ist zu Fuß, mit dem Fahrrad oder einem Fahrzeug leicht zu erreichen.

In den Ruinen von **Aldea de Tulor** (Eintritt 5000 Ch$; Juni–Aug. 9–19.30 Uhr, Sept.–Mai bis 18 Uhr), dem ältesten ausgegrabenen Dorf in der Region, drängen sich ringförmige Lehmziegelbauten aneinander (man fühlt sich spontan an eine schlammfarbene Luftpolsterfolie erinnert). Von San Pedro führt südwestlich ein 11 km langer Abstecher hierher; Interessierte buchen entweder eine geführte Tour, befahren die sandige Strecke mit einem Wagen oder nehmen das Mountainbike.

Reserva Nacional Los Flamencos

Das weitläufige Reservat (Eintritt Erw./Kind bis 12 Jahre 2500 Ch$/frei; ⊙ Sommer 9–18 Uhr, Winter bis 17 Uhr) umfasst sieben landschaftlich unterschiedliche Zonen und erstreckt sich südlich, östlich und westlich von San Pedro de Atacama. Hier befinden sich viele der Top-Attraktionen der Gegend.

Die Conaf betreibt ein Centro de Información Ambiental (⊙ meist 10–13 & 14.30–16.30 Uhr) im *ayllu* (kleine indigene Gemeinschaft) Solcor, das 2 km hinter dem Zoll- und Grenzposten von San Pedro de Atacama an der Straße nach Toconao liegt.

Valle de la Luna

Den Sonnenuntergang im fantastischen Valle de la Luna (Mondtal; Erw./Stud. 2000/1500 Ch$; ⊙ Sonnenauf- bis Sonnenuntergang) zu beobachten ist ein unvergessliches Erlebnis. Während man auf einer riesigen Sanddüne sitzt, noch ganz außer Atem vom anstrengenden Aufstieg und vertieft in die spektakuläre Aussicht, versinkt die Sonne hinterm Horizont, und es tritt eine wunderbare Verwandlung ein: Der ferne Ring aus Vulkanen, der die Cordillera de la Sal unterbricht, und das wie eine Mondlandschaft anmutende Tal erstrahlen in einem Feuerwerk aus unbeschreiblich schönen Purpur-, Pink- und Goldtönen.

Das Valle de la Luna ist nach den mondähnlichen Landschaftsformen benannt, die Flut und Wind seit Jahrtausenden gestalten. Es erstreckt sich 15 km westlich von San Pedro de Atacama, bildet das nördliche Ende der Cordillera de la Sal und gehört zur Reserva Nacional Los Flamencos.

Ausflüge in dieses Tal zählen zu den beliebtesten und auch günstigsten Tourangeboten in San Pedro. Sie beginnen gegen 16 Uhr, dann bleibt vor Sonnenuntergang genug Zeit, sich umzuschauen. Wer jedoch keine Lust auf die Dutzende Touristenbusse hat, die alle an denselben Stellen halten, sollte einen anderen Zeitpunkt wählen. Hartgesottene kommen im Morgengrauen her, um den Massen beim Sonnenuntergang zu entgehen.

Eine gute Möglichkeit ist die Anfahrt per Mountainbike, doch man sollte die Straßen und Fahrspuren nicht verlassen. Wer bis zum Sonnenuntergang bleibt, benötigt eine Taschenlampe. Autofahrer können die Landstraße verlassen und auf unbefestigten Straßen auch die nördlichen Regionen er-

Die idyllischen Termas de Puritama (Eintritt Erw./Kind 15 000/7000 Ch$; ⊙ 9.15–17.30 Uhr) sprudeln in einer Klamm 34 km nördlich von San Pedro, ein landschaftlich reizvoller Zwischenstopp auf dem Weg nach El Tatio. Auf dem Gelände, das von der Explora-Gesellschaft betreut wird, befinden sich Umkleidekabinen. Wegen der saftigen Eintrittspreise steuern nur wenige Veranstalter die Quellen an, man kann aber in San Pedro ein Taxi nehmen. Vom Parkplatz sind die Quellen 20 Gehminuten entfernt. Die Wassertemperatur beträgt etwa 33 °C, es gibt mehrere Wasserfälle und Pools. Verpflegung, Trinkwasser und Sunblocker gehören unbedingt ins Gepäck.

ABSTECHER

DER OBERE RÍO LOA & SEINE NEBENFLÜSSE

Wie an einer Perlenschnur reihen sich auf dem unwegsamen Terrain nördlich von San Pedro de Atacama und östlich von Calama typische Andendörfer und alte Festungen aneinander. Einige Reiseveranstalter in San Pedro steuern diese Ortschaften an, meist im Anschluss an den spektakulären frühmorgendlichen Besuch der El-Tatio-Geysire. Dabei überqueren sie bis zu 4800 m hohe Pässe und schlängeln sich durch ein paar sehr enge Spitzkehren.

Von den Geysiren sind es noch 46 serpentinenreiche Kilometer zum ebenso überraschenden wie entzückenden Hochlandidyll Caspana. Es schmiegt sich in das Tal, dem es seinen Namen verdankt. Das „neue" Dorf wurde in den felsigen Steilabbruch hineingebaut, während der „alte" Ort am Rand des Hochplateaus darüber balanciert. Es sieht genauso aus, wie ein Andendorf aussehen sollte: fruchtbare Terrassen, strohgedeckte Dächer und eine Kirche aus der Kolonialzeit, die Iglesia de San Lucas. Auch ein kleines archäologisches Museum darf nicht fehlen. Achtung: In Caspana ist das Wasser aus dem Hahn nicht trinkbar.

Wer von hier aus weiter Richtung Norden fährt, erreicht das bäuerliche Ayquina und die nahe gelegene Thermalquelle Vegas de Turi. Richtung Osten folgt das winzige Toconce.

Viele geführte Touren nehmen in Caspana die Straße nach Westen und folgen der Abzweigung nach Nordwesten, vorbei an der Laguna Inca Coya (auch bekannt als Laguna Chiu Chiu). Die kreisrunde Oase, die laut einer von Jacques Cousteau geleiteten Expedition 80 m tief reicht, ist nach einer Legende mit den Tränen einer verschmähten Geliebten des Inka Tupac Yupanqui gefüllt.

Von hier aus verläuft die unbefestigte Straße nach Westen zu einer Kreuzung, wo es Richtung Norden nach Chiu Chiu und zur Pukará de Lasana geht. Die weitläufige Burg aus dem 12. Jh. wurde in das lachsrosa Vulkangestein des Tals hineingebaut. Über das Gelände verteilt lassen sich Verteidigungsstellungen und einige Petroglyphen ausmachen. Vor Ort gibt's auch ein auf Touristen eingestelltes Restaurant.

Auf der Fahrt zurück nach Chiu Chiu sollte man sich die Zeit nehmen, die rätselhaften Petroglyphen zu würdigen, die überall im Tal zu sehen sind. Einige liegen direkt im Blick, andere verstecken sich hinter mächtigen Felsbrocken.

Chiu Chiu, 33 km von Calama entfernt, erreicht man über die asphaltierte Ruta 21. Die Bedeutung der klobigen kleinen Iglesia de San Francisco aus dem Jahr 1540 (ein Nationaldenkmal) ist kaum zu überschätzen. Wahrscheinlich handelt es sich um die älteste Kirche in Chile. Im Innern können Besucher die Decke aus Kaktusholz bestaunen und dann außen um das Gebäude herumspazieren, dessen weiß gekalkte Außenwände an eine Sandburg erinnern.

Mehrere Agenturen in San Pedro de Atacama organisieren Ausflüge in diese Gegend.

---

kunden. Aber Vorsicht: Es besteht die Gefahr, im Sand stecken zu bleiben! Parken darf man nur am Straßenrand oder an ausgewiesenen Stellen – keinesfalls den empfindlichen Wüstenboden durch Reifenspuren aufreißen!

Campen ist nicht erlaubt. Das Gebiet wird vom Volk der Atacameños verwaltet. Es ist das Land ihrer Vorfahren und geheiligter Boden. Besucher sollten darauf Rücksicht nehmen und keine Abfälle zurücklassen.

Laguna Chaxa

Salar de Atacama sieht aus, als hätte hier ein Riese mit einem hartborstigen Besen gewütet. Aber inmitten der leeren monotonen Ödnis trifft man, etwa 65 km von San Pedro entfernt, auf eine Oase des Lebens: die bezaubernde Laguna Chaxa (Eintritt 5000 Ch$), die vor allem Flamingos Lebensraum bietet. Dies ist das am leichtesten zugängliche Flamingo-Brutgebiet des Reservats. Drei von fünf bekannten Spezies (James-, Chile- und Andenflamingo) sind am Salzsee zu beobachten, außerdem Regenpfeifer, Blesshühner und Enten: Zoom-Objektive und flinke Reflexe mitbringen! Bei Sonnenaufgang, wenn sie nach Nahrung suchen, hat man die beste Sicht auf die Vögel, aber auch zum Sonnenuntergang lohnt sich ein Abstecher.

Lagunas Miscanti & Miñiques

Wie glitzernde Tupfer verteilen sich die Hochgebirgsseen über den Altiplano und sind tolle Ziele für lange, aber lohnende Exkursionen von San Pedro aus. Von einer Kreuzung 3 km südlich von **Toconao** – ein paar Tourveranstalter halten dort zum Besuch der Kirche und der nahe gelegenen **Quebrada de Jere** (Eintritt 2000 Ch$) – führt die Ruta 23 südwärts und erreicht nach 46 km das Dorf **Socaire**. Dort gibt's eine hübsche Kirche aus der Kolonialzeit mit einer Decke aus Kaktusholz und bemerkenswert viele Terrassen, die bereits von den Inka angelegt wurden.

Die Straße steigt dann 18 km an, bis die Abzweigung Richtung Osten erreicht ist. Diese verläuft zu den glitzernd-blauen Süßwasserseen **Miñiques** und **Miscanti** (Eintritt 2500 Ch$), über die schneebedeckte Vulkane wachen. Die kleinere Laguna Miñiques ist die größte Brutstätte für Rüsselblesshühner westlich der Anden. Während der Brutzeit müssen Besucher einen angemessenen Abstand wahren. Die Conaf und die Gemeinde von Socaire unterhalten eine **Hütte** (20 000 Ch$ pro Pers.) an der Laguna Miscanti. 15 km südlich der Abzweigung mündet die Straße wieder in die Ruta 23 und führt Richtung Osten vorbei an weiteren Salzseen, darunter die **Laguna Tuyajto**, sowie zur argentinischen Grenze in Paso de Lago Sico (4079 m).

Von San Pedro nach Socaire sind es 100 km, die Lagunen liegen 110 km entfernt in einer Höhe von 4300 m.

El-Tatio-Geysire

Wer bei Tagesanbruch diese weltberühmte Attraktion ansteuert, wandelt gleichsam durch ein gewaltiges Dampfbad: Umringt von Vulkanen gurgeln hier 64 Geysire, und Hunderte Fumarolen stoßen Wasserdampf und Gas aus. Wirbelnde Dampfsäulen hüllen wie in einer dantesken Vision die Besucher ein, und der blubbernde und zischende Soundtrack klingt wie eine ganze Batterie fröhlich kochender Kessel. Und doch *fühlt* sich das Ganze nicht wie ein Badevergnügen an, bestenfalls wie ein Bad am Nordpol. Die meisten Traveller wünschten, die Geysire würden ihre Hitze während der kalten Morgenstunden effektiver verteilen.

El Tatio, das höchstgelegene Geysirfeld der Erde, erstreckt sich 4300 m über dem Meeresspiegel. Der Anblick der dampfenden Fumarolen vor dem azurblauen Himmel des Altiplano ist unvergesslich, und die Strukturen, die entstehen, wenn das kochende Wasser austritt, sind von faszinierender Schönheit. Wenn die Dämmerung weicht, krönen Sonnenstrahlen die umgebenden Vulkane und beleuchten den wabernden Dampf. Seit mehreren Jahren gibt's Pläne, vor Ort ein Wärmekraftwerk zu errichten, aber noch können die Tatio-Geysire ihren Dampf ohne jede Einschränkung gen Himmel schicken.

❶ Praktische Informationen

Die Geysire liegen 95 km nördlich von San Pedro de Atacama. Ihre Verwaltung wurde 2004 dem indigenen Volk der Atacameños übertragen. 2 km vor der Attraktion befindet sich ein Verwaltungskiosk, an dem Besucher Eintritt zahlen müssen (5000 Ch$).

Geführte Touren (um die 20 000 Ch$) starten bereits um 4 Uhr morgens, damit man gegen 6 Uhr das Ziel erreicht. Das ist die beste Zeit, um das dampfende Schauspiel in all seiner Pracht zu sehen. Beinahe jede Agentur in San Pedro bietet diesen Ausflug an, deshalb stolpern gleichzeitig Hunderte schlaftrunkener Touristen aus den Minibussen. Nach etwa 8.30 Uhr treiben Winde den Dampf auseinander, aber dann fahren fast alle Tourteilnehmer bereits wieder ab, sodass die Übrigen das große Thermalbecken quasi allein genießen können. Unbedingt aufpassen, wo man hintritt – an manchen Stellen sind bereits Besucher durch die dünne Kruste in die darunter befindlichen mit heißem Wasser gefüllten Pools eingebrochen und haben sich schwer verbrüht. Bei der Auswahl der Kleidung das Zwiebelprinzip beachten: Bei Sonnenaufgang ist es so kalt, dass die Zehen erstarren, aber auf dem Rückweg kann der Bus zum Backofen werden.

❶ An- & Weiterreise

Organisierte Touren von San Pedro schließen ein Frühstück mit ein, manchmal mit Milchtüten und frischen Eiern, die in Geysirbecken gekocht werden.

Wer mit dem Auto anreist, sollte San Pedro morgens nicht später als 4 Uhr verlassen, um die Geysire bis Sonnenaufgang zu erreichen. Die Route nach Norden ist ab San Pedro ausgeschildert (Los Géiseres del Tatio). Einige Fahrer folgen in der Dunkelheit lieber den Tour-Minibussen, was die Busfahrer nicht so gern mögen. Die unbefestigte Straße mit mehreren schwierigen Flussdurchquerungen sollte man sich nur mit einem geländegängigen Pick-up oder Jeep, vorzugsweise mit Vierradantrieb, vornehmen.

Wenn man in Calama einen Wagen gemietet hat, kann man durch die malerischen Dörfer

Caspana und Chiu Chiu statt über San Pedro zurückkehren. Einige Ausflugsveranstalter in Calama und in San Pedro nutzen ebenfalls diese Route.

Calama

055 / 138 588 EW. / 2250 M

Calama (2250 m) macht einen düsteren, rauen Eindruck, ist jedoch der Stolz des nördlichen Chile, ein wirtschaftliches Kraftpaket, das Jahr um Jahr Wagenladungen von Kupfergeld in die chilenische Wirtschaft pumpt. Und obwohl die Bergbaustadt für Besucher wenig Attraktives bereithält – die meisten Leute übernachten hier nur (wenn sie müssen) auf dem Weg nach San Pedro de Atacama –, besitzt sie doch eine ehrliche, ungeschönte Ausstrahlung, die in Sachen Authentizität definitiv noch einen drauflegt.

Überall finden sich Hinweise auf das wertvolle Metall: Statuen, Wandradierungen und Reliefs. Sogar die Kathedrale ziert eine kupferüberzogene Spitze. Zwischen 2004 und 2007 nahm die Stadt eine „Kupferflüchtlingswelle" auf, als die gesamte Bevölkerung von Chuquicamata wegen der permanenten Staubbelastung durch die Minen hierher übersiedelte.

Calamas kurze Geschichte ist untrennbar mit der von Chuquicamata verbunden. Dass es ein relativ junger Ort ist, lässt sich daran ablesen, dass es erst 1906 eine Kathedrale bekam – bis dahin gehörte Calama zur Kirche des winzigen Chiu Chiu.

Die Stadt erstreckt sich am Nordufer des Río Loa. Obgleich sie sich mit der Zuwanderung der Arbeiter aus Chuquicamata um einiges vergrößert hat, lässt sich ihr Zentrum noch immer gut zu Fuß erkunden. Die Calle Ramírez beginnt als Fußgängerzone und führt zur schattigen Plaza 23 de Marzo, die mit Marktständen und Tauben überquillt.

Schlafen

In Calama sind die Übernachtungspreise reichlich überzogen. Weil die Arbeiter der lukrativen Kupferminen fast alle Hotels in Beschlag nehmen, sollte man Zimmer vorab reservieren, insbesondere an Werktagen.

Hostal Abaroa HOTEL $
(057-294-1025; Abaroa 2128; EZ/DZ 28 000/36 000 Ch$, ohne Bad 15 000/20 000 Ch$;) Nettes neues Hostel ein paar Blocks von der Plaza entfernt und die beste Adresse in dieser Preiskategorie. Saubere helle Zimmer säumen den Hinterhof, und die Lage ist günstig, wenn man mit dem Bus ankommt oder abreisen will. Auf Wunsch gibt's Mahlzeiten.

Hotel Atenas HOTEL $
(055-234-2666; www.hotelatenas.cl; Ramírez 1961; EZ/DZ 16 000/21 000 Ch$;) Ein Labyrinth aus dunklen Zimmern in unmittelbarer Nähe zur Fußgängerzone. Dies ist die beste Billigunterkunft in der Stadt, mit einer guten Lage und sauberen großen Bädern.

Hotel Anpaymi HOTEL $$
(055-234-2325; www.hotelanpaymi.cl; Sotomayor 1980; EZ/DZ 33 000/42 000 Ch$;) Ein überraschend ruhiges Hotel mitten im geschäftigen Zentrum. Die geräumigen Doppelzimmer mit Holzdielen und winzigen Bädern bieten ein gutes Preis-Leistungs-Verhältnis. Die Einzelzimmer sind klein, aber angemessen.

Hotel El Mirador HOTEL $$
(055-234-0329; www.hotelmirador.cl; Sotomayor 2064; EZ/DZ 44 000/55 000 Ch$;) Die Front des historischen Hotels ziert ein achteckiger Turm und das Gebäude selbst beherbergt um einen sonnenverwöhnten Hof herum Zimmer im Kolonialstil mit kleinen Bädern und einer netten Atmosphäre „wie bei Großmutter". Im Sitzbereich hängen alte Fotos von Calama. Nur Barzahlung.

Hostería Calama HOTEL $$$
(055-234-1511; www.hosteriacalama.cl; Latorre 1521; EZ/DZ 81 000/91 000 Ch$;) Calamas schickstes Hotel im Zentrum beherbergt große Zimmer mit Teppichböden und klassischem Dekor. Manche Räume gewähren einen Blick ins Grüne. Darüber hinaus werden sämtliche Extras geboten, die man in einer Nobelbleibe erwartet, so ein Fitnessstudio, ein Restaurant, ein Patio und ein kleiner Pool am Parkplatz. Die Zimmer auf der Vorderseite sind laut, haben dafür jedoch Balkone, denen Bäume Schatten spenden.

Essen

Roccado INTERNATIONAL $
(Ecke Ramírez & Abaroa; Hauptgerichte 4500–8000 Ch$; 8–22 Uhr;) Der Allrounder direkt an der Plaza serviert gute Menüs, gesunde Salate und exzellenten Kaffee. Eine sehr leckere Eisauswahl rundet das Gesamtpaket ab.

Mercado Central MARKT $
(Latorre; Menüs 2200–2500 Ch$) Wer schnell etwas Sättigendes zu essen braucht, sollte

die *cocinerías* (Schnellrestaurants) des hektischen kleinen Markts zwischen Ramírez und Vargas ansteuern.

Bavaria
CHILENISCH $$

(Latorre 1985 2. OGl; Hauptgerichte 7000–10 000 Ch$; 12–23.30 Uhr;) Das Bavaria gehört zu einer Kette, die fast in ganz Nordchile vertreten ist. Dennoch versprüht es ein gewisses Flair und bietet eine gute Auswahl an Fleisch- und Fischgerichten. In der angeschlossenen Cafeteria im unteren Stock gibt's günstigeres Fast Food und Menüs.

Barlovento
CHILENISCH $$

(Av Granaderos 2034; Hauptgerichte 7500–10 000 Ch$; So geschl.) Eine gute Wahl zum Tanzen oder für ein gehaltvolles Essen. Freitags und samstags gibt's in den schlichten Restaurant *peñas* (Live-Folkloremusiksessions), Eintritt: 5000 Ch$.

ⓘ Praktische Informationen

Im Stadtzentrum findet man mehrere Geldautomaten. An machen kann sogar Geld gewechselt werden.

Öffentliche Telefone und Telekommunikationsshops säumen die Fußgängerstraße, Internetcafés (ca. 500 Ch$ pro Std.) verteilen sich in der Fußgängerzone und den umliegenden Straßen.

Hospital Carlos Cisternas (055-265-5700; Carlos Cisternas s/n) Fünf Querstraßen nördlich der Plaza 23 de Marzo.

Oficina Municipal de Información Turística (055-253-1707; www.calamacultural.cl; Latorre 1689; Mo–Fr 8.30–13 & 14–18 Uhr) In der Touristeninformation arbeiten herzliche, hilfsbereite Angestellte, die Anmeldungen für eine Chuqui-Tour entgegennehmen.

ⓘ An- & Weiterreise

BUS

Busunternehmen findet man überall in der Stadt, aber vor allem entlang der Avenida Balmaceda und Antofagasta. Verbindungen auf der Panamericana nach Norden bzw. Süden bieten z. B. folgende Gesellschaften an:

ZIEL	PREIS (CH$)	FAHRTDAUER (STD.)
Antofagasta	5600	3
Arica	8900	6
Iquique	17 700	6½
La Serena	22 800	14
Santiago	27 600	22

Tur Bus verkehrt regelmäßig nach San Pedro de Atacama (2700 Ch$, 1 Std.), ebenso wie **Buses Frontera** (055-282-4269; Antofagasta 2046) mit Verbindungen für 2500 Ch$ (1½ Std.) und **Buses Atacama 2000** (055-231-6664; Abaroa 2106); Letzteres ist ein bisschen günstiger.

Die internationalen Busse sind meist ausgebucht, deshalb sollte man sein Ticket so lange wie möglich im Voraus reservieren. Wer über Ollagüe (9000 Ch$, 3 Std.) nach Uyuni in Bolivien (12 000 Ch$, 9 Std.) reisen möchte, wendet sich am besten an Frontera und Buses Atacama 2000. Weil deren Busse nur ein paar Mal pro Woche fahren, muss man rechtzeitig Fahrkarten besorgen.

Salta und Jujuy (im Norden Argentiniens) bedient Pullman immer montags, mittwochs und freitags um 8 Uhr (35 300 Ch$, 12 Std.), Géminis dienstags, freitags und sonntags um 8.30 Uhr (34 000 Ch$). In der Hauptsaison (Sommer) Tickets vorab kaufen.

Condor Bus/Flota Barrios (055-234-5883; www.condorbus.cl; Av Balmaceda 1852)

Expreso Norte (055-234-7250; www.expresonorte.cl; Balmaceda 1902)

Géminis (055-289-2050; www.geminis.cl; Antofagasta 2239) Nur nach Salta und Arica.

Pullman Bus (055-234-1282; www.pullmanbus.cl; Balmaceda 4155) Center (Ecke Av Balmaceda & Sotomayor); Mall Calama (Balmaceda 3242, Local 130).

Tur Bus (055-268-8812; www.turbus.cl; Ramírez 1852) Busse fahren an diesem Büro ab und passieren dann den Busbahnhof an der Granaderos (Nr. 3048).

FLUGZEUG

LAN (600-526-2000; www.lanchile.com; Latorre 1726; Mo–Fr 9–13 & 15–18.45, Sa 9.15–13.15 Uhr) fliegt mehrmals täglich nach Santiago (236 000 Ch$). Auch **Sky** (600-600-2828; www.skyairline.cl; Latorre 1499) bietet Verbindungen nach Santiago (ab 102 500 Ch$).

ⓘ Unterwegs vor Ort

Der **Aeropuerto El Loa** (055-234-2348; www.aeropuertocalama.com) liegt eine kurze Taxifahrt südlich von Calama (3500 Ch$). Mit dem Minibus kostet der Transfer direkt zum Hotel 3000 Ch$ pro Person. Taxis (28 000–40 000 Ch$) bringen Touristen nach San Pedro de Atacama, aber es ist günstiger, den Transfer vorab zu arrangieren (14 000–18 000 Ch$), z. B. mit **City Express** (099-816-2091) oder **Transfer Lincancabur** (055-254-3426).

Leihwagen ab 26 500 Ch$ bekommt man u. a. bei **Hertz** (057-234-1380; Av Granaderos 1416) und **Avis** (055-256-3152; calama@avischile.cl; Aeropuerto El Loa).

Besser in Calama volltanken, denn an der einzigen Tankstelle in San Pedro zahlt man ein

Vermögen. Für einen Abstecher zu den Geysiren von El Tatio ist es notwendig, ein vierradbetriebenes Fahrzeug oder einen Pick-up zu mieten, denn normale Autos sind für die holprigen Straßen und Flussfurten in der Region nicht geeignet.

Chuquicamata

Abraumhalden so groß wie Berge, eine Erdspalte tiefer als der tiefste See der USA, und Lkws von der Größe eines Hauses: Es sind diese Superlative, die Besucher dazu bringen, die Mine von Chuquicamata (oder einfach Chuqui) zu besichtigen. Der gähnende Abgrund, der 16 km nördlich von Calama den Wüstenboden aufreißt, zählt zu den weltgrößten Kupferminen im Tagebau.

Chuqui war bis vor Kurzem auch der weltgrößte Einzellieferant von Kupfer (diesen Titel hat sich inzwischen die Mina Escondida, 170 km südöstlich von Antofagasta, gekrallt) mit einer Jahresproduktion von sage und schreibe 630 000 t. Es ist vor allem der Mine in Chuqui zu verdanken, dass Chile der bedeutendste Kupferproduzent der Welt ist. Insgesamt macht Kupfer ein Drittel der chilenischen Exporte aus. Und da der Preis für das Metall dank der enormen Nachfrage aus China und Indien in den letzten Jahren in die Höhe geschossen ist, ist die Bedeutung für die chilenische Wirtschaft nicht zu unterschätzen.

Über der Mine, in der 20 000 Menschen arbeiten, schwebt eine permanente Staubwolke, die man im klaren Wüstenhimmel viele Meilen weit sieht, auch wenn hier jeder menschliche Maßstab auf Zwergengröße schrumpft. Die ellipsenförmige Grube misst unglaubliche acht Millionen Quadratmeter und ist an manchen Stellen 1250 m tief. Die Besichtigungstour besteht im Wesentlichen darin, einfach in die Tiefe zu starren und um einen gewaltigen Bergbaulaster mit 3 m hohen Reifen herumzukraxeln; Infos gibt's bei dieser Stippvisite kaum, aber immerhin beantwortet der zweisprachige Guide Fragen.

Zu Chuquicamata gehörte früher eine Minensiedlung mit guter Infrastruktur, doch Umweltprobleme und Kupfervorkommen unter der Stadt zwangen die gesamte Bevölkerung 2007 zur Übersiedelung nach Calama. Der ursprüngliche Ort ist heute nicht viel mehr als eine Geisterstadt.

Geschichte

1911 wurde bei Probeschürfungen in Chuquicamata ein erster Haupttreffer gelandet und schon bald darauf machte sich hier die US-amerikanische Anaconda Copper Mining Company breit. Im Handumdrehen errichtete die Firma eine voll funktionierende Minensiedlung mit Häusern, Schulen, Kinos, Geschäften und einem Krankenhaus, dennoch waren Unruhen unter den Arbeitern an der Tagesordnung, und die Ressentiments gegenüber dem Unternehmen wuchsen. In den 1960er-Jahren erzeugten die drei größten Minen in Chile (alle im Besitz von Anaconda) mehr als 80 % der Kupferproduktion, 60 % der Gesamtexporte und 80 % der Steuereinkünfte des Landes. Trotz der hohen Steuerabgaben forderten viele Chilenen, die Kupfermine zu verstaatlichen.

Während der Regierungszeit von Präsident Eduardo Frei Montalva Ende der 1960er-Jahre übernahm Chile eine Aktien-

---

CHUQUI MIT DEN AUGEN VON CHE

Vor mehr als 50 Jahren, als Chuquicamata bereits monströse Ausmaße hatte, besuchte der junge Ernesto „Che" Guevara die Mine. Der spätere Revolutionär und sein Reisekumpan Alberto Granado hatten hier bereits die Hälfte ihrer epischen Tour quer durch Südamerika hinter sich, die durch *The Motorcycle Diaries: Tagebuch einer Motorradreise* unsterblich wurde.

Die Begegnung mit einem Kommunisten auf dem Weg nach Chuqui gilt als Wendepunkt in Ches politischer Entwicklung. Deshalb ist es besonders spannend, die Einträge zu seinen Erinnerungen an die Mine nachzulesen (sie war damals noch im Besitz von „Gringos"). In einem besonders anschaulichen Abschnitt schreibt der rastlose Medizinstudent über die Mine: „ ...mit der pflichtschuldigen Würze von Menschenleben – der Leben jener unbekannten armen Helden dieser Schlacht, die elendig in den Fallen sterben, mit denen die Natur ihre Schätze verteidigt, ohne ein anderes Ideal als den Kampf um das tägliche Brot."

In einer Fußnote zu dieser viel interpretierten Textstelle steht, dass die „blonden, effizienten und arroganten Manager" den Reisenden schroff mitteilten, Chuquicamata sei „kein Touristenort". Heute werden pro Jahr jedoch um die 40 000 Besucher verzeichnet.

mehrheit an den Anlagen von Anaconda und Kennecott. 1971 stimmte der Kongress der völligen Verstaatlichung der Industrie zu. Nach 1973 willigte die Militärjunta ein, die Gesellschaften für den Verlust ihrer Anlagen zu entschädigen, Eignerin blieb die staatliche Kupfergesellschaft Corporación del Cobre de Chile (Codelco).

👉 Geführte Touren

Codelco MINENFÜHRUNGEN
(☎ 055-232-2122; visitas@codelco.cl; Ecke Avs Granaderos & Central Sur, Calama; Führung gegen Spende; ⊙ Buchungen Mo–Fr 9–17 Uhr) Führungen lassen sich über die Codelco per Telefon oder E-Mail oder über Calamas Touristeninformation arrangieren. Die Touren (Mindestalter 8 Jahre) werden von Montag bis Freitag in englischer oder spanischer Sprache durchgeführt. Besucher müssen sich 15 Minuten vor Beginn der Führung in der Oficina an der Ecke Avenida Granaderos und Avenida Central Sur im Norden der Stadt melden; Ausweis nicht vergessen!

Der zweistündige Rundgang startet um 13 Uhr. Teilnehmer sollten feste Schuhe (keine Sandalen), lange Hosen und langärmelige Oberteile tragen.

Die Ausflüge sind auf 40 Personen beschränkt, manchmal wird noch ein zweiter Bus eingesetzt. Von Januar bis März sowie im Juli und August ist die Nachfrage groß. In dieser Zeit sollte man mindestens eine Woche im Voraus buchen.

ℹ️ An- & Weiterreise

Codelco unterhält ein kostenloses Shuttle; Abfahrt ist um 12.45 Uhr an der Oficina. *Taxis colectivos* (600 Ch$, 15 Min.) mit den Nummern 5, 65, 11 oder 17 bringen einen von Latorre zum Sammelpunkt, ebenso wie der *micro* D (400 Ch$).

Antofagasta
☎ 055 / 337 934 EW.

Chiles zweitgrößte Stadt besteht aus einem Gewirr aus Einbahnstraßen und modernen Einkaufspassagen. Der sich nach allen Seiten Richtung Wüste, Küste und Kordillere ausbreitende Hafenort erweckt nicht gerade die Neugier der Durchreisenden: Viele Traveller, die nach San Pedro de Atacama im Norden oder in Richtung Süden nach Copiapó unterwegs sind, lassen Antofagasta links liegen.

Doch die Stadt zeichnet sich nicht nur durch gesichtslose Hochhäuser und völlig verstopfte Straßen aus. Auf der altmodischen Plaza kann man wunderbar abschalten, und das am Meer gelegene Altstadtviertel Barrio Histórico birgt einige viktorianische sowie georgianische Gebäude mit hübschen Holzfassaden, die an die goldene Salpeterzeit erinnern. Den schmutzigen, mit Guano überzogenen Hafen säumen verfallende *muelles* (dammähnliche Anlegestellen).

Hier wird ein Großteil der Mineralien verschifft, die in der Atacama-Wüste gewonnen werden, insbesondere Kupfer aus Chuquicamata. Nach wie vor dient Antofagasta als wichtiger Import-Export-Knoten für Bolivien, das dieses Gebiet während des Salpeterkriegs an Chile verloren hat.

⊙ Sehenswertes

Plaza Colón PLAZA
Die britische Gemeinde hat auf diesem bildschönen im 19. Jh. angelegten Platz sichtbare Spuren hinterlassen. Zwischen Palmen, Mimosen und Bougainvilleen plätschern Springbrunnen, und bei dem niedlichen **Torre Reloj** handelt es sich um einen Nachbau des Londoner Big Ben, der sogar dessen charakteristisches Läuten draufhat. Auf seinem Schaft sind Kacheln mit ineinandergreifenden britischen und chilenischen Fahnen eingelassen.

Barrio Histórico ALTSTADT
Auch im Barrio Histórico ist der britische Einfluss spürbar. Das im 19. Jh. entstandene Viertel erstreckt sich zwischen der Plaza und dem alten Hafen. Hier stehen hübsche viktorianische und georgianische Gebäude und an der Bolívar befindet sich der flaschengrüne restaurierte **Bahnhof** (erb. 1887), Endstation der Eisenbahnlinie Antofagasta–La Paz. Er ist nicht öffentlich zugänglich, aber durch die Lücken im Zaun an der Westseite sieht man einige alte Loks und britische Telefonzellen.

Museo Regional MUSEUM
(Av Balmaceda & Bolívar; Erw./Kind 600/300 Ch$; ⊙ Di–Fr 9–17, Sa & So 11–14 Uhr) In der alten Aduana (Zollhaus) ist jetzt ein zweigeschossiges Museum untergebracht, das sich in einer anschaulichen Ausstellung der Naturschichte sowie der prähistorischen und kulturellen Entwicklung widmet. Zu den Exponaten zählen die deformierte Schädel und allerlei Memorabilien aus der Kolonialzeit sowie der vielgerühmten Salpeter-Ära, darunter Spielzeug, das aus Blechdosen gefertigt ist.

Resguardo Marítimo
HISTORISCHES GEBÄUDE

Auf der baufälligen **Muelle Salitrero** (Salpeter-Pier) fangen Einheimische den Warnschildern zum Trotz Krebse. Am Eingang zum Pier erhebt sich der hübsche schokoladenfarbene Resguardo Marítimo, die Küstenwache, mit hölzernen Balustraden (erb. 1910). Ein schmiedeeiserner Durchgang führt zur ehemaligen **Gobernación Marítima**.

Terminal Pesquero
MARKT

Einige gut genährte männliche Seelöwen, die laut schnauben und gelegentlich nach einem unachtsamen Pelikan schnappen, kreisen in der Hoffnung auf leichte Beute um den lebhaften Fischmarkt gleich nördlich der Hafenkommandantur.

Monumento Natural La Portada
AUSSICHTSPUNKT

(Museum Di–So 10–13 & 14.30–17.30 Uhr) GRATIS
Dieses gewaltige Felsentor 25 km nördlich von Antofagasta bildet das Herzstück eines 31 ha großen Schutzgebiets und gilt als spektakulärste Sehenswürdigkeit in der Umgebung. Überzogen von Meeressedimenten und getragen von einer stabilen Vulkanbasis ist der einstmals massive Felsen vom stürmischen Pazifik zu einem Torbogen ausgehöhlt worden. Besucher erreichen ihn von der Fernstraße über eine kurze nach Westen führende Zufahrtstraße. Vor Ort gibt's Picknicktische, ein Restaurant und ein kleines, von der Conaf geführtes **Museum**. Hier oben genießt man einen schönen Blick auf die Strände ringsum. Mit dem *micro* 129 geht's vom Terminal Pesquero in Antofagasta bis zur Abzweigung in La Portada und von dort per Anschlussbus (fährt nur im Sommer) bzw. zu Fuß weiter (3 km nach Westen).

🛏 Schlafen

Das Thema Übernachtung ist etwas schwierig. Viele der nicht gerade umwerfenden Budgethostels richten sich vor allem an die durchziehenden Bergarbeiter und Besucher des Rotlichtviertels rings ums Zentrum. Die Mittelklasseunterkünfte sind tendenziell zu teuer für das, was sie bieten, und in der obersten Preiskategorie dominieren Hotelketten. Unter der Woche wimmelt es in der Stadt von Bergleuten. An Wochenenden bekommt man eher ein preiswertes Zimmer.

Hotel San Marcos
HOTEL $

(055-222-6303; www.hotelsanmarcos.cl; Latorre 2946; EZ/DZ 25 000/33 000 Ch$; P🛜) Das anständige Budgethotel am Rand der Innenstadt bietet ein ordentliches Preis-Leistungs-Verhältnis und sehr freundlichen Service. Das große Frühstück gleicht den überteuerten Zimmerpreis etwas aus.

Hotel Costa Marfil
HOTEL $

(055-228-3590; www.hotelcostamarfil.cl; Arturo Prat 950; EZ 28 000–33 000 Ch$, DZ 35 000–38 500 Ch$; P@🛜) Die grelle Neonbeleuchtung ist ziemlich irritierend, aber die Zimmer in dem großen Hotelblock sind annehmbar. Um die dunklen Standardunterkünfte an dem lauten Flur sollte man besser einen Bogen machen und stattdessen einen der größeren, hellen Räume der Businesskategorie nehmen.

Hotel Frontera
HOTEL $

(055-228-1219; Bolívar 558; EZ/DZ 22 000/26 000 Ch$, ohne Bad 16 000/21 000 Ch$; 🛜) Hinter der modern anmutenden Fassade erwarten einen schlichte saubere Zimmer mit Kabel-TV. Frühstück gibt's nicht, dafür jedoch WLAN-Empfang.

Hotel Paola
HOTEL $$

(055-226-8989; www.hotelpaola.cl; Matta 2469; EZ/DZ 40 000/50 000 Ch$; 🛜) Antofagastas mit Abstand stilvollste Unterkunft im Zentrum ist das frisch eröffnete, modern aufgemachte Hotel Paola mit einem Flur aus weißem Marmor. Auf fünf Etagen bietet es Zimmer mit Holzboden, Ventilator, Flachbildfernseher, Kühlschrank und geräumigen Schränken; im dritten Stock befindet sich ein Patio. In den Einzelzimmern können auch problemlos zwei Leute übernachten. An den Wochenenden sind die Preise deutlich billiger.

Hotel Ancla Inn
HOTEL $$

(055-235-7400; www.anclainn.cl; Baquedano 516; EZ/DZ ab 32 000/42 000 Ch$; P🛜) Zentrale Lage, nettes Personal und gut ausgestattete Zimmer machen das Hotel zu einer brauchbaren Option. Es hat eine eigenartige Fassade, die an ein Chalet erinnert. Die Standardzimmer sind montags bis mittwochs oft von Bergarbeitern belegt, dann bleiben nur noch die Businessunterkünfte (mit WLAN, Kühlschrank und mehr Platz) in den oberen Stockwerken für 60 000 Ch$.

Hotel Rocomar
HOTEL $$

(055-226-1139; Baquedano 810; EZ/DZ 32 000/45 000 Ch$; 🛜) Wen Straßenlärm nicht stört, für den sind die hellen, geräumigen Zimmer in diesem Eckhotel eine gute Option. Sie überzeugen mit moderner Einrichtung und guter zentraler Lage.

Amaru Apart Hotel
APARTMENT $$
(055-254-2015; www.amaruaparthotel.cl; Av Argentina 2132; Apt. 54 000 Ch$; ✱ 🛜) Die sehr modernen Apartments bergaufwärts etwas außerhalb des Zentrums bieten Platz für zwei (zur Not auch für drei) Personen. Zur Ausstattung gehören kleine funktionale Küchen, geräumige moderne Bäder und gemütliche Sitzbereiche. Die Wohneinheiten auf der Vorderseite bieten weiten Blick über Stadt und Bucht.

Hotel Antofagasta
HOTEL $$$
(055-222-8811; www.hotelantofagasta.cl; Balmaceda 2575; DZ 120 000–211 000 Ch$; P @ 🛜 ☼) Das Fünf-Sterne-„Mammut" am alten Hafen gehört zur Panamericana Hoteles-Kette. Von der Lobby hat man einen tollen Blick auf den Pazifik und die Zimmer (die mit Meerblick kosten mehr) sind schön eingerichtet. Unter der Woche ist das Hotel rappelvoll, aber am Wochenende wartet es mit tollen Angeboten auf.

🍴 Essen & Ausgehen

Am Nordende des alten Hafens befindet sich das **Terminal Pesquero** mit mehr als 20 Ständen, die frische Schalentiere feilbieten. Am besten kommt man am frühen Nachmittag, bevor alles ausverkauft ist. Noch mehr Fisch sowie jede Menge Fleisch, Gemüse und Obst gibt's im hübschen alten **Mercado Central** (JS Ossa; Menüs ca. 5000 Ch$; ⊙ 8–18 Uhr) zwischen Maipú und Uribe.

Bongo
IMBISS $
(Baquedano 743; Menü ab 3000 Ch$, Hauptgerichte 2900–5100 Ch$; ⊙ Mo-Sa 9–23 Uhr) Lebhaftes Bar-Lokal mit dick gepolsterten Separées, einem schmucken Mezzanin und einer lecker-ungesunden Speisekarte für die Zeiten, in denen nur noch ein Bier vom Fass und ein Burger helfen. An der Theke bestellen und zahlen, bevor man sich setzt.

Don Pollo
FAST FOOD $
(JS Ossa 2594; Hühnchen ab 2000 Ch$; ⊙ 12–1 Uhr) Günstig und fröhlich, so präsentiert sich Don Pollo, dessen Plastiktische rings um einen Patio stehen. Die Einheimischen strömen in Scharen herbei, weil das Hühnchen herrlich saftig ist.

★ Café del Sol
CHILENISCH $$
(www.cafedelsolchile.com; Esmeralda 2013; Mittagsmenü 3500 Ch$, Hauptgerichte 7000–8000 Ch$; ⊙ So geschl.) In dieser baufälligen Restaurant-Bar kommt man an den Wochenendabenden in den Genuss von Andentänzen und Livemusik (nach 23 Uhr 3000 Ch$ Eintritt). Zudem bietet das Lokal mit der Einrichtung aus Holz und der schummerigen Beleuchtung eine gute Auswahl an Hauptgerichten. Das empfehlenswerte Mittagsmenü kostet 3500 Ch$.

Cusco
PERUANISCH $$
(Matta 2660; Hauptgerichte 7000–12 000 Ch$; ⊙ 12.30–23 Uhr) Das gute Lokal im Zentrum ist offiziell ein peruanisches Restaurant (vor allem wegen der großen Auswahl an Ceviche) und serviert herzhafte Fleisch- und Pastagerichte in entspannter, leicht gehobener Atmosphäre.

El Arriero
STEAKHAUS $$
(Condell 2644; Hauptgerichte 4500–13 500 Ch$; ⊙ Mo-Sa 12–15.30 & 20–23.30 Uhr) Al Arrieros Spezialität – Fleisch – wird in einem rustikalen Raum mit Bogengewölben zwischen getrockneten Schinken serviert. In der Mitte befindet sich ein Springbrunnen. Das Restaurant verströmt einen herrlich altmodischen Charme und die Portionen sind ganz schön üppig: Die *parrillada* für zwei Personen (17 000 Ch$) ist ein wahres Festessen!

❶ Praktische Informationen

Im Zentrum findet man zahlreiche Geldautomaten. Der gängige Preis fürs Surfen in den Internetcafés der Innenstadt ist etwa 450 Ch$ pro Stunde.

Conaf (055-238-3320; Av Argentina 2510; ⊙ Mo-Do 8.30–13.30 & 15–17.30, Fr 8.30–13.30 & 15–16.15 Uhr) Infos zu den Naturattraktionen in der Region.

Hospital Regional (055-265-6729; Av Argentina 1962) Medizinische Versorgung.

Sernatur (055-245-1818; Arturo Prat 384; ⊙ Jan.–März Mo–Fr 8.30–19, Sa 10–14 Uhr, April–Dez. Mo–Fr 8.30–17.30 Uhr) Im praktisch an der Plaza gelegenen städtischen Touristenbüro gibt's zahlreiche Broschüren.

❶ An- & Weiterreise

BUS

Fast alle Fernbusse fahren am **Terminal de Buses Cardenal Carlos Oviedo** (055-248-4502; Av Pedro Aguirre Cerda 5750) ab. Ein paar Unternehmen unterhalten aber weiterhin private Haltestellen unweit des Stadtzentrums, vor allem entlang der Latorre. Lokale Anbieter nutzen derweil das **Terminal de Buses Evaristo Montt** (Riquelme 513), auch unter dem Namen Terminal de Buses Rurales bekannt.

Fast alle Busse gen Norden nach Iquique und Arica nehmen die Küstenstraße Ruta 1 (via Tocopilla).

ZIEL	PREIS (CH$)	FAHRTDAUER (STD.)
Arica	10 900	9
Calama	4000	3
Copiapó	7100	9
Iquique	7000	6
La Serena	11 200	12
Santiago	22 000	18

Condor/Flota Barrios (☎ 055-226-2899; www.flotabarrios.cl; Av Pedro Aguirre Cerda 5750)
Tur Bus (☎ 055-222-0240; www.turbus.cl; Bolívar 468)

FLUGZEUG
Pro Tag fliegen mehrere Maschinen von **LAN** (☎ 600-526-2000; www.lanchile.com; Arturo Prat 445; ⊙ Mo–Fr 9–18.30, Sa 10–13 Uhr) nach Santiago (233 800 Ch$, 2 Std.). Außerdem gibt's täglich Direktverbindungen nach Iquique (19 300 Ch$, 1 Std.) und La Serena (143 300 Ch$, 1½ Std.).

Sky (☎ 600-600-2828; www.skyairline.cl; General Velasquez 890, Local 3) steuert Iquique (30 500 Ch$, nur Do), Arica (64 000 Ch$, 1-mal tgl. über Iquique), Copiapó (94 000 Ch$, 1-mal tgl. über La Serena) und Santiago (101 700 Ch$, 6-mal tgl.) mit Anschlussverbindungen in den Süden an.

❶ Unterwegs vor Ort

AUTO
Avis (☎ 055-256-3140; www.avis.cl; Baquedano 364; ⊙ Mo–Sa 8.30–18.30 Uhr)
First (☎ 055-222-5777; www.firstrentacar.cl; Bolívar 623)

VOM/ZUM FLUGHAFEN
Antofagastas Flughafen Cerro Moreno liegt 25 km nördlich der Stadt. Eine Taxifahrt dorthin, z. B. mit **Gran Via** (☎ 055-224-0505), kostet 15 000 Ch$.

Südlich von Antofagasta

Der Abschnitt der Panamericana südlich von Antofagasta führt weiter durch die trockene Atacama-Wüste, in der Wasser, Menschen und touristische Attraktionen absolut rar sind.

Mano del Desierto

Eine hoch aufragende Hand aus Granit, die ihre seltsam spitz zulaufenden Finger vermeintlich zum Gruß ausstreckt, durchbricht 45 km südlich der Stelle, wo sich Panamericana und Ruta 28 kreuzen, den Wüstenboden. Der *mano del desierto* wurde 1992 vom Bildhauer Mario Irarrázaval errichtet. Busreisende sollten auf der Westseite der Straße danach Ausschau halten.

Observatorio Cerro Paranal

In der Welt der Hochleistungsteleskope, in der sich rivalisierende Institutionen mit Meldungen übertreffen, sie besäßen das „größte", „leistungsfähigste" oder „technologisch fortschrittlichste" Gerät, spielt das **Cerro-Paranal-Observatorium** (Observatorio Cerro Paranal; ☎ 055-271-6931; www.eso.org) ganz vorne in der ersten Liga. Das bahnbrechende Observatorium besitzt ein Very Large Telescope (VLT), das aus vier 8,2-m-Teleskopen besteht und das – zumindest für einige Zeit – sicherlich die leistungsstärkste optische Zusammenstellung der Welt sein wird.

Das Cerro-Paranal-Observatorium wird von der Europäischen Südsternwarte (ESO) betrieben und sieht so futuristisch aus, dass es dem James-Bond-Streifen *Ein Quantum Trost* als Kulisse diente. Vor Ort befindet sich ein „unterirdisches" Hotel für Wissenschaftler. Bei der Führung macht man auch einen Abstecher in die begrünte Lobby. Das Observatorium steht auf dem Cerro Paranal in einer Höhe von 2664 m über dem Meeresspiegel, 120 km südlich von Antofagasta. Wenn man in südlicher Richtung fährt, zweigt die Zufahrtstraße gleich nördlich der Mano del Desierto von der Panamericana ab. Für die Fahrt ab Antofagasta müssen etwa zwei Stunden einkalkuliert werden.

Die faszinierenden kostenlosen Besuche sind immer samstags um 10 sowie um 14 Uhr möglich (eine halbe Stunde vorher da sein) und dauern zwei Stunden. Interessierte müssen sich Monate vorher anmelden (Reservierungen nur über die Website) und mit eigenem Fahrzeug anreisen. Einzelheiten zum Ablauf und aktuelle Informationen sind auf der Website des Observatoriums zu ersehen.

Iquique
☎ 057 / 180 601 EW.

Lässige Surfer, Profi-Paraglider, Snobs und hektische Händler – all deren Wege kreuzen sich in Iquique, einer Stadt, die Reisende schon auf den ersten Blick für sich einnimmt. Sie liegt an einem goldfarbenen Küstenstreifen und zählt zu Chiles Top-Badeorten mit elegantem Casino, hübscher Strand-

ZWISCHENSTOPPS AN DER KÜSTE

Die Distanz zwischen den Reisezielen im Norte Grande kann manchmal enorm sein und die Routen sind staubig und öde. Wer mit dem Wagen unterwegs ist und Zwischenstopps einlegen möchte, findet im Folgenden ein paar Orte, wo man das Auto volltanken kann und etwas zwischen die Zähne oder eine Mütze Schlaf bekommt.

Auf halber Strecke zwischen Antofagasta und Iquique erstreckt sich **Tocopilla**, ein hässlicher Hafen, der von den verbleibenden Salpeter-*oficinas* in Pedro de Valdivia und María Elena genutzt wird. Er bietet sich für einen Halt auf der langen Strecke an einem völlig verlassenen Küstenabschnitt an. Die Gemeinde liegt abseits der Ruta 1, der asphaltierten Schnellstraße zwischen Iquique und Tocopilla, die von Travellern auf dem Weg gen Süden inzwischen mehr frequentiert wird als die ältere Panamericana. In Tocopilla gibt's ein paar Unterkünfte, die wegen der zahlreichen Bergbauarbeiter allerdings häufig ausgebucht sind. Mit dem besten Preis-Leistungs-Verhältnis und netten Zimmern wartet das **Hotel Galvarino** (055-281-3585; www.hotelgalvarino.cl; 21 de Mayo 2182; EZ/DZ 30 000/34 000 Ch$; P) am nördlichen Ende der Hauptstraße auf. Gutes sättigendes Essen bekommt man bei **El Trebol** (Bolívar 1345; Hauptgerichte ca. 5000 Ch$; Mo–Sa 9–22 Uhr), das die Hauptstraße hinauf in zwei einladenden Speisesälen einfache, herzhafte Mahlzeiten serviert.

Die einzige Siedlung von nennenswerter Größe, die man auf der langen Fahrt von Chañaral nach Antofagasta passiert, ist der Fischerhafen **Taltal**, eine überraschend schmucke kleine Gemeinde mit eleganten Plazas und hübscher Architektur aus der Blütezeit der Salpeterexporte (damals lag die Einwohnerzahl bei 20 000). Dennoch, wirklich viel zu sehen oder zu machen außer spazieren gehen, essen und schlafen gibt's nicht. Nur eine Querstraße westlich der Plaza stößt man auf das Restaurant **Club Social Taltal** (Torreblanca 162; Hauptgerichte 6500–10 000 Ch$; Mo–Sa 12–23.30 Uhr) aus dem Jahr 1893 mit hohen Decken, grummeligem Personal und leckeren Meeresfrüchten. Die schönste Übernachtungsmöglichkeit ist das **Hotel Mi Tampi** (055-261-3605; www.hotelmitampi.cl; O'Higgins 138; EZ/DZ 24 000/29 000 Ch$; P). Die geräumigen Zimmer mit festen Matratzen und Fernsehern gruppieren sich um einen netten begrünten Hof.

---

promenade und einem übergroßen Angebot an Aktivitäten, das von Gleitschirmfliegen bis Sandboarding reicht. Die größte Attraktion ist aber der breite Strand, an dem optimale Surfbedingungen herrschen.

Die Architektur im georgianischen Stil stammt aus der Zeit des Bergbaubooms im 19. Jh. und wurde sorgfältig instand gesetzt. Besonders reizvoll sind die hölzernen Bürgersteige in der Fußgängerzone auf der Baquedano. Am wichtigsten ist jedoch Iquiques Status als Duty-free-Zone mit einem chaotischen Shoppingbereich *(zona franca)*, der die Sandhügel hinter der Stadt als nächtliche Reklamefläche nutzt.

Iquique liegt 1853 km nördlich von Santiago sowie 315 km südlich von Arica eingezwängt zwischen dem Pazifischen Ozean und dem trostlosen braunen Küstengebirge, das etwa 600 m hinter dem Stadtgebiet abrupt aufsteigt.

Geschichte

Die karge, leere Pampa rund um Iquique ist mit Geoglyphen, Hinterlassenschaften alter indigener Völker, übersät. Das Gebiet, auf dem sich die Stadt ausbreitet, wurde oft von den Küstenvölkern der Chango durchstreift. Dennoch erschien die Gegend erst zur Kolonialzeit auf der Landkarte, als die ergiebige Huantajaya-Silbermine entdeckt wurde.

Während des 19. Jhs. transportierten Schmalspurbahnen Mineralien und Salpeter durch Iquique. Bergbaubarone errichteten opulente Herrenhäuser, ließen Wasserleitungen aus der Kordillere legen und importierten Mutterboden für ihre üppigen Gärten. Die Innenstadt erinnert an die Blütezeit des Salpeterhandels im 19. Jh., und in Humberstone und Santa Laura, den verfallenden Geisterstädten in der Umgebung, kann man der Quelle dieses einstigen Wohlstands nachspüren.

Mit dem wirtschaftlichen Niedergang erfand sich Iqueque vornehmlich als Fischerhafen neu – von hier wird mehr Fischmehl verschifft als von irgendeinem anderen Hafen der Welt. Doch erst die Einrichtung der *zona franca* 1975 machte die Stadt zu einer der florierendsten in ganz Chile.

Iquique

⊙ Sehenswertes
- 1 Casino Español..........................B3
- 2 Centro Cultural Palacio Astoreca.........B4
- 3 Museo Corbeta Esmeralda....................B1
- 4 Museo Naval.............................B2
- 5 Museo Regional..........................B4
- 6 Plaza Prat..............................B3
- 7 Torre Reloj.............................B3

✪ Aktivitäten, Kurse & Touren
- 8 Academia de Idiomas del Norte...........C5
- 9 Bootstouren.............................B2
- 10 Magical Tour Chile.....................B4
- 11 OC Travel..............................B2
- 12 Puro Vuelo.............................B5
- 13 Show Travel............................B4
- 14 Vertical...............................C6

🛏 Schlafen
- 15 Casa Baquedano.........................B5
- 16 Hostal Catedral........................B2
- 17 Hotel de La Plaza......................B4
- 18 Hotel Esmeralda........................B5
- 19 Hotel Pacifico Norte...................C5
- 20 Hotel Velero...........................C3
- 21 Jham Hotel.............................B3
- 22 La Casona 1920.........................C6
- 23 Sunfish Hotel..........................C7

⊗ Essen
- 24 Antojos................................C6
- 25 Cioccolata.............................B2
- 26 Club Croata............................B3
- 27 El Tercer Ojito........................B5
- 28 El Wagón...............................A3
- 29 La Mulata..............................C7
- 30 M.Koo..................................C3

⊙ Ausgehen & Nachtleben
- 31 Lobby Resto Bar........................B3
- 32 Mi Otra Casa...........................B5

⊙ Sehenswertes

Die guten alten Salpetertage haben rund um die zentral gelegene Plaza Prat ihre Spuren hinterlassen. Die Avenida Baquedano, eine hübsche Fußgängerstraße weiter südlich, ist von georgianischen Gebäuden mit Balustraden gesäumt (erb. 1880 bis 1930).

Museo Corbeta Esmeralda   MUSEUM
(www.museoesmeralda.cl; Paseo Almirante Lynch; Eintritt 3000 Ch$; ⊙ Di–So 10–13 & 14–18 Uhr) Iquiques ganzer Stolz ist der Nachbau der gesunkenen *Esmeralda,* einer kleinen chilenischen Korvette, die es im Salpeterkrieg mit gepanzerten peruanischen Kriegsschiffen aufnahm. Heute schmückt der Name ihres Kapitäns Arturo Prat (1848–1879) Hunderte Straßen, Plätze und Institutionen. Bei den Führungen (auf vorherige Nachfrage auch in englischer Sprache) wirft man einen Blick in die Mannschaftsunterkünfte, passiert den orange beleuchteten Motor und sieht sich das Schiffsdeck an.

Die Rundgänge müssen vorab gebucht werden; nur sonntags zählt das Prinzip „Wer zuerst kommt, mahlt zuerst".

Plaza Prat   PLAZA
Dass Iquique während des 19. Jhs. boomte, ist besonders gut am Hauptplatz mit dem **Torre Reloj** (Uhrenturm; erb. 1877) zu erkennen, der aussieht, als sei er gebacken und mit Zuckerguss versehen worden. Springbrunnen säumen den Gehweg Richtung Süden zu den Marmorstufen des **Teatro Municipal**, ein neoklassizistischer Bau, in dem seit 1890 Opern und Theaterstücke aufgeführt werden. Eine hübsch restaurierte **Tram** hält vor dem Theater und zuckelt in der Hochsaison gelegentlich die Avenida Baquedano entlang.

Centro Cultural Palacio Astoreca   HISTORISCHES GEBÄUDE
(O'Higgins 350; ⊙ Di–Sa 10–18, So 11–14 Uhr) GRATIS Das Herrenhaus im georgianischen Stil wurde 1904 für einen Salpeter-Tycoon errichtet und wartet mit prachtvollen hohen Räumen samt kunstvollen Holzarbeiten, massiven Kronleuchtern, einem gigantischen Billardtisch und Balkonen auf. Mittlerweile dient es als Kulturzentrum, in dem moderne Arbeiten lokaler Künstler ausgestellt sind.

Casino Español   HISTORISCHES GEBÄUDE
(Plaza Prat; ⊙ Mo–Sa 9–21 Uhr) Gäbe es einen Preis für das prunkvollste Gebäude der Stadt, ginge er an das Casino Español in der nordöstlichen Ecke der Plaza. Die bunt gekachelte Schöpfung beherbergt einen Club und ein Restaurant und die Angestellten sind erstaunlich tolerant gegenüber Travellern, die sich nur mal eben kurz die fantasievolle Innenausstattung anschauen möchten, darunter Wandmalereien und Gemälde, die Don Quixote darstellen.

Museo Regional   MUSEUM
(Baquedano 951; Eintritt 2000 Ch$; ⊙ im Winter Di–Fr 9–17.30, Sa 9.30–18 Uhr, im Sommer auch So 10–14 Uhr) In Iquiques ehemaligem Gerichts-

gebäude sind der Nachbau eines traditionellen Dorfs aus dem Altiplano, Chinchorro-Mumien und gestreckte Schädel zu sehen. Fotografien gewähren Einblick in die Anfänge der Stadt, und ein faszinierendes Schaubild erläutert die Salpeterindustrie.

Museo Naval MUSEUM
(Esmeralda 250; Di–Sa 10–13 & 15–18, So 9.30–18 Uhr) GRATIS Das stolze Zollhaus im Kolonialstil stammt aus dem Jahre 1871, als Iquique noch zu Peru gehörte. Während des Salpeterkrieges wurden hier Gefangene interniert und während des chilenischen Bürgerkriegs 1891 war das Gebäude Schauplatz von Kämpfen. Inzwischen befindet sich vor Ort ein kleines Museum mit Gegenständen, die aus der havarierten *Esmeralda* geborgen wurden.

Aktivitäten

Strände

Die Hauptstrände liegen südlich der Innenstadt. Am beliebtesten ist die **Playa Cavancha** (beginnt Ecke Avenida Arturo Prat und Avenida Amunátegui). Sie eignet sich gut zum Schwimmen, platzt mitunter aber aus allen Nähten. Am nördlichen felsigen Abschnitt gibt's einige vernünftige Surfbreaks sowie einen Spielplatz für Kinder. Im Sommer versorgen einen die Mitarbeiter am Kiosk des städtischen Fremdenverkehrsamts mit nützlichen Infos.

Heftige Brecher und ziemlich starke Strömungen machen die malerische **Playa Brava** weiter im Süden zu einem Revier für Sonnenanbeter, Schwimmen ist hier jedoch zu gefährlich. In Richtung auf die Hügel folgen die massiven Dünen des Cerro Dragón, der wie ein Science-fiction-Filmset anmutet.

Taxis colectivos (Gemeinschaftstaxis) fahren von der Innenstadt zur Playa Brava – das Schild auf dem Wagendach nennt das jeweilige Fahrtziel. Im Süden schließen sich weitere Sandstrände an. Um dort hinzugelangen, muss man ein Auto mieten oder ein Taxi nehmen.

Surfen

Iquiques Küstenstraße ist stets von einer Armee Surfer bevölkert. Surfen und Bodyboarden kann man das ganze Jahr über, am besten jedoch im Winter, wenn der Wellengang von Norden kommt. Weniger Andrang herrscht bei den Breaks früh am Morgen an der Playa Cavancha. Die **Playa Huaiquique** am südlichen Ende der Stadt gilt ebenfalls als gute Wahl, allerdings ist das Meer weiter nördlich in Richtung Arica um einiges wärmer. Am 21. Mai findet in Iquique eines der größten Surfevents des Landes statt, das **Héroes de Mayo**.

Vertical SURFEN
(057-237-6031; www.verticalst.cl; Av Arturo Prat 580) Iquiques zentraler Surfertreffpunkt mit Ausrüstungsverleih und -verkauf. Ein Wetsuit und ein Board kosten für zwei Stunden 12 000 Ch$; wer nur eines von beidem benötigt, zahlt 7500 Ch$. Privatunterricht liegt bei 24 000 Ch$ (1½ Std.). Außerdem werden Surfausflüge und **Sandboarding** am Cerro Dragón angeboten. Letzteres schlägt mit 25 000 Ch$ zu Buche (3 Std.).

Paragliding

Spring von der Klippe... und flieg! Diesem Motto folgen die vielen *parapente* (Paraglider) mit großer Leidenschaft. Iquiques ideale Lage mit dem ziemlich steilen Küstenabbruch, den aufsteigenden Luftströmungen und den weichen, ausgedehnten Dünen des Cerro Dragón macht die Stadt zu einer der besten Adressen in Sachen Gleitschirmfliegen in Südamerika. Theoretisch ist es möglich, bis nach Tocopilla, 240 km südlich, zu schweben – Anfänger sollten davon allerdings die Finger lassen. Interessierte benötigen eine windfeste Jacke, Sonnenschutz und eine Portion Mut.

Altazor ABENTEUERSPORT
(057-238-0110; www.altazor.cl; Vía 6, Manzana A, Sitio 3, Flight Park, Bajo Molle) Altazor, 500 m südlich der Universidad del Mar (südlich des Stadtzentrums), hat Gleitschirmflugkurse (pro Tag 42 500 Ch$, inkl. Ausrüstung und Transport) im Programm. Ein einführender Tandemflug kostet 40 000 Ch$ und es gibt auch zweiwöchige Kurse. Übernachtungsplätze vor Ort bietet das angeschlossene gemütliche **Hostel**. Erfahrene Paraglider können hier Ausrüstung leihen oder bei Bedarf etwas reparieren lassen. Die Besitzer Philip und Marlene sprechen Deutsch, Englisch, Portugiesisch und Französisch.

Puro Vuelo ABENTEUERSPORT
(057-231-1127; www.purovuelo.cl; Baquedano 1440) Ein weiterer guter Paraglidingspezialist. Für einen Tandemflug inklusive Fotos zahlt man 40 000 Ch$. Wie bei den meisten anderen Anbietern in Iquique sind auch hier der Abholservice von der Unterkunft und eine kurze Einführung Standard. Der Flug dauert 20 Minuten. In der Nebensaison (von April bis November) kosten Flüge etwa 10% weniger.

Bootstouren

Ausflugsboote BOOTSFAHRTEN
(Erw./Kind 3000/2000 Ch$, mind. 7 Pers.; 10-16 Uhr) Wer Boote mag, kann am Passagierpier westlich der Aduana an Bord gehen und eine einstündige Fahrt unternehmen. Sie führt u. a. zu einer Seelöwenkolonie und vorbei an einer Boje, welche die Stelle kennzeichnet, wo die *Esmeralda* sank.

Kurse

Academia de Idiomas del Norte SPRACHKURS
(057-241-1827; www.languages.cl; Ramírez 1345) Die Academia de Idiomas del Norte unter Schweizer Leitung bietet spanische Sprachkurse. Die Gruppen sind sehr klein (1–4 Pers.) und kosten 305 000 bis 383 600 Ch$ für eine Woche.

Geführte Touren

Öffentliche Verkehrsmittel zu den Sehenswürdigkeiten in der Umgebung sind rar, deshalb stellen geführte Touren eine überlegenswerte Alternative dar. Im Sommer bauen die Reiseveranstalter entlang der Prat und der Baquedano Tische auf und preisen die beliebtesten Ausflüge an, darunter ein Tagestrip nach Pica, La Tirana und Matilla (im Sommer täglich). Unterwegs schaut man sich auch Humberstone und Santa Laura an, die Geisterstädte aus der Salpeterära (ca. 25 000 Ch$). Zu den weiteren Zielen, die aber seltener angesteuert werden, gehören die Thermalquellen von Mamiña (ab 30 000 Ch$) sowie der Gigante de Atacama und Pisagua (ab 27 000 Ch$, für Geschichtsbegeisterte). Außerdem gibt's vierstündige Stadtführungen (ab 12 000 Ch$).

Ab März – dann wird das Wetter im Hochland allmählich besser – können auch abenteuerlichere Offroadtouren gebucht werden, z. B. zu den umwerfenden mehrfarbigen Lagunen bei Camiña (85 000 Ch$ pro Tag, 120 000 Ch$ für 2 Tage) und in den Parque Nacional Volcán Isluga (45 000 Ch$). Allerdings muss oft eine Mindestteilnehmerzahl von fünf Personen zusammenkommen.

Wenn Zeit und Geld keine Rolle spielen, lohnt sich eine dreitägige Exkursion ins Altiplano. Man wird Isluga, den Salar de Surire, Las Vicuñas und Lauca sehen und zum Schluss in Arica bzw. Iquique abgesetzt.

OC Travel GEFÜHRTE TOUREN
(057-257-3260; www.octravel.cl; Luis Uribe 445, Oficina 2H) Hat die meisten gängigen Touren im Angebot, etwa den beliebten Tagesausflug nach Pica, bei dem man auch in Humberstone und Santa Laura Halt macht. Darüber hinaus werden Tauchtrips an der Playa Blanca (38 000 Ch$) sowie Radtouren durch die Stadt und an den Stränden vorbei (38 000 Ch$ für 6 Std.) organisiert.

Magical Tour Chile GEFÜHRTE TOUREN
(057-221-7290; www.magicaltour.cl; Baquedano 770; Ruta del Sol 23 000 Ch$ pro Pers., Aventura Isluga 50 000 Ch$; 10.30–20 Uhr) Veranstaltet manchmal gruselige nächtliche Exkursionen zu den *salitreras*; los geht's um 20 Uhr und gegen 2.30 Uhr ist man wieder in der Stadt. Mindestteilnehmerzahl sind zehn Personen.

Llamatrekking KULTURTRIP
(Mobil 7898-6504; www.llamatrekking.cl) Einfache Wanderungen zu den umliegenden Attraktionen mit Schwerpunkt auf den Aymara-Traditionen im Hochland. Es gibt sowohl Tagesausflüge zu nahe gelegenen Dörfern als auch siebentägige Lama-Treks.

Show Travel ABENTEUERTOUR
(057-234-2306; www.showtravel.cl; Baquedano 964) Zusätzlich zu den Standardtouren organisiert Show Travel Aktivausflüge zu untouristischen Zielen, z. B. zum El-Huarango-Ökocamp bei La Tirana.

Schlafen

Taxifahrer erhalten von einigen *residenciales* und Hotels eine Provision, deshalb sollte man sich nicht von der getroffenen Wahl abbringen lassen oder lieber zu Fuß gehen. An der Uferpromenade befinden sich ein Holiday Inn Express und ein Radisson, falls einem der Sinn nach vertrauter Hotelkettenausstattung steht.

La Casona 1920 HOSTEL $
(057-241-3000; www.casonahostel.com; Barros Arana 1585; B 9000 Ch$, EZ/DZ ohne Bad 14 000/22 000 Ch$; @) Iquiques Backpackerunterkunft schlechthin. Das coole bunte Hostel verfügt über Mehrbett- (4–9 Pers.) und ein paar Doppelzimmer, manche mit Balkonen zur Straße hin, andere mit Blick auf den Hinterhof. Außerdem gibt's eine Gemeinschaftsküche, einen Billardtisch, Schließfächer, mehrsprachiges Personal, wöchentliche Sushi-Partys, bei denen DJs auflegen, Poker- und Filmabende sowie Salsaunterricht.

Hotel Velero HOTEL $
(057-234-8067; www.hotelvelero.cl; Latorre 596; EZ/DZ 20 000/30 000 Ch$, ohne Bad 14 000/22 000 Ch$) Sehr hübsches Hotel einen kur-

zen Fußmarsch von der Plaza entfernt. Es wird seinem Boutique-Anspruch nicht ganz gerecht, die geräumigen Zimmer sind jedoch modern eingerichtet und die Atmosphäre ist idyllisch. Im Voraus buchen.

Hotel de La Plaza   HOTEL $
(057-241-9339; Baquedano 1025; EZ/DZ 20 000/33 000 Ch$;) Das Haus im georgianischen Stil mit Blick auf die Fußgängerzone und einladender Lobby samt großem Oberlicht zählt zu den besten Angeboten in dieser Kategorie. Die gemütlichen mittelgroßen Zimmer verteilen sich um einen Hof.

Hostal Catedral   HOSTEL $
(057-242-6372; Obispo Labbé 253; EZ/DZ 18 000/30 000 Ch$, ohne Bad pro Pers. 12 500 Ch$;) Wenn man sehr früh oder sehr spät mit Tur Bus fahren muss, ist die behagliche Unterkunft gegenüber der Hauptkirche der Stadt eine gute Wahl. Die Zimmer sind teils muffig, teils geräumig – am besten lässt man sich ein paar zeigen.

★ Casa Baquedano   HOTEL $$
(057-234-7577; Baquedano 1470; EZ/DZ 35 000/40 000 Ch$;) Das ältere Gebäude am Fuß der verkehrsberuhigten Einkaufsstraße beherbergt wunderbar geräumige Zimmer mit übergroßen Betten, Minikühlschränken und modernen Bädern, die im Erdgeschoss haben zudem hohe Decken. Ein schattiger Hinterhof rundet das Gesamtpaket ab.

Hotel Esmeralda   HOTEL $$
(057-221-6996; www.esmeraldahotel.cl; Labbé 1386; EZ/DZ 42 000/51 000 Ch$;) Geräumige Zimmer und klare Linien machen dieses charmante neue Hotel aus, ein paar Blocks von der Playa Gaviota entfernt. Das Boutique-Versprechen wird nur teils erfüllt, das Preis-Leistungs-Verhältnis kann sich dennoch sehen lassen.

Hotel Pacifico Norte   HOTEL $$
(057-242-9396; hotelpacificonorte@chileagenda.cl; Ramirez 1941; EZ/DZ 30 000/40 000 Ch$;) Gemütliche, etwas kleine Zimmer in einem hübschen, älteren Gebäude. Die auf der Vorderseite mit süßen, kleinen Holzbalkonen und Blick zur Straße sind besonders schön.

Jham Hotel   HOTEL $$
(057-254-9134; www.hoteljham.cl; Latorre 426; EZ/DZ 42 000/51 000 Ch$;) Zugegeben, die dunkelrosa Wandfarbe ist kitschig, aber dafür wartet das gut ausgestattete Businesshotel mit geräumigen, hellen und blitzsauberen Zimmern auf (manche mit Jacuzzi).

Hinten lockt ein kleiner, grüner Hof. Falls hier alles ausgebucht ist, kann man sein Glück im zugehörigen Gebäude auf der anderen Straßenseite versuchen.

Sunfish Hotel   HOTEL $$$
(057-254-1000; www.sunfish.cl; Amunátegui 1990; EZ/DZ 85 000/90 000 Ch$;) Eine luxuriöse Option ist dieses blaue Hochhaus nahe der Playa Cavancha. Es verfügt über Vier-Sterne-Einrichtungen wie Businesscenter, Sushi-Restaurant und Dachpool. Fast alle Zimmer warten mit einem Balkon auf. Die schönste Aussicht genießt man von den beiden obersten Etagen.

Essen

Wer möglichst schnell und möglichst günstig an etwas zu essen kommen möchte, sollte den Mercado Centenario an der Barros Arana ansteuern. Viele Restaurants bleiben sonntags geschlossen.

Club Croata   CHILENISCH $
(Plaza Prat 310; Mittagsmenü 4500 Ch$; Mo–Sa 10–18 Uhr;) Dieses Restaurant an der Plaza hat Bogenfenster, draußen stehen ein paar Tische und das kroatische Wappen darf natürlich nicht fehlen. Nirgendwo am Platz bekommt man ein besseres Mittagsmenü (drei Gänge und ein Getränk).

Cioccolata   CAFÉ $
(Pinto 487; Snacks 2000–4500 Ch$; Mo–Sa 8–22 Uhr;) Der beste Beweis dafür, dass die Chilenen gern mal einen anständigen Espresso trinken. Dieser klassische Coffeeshop platzt gewöhnlich aus allen Nähten. Man kann üppiges Frühstück und Mittagessen, aber auch Sandwiches, leckere Kuchen und Waffeln bestellen.

M.Koo   SÜSSIGKEITEN $
(Latorre 600; Snacks ab 700 Ch$; Mo–Sa 8–20 Uhr) In dem farbenfrohen Laden bekommt man *chumbeques*, eine regionale Keksspezialität, deren Rezept wie ein Augapfel gehütet wird. Darüber hinaus kann man Snacks wie *humitas* (Mais-Tamales) und Empanadas kaufen.

Marrasquino   EIS $
(Prat 3082; Portion ab 1700 Ch$; 8–21 Uhr) Wer unten im Süden rund um die Playa Brava unterwegs ist, sollte sich diese kleine Eisdiele auf keinen Fall entgehen lassen. Das Eis ist das wohl beste der Stadt und der Meerblick von der Terrasse vorne kann sich ebenfalls sehen lassen.

ABSTECHER

ABKÜHLUNG IN PICA

Die freundliche und entspannte Wüstenoase Pica (4013 Ew.) erscheint wie der grüne Farbklecks eines Malers auf einer sonst trostlosen braunen Leinwand. Sie rühmt sich ihrer üppigen Obstgärten und ist zu Recht bekannt für ihre Limetten, die Grundzutat für jeden ordentlichen Pisco sour. Besucher kommen her, um sich im angenehmen, aber überfüllten Süßwasserpool abzukühlen und den ein oder anderen fruchtigen Drink aus dem riesigen Angebot zu genießen.

Picas Hauptattraktion ist **Cocha Resbaladero** (Eintritt 2000 Ch$; ⊙ 9–20 Uhr; 🛈) am oberen Ende der General Ibáñez. Umgeben von kühlen Felsen, hängenden Pflanzen und einer wasserunterspülten Höhle ist das ein ganz wunderbarer Platz, um die Wüstenhitze zu bekämpfen, in den Sommermonaten wimmelt es dort allerdings von Familien mit schreienden Kindern.

Wir empfehlen, von Iquique aus einen Tagesausflug nach Pica zu unternehmen. Wer aber gern über Nacht bleiben möchte, hat an der Straße zwischen der Plaza und dem Resbaldero verschiedene Unterkünfte und Restaurants zur Auswahl.

Pica wird von Bussen und Touranbietern von Iquique aus angefahren.

★ **El Wagón** CHILENISCH $$
(Thompson 85; Hauptgerichte 8500–10 000 Ch$; ⊙ Mo-Sa 12–15 & 19–24 Uhr) Das Restaurant bewahrt quasi im Alleingang die kulinarischen Traditionen der Region und serviert in einem rustikalen Speiseraum eine fantastische Auswahl an Meeresfrüchtetellern, inspiriert von Großmutters Rezepten oder Klassikern der Hafen- und Minenarbeiter-Küche. Teuer, aber den Preis wert.

La Mulata FUSIONSKÜCHE $$
(Prat 902; Hauptgerichte 8000–11 000 Ch$; ⊙ Mo-Sa 12.30–16 & 19.30–24, So 12.30–17 Uhr; 🛈) Die Küche dieses peruanisch-japanischen Restaurants kredenzt einige der interessantesten Gerichte der Stadt. Der Service ist zackig, aber persönlich, die Portionen sind großzügig, aber nicht übertrieben, und es bieten sich hübsche Ausblicke zur Playa Cavancha.

El Tercer Ojito INTERNATIONAL $$
(www.eltercerojito.cl; Lynch 1420; Mittagsmenü werktags 4500 Ch$, Hauptgerichte 7500–9000 Ch$; ⊙ Di-So 12–15, Di-Sa 19–23.30 Uhr; 🛈🌱) Das entspannte Restaurant ist an dem riesigen Quarzklumpen vor der Tür zu erkennen und serviert tolle Gerichte mit internationalen Einflüssen, auch vegetarische Speisen. Es gibt z. B. peruanische Spezialitäten, Thai-Currys und gelegentlich auch Sushi. Den hübschen Hof mit Bambusdach zieren Kakteen und Wandgemälde.

Antojos INTERNATIONAL $$
(Libertad 815; Hauptgerichte 7000–9500 Ch$; ⊙ Di-Sa 12.30–24, So & Mo bis 17 Uhr) Hier gibt's zwar auch innen ein paar Tische, die schönere Kulisse für den Genuss riesiger frischer Salate, gesunder Säfte sowie innovativer Fisch-, Fleisch- und Hühnchengerichte ist jedoch der schattige Garten hinterm Haus.

Ausgehen & Nachtleben

Iquique wartet mit einem ausgelassenen Nachtleben auf. Im Zentrum findet man ein paar Restaurant-Bars im Bohemien-Stil, während die Clubs und Pubs in der Uferstraße südlich der Stadt liegen.

Lobby Resto Bar BAR
(Gorostiaga 142; ⊙ Di-Sa ab 20 Uhr) Eine der besagten niedlichen Restaurant-Bars mit Bohemien-Flair – sie hat vier kleine Räume und einen gemütlichen Sitzbereich. Die Cocktails wie *raspirinha* mit Himbeerwodka und Beerenfrüchten sind super. Außerdem gibt's eine Sushi-Bar und an den Wochenenden legt ein DJ auf. Ein guter Ort, um gemeinsam *tablas* zu essen. Jeden Abend Happy Hour.

Mi Otra Casa BAR
(Baquedano 1334; ⊙ Di-Sa 15–2 Uhr) Die Inneneinrichtung der entspannten Bar ganz am Ende der Avenida Baquedano besteht aus bunt zusammengewürfelten Gegenständen. Hier finden verschiedene Veranstaltungen von Dichterlesungen bis zu Konzerten statt.

Shoppen

Zona Franca EINKAUFSZENTRUM
(Zofri; Av Salitrera Victoria; ⊙ Mo-Sa 11–21 Uhr) Iquiques 1975 eingerichtete *zona franca* ist ein gewaltiges Monument unkontrollierten Konsums. Zwar bietet die gesamte Region Tarapacá die Möglichkeit, zollfrei zu shoppen, doch den Kern bildet dieses Einkaufszent-

rum, das importierte Elektronik, Kleidung, Autos und viele andere Dinge verhökert.

Wer sich zum Shoppen dorthin aufmacht, kann von der Innenstadt jedes *colectivo* Richtung Norden nehmen. Nicht laufen – rundherum befinden sich einige der unsichersten Viertel der Stadt.

❶ Praktische Informationen

In der Innenstadt und der *zona franca* gibt's jede Menge Geldautomaten. Ausländische Währungen und Reiseschecks werden in verschiedenen *cambios* (Wechselstuben) getauscht.

Internetcafés (400 Ch$ pro Std.) gibt's im Zentrum.

Hospital Regional Dr Juan Noé (☏ 057-239-5555; Av Héroes de la Concepción 502) Zehn Querstraßen östlich der Plaza Condell.

Postamt (Bolívar 458)

Sernatur (☏ 057-241-9241; www.sernatur.cl; Pinto 436; ⊙ im Sommer Mo–Sa 9–20 & So 10–14, sonst Mo–Fr 9–18 Uhr) Infos für Touristen, kostenlose Stadtpläne und Broschüren.

Städtische Touristeninformationsstände (⊙10–14 & 15–19 Uhr, nur im Sommer) Nette, kundige Mitarbeiter versorgen Traveller mit Infos und Broschüren (auf Englisch und Spanisch). Die beiden Stände sind nur im Sommer geöffnet. Einer befindet sich nahe dem Museo Corbeta Esmeralda, der andere an der Playa Cavancha.

❶ An- & Weiterreise

BUS

Der Hauptbusbahnhof, das **Terminal Rodoviario** (☏ 057-242-7100; Lynch), liegt am Nordende der Patricio Lynch. Fast alle großen Busunternehmen, aber auch ein paar lokale Anbieter haben Büros rund um den Mercado Centenario, vor allem entlang der Barros Arana. Es gibt regelmäßige Verbindungen nach Norden und Süden. Richtung Süden nutzen die Busse meist die Ruta 1, die Küstenstraße nach Tocopilla (mit Anschluss nach Calama) und Antofagasta (für Panamericana-Anschlüsse nach Copiapó, La Serena und Santiago).

Mehrere größere Gesellschaften verkehren Richtung Norden bis Arica und Richtung Süden bis nach Santiago:

Einige Preisbeispiele:

ZIEL	PREIS (CH$)	FAHRTDAUER (STD.)
Antofagasta	16 000	6
Arica	7000	4
Calama	10 000	6
Copiapó	30 000	14
La Serena	35 000	18
Santiago	45 000	24

Wer nach Pica möchte, sollte einen der Anbieter an der Barros Arana (zw. Zegers und Latorre) ansteuern. **Chacón** (Barros Arana 957) fährt z. B. mehrmals täglich dorthin (ca. 3000 Ch$), genauso wie die benachbarte **Agencia Barreda** (☏ 057-241-1425; Barros Arana 965). Letztere bietet auch Verbindungen nach La Tirana (2500 Ch$) und Humberstone (2500 Ch$). **Santa Angela** (☏ 057-242-3751; Barros Arana 971) bringt Passagiere für 2500 Ch$ nach Pica.

Mehrere Busunternehmen bedienen Ziele in Bolivien, wie La Paz, Cochabamba und Oruro. Sie sind alle in einem Block an der Esmeralda zwischen Amunategui und Martinez ansässig. Das Viertel ist nicht sehr sicher – morgens oder abends sollte man ein Taxi nehmen.

Busfer (☏ 057-242-0632; Esmeralda 951) verkehrt täglich um 14 Uhr nach La Paz in Bolivien (7000 Ch$, 17 Std.). **Lujan** (☏ 326-955; Esmeralda 999) wiederum steuert die Stadt von Montag bis Freitag (7000 Ch$, 12 Std.) zweimal täglich (11 & 20.30 Uhr) an.

Am einfachsten gelangen Traveller von hier nach Peru, wenn sie zuerst Arica ansteuern und dort in einen internationalen Bus umsteigen.

Viele chilenische Busunternehmen haben Büros rund um den Mercado Centenario. Dort gibt's Tickets (so spart man sich die Fahrt zum Busbahnhof), die Abfahrt erfolgt jedoch am Busbahnhof.

Expreso Norte (☏ 057-257-3693; www.expresonorte.cl; Barros Arana 881)

Pullman (☏ 057-242-9852; www.pullman.cl)

Ramos Cholele (☏ 057-247-1628; www.ramoscholele.cl; Barros Arana 851)

Tur Bus (☏ 057-242-0634; www.turbus.cl; Mercado Centenario)

FLUGHAFEN

Der lokale Flughafen, der **Aeropuerto Diego Aracena** (☏ 057-242-6530; www.aeropuertodiegoaracena.cl), befindet sich 41 km südlich der Innenstadt und ist über die Ruta 1 zu erreichen.

LAN (☏ 600-526-2000; www.lan.cl; Pinto 699; ⊙ Mo–Fr 8.45–14 & 16–18.30, Sa 9.30–13 Uhr) fliegt täglich nach Arica (35 700 Ch$, 50 Min.), Antofagasta (19 500 Ch$, 50 Min.) und Santiago (233 000 Ch$, 2½ Std.). Viermal pro Woche geht's zudem nach La Paz in Bolivien (ca. 42 600 Ch$, 1½ Std.). Frühbucher zahlen weniger.

Sky (☏ 600-600-2828; www.skyairline.cl; Tarapacá 530) bedient ebenfalls Arica (23 000 Ch$, 2-mal tgl.), Antofagasta (30 500 Ch$, 2-mal tgl.), Santiago (99 700 Ch$, 4-mal tgl.) und andere Ziele im Süden Chiles.

❶ Unterwegs vor Ort

Colectivos sind die beste Möglichkeit, sich in der Stadt fortzubewegen. Ihre Ziele stehen deutlich auf dem Leuchtschild, das am Dach des Wagens angebracht ist.

AUTO

Wer ein Auto leihen möchte, muss mit 25 000 Ch$ pro Tag rechnen. Lokale Unternehmen verlangen oft einen internationalen Führerschein. Die folgenden Leihwagenfirmen haben auch Schalter am Flughafen mit längeren Öffnungszeiten am Wochenende:

Alamo (057-254-4889; O'Higgins 1590; Mo–Fr 8.30–18.30, Sa 9–13.30 Uhr)

Econorent Car Rental (057-242-3723; Hernán Fuenzalida 1058; Mo–Fr 9–19, Sa 9–14 Uhr)

Procar (057-247-0668; Serrano 796; Mo–Fr 8–18, Sa bis 14 Uhr)

FAHRRAD

Magical Tour (S. 181) verleiht Fahrräder für 5000 Ch$ am Tag.

ZUM/VOM FLUGHAFEN

Der Minibustransfer vom Aeropuerto Diego Aracena ins Hotel kostet 6000 Ch$; Am Flughafen befinden sich ein paar Stände. Ebenfalls preiswert sind Gemeinschaftstaxis (7500 Ch$ pro Pers.), während die Fahrt mit einem normalen Taxi mit 16 000 Ch$ zu Buche schlägt. Zu den Anbietern gehört **Taxis Aeropuerto** (057-241-3368; Ecke Gorostiaga & Baquedano) bei der Plaza.

Östlich von Iquique

057

Wer von Iquique aus landeinwärts fährt, stößt in der Wüste immer wieder auf Geisterstädte, spärliche Überreste einst blühender Bergbausiedlungen, in denen das Weiße Gold der Atacama – Salpeter – gewonnen wurde. Es geht an präkolumbischen Geoglyphen vorbei, die daran erinnern, dass hier bereits seit Jahrhunderten Menschen siedelten. Weiter landeinwärts finden sich in der unwirtlichen Landschaft etliche malerische Dörfer mit heißen Quellen, während das Hochland, der Altiplano, mit seinen grandiosen Landschaften überwältigt und als Heimat einer einzigartigen Hirtenkultur dient.

Humberstone & Santa Laura

Noch immer atmet die verlassene Geisterstadt **Humberstone** (www.museodelsalitre.cl; Erw./Kind 2000/500 Ch$; 9–19 Uhr) Einfluss und Wohlstand, genährt durch den Salpeterboom. Einst sprühte die 1872 als La Palma gegründete Bergbausiedlung nur so vor Energie. Kultur und Erfindungsgabe erreichten in den 1940er-Jahren ihren Höhepunkt. Die Entwicklung synthetischer Nitrate erzwang jedoch bis 1960 die Schließung der oficina; 3000 Arbeiter verloren ihre Jobs, und der Ort schrumpfte auf eine verlassene Hülle seiner selbst zusammen.

Das große Theater (angeblich spukt es hier, genauso wie in etlichen anderen Gebäuden), in dem internationale Stars und Sternchen auftraten, das gusseiserne Schwimmbecken, das aus einem Schiffswrack geholt wurde, der Ballsaal, in dem junge *pampinos* (Leute, die in den Salpetersiedlungen in der Wüste leben oder arbeiten) zum ersten Mal die Aufmerksamkeit ihrer Liebsten auf sich zogen, Schulen, Tennis- und Basketballplätze, ein geschäftiger Markt und ein Hotel, in dem die großen Industriebosse abstiegen – all das liegt nun verlassen da.

Einige Gebäude sind restauriert, andere verfallen. Vorsicht also beim Betreten der Häuser. Am westlichen Ende der Stadt sieht man noch das elektrische Kraftwerk und die Überreste der Schmalspurbahn zur älteren Oficina Santa Laura.

Obgleich Humberstone 1970 zum historischen Denkmal erklärt worden war, fiel es Vandalismus und illegaler Demontage zum Opfer. 2002 erfuhr das Schicksal der Stadt eine positive Wendung, als sie von einer gemeinnützigen Gesellschaft der *Pampinos* (Corporación Museo del Salitre) aufgekauft wurde. Diese machte sich daran, die heruntergekommenen Gebäude instand zu setzen. Im Juli 2005 wurde die Siedlung zum Unesco-Welterbe erklärt. Bei Zahlung des Eintrittspreises bekommt man ein Infoblatt in englischer oder spanischer Sprache.

Die wenigen Überreste der **Oficina Santa Laura** GRATIS liegen 2 km südwestlich auf der anderen Seite der Schnellstraße. Der halbstündige Fußmarsch dorthin lohnt sich, denn die Anlage ist sogar noch stimmungsvoller als Humberstone. Man kann sich das kleine Museum mit den quietschenden Böden ansehen; in ein paar Räumen sind alte Maschinen sowie staubige Kleider und Schuhe ausgestellt. Ähnlich wie in Humberstone erzählt man sich auch hier Spukgeschichten: Besucher hörten Kinder weinen oder hatten das Gefühl, dass eigenartige Erscheinungen sie verfolgten!

❶ An- & Weiterreise

Humberstone ist von Iquique aus per Tagesausflug erreichbar. Die Anlage erstreckt sich 45 km östlich der Stadt und weniger als 1 km von der Panamericana. Jeder Bus von Iquique Richtung Osten lässt Passagiere dort aussteigen; für den Rückweg stoppt man einfach den Bus in die andere Richtung (2000 Ch$, 40 Min.). Auch die colectivos nach Pozo Almonte (Abfahrt am Mercado Central in Iquique) bringen einen für 2000 bis 2300 Ch$ her. Gute Unternehmen sind **Taxi Pampa y Mar** (057-232-9832; Ecke Barros Arana & Sargento Aldea) und **Taxi Chubasco** (057-275-1113; Ecke Amunátegui & Sargento Aldea). Von Iquique aus werden zudem geführte Touren angeboten.

Besucher sollten geschlossene Schuhe tragen und Essen, Sonnenmilch, Wasser sowie einen Fotoapparat mitnehmen, da man locker ein paar Stunden mit der Erkundung des Ortes verbringen kann. Am besten kommt man frühmorgens, aber auch nachmittags lindert häufig eine Brise die brütende Hitze.

El Gigante de Atacama

Es ist die weltweit größte Abbildung eines Menschen, die Archäologen bislang entdeckt haben – gewaltige 86 m hoch –, und dennoch weiß man nur wenig über den „Riesen von Atacama". Man nimmt an, dass der Geoglyph, der abseits jeglicher Siedlung am Westhang des Cerro Unita 14 km östlich von Huara erschaffen wurde, einen mächtigen Schamanen darstellt. Experten schätzen, dass der Riese etwa um 900 entstand. Den Hang sollte man nicht besteigen, um die Stätte nicht zu beschädigen.

Die Straße Huara–Colchane, Hauptverbindung zwischen Iquique und Bolivien, ist asphaltiert; nur eine sehr kurze Abzweigung (etwa 1 km) zum Hügel führt über unbefestigten Wüstenboden. El Gigante de Atacama ist 80 km von Iquique entfernt. Wer das Ganze sehen möchte, nimmt sich am besten einen Leihwagen oder ein Taxi oder schließt sich einer geführten Tour an.

Parque Nacional Volcán Isluga

Wer die ausgetretenen Touristenpfade verlassen möchte, sollte diesen entlegenen Nationalpark besuchen. Im Schutzgebiet, das vom bedrohlich rauchenden Volcán Isluga überragt wird, stößt man immer wieder auf winzige, teils verlassene Hirtendörfer. Die Ortschaft Isluga, nach der der Park benannt wurde, ist seit einiger Zeit nicht mehr bewohnt. Als *pueblo ritual* (zeremonielles Dorf) wird es bisweilen von den verstreut lebenden Nomadenfamilien aufgesucht, die sich in der wie ein Postkartenidyll anmutenden örtlichen Lehmziegelkirche (erb. 17. Jh.) zu religiösen Zeremonien versammeln. 2 km vom Dorf Enquelga befinden sich heiße Quellen.

Flora und Fauna des 1750 km² großen Gebiets ähneln der Pflanzen- und Tierwelt des Parque Nacional Lauca; u. a. kommen drei Flamingoarten vor. Von Iquique sind es 250 km bis zum Park. Er liegt 13 km westlich von Colchane, einer kleinen Gemeinde an der bolivianischen Grenze.

Von Isluga aus führt zum eindrucksvollen **Monumento Natural Salar de Surire** und zum **Parque Nacional Lauca** eine holprige, aber landschaftlich wunderschöne Straße, die in Arica endet. Besonders während der Regenzeit im Sommer ist es unbedingt notwendig, sich vorab nach dem Streckenzustand zu erkundigen und sich ausschließlich mit einem geländegängigen Fahrzeug *(high-clearance vehicle)* auf den Weg zu machen. Benzinreserve und Frostschutz nicht vergessen. Mehrere Agenturen in Arica und Iquique bietet diesen Trip an.

Schlafen

Die frostige kleine Ortschaft Colchane liegt 3730 m über dem Meeresspiegel und ist eine günstige Ausgangsbasis zum Park.

Hotel Isluga HOTEL $
(057-252-7668; www.hotelisluga.cl; Teniente González s/n, Colchane; EZ ohne Bad 16 000 Ch$, DZ 20 000–36 000 Ch$) Als angenehmste Übernachtungsmöglichkeit in der Gegend gilt dieses kleine Hotel mit komfortablen Zimmern, in denen es aber nachts ziemlich kalt werden kann. Hier werden auch Touren zu Attraktionen in der Umgebung organisiert.

Hostal Camino del Inca HOTEL $
(Mobil 8446-3586; hostal_caminodelinka@hotmail.com; Teniente González s/n, Colchane; Zi. pro Pers. 13 500 Ch$, ohne Bad 10 500 Ch$) Der Familienbetrieb, der aus zwei Stockwerken besteht, verfügt über karge, saubere Zimmer und Warmwasserduschen. Nachts ist es bitterkalt, also unbedingt einen Schlafsack mitbringen. Auch eine Taschenlampe gehört ins Gepäck, weil um Mitternacht der Strom abgeschaltet wird. Frühstück und Abendessen sind im Preis inbegriffen.

An- & Weiterreise

Die Straße nach Colchane ist asphaltiert. Im Park muss man sich mit unbefestigten Wegen begnügen. Täglich passieren Colchane mehrere Busse (sonntags weniger) aus dem 251 km entfernten Iquique (4000 Ch$) auf dem Weg nach Oruro (6000 Ch$, 8 Std. plus die Zeit an der Grenze); Busfer (S. 184) verkehrt täglich um 14 Uhr.

In Colchane gibt's einen Grenzübergang nach Bolivien. Dort kann man mit einem Lkw oder Bus in die bolivianische Stadt Oruro weiterreisen.

DIE TYRANNISCHE PRINZESSIN

Der Name des Dorfes La Tirana geht auf eine blutrünstige Geschichte aus der Zeit der spanischen Eroberung zurück. Es heißt, dass eine Inka-Prinzessin gezwungen wurde, Diego de Almagro 1535 bei seinem Überfall auf Chile zu begleiten. Die junge Frau konnte ihm in Pica entwischen und sammelte dort eine Bande loyaler Inka-Krieger um sich, die Rache üben wollten. Sie machten sich sogleich daran, so viele Spanier wie möglich zu töten, aber auch Angehörige der indigenen Bevölkerung, die sich hatten taufen lassen. So verdiente sich die Prinzessin den Titel La Tirana, die Tyrannin.

1544 erhielt ihr furchteinflößendes Image jedoch einen ordentlichen Kratzer, als ihr Gefolge einen portugiesischen Bergarbeiter gefangen nahm, der auf Seiten der Spanier kämpfte. Der Legende zufolge bekam die grausame Prinzessin ganz weiche Knie angesichts des blassen Soldaten; der Skandal war perfekt, als sie ihn vor der Hinrichtung rettete! Das war allerdings noch gar nichts im Vergleich zur Wut ihrer Anhänger, als sie schließlich sogar den katholischen Glauben ihres Liebhabers annahm. Nur wenige Augenblicke nach ihrer Taufe kam das Paar in einem Pfeilhagel ums Leben.

Zehn Jahre später entdeckte ein reisender Wanderprediger ein Kreuz im Wald, das angeblich das Grab der Liebenden kennzeichnete, und ließ eine Kapelle errichten. Diese wurde später durch ein größeres Gebäude ersetzt. Seither wurde die Legende von La Tirana immer weiter verbreitet.

La Tirana

Umherstolzierende Teufel mit gedrehten Hörnern, ein schwingendes Meer aus kurzen Röcken, eine Galaxie glitzernder Pailletten, und überall trommeln Drum-and-Brass-Bands mitreißende Rhythmen – das **Fest der Jungfrau Carmen** ist das spektakulärste religiöse Event in Chile und wird Mitte Juli in La Tirana gefeiert. Zehn Tage lang überrennen etwa 230 000 Pilger das kleine Dorf (sonst hat es nur 1300 Einwohner), um der Jungfrau in einer karnevalartigen Atmosphäre Tribut zu zollen.

Das Örtchen befindet sich 72 km von Iquique entfernt und liegt an der Nordseite des Salar de Pintados. Es ist bekannt als letzte Ruhestätte einer berühmt-berüchtigten Inka-Prinzessin und bewahrt einen bedeutenden religiösen Schrein. Das **Santuario de La Tirana** besteht aus einer weiten Plaza, die eine der ungewöhnlichsten, ja exzentrischsten Kirchen des Landes schmückt.

Rund um den Platz verteilen sich mehrere Restaurants, Unterkünfte gibt's aber nicht.

Pintados

Nicht weniger als 420 Geoglyphen schmücken die Hügel in **Pintados** (Erw./Kind 2000 Ch$/frei; 10–16 Uhr), 45 km südlich von Pozo Almonte, wie riesige präkolumbische Kritzeleien. Sie zeigen geometrische Muster wie seltsame Leitern, Kreise und Pfeile, außerdem Menschendarstellungen, die lebhafte Jagdszenen mit Kanus und gebärende Frauen abbilden. Auch Tiere und außerirdisch anmutende Figuren bevölkern die Hänge, an denen sich ein 2 km langer Pfad entlangschlängelt, dem man zu Fuß oder mit dem Wagen folgen kann.

Vermutlich dienten die rätselhaften Geoglyphen nomadischen Völkern als Wegweiser: Sie markierten Handelsstraßen und Treffpunkte, zeigten Wasserstellen an, identifizierten ethnische Gruppen und hatten religiöse Bedeutungen. Die meisten entstanden zwischen 500 und 1450.

Pintados, ein aufgegebener Nitrat-Verladebahnhof, besteht nur noch aus Häuserruinen und rostenden Waggons. Er liegt 4,5 km westlich der Panamericana und ist über eine Schotterstraße zu erreichen; diese zweigt gegenüber der nach Osten führenden Route nach Pica von der Panamericana ab.

Pisagua

057 / 253 EW.

Pisagua, eine weitere Geisterstadt aus Zeiten des Salpeter-Booms, war einst einer der größten Hafenorte der Region. Danach diente er als Gefängniskolonie und später als Gefangenenlager für Kritiker der Pinochet-Diktatur. Wahrscheinlich wäre die Stadt in Vergessenheit geraten, doch dann löste die Entdeckung zahlreicher nicht gekennzeichneter Massengräber auf dem Friedhof einen internationalen Skandal aus und brachte das kleine Pisagua erneut in die Schlagzeilen.

Heute stößt man auf ein ruhiges, kleines Fischerdorf mit etwas unheimlicher Atmosphäre und ein paar prächtigen, baufälligen Überresten des einstigen Salpeter-Reichtums.

Sehenswertes

Gleich hinter der Polizeistation erinnert der verlassene Bahnhof an die Zeit, als Pisagua der nördliche Endhaltepunkt der in Nord-Süd-Richtung verlaufenden Eisenbahnlinie El Longino war, die die Salpeterminen mit den Häfen des Norte Grande verband.

Teatro Municipal HISTORISCHES GEBÄUDE
Ein einstmals prunkvolles Theater mit breiter Bühne, Logen wie in einem Opernhaus und abblätternden Deckengemälden, die Cherubim darstellen. Den Schlüssel erhält man in der Bibliothek (Mo–Fr 10–15 & 16–19 Uhr) nebenan.

Friedhof FRIEDHOF
(tagsüber) Der düsterste Ort in Pisagua ist der alte Friedhof, 3 km nördlich der Stadt. Er erstreckt sich über einen einsamen Hang, der abrupt ins Meer abfällt. Geier wachen dort über eine klaffende Grube unterhalb der Felswand, wo ein Massengrab von Opfern der Pinochet-Diktatur entdeckt wurde. Eine ergreifende Erinnerungstafel zitiert Pablo Neruda: „Mögen Schritte tausend Jahre diesen Ort berühren, so werden sie doch nie das Blut derer tilgen, die hier gefallen sind."

Hinter dem Friedhof führt die Straße 3,5 km weiter nach Pisagua Vieja mit einer Handvoll Ruinen von Lehmziegelbauten, einem präkolumbischen Friedhof und einem breiten Sandstrand.

Schlafen & Essen

Hostal La Roca HOTEL $
(057-273-1502; caterine.saldana@gmail.com; EZ/DZ 24 000/28 000 Ch$; P@) Das unkonventionelle, kleine Hotel hoch oben auf einem Felsvorsprung mit Blick auf den Pazifik wird von einer netten Historikerin und ihrem Mann betrieben. Es verfügt über vier schöne Zimmer, zwei davon mit Meerblick. Die *Señora* spricht Französisch und ein wenig Englisch und bereitet auf Wunsch Abendessen mit Meeresfrüchten zu.

An- & Weiterreise

Pisagua liegt (Luftlinie) rund 60 km nördlich von Iquique, die Straßendistanz ist jedoch doppelt so weit. Hierher führt eine Abzweigung 85 km südlich des Polizeipostens in Cuya bzw. 47 km nördlich von Huara. Nach Verlassen der Panamericana verläuft eine 40 km lange gepflasterte, aber mit Schlaglöchern übersäte Straße nach Westen bis zur Küste. Einmal täglich um 17 Uhr verkehrt ein Bus vom Busbahnhof in Iquique (2000 Ch$, 2 Std.); die Rückfahrt ab Pisagua erfolgt um 7 Uhr.

Arica
058 / 210 216 EW.

Arica zeichnet sich durch eine angenehme Atmosphäre aus. Das ganze Jahr über ist es hier frühlingshaft warm und sonnig; es gibt eine coole Einkaufsmeile, auf der man bis Sonnenuntergang herumbummeln kann. Gepflegte Strände, deren Sand an braunen Zucker erinnert, liegen nur einen kurzen Fußweg vom Stadtzentrum entfernt. Vollkommen würde das Ganze durch ein paar ausgezeichnete hohe Surfbreaks. Über allem thront der Felsen El Morro, einst Schauplatz einer Schlacht im Salpeterkrieg. Wer ein paar Tage länger bleibt, kann außerdem den nahe gelegenen Parque Nacional Lauca besuchen oder sich einen Nachmittag von der „Strandpflicht" freinehmen und zum Azapa-Tal fahren. Hier wurden die nach heutigem Stand ältesten Mumien der Welt gefunden.

Geschichte

Jahrtausendelang haben indigene Völker diese Gegend durchstreift. Arica selbst war Endpunkt einer bedeutenden Handelsstraße, auf der die Küstenvölker mit den Bewohnern der Vorkordillere und des Altiplano Handel trieben. Sie tauschten Fisch, Baumwolle und Mais gegen Kartoffeln, Wolle und Charque (luftgetrocknetes Fleisch).

Mit der Ankunft der Spanier im frühen 16. Jh. wurde Arica zur Hafenstadt. Hier verschiffte man die Funde, die in der ertragreichen Silbermine in Potosí im heutigen Bolivien zutage kamen. Als Teil des unabhängigen Peru blieb der Ort im 19. Jh. in seiner Entwicklung hinter der übersteigerten Aktivität in den Nitratminen weiter südlich zurück. Als Folge der dramatischen Schlacht um die Felsbastion auf dem El Morro während des Salpeterkriegs fiel er an Chile; dies wurde 1929 formell bestätigt.

Sehenswertes

Die Stadt wird vom Kap El Morro de Arica überragt, einst Schauplatz einer entscheidenden Schlacht während des Salpeterkriegs. Am Fuß des El Morro befinden sich die gepflegten Grünanlagen der Plaza Vicuña Mackenna.

★ Museo de Sitio Colón 10 MUSEUM
(Colón 10; Erw./Kind 2000/1000 Ch$; ⊙ Jan. & Feb. Di–So 10–19 Uhr, März–Dez. Di–So bis 18 Uhr) Das winzige Museum unterhalb des El Morro beherbergt 32 Chinchorro-Mumien. Sie wurden entdeckt, nachdem ein Architekt dieses ehemalige Wohnhaus gekauft hatte (eigentlich wollte er es zu einem Hotel umbauen). Die Körper liegen hinter einer schützenden Glasscheibe noch so da, wie sie gefunden wurden: in verschiedenen Positionen im Sand unter dem Boden, mit Grabbeigaben wie Häuten und Federn von Wasservögeln.

Unter ihnen sind auch ein paar Kinder mit rot bemalten Schlammmasken. Geht man die Holzrampe hinauf, kann man die Mumien besser in Augenschein nehmen. Zudem gewährt die überdachte Terrasse eine tolle Aussicht auf die Stadt.

El Morro de Arica AUSSICHTSPUNKT
Mit einer Höhe von 110 m überragt dieser imposante Felsblock die Stadt. Er ist nicht nur eine gute Orientierungshilfe, sondern bietet auch einen hervorragenden Blick auf Arica, den Hafen und den Pazifik. Auf dem hoch aufragenden Kap wurde 1880, im zweiten Jahr des Salpeterkriegs, eine entscheidende Schlacht geschlagen. Die chilenische Armee eroberte El Morro und besiegte die peruanischen Streitkräfte in weniger als einer Stunde.

El Morro ist mit dem Auto oder Taxi (hin & zurück 4000 Ch$ mit 30 Minuten Aufenthalt) oder über einen steilen Fußweg zu erreichen, der am Südende der Calle Colón beginnt. Die Geschichte des El Morro wird im **Museo Histórico y de Armas** (Erw./Kind 800/400 Ch$; ⊙ Di–Fr 8–18, Sa & So bis 20 Uhr) detailgetreu nacherzählt. Infos gibt's auch auf Englisch.

Catedral de San Marcos KIRCHE
(San Marcos 260, Plaza Colón; ⊙ Mo–Fr 8.30–21, Sa 11–13, So 9–13 & 19.30–21 Uhr) Die gotische Kirche ist aus dreierlei Gründen berühmt. Zum einen ist sie ein Entwurf des gefeierten Pariser Ingenieurs Alexandre Gustave Eiffel und wurde noch vor dem prominenten Turm errichtet. Zweitens wurde sie in Eiffels Pariser Werkstatt in den 1870er-Jahren vorgefertigt (auf Anordnung des peruanischen Präsidenten) und dann um die halbe Welt verschifft, um an Ort und Stelle aufgebaut zu werden. Am bemerkenswertesten ist aber die Konstruktion selbst: Die gesamte Kirche besteht aus geprägtem und ausgeformtem, mit Farbe überzogenem Gusseisen.

Für die Kathedrale sind umfangreiche Renovierungen, die mindestens ein Jahr dauern, geplant, deswegen ist sie eventuell bald nicht mehr für Besucher zugänglich.

Ex-Aduana de Arica HISTORISCHES GEBÄUDE
(Casa de Cultura; ☎ 058-220-9501; Prat s/n; ⊙ Mo–Do 9–17.30, Fr bis 18.30, Sa 10.30–14 Uhr) GRATIS Eiffel entwarf auch das große ehemalige Zollhaus. Es wurde ebenfalls in Paris vorgefertigt und 1874 an Ort und Stelle zusammengesetzt. Die Mauern bestehen aus Blöcken und Ziegeln, die in Metallhalterungen

---

RALLYE DAKAR IN SÜDAMERIKA

Bei einer Reise durch Chiles Norden stößt man eventuell auf ein paar Werbeartikel und Autoaufkleber der Rallye Dakar sowie auf einige Reiseagenturen, die „Dakar-Touren" anbieten. Woran das liegt? Motorsport ist in Chile sehr beliebt, doch vor allem führt die bekannteste Rallyestrecke der Welt direkt durchs Hinterland.

Das Rennen, ursprünglich Rallye Paris-Dakar genannt, gibt es seit 1979, war zunächst ein reiner Amateurwettbewerb und führte in drei Wochen von Frankreich in den Senegal. Es entfachte die Fantasie von Motorsportfans auf der ganzen Welt, dehnte sich auf 27 Länder aus und lockte bald professionelle Rennfahrer an, die vor allem der Nervenkitzel und weniger das bescheidene Preisgeld motivierte.

2008 stellten terroristische Bedrohungen in Mauretanien die Zukunft der Rallye in Frage. Schließlich entschloss man sich, das Rennen nach Südamerika zu verlegen, so wurde es 2009 in Argentinien und Chile ausgetragen. In den Jahren danach etablierte sich die historische Veranstaltung in Südamerika, findet auf dem Kontinent nun alljährlich statt, und zwar von Buenos Aires durch Chile über die Uyuni-Salzebenen in Bolivien und zurück zur argentinischen Hauptstadt. 2015 umfasste die Strecke 9000 km (für Auto-, Motorrad- und Truckfahrer gelten unterschiedliche Distanzen) und passierte mehrere Städte, die in diesem Reiseführer enthalten sind, mit Stopps in Copiapó, Antofagasta, Calama und Iquique.

Mehr Infos gibt's auf der offiziellen Website www.dakar.com.

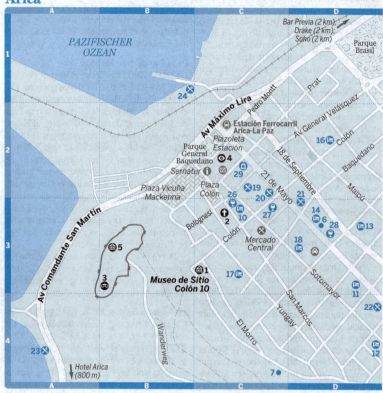

Arica

⊙ Highlights
1 Museo de Sitio Colón 10 .... C3

⊙ Sehenswertes
2 Catedral de San Marcos C3
3 El Morro de Arica B3
4 Ex-Aduana de Arica C2
5 Museo Histórico y de Armas B3

⊙ Aktivitäten, Kurse & Touren
6 Academia de Artes y Lenguas D3
  Chinchorro
  Expediciones .... (siehe 24)
7 Raíces Andinas C4

⊙ Schlafen
8 Apart Hotel Suma Warni E3
9 Arica Surfhouse E3
10 Casa Beltrán C3
11 Hostal Huanta-Jaya D3
12 Hostal Jardín del Sol D4
13 Hotel Aruma D3
14 Hotel Gavina Express D3
15 Hotel Inti-Jaya E4
16 Hotel Mar Azul D2
17 Hotel Savona C3
18 Hotel Sotomayor D3

⊙ Essen
19 Boulevard Vereda Bolognesi C2
20 Café del Mar C2
21 El Arriero D3
22 Los Aleros de 21 .... D4
23 Maracuyá A4
24 Mata-Rangi B1
25 Salon de Te 890 .... E4

⊙ Ausgehen & Nachtleben
26 Así Sea Club C3
27 Naif C3
28 Vieja Habana D3

⊙ Shoppen
29 Solari Surf Shop C2

nächsten ist die 20 Gehminuten entfernte **Playa El Laucho**, gefolgt von der entschieden hübscheren **Playa La Lisera**, 2 km südlich der Innenstadt, die Umkleidekabinen und Duschen bietet. Beide haben eine sanfte Brandung und eignen sich gleichermaßen zum Baden und Faulenzen. An der **Playa Brava** ganz in der Nähe kann man sich dagegen nur sonnen.

9 km südlich der Stadt, hinter einer durchdringend riechenden Fischmehlfabrik, liegt die **Playa Corazones** mit einem Kiosk und Möglichkeiten zum wilden Campen. Von dort führt ein Pfad zu Höhlen, Kormorankolonien und einer Seelöwenkolonie, am besten zu erreichen per Taxi oder Fahrrad.

Zahlreiche Strände säumen auch die Panamericana Norte, bis sie nach 19 km die peruanische Grenze erreicht; sie sind länger und sauberer und weisen eine stärkere Brandung auf. Die weitläufige **Playa Chinchorro** 2 km nördlich der Innenstadt ist lang, breit und gesäumt von überteuerten Restaurants, Eisläden sowie – in der Feriensaison – Jet-Ski-Verleihen. Das Meer ist eher stürmisch, aber erfahrene Schwimmer haben ihren Spaß. Im Februar wird das Wasser etwas schlammig.

Einige Kilometer nördlich zieht die **Playa Las Machas** dank ihrer starken Brandung zahlreiche Surfer an. Die Anfahrt erfolgt mit Bus 12 oder 14 ab 18 de Septiembre; aussteigen muss man an der Ecke Avenida Antarctica und Avenida España.

stecken. Seit der Restaurierung dient das Gebäude als städtisches Kulturzentrum mit wechselnden Ausstellungen und einer eindrucksvollen schmiedeeisernen Wendeltreppe mit 32 Stufen.

Aktivitäten

Strände

Egal ob Surfen, Schwimmen oder Sonnenbaden, an den Stränden von Arica findet jeder sein Plätzchen. Der Pazifik hat eine angenehme Temperatur, allerdings ist das Schwimmen wegen der starken Meeresströmungen an einigen Stränden gefährlich. Das spiegelglatte Wasser der geschützten Playa La Lisera gilt als sicherster Ort für Familien mit kleinen Kindern.

Am meisten Trubel herrscht an den Sandstreifen südlich der Stadt, die sich entlang der Avenida Comandante San Martín erstrecken. Hier gibt's mehrere geschützte Buchten und Strandrestaurants. Der Stadt am

Surfen

Mittlerweile hat sich Aricas Reputation für grandiose Tubes in der ganzen Welt verbreitet. Die Stadt ist Gastgeberin hochklassiger Wettbewerbe und Top-Anziehungspunkt für Surfer-Filmteams. Im Juli locken die größten Breaks. Neben der Playa Las Machas stürzen sich erfahrene Surfer auch in die hoch aufgetürmten Wellen von El Gringo und El Buey an der Isla de Alacrán, ein Pointbreak für Könner südlich des Club de Yates. Boardshorts und mehr bekommt man im **Solari Surf Shop** (058-223-3773; 21 de Mayo 160; Mo–Fr 9–13 & 15–19, Sa 9–13 Uhr).

Kurse

Academia de Artes y Lenguas SPRACHKURSE
(058-225-8645; www.spanishinchile.blogspot.com; 21 de Mayo 483, 3. OG) Bietet Spanischkurse (8000 Ch$ pro Std. oder 216 000 Ch$ für 30 Std.) sowie gelegentlich auch Musikunterricht an.

👉 Geführte Touren

Mehrere Reiseveranstalter haben alles von Shoppingausflügen nach Tacna bis zu halbtägigen Besuchen im Azapa-Tal im Programm. Die beliebteste Tour führt in den Parque Nacional Lauca (25 000 Ch$ für Tagestrips, 80 000–110 000 Ch$ für zwei Tage inkl. Übernachtung), aber Achtung: Bei vielen Anbietern finden montags keine Lauca-Exkursionen statt. Fast alle Traveller unternehmen nur einen kurzen Abstecher in den Park, dabei sollte man am besten mindestens zwei Tage bleiben, um sich richtig zu akklimatisieren. Weitere Touren führen zu weniger bekannten Altiplano-Zielen und Dörfern in der Vorkordillere. Viertägige Rundreisen nach Lauca, Surire und Isluga sind ebenfalls möglich. Am Ende kann man sich in Iquique absetzen lassen (ab 190 000 Ch$).

Die nachfolgend genannten Veranstalter bieten das Standardprogramm an (ausgenommen Chinchorro), wobei jeder eine besondere Spezialität hat. Ihre Preise richten sich nach der Teilnehmerzahl.

Raíces Andinas GEFÜHRTE TOUREN
(📞 058-223-3305; www.ecotourexpediciones.cl; Héroes del Morro 632; ⊙ Mo–Sa 9–12 & 15–18 Uhr) Gut organisierter Veranstalter, der ein besseres Verständnis der lokalen Gemeinden fördert und vor allem mehrtägige Ausflüge durchführt. Neben Expeditionen durch Lauca nach Sajama in Bolivien kann man auch Abenteuertrips zum Salar de Uyuni buchen. Außerdem gibt's ein paar Leihräder (8000 Ch$ pro Tag).

Suma Inti GEFÜHRTE TOUREN
(📞 058-222-5685; www.sumainti.cl; Gonzalo Cerda 1366; ⊙ Mo–Fr 9–13 & 15–19, Sa bis 13 Uhr) In dem kleinen von Aymaras betriebenen Laden liegt der Schwerpunkt auf alten Traditionen, deshalb sind Rituale mit Cocablättern und Gesängen häufig Teil der Touren. Zu den weiteren Angeboten gehören längere Wanderungen und Klettertrips.

Chinchorro Expediciones BOOTSTOUREN
(📞 058-223-3404; chinchorroexpediciones@gmail.com; Muelle Pesquero; ⊙ 8–16 Uhr) Dieser Spezialist für Meeresexpeditionen bietet am Anlegesteg dreistündige Bootstouren (inkl. Picknick, Schwimmen und Kajakfahren) sowie eine zweitägige Zelttour nach Caleta de Camarones mit dem Geländewagen an, bei der man Wanderungen zu urtümlichen Stränden, vergessenen Fischerdörfchen sowie entlegenen archäologischen Stätten unternimmt.

 Feste & Events

Carnaval Andino con La Fuerza del Sol KARNEVAL
Wer Ende Januar bzw. Anfang Februar nach Arica reist, bekommt jede Menge schmetternde Blechblaskapellen und Tänze der traditionellen *comparsas*-Gruppen zu sehen. Das dreitägige Fest, das an einem verlängerten Wochenende stattfindet, zieht etwa 15 000 Zuschauer an. Als Zentrum der Aktivitäten dient die Avenida Comandante San Martín nahe El Morro.

Concurso Nacional de Cueca TANZ
(⊙ Juni) Das folkloristische Tanzfest im Azapa-Tal wird im Juni veranstaltet.

Semana Ariqueña FESTIVAL
(⊙ Juni) Die Arica-Woche findet Anfang Juni statt.

🛏 Schlafen

Manche *residenciales* (Budgetunterkünfte) und Hotels zahlen Taxifahrern eine Vermittlungsprovision – um sie sollte man besser einen Bogen machen. Kostenlos zelten kann man am nördlichen Abschnitt der Playa Las Machas und an der dunkelsandigen und schattenlosen Playa Corazones am Ende der Avenida Comandante San Martín, 8 km südlich der Stadt, allerdings ist es dort schmutzig und voll. Wasser mitbringen!

Arica Surfhouse HOSTEL $
(📞 058-231-2213; www.aricasurfhouse.cl; O'Higgins 661; B 12 000 Ch$, EZ/DZ 25 000/36 000 Ch$, ohne Bad 20 000/30 000 Ch$; @ 🛜) Eines der besten Hostels in Arica und gleichzeitig so etwas wie das lokale Surferhauptquartier. Es stehen verschiedene saubere Zimmer zur Verfügung, der Gemeinschaftsbereich draußen ist toll, es besteht die Möglichkeit, Wäsche zu waschen, und man hat rund um die Uhr Warmwasser. In den Wintermonaten fährt ein Shuttle zu den Stränden, zudem gehören Surfkurse und Ausrüstungsverleih zum Programm.

Hotel Sotomayor HOTEL $
(📞 058-258-5761; www.hotelsotomayor.cl; Sotomayor 367; EZ/DZ 28 000/38 000 Ch$; 🛜) Das vierstöckige, nicht mehr ganz frische Gebäude von der Plaza bergaufwärts überzeugt mit geräumigen Zimmern und ruhiger Lage abseits der Straße hinter einem kleinen Platz.

Hostal Jardín del Sol HOTEL $
(📞 058-223-2795; www.hostaljardindelsol.cl; Sotomayor 848; EZ/DZ 15 000/29 000 Ch$; @ 🛜) Sei-

nem Ruf als eines der besten Hostels der Stadt wird das Hostal Jardín del Sol auch nach so vielen Jahren noch unverändert gerecht. Die Zimmer sind klein, aber makellos sauber und mit Ventilatoren ausgestattet. Im begrünten Patio, auf der Terrasse oben, in der Gästeküche oder der Lounge trifft man andere Reisende. Weitere Extras: eine Bücherbörse und haufenweise Informationen.

Hotel Mar Azul HOTEL $
(058-225-6272; www.hotelmarazul.cl; Colón 665; EZ/DZ 15 000/20 000 Ch$; 🌀🏊) Flaggen zieren die Fassade des Mar Azul mitten im Zentrum. Das Dekor ist Weiß in Weiß, es gibt einen netten, kleinen Pool draußen und Kabel-TV, Frühstück wird bis 11 Uhr serviert und man bekommt auf Wunsch Massagen.

Hostal Huanta-Jaya HOTEL $
(058-231-4605; hostal.huanta.jaya@gmail.com; 21 de Mayo 660; EZ/DZ 20 000/30 000 Ch$; 🌀) Zu den netten, sauberen und geräumigen, wenn auch etwas dunklen Zimmern gelangt man durch einen langen Flur voll mit afrikanischer Kunst. Frühstück gibt's in einem kleinen Speisesaal (2000 Ch$ extra).

Hotel Inti-Jaya HOTEL $
(058-223-0536; www.hotelintijaya.cl; 21 de Mayo 850; EZ 25 000–35 000 Ch$, DZ 39 000 Ch$; P❄🌀) Hinter der Glasfassade des überladenen Hotels verbergen sich feine Schnitzarbeiten, Spiegel in Übergröße, polierter Stein, Statuen und Topfpflanzen. Die Zimmer sind gut ausgestattet und der Ausblick von der Terrasse im vierten Stock lohnt schon allein den Eintrittspreis.

El Buey Hostal HOSTEL $$
(058-232-5530; www.elbueyhostal.com; Punta del Este 605, La Lisera; B/EZ/DZ 14 000/20 000/45 000 Ch$; @🌀) Die coolste Bleibe am Strand ist ein leicht getünkelt mediterran anmutende Gebäude. Es liegt in einem Wohnviertel am Hang oberhalb der Playa La Lisera und verfügt über Böden aus Hartholz, wunderschöne Terrassen, blitzsaubere Küchen, Meerblick und eine Gemeinschaftsterrasse mit Hängematten – genau richtig für Surfer mit Stil. Für 131 000 Ch$ kann man eine ganze Etage (bis 8 Pers.) mieten.

Casa Beltrán HOTEL $$
(058-225-7898; www.hotelcasabeltran.cl; Sotomayor 266; EZ/DZ 50 000/60 000 Ch$; P@🌀) Der schicke Charmeur in einer alten *casona* im Zentrum beherbergt 17 schön aufgemachte Zimmer mit dunklen Hartholzböden und allen Extras, die man in einer Nobelbleibe erwarten würde. Manche Zimmer haben Balkon. Im Gourmetrestaurant (So geschl.) locken *almuerzos* (Mittagsmenüs) und Nachmittagsimbisse mit Blick auf den grünen Patio. Auf der Terrasse im 4. Stock genießt man eine tolle Aussicht auf El Morro.

Hotel Gavina Express BUSINESSHOTEL $$
(058-258-3000; www.gavina.cl; 21 de Mayo 425; EZ 44 000–63 000 Ch$, DZ 51 000–69 000 Ch$; ❄🌀) Das Businesshotel liegt mitten in der Fußgängerzone und bietet standesgemäßen Komfort wie übergroße Betten, geräumige Zimmer und sehr saubere, moderne Bäder.

Apart Hotel Suma Warni APARTMENTS $$
(058-225-8808; admhostalsummawarni660@gmail.com; Maipú 660; Apt. 49 000 Ch$; ❄🌀) Wer einen längeren (oder auch einen kürzeren) Aufenthalt in der Stadt plant, ist mit diesen hellen, luftigen Apartments gut beraten. Sie sind voll ausgestattet und verfügen über geräumige Zimmer, große Flachbildfernseher, WLAN und komplett eingerichtete Küchen.

Hotel Savona HOTEL $$
(058-223-1000; www.hotelsavona.cl; Yungay 380; EZ/DZ 39 000/54 000 Ch$; P@🌀🏊) Ein schneeweißes Hotel am Fuß des El Morro mit hübscher Fassade und nettem Innenhof voller Bougainvilleen sowie mit Pool. Die klassischen Zimmer wirken ein bisschen plump, aber die Ausstattung kann sich sehen lassen. Wer seine Ruhe haben will, sollte keinen der Räume zum Schwimmbecken hin nehmen.

★ Hotel Aruma BOUTIQUE-HOTEL $$$
(058-225-0000; www.aruma.cl; Lynch 530; EZ/DZ Standard 80 000/90 000 Ch$, Superior 110 000/120 000 Ch$; ❄🌀🏊) Aricas schönstes Hotel ist ein Mix aus cooler Stimmung, modernem Styling und freundlichem Service. Die geräumigen Zimmer haben eine zeitgemäße relaxte Atmosphäre, und die Snackbar, die Loungebereiche sowie der kleine Pool auf dem Dach setzen noch einen drauf.

Hotel Arica HOTEL $$$
(058-225-4540; www.panamericanahoteles.cl; Av Comandante San Martín 599; EZ/DZ 99 000/116 000 Ch$, Hütte für 2 Pers. 136 000 Ch$; P❄@🌀🏊) Großes Strandresort mit verschiedenen Unterkunftsarten wie Hütten mit Meerblick und allem, was man von einer Vier-Sterne-Bleibe so erwartet. Es befindet sich südlich des Zentrums nahe der Playa El

Laucho. Am besten bucht man ein Zimmer mit Blick aufs Wasser und sucht im Internet nach Sonderangeboten.

Essen

Mata-Rangi   FISCH & MEERESFRÜCHTE $
(Muelle Pesquero; Menü 4000–5000 Ch$, Hauptgerichte 5000–6500 Ch$; ⊙ Mo-Sa 12–16 Uhr) In diesem wunderschönen Holzgebäude am Hafen werden fantastische Meeresfrüchte in einem luftigen Innenraum oder auf einer kleinen Terrasse über dem Wasser serviert. Überall hängen Windspiele. Man sollte möglichst früh kommen, um einen Tisch zu ergattern, sonst ist Warten angesagt.

Boulevard Vereda Bolognesi   INTERNATIONAL $
(Bolognesi 340; Menüs ca. 4500 Ch$; ⊙ Mo-Sa 9–23 Uhr) In dem hippen kleinen Einkaufszentrum sind ein paar coole Cafés und Restaurants untergebracht. Man hat die Wahl zwischen einer Salat- und einer Sushi-Bar, einem peruanischen Imbiss und einer italienischen Trattoria und verzehrt sein Essen im zentralen Patio.

Salon de Te 890   PIZZA $
(21 de Mayo 890; Pizzas 3200–4500 Ch$; ⊙ Mo-Sa 17–24 Uhr; 🛜) In der fröhlichen Atmosphäre pastellfarbener Zimmer mit altertümlicher Deko werden tolle Pizzas und Kuchen serviert. Unbedingt probieren: ein Stück *Siete Sabores*-Kuchen.

Café del Mar   CAFETERIA $
(21 de Mayo 260; Hauptgerichte 3000–5000 Ch$; ⊙ Mo-Sa 9–22 Uhr; 🛜) Eine gute Auswahl an Burgern, Sandwiches und Salaten sowie Kaffee, der einer der besten in der Stadt ist. Nebenan gibt's mit das leckerste Eis Aricas.

★ Los Aleros de 21   CHILENISCH $$
(21 de Mayo 736; Hauptgerichte 7000–12 000 Ch$; ⊙ Mo-Sa 12–15.30 & 19–23.30 Uhr; 🛜) Das Restaurant gehört zu den gehobeneren in Arica und kredenzt eine gute Auswahl an Fleisch- und Fischgerichten sowie einige Pasta- und Hühnchenspeisen. Die Weinkarte kann sich sehen lassen.

El Arriero   STEAKHAUS $$
(21 de Mayo 385; Hauptgerichte 5000–11 000 Ch$; ⊙ Mo-Sa 12–15 & 19–24 Uhr) Das altmodische Lokal mit freundlichem Service, komplett englischer Speisekarte und althergebrachter Steakhaus-Atmosphäre ist perfekt für überzeugte Fleischesser, denen es nichts ausmacht, auf die *parrillada* (gemischte Grillplatte) etwas zu warten.

Maracuyá   FISCH & MEERESFRÜCHTE $$
(Av Comandante San Martín 0321; Hauptgerichte 7000–12 000 Ch$; ⊙ Mo-Sa 12–15 & 19–23 Uhr; 🛜) Wer sich etwas gönnen möchte, bekommt hier von herausgeputzten Kellnern mit Fliege ein ausgezeichnetes Mahl mit Fisch und Meeresfrüchten serviert. Das Restaurant, das mehr einer Villa ähnelt, liegt neben der Playa El Laucho und bietet Meerblick.

Ausgehen & Nachtleben

Für eine Auszeit bei einem Tässchen Kaffee oder eiskaltem Escudo findet sich immer eine Gelegenheit, z. B. in den Straßencafés der Fußgängerzone 21 de Mayo. Abends geht's dann in die Bars an der Bolognesi zwischen der 21 de Mayo und der Plaza Colón. Einige der angesagtesten Bars und Discos reihen sich in den Strandstraßen entlang der Playa Chinchorro aneinander.

Así Sea Club   BAR
(San Marcos 251; ⊙ Mi-Sa ab 21 Uhr) Ein mondänes Refugium ist dieses weitläufige historische Stadthaus mit ein paar eleganten Räumen inklusive Originalausstattung und einem Patio. Zu Lounge-Musik gibt's *tablas* (Platten für mehrere Pers.; 4200–9000 Ch$), Cocktails und chilenische Weine.

Naif   BAR
(Colón 342; ⊙ Di-Do 14–23, Fr & Sa 18–2 Uhr) Tagsüber wird das Essen kiloweise serviert, abends verwandelt sich das Naif in eine verrauchte Bude mit lauter Musik, jungem Publikum und lebendiger Atmosphäre. Am Wochenende spielt Livemusik, und unter der Woche legen abends manchmal DJs auf.

Vieja Habana   BAR
(www.viejahabana.cl; 21 de Mayo 487; ⊙ Fr & Sa 24–4.55 Uhr) Montags bis donnerstags finden hier gegen 22 Uhr Salsa- und Bachata-Kurse (2000 Ch$) statt. Am Wochenende präsentiert sich das Vieja Habana dann als gut besuchte *salsoteca* (Salsaclub).

Soho   CLUB
(www.discosoho.com; Eintritt inkl. Getränk 6000–8000 Ch$; ⊙ So geschl.) In der hippsten Disco der Stadt treten verschiedene DJs sowie Livebands auf, die Salsa oder Rock spielen.

Drake   KNEIPE
(Eintritt inkl. Getränk 6000–8000 Ch$; ⊙ So geschl.) Die entspannte Kneipe ist ans Soho angeschlossen. Hier starten Einheimische in die Nacht oder nehmen sich eine Auszeit von der hektischen Tanzfläche nebenan.

Bar Previa   BAR

(Av Buenos Aires 160) Die täglich geöffnete Bar hat eine große Terrasse mit Livemusik und Karaokeabenden. Wer für mehr als 5000 Ch$ trinkt, bekommt im Soho freien Eintritt.

Shoppen

Ein Markt, der teils Kitsch, teils Kunsthandwerk bietet, säumt den Pasaje Bolognesi, einen schmalen Durchgang, der von der Plaza Colón abzweigt.

Poblado Artesanal   MARKT

(Hualles 2825; ⊙ Di–So 10.30–13.30 & 15.30–19 Uhr) In den Außenbezirken von Arica, nahe der Panamericana Sur, lockt ein tolles Shoppingerlebnis: ein nachgebautes Altiplano-Dorf, das mit einer Reihe Kunsthandwerksläden und Werkstätten aufwartet, die von originaler Keramik bis zu fein austarierten Musikinstrumenten so ziemlich alles verkaufen. Das Dorf hat sogar eine eigene Kirche, ein Nachbau des Gotteshauses von Parinacota, der auch Kopien der dortigen faszinierenden Wandmalereien beherbergt. *Taxis colectivos* (Sammeltaxis) der Linien 7 und 8 halten beim Eingang, ebenso wie die Buslinien 7, 8 und 9.

ⓘ Praktische Informationen

GELD

In der Fußgängerzone (21 de Mayo) sind viele Geldautomaten (24 Std.) sowie *casas de cambio* (Wechselstuben), die US-Dollars, peruanische Sol, Bolivianos, argentinische Pesos und Euros tauschen.

INTERNETZUGANG

Entlang sowie in der Nähe der 21 de Mayo und Bolognesi stößt man auf mehrere Internetcafés (etwa 600 Ch$ pro Std.).

MEDIZINISCHE VERSORGUNG

Apotheke (Ecke Colón & 18 de Septiembre)
Hospital Dr. Juan Noé (☏ 058-223-2242; 18 de Septiembre 1000) Vom Zentrum ein kleines Stück östlich.

POST

Postamt (Prat 305) An einem Fußweg zwischen Pedro Montt und Prat.

SICHERHEIT

Arica ist zwar eine sehr sichere Stadt, trotzdem tummeln sich hier jede Menge Taschendiebe. Besonders am Busbahnhof und am Strand sollten Reisende gut auf ihre Sachen aufpassen!

TELEFON

Öffentliche Telefone findet man in der Fußgängerzone. Darüber hinaus gibt's Telefonzentren in der ganzen Stadt.

TOURISTENINFORMATION

Conaf (☏ 058-258-5704; tarapaca@conaf.cl; Av Vicuña Mackenna 820; ⊙ Mo–Do 8.30–17.35, Fr bis 16 Uhr) Nützliche Infos über die Nationalparks in der Región I (Tarapacá). Anfahrt mit dem *micro* 9 oder den *colectivos* 7, 2 oder 23 ab dem Zentrum (*micro* 400 Ch$, *colectivo* 600 Ch$).
Sernatur (☏ 058-225-2054; infoarica@sernatur.cl; San Marcos 101; ⊙ Jan. & Feb. Mo–Fr 9–20, Sa 10–14 Uhr, März–Dez. 9–18 Uhr) Netter Service sowie Broschüren über Tarapacá und andere Regionen.

An- & Weiterreise

Traveller, die von Arica gen Norden reisen, gelangen über die peruanische Grenze nach Tacna und Lima. In südlicher Richtung führt die Straße bis nach Santiago, gen Osten zur bolivianischen Grenze.

BUS

Arica hat zwei große Busbahnhöfe. Im **Terminal Rodoviario de Arica** (Terminal de Buses; ☏ 058-222-5202; Diego Portales 948) haben vor allem die Busunternehmen ihre Büros, die Ziele im Süden ansteuern. Vom **Terminal Internacional de Buses** (☏ 058-224-8709; Diego Portales 1002) gleich nebenan werden viele internationale und einige regionale Ziele angesteuert.

Die Gegend ist für Kleinkriminalität berüchtigt, deshalb sollte man immer das Gepäck im Auge behalten! Man erreicht die Busbahnhöfe mit dem *colectivo* 8 ab Maipú oder San Marcos. Eine Taxifahrt kostet rund 3000 Ch$.

Mehr als ein Dutzend Busgesellschaften verfügen über Büros im Terminal Rodoviario de Arica und bedienen Ziele im Süden wie Iquique und Santiago.

Eine Fahrplananzeige im Terminal hilft bei der Suche nach dem richtigen Bus (wobei die Angaben nicht immer stimmen). Sonntags gibt's weniger Verbindungen.

Einige Standardziele und Fahrpreise:

ZIEL	PREIS (CH$)	FAHRTDAUER (STD.)
Antofagasta	18 000	10
Calama	15 000	9
Copiapó	24 000	18
Iquique	7000	4
La Paz, Bolivien	8000	9
La Serena	25 000	23
Santiago	30 000	27

Bus Lluta (Ecke Chacabuco & Av Vicuña Mackenna) startet vier- bis fünfmal täglich nach Poconchile und Lluta (1500 Ch$, 1 Std.).

Buses La Paloma (058-222-2710; Riesco 2071) steuert die Dörfer der Vorkordillere an: mittwochs und samstags Socoroma (4000 Ch$), dienstags und freitags Belén (4000 Ch$). Die Abfahrt in Arica erfolgt um 7 Uhr, zurück geht's um 13 Uhr. Täglich um 7 Uhr besteht eine Verbindung nach Putre (3500 Ch$), die Rückfahrt ist um 14 Uhr. Montags, mittwochs und freitags um 8 Uhr geht's nach Codpa (3000 Ch$, 3 Std.) und um 17 Uhr zurück. Wer in den frühen Morgenstunden abfährt, nimmt sich am besten ein Taxi in diese Gegend.

Wer nach Parinacota (4000 Ch$) und zum Parque Nacional Lauca reisen möchte, sollte im internationalen Terminal nach **Trans Cali Internacional** (058-226-1068; Oficina 15) Ausschau halten. Los geht's täglich um 9.15 Uhr.

Nach Tacna in Peru fahren Busse von **Adsubliata** (058-226-2495), die jede halbe Stunde am internationalen Terminal (2000 Ch$) starten. *Colectivos* berechnen 4000 Ch$. Landwirtschaftliche Produkte dürfen nicht mit über die Grenze genommen werden.

Nach La Paz in Bolivien (etwa 8000 Ch$, 9 Std.) reist man am bequemsten und schnellsten mit **Chile Bus** (058-226-0505), günstigere Verbindungen bieten Trans Cali Internacional und **Trans Salvador** (058-224-6064) im internationalen Busbahnhof. Busfahrer lassen Passagiere auf dieser Strecke am Parque Nacional Lauca aussteigen, man muss aber den vollen Preis bis La Paz zahlen.

Buses Géminis (058-351-465) fährt montags, donnerstags und samstags um 22 Uhr vom Hauptterminal über Calama und San Pedro de Atacama nach Salta und Jujuy in Argentinien (42 000 Ch$).

FLUGZEUG

Der **Aeropuerto Internacional Chacalluta** (058-221-1116) liegt 18 km nördlich von Arica unweit der peruanischen Grenze. Reisende mit dem Ziel Santiago sollten sich einen Platz auf der linken Seite des Flugzeugs suchen. Dort haben sie einen überwältigenden Blick auf die Anden und das nicht enden wollende Braun der Atacama-Wüste.

LAN (600-526-2000; www.lan.com; Arturo Prat 391) bietet Direktflüge nach Santiago (286 000 Ch$, 2½ Std.) und Iquique (35 600 Ch$, 50 Min.).

Sky (600-600 2828; www.skyairline.cl; 21 de Mayo 356) verkehrt seltener nach Santiago (ca. 101 000 Ch$), Antofagasta (ab 61 400 Ch$) und Iquique (23 000 Ch$), und fliegt außerdem La Paz in Bolivien (hin & zurück 88 200 Ch$) an.

ZUG

Je nach Zustand der Strecke verkehren manchmal Züge nach Tacna. Sie fahren von der **Estación Ferrocarril Arica-Tacna** (097-633-2896; Av Máximo Lira 791) ab.

 Unterwegs vor Ort

AUTO

Mietwagen kosten mindestens 24 000 Ch$ pro Tag.

Cactus Rent a Car (058-225-7430; cactus rent@hotmail.com; General Lagos 666) Günstiger als die großen Ketten.

Europcar (058-225-8911) Am Flughafen.

Hertz (058-223-1487; Baquedano 999)

Klasse (058-225-4498; www.klasserentacar.cl; Av General Velásquez 762, Local 25) Günstiger als die großen Ketten.

BUS & TAXI

Lokale Busse *(micros)* und Sammeltaxis *(colectivos)* fahren von der Innenstadt zum Hauptbusbahnhof. *Taxis colectivos* kommen schneller voran, verkehren häufiger und kosten 600 Ch$ pro Person. Ihre Fahrtziele sind deutlich auf einem erleuchteten Schild auf dem Wagendach angegeben.

Micros steuern größere Ziele an und schlagen pro Person mit 400 Ch$ zu Buche. Radio Taxi nimmt je nach Ziel zwischen 1800 und 2500 Ch$.

FAHRRAD

Einige Reisebüros und Hostels verleihen Mountainbikes für rund 8000 Ch$.

ZUM/VOM FLUGHAFEN

Sammeltaxis fahren für 4000 Ch$ zum Flughafen. Um ein Taxi zu bestellen, muss man in der Stadt **Radio Taxi Aeropuerto Chacalluta** (058-225-4812; Patricio Lynch 371) anrufen. **Arica Service** (058-231-4031) unterhält Shuttlebusse zum Flughafen (3500 Ch$ pro Pers.). Wer lieber allein mit dem Taxi fährt, könnte **Radio Taxi** (058-225-9000) kontaktieren (8000 Ch$).

Azapa-Tal

Einige der weltweit ältesten Mumien sind im ausgezeichneten **Museo Arqueológico San Miguel de Azapa** (058-220-5551; Camino Azapa Km 12; Erw./Kind 2000/1000 Ch$; Jan. & Feb. 9–20 Uhr, März–Dez. 10–18 Uhr) im Azapa-Tal zu sehen. Das Museum befindet sich in einem wunderbar grünen Garten mit hohen Palmen und hat zwei Bereiche: In der ursprünglichen Ausstellungshalle wird eine riesige Sammlung von Exponaten aus der Zeit ab 7000 v. Chr. bis zur spanischen Eroberung gezeigt, darunter Dioramen, Körbe und Masken, Tonwaren, Panflöten und eine große Olivenpresse aus dem 18. Jh. Gut verständliche Broschüren in mehreren Sprachen geleiten durch diesen Teil.

IN ZEHN SCHRITTEN ZUR CHINCHORRO-MUMIE

Die Chinchorro-Mumien sind die ältesten bekannten Mumien der Welt. Sie haben 2000 Jahre mehr auf dem Buckel als ihre ägyptischen „Kollegen" und wurden von kleinen Gruppen von Fischern und Jägern einbalsamiert, die ab etwa 7000 v. Chr. an der Küste im südlichen Peru und im nördlichen Chile lebten. Für eine derart einfache Kultur waren die angewendeten Techniken erstaunlich ausgeklügelt.

Im Verlauf der Jahrtausende entwickelten sich die Methoden weiter. Anfangs entstanden die Mumien jedoch mehr oder weniger auf folgende Weise:

→ Kopf, Gliedmaßen und Haut des Leichnams abtrennen

→ das Gehirn entfernen, indem man den Schädel spaltet oder es an der Basis aus dem Kopf zieht

→ weitere innere Organe entfernen

→ den Körper mit heißen Steinen oder Feuer trocknen

→ den Leichnam mit Stöcken, Schilf, Lehm oder Alpakafell füllen

→ alle Körperteile wieder zusammenfügen (vielleicht nähte man sie mit Kaktusstacheln aneinander)

→ den Leichnam mit einer dicken Aschepaste einschmieren

→ die Haut wieder überstreifen (Ausbesserungen mit Seelöwenhaut)

→ den Kopf mit einer Perücke aus menschlichem Haar und einer Lehmmaske versehen

→ die fertige Mumie mit Mangan schwarz färben (später mit rotem Ocker)

Inzwischen sind Hunderte Chinchorro-Mumien jedes Alters entdeckt worden und es gibt keinen Hinweis darauf, dass nur eine bestimmte Gruppe von Personen mumifiziert wurde. Interessant ist, dass ein paar Mumien mehrfach neu bemalt wurden, was darauf schließen lässt, dass die Chinchorro sie „aufbewahrten" und vor der Beisetzung möglicherweise lange Zeit „ausstellten". Jahrtausende später schockierten die Inka die spanischen Eroberer mit einem ähnlichen Brauch: Bei religiösen Zeremonien stellten sie festlich zurechtgemachte mumifizierte Verwandte zur Schau.

Passiert man den „Petroglyphenpark" draußen, gelangt man zur neuen Ausstellungshalle in einem modernen Betongebäude, das sich vor einem Panorama aus Bergen und Olivenhainen erhebt. Die Dauerausstellung widmet sich den Chinchorro-Mumien. In Schaukästen erblickt man Werkzeuge, Kleidung und Zierschmuck, aber auch die Mumien von Kindern, ein paar Schädel und lebensgroße Chinchorro-Menschen.

Anschließend kann man dem niedlichen **Machakuna-Café** (📞 098-684-7577; Sandwiches 1200–3000 Ch$; ⊙ Mo–Sa 12–16 Uhr) auf der anderen Straßenseite einen Besuch abstatten. Dort bekommt man *almuerzos* (Mittagsmenüs) für 2300 Ch$ und frisch gepresste Säfte, Kaffee sowie Sandwiches. Der Besitzer organisiert Ausritte ins Tal und an den Strand (ab 17 000 Ch$), man muss ihm allerdings mindestens einen Tag vorher Bescheid geben.

Das Museum liegt 12 km östlich von Arica. Vom Parque General Carlos Ibáñez del Campo in Arica – an der Ecke Chacabuco und Patricio Lynch – verlangen die gelben *colectivos* 1000 Ch$ (einfache Fahrt) bis zum Eingang.

Ruta 11

10 km nördlich von Arica kreuzt die Panamericana die asphaltierte Fernstraße Ruta 11 (11-CH), die Richtung Osten durch das Tal des Río Lluta nach Poconchile und weiter nach Putre und zum Parque Nacional Lauca hinaufführt. Entlang der Route gibt's ein paar nette Sehenswürdigkeiten, bei denen man gut eine Pause machen kann. Allerdings ist die gewundene Strecke, die nach La Paz führt, stark befahren (ca. 500 Lkws pro Tag).

Ein kurzes Stück landeinwärts von der Kreuzung zwischen der Panamericana und der Ruta 11 stößt man auf die präkolumbischen **Geoglyphen von Lluta**, auch bekannt als Gigantes de Lluta. Sie bedecken einen ansonsten kahlen Hang im südlichen Lluta-Tal. Markierungen zeigen an, wo man

Ruta 11 & Parque Nacional Lauca

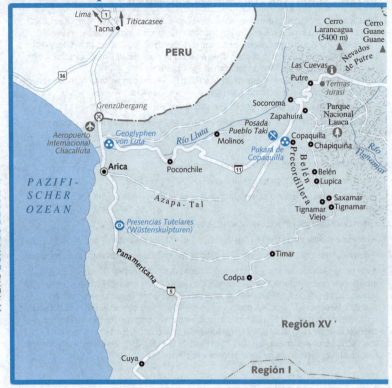

halten und in Richtung Hügel blicken muss. Zu sehen sind so unterschiedliche Motive wie ein Frosch, ein Adler, Lamas und gelegentlich Menschen. Die Geoglyphen erinnern daran, dass hier in präkolumbischer Zeit eine Handelsroute nach Tiwanaku verlief.

Im Dorf Poconchile, 1 km von der ausgeschilderten Abzweigung auf der Ruta 11 entfernt (es geht über eine Schotterstraße an einem Schienenstrang entlang), befindet sich ein Hare-Krishna-Aschram mit dem Namen **Eco Truly** (☎ 096-875-0732; www.ecotrulyarica.cl; Sector Linderos, Km 29; Stellplätze 3000 Ch$ pro Pers., Zi. inkl. Frühstück 8000 Ch$). Dies ist ein netter Ort für ein vegetarisches Mittagsgericht (4000 Ch$, von 13–15.30 Uhr) oder auch für einen entspannten mehrtägigen Aufenthalt. Wer bei den täglichen Arbeiten mitanpackt, bekommt das Essen umsonst sowie einen Preisnachlass auf die Übernachtung. Montags, mittwochs und freitags gibt's am Vormittag kostenlosen Yogaunterricht und am letzten Wochenende des Monats geht's ins Temazcal (Schwitzhütte). Die Bekehrungsbemühungen der Hare-Krishna-Jünger halten sich im Rahmen – obgleich sie gern ihre religiösen und spirituellen Ansichten mitteilen. Die unkonventionellen „echten" Zimmer sind mit lokalen und recycelten Materialien erbaut.

Wenn man ins 35 km von Arica entfernte Poconchile möchte, nimmt man den Bus Lluta bis zur Endhaltestelle an der Polizeikontrolle. *Taxis colectivos* kosten 3000 Ch$ und starten vor dem internationalen Busterminal in Arica, sobald alle Plätze besetzt sind.

Die Straße steigt nun stetig an. Für eine kleine Pause bietet sich die **Posada Pueblo Taki** (Km 88; Stellplätze plus ein Laib hausgemachtes Brot & Coca-Tee 7000 Ch$ pro Pers.) an. Die Besitzer Andrea und Alexis servieren köstliche Kräutertees, die beim Akklimatisieren helfen, und prüfen den Blutdruck der Besucher. Die beiden haben ihre sechs Kinder in dem Gebäude, das mit Wind- und Sonnen-

energie versorgt wird und sich auf 3166 m befindet, selbst unterrichtet und betreiben nun eine gemeinnützige Organisation, die auf die Andenwelt und unkonventionelle Führungen zu versteckten Plätzen in der Umgebung spezialisiert ist (6000 Ch$ pro Std.). Bei einem Stopp kann man köstliches frisch gebackenes Brot und heiße Getränke genießen und ein Schwätzchen mit den faszinierenden Inhabern halten.

1,5 km hinter der *posada* (Gasthaus) ragt an einer spektakulären Schlucht die Festung **Pukará de Copaquilla** (tagsüber) GRATIS aus dem 12. Jh. auf. Sie wurde zum Schutz der umliegenden Ländereien errichtet und hatte einst 500 Bewohner. Ein vorsichtiger Blick über den Canyon-Rand wird mit der Aussicht auf die aufgegebenen Terrassen und bedrohlich wirkenden Berge ringsum belohnt. Das Echo ist toll! Morgens gegen 10 Uhr ziehen manchmal Kondore über der Burg ihre Kreise.

Hinter Copaquilla führt die Ruta 11 durch die Vorkordillere stetig bergauf zum Altiplano, dem Hochland. Falls man mit eigenem Wagen unterwegs ist, lohnt sich ein Abstecher in das Aymara-Dorf **Socoroma**, das zwischen Arica und Potosí an einer alten Handelsroute aus der Kolonialzeit liegt. Die Straßen sind mit Kopfsteinen gepflastert, die Kirche aus dem 17. Jh. wird derzeit restauriert, es gibt ein paar Kolonialbauten und auf den Terrassenfeldern wächst Oregano. Um herzugelangen, folgt man der Serpentinenstraße, die von der Ruta 11 abgeht, etwa 4,5 km.

Putre

058 / 1366 EW.

Das winzige Putre ist ein reizendes Aymara-Örtchen, das sich auf 3530 m in schwindelnder Höhe an einen Hang schmiegt. 150 km von Arica entfernt, ist es auf dem Weg zum hoch gelegenen Parque Nacional Lauca auf dem Altiplano ein optimaler Stopp, um sich zu akklimatisieren. Aus diesem Grund beherbergt das gemütliche Bergdorf inzwischen einige Hostels und Reiseagenturen.

Ursprünglich entstand es im 16. Jh. als *reducción* (spanische Siedlung, um die Kontrolle über die einheimische Bevölkerung zu gewährleisten), deshalb gibt's im Ort Häuser, die aus der späten Kolonialzeit stammen. An den umliegenden Hängen befinden sich weite, mit Steinen befestigte Terrassen, die bereits vor langer Zeit angelegt wurden. Dort kultivieren die Bauern Alfalfa für Lamas, Schafe und Rinder.

Geführte Touren

Die Touren in den Parque Nacional Lauca sind ab Putre nicht unbedingt günstiger als ab Arica, haben aber den Vorteil, dass einem mehr Zeit zum Akklimatisieren bleibt.

Von Putre aus erreicht man weitere Attraktionen wie den Salar de Surire, den Parque Nacional Volcán Isluga und die kaum besuchte Wildnis im Norden Richtung peruanische Grenze. Letztere umfasst z. B. die spektakulären Schluchten der Quebrada de Allane sowie die verschiedenfarbigen Berge von Suriplaza und mausert sich zu einem neuen Anziehungspunkt für abenteuerlustige Entdeckertypen – am besten reist man dorthin, solange die Gegend noch relativ unbekannt ist!

In der Regenzeit von Mitte Dezember bis Februar kommen nur wenige Besucher nach

ABSTECHER

NEUE ZIELE IN DEN ANDENAUSLÄUFERN

Auf abenteuerlustige Traveller, die nahe Arica unberührtes Terrain entdecken wollen, warten ein paar abgeschiedene Dörfer. Wie einzelne Glieder einer Halskette schmiegen sie sich an die Ausläufer der Anden. Die hübschen traditionellen Siedlungen, darunter **Belén**, **Saxamar**, **Tignamar** und **Codpa**, sind über holprige Schotterstraßen miteinander verbunden und bezaubern mit Kolonialkirchen, uralten terrassenförmig angelegten Feldern sowie *pukarás* (Festungen aus präspanischer Zeit).

In diesem Teil der Anden soll der Kulturtourismus gefördert werden; das Projekt wird als „Missionsroute" beworben. Verantwortlich dafür ist die **Fundación Altiplano** (058-225-3616; www.fundacionaltiplano.cl; Andres Bello 1515). Die Stiftung versucht, die nachhaltige Entwicklung dieser fast schon vergessenen Andengemeinden voranzutreiben.

Reisende mit eigenem Wagen (ohne Allradantrieb kommt man nicht weit) können der spektakulären Strecke von Codpa nach Putre bzw. umgekehrt folgen, allerdings nur mit einer guten Straßenkarte und nicht in der Regenzeit (Dezember bis März), wenn die Flüsse nach starken Regenfällen über die Ufer treten und die Straßen überfluten.

In den Dörfern gibt's ein paar schlichte *hospedajes* (Budgetunterkünfte). Nach der Ankunft sollte man einfach ein paar Einheimische ansprechen, wahrscheinlich findet man schnell jemanden, der einen in seinem Wohnhaus übernachten lässt. Das fruchtbare Codpa-Tal bietet die beste Schlafgelegenheit in der Gegend, die **Codpa Valley Lodge** (Mobil 8449-1092; www.codpavalleylodge.cl; EZ/DZ 53 400/59 350 Ch$;). Das Refugium wird von Azimut 360 betrieben und mit Solarenergie versorgt (Strom hat man nur zwei Stunden am Abend). Es beherbergt gemütliche, rustikale Zimmer mit privaten Terrassen rund um einen Pool und verfügt zudem über ein gutes Restaurant. Zum Angebot gehören auch verschiedene Touren, u. a. ein zweitägiger Trip durch die Vorkordillere nach Putre, wo man übernachtet, sich tags drauf Lauca und Surire ansieht und am Abend in die Lodge zurückkehrt. Zwei Personen zahlen dafür 255 000 Ch$; gibt's weitere Teilnehmer, sinkt der Preis. Unbedingt den süßen Dessertwein *pintatani* kosten, der nur im Codpa-Tal hergestellt wird.

La Paloma in Arica fährt mehrmals wöchentlich nach Belén und Codpa. Leider kann man mit den öffentlichen Verkehrsmitteln keine Rundtour durch sämtliche Dörfer machen.

Putre. Manche Gegenden sind dann unzugänglich, Straßen liegen unter Wasser und viele Veranstalter organisieren Touren nur auf Anfrage. Bevor man sich in dieser Zeit in Arica in den Bus setzt, sollte man bei einer der Agenturen in Putre anrufen (die Mitarbeiter lesen nur selten ihre Mails) und Exkursionen vor der Anreise arrangieren. Andernfalls muss man vielleicht ein paar Tage warten.

Vor der Buchung immer nachfragen, welche Art Fahrzeug zum Einsatz kommen wird, ob der Guide Englisch spricht (eher selten der Fall) und ob Sauerstoffflaschen mit an Bord sind.

Terrace Lodge & Tours GEFÜHRTE TOUREN
(058-258-4275; www.terracelodge.com; Circunvalación 25) Flavio aus der Terrace Lodge ist ein wahrer Quell des (Lokal-)Wissens und leitet noch dazu eine Reihe toller Exkursionen fernab der Touristenmassen. Er führt Traveller an versteckte Orte in unmittelbarer Nähe von Putre sowie weiter nördlich.

Tour Andino ABENTEUERTOUREN
(Mobil 9011-0702; www.tourandino.com; Baquedano 340) Hinter diesem Ein-Mann-Unternehmen steht Justino Jirón. Der einheimische Guide bietet sowohl die üblichen Touren an, die von den Teilnehmern allerdings ganz unterschiedlich bewertet werden, als auch Treks in die umliegenden Berge sowie Vulkanbesteigungen.

Feste & Events

Carnaval KARNEVAL
(Feb.) Im Februar geraten Putre-Besucher in den Strudel des örtlichen Karnevals. Massenhaft mit Mehl gefüllte Luftballonbomben werden herumgeworfen, ganz zu schweigen von den ganzen Wolken von *chaya* (vielfarbiges Konfetti). Zwei Gruppen, die ältere *banda* und die jüngere *tarqueada,* sorgen währenddessen für Musik. Die Veranstaltung endet traditionell mit dem Verbrennen des *momo,* einer Figur, die für die Ausgelassenheit des Festes steht.

Feria Regional
VOLKSFEST

(⊙ Nov.) Im November lockt die Feria Regional mit Musik und Tanz sowie Dutzenden Ständen, an denen Kunsthandwerk, regionale Erzeugnisse und leckere lokale Gerichte verkauft werden.

🛏 Schlafen

In der Hochsaison (Juli–Okt.) muss man weit im Voraus buchen.

★ Terrace Lodge & Cafe
LODGE $

(☎ 058-258-4275; www.terracelodge.com; Circunvalación 25; EZ/DZ 29 000/34 000 Ch$; @ 🛜)
Ein nettes italienisches Paar betreibt dieses Refugium mit fünf rustikal-schicken Zimmern. Sie sind klein, aber gut beheizt und mit Daunendecken ausgestattet. Durch die winzigen langen Fenster blickt man auf die Berge und es gibt den ganzen Tag über warmes Wasser. Wer hier hinwill, muss nach dem Schild hinter dem Ortseingang Ausschau halten. Dies ist die einzige Unterkunft, in der man mit Kreditkarte zahlen kann. Weit im Voraus buchen! Touren werden ebenfalls angeboten.

Hotel Kukuli
HOTEL $

(☎ Mobil 9161-4709; reservashotelkukuli@gmail.com; an der Baquedano; EZ/DZ 20 000/30 000 Ch$; P 🛜) Das Kukuli ist eine nette Option an der Hauptstraße mit blitzblanken Zimmern, die entweder eine kleine Terrasse oder einen sonnigen Alkoven haben. Leider sind sie nicht beheizt. Wenn das Hotel geschlossen aussieht, sollte man im Laden des Besitzers vorbeischauen (Baquedano 301).

Residencial La Paloma
PENSION $

(☎ 058-222-2710; lapalomaputre@hotmail.com; O'Higgins 353; Zi. pro Pers. mit/ohne Bad 10 000/8000 Ch$; P) Putres namhaftestes *residencial* mit Restaurant hat rund um zwei betonierte Höfe neun Zimmer, die viel Lärm abbekommen. In den Duschen fließt morgens und abends warmes Wasser. Die Unterkünfte sind sehr unterschiedlich – die bessere Wahl sind die an der Vorderseite. Zugang auf der Rückseite (Baquedano) oder durch das Restaurant.

Hotel Q'antati
HOTEL $$

(☎ 058-222-8916; www.hotelqantati.blogspot.com.ar; Hijuela 208; EZ/DZ 46 000/52 000 Ch$; P) Putres nobelste und teuerste Bleibe, ein von Aymaras betriebenes Hotel, zieht vor allem Reisegruppen an. Gäste können sich rund um die Uhr über warmes Wasser, feste Matratzen, beheizte Doppelzimmer mit unbeheizten großen Bädern und ein schickes Wohnzimmer mit Kamin freuen. Den schönsten Blick bieten die Räume Nr. 8, 9 und 10. Die Unterkunft befindet sich hinter den Armeebaracken am Stadtrand.

🍴 Essen

Das Residencial La Paloma beherbergt ein annehmbares Restaurant. Dort gibt's einfaches Frühstück und Mittagessen.

Kuchu Marka
CHILENISCH $

(Baquedano 351; Mittagsmenü 4000 Ch$, Hauptgerichte ab 6000 Ch$; ⊙ 12–22.30 Uhr) Buntes, gemütliches Lokal, in dem regionale Leibgerichte wie Alpaka-Steaks und ein paar vegetarische Speisen zubereitet werden.

Cantaverdi
INTERNATIONAL $

(Arturo Perez Canto 339; Mittagsmenü 4500 Ch$, Hauptgerichte 4500–6500 Ch$; ⊙ 12–22 Uhr) Zwei rustikale Zimmer mit moderner Kunst und einem Kamin in unmittelbarer Nähe der Hauptplaza. Auf der Karte stehen ein paar typische Andengerichte und internationale Leibspeisen wie Sandwiches, Pizzas, *tablas* und Empanadas.

ℹ Praktische Informationen

BancoEstado (Arturo Prat 301) Die einzige Bank in Putre unweit der Hauptplaza verfügt über einen 24-Stunden-Geldautomat, der allerdings nicht alle Visa-Karten akzeptiert! Man kann US-Dollar und Euro tauschen, aber es ist sicherlich besser, ausreichend Bargeld aus Arica mitzubringen.

Krankenhaus (Baquedano 261) In der rund um die Uhr besetzten Klinik werden Patienten, die unter der schwindelerregenden Höhe leiden, mit Sauerstoff versorgt.

Oficina de Información Turística (☎ 058-259-4897; imputre@entelchile.net; Latorre s/n; ⊙ Mo 10–13 & 14–17.45, Di–Fr 8.30–13 & 14–17.45 Uhr) Praktisch gelegene Infoquelle an der Plaza. Leider gibt's keine Stadtpläne, zudem kann man sich auf die Öffnungszeiten nicht immer verlassen.

ℹ An- & Weiterreise

Putre liegt 150 km östlich von Arica an der asphaltierten Ruta 11, der internationalen Fernstraße nach Bolivien. Das Busunternehmen **Buses La Paloma** (☎ 058-222-2710; Germán Riesco 2071) fährt täglich hierher. Los geht's in Arica um 7 Uhr, zurück um 14 Uhr (3500 Ch$). Tickets (hin und zurück) erhält man im Hotel Kukuli.

Transportes Gutiérrez (☎ 058-222-9338; Esteban Ríos 2140) bietet montags, mittwochs und freitags um 6.45 Uhr sowie sonntags um 20 Uhr Verbindungen von Arica nach Putre (3500 Ch$, 3 Std.). Busse von Putre nach Arica verkehren montags, mittwochs und freitags um 17 Uhr von der Plaza aus.

Busse, die nach Parinacota im Parque Nacional Lauca unterwegs sind, halten an der Abzweigung nach Putre, das 5 km von der Hauptstraße entfernt liegt.

Parque Nacional Lauca

Es ist nicht nur die extreme Höhenlage (zwischen 3000 und 6300 m über dem Meeresspiegel), die Besucher dieses Nationalparks atemlos macht. Atemberaubend sind auch die Altiplano-Landschaften, die schneebedeckten Vulkane, schimmernden Seen und heißen Quellen. Außerdem gibt's einige hübsche Hochlanddörfer und eine Vielzahl an Wildtieren. Das flinke Vikunja (s. Kasten S. 203) und das kaninchenartige Viscacha (ein Chinchilla) sind die Stars unter den Tieren. Wer sie nicht zu Gesicht bekommt, wird sicherlich anderen Arten wie Lama und Alpaka und zahlreichen Vögeln (im Park leben mehr als 150 verschiedene Arten, darunter Kondore und flinke Nandus) begegnen.

Laucas spektakulärste Sehenswürdigkeit sind der glitzernde Lago Chungará, einer der höchstgelegenen Seen der Erde, und seine umwerfende Vogelwelt. Überragt wird das Schutzgebiet von dem nahezu perfekten Kegel des Volcán Parinacota, ein erloschener Vulkan, der mit dem Volcán Pomerape gleich jenseits der bolivianischen Grenze einen Zwillingsbruder hat. Diese Vulkane mit ihren unberührten weißen Kappen wirken wie in die Landschaft hineingemalt. Bedrohlicher mutet dagegen der aktive Volcán Guallatire etwas weiter südlich an: Er stößt grollend schwarze Wolken aus.

Der Nationalpark erstreckt sich 160 km nordöstlich von Arica dicht an der bolivianischen Grenze und umfasst 1380 km² des Altiplano. Das Unesco-Biosphärenreservat besticht durch eine besonders artenreiche Fauna und ist eng mit zwei weiteren geschützten Gebieten verbunden: der Reserva Nacional Las Vicuñas und dem Monumento Natural Salar de Surire. Auch sie gehörten einst zum Park, stellen jetzt aber zwei getrennte Einheiten dar. Verwaltet werden sie weiterhin von der Conaf. Eine Tour, die diese Parks kombiniert, lohnt sich auf jeden Fall.

Niederschlag und Vegetation nehmen mit der Höhe und der Entfernung von der Küste zu. Während der Regenzeit im Sommer, die *invierno boliviano* (bolivianischer Winter) genannt wird, kann es im Park schneien. Oft verschleiert dann – von Dezember bis März – dichter Nebel die Zufahrten.

❶ Gefahren & Ärgernisse

Besucher lassen es besser ruhig angehen: Der Park liegt zu großen Teilen über 4000 m, deshalb sollte man sich in den ersten Tagen keiner übermäßigen Anstrengung unterziehen. Es wird empfohlen, nur in Maßen zu essen und zu trinken (am besten leichte Küche, keine kohlensäurehaltigen Getränke und wenig oder gar keinen Alkohol). Wenn es einem dennoch schlecht geht, probiert man eine Tasse Tee aus dem Allzweckheilmittel der Aymara – *chachacoma, rica rica* oder *mate de coca*. Immer Wasser mitnehmen, denn in dem Klima trocknet der Hals schnell aus und man verliert jede Menge Flüssigkeit. Einen breitkrempigen Hut tragen und auf keinen Fall den Sunblocker vergessen: Die tropischen Sonnenstrahlen sind in dieser Höhe überaus intensiv.

◉ Sehenswertes & Aktivitäten

Die meisten Reiseveranstalter bieten Ausflüge zu den folgenden Highlights an. Laucas Juwel ist der glitzernde Lago Chungará (4517 m über dem Meeresspiegel). Das flache Gewässer wurde von Lavaströmen geformt, die das Schmelzwasser des Volcán Parinacota (6350 m) dämmten. Der schneebedeckte Vulkankegel erhebt sich direkt nördlich dahinter. Leider ist die Laguna Cotacotani inzwischen sehr seicht, mutet aber nach wie vor malerisch an (wobei die zahllosen Hochleitungen viele Fotos zunichte machen). Glitzernd breitet sie sich am Fuß langgestreckter, erstarrter Lavaströme und Schlackekegeln aus.

Der See wurde von der nationalen Elektrizitätsgesellschaft teilweise trockengelegt, dennoch bieten die Ufer zahlreichen Vögeln einen Lebensraum, und vereinzelt gedeihen Queñoas *(Polylepis tarapacana)*, eine Baumart, die selbst noch in großen andinen Höhen gedeiht.

Die Touren umfassen Spaziergänge durch das bildhübsche Aymara-Dorf Parinacota mit seinen weiß getünchten Lehmhäuschen und Straßen aus Stein. Mit etwas Glück ergattert der Guide den Schlüssel zum zweifellos schönsten Gebäude im Ort, der Kolonialkirche aus dem 17. Jh. (Spenden willkommen), die 1789 rekonstruiert wurde. Drinnen sind einige prächtige surrealistische Wandmalereien von Künstlern der Cusco-Schule zu sehen: Man stelle sich Hieronymus Bosch in Eile vor. Beachtenswert ist außerdem ein Tischchen, das wie ein Hund angeleint ist; die hiesige Legende berichtet, dass es einst entfloh, durch den Ort lief und vor einem Haus stehen blieb, dessen Bewohner am nächsten Tag starb. **Las Cuevas** am Westeingang des Parks wartet mit einem Aussichtspunkt auf, zu erkennen an einer Skulptur, die an eine *zampoña* (Panflöte) auf einer grellbunten Treppe erinnert.

Manche Exkursionen führen auch zu den hübschen **Termas Jurasi** (Erw./Kind 2000/1000 Ch$; ⊙tagsüber), einer Ansammlung von Thermal- und Schlammbädern inmitten einer Felslandschaft 11 km nordöstlich von Putre.

☞ Geführte Touren

Manche Veranstalter bieten Tagestouren von Arica zum 4517 m hoch gelegenen Lago Chungará im Parque Nacional Lauca an – eine todsichere Methode, um *soroche* (Höhenkrankheit) zu bekommen! Die Ausflüge kosten mindestens 26 000 Ch$ (inklusive einem späten Mittagessen in Putre); Abfahrt ist gegen 7.30 Uhr, die Rückkehr erfolgt gegen 20.30 Uhr.

Wer einen solchen Trip bucht, sollte sich davon überzeugen, dass der Veranstalter Sauerstoffflaschen im Bus mitführt, da viele Teilnehmer in den großen Höhen Atemnot bekommen. Am Vortag und während des Ausflugs auf überreiche Mahlzeiten, Rauchen und Alkoholkonsum verzichten. Touren mit mindestens einer Übernachtung in Putre sind die bessere Option, da man mehr Zeit zum Akklimatisieren hat.

❶ Praktische Informationen

Der Park wird vom *refugio* (Schutzhütte) in Parinacota aus verwaltet. Für Auskünfte direkt vor Ort stehen manchmal Ranger am Eingang Las Cuevas und am Lago Chungará zur Verfügung; die Posten sind theoretisch von etwa 9 bis 12.30 und 13 bis 17.30 Uhr besetzt.

Wer das Schutzgebiet auf eigene Faust besuchen will, benötigt einen Wagen sowie zusätzliche Benzinvorräte und muss zudem sehr flexibel und ausgesprochen gelassen sein. Bei der Conaf erhält man Infos über Wanderwege und (einfache) Unterkünfte.

❶ An- & Weiterreise

Der Park erstreckt sich zu beiden Seiten der Ruta 11, der befestigten Passstraße von Arica nach La Paz. Von Arica dauert die Anreise (es verkehren mehrere Busse) knapp drei Stunden. Andere Busunternehmen, die täglich nach La Paz in Bolivien fahren, lassen einen im Schutzgebiet aussteigen, man muss aber eventuell trotzdem den vollen Ticketpreis zahlen.

Agenturen in Arica und Putre bieten Ausflüge in den Park an. Wer ein Auto mietet, gelangt auch an abgelegenere Stellen wie Guallatire, Caquena und Salar de Surire (Letzterer ist nur per Geländewagen und während der Regenzeit

---

DIE RÜCKKEHR DER VIKUNJAS – EINE UMWELTPOLITISCHE ERFOLGSSTORY

Zu Zeiten der Inka durchstreiften Millionen Vikunjas das Hochland von Nordchile bis ins südliche Ecuador. Zu starkes Bejagen und der Verlust an Lebensraum haben die Herden über die Jahre jedoch drastisch dezimiert, bis in den 1970ern im Norden des Landes nicht mal mehr 1000 Exemplare übrig waren. Heute ist die Zahl in der Region wieder auf über 25 000 angestiegen. In den Anden sind es sogar mehrere Hunderttausend, Tendenz steigend – eine umweltpolitische Erfolgsgeschichte!

Anders als Alpakas oder Lamas wurden Vikunjas nie domestiziert. Die scheuen Geschöpfe scheinen sich in Gefangenschaft einfach nicht fortpflanzen zu wollen. Deshalb musste man sich eine andere Möglichkeit ausdenken, um sie zu schützen, wobei gleichzeitig auf die Aymara Rücksicht genommen werden musste, die schon seit Jahrhunderten auf das kostbare Fleisch und Fell der Tiere angewiesen waren. Anfänglich rief man Artenschutzmaßnahmen auf den Plan, doch auch trotz des Status als „bedrohte Tierart" ging es den Vikunjas weiter an die (butterweiche) Wolle: Aus ihr werden Schals gefertigt, die Hunderte (wenn nicht Tausende) US-Dollars kosten.

In den 1990er-Jahren gingen die hiesigen Aymara dazu über, die Tiere einzufangen, zu scheren und anschließend wieder freizulassen. Dank dieser innovativen Methode kann man zwei Fliegen mit einer Klappe schlagen: Man muss nicht auf die Wolle verzichten und für Wilderer sind geschorene Vikunjas praktisch wertlos. Dies und die Schaffung größerer Nationalparks sowie verbesserte Schutzmaßnahmen lassen hoffen, dass die eleganten Tiere schon bald wieder überall im Andenhochland zahlreich vertreten sein werden.

gar nicht zu erreichen, denn unterwegs muss man mehrere Wasserläufe durchqueren). Unbedingt zusätzlich Treibstoff in Kanistern mitnehmen, die fast alle Autovermieter verleihen. Warme Kleidung und Schlafsack einpacken und Zeit für die Anpassung an die Höhe einplanen.

Südlich des Parque Nacional Lauca

Mehr als 20 000 wilde Vikunjas durchstreifen die spärlich bewohnten 2100 km² der abseits vom Touristenrummel gelegenen Reserva Nacional Las Vicuñas. Die Schutzzone für den Nationalpark Lauca schließt unmittelbar südlich daran an und ist von hohen Vulkanen umgeben. Seit die Minengesellschaft Vilacollo im August 2007 die Erlaubnis erhielt, hier nach mineralischen Rohstoffen zu suchen, ist es im Reservat allerdings mit Ruhe und Umweltschutz vorbei. Am Fuß des rauchenden Volcán Guallatire, 60 km von Parinacota entfernt und über eine Nebenstraße zu erreichen, liegt das Dorf Guallatire mit seiner Kirche aus dem 17. Jh. und ein paar schnörkellosen Schlafgelegenheiten. Einen warmen Schlafsack einpacken!

Wer das nahe gelegene Monumento Natural Salar de Surire besucht, wird unter Garantie große Herden umherstreifender Vikunjas, knuddelige Viscachas und gelegentlich einen plumpen, straußenähnlichen Darwin-Nandu erspähen, die Hauptattraktion sind jedoch die drei verschiedenen Flamingoarten (darunter der seltene James-Flamingo), die am 113 km² großen Salzsee nisten. Am ehesten sieht man die Tiere von Dezember bis April.

Das 126 km von Putre entfernte Naturschutzgebiet wurde 1983 mit der Aufteilung des Parque Nacional Lauca eingerichtet. 1989 überließ die aus dem Amt scheidende Diktatur 45,6 km² der Bergbaugesellschaft Quiborax. Öffentliche Verkehrsmittel fahren nicht hierher und übernachten kann man einzig in einem rustikalen *refugio* (Schutzhütte; Reservierungen über die Conaf in Arica). Eine reizvolle Campingmöglichkeit sind die Thermalquellen von Polloquere, allerdings gibt's keine sanitären Einrichtungen, und die Zelte sind den Elementen schutzlos ausgesetzt.

Die meisten Reisenden fahren nach dem Besuch von Surire nach Putre zurück. Es ist jedoch auch möglich, noch weiter südlich eine Schleife durch den Parque Nacional Volcán Isluga zu drehen und über Camiña oder Huara nach Arica zurückzukehren, aber in diesem Fall sollte man immer zuerst bei der Conaf oder der Polizei nachfragen, denn die Strecke ist während der sommerlichen Regenzeit nicht immer zugänglich.

Viele Reiseveranstalter in Arica und Putre organisieren zwei- bis viertägige Rundtouren durch beide Schutzgebiete. Anschließend kann man sich in Arica oder Iquique absetzen lassen.

Norte Chico

Inhalt ➜

La Serena..........207
Elqui-Tal............216
Reserva Nacional
Pingüino de
Humboldt.......... 223
Parque Nacional
Llanos de Challe.... 226
Parque Nacional
Nevado Tres Cruces. 229
Ojos del Salado..... 229
Bahía Inglesa 231
Parque Nacional
Pan de Azúcar...... 233

Gut essen

➜ Chaski (S. 219)
➜ Coral de Bahía (S. 231)
➜ Nativo (S. 225)
➜ Kardamomo (S. 211)
➜ Café Museo (S. 230)

Schön übernachten

➜ Hotel La Casona (S. 227)
➜ Ckamur (S. 230)
➜ Hacienda Los Andes (S. 214)
➜ El Tesoro de Elqui (S. 221)
➜ Coral de Bahía (S. 231)

Auf in den Norte Chico

Obwohl die Region so klein ist, bietet Norte Chico (Kleiner Norden) eine fantastische Vielfalt. La Serena an der Küste, Kolonialhauptstadt und größte Stadt der Region, ist für jeden Besucher ein Muss. Von hier geht's ins mystische, grüne Elqui-Tal, wo chilenische Pisco-Produzenten, New-Age-Kommunen und hochmoderne Observatorien zu Hause sind. Weiter nördlich erstrecken sich grandiose Nationalparks, ein angesagter kleiner Strandort und kilometerlange unberührte Küste mit Zeltplätzen und Surfspots.

Die verspielten Pinguine im Reserva Nacional Pingüino de Humboldt und im Parque Nacional Pan de Azúcar gelten als Highlight für Tierfreunde. Und im selten besuchten Parque Nacional Nevado Tres Cruces hoch oben in den Anden lassen sich wunderbar Vikunjas und Flamingos beobachten. So niedlich der Name auch klingt, der Kleine Norden ist ein bisschen größer, als die meisten Leute denken.

Reisezeit
La Serena

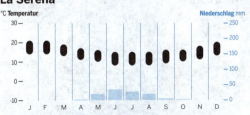

Jan.–Feb. Chilenische Urlauber stürmen Strände, Hotels und Sehenswürdigkeiten.

Juli–Aug. Nachts wird es kalt, doch die Tage sind heiß, und es gibt nirgends Gedränge.

Sept.–Nov. Die blühende Wüste erlebt man am besten im Parque Nacional Llanos de Challe.

Highlights

1. Relaxen am coolsten Strand von Norte Chico, der hübschen **Bahía Inglesa** (S. 231).

2. Bei der Fahrt durch die Dörfer im **Elqui-Tal** (S. 216) ein paar Pisco Sours probieren.

3. In einem der vielen **Observatorien** von Norte Chico (S. 217) einen Blick in den Sternenhimmel des Südens werfen.

4. Zu den hoch in den Anden gelegenen Seen des **Parque Nacional Nevado Tres Cruces** (S. 229) aufbrechen.

5. Im Boot zu den Pinguinkolonien der **Reserva Nacional Pingüino de Humboldt** (S. 223) schippern.

6. Durch das koloniale Zentrum von **La Serena** (S. 207) bummeln und dann ab zum Strand, wo Sonne, Sand und Meer warten.

7. Auf der Suche nach den schönsten Plätzen zum Zelten und Surfen die Strände des **Parque Nacional Pan de Azúcar** (S. 233) erkunden.

❶ Unterwegs vor Ort

Die Panamericana folgt der Küstenlinie, sodass der Norte Chico gut per Auto oder Bus zu erreichen ist. Regelmäßig werden die Inlandsflughäfen bei La Serena und Copiapó angeflogen. Nach Verlassen der Panamericana fühlen sich Reisende häufig so, als ob sie in den chilenischen „Outback" fahren würden: Die Schotter- und Staubpisten werden immer schlechter und sind bei Regen überspült. Immer seltener sieht man öffentliche Busse. Wer ohne eigenen Wagen unterwegs ist, wird Schwierigkeiten haben, die vielen abgelegenen Nationalparks und Sehenswürdigkeiten zu besuchen. Teilweise sind diese nur mit Autos mit Allradantrieb und großer Bodenfreiheit zugänglich.

La Serena

051 / 198 160 EW.

Chiles zweitälteste Stadt und florierender Hauptort der Region IV ist zweifach begünstigt: Herrliche Gebäude und eine lange goldene Küste machen sie sozusagen zu einem Badeparadies für Kunstinteressierte. Im Januar und Februar strömen chilenische Urlauber herbei, doch außerhalb der Sommersaison herrscht weitgehend Ruhe. Beim Herumspazieren im Zentrum entdecken die Besucher würdige Steinkirchen, von Bäumen bestandene Prachtstraßen und ein paar hübsche Plätze. Einige Gebäude stammen aus der Kolonialzeit, doch die meisten entstanden erst danach und sind Teil des „Plan Serena", den der hier geborene Präsident Gabriel González Videla in den späten 1940er-Jahren verfügte.

Auch im Umland gibt's viel Sehenswertes, darunter hübsche Dörfer und Weinberge für die Pisco-Produktion sowie internationale Observatorien, die sich die außergewöhnlichen atmosphärischen Bedingungen und den klaren Himmel der Region zunutze machen.

◎ Sehenswertes

Plaza de Armas PLAZA

La Serena besitzt 29 Kirchen, darunter viele schöne steinerne Bauwerke in neoklassizistischem Stil. Einige der hübschesten liegen in der Nähe der Plaza de Armas. Auf der Ostseite thront die wunderbare neoklassizistische **Iglesia Catedral** (Plaza de Armas; ⊙ 10–13 & 16–20 Uhr) aus dem Jahr 1844. Zu ihr gehört ein kleines Museum für sakrale Kunst. Direkt nördlich davon erheben sich die etwas plumpe Fassade der **Municipalidad** (im Innern des Rathauses sind Fotos aus der Geschichte der Stadt zu sehen) und die Tribunales (Gerichtsgebäude; Ecke Prat & Los Carrera). Sie wurden im Zuge der Umsetzung des „Plan Serena" von González Videla errichtet.

**Museo Histórico Casa
Gabriel González Videla** MUSEUM

(Matta 495; Erw./Kind 600/300 Ch$; ⊙ Mo–Fr 10–18, Sa bis 13 Uhr) Das zweistöckige Museum in einer Villa aus dem 18. Jh. ist zwar reich mit allgemeinen historischen Exponaten bestückt, konzentriert sich aber vor allem auf den bekanntesten (und umstrittensten) Sohn der Stadt: González Videla, der von 1946 bis 1952 Präsident des Landes war. Der clevere Politiker kam mit Unterstützung der Kommunisten an die Macht, verbot dann aber prompt die Partei und trieb den Dichter Pablo Neruda aus dem Senat sowie ins Exil. Davon erzählen die Exponate nichts, doch die historische Sammlung und die Wechselausstellungen moderner Kunst im Obergeschoss lohnen sich.

Museo Arqueológico MUSEUM

(Ecke Cordovez & Cienfuegos; Erw./Kind 600/ 300 Ch$, So Eintritt frei; ⊙ Di–Fr 9.30–17.50, Sa 10–13 & 16–19, So 10–13 Uhr) Das halbmondförmige Museum mit grünem Innenhof wagt den ehrgeizigen Versuch, Chiles präkolumbische Vergangenheit zusammenzufassen. Zu den Highlights zählen eine Atacameña-Mumie aus der Wüste im Norden, eine mächtige, 2,5 m hohe *moai* (große anthropomorphe Statue) von der Osterinsel und interessante Arbeiten der Diaguita, darunter ein kleines Boot aus Seelöwenhaut.

Die Eintrittskarte für das Museo Histórico Casa Gabriel González Videla gilt auch für das Museo Arqueológico und umgekehrt.

Parque Japones Kokoro No Niwa PARK

(Parque Pedro de Valdivia; Erw./Kind 5–12 J. 1000/ 300 Ch$; ⊙ Sommer 10–20 Uhr, übriges Jahr bis 18 Uhr) Mit seinen rieselnden Bächlein, den dahingleitenden Schwänen und gut gepflegten Kiesgärten ist dieser japanische Garten eine Oase der Ruhe inmitten der Stadt.

🏃 Aktivitäten

Von La Serena verläuft ein Radweg bis nach Coquimbo. Wer Lust auf einen Ausflug hat, kann bei **Vicamawi** (051-222-7939; Vicente Zorrilla 990; ⊙ 9–18 Uhr) Fahrräder für 6000 Ch$ pro Tag leihen.

Weitere beliebte Aktivitäten sind **Segeln**, **Surfen** und **Windsurfen** (auf den ersten 200 m vom Strand aus auf Schwimmer achten, sonst gibt's Schwierigkeiten mit der Gobernación Marítima). Die Playa Totoralillo südlich von Coquimbo ist bekannt für ihre Brecher und die guten Möglichkeiten zum Windsurfen. **Poisson** (Mobil 9138-2383; Av del Mar 1001; 8–21Uhr) bietet Surfbretter für 6000 Ch$ pro Stunde an.

Strände

STRÄNDE

Von La Serenas Leuchtturm (der nicht mehr in Betrieb ist) bis nach Coquimbo ziehen sich zahlreiche breite Sandstreifen. Es gibt so viele, dass Feriengäste in einem zweiwöchigen Urlaub jeden Tag an einen anderen Strand gehen könnten. Leider eignen sich manche wegen der starken Strömung nicht zum Schwimmen, aber dafür umso mehr zum Surfen. Sichere Badeplätze findet man südlich von Cuatro Esquinas.

Die Strände zwischen dem Westende der Avenida Francisco de Aguirre und Cuatro Esquinas (d. h. näher an der Stadt) sind gefährlicher. Immer auf die Schilder „Playa Apta" (sicherer Badestrand) und „Playa No Apta" (zum Schwimmen nicht geeignet) achten!

Wer schnell ans Meer möchte, nimmt entweder den Bus der Gesellschaft Liserco oder eines der *colectivos*, die zwischen La Serena und Coquimbo verkehren. Am besten steigt man in Peñuelas und Cuatro Esquinas aus, die Haltestellen liegen einen Block vom

La Serena

Strand entfernt. Im Januar und Februar fahren Direktbusse (500 Ch$) die Avenida Francisco de Aguirre hinunter zur Playa El Faro. In den anderen Monaten kann man ein *colectivo* (600 Ch$) nehmen oder die 3 km von der Stadt zum Leuchtturm laufen.

Kurse

La Serena School SPRACHKURS
(051-221-1487; www.laserenaschool.cl; Rodríguez 450) Die Schule bietet Spanischkurse (ab 20 000 Ch$ pro Std.) an.

Geführte Touren

Reiseveranstalter haben eine große Auswahl an Touren im Programm, die von Nationalparkbesuchen über nächtliche Ausflüge zur Sternbeobachtung bis zu Fahrten mit Pisco-Verkostung und New-Age-Touren zur Ufo-Zentrale Cochiguaz reichen. Zu den traditionellen Angeboten zählen halbtägige Stadtrundfahrten (ab 5000 Ch$) und Tagestrips ins Elqui-Tal (rund 25 000 Ch$), in den Parque Nacional Fray Jorge und ins Valle del Encanto (ab 35 000 Ch$) sowie in den Parque Nacional Pingüino de Humboldt (32 000–35 000 Ch$). Darüber hinaus gibt's Touren zu den Observatorien, vor allem nach Mamalluca (16 000–20 000 Ch$). Bei Interesse organisieren die Agenturen auch Exkursionen nach Andacollo und Wanderungen zu den Minen in der Nähe (die sogenannte Ruta del Quarzo). Die Mindestteilnehmerzahl liegt zwischen zwei und sechs Personen.

Tembeta Tours KULTURTRIP
(051-221-5553; www.tembeta.cl; Andrés Bello 870) Der Stadtrundgang kostet 5000 Ch$ pro Person und findet bei mindestens zwei Teilnehmern täglich statt.

Elqui Valley Tour GEFÜHRTE TOUR
(051-221-4846; www.goelqui.com; Prat 567; Mo–Sa 9–18 Uhr) Tägliche Fahrten ins Elqui-Tal. Wer zusätzlich einen Tagestrip plus Übernachtung in Mamalluca bucht, erhält einen Rabatt.

Talinay Adventure Expeditions ABENTEUERTOUR
(051-221-8658; www.talinaychile.com; Av Francisco de Aguirre 301; Mo–Sa 8.30–17.30 Uhr) Guter Veranstalter für Abenteuertouren von Kajakfahrten über Mountainbiking bis zu Reiten, Tauchen, Trekking und Klettern.

Feste & Events

Jornadas Musicales de La Serena MUSIK
Zu dem traditionellen Festival Anfang Januar gehören mehrere musikalische Events.

Feria Internacional del Libro de La Serena BUCHMESSE
Anfang Februar kommen prominente chilenische Autoren ins Historische Museum.

Schlafen

Für Januar und Februar ist La Serena früh ausgebucht. Einige Hotels akzeptieren in dieser Zeit keine Gäste für eine Nacht. In der Nebensaison gewähren die meisten Mittelklassehotels Rabatt für Langzeiturlauber.

La Serena

Sehenswertes
1 Iglesia Catedral B2
2 Municipalidad B2
3 Museo Arqueológico C3
4 Museo Histórico Casa Gabriel
   González Videla B2
5 Parque Japones Kokoro No
   Niwa A3
6 Plaza de Armas B2
   Tribunales .... (siehe 2)

Aktivitäten, Kurse & Touren
7 Elqui Valley Tour C2
8 La Serena School D2
9 Talinay Adventure Expeditions B3
10 Tembeta Tours A4

Schlafen
11 Hostal Balmaceda C4
12 Hostal El Punto A4
13 Hostal Tierra Diaguita B3
14 Hotel Bleu Blanc B1
15 Hotel Cristobal Colón B1
16 Hotel del Cid C1
17 Hotel Francisco de Aguirre A2
18 Hotel Londres C2
19 Maria's Casa A5

Essen
20 Ayawasi A3
21 Casona del 900 .... B3
22 El Santo A5
23 Rapsodia B2

Ausgehen & Nachtleben
24 Café W B3
25 La Rocca C3

Unterhaltung
26 Caseron C4

★ Hostal El Punto
HOSTEL $

(☏ 051-222-8474; www.hostalelpunto.cl; Bello 979; EZ/DZ 24 000–26 000/26 000–30 000 Ch$, B/EZ/DZ ohne Bad 8500/17 000/18 000 Ch$; @ ⓦ) La Serenas beste Unterkunft verfügt über verschiedenste Zimmer, mehrere sonnige Terrassen, bunte Mosaiken und Tische aus Baumstämmen. Die Mitarbeiter sprechen Deutsch und Englisch und warten u. a. mit Reisetipps, Touren, einem Radverleih, einer Wäscherei, Kuchen sowie einem Büchertausch auf. Weil sich das Hostel verständlicherweise großer Beliebtheit erfreut, muss man vor allem in der Hochsaison Monate im Voraus reservieren.

Hostal Tierra Diaguita
HOSTEL $

(☏ 051-221-6608; www.fogoncasatamaya.cl; Eduardo de la Barra 440; EZ/DZ 34 000/40 000 Ch$, ohne Bad 28 000/32 000 Ch$; ⓦ) Das freundliche Kolonialhaus beherbergt mehrere gepflegte Zimmer im Hauptgebäude. Im Anbau, zu dem man durch einen grünen Garten gelangt, befinden sich weitere Räume. Gäste können die Gemeinschaftsküche und die hübsche Terrasse nutzen, außerdem sind Frühstück und Gepäckaufbewahrung im Preis inbegriffen. Auf dem Schild vor dem Haus steht „Casa Tamaya".

Maria's Casa
GÄSTEHAUS $

(☏ 051-222-9282; www.hostalmariacasa.cl; Las Rojas 18; B/EZ/DZ ohne Bad 9000/15 000/18 000 Ch$; ⓦ) Einfache, aber gemütliche Zimmer im Landhausstil warten in dieser familiengeführten Pension auf Gäste. Im Garten hinterm Haus kann man zelten (3500 Ch$ pro Pers.). Auch die blitzblanken Gemeinschaftsbäder, die altmodische Landküche mit kostenlosem Tee und Kaffee, der Wäscheservice und der Fahrradverleih sind backpackerfreundlich.

Hostal Balmaceda
HOTEL $

(☏ 051-221-8565; www.hostalbalmaceda.cl; Balmaceda 1032; EZ/DZ 24 000/30 000 Ch$) Balmaceda, eine Mischung aus Hotel und Hostel, bietet eine tolle Auswahl an Zimmern sowie einen kühlen kleinen Garten/Terrasse und eine gute Gästeküche. Es verbirgt sich hinter einer unauffälligen Tür an der Vorderfront des Gebäudes (auf dem Schild steht einfach nur „Hospedaje").

Hotel del Cid
HOTEL $$

(☏ 051-221-2692; www.hoteldelcid.cl; O'Higgins 138; EZ/DZ 50 000/60 000 Ch$; P ⓦ) Eine verlässliche, angenehme Mittelklasseunterkunft mit klassischen Zimmern rund um einen Innenhof im Kolonialstil und mit modernen Räumlichkeiten in einem Anbau hinten. Der Service ist ausgesprochen freundlich.

Hotel Cristobal Colón
HOTEL $$

(☏ 051-222-4656; www.hotelcristobalcolon.cl; Colón 371; EZ/DZ 36 000/48 000 Ch$; P ⓦ) Unspektakuläres, aber verlässliches Mittelklassehotel. Es befindet sich in einem Kolonialgebäude und hat einladende Zimmer, eine Terrasse oben mit schöner Aussicht sowie ein Restaurant.

Hotel Londres
HOTEL $$

(☏ 051-221-9066; www.hotellondres.cl; Cordovez 550; EZ/DZ 32 000/42 000 Ch$; P ⓦ) Neben einer tollen Lage hält das familiengeführte Hotel helle, Chintz-dekorierte Räume mit festen Betten und geräumigen Bädern bereit. Die Zimmer nach vorn sind lauter, aber auch heller.

Hotel Bleu Blanc
HOTEL $$

(☏ 051-248-2802; www.bleublanchotel.com; Almagro 399; EZ/DZ 36 000/42 000 Ch$, Suite ab 61 000 Ch$) Ein schickes kleines Eckhotel mit Boutique-Elementen und modernen, hübsch eingerichteten Zimmern, sehr freundlichem Service und einer friedlichen Atmosphäre.

Hotel Francisco de Aguirre
HOTEL $$$

(☏ 051-222-2991; www.dahoteles.com; Cordovez 210; EZ/DZ 69 000/82 000 Ch$; P @ ⓦ ≋) Das große Hotel mit einer imposanten Fassade im Neokolonialstil liegt gegenüber der Iglesia Santo Domingo, deren Glocken Langschläfer stören könnten. Es bietet unterschiedlich große Zimmer; wer ein geräumigeres will, muss einen Superior-Raum (15 000 Ch$ extra) buchen. Es gibt einen Fitnessraum und eine Sauna.

Mar del Ensueño
HOTEL $$$

(☏ 051-222-2381; www.hotelmarensueno.com; Av del Mar 900; EZ/DZ 85 000/105 000 Ch$; ❄ ⓦ ≋ ♨) Das Ensueño punktet mit einer unschlagbaren Lage – der Strand befindet sich gleich auf der anderen Straßenseite. Es ist sehr familienfreundlich (mit Spieleraum und Kinderspielzeug), eignet sich aber auch gut für Paare – die hellen, geräumigen Zimmer blicken auf's Meer, und auch ein gutes Restaurant ist vorhanden.

Essen

Für Selbstversorger gibt's einige Märkte in der Stadt, manche mit Imbissständen, andere mit den Zutaten für ein gutes Picknick. Der größte ist der Mercado La Recova an der

Ecke Cienfuegos und Cantournet, über dem ein paar billige Restaurants liegen. Supermärkte findet man überall in La Serena.

Ayawasi
VEGETARISCH $

(Pedro Pablo Muñoz 566; Hauptgerichte 4000–6000 Ch$; ⊙ Mo-Sa 9–20 Uhr) Nur einen kurzen Spaziergang von der Plaza serviert dieses kleine vegetarische Lokal fantastische Mittagsmenüs, leckere frische Säfte sowie innovative Sandwiches und Salate. Man kann sich einen Platz im schattigen Garten oder im relaxten Speiseraum schnappen.

Casona del 900
PARRILLA $$

(Av Francisco de Aguirre 431–443; Hauptgerichte 4500–9500 Ch$; ⊙ Mo-Sa 12–15 & 19–24 Uhr) Mit seinen hohen Decken und dem verglasten Garten verströmt das Steakhaus in einer alten Bierfabrik viel Flair. Einheimische Fleischfreunde kommen scharenweise für die preiswerten Grillgerichte (18 900 Ch$ für 2 Pers. inkl. Wein) her.

Rapsodia
INTERNATIONAL $$

(Prat 470; Hauptgerichte 6000–9500 Ch$; ⊙ Mo-Mi 9–21, Do & Fr 9–23, Sa 9–18 Uhr) Die alte *casona* (Herrenhaus) mit mehreren Nebenräumen zum Innenhof, den eine riesige Palme ziert, serviert gut zubereitete Fleisch- und Fischgerichte sowie gesunde Sandwiches. An manchen Abenden wird Livemusik gespielt.

★ Kardamomo
FISCH & MEERESFRÜCHTE $$

(Av del Mar 4000; Hauptgerichte 7000–11 000 Ch$; ⊙ Mo-Sa 12–23, So 12–16 Uhr; 🛜) Exzellente Strandlage, mit Kunstwerken dekorierte Wände und sanfte Hintergrundmusik bilden die Rahmenbedingungen dieses entspannten, aber eleganten Fischrestaurants. Preiswerte Mittagsmenüs, eine vielseitige Speisekarte und sorgsam zubereitete Sushiplatten runden das Angebot ab.

El Santo
INTERNATIONAL $$

(Ecke El Santo & Amunátegui; Hauptgerichte 6000–9000 Ch$; ⊙ Mo-Sa 12–0.30 Uhr) Das große Restaurant mit Freiluftbereich thront auf einem Hügel und serviert leckere Pizzas sowie einige der besten Steaks der Stadt. Zudem gibt's Craft-Beer und eine kleine, aber gut ausgewählte Weinkarte.

 Ausgehen & Unterhaltung

Rund um die Kreuzung Eduardo de la Barra und O'Higgins ist am meisten los. Hier versammeln sich auch die alternativen Studenten. Am Ufer hinter dem Leuchtturm und bis zum Barrio Inglés Coquimbo funkeln die Lichter der Nachtclubs, besonders im Sommer herrscht dort Trubel.

Café W
CAFÉ, BAR

(Eduardo de la Barra 435; Sandwiches 3000–6000 Ch$; ⊙ Mo-Sa 9–23, Fr & Sa 9–1 Uhr) Mit seiner großen Holzterrasse und Blick auf eine ruhige Straße ist dieses Café ein perfekter Ort, um bei einer Tasse Kaffee die Batterien wieder aufzuladen. Auch köstliche Kuchen und eine nette Auswahl an Sandwiches stehen auf der Karte. Nachts verwandelt es sich in eine lebhafte Bar.

La Rocca
BAR

(Eduardo de la Barra 569; ⊙ Di-Sa 20 Uhr–open end) Gelegentlich finden in dieser lange geöffneten, sehr beliebten Studentenkneipe mit Innenhof Livekonzerte statt.

Caseron
LIVEMUSIK

(Balmaceda 824; ⊙ Di-Sa 19–2 Uhr) Die schäbig wirkende Bar in einem 130 Jahre alten Haus wartet regelmäßig mit Livekonzerten auf. Donnerstags kommt man in den Genuss von Jazz, während am Wochenende Latinoklänge dominieren.

ⓘ Praktische Informationen

Banken mit Geldautomaten verteilen sich rund um die Plaza de Armas. An der Balmaceda zwischen der Cordobez und der Prat gibt's mehrere Wechselstuben.

Die zahlreichen Internetläden in der Stadt verlangen etwa 600 Ch$ pro Stunde.

Hospital Juan de Diós (☎ 051-223-3312; Balmaceda 916; ⊙ 24 Std.) Der Zugang zur Notaufnahme befindet sich an der Ecke Larraín Alcalde und Anfión Muñóz.

Sernatur (☎ 051-222-5199; www.turismoregion decoquimbo.cl; Matta 461; ⊙ Sommer 9–20 Uhr, Winter Mo-Fr 9–18, Sa 10–14 Uhr) Das Büro an der Plaza de Armas bietet tolle touristische Infos. Im Sommer öffnet die städtische Touristeninformation jeweils einen Schalter an der Iglesia La Merced und im Leuchtturm am Strand.

ⓘ An- & Weiterreise

BUS

La Serenas **Terminal de Buses Buses** (☎ 051-222-4573; Ecke Amunátegui & Av El Santo) liegt gleich südwestlich vom Zentrum. Auf der Panamericana sind Dutzende Unternehmen von Santiago Richtung Norden nach Arica unterwegs, darunter **Tur Bus** (☎ 051-221-9828; www.turbus.cl; Balmaceda 437) und **Pullman Bus** (☎ 051-221-8879; www.pullman.cl; Eduardo de la Barra 435).

Typische Ziele und Fahrpreise:

ZIEL	PREIS (CH$)	FAHRTDAUER (STD.)
Antofagasta	31 200	12
Arica	37 600	23
Calama	31 900	14
Copiapó	9000	5
Iquique	32 900	19
Santiago	10 800	6
Vallenar	7700	3

Via Elqui (051-231-2422; Ecke Juan de Dios Peni & Esmeralda) steuert Vicuña (2000 Ch$, 1½ Std.), Ovalle (2500 Ch$, 2 Std.), Montegrande (3800 Ch$, 2 Std.) und Pisco Elqui (3800 Ch$, 2½ Std.) an. Wer will, kann dank der praktischen Verbindungen einen Tagesausflug ins Elqui-Tal unternehmen: Der erste Bus nach Vicuña startet um 6.40 Uhr, der letzte kehrt um 21 Uhr zurück.

Covalle Bus (051-221-3127; Infante 538) fährt über den Paso de Libertadores in die argentinischen Städte Mendoza (34 000 Ch$, 12 Std.) und San Juan (34 000 Ch$, 18 Std.). Los geht's am Sonntag um 23 Uhr.

FLUGZEUG
Der **Aeropuerto La Florida** (051-227-1870; www.aeropuertolaserena.com) liegt 6 km östlich vom Stadtzentrum an der Ruta 41. **LAN** (600-526-2000; Balmaceda 406; Mo–Fr 9–14 & 15–18, Sa 10.30–13.30 Uhr) fliegt täglich nach Santiago (123 800 Ch$, 1 Std.) und Antofagasta (143 200 Ch$, 1½ Std.). Das LAN-Büro in der Mall Plaza hat längere Öffnungszeiten.

TAXI COLECTIVO
Viele Ziele in der Region werden schnell und häufig von *taxis colectivos* angefahren. Die Wagen nach Coquimbo (1000 Ch$, 15 Min.) starten in der Avenida Francisco de Aguirre zwischen der Balmaceda und der Los Carrera.

Unterwegs vor Ort

Für private Taxis zum Aeropuerto La Florida (5 km östlich des Stadtzentrums an der Ruta 41) zahlt man 6000 Ch$, z. B. bei **Turismo Nielsen** (Mobil 7659-9341; www.turismonielsen.cl). Alternativ bietet **She Transfer** (051-229-5058) einen Tür zu Tür-Transfer im Minibus für 2500 Ch$.

Alleinreisende Frauen sollten in La Serena Taxifahrern gegenüber vorsichtig sein, denn es wurde von einigen sexuellen Übergriffen berichtet! Sicherer sind Fahrten in den Gemeinschaftstaxis.

Autos vermieten u. a. **Avis** (051-254-5300; Av Francisco de Aguirre 063; Mo–Fr 8.30–18.30, Sa 8.30–14 Uhr), **Hertz** (051-222-6171; Av Francisco de Aguirre 0225; Mo–Fr 9–19, 8.30–13 Uhr) und **Econorent** (051-222-0113; Av Francisco de Aguirre 0135; Mo–Fr 8.30–18, Sa 9–14 Uhr). Alle verfügen neben ihren Büros im Stadtzentrum auch über Verkaufsstände am Flughafen.

Südlich von La Serena

Coquimbo
051 / 200 117 EW.

La Serenas Nachbar, der quirlige Hafen Coquimbo, hat in den letzten Jahren eine Art Revolution erlebt. Lange galt die Stadt, die sich an die felsigen Hänge der Península Coquimbo schmiegt, als hässliche Schwester von La Serena, doch inzwischen ist sie zu einem der angesagtesten Orte für ein tolles Nachtleben und eine lebendige Restaurantszene aufgeblüht. Doch trotz seiner allmählichen Aufwertung ist Coquimbo nach wie vor eine raue Hafenstadt.

Die **Casa de la Cultura y Turismo** (051-231-3204; Av Costanera 701; Mo–Do 8.30–17.30, Fr 8.30–16.30 Uhr) beherbergt einen kleinen Ausstellungssaal und die Stadtbibliothek. Mit etwas Glück bekommt man dort auch touristische Infos.

⊙ Sehenswertes & Aktivitäten

Abgesehen von dem ausschweifenden Nachtleben lohnt sich ein Besuch auch für einen Spaziergang durch das schön restaurierte Barrio Inglés (Englisches Viertel) aus dem 19. Jh. und um frische Meeresfrüchte am Fischerpier zu genießen.

Cruz del Tercer Milenio BEDEUTENDES BAUWERK
(Kreuz des dritten Millenniums; www.cruzdeltercermilenio.cl; Cerro El Vigía; Erw./Kind 2000/1000 Ch$; 9.30–18 Uhr; P) Das 93 m hohe Betonkreuz, eine surreale Mischung aus Wallfahrtsstätte und Themenpark, ist ein exzellenter Aussichtspunkt und von La Serenas Stränden aus weithin sichtbar. Drinnen gibt's ein Museum (größtenteils dem verstorbenen Papst Johannes Paul II. gewidmet), Gebetsräume und einen Aufzug zur Spitze. Jeden Sonntag findet ein Gottesdienst statt. Die Fahrt zur ersten Ebene ist kostenlos.

Bootstouren BOOTSTOUR
(3000 Ch$; 11–20 Uhr) Einstündige **Bootstouren** durch den Hafen starten im Januar und Februar regelmäßig von der Avenida Costanera, im Winter nur an den Wochenenden.

🛏 Schlafen & Essen

Im benachbarten La Serena gibt's weitaus mehr Optionen, doch auch Coquimbo hat ein paar gute Restaurants und Unterkünfte zu bieten. Billige Meeresfrüchte gibt's in den kleinen Lokalen rund um den Markt auf dem Melgarejo.

Hostal Nomade HOSTEL $
(☏ 051-231-5665; www.hostalnomade.cl; Regimiento Coquimbo 3; B/EZ/DZ 9000/10 000/20 000 Ch$; 🅿 📶) Das Hostel befindet sich in einem Gebäude von 1850, das einst als französisches Konsulat diente, und bietet Zimmer ganz im Stil des 19. Jhs., eine komplette Küche, eine Bar, Tischtennis, einen großen Garten und natürlich Schlafsäle. Pluspunkt: In den Schlafsälen werden nur jeweils bis zu vier Personen untergebracht.

Hotel Liverpool HOTEL $$
(☏ 051-232-6103; www.liverpoolhotel.blogspot.com; Las Heras 403; EZ/DZ 30 000/40 000 Ch$; 📶) Coquimbos bestes Hotel ist nichts Spektakuläres, aber seine Lage im Barrio Inglés gleich abseits der Plaza ist fantastisch. Die Zimmer sind gut und komfortabel – die tollsten blicken auf die Plaza oder das Meer.

Puerto Brasas INTERNATIONAL $
(Aldunate 865; Hauptgerichte 5000–8000 Ch$; ⊙ Mo–Sa 12–24 Uhr; 📶) Eine verlässliche Wahl für leckere Fischgerichte, gute *parrilla* (Grillfleisch) und Livemusik am Wochenende. Liegt inmitten der Bars des Barrio Inglés und serviert den besten Kaffee der Stadt.

🍷 Ausgehen & Nachtleben

Das Nachtleben tobt vor allem auf der Aldunate, die von der Plaza im Barrio Inglés Richtung Nordwesten verläuft, sowie unten an der Costanera. In diesem Gebiet, das sich über mehrere Blocks erstreckt, wimmelt es von Bars und Clubs, die am Wochenende richtig loslegen. Unter der Woche geht's eher ruhig zu, doch in dem kleinen Bereich zwischen der Aldunate und der Costanera, der Ramon Freire genannt wird, stößt man wahrscheinlich auf ein paar geöffnete Lokale. Die Bars und Clubs kommen und gehen – am besten schaut man sich einfach um.

ℹ An- & Weiterreise

Coquimbos Busbahnhof liegt zwischen der Borgoño und der Alcalde. Nach La Serena fahren überdies viele lokale Busse und *colectivos* (Bus 600 Ch$, *colectivo* 1000 Ch$, privates Taxi 7000–12 000 Ch$).

Guanaqueros

☏ 051

Der lange weiße Strand von Guanaqueros macht den kleinen Ort zu einem der beliebtesten Familienziele der Region. Er liegt 30 km südlich von Coquimbo und 5 km westlich der Panamericana und eignet sich gut für einen Tagesausflug, obwohl es an der Eingangsstraße auch viele Hütten zum Übernachten gibt.

Das schönste Budgethotel im Dorf ist das **Hotel La Bahia** (☏ 051-239-5380; Prat 58; EZ/DZ 20 000/25 000 Ch$, Zi. ohne Bad 15 000 Ch$) mit tollem Ausblick und einfachen, aber akzeptablen Zimmern. Ein weitaus besseres Preis-Leistungs-Verhältnis für einige Pesos mehr bietet **El Guanaquito** (☏ 051-239-5218; www.elguanaquito.com; Av del Ocaso 2920; DZ/Apt. 40 000/50 000 Ch$), das über geräumige Apartments mit Balkonen und Meerblick verfügt. Die Doppelzimmer sind nicht ganz so klasse – sie liegen direkt neben einem lärmenden Restaurant.

Zum Essen geht man am besten ins **Centro Gastronomico El Suizo** (Av Guanaqueros 2427; Hauptgerichte 5000–10 000 Ch$; ⊙ 9–23 Uhr): Der halbüberdachte Food Court ist umgeben von kleinen Bars und Restaurants. Billige Meeresfrüchte gibt's auch am Fischerkai.

Um hierherzugelangen, nimmt man einen der häufigen Busse, die von den Busterminals in La Serena und Coquimbo (45 Min., 1500 Ch$) abfahren.

Tongoy

☏ 051

Nur 18 km hinter Guanaqueros erreicht man das lebhafte kleine Strandresort Tongoy – ein perfektes Ziel, um frische Meeresfrüchte und kühle *copas* (Gläser) zu genießen und Straßenmusiker zu erleben. Die meisten *marisquerías* (Meeresfrüchte-Restaurants) säumen die Playa Grande. Ein geschützter Strand mit ruhigem Wasser ist die Playa Socos an der Nordseite der Halbinsel.

Das **Hotel Aqua Marina** (☏ 051-239-1870; Fundación Sur 93; EZ/DZ 28 000/35 000 Ch$), gleich abseits der Plaza an Tongoys Hauptstraße, ist das beste Budgethotel der Stadt, nur wenige Blocks vom Strand entfernt. Seine sauberen, limettenfarbenen Zimmer sind hell und verbreiten gute Stimmung. Nach seiner Wiedereröffnung soll das **Hotel Yachting Club Tongoy** (☏ 051-239-1259; Costanera Norte 20) schicke gehobene Unterkünfte mit Blick auf die Playa Socos bieten.

Von den Busterminals in La Serena und Coquimbo starten häufig Busse nach Tongoy (1500 Ch$, 80 Min.); sie halten unterwegs in Guanaqueros.

Parque Nacional Bosques de Fray Jorge

Vermutlich erwarten Besucher in einer mit Kakteen bestandenen Halbwüste keinesfalls einen üppigen Nebelwald, wie er typisch für das 1205 km weiter südlich gelegene Valdivia ist. Doch genau so einer erstreckt sich im **Parque Nacional Bosques de Fray Jorge** (Parque Nacional Fray Jorge; Erw./Kind 2500/1000 Ch$; ⊙ 9–17.30 Uhr), einem grünen Streifen zwischen Meer und Wüste.

Des Rätsels Lösung, wie die grüne Oase in der ausgedörrten Umgebung gedeihen kann, ist die tägliche Schicht feuchten Küstennebels (*camanchaca*), der vom Pazifik hereinströmt. Wer gegen Mittag kommt, kann beobachten, wie sich das weiße Wolkenkissen über dem Meer schrittweise den Wald hochzieht und einem so das Gefühl vermittelt, auf dem Dach der Welt zu sein – obwohl man nur auf 600 m über dem Meer steht. Die eindrücklichste Zeit, dieses Phänomen und die Ökologie des Nebelwalds zu erleben, ist morgens, wenn dank der Kondensation des Küstennebels die Feuchtigkeit von den Blättern tropft.

Kleine grüne Flecken weiter landeinwärts lassen vermuten, dass die Waldfläche einst wesentlich ausgedehnter war als heute. Von der 100 km² großen Gesamtfläche des Nationalparks Fray Jorge sind nur 400 ha der früheren Waldvegetation erhalten geblieben. Doch das ist immerhin noch genug, um das Gebiet zum Unesco-Biosphärenreservat zu ernennen.

Zu den wenigen Säugetieren zählen Stinktiere und Seeotter ebenso wie zwei Fuchsarten. Es gibt auch rund 80 Vogelarten; kleine Falken sitzen auf den Kakteen, während Adler auf der Suche nach Beute hoch oben ihre Kreise ziehen.

🚶 Aktivitäten

Am Spätnachmittag befeuchten die aufkommenden Nebel den dichten Pflanzenwuchs am **Sendero El Bosque**, einem 1 km langen Wanderweg, der oberhalb des Meeres auf dem Grat verläuft. Er beginnt am Ende der 27 km langen Straße, die von der Panamericana abzweigt. Der letzte Teil ist sehr steil, holprig und staubig.

ℹ️ Praktische Informationen

Das Tor der Straße zum Parque Nacional Fray Jorge kann außerhalb der Öffnungszeiten verschlossen sein. Im Centro de Información 1 km hinter dem Eingang gibt's eine Ausstellung mit bruchstückhafter Information; dort wird auch der Eintritt bezahlt. Der Park ist nur tagsüber geöffnet, und Camping ist nicht erlaubt.

ℹ️ An- & Weiterreise

Den Park erreichen Besucher über eine westliche Seitenstraße der Panamericana bei Km 387, etwa 20 km nördlich der Kreuzung von Ovalle. Er liegt sechs Fahrstunden von Santiago entfernt. Es gibt keine öffentlichen Verkehrsmittel, doch Reisebüros in La Serena bieten Ausflüge an.

Río-Hurtado-Tal

053

Das am seltensten besuchte grüne Tal von Norte Chico mit kurvenreichen Straßen, Bergdörfern und endlosen Weingärten ist von kahlen Bergen eingeschlossen. Häufig begegnet man auf den staubigen Straßen eine gefühlte Ewigkeit keinem anderen Menschen, und dann sieht man plötzlich einen einsamen Reiter.

Als mit Abstand netteste Unterkunft gilt die wunderbare, weitläufige **Hacienda Los Andes** (☎ 053-269-1822; www.haciendalosandes.com; Zeltplatz 4500 Ch$ pro Pers., EZ/DZ inkl. Frühstück ab 34 000/49 000 Ch$; ℗) mit Blick auf die üppigen Ufer des Río Hurtado. Vor Ort kann man in kühlen Hochlandflüssen ins Wasser springen, die Nachmittage in der Hängematte vertrödeln und den Rest der Welt vergessen. Im Angebot sind auch Tages- und Nachtritte (ab 51 000 Ch$ für 3 Std.) sowie Autosafaris mit Allradfahrzeugen zu Attraktionen in der Umgebung. Zu den kostenlosen Vergnügungen gehören reizvolle Wanderungen auf markierten Wegen im Gelände der Hacienda. Die jüngste Ergänzung ist ein kleines Observatorium, in dem Gäste für 10 000 Ch$ den Nachthimmel beobachten können.

Für die Fahrt hierher nimmt man den Nachmittagsbus von Ovalle nach Hurtado (2100 Ch$, ungefähr zwischen 12 und 19 Uhr; die genauen Zeiten vorher auf der Website nachsehen). Die Hacienda liegt 6 km vor Hurtado, genau vor der Brücke. Sie bietet ihren Gästen auch einen Abholservice von Ovalle, La Serena und Vicuña an. Zur Unterkunft führen eine 46 km lange Schotterbergstraße von Vicuña, die am besten mit Allradantrieb, aber auch mit normalen Fahrzeugen passierbar ist; außerdem eine 75 km lange Straße von Ovalle (bis Pichasca gepflastert).

Wer aufs Geld achten muss, findet im nahegelegenen Hurtado an der Hauptstraße im **Tambo del Limarí** (053-269-1854; Caupolicán 027; Zi. 10 000 Ch$ pro Pers.) drei blitzblanke Zimmer, eines davon mit eigenem Bad. Die Räume liegen über der Wohnung der *dueña* (Besitzerin) und verfügen über eiserne Bettgestelle sowie leichte Steppdecken. Auf Wunsch bereitet die Inhaberin einfache Mahlzeiten für 4000 Ch$ pro Person zu, ein echter Segen, denn das einzige Restaurant der Stadt ist meist geschlossen.

Limarí-Tal

Wer im Auto unterwegs ist, kann bequem eine Rundreise von La Serena über Vicuña und Hurtado nach Ovalle unternehmen. Die 43 km lange Schotterstraße von Vicuña nach Hurtado lässt sich zwar auch mit einem normalen Auto bewältigen, doch mit Allradantrieb gestaltet sich die Fahrt deutlich weniger abenteuerlich. Sie führt durch eine herrliche, manchmal steile Wüstenlandschaft mit Kakteen, farbigen Felsen und grandiosen Aussichtspunkten. Öffentliche Verkehrsmittel bedienen die Strecke von Ovalle bis Hurtado, es fehlt allerdings eine Direktverbindung nach Vicuña.

OVALLE
053 / 103 700 EW.

Die schlichte Marktstadt **Ovalle** am Nordufer des Río Limarí ist Hauptort der prosperierenden landwirtschaftlichen Provinz Limarí, aber eher wegen der Attraktionen in ihrer Umgebung als wegen ihres eigenen bescheidenen Charmes bekannt. Ein Besuch lohnt sich eigentlich nur, wenn man Ovalle als Ausgangspunkt zur Erkundung des Umlandes nutzt.

Sehenswertes

Museo de Limarí   MUSEUM
(Ecke Covarrubias & Antofagasta; Erw./Kind 600/300 Ch$; Di-Fr 9-18, Sa & So 10-13 Uhr) Das spärlich ausgeschilderte Museum befindet sich im rechten Flügel des großen alten Bahnhofsgebäudes. Es zeigt Wechselausstellungen moderner Kunst und beherbergt eine wunderschöne Keramiksammlung. Die meisten Stücke wurden zwischen 1000 und 1500 n. Chr. von den Diaguita hergestellt, es gibt aber auch Exponate der frühen Huentelauquén- und El-Molle-Kultur.

Schlafen & Essen

Hotel Roxi   HOTEL $
(053-262-0080; www.hotelroxi.cl; Libertad 155; EZ/DZ 19 000/27 000 Ch$, ohne Bad 16 000/20 000 Ch$) Das beste Budgethotel der Stadt liegt nur ein paar Blocks von der Plaza entfernt und bietet relativ geräumige Zimmer mit guten Warmwasserduschen.

Hotel PlazaTurismo   HOTEL $$
(053-266-2500; www. plazaturismo.cl; Victoria 295; EZ/DZ 42 000/64 000 Ch$;) Ovalles luxuriösestes Hotel hält überraschend durchschnittliche Zimmer bereit (einige mit winzigen Bädern – vorher ein paar ansehen, wenn es geht). Doch die Lage an der Plaza und das gute hauseigene Restaurant machen das wieder wett.

An- & Weiterreise

Obwohl Ovalle 30 km östlich der Panamericana liegt, halten hier viele Busse, die von Norden nach Süden fahren. Es gibt zwei Hauptbusbahnhöfe in der Stadt. Der größte ist das **Terminal Media Luna** (Ariztia Oriente s/n) mit Bussen zu Zielen im Norden sowie nach Santiago (9000 Ch$, 5 Std.). Das **Terminal Norte Grande** (Maestranza 443) bedient ebenfalls Ziele im Norden, z. B. La Serena (6700 Ch$, 2 Std.), Arica (44 000 Ch$, 25 Std.), Iquique (40 000 Ch$, 22 Std.) und Antofagasta (ab 16 000 Ch$, 14 Std.). Es gibt einige regionale Busunternehmen, die Ziele in entlegeneren Regionen ansteuern. Für Details zu Bussen nach Hurtado siehe Website von Hacienda Los Andes.

VALLE DEL ENCANTO

Mit einer beeindruckenden Galerie präkolumbischer Felsenkunst wartet das **Monumento Arqueológico Valle del Encanto** (Erw./Kind 500/300 Ch$; Sommer 8.15-20.30 Uhr, Winter 8.15-19 Uhr) auf, ein felsiger Canyon des Río Limarí 19 km westlich von Ovalle. Petroglyphen und Piktogramme zeigen tanzende Strichmännchen, die mit ihren Fühlern wie Aliens aussehen, sowie Figuren mit spektakulären Kopfbedeckungen. Die Felsen haben kleine runde Einbuchtungen, die *tacitas* genannt werden und als Mörser zum Zermahlen zeremonieller Pflanzen sowie zur Vorbereitung alltäglicher Lebensmittel dienten.

Die meisten Figuren sind Hinterlassenschaften der El-Molle-Kultur, die in dieser Gegend vom 2. bis 7. Jh. n. Chr. verbreitet war. Am besten betrachtet man die Kunstwerke gegen Mittag, wenn es nur wenig Schatten gibt; allerdings kann es zu dieser Tageszeit sehr heiß sein.

Traveller können jeden nach Westen fahrenden Bus aus Ovalle nehmen und am Wegweiser aussteigen. Ein einfacher, 5 km langer Spaziergang auf einer Schotterstraße führt zum Valle del Encanto, doch mit etwas Glück findet man eine Mitfahrgelegenheit.

TERMAS DE SOCOS

Nach einem anstrengenden Tag in der Wüste ist es ein Hochgenuss, sich in die dampfenden Thermalbäder oder einen erfrischenden Swimmingpool der Termas de Socos gleiten zu lassen. Das winzige Thermalbad liegt 1,5 km abseits der Panamericana bei Km 370 und bietet Saunen (8000 Ch$), Whirlpools (6500 Ch$) sowie Massagen (17 000 Ch$). Einzelwannen kosten 4500 Ch$ für eine halbe Stunde, für den Zugang zum allgemeinen Pool zahlen Nichtgäste ebenso viel. Das trinkbare Wasser der Quelle wird vor Ort in Flaschen abgefüllt.

Ein unerwartetes Highlight ist das **Hotel Termas Socos** (053-198-2505; www.termasocos.cl; EZ/DZ 45 000/78 000 Ch$;) im Schatten eines großen Eukalyptusbaums und umgeben von üppigem Grün, sozusagen eine einsame Oase inmitten trockener Hügel. Im Preis inbegriffen sind ein richtig heißes privates Bad und die Poolnutzung. Die etwas teureren unteren Zimmer haben Patios und Fernseher. Auch All-inclusive-Pakete gehören zum Angebot.

Der **Camping Termas de Socos** (053-263-1490; www.campingtermassocos.cl; Stellplatz 6000 Ch$ pro Pers.,), ein hübscher Kies- und Sandplatz, verfügt über einen eigenen Pool und Bäder, die natürlich weniger mondän daherkommen als im benachbarten Hotel. Er liegt nur teilweise im Schatten, hat aber einen Raum mit guten Spielen und einen Spielplatz. Nichtgäste können für 3500 Ch$ den Pool und den Picknickbereich nutzen, für 3700 Ch$ ins Thermalwasser eintauchen und außerdem für 1500 Ch$ pro Stunde Fahrräder leihen.

Elqui-Tal

Das Valle de Elqui, Zentrum der chilenischen Pisco-Produktion, begeistert mit seinen verschiedenen Grüntönen. Es ist bekannt für futuristische Observatorien, Besucher auf der Suche nach kosmischer Energie, häufige Ufo-Sichtungen, die Dichterin Gabriela Mistral und malerische Dörfer. Dieses zauberhafte – und verzauberte – Tal ist ein Muss für Traveller in Norte Chico!

Vicuña

051 / 25 085 EW.

Der Geist von Gabriela Mistrals verträumten Gedichten durchdringt jeden Winkel des verschlafenen kleinen Vicuña. Nur 62 km östlich von La Serena gelegen, ist es der beste Ausgangspunkt, um weiter ins Tal vorzudringen. Die Stadt selbst mit ihrer etwas heruntergekommenen Plaza, ihrem poetischen Flair und ihren kompakten Häusern lohnt einen Aufenthalt von ein oder zwei Tagen, bevor es in die Umgebung geht, um Gerichte der Solarküchen (hier gart die Sonne das Essen) sowie frische Avocados, Papayas und andere Früchte der Region zu genießen, ganz zu schweigen von den berühmten Trauben, aus denen der starke chilenische Weinbrand Pisco destilliert wird.

⊙ Sehenswertes

Vicuña hält einige Sehenswürdigkeiten bereit. Die hier aufgelisteten Attraktionen außerhalb der Stadt sind einfach mit dem Fahrrad zu erreichen und auf der Karte von Elki Magic verzeichnet.

Museo Gabriela Mistral MUSEUM
(Av Gabriela Mistral 759; Erw./Kind & Senior 600/300 Ch$; Di–Fr 10–17.45, Sa 10.30–18, So 10–13 Uhr) Vicuñas Wahrzeichen befindet sich zwischen der Riquelme und der Baquedano und ist eine Hommage an Chiles bekannteste Literatin: Gabriela Mistral kam in der Stadt 1889 als Lucila Godoy Alcayaga zur Welt. Im Museum wird ihr Leben präsentiert (leider nur auf Spanisch), vom rekonstuierten Lehmziegel-Geburtshaus bis zum Nobelpreis. Eine Reihe von Büsten lassen sie wie eine strenge Lehrerin erscheinen.

Inti Runa OBSERVATORIUM
(Mobil 9968-8577; www.observatorios.cl; Chacabuco 240; Führung 8000 Ch$; Juni–Aug. geschl.) Der deutsche Besitzer dieses Sonnenobservatoriums hat nach eigenen Angaben zwei der größten Sonnenteleskope der Welt in seiner hübschen *casona*. Er veranstaltet einstündige „Führungen", was Folgendes bedeutet: Besucher schauen durchs Teleskop, und er erzählt dazu.

Pisquera Aba PISQUERA
(051-241-1039; www.pisquera-aba.cl; Ruta 41, Km 66; 10–17.30 Uhr) GRATIS Diese familiengeführte *pisquera* ist bereits seit 1921 in Betrieb und bietet Travellern mal einen etwas anderen Blick auf die Pisco-Herstellung als die Massenproduzenten an der Straße nahe Ca-

STERNBEOBACHTUNG IN NORTE CHICO

Highlight der Sternegucker und größte Attraktion des Elqui-Tals ist das **Observatorio Cerro Mamalluca** (☏ 051-267-0330; Erw./Kind 4500/2000 Ch$) 9 km nordöstlich von Vicuña. Hier wollen Horden von Touristen einen Blick durch ein 30-Zentimeter-Teleskop auf entfernte Galaxien, Sternhaufen und Nebelflecken werfen.

Zweistündige zweisprachige Führungen durch den Zweckbau finden im Sommer täglich zwischen 20.30 und 2.30 Uhr sowie im Winter zwischen 19.30 und 1.30 Uhr statt. Die kitschige Tour „Cosmo Visión Andina" (nur auf Spanisch) umfasst Präsentationen und Musik, aber keinen Blick durch die Teleskope, sodass der einfache astronomische Rundgang besser ist.

Reservierungen sind ratsam und im Büro in der Avenida Gabriela Mistral 260 in Vicuña möglich. Es gibt keine öffentlichen Verkehrsmittel, aber einen Minivan, der am Büro in Vicuña startet (vorher reservieren; 1500 Ch$ pro Pers.). Einige Reisebüros in La Serena arrangieren Ausflüge. Alternativ nimmt man in Vicuña ein Taxi.

Wie Mamalluca wurde auch das schimmernde **Observatorio Collowara** (☏ 051-243-1419; www.collowara.cl; Erw./Kind & Senior 3500/2500 Ch$) auf einem Hügel in Andacollo für Touristen errichtet; astronomische Forschung findet dort nicht statt. Im Sommer finden zweistündige Führungen um 21, 22.30 und 24 Uhr statt, im Winter um 19 20.30 und 22.30 Uhr. Die Einrichtung wirbt damit, drei Aussichtsplattformen und ein 40-Zentimeter-Teleskop zu besitzen – Letzteres ist also etwas größer als jenes in Mamalluca. Außerdem stehen noch drei kleinere Fernrohre zur Verfügung, sodass niemand lang warten muss.

Wer über Nacht in Andacollo bleiben möchte, kann zwischen zahlreichen Unterkünften wählen. Ins 54 km entfernte La Serena fahren Busse (2000 Ch$, 1½ Std.) und *colectivos* (2500 Ch$, 1 Std.).

Die neueste Sternwarte, das **Observatorio del Pangue** (☏ 051-241-2584; www.observatoriodelpangue.blogspot.com; inkl. Transport 21 000 Ch$) 17 km südlich von Vicuña wird von drei enthusiastischen französischen und chilenischen Astronomen betrieben. Außer bei Vollmond beginnen die zweistündigen Himmelsbeobachtungen (auf Englisch, Französisch & Spanisch, max. 10 Pers.) jeden Abend um 20.30 Uhr, bei Nachfrage auch um 22.30 Uhr.

Tief in die Geheimnisse des Universums eintauchen können Besucher im futuristischen **Observatorio Interamericano Cerro Tololo** (☏ 051-220-5200; www.ctio.noao.edu) in 2200 m Höhe auf dem Gipfel. Zwar lassen sich die Sterne nicht direkt durch die riesigen Teleskope betrachten (nicht einmal Astronomen tun das, weil die Daten erst auf Computermonitore übertragen werden), doch selbst eine Besichtigungstour bei Tag ist aufschlussreich.

Das Tololo wird von der in Tucson beheimateten Association of Universities for Research in Astronomy (AURA; eine Gruppe von rund 25 Institutionen, darunter die Universidad de Chile) betrieben und besitzt ein riesiges 4-Meter-Teleskop. Nur am Samstag finden um 9 und 13 Uhr kostenlose zweisprachige zweistündige Führungen statt, für die man sich in der Hochsaison mindestens einen Monat vorher anmelden muss. Es gibt keine öffentlichen Verkehrsmittel, deshalb ist es nötig, ein Auto zu mieten, ein Taxi zu nehmen oder sich einem organisierten Ausflug anzuschließen (auch dann müssen Besucher selbst die Reservierung beim Observatorium vornehmen).

Alfa Aldea Astronomical Tours (☏ 051-241-2441; www.alfaaldea.cl; La Vinita; Erw./Kind 10 000/5000 Ch$) Wer es leid ist, in großen Observatorien zwischen Menschenmassen zusammengepfercht zu werden, könnte vielleicht die kleinen und persönlichen Sternbeobachtungstouren (in Englisch oder Spanisch) des Alfa Aldea interessant finden. Sie werden in einem Amphitheater durchgeführt und beginnen mit einem kurzen Video, das die Grundlagen der Astronomie erklärt; anschließend kommt man den Himmelskörpern mit einem Blick durch die wissenschaftlichen Teleskope ganz nahe. Die Führungen finden im Freien statt, direkt unter dem sternenübersäten Nachthimmel. Da nur wenige Teilnehmer pro Tour erlaubt sind, stehen jede Menge Teleskope zur Verfügung – doch es kann frostig werden. Man sollte sich also warm anziehen (obwohl Decken, Wein und Hühnersuppe zur Verfügung gestellt werden, die gut gegen die Kälte helfen).

Für professionelle astronomische Touren ist **Astronomy Adventures** (www.astronomyadventures.cl), ein in La Serena ansässiges Unternehmen, der richtige Ansprechpartner. Es arrangiert maßgeschneiderte Sternbeobachtungstrips in ganz Chile.

pel. Die 40-minütigen Touren führen durch alle Aspekte der Pisco-Produktion und enden im Verkostungsraum, wo man die ganze Bandbreite der Erzeugnisse probieren kann – von den Klassikern bis hin zu innovativen Fruchtmischungen. Pisquera Aba liegt am Stadtrand und ist nur eine kurze Radfahrt oder Wanderung von der Plaza entfernt. Man kann auch gut mit dem Taxi herfahren (3000 Ch$).

Cervecería Guayacan BRAUEREI
(Mobil 8360-7002; Calle Principal 33, Diaguitas; tgl. 11–18 Uhr) GRATIS Man kommt in kein Elqui-Tal nicht weit, ohne ein Guayacan angeboten zu bekommen, und wer auch nur entfernt an Bier interessiert ist, sollte diese Sorte unbedingt versuchen. Die kleine Craft-Beer-Brauerei wird immer bekannter, und bei den kurzen Führungen über das Gelände werden auch großzügige Proben der Produkte angeboten. Die Brauerei liegt im hübschen kleinen Dorf Diaguitas, etwa 7 km von Vicuñas Zentrum entfernt. Sie verfügt auch über einen Biergarten, in dem leckere Pizzas (6000 Ch$) aufgetischt werden.

Planta Pisco Capel PISQUERA
(Eintritt 1500 Ch$; Jan. & Feb. 10–19.30 Uhr, März–Dez. bis 18 Uhr) 20 Gehminuten von Vicuña können Besucher in dieser Fabrik mit einem Museum an einer 45-minütigen Führung mit einigen kärglichen Proben teilnehmen (die Premiumtour mit weitaus besseren Proben kostet 10 000 Ch$). Capel destilliert hier Pisco und betreibt eine einzige Abfüllanlage. Von der Stadt zur Distillerie geht's Richtung Südosten über die Brücke und dann nach links.

🏃 Aktivitäten

Vicuña ist eine tolle Basis für eine längere Erkundung des Elqui-Tals. In der Nähe befinden sich nicht nur zwei der grandiosen Observatorien (s. Kasten S. 238), sondern es sind auch Fahrradtouren in die ländliche Umgebung, Trips in die entlegenen Berge rund um den Paso del Agua Negra (nur im Sommer) und Reitausflüge möglich. Am Puclaro-Stausee, 10 km weiter an der Straße nach La Serena, kann man sogar kitesurfen. Unterricht gibt's bei **KiteSurf Puclaro** (Mobil 8464-9906; www.kitesurfpuclaro.cl; Herrera 161, Gualliguaiaca). Der Besitzer des Restaurants Chaski veranstaltet Radtouren ab 15 000 Ch$; 3 Std.), bei denen die indigene Kultur und Besuche von *pisquerías* (Pisco-Produzenten) im Mittelpunkt stehen.

Elki Magic ABENTEUERSPORT
(Mobil 7459-8357; www.elkimagic.com; Av Gabriela Mistral 472) Das enthusiastische chilenisch-französisches Paar bietet Downhilltouren (ab 15 000 Ch$), halb-/ganztägige Kleinbusfahrten zu Highlights im Tal (ab 15 000/25 000 Ch$ mit Mittagessen in einer Solarküche) und zu den Lagunen in der Nähe Argentiniens (ab 35 000 Ch$) an. Außerdem verleiht es Fahrräder (7000 Ch$ pro Tag) und hat Karten eines 16 km langen Trails in die Dörfer der Umgebung.

🎉 Feste & Events

Carnaval Elquino KARNEVAL
Mitte Januar beginnt in Vicuña das Weinlesefest, der Carnaval Elquino, mit Aktivitäten wie Konzerten und Folkloretanz. Es endet am 22. Februar, dem Jahrestag der Stadtgründung.

🛏 Schlafen

Alfa Aldea GÄSTEHAUS $
(051-241-2441; www.alfaaldea.cl; La Vinita; EZ/DZ/Hütte für 5 Pers. 15 000/25 000/60 000 Ch$; P) Die 2000 Ch$ teure Taxifahrt (oder der 15-minütige Fußweg) zum Rand der Stadt lohnt sich – dieses herrlich unprätentiöse, familiengeführte *hostal* liegt inmitten von Weinbergen und bietet einen unbezahlbaren Blick auf das Tal und die Berge. Es verfügt über einfache, aber extrem gemütliche Zimmer. Hauptattraktion sind jedoch die exzellenten Astronomietouren (S. 217), die vor Ort stattfinden.

Hostal Valle Hermoso GÄSTEHAUS $
(051-241-1206; www.hostalvallehermoso.com; Av Gabriela Mistral 706; EZ/DZ 19 000/30 000 Ch$; P🌐) Tolle Unterkunft in einer alten Lehmziegel-*casona* mit Balken aus Douglasie, Böden aus Walnussholz und acht luftigen, blitzsauberen Zimmern. Die Mitarbeiter sind sehr freundlich, und man fühlt sich, als wäre man bei Freunden zu Besuch.

Hostal Aldea del Elqui HOTEL $$
(051-254-3069; www.hostalaldeadelelqui.cl; Av Gabriela Mistral 197; EZ/DZ 25 000/40 000 Ch$; 🌐) Eine weitere umfunktionierte *casona*. In den gepflegten Zimmern stehen gute Betten und Fernseher. Einige Räume befinden sich im zweiten Stock des angrenzenden Gebäudes. Es gibt einen ruhigen Garten mit kleinem Pool, Schaukelstühlen, Sauna, Whirlpool und einem Pavillon. In der Nebensaison sinken die Preise stark.

Hostería Vicuña
HOTEL $$

(☎ 051-241-1301; Sargento Aldea 101; EZ/DZ/3BZ 40 000/54 000/69 000 Ch$; P 🗧 🕾 🖭) Für den doch recht ordentlichen Preis lassen die 15 blumig eingerichteten Zimmer zwar ein wenig zu wünschen übrig, doch in den Gärten erwarten einen warme, mit Wein bepflanzte Patios inklusive Palmen und Schaukelstühlen, ein großer Poolbereich (für Nichtgäste kostet der Zutritt 4000 Ch$ pro Tag) und ein Tennisplatz.

Hotel Halley
HOTEL $$

(☎ 051-241-2070; www.turismohalley.cl; Av Gabriela Mistral 542; DZ/3BZ 39 000/45 000 Ch$; P 🗧 🕾) Luftige Villa mit knarrenden Holzdielen und altmodischen Zimmern (samt Spitzendeckchen, alten Radios, Kreuzen und teilweise schönem Blick auf die Straße). Außerdem gibt es einen Pool und eine Tischtennisplatte im Freien.

🍴 Essen & Ausgehen

Antawara
CHILENISCH $

(Mistral 109; Hauptgerichte 3000–7000 Ch$; ⊙Mo-Do 12–24, Fr & Sa 12–5 Uhr) Das beste Ziel für nächtliche Mahlzeiten, die man im verschlafenen Vicuña sonst nirgendwo bekommt. Die Bedienung ist herzlich, die Weinkarte beeindruckend, und es gibt eine gute Auswahl an heißen und kalten *tablas* (Platten), außerdem Sandwiches und ein leckeres, preiswertes Mittagsmenü (3500 Ch$).

★ Chaski
CHILENISCH $

(O'Higgins 159; Hauptgerichte 6500–8000 Ch$; ⊙Mo-Do 12–22, Sa 12–23, So 12–20 Uhr) Die innovativsten Gerichte im Elqui-Tal serviert das winzige Restaurant Chaski, das von einem Diaguita-Paar geleitet wird. Regionale Zutaten wie Quinoa, Ziege und Amaranth werden mit besonderer Note zubereitet und mit duftenden Andenkräutern gewürzt.

Donde Martita Solar Kitchen
CHILENISCH $

(Dorf Villaseca; Menü inkl. Wein 6000–8500 Ch$; ⊙tgl. 12–16 Uhr, in der Nebensaison Mo geschl.) Ein Mittagessen hier sollte man sich nicht entgehen lassen! Das Lokal liegt 5 km außerhalb im Dorf Villaseca, wo eine Gruppe von Frauen im Jahr 2000 eine bahnbrechende neue Weise entdeckte, mit Sonnenstrahlen statt mit knappem Feuerholz zu kochen. Dies ist das beste Solarküchenrestaurant in Villaseca. Der Service ist zwar langsam, doch das Essen schmeckt ausgesprochen lecker, zudem genießt man einen herrlichen Ausblick auf die hübschen Weingärten.

Frida
CAFÉ $

(Ecke Baquedano & Mistral; Sandwiches ca. 7000 Ch$; ⊙9–23 Uhr) Vicuñas coolstes Café ist üppig mit mexikanischem Schnickschnack dekoriert (die Besitzer haben eine Weile dort gelebt) und kredenzt superstarken Espresso sowie leckere Sandwiches. Freitags ist Taco-Nacht.

Paraíso del Elqui
CHILENISCH $$

(Chacabuco 237; Hauptgerichte 5000–9000 Ch$; ⊙Mo-Do 12–18, Fr & Sa 12–23 Uhr; 🗧) Ein gelernter Koch führt dieses gemütliche Restaurant mit einem Hofgarten, zwei kleinen Speiseräumen und Tischen auf der Terrasse. Auf der Karte stehen regionale Spezialitäten, nicht weniger als 319 unterschiedliche Empanadas und preiswerte *almuerzos* (Mittagsmenüs). Auch die vegetarischen Gerichte sind gut.

🛈 Praktische Informationen

An der zentralen Plaza befindet sich eine Bank, die US-Dollars tauscht, außerdem gibt's im Zentrum drei Geldautomaten.

Hospital San Juan de Dios (☎ 051-233-3424; Ecke Independencia & Prat; ⊙24 Std.) Das Krankenhaus befindet sich ein paar Blocks nördlich der Plaza de Armas.

Oficina de Información Turística (☎ 051-267-0308; www.munivicuna.cl; San Martín 275; ⊙Jan. & Feb. 8.30–20 Uhr, März–Dez. Mo-Fr 8.30–17.30, Sa 9–18, So 9–14 Uhr) In der städtischen Touristeninformation erfahren Besucher Interessantes zur Geschichte und Gegenwart der Stadt.

🛈 An- & Weiterreise

Die Ruta 41 führt von Vicuña Richtung Osten über die Anden nach Argentinien. Zudem verläuft eine unebene, staubige Piste voller Schlaglöcher (aber mit einem normalen Auto befahrbar) nach Süden bis Hurtado und zurück nach Ovalle.

Vom **Busbahnhof** (Ecke Prat & O'Higgins) geht's regelmäßig nach La Serena (2000 Ch$, 1 Std.), Coquimbo (2000 Ch$, 1¼ Std.), Pisco Elqui (1500 Ch$, 50 Min.) und Montegrande (1500 Ch$, 40 Min.). Busse von Expresso Norte starten zweimal täglich nach Santiago (12 000–17 000$, 7 Std.). In La Serena bestehen außerdem noch zahlreiche weitere Verbindungen.

Innerhalb des Busbahnhofs befindet sich das **Terminal de Taxis Colectivos** (Ecke Prat & O'Higgins), von dem schnelle *taxi colectivos* nach La Serena (2500 Ch$, 50 Min.) sowie nach Pisco Elqui (2500 Ch$, 50 Min.) via Montegrande verkehren.

NACHBARSCHAFTSSTREIT UM DEN PISCO

Die Chilenen feiern den allgegenwärtigen Pisco Sour – einen starken Cocktail aus dem Traubenbrand namens Pisco – als ihr Nationalgetränk. Doch wehe, wenn ein Peruaner das hört! Denn auch Peru beansprucht Pisco als sein Nationalgetränk, und der erbitterte Streit um dessen Ursprung verstärkt sich seit Jahrzehnten.

Einer örtlichen Legende zufolge änderte der frühere chilenische Präsident Gabriel González Videla persönlich den Namen des Dorfes La Unión in Pisco Elqui, um die peruanischen Ansprüche auf den Ursprung des Getränks auszuhöhlen. Allerdings sprechen die historischen Fakten für die Peruaner, denn dort legten die Spanier die ersten Weingärten an. Außerdem belegen alte Dokumente, dass in Peru schon 1613 Pisco getrunken wurde.

Die Chilenen halten dagegen, dass Pisco auch in Chile seit Jahrhunderten hergestellt wird und hier eine bessere Qualität aufweist. Und sie betonen, dass Chile viel, viel mehr Pisco produziert, konsumiert und exportiert als Peru und das Getränk überhaupt erst bekannt gemacht hat.

Nach jahrelangen Auseinandersetzungen errang Peru 2005 einen Etappensieg in Form eines positiven Bescheids der World Intellectual Property Organization (WIPO). Trotzdem sieht es so aus, als ob die juristischen Rangeleien noch eine Weile weitergehen.

Montegrande

📍 051

In diesem kleinen Straßendorf befindet sich das frühere Wohnhaus der international bekannten Dichterin, Nobelpreisträgerin und Nationalheldin Gabriela Mistral. Zu ihrem Grab auf einem nahe gelegenen Hügel pilgern zahlreiche Chilenen und Literaturliebhaber. Mistral besuchte die Volksschule in der Casa Escuela y Correo; dort wurde ihr ein bescheidenes **Museum** (Eintritt 500 Ch$; ⊙Dez.-Feb. 10-19 Uhr, März-Nov. Di-So 10-13 & 15-18 Uhr) mit rekonstruiertem Klassenzimmer und Schlafsaal eingerichtet.

Die kleine **Touristeninformation** (📞Mobil 6320-2075; ⊙Mo-Fr 8.30-17.30 Uhr) gegenüber der Kirche hält Karten der Region bereit und informiert über öffentliche Verkehrsmittel nach Cochiguaz.

Die **Casa de la Cultura Gabriela Mistral** (Eintritt frei, Führung 1000 Ch$; ⊙Mo-Fr 9-13 & 14-19 Uhr) an der Hauptstraße durch die Stadt ist ein Kulturzentrum und der Sitz einer Frauenkooperative, die Textil- und Kunstworkshops mit arbeitslosen Frauen aus der Gegend durchführt. Außerdem gibt's eine Kinderbibliothek, kostenloses Internet (ein Trinkgeld ist aber angebracht) und traumhaftes handgearbeitetes Kunsthandwerk, das vor Ort von den Frauen hergestellt wird.

Ein kurzer **Weg** führt etwas nördlich vom Hotel Las Pleyades zum Fluss Río Elqui. Er ist ein netter Spaziergang am Nachmittag (Badezeug nicht vergessen).

Das Boutique-Hotel **Hotel Las Pleyades** (📱Mobil 8520-6983; monica.baltra@gmail.com; Montegrande s/n; DZ 55 000 Ch$; P 🏊) in einer alten Lehmziegel-*casona* hat fünf ruhige Zimmer mit Blick ins Grüne, eine Gemeinschaftsküche und einen Minipool samt Bergblick.

Ein Besuch im **Mesón del Fraile** (Hauptgerichte 6000-10 000 Ch$; ⊙12-22 Uhr, in der Nebensaison Mo & Di geschl.) gegenüber der Casa Escuela y el Correo lohnt sich für die Pizzas mit regionalem Ziegenkäse, des Ziegeneintopfs und der tollen Pisco Sours. Das beste *mote con huesillos*, ein traditionelles Dessert, bekommt man im Los Paltos an der Plaza.

Regionalbusse fahren regelmäßig von Vicuña (1500 Ch$, 40 Min.) aus nach Montegrande.

Pisco Elqui

📍 051

Das frühere Dorf La Unión, das umbenannt wurde, um Werbung für das bekannteste Produkt der Region zu machen, ist ein beschaulicher Ort im oberen Einzugsgebiet des Río Claro, einem Nebenfluss des Elqui. In den letzten Jahren entwickelte es sich zum beliebtesten Backpackerziel der Gegend. Manchmal platzt es zwar aus allen Nähten, trotzdem lohnen sich hier ein paar Tage Aufenthalt.

⊙ Sehenswertes

Distilería Pisco Mistral   PISQUERÍA
(📞051-245-1358; www.destileriapiscomistral.cl; O'Higgins 746; Führungen ab 6000 Ch$; ⊙Jan. &

Feb. 12–19.30 Uhr, März–Dez. Di–So 10.30–18 Uhr) Hauptattraktion des Ortes ist diese Destillerie, die den Premium-Pisco Mistral produziert. Die einstündige „Museums"-Führung gibt Einblick in den Brennvorgang und schließt eine kostenlose Probe von zwei Piscos sowie einen Drink im benachbarten Restaurant ein, wo gelegentlich Livemusik erklingt.

Aktivitäten

Pisco Elqui ist zwar klein, kann sich aber, was Touren und Aktivitäten im Tal bzw. ringsum angeht, durchaus sehen lassen. Zum Angebot gehören geführte Wanderungen (ab 12 000 Ch$ pro halbem Tag), Ausritte (ab 6000 Ch$ pro Std., teurer für mehrtägige Trips in die Berge), Mountainbiking (ab 14 000 Ch$) und Sternbeobachtungsausflüge (15 000–25 000 Ch$).

Angesehene Agenturen für solche Touren sind **Paralelo 30 Aventura** (051-245-1061; www.turismoparalelo30aventura.blogspot.com; Prat s/n) und **Turismo Migrantes** (051-245-1917; www.turismomigrantes.cl; O'Higgins s/n; 10–14 & 15–19 Uhr).

Fahrräder werden an verschiedenen Stellen im Ort für ca. 1500 Ch$ pro Stunde oder 7000 Ch$ pro Tag vermietet.

Schlafen

Cabañas Pisco Elqui HÜTTEN $
(Mobil 8331-2592; Prat s/n; Hütten 25 000 Ch$;) Schlichte, mittelgroße Hütten mit Holzfußböden, voll ausgestatteten Küchen und hübschen Veranden. Das Gelände, durch das ein sprudelnder Bach fließt, liegt am Fuße eines Hügels.

Refugio del Angel CAMPINGPLATZ $
(051-245-1292; refugiodelangel@gmail.com; Zelten 6000 Ch$ pro Pers., Tagesnutzung 3000 Ch$) Ein idyllischer Platz am Fluss mit Badeteichen, Bädern und einem kleinen Laden. Den Abzweig hierher erreicht man 200 m südlich der Plaza an der Manuel Rodriguez.

Hostal Triskel HOSTEL $
(Mobil 9419-8680; www.hostaltriskel.cl; Baquedano s/n; Zi. ohne Bad 15 000 Ch$ pro Pers.;) Dieses reizende Lehmziegel-Holz-Haus oberhalb der Stadt beherbergt sieben hübsche saubere Zimmer mit vier Gemeinschaftsbädern und einer Gemeinschaftsküche. Ein riesiger Feigenbaum beschattet den Patio, und im Obstgarten findet man viele hübsche Fleckchen sowie Hängematten. Zu den weiteren Annehmlichkeiten zählen ein Fahrradverleih und ein Wäscheservice.

★ **El Tesoro de Elqui** HOTEL $$
(051-245-1069; www.tesoro-elqui.cl; Prat s/n; B/DZ 13 000/32 000–50 000 Ch$;) Von der zentralen Plaza geht's bergauf zu dieser ruhigen Oase mit zehn Holzbungalows samt Terrasse und Zitronenbäumen, grünen Gärten und blühendem Wein. Das Restaurant serviert tollen Kaffee und Kuchen. Auch Massagen sind möglich, und in der Hütte am „Strand" des Pools kann man seine Aura reinigen.

Refugio Misterios de Elqui HÜTTEN $$$
(051-245-1126; www.misteriosdeelqui.cl; Prat s/n; Hütten für 2 Pers. 85 000 Ch$;) Pisco Elquis luxuriöseste Unterkunft liegt am Stadtrand an der Straße nach Alcoguaz und besteht aus sieben Hütten in einem üppigen Garten, der sich zum Pool und zum Tal darunter erstreckt. Die Häuschen sind stilvoll eingerichtet, z. B. mit Kopfteilen aus recycelten Bahnschienen, Holzbalken, coolen Kachelböden und Terrassen.

Essen & Ausgehen

Die meisten Restaurants in Pisco Elqui sind gleichzeitig Bars und haben bis 2 oder 3 Uhr morgens geöffnet.

El Rumor RESTO-BAR $
(O'Higgins s/n; Hauptgerichte ca. 5000 Ch$; 12 Uhr–open end) Das farbenfrohe Restaurant mit Bar an der Hauptstraße bietet wunderbare Mittagsgerichte (5000 Ch$), riesige Sandwiches (4000–5000 Ch$) und abends 15 verschiedene Pisco-Cocktails. Die Atmosphäre erinnert an Marokko, und es herrscht bis spät in die Nacht Leben. Im Hintergrund erklingt Loungemusik, und gelegentlich wird im hübschen Garten mit Feuerstelle Gitarre gespielt.

El Durmiente Elquino RESTO-BAR $
(Carrera s/n; Hauptgerichte 5000–7000 Ch$) In dem Lokal, dessen Inneres ganz aus Naturmaterialien wie Holz, Bambus, Lehm und Kieseln gestaltet wurde, kann man leckere Tapas, Pizzas und interessante Hauptgerichte wie Quinoa-Risotto probieren oder auf der kleinen Terrasse draußen mit schönem Bergblick Craft-Beer oder Biowein trinken.

Rustika RESTO-BAR $
(Carrera s/n; Hauptgerichte 6000–8000 Ch$; ab 12 Uhr) Tagsüber werden im Außenbereich des Rustika, das gegenüber vom El Durmiente an einem murmelnden Bach liegt, Fruchtsäfte, Pizzas und handgemachte Schokoladen serviert. Der gemütliche Restaurant-Bar-Bereich öffnet zum Abendessen und schließt erst gegen 3 Uhr.

ℹ Praktische Informationen

Pisco Elqui hat weder Bank noch Geldautomaten, deshalb muss man genug Bargeld mitbringen. Da es auch keine Tankstelle gibt, sollte man in Vicuña volltanken.

ℹ An- & Weiterreise

Zwischen Vicuña und Pisco Elqui (1500 Ch$, 50 Min.) verkehren häufig Busse.

Cochiguaz

☏ 051

Das abgeschiedene Tal von Cochiguaz ist so etwas wie das New-Age-Zentrum Nordchiles. Ihm werden eine außergewöhnliche Konzentration kosmischer Strahlungen, ganz spezielle Energiewirbel und besondere Heilkräfte zugeschrieben, außerdem werden oft Ufo-Sichtungen gemeldet. Doch auch wer nicht an seine Kräfte glaubt, kann die herrliche Umgebung genießen, die als Ausgangspunkt für Wanderungen und Reitausflüge ins Hinterland dient. Im Winter schneit es manchmal, dann ist warme Kleidung erforderlich.

Die jüngste Attraktion der Stadt ist das **Observatorio Cancana** (www.cancana.cl; Erw./Kind 5000/2500 Ch$), das den Besitzern des El Alma Zen gehört und diesem gleich gegenüber liegt. Jeden Abend bringt ein Shuttle Besucher zu den zweistündigen Führungen mit Sternbeobachtung (im Sommer 21.30 & 23.30 Uhr, im Winter 30 Min. früher).

🛏 Schlafen

Camping Cochiguaz CAMPINGPLATZ $
(☏ 051-245-1154; www.campingcochiguaz.blogspot.com; Zelten 6000 Ch$ pro Pers.) Der Campingplatz verfügt über labyrinthartige Zeltplätze unten am Fluss. Er liegt 17 km von Monte Grande entfernt am Ende einer löchrigen, staubigen Straße. Auch Reitausflüge werden organisiert.

Tambo Huara HÜTTEN $
(☏ Mobil 9220-7237; www.tambohuara.cl; Zeltplatz am Fluss/im Wald 5000/10 000 Ch$ pro Pers., Hütten ohne/mit Bad 25 000/32 000 Ch$) Ein idyllisches kleines Fleckchen zwischen Bäumen am Fluss. Tambo Huara bietet mittelgroße Ökohütten (die mit Bad haben Komposttoi-

---

ABSTECHER

DAS ELQUI-TAL ENTDECKEN

Das erste interessante Ziel auf der Fahrt von Vicuña liegt bei Km 14,5 direkt vor Montegrande auf einer Höhe von 1080 m: das **Weingut Cavas del Valle** (☏ 051-245-1352; www.cavasdelvalle.cl; ⊙ Sommer 10–20, übriges Jahr bis 19 Uhr) GRATIS. Es wurde 2004 gegründet und hat den aktuellen Trend erkannt, denn hier wird Wein statt Pisco hergestellt. Allein wegen des Dessertweins *cosecha otoñal* aus rosa Muskattrauben lohnt sich die Fahrt hierher. Eine kurze Führung durch das Gut inklusive drei Weinproben ist kostenlos, Besucher werden aber zum Kauf einer Flasche Wein ermuntert.

3 km südlich von Pisco Elqui befindet sich die **Fundo Los Nichos** (☏ 051-245-1085; www.fundolosnichos.cl; Führung 3000 Ch$; ⊙ 10–18 Uhr), eine 1868 gegründete handwerkliche *pisquería*, die noch immer auf traditionelle Weise Piscos produziert. Die vier Rundgänge (1000 Ch$; nur auf Spanisch; im Sommer tgl. 12.30, 13.30, 16.30 & 17.30 Uhr) beinhalten einen Besuch der Anlagen und die Verkostung von drei Piscos. Von 11 bis 19 Uhr kann man auch einfach zu kostenlosen Pisco-Proben kommen. Eine Flasche kostet mindestens 3200 Ch$.

Von hier geht's zum **Horcón-Kunsthandwerkermarkt** (☏ 051-245-1015; ⊙ Sommer 12–19.30, restl. Jahr Di–So 13–18.30 Uhr) im gleichnamigen Tal und Dorf. An Bambusständen werden unzählige wunderbare handgemachte Produkte, natürliche Lebensmittel aus der Region und Kosmetikartikel verkauft. Mit seinen Traumfängern, Klangspielen, Strickwaren und dem vielen Schmuck ist das Ganze eine richtige Farborgie.

Ab hier verwandelt sich die befestigte Straße in eine staubige Sandpiste, die 14 km hinter Pisco Elqui ins bezaubernde Dorf **Alcoguaz** mit einer gelb-roten Holzkirche führt. Wer vor Ort übernachten möchte, fährt weiter zur **Casona Distante** (☏ Mobil 9226-5440; www.casonadistante.cl; EZ/DZ ab 45 000/50 000 Ch$; ℗ ✱). Das große hölzerne Bauernhaus aus den 1930er-Jahren wurde schön restauriert und in eine rustikale, umweltfreundliche Unterkunft mit acht Zimmern, Pool, Wegen am Fluss, einem kleinen Observatorium und einem Restaurant auf zwei Ebenen verwandelt.

letten und Solarduschen). Die Zeltplätze am Fluss sind fantastisch, und vor Ort werden auch Meditation, Healing-Therapie und Yoga angeboten.

El Alma Zen HOTEL $$
(Mobil 9047-3861; www.refugiocochiguaz.cl; Km 11; EZ/DZ 35 000/40 000 Ch$, Betoniglu ohne/mit Bad 25 000/30 000 Ch$;) Über dem Dorf thront das Hotel El Alma Zen im kitschigen Hippiestil, das Spiritualität vom Fließband liefert. Seele hat es trotzdem nicht, zudem lässt der Service zu wünschen übrig. Dafür gibt's einen kompletten Wellnessbereich (mit Aurareinigung), ein Restaurant, das erst um 10 Uhr öffnet (Frühstück 2500 Ch$, Mittag- oder Abendessen 6000 Ch$), einen kleinen Laden, zwei Pools und sechs Betoniglus mit Gemeinschaftsbad in einem Eukalyptuswald unten am Fluss.

❶ An- & Weiterreise

Bei unseren Recherchen fuhr nur montags, mittwochs und freitags um 7 Uhr ein Bus von Cochiguaz nach Montegrande; die Rückfahrt erfolgte um 18 Uhr am selben Tag. Man kann in der Touristeninformation von Montegrande anrufen, um sich den aktuellen Fahrplan bestätigen zu lassen. Alternativ heuert man in Montegrande einen Fahrer an, der rund 8000 Ch$ pro Fahrzeug (für bis zu vier Pers.) berechnet – oder man macht es wie die Einheimischen und trampt einfach.

Paso del Agua Negra

Eine spektakuläre achterbahnähnliche Straße führt 185 km östlich von Vicuña über die Berge nach Argentinien. Mit schwindelerregenden 4765 m ist dieser Pass einer der höchsten zwischen Chile und Argentinien. Zugleich handelt es sich um einen der besten Orte, um die als *penitentes* (spanisch: Büßer) bekannten Schneegebilde (im Fachjargon Büßerschnee) zu bewundern: Ihren Namen verdanken sie ihrem Aussehen, das an eine Reihe von Mönchen im Habit erinnert. Sowohl auf chilenischer als auch auf argentinischer Seite erstrecken sich Gletscher, zu denen man laufen kann.

Von Vicuña aus klettert die Ruta 41 am Río Turbio entlang bis zum chilenischen Grenzposten und Einwanderungsbüro in Juntas del Toro hoch. Dann verläuft sie an einem türkisblauen Stausee namens La Laguna weiter nach Süden, bevor sie sich wieder nordöstlich nach Agua Negra wendet. Die Straße führt in den argentinischen Thermalkurort Termas de Pismanta und in die Provinzhauptstadt San Juan.

Von Mitte November bis Mitte März oder April ist die Straße für Autos geöffnet, es gibt aber auch einige wenige hartgesottene Radsportler, die sich auf zwei Rädern den steilen Pass hochquälen. Die Passstraße ist mit jeder Art Auto befahrbar.

Öffentliche Verkehrsmittel gibt's nicht, doch Reisebüros in Vicuña und Pisco Elqui bieten im Sommer Touren an.

Reserva Nacional Pingüino de Humboldt

Gruppen von Großen Tümmlern spielen im Wasser des Naturschutzgebiets (Erw./Kind 5–15 J. 2500/1000 Ch$), während geschmeidige Fischotter von Felsen gleiten und Pinguine an der steinigen Küste entlangwatscheln, wobei sie einen guten Abstand zu den Seelöwenkolonien halten. Zum 888 ha großen Areal gehören auch drei Inseln vor der Küste an der Grenze zwischen den Regionen III und IV. Das Reservat zählt zu den interessantesten Ausflugszielen im Norte Chico und verdankt seinen Namen den Humboldtpinguinen, die auf der felsigen Isla Choros nisten.

Die Tierart brütet entlang der peruanischen und der chilenischen Küste, und die International Union for the Conservation of Nature and Natural Resources (UNCN) führt sie als „gefährdete Art" – ihre Zahl wird auf 12 000 Brutpaare geschätzt. Überfischung und die wirtschaftliche Nutzung des Guano waren die Hauptgründe, dass ihre Zahl zurückging. Experten glauben, dass nur neue Schutzmaßnahmen das Aussterben der Tiere in den nächsten Jahrzehnten verhindern können.

Der Lärm und die Verschmutzung durch die Boote, die durch das Reservat tuckern, beeinträchtigen zwar das Meeresleben, doch am meisten leidet die Isla Damas, der einzige Ort, wo Besucher anlegen können. Örtliche Biologen berichten, dass die Zahl der Vögel auf der Insel in den letzten Jahren beträchtlich gesunken ist. Ursprünglich sollten maximal 60 Touristen pro Tag herkommen. Heute scheinen sich hier allerdings jeden Tag Hunderte Menschen aufzuhalten. Wer das Schutzgebiet erkunden will und einen Ausflug zur Isla Damas in Erwägung zieht, sollte unbedingt auf den vorhandenen Pfaden bleiben.

◉ Sehenswertes

Von Punta de Choros fahren Boote für 8000 Ch$ zur 5,6 km vor der Küste gelegenen Isla Damas. Das 60 ha große Eiland besteht aus metamorphem Gestein, wird von einem Granitgipfel gekrönt und hat zwei schneeweiße Strände mit kristallklarem Wasser: die **Playa La Poza**, wo die Boote anlegen, und die feinsandige **Playa Tijeras**, zu Fuß rund 1 km entfernt. Touristen müssen am Conaf-Stand beim Pier die Besuchergebühr zahlen und können nun eine Stunde auf der Insel bleiben.

Die Boote fahren auch an der Isla Choros vorbei, dürfen aber nicht anlegen. Unterwegs sieht man wahrscheinlich Schulen von Großen Tümmlern durchs Meer ziehen, eine gewaltige Seelöwenkolonie, Otter, Humboldtpinguine sowie riesige Schwärme von Kormoranen, Möwen und Tölpeln.

Die größte und nördlichste der drei Inseln, **Isla Chañaral**, ist am schwersten zu erreichen, aber bestens geschützt und am wenigsten überlaufen. Vom malerischen Küstendorf Caleta Chañaral de Aceituno verkehren zwischen 9 und 16 Uhr Boote für ca. 80 000 Ch$ (bei 10 Pers.) hierher. Vor Ort gibt's mehrere Zeltplätze und ein einfaches Lokal.

Schlechtes Wetter und hoher Seegang machen Bootstouren gelegentlich unmöglich. Telefonische Auskunft zur aktuellen Wetterlage erteilt die **Conaf-Station** (Mobil 9544-3052; www.conaf.cl; 8.30–17.30 Uhr). Karten für die Boote werden grundsätzlich nur bis 14 Uhr verkauft.

Bei einer Abzweigung von der Panamericana 87 km nördlich von La Serena beginnt eine schlaglochreiche Schotterstraße, die durch Los Choros und weiter nach Punta de Choros (123 km von La Serena, ca. 2 Std. mit dem Auto) verläuft. Das 1605 gegründete Los Choros, eine idyllische Oase voller Olivenbäume, war eine der ersten spanischen Siedlungen in der Region. Caleta Chañaral de Aceituno erstreckt sich 25 km weiter nördlich.

🏃 Aktivitäten

Explora Sub TAUCHEN
(Mobil 9279-6723; www.explorasub.cl; Tauchgang mit 1 Flasche inkl. Ausrüstung 60 000 Ch$) Der Veranstalter 200 m südlich des Piers von Punta de Choros arrangiert Tauchtrips in der Nähe der Isla Damas.

🛏 Schlafen & Essen

Entlang der Hauptstraße und in Caleta San Agustín befinden sich zahlreiche Häuser, die für Traveller Zeltplätze (ca. 2500 Ch$ pro Pers.) und *cabañas* (ab 25 000 Ch$) anbieten. Dort gibt's auch Imbissstände, die Fischsandwiches und Meeresfrüchte-Empanadas verkaufen.

Explora Sub HÜTTEN $$
(www.explorasub.cl; für 6 Pers. 60 000 Ch$; P 🛜 🏠) Niedliche Hütten 200 m südlich des Anlegers von Punta de Choros mit direktem Blick aufs Meer. Jede Unterkunft verfügt über ein Doppelzimmer, ein Zimmer mit Etagenbetten, eine Küche und einen Wohnbereich. Gäste können an kostenlosen Kajaktouren teilnehmen.

Eneyde FISCH & MEERESFRÜCHTE $$
(Plaza in Punta de Choros; Hauptgerichte 5500–10 000 Ch$; 9–19 Uhr) Nach einem Ausflug ist das Eneyde ein Muss: Es hat hübsche Sitzplätze im Freien mit Blick auf die zentrale „Plaza" der Stadt. Auf der wechselnden Karte stehen vor Ort gefangene Fische und Meeresfrüchte.

ℹ An- & Weiterreise

Am besten erreicht man das Schutzgebiet von La Serena aus. **Hector Galleguilos** (051-225-3206; Aguirre s/n) bietet Busverbindungen ab/nach La Serena (4000 Ch$, 2 Std.). Abfahrt in La Serena ist um 8.30 Uhr vor der *panadería* (Bäckerei) Los Griegos in der Nähe der Ecke Aguirre und Matta sowie um 9 Uhr neben dem Japanischen Garten. Für eine Sitzplatzreservierung vorher anrufen. Leider ist die einfache Strecke mit 123 km recht lang.

Huasco-Tal

Wie ein üppiges grünes Band zieht sich das fruchtbare Valle del Río Huasco die Anden hinab. Es liegt etwa auf halber Strecke zwischen Copiapó und La Serena und ist bekannt für seine dicken Oliven, den Pisco sowie einen köstlichen Süßwein namens *pajarete*. Für einen berühmt-berüchtigten Ruf hat hingegen der Bergbau gesorgt, der inzwischen die landwirtschaftliche Oase bedroht, seit der kanadische Konzern Barrick Gold hier 2009 ein umstrittenes Bergbauprojekt begonnen hat. Wer mehr über dieses Thema und den Kampf der indigenen Diaguita für den Schutz ihres Landes erfahren will, sollte sich den Dokumentarfilm *Cry of the Andes* ansehen.

Vallenar

051 / 52 090 EW.
Die wichtigste Stadt des Tals ist eine unspektakuläre ländliche Siedlung. So seltsam es

klingen mag: Ihr Name ist eine Verballhornung von Ballinagh – ein irischer Ort und Heimat des regionalen Kolonialgouverneurs Ambrosio O'Higgins. Nach schweren Erdbebenschäden 1922 wurden alle Gebäude in Vallenar aus leichtem Holz statt aus Lehmziegeln (Adobe) gebaut – doch die Stadt steht nach wie vor auf unruhigem Boden.

Vallenar bietet nicht viel mehr als einen Bummel über den Hauptplatz, ist aber ein guter Ausgangspunkt für Besuche des Parque Nacional Llanos de Challe und ein schöner Zwischenstopp auf der Fahrt nach Norden.

Autofahrer lassen Vallenar oft links liegen, weil die Puente Huasco (Huasco-Brücke) über das Tal nicht direkt in die Stadt führt. Am Südende der Brücke verläuft die Vallenar-Huasco-Straße zunächst nach Osten, dann zweigt sie über den Fluss ab.

Schlafen & Essen

Hostal Real Quillahue HOTEL $
(051-261-9992; pedroprokurica@yahoo.com; Plaza 70; EZ/DZ 18 000/29 000 Ch$, ohne Bad 16 000/26 000 Ch$; P) Ein frisch gestrichenes blaues Gebäude direkt an der Südseite der Plaza mit elf langweiligen, lauten Zimmern samt ordentlichen Betten und Fernsehern. Das bescheidene Frühstück ist im Preis inbegriffen.

Humucao B&B B&B $$
(Mobil 9822-8581; www.humucaobyb.com; Marañon 740; EZ/DZ ab 30 000/45 000 Ch$; P) Stilvolle kleine Pension in einer Nebenstraße unweit der Plaza. Die Zimmer sind schick dekoriert, die Aufenthaltsbereiche sehr gemütlich. Ein weiterer Pluspunkt ist das großzügige Frühstücksbüfett.

Hotel Cecil HOTEL $$
(051-261-4400; Prat 1059; EZ/DZ 30 000/ 38 000 Ch$; P) Nur ein paar Blocks östlich der Plaza bietet das Cecil in seinen an Hütten erinnernden Zimmern mehr Charakter und mehr fürs Geld. Es gibt eine grüne Terrasse und einen Pool, der allerdings nur manchmal mit Wasser gefüllt ist.

Damiana INTERNATIONAL $
(Prat 1451; Hauptgerichte 4000–7000 Ch$; Mo-Sa 12–16 & 19.30–23 Uhr) Hübsches kleines Restaurant-Café einige Blocks östlich der Plaza. Die Mittagsmenüs haben ein gutes Preis-Leistungs-Verhältnis, doch Hauptattraktion ist der üppige Hamburger Cabeza del Rey, der u. a. mit frittierten Pilzen, Zwiebeln, eingelegtem Gemüse und Schinken belegt ist. An manchen Wochenenden spielt Livemusik.

★ **Nativo** CHILENISCH $$
(Ramírez 1387; Hauptgerichte 5200–13 000 Ch$; Mo-Do 12–24, Fr & Sa bis 2 Uhr;) Stilvolles Bar-Restaurant mit erdigem Dekor aus Holz und Lehmziegeln, in einer grünen Gegend zehn Gehminuten von der Plaza entfernt. Es tischt Snacks und Pizzas mit ungewöhnlichen Belägen wie Flussgarnelen und *charqui* (Dörrfleisch) sowie feste Mittagsmenüs auf. Zudem verfügt es über eine schöne sonnige Terrasse und eine kuppelförmige Lounge hinten.

Praktische Informationen

Rund um die Plaza gibt's Banken mit Geldautomaten, eine Postfiliale, Internetshops und Telefonläden für Ferngespräche.

Städtische Touristeninformation (051-261-1501; turismovallenar@gmail.com; Ecke Prat & Colchagua, 2. OG; Mo-Fr 8–16 Uhr) Liegt versteckt im Obergeschoss, das sie sich mit dem Kulturamt teilt. Leider ist die Touristeninformation stark unterfinanziert, doch sie hat extrem hilfsbereite Angestellte und bietet eine gute Auswahl an Broschüren und Karten.

An- & Weiterreise

Vallenars **Terminal de Buses** (Ecke Prat & Av Matta) liegt am Westende der Stadt, etwa 500 m westlich der Plaza de Armas. Die Haltestelle von **Pullman** (051-261-9587; Ecke Atacama & Prat) ist gleich daneben, während sich **Tur Bus** (051-261-1738) gegenüber vom Hauptbusbahnhof befindet; beide Gesellschaften steuern viele Ziele im Norden wie im Süden an. Busse verkehren u. a. nach Santiago (21 100 Ch$, 9 Std.), La Serena (6900 Ch$, 3 Std.), Copiapó (5000 Ch$, 2 Std.) und Antofagasta (10 900 Ch$, 10 Std.).

Huasco

051 / 8970 EW.

Eine Stunde westlich von Vallenar liegt der malerische Fischereihafen Huasco, den man über eine asphaltierte Fernverkehrsstraße erreicht. Der wunderschöne Uferbereich ist von Palmen, Skulpturen, schattigen Bänken und einem scharlachroten Leuchtturm gesäumt. Es gibt auch einen hübschen Strand, der sich bis zum Horizont erstreckt.

An einem einsamen Küstenstreifen wirkt das **Hostal San Fernando** (051-253-1726; Valdivia 176; EZ/DZ 24 000/28 000 Ch$) mit seinem alpinen Baustil seltsam fehl am Platz. Doch seine Zimmer bieten großartigen Meerblick. Man sollte nach einem neuen Raum fragen. Näher zum Ortszentrum befindet sich das **Hotel Solaris** (051-253-

9001; www.hotelsolaris.cl; Cantera 207; Zi. 60 000–80 000 Ch$; 🛜🏊). Huascos beste Unterkunft ist modern eingerichtet, aber ein wenig seelenlos.

Gleich unterhalb des Leuchtturms bietet **El Faro** (Av Costanera s/n, Playa Grande; Hauptgerichte 7000–10 000 Ch$; ⊙Di-Sa 12–23, So 12–16Uhr) den tollsten Ausblick der Stadt und eine vielseitige Speisekarte mit zahlreichen Gerichten von Tacos bis Ceviche.

Am Busbahnhof von Vallenar fahren Busse nach Huasco ab (10 000 Ch$). Um nach Vallenar zurückzukommen, winkt man einfach einer der Busse heran, die von der Hauptplaza Huascos starten. Sie verkehren etwa alle 15 Minuten.

Parque Nacional Llanos de Challe

Dieser abgelegene **Nationalpark** (Erw./Kind 6–12 Jahre 4000/1500 Ch$; ⊙Sommer 8.30–20, restl. Jahr 8.30–17.30 Uhr) schützt die wüstenhafte Küste 40 km nördlich von Huasco. Normalerweise zieht er nur wenige Besucher an, doch das ändert sich in den Jahren, wenn das Phänomen des *desierto florido* die Wüste mit einem farbenfrohen Teppich aus Blüten bedeckt. In der Gegend gibt's einige sehenswerte seltene Kakteenarten, scheue Guanakos und Füchse.

Der Park ist nur mit einem privaten Auto zugänglich. Er teilt sich in einen Sektor im Landesinneren an der Quebrada Carrizal, 15 km südöstlich von Carrizal Bajo, und einen Küstenbereich südlich von Carrizal Bajo um die Punta Los Pozos. Auf einem kleinen, einfachen Campingplatz in der Nähe des Parkeingangs kann man kostenlos zelten. Und gute Nachrichten für Surfer, schlechte Nachrichten für Schwimmer: In Ufernähe locken herrliche Brecher.

Von Huasco aus nehmen Autofahrer die schäbige Asphaltstraße entlang der Küste ab dem Bauerndorf Huasco Bajo. Eine Alternative ist die einigermaßen gute Staubpiste, die etwa 40 km nördlich von Vallenar von der Panamericana abzweigt.

Copiapó

📞 052 / 154 900 EW.

Angesichts des milden Klimas, der grünen Hauptplaza und der zahlreichen historischen Gebäude fühlen sich die meisten Besucher auf eigenartige Weise wohl zwischen den Bergleuten und genießen das geschäftige Treiben in Copiapó. Doch eigentlich lohnt es sich nicht, länger zu verweilen – es sei denn, man plant eine Fahrt in die abgelegene Bergwelt nahe der argentinischen Grenze, etwa zum atemberaubenden Parque Nacional Nevado Tres Cruces, zur Laguna Verde oder zum 6893 m hohen Gipfel des Ojos del Salado, dem höchsten aktiven Vulkan der Welt.

Die Stadt im engen Talgrund am Nordufer des Río Copiapó hat sich einen gewissen Namen dadurch gemacht, dass dort einiges Premiere feierte: Von hier fuhr Südamerikas erste Eisenbahn (1852 fertiggestellt) nach Caldera, zudem gab es hier die ersten Telegrafen- und Telefonleitungen des Landes sowie Chiles erstes Gaswerk. All dies brachte der Goldrausch im 18. Jh. und der Silberabbau ab 1832 im benachbarten Chañarcillo

---

DIE BLÜHENDE WÜSTE

In manchen Jahren erlebt die karge Wüste Norte Chicos eine kurze, aber erstaunliche Transformation: Wenn es genügend schwere Regenfälle gibt, verwandelt sich das ausgedörrte Land in einen bunten Wildblumenteppich, und die Landschaft, die vorher an *Lawrence von Arabien* erinnerte, wird zu einer Wiesenidylle, die aus *Bambi* stammen könnte.

Dieses herrliche und kurzlebige Phänomen wird passend *desierto florido*, „blühende Wüste", genannt. In feuchteren Jahren, wenn schlafende Wildblumensamen zum Sprießen gebracht werden, tritt es zwischen Ende Juli und September auf. Viele der Blumen sind gefährdete Arten, darunter die bemerkenswerte endemische *garra de león* („Löwentatze"), eine der seltensten und beeindruckendsten Wildblumen Chiles. Auch auf der Fahrt über die Panamericana kann man bei Vallenar am Straßenrand zarte weiße oder violette *suspiro de campo* („Seufzer des Feldes"), malvenfarbene, violette oder weiße *pata de Guanaco* („Guanako-Huf") und gelbe *corona de fraile* („Mönchskrone") sehen.

Llanos de Challe ist einer der besten Orte, um dieses Phänomen zu erleben, allerdings machen es die unregelmäßigen Regenfälle in der Region schwer, die schönsten Stellen in einem Jahr vorherzusagen.

mit sich. Heute verdienen die Bergleute und damit auch die Kellnerinnen in den Bierhallen ihr Geld hauptsächlich mit Kupfer.

◉ Sehenswertes

Copiapós wirtschaftliche Blüte ist im ganzen Stadtzentrum spürbar. Zum historischen Viertel gehört die von alten Pfefferbäumen beschattete Plaza Prat. Sie säumen mehrere Gebäude aus der frühen Bergbauzeit, darunter die elegante neoklassische **Iglesia Catedral** mit dreifach gestaffeltem Turm.

Museo Mineralógico MUSEUM
(Ecke Colipí & Rodríguez; Erw./Kind 500/200 Ch$; ⊙ Mo–Fr 10–13 & 15.30–19, Sa 10–13 Uhr) Ein absolutes Muss. Die Hommage an die Rohstoffe, denen Copiapó seine Existenz verdankt, ist eine abwechslungsreiche Sammlung von über 2300 Exponaten: Manche sind so zart wie Korallen, andere leuchten unter fluoreszierendem Licht hell wie Neon.

Museo Minero de Tierra Amarilla MUSEUM
(www.museominerodetierraamarilla.cl; ⊙ Mo–Fr 8–17, Sa & So 9–13 Uhr) GRATIS Mehr über die Geologie der Region erfahren Interessierte in dem neuen Privatmuseum 18 km östlich der Stadt nahe dem Dorf Tierra Amarilla. Das 200 Jahre alte restaurierte *quincho* (traditionelles Lehmhaus) liegt inmitten von noch genutzten Minen und präsentiert in acht Räumen Fossilien, Vulkangestein, Meteoriten, Mineralien sowie seltene oxidierte Steine. Von der Ecke Chacabuco und Chañarcillo fahren gelbe *colectivos* (1000 Ch$) her.

☞ Geführte Touren

Copiapó ist Ausgangspunkt für Ausflüge ins Hochland, z. B. zum Parque Nacional Nevado Tres Cruces und zum Ojos del Salado, sowie zu den Highlights an der Küste wie Bahía Inglesa und dem Parque Nacional Pan de Azúcar. Eine andere aufregende Aktivität sind Sanddünenfahrten mit einem Jeep in der Wüste gleich außerhalb der Stadt. Geführte Touren zu den Minen ringsum stecken in der Gegend im Moment noch in den Kinderschuhen, Infos dazu gibt's im Sernatur-Büro.

Puna de Atacama GEFÜHRTE TOUR
(✆ Mobil 9051-3202; www.punadeatacama.com; O'Higgins 21; ⊙ Mo–Fr 9–13, Sa 9–13 Uhr) Ercio Mettifogo Rendic bietet vergnügliche maßgeschneiderte Ausflüge zu den Highlights der Umgebung sowie zu vielen geheimen Orten in der Wüste und in den Bergen.

Aventurismo Expediciones ABENTEUERTOUR
(✆ Mobil 9599-2184; www.aventurismo.cl; Atacama 240) Hat die Lizenz für Touren auf den Ojos del Salado.

✱ Feste & Events

Copiapó feiert am 8. Dezember seine Gründung. Der 10. August ist der Día del Minero (Tag des Bergmanns).

Fiesta de la Candelaria RELIGIÖSES FEST
Am ersten Sonntag im Februar findet dieses Fest in der Iglesia de la Candelaria an der Los Carrera und Figueroa, 2 km östlich der Plaza Prat, statt. Die Jungfrau von Candelaria gilt als Schutzpatronin der Bergleute, deshalb wird sie hier so verehrt.

🛏 Schlafen

Hotels und *residenciales* (Budgetunterkünfte) sind an den Wochentagen mit Bergarbeitern belegt und die Preise immer übertéuert.

Hotel El Sol HOTEL $
(✆ 052-221-5672; Rodríguez 550; EZ/DZ 22 000/ 28 000 Ch$; P ⏰) In fröhlichem Gelb gestrichenes Hotel nur einen kurzen Spaziergang von der Plaza mit ein paar einfachen, aber sauberen Zimmern zu guten Preisen.

★ Hotel La Casona HOTEL $$
(✆ 052-221-7277; www.lacasonahotel.cl; O'Higgins 150; EZ/DZ ab 48 000/54 000 Ch$; P @ ⏰) Charme und Leichtigkeit prägen dieses wunderbare, gemütliche Hotel mit zwölf Zimmern und mehreren grünen Innenhöfen zehn Gehminuten westlich der Plaza. Die Besitzer sind zweisprachig. Alle Räume haben ein entspanntes ländliches Flair, Hartholzböden und Kabelfernsehen. Im Restaurant erwartet Gäste ein köstliches Abendessen.

Hotel Bordeaux HOTEL $$
(✆ 052-223-0080; www.hotelbordeaux.cl; O'Higgins 490; EZ/DZ 42 000/56 000 Ch$; P ✱ ⏰) Gutes, preiswertes, wenn auch etwas fades Businesshotel mit hellen, geräumigen Zimmern und moderner Einrichtung. Trotz der Lage im Zentrum ist es in den Zimmern schön ruhig.

Hotel Chagall HOTEL $$$
(✆ 052-235-2900; www.chagall.cl; O'Higgins 760; DZ 79 000–89 000 Ch$; P @ ⏰ ✱) Vier-Sterne-Hotel in unmittelbarer Nähe der Plaza Prat mit schicker, elegant beleuchteter Lobby, allen Einrichtungen, die zu einer solchen Bleibe gehören, und vornehmen Zimmern. Die teureren Räume verfügen über Klimaanlagen (die billigeren nur über kleine Ventilatoren).

🍴 Essen & Ausgehen

Die Lokale in Copiapó sind oft teurer, als man erwarten würde. Auf der Atacama, ein paar Blocks westlich der Chacabuco, entwickelt sich gerade eine lebhafte Restaurant- und Barszene – am besten läuft man ein wenig umher und sucht sich eine Möglichkeit aus.

Café Colombia CAFÉ $
(Colipí 484; Snacks 1800 Ch$; ⊙ 9–21 Uhr) Liegt direkt am zentralen Platz bei der Mall Plaza Real und ist eine gute Wahl für richtigen Kaffee sowie Snacks. Außerdem kann man von den Tischen auf den Bürgersteigen wunderbar das Leben und Treiben beobachten.

Six Fusion FUSION $$
(Atacama 181; Hauptgerichte 7000–10 000 Ch$; ⊙ 12–15 & 20–1 Uhr; 🕾) Das entspannte neue Restaurant ist eines der vielen stilvoll-innovativen Lokale der aufstrebenden hiesigen Gastronomieszene. Es spezialisiert sich auf hausgemachte Pasta und nebenbei auch auf tolles Sushi. Der schattige Hinterhof ist ein prima Plätzchen für sonnige Tage.

Tololo Pampa BAR
(Atacama 291; ⊙ Di–Sa ab 20 Uhr) Lebhafte, alternativ angehauchte Bar mit mehreren künstlerisch gestalteten Räumen und einer offenen Terrasse samt rustikaler Möbel sowie einer Feuerstelle im Freien. Schön für Drinks und spätabendliche Snacks (4000–5500 Ch$).

ℹ️ Praktische Informationen

Rund um die Plaza gibt's zahlreiche Banken mit Geldautomaten und in der ersten Etage der Mall Plaza Real einen *cambio* (Geldwechsel).

Internetcafés (etwa 500 Ch$ pro Std.) findet man überall im Zentrum.

Hospital San José (☎ 052-246-5600; Los Carrera 1320; ⊙ 24 Std.) Medizinische Versorgung acht Blocks östlich der Plaza Prat.

Sernatur (☎ 052-221-2838; Los Carrera 691; ⊙ Mo–Fr 8.30–19.30 Uhr, im Sommer Sa & So 9–15, restl. Jahr Mo–Fr 9–19, Sa 9–15 Uhr) Die gut geführte Touristeninformation auf der Hauptplaza hat zahlreiche Materialien und Infos in englischer Sprache auf Lager.

ℹ️ An- & Weiterreise

BUS & TAXI COLECTIVO

Die Busgesellschaften findet man im südlichen Viertel von Copiapó. Praktisch alle in Nord-Süd-Richtung verkehrenden Busse halten hier, aber auch viele Linien, die zu Zielen ins Landesinnere unterwegs sind. **Pullman Bus** (☎ 052-221-2629; Colibrí 109) hat einen großen Busbahnhof und ein zentrales **Ticketbüro** (Ecke Chacabuco & Chañarcillo). **Tur Bus** (☎ 052-223-8612; Chañarcillo 650) verfügt ebenfalls über ein Terminal und einen **Ticketschalter** (Colipí 510) im Zentrum. Zu den weiteren Unternehmen gehören **Expreso Norte** (☎ 052-223-1176; Chañarcillo 655), **Buses Libac** (☎ 052-221-2237; Chañarcillo 655) und **Flota Barrios** (☎ 052-221-3645; Chañarcillo 631), die sich alle ein Terminal in der Chañarcillo teilen. Viele Busse zu Orten in den Wüstenregionen weiter nördlich starten nachts.

Durchschnittspreise und häufige Ziele:

ZIEL	PREIS (CH$)	FAHRTDAUER (STD.)
Antofagasta	10 800	8
Arica	21 900	16
Calama	12 900	10
Iquique	21 100	15
La Serena	10 000	5
Santiago	26 900	11
Vallenar	7000	2

Colectivos (Sammeltaxis) bringen Fahrgäste vom Busbahnhof in der Chacabuco nach Caldera (3500 Ch$, 1 Std.). **Buses Casther** (☎ 052-221-8889; Buena Esperanza 557) fährt für 2500 Ch$ ebenfalls nach Caldera.

FLUGZEUG

Der Aeropuerto Desierto de Atacama liegt 50 km westlich von Copiapó.

LAN (☎ 600-526-2000; Colipí 484, Mall Plaza Real, Local A-102; ⊙ Mo–Fr 9–14 & 15–18, Sa 10–13.30 Uhr) Fliegt täglich nach Santiago (178 800 Ch$, 1½ Std.).

Sky Airline (☎ 600-600-2828; www.skyairline.cl; O'Higgins 460) Hebt täglich nach Santiago (67 800 Ch$, 1½ Std.) ab.

ℹ️ Unterwegs vor Ort

AUTO

Mehrere Autovermietungen haben Büros in Copiapó und am Flughafen, darunter **Hertz** (☎ 052-221-3522; Av Copayapu 173; ⊙ Mo–Fr 9–18, Sa 9–14 Uhr), **Avis** (☎ 052-252-4591; Rómulo Peña 102; ⊙ Mo–Fr 8.30–18.30, Sa 8.30–13.30 Uhr) und **Budget** (☎ 052-221-6272; Ramón Freire 050; ⊙ Mo–Fr 8–18, Sa 8.30–13.30 Uhr). Das einheimische Unternehmen **Rodaggio** (☎ 052-221-2153; www.rodaggio.cl; Colipí 127) hat etwas billigere Preise und gelegentlich auch Schnäppchenangebote für mehrtägige Anmietungen.

VOM/ZUM FLUGHAFEN

Private Taxis zum Aeropuerto Desierto de Atacama, z. B. von **Radio Taxi San Francisco** (☎ 052-221-8788), schlagen mit 28 000 Ch$ zu Buche. **Transfer Casther** (☎ 052-223-5891) bringt

Parque Nacional Nevado Tres Cruces

Der schwer zu erreichende **Nationalpark** (Erw./Kind 6–12 J. 4000/1500 Ch$; ⊙ 8.30–18 Uhr) hat die gleiche wilde Schönheit zu bieten wie die anderen berühmteren Hochgebirgsparks weiter nördlich, er wird jedoch weitaus seltener als seine Pendants im Norden besucht. Er schützt neben einer spektakuläreren Bergwelt mit erstklassigen Klettermöglichkeiten auch eine reiche Fauna: Flamingos verbringen hier den Sommer, große Herden von Vikunjas und Guanakos tummeln sich an den Hängen, an und auf den Seen leben zwei Arten von Blesshühnern (*Fulica cornuta* und *Fulica gigantea*), Andengänse und Möwen. Gelegentlich sind sogar Kondore oder ein Puma zu sehen.

Das 591 km² große Schutzgebiet teilt sich in zwei Sektoren entlang der internationalen Straße nach Argentinien, die über den Paso de San Francisco führt. Der größere **Sector Laguna Santa Rosa** umfasst 470 km², er erstreckt sich um den gleichnamigen See in 3700 m Höhe. Auch der schmutzig weiße Salzsee Salar de Maricunga im Norden fällt in dieses Areal. Einfache Unterkünfte findet man an der Südseite des Sees.

Der wesentlich kleinere **Sector Laguna del Negro Francisco** umgibt den gleichnamigen See. Im Sommer zieht das flache Wasser rund 8000 Vögel wie Anden- und Chileflamingos sowie einige seltene Jamesflamingos an. Von Dezember bis Ende Februar ist ihre Zahl am größten. Die Conaf unterhält das gemütliche **Refugio Laguna del Negro Francisco** (12 500 Ch$ pro Pers. & Nacht) mit Betten, Kochgelegenheiten, Strom, Wasserklosetts und warmen Duschen. Bettwäsche (Schlafsack), Trinkwasser und Gas zum Kochen müssen Gäste selbst mitbringen.

❶ An- & Weiterreise

Auf dem Weg zum Nationalpark kann man sich leicht verirren, und es gibt leider keine öffentlichen Verkehrsmittel. Aus diesen Gründen kommt man am besten mit einer Tour von Copiapó her. Wer auf eigene Faust anreisen will, benötigt einen Wagen mit Allradantrieb und hoher Bodenfreiheit sowie ein Satellitentelefon und eine gute Karte.

Der Sector Laguna Santa Rosa liegt 146 km östlich von Copiapó. Hierher führen die Ruta 31 und eine andere (namenlose) Straße zur malerischen Quebrada de Paipote. Der Sector Laguna del Negro Francisco erstreckt sich 81 km weiter im Süden und ist über eine kurvenreiche Straße zu erreichen, die ins Tal des Río Astaburuaga hinunterführt.

Ojos del Salado

Gleich außerhalb der Parkgrenzen erhebt sich der 6893 m hohe Ojos del Salado, Chiles höchster Berg. Er ist nur 69 m niedriger als Südamerikas höchster Gipfel, der Aconcagua in Argentinien, und der höchste aktive Vulkan der Welt: Sein letzter Ausbruch (eine Dampf- und Gasexplosion) fand 1993 statt.

Zwischen November und März kann man auf ihn hinaufkraxeln. Einige Bergsteiger versuchen es in acht Tagen, doch das ist nicht ratsam. Nur 25 % derjenigen, die zum Gipfel aufbrechen, kommen auch dort an. Das liegt nicht am Schwierigkeitsgrad – nur die letzten ca. 50 m sind technisch anspruchsvoll –, sondern daran, dass sich viele nicht genug Zeit zum Akklimatisieren lassen. Klüger ist es, zwölf Tage einzuplanen.

Expeditionsteilnehmer verbringen die Nächte in zwei Hütten, die auf der Route zum Gipfel liegen. Los geht's an der spektakulär türkisblauen **Laguna Verde** (4342 m) 65 km hinter der Laguna Santa Rosa. Die Farbe des Sees, die durch Minerale zustandekommt, wirkt noch intensiver als das Blau des Himmels. Am Ufer befindet sich ein (frostiger) Campingplatz. Thermalbäder sorgen dafür, dass die halb erfrorenen Zehen wieder auftauen können.

Weiter oben übernachten Bergsteiger auf 4540 m in Refugio Claudio Lucero. Die nächste Hütte ist das von der Universidad de Atacama verwaltete Refugio Atacama auf 5100 m. Ganz Entschlossene schaffen es bis zum Refugio Tejos (5833 m), dann folgt nur noch der Gipfel.

Aventurismo Expediciones ist der einzige Tourveranstalter, der Teilnehmer bis ganz nach oben bringen darf (200–260 US$ für die Expedition). Da der Ojos del Salado an der Grenze liegt, benötigen Bergsteiger eine Genehmigung von Chiles Dirección de Fronteras y Límites (Difrol), die alle Aktivitäten im Grenzbereich überwacht. Diese wird auch über die **Webseite** (www.difrol.cl) erteilt – kostenlos und in weniger als 24 Stunden.

Mehr Infos zum Park gibt's in den Büros von der Conaf und Sernatur in Copiapó.

Caldera

📞 052 / 16 150 EW.

Ganzjährig Sonne, einige fantastische Strände sowie reichlich Fisch und Meeresfrüchte machen Caldera – zur Zeit des Bergbaubooms im 19. Jh. der zweitgrößte Hafen – und das benachbarte Bahía Inglesa zu den beliebtesten Badeorten der Region III. Caldera zieht besonders chilenische Urlauber an, während sich die meisten ausländischen Besucher in Bahía Inglesa mit seinen vielen tollen kleinen Hotels und Restaurants und der relaxten Atmosphäre verlieben. Es ist allerdings günstiger, in Caldera zu übernachten und den Tag am Strand von Bahía zu verbringen.

◉ Sehenswertes

Casa Tornini MUSEUM
(www.casatornini.cl; Paseo Gana 210; Eintritt 2000 Ch$; im Sommer tgl. 6 Führungen auf Spanisch, Englisch & Deutsch, restl. Jahr Führungen um 11Uhr) Calderas jüngste Attraktion ist eine neoklassizistische Villa aus den frühen 1890er-Jahren, die einst einer italienischen Einwandererfamilie gehörte. Bei den Führungen werden sechs historische Räume mit alten Gegenständen und den Originalmöbeln gezeigt. In zwei weiteren Räumen sind Sonderausstellungen mit Fotografie und Kunst zu sehen.

Centro Cultural Estación Caldera HISTORISCHES BAUWERK
(Wheelwright s/n; Museum für Paläontologie 1000 Ch$; ⊙ Di–Sa 10–14 & 16–19 Uhr) GRATIS Dieses auffällige Gebäude an der Nordseite der Mole wurde 1850 errichtet und war Endstation der ersten Eisenbahn Südamerikas. Heute beherbergt es eine schöne, luftige Ausstellungshalle mit Holzbalken, die manchmal für Festivals und verschiedene Events genutzt wird, sowie ein paläontologisches Museum.

Muelle Pesquero HISTORISCHES BAUWERK
Rund um die farbenfrohe Fischermole treffen sich hungrige Pelikane, bunte kleine Boote und Messer schwingende *señoras*, die eifrig Fisch ausnehmen und braten.

👉 Geführte Touren

Weil Calderas Strand mit Benzin vom benachbarten Dock verschmutzt ist, lohnt sich die kurze Tagestour nach Bahía Inglesa oder der längere Weg zur Playa La Virgen. Ein 7 km langer Radweg verbindet die Stadt mit Bahía Inglesa.

Trimaran Ecotour BOOTSTOUR
(Erw./Kind 3000/2000 Ch$) Auf der einstündigen Bootsfahrt zum Leuchtturm kann man Pinguine und Seelöwen sehen. Trimaran Ecotour hat einen Kiosk an der Mole und veranstaltet im Sommer täglich vier Ausflüge (12.30, 14, 15.30 & 17.30 Uhr), die im Rest des Jahres nur am Wochenende stattfinden.

🛏 Schlafen

El Aji Rojo HOSTEL $
(www.elajirojo.cl; Tocornal 453; EZ/DZ 12 000/25 000 Ch$; 📶) Man sollte sich von den Preisen nicht täuschen lassen – die Zimmer hier zählen zu den besten der Stadt! Die Betten sind neu, die Bäder groß, und es gibt eine voll ausgestattete Gästeküche sowie einen Aufenthaltsbereich auf der Rückseite. Es werden auch Räder vermietet (5000 Ch$ pro Tag). Leider hat das Hostel keinen Telefonanschluss.

Hotel Costa Fosil HOTEL $$
(📞 052-231-6451; www.jandy.cl; Gallo 560; EZ/DZ 33 200/43 600 Ch$ 🅿️📶) Das einem Schiff ähnelnde Hotel hat das beste Preis-Leistungs-Verhältnis der Stadt und die zentralste Lage (einen halben Block von der Plaza). Die 23 Zimmer liegen um einen luftigen Innenhof, und es gibt eine kleine sonnige Terrasse.

★ Ckamur HOTEL $$$
(📞 Mobil 9220-9544; www.ckamur.cl; Camino al Faro 1018; Zi. 87 200 Ch$; 📶) 🌿 Auf einer Landspitze 2 km außerhalb der Stadt finden sich einige der schönsten Zimmer Calderas. Beim Bau des Hotels wurden traditionelle Techniken eingesetzt; die Zimmer sind mit lokalem Kunsthandwerk dekoriert. Weitere Vorteile sind die voll ausgestatteten Küchen, die tolle Aussicht auf die Bucht und die schattige Terrasse mit Gemeinschaftsgrill.

🍴 Essen

Günstige Meeresfrüchte bekommt man am Terminal Pesquero gleich hinter dem alten Bahnhof. An den Ständen gibt's einfache Fischgerichte mit Beilagen ab etwa 3500 Ch$, die man auf der ringsum verlaufenden Terrasse am Meer verputzen kann. Außerhalb des Markts werden Meeresfrüchte-Empanadas und Sandwiches mit gebratenem Fisch verkauft.

Bahía Inglesa wartet mit aufregenderen Restaurants auf.

★ Café Museo CAFÉ $
(Edwards 479a; Kuchen 1000–2200 Ch$, Sandwiches 2000 Ch$; ⊙ 8–14 & 17–22 Uhr) Neben der

Casa Tornini liegt dieses süße Café, dekoriert mit alten Postern und Zeitungsausschnitten. An sechs Holztischen drinnen sowie einigen auf dem Bürgersteig kann man köstliche Kuchen, Sandwiches und echten Espresso genießen.

Miramar FISCH & MEERESFRÜCHTE $$
(Gana 090; Hauptgerichte 6500–11 000 Ch$; ⊙ Mo–Sa 12–15 & 19.30–23.30 Uhr) Das schicke rosafarbene Restaurant am Meer hat viele Fenster mit Blick auf den Strand und den Hafen, ordentliche Meeresfrüchte-Hauptgerichte und eine gute Weinkarte.

❶ Praktische Informationen

Oficina de Turismo (☎ 052-231-6076; Plaza Condell; ⊙ Sommer 9–21 Uhr, übriges Jahr Mo–Sa 9–14 & 16–19 Uhr) Im freundlichen Touristenkiosk an der Westseite der Plaza de Armas bekommt man Berge von Broschüren, allerdings sind die Englischkenntnisse der Mitarbeiter begrenzt.

❶ Anreise & Unterwegs vor Ort

Private Taxis zum **Aeropuerto Desierto de Atacama** (☎ 052-252-3600; Ruta 5 Norte, Km 863, Caldera) 20 km südlich der Stadt kosten 6000 Ch$. Der Busbahnhof von **Pullman** (☎ 052-231-5227; Ecke Gallo & Cousiño) und **Tur Bus** (☎ 052-231-7399; Gana 241) liegt fünf Blocks südöstlich der Plaza, aber man kann auch in den Büros der Busunternehmen auf der Plaza Tickets kaufen. Es gibt Verbindungen nach Copiapó (2500 Ch$, 1 Std.), Antofagasta (12 600–22 700 Ch$, 6 Std.) sowie Santiago (rund 28 000 Ch$, 12 Std.). Zwischen Caldera und Bahía Inglesa verkehren Busse und *taxis colectivos* (Sammeltaxis) für 500 bzw. 1000 Ch$.

Bahía Inglesa

☎ 052

Nur ein kleines Stück südlich von Caldera erstreckt sich der hübsche Badeort Bahía Inglesa, genau die richtige Anlaufstelle für ein ordentliches Strandvergnügen. Mit seinem kristallklaren Wasser, aus dem Felsnasen ragen, einer langen weißen Bucht und der hippen Atmosphäre hat er sich zu einem der beliebtesten Urlaubsziele im Norden entwickelt. Die meisten Einrichtungen für Touristen befinden sich an der parallel zum Strand verlaufenden Avenida El Morro, an deren Südende auch das Hotel Domo Bahía Inglesa liegt (das viele Einheimische als Orientierungspunkt nutzen).

Seinen Namen verdankt der Ort britischen Freibeutern, die hier im 17. Jh. Zuflucht suchten. Legenden erzählen von ihren Schätzen, die noch irgendwo in der Gegend versteckt sein sollen.

🏃 Aktivitäten

Morro Ballena WASSERSPORT
(☎ Mobil 9886-3673; www.morroballena.cl; ⊙ im Sommer 9–18 Uhr, restl. Jahr variierende Öffnungszeiten) Hat einen Kiosk am Ende des Strandes, hinter dem Hotel Coral de Bahía. Morro Ballena bietet zweistündige Bootsfahrten zur gegenüberliegenden Insel El Morro (60 000 Ch$ für 6 Pers.), einstündige Kajaktouren (18 000 Ch$ für 2 Pers.) und einstündige Schnorcheltrips (ab 18 000 Ch$). Außerdem kann man Kajaks (ab 3000 Ch$ für 30 Min.) und Schnorchelausrüstung (14 000 Ch$ für 2 Std.) leihen.

Caldera Tour Atacama GEFÜHRTE TOUR
(www.calderatouratacama.cl; Av El Morro 610b) Neben dem Hotel Domo Bahía Inglesa. Arrangiert Ausflüge und Tagestouren (17 000–34 000 Ch$, mind. 6 Pers.) zu Stränden in der Umgebung wie der Playa La Virgen sowie zum Pan de Azúcar und zur San-José-Mine bei Copiapó.

Nautica La Rada SEGELN
(☎ Mobil 6846-4032; www.morroballena.cl) Lohnenswerte Segeltouren mit dem Seebären Antonio und seinen Söhnen. Der kürzeste Ausflug (ab 15 000 Ch$ pro Pers. inkl. einfache Snacks und Getränke; mind. 2 Teilnehmer) führt nach El Morro. Mit etwas Glück sieht man unterwegs Buckelwale.

Die Tagesmiete für ein Segelboot beträgt 300 000 Ch$. Man kann auch Übernachtungstrips buchen oder bei mehrtägigen Touren zur Playa La Virgen segeln.

🛏 Schlafen & Essen

Cabañas Villa Alegre APARTMENTS $
(☎ 052-231-5074; El Morro 578; Apt. mit/ohne Küche 50 000/35 000 Ch$) Gute kleine Apartments mit voll ausgestatteten Küchen, gleich hinter dem Hotel Coral de Bahía. Die Lage ist großartig. Zwar sind die Zimmer etwas abgenutzt, doch die Unterkünfte sind die beste Budgetoption der Stadt.

★ Coral de Bahía HOTEL $$
(☎ 052-231-9160; www.coraldebahia.cl; Av El Morro 564; DZ/Suite 55 000–75 000/90 000 Ch$, Restaurant Hauptgerichte 7000–12 000 Ch$; 🅿 🛜 🅿 🛜) In der oberen Etage des Hotels am Ende des Strandes befinden sich elf hübsche Zimmer, einige davon mit Balkonen und weitem Meerblick. Im Sommer ist das Haus

oft ausgebucht und akzeptiert nur Reservierungen eine Woche im Voraus. Das Restaurant am Strand verfügt über eine schöne Terrasse und kredenzt köstliche Meeresfrüchte mit besonderer Note. Die Gerichte auf der Speisekarte haben asiatische, afrikanische und mediterrane Anklänge.

Nautel
GÄSTEHAUS $$

(Mobil 7849-9030; www.nautel.cl; Copiapó 549; DZ/3BZ/Hütte 70 000/85 000/125 000 Ch$; P) Stilvolle Boutique-Pension in einer Straße gleich oberhalb und ein kleines Stück rechts vom Hotel Domo. Das moderne Gebäude bietet sechs Doppelzimmer in Erdtönen, vier davon mit Meerblick, und eine traumhafte Holzhütte für vier Personen am Strand. Die Küche und das „Wohnzimmer" im Freien sind toll, um sich unter die Leute zu mischen, zudem gibt's einen direkten Strandzugang.

Hotel Rocas de Bahía
HOTEL $$$

(052-231-6032; www.rocasdebahia.cl; El Morro 888; Zi. 95 400 Ch$; P @) Dieses glänzend weiße Labyrinth mit fünf Etagen auf einer Klippe über der Bucht ist das nobelste Hotel der Stadt. Alle Zimmer haben Balkone und viel Tageslicht und etwa die Hälfte wartet mit Meerblick auf. Auch vom kleinen Pool in der vierten Etage genießt man eine hübsche Aussicht.

Naturalia
PIZZA $

(Miramar s/n; (Pizza 3500–4800 Ch$; 10–16 & 19–23 Uhr) Mit seinem Nachbarn Punto de Referencia teilt sich das einfache Lokal die Terrasse. Hier stehen Pizzas, Empanadas und frisch gepresste Säfte auf der Karte.

Punto de Referencia
FUSIONSKÜCHE $$

(Miramar 182; Hauptgerichte 8000–10 000 Ch$; 12–1 Uhr) Das schicke Restaurant in einer Seitenstraße direkt neben dem Domo hat sich auf Sushi und Sashimi spezialisiert. Essen kann man drinnen an hellen Holztischen oder auf der kleinen Terrasse davor.

❶ Praktische Informationen

In Bahía Inglesa gibt's weder Wechselstuben noch Bankautomaten. Der nächste Automat ist in Caldera, also sollte man ausreichend Bargeld mitbringen.

Das kleine **Oficina de Turismo** (Sommer Mo–Fr 10–21, Sa & So 11–21 Uhr, übriges Jahr tgl. 10–18 Uhr) liegt direkt am Meer und ist mit enthusiastischen jungen Chilenen besetzt, die einem gern mit nützlichen Telefonnummern oder Infos zu geheimen Stränden und Orten in der Gegend weiterhelfen.

❶ An- & Weiterreise

Die besten Verbindungen führen ins benachbarte Caldera, das man mit einem *colectivo* für 1000 Ch$ oder etwas günstiger mit einem selbst arrangierten Kleinbus (Telefonnummern hat die Touristeninformation) erreicht. In den Sommermonaten sind die *colectivos* abends rammelvoll, sodass man vielleicht etwas warten muss. Kleinbusse verlangen für die Fahrt zur Playa La Virgen ca. 12 000 Ch$ pro Person bei mindestens drei oder vier Passagieren.

ABSTECHER

JUNGFRÄULICHES STRANDPARADIES

Bis vor Kurzem war die atemberaubende **Playa La Virgen** (Mobil 6393-5233; www.playa lavirgen.cl) 46 km südlich von Bahía Inglesa an einer hübschen Küstenstraße noch das gut gehütete Geheimnis weniger eingeweihter Chilenen, doch nun ist es gelüftet. Es lohnt sich, einen oder mehrere Tage in dem kleinen, sandigen Paradies zu verbringen. Im Januar strömen Partygänger an den mit Sonnenschirmen gespickten Strand, im Februar Familien.

Man kann mit einem der Tourveranstalter aus Caldera oder Bahía Inglesa herkommen, einen Kleinbus organisieren oder das eigene Fahrzeug nehmen. Die Straße ist zwar ziemlich schlecht, aber mit einem normalen Auto befahrbar. Parken an der Rezeption kostet 6000 Ch$, es sei denn, man mietet eine der Hütten. Wer die Parkgebühr vermeiden will, kann das Auto oberhalb des sichelförmigen Strandes abstellen und in zehn Minuten hinunterschlendern.

Am Strand werden Kajaks verliehen (Einer 3500 Ch$, Zweier 7000 Ch$).

Wer vor Ort übernachten möchte, zahlt für eine Zwei-Personen-Hütte in der Hochsaison mindestens 65 000 Ch$, mit Küche mindestens 95 000 Ch$. Ein Zeltstellplatz (ohne Strom) für sechs Personen kostet 42 000 Ch$. Die teure, rustikale Restaurant-Bar **Turqueza** (Hauptgerichte 8500–12 000 Ch$; 8–23 Uhr) hat Sandböden, ein Strohdach und Strohstühle sowie eine Terrasse mit tollem Meerblick.

Parque Nacional Pan de Azúcar

Weiße Sandstrände, geschützte Buchten und felsige Landzungen säumen die aride Küste 30 km nördlich von Chañaral. Chañaral selbst ist eine trostlose Bergbau- und Fischereistadt zwischen den Ausläufern der Sierra de las Animas. Für Traveller hat sie wenig zu bieten und dient vor allem als Ausgangspunkt zum Nationalpark.

Fast alle internationalen Touristen kommen wegen der Tiere zum Pan de Azúcar, der sich an der Grenze zwischen den Regionen II und III erstreckt. Der kühle Humboldtstrom sorgt für eine vielfältige Meeresfauna, und der absolute Star des Parks ist der weit nördlich lebende bedrohte Humboldtpinguin, der oft auf den Inseln vor der Küste brütet. Vor Ort lassen sich auch geschmeidige Küstenotter und imposante Seelöwen beobachten, außerdem große Kolonien von Pelikanen, Tölpeln und Kormoranen.

Der 437 km² große Park erhebt sich vom Meeresspiegel bis auf 900 m. Seine tollen Campingplätze an der Küste platzen im Sommer aus allen Nähten.

Sehenswertes & Aktivitäten

Isla Pan de Azúcar INSEL
Die etwa dreieckige „Zuckerhutinsel" liegt verführerisch nah an der Küste und ist in der Dämmerung oft von *camanchaca* (dichtem Nebel) umhüllt. Hier leben etwa 2000 Humboldtpinguine, außerdem verschiedene Vögel, Otter und Seelöwen. Das 100 ha große Eiland erstreckt sich in einer Schutzzone, einheimische Fischer fahren Besucher aber relativ nahe heran.

Sie verlangen 5000 bis 10 000 Ch$ pro Person (je nach Teilnehmerzahl, mind. 10 Personen) ab Caleta Pan de Azúcar. In der Nebensaison kann der Preis bis auf 50 000 Ch$ steigen. Die Ausflüge dauern 1½ Stunden und finden im Sommer von 10 bis 18 Uhr, im Winter bis 16 Uhr statt. Man muss sich am Kiosk in der Bucht anmelden und auf die nächste Tour warten. Unter der Woche ist es schwieriger, genug Leute für die Bootstour zusammenzubekommen; man wartet dann oft länger oder muss mehr zahlen.

Wanderwege WANDERN
Im Park gibt's fünf Wanderwege. Der größten Beliebtheit erfreut sich der 2,5 km lange **El Mirador**. Auf der Route sieht man Kakteen, Guanakos und Patagonische Füchse. Toll ist auch **Las Lomitas**, eine einfache, 4 km lange Strecke fast ohne Steigungen, auf der sich Kapuzenämmerlinge beobachten lassen. Man kann auch auf einem 1,5 km langen Küstenpfad vom Hafen von Pan de Azúcar zur Playa Piqueros spazieren.

Geführte Touren

Etty Tour GEFÜHRTE TOUR
(052-248-1733; www.pandeazucarettytour.cl; Gaspar Cabrales 3, Barquito; Mo–Sa 9–18 Uhr) Geführte Touren (auf Spanisch) von Chañaral zur Isla Pan de Azúcar für etwa 45 000 Ch$ (bis zu 5 Pers.) pro halbem Tag oder 24 000 Ch$, wenn man den Guide im eigenen Fahrzeug mitnimmt. Der Besitzer arrangiert auch Taxitransfers, die in der Hochsaison um die 5000 Ch$ pro Person kosten.

Schlafen & Essen

Zelten ist an den Stränden Playa Piqueros, Playa El Soldado und Caleta Pan de Azúcar möglich. Die einfachsten Plätze kosten mindestens 2000 Ch$ pro Person. In Caleta findet man zudem zwei private Campingplätze. Die nächste Stadt zum Park ist Chañaral, ein recht heruntergekommener Ort. Daher übernachten die meisten Besucher lieber in Caldera, das eine Stunde weiter südlich liegt.

In Caleta Pan de Azúcar gibt's drei Restaurants, die für ein Fischgericht mit Beilagen etwa 5000 Ch$ verlangen.

Pan de Azúcar Lodge CAMPINGPLATZ, HÜTTEN $$
(Mobil 9444-5416; www.pandeazucarlodge.cl; Stellplatz 7000 Ch$ pro Pers., Hütten für 2/6/8 Pers. 60 000/80 000/100 000 Ch$) Diese umweltfreundliche Lodge betreibt die besten Zeltplätze, einen an der Playa Piqueros und einen am El Soldado. Beide haben Bäder, warmes Wasser und Solarstrom und bieten im Sommer verschiedene Aktivitäten wie Yoga, Wanderungen sowie Workshops an. Zur Lodge gehören auch fünf **Strandhütten** und ein Open-Air-Spabereich.

Praktische Informationen

Das **Umweltinformationszentrum** (Playa Piqueros; 8.30–12.30 & 14–18 Uhr) von der Conaf liegt 1 km südlich von Caleta Pan de Azúcar. Es präsentiert Ausstellungen zur Pflanzen- und Tierwelt des Parks und eine Kakteensammlung. An der südlichen Zufahrtsstraße von Chañaral befindet sich bei Km 15 ein Conaf-Checkpoint, wo Besucher die Eintrittsgebühr von 3000 Ch$ zahlen. Das Ticket muss man gut aufbewahren, denn es wird am Ausgangspunkt verschiedener Wanderwege kontrolliert.

ℹ An- & Weiterreise

Pan de Azúcar liegt 30 km nördlich von Chañaral und ist über eine gut gepflegte, zuverlässig befestigte Straße zu erreichen. Die meisten Besucher kommen im Rahmen einer Tour oder auf dem Weg von Caldera/Bahía Inglesa oder Copiapó hierher.

Taxis von Chañaral, die einen morgens abholen und nachmittags wieder aufsammeln, kosten etwa 25 000 Ch$.

Im Norden gibt's an der Panamericana zwei kleinere Parkeingänge, einen bei Km 104 (mit Anschluss zur Route C-112) und einen bei Km 968 (mit Anschluss zur Route C-110).

Sur Chico

Inhalt ➡
La Araucanía	239
Temuco	239
Villarrica	247
Pucón	250
Los Ríos	262
Valdivia	262
Das Seengebiet	268
Osorno	268
Puerto Varas	273
Puerto Montt	290

Gut essen

➡ Cotelé (S. 293)

➡ La Fleur de Sel (S. 255)

➡ Chile Picante (S. 293)

➡ Cocina Mapuche Mapu Lyagl (S. 261)

➡ Cervecería Artesanal Armin Schmid (S. 274)

Schön übernachten

➡ Refugio Tinquilco (S. 261)

➡ Refugio Cochamó (S. 288)

➡ La Montaña Magica (S. 267)

➡ Los Caiquenes (S. 280)

➡ Hotel Antumalal (S. 254)

Auf in den Sur Chico

Hier beginnt Chiles Süden. Die Regionen La Araucanía und Los Ríos sowie das Seengebiet begeistern mit verwegenen eisbedeckten Vulkanen, Gletscherseen, die scheinbar aus geschmolzener Jade bestehen, und tosenden Flüssen, die durch Wälder mit uraltem Baumbestand und durch von aufrechten Mapuche bewohnte Dörfer fließen. Die Gegend umfasst acht spektakuläre Nationalparks, viele mit akkurat kegelförmigen Vulkanen, und stille Naturliebhaber fühlen sich hier ebenso magisch angezogen wie adrenalinsüchtige Abenteurer.

Zwischen betriebsamen Touristenstädten liegen an den Seen gut erschlossene charmante Dörfer, allen voran Pucón und Puerto Varas, die von grandiosen Nationalparks und Naturschutzgebieten eingerahmt sind. Doch nicht alles in der Region ist so schön arrangiert. Abseits der üblichen Touristenpfade liegen Ziele wie das Cochamó-Tal und die Caleta Condor: Sie belohnen unerschrockene Traveller mit besonders spektakulären Eindrücken, und ihre Abgeschiedenheit nährt das Gefühl der absoluten Reise-Glückseligkeit.

Reisezeit

Puerto Montt

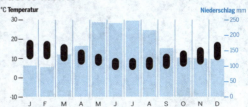

Jan.–Feb. Im Sommer gibt's weniger Niederschläge, eine Regenjacke ist trotzdem sinnvoll.

Nov.–März Hochsaison für die Navimag-Fähre: Sonnenuntergänge und Gletscher in Patagonien.

Jan. Wegen des sonnigen Wetters herrscht großer Besucheransturm auf den Volcán Villarrica.

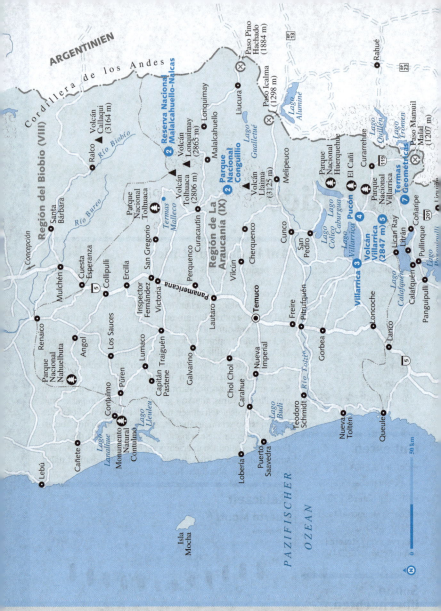

Geschichte

Als sich die spanischen Konquistadoren einen Weg vom heutigen Santiago nach Süden bahnten, waren sie getrieben von Gerüchten um edle Metalle und der Aussicht, eine große Zahl williger einheimischer Arbeiter vorzufinden. La Araucanía und das Seengebiet erschienen als ideales Territorium, um den imperialen Traum von leicht einzuheimsenden Reichtümern weiterzuträumen. Vor Ort holte die Realität die europäischen Eindringlinge allerdings rasch ein: Die Mapuche führten einen der erbittertsten und erfolgreichsten Verteidigungskriege des ganzen Kontinents gegen sie, sodass die Spanier erst im mittleren und späten 19. Jh. im Süden des Río Biobío Fuß fassen konnten.

Deutsche wurden angeworben, das Seengebiet zu besiedeln, und sie hinterließen ihre Spuren in Architektur, Küche, Industrie und Milchwirtschaft. Heute leisten Millionen einheimischer und ausländischer Touristen sowie wohlhabende Stadtflüchtige aus Santiago auf der Suche nach Häusern auf dem Land einen noch weit größeren Beitrag, um das einstmals wilde Land zu zähmen und zu kolonialisieren. Immobilienpreise schießen in die Höhe und die auf wenige Hunderttausend geschrumpften Mapuche werden immer weiter ins Landesinnere abgedrängt. Tourismus, Holzwirtschaft und Lachszucht – auch wenn Letztere 2007 fast vor dem Zusammenbruch stand – geben den Weg in die Zukunft dieser Region vor.

2007 wurde das Seengebiet geteilt und es entstand Chiles 14. Region: Los Ríos. Zur Hauptstadt wurde Valdivia erklärt. Damit gewann der Ort die Position zurück, die er schon bis 1974 innehatte. Damals wurde ihm von der Militärjunta im Zuge regionaler Umstrukturierungsmaßnahmen der Rang einer Verwaltungshauptstadt aberkannt.

DIE UNBEUGSAMEN MAPUCHE

Chiles größte indigene Volksgruppe sind die Mapuche (*che* bedeutet „Menschen", *mapu* bedeutet „von der Erde"). Sie sind die erste und einzige indigene Nation des amerikanischen Kontinents, deren Souveränität und Unabhängigkeit gesetzlich anerkannt wurde, wobei Generationen im Kampf um Eigenständigkeit aufgerieben wurden.

Die Mapuche hatten sich erfolgreich gegen plündernde Eindringlinge aus dem Inka-Reich zur Wehr gesetzt, um dann einen 300 Jahre lang währenden Krieg gegen die Spanier zu führen. Sie machten sich den Río Biobío als natürliche Grenze gegen die Europäer zunutze und widerstanden bis ins 19. Jh. der Kolonisierung – der längste und erbittertste Kampf eines indigenen Volkes auf dem amerikanischen Kontinent. Am Ende war das riesige Territorium der Nation von 100 000 km^2 auf 5000 km^2 *reducciones* (Reservate) geschrumpft.

1641 unterzeichneten die Mapuche mit dem spanischen Königshaus den Vertrag von Killin. Dieses Dokument hielt die territoriale Autonomie dieses und 28 anderer Völker für zwei Jahrhunderte aufrecht. Dennoch metzelten das chilenische und das argentinische Militär Ende des 19. Jhs. schätzungsweise 100 000 Mapuche nieder. Eine Bodenreform zwischen 1965 und 1973 verbesserte die Lage der Urbevölkerung, doch der Militärputsch von 1973 machte den Fortschritt z. T. wieder zunichte. Zwischen 1989, dem Jahr der Wiedereinführung der Demokratie, und 2015 waren den Mapuche bescheidene Erfolge ihres fortgesetzten Kampfes um Wiedergutmachung und Rückgabe ihres Territoriums beschieden, aber die meisten Gerichtsentscheidungen, in denen ihnen Land zugesprochen worden war, wurden durch mächtige wirtschaftliche Interessen umgehend zu Fall gebracht.

Verschiedene Menschenrechtsorganisationen sowie der UN-Sonderberichterstatter sprachen öffentlich über die Verhängung der Assimilierungsgesetze und die fast täglichen Proteste in Temuco. 2010 organisierten Mapuche-Anführer eine Serie von Hungerstreiks. Damit brachten sie ihren Widerstand gegen die Versuche der chilenischen Regierung zum Ausdruck, einige der gewalttätigeren Flügel der Mapuche wie die Coordinadora Arauco-Malleco (CAM) strafrechtlich zu verfolgen. Dieser wird von der Regierung vorgeworfen, in dem andauernden Konflikt Besetzungen, Todesdrohungen und Brandstiftung einzusetzen.

Der Kampf geht weiter: Die chilenische Regierung beschuldigt Mapuche, in Araucanía mehrere Flächenbrände gelegt zu haben, bei denen 2013 sieben Feuerwehrleute ums Leben kamen, außerdem sollen sie als Vergeltung für den umstrittenen Tod des Mapuche-Universitätsstudenten Matías Catrileo, der 2013 bei chilenischen Studentenprotesten von der Polizei getötet wurde, Arsenmorde verübt haben.

❶ An- & Weiterreise

Die meisten Besucher reisen mit dem Bus oder per Flugzeug von Santiago aus nach Süden. Alle größeren Städte der Region besitzen einen Flughafen. Wer in Puerto Montt landet, ist schon sehr weit von Santiago weg und hat sich mit dem kurzen Flug viel Reisezeit im Bus erspart. In Puerto Montt legen auch die Fähren nach Patagonien ab. Am beliebtesten ist die Strecke nach Puerto Natales und zurück.

❶ Unterwegs vor Ort

La Araucanía, Los Ríos und das Seengebiet verfügen über ein hervorragendes Busnetz: Es gibt große Busse, Minibusse, Vans, Minivans und praktisch alles, was sonst noch auf vier Rädern vorstellbar ist. Busfahren ist die einfachste und erschwinglichste Art, sich im Sur Chico zu bewegen. Wer kleine und abgelegene Orte besuchen will, muss zunächst oft in die nächstgrößere Stadt zurückkehren und dort nach der richtigen Verbindung suchen. Die Straßen sind mit Leihwagen befahrbar. In den größeren Städten, wo nicht alles in fußläufiger Entfernung liegt, kann man auf Taxis und gelegentlich auch auf *colectivos* (Sammeltaxis) zurückgreifen.

LA ARAUCANÍA

Temuco

☎ 045 / 262 530 EW.

Sein belaubter, von Palmen bestandener Marktplatz, der hübsche Mercado Municipal und die enge Beziehung zur Kultur der Mapuche machen diesen Ort unter allen Arbeiterstädten des Sur Chico zum angenehmsten Ziel. Zudem ist Temuco die Heimat von Pablo Neruda, einem der einflussreichsten Dichter des 20. Jhs., der die Stadt einmal als Wilden Westen bezeichnete.

◉ Sehenswertes

Museo Regional de La Araucanía MUSEUM
(www.museoregionalaraucania.cl; Av Alemania 084; Erw./Kind 600/300 Ch$; ⊙ Di–Fr 9.30–17.30, Sa 11–17, So 11–14 Uhr) Das kleine dynamische Regionalmuseum befindet sich in einem schönen Gebäude, das 1924 im Grenzlandstil errichtet wurde. Im neu renovierten Ausstellungsbereich im Kellergeschoss erzählen Dauerausstellungen die Geschichte der araukanischen Völker vor, während und nach der spanischen Eroberung. Unter den Exponaten ist auch ein eindrucksvoller Einbaum der Mapuche.

Besucher sollten sich unbedingt in der kleinen Boutique der Fundación Chol-Chol umsehen – das gemeinnützige Fair-Trade-Unternehmen arbeitet mit 600 Landfrauen der Mapuche zusammen, die handgearbeitete Webwaren und Textilien in Spitzenqualität anbieten.

🛏 Schlafen

Temuco ist keine touristisch geprägte Stadt. Die Budgetunterkünfte rund um den Bahnhof und die Feria Pinto kosten nicht viel, kommen aber entsprechend schäbig daher. In den Straßen zwischen Plaza de Armas und Universität gibt's bessere günstige Bleiben, die auch bei Nacht für Frauen sicher zu erreichen sind.

Hospedaje Tribu Piren PENSION $
(☎ 045-298-5711; www.tribupiren.cl; Prat 69; Zi. ohne Bad 15 000 Ch$ pro Pers.; P @ 🛜) Der junge Inhaber Alvaro spricht Englisch und hat in seiner *hospedaje* ein nettes Ambiente für Ausländer geschaffen. Alles ist gepflegt und auf Hochglanz poliert, und die Zimmer (teilweise mit kleiner Terrasse) haben Kabelfernsehen sowie Zentralheizung. Alvaro leitet außerdem Wintersporttouren.

Hospedaje Klickmann PENSION $
(☎ 045-274-8297; www.hospedajeklickmann.cl; Claro Solar 647; Zi. pro Pers. mit/ohne Bad 16 500/13 800 Ch$; P @ 🛜) Die gepflegte, freundliche, familiengeführte Unterkunft ist nur wenige Schritte von mehreren Busunternehmen entfernt.

Hostal Callejón Massmann PENSION $$
(☎ 045-248-5955; www.hostalcm.cl; Callejón Massmann 350; Zi. ab 45 000 Ch$; P 🛜) Einzelreisende sind bei den Zimmerpreisen schlecht dran, ansonsten ist an dieser neuen Mittelklasseunterkunft in einem hübschen Wohnhaus, das die Struktur der Landschaft aufgreift, wirklich nichts auszusetzen. Die zehn Zimmer sind mit stilvollen Möbeln und Daunendecken ausgestattet, und hinterm Haus gibt's eine hübsche Terrasse – und das alles fußläufig zu den besten Restaurants und Nachtbars.

🍴 Essen & Ausgehen

Die besten Restaurants und Bars liegen im Westen der Stadt an der Avenida Alemania und an der Avenida San Martín zwischen Theirs und Trizano – hin kommt man mit den *colectivos* mit der Aufschrift „Av Alemania", die auf der Manuel Montt nach Westen fahren. Günstiges Essen in belebter Atmo-

Temuco

⊙ Sehenswertes
1 Museo Regional de La Araucanía B2

🛏 Schlafen
2 Hospedaje Klickmann D3
3 Hospedaje Tribu Piren D1
4 Hostal Callejón Massmann A2

✕ Essen
5 Feria Pinto F2
6 Gohan Sushi E3
7 La Pampa A3
8 Tradiciones Zuny F1

🍷 Ausgehen & Nachtleben
9 La Fuente A3

🛍 Shoppen
10 Mercado Municipal E2

sphäre gibt's auf dem **Mercado Municipal** (Ecke Bulnes & Portales; ⊙Mo–Fr 10–19, So 11–17 Uhr) und auf der turbulenten **Feria Pinto** (Av Barros Arana; Mahlzeiten 2000–3000 Ch$; ⊙8–19 Uhr), wo Straßenverkäufer *cazuelas* (Eintöpfe), *sopapillas con queso* (traditionelles Fettgebäck mit Käse), Empanadas, Meeresfrüchteeintöpfe und andere leckere Gerichte zubereiten.

★**Tradiciones Zuny** CHILENISCH $
(Tucapel 1374; Gerichte 2000–4000 Ch$; ⊙Mo–Fr 12.30–16.30 Uhr) Temucos bestgehütetes Geheimnis! Frisch zubereitetes ländlich-einfaches Essen gibt's in diesem unterirdischen Stammlokal der Einheimischen, ein Haus im Ethnostil mit indigenen Wandbildern. Leider ist es schwer zu finden – auf das bunte Wandbild mit der Ente und dem Basketball achten –, doch die günstige Chile-Mapuche-Fusionsküche, noch dazu bio, ist echt der Hit! Also nichts wie hin!

Shoppen

In Temuco gibt's Wollwaren (Ponchos, Decken und Pullover), Keramik und Musikinstrumente der Mapuche – wie *zampoñas* (Panflöten) oder Trommeln – zu kaufen. Die beste Adresse ist der Mercado Municipal.

Praktische Informationen

Im *centro* sollte man sich vor Taschendieben in Acht nehmen, insbesondere im Mercado Municipal und in der Feria Pinto. Auch auf Wanderungen am Cerro Ñielol kam es bereits zu Diebstählen. Geldautomaten und Wechselstuben verteilen sich rund um die Plaza de Armas Aníbal Pinto.

Conaf (045-229-8149; Bilbao 931; Mo-Do 9-13 & 14-17.30, Fr bis 16.30 Uhr) Hauptsächlich Verwaltungsbüros, am Infoschalter gibt's jedoch Karten der regionalen Parks.

CorreosChile (www.correos.cl; Ecke Diego Portales & Prat; Mo-Fr 9-19, Sa bis 13 Uhr) Postdienstleistungen.

Hospital Hernán Henríquez Aravena (045-255-9000; www.hhha.cl; Manuel Montt 115; 24 Std.) Sechs Querstraßen westlich und eine nördlich der Plaza de Armas Aníbal Pinto.

Sernatur (045-240-6200; www.sernatur.cl; Ecke Bulnes & Claro Solar; Mo-Fr 9-14, Sa 10-14 Uhr) Nationale Touristeninformation.

Touristeninformation (045-297-3628; www.temucochile.com; Mercado Municipal; Jan. & Feb. Mo-Sa 9-18, So 10-14 Uhr, März-Dez. Mo-Fr 9-18, So bis 14 Uhr) Temuco betreibt zwei nützliche städtische Touristenkioske. Kostenlose Stadtführungen starten dienstags, freitags und samstags um 9.45 Uhr vom Kiosk an der Plaza (Mobil 6238-0660; Plaza de Armas Jan. & Feb. Mo-Fr 9-18, Sa 10-14, So 9-12 Uhr, März-Dez. Mo-Fr 9-18, Sa 10-14 Uhr).

An- & Weiterreise

BUS

Temuco ist eine wichtige Drehscheibe im regionalen Busnetz: Langstreckenlinien starten vom **Terminal Rodoviario** (045-222-5005; Pérez Rosales 01609) am nördlichen Ortseingang, aber die Busgesellschaften haben ihre Ticketschalter überall im Stadtzentrum.

Zu den Unternehmen, die größere Orte an der Panamericana ansteuern, gehören: **Tur-Bus** (045-268-6604; www.turbus.cl; Claro Solar 625) und **Pullman Bus** (045-221-2137; www.pullman.cl; Claro Solar 611), die beide regelmäßig nach Santiago fahren, Pullman Bus auch nach Valparaíso/Viña del Mar; **Cruz del Sur** (045-273-0315; www.busescruzdelsur.cl; Claro Solar 599), das auch in der **Manuel Montt 290** (045-273-0315; www.busescruzdelsur.cl; Manuel Montt 290) vertreten ist und die Insel Chiloé ansteuert; und **Igi Llaima/Nar-Bus** (045-240-7700; www.igillaima.cl; Balmaceda

Gohan Sushi JAPANISCH $$
(www.gohan.cl; España 390; Rollen 2950-6950 Ch$; Mo-Fr 13-15 & 20-24, Sa 13.30-15.30 & 20-24 Uhr;) Das innovative und trendige Sushirestaurant serviert eine große Auswahl an witzigen Sushi-Rollen und Garnelengerichten. Es gibt auch noch eine **Filiale** (www.gohan.cl; Vicuña Mackenna 531).

La Pampa STEAKHAUS $$
(www.lapampa.cl; Av San Martín 0137; Steaks 9200-14 000 Ch$; Mo-Sa 12-16 & 20-24, So bis 15.30 Uhr;) Dieses äußerst stilvolle zweigeschossige Steakhaus ist in Temuco das Toprestaurant für alle, die Appetit auf saftiges Fleisch haben.

La Fuente BAR
(Av San Martín 0265; Sandwiches 4800-6500 Ch$; Mo-Sa 12.30-23.30 Uhr;) Zu den köstlichen Gourmetsandwiches – z. B. El Patagónico und El Alemán – schmeckt das seltenere chilenische Craft Beer besonders gut.

995), dessen Busse über den Halt Balmaceda fahren, wenn man dort die Tickets kauft, ansonsten aber in der Miraflores 1535 starten.

Letztere verkehren u.a. nach Neuquén (Mo, Do & Sa 3 Uhr, Di, Mi, Fr & So 8 Uhr) und San Martín de los Andes in Argentien (tgl. 7 Uhr). **Andesmar** (☎ 045-225-8626; www.andesmar.com) hat seinen Sitz in der Rodoviario und bietet täglich die einzige Verbindung von Temuco nach Bariloche (28 000 Ch$, 8 Std., Di & Sa 10.15 Uhr), ansonsten muss man in Osorno umsteigen.

Vom **Terminal de Buses Rurales** (☎ 045-221-0494; Av Aníbal Pinto 32) geht's zu nahen und regionalen Zielen. Zu den drei Eingängen des Parque Nacional Conguillío geht es von Montag bis Freitag achtmal täglich und deutlich seltener am Sonntag mit dem Nar-Bus nach Melipeuco (1900 Ch$, 2 Std., 8–18.30 Uhr). Vogabus fäht stündlich nach Cherquenco (1400 Ch$, 1½ Std., 8–18.30 Uhr), von dort sind es 17 km per pedes oder per Anhalter bis zur Skilodge in Los Paraguas; und **Buses Curacautín Express** (☎ Mobil 5699-3525) startet siebenmal von Montag bis Freitag und dreimal am Sonntag nach Curacautín (1500 Ch$, alle 30 Min., 6.30–21 Uhr).

Buses JAC (☎ 045-299-3117; www.jac.cl; Ecke Av Balmaceda & Aldunate) hat einen eigenen Busbahnhof und bietet die häufigsten Linienverbindungen nach Villarrica und Pucón, außerdem fährt es nach Santiago, Lican Ray und Coñaripe.

Buses Bio Bio (☎ 045-265-7876; www.busesbiobio.cl; Lautaro 854) fährt stündlich nach Los Angeles und Concepción sowie nach Chillán (tgl. 16.45 Uhr) und Lonquimay (4300 Ch$, 3 Std., 7, 13.15, 17.15 & 19 Uhr).

Beispiele für Fahrzeiten und Mindestpreise (schwanken je nach Ausstattung, Klasse und Saison):

ZIEL	PREIS (CH$)	FAHRTDAUER (STD.)
Castro	12 000	9
Chillán	8500	4
Concepción	7900	4½
Curacautín	1500	2
Neuquén (Arg.)	17 000	12
Osorno	5300	4
Pucón	2900	2
Puerto Montt	6700	6
San Martín de Los Andes (Arg.)	21 000	6
Santiago	12 000	9
Valdivia	4000	3
Valparaíso/ Viña del Mar	19 000	10
Villarrica	2000	1½

FLUGZEUG

Temucos schicker neuer Flughafen **Aeropuerto de La Araucanía** (☎ 045-220-1900; www.aeropuertoaraucania.cl; Longitudinal Sur Kilómetro 692, Freire) liegt 20 km südlich der Stadt in der Nähe von Freire. **LAN** (☎ 600-526-2000; www.lan.com; Bulnes 687; ⊙ Mo–Fr 9–13.30 & 15–18.30, Sa 10–13 Uhr) und **Sky Airlines** (☎ 045-275-7300; www.skyairline.cl; Bulnes 677; ⊙ Mo–Fr 9–19, Sa 10–13 Uhr) fliegen insgesamt siebenmal täglich nach Santiago (ab 62 586 Ch$).

❶ Unterwegs vor Ort

Colectivo 11P und 111 Express fahren vom Stadtzentrum (Claro Solar) zum Busbahnhof (450 bis 600 Ch$). Ein Taxi ab dem *centro* kostet 2300 Ch$. Ein Taxi zum Flughafen kostet um die 15 000 Ch$. Am günstigsten zum Flughafen kommt man mit **Transfer Temuco** (☎ 045-233-4033; www.transfertemuco.cl; 5000 Ch$), einem zuverlässigen Tür-zu-Tür-Shuttleservice.

Parque Nacional Conguillío

Llaima bedeutet auf Mapudungun „Adern aus Blut". Und genau dieses Naturphänomen erlebten Touristen beim Besuch des Parque Nacional Conguillío (Erw./Kind 4500/2500 Ch$) mit seinem hoch aufragenden Volcán Llaima (3125 m) am Neujahrstag 2008. Der Llaima ist das Herzstück des Unesco-Biosphärenreservats (und des darin befindlichen Geoparque Kütralcura), er zählt zu Chiles aktivsten Vulkanen: Seit 1640 brach er mindestens 35-mal aus. 2008 wurde feurige Lava 300 m hoch in die Luft geschleudert, und eine schnell auf 20 km Breite anwachsende Rauchwolke zwang die Nationale Forstbehörde (Conaf), 43 eingeschlossene Touristen und elf ihrer eigenen Mitarbeiter aus dem Schutzgebiet zu evakuieren. Bei einer zweiten Eruption mussten weitere 40 Menschen gerettet werden. Die Mapuche glauben, dass dieser beeindruckende Flammenwerfer ein lebendiger Geist ist, der um zu strafen hustet (ziemlich heftig!) und so die Erde aus dem Gleichgewicht bringt.

Dieser Feuerspuckerei zum Trotz ist der wunderbare 608 km² große Park inzwischen wieder geöffnet. Gegründet wurde er 1950, vorrangig um die Araukarie, die Gebirgsseen, die tiefen Schluchten und die ursprünglichen Wälder zu schützen. Die graubraune zu Lavagestein erstarrte Magma, die sich im Lauf der Jahre angehäuft hat, sorgt in der mondähnlichen Landschaft für dramatische Bilder und eine unheimliche Atmosphäre –

die explosivste Wirkung entfaltet sich Ende April, wenn dazu noch die Blätter in herbstlichen Farben leuchten.

Das Schutzgebiet ist aus drei Richtungen zugänglich. Der erste und kürzeste Weg (80 km) führt direkt östlich von Temuco über Vilcún und Cherquenco; so gelangt man auch zu den Skigebieten im Parksektor Los Paraguas. Die Campingplätze, der zentrale Touristeninformation und der Startpunkt der Wanderwege sind jedoch besser über die nördlicher gelegene Route von Temuco über Curacautín (120 km) zu erreichen.

Der südliche Parkeingang (120 km von Temuco) wird über Melipeuco angefahren. Ab hier wurde quer durch den Park eine Straße zum Nordeingang angelegt, die ebenfalls Zugang zu den Wanderwegen und Campingplätzen bietet. In der Hochsaison ist sie (da Conaf die Straße wartet) für normale Fahrzeuge Richtung Süden gut passierbar. Zu anderen Jahreszeiten und in der Gegenrichtung – mit viel mehr geschotterten Steigungen – kann es zwischen der Laguna Captren und der Laguna Conguillío ziemlich brenzlig werden.

🚶 Aktivitäten

Wandern

Beim Vulkanausbruch 2008 ergoss sich Lava in den südöstlichen Sektor Cherquenco, doch alle markierten Wanderwege des Parks blieben zum Glück verschont. Eine von Chiles schönsten Kurzwanderungen, der **Sendero Sierra Nevada** (eine Strecke 7 km, 3 Std.) zum Fuß der Sierra Nevada, beginnt auf dem kleinen Parkplatz bei der Playa Linda am östlichen Rand der Laguna Conguillío. Die Route steigt stetig in nordöstlicher Richtung an, führt durch dichte Coihue-Südbuchenwälder und passiert zwei Aussichtspunkte mit Blick auf den See; vom zweiten und landschaftlich reizvolleren sind dichte Araukarienbestände zu sehen, die am Gebirgskamm allmählich die Coihue-Südbuchen ablösen.

Die Conaf rät allen Wanderern von der nördlich verlaufenden **Travesía Río Blanco** (eine Strecke 5 km, 5 Std.) ab, da sie sehr viel Erfahrung voraussetzt. Wer sich dennoch dafür interessiert: Im Lonely Planet *Trekking in the Patagonian Andes* wird die Tour ausführlich vorgestellt. Ein Guide ist unerlässlich.

Am Besucherzentrum beginnt der 800 m lange Sendero Araucarias (0,8 km, 45 Min.), der durch sattgrünen Regenwald verläuft.

> **ABSEITS DER ÜBLICHEN PFADE**
>
> ### PARQUE NACIONAL TOLHUACA
>
> Wenn von den umliegenden Bergen die frühmorgendlichen Nebelschwaden aufsteigen, tummeln sich manchmal Scharen von Papageien auf der staubigen Straße zum 64 km² großen **Parque Nacional Tolhuaca** (☎ 045-229-8210; www.parquenacionaltolhuaca.blogspot.com; Ausländer/Chilenen 3500/2500 Ch$) – deutliches Zeichen, dass man sich auf einer wenig befahrenen Strecke befindet. Der Tolhuaca gilt als eines der bestgehüteten Geheimnisse unter allen Nationalparks, denn er ist schwieriger zu erreichen als der nahe gelegene Conguillío. Er erstreckt sich nordöstlich von Temuco am Nordufer des Río Malleco.
>
> Der Park bietet einige schöne Wanderungen in Höhen zwischen etwa 850 m rund um die Laguna Malleco und 1830 m am Gipfel des Cerro Colomahuida. Außerhalb der südöstlichen Parkgrenze erhebt sich der Volcán Tolhuaca (2806 m).

Von der Laguna Verde windet sich ein kurzer Pfad zum friedlichen Strand La Ensenada. Der nur 800 m lange Cañadon Truful-Truful (30 Min.) schlängelt sich durch den Cañon, in dem die strömenden Wasser des Río Truful-Truful Gesteinsschichten in verschiedenen Farben freigelegt haben. Sie veranschaulichen die zahlreichen Eruptionen des Llaima. Über den benachbarten Sendero Los Vertientes (0,8 km, 30 Min.) gelangt man außerdem zu einer Lichtung mit sprudelnden Quellen.

Klettern

Erfahrene Bergsteiger können sich vom **Sector Los Paraguas** auf der Westseite an den Volcán Llaima wagen. Dort steht an der Straße von Cherquenco ein *refugio* (schlichte Unterkunft). Die Alternative zu dieser Route ist der Zugang über Captrén auf der nördlichen Seite. Eine Klettergenehmigung ist zwar nicht notwendig, man muss sein Vorhaben aber bei Conaf registrieren und eine Verzichtserklärung unterschreiben, die diese aus der Verantwortung entlässt.

Üblicher ist die Besteigung des Vulkans von der Captrén-Seite aus; dort ist man während der ganzen Tour im Blickfeld der Parkranger.

Skifahren

Centro de Ski Las Araucarias SKIFAHREN
(045-227-4141; www.skiaraucarias.cl; Liftpreise halb-/ganztägig 19 000/24 000 Ch$) Der Sektor Los Paraguas bietet zwar gerade mal drei Abfahrten, trotzdem macht es Spaß, in der stillen und landschaftlich reizvollen Gegend einen Tag auf Skiern zu verbringen. Leihausrüstung (darunter auch Snowboards) kostet 15 000 Ch$ pro Tag.

Schlafen

Das Centro de Ski Las Araucarias bietet vier Übernachtungsoptionen direkt auf dem Berg. Reservierungen nimmt das Skizentrum entgegen.

Sendas Conguillío CAMPINGPLATZ, CABAÑAS $
(www.parquenacionalconguillio.cl; Camping pro Stellplatz 5000–40 000 Ch$, cabañas ab 90 000 Ch$) Sendas Conguillío betreibt im Park eine Conaf-Konzession fünf Campingplätze rund um das Südufer der Laguna Conguillío und das Nordwestufer der Laguna Captrén. Darunter befindet sich ein spezieller Campingbereich nur für Backpacker (Stellplatz 5000 Ch$). Komfortablere Hütten gibt's ebenfalls.

★ La Baita BOUTIQUE-LODGE $$
(045-258-1073; www.labaitaconguillio.cl; EZ/DZ 48 000/61 000 Ch$, cabañas 4/6 Pers. 58 000/70 000 Ch$;) Diese Anlage in einem unberührten Wald gleich außerhalb des südlichen Parkgrenze ist Teil eines Ökotourismusprojekts. Sie umfasst acht schöne Hütten mit langsam brennenden Öfen, Strom- und Warmwasserversorgung aus Solarenergie sowie eine sehr gemütliche Lodge mit Weihrauchduft, ein Restaurant, sechs Zimmer mit Duschkabinen aus Granit und Designwaschbecken, einen angenehmen Massageraum, einen Whirlpool im Freien und eine Sauna.

Inhaberin ist die charmante Isabel Correa, eine ehemalige Sängerin mit Hippie-Flair, die jeden Abend bei Wein und Yoga ihre Gäste unterhält, wenn sie nicht gerade in Santiago ist. Zum Programm gehören außerdem Mountainbikes, Kajakfahrten und Trekkingtouren. Die Unterkunft liegt 16 km von Melipeuco und 60 km von Curacautín entfernt.

Praktische Informationen

Centro de Información Ambiental (www.geachile.sernageomin.cl; Laguna Conguillío; 16. Dez.–März 8.30–21.30 Uhr, April–15. Dez. 8.30–13 & 14.30–18 Uhr) Das Centro de Información Ambiental der Conaf bietet vor allem in den Sommermonaten (Jan. und Feb.) ein abwechslungsreiches Programm mit Diavorstellungen und Vorträgen zu Umweltthemen, Wanderungen in die Sierra Nevada und Ausflügen speziell für Kinder. Außerdem gibt's hier gute Wanderkarten und zahlreiche Infos zum Geoparque Kütralcura.

An- & Weiterreise

In Richtung Sektor Los Paraguas fährt Vogabus stündlich vom Terminal de Buses Rurales in Temuco nach Cherquenco (1400 Ch$, 1½ Std., 8–18.30 Uhr). Von hier sind es 17 km zu Fuß oder per Anhalter zur Skilodge Los Paraguas.

Zum Nordeingang an der Laguna Captrén fährt Buses Curacautín Express (S. 245) ab Curacautín, und zwar montags und freitags viermal täglich (800 Ch$, 1 Std., 6, 9, 14 & 18 Uhr) und dienstags, mittwochs und donnerstags zweimal (6 & 18 Uhr). Der Bus hält an der Parkgrenze bei der Guardería Captrén, von dort sind es bis zum Parkeingang 12 km zu Fuß.

Im Winter fährt der Bus so weit, wie es die Witterungsverhältnisse zulassen. Alternativen für die Fahrt ab Curacautín sind Taxis für 25 000 Ch$, die Mitnahme eines Fahrrads auf dem Bus oder eine Tagestour vom Hostal Epu Pewen für insgesamt 80 000 Ch$ pro Nase.

Wer zum Südeingang am Truful-Truful will, reist mit **Nar-Bus** (045-211-611; www.narbus.cl), dessen Busse achtmal täglich von Temuco nach Melipeuco (1900 Ch$, 2 Std.) verkehren.

Curacautín

045 / 16 508 EW.

Curacautín dient als nördliches Tor zum Parque Nacional Conguillío. Das Serviceangebot ist hier besser als in Melipeuco und auch die Auswahl an Unterkünften überzeugt. Dennoch ist man an der Straße nach Lonquimay besser aufgehoben, von dort lassen sich die drei Parks in der Region bequemer besuchen.

Schlafen & Essen

Hostal Epu Pewen HOSTEL $
(045-288-1793; www.epupewen.cl; Manuel Rodríguez 705; B 9000 Ch$, DZ 26 000 Ch$;) Ein liebenswertes Mapuche-Pärchen leitet dieses hervorragende Hostel. Es ist sauber und komfortabel und verfügt über allerlei ethnische Elemente wie mit *kultrún* (Zeremonialtrommeln) geschmückte Bad- und Wandfliesen sowie unkonventionelle Details wie Waschbeckenständer aus Raulibaumholz Es gibt Leihfahrräder (ganzer Tag 12 000 Ch$), außerdem können alle Touren und Aktivitäten im Park organisiert werden. Man spricht Englisch und Französisch.

Terra Cafe CAFÉ $
(Arturo Prat 539; Mahlzeiten 3500–7900 Ch$; ⊙Mo-Do 9–21, Fr & Sa bis 1 Uhr; 🛜) Die Ambitionen dieses süßen Cafés reichen weit über die Stadt hinaus. Das täglich wechselnde Speisenangebot steht auf einer Kreidetafel und bietet schön präsentierte Hauptgerichte, darunter auch ein paar Überraschungen wie Lachs-Ceviche auf Thai-Art. Außerdem gibt's gute Espressi und Desserts. Am Wochenende ist lange geöffnet, denn dies ist einer der netteren Treffs in der Stadt für Cocktailfans.

❶ Praktische Informationen

Touristeninformation (📞 045-288-2102; www.destinocuracautin.cl; Manuel Rodríguez s/n; ⊙Jan.–Feb. 8.30–21 Uhr, März–Dez. Mo-Sa 8.30–18, So 9.30–13.45 Uhr) Hier bekommt man Broschüren und Auskünfte über den Park sowie zu den Unterkünften im Ort.

❶ An- & Weiterreise

Der Busbahnhof liegt direkt an der Schnellstraße nach Lonquimay. **Buses Bio Bio** (📞 045-288-1123; www.busesbiobio.cl) fährt täglich um 8 Uhr und von Montag bis Freitag um 7.55 und 13.15 Uhr auf der schnellsten Route über Lautaro nach Temuco (1500 Ch$, 1½ Std.). **Buses Curacautín Express** (📞 045-225-8125) fährt ebenfalls über Lautaro nach Temuco (1500 Ch$, 1½ Std. alle 30 Min., 5.45–20.30 Uhr). **Tur-Bus** (📞 045-268-6629; www.turbus.cl; Serrano 101) bietet täglich zwei Direktbusse nach Santiago (9100–21 000 Ch$, 20.50 & 21.12 Uhr).

Zu den Unterkünften an der Straße nach Lonquimay gelangt man mit **Buses Flota Erbuc** (📞 Mobil 7632-5232), dessen Busse sechsmal täglich nach Malalcahuello verkehren und Passagiere überall auf der Strecke aussteigen lassen (800 Ch$).

Reserva Nacional Malalcahuello-Nalcas

Die 303 km² große **Reserva Nacional Malalcahuello-Nalcas** (Erw./Kind 1000/500 Ch$) im Norden der Ortschaft Malalcahuello umfasst die beiden Schutzgebiete Malalcahuello und Nalcas, liegt am Weg nach Lonquimay und berührt fast die Grenze des Parque Nacional Tolhuaca. Sie liegt zwar nicht an der großen Parkrunde, birgt aber dennoch eine der spektakulärsten Landschaften des Sur Chico: eine schwarzgraue Wüstenlandschaft aus Asche und Sand.

Touristische Informationen findet man auf der hervorragenden Website der **Cámara de Turismo** (www.malalcahuello.org).

◉ Sehenswertes & Aktivitäten

Der wenig anspruchsvolle 1,5 km lange Wanderweg zum **Cráter Navidad** (1,5 km, 2 Std.), der zuletzt am ersten Weihnachtsfeiertag 1988 rauchte, führt in eine an den Planeten Mars erinnernde Landschaft. Reste von Magma und Asche tauchen alles in rötliches Licht. Eine grandiose Kulisse bilden in der Ferne die Vulkane Lonquimay, Tolhuaca und Callaqui.

Die **Piedra Santa** (7,5 km, 5 Std.) ist am leichtesten zugänglich und der erste Abschnitt des längeren Sendero Laguna Blanca. Von der Piedra Santa zweigt der **Sendero El Raleo** (3,5 km, 2 Std.) ab und verläuft durch Coihue-Südbuchenwald und importierte Kiefern. Der Pfad beginnt beim kleinen **Infozentrum** (📞 Mobil 9545-2224; Camino Internacional, Km 82) der Conaf an der Straße nach Lonquimay unweit der Straße zum Dorf Malalcahuello. An allen Wanderwegen ist wildes Campen erlaubt.

Die Westgrenze des Schutzgebiets berührt den Volcán Tolhuaca, während der Volcán Longuimay die beiden Reservate voneinander trennt. Im Parkareal Nalcas erreicht man den **Sendero Tolhuaca** (40 km, eine Strecke ganzer Tag) nur vom **Sendero Laguna Blanca** (40 km, eine Strecke zwei Tage) aus, der quer zum westlichen Hang des Volcán Lonquimay verläuft und an einem sensationellen aquamarinblauen See am Fuß des Volcán Tolhuaca außerhalb der westlichen Parkgrenze endet. Von hier aus genießt man eine großartige Aussicht auf beide Vulkane. Eine alte holzwirtschaftliche Straße verbindet den Wanderweg mit den weiter westlich liegenden **Termas Malleco** (📞 045-24-1111; www.termasmalleco.cl; Zi. inkl. VP 79 000 Ch$ pro Pers.) und der Laguna Verde im Parque Nacional Tolhuaca (die Pfade sind allerdings schwer zu finden, deshalb raten wir, einen Guide zu engagieren).

Berg- & Skiresort Corralco SKIRESORT
(📞 02-2206-0741; www.corralco.com; Lifttickets halber/ganzer Tag 25 900 Ch$/34 900 Ch$; 🛜) Die zahlreichen Pisten und die schönere Landschaft hier bieten Wintersportlern bessere Bedingungen als Conguillío. Ein weiteres Plus ist die neue Infrastruktur, die auch das 2013 eröffnete Valle Corralco Hotel & Spa gehört. Es hat 64 tolle Zimmer (in der Hochsaison mit Vollpension ab 253 684 Ch$), eine Bar, ein Restaurant (sowie in der Saison zwei provisorische Cafés auf dem Berg) und ein Spa.

Hierher gelangt man über die Abzweigung 2 km östlich von Malalcahuello an der Straße nach Lonquimay. Leihausrüstung kostet 32 000 Ch$.

Sled Chile SNOWMOBILFAHREN
(Mobil 9541-3348; www.sledchile.com) Dieser aufsteigende Abenteuerspezialist bietet maßgeschneiderte adrenalingeschwängerte Tiefschneetouren mit Snowmobilen und/oder Splitboards.

Cañón del Blanco THERMALQUELLEN
(Mobil 7668-4925; www.canondelblanco.cl; Eintritt 10 000 Ch$; März–Nov. Mo–Do 11–19, Fr–So bis 22 Uhr, Dez.–Feb. Mo–Do 11–23, Fr–So bis 24 Uhr) An der gleichen Straße wie das Andenrose kommt nach 16 km dieses neue Thermalbad mit schön gestalteten Becken. Es liegt herrlich im Wald.

Schlafen & Essen

In dieser Gegend hat sich in jüngster Zeit viel getan, besonders entlang der Straße nach Corralco, das jetzt auch seinen Anteil an Berghotels, *cabañas,* Agenturen für Tiefschneeabenteuer und Sportgeschäften hat.

Andenrose LODGE $$
(Mobil 9869-1700; www.andenrose.com; Camino Internacional Km 68,5; EZ/DZ ab 35 000/ 45 000 Ch$, Apt. & cabaña ab 55 000 Ch$; P) Eine Unterkunft im bayerischen Stil mit Bauholz aus nachhaltiger Forstwirtschaft und vielen unverputzten Steinmauern. Das Haus wird von einem gastfreundlichen Süddeutschen geleitet und befindet sich am Rio Cautín. Nach einer unlängst erfolgten Renovierung bietet die Lodge zwei Zimmer, drei komplett ausgestattete Apartments sowie zwei *cabañas,* die wunderbar in einem Feld mit Lavendel und Gänseblümchen liegen.

Für Heimwehkranke gibt's wunderbare Drei-Gänge-Menüs, etwa mit Kalbsgulasch und Spätzle oder mit Schweinemedaillons. Auch auf ein reichhaltiges Frühstück muss niemand verzichten. Daneben werden interessante Reitausflüge, Jeeptouren und Exkursionen in die Umgebung organisiert.

Suizandina Lodge LODGE $$
(045-197-3725; www.suizandina.com; Camino Internacional Km 83; Stellplatz pro Pers. 8000 Ch$, B 18 000 Ch$, EZ/DZ/3BZ ab 39 000/54 000/ 64 000 Ch$; P@) Ein gastfreundliches Schweizer-chilenisches Paar führt das Suizanina mit vielen deutschen Mitarbeitern. In den geräumigen Unterkünften mit fantastischen Bädern wird Sauberkeit großgeschrieben. Wein und Minikuchen gehen scheinbar nie aus. Die Speisekarte bietet exzellente Schweizer Spezialitäten wie Rösti, Fondue und Raclette (spezieller geschmolzener Käse über Kartoffeln). Der Besitzer legt einen Fokus auf Massagen und Reiten, denn er ist Physiotherapeut und Pferdeliebhaber, aber auch für Skitouren ist die Lodge ein toller Ausgangspunkt.

La Esfera RESTO-BAR $$
(www.vorticechile.com; Km 69,5 de la Ruta Internacional, Vórtice Eco-Lodge; Menü 9000–11 000 Ch$; 8–24 Uhr, Bar Fr & Sa bis 2 Uhr;) Ein Besuch in dieser Holzkuppel in einem Outdoorabenteuer-Komplex lohnt vor allem wegen der andinen Mapuche-Fusionsküche des Pewenche-Kochs Ariel Ñamcupil, der erstaunlich preiswerte Gourmetgerichte auftischt und dabei die traditionellen Zutaten seines Stammes verwendet. Spezialitäten sind Räucherfleisch und –fisch sowie ungewöhnliche Desserts wie Rote-Beete- oder Haselnuss-Wildrosen-(*rosa mosqueta-*)Eis.

An- & Weiterreise

Östlich von Malalcahuello passiert die Straße den engen einspurigen 4527 m langen Túnel Las Raíces, einen umgebauten Eisenbahntunnel von 1930, der ins Einzugsgebiet des oberen Biobío mündet und sich einen Platz in der Geschichte als längster Tunnel Südamerikas erobert hat. Schließlich erreicht die Straße den 1884 m langen Paso Pino Hachado, einen Grenzübergang, der zu den argentinischen Städten Zapala und Neuquén führt.

Malalcahuello-Nalcas ist am besten im Rahmen einer Tour oder mit dem Taxi ab Curacautín zu erreichen. (25 000 Ch$), allerdings hat sich der Zustand der Straße so weit verbessert, dass sie auch mit einem normalen PKW befahrbar ist.

Melipeuco

045 / 5590 EW.

Melipeuco, das südliche Tor zum Parque Nacional Conguillío, liegt 90 km östlich von Temuco und ist über Cunco zu erreichen. Hier ist man näher am Schutzgebiet als in Temuco und kann herrliche Tagesausflüge unternehmen, allerdings lässt sich mit der längeren Anfahrt die unwirkliche Atmosphäre des Parks unmittelbarer erleben.

Geführte Touren

Sendero Aventuras Andes OUTDOORAKTIVITÄTEN
(Mobil 9055-2284; www.senderoaventurasandes. cl; Pedro Aguirre Cerda 384) Hat seinen Sitz im

Hostal Sendero Andes und arrangiert Besteigungen des Volcán Llaima (85 000 Ch$ für bis zu 4 Pers.), Touren zur Caldera und zum Gletscher bei Sollipulli (70 000 Ch$ für bis zu 5 Pers.), Tagestouren in den Nationalpark (40 000 bis 60 000 Ch$) sowie spektakuläre Canyoning-Trips zu den Geysiren bei Alpehue (80 000 Ch$ für bis zu 4 Pers.).

Schlafen

Hostal Sendero Andes PENSION $
(045-258-1306; www.senderoaventurasandes.cl; Pedro Aguirre Cerda 384; Zi. ohne Bad 16 000 Ch$ pro Pers.; P@🛜) Die beste Unterkunft ist dieses freundliche Hostel mit Berghüttenatmosphäre, einladender Bar und Restaurant (gute Burger!). Auf knarzenden Dielen geht's nach oben zu ordentlichen Zimmern, wie sie für eine Kleinstadt im Sur Chico typisch sind.

Nur für den Fall, dass man niemanden mehr antrifft: Der Englisch sprechende Besitzer Fernando plant, mit dem gesamten Hostal aufs Land zu ziehen.

Praktische Informationen

An der Pedro Aguirre Cerda befindet sich ein Geldautomat der Banco Estado.
Touristeninformation (045-258-1075; Pedro Aguirre Cerda s/n; Jan.–Feb. Di–So 8.30–13 & 14–19 Uhr, März–Nov. Di–So 8.30–13 & 14–17.30 Uhr) Freundliche Touristeninformation.

An- & Weiterreise

Vom Terminal de Buses Rurales in Temuco fährt Nar-Bus montags bis samstags täglich achtmal nach Melipeuco (1900 Ch$, 2 Std.). Sonntags fahren deutlich weniger Busse.

Villarrica

045 / 49 184 EW.

Anders als Pucón ist Villarrica, der wilde Nachbarort am anderen Ufer des windgepeitschten Lago Villarrica, lebendig und betriebsam. Es verströmt zwar weniger Charme, kommt dafür aber bodenständiger daher. Außerdem gibt's keinen hektischen Reisegruppentourismus und auch die Preise sind vernünftiger.

Die neue *costanera* (Uferpromenade) wurde nach dem Erdbeben 2010 in Concepción gebaut und ist mit dem neuen künstlichen schwarzen Sandstrand, dem ersten in Chile, ziemlich eindrucksvoll. Da man hier die gleichen Aktivitäten wie in Pucón buchen kann, ist der Ort eine ansprechende Alternative für alle, die es weniger touristisch mögen.

Sehenswertes & Aktivitäten

Villarricas neue *costanera* und der neue Strand Playa Pucará laden zu idyllischen Spaziergängen ein. Einfach bei einem Straßenverkäufer einen *mote con huesillo* (Drink mit Weizenkernen und Pfirsich) holen und herumschlendern.

Museo Histórico Municipal MUSEUM
(Av Pedro de Valdivia 1050; Mo–Fr 9–13 & 14.30–18 Uhr) Im Museo Histórico y Arqueológico hinter der Touristeninformation sind Mapuche-Artefakte wie Schmuck, Musikinstrumente und grobe Holzmasken ausgestellt.

⭐ Aurora Austral Patagonia Husky HUNDESCHLITTEN
(Mobil 8901-4518; www.auroraaustral.com; Camino Villarrica–Panguipulli Km 19,5) Die Huskyfarm unter deutscher Leitung liegt ca. 19 km von Villarrica an der Straße nach Lican Ray. Hier warten über 50 der wohl niedlichsten Siberian und Alaskan Huskys darauf, Besucher auf die Fahrt ihres Lebens mitzunehmen. Im Winter locken Tagesausflüge (66 000 Ch$) und eine atemberaubende siebentägige Tour durch die Anden (all-inclusive 2 100 000 Ch$).

Im Sommer werden 6 km lange Exkursionen samt Barbecue (33 000 Ch$) sowie Husky-Trekkingtouren zum Volcán Villarrica (48 000 Ch$) angeboten. Echte Hundeliebhaber können hier draußen oder in drei hübschen Hütten (40 000–60 000 Ch$) übernachten. Freiwillige, die vier bis zwölf Wochen bleiben, sind ebenfalls willkommen.

Feste & Events

Muestra Cultural Mapuche KULTUR
Präsentiert im Januar die Arbeiten regionaler Kunsthandwerker sowie die Musik und rituellen Tänze der Ureinwohner.

Schlafen

Etwa sechs Campingplätze säumen die Straße zwischen Villarrica und Pucón.

La Torre Suiza HOSTEL $
(045-241-1213; www.torresuiza.com; Bilbao 969; B 10 000, EZ/DZ ab 18 000/22 000 Ch$; P🛜) Neue Besitzer und ein neues Management stellen sich der nicht gerade einfachen Aufgabe, die Hostelatmosphäre in dieser einstigen Travellerinstitution der Stadt weiterhin zu pflegen. Nach wie vor ist die Berghütte aus Holz mit komplett ausgestatteter Küche die beste Option, wenn man Lust auf geselliges Travellerflair hat.

Villarrica

Villarrica

⊙ Sehenswertes
1 Museo Histórico Municipal C3

🛏 Schlafen
2 Hostal Don Juan B3
3 La Torre Suiza B3

✴ Essen
4 Brazas D2
5 El Sabio C2
6 Huerto Azul C2
7 The Travellers C2

🛍 Shoppen
8 Centro Cultural Mapuche C3
9 Feria Artesanal C3
10 Pueblito Artesanal D1

Das Haus ist ziemlich hellhörig, und auf einige Annehmlichkeiten wie z. B. Wasserverkauf, spätes Frühstück oder Seife im Bad muss man verzichten, doch die traditionelle Rustikalität des Hostels hat Charme und die freundlichen neuen Besitzer arbeiten (hoffentlich) noch an den Details.

Hostal Don Juan GASTHOF $
(📞 045-241-1833; www.hostaldonjuan.cl; General Körner 770; EZ/DZ 28 000/35 000 Ch$, ohne Bad 20 000/27 000 Ch$; @🛜) An dem großen, vom freundlichen Besitzer selbst gestalteten *fogón* (Außenofen) treffen sich die Traveller. Von einigen Zimmern im zweiten Stock genießt man eine traumhafte Aussicht auf den Vulkan.

Hostería de la Colina GASTHOF $$
(📞 045-241-1503; www.hosteriadelacolina.com; Las Colinas 115; EZ/DZ 69 000/72 000 Ch$, Suite 105 000 Ch$; 🅿@🛜) Die pfiffige *hostería* (Gasthof) mit Restaurant im Südwesten der Stadt ist von einem mit unglaublicher Gründlichkeit gepflegten üppig grünen Gelände samt gewaltigem Ausblick umgeben. Ohne zu zögern haben die neuen Besitzer, die aus USA nach Chile eingewandert sind, das Haus nach 25 Jahren von den früheren amerikanischen Inhabern übernommen.

Die Zimmer im Haupthaus sind klassisch eingerichtet, dagegen bieten die beiden unabhängigen Suiten mehr Privatsphäre und modernes Interieur. Nachmittags gibt's kleine Überraschungssnacks wie Räucherlachs oder Biowild-Salami. Die kleine täglich wechselnde saisonale Karte des Restaurants bietet Delikatessen wie hervorragendes Biowild, Forelle in Haselnusskruste oder hausgemachtes Eis in zwölf Geschmacksrichtungen. Es zählt zu den besten im Sur Chico und ein Essen dort lohnt schon allein die Fahrt hierher.

✕ Essen

★ The Travellers   RESTO-BAR $
(www.thetravellers.cl; Valentín Letelier 753; Hauptgerichte 4250–8500 Ch$; ⊙ Mo–Sa 9–4 Uhr; 🛜) Chinesisch, mexikanisch, thailändisch, indianisch, italienisch – in der besonders bei ausländischen Gästen beliebten Bar können sich die Gäste fast auf eine kulinarische Weltreise begeben. Nach gründlicher Neugestaltung sorgen klassische Albumcover und Postkarten von *amigos* aus der ganzen Welt für ein modernes Erscheinungsbild, zudem wurde eine große Terrasse angebaut.

Es gibt Besucherinfos auf Deutsch und Englisch sowie günstige Cocktails (fantastische Himbeer-Mojitos!) zur verlängerten Happy Hour (18–22 Uhr).

El Sabio   PIZZA $
(www.elsabio.cl; Zegers 393; Pizzas 5700–6900 Ch$; ⊙ Mo–Sa 12.30–16 & 18.30–22 Uhr; 🛜) Das von einem freundlichen argentinischen Paar betriebene Lokal wartet mit fantastischen rechteckigen Pizzas auf, die im Ganzen auf kleinen Brettern serviert werden. Alle Klischees über chilenische Pizzas kann man hier getrost über Bord werfen.

Huerto Azul   DESSERTS $
(www.huertoazul.cl; Henríquez 341; 800–4990 Ch$; ⊙ 9.30–21.30 Uhr) Dieser wunderbare leuchtend blaue Feinkostladen mit Eiscafé verleitet wohl jeden Gast zu zuckersüßen Sünden.

Hausgemachte Marmeladen und Chutneys schmücken die Wände, eine große Auswahl belgischer Schokoladenriegel aus eigener Produktion füllt die Vitrinen, und vor der Tür stehen Einheimische nach dem hausgemachten italienischen Eis Schlange (Tipp: das antioxidative *maqui*, eine Art neues *açaí*).

Brazas   CHILENISCH $$$
(www.brazas.cl; General Körner 145; Hauptgerichte 8600–15 550 Ch$; ⊙ Dez.–Feb. 12.30–16 & 18.30–23.30 Uhr, März–Nov. Mo–Sa 12.30–16 & 18.30–23.30, So bis 16 Uhr; 🛜) Dieses gehobene Restaurant hat alles: für den Sur Chico absolut überdurchschnittlichen Service, von den Erkerfenstern Bilderbuch-Sonnenuntergänge über dem Vulkan, und vor allem das wunderbare Essen dazu. Den Schwerpunkt bilden erstklassige Steaks, doch auch der Rest auf der Gourmetkarte hat es in sich, besonders die karamellisierten Stücke saftiger Schweinerippen, deren Fleisch sich fast von selbst vom Knochen löst, während man immer wieder den Blick übder den See schweifen lässt.

🛍 Shoppen

Rund um die Touristeninformation gibt's eine hohe Dichte an *artesanía* (Kunsthandwerk) – im **Centro Cultural Mapuche** (Ecke Pedro de Valdivia & Zegers; ⊙ 10–23 Uhr), auf der **Feria Artesanal** (Acevedo 565; ⊙ Jan.–Feb. 10–24 Uhr, März–Dez. 10–21 Uhr) und im **Pueblito Artesanal** (Ecke Prat & Körner; ⊙ Jan.–Feb. 10–24 Uhr, März–Dez. 10–21 Uhr) sollte man nach von den Mapuche gefertigten Figuren aus Lorbeerbaumholz und Schalen aus dem Holz der Rauli-Südbuche Ausschau halten.

ⓘ Praktische Informationen

In der Nähe der Ecke Pedro Montt und Avenida Pedro de Valdivia findet man viele Banken mit Geldautomaten.

Hospital Villarrica (San Martín 460; ⊙ 24 Std.) Kleines Krankenhaus in der Stadt.

Oficina de Turismo (☎ 045-220-6619; www.visitvillarrica.cl; Av Pedro de Valdivia 1070; ⊙ Mo–Fr 8.30–13 & 14.30–18, Sa & So 10–16 Uhr) Städtisches Informationsbüro mit hilfsbereitem Personal und vielen Broschüren.

CorreosChile (www.correos.cl; Anfión Muñoz 315; ⊙ Mo–Fr 9–13 & 14.30–18, Sa 9–12.30 Uhr) Postdienstleistungen.

ⓘ Anreise & Unterwegs vor Ort

Die meisten Fernbusunternehmen haben in der Nähe des zentralen **Busbahnhofs** (Av Pedro de Valdivia 621) separate Büros und Haltestellen. Die Preise für Langstrecken sind mit denen im eine Stunde entfernten Temuco vergleichbar, wo es allerdings eine deutlich größere Auswahl an Reisemöglichkeiten in den Süden gibt. Vom Busbahnhof, der eigentlich nur ein Parkplatz ist, fährt **Buses Vipu-Ray** (☎ Mobil 6835-5798) alle 25 Minuten nach Pucón (6.50–21.15 Uhr). **Buses Coñaripe** (☎ Mobil 7125-8183) steuert den ganzen Tag Lican Ray (800 Ch$, 45 Min., 6.50–20.55 Uhr) und Coñaripe (1100 Ch$, 1 Std., 6.50–20.55 Uhr) an. Busse von **Buses Villarrica** (☎ 045-241-4468) fahren nach Temuco (alle 30 Min., 6.40–20 Uhr).

Von den jeweiligen Busbahnhöfen starten folgende Busse: **Buses JAC** (☎ 045-246-7775; www.jac.cl; Bilbao 610) fährt alle 30 Minuten nach Pucón und alle 20 Minuten nach Temuco; Busse nach Puerto Montt und Puerto Varas fahren mindestens zweimal täglich (8.40 & 16.45 Uhr), nach Valdivia sechsmal täglich.

Tur-Bus (☎ 045-220-4102; www.turbus.cl; Anfión Muñoz 657), **Pullman Bus** (☎ 045-241-4217; www.pullman.cl; Ecke Anfión Muñoz & Bilbao) und Buses JAC bieten die häufigsten Verbindungen nach Santiago; Tur-Bus hat auch zwei Nachtbusse nach Viña del Mar/Valparaíso (20.15 & 20.45 Uhr) sowie nach Chillán (22 & 0.15 Uhr).

Igi Llaima (045-241-2753; www.igillaima.cl) fährt vom Busbahnhof zu mehreren Orten in Argentinien. Montags bis samstags geht's um 9 Uhr und sonntags um 11.30 Uhr nach San Martín de los Andes, Zapala sowie Neuquén mit Umsteigen in Junín. **Buses San Martín** (045-241-9673; Pedro León Gallo 599) bedient dieselbe Strecke von Dienstag bis Sonntag um 8 Uhr.

Ab Villarrica gelten u. a. folgende Reisezeiten und Mindestpreise (die Preise schwanken je nach Ausstattung der Busse, Klasse und Saison):

ZIEL	PREIS (CH$)	FAHRTDAUER (STD.)
Chillán	10 200	5
Los Angeles	8200	4
Pucón	800	¾
Puerto Montt	8600	5
San Martín de los Andes (Arg.)	12 000	5
Santiago	23 000	10
Temuco	1800	1
Valdivia	4300	3
Viña del Mar/ Valparaíso	16 100	15

Pucón

045 / 22 081 EW.

Pucón gilt als Mekka für Adrenalinjunkies und liegt unter den schwelenden Blicken des Volcán Villarrica am schönen Lago Villarrica. Vom einstigen sommerlichen Tummelplatz der chilenischen Reichen wandelt sich die Stadt allmählich zu einer ganzjährig werkelnden Abenteuerfabrik, die alle Einkommensklassen bedient. Besonders im Februar, den man nach Möglichkeit meiden sollte, ist der Ort völlig überlaufen. Dann rollen Flutwellen aus Pauschaltouristen, Urlaubern aus Santiago, brasilianischen Snowboard-Novizen, Rucksackreisenden, New-Age-Anhängern auf der Suche nach etwas Spirituellem sowie abgespannten ehemaligen Aktivisten und heutigen Ökopionieren an.

Wirkt die Popularität auch auf viele abschreckend, so kann Pucón doch mit der für eine Kleinstadt am besten entwickelten touristischen Infrastruktur südlich von Costa Rica glänzen. Das bedeutet hochwertige Unterkünfte, effiziente Reisebüros, unzählige Aktivitäten und Exkursionen, vegetarische Restaurants, Falafel-Imbisse, Kleinbrauereien und Hunderte Zugezogene aus der ganzen Welt.

Wie an jedem anderen Ort in der Region sind die Urlaubermassen im Winter etwas geringer, wenn Ski- und Snowboardfahren im Fokus stehen. Wenn sie nicht gerade wandern, reiten oder klettern, steuern zahlreiche Besucher im Sommer Pucóns wunderbaren schwarzen Sandstrand an, der sich hinter dem Gran Hotel Pucón versteckt und geradewegs den Tropen entsprungen zu sein scheint!

 Aktivitäten

Manch einer erhält in Pucón schon den ersten schweren Adrenalinstoß, noch bevor er sich überhaupt in irgendeine Aktivität gestürzt hat – allein die große Zahl der Veranstalter entlang der Avenida O'Higgins und die Fülle der rund um Pucón möglichen Aktivitäten kann einen glatt überfordern. Standardangebote wie Bergwanderungen am Villarrica und Rafting am Río Trancura gibt's viele, man sollte aber auch über Alternativen nachdenken – solche, die es ermöglichen, die Region fern vom Massentourismus kennenzulernen, beispielsweise im Rahmen eines Ausritts, einer Radtour, einer Schneeschuhwanderung oder einer geführten Exkursion in einem der kleineren Naturschutzgebiete.

Klettern

Cerduo am Fuß des Volcán Villarrica bietet 15 unterschiedliche Routen, die von 5,8 bis 5,12d reichen. Sportklettern ist ebenso möglich wie traditionelles Klettern – und das alles inmitten von Urwald. Intensivere und körperlich anspruchsvollere Kletterei erwartet einen im unberührten Las Peinetas an der argentinischen Grenze, wo die Routen fünf bis sechs Seillängen lang sind und der Durchstieg bis zu zwölf Stunden dauern kann. Bis zum Klettereinstieg muss man eine Wanderung von drei Stunden auf sich nehmen. Erfahrene und zertifizierte Guides beschäftigt der im Folgenden vorgestellte Veranstalter Summit Chile, der Touren für ambitionierte Kletterer arrangiert und für jedes Niveau Unterricht erteilt. Überdies hat der Inhaber Claudio Retamal bei Cerduo fünf Routen selbst erschlossen.

Mountainbiken

Mountainbikes gibt's überall in der Stadt zu leihen. Die Preise für einen Tag sind verhandelbar und sollten nicht höher als zwischen 8000 und 10 000 Ch$ liegen – sofern es sich nicht gerade um ein nagelneues Rad mit Vollfederung handelt.

Größter Beliebtheit erfreut sich die Ojos-de-Caburgua-Rundtour. Man erreicht die Strecke über die Abzweigung zum 4 km östlich der Stadt gelegenen Flugfeld auf der anderen Seite des Río Trancura. Im Sommer fährt man durch eine Staubwüste, dann macht das Ganze nur noch wirklich hartgesottenen Mountainbikern Spaß. Wer die Runde ausdehnen will, kann noch die Strecke vom Lago Caburga zum Río Liucura und die komplette Río-Trancura-Route anhängen. Zwei weitere populäre Strecken in Stadtnähe sind der Correntoso und der Alto Palguín Chinay (zu den heißen Quellen von Palguín). Man kann auch den Vulkan als Downhill-Abfahrt in Angriff nehmen (40 000 Ch$).

Jeder Fahrradverleih gibt nähere Auskünfte über die Wege und hat oft auch vernünftige Karten. **Freeride Pucón** (045-244-1055; Urrutia 484B; halber/ganzer Tag 8000/12 000 Ch$; Dez.–Feb. 9–20 Uhr, März–Nov. 9–19.30 Uhr) ist etwas teurer, doch Räder und Wartung sind in der Stadt unübertroffen.

Rafting & Kajakfahren

Pucón hat sich als Wassersportmekka mit guter Rafting- und Kajakinfrastruktur einen Namen gemacht. Die meisten größeren Reiseveranstalter bieten Raftingtrips an – auf folgenden Flüssen in der Nähe von Pucón (in Klammern die Klassifizierung ihrer Stromschnellen): Unterer Trancura (III), Oberer Trancura (IV), Liucura (II–III), Puesco Run (V) und Maichín (IV-V). Beim Buchen einer Rafting- oder Kajaktour sollte man wissen, dass es sich bei den angegebenen Zeiten häufig nicht um den reinen Aufenthalt auf dem Wasser handelt, sondern dass darin auch die Beförderung enthalten ist. Preise reichen von 10 000 Ch$ für die ganztägige Ausleihe bis zu 50 000 Ch$ für Exkursionen, je nach Jahreszeit, Anzahl der Teilnehmer, Veranstalter und Schwierigkeitsgrad. Viele Flüsse führen im Winter Hochwasser und sind für die meisten Sportarten gesperrt, auf manchen ist aber immer noch Rafting oder Kajakfahren möglich.

Reiten

Es gibt einige sensationelle Pferdetrekking-Angebote in der Region. Die Ausritte führen zumeist durch abwechslungsreiche Landschaft und enthalten teilweise auch interessante Zwischenstopps: So können Reiter *huasos* (Cowboys) treffen oder eine Gemeinde der Mapuche besuchen. Die Preise für halb- und ganztägige Ausritte schwanken zwischen 24 000 und 49 000 Ch$ je nach Schwierigkeitsgrad, Teilnehmerzahl und Exklusivität der Gegend.

Geführte Touren

Fast alle Veranstalter haben ihren Sitz an der Avenida O'Higgins oder in deren Nachbarschaft. Die Preise unterscheiden sich insgesamt wenig, allerdings kann es Unterschiede hinsichtlich Qualität und Service geben. Jedes Jahr im Sommer schießen neue Firmen wie Pilze aus dem Boden, sind aber – im Gegensatz zu den im Folgenden aufgeführten Unternehmen – nicht so renommiert, weswegen man sich besser an unsere Empfehlungen hält.

★ **Aguaventura** OUTDOORAKTIVITÄTEN
(045-244-4246; www.aguaventura.com; Palguín 336; Dez.–März 8.30–22 Uhr, April–Nov. 8.30–20.30 Uhr) Das freundliche Reisebüro unter französischer Leitung ist die ultimative Adresse für Outdooraktivitäten mit hochqualifizierten Bergführern für Vulkantouren (hinterher gibt's dann Bier!). Spezialisiert hat es sich außerdem auf Wintersport (inklusive GoPro-Kamera) und Kajakfahren, bietet jedoch die gesamte Bandbreite an. Es vermietet auch Ausrüstung für Aktivitäten in den Bergen, auf dem Wasser und im Schnee und bucht Flüge sowie Fähren. Beim Miteigentümer Vincent kann man nach den Mehrbettzimmern im Stil eines japanischen Kapsel-Hotels in seinem neuen Hostel French Andes fragen.

Summit Chile BERGSTEIGEN, KLETTERN
(045-244-3259; www.summitchile.org; Urrutia 585; Nov.–März 10–20 Uhr, April–Okt. 10–18 Uhr) Der frühere chilenische Klettermeister und international zertifizierte, sehr erfahrene Guide Claudio Retamal führt Tourteilnehmer nicht nur zum Villarrica, sondern auch zum Lanín, zum Llaima und zum Lonquimay. Außerdem kann man Klettertrips inklusive geologischer und naturhistorischer Erläuterungen buchen, und Skitourengeher haben hier die Möglichkeit, den Villarrica in Angriff zu nehmen.

Elementos KULTUR
(Mobil 5689-3491; www.elementos-chile.com; Pasaje Las Rosas 640) Die von Deutschen geführte Agentur ist eine gute Adresse für *etnoturismo*: Sie verbindet Natur, Kultur und Umweltbewusstsein und veranstaltet halb- bis mehrtägige Touren, die den Teilnehmern tieferen Einblick in die Kultur der

Pucón

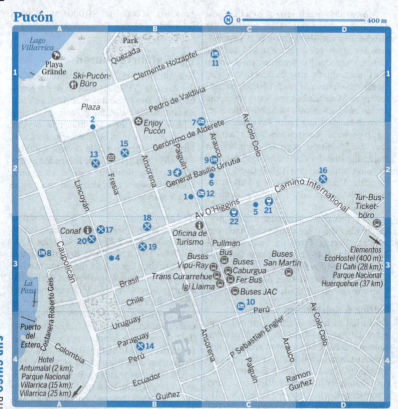

Mapuche vermitteln. Zum Programm gehören Kochkurse mit Mapuche-Köchen, Besuche von *ruka*-Häusern, Treffen mit Medizinmännern der Mapuche sowie ein paar Wasserfälle und Lagunen in den Anden. Bei Buchung im Internet oder über WhatsApp gibt's Rabatte.

Bike Pucón MOUNTAINBIKEN
(☎ Mobil 9579-4818; www.bikepucon.com) Bietet auf sechs Trassen rasante 17 oder 20 km lange Downhill-Fahrten über sehr rutschiges Vulkangelände, auf schmalen Wegen und alten Feuerschneisen. Wahrlich nichts für Anfänger! Mit begrenzter Erfahrung kann man sich ranwagen, muss aber damit rechnen, dass man früher oder später mit dem Gesicht in der Asche landet.

Kayak Pucón KAJAKFAHREN
(☎ Mobil 9716-2347; www.kayakpucon.net; Av O'Higgins 211; ⊙ Nov.–Mitte März 9–21 Uhr) Renommierter Veranstalter, der tolle dreitägige Kajaktouren (180 000 Ch$) sowie mehrtägige Exkursionen für erfahrenere Kajakfans organisiert. Halbtägige Ausflüge mit einem Ducky (aufblasbares Einmannboot) auf Stromschnellen der Klasse III sind das Richtige für Anfänger (20 000 Ch$), und Rafting für Kids ist ebenfalls im Angebot.

Canyoning Pucón CANYONING
(☎ Mobil 9294-6913; www.canyoningpucon.cl) Halbtägige Touren für 39 000 Ch$ in den Canyons El Pillan (Okt.–März.) und Nevados (Dez.–April).

Politur RAFTING
(☎ 045-244-1373; www.politur.cl; Av O'Higgins 635; ⊙ 8:30–20.30 Uhr) *Die* Agentur für Raftingtouren.

Free Tour Pucón GEFÜHRTE WANDERUNG
(☎ Mobil 4305-5479; www.freetourpucon.com; ⊙ Dez.–März Mi–So 11 Uhr) GRATIS Der enthusiastische, Englisch sprechende Javier führt die-

Pucón

⊕ Aktivitäten, Kurse & Touren
1. Aguaventura B2
2. Free Tour Pucón A2
3. Freeride Pucón B2
4. Kayak Pucón B3
5. Politur C2
6. Summit Chile C2

⊜ Schlafen
7. Aldea Naukana B2
8. Chili Kiwi A3
9. iécole! C2
10. Hospedaje Victor C3
11. Hostel Etnico C1
12. La Bicicleta B2

⊗ Essen
13. La Maga A2
14. La Picada B4
15. Latitude 39° B2
16. Menta Negra D2
17. Pizza Cala A3
18. Supermercado Eltit B3
19. Trawen B3
20. Viva Perú A3

⊙ Ausgehen & Nachtleben
21. La Vieja Escuela C2
22. Mama's & Tapas C2

---

se zweistündige Wanderung, die weit mehr als das Übliche bietet. Auch in der Hochsaison ist keine Reservierung nötig – einfach pünktlich auf der Plaza vor der Kirche sein!

🛏 Schlafen

Obwohl es in Pucón eine Fülle von Übernachtungsmöglichkeiten gibt, sind die Preise höher als in anderen Städten (sogar bei den günstigen Unterkünften). Im Januar und Februar kommt man ohne Reservierung nicht weit, während man im Winter auch ohne Vorabbuchung einen Schlafplatz findet. Da Unternehmungen hier üblicherweise frühmorgens beginnen, ist das Frühstück meist nicht im Übernachtungspreis mit drin.

★ iécole!   HOSTEL $
(☏ 045-244-1675; www.ecole.cl; Urrutia 592; B mit/ohne Bettwäsche 10 000/8000, 2BZ/3BZ 30 000/36 000 Ch$, EZ/DZ/3BZ ohne Bad 18 000/20 000/30 000 Ch$; @ 🛜) 🌿 Das umweltbewusst geführte iécole! bietet ein ganz eigenes Reiseerlebnis. Als Treffpunkt pflichtbewusster Traveller und als entspannter, künstlerisch angehauchter Rückzugsort gilt es schon lange als Pucóns interessanteste Unterkunft. Alle Zimmer sind klein, sauber und komfortabel gestaltet, allerdings sind die Wände dünn und Stimmen dringen ungehindert hindurch, deswegen eignet sich das Hostel nicht für wilde Partys. Bei unserem Besuch waren Erweiterungsarbeiten und Renovierungen im Gang. Das exzellente vegetarische Lokal gehört zu den besten Restaurants in Chile (Hauptgerichte 2500–4500 Ch$). Bereits 20 Jahre vor dem restlichen Chile kümmerten sich die Inhaber um Nachhaltigkeit, Umweltschutz und ökologische Maßnahmen.

Chili Kiwi   HOSTEL $
(☏ 045-244-9540; www.chilikiwihostel.com; Roberto Geis 355; B ab 9000 Ch$, Zi. ohne Bad ab 24 000 Ch$; 🛜) In bester Lage am See befindet sich Pucóns geselligstes Hostel, das enthusiastische neuseeländisch-holländische Geschäftspartner betreiben, deren jahrelange Traveller-Erfahrung viele gute Ideen einbrachte. Die besten der ganz unterschiedlichen Mehrbett- und Privatzimmer (umgerüstete Transporter, Baumhäuser, Hütten) befinden sich im Hauptgebäude, und überall gibt's genügend Küchen und Bäder.

Elementos EcoHostel   HOSTEL $
(☏ 045-244-1750; www.elementos-chile.com; Pasaje Las Rosas 640; B 800 Ch$, EZ/DZ 29 000/32 000 Ch$, ohne Bad 20 000/23 000 Ch$; P @ 🛜) 🌿 Ein fünfzehnminütiger Spaziergang vom Centro führt zu diesem nachhaltig bewirtschafteten Hostel, das von den deutschen Ökotourismus-Freunden von Elementos geleitet wird. Daher sind überall umweltfreundliche Details zu finden (LED-Beleuchtung, im Haus hergestellte natürliche Reinigungsmittel, biologisch abbaubare Seifen). Übernachten kann man in ein paar geräumigen Privatzimmern und in rustikalen Schlafsälen. Beim Frühstück sorgen lokale handwerklich erzeugte Produkte für die richtige Stärkung (3500 Ch$).

Hospedaje Victor   PENSION $
(☏ 045-244-3525; www.hostalvictor.cl; Palguín 705; B 10 000 Ch$, Zi. 30 000 Ch$; @ 🛜) Wer Wert auf guten Schlaf legt, findet hier ausgesprochen saubere Räumlichkeiten und eine warme, entspannende Atmosphäre vor.

La Bicicleta   HOSTEL $$
(☏ 045-244-4583; labibicletapucon@gmail.com; Palguín 361; B 13 000, EZ/DZ 35 000/38 000 Ch$, EZ/DZ ohne Bad 16 000/36 000 Ch$; @ 🛜) Das subtil stylishe Hostel wird von einem freundlichen *chileno* aus Viña del Mar be-

trieben und erhält von Urlaubern gute Kritiken. Direkt davor befinden sich eine Bar und ein Restaurant (Hostel-Gäste erhalten 10% Rabatt), nach einem Brand steht der sympathische Besitzer José allerdings vor großen Erneuerungsarbeiten. Die Terrasse im zweiten Stock ist perfekt für einen gemütlichen Nachmittag mit ein paar Gläsern Stella.

Bambu Lodge
B&B $$

(Mobil 6802-9145; www.bambulodge.com; Camino a Volcán Km 4,2; EZ/DZ 40 000/60 000 Ch$; @) Für alle, die abseits des Trubels übernachten und Pucóns Angebot trotzdem voll ausschöpfen möchten oder die romantisch veranlagt, aber knapp bei Kasse sind, ist das attraktive B&B mit vier Zimmern im Grünen an der Straße zum Vulkan die perfekte Wahl.

Der französische Betreiber hat einen Großteil des Dekors aus Marokko importiert und der Service könnte persönlicher nicht sein: Guillaume selbst und seine chilenische Freundin Beatriz kümmern sich um das Wohl der Gäste. Ein Taxi von der Stadt zur Pension kostet 6000 Ch$.

Hostel Etnico
HOSTEL $$

(045-244-2305; www.etnicohostel.com; Colo Colo 36; B ab 9000 Ch$, EZ/DZ 30 000/40 000 Ch$, ohne Bad 20 000/24 000 Ch$; ⊖@🖬🌐) Die umweltbewussten chilenischen Besitzer haben das Hostel in einem ehemaligen Kloster in Schwung gebracht und überall ihr ökologisches Wissen einfließen lassen (immerhin sind sie Chiles gesamte Länge in einem mit Pflanzenöl betankten Bus abgefahren): Biokompost und Bio-Recycling, teilweise Deckung des Energiebedarfs durch Solarenergie, solarbetriebenes DJ-Soundsystem etc.

Im riesigen Garten hinterm Haus steht eine nagelneue Party-Kuppel, und die Gäste können zum Kochen frische Zutaten aus dem Gewächshaus verwenden.

Hotel Antumalal
BOUTIQUE-HOTEL $$$

(045-244-1011; www.antumalal.com; Camino Pucón–Villarrica Km 2; EZ/DZ ab 185 000/220 000 Ch$; 🅿@🖬🌐) Dieses Beispiel für Bauhaus-Architektur an der Straße nach Villarrica wurde über dem See in eine Klippe hineingebaut. Von den Borkenlampen bis zu den von Araukarien bewachsenen Mauern vermittelt alles eine große Erdverbundenheit, wobei das Ganze andererseits auch wunderbar deplatziert wirkt.

In den schicken Gemeinschaftsräumen bieten die riesengroßen schrägen Fenster unschlagbaren Ausblick auf den Lago Villarrica. Die minimalistisch gestalteten Zimmer haben Kamine; teilweise bestehen die Innenwände aus rohen Steinen, die wie in der Natur mit Flechten und Moos bedeckt sind. Das Restaurant tischt gehobene chilenische Küche auf, wobei viele Zutaten direkt aus dem Gemüsebeet im 12 ha großen Gartengelände des Anwesens stammen.

Aldea Naukana
BOUTIQUE-HOTEL $$$

(045-244-3508; www.aldeanaukana.com; Gerónimo de Alderete 656; Zi. ab 98 000 Ch$; 🅿🌐) Der großartige Kontrast aus einheimischem Hartholz und Vulkangestein bildet die Grundstruktur dieses Boutique-Hotels mit neun Zimmern – die schickste Unterkunft direkt in Pucón. Neben den wunderbar komfortablen Zimmern gibt es eine kleine Sauna (im Preis enthalten) und auf dem Dach einen kostenpflichtigen Whirlpool mit fantastischem Vulkanblick. Das Restaurant hat sich, für Südchile ungewöhnlich, auf asiatische Fusionsküche spezialisiert – mit gemischten Resultaten.

Essen

In puncto kulinarischer Vielfalt im südlichen Chile steht Pucón unbestritten ganz vorne.

Trawen
CHILENISCH, FUSIONSKÜCHE $

(www.trawen.cl; Av O'Higgins 311; Hauptgerichte 3600–10 300 Ch$; ◷8.30–24 Uhr; 🌐) 🍴 Ein insbesondere bei kreativen Menschen beliebtes altehrwürdiges Restaurant mit hervorragendem Preis-Leistungs-Verhältnis. Alle Gerichte sind innovativ und frisch zubereitet. Highlights sind das ausgezeichnete rustikale Frühstück, in Schinken gewickeltes Wild, mit *merkén* (Mapuche-Gewürz) gegrillter Tintenfisch und Salate aus dem eigenen Garten, dem ersten zertifizierten Biogarten in Südchile. Zudem gibt's hier die beste Craft-Beer-Auswahl in der Stadt.

Latitude 39°
AMERIKANISCH $

(www.latitude39.cl; Gerónimo de Alderete 324; Burger 4600–6100 Ch$; ◷11–23 Uhr; 🌐) Die von Kalifornien nach Pucón umgesiedelten Besitzer füllen mit ihrem neu erweiterten Restaurant eine Nische für von Heimweh geplagte Gringos – sehr zur Freude ihrer Gäste. Die saftigen Burger im amerikanischen Stil sind der absolute Renner; besonders gut schmecken der Grand Prix (karamellisierte Zwiebeln, Schinken, Erdnussbutter) und der Buddha (Sriracha-Mayonnaise, asiatischer Krautsalat, Popcorn-Shrimps), doch es gibt auch dicke Frühstücksburritos, Fischtacos,

Sandwiches mit Speck, Salat und Tomate und alles andere, was man vielleicht vermissen könnte.

Zur Happy Hour hat es sich zum beliebtesten Treff für Ausländer entwickelt, die das Bier und die Geselligkeit schätzen.

Menta Negra   CAFÉ $

(www.emporiomentanegra.cl; O'Higgins 772; Menüs 5500 Ch$; ⊙ 10–23.30 Uhr, April-Nov. So geschl.) An einem sonnigen Tag gibt es kaum was Schöneres, als auf der Terrasse dieses kunstsinnigen Emporiums die gute Hausmannskost zu genießen und dazu die Aussicht auf etwas recht Seltenes in Pucón, nämlich auf Natur anstelle von Häusern.

La Picada   CHILENISCH $

(Paraguay 215; Mittagsmenü 3500 Ch$; ⊙ 12–15.30 Uhr, April-Nov. So geschl.) Der einstige Geheimtipp der Einheimischen ist inzwischen längst nicht mehr geheim: In einem unterirdischen Wohnzimmer serviert das Lokal unkomplizierte Menüs (Salate, *pastel de choclo*, *cazuelas*, Pasta). Ein Schild gibt's nicht, man klopft einfach an die Tür.

El Castillo   INTERNATIONAL $$

(✆ Mobil 8901-8089; Camino a Volcán Km 8; Hauptgerichte 3800–7900 Ch$; ⊙ Dez.–Feb. 12–21 Uhr, April–Nov. 12–18 Uhr oder auf Reservierung) An der Straße zum Vulkan liegt dieses Restaurant aus Vulkangestein und Holz. Es wird von einem russischen Ofen erwärmt und eröffnet Vulkanansichten wie auf Bildern von Ansel Adams – für Reisende mit Fahrzeug ist der Stopp hier ein absolutes Muss. Köchin Zoe bereitet rustikale Gourmetküche zu, im Mittelpunkt stehen so fantastische Wildgerichte (Wildkaninchen, Wildeintopf, Wildschwein), dass kaum noch Verlangen nach etwas anderem besteht.

La Maga   STEAKHAUS $$

(www.lamagapucon.cl; Gerónimo de Alderete 276; Steak 9900-14 700 Ch$; ⊙ Dez.–März 13–16 & 20–23 Uhr, März–Nov. Mo geschl.) In Pucón gibt's zwar für jeden Geldbeutel eine *parrilla* (Steakhaus), aber aus allen sticht dieses uruguayische Restaurant mit seinem *bife de chorizo* (Steak), hausgemachten Pommes frites und Zwiebel-*chimichurri* (argentinische Steaksoße) heraus. Es ist nicht gerade das billigste, aber eines der besten Grillrestaurants im Sur Chico.

Viva Perú   PERUANISCH $$

(www.vivaperudeli.cl; Lincoyán 372; Hauptgerichte 6500–14 900 Ch$; ⊙ Dez.–März 12–24 Uhr, April–Nov. 12–16 & 19.30–23.30 Uhr; 🛜) Das intime peruanische Restaurant kredenzt ausgezeichnet zubereitete Klassiker wie Ceviche (Fisch und Zwiebeln, eingelegt in Limettensaft und Gewürze), *tiradito* (Ceviche ohne Zwiebeln), *chicharónes* (frittierte Schweinehaut) und *ají de gallina* (Hühnchengericht mit Käse, Chili und Erdnüssen). Es serviert sogar Perus berühmte chinesische Fusion-*chifa*-Gerichte.

Pizza Cala   PIZZA $$

(Lincoyán 361; Pizzas 3700–15 000 Ch$; ⊙ 12–24 Uhr; 🛜) Pucóns beste Pizza wird vom argentinisch-amerikanischen Küchenchef in einen massiven Ofen aus 1300 Ziegelsteinen geschoben, sein Basilikum kommt frisch aus eigenem Anbau. Im Winter ist dies das einzige Restaurant der Stadt, in dem man es schön warm hat.

★ La Fleur de Sel   FRANZÖSISCH $$$

(✆ 045-197-0060; www.termaspeumayen.cl; Camino Pucón Huife Km 28; Hauptgerichte 8200–14 500 Ch$; ⊙ 13–16 & 19–21 Uhr, Mitte März–Mitte Dez. Mo geschl.) Hier serviert der baskische Küchenchef Michel Moutrousteguy französische Gerichte mit Mapuche-Einflüssen. Sie allein lohnen die Fahrt ins 32 km östlich von Pucón gelegene Termas Peumayen (über den Service kann man das allerdings nicht behaupten, selbst wenn man nicht baden will. Die Küche verwendet viel Fleisch, geht dabei aber weit über das typische *parrilla*-Essen hinaus und hat sich in der Region nach und nach den Ruf als das Gourmetrestaurant für Feinschmecker erarbeitet.

Ein Drei-Gänge-Menü inklusive Eintritt in die heißen Quellen kostet 22 000 Ch$. Peumayen erreicht man mit dem Auto, oder alternativ auch fünfmal täglich mit Fer Bus (1500 Ch$).

Supermercado Eltit   SELBSTVERSORGER $

(Av O'Higgins 336; ⊙ So–Do 8.30–22, Fr & Sa bis 22.30 Uhr) Lebensmittelladen mit Geldautomat; hier kann man außerdem US-Dollars wechseln.

🍷 Ausgehen & Nachtleben

Pucóns Ausgehszene befindet sich – genauso wie die in Puerto Varas – in einem ständigen Wandel.

Mama's & Tapas   BAR, CLUB

(Av O'Higgins 597; Cocktails 3500–5500 Ch$; ⊙ Dez.–März 10–5 Uhr, April–Nov. 18–5 Uhr) Das schlicht als „Mama's" bekannte Lokal ist die beständigste und interessanteste Adresse der Stadt. Sie wartet mit einem komplett holzverkleideten Bereich auf, der von einem Akustik-Ingenieur entworfen wurde, um akustisch die optimale Wirkung zu erzielen. Hier geht's erst in den frühen Morgenstunden richtig los, dann verwandelt sich die Bar in einen Club.

La Vieja Escuela CLUB
(Colo Colo 450; ⊗ Mo–Do 20.30–3.30, Fr & Sa bis 5 Uhr; 🛜) Die „Alte Schule" ist angetreten, um das Nachtleben in Pucón zu revolutionieren, und zielt mit ihrer dunklen, sexy Kombination aus Bar, Club und Livemusik-Location ab auf niveauvolle Gäste über 30, die das alte Aufreißer-Spiel zwischen Guide und Backpacker bereits hinter sich gelassen haben. Die blutroten Samtsessel verströmen viktorianisches Flair, und der gesamte Club spielt in einer eigenen Liga. Hier treten DJs und Rockmusiker auf.

❶ Praktische Informationen

Kleinere Diebstähle nehmen in Pucón zu, vor allem rund um den Strand. Fahrräder, Reisegepäck und Rucksäcke sind besonders beliebte Ziele, auch sollte man über Nacht nichts im Auto lassen. Allgemeine Vorsicht ist durchaus angebracht.

Mehrere Banken mit Geldautomaten verteilen sich auf der gesamten Länge der Avenida O'Higgins.

Conaf (☎ 045-244-3781; Lincoyán 336; ⊗ Mo–Fr 8.30–18.30 Uhr) Die bestausgestattete Conaf-Filiale der Region.

CorreosChile (www.correos.cl; Fresia 183; ⊗ Mo–Fr 9–13 & 14.30–18 Uhr, Sa 9–12 Uhr) Postdienstleistungen.

Hospital San Francisco (www.hospitalpucon.cl; Uruguay 325; ⊗ 24 Std.) Medizinische Versorgung.

Oficina de Turismo (☎ 045-229-3001; www.municipalidadpucon.cl; Ecke Av O'Higgins & Palguín; ⊗ 8.30–19 Uhr) Ganze Stapel mit Infomaterial. In der Regel ist ein Englisch sprechender Mitarbeiter vor Ort.

❶ An- & Weiterreise

BUS

Die besten Busverbindungen von und nach Santiago bieten **Tur-Bus** (☎ 045-244-3328; www.turbus.com; Av O'Higgins 910; ⊗ 9–19 Uhr), das ein Ticketbüro in der Stadt und einen eigenen Busbahnhof östlich vom Zentrum hat, und **Pullman Bus** (☎ 045-244-3331; www.pullman.cl; Palguín 555) im Stadtzentrum. Beide fahren auch mehrmals täglich nach Viña del Mar/Valparaíso. **Buses JAC** (☎ 045-299-3183; www.jac.cl; Ecke Uruguay & Palguín) fährt den ganzen Tag über nach Temuco sowie zweimal täglich (8 & 16.15 Uhr) zu Zielen im Süden (Osorno, Puerto Varas, Puerto Montt). Nach Valdivia verkehren täglich sechs Busse von JAC. **Buses Vipu-Ray** (☎ Mobil 6835-5798; Palguín 550) und **Trans Curarrehue** (☎ 045-262-5168; Palguín 550) starten regelmäßig bis mehrmals täglich von Villarrica und Curarrehue. **Buses Caburgua** (☎ Mobil 9838-9047; Palguín 555) fährt zwischen 8.30 und 17.10 Uhr sechsmal täglich zum Parque Nacional Huerquehue (2000 Ch$, 45 Min.). Vom selben Busbahnhof fährt **Fer Bus** (☎ Mobil 9047-6382; Palguín 555) täglich zwischen 7 und 17.30 Uhr fünfmal (sonntags seltener) nach Termas Los Pozones (1500 Ch$), Termas Peumayen (1500 Ch$) und Santuario El Cañi (700 Ch$).

Buses San Martín (☎ 045-244-2798; Av Colo Colo 612) bietet dienstags, donnerstags und samstags um 8.30 Uhr sowie mittwochs, freitags und sonntags um 9.05 Uhr Verbindungen in die argentinischen Städte San Martín de los Andes und Neuquén (27 000 Ch$, 12 Std.; via Junín). **Igi Llaima** (☎ 045-244-4762; Ecke Palguín & Uruguay) bedient montags bis samstags um 9.45 Uhr und sonntags um 12.15 Uhr die gleiche Route.

Ab Pucón gelten u. a. folgende Reisezeiten und Mindestpreise (die Preise schwanken je nach Ausstattung der Busse, Klasse und Saison):

ZIEL	PREIS (CH$)	FAHRTDAUER (STD.)
Curarrehue	1000	¾
Puerto Montt	9500	5
San Martín de los Andes (Arg.)	12 000	5
Santiago	31 000	9½
Temuco	2900	1
Valdivia	4500	3
Valparaíso/Viña del Mar	16 000	12½
Villarrica	800	½

FLUGZEUG

Bei Redaktionsschluss waren alle Flüge nach Pucón eingestellt, dies könnte sich in der Zukunft aber wieder ändern. Ansonsten ist der neue Aeropuerto de La Araucanía (S. 242) in Temuco, 103 km Richtung Nordosten, der nächste Flugplatz, der Flüge anbietet.

❶ Unterwegs vor Ort

Pucón lässt sich gut zu Fuß erkunden. Mehrere Reisebüros vermieten Autos. Konkurrenzbedingt können die Preise günstig sein, vor allem in der Nebensaison, am Wochenende ziehen sie aber meistens an.

Parque Nacional Villarrica

Dank seiner einzigartigen Mischung aus Vulkanen und Seen gehört dieses Schutzgebiet zu den populärsten Nationalparks des Landes. Die Nähe zu Pucón und dessen touristischer Infrastruktur macht es zu einem ungewöhnlich leicht erreichbaren Ziel für Busausflügler, Bergsteiger, Skifahrer und Extremwanderer.

Die Highlights des 630 km² großen Reservats sind seine drei Vulkane: der Villarrica (2847 m), der im März 2015 kurz, aber spektakulär ausbrach S. 257), der Quetrupillán (2360 m) und an der Grenze zu Argentinien ein Teil des Lanín (3747 m). Der übrige Teil des Lanín befindet sich in einem ebenso eindrucksvollen Nationalpark auf argentinischer Seite, von wo er auch bestiegen werden kann.

Wegen des Ausbruchs im Jahr 2015 können sich die Informationen zu den Aktivitäten im Park gegenwärtig besonders schnell ändern; vor dem Besuch also unbedingt die aktuelle Lage checken!

Aktivitäten

Klettern

Die Wanderung zum rauchenden, manchmal auch Lava sprühenden Krater des Volcán Villarrica ist eine beliebte Tagesexkursion (für 35 000–50 000 Ch$, dazu kommt die Sesselliftgebühr von 9000 Ch$), die je nach Saison zwischen 4 und 7 Uhr in Pucón startet. Erfahrung im Bergsteigen wird nicht verlangt, dennoch sollte man sich darüber im Klaren sein, dass es sich nicht um einen Sonntagsspaziergang handelt. Im Herbst, wenn die Schneedecken ausgeapert sind, herrschen die schwierigsten Bedingungen. Wichtig ist, eine sichere Ausrüstung dabeizuhaben und

---

SICHER AUF DEN VOLCÁN VILLARRICA

Die Besteigung des Volcán Villarrica ist die mit Abstand beliebteste Exkursion in Pucón, doch während unserer Recherchen waren die Touren auf den Vulkan eingestellt. Grund dafür war das dramatische Feuerwerk, das Pucóns markantes Wahrzeichen am 3. März 2015 veranstaltet hatte: Gegen 3 Uhr morgens erwachte der Villarica kurzzeitig zum Leben und spie seine Lava spektakulär und für die ganze Stadt sichtbar 3 km in die Höhe.

In einem Umkreis von 10 km wurde vorsichtshalber die Evakuierung angeordnet und die sozialen Medien liefen auf Hochtouren. Bei Tagesanbruch waren Pucón und die umliegenden Ortschaften praktisch Geisterstädte. Es war der erste größere Ausbruch des Villarrica seit 1984, und obwohl er nur kurz und recht sanft war, veränderte er den Krater und die umliegende Landschaft in einem Ausmaß, das während der Produktion dieses Buches noch immer von Experten untersucht wurde. Da schon mit einem Vulkanausbruch gerechnet wurde, hatte man die Besteigungen des Vulkans bereits einen Monat vorher eingestellt. Inzwischen sollten Besteigungen zwar wieder möglich sein, doch noch im April brodelte und qualmte der Vulkan immer mal wieder, sodass sich alle fragten, ob es einen neuen Ausbruch geben würde. Am besten informiert man sich vor einem geplanten Besuch bei den empfohlenen Reiseagenturen und bei der offiziellen Regierungsstelle für Erdbebenüberwachung Sernageomin (www.sernageomin.cl). Sollte der Villarrica weiterhin gesperrt sein, kann man vielleicht die nahe gelegenen Vulkane Quetrupillan, Llaima und Lanin begehen.

Wenn die Besteigung des Villarrica wieder freigegeben wird, sollte man sich die Gelegenheit auf keinen Fall entgehen lassen! Allerdings kann man nie sicher sein, ob man den Gipfel erreicht, denn verantwortungsbewusste Reiseveranstalter kehren sofort um, wenn das Wetter umschlägt. Andere wollen den Aufstieg erzwingen – manchmal mit fatalen Folgen. Auf der teils kniffligen, respekteinflößenden Route durch das verschneite Gelände sind Steigeisen und Eispickel notwendig. Rund 20 000 Menschen besteigen pro Jahr den Vulkan, nach Meinung mancher lokaler Experten viel zu viele.

Fazit: Die Tour auf das grummelnde Monster ist ein wahrhaft unvergessliches Erlebnis, die Agentur muss jedoch mit Sorgfalt ausgewählt werden. Der Preis richtet sich nach der Qualität, deshalb lohnt es, 5000 bis 10 000 Ch$ mehr für Sicherheit, Versicherung und Guides auszugeben. Veranstalter, bei denen man Sicherheitsbedenken hat, sollte man aussortieren. Darüber hinaus lohnt in der Oficina de Turismo in Pucón ein Blick in das Beschwerdebuch für Touristen.

Rund um Pucón

einen Veranstalter mit guten Bergführern auszuwählen.

Schlechtes Wetter kann einen geplanten Aufstieg um Tage verzögern. Gelegentlich werden Bergtouren sogar ganz abgesagt und oft nur teilweise zurückerstattet, Rücktrittsklauseln muss man deshalb genau prüfen. Unseriöse Veranstalter lassen mitunter einen Teil der Wanderung stattfinden, wohlwissend, dass das Wetter nicht für die Gipfelbesteigung halten wird – so aber müssen sie dem Vertrag entsprechend den Tourpreis nicht mehr zurückzahlen.

Erfahrene Bergwanderer fahren vielleicht lieber mit dem Taxi oder Bus ins Skigebiet und besteigen den Vulkan ohne Begleitung einer Gruppe. Die meisten nehmen den Skilift nach oben zum Chair 5 und starten von dort. Aufstiege ohne Guide sind offiziell nicht gern gesehen und sollten nur von zwei oder mehr erfahrenen Kletterern unter sicheren Bedingungen durchgeführt werden.

Solobergsteiger benötigen eine Lizenz und müssen sich um eine Genehmigung durch die Conaf in Pucón bemühen, bevor sie aufbrechen dürfen. Außerdem sind sie verpflichtet, eine Gebühr von 4000 Ch$ zu entrichten, die bei Gruppentouren im Preis inbegriffen ist. Steigeisen, Eisaxt/Eispickel und Helm gehören zwingend ins Gepäck und werden für rund 7000 Ch$ verliehen. Von Juni bis Dezember kann man hier auch Ski fahren.

Skifahren

Ski Pucón   SKIFAHREN

(045-244-1901; www.skipucon.cl; Clemente Holzapfel 190, Büro in Pucón bei Enjoy Tour, Gran Hotel Pucón; Liftticket ganztägig Erw./Kind 30 000/25 000 Ch$; Juli–Mitte Okt. 9–17 Uhr) Ski Pucón ist nicht vergleichbar mit Valle Nevado, Termas de Chillán, Portillo oder den übrigen Resorts im Norden, aber es ist das besterschlossene Skigebiet in La Araucanía und dem Seengebiet. Außerdem: Wo sonst kann man auf einem aktiven rauchenden Vulkan Ski fahren? Allein schon die Aussicht von der Lodge auf halber Höhe ist den Preis für den Lift wert.

In erster Linie ist das Gebiet für Anfänger geeignet, wobei es auch ein etwas steileres Terrain für Fortgeschrittene gibt. Bewegt man sich jedoch außerhalb der Begrenzungen zu beiden Seiten der Lifte, bieten sich größere Herausforderungen für erfahrene Skifahrer und Snowboarder.

Das Wetter ist hier nicht selten anders als in der Stadt Pucón. Um zu ermessen, wie windig es wird, kann man den vom Krater aufsteigenden Rauch beobachten. Leihausrüstung (13 000 Ch$) ist auf dem Berg erhältlich, preiswerter (und häufig in besserer Qualität) gibt es sie aber in der Stadt. Fast jedes Reisebüro und einige Hotels schicken Minivans (ab 10 000 Ch$) zur Lodge hinauf. Bis auf einen kurzen Ausfall der Wasserversorgung blieb das Resort vom Ausbruch des Villarica 2015 unberührt.

Wandern

Rucapillán, der am leichtesten zugängliche Parksektor, liegt direkt im Süden von Pucón an einer gut gepflegten Straße und deckt all die beliebtesten Wanderwege rund um den Volcán Villarrica ab.

Der **Sendero Challupen Chinay** (23 km, 12 Std.) umrundet den Südhang des Vulkans, durchquert dabei verschiedene Landschaften und endet am Eingang zum Sektor Quetrupillán, der auf der nach Termas de Palguín führenden Straße leicht zu erreichen ist. Will man jedoch nach Coñaripe weiterfahren, verlangt die südlich durch den Park verlaufende Straße selbst bei gutem Wetter einen Allradwagen.

Eine 32 km lange Kombination verschiedener Wanderwege mit ein paar Campingplätzen sichert die Verbindung zum Sektor Puesco nahe der argentinischen Grenze. Von dort gibt's öffentliche Verkehrsmittel zurück nach Curarrehue und Pucón (und auch Verbindungen nach Argentinien).

Wer den Vulkan nicht nur besteigen, sondern überqueren möchte, muss eine Gebühr von 8000 Ch$ entrichten.

ⓘ An- & Weiterreise

Taxis zum Fuß des Vulkans (15 000–20 000 Ch$), das eigene Auto oder eine geführte Tour sind die einzigen Möglichkeiten, in den Park zu gelangen – es sei denn, man ist Mountainbiker mit sehr guter Kondition.

Río-Liucura-Tal

Die ostwärts aus Pucón hinausführende Straße teilt sich und führt in zwei Täler. Zu den Highlights des Río-Caburgua-Tals im Norden zählen der Lago Caburgua und seine wunderbare Playa Blanca (24 km entfernt) sowie die wasserfallreichen Ojos del Caburgua. In nordöstlicher Richtung verläuft die Straße Camino Pucón-Huife zu einer Vielzahl heißer Quellen, zum Naturschutzgebiet El Cañi und zu Ausblicken auf das silbrige Band des Río Liucura, der ein fruchtbares grünes Tal durchquert. Beide Routen münden schließlich wieder in die Straße zum Parque Nacional Huerquehue.

Das Naturschutzgebiet **El Cañi** (www.santuariocani.cl; Km 21; Eintritt mit/ohne Guide 15 000/4000 Ch$) beweist, dass engagierte Menschen etwas erreichen und die Bewahrung uralter Waldbestände erkämpfen können. Als die Region 1991 von den Interessen der Holzindustrie bedroht war, gründeten ein paar Bürger die Fundación Lahuen. Das Startkapital von Ancient Forests International gab ihnen die Möglichkeit, das Land zu erwerben und einen wunderschönen Park mit Schwerpunkt auf den Themen Umwelterziehung und wissenschaftlicher Forschung ins Leben zu rufen. Aus dieser Erfolgsgeschichte entstand ein Schutzgebiet, in dem rund 500 ha eines alten Araukarienwaldes bewahrt werden. Es erstreckt sich 21 km östlich von Pucón und wird mittlerweile erfolgreich von einer örtlichen Bergführervereinigung namens **Cañe Guides Group** (✆ Mobil 9837-3928; contacto@santuariocani.cl) geleitet.

Ein **Wanderweg** (9 km, 3 Std.) führt steil (die ersten 3 km sogar sehr steil) hinauf in einen Wald mit Lenga-Südbuchen sowie Araukarien und endet an der Laguna Negra. Bei klarem Wetter eröffnet sich von einem Aussichtspunkt, den man nach weiteren 40 Minuten erreicht, ein sensationeller Blick auf die Vulkane der Gegend. Im Winter, wenn das Unterholz mit Schnee bedeckt ist, sieht die Landschaft besonders zauberhaft aus. Außerhalb der Sommermonate (im Sommer ist der unverschneite Wanderweg leichter zu finden) müssen sich Wanderer einem Guide anschließen.

Eine alternative Route, die den steilsten Abschnitt umgeht, beginnt an der Straße nach Coilaco; hierfür ist ebenfalls ein Führer nötig. Campingmöglichkeiten und Unterkünfte gibt es neuerdings im **La Loma Pucón** (✆ Mobil 8882-9845; www.lalomapucon.cl;

> **NICHT VERSÄUMEN**
>
> ### TERMAS GEOMÉTRICAS
>
> Wer von all dem Klettern, Wandern, Paddeln und Radfahren müde Knochen und schmerzende Muskeln hat, wird sich in der Nähe von Pucón über einen der größten natürlichen Thermenkomplexe der Welt freuen: die **Termas Geométricas** (www.termasgeometricas.cl; Erw./Kind 11–12 & 18–20 Uhr 20 000/10 000 Ch$, 12–18 Uhr 24 000/12 000 Ch$; ⊙ 21. Dez.– 21. März 10–23 Uhr, Rest des Jahres 11–20 Uhr). Heiße Quellen gibt es in der Gegend so viele wie Anbieter von Outdoor-Abenteuern, doch die Termas Geométricas stechen aus der Menge heraus. Das traumhafte asiatisch inspirierte Labyrinth aus roten Planken und 17 schönen Thermalquellen mit Schieferbecken liegt an einer grünen Schlucht, in deren Tiefe ein Fluss rauscht. Dank der großartigen Lage und Ausstattung kommen vor allem Paare und Designliebhaber hierher.
>
> Zur Anlage gehören zwei Wasserfälle und drei Kaltwasserbecken zum Abkühlen sowie ein von einem *fogón* (Außenofen) geheiztes Café, in dem Hühnersuppe und echter Kaffee serviert werden. Wenn gerade kein Spanisch zu hören ist, könnte man glatt meinen, man sei in Kyoto.
>
> Die Thermen befinden sich 15 km nördlich von Coñaripe. Transportmöglichkeiten bestehen in Coñaripe, außerdem werden von Pucón aus Tagestouren angeboten (ca. 35 000 Ch$ inkl. Eintritt). Wer selbst fahren will, sollte dies möglichst mit einem Geländewagen tun, doch bei gutem Wetter ist die Schotterstraße auch mit einem normalen PKW befahrbar.

Santuario El Cañi; Camping pro Pers. 3000 Ch$, B 4000 Ch$, DZ 20 000 Ch$), das Rod Walker betreibt, eine chilenische Legende in Sachen Umweltbildung.

Wer El Cañi besuchen möchte, wendet sich an ¡école! (S. 253) in Pucón oder fragt am Parkeingang nach. Die mehrmals täglich verkehrenden Busse von **Buses Caburga** (098-038-9047; Uruguay 540) halten auf Wunsch am Parkeingang (700 Ch$, 30 Min.).

Parque Nacional Huerquehue

Aquamarinblaue Seen inmitten von tiefgrünen uralten Wäldern sorgen dafür, dass der **Parque Nacional Huerquehue** (Erw./Kind 4500/2500 Ch$; Buses Jac von/nach Pucón morgens & nachmittags) einer der leuchtenden Sterne des Südens und etwas ganz Besonderes unter den chilenischen Nationalparks ist. Das 125 km² große Schutzgebiet wurde 1912 gegründet und beherbergt Flüsse, Wasserfälle, Gebirgsseen sowie Araukarienwälder. Es bietet Tieren wie dem Pudu (der kleinste Hirsch der Welt) und *arañas pollitos* (handtellergroße tarantelartige Spinnen), die im Herbst hervorkommen, einen Lebensraum.

Die zahlreichen Wanderwege sind gut gekennzeichnet und gepflegt und eignen sich für einen mehrtägigen Aufenthalt. Wer nicht so viel Muße hat, sollte wenigstens einen Tagesausflug von Pucón (35 km in südöstlicher Richtung) aus einplanen. Beim **Centro de Informaciones Ambientales** (Mobil 6157-4809; p.huequehue@gmail.com; ⊙ 10.30–14.30 & 16.30–19.30 Uhr) der Conaf direkt am Parkeingang gibt's Wanderkarten und Infos zum Park.

 Aktivitäten

Der **Sendero Los Lagos** (7 km; hin und zurück 4 Std.) führt in Serpentinen von 700 m auf 1300 m. Zunächst geht's durch dichte Lenga-Südbuchenwälder mit tosenden Wasserfällen, dann folgt ein Waldabschnitt mit Araukarien, die eine ganze Reihe unberührter stiller Seen einrahmen. Viele Wanderer kehren am Lago Verde und an der Laguna el Toro (dem größten in der Seengruppe) wiederum – ein Fehler, denn der Aussichtspunkt **Mirador Renahue** belohnt ausdauernde Wanderer mit einem sensationellen Blick in die Schlucht! Noch viel spektakulärer ist jedoch der **Cerro San Sebastián** (16 km, hin und zurück 7 Std.), der am Parkeingang beginnt und von 700 m auf 2000 m Höhe hinaufklettert. An klaren Tagen sieht man von oben acht Vulkane und 14 Lagunen. Viele halten diese Wanderung für die beste in ganz La Araucanía.

Schlafen

Campingeinrichtungen gibt's am **Lago Tinquilco** (Stellplätze 15 000 Ch$) mit 22 Stellplätzen unter Leitung der Conaf und am **Renahue** (Stellplätze 15 000 Ch$) am Wanderweg Los Huerquenes. Im nahe gelegenen Tinquilco befinden sich ein paar Privatunterkünfte und Parkplätze (1000 Ch$).

Refugio Tinquilco LODGE $$
(Mobil 9539-2728; www.tinquilco.cl; Stellplätze 15 000 Ch$, B 14 000 Ch$, DZ mit/ohne Bad 35 900/28 900 Ch$, Hütte 50 000 Ch$; Juni-Aug. geschl.) Das Refugio Tinquilco, eine zweistöckige Nobellodge aus Holz, steht 2 km hinterm Parkeingang auf einem Privatgelände am Beginn des Lago-Verde-Wanderwegs. Es bietet viel mehr als nur ein Bett, eine Mahlzeit und ein ruhiges Plätzchen abseits vom Trubel – es ist ein richtiges Erlebnis! Nach einer Trekkingtour kann man sich hier auch noch die süchtig machende Behandlung mit Waldsauna und Tauchbecken (12 000 Ch$) gönnen.

Gastgeber Patricio serviert chilenische Hausmannskost, angenehme Kleinigkeiten wie Kaffee aus der Kaffeepresse und eine große Weinauswahl – er ist auch die richtige Gesellschaft für eine Flasche Carménère. Außerdem gibt er einen Parkgeländeführer heraus, der alles, was die Conaf produziert, in den Schatten stellt. Die Anlage ist das Geminschaftsprojekt eines Architekten, eines Schriftstellers, eines Ingenieurs und eines für den Emmy nominierten Dokumentarfilmers und die ideale Adresse, um eine Woche lang so richtig auszuspannen. Frühstück ist im Preis mit drin, Mittag- oder Abendessen kosten 8500 Ch$.

❶ An- & Weiterreise

Buses Caburgua (098-038-9047; Uruguay 540, Pucón) verkehrt im Sommer dreimal täglich von und nach Pucón (2000 Ch$, 1 Std.), im Winter seltener. Tickets sollten im Voraus gebucht werden. Die meisten Reisebüros und Veranstalter haben geführte Touren im Programm.

Curarrehue

045 / 6624 EW.

Curarrehue liegt 40 km westlich der argentinischen Grenze und ist an sich nicht besonders sehenswert, hat aber durch sein exzellentes Museum und die Fülle an ethnotouristischen Angeboten im Ort eine gewisse Berühmtheit erlangt. 80 % der Einwohner sind Mapuche, außerdem ist dies der letzte nennenswerte Ort vor der Grenze zu Argentinien.

⊙ Sehenswertes & Aktivitäten

Aldea Intercultural Trawupeyüm MUSEUM
(Héroes de la Concepción 21; Erw. & Kind 500 Ch$; Jan.–Feb. Mo–Fr 9–20, Sa & So ab 11 Uhr, März–Dez. Di–So 9–18 Uhr) Das einfache, aber hervorragende Museum zur Kultur der Mapuche ist in einer modernen Interpretation einer *ruka* (traditionelles rundes, nach Osten ausgerichtetes Wohnhaus der Mapuche) untergebracht.

Patragon KULTUR
(Mobil 9441-5769; www.patragon.cl) Bietet faszinierende Touren an, darunter Mapuche-Kochkurse und Mittagessen in einer traditionellen *ruka;* hier gibt's tolle neue *cabañas* (100 000 Ch$).

🛏 Schlafen & Essen

Hostal Quechupehuen HOSPEDAJE $
(045-197-1540; www.quechupehuen.cl; O'Higgins 470; Zi. pro Pers. ohne Bad 12 000 Ch$; P) Die günstig gelegene Unterkunft an der Hauptstraße der Stadt liegt in Gehweite zum Museum und ist nach den fünf Araukarienbäumen benannt, die auf dem gepflegten Rasen vor dem Haus stehen. Die Zimmer verteilen sich in einem stimmungsvollen 65 Jahre alten Haus.

★ Cocina Mapuche Mapu Lyagl MAPUCHE $
(Mobil 8788-7188; anita.epulef@gmail.com; Camino al Curarrehue; Menü 5600 Ch$; Dez.–Feb. 13–18 Uhr, April–Nov. nur auf Reservierung;) Mapuche-Köchin Anita Epulef zaubert aus saisonalen Zutaten kreative vegetarische Mapuche-Probiermenüs. Wer möchte, kann Delikatessen der Ureinwohner wie *mullokiñ* (Bohnenpüree in *Quinoa-Blättern*), gebratene *piñones,* die Früchte des Araukarienbaums (saisonabhängig) und geröstetes Maisbrot mit einer großen Salsa-Auswahl kosten. Alles ist einzigartig und schmeckt exzellent. Außerdem hat man die Möglichkeit, bei Anita einen der halbtägigen Kochkurse zu belegen. Das Restaurant befindet sich rechts an der Hauptstraße unmittelbar vorm Ortseingang.

❶ Praktische Informationen

Touristeninformation (www.curarrehue.cl; O'Higgins s/n; Mitte Dez.–Mitte März 9–19 Uhr, Mitte März–Mitte Dez. Mo–Do 9–17.20, Fr bis 16.20 Uhr) Kleine, aber nützliche Touristeninformation an der Hauptstraße durch die Stadt.

ⓘ An- & Weiterreise

Trans Curarrehue (S. 256) fährt von Montag bis Freitag den ganzen Tag über nach Pucón und Curarrehue (1000 Ch$, 45 Min., 6.45–21.15 Uhr); am Wochenende fahren die Busse etwas seltener.

LOS RÍOS

Valdivia

📞 063 / 154 432 EW.

2007 wurde Valdivia zur Hauptstadt von Chiles jüngster Región XIV (Los Ríos) erklärt. Im Vorfeld gab es aufgrund der deutlichen geografischen, historischen und kulturellen Unterschiede jahrelang politische Diskussionen über deren Zugehörigkeit zum Seengebiet. Valdivia ist die wichtigste Universitätsstadt in Südchile, verströmt jugendliche Energie sowie deutsches Flair und wartet mit viel Kunst und Wissenschaft, studentischen Preisen in den meisten Hostels, Cafés, Restaurants und Bars sowie Chiles bester Craft-Beer-Szene auf.

👁 Sehenswertes & Aktivitäten

Die Avenida Costanera Arturo Prat (einfach Prat genannt) ist die pulsierende Lebensader der Stadt, die wichtigsten öffentlichen Gebäude liegen jedoch an der Plaza de la República. Im Westen kreuzt die Puente Pedro de Valdivia den Fluss und führt zur Isla Teja, einem grünen Vorort und Standort der Universidad Austral. In der Region Valdivia, 173 km südwestlich der Stadt, befindet sich außerdem Chiles jüngster Nationalpark, der 24 000 ha große Parque Nacional Alerce Costero. Er schützt die an der Küste wachsende Patagonische Zypresse (Alerce), nach der er auch benannt ist.

★ Cervecería Kunstmann   BRAUEREI
(📞 063-229-2969; www.lacerveceria.cl; Ruta T-350 950; Krug 7650–8250 Ch$, Hauptgerichte 2700–9950 Ch$; ⓘ 12 24 Uhr; 🅿) Die beste Großbrauerei des Südens befindet sich auf der Isla Teja an Km 5 der Straße nach Niebla. Von 12 bis 23 Uhr kann man stündlich an Führungen (10 000 Ch$; Nov.–März) teilnehmen. Im Anschluss bekommt man einen Glaskrug geschenkt und darf außerdem 300 ml des ungefilterten Torobayo probieren, das nur hier verkauft und direkt vom Fass gezapft wird.

Wer sich nicht gerade intensiv für die Geschichte des Gerstensafts interessiert, sollte das Geld für die Führung lieber in Kostproben der etwa zehn verschiedenen Biersorten investieren. Sie werden mit herzhafter deutscher Küche wie Schweinekotelett, Spätzle, Sauerkraut und mit Äpfeln verfeinerter Soße serviert. Auf dem Gelände trifft man zwar kaum deutsche Landsleute, dafür aber jede Menge Touristen und Reisegruppen. Es gibt jedoch trotzdem definitiv Schlimmeres, als hier einen Nachmittag lang die verschiedenen Biere zu probieren. Bus 20 von Carampangue zur Isla Teja (550 Ch$) lässt Passagiere hier aussteigen – auch für Autofahrer ein guter Tipp!

Museo Histórico y Antropológico   MUSEUM
(Los Laureles 47; Eintritt 1500 Ch$; ⓘ 5. Jan.–Feb. 10–20 Uhr, März–4. Jan. 10–13 & 14–18 Uhr) Das in einem feinen Herrenhaus auf der Isla Teja untergebrachte Museum ist eines der schönsten in ganz Chile. Es beherbergt eine große, gut beschriebene Sammlung von Exponaten, die von der präkolumbischen Zeit bis in die Gegenwart reichen. Besonders interessant sind die Ausstellungen von Kunstgegenständen der Mapuche und die Haushaltsgegenstände aus den frühen deutschen Haushalten in der Gegend.

Auf demselben Gelände befindet sich das einfache **Museo de Arte Contemporáneo** (www.macvaldivia.cl; Eintritt 1500 Ch$; ⓘ Di–So 10–13 & 15–19 Uhr) und in einer benachbarten Villa das auf Wissenschaft und Natur spezialisierte **RA Philippi Museo de la Exploración** (Eintritt 1500 Ch$); der Eintritt für Letzteres in Kombination mit dem Museo Histórico kostet 2500 Ch$.

Feria Fluvial   MARKT
(Av Prat s/n; ⓘ 7–16 Uhr) Auf dem lebhaften Markt im Süden der Valdivia-Brücke verkaufen Händler frischen Fisch, Fleisch und landwirtschaftliche Erzeugnisse. Seelöwen haben hier ihr Paradies entdeckt und lassen sich rund um die Uhr von Touristen und Verkäufern mit Fischabfällen füttern. Wer ihnen noch ein bisschen näherkommen möchte, geht an der Costanera noch knapp 200 m weiter.

Parque Saval   PARK
Im Parque Saval auf der Isla Teja gibt's einen Flussstrand und einen netten Wanderweg, der in leichtem Schwung der mit Seerosen bewachsenen Uferlinie der Laguna de los Lotos folgt. Vogelliebhaber kommen hier voll auf ihre Kosten.

Torreón del Barro TURM

(Av Costanera Arturo Prat s/n) Mehrere Türme überragen die Stadt. Östlich vom Busbahnhof erhebt sich der Torreón del Barro, Teil einer spanischen Festung von 1774. Der **Torreón de los Canelos** (Ecke Yerbas Buenas & General Lagos) stammt aus dem 17. Jh.

👉 Geführte Touren

Valdivias größte und traditionellste touristische Attraktionen sind Bootstouren. Auf den Flüssen geht's zu den spanischen Befestigungsanlagen aus dem 17. Jh.: Corral, Niebla und Isla Mancera. Die größte und am besten erhaltene ist das Castillo de Corral, das aus dem Castillo San Sebastián de la Cruz (1645), den Geschützständen der Batería de la Argolla (1764) und der Batería de la Cortina (1767) besteht. Die Fuerte Castillo de Amargos befindet sich eine halbe Stunde Fußweg weiter nördlich von der Festung Corral und thront über einem kleinen Fischerdorf.

Auf der nördlichen Seite des Flusses stößt man auf die Fuerte Niebla (1645), von der spanische Soldaten mögliche Eindringlinge mit Kreuzfeuer in Empfang nahmen. Die zerfallenen Befestigungswälle des Castillo de la Pura y Limpia Concepción de Monfort de Lemus (1671) sind die ältesten erhaltenen Ruinen. Auf der Isla Mancera erhebt sich das Castillo San Pedro de Alcántara (1645), das die Zusammenflüsse von Río Valdivia und Río Tornagaleones überwachte. Später diente es als Residenz des Militärgouverneurs.

Jeder Veranstalter behauptet, etwas Einmaliges zu bieten, aber die meisten nehmen dieselben Routen, halten unterwegs in Corral sowie auf der Isla Mancera (45-60 Min. Aufenthalt) und bieten im Preis eingeschlossen ein Mittagessen und *onces* (Brotzeit) an. Niebla mit der Atmosphäre einer nordkalifornischen Küstenstadt lässt sich auf einer schönen Tagestour auch auf eigene Faust erreichen, Näheres siehe Unterwegs vor Ort (S. 268).

Reina Sofia BOOTSFAHRT

(063-220-7120; 16 000–18 000 Ch$) Ein empfohlener (wenngleich etwas aufdringlicher) Veranstalter von Bootstouren in Valdivia. Abfahrt ist täglich um 13.30 Uhr vom Puerto Fluvial am Fuß des Arauco.

🎉 Feste & Events

Bierfest/Oktoberfest BIER

Das von Kunstmann organisierte Bierfest findet im Januar statt und das neu eingeführte Oktoberfest steigt im Parque Saval.

Noche de Valdivia KULTUR

Valdivias größtes Ereignis ist die Noche de Valdivia mit geschmückten Flussschiffen und Feuerwerk, die immer am dritten Samstag im Februar stattfindet.

🛏 Schlafen

Die meiste Zeit des Jahres sind die billigsten Unterkünfte von auswärts wohnenden Studenten der Universidad Austral belegt, deren Vermieter in den vorlesungsfreien Sommer aber massiv um Reisende werben. Bei den Bleiben handelt es sich oft um billige, schäbige *hospedajes* in Busbahnhofsnähe an der Avenida Ramón Picarte und der Carlos Anwandter.

★ Airesbuenos Hostel & Permakultur HOSTEL $

(063-222-2202; www.airesbuenos.cl; Garcia Reyes 550; B 10 000 Ch$, Zi. 28 000 Ch$; @ 🛜) Valdivias bestes Hotel wird von einem freundlichen Nordkalifornier geführt, der den bewährten Travellertreff in eine der umweltfreundlichsten Unterkünfte im Sur Chico verwandelt hat: mit solarbeheizten Duschen, Regenwassersammlung, Permakultur, vertikalen Gärten, Kompostierung, Handtüchern aus ägyptischem Bambus und vielem mehr. Mal ganz abgsehesen von der Nachhaltigkeit sind die Mehrbettzimmer komfortabel, bunt und schlicht, die schönen Privatzimmer jedoch recht klein.

Zum Frühstück gibt's echten Kaffee und hausgemachtes Granola-Müsli. Fünf Gehminuten sind es vom Hostel zum Fluss und zum Busbahnhof. Wer nach der Check-out-Zeit zu lange rumtrödelt, muss eventuell eine kleine Gebühr zahlen.

Hostel Bosque Nativo HOSTEL $

(063-243-3782; www.hostelnativo.cl; Pasaje Fresia 290; B 10 000 Ch$, EZ/DZ 19 000/26 000 Ch$, ohne Bad 17 000/22 000 Ch$; @ 🛜) Eine Nichtregierungsorganisation, die sich für nachhaltige Forstwirtschaft engagiert, betreibt dieses Hostel. Der komfortable Holzbau versteckt sich in einem Wohnviertel am Ende einer Schotterstraße nur wenige Gehminuten vom Busbahnhof.

Ein paar Probleme sollten nicht unerwähnt bleiben: Traveller mit vielen technischen Geräten klagten über zu wenig Steckdosen in den Mehrbettzimmern, in den Bädern gibt's keinerlei Handtücher und sonderbarerweise befindet sich das Toilettenpapier in den Gemeinschaftsbädern außerhalb der Toiletten, zudem wird kaum Englisch gesprochen. Doch

Valdivia

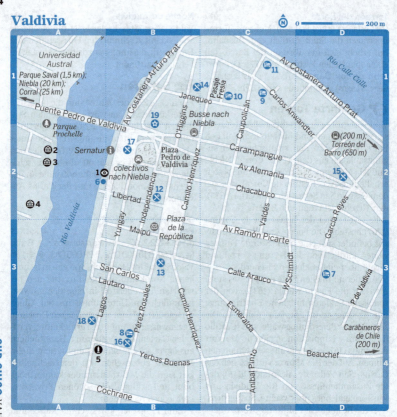

die Privatzimmer zählen zu den günstigsten in Valdivia und das Hostel ist eines der gemütlichsten im Ort.

Hostal Totem PENSION $
(063-229-2849; www.turismototem.cl; Carlos Anwandter 425; EZ/DZ/3BZ 25 000/30 000/39 000 Ch$; @ 🛜) Unter den vielen Unterkünften in der Carlos Anwandter, die durch ein Wohngebiet führt, bietet diese Pension mit elf Zimmern am meisten fürs Geld. Die sauberen Zimmer, der sonnige Frühstücksraum und die freundlichen Besitzer, die Englisch und Französisch sprechen, machen den Mangel an traditionellem Charakter wieder wett – die knarzenden Dielen des alten Hauses können sich aber hören lassen ...

Hostal Torreón HISTORISCHES HOTEL $$
(063-221-3069; hostaltorreon@gmail.com; Pérez Rosales 783; EZ/DZ 30 000/40 000 Ch$, ohne Bad 25 000/30 000 Ch$; P 🛜) Die klapprige alte Villa versteckt sich abseits der Straße, ist stolz auf ihren unebenen Boden (der immerhin zwei heftige Erdbeben überlebt hat!) und besticht vor allem mit ihrem historischen Ambiente. Gemeinschaftsbereiche voller Antiquitäten erinnern an die lange Geschichte des Hauses, wobei die Räume im zweiten Stock heller und weniger feucht sind als die im Untergeschoss. Es ist allerdings recht teuer. Frühstück kostet 5000 Ch$.

Hotel Encanto del Río HOTEL $$
(063-222-4744; www.hotelencantodelrio.cl; Av Costanera Arturo Prat 415; EZ/DZ 49 000/69 000 Ch$; P 🛜) Wollwaren der Einheimischen und Botero-Drucke an den Wänden verleihen dem Mittelklassehotel an einem ruhigen und beliebten Flussabschnitt eine Extraportion Charakter und vermitteln Gästen das Gefühl, in einem Wohnhaus mit Hotelservice zu übernachten. Die Zimmer mit Blick auf den Fluss haben kleine Veranden, von denen man über den Río Calle Calle direkt auf eine Fabrik blickt.

Valdivia

⊙ Sehenswertes
1. Feria Fluvial.................................A2
2. Museo de Arte Contemporáneo A2
3. Museo Histórico y Antropológico.................................A2
4. RA Philippi Museo de la Exploración..................................A2
5. Torreón de los Canelos A4

✈ Aktivitäten, Kurse & Touren
6. Reina Sofía......................................A2

🛏 Schlafen
7. Airesbuenos Hostel & Permacultura D3
8. Hostal Torreón.................................B4
9. Hostal Totem....................................C1
10. Hostel Bosque Nativo C1
11. Hotel Encanto del Río C1

⊗ Essen
12. Café Moro...B2
13. Entrelagos..B3
14. La Calesa... B1
15. La Cave del Buho D2
16. La Última Frontera B4
17. Mercado Municipal B2
18. Santo Pecado A4

✪ Unterhaltung
19. Casino Dreams Valdivia B1

🍽 Essen & Ausgehen

Die Isla Teja auf der anderen Uferseite ist aktuell das angesagteste Stadtviertel in Sachen Restaurants. Preiswerte Fisch- und Meeresfrüchtegerichte bekommt man im obersten Stock des **Mercado Municipal** (Prat s/n; Hauptgerichte 2500-4000 Ch$; ⊙9-21 Uhr), wo herzhafte hausgemachte Mahlzeiten auf den Tisch kommen.

Die höchste Konzentration an abendlichen Ausgehoptionen findet sich in der kleinen, belebten Esmeralda – einfach umschauen. Viele angesagte Adressen servieren auch Essen, sodass man den ganzen Abend dort verbringen kann. Das **Casino Dreams Valdivia** (www.mundodreams.cl; Carampangue 190; Eintritt 3000 Ch$; ⊙ So-Do 10-6, Fr & Sa bis 7 Uhr), der schillernde Hotel- und Kasinokomplex der Stadt, ist mit seinem trendigen Sushi und einer glamourösen Disco eine weitere Option.

★ **La Última Frontera** RESTO-BAR $
(Pérez Rosales 787; Sandwiches 2800-4400 Ch$; ⊙Mo-Sa 10-2 Uhr; 📶🍴) Diese Bohème-Resto-Bar ist die ultimative Adresse für Urlauber. Sie versprüht ein Flair, das im gesamten Sur Chico seinesgleichen sucht. In einem versteckten renovierten Herrenhaus serviert es jede Menge kreative Sandwiches, frische Säfte und lokales Craft Beer – allein ein rundes Dutzend vom Fass (Tipp: mit dem Cuello Negro Stout beginnen) und dazu ein paar Flaschenbiere. Dank der hippen Künstlerszene der Stadt verwandelt es sich nachts in die beste Bar weit und breit. Gäste können es sich in einem der von Kunst geschmückten Räume gemütlich machen oder sich mit einem kühlen Bier im neuen Patio oder auf der Veranda zurücklehnen. Nicht verpassen!

Café Moro CHILENISCH $
(Paseo Libertad 174; Menü 3100 Ch$; ⊙Mo-Fr 9.30-22, Sa 11-22 Uhr; 📶) Exzellente Menüs zu einem unschlagbaren Preis. Das Café zieht eine jung gebliebene bunte Mischung aus intellektuellen Hipstern und cleveren WWF-Wissenschaftlern des Centro de Estudios Científicos in Valdivia an und verwandelt sich im Lauf des Abends immer mehr in eine Bar.

Entrelagos CAFÉ $
(www.entrelagos.cl; Pérez Rosales 640; Sandwiches 3100-6400 Ch$; ⊙Mo-Fr 9-21, Sa 10-21.30, So 11-21 Uhr) Bei köstlichem *café cortado* (Espresso mit Milch), Kuchen, Sandwiches und Crêpes reden Einheimische in diesem klassischen *salón de té* (Teehaus) gern über abwesende Bekannte. Herzhafte Menüs und warme Sandwiches sind genau das Richtige für hungrige Mägen, und der Sitzbereich im Pariser Stil wirkt so ganz und gar nicht chilenisch. Sonntags gibt's kaum eine Alternative.

La Calesa PERUANISCH $$
(www.lacalesa.cl; O'Higgins 160; Hauptgerichte 6900-10 500 Ch$; ⊙Mi-So mittags, Di-Sa abends; 📶) Hier gibt's schmackhafte peruanische Klassiker, beispielsweise Brathühnchen mit Knoblauch und *lomo saltado* (geschnetzeltes Rindfleisch mit Gewürzen, Zwiebeln, Tomaten und Kartoffeln). Außerdem sind die Pisco Sours so denkwürdig wie das *suspiro*, eine peruanische Nachspeise mit *manjar* (chilenische Milchkonfitüre), Baiser und einem Schuss Traubenbrand.

La Cave del Buho RESTO-BAR $$
(Av Alemania 660; Hauptgerichte 5900-9600 Ch$; ⊙Mo-Sa 19.30-1 Uhr; 📶) Wer zu einem Drink auch gerne etwas Gutes isst, findet sich in dieser leicht abseits liegenden dunklen kerzenbeleuchteten Resto-Bar gut aufgehoben. Die handgeschriebene Karte ist auf Filets

spezialisiert, dazu gibt's eine lange Cocktailkarte. An den Wochenenden geht hier am späten Abend (nach 22 Uhr) die Post ab, dann strömen Einheimische in die von Mittelerde inspirierte Bar.

Santo Pecado
RESTO-BAR $$

(Yungay 745; Cocktails 2400–5900, Hauptgerichte 3900–8900 Ch$; ⓢ Mo-Fr 12.30–15 & 19–24, Sa 20–0.30 Uhr; 🎵) Bemerkenswert nicht nur wegen des leckeren Essens – lang entbehrte Genüsse wie Camembert, Porree und eine riesige *tortilla española* –, sondern bei gutem Wetter auch wegen des Flussblicks von der Terrasse hinterm Haus. Wer im Sommer den Sonnenuntergang erleben möchte, sollte zeitig da sein, denn es gibt nur sieben Tische.

❶ Praktische Informationen

Zentral gelegene Geldautomaten sind in großer Zahl vorhanden.

Carabineros de Chile (☏ 063-250-3085; www.carabineros.cl; Beauchef 1025) Polizeiwache.

Clínica Alemana (www.alemanavaldivia.cl; Beauchef 765; ⓢ 24 Std.) Besser, schneller und näher als das öffentliche Krankenhaus.

CorreosChile (www.correos.cl; O'Higgins 575; ⓢ Mo-Fr 9–19, Sa 9.30–13 Uhr) Postdienstleistungen.

Información Turística (☏ 063-222-0498; www.munivaldivia.cl; ⓢ 8–21.30 Uhr) Am Busbahnhof.

Sernatur (☏ 063-223-9060; www.turismolosrios.cl; Prat s/n; ⓢ 9–21 Uhr) Sehr hilfreiches Büro.

❶ An- & Weiterreise

BUS

Valdivias zentral gelegener **Terminal Valdivia** (☏ 063-222-0498; www.terminalvaldivia.cl; Anfión Muñoz 360) auf der nordöstlichen Seite der *costanera* an der Anfión Muñoz wurde bei Redaktionsschluss umfassend modernisiert. Gepäck bewahrt die *Custodia de Equipaje* (1500 Ch$; geöffnet 7–23 Uhr) auf.

Vom Busbahnhof verkehren regelmäßig Busse zu Zielen an oder unweit der Panamericana zwischen Puerto Montt und Santiago, besonders von **Tur-Bus** (☏ 063-221-2430; www.turbus.cl), **Pullman Bus** (☏ 063-220 4600; www.pullman.cl) sowie von **Cruz del Sur** (☏ 063-221-3840; www.busescruzdelsur.cl), das die häufigsten Verbindungen nach Chiloé bietet. Nach Viña del Mar/Valparaíso starten täglich um 20.30 und 20.45 Uhr Busse von Tur-Bus.

Zu den regionalen Busunternehmen gehören u.a. **Buses Pirihueico** (☏ 063-221-3804), das nach Panguipulli fährt (alle 45 Min., 6.45–20 Uhr); **Bus Futrono** (☏ 063-220-2227) mit Bussen nach Futrono (häufig; 6.20–20.10 Uhr) und **Buses JAC** (☏ 063-221-3754; www.busjac.cl) mit Verbindungen nach Villarrica, Pucón und Temuco. **Ruta 5** (☏ 063-231-7040), das kein Büro hat, fährt montags bis samstags um 12.05 und 16.10 Uhr und sonntags um 19.45 Uhr nach Lago Ranco. Eine Alternative ist der tägliche JAC-Bus um 19.05 Uhr.

Montags, dienstags, donnerstags und samstags gibt's um 8.45 Uhr eine Direktverbindung von **Andesmar** (☏ 063-222-4665; www.andesmar.com) nach Bariloche in Argentinien; daneben verkehren noch ein paar weitere Busgesellschaften von Osorno aus. Busse von **Buses San Martín** (☏ 063-222-4665) fahren mittwochs, freitags und sonntags um 6 Uhr nach San Martín de los Andes. Nach Neuquén steigt man in Junín um.

Einige Beispiele für Fahrzeiten und Preise (schwanken je nach Ausstattung der Busse, Klasse und Saison):

ZIEL	PREIS (CH$)	FAHRTDAUER (STD.)
Bariloche (Arg.)	21 000	7
Castro	9500	7
Futrono	2500	2
Lago Ranco	3100	2
Neuquén (Arg.)	41 900	12
Osorno	5000	2
Panguipulli	2900	2¼
Pucón	4500	4
Puerto Montt	5000	3½
San Martín de los Andes (Arg.)	13 000	8
Santiago	34 000	12
Temuco	4200	3½
Valparaíso	35 600	13
Villarrica	4300	3
Viña del Mar	35 600	13

FLUGZEUG

Der **Aeropuerto Pichoy** (☏ 063-227-2294) liegt 32 km von Valdivia entfernt an der Ruta 5.

LAN (☏ 600-526-2000; www.lan.com; Maipú 271; ⓢ Mo-Fr 9–13 & 15.30–18, Sa 10–13 Uhr) Fliegt einmal täglich nach Santiago (ab 162 778 Ch$).

Sky Airlines (☏ 063-222-6280; www.skyairline.cl; Chacabuco 308; ⓢ Mo-Fr 9–19, Sa 10–13 Uhr) Sky Airlines fliegt nur freitags und samstags direkt nach Santiago (ab 63 678 Ch$). Ansonsten erfolgt der Flug zur Hauptstadt über Concepción (ab 40 678 Ch$).

ABSTECHER

HUILO-HUILO RESERVA NATURAL BIOSFERA

Die größtenteils asphaltierte Straße vom Lago Pirihueico 101 km östlich von Valdivia und 80 km südlich von Villarrica nach Puerto Fuy verläuft parallel zum malerischen Río Huilo Huilo, der durch eine imposante Landschaft zur eindrucksvollen **Huilo-Huilo Reserva Natural Biosfera** (02-2887-3500; www.huilohuilo.com; Camino Internacional Panguipulli–Valdivia Km 55; Exkursionen 2500–55 000 Ch$) strömt. Im Rahmen des 2000 initiierten Umweltschutzprojektes werden 1000 km^2 Privatgrund, der zu einem viel größeren Unesco-Biosphärenreservat gehört, für den sanften Ökotourismus entwickelt. Es gibt zahlreiche Exkursionen, ein neues Museum, eine Mikrobrauerei und verschiedene Unterkünfte für jeden Geldbeutel, darunter vier herrlich verrückte Hotels. Besitzer und Betreiber des schönen Reservats ist die Fundación Huilo-Huilo. Vor Ort leben endemische Arten wie der Darwinfrosch, der Pudu, der *monito del monte* (kleiner Bergaffe), 111 Vogelarten, 35 Farnspezies (die Zahl wird nur vom Archipiélago Juan Fernández übertroffen) und vor allem der bedrohte Huemal (Südandenhirsch), der sich dank eines Schutzprogramms der Fundación überraschend stark vermehrt.

Das Reservat wartet mit zahlreichen Naturabenteuern (Trekking, Bergsteigen, Mountainbiken, Reiten, Rafting, Kajakfahren und Eistrekking) auf, für die man jedoch einen Guide engagieren muss. Einzige Ausnahme ist der Besuch des grandiosen 37 m hohen Wasserfalls **Salto de Huilo Huilo**. Führer für Nichthotelgäste vermittelt das **Centro de Excursiones** (02-2887-3500; www.huilohuilo.com; Jan.–Feb. 8–21.30 Uhr, April–März 9–19.30 Uhr) in der La Montaña Magica. Das **Museo de Volcanes** (Erw./Kind 2000/1000 Ch$; Dez.–März 11–20 Uhr, April–Nov. 10–17 Uhr) ist von einer Steinkuppel gekrönt. Es ist das eindrucksvollste archäologische Museum im Sur Chico und widmet sich chilenischen indigenen Kulturen. Hier sind u. a. eine der besten Ornamentsammlungen der Mapuche überhaupt sowie Laternen, Vorhängeschlösser und Eisenarbeiten, ein Nachbau der Rettungsaktion der Bergleute aus der Copiapó-Mine im Jahr 2010 und des Stoßzahns eines prähistorischen Mastodons – eines von nur vier Exemplaren weltweit – zu sehen.

La Montaña Mágica (02-2887-3500; www.huilohuilo.com; EZ/DZ 127 925/172 550 Ch$; P @) ist ein Turmbau, in dem sich auch Hobbits heimisch fühlen würden: Von der Spitze versprüht ein Springbrunnen Wasser, innen locken kitschige Möbel und von der Natur inspirierte Designelemente. Das weniger persönliche **Nothofagus Hotel & Spa** (02-2887-3500; www.huilohuilo.com; EZ/DZ 127 925/172 550 Ch$; P @) hängt wie ein vom Architekten Gaudi inspirierter umgedrehter Konus in den Baumwipfeln. Im Restaurant wird internationale und chilenische Küche mit indigenen Einflüssen serviert. Die neueste Unterkunft ist die von einem Pilz inspirierte **Reino Fungi Lodge** (02-2887-3500; www.huilohuilo.com; EZ/DZ ab 127 925/172 550 Ch$;). In der Nähe bietet die exklusive **Nawelpi Lodge** (02-2887-3500; www.huilohuilo.com; EZ/DZ All-inclusive-Paket mit 3 Übernachtungen 1 240 580 Ch$/1 783 280 Ch$; P) zwölf geräumige Hütten mit luxuriösen Möbeln, Kaminen aus Vulkangestein und großartigen Terrassen samt Blick auf den Río Fuy. Zu den einfacheren Unterkünften im Park zählen **Camping Huilo-Huilo** (02-2887-3500; www.huilohuilo.com; Camping pro Pers. 6000 Ch$) mit Strom, hübschen Warmwasserbädern und Thermalbecken auf der Holzveranda im Patio sowie das **Canopy Village** (02-2887-3500; www.huilohuilo.com; cabañas 2/6 Pers. ab 30 000/70 000 Ch$) mit erhöhten Hütten, die durch Holzstege miteinander verbunden sind, mit einer Gästeküche und Traumblick auf den Volcán Mocho.

Von Puerto Fuy bringt die Fähre **Hua-Hum** (063-197-1871; www.barcazas.cl) Passagiere und Fahrzeuge von März bis Dezember einmal täglich (13 Uhr) und im Januar und Februar dreimal täglich (8, 13 & 18 Uhr) von und nach Puerto Pirihueico (1½ Std.). Die Mitnahme eines Autos kostet 16 390 bis 24 590 Ch$, Fußgänger zahlen 800 Ch$, ein Fahrrad schlägt mit 32 750 Ch$ zu Buche. Weil auf das Schiff nur 24 Autos passen, ist eine Reservierung zu empfehlen.

Auch Budgettraveller ohne Fahrzeug können Huilo-Huilo ohne Einschränkung erleben. Von montags bis samstags fahren etwa sieben Busse (sonntags nur zwei) von Panguipulli nach Huilo-Huilo (2200 Ch$, 2¼ Std.), und günstigere Unterkünfte findet man im kleinen Dorf Neltume, 3 km vom Parkeingang entfernt.

🛈 Unterwegs vor Ort

Vom und zum Flughafen bietet **Transfer Aeropuerto Valdivia** (☎ 063-222-5533) nach Bedarf einen Minibusservice (3500 Ch$), am günstigsten ist es aber, einen Bus von Buses Pirihueico vom Busbahnhof nach Panguipulli zu nehmen und am Flughafen auszusteigen (1000 Ch$, Mo–Fr 6.30–20, Sa ab 7.15, So 8.20–20.30 Uhr). Ein Taxi vom Busbahnhof kostet 16 000 bis 18 000 Ch$.

Wer vom Busbahnhof zur Plaza de la República möchte, geht zum südlichen Ende des Busbahnhofs und nimmt die Rolltreppe hinauf in die 3. Etage zum Ausgang zur Carlos Anwandter; dort kann man mit allen grünen oder gelben *colectivos* (500 Ch$) oder mit Bus 3 (45 Ch$) fahren, die an der Chacabuco einen Block nördlich der Plaza halten.

Nach Niebla fahren **colectivos** (Ecke Yungay & Chacabuco; 1000 Ch$) und **Busse** (Carampangue; 550 Ch$). Von der Muelle Niebla setzt zwischen 8 und 21 Uhr etwa alle 20 Minuten ein kleines Boot nach Corral über (800 Ch$), das mehrmals täglich auch die Isla Mancera ansteuert (300 Ch$; Mo–Sa 9, 12.30, 14.30 & 17.30, So 12 & 16 Uhr). Außerdem verkehrt eine große **Fähre** (☎ 063-228-2743; www.barcazas.cl), die Autos nach Corral mitnimmt (Fußgänger 650 Ch$, Autos 4370 Ch$; stündl., 8–24 Uhr).

DAS SEENGEBIET

Das Seengebiet – zahllose Gletscherseen, die sich in der Region zwischen hoch aufragenden Vulkanen mit verschneiten Gipfeln, unwirklichen Nationalparks und idyllischen Seedörfern verteilen – ist eine der malerischsten Gegenden in Chile. Abenteuerlustige Naturliebhaber treffen sich rund um das hübsche Puerto Varas, die touristischste Stadt der Gegend und Ausgangsbasis für tolle Outdooraktivitäten, die von Ausritten und Felsklettertouren im Tal von Cochamó über Spaziergänge um die Seen Llanquihue, Puyehue und Todos los Santos bis zu komfortablen Exkursionen in die eindrucksvollen Nationalparks reichen.

Osorno

☎ 064 / 151 913 EW.

Osorno (die Stadt, nicht der Vulkan) ist ein lebhafter Ort und der ökonomische Motor des landwirtschaftlich geprägten Umlands. Er dient als wichtiger Verkehrsknotenpunkt an der Strecke zwischen Puerto Montt und Santiago sowie den Hulliche-Gemeinschaften an der hiesigen Küste, trotzdem halten sich die meisten Besucher hier nicht lange auf.

🛏 Schlafen & Essen

Entlang der Hauptstraße Juan Mackenna gibt's in den Blocks östlich und westlich der Plaza de Armas jede Menge Restaurants. Im Mercado Municipal kosten herzhafte Mahlzeiten 2000 bis 5000 Ch$.

Hostel Vermont   HOSTEL $

(☎ 064-224-7030; www.hostelvermont.cl; Toribio Medina 2020; B 12 000 Ch$, EZ/DZ ohne Bad 20 000/30 000 Ch$, Hütten EZ/DZ/4BZ 25 000/35 000/50 000 Ch$; @ 🛜) Osornos erstes vernünftiges Hostel wird von einer Englisch sprechenden Snowboarderin betrieben, die das Hostel nach ihrem Trip in die Nähe von Burlington in Vermont benannte. Es bietet alles, was man sich von einer günstigen Bleibe wünscht, ist also freundlich, sauber und gut ausgestattet. Minuspunkte gibt's hingegen für den hohen Geräuschpegel bei Nacht, verursacht durch knarrende Dielen und partyfreudige Gäste.

Ab dem Busbahnhof sind es hierher zwei Blocks südwärts zur Juan Mackenna, fünf Blocks ostwärts zur Buenos Aires und anderthalb Blocks südwärts zur Toribio Medina.

Hotel Villa Eduviges   HOTEL $$

(☎ 064-223-5023; www.hoteleduviges.cl; Eduviges 856; EZ/DZ/3BZ ab 25 000/40 000/55 000 Ch$; 🅿 🛜) Hut ab vor dem komfortablen Mittelklassehotel Eduviges, das als eines von wenigen Unterkünften in der Region X Doppelzimmer ohne Aufschlag an Singles vergibt. Auch die ruhige Lage in einem Wohngebiet südlich vom Busbahnhof kommt gut an, genau wie die geräumigen, etwas altmodischen Zimmer, die privaten Bäder und das freundliche Management.

🛈 Praktische Informationen

An der Plaza de Armas befinden sich einige Geldautomaten.

Touristeninformationskiosk (☎ 064-221-8740; Plaza de Armas; ⊙ Mitte Dez.–Mitte März Mo–Fr 9–19 Uhr, Mitte März–Mitte Dez. Mo–Fr 9–13 & 15–18, Sa ab 10 Uhr) An der Plaza de Armas.

🛈 An- & Weiterreise

BUS

Fernbusse starten vom Hauptbusbahnhof, dem **Terminal de Buses** (☎ 064-221-1120; Errázuriz 1400). Die meisten Busse, die auf der Panamericana Richtung Norden fahren, starten etwa stündlich in Puerto Montt, Busse nach Santiago sind meist über Nacht unterwegs. Gute Busunternehmen sind u.a. **Pullman Bus** (☎ 064-231-

ABSEITS DER ÜBLICHEN PFADE

DIE SEEN VON LA ARAUCANÍA & LOS RÍOS

Chiles Region XIV ist zwar nach ihren Flüssen benannt, ihre Seen können sich jedoch ebenfalls sehen lassen. Sie ziehen zwar nicht so viele Besucher an wie Los Lagos, trotzdem gibt's ein paar echte Juwele, die zu erholsamen Momenten mit Einheimischen und nur wenigen anderen Touristen einladen.

Lago Ranco

Unter den südlichen Seen ist der Lago Ranco 124 km von Valdivia ein echter Geheimtipp: Kaum besucht und außerhalb Chiles wenig bekannt, liegt er da wie ein glänzender Saphir mit ein paar grünen Inseln inmitten grün schimmernder Berge. Aus unerfindlichen Gründen hat der Tourismus dieses Fleckchen noch nicht in Besitz genommen. Hier ist es traumhaft, wenn man den Massen entfliehen und mit der Frau des besten Freundes allein sein oder sich hinsetzen und endlich das erste Drehbuch zu Ende schreiben will ... – ungünstig allerdings, wenn man dabei auch noch gut essen und bequem schlafen möchte.

Auf einem Rundgang um den in allen Blautönen schimmernden See hat man die majestätischen Anden im Blick und kommt unterwegs an einfachen Arbeiterstädten, exklusiven Angelsportresorts und Mapuche-Siedlungen vorbei. Am Nordufer des Lago Ranco, von Valdivia via Paillaco 102 km entfernt, liegt Futrono, eine staubige alte Stadt mit Grenzlandatmosphäre. Sie dient als Versorgungsstation für den See und die Mapuche-Gemeinschaft auf der Isla Huapi.

Lago Panguipulli

Am nordwestlichen Rand des Lago Panguipulli erstreckt sich das stille **Panguipulli**, ein Ort mit ungünstigem Zugang zum Strand, einer lebhaften Hauptstraße und einer eigenartigen Kirche, die von Kapuzinermönchen im Schweizer Stil errichtet wurde. Darben muss man hier nicht, denn es gibt eine überraschend große Zahl an Restaurants, und in den vergangenen Jahren hat sich die Stadt zu einer Art Spielwiese für Yuppies entwickelt.

Aus kaum mehr als zwei Straßen am östlichen Rand des Lago Panguipulli besteht das hübsche Dörfchen Choshuenco mit einem weiten Strand und einer Kulisse, die mit ihrem kristallklaren Wasser und den sanft geschwungenen grünen Hügeln zur Meditation anregt. Es ist ein entspannter Ausgangsort für Wanderungen, aber auch ein guter Rastplatz vor oder nach der Überquerung des Passes am Lago Pirihueico zwischen Panguipulli und Argentinien. Der See ist einer der schönsten in der Region.

Lago Calafquén

Rund 82 % dieses wunderschönen Sees liegen in Los Ríos und Coñaripe (nur das kleine Gebiet rund um Lican Ray befindet sich in La Araucanía) vor der Kulisse des aktivsten Vulkans von Chile (Villarrica) und des beliebtesten, lebendigsten Flussstädtchens der Region. Die schwarzen Sandstrände und 14 kleinere Thermalquellen ziehen im Sommer Urlauber scharenweise in den Ort 22 km östlich von Lican Ray. Er wartet auch mit wesentlich angenehmeren Unterkünften auf als Liquiñe, vor allem, wenn man seine Muskelschmerzen in *agua caliente* (warmes Wasser) lindern möchte.

Am östlichen Ende von Coñaripe kreuzt die Hauptgeschäftsstraße Avenida Guido Beck Ramberga die Ruta 201, die internationale Verbindungsstraße nach Junín de los Andes in Argentinien. Die westwärts führende Gabelung verläuft nach Panguipulli und die südöstliche zu den Termas de Coñaripe, den Termas Geométricas (S. 260; die schönsten der Gegend) und nach Liquiñe sowie zum Grenzübergang am Paso Carirriñe. Im Norden windet sich eine Straße stadtauswärts zu einer Anzahl schlichter Thermalquellen und zur Südgrenze des Parque Nacional Villarrica.

SUR CHICO OSORNO

8529; www.pullman.cl), **Tur-Bus** (☏ 064-220-1526; www.turbus.cl) und **Cruz del Sur** (☏ 064-223-2778; www.busescruzdelsur.cl).

Nach Valparaíso/Viña del Mar nimmt man am besten Tur-Bus (10.45 Uhr). **Buses JAC** (☏ 064-255-3300; www.jac.cl) ist die beste Option, um nach Valdivia, Temuco und Pucón zu fahren. **Ruta 5** (☏ 064-231-7040) fährt nach Lago Ranco (2500 Ch$, 2 Std., 10.15 & 17.45 Uhr, Mo–Fr auch 12.20 Uhr). Cruz del Sur bietet die meisten Fahrten Richtung Süden und zur Insel Chiloé. **Buses Pirihueico** (☏ 064-223-3050)

ABSTECHER

URLAUB BEI DEN HUILLICHE

Die indigenen Huilliche-Gemeinden an Osornos schöner Küste haben gerade erst bemerkt, dass sie auf einer echten *etnoturismo*-Goldmine sitzen. Nach einem Konzept, das der WWF (World Wildlife Fund) über zehn Jahre lang für nachhaltigen Tourismus entwickelt hat, nehmen die abgeschiedenen Gemeinden nun Urlauber auf. Im Rahmen mehrtägiger Touren erhalten die Besucher Einblick in ihre Kultur. Zum Programm gehören Ausflüge zu Chiles eindrucksvollsten Stränden, Waldwanderungen in Valdivia und ländliche Unterkünfte bei Familien rund um San Juan de la Costa sowie im **Territorio Mapa Lahual** (www.mapulahual.cl), einem von einer indigenen Gemeinschaft bewohnten Schutzgebiet, das sich in Richtung Süden bis in die Provinz Río Negro erstreckt.

In San Juan de la Costa gibt's fünf großartige mit dem Auto zugängliche *caletas* (Buchten). Wer wenig Zeit hat, kann sie im Rahmen von Tagesausflügen ab Osorno und Umgebung erkunden. In den Dörfern **Bahía Mansa**, **Pucatrihue** und **Maicolpué** tummeln sich in Ufernähe Delfine und Seelöwen, und Frauen sammeln an den wilden, zerklüfteten Stränden *luga* und *cochayuyo*, zwei für die örtliche Wirtschaft wichtigen Seealgenarten. An den beiden Uferseiten befinden sich die besten *caletas*: **Manzano** 20 km nördlich von Bahía Mansa und **Tril-Tril** 7 km südlich von Bahía Mansa.

Wenn man tiefer in das Terrain vordringen möchte, ist mehr Logistik und Planung vonnöten, wobei sich die Mühen mehr als lohnen. Die Caleta Condor gehört zum Territorio Mapa Lahual und ist über eine zweistündige Bootsfahrt (oder eine zweitägige Trekkingtour) ab Bahía Mansa oder über eine neunstündige Kombitour mit Geländewagen, Wanderung und Boot ab Río Negro zu erreichen. Die traumhafte Bucht liegt vollkommen abgeschieden – Kommunikation mit der Außenwelt ist nur über UKW-Radio möglich. Besucher erwartet bei wolkenfreiem Himmel ein spektakulärer erster Eindruck. Bei der Ankunft vom Pazifik aus über den malerischen kristallklaren Río Cholcuaco wird man von einer idyllischen Naturlandschaft empfangen: Moos in sattem Golfplatzgrün säumt das Flussufer, Pferde und Seelöwen tummeln sich vor der mit wunderschönen Arrayán-Bäumen gespickten Bergkulisse. Das paradiesische Fleckchen dient als Heimat von zehn Familien, von denen manche Betten an Gäste vermieten. Am Flussende taucht dann unvermutet eine Sandbank mit *tropicália* auf, die Fluss- und Meeresstrand trennt.

Wer einfach nur vor einer atemberaubenden Kulisse nächtigen möchte, kann sich auf eigene Faust zur Caleta Condor aufmachen. Bootsfahrten werden in San Juan de la Costa angeboten. Der Bootsmann Rubén Pailapichún steuert die **Paseos Náuticos Lafken Mapu Lahual** (Mobil 8418-5727, mobil 7871-6874; maitecbg@gmail.com; 180 000 Ch$ pro acht Pers.), die von Dezember bis März täglich um 8 Uhr am Pier in Bahía Mansa ablegt (Rest des Jahres nur auf Reservierung, wobei die Bedingungen auf See die Fahrt im Winter meistens unmöglich machen). Wer ihn telefonisch nicht erreicht, findet seine Frau in der **Comida Rápida Doña Mary** in der Nähe der Huilliche-Statue am Strand in Maicolpué. Die beste der vier Privatunterkünfte ist die **Hospedaje Don Florentín** (Zi. ohne Bad 12 000 Ch$, Mahlzeiten 5000 Ch$), die aufgrund ihrer erhöhten Lage mit grandiosem Ausblick aufwartet. Wer die Gegend voll auskosten möchte, sollte jedoch eine Tour buchen. **Mawidan Tour Chile** (Mobil 7771-7275; www.mawidan.com; Camino Cheuquemo Km 1, Río Negro) hat die besten Kontakte zu örtlichen Gemeinschaften und die beste Logistik.

Es besteht auch die Möglichkeit, in Eigenregie zur Küste zu reisen und in Maicolpué die exzellente **Hostería Miller** (064-255-0277; www.hosteriamiller.com; Maicolpué; EZ/DZ ohne Bad 25 000/35 000 Ch$, 3BT/4BT 45 000/55 000 Ch$) unter argentinischer Leitung als Ausgangsbasis zu nutzen. Dort lässt man sich Don Rubens perfekt gemixte Pisco Sours schmecken, während sich direkt vorm Fenster Peale-Delfine tummeln. Minbusse nach Bahía Mansa, Pucatrihue und Maicolpué (1800 Ch$, 1½ Std.) starten stündlich von der Feria Libre Ráhue in Osorno (S. 271).

---

verkehrt über Valdivia nach Panguipulli (3500 Ch$, 1¾ Std.).

Verbindungen ins chilenische Patagonien bieten **Queilen Bus** (064-226-0025; www.queilenbus.cl), das nach Coyhaique fährt (Mo & Mi 12.35 Uhr), und **Trans Austral** (064-223-3050), das Futaleufú (25 000 Ch$, 10 Std., Di & Sa 8 Uhr) ansteuert. Nach Punta Arenas kann man Busse von Queilen Bus (Mo & Fr 12.20 Uhr), **Turibús** (☏ 064-223-2778; Di, Do & Sa 12.45 Uhr) oder Pullman Bus (Mo & Sa 12 Uhr) nehmen.

Nach Bariloche in Argentinien fährt u.a. **Bus Norte** (☏ 064-223-2778; www.busnortechile.cl) um 10.30 Uhr, **Via Bariloche** (☏ 064-226-0025; www.viabariloche.com.ar) um 16.30 Uhr und **Andesmar** (☏ 064-223-3050; www.andesmar.com) um 10.15 und 10.30 Uhr sowie im Januar und Februar auch um 14.30 Uhr. Alle Busse nach Bariloche halten in Villa Angostura, Argentinien (ab 15 000 Ch$, 4 Std.). Direktbusse nach Zapala und Neuquen in Argentinien starten in Temuco.

Eine kleine *custodia* bewahrt Gepäck auf (900–1800 Ch$; geöffnet 7.30–22.30 Uhr).

Einige Beispiele für Fahrzeiten und Preise (schwanken je nach Ausstattung der Busse, Klasse und Saison):

ZIEL	PREIS (CH$)	FAHRTDAUER (STD.)
Ancud	6200	4
Bariloche (Arg.)	16 000	5
Concepción	12 300	9
Coyhaique	40 000	20
Pucón	8400	4
Puerto Montt	2200	1¾
Punta Arenas	42 000	28
Santiago	20 000	12
Temuco	5800	3½
Valdivia	3600	1¾
Valparaíso/ Viña del Mar	29 900	14

Ebenfalls vom Hauptbusbahnhof starten mehrmals täglich Fahrten zu Orten rund um den Lago Llanquihue am Fuß des Volcán Osorno.

Andere örtliche und regionale Ziele bedienen die Busse vom **Terminal Mercado Municipal** (Errázuriz zw. Arturo Prat & Cristóbal Colón) vor dem neuen Mercado Municipal. **Expreso Lago Puyehue** (☏ 064-224-3919; www.expresolagopuyehue.wix.com/buses-expreso) fährt nach Termas Puyehue/Aguas Calientes (2200 Ch$, 1½ Std., stündl., alle 10 Min., 6.50–19.15 Uhr.) und Entre Lagos (1400 Ch$, 1 Std., alle 10 Min. 6.50–19.15 Uhr). **Buses Río Negro** (☏ 064-223-6748) fährt über Río Negro nach Caleta Condor (1200 Ch$, 45 Min., alle 10 Min.).

Wer zu den ethnischen Gemeinschaften der Huillche von San Juan de la Costa (1800 Ch$, 1¾ Std.) – Bahía Mansa, Pucatrihue und Maicolpué – möchte: Minibusse starten stündlich vor der **Feria Libre Ráhue** (Ecke Chillán & Temuco). Dorthin geht's mit Bus 1, 6 oder 10 von der Nordostseite der Kreuzung Errázuriz und Cristóbal Colón (400 Ch$).

ⓘ ZUM FLUGHAFEN

Öffentliche Verkehrsmittel fahren nicht zum Flughafen, doch alle Busse nach Entre Lagos lassen Fahrgäste auf Wunsch am Eingang zum Flughafen, der 300 m vom Terminal liegt, aussteigen (600 Ch$). Das schlägt eindeutig die Taxifahrt für 6000 Ch$!

FLUGZEUG
Der **Aeropuerto Carlos Hott Siebert** (☏ 064-224-7555; Cañal Bajo) liegt 7 km östlich vom Stadtzentrum auf der anderen Seite der Panamericana und ist über die Avenida Buschmann zu erreichen. **LAN** (☏ 600-526-2000; www.lan.com; Eleuterio Ramírez 802; ⊙ Mo–Fr 9–13 & 15–18.30, Sa 9.30–13 Uhr) fliegt einmal täglich um 14 Uhr nach Santiago (ab 186 000 Ch$).

Parque Nacional Puyehue

Am Tag nach dem Erdbeben 1960 eruptierte der 2240 m hohe Gipfel des Volcán Puyehue und verwandelte eine große Fläche dichten, immerfeuchten Regenwaldes in eine karge Landschaft aus Sanddünen und erstarrten Lavaströmen. Im **Parque Nacional Puyehue** (www.parquepuyehue.cl) GRATIS sind 1070 km² dieser kontrastreichen Gegend unter Schutz gestellt. Der Park gehört zu den eher „erschlossenen" Schutzgebieten Chiles, denn er beherbergt ein Skiresort und mehrere Heilbäder.

Etliche Wanderungen führen in unberührte Areale. Der wichtigste Parksektor ist Aguas Calientes mit Heilquellen und dem Centro de Información Ambiental der Conaf.

75 km östlich von Osorno erstreckt sich die westliche Parkgrenze. Die asphaltierte Ruta 215 führt dort hinein in den Park und weiter zur argentinischen Grenze, wobei sie dem Lauf des Río Golgol folgt.

Aguas Calientes

Chilenische Familien lieben das **Thermalheilbad** (www.termasaguascalientes.cl; ganztägige Nutzung ohne/mit Mahlzeiten 12 500/28 000 Ch$) Aguas Calientes und in den Sommermonaten ist es völlig überlaufen. Es verfügt über die klassische Ausstattung eines Heilbades, Einzelbecken, einen sehr heißen Innenpool und ein großes, flaches Betonbecken am Flussufer. Kostenlos sind die in der Nähe liegenden **Pocitos Termas**: Sie befinden sich 80 m vom Parkplatz der Conaf auf der anderen Seite der Colgante-Brücke.

Eine andere Methode, den Pulsschlag zu beschleunigen, ist eine Wanderung auf dem **Sendero El Pionero**: Der steile, 1800 m lange Naturwanderweg endet mit traumhaften Ausblicken auf den Lago Puyehue, das Río-Golgol-Tal und den Volcán Puyehue.

Schlafen

Cabañas Aguas Calientes CABAÑAS $$
(064-223-1710; www.termasaguascalientes.cl; Ruta 215, Camino Antillanca Km 76; Camping pro Stellplatz 20 000 Ch$, Hütte für 2/8 Pers. 120 000/180 000 Ch$, domos für 2/4 Pers. ohne Bad 65 000/90 000 Ch$; P@) Die einzige Übernachtungsmöglichkeit. Von Weitem sieht die Ansammlung zeltförmiger Hütten am Berghang wie ein geplantes Miniaturdorf aus. Mit plüschigen Betten, vollständig eingerichteten Küchen, Warmwasserduschen und holzbefeuerten Öfen sind sie bemerkenswert komfortabel; einige haben sogar Whirlpools, wenngleich mit wenig Privatsphäre. Die komfortablen Kuppelzelte (*domos*) stehen idyllisch am rauschenden Fluss. Im Preis sind die Spa-Einrichtungen und das Frühstück enthalten.

ⓘ Praktische Informationen

Centro de Información Ambiental (064-197-4572; 9–13 & 14–18 Uhr) Das von der Conaf betriebene Centro de Información Ambiental beherbergt eine informative Ausstellung über die Naturgeschichte und Geomorphologie des Gebietes um den Puyehue.

ⓘ An- & Weiterreise

Expreso Lago Puyehue (S. 271) fährt vom Mercado Municipal in Osorno nach Aguas Calientes (2200 Ch$, 1½ Std., stündl., 6.40–19 Uhr).

Antillanca

Am Südwesthang des Volcán Casablanca (1990 m) und nur 18 km von Aguas Calientes entfernt erstreckt sich Antillanca, ein bei Anfängern und Fortgeschrittenen beliebtes kleines Skiresort – große Herausforderungen darf man allerdings nicht erwarten. Auf der Fahrt hierher geht's landschaftlich abwechslungsreich an einer Reihe spiegelglatter Seen vorbei.

In den schneefreien Monaten wirkt Antillanca ziemlich dröge. Ein wenig versöhnen jedoch die Wanderwege, besonders der Fußmarsch oder die Fahrt (pro Fahrzeug 6000 Ch$) zum Krater Ravhuen des Volcán Casablanca und zum Cumbre Mirador, wo man einen atemberaubenden Blick auf die umgebende Bergkette genießt, mit vier Vulkanen und dem höchsten Punkt der Region, dem Cerro Tronador (3470 m) an der argentinischen Grenze.

Nach Antillanca fahren keine öffentlichen Verkehrsmittel.

🏃 Aktivitäten

Centro de Esquí Antillanca SKIFAHREN
(064-224-2010; www.skiantillanca.cl; Büro O'Higgins 1073, Osorno; Lifttickets 27 000 Ch$, Ausrüstungsverleih 26 000–29 000 Ch$) Die Skisaison dauert von Anfang Juni bis September. Das Gebiet umfasst insgesamt fünf Lifte und Pisten mit einem maximalen Höhenunterschied von 460 m. Zum Resort gehört auch ein ganzjährig geöffnetes, unverschämt überteuertes Hotel mit der für Skiresorts üblichen Ausstattung.

El Caulle

2 km westlich stößt man auf das privat betriebene **El Caulle** (Mobil 9920-3244; www.elcaulle.com; Eintritt 10 000 Ch$), den südlichen Ausgangspunkt der Trekkingroute durch die faszinierend trostlose Hochebene am westlichen Fuß des Volcán Puyehue. Offiziell liegt das Gebiet innerhalb der Parkgrenzen, es ist aber nur über Privatland erreichbar. Die Eintrittsgebühr scheint überzogen, die Mittel werden jedoch verwendet, um das *refugio* und die Wanderwege instandzuhalten, eine ordentliche Beschilderung zu gewährleisten und im Notfall Hilfe sicherzustellen. Auf Anfrage können Trekker überflüssiges Gepäck am Eingang zwischenlagern. Die Puyehue-Querung (3–4 Tage) und die Ruta de los Americanos (6–8 Tage) sind die beiden beliebtesten Routen. An der Ruta 215 ist El Caulle als Restaurant ausgeschildert.

Anticura

Anticura liegt an der Ruta 215, etwa 17 km nordwestlich der Abzweigung nach Aguas Calientes, und gilt als beste Ausgangsbasis für die Erkundung der abgeschiedeneren Parkgebiete.

🏃 Aktivitäten

(Mobil 9104-8061; www.anticurachile.cl) Patagonia Expeditions wird u. a. von einem jungen engagierten Kletterer aus Osorno betrieben und hat neuerdings die Konzession für das Centro Turístico Anticura inne, das nach drei Jahren wiedereröffnet wurde. Kurze Wanderwege ab dem Besucherzentrum führen beispielsweise zum Salto de Princesa und zum Salto del Indio, wo sich der Legende nach ein einsamer Mapuche versteckte, um dem *encomienda*-Einsatz (Arbeitssystem in der Kolonialzeit) in einer nahen spanischen Goldmine zu entkommen. Die Route Repucura endet wieder auf der Ruta 215. Weil Busse die Schnellstraße hinunterdüsen, sollten Fußgänger die andere Seite nutzen.

Möglich ist auch ein 4 km langer Aufstieg zu einem Aussichtspunkt. Von dort führen Exkursionen hinauf zum Volcán Casablanca (1960 m; 35 000 Ch$) und zum Volcán Puyehue (2240 m; 70 000 Ch$ oder 90 000 Ch$ zusammen mit dem Eruptionskrater des Puyehue von 2011). Möglich sind auch nächtliche Ausflüge zu Wasserfällen und mehrtägige Trekkingtouren. Ein Restaurant serviert täglich drei Gerichte (6000 Ch$). Eine Fotoausstellung über die Eruption des Cordón Caulle ist hier ebenfalls zu sehen.

Schlafen

Camping Catrué CAMPINGPLATZ, CABAÑAS $$
(Mobil 9104-8061; www.anticurachile.cl; Camping 3500 Ch$, B 8000, cabañas für 2 Pers. 35 000 Ch$, cabañas für 4/6 Pers. 42 000/52 000 Ch$) In dem von Patagonia Expeditions geführten Camping Catrué herrscht Hostelatmosphäre. Mittlerweile bietet er 18 Stellplätze im Wald mit zu Picknicktischen umfunktionierten Baumstämmen, Strom und Warmwasserbädern. Die renovierten Hütten sind komplett ausgestattet; zwei wurden in Schlafsäle verwandelt.

An- & Weiterreise

Täglich fahren zwei Busse von **Buses Carlos** (Mobil 9408-8453, mobil 7265-9780) vom Terminal Mercado Municipal in Osorno nach Anticura (1½ Std., 12 & 16 Uhr), aber nur nach Reservierung. Die Tickets kosten ab 3500 Ch$ (drei oder mehr Fahrgäste) bis 6000 Ch$ (weniger als drei Fahrgäste). Alternativ kann man jeden Bus nach Aguas Calientes nehmen, auf Wunsch bietet Patagonia Expeditions für 5000 Ch$ Abholung von dort an.

Alle Busse, die nach Anticura fahren, können Wanderer in El Caulle absetzen.

Puerto Varas

065 / 37 942 EW.

Die zwei unheimlichen schneebedeckten Vulkane Osorno und Calbuco wachen ehrfurchtgebietend über das malerische Puerto Varas und die schöne Landschaft am See

Parque Nacional Puyehue

NICHT VERSÄUMEN

BAYERISCHE BRAUKUNST

Wer gerade nicht weiter als etwa 100 km von Osorno entfernt ist und gerne Bier trinkt, für den lohnt sich ein Abstecher in die **Cervecería Artesanal Armin Schmid** (Mobil 8294-1818; Ruta 215 Km 12; Bier 1600–2400 Ch$, Hauptgerichte 4900–8100 Ch$; Mo–Fr 13–22, Sa ab 12 Uhr), einen improvisierten Tempel der Braukunst und die interessanteste Kleinbrauerei des Südens. Sie liegt 12 km von Osorno an der Ruta 215 in Richtung Entre Lagos und argentinischer Grenze.

Der bayrische Einwanderer Armin Schmid braut in seinen eigenen vier Wänden leckeres Märzen, Pils und Doppelbock (und ein Leichtbier, das nicht auf der Karte steht) und serviert diese in einem wunderbaren improvisierten Biergarten vor dem Haus. Deutsche Klassiker wie Bratwurst und Leberkäse sorgen für Heimatgefühle, zudem gibt's erstaunlich gute knusprige Pizzas. Um herzugelangen, nimmt man in Osorno die Ruta 215. Kurz hinter dem kleinen Dorf Las Lumas steht es auf der rechten Straßenseite, zu erkennen an einem kleinen, leicht zu übersehenden Schild mit weiß-blauen bayrischen Fahnen. Ein Taxi vom Stadtzentrum kostet 8000 Ch$. *¡Prost!*

Llanquihue. Nur 23 km von Puerto Montt, aber hinsichtlich Charme, landschaftlicher Schönheit und touristischem Angebot Welten entfernt, wurde Puerto Varas früher als „zweites Pucón" gepriesen. Im Gegensatz zu seinem Zwilling im Norden hat dieser Ort jedoch den Aufstieg zum obligatorischen Reiseziel für Outdoor-Fanatiker besser verkraftet und seine Identität nicht ganz aufgegeben. Hier konnte der Ansturm des Pauschaltourismus, wie er über Pucón hereingebrochen ist, teilweise abgewendet werden.

Die Möglichkeiten für alle Arten von Wassersportlern sind hervorragend – vor allem Kajakfahrer und Canyoning-Fans finden ein wahres Paradies vor –, Gleiches gilt für Bergsteiger, Angler, Wanderer und Skifahrer. Obwohl Puerto Varas im Sommer zeitweise recht voll wird, finden doch eher Individualreisende den Weg hierher. Im Winter ist das Städtchen, von ein paar unverdrossenen Skifahrern und Bergsteigern einmal abgesehen, weitgehend ausgestorben.

Trotz aller Annehmlichkeiten, die das nahe gelegene Puerto Montt bietet, gilt Puerto Varas als bessere Wahl für einen ausgedehnten Aufenthalt und als guter Ausgangspunkt, um die Region zu erkunden. Manche empfinden es sicherlich als zu touristisch, aber das faszinierende Nebeneinander von deutschem Erbe und modernem chilenischem Extremsportfieber macht regelrecht süchtig.

⊙ Sehenswertes

Gut erhaltene deutsche Kolonialbauten verleihen Puerto Varas eine unverwechselbare mitteleuropäische Atmosphäre.

Iglesia del Sagrado Corazón   KIRCHE
(Ecke San Francisco & Verbo Divino; Öffnungszeiten variieren) Die imposante und farbenfrohe Iglesia del Sagrado Corazón wurde 1915 erbaut, thront auf einer Landspitze und ähnelt mit ihrem Spitzturm einer Abteikirche aus dem Schwarzwald.

Paseo Patrimonial   ARCHITEKTUR
Viele Privathäuser aus dem frühen 20. Jh. sind sehr beeindruckend. In der Touristeninformation gibt's einen Stadtplan mit einer Beschreibung des Paseo Patrimonial, ein Spaziergang zu zehn verschiedenen Gebäuden, die zu *monumentos nacionales* erklärt wurden.

🏃 Aktivitäten

Die Umgebung ist gespickt mit Seen, Bergen, Flüssen und Fjorden und man kann jede Menge unternehmen. Eine *ciclovia* (Fahrradweg) umrundet fast den gesamten Lago Llanquihue.

Rafting, Canyoning & Kajakfahren
Rund um die Stadt locken unbegrenzte Möglichkeiten für Rafting- und Kajaktouren: Die schimmernden Fluten des Río Petrohué bieten Stromschnellen der Klasse III und IV. Halbtägige Raftingtrips kosten um die 35 000 Ch$ (5½ Std. insgesamt, davon 2 Std. auf dem Wasser). Ganztägige Kajakfahrten im Reloncaví Fjord gibt's für ca. 70 000 Ch$. Wer mehrtägige Seekajaktouren unternehmen möchte, kann sich an **Al Sur** (065-223-2300; www.alsurexpeditions.com; Ecke Aconcagua & Imperial) oder an **Yak Expediciones** (Mobil 8332-0574; www.yakexpediciones.cl) wenden.

Ko'Kayak
RAFTING, CANYONING

(☎ 065-223-3004; www.kokayak.cl; San Pedro 311; ⊙ Okt.–April 8–20 Uhr, Mai–Sept. 9–19 Uhr) Der alteingesessene Veranstalter bietet zweimal am Tag halbtägige Raftingtouren für 30 000 Ch$, ein-/zweitägige Seekajaktrips für 70 000/160 000 Ch$ und halbtägige Canyoning-Ausflüge (40 000 Ch$).

Fliegenfischen
Plätze, an denen man die Angel auswerfen kann, gibt's viele, die besten Plätze kennen aber nur die Ortsansässigen.

Tres Ríos Lodge
ANGELN

(☎ 065-271-5710; www.tresrioslodge.com; 🕾) Wer im Río Petrohué Forellen und Lachs oder im Río Maullin Riesenforellen angeln möchte oder Lust auf Fliegenfischen im Seengebiet hat, kann sich an John Joy in der Tres Ríos Lodge (Tagestouren, Lodge-Übernachtung und Roadtrips in ganz Patagonien) wenden, der in der Stadt auch das Tradicion Austral B+B betreibt.

Pferdetrekking
Die beste Gegend für Pferdetrekking ist das Cochamó-Tal.

Campo Aventura
REITEN

(☎ Mobil 9289-4318; www.campoaventura.cl) Campo Aventura bietet mehrtägige Trekkingtouren, oft in Verbindung mit Wanderungen, Rafting- oder Kajakfahrten. Am beliebtesten ist ein dreitägiger Ausflug, der das Tal von der Lodge am Fluss bis zur Berglodge im Río-Cochamó-Tal durchquert – Kultur ist dort ebenso Thema wie die Natur. Alle Guides sind als Wilderness First Responders (WFR) ausgebildet. Die Mitarbeiter sprechen Englisch.

Geführte Touren

Tagesausflüge führen nach Puerto Montt/Puerto Varas (15 000 Ch$), Frutillar/Llanquihue (17 000 Ch$), Puella/Saltos de Petrohué (34 000 Ch$) sowie zum Volcán Osorno (18 000 Ch$) und rund um den See. Darüber hinaus werden auch Tagestouren zur Insel Chiloé angeboten, allerdings sitzt man dabei fast nur im Wagen, sodass für den Aufenthalt auf der Insel und Besichtigungen nur wenig Zeit bleibt. **Pionero del Lago** (☎ Mobil 9229-6043; pionerodellago@gmail.com; Santa Rosa s/n; Erw./Kind 10 000/6000 Ch$) veranstaltet auch täglich zwei Katamaran-Trips auf dem See.

★ Secret Patagonia
OUTDOORAKTIVITÄTEN

(☎ 065-223-2921; www.secretpatagonia.com; San Pedro 311; ⊙ Okt.–April 8–20 Uhr, Mai–Sept. 9–19 Uhr) Vier kleine Veranstalter – La Comarca, Ko'Kayak, Birds Chile und OpenTravel – bilden zusammen dieses umweltfreundliche Kollektiv. Es hat sich gemeinsam mit den Betreibern der Mitico Puelo Lodge am Lago Tagua-Tagua und des nahe gelegenen neuen Parque Tagua-Tagua auf faszinierende maßgeschneiderte Abenteuertouren spezialisiert und nimmt die kaum erschlossenen Gebiete des Valle del Río Puelo, des Valle de Cochamó sowie im weitere Umland in Angriff.

Zu den Highlights gehören Wandertouren im Valle de Cochamó, ausgiebiges Mountainbiking (darunter eine großartige zwölftägige Singletrail-Fahrt von Bariloche nach Puerto Varas), Übernachtungen in den abgeschiedenen Unterkünften unter französischer Leitung auf der Isla Las Bandurrias am Lago Las Rocas, mehrtägige Reitausflüge und Kulturtrips mit Übernachtung auf Bauernhöfen

---

ℹ ENTRE LAGOS – ZWISCHEN DEN SEEN

Entre Lagos am Südwestufer des Lago Puyehue und nördlich vom Lago Rupanco ist ein geruhsamer Ort 50 km östlich von Osorno an der Ruta 215. Wer zum Parque Nacional Puyehue will oder von El Caulle zur Puyehue-Querung aufbrechen möchte, für den stellt Entre Lagos eine ruhige Alternative zu Osorno dar. Es ist auch das erste einigermaßen wichtige Städtchen nach Passieren der argentinischen Grenze an der Straße, die von Bariloche kommt. Die meisten Besucher ziehen nach Osorno weiter, um von dort einen Bus in andere Gegenden zu nehmen, doch in der Stadt gibt's ein paar einladende Pensionen und eine begrenzte touristische Infrastruktur für alle, die eine Pause einlegen wollen.

Eine beliebte Basis nicht weit von Entre Lagos und dem Lago Puyehue ist die von Franzosen geführte **Lodge El Taíque** (☎ 064-297-0980; www.lodgeeltaique.cl; Sector El Taíque Puyehue; EZ/DZ 47 000/64 000, Hütten ab 70 000 Ch$; P 🕾), die 8 km abseits der Ruta 215 zwischen Entre Lagos und Agua Calientes liegt. Die stilvolle Lodge und das Gourmetrestaurant legen viel Wert auf Detail und bieten einen Postkartenblick auf den Volcán Osorno, den Volcán Puntiagudo und den Lago Rupanco.

Puerto Varas

zwischen Argentinien und Chile sowie Touren zum Parque Tagua-Tagua. Das neueste Abenteuer: Trinken und Radfahren (natürlich nicht in dieser Reihenfolge!). Die Tour „Bike & Beer" ist eine fröhliche 30 km lange Fahrt am See entlang, die in einer Craft-Beer-Verkostung bei Chester Beer kulminiert. Die Gruppen umfassen maximal zwölf Teilnehmer und Secret Patagonia bemüht sich, jedem Einzelnen im Einklang mit der Natur einzigartige Erlebnisse abseits der Touristenrouten zu bieten. Hier kann man sich auch Mountainbikes mit Vollfederung ausleihen.

Birds Chile
VOGELBEOBACHTUNG

(065-223-1820; www.birdschile.com; Santa Rosa 161, Club de Yates; Dez.–März 10–13 & 15.30–19 Uhr) Hervorragende fachkundige Vogelbeobachtungstouren. Raffaele Di Biase ist nicht nur einer der führenden Naturkundler der Gegend, sondern auch ein toller Typ, mit dem man gerne einen Tag in der Natur verbringen mag. Er spricht Italienisch und Englisch.

Vive SUP
STEHPADDELN

(Mobil 8475-7830; www.vivesup.cl; Santa Rosa s/n; pro Stunde Verleih/Unterricht 5000/8000 Ch$; Dez.–Feb. 10–19 Uhr) Der begeisterte Steh-

Puerto Varas

◎ Sehenswertes
1 Iglesia del Sagrado Corazón B5

✪ Aktivitäten, Kurse & Touren
2 Birds Chile D2
  Ko'Kayak .... (siehe 4)
3 Moyca Expediciones C3
4 Secret Patagonia C3
5 TurisTour D4
6 Vive SUP D2

🛏 Schlafen
7 Casa Margouya D3
8 Compass del Sur B1
9 Galpon Aíre Puro B1
10 Hostel Melmac Patagonia C4
11 Margouya Patagonia A4

✕ Essen
12 Café Dane's C4
13 Casavaldés D2
14 Donde El Gordito B4
15 El Patio de Mi Casa A1
16 La Marca D4
17 The Office D4

⊙ Ausgehen & Nachtleben
18 Café Mawen D3
19 Caffé El Barrista D3
20 Garage D3

🛍 Shoppen
21 Feria Artesanal D4
22 Fundación Artesanías de Chile D4

---

paddler Eduardo lebt teils in Portland, teils in USA und teils in Puerto Varas. Er hilft seinen Kunden, gut übers Wasser zu kommen, und bietet Exkursionen (darunter ein Sonnenuntergangstrip zur Laguna Escondida und eine anspruchsvollere Tour auf dem Río Petrohué), Unterricht und Verleih.

TurisTour OUTDOORAKTIVITÄTEN, GEFÜHRTE TOUREN
(☏ 065-243-7127; www.turistour.cl; Del Salvador 72; ⊙ Mo–Fr 7.30–19, Sa & So 7–14 & 17–19 Uhr) Veranstaltet die Tour Cruce de Lagos, eine kombinierte Bus- und Bootsfahrt durch die majestätische Seen- und Berglandschaft am Pérez-Rosales-Pass nach Bariloche in Argentinien oder auch umgekehrt. Der Gesamtpreis beträgt 280 US$, es gibt aber saisonale Ermäßigungen und 50% Rabatt für Kinder. Das ganze Jahr hindurch verkehren täglich Busse und Boote, im Winter (Mai–Aug.) erzwingt das zwölfstündige Ausflug jedoch eine Übernachtung in Peulla.

Reservieren muss man mindestens einen Tag vorher. Wer nur bis Peulla fahren möchte, kann die Tickets aber möglicherweise auch am Pier von Petrohué kaufen. Für den ersten Teil der Reise nimmt man sich am besten Proviant mit, da die Mahlzeiten an Bord des Katamarans nach Peulla und in Peulla fade und teuer sind. Für den Parque Nacional Nahuel Huapi in Argentinien muss man 23 Arg$ Gebühren bezahlen (nur bar in Argentinischem Peso, Chilenischem Peso, US-Dollar oder Brasilianischem Real). In die Region starten auch zahlreiche Tagestouren.

🛏 Schlafen

Puerto Varas verfügt über zahlreiche Bleiben in allen Preisklassen. Viele Unterkunftsbetreiber helfen auch bei der Buchung von Touren und Ausflügen in der Region. Hospedajes sind im Januar und Februar schnell ausgebucht, deshalb sollte man frühzeitig reservieren.

Campingplätze und einige ruhigere Hotels verteilen sich rund um den See sowie in Ensenada.

Margouya Patagonia HOSTEL $
(☏ 065-223-7695; www.mapatagonia.com; Purisima 681; B 9000 Ch$, EZ/DZ ohne Bad 18 000/25 000 Ch$; P @ 🛜) Das große historische Gebäude aus dem Jahr 1932 gehört zu Puerto Varas' Kulturerbe. Es ist das netteste Hotel der Stadt und bietet ruhigere, sehr viel größere Zimmer und Bäder zu besseren Preisen als die meisten anderen Unterkünfte und dazu eine Riesenportion französisch-chilenische Gastfreundschaft. In den großen, hellen Schlafsälen stehen nur neun Betten.

Vor Ort gibt's eine Spanischschule und einen Veranstalter für Aktivitäten im Umland, zudem werden günstige Räder vermietet. Frühstück gibt's nicht.

Hostel Melmac Patagonia HOSTEL $
(☏ 065-223-0863; www.melmacpatagonia.com; Santa Rosa 608 Interior; B 13 000 Ch$, EZ/DZ ab 35 000/39 500 Ch$; @ 🛜) Das perfekt oberhalb des Zentrums gelegene intime Hostel ist mit allen modernen Annehmlichkeiten ausgestattet – bis hin zum Roomba-Putzroboter Wall-E und zum Craft Beer aus eigener Produktion, das im Kühlschrank steht und auf der Veranda vorm Haus ein wahrer Genuss ist (erstes Bier kostenlos!).

Außerdem ist dies wohl das einzige Hostel, in dem die Bäder mit Badesalz ausgestattet sind – perfekt für das Entspannungsbad nach einer langen Wanderung. Zudem ist der freundliche argentinisch-kolumbianische Besitzer Alfonso einer der wenigen, der

TAGESTOUREN AN DEN LAGO LLANQUIHUE

In Puerto Varas selbst mag es zwar an Abwechslung mangeln, doch rund um den See gibt es viele schöne Fleckchen, die sich für tolle Tagestouren eignen, wenn der Adrenalinspiegel mal ein bisschen Ruhe benötigt.

Frutillar

Das zauberhafte Touristenstädtchen Frutillar am Ufer des Lago Llanquihue wartet mit einer schönen Mole, einem langgestreckten Strand, charmanter deutscher Architektur und Kuchen in Hülle und Fülle auf. Hier befindet sich das beeindruckende **Teatro del Lago Sur** (Teatro del Lago; 065-242-2900; www.teatrodellago.cl; Av Philippi 1000), ein erstaunliches 25 Mio. US$ teures Weltklasse-Eldorado für darstellende Kunst, dessen Bau zwölf Jahre dauerte und das Frutillar 2010 bei seiner Eröffnung im Alleingang in die globale Kulturszene hineinkatapultierte. Der eindrucksvolle Bau mit Kupferdach vor der Kulisse des Sees ist bereits für sich genommen eine Attraktion und bietet traumhaften Blick auf die vier Vulkane. Im Theater finden ganzjährig Veranstaltungen statt, vor allem steht es aber im Zentrum der international renommierten **Semana Musical de Frutillar** (www.semanasmusicales.cl) – ein zehntägiges Musikfestival, das jedes Jahr im Winter abgehalten wird. Das ganze Jahr über starten täglich um 12 Uhr 45-minütige Führungen (3500 Ch$).

Unbedingt sehenswert ist auch das **Museo Histórico Alemán** (www.museoaustral.cl; Ecke Pérez Rosales & Prat; Eintritt 2500 Ch$; 9–19.30 Uhr), das als das beste Museum zur deutschen Besiedlung des Seengebietes gilt.

Zum Mittagessen kann man ins **Se Cocina** (Mobil 8972-8195; www.secocina.cl; Km 2 a Quebrada Honda; Hauptgerichte 9500 Ch$; Jan.–März & Juli Di–So 13–15 & 19.30–22.30 Uhr), ins **Meli** (065-242-0766; www.emporiomeli.com; Camino Punta Larga Km 1; Menü 8900–10 900 Ch$; Mo–Sa 12.30–16 & 19–23, So 10–18 Uhr;) oder in die **Lavanda Casa de Té** (Mobil 9269-1684; www.lavandacasadete.cl; Km 1,5 a Quebrada Honda; Menü 13 000 Ch$; 1. April–15. Nov. 24-stündige Vorabreservierung erforderlich, sonst 13–20.30 Uhr) gehen, die zu den interessanteren Restaurants in der Gegend zählen. Die Stadt ist auch ein friedliches Fleckchen, um hier zu übernachten, Budgetunterkünfte sind allerdings rar, denn die meisten Optionen zielen auf zahlungskräftigere und ältere Besucher ab.

Minibusse nach Frutillar fahren den ganzen Tag lang alle zehn Minuten in Puerto Varas (S. 283) ab (900 Ch$). Zurück fahren die Busse in Frutillar von einem kleinen Parkplatz in der Jorge Montt unweit der Avenida Philippi.

Puerto Octay

Hübsch und reizend, doch kaum besucht ist Puerto Octay, 56 km nördlich von Puerto Varas. Tatsächlich ist es eine der Städte am Lago Llanquihue mit der schönsten Lage. An Tagen mit strahlend blauem Himmel ist die Landschaft ringsum einfach unvergesslich, besonders entlang der Straße nach Frutillar: mit perfektem Blick über idyllisches Farmland

---

Alleinreisenden für ein Privatzimmer nur den Preis für eine Person in Rechnung stellt (Danke!).

Casa Margouya HOSTEL $
(065-223-7640; www.margouya.com; Santa Rosa J18, B 10 000 Ch$, EZ/DZ ohne Bad 18 000/24 000 Ch$; @) Ein hervorragend gelegenes kleines Hostel unter französischer Leitung mit freundlich-geselligem Flair und einem gewissen Hippie-Touch … inklusive hohem Geräuschpegel.

Galpon Aíre Puro PENSION $$
(Mobil 9979-8009; www.galponairepuro.com; Ecke Decher & Independencia; EZ/DZ 34 000/48 000 Ch$, Suite 60 000 Ch$; P @) Die aus Amerika eingewanderte Vicki Johnson – Köchin, Chocolatière und Genießerin – hat diesen massiven Kartoffelspeicher in ihren ganz eigenen Ort des guten Geschmacks umgewandelt und ihr Schokoladengeschäft und Café mit handgemachten Produkten hierherverlegt. Außerdem bietet sie über ihren hippen Büroräumen acht Zimmer für Individualtouristen.

Die riesigen Zimmer unterm Dach, die fabelhaften Bäder aus Stein und der einladende Gemeinschaftsbereich sowie die tolle Gästeküche schaffen eine ganz spezielle Atmosphäre von Gemeinschaft, wie sie wirklich

in alle Himmelsrichtungen. Die Stadt ist auch eine ruhige Alternative zu den touristischeren Städten im Süden.

In den stillen Straßen an einem Berghang über dem See finden sich hinter jeder Ecke interessante architektonische Gebäude aus der Zeit der deutschen Siedler um 1800. Sie verleihen Puerto Octay eine gelassene, malerische Ausstrahlung. Ein Rundgang vorbei an Wohnhäusern und anderen Bauten gleicht einer historischen Zeitreise in die Vergangenheit des Landes. Zu den schönsten Gebäuden gehören die Casa Wulf Nr. 2 (1926), das Hotel Haase (1894) und die Casa Werner (1910). Puerto Octay ist die älteste von deutschen Auswanderern besiedelte Ortschaft am See. Einen touristischen Plan mit den historischen Häusern bekommt man eventuell in der Touristeninformation. Das kleine, aber hübsch gestaltete Museo de Puerto Octay (Independencia 591, 2. OG; Eintritt 1000 Ch$; ⊙ 10.15–13 & 15–17 Uhr) in der historischen Casa Niklitschek von 1920 erzählt Puerto Octays Geschichte anhand von Antiquitäten.

Mittags sollte man sich das Rancho Espantapájaros (www.espantapajaros.cl; Quilanto, Km 5 von Puerto Octay nach Frutillar; Büfett 15 000 Ch$, Sandwiches 3200–3500 Ch$; ⊙ Dez.–März 10–22 Uhr, April-Nov. Mo–Do 10–17.30, Fr & Sa bis 22, So bis 19 Uhr; 🛜), eines der besten Restaurants am See, nicht entgehen lassen. Hier gilt das Motto „All you can eat". Es liegt 7 km von Puerto Octay an der Straße nach Frutillar. Die Hauptattraktion ist saftiges *jabalí* (Wildschwein – fettig, aber lecker!), es wird hinter dem Büfett an 3,5 m langen Spießen über einem gigantischen *fogó* (Grillfeuer im Freien) zubereitet und zieht Heerscharen von Gästen an.

Wer Lust hat, in der Stadt zu übernachten, kann das sehr beliebte chilenisch-schweizerische Zapato Amarillo (☏ 064-221-0787; www.zapatoamarillo.cl; Ruta 55, Km 2,5, La Gruta; B 13 000 Ch$, EZ/DZ 30 000/40 000 Ch$, ohne Bad 25 000/34 000 Ch$; 🅿🛜) ansteuern, das sich auf einer kleinen Farm etwa 2 km nördlich der Stadt in Richtung Osorno befindet.

Vom Busbahnhof (Ecke Balmaceda & Esperanza) fahren regelmäßig Busse nach Puerto Varas (1400 Ch$) und in andere Orte.

Puerto Fonck

Läge Chile in den Tropen und wäre der schwarze Strand bei Puerto Fonck weiß, würde dieser sicherlich Besucher in Massen anziehen. Stattdessen versteckt er sich am Ende einer langen Schotterstraße 22 km östlich von Puerto Octay auf der Straße nach Puerto Varas und ist nur ein paar wenigen Chilenen ein Begriff. An einem wolkenlosen Tag bietet sich von der ruhigen Bucht eine dramatische Sicht auf den Vulkan – die perfekte Kulisse für einen tollen Strandtag.

Hierher gelangt man nur per Geländewagen oder zu Fuß. Nach Puerto Varas/Puerto Octay verkehrende Busse lassen Fahrgäste an der Abzweigung aussteigen. Die restlichen 2,5 km zum Strand muss man zu Fuß bewältigen.

nur Vicki zustande bringen kann. Auf Wunsch gibt's außerdem ein Gourmetfrühstück für 6000 Ch$.

Casa Azul HOSTEL $$
(☏ 065-223-2904; www.casaazul.net; Manzanal 66; B 10 000 Ch$, DZ 34 000, EZ/DZ ohne Bad 18 000/26 000 Ch$; @🛜) An diesem tollen Hostel unter deutsch-chilenischer Leitung gibt's kaum etwas auszusetzen. Es liegt in einer ruhigen Wohngegend vor den Toren der Innenstadt und wartet mit einem wunderbar idyllischen Garten samt Koi-Teich und Bonsais auf. Die Zimmer sind geräumig und in exzellentem Zustand, außerdem gibt's eine große Gästeküche und einen Gemeinschaftsbereich mit hübschen aus Ästen gezimmerten Möbeln.

Manche Besucher bemängeln die vielen Regeln (z. B. sollen Männer im Sitzen pinkeln) – ohne sie wäre diese Bleibe jedoch sicherlich nicht so effizient und sauber. Frühstück kostet 3500 Ch$ extra.

Casa Kalfu B&B $$
(☏ 065-275-1261; www.casakalfu.cl; Tronador 1134; EZ/DZ 63 000/69 000 Ch$; 🅿@🛜) Da der Name Casa Azul bereits vergeben war, entschied sich das chilenisch-argentinische Paar, das diese exzellente Mittelklasseunterkunft leitet, stattdessen für Kalfu, das Mapudungun-Wort für blau. Und das strahlend-leuchten-

de Blau des renovierten Chalets aus den 1940er-Jahren mit 17 Zimmern ist wirklich eine Augenweide. Das minimalistische Dekor besteht aus großen *oveja*-(Naturwoll-)Wandteppichen des renommierten lokalen Künstlers Xicota.

Dank des hilfsbereiten Inhaber ist die Bleibe persönlicher als viele andere vor Ort, zudem liegt sie auf der richtigen Höhe, um von der hübschen Terrasse den See zu überblicken.

Compass del Sur B&B $$
(065-233-2044; www.compassdelsur.cl; Klenner 467; Camping 9000 Ch$, B 12 000 Ch$, EZ/DZ 32 000/42 000 Ch$, ohne Bad 27 000/30 000 Ch$; P@🛜) Dieses charmante Kolonialhaus mit skandinavischen Akzenten und sehr freundlichen Mitarbeitern befindet sich oberhalb des Stadtzentrums. Über eine Treppe ist es zu erreichen, es bietet bequeme Betten und ein paar neue Regenduschen, die auch anspruchsvollere Backpacker – die Hauptklientel – überzeugen.

★ Los Caiquenes B&B $$$
(Mobil 8159-0489; www.hotelloscaiquenes.cl; Camino a Ensenada Km 9,5; Zi. ab 70 000 Ch$; P🛜) 9 km von Puerto Varas an der Straße nach Ensenada liegt dieses Boutique-B&B am Seeufer. Die schäbig-schicke Bleibe ist ein idealer Rückzugsort für Langzeitgäste. Der extrem gemütliche Aufenthaltsbereich und die Küche warten mit großen Erkerfenstern mit Seeblick und einem verlockenden Kamin auf, und die gehobenen Zimmer mit Hartholzböden, gemütlichen Betten und wundervollen Bädern sind ebenso einladend.

Eine kleine Oase, in der man sich sofort wohlfühlt und die immer besonderen Wert auf persönlichen Service und Gourmetgenüsse legt.

🍴 Essen

Nach Pucón gibt's hier die beste Restaurantszene im Sur Chico. Wegen der großen Konkurrenz schließen viele Läden bereits nach kurzer Zeit wieder. Die schickeren Adressen findet man an der *costanera*, nördlich und südlich des *centro*.

★ La Gringa AMERIKANISCH $
(www.lagringa.cl; Imperial 605; Hauptgerichte 3500–7900 Ch$; Mo-Fr 8–20, Sa ab 10 Uhr; 🛜) 🌿 Der charmante Laden erinnert an verregnete Nachmittage in Cafés am Nordwestpazifik der USA. In der historischen Casa Bechthold kredenzt das reizende Betreiberpaar aus Seattle köstliche Muffins und andere Backwaren, kreative Sandwiches (Pulled Pork mit Kaffeeglasur) und wunderbare Mittagsmenüs für 6500 Ch$ (13 bis 16 Uhr). Unter den hervorragenden Weinen und handwerklich erzeugten Gourmetprodukten finden sich auch tolle Zutaten für ein Picknick.

Naomi kauft, wenn möglich, lokale Bioprodukte. Abends widmet sich das angeschlossene intime Mercado 605 stärker der chilenischen Nouvelle Cuisine (Hauptgerichte 6900 bis 11 500 Ch$) – mit gemischten Resultaten.

Donde El Gordito CHILENISCH, FISCH & MEERESFRÜCHTE $
(San Bernardo 560; Hauptgerichte 3900-8000 Ch$; 12–1.30 & 18.30–22 Uhr, im Juni geschl.) Bei Einheimischen erfreut sich das bodenständige, intime Fischlokal im Mercado Municipal großer Beliebtheit, denn hier werden mit Krebssoße wahre Wunder vollbracht. Alles ist reichhaltig und schmeckt exzellent.

The Office CAFÉ $
(San Juan 425, 2. OG; Sandwiches 1990–5390 Ch$; Mo-Fr 8.30–20.30, Sa bis 22 Uhr; 🛜) Mit Blick auf die Plaza serviert das Café mit künstlerischem Touch in mehreren stilvollen Räumen üppige Sandwiches, die groß genug für zwei sind, und dazu Biokaffee und preiswerte Steaks.

Café Dane's CAFÉ $
(Del Salvador 441; Hauptgerichte 4450–7800 Ch$; 7.30–23.30 Uhr; 🛜) Das Lieblingscafé vieler Einheimischer vereint in seinen Mauern die ganze Geschichte der Region mit allen ihren unterschiedlichen Einflüssen: deutsche Kuchen, Empanadas, alpenländische Architektur, spanische Menüs, Apfelstrudel und *pastel de choclo* (Maisauflauf). Es ist eines der wenigen Lokale, die sonntagsfrüh geöffnet sind. Unbedingt probieren sollte man die *empanadas de horno* (mit Rindfleisch, Ei, Zwiebeln und Oliven), die enormen Sandwiches und Hotdogs oder den wunderbar saftigen Kuchen *tres leches* mit *manjar* (Milchkaramell).

El Patio de Mi Casa CHILENISCH $
(Decher 830; Hauptgerichte 4800–7000 Ch$; Mo-Sa 12.30–15 & 19.30–23, So bis 16 Uhr) Das typische chilenische Nachbarschaftsrestaurant macht seinem Namen alle Ehre: Es versteckt sich im Hof hinterm Haus des Kochs.

Die anspruchsvolle regionale Küche, hauptsächlich verschiedene Varianten von *lomo* (Rindfleisch) und *merluza (Hecht),* wird in einem sehr kreativ (etwa mit Kienspänen als Wandschmuck) und hübsch dekorierten Raum serviert, in dem man sich vorkommt, als wäre man in einem Geheimversteck der Einheimischen gelandet.

★ La Jardinera — GASTROPUB $$

(www.lajardinera.cl; Blanco Encalada 1160; Hauptgerichte 7000–8500 Ch$; Mo & Di 13–15.30, Mi–Sa 13–15.30 & 20–23 Uhr;) Ein freundliches chilenisches Pärchen betreibt dieses gemütliche Restaurant in einem umgebauten Wohnhaus. Während eines fünfjährigen kulinarischen Aufenthalts in London ergründeten die beiden die Kunst von Fish & Chips, grünem Garnelencurry und, ob man's glaubt oder nicht, warmem sticky toffee pudding (mit Backpflaumen als Ersatz für die Datteln). Die Speisekarte ist eine der vielfältigsten der Stadt.

Nicht alle Rezepte sind importiert. Auch dynamische lokale Fusionsküche, etwa Wildpilzravioli mit *piñones* (Pienienkerne) oder Forelle mit Pistazienkruste sind im Angebot. Tolles Lokal!

La Marca — STEAKHAUS $$

(www.lamarca.cl; Santa Rosa 539; Steaks 5200–12 900 Ch$; 12–23 Uhr) Der Laden in Puerto Varas für Fleischliebhaber! Hier können sie sich große, perfekt zubereitete Rindersteaks vom Grill schmecken lassen. Geschmacklose *rancho*-Deko sucht man vergeblich, denn das Lokal mit den zwölf Tischen ist unprätentiös und stilvoll, und der Service ist freundlich. Das kleine Filet ist ganze 300 g schwer und perfekt gewürzt.

Dazu sollte man eine Flasche des nicht zu teuren Carménère bestellen und Platz lassen für die sündigen *churros* – die besten der Welt.

Casavaldés — CHILENISCH $$$

(Mobil 9079-3938; Santa Rosa 40; Hauptgerichte 5300–11 300 Ch$; 12.30–16 & 19–23 Uhr;) Es ist zwar ein wenig beengt, doch das intimste, interessanteste und beste Fischrestaurant von Puerto Varas lockt mit Blick auf See und Calbuco. Zu den Highlights auf der innovativen Speisekarte gehören göttliche mit Krabben gefüllte *piquillo*-Paprika und zahlreiche frische Fischgerichte, deren Geschmack noch mit *donostiarria* (Olivenöl, Knoblauch, rote Chilis und Essig) unterstrichen wird. Reservierung empfohlen.

🍷 Ausgehen & Unterhaltung

Caffé El Barrista — CAFÉ

(www.elbarista.cl; Martínez 211; Kaffee 1400–2800 Ch$, Sandwiches 3500–6800 Ch$; 8–1 Uhr;) Das palästinensisch-chilenische Kaffeehaus im italienischen Stil serviert den geschmacksintensivsten Kaffee in Sur Chico und lockt mit seinen Menüs (6800 Ch$) sowie leckeren Sandwiches zur Mittagszeit jede Menge gesundheitsbewusste Gäste an. Abends verwandelt es sich in die beständigste Bar der Stadt und füllt sich mit Scharen von Guides und in der Stadt lebenden Ausländern.

Cafe Mawen — CAFÉ

(Ecke Diego Portales & Santa Rosa; Kaffee 1100–2800 Ch$; Mo–Fr 7.45–22.30, Sa & So 9.30–23 Uhr;) Das Mawen unter chilenischer Leitung – das andere tolle Café der Stadt – ist in ein großes neues Haus mit schönem Seeblick umgezogen. Hier ist die Atmosphäre etwas lokaler und besonders familienfreundlich, und der Java-Kaffee schmeckt super.

Bravo Cabrera — RESTO-BAR

(www.bravocabrera.cl; Vicente Pérez Rosales 1071; Mo–Do 19–1.30, Fr & Sa 13–4, So 14–18 Uhr;) Die schicke Resto-Bar an der *costanera* ist nach einem patagonischen Robin Hood benannt, der Rindfleisch von den Reichen stahl und Arme zu Barbecues einlud. Hier lässt sich die Oberschicht Craft Beer aus Kleinbrauereien, hippe Cocktails und tolles Kneipenessen (Hauptgerichte 4800 bis 7900 Ch$) schmecken. Eine tolle Adresse, um abseits des Touristenrummels gut betuchte Einheimische zu erleben. Eine Taxifahrt am späten Abend ins *centro* kostet 1500 Ch$.

Garage — BAR

(Martínez 220; unterschiedliche Öffnungszeiten) Das an die Copec-Tankstelle angeschlossene Garage, eine der wenigen echten Bars in der Stadt, richtet sich an ein eher künstlerisches Publikum und bringt alles von improvisierten Jazzsessions bis zu kolumbianischen *cumbia*-Vorführungen auf die Bühne – wenn es geöffnet ist, denn die Beschwerden der treuen einheimischen Gäste über unzuverlässige Öffnungszeiten sind nicht unbegründet.

🛍 Shoppen

Beliebte Mitbringsel aus Puerto Varas sind handgemachte Schokolade, Gourmetprodukte und Outdoor-Ausrüstung. Souvenirs gibt's in der **Feria Artesanal** (Del Salvador; 11–19.30 Uhr).

Fundación Artesanías de Chile KUNSTHANDWERK
(www.artesaniasdechile.cl; Del Salvador 109; ⊙ Mo, Mi, Fr & Sa 9–20.45, Di, Do & So 10.30–13.30 & 14.30–18.45 Uhr) ⌘ Die gemeinnützige Stiftung verkauft wunderschöne Textilien der Mapuche sowie hochwertigen Schmuck und Keramik aus ganz Südchile.

❶ Praktische Informationen

Carabineros de Chile (☎ 065-276-5100; www.carabineros.cl; San Francisco 241) Polizeiwache.
Clínica Alemana (www.alemanapv.cl; Otto Bader 810; ⊙ 24 Std.) In der Nähe der Del Salvador an der Süwestausgang der Stadt.
CorreosChile (www.correos.cl; San José 242; ⊙ Mo–Fr 9–13 & 15–18, Sa 9.30–13 Uhr) Postdienstleistungen.
Büro des Parque Pumalín (☎ 065-225-1910; www.pumalinpark.org; Klenner 299; ⊙ Mo–Fr 9–18 Uhr) Obwohl der Park in Nordpatagonien liegt, hat er hier seine offizielle Touristeninformation.
Touristeninformation (☎ 065-236-1146; www.ptovaras.cl; Del Salvador 320; ⊙ Aug.–Mai 8.30–21.30 Uhr, April–Juli 8.30–19.30 Uhr) Nützliches Büro mit Broschüren und kostenlosen Karten zur Gegend.

❶ Anreise & Unterwegs vor Ort

BUS

Die meisten Fernbusgesellschaften aus Puerto Varas haben ihren Sitz in Puerto Montt. Es gibt zwei Busbahnhöfe: einen für die Busse von **Cruz del Sur** (☎ 065-223-6969; www.busescruzdelsur.cl; San Francisco 1317; ⊙ Büro 7–21.30 Uhr) und von Bus Norte nach Bariloche, und einen von **Tur-Bus** (☎ 065-223-3787; www.turbus.cl; Del Salvador 1093; ⊙ Büro Mo–Fr 7–23.10, Sa & So 16.30–23.10 Uhr) direkt außerhalb des *centro*, von dem auch JAC- und Inter-Busse fahren. Bei Redaktionsschluss fuhren mehrere Busunternehmen (ETM, Bus Norte und Pullman) von der Ramón Rosas in der Nähe der San Francisco ab, und Busse von Andesmar starteten an der Ecke Andrés Bello und San Francisco, dies dürfte sich aber ändern, sobald der Bau des neuen Gimnasio Municipal beendet ist (vor der Fahrt informieren!). Einige Busgesellschaften verkaufen in ihren jeweiligen Büros im Stadtzentrum Tickets.

Cruz del Sur fährt mehrmals täglich nach Osorno, Valdivia und Temuco sowie siebenmal täglich nach Chiloé und dienstags, donnerstags und samstags um 11.25 Uhr nach Punta Arenas. Die besten Verbindungen nach Santiago bieten **Buses ETM** (☎ 065-223-0830; www.etm.cl; Ramón Rosas 1017, Büro; ⊙ 8.30–22.30 Uhr), **Bus Norte** (☎ 065-223-4298; www.busnortechile.cl; Andrés Bello 304, 2. OG, Büro) – mit weniger Stopps – sowie **Pullman Bus** (☎ 065-223-3462; www.pullman.cl; San Francisco 1004, Büro; ⊙ 9–13.30 & 14.30–22 Uhr) mit weniger Stopps und WLAN. Pullman hat in der Stadt ebenfalls ein **Büro**, (San Pedro 519; ⊙ unterschiedliche Öffnungszeiten), das aber scheinbar nach Gutdünken geöffnet ist. **Buses JAC** (☎ 065-238-3800; www.jac.cl; Walker Martínez 230; ⊙ Mo–Fr 9–14.30 & 16.30–18.30, Sa 9–13.30 Uhr), dessen Büro in der Stadt auch Tur-Bus vertritt, fährt nach Temuco (10.10 & 18.50 Uhr), Villarrica/Pucón (9.20, 14.55 & 17.25 Uhr) und Valdivia (8.40, 10.10 & 19.20 Uhr). Nach Viña del Mar/Valparaíso starten jeden Abend Busse von Pullman (20 Uhr) sowie von Buses ETM (20.45 Uhr) und Tur-Bus (21.10 Uhr).

Cruz del Sur/Bus Norte fahren täglich um 8.50 Uhr und donnerstags auch um 11.15 Uhr nach Bariloche in Argentinien. **Andesmar** (☎ 065-228-0999; www.andesmar.com; Ecke San Francisco & Andrés Bello) steuert diese Ziele montags, dienstags, donnerstags und samstags um 8.40 Uhr an; Reisende ohne chilenischen Ausweis können Tickets im Voraus nur in ihrem Büro in Puerto Montt kaufen – zumindest so lange, bis Ausländer Bustickets auch online erwerben können. **LS Travel** (☎ 065-223-2424; www.lstravel.com; San José 128; ⊙ 8–20 Uhr) offeriert täglich exklusivere Shuttlebusse (150 US$, 7.30 Uhr) und kombinierte Touren mit Bus und Boot, die unterwegs an touristisch interessanten Stellen halten.

Beispiele für Fahrzeiten und Preise für Fernbusse ab Puerto Varas (Preise schwanken je nach Ausstattung der Busse, Klasse und Saison):

ZIEL	PREIS (CH$)	FAHRTDAUER (STD.)
Ancud	5000	2½
Bariloche (Arg.)	15 000	6
Castro	6500	4½
Osorno	2000	1¼
Pucón	9300	5½
Punta Arenas	40 000	18
Santiago	25 000	12
Temuco	6500	6
Valdivia	4500	3½
Viña del Mar/ Valparaíso	30 000	15

FLUGZEUG

LAN (☎ 600-526-2000; www.lan.com; Av Gramado 560; ⊙ Mo–Fr 9–13.30 & 15–18.30, Sa 9–12.30 Uhr) und **Sky Airlines** (☎ 065-223-4252; San Bernardo 430; ⊙ Mo–Fr 9–13 & 15–18.45, Sa 10–12.45 Uhr) haben Büros in der Stadt, fliegen jedoch von Puerto Montt aus. Taxifahrten ab Puerto Montts Flughafen kosten rund 20 000 Ch$.

MINIBUS

Die Minibusse nach/von Ensenada, Petrohué und Puerto Montt starten regulär von einer kleinen Haltestelle (Ecke Walker Martínez & San Bernardo), in die Minibusse nach Puerto Montt steigt man aber besser im 600er-Block der San Francisco neben dem neuen Einkaufszentrum zu. Auch Minibusse nach Cochamó und Río Puelo kommen hier ca. 20 Minuten nach ihrer Abfahrt in Puerto Montt (S. 296) vorbei. Die Fahrzeuge nach Frutillar und Puerto Octay nutzen eine kleine Haltestelle in der Avenida Gramado nahe der San Bernardo.

Tarife ab Puerto Varas:

ZIEL	PREIS (CH$)	FAHRTDAUER (STD.)
Cochamó	2500	3
Ensenada	1200	1
Frutillar	900	½
Petrohué	2500	1½
Puerto Montt	800	¼
Puerto Octay	1400	1¼
Río Puelo	4000	1½

Ensenada

♪ 065 / 1623 EW.

Das ländliche Ensenada liegt 45 km von Puerto Varas entfernt an einer malerischen Küstenstraße. Hier gibt's nicht viel mehr als ein paar Restaurants, *hospedajes* und Veranstalter von Abenteuertouren, aber man findet eine ursprüngliche Landschaft vor mit freiem Blick auf die drei Majestäten Volcán Osorno, Volcán Calbuco und Volcán Puntiagudo. Es spricht einiges dafür, Ensenada einem Aufenthalt in Puerto Varas vorzuziehen: Wer am Osorno klettern oder Ski fahren möchte, kann bei Übernachtung in Ensenada länger schlafen (und ärgert sich, falls das Wetter umschlägt, nicht über eine nutzlose lange Anfahrt). Auch der Volcán Calbuco liegt überraschend nah direkt südlich von Ensenada. Dazwischen erstreckt sich der atemberaubende Parque Nacional Vicente Pérez Rosales mit einem Eingang quasi am Ortsrand.

🛏 Schlafen & Essen

Casa Ko B&B $$
(♪ Mobil 7703-6477; www.casako.com; Camino a Ensenada Km 37; EZ/DZ 38 000/45 000 Ch$, EZ/DZ ohne Bad ab 22 000/25 000 Ch$; @ 🕾) Diese kultivierte Unterkunft wird von einem jungen kunstinteressierten Paar aus Frankreich geleitet. Sie ist komplett renoviert und – für dieses Preissegment – recht gemütlich. Jedes Jahr werden Künstler eingeladen, die als Gegenleistung eines ihrer Werke hinterlassen, und so ist das 6-Zimmer-Haus voller unterschiedlicher kreativer Schöpfungen, die an vergangene Zeiten erinnern. Darüber hinaus locken tolle Ausblicke auf den Osorno und den Calbuco.

Zum Calbuco kann man direkt vom Haus aus wandern, und das hausgemachte Abendessen in familiärer Atmosphäre kostet 12 000 Ch$.

Hamilton's Place PENSION $$
(♪ Mobil 8466-4146; hamiltonsplaceensenada@gmail.com; Camino a Ensenada Km 42; EZ/DZ 40 000/49 000 Ch$, ohne Bad 22 000/35 000 Ch$; P 🕾) Ein freundliches kanadisch-brasilianisches Paar betreibt diese Unterkunft in der Nähe von Ensenada, aber in einer isolierten Wohnstraße, in der man sich wie in einer

---

OH NEIN, DER CALBUCO!

Einen Monat nach dem Ausbruch des Volcán Villarrica explodierte äußerst dramatisch am 22. April 2015 auch der Volcán Calbuco, der sich gleich südlich von Ensenada erhebt. Die gewaltige subplinianische Eruption (solche Eruptionen wurden in der gesamten Geschichte nur 300 Mal verzeichnet) forderte zwar keine Opfer, bedrohte aber Nutztiere und sogar Tausende Lachse in den Farmen der Umgebung. Sofort wurde höchste Alarmbereitschaft ausgerufen und die Evakuierung von 4000 Personen in einem Umkreis von 20 km rund um den Vulkan angeordnet. Doch die Einwohner benötigten keinen Befehl: Als es richtig heftig wurde und eine massive Wolke aus Gas, Asche und pyroklastischem Material mehrere Kilometer in die Höhe stieg, versank die Umgebung unter einer Aschedecke und die Bewohner griffen sich nur das Allernötigste und flohen. Obwohl der Calbuco als einer der drei gefährlichsten Vulkane Chiles gilt, war dies der erste Ausbruch seit 42 Jahren. Bei Redaktionsschluss war das Ausmaß der Schäden noch nicht genau bekannt, doch einige unserer Empfehlungen in diesem Buch könnten betroffen sein, daher sollte man sich vor der Reise informieren.

anderen Welt fühlt. In den geschmackvoll eingerichteten Zimmern, die ein natürliches Flair verströmen und tolle Aussicht auf den Osorno und den Calbuco bieten, stehen hervorragende Betten. Die brasilianische Köchin Eloa bäckt für ihre Gäste himmlisches Brot, manchmal bereitet sie auch gehaltvollere Mahlzeiten zu, darunter brasilianische Spezialitäten wie *feijoada* (Eintopf mit schwarzen Bohnen und Schweinefleisch) oder *moqueca* (Fischeintopf).

Latitude 42° INTERNATIONAL $$

(065-221-2030; www.southernchilexp.com; Ruta 225 Km 42, Yan Kee Way Lodge; Hauptgerichte 6500–9800 Ch$; ⊙12–18 Uhr, Abendessen nur auf Reservierung; ⊛) ⌀ Obwohl sich die Köche hier die Klinke in die Hand geben, ist dieses Restaurant in der noblen Angler-Lodge mit amerikanischen Besitzern eines der besten am See und das mit Abstand beste in Ensenada, um gut zu essen. Auf der Karte stehen Gerichte von mehreren Kontinenten (trocken gereifte Steaks, deutsche Schweinekoteletts, Coq au Vin, Enten-Confit, regionaler Fisch) und die Zutaten stammen oft direkt vom eigenen Biohof des Restaurants. Die Weinkarte ist so beeindruckend wie der Blick zum Vulkan.

❶ An- & Weiterreise

Minibusse pendeln regelmäßig zwischen Ensenada und Puerto Varas (1200 Ch$, 50 Min.). Es gibt keine öffentlichen Verkehrsmittel zwischen Ensenada und Las Cascadas, das 22 km von Puerto Octay entfernt liegt.

Parque Nacional Vicente Pérez Rosales

Der Lago Todos Los Santos und der Volcán Osorno sind in diesem Park vielleicht die größten Attraktionen, aber angesichts all der spektakulären Seen und hoch aufragenden Vulkane sind sie eigentlich nur zwei unter vielen. Seen reihen sich wie die Perlen einer Kette aneinander und die Kulisse wird von Vulkanen beherrscht, die beidseits des sagenumwobenen Andenpasses thronen. Die charakteristisch zugespitzte Silhouette des Volcán Puntiagudo (2493 m) versteckt sich im Norden, der zerklüftete Monte Tronador (3491 m) markiert die argentinische Grenze im Osten. Je höher man kommt, umso besser erkennt man, wo Lavaströme in Gewässer eingedrungen sind und ihre Wege und Laufrichtungen verändert haben.

1926 wurde das 10 km² große Schutzgebiet als erster Nationalpark in Chile gegründet, doch seine Geschichte reicht viel weiter zurück: Schon in präkolumbischer Zeit nutzten die Mapuche den „Camino de Vuriloche" über den Vuriloche-Pass, der über die Anden nach Bariloche führt. Über ein Jahrhundert lang konnten sie nach ihrem erfolgreichen Aufstand 1599 die bedeutende Andenquerung vor den Spaniern geheim halten. Jesuiten reisten von Chiloé Richtung Norden, indem sie dem Estero de Reloncaví folgten und über den Pass südlich von Tronador zum Lago Nahuel Huapi zogen: So konnten sie die risikoreiche Passage durch das heutige Seengebiet umgehen.

Der Park ist je nach Witterung ganzjährig geöffnet. Das **Besucherzentrum** (065-221-2036; www.conaf.cl; ⊙ Mo 8.30–13 und 14–17.30, Di–So bis 18.30 Uhr) der Conaf an der Laguna Verde bietet grundlegende Infos.

Volcán Osorno

Der Volcán Osorno (2652 m), der größte Konkurrent des Volcán Villarrica, ragt hoch über azurblauen Gletscherseen auf. Seine vollkommene Form verdankt er den 40 Kratern zu seinen Füßen – denn dort fanden seine bisherigen Ausbrüche statt, nie ganz oben.

🏃 Aktivitäten

In Puerto Varas starten Wanderungen zu Zielen unterhalb des Gipfels (ca. 18 000 Ch$). Wer ganz nach oben möchte, zahlt dafür 150 000 Ch$ für eine Person, bei zwei oder mehr Personen um die 10 000 Ch$ pro Person (inklusive Schnee- und Eiskletterausrüstung). Die Besteigung dauert einen ganzen Tag und beginnt um 5 Uhr (ab Puerto Varas um 3.30 Uhr). Die Bergtour ist technisch anspruchsvoll und für Ungeübte nicht geeignet. Ob das Wetter einen Aufstieg erlaubt, wird am Abend vorher entschieden; danach ist keine Kostenerstattung mehr möglich. Touren auf den Volcán Calbuco (2003 m), den aktivsten Vulkan der Region, kosten für eine Person 140 000 Ch$ und für zwei oder mehr Teilnehmer 10 000 Ch$ weniger pro Person.

Bergsteiger, die ohne heimischen Guide den Gipfel besteigen wollen, benötigen eine Genehmigung der Conaf, einen detaillierten Nachweis ihrer persönlichen Qualifikation sowie eine Liste ihrer Ausrüstung und der geplanten Routen.

Moyca Expediciones KLETTERN
(☎ Mobil 7790-5679; San Pedro 210; ⊙ Jan.–März 8.30–20.30 Uhr, April–Dez. 8.30–13 & 15.30–18.30 Uhr) Dieser Veranstalter mit Sitz in Puerto Varas ist für die Besteigung des Volcán Osorno (2652 m) oder des Volcán Calbuco (2003 m) sehr zu empfehlen, doch er und drei andere Unternehmen, die diese Touren anbieten, teilen sich alle dieselben ca. sieben Guides.

Centro de Ski y Montaña Volcán Osorno SKIFAHREN
(☎ 065-566-624; www.volcanosorno.com; Lifttickets halber/ganzer Tag 19 000/24 000 Ch$) Das Centro betreibt zwei Lifte. Kürzlich wurden das ganzjährig geöffnete Restaurant und der Ausrüstungsverleih (Ski- und Snowboardsachen, ab 19 000 Ch$) erweitert.

Auch im Sommer kann man die Lifte inzwischen nutzen und auf 1420 m (10 000 Ch$) oder 1670 m (14 000 Ch$) die Traumaussicht genießen. Für alle, die einen schnelleren Rückweg bevorzugen, gibt's Ziplines (18 000 bis 22 000 Ch$).

🛏 Schlafen

Refugio Teski PENSION $
(☎ 065-256-6622; www.teski.cl; B mit Bettzeug/Schlafsack 15 000/12 000 Ch$, Zi. ohne/mit Bad 35 000/47 000 Ch$; 🏠) Direkt unterhalb der Skihänge bietet das herausgeputzte Refugio Teski einen unschlagbaren Zugang zum Berg. Die Unterkunft ist ziemlich spektakulär, denn nach Abfahrt der Touristenbusse am späten Nachmittag haben die Gäste den großartigen Ausblick auf den Lago Llanquihue und die umliegenden Berge ganz für sich.

Außerdem kann man, bei Reservierung 24 Stunden vorher, einen Whirlpool in den Bergen mieten (40 000 Ch$ für 3 Std. inkl. Pisco Sour) und bei Sonnenuntergang Happy-Hour-Drinks (zwei zum Preis von einem) schlürfen.

ℹ An- & Weiterreise

Skigebiet und *refugio* sind über die Straße von Ensenada nach Puerto Octay zu erreichen: Zunächst muss man 3 km von Ensenada bis zu einem Hinweisschild fahren und sich dann 10 km weiter auf der Nebenstraße fortbewegen. Es lohnt sich, einen Leihwagen zu nehmen, weil die asphaltierte Straße eine sensationelle Aussicht zum Osorno auf der einen und zum Calbuco auf der anderen Seite bietet, während sich unter einem der Lago Llanquihue ausbreitet. Der Transport zu den Skipisten wird ausschließlich für Pauschaltouristen organisiert.

Petrohué

Die meisten Traveller kommen nur wegen der Fährpassage nach Petrohué, doch viele bleiben länger als geplant, weil sie von der ruhi-

Parque Nacional Vicente Pérez Rosales

gen, majestätischen Seenlandschaft begeistert sind. Der Tourismus wirkt hier zwar ein wenig gezwungen, doch sobald die Horden der Touristengruppen weg sind oder man es auf die andere Seite des Sees zu den *hospedajes* geschafft hat, befindet man sich wie in einer anderen Welt. Von Ensenada fährt man nur 20 Minuten auf einer annehmbaren Schotterstraße hierher. Das Städtchen bietet vergleichbare Dienstleistungen in sehr viel hübscherer Umgebung.

Sehenswertes & Aktivitäten

Vom baumbestandenen Camping Playa Petrohué der Conaf direkt hinter dem Parkplatz (hier kann man kostenlos parken) führt eine Schotterstraße zur Playa Larga, einem langen, schwarzsandigen Strand, der um einiges besser ist als der am Hotel. Vom Strand verläuft der Wanderweg Sendero Los Alerces in westlicher Richtung zum Gebirgspass Sendero La Picada, der wiederum zum Paso Desolación hin ansteigt und sich weiter zum Refugio La Picada am Nordhang des Vulkans windet. Alternativ nimmt man den Sendero Los Alerces zurück zum Hotel. Touren mit einem kleinen Fischerboot zur **Isla Margarita**, einer bewaldeten Insel mit einer Lagune im Inselinneren, kosten 5000 Ch$ für bis zu vier Personen. Boote warten auch auf Gäste, die eine 30-minütige Fahrt auf dem See unternehmen wollen (15 000 Ch$ für bis zu fünf Personen).

Saltos del Petrohué   WASSERFALL
(Eintritt 1500 Ch$; ⊙8.30–20 Uhr) 6 km südwestlich von Petrohué stößt man auf die Saltos del Petrohué: Der tosende, schäumende Wasserfall strömt durch einen engen Canyon, der von Lavaströmen in den Fels gegraben wurde. Wer sich wundert, warum die Raftingtouren nicht vom See aus starten, findet hier die Antwort, obgleich verrückte Kajakfahrer es schon versucht haben sollen – spannend wäre es, mal Leute beim Canyoning zu beobachten.

Im neuen, sehr gelungenen Besucherzentrum befinden sich ein Café und Kunsthandwerksgeschäfte. Am besten kommt man nach 9.15 Uhr, dann ist die Brigade der Tagestouristen von TuristTur wieder weg.

Schlafen & Essen

Hospedaje Esmeralda   PENSION $
(☏ Mobil 6225-6230, mobil 9839-2589; rosabur6@hotmail.com; Stellplatz/Zi. pro Pers. ohne Bad 7000/10 000 Ch$; @) Wie die Mutter, so der Sohn. Die Holzlodge auf Stelzen ist eine Art gehobene Budgetunterkunft und wird von dem Sohn von Frau Küschel geleitet – der Besitzerin der günstigeren *hospedaje* ein paar Hundert Meter das Ufer hinunter. Es gibt einen wunderschönen Frühstücksraum (3500 Ch$ extra) mit breiten Fenstern, die auf den See blicken. Telefonisch kann ein kostenloser Abholservice vom Pier vereinbart werden.

Hospedaje Küschel   CAMPINGPLATZ, PENSION $
(☏ Mobil 5791-2870; Stellplatz/Zi. pro Pers. 5000/8000) Zwar sieht der Hof mit den vielen Schweinen und Hühnern ziemlich abgewirtschaftet aus, dafür überzeugen aber die betagte sympathische Besitzerin und die Lage direkt am See, aus dem die abends servierten wunderbaren hausgemachten Räucherforellen stammen. Frühstück ist im Preis mit drin, Mittag- und Abendessen kosten jeweils 6000 Ch$. Zu erreichen ist die Pension per Boot (500 bis 1000 Ch$).

Petrohué Hotel & Cabañas   LODGE $$$
(☏ 065-221-2025; www.petrohue.com; Ruta 225 Km 60; EZ/DZ ab 115 430/157 080 Ch$, Hütten für 4 Pers. 148 750 Ch$; P@☎☒) Das prächtige Steinhaus mit zahlreichen Holzgiebeln und einem Turm ist eine empfehlenswerte exklusive Abenteuerlodge. Dank der vielen Dachfenster und der prasselnden Kaminfeuer in der Lounge kann man sich hier hervorragend entspannen, ein Buch lesen oder nachdenken. Die Zimmer sind mit Holz ausgestaltet, auf den Betten stapeln sich die Decken für jene, die mehr Wärme brauchen, und überall stehen Kerzen.

Im Restaurant heißt man auch Nichtgäste willkommen. Die Veranstalter von Outdooraktivitäten organisieren Kletter-, Rafting- und Canyoning-Touren und verleihen Kajaks. Die nicht weniger luxuriösen *cabañas* stehen am Seeufer.

ⓘ An- & Weiterreise

Das ganze Jahr über verkehren Minibusse von Puerto Varas nach Petrohué (2500 Ch$).

Cochamó

☏ 065 / 3908 EW.

Die im Chilote-Stil errichtete Iglesia Parroquial María Inmaculada ist mit Dachschindeln aus Alercoholz gedeckt. Sie hebt sich malerisch und stolz von dem milchigblauen Wasser des Sees ab und steht an der Straße nach Cochamó, das zu den eindrucksvollsten Orten in der Region zählt und als Zugang zum oberen Tal des Río Cochamó dient. Neben der frisch herausgeputzten *costanera* buhlen auch einige spannende neue Unterkünfte um Aufmerksamkeit und bemühen sich, mehr aus Cochamó zu machen als nur einen Ort, an dem die Tagesausflügler aus Puerto Varas ihre Kajaks ins Wasser lassen.

Aktivitäten

Southern Trips REITEN
(Mobil 8407-2559; www.southern-trips.com; Pueblo Hundido) Das von Einheimischen geführte Southern Trips an der Hauptstraße veranstaltet fünfstündige (40 000 Ch$) bis elftägige (960 000 Ch$) Reitwanderungen ins Umland und hat Reit- und Packpferde für Touren nach La Junta (pro Pferd 30 000 Ch$, max. 65 kg).

Schlafen & Essen

Las Bandurrias Eco Hostal PENSION $
(Mobil 9672-2590; www.hostalbandurrias.com; Sector el Bosque s/n; B 14 000 Ch$, EZ/DZ ohne Bad 25 000/32 000 Ch$) Die freundlichen schweizerisch-chilenischen Besitzer dieser neu gebauten umweltfreundlichen Pension holen Gäste in der Stadt ab, um sie zu ihrer märchenhaften Unterkunft zu bringen, der besten und ökologisch nachhaltigsten Option. Die Bäder und die Gästeküche sind toll, und Kompostierung und Solarheizung sind die Norm. Highlights sind das hausgebackene Brot (auch Schweizer Hefezöpfe) und Reitausflüge mit den eigenen Pferden.

Da es nur drei Zimmer gibt, ist eine vorherige Reservierung angesagt und man sollte sich darauf einstellen, dass man um die Bänke im Freien mit Blick auf den Fjord kämpfen muss.

Patagonia Nativa PENSION $
(Mobil 9316-5635; www.patagonianativa.cl; Av Aerodromo s/n; B 13 000 Ch$, Zi. ohne/mit Bad 30 000/39 000 Ch$) Dies ist eine von mehreren empfehlenswerten Unterkünften, die oberhalb der Stadt eröffnet haben und mit einem Blick auf den Reloncaví-Fjord locken, der jede Postkarte in den Schatten stellt. Der Besitzer Christian spricht ausreichend Englisch und hat eine gemütliche Pension im Stil einer Hütte geschaffen, in der noch immer der frische Kiefernduft in der Luft liegt. Er veranstaltet auch Kajaktouren. 2000 Ch$ für ein Handtuch sind allerdings wirklich übertrieben.

Hospedaje Maura PENSION $
(Mobil 9334-9213; www.hostalmaura.cl; J Molina 77; Zi. pro Pers. ohne Bad 15 000 Ch$) Gemütliche Pension in der Stadt mit charmanten Besitzern, guten Betten und sehr niedrigen Decken. Von der Gästeküche kann man vor dem Schlafengehen noch einmal in den Whirlpool im Freien und in die Sauna springen.

Campo Aventura LODGE $
(Mobil 9289-4318; www.campoaventura.cl; Stellplatz pro Pers. 5000 Ch$, Zi. pro Pers. 35 000 Ch$, Zi. pro Pers. inkl. VP 50 000 Ch$) Der am Fluss gelegene Campingplatz Campo Aventura in Cochamó verfügt über drei wunderbare Schlafsäle für 15 Personen und eine Hütte. Die Besitzer und Manager sind US-Amerikaner. Hier gibt's leckeres Essen (Frühstück & Mittagessen jeweils 5000 Ch$, Abendessen 10 000 Ch$) und wunderschöne Stellplätze am Fluss.

La Ollita CHILENISCH $$
(Av Cochamó 91; Hauptgerichte 3800–9500 Ch$; 12–24 Uhr) Cochamós beliebtestes Restaurant konnte uns nicht beeindrucken, obwohl es sich viel Mühe gibt, Olivenöl mit Knoblauch und *merkén* zu verfeinern (das Brot zum Dippen ist jedoch das Übliche). Der Fisch war bei unserem Besuch ein unschöner Mansch, aber der Pisco Sour und der Blick von der Terrasse auf den Volcán Yates sind sehr erfreulich.

Praktische Informationen

Städtisches Büro (Mobil 9442-3583; www.municochamo.cl; Av Cochamó s/n; Mo–Fr 8.30–13 & 14.30–17.30 Uhr) Hat eine sehr nützliche Wanderkarte und Broschüre von Cochamó, den Busfahrplan und eine Liste offizieller Unterkünfte und Telefonnummern. WLAN gab's bei Redaktionsschluss nur in diesem Büro und in der städtischen Bibliothek, Ausländer können sich aber sehr einfach einwählen, vor allem am Wochenende. Netz: turismo municipal. Password: turismo2014 – nach Angaben der Mitarbeiter gibt es keine Pläne, das Passwort zu ändern!

An- & Weiterreise

Buses Río Puelo (S. 296) fährt täglich um 7.15, 7.45 und 16 Uhr (sonntags um 15 Uhr) von Puerto Montt nach Cochamó (2500 Ch$, 2½ Std.). Transhar (S. 296) startet montags bis samstags um 12.15 und 15.30 Uhr und sonntags um 14.15 Uhr. Alle Busse halten in Puerto Varas und in Ensenada und fahren weiter nach Río Puelo (4000 Ch$).

> **VERLORENES PARADIES?**
>
> Die raue Schönheit des Reloncaví-Fjords bei Cochamó und des Río-Puelo-Tals ist bedroht: Pläne zum Bau eines umstrittenen Laufwasserkraftwerk-Projekts erhielten 2014 grünes Licht und die **Mediterráneo S.A.** (www.centraldepasadamediterraneo.cl) bekam die Genehmigung, am nahe gelegenen Zusammenfluss von Río Manso und Río Torrentoso mit den Bauarbeiten zu beginnen. Das Projekt schließt auch ca. 60 km Hochspannungsleitungen ein, die teilweise direkt vor Cochamó den Fjord sowie den Lago Tagua-Tagua im Puelo-Tal überqueren sollen. Umweltaktivisten, die indigene Cayún-Gemeinschaft sowie lokale Landbesitzer und Kleinunternehmer bereiten sich auf einen Kampf vor. Mediterráneo hat bereits reagiert und Hunderte neue Jobs sowie den Einsatz unterirdischer Maschinen zur Minimierung der Auswirkungen auf Flora und Fauna versprochen.
>
> Das Ergebnis bleibt abzuwarten, doch die chilenischen Umweltschützer haben schon einmal gesiegt: HidroAysén, ein ähnliches bereits genehmigtes Wasserkraftprojekt und bekannt geworden durch den Kampfruf ¡Patagonia Sin Represas!", wurde nach jahrelangen Protesten von Präsidentin Michelle Bachelet gestoppt. Mehr Infos gibt's auf der Seite von **Río Puelo Sin Torres** (www.puelosintorres.org).

Cochamó-Tal

Angesichts der imposanten Granitkuppeln, die das grüne Laubdach der riesigen den Regenwald beherrschenden Alercebäume überragen, vergleichen manche das spektakuläre Tal des Río Cochamó mit dem Yosemite-Park. Ganz in der Nähe weichen die Gletschergewässer des Seengebiets dem Meerwasser des 80 km tiefen Estero de Reloncaví, einem Fjord, der das Tor nach Nordpatagonien darstellt. Die Region erlebt einen schnellen touristischen Aufschwung: Immer mehr Bergsteiger und Adrenalinsüchtige strömen herbei und dauernd entstehen neue Kletterrouten und Wanderwege (zurzeit über 300 Kletterrouten und sechs Tageswanderungen). Zweifellos ist die Gegend spektakulär schön und lohnt einen mehrtägigen Aufenthalt. Noch hat der Tourismus sie nicht fest im Griff, deshalb reist man am besten bald hin, bevor hier nicht doch ein chilenischer Yosemite entsteht!

Die Straße zum Startpunkt der Wanderstrecke zweigt kurz vor der Brücke über den Río Cochamó zum Campo Aventura ab, viele nehmen aber von der Stadt ein Taxi oder fahren die ersten 7 km zum Wanderweg selbst (Parken kann man für 1500 Ch$ am letzten Haus auf der rechten Seite).

La Junta

Von Cochamó führt ein herrlicher 12 km langer Wanderweg durch den tiefen valdivianischen Mischwald am Río Cochamó entlang nach La Junta. Das eindrucksvolle Tal wird von massiven, die umgebenden Berge überragenden Granitkuppeln beherrscht. Fast jeder, der einen Tagesausflug zu dem großartigen idyllischen Fleckchen Erde unternimmt (hoffentlich wird hier keine Straße gebaut), wünscht sich, er hätte mehr Zeit für den Genuss der traumhaften Kulisse und der hervorragenden Trekkingmöglichkeiten eingeplant. Achtung: Im Januar sind die *tábanos* (Bremsen) gnadenlos.

Secret Patagonia in Puerto Varas organisiert drei- bis achttägige Wandertouren (360 000–800 000 Ch$ pro Pers. inkl. Mahlzeiten, Unterbringung und Lastpferden). Teilnehmer werden bis zum 900 m hohen Aussichtspunkt bei Arco Iris hinaufgeführt und durchqueren dabei verschiedene Waldtypen. Zum Programm gehören auch jede Menge Wein und Käse.

🛏 Schlafen & Essen

Refugio Cochamó LODGE $
(www.cochamo.com; Stellplatz pro Pers. 2500 Ch$, B 15 000 Ch$, DZ ohne Bad 39 000 Ch$; @) Das beeindruckende Refugio Cochamó im La-Junta-Tal ist eine fantastische Hütte, die mit Holz beheizte Duschen, Wasser direkt vom Trinadad-Wasserfall und selbst gebackene Pizza (ab 900 Ch$) bietet. Betrieben wird sie von einem US-amerikanisch-argentinischen Bergsteigerteam. Ruhig nach dem hausgebrauten Bier Tábano Pale Ale fragen, dessen Produktion zwischenzeitlich eingestellt war. Von November bis April geöffnet.

Um hinzukommen, muss man etwa 10 km wandern. Hinter der ersten Transportseilbahn über den Río Cochamó (sie führt zum

Campo Aventura) geht man noch weiter, bis man nach ca. zehn Minuten zur Pampa von Camping La Junta kommt; dort folgt man den Schildern zur Transportseilbahn des Refugio Cochamó. Reservierungen sind nur über die Website möglich.

Campo Aventura Mountain Lodge LODGE $$
(Mobil 9289-4318; www.campoaventura.cl; Stellplatz pro Pers. 5000 Ch$, B 10 000 Ch$, Zi. inkl. VP pro Pers. 50 000 Ch$) Das mit Kerzen beleuchtete umgebaute Bauernhaus wird von Campo Aventura, dem renommiertesten Touranbieter der Gegend, geleitet. Auf einem 80 ha großen Grundstück beherbergt es vier Schlafsäle, eine einfache Hütte mit vier Betten, holzbefeuerte Duschen sowie ein Esszimmer mit einem Holzofen in der Mitte. Die Sonnenterrasse gewährt wunderbaren Ausblick auf den Arco Iris.

Die charmanten chilenischen Betreiber verwöhnen ihre Gäste mit der in den Bergen typischen Gastfreundschaft. Außerdem überzeugen sie mit herzhafter, hausgemachter Küche wie *asados* vom Schwein und vom Lamm oder *cazuelas* mit Hühnchen und Linsen. Ansprechende Extras sind Wein, hausgemachtes Brot und Filterkaffee.

Río Puelo

Die Straße von Cochamó führt am Estero de Reloncaví entlang weitere 31 km nach Río Puelo, das sich schon bald vergrößern wird, da eine neue Straße über Land und See hinweg bis nach Argentinien geplant ist. Das stille Bilderbuchdorf liegt unter den wachsamen Augen des Volcán Yates am jadegrünen Río Puelo und dient als guter Ausgangspunkt für ausgedehnte Erkundungstouren im Flusstal.

Schlafen & Essen

Akzeptable Unterkünfte findet man in Puelo Alto 2 km östlich vom Ortszentrum.

Camping Río Puelo CAMPINGPLATZ $
(Mobil 6769-2918; www.cabalgatasriopuelo.cl; Puelo Alto; Stellplatz pro Pers. 4000 Ch$, Zi. pro Pers. 13 000 Ch$, cabaña DZ/3BZ/4BZ 30 000/ 40 000/50 000 Ch$; P) Der einfache Campingplatz bietet einen schönen Blick auf die Anden, ausgebesserte Bäder und WLAN. Der freundliche Besitzer, der mehrere Sprachen ein wenig beherrscht, hat gut ausgestattete *cabañas*, die zu *hospedaje*s umfunktioniert werden können, wenn sie nicht vermietet sind. Vorher anrufen!

★Domo Camp HOTEL $$
(Mobil 6802-4275; www.andespatagonia.cl; Puelo Alto; DZ/3BZ/4BZ 50 000/60 000/70 000 Ch$, cabaña 50 000 Ch$; P@) Jede der geodätischen Kuppeln, die untereinander mit durch dichten Wald verlaufenden Holzplanken verbunden sind, hat eine eigene wärmende Feuerstelle sowie kuschelige Matratzen und Schlafsäcke. Im Preis enthalten ist die unbegrenzte Nutzung des erholsamen Whirlpools im Freien, außerdem gibt's einen tollen *quincho* (Grillhütte). Die hiesige Agentur arrangiert Exkursionen sowohl für Gäste als auch für Nichtgäste.

Restaurant Tique CHILENISCH $$
(Hauptgerichte 4700–7200 Ch$; Dez.–März 9–21 Uhr, April–Nov. 11.30–15 Uhr;) Auf dem Gelände des Domo Camp befindet sich das beste Restaurant im ganzen Ort. Coca hat zwar nur eine einfache Küchenausstattung zur Verfügung, aber die hausgemachten Gerichte sind exzellent.

❶ Praktische Informationen

Touristeninformation (065-256-2551, ext 114; www.municochamo.cl; Santiago Bueras s/n; Mo–Fr 8.30–14 & 15–17.30 Uhr) Die kleine Touristeninformation an der Plaza im Gebäude der Municipalidad hat Karten und grundlegende Infos zu Wanderungen in der Gegend und vermittelt Führer und rustikale Unterkünfte bei Familien.

❶ An- & Weiterreise

Täglich fahren fünf Busse von und nach Puerto Montt (4000 Ch$, 4 Std.) mit Halt in Puerto Varas, Ensenada und Cochamó (sonntags weniger). Von dort verläuft die Straße landeinwärts nach El Canelo am Lago Tagua-Tagua. Im Januar und Februar bedient Transportes Puelche (065-227-0709; www.navierapuelche.cl; Fahrzeuge 7000 Ch$, Fußgänger 1050 Ch$) dreimal täglich um 7:45, 9 & 13 Uhr die 45-minütige Seeüberfahrt zur weiterführenden Straße – mit Rückfahrt um 8:15, 12 & 16.30 Uhr (zu anderen Zeiten im Jahr entfällt die erste Fahrt). Die Straße führt dann 32 km parallel zum Fluss bis Llanada Grande. Fahrzeuge sollten sich bereits eine Stunde vor Abfahrt anstellen.

Río-Puelo-Tal

065
Bisher konnte sich diese Gegend dem Massentourismus noch entziehen und offeriert authentische Abenteuer abseits ausgetretener Pfade. Dem wachsenden Ökotourismus ist es in den letzten Jahren gelungen, Pläne

für den Bau von Staudämmen (die den größten Teil des Tals überfluten würden) aufzuhalten, doch die Gefahr ist noch nicht vom Tisch. Vor Ort kann man angeln, wandern und reiten und jede dieser Aktivitäten garantiert ausgefüllte Tage voller unvergesslicher Erlebnisse.

Llanada Grande & Umgebung

Nach der Fährüberfahrt auf dem Lago Tagua-Tagua verläuft die Kiesstraße weiter durch Bergland – gesprenkelt mit abgestorbene *Coihue*-Südbuchen (vernichtet durch Brände, aber noch immer von schwermütiger Schönheit) – und durch Gebiete, die auch heute noch *Gaucho*-Familien mit ihren Pferden durchqueren. Das ist Llanada Grande – hier befindet man sich in einer vollkommen anderen Welt, auch wenn in der Gegend stetig neue *hospedajes*, Campingplätze und Angler-Lodges entstehen. Die Straße wird allmählich bis nach Argentinien erweitert (derzeit geht sie bis nach Segundo Corral), wobei es auf der anderen Seite der Grenze keinerlei Pläne für einen weiteren Ausbau gibt.

Fast alle Wanderungen starten in Llanada Grande und führen auf verschiedenen Routen durch das Tal, etwa zum Lago Azul und nach Argentinien. Im Campo Eggers kann man sich nach Unterkünften in Siedlerhäusern und B&Bs auf dem Weg Richtung Osten erkundigen – sie machen die Wanderungen und Reittouren weniger touristisch und kulturell interessanter.

🛏 Schlafen & Essen

Campo Eggers PENSION $
(📞 065-256-6644; agroturelsalto@gmail.com; Zi. pro Pers. ohne Bad inkl. Frühstück & Abendessen 35 000 Ch$; 🅿🛜) Eine außerordentlich wertvolle Option in einem makellos sauberen und gut ausgestatteten Holzhaus. Die Besitzerin Blanca Eggers vermittelt Unterkünfte in Siedlerhäusern und B&Bs auf der ganzen Route zum Lago Puelo in Argentinien. Frühstück, *onces* und Abendessen (mit Wein!) sind im Preis mit drin; Letzteres besteht häufig aus traditionellem Lamm- oder Wildschwein-*asado*.

Die Postkartenlandschaft des Bauernhofs mit vielen Tieren vor dem 1200 m hohen Wasserfall El Salto stellt schon allein für sich ein lohnendes Ziel dar. Sind nur wenige Gäste da, wird es allerdings schnell etwas zu ruhig.

ℹ An- & Weiterreise

Die beiden frühesten Busse von Puerto Montt nach Río Puelo fahren weiter zur Fähre bei El Canelo auf der Nordseite des Lago Tagua-Tagua, die im Januar und Februar täglich dreimal ablegt (7:30, 9 & 13 Uhr). Nur auf die 13-Uhr-Fähre wartet in Puerto Maldonado auf der Südseite ein Bus nach Llanada Grande (800 Ch$) (bei Abfahrt in Llanada Grande gegen 10:15 Uhr erreicht er in umgekehrter Richtung die 12-Uhr-Fähre). Die Fähren zur Rückfahrt starten in Puerto Maldonado in der Hauptsaison ebenfalls dreimal täglich (8:15, 12 & 16.30 Uhr; ansonsten nur 12 & 16.30 Uhr). In der übrigen Zeit des Jahres entfallen die ersten Abfahrten am Morgen.

Puerto Montt

📞 065 / 218 858 EW.

Über Puerto Montt mag man sagen, was man will (die Einwohner nennen ihren Ort *Muerto Montt* – Totes Montt), doch wer die mächtigen Vulkane in Südchile, die spiegelnden Gletscherseen und gebirgigen Nationalparks erkunden möchte, kommt kaum umhin, der Hauptstadt von Los Lagos und Wirtschafts- und Verkehrsknotenpunkt der Region einen Besuch abzustatten.

Das Beste an Puerto Montt ist neben der großen Auswahl an Verkehrsmitteln, dass es sich zu einem prima Ort für gutes Essen entwickelt hat – mit einigen der besten Restaurants der Region. Dennoch, die meisten Traveller, selbst solche, die sich gelegentlich vom ehrlichen chilenischen Arbeiterflair begeistern lassen, ziehen lieber weiter nach Puerto Varas.

👁 Sehenswertes

Das Angebot an Attraktionen ist – typisch für eine Durchgangsstadt – recht eingeschränkt.

Casa del Arte Diego Rivera KUNSTMUSEUM
(www.culturapuertomontt.cl; Quillota 116; ⊙ Mo-Fr 9–13 & 15–18.30 Uhr) GRATIS Dieses gemeinsame mexikanisch-chilenische Projekt mit einem kleinen Café und einer exzellenten Boutique wurde 1964 fertiggestellt. Im Obergeschoss widmet sich die Sala Hardy Wistuba Werken von lokalen Künstlern, Bildhauern und Fotografen.

Iglesia Catedral KIRCHE
(Urmeneta s/n) Die 1856 aus Alerce errichtete Kirche an der Plaza de Armas ist das älteste und eines der wenigen attraktiven Gebäude der Stadt.

> **ABSTECHER**
>
> ### PARQUE TAGUA-TAGUA
>
> Der **Parque Tagua-Tagua** (☏ 065-223-4892; www.parquetaguatagua.cl; Erw./Kind 5000/3500 Ch$) erstreckt sich inmitten unberührten valdivianischen Regenwaldes 15 km östlich von Puelo. Südchiles neuestes Schutzgebiet entstand dank einer Privatinitiative. Es wird von der Universidad Mayor in Santiago finanziert und von der Mitico Puelo Lodge und Miralejos Chile Adventure verwaltet. Der Park beherbergt einen 3000 ha großen einzigartigen Alerce-Wald sowie den Lago Alerce und den Lago Quetrus, zwei von Granitbergen gesäumte Seen. Zu den beliebtesten Aktivitäten vor Ort zählen Trekking und Klettern, außerdem kann man Vögel und vielleicht sogar Pudus (kleiner Hirsch), Pumas oder Kondore beobachten.
>
> Vor Ort gibt's drei einfache, aber gut errichtete Alerce-*refugios* (einfache Unterkünfte) mit Bädern, Sonnenkollektoren und Holzöfen. Sie befinden sich am 20 km langen Wegenetz, das auf gut gebauten Holzbrücken über Flüsse führt. Wegen des sensiblen Ökosystems wird die Zahl der Besucher begrenzt und Besuche sind nur nach vorheriger Reservierung möglich.
>
> Um herzugelangen, nimmt man in Puerto Montt (7.45 Uhr) oder Puerto Varas (8.20 Uhr) den einmal am Tag verkehrenden Bus zum Lago Tagua-Tagua, der rechtzeitig zur Fährabfahrt am Ufer des Lago Tagua-Tagua eintrifft. Im Vorfeld muss man sich telefonisch bei den Parkbetreibern anmelden. Diese holen Besucher auf der anderen Seite der Tagua-Tagua-Fährüberfahrt (in Puerto Maldonado) ab und bringen sie per Boot (10 Min.) in den Park.

🛏 Schlafen

Puerto Montt ist eine Geschäfts- und Hafenstadt, kein eigenständiges Reiseziel. Viele Besucher verbringen hier höchstens eine Nacht und nutzen den Ort als Verkehrsknoten. Die meisten Budgetunterkünfte liegen nur ein paar Querstraßen vom Busbahnhof entfernt. Wer nachts ankommt, sollte beim Gang durch die Straßen aufpassen, denn es kommt nicht selten zu Diebstählen.

Casa Perla PENSION $
(☏ 065-226-2104; www.casaperla.com; Trigal 312; Camping pro Pers. 6000 Ch$, B 10 000 Ch$, Zi. pro Pers. ohne Bad 12 000 Ch$; @ 🛜) Die Matriarchin dieser einladenden Unterkunft und ihre Angehörigen vermitteln Gästen das Gefühl, zur Familie zu gehören. Sie sprechen Deutsch und Englisch. Es gibt ausschließlich Gemeinschaftsbäder und man darf die Küche mitbenutzen, in der Perla auf einem Holzofen Marmelade einkocht und Brot bäckt. Die mit Schnickschnack gefüllte Pension ist die gemütlichste Option in diesem Viertel.

Hospedaje Vista al Mar PENSION $
(☏ 065-225-5625; www.hospedajevistaalmar.cl; Vivar 1337; EZ/DZ 25 000/35 000 Ch$, ohne Bad 15 000/28 000 Ch$; @ 🛜) Das Familienunternehmen erfreut sich großer Beliebtheit als eine der hübschesten Pensionen in einem Wohngebiet mit gepflegten Hartholzdielen, makellos sauberen Bädern, Zimmern samt Kabelfernsehen und wunderbarem Ausblick auf die Bucht. Eliana und ihre Familie sorgen für eine freundliche Atmosphäre. und das Frühstück mit Joghurt, Vollkornbrot, Kuchen, Muffins und (manchmal – vielleicht, wenn man ganz nett fragt...) echtem Kaffee kann sich für chilenische Verhältnisse mehr als sehen lassen.

Colores del Puerto PENSION $
(☏ 065-248-9360; www.coloresdelpuerto.cl; Pasaje Schwerter 207; Zi. pro Pers. ohne Bad 17 000 Ch$; 🛜) Der freundliche Klassikliebhaber und Amateurkünstler Tomás bietet in seinem gut ausgestatteten Haus vier Gästezimmer mit Gemeinschaftsbad und schöner Aussicht. Das absolute Plus ist die Lage keine 100 m vom Navimag-Büro und vom Hafen entfernt.

House Rocco Backpacker PENSION $
(☏ 065-227-2897; www.hospedajerocco.cl; Pudeto 233; B/EZ/DZ 12 000/25 000/30 000 Ch$; 🛜) Tolle Backpackerunterkunft fünf Blocks von der Reederei Navimag. Sie verfügt über eine große sonnige Küche, warme Holzwände und -böden sowie Federbetten. Pluspunkte gibt's für das Frühstück mit süßen Crêpes, *manjar* und echtem Kaffee, die Pension ist aber nicht ganz so geschliffen wie die Kon-

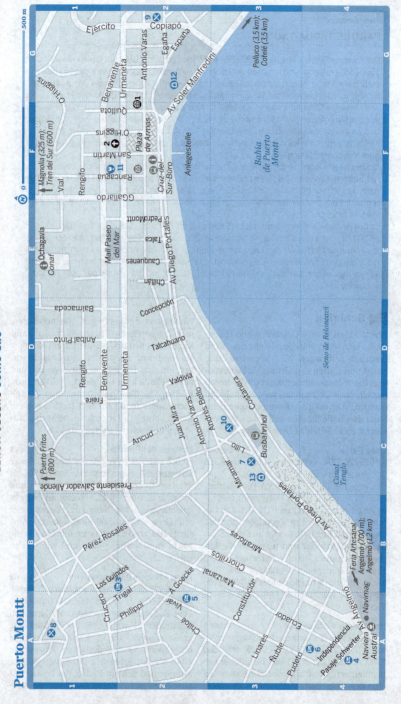

Puerto Montt

◎ Sehenswertes
1 Casa del Arte Diego Rivera F2
2 Iglesia Catedral F1

🛏 Schlafen
3 Casa Perla B2
4 Colores del Puerto A4
5 Hospedaje Vista al Mar A2
6 House Rocco Backpacker A4

⊗ Essen
7 Bigger C3
8 Chile Picante A1
9 Sanito G2
10 Santa Isabel C3

🍷 Ausgehen & Nachtleben
11 Boule Bar F1

🛍 Shoppen
12 Mall Paseo Costanera G2
13 Pueblito de Melipulli C3

---

kurrenz. Falls jemand Interesse hat, sie aufzumöbeln: Die Inhaberin Veronica, die eine Seele von Mensch ist, will die Pension gerade verkaufen.

★ Tren del Sur
DESIGNHOTEL $$

(☏ 065-234-3939; www.trendelsur.cl; Santa Teresa 643; EZ/DZ 31 800/41 800 Ch$; P@🛜) Das Boutique-Hotel im alten Stadtviertel Modelo ist voll mit Möbeln, die aus ausgedienten Eisenbahnschwellen getischlert wurden. Die stilvolle Lobby ist gemütlich nach Feng-Shui-Prinzipien eingerichtet. Dagegen können die 17 Zimmer in Sachen Design nicht ganz mit den Gemeinschaftsbereichen mithalten, aber sie haben eigene Bäder und Zentralheizung. Zu den Zimmern führt ein Tageslicht-Flur mit neu eingebauten Fenstern.

Anden, das Slow-Food-Restaurant des Hotels, hat zwar nur eine recht begrenzte Auswahl, das Essen ist aber hervorragend (Hauptgerichte 8500–8900 Ch$).

🍴 Essen

Vorräte für die Reise mit Navimag bekommt man direkt gegenüber vom Busbahnhof in den zwei großen Supermärkten **Santa Isabel** (Diego Portales 1040) und **Bigger** (Diego Portales 1800).

Sanito
CHILENISCH $

(www.sanito.cl; Copiapó 66; Menü 4000 Ch$; ⊙ Mo-Fr 9–20 Uhr; 🛜🌿) Puerto Montts beste Adresse für gesunde einfache Küche, die hier täglich frisch in künstlerisch angehauchtem Flair serviert wird. Jeden Tag gibt's eine Suppe, einen Salat und ein Menü mit Vorspeise (inklusive Saft und Kaffee/Tee) sowie Salate und Sandwiches (2800–3500 Ch$) von der Karte. Die schräge Musikuntermalung dabei reicht von Arcade Fire bis zu 1970er-Jahre-Soul.

Puerto Fritos
FISCH & MEERESFRÜCHTE $

(Presidente Ibañez 716, Mercado Municipal Presidente Ibañez; Hauptgerichte 2800–6700 Ch$; ⊙ Mo-Sa 9.30–17.30, So 10–18 Uhr; 🛜) Die touristische Angelmó kann man getrost vergessen! Dieser hübsche, unauffällige Geheimtipp der Einheimischen hat die beste Aussicht der Stadt – ganz Puerto Montt breitet sich vor einem aus. Die Taxifahrt für 3000 Ch$ lohnt sich, um den exzellenten *caldillo de mariscos* (Fischeintopf; 4200–4900 Ch$) und die Ceviches (4700–6500 Ch$) zu genießen, deren Zutaten alle ganz frisch direkt von dem bunten Markt genau darunter kommen.

Sonntags gibt es nichts Besseres als ein Fischessen mit Sauvignon Blanc, denn ansonsten ist in der Stadt nicht viel zu sehen oder zu tun.

★ Chile Picante
MODERN CHILENISCH $$

(☏ Mobil 8454-8923; www.chilepicanterestoran.cl; Vicente Pérez Rosales 567; Menü 8500 Ch$; ⊙ Mo-Sa 11.30–15.30 & 19.30–22.30 Uhr; 🛜) In diesem intimen, verspielten Gourmet-Hotspot werkelt der Koch Francisco Sánchez Luengo. Es liegt einen ordentlichen Fußweg bergauf von den Budgetunterkünften, wartet dafür aber mit weitem Blick auf die Stadt und das Meer auf. Luengo offeriert in seinem täglich wechselnden Drei-Gänge-Menü nur eine kleine Auswahl, die alles ist elegant präsentiert und mit unglaublich geschmackvollen frischen Zutaten zubereitet.

Faszinierende und ungewöhnliche lokale Produkte spielen eine große Rolle: *Nalca* (chilenischer Rhabarber), *cochayuyo* (essbarer Seetang), *michuña* (eine aus der Region stammende Chiloé-Kartoffel) etc. Reservierung empfohlen.

★ Cotelé
STEAKHAUS $$

(☏ 065-227-8000; www.cotele.cl; Juan Soler Manfredini 1661, Pelluco; Steaks 7500–10 000 Ch$; ⊙ Mo-Sa 13–15.30 & 20–23.30 Uhr; 🛜) Das Steakhaus in einem *quincho* (Grillhütte) genießt seit Langem einen guten Ruf, weil seine akribischen Grillmeister das Fleisch gekonnt zubereiten. Trotz mehrfacher Verän-

DIE GESCHICHTE DES CHILENISCHEN LACHSES

Lachs wurde erstmals vor etwa 100 Jahren nach Chile importiert. Mitte der 1980er-Jahre kam die Zucht in überfluteten Käfigen auf, seither wird der Fisch in großem Stil kultiviert. Heute ist Chile der weltweit zweitgrößte Erzeuger hinter Norwegen und Puerto Montt der Mittelpunkt der Zucht- und Exportindustrie. In den vergangenen Jahren trieben Investitionen in Milliardenhöhe (US$) die Farmbetriebe weiter südwärts nach Patagonien bis in die Magellanstraße und es wurde erwartet, dass die Branche sich bis 2020 in Umfang und Wachstum verdoppeln und somit Norwegen vom ersten Platz verdrängen würde. 2006 war Lachs nach Kupfer und Molybdän Chiles drittwichtigstes Exportgut. Die Zukunft versprach noch weit bessere Zeiten, doch dann brach die Industrie zusammen.

Neben der weltweiten Rezession setzte der plötzliche Ausbruch von Infectious Salmon Anemia (ISA, Ansteckende Blutarmut der Lachse) der Branche schwer zu. 2007 wurde die Viruskrankheit auf einer Farm unter norwegischer Leitung entdeckt. Sie hatte fatale Folgen. Zwischen 2005 und 2010 sank die jährliche Lachsmenge von 400 000 auf 100 000 t. In Puerto Montt gingen 26 000 Jobs (sowie fast 5 Mrd. US$) verloren und viele in der Lachsindustrie agierende Unternehmen gingen bankrott. Daraufhin griff in Chile Panik um sich. In Puerto Montt stieg die Kriminalitätsrate und im Land verdoppelte sich die Anzahl der Suizide. Anzeichen für die Katastrophe gab es durchaus, denn große Mengen an organischem Abfall durch Fischfutter und Lachskot führten zu einer schwerwiegenden Kontaminierung und Erschöpfung anderer Fischbestände. Seit Jahren stellen Hygienebedingungen und Massenzucht auf engstem Raum große Probleme dar.

Umweltschützer, darunter die chilenische Umweltschutzorganisation Oceana (www.oceana.org) und Doug Tompkins (Gründer des Parque Pumalín), brachten ihre Besorgnis über die schädlichen Auswirkungen der Lachsindustrie direkt gegenüber der chilenischen Regierung zum Ausdruck, und die Fundación Terram (www.terram.cl), die den Industriezweig scharf beobachtet, veröffentlichte Berichte zu einer Reihe von Themen (von Arbeitsbedingungen bis hin zu Umweltschäden).

2012 startete der Lachs sein Comeback. Die Produktionsmenge steigt wieder, vor allem dank der unersättlichen Nachfrage in Brasilien, das die USA 2010 zeitweise als zweitgrößten Konsumenten von chilenischem Zuchtlachs nach Japan ablöste. 2014 hatte sich die Lachsindustrie komplett erholt und Molybdän als zweitwichtigstes chilenisches Exportprodukt überholt; die Verkaufserlöse erreichten 4 Mrd. US$ hauptsächlich dank des zurückgekehrten Appetits der Konsumenten in den USA (33 %), in Japan (22 %) und Brasilien (13 %).

Offiziell scheint die Krise zwar vorbei, doch Grund zur Sorge gibt es weiterhin. Ein vor Kurzem veröffentlichter Bericht von El Servicio Nacional de Pesca y Acuicultura (Sernapesca), der Überwachungsagentur der chilenischen Regierung für die Fischwirtschaft und Gewässerbewirtschaftung, stellte fest, dass die chilenische Lachsindustrie mehr Antibiotika einsetzt als jede andere Industrie (2013 waren es erstaunliche 45 042 kg). Darunter befanden sich Chinolone, eine Antibiotika-Gruppe, deren Einsatz in der Fisch- und Gewässerwirtschaft wegen der negativen Auswirkungen auf das menschliche Immunsystem in den USA und anderswo verboten ist.

Übrigens wird chilenischer Qualitätslachs ausschließlich exportiert. Wenn er dennoch auf einer Speisekarte auftaucht, sind zwei Szenarien wahrscheinlich: Es handelt sich um zweite Wahl (fehlerhaften oder nicht exportfähigen Lachs) oder um „Wild"-Lachs, was lediglich bedeutet, dass dieser aus einer Farm entwischt ist (oder von entwischten Lachsen abstammt).

¡Buen provecho!

---

derungen arbeitet Julio seit 2002 an der offenen Feuerstelle und hält mit seinen Qualitäten nicht hinterm Berg. Und das muss er auch nicht: Die erstklassigen Stücke vom Angusrind (Lendensteak, Rib-Eye-Steak und Filet) sind fantastisch.

Der freundliche südafrikanische Besitzer bezieht sein bestes Fleisch von einem privaten Farmer, der die Rinder von der Geburt bis zum Schlachter selbst betreut. Der Grundpreis für ein Steak beträgt 2000 Ch$, dazu berechnet sich der Preis nach Kilo – Julio bringt vorgegarte Fleischbatzen zum Tisch und schneidet die Stücke nach Wunsch ab. Serviert wird das Fleisch mit gerösteten Brotstangen und scharfer *merkén*-Paste, *sopaipillas* (gebratenes Brot) mit *pebre* (Koriander, gehackte Zwiebeln, Olivenöl, Knoblauch und scharfe Paprika) und Kartoffeln. Das Lokal in Pelluco ist vom Busbahnhof problemlos mit Bussen mit der Aufschrift Chamiza/Pelluco (400 Ch$) oder mit dem Taxi (4000 Ch$) zu erreichen. Reservierung ist generell empfehlenswert, besonders aber von Donnerstag bis Sonntag, denn es gibt nur zehn Tische.

Ausgehen

Rund um die Plaza gibt's etliche preiswerte Adressen für einen gemütlichen Drink. Eine gute Auswahl trendiger, regelmäßig wechselnder Bars findet man in der Rengifo zwischen Baquedano und Salvador Allende. Auch in Polluca konzentrieren sich mehrere beliebte Bars, die neuen chilenischen Null-Toleranz-Richtlinien haben die Partystimmung dort draußen allerdings etwas gedämpft.

Magnolia　　　　　　　　　　　CAFÉ
(Luis Ross 460; Kaffee 1200-2800; ⊙ Mo–Fr 8–23, Sa 11–20 Uhr; 🛜) 🍴 Das süße kleine Café liegt versteckt in der Casa del Diamante, in der sich auch ein Bioladen und ein Bikram-Yoga-Zentrum befinden.

Boule Bar　　　　　　　　　　　BAR
(Benavente 435; ⊙ Mo–Fr 18–3, Sa 20–4 Uhr) Alte Titelblätter des Rockmagazins *Rolling Stone* und andere musikalische Andenken zieren die Bar mit mehreren Räumen, die von Kerzenlicht erhellt werden und mit Tischen und Tresen aus Baumrinde bestückt sind. Eine gute Location, um mit Gleichgesinnten bis in die Nacht hinein der tollen Hintergrundmusik zu lauschen.

🛍 Shoppen

Die geschäftige, von Abgasen benebelte Avenida Angelmó säumt ein wilder Mix aus Straßenständen voller Kunsthandwerk, geräucherten Muscheln, *cochayuyo* (eine essbare Alge) und mysteriösem Krimskrams sowie Kunsthandwerkermärkten und touristischen Fischlokalen, deren Kellner offensiv um Kunden werben. Einfach den Trubel genießen und weitergehen.

Das beste Kunsthandwerk und Essen gibt's am Ende der Straße am malerischen Fischerhafen Angelmó 3 km westlich der Innenstadt. Hierher fahren regelmäßig Stadtbusse und *colectivos*.

Größere Einkäufe kann man im besten Einkaufszentrum der Stadt tätigen, der **Mall Paseo Costanera** (Illapel 10; ⊙ Mo–Sa 10–21, So ab 11 Uhr).

ℹ Praktische Informationen

GELD
An der Antonio Varas bei der Plaza de Armas gibt's mehr Banken als in der Schweiz. Wechselstuben konzentrieren sich vor allem rund um die Diego Portales und die Guillermo Gallardo.

MEDIZINISCHE VERSORGUNG
Clínica Los Andes (www.clinandes.cl; Av Bellavista 123; ⊙ 24 Std.) Beste private medizinische Versorgung in der Stadt.

NOTFALL
Carabineros de Chile (☎ 065-276-5158; www.carabineros.cl; Guillermo Gallardo 517; ⊙ 24 Std.) Polizeiwache.

POST
CorreosChile (www.correos.cl; Rancagua 126; ⊙ Mo–Fr 9–19, Sa 9–12 Uhr) Eine Querstraße westlich der Plaza.

TOURISTENINFORMATION
Conaf (☎ 065-248-6102; Ochagavía 458; ⊙ Mo–Do 9–12.45 & 14.30–17.30, Fr bis 16.30 Uhr) Detaillierte Auskünfte über nahe gelegene Nationalparks.
Sernatur (☎ 065-222-3016; www.sernatur.cl; San Martín 80; ⊙ Mo–Fr 8.30–17.30, Sa 9–15 Uhr) An der Erweiterung der Westseite der Plaza de Armas und in der Ankunftshalle des Flughafens (⊙ Mo–Fr 9–18 Uhr). Großes Angebot an Broschüren; Englisch wird allerdings kaum gesprochen.

REISEBÜROS
Andina del Sud (☎ 065-222-8600; www.andinadelsud.com; Antonio Varas 216, Edificio Torre del Puerto, Suite 907; ⊙ Mo–Fr 9–19 Uhr) Bucht die Boot-Bus-Kombitour Cruce de Lagos von TurisTour nach Argentinien.

ℹ An- & Weiterreise

BUS – NAHVERKEHR
Puerto Montts moderner **Busbahnhof** (☎ 065-228-3000; www.terminalpm.cl; Ecke Av Diego Portales & Lillo) am Ufer ist der größte regionale Verkehrsknotenpunkt. Hier herrscht ein ziemliches Gedränge und Durcheinander. Umso wichtiger, dass man doppelt wachsam auf sein Eigentum achtet oder es der *custodia* zur Aufbewahrung gibt (für 24 Std. 1200–2400 Ch$), während man nach dem richtigen Bus sucht. Im Sommer können Ausflüge nach Punta Arenas und Barilo-

che schnell ausgebucht sein, also sollte man besser rechtzeitig reservieren.

Regionale Minibusse verkehren u. a. regelmäßig nach Puerto Varas (800 Ch$, 25 Min.), Frutillar (1300 Ch$, 1 Std.) und Puerto Octay (1800 Ch$, 2 Std.), sie starten an der Nordseite des Busbahnhofs. **Buses Río Puelo** (Mobil 7408-9199) steuert um 7.15, 7.45 und 16 Uhr (sonntags um 15 Uhr) die Dörfer Ralún (2000 Ch$, 2 Std.), Cochamó (2500 Ch$, 2½ Std.) und Río Puelo (4000 Ch$) an. Die beiden Busse am Morgen fahren weiter bis zum Lago Tagua-Tagua. **Transhar** (065-225-4187) fährt von Montag bis Samstag um 12.15 & 15.30 Uhr und am Sonntag um 14.15 Uhr dorthin.

BUS-FERNVERKEHR

Zu den Busgesellschaften, die am Busbahnhof ein Büro haben, gehören **Cruz del Sur** (065-248-3144; www.busescruzdelsur.cl) mit regelmäßigen Verbindungen nach Chiloé, **Tur-Bus/Tas-Choapa** (065-249-3402; www.turbus.cl) mit täglichen Verbindungen nach Valparaíso/Viña del Mar, **Igi Llaima** (065-225-9320; www.igillaima.cl) und **Pullman Bus** (065-251-6561; www.pullman.cl). Alle genannten Unternehmen bieten Fahrten nach Santiago mit verschiedenen Zwischenstopps an; **Buses Fierro** (065-228-9024; www.busesfierro.cl) hat einen „Direktbus" um 20.45 Uhr (15 000 Ch$, 12 Std.). **Buses ETM** (065-225-6253; www.etm.cl) und **Bus Norte** (065-225-2783; www.busnorte.cl) offerieren auch Nachtbusse nach Valparaíso/Viña del Mar.

Folgende Fernbusverbindungen gibt es nach Punta Arenas via Argentinien: **Queilen Bus** (065-225-3468; www.queilenbus.cl) fährt montags und freitags um 15 Uhr; Cruz del Sur dienstags, donnerstags und samstags um 11.10 Uhr und Pullmann Bus samstags um 10.30 Uhr. Queilen Bus steuert dienstags um 16 Uhr und freitags um 10.35 Uhr Coyhaique (36 000 Ch$, 22 Std.) an.

Nach Bariloche in Argentinien fahren folgende Busunternehmen: Cruz del Sur donnerstags und sonntags um 8.30 und 10.45 Uhr, **Via Bariloche** (065-223-3633; www.viabariloche.com.ar) täglich um 15 Uhr, **Andesmar** (065-228-0999; www.andesmar.com) immer mittwochs, freitags und sonntags um 8.15 Uhr und **Trans Austral** (065-227-0984; www.transaustral.com) montags und donnerstags um 10.15 Uhr sowie mittwochs und freitags um 10 Uhr.

Kemelbus (065-225-6450; www.kemelbus.cl) fährt täglich um 6 und 8 Uhr nach Chaitán (10 000 Ch$) mit Halt in Parque Pumalín; alternativ nimmt man eine der häufigeren Verbindungen nach Hornopiren (6000 Ch$, 4 Std.), 8, 13, 16.45 & 18 Uhr) und steigt dort um.

Beispiele für Fahrzeiten und Preise (Preise schwanken je nach Ausstattung der Busse, Klasse und Saison):

ZIEL	PREIS (CH$)	FAHRTDAUER (STD.)
Ancud	4500	2½
Bariloche (Arg.)	18 000	6
Castro	6200	4
Chaitán	14 000	9½
Concepción	15 000	10
Coyhaique	36 000	24
Osorno	2500	1½
Pucón	9500	5½
Punta Arenas	45 000	32
Quellón	8000	6
Santiago	27 000	12-14
Temuco	6700	5
Valdivia	5000	3½
Valparaíso/Viña del Mar	23 000	15
Villarrica	8800	5

FLUGZEUG

Aeropuerto El Tepual (065-229-4161; www.aeropuertoeltepual.cl) Liegt 16 km westlich der Stadt.

LAN (600-526-2000; O'Higgins 167, Local 1-B; Mo-Fr 9-13.30 & 15-18.30, Sa 9.30-13.30 Uhr) Fliegt drei- bis viermal täglich nach Punta Arenas (einfache Strecke ab 170 000 Ch$), zweimal täglich nach Balmaceda/Coyhaique (einfache Strecke ab 110 000 Ch$) und bis zu zehnmal pro Tag nach Santiago (einfache Strecke ab 180 000 Ch$). Der schnelle und günstige Flug nach Castro findet montags, mittwochs, freitags und samstags statt (Tickets ab 6683 Ch$).

Man kann jedoch bei einem einfachen Flug bis zu 75 % sparen, wenn man einen Hin- & Rückflug bucht und den Rückflug einfach nicht antritt.

Sky Airlines (600-600-2828; www.skyairline.cl; Ecke San Martín & Benavente; Mo-Fr 9-19, Sa 10-13 Uhr) Fliegt zweimal täglich nach Punta Arenas (einfache Strecke ab 85 093 Ch$) und drei- bis viermal täglich nach Santiago (einfache Strecke ab 83 193 Ch$). Wesentlich günstiger als LAN.

Aerocord (065-226-2300; www.aerocord.cl; Aeródromo La Paloma) Aerocord fliegt mit Twin Otters und ähnlichen Maschinen von Montag bis Samstag um 9.30 Uhr und am Montag und Dienstag um 11.45 Uhr nach Chaitén (50 000 Ch$).

Pewen Services Aéreos (065-222-4000; www.pewenchile.com; Aeródromo La Paloma) Pewen Services Aéreos fliegt von Montag bis Samstag (50 000 Ch$, 9.30 & 23.30 Uhr) und hat Charterflüge für bis zu neun Passagiere im Angebot, die eine Woche im Voraus gebucht werden müssen.

SCHIFF/FÄHRE

Puerto Montt ist der wichtigste Hafen für Fahrten nach Patagonien. Am Hafen findet man im selben Gebäude die Ticketschalter und Warteräume von Navimag und Naviera Austral. Beide Reedereien sind in erster Linie kommerzielle Transportunternehmen, man darf also keinen Dom Pérignon oder anderen Luxus erwarten.

Etwa alle 30 Minuten bringen Fähren Passagiere und Autos von Pargua 62 km südwestlich von Puerto Montt nach Chacao (30 Min.) an der Nordspitze von Chiloé. Die Preise liegen bei 600 Ch$ für Fahrgäste (im Busfahrpreis nach Chiloé inbegriffen) oder 10 600 Ch$ pro Auto – unabhängig von der Anzahl der Passagiere.

Navimag (☏ 065-243-2361; www.navimag.com; Angelmó 1735; ☺ Mo–Fr 9–13 & 14.30–18, Sa 11–13 Uhr) Navimags Fähre *Eden* bedient die beliebteste Route: Sie legt in Puerto Montt freitags gen Puerto Natales ab und kehrt dienstags zurück (Passagiere müssen bereits montagabends einchecken). Die eindrucksvolle Dreitagesreise durch die Fjorde kann in Navimag-Büros in Santiago, Puerto Montt und Puerto Natales oder über die Website gebucht werden.

Hauptsaison ist von November bis März, Nebensaison von April bis Oktober. In den Preisen ist Vollpension inbegriffen (auf Anfrage auch vegetarische Speisen). Die Preise unterscheiden sich je nach Ausblick und eigenem bzw. Gemeinschaftsbad (Kategorien reichen von der AAA-Kabine auf dem Oberdeck mit eigenem Bad für 1050 US$ bei 2-Personen-Belegung bis zur unattraktivsten C-Klasse innen ohne Aussicht und mit Gemeinschaftsbad für 450 US$).

Die Mitnahme eines Autos kostet 290 000 Ch$ extra. Fahrräder und Motorräder werden ebenfalls für einen Aufschlag mitgenommen. Traveller, die zu Reiseübelkeit und Seekrankheit neigen, sollten vor der zwölfstündigen Überfahrt Medikamente schlucken: Der Golfo de Penas ist besonders im Winter dem rollenden Seegang des Pazifischen Ozeans unterworfen. Die südliche Route führt am Pio XI, dem größten südamerikanischen Gletscher vorüber (seine Fläche entspricht in etwa der von Santiago).

Navimags Fähre *Evangelista* legt mittwochs und samstags um 24 Uhr nach Puerto Chacabuco ab. Der Fahrpreis für die 24-stündige Fahrt beträgt pro Person zwischen 35 000 und 74 000 Ch$. Die Mitnahme eines kleinen Autos kostet 160 000 Ch$. Von Puerto Chacabuco fährt die Evangelista dienstags und freitags um 18 Uhr zurück.

Naviera Austral (☏ 065-227-0430; www.navieraustral.cl; Angelmó 1673; ☺ Mo–Fr 9–13 & 15–19, Sa 10–13 Uhr) Naviera Austral fährt mit der *Dom Baldo* ganzjährig montags, donnerstags und freitags nach Chaitén. Das Ganze dauert etwa acht Stunden, findet meist über Nacht statt und ist alles andere als komfortabel. Ein Sitzplatz kostet 16 000 Ch$, eine Schlafkoje 31 000 Ch$ und ein Fahrzeug 88 000 Ch$.

Cruceros Skorpios (☏ 065-227-5646; www.skorpios.cl; Av Angelmó 1660; DZ inkl. Mahlzeiten & alkoholische Getränke ab 4000 US$; ☺ Mo–Fr 8.30–12.30 & 14.30–18.30 Uhr) Ein seriöser Kreuzfahrtveranstalter, der sich selbst als „halbelegant" bezeichnet. Seine beliebteste Tour führt mit der *Skorpios II* zur Laguna San Rafael. Das Schiff legt von September bis Ende April samstags in Puerto Montt ab. Auf der fünftägigen Rundreise gibt's Zwischenstopps im exklusiven Thermalheilbad Quitralco und an verschiedenen Orten des Chiloé-Archipels.

❶ Unterwegs vor Ort

Andrés Tour (☏ 065-225-6611; www.andrestur.com) fährt vom Busbahnhof zum Flughafen (2500 Ch$). Am besten nimmt man den Shuttlebus zwei Stunden vor dem Abflug. Man sollte aber pünktlich an der Haltestelle sein: Die Busse zahlen eine Strafe, wenn sie länger als ein paar Minuten an der Haltestelle stehen, und warten darum nicht auf verspätete Fahrgäste. Das Unternehmen bietet außerdem einen Tür-zu-Tür-Transferservice vom Flughafen nach Puerto Montt (15 000 Ch$ pro Person) und Puerto Varas (sonderbarerweise 15 000 Ch$ für 2 Personen).

Taxifahrten innerhalb der Stadt kosten meistens um die 3000 Ch$, zum Flughafen 12 000 Ch$. *Colectivos* und Minibusse fahren für 400 bis 500 Ch$ die *costanera* rauf und runter.

Europcar (☏ 065-236-8216; Antonio Varas 162; ☺ Mo–Fr 8–19, Sa bis 13.30 Uhr) Europcar hilft bei der Genehmigung (64 000 Ch$ plus Steuern), einen Leihwagen mit 24 Stunden Voranmeldung nach Argentinien einzuführen.

Chiloé

Inhalt ➡
Ancud 300
Monumento Natural
Islotes de Puñihuil 304
Quemchi 305
Isla Mechuque 305
Castro 309
Parque Nacional
Chiloé 316
Quellón 318

Gut essen
- Mercadito (S. 313)
- Rucalaf Putemún (S. 314)
- La Cocinería Dalcahue (S. 307)
- Hostalomera (S. 313)
- Mar y Canela (S. 315)

Schön übernachten
- EcoLodge Chepu Adventures (S. 306)
- Palafito del Mar (S. 313)
- Palafito 1326 (S. 313)
- Palafito Cucao Hostel (S. 318)
- Isla Bruja Lodge (S. 314)

Auf nach Chiloé

Wenn sich Chiloé in frühmorgendlichen Nebel hüllt, wird auf Anhieb klar, dass an diesem Ort fast alles anders ist. Die Isla Grande de Chiloé ist die fünftgrößte Insel des Kontinents und Heimat eines auf Unabhängigkeit pochenden seefahrenden Volkes, dessen kulturelle und historische Entwicklung sich in scharfer Abgrenzung von Santiago vollzog.

Den deutlichen Unterschied in Architektur und Küche bezeugen *tejuelas* (Holzschindeln der Chiloten), *palafitos* (Pfahlbauten entlang der Küste), die markanten Holzkirchen, von denen 16 auf der Unesco-Welterbeliste stehen, und der großartige *curanto* (Muschel-Fleisch-Eintopf mit Kartoffeln). Bei genauerem Hinsehen zeigt sich eine Kultur voll tiefer Spiritualität, die auf einer Mythologie aus Hexerei, Geisterschiffen und Waldschraten beruht. Und all das ist eingebettet in feuchte, grüne windumtoste Landschaften mit Hügeln, entlegenen Nationalparks und dichten Wäldern, was Chiloé einen in Südamerika einzigartigen Charakter verleiht.

Reisezeit
Ancud

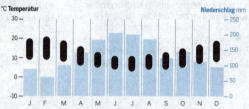

Februar Der Himmel ist jetzt am klarsten, aber man braucht noch eine Jacke.

Sept.–März Magellan- und Humboldtpinguine brüten am Monumento Natural Islotes de Puñihuil.

Dez.–Mai Die beste Jahreszeit, um vor Chiloés Nordwestküste Blauwale zu beobachten.

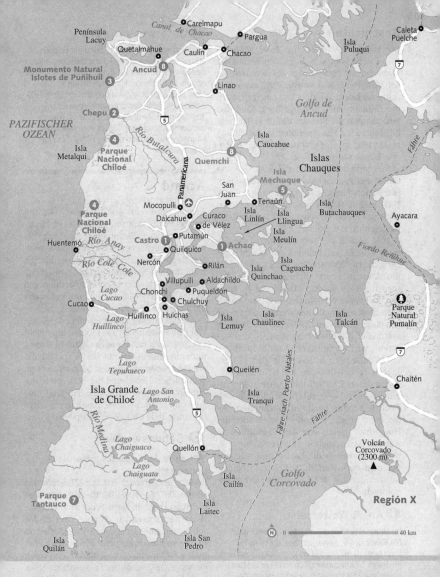

Highlights

❶ Die Holzkirchen, vor allem in **Achao** (S. 308) und **Castro** (S. 309), die zum Unesco-Weltkulturerbe gehören.

❷ Auf einer Kajaktour im nebligen **Chepu** (S. 306) von der Sonne wachgeküsst werden.

❸ Am wilden **Monumento Natural Islotes de Puñihuil** (S. 304) Pinguine beobachten.

❹ Im **Parque Nacional Chiloé** (S. 310) an der stürmischen Westküste umherstreifen.

❺ Durch die malerischen Straßen und Gassen der **Isla Mechuque** (S. 305) bummeln.

❻ In einer von Chiles **abgelegenen Lodges** (S. 314) gemütlich mit einem Glas Wein in der Hand im Whirlpool sitzen.

❼ Selbstvergessen von Hütte zu Hütte durch den herrlichen **Parque Tantauco** (S. 317) wandern.

❽ In Restaurants wie dem **Kuranton** (S. 303) oder **El Chejo** (S. 305) Chiloés traditionellstes Gericht, eine Schüssel *curanto* (Muschel-Fleisch-Eintopf), probieren.

Geschichte

Die ersten Bewohner der Insel gehörten zum Chono-Volk, das durch den Einfall der Mapuche aus dem Norden auf den Archipel von Aisén gedrängt wurde. 1567, etwa fünf Jahre nachdem Windpocken einen Großteil der einheimischen Bevölkerung getötet hatten, nahmen die Spanier Chiloé vollständig in Besitz. Eine Masernepidemie 1580 drängte den Einfluss der ursprünglich hier lebenden Ethnie weiter zurück.

Während der Unabhängigkeitskriege war Chiloé ein spanisches Bollwerk; vom stark befestigten Ancud aus leisteten die Spanier 1820 und 1824 den Angriffen der Kreolen Widerstand, bis sie schließlich 1826 endgültig geschlagen wurden.

1843 verließ der Schoner *Ancud* die Gestade Chiloés, voll beladen mit Inselbewohnern, die vier Monate lang unterwegs waren, um dann in Fuerte Bulnes für Chile Anspruch auf die Region Magallanes zu erheben. Der spätere Boom der Woll- und Landwirtschaft in Magallanes wurde weitgehend von eingewanderten Chiloten erarbeitet. Ihr kultureller Einfluss ist bis heute in den Gegenden weit im Süden des Landes spürbar.

Chiloé selbst rückte erst in den 1850er-Jahren ins Bewusstsein: Die Nähe zum neu gegründeten Puerto Montt verlieh den Inseln wachsende Bedeutung für den Handel. Doch es verging noch ein Jahrhundert, bis die erste Straße in voller Länge über die Hauptinsel gebaut war. Die Fischindustrie war und ist der wichtigste Wirtschaftszweig, wobei inzwischen die Lachs- und Schalentierzucht dominiert. In den letzten beiden Jahrzehnten hat der Tourismus stark zugenommen.

An- & Weiterreise

Im Moment nutzen die meisten Traveller noch die **Fähre** (www.navieracruzdelsur.cl; Auto/Passagier 10 600/600 Ch$) von Pargua auf dem Festland, 62 km südwestlich von Puerto Montt, nach Chacao, einer kleinen, uninteressanten Stadt an der Nordostecke der Isla Grande de Chiloé. Doch hier wird sich in den nächsten Jahren einiges ändern: Der Bau der umstrittenen, 2,6 km langen Hängebrücke Puente Chacao – der größten ihrer Art in Lateinamerika – wird Chiloé mit dem Festland verbinden. Mit dem Bau soll 2015 begonnen werden, 2020 soll sie einsatzbereit sein. Bis dahin schließen die Bustarife zum/vom Festland die halbstündige Überfahrt ein. LAN Airlines fliegt an fünf Tagen in der Woche jeweils einmal von Santiago über Puerto Montt nach Castro.

Unterwegs vor Ort

Am leichtesten kann man Chiloé mit Bussen erkunden. Sie verkehren häufig zwischen allen bedeutenden Zielen auf der Hauptinsel und steuern die Fährhäfen zu kleineren Inseln an. Die Insel lässt sich aber auch bequem mit dem Auto entdecken, denn damit erreicht man einige abgelegene Teile dieses Landstrichs. Wagen werden in Ancud oder Castro vermietet oder können vom Festland mit der Fähre rübergebracht werden.

Ancud

065 / 40 800 EW.

Ancud, einst ein wohlhabender Ort mit freundlichen Häusern, *palafitos* (Pfahlbauten) und einer Eisenbahnverbindung, hat unter dem Erdbeben von 1960 schwer gelitten. Heute präsentiert es sich als weitläufige, recht farblose Stadt mit einigen typisch chilenischen Gebäuden. Spektakulär hingegen ist das Hafenviertel, das im Sommer, wenn die Sonne scheint, förmlich glitzert.

Ancuds größter Trumpf ist aber die Natur. Wer Chiloé kennenlernen möchte, aber nicht genügend Zeit hat, bis nach Castro zu fahren, findet in diesem Ort mit seiner spektakulären Küste, hervorragenden Meeresfrüchten, gemütlichen Hotels und der Nähe zum Monumento Natural Islotes de Puñihuil eine gute und unkomplizierte Basis, um weniger bekannte Teile Chiloés zu erkunden.

Sehenswertes

★ Centro de Visitantes Inmaculada Concepción
MUSEUM

(www.iglesiasdechiloe.cl; Errázuriz 227; empfohlene Spende 500 Ch$; Dez.–Feb. 10–19 Uhr, März–Nov. bis 18 Uhr) Vor dem Besuch der zum Unesco-Welterbe gehörenden Kirchen von Chiloé sollte man unbedingt einen Zwischenstopp in diesem hervorragenden Museum im ehemaligen Convento Inmaculada Concepción de Ancud (1875) einlegen. Es beherbergt Holzmodelle aller 16 Gotteshäuser mit feinen Zimmererarbeiten im Inneren der Gebäude. Außerdem gibt's einen attraktiven Museumsshop, einen Kunsthandwerksladen und ein Café. Leider fehlen bislang englische Beschilderungen und Informationen, doch für wirklich Interessierte gibt es ein gutes Buch über Chiloés Kirchen im Museumsshop.

★ Museo Regional de Ancud
MUSEUM

(Museo Chilote; www.museoancud.cl; Libertad 370; Erw./Kind 600/300 Ch$; Jan. & Feb. 10–19.30 Uhr,

März–Dez. Di–Fr bis 17.30, Sa & So bis 14 Uhr) Das hervorragende Museo Regional Aurelio Bórquez Canobra, manchmal Museo Chilote genannt, bringt dem Besucher die Geschichte der Insel mit fantastischen Exponaten nahe, darunter ein immenses Blauwalskelett und eine „lebensgroße" Replik der *Ancud*, die auf den heimtückischen Fjorden in der Magellanstraße unterwegs war, um den chilenischen Anspruch auf die südlichsten Territorien geltend zu machen.

Fuerte San Antonio FESTUNG

(Ecke Lord Cochrane & Baquedano; ⊗ Mo–Fr 8.30–21, Sa & So 9–20 Uhr) GRATIS Während der Unabhängigkeitskriege war Fuerte San Antonio Spaniens letzter Außenposten in Chile. Von den Überresten einer Festung vom Anfang des 19. Jhs. blicken Kanonen aus der Spätkolonialzeit auf den Hafen herab. Hinter der Nordmauer liegt ein abgeschiedener Strand, die Playa Gruesa.

☞ Geführte Touren

Viele Veranstalter vor Ort bieten für ca. 17 000 Ch$ Minibustouren an, um die Pinguine am Monumento Natural Islotes de Puñihuil zu beobachten.

Austral Adventures OUTDOORAKTIVITÄTEN

(☎ 065-262-5977; www.austral-adventures.com; Av Costanera 904) Empfehlenswerte Agentur für englischsprachige Touren ab Ancud, darunter ausgedehnte Ausflüge zu Pinguinen und Walen, Kajakfahrten in der Bucht und Vogelbeobachtung – alles mit viel ökologischem Engagement und niveauvoller als die durchschnittlichen Angebote. Der amerikanische Besitzer Britt Lewis ist sehr nett und kompetent.

🛏 Schlafen

Chiloé Turismo Rural GASTFAMILIE $

(www.chiloeturismorural.cl) Chiloés Agrotourismusverband organisiert Ausflüge in von Landwirtschaft und Fischerei geprägte Dörfer und vermittelt Privatunterkünfte mit Mahlzeiten in etlichen kleinen Gemeinden und auf dem Land. Den Katalog gibt's bei Sernatur.

★ 13 Lunas Hostel HOSTEL $

(☎ 065-262-2106; www.13lunas.cl; Los Carrera 855; B ab 10 500, EZ/DZ 19 000/33 000 Ch$, alle inkl. Frühstück; P@🖂) Die beste Adresse für Backpacker auf der Durchreise liegt direkt gegenüber dem Busbahnhof Cruz del Sur und ist nicht zu verfehlen. Seine grellgrünen und gelben Motive passen gut ins künstlerische Chiloé. Der junge Besitzer Claudio ist enthusiastisch und spricht Englisch. Für Gemütlichkeit sorgen helles Hartholz, viel natürliches Licht, Bäder wie in einem Hotel, eine Rasenfläche und eine Terrasse mit herrlichem Ausblick. Das Wasser wird über Sonnenenergie erhitzt und Recycling wird ernstgenommen. Die Zimmer im Keller mit weniger Atmosphäre nach Möglichkeit meiden.

Hostal Lluhay PENSION $

(☎ 065-262-2656; www.hostal-lluhay.cl; Lord Cochrane 458; EZ/DZ/3BZ inkl. Frühstück 15 000/29 000/38 000 Ch$; P@🖂) Keine Unterkunft in Ancud bietet mehr antiken Kitsch und Charakter fürs Geld als das Lluhay mit seinen überaus freundlichen Besitzern. Sie füttern ihre Gäste beispielsweise mit selbst gemachtem Kuchen, füllen sie am Kamin mit Cocktails ab oder schlagen ein paar Tasten auf dem Klavier an.

Chil-Hué PENSION $$

(☎ 065-262-5977; www.chil-hue.com; Playa Lechagua; Zi. ab 50 000 Ch$, Casita 90 000 Ch$) Für alle, die das nötige Kleingeld haben und die Einsamkeit schätzen, ist dies Ancuds beste Adresse. Gastgeber sind Britt von Austral Adventures und seine Frau Sandra, eine peruanische Gourmetköchin und Ashtanga-Yogalehrerin. Auf ihrem Anwesen an einem isolierten Strand 6 km südlich vom Ort haben sie drei Unterkünfte errichtet. Der namengebende Turm beherbergt zwei stilvolle Apartments mit Pantryküchen (Bio-Gemüse kann man direkt im angrenzenden Garten pflücken), aber leider ohne Meerblick. Ein echter Clou ist die abgelegene *casita* am Strand, wo man mit den Delfinen allein in der Bucht ist. Das entlegene rustikale Refugium mit tollem Essen (Mahlzeiten zwischen 3500 und 15 000 Ch$) ist aber nicht jedermanns Sache.

Hostal Mundo Nuevo HOSTEL $$

(☎ 065-262-8383; www.hostalmundonuevo.com; Costanera 748; B 13 000 Ch$, EZ/DZ/4BZ 32 000/43 000/54 000 Ch$, EZ/DZ ohne Bad 24 000/34 000 Ch$, alle inkl. Frühstück; @🖂) Das Mittelklassehotel unter Schweizer Leitung liegt in unmittelbarer Nähe des Busbahnhofs von Cruz del Sur. Von einer großen, gemütlichen Bank auf der Veranda mit natürlichem Licht hat man einen perfekten Ausblick auf den Sonnenuntergang über der Bucht von Ancud. Für Besucher stehen zwölf Einzelzimmer und ein Mehrbettzimmer für sechs Per-

Ancud

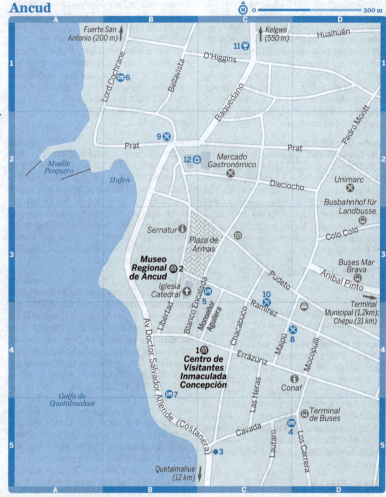

sonen zur Verfügung. Der neue Whirlpool im Freien (ab 12 000 Ch$ für bis zu acht Gäste) sollte ein paar Stunden im Voraus reserviert werden.

Essen & Ausgehen

Versteckt hinter der Dieciocho liegt eine Reihe bodenständiger Marktstände, die *cazuela* (Eintopf aus Fleisch und Gemüse), *chupe* (Fischpfanne) und Mittagsmenüs für 2000 bis 5000 Ch$ verkaufen.

Retro's Pub RESTO-BAR $
(Ramírez 317; Hauptgerichte 4300–9000 Ch$, Pizza 9000–12 500 Ch$; Mo–Fr 12–2, Sa 20–4 Uhr;) Die zeitlos schöne Bar in einem gemütlichen Wohnhaus erstreckt sich über mehrere Räume. Auf der Karte steht eine große Auswahl an Tex-Mex-Gerichten, dazu leckere Burger in Übergröße (man braucht eine Gabel) auf Sauerteigbrötchen, Steinofenpizzas, Sandwiches und Pasta. Alles wird frisch zubereitet und hilft hervorragend gegen Heimweh.

Q'ilú RESTO-BAR $
(www.qilurestobar.blogspot.com; Ramírez 278; Hauptgerichte 3600–8000 Ch$; Mo–Do 10–1, Fr–Sa bis 2 Uhr;) Die schicke Resto-Bar mit robuster Hartholz-Atmosphäre kredenzt ein gutes *menú del día* (3500 Ch$; bis 13 Uhr) zu ei-

Ancud

Highlights
1 Centro de Visitantes Inmaculada Concepción C4
2 Museo Regional de Ancud B3

Aktivitäten, Kurse & Touren
3 Austral Adventures C5

Schlafen
4 13 Lunas Hostel C5
5 Chiloé Turismo Rural C3
6 Hostal Lluhay B1
7 Hostal Mundo Nuevo B4

Essen
8 El Embrujo de Chiloé D4
9 Kuranton B2
10 Q'ilú C4

Ausgehen & Nachtleben
11 Club Social Mehadier C1

Shoppen
12 Mercado Municipal B2

---

nem sehr vernünftigen Preis. Wie so viele Adressen in Ancaud ist es gleichzeitig auch eine klasse Bar.

Kuranton CHILENISCH, FISCH & MEERESFRÜCHTE $

(Prat 94; curanto 7000 Ch$; ⊗11–22 Uhr) Die ganzjährig geöffnete lokale Institution überzeugt zwar nicht mit der großen Auswahl Fisch- und Meeresfrüchte-Gerichten, dafür aber umso mehr mit ihrem *curanto, dem* kulinarischen Highlight von Chiloé. Der herzhafte Eintopf aus Mies- und anderen Muscheln, Hühnchen- und Schweinefleisch sowie drei Sorten Kartoffeln ist eine überaus sättigende Mahlzeit.

El Embrujo de Chiloé CAFÉ $

(Maipú 650; Kaffee 900–2500 Ch$, Sandwiches 1800–3500 Ch$; ⊗Mo–Fr 9–20, Sa 11–14 Uhr; 🛜) Dieses gemütliche Café platzt immer aus allen Nähten. Einheimische schlürfen hier gute Cappuccinos oder essen eines der günstigen Sandwiches. Das zauberhafte Ambiente wirkt sehr authentisch.

Club Social Mehadier BAR

(Baquedano 469; Bier 2500 Ch$; ⊗12–2 Uhr, So geschl.) Ein alter Hase des Nachtlebens von Temuco hat die interessanteste und schickste neue Bar in Ancud eröffnet. Sie liegt in einem restaurierten Chilote-Haus mit Dachschindeln, das in den 1960er- und 1970er-Jahren unter gleichem Namen als Social Club fungierte. Es gibt Bier vom Fass – Cuello Negro und Kross – sowie Sofas und Dekor im viktorianischen Stil. Die Küche zaubert Pizza und Pasta.

Shoppen

Kelgwo KLEIDUNG

(www.kelgwo.cl; Costanera Norte 200; ⊗Mo–Fr 8–17 Uhr) Diese Boutique in einem zerfallenden Haus in Arena Gruesa verkauft natürlich gefärbte, hochwertige gewebte Mäntel, Halstücher, Schals und Tops, die Chiloés alte Webtraditionen erfrischend modern interpretieren.

Mercado Municipal MARKT

(Prat, Ecke Dieciocho & Libertad; ⊗Mo–Sa 8.30–21, So bis 19.30 Uhr) Zahlreiche Kunsthandwerksstände.

❶ Praktische Informationen

Conaf (☎065-262-7520; Errázuriz 317; ⊗Mo & Mi 9–12.50 & 14.30–17.30, Fr bis 12.50 & 14.30–16.30 Uhr) Infos über den Nationalpark.

CorreosChile (www.correos.cl; Ecke Pudeto & Blanco Encalada; ⊗Mo–Fr 9–18, Sa 9.30–12.30 Uhr)

Hospital de Ancud (www.hospitalancud.gov.cl; Almirante Latorre 301; ⊗24 Std.) Das Krankenhaus befindet sich an der Ecke der Pedro Montt.

Sernatur (☎065-262-2800; www.sernatur.cl; Libertad 665; ⊗Dez.–Feb. Mo–Fr 8.30–19, Sa & So 9.30–19 Uhr, März–Nov. Mo–Do bis 18, Fr 8.30–17 Uhr; 🛜) Die einzige offizielle nationale Touristeninformation auf der Insel – mit hilfsbereitem Personal, Broschüren, Stadtplänen und Unterkunftslisten für den Archipel und WLAN.

❶ An- & Weiterreise

Ancud hat drei Busbahnhöfe. **Cruz del Sur** (☎065-262-2265; www.busescruzdelsur.cl; ⊗Mo–Sa 6.30–22, So 7–22 Uhr) betreibt den zentralen **Terminal de Buses** (Ecke Los Carreras & Cavada) mit den häufigsten Verbindungen (etwa stündlich) in die Städte südlich von Chiloé und zu den Orten die Panamericana hinauf Richtung Norden (darunter 2-mal tgl. nach Santiago). Man erreicht die Haltestelle in fünf Gehminuten vom Wasser und von der Innenstadt aus. Ein Taxi von hier zur Avenida Costanera in der Innenstadt kostet 2000 Ch$. **Queilen Bus** (☎065-262-1140; www.queilenbus.cl) und **Pullman Bus** (☎065-262-0800) operieren vom **Terminal Municipal** (Anibal Pinto 1200) aus, 1,5 km vom Stadtzentrum entfernt. Am günstigsten sind die schwarz-gelben *colectivos*, die man an der Dieciocho herbeiwinkt (350 Ch$).

Busse von Cruz del Sur starten jeden Dienstag, Donnerstag und Samstag um 8.30 Uhr nach

Punta Arenas. Queilen Bus verkehrt montags um 7.45 Uhr. Wer zu Zielen südlich von Chiloé und nach Bariloche in Argentinien will, nimmt besser einen der Busse ab Puerto Montt.

Einige Ziele und Preise in der Hauptsaison (variieren je nach Busgesellschaft und Qualität der Busse und Klasse)

ZIEL	PREIS (CH$)	FAHRTDAUER (STD.)
Castro	1500	1½
Concepción	23 000	12
Dalcahue	1700	¾
Osorno	6200	4
Puerto Montt	4500	2
Puerto Varas	5000	1½
Punta Arenas	45 000	32
Quellón	4000	3
Santiago	17 000	16
Temuco	10 500	8
Valdivia	8300	6

Die ländlicheren östlichen Regionen von Chiloé bedienen Busse von einer kleinen Haltestelle an der Colo Colo aus; dort starten nachmittags auch die Busse nach Chepu, dem Tor zum Chiloé-Nationalpark am Nordrand des Schutzgebietes. Der Fahrplan hängt in der Nähe der Toilette, Tickets bekommt man beim Fahrer.

In der Hauptsaison fährt Buses Mar Brava (065-262-2312) um 6.45 Uhr (Montag bis Freitag, Rückfahrt 8 Uhr), 12 Uhr (Montag und Freitag, Rückfahrt 13.30 Uhr), 14 Uhr (Samstag, Rückfahrt 15.30 Uhr) und 15 Uhr (Dienstag, Mittwoch und Donnerstag, Rückfahrt 16.30 Uhr) von Block 300 in der Aníbal Pinto nach Pumillahue in die Nähe des Monumento Natural Islotes de Puñihuil. Der Bus hält an der Kreuzung an der Piedra Run. Von dort aus läuft man 2 km zum Strand (auf einer asphaltierten Straße). In der Nebensaison fahren die Busse deutlich seltener.

Monumento Natural Islotes de Puñihuil

Drei Inseln im Pazifik vor der Küste von Puñihuil dienen den Magellan- sowie den fast ausgestorbenen Humboldtpinguinen als Brutplätze und bilden zudem einen Hafen für Blauwale. Das gesamte Gebiet ist als nationales Denkmal geschützt und das Fischen überall verboten. Am besten lassen sich die Pinguine während der Brutzeit zwischen September und März beobachten (zu anderen Zeiten hat man vielleicht kein Glück). Etliche Reisebüros in Ancud organisieren Touren dorthin, aber der Ort kann auch auf eigene Faust mit einem Mar-Brava-Bus vom Zentrum Ancuds aus angesteuert werden (außer sonntags). Egal wie man anreist, es geht auf jeden Fall direkt zu einem großartigen wilden Strand. **Ecoturismo Puñihuil** (Mobil 09-8317-4302; www.pinguineraschiloe.cl; Erw./Kind 6500/3500 Ch$) ist einer der sechs lizenzierten Veranstalter und bietet täglich zwischen 10 und 18 Uhr rund zwanzig Ausflüge mit drei lokalen Fischerbooten

> **CURANTO: DER KULINARISCHE COUP VON CHILOÉ**
>
> Worte können einen nicht auf das Erlebnis vorbereiten, wenn zum ersten Mal eine kochend heiße Schüssel *curanto* vor einem auf den Tisch gestellt wird: Wo bin ich da nur hineingeraten, mag vielen durch den Kopf gehen. Doch keine Sorge: Es ist gar nicht so schwierig, diese Portionen zu verdrücken. Die Ursprünge des sehr traditionellen Gerichts von Chiloé verlieren sich im Dunkeln, aber historisch weisen Details der Zubereitung auf die Erdöfen polynesischer Herkunft. Einst bereitete man *curanto* zu, indem man Steine in einem Erdloch erhitzte, bis sie knackten, und dann direkt Schalentiere, Schweine- und Hühnchenfleisch sowie Kartoffeln drauflegte, gefolgt von *nalca* (eine rhabarberähnliche Pflanze) und *pangue* (eine endemische Pflanze aus Chile). Schließlich wurde feuchte Tücher darübergelegt und alles sorgfältig mit Erde und Gras zugedeckt. Nach knapp zwei Stunden war das Essen gar. An manchen Orten auf der Insel wird das Gericht – es heißt dann *curanto al hoyo* – immer noch so zubereitet, etwa im **Restaurant Quetalmahue** (www.restaurantequetalmahue.es.tl; *curanto* 9000 Ch$ Dez.–Feb.; 10–19 Uhr) in Quetalmahue, einem kleinen Fischerdorf 12 km außerhalb von Ancud (nur in der Hauptsaison, oder für große Gruppen mit vorheriger Reservierung). Wer nicht dorthinkommt (*curanto* von 14–16 Uhr; eine Taxirundfahrt ab Ancud kostet sich für rund 10 000 Ch$ inklusive Wartezeit verhandeln), für den gibt's den zweitbesten *curanto* – ohne Grube und Erde – im Kuranton (S. 303) in Ancud oder im El Chejo (S. 305) in Quemchi.

an. So können Touristen sich die Pinguine (kurz) aus der Nähe ansehen (sind die Boote voll, spaziert man den Strand hinunter und schaut nach anderen Optionen). Ausrüstung für jedes Wetter wird gestellt. In der Hochsaison sind die Boote oft voll, dann bucht man den Trip am besten im Voraus bei Austral Adventures in Ancud. Sofern das Wetter mitspielt, bietet der Veranstalter auch Walbeobachtung und Touren zu Seelöwen an.

Die Straße nach Puñihuil ist asphaltiert. Größte Herausforderung für die Region ist nun, alles im Sinne einer nachhaltigen Entwicklung zu managen.

Quemchi

🕿 065

An klaren Sommertagen zeichnen sich die schneebedeckten südchilenischen Gipfel in der Ferne über dem Dunst von Quemchi ab und setzen auf den ohnehin schon eindrucksvollen Blick zur Strandmauer noch eins drauf. Die Wasserseite der verschlafenen Kleinstadt eignet sich wunderbar dazu, um einen Tag einfach in Ruhe verstreichen zu lassen, etwa bei einem Spaziergang entlang der Bucht oder in einem der besten Restaurants von Chiloé, dem El Chejo. Vor Ort gibt's den größten Tidenhub der Insel (7 m), sodass die bei Niedrigwasser weit an Land liegenden Fischerboote eine unwirkliche Szenerie von gestrandeten Kähnen bilden.

Landbusse verkehren zwischen 6.45 und 19 Uhr alle 20 bis 45 Minuten nach Ancud und Castro (1500 Ch$, jeweils 1½ Std.). Sonntags fahren nur drei Busse nach Castro (12.30, 15.30 und 17.30 Uhr) und vier nach Ancud (9.30, 16, 17 und 17.45 Uhr). Sie starten an der Bibliothek (dort befindet sich auch ein Geldautomat der Banco de Chile). Am Büro von Cruz del Sur um die Ecke an der Yungay bekommt man den kompletten Fahrplan.

🛏 Schlafen & Essen

Hospedaje Costanera   PENSION $
(🕿 065-269-1230; ray.paredes.d@gmail.com; Diego Bahamonde 141; ohne Bad 10 000 Ch$ pro Pers., EZ/DZ ab 20 000/22 000 Ch$; P 🕿) Dies ist nicht die einzige Unterkunft in der Stadt, aber sie hat den besten (leider durch Stromleitungen verhängten) Meerblick und eine erstklassige Lage, denn von hier sind es nur 50 m bis zum El Chejo. Wegen der Aussicht sollte man ein Zimmer nach vorne nehmen, doch keinesfalls die Nr. 3, da gibt's keinen Platz für das Gepäck!

⭐ El Chejo   CHILENISCH $
(Diego Bahamonde 251; Hauptgerichte 3000–5000 Ch$; ⊙ 9–24 Uhr; 🕿) Das familienbetriebene El Chejo ist ein echter kulinarischer Schatz und bietet ehrliche Küche. Es gibt keine Speisekarte, also bekommt man das, was an dem Tag zubereitet wird, z. B. als Vorspeise eine exzellente *empanada de centolla* (mit Königskrabbenfleisch gefüllte Pastete), gefolgt von einer Auswahl verschiedener vor Ort gefangener Fische, alles hinuntergespült mit einem Chilote-Fruchtlikör (unsere Empfehlung: *murtado,* eine Arzneibeere). Manchen mag das Essen zu fettig sein, doch der Service ist noch immer von Herzlichkeit der Chiloten geprägt. Jeden Sonntag in der Hauptsaison kann man sich auf *curanto al hoyo* (traditionell im Erdofen zubereitet; 4500 Ch$) freuen.

Barlovento's   CHILENISCH $
(Yungay 08; Mahlzeiten 3000–7000 Ch$; ⊙ Mo–Do 10–18, Fr–Sa bis 2, So bis 22 Uhr; 🕿) Wie üblich vor Ort, bekommt man auch in dieser Bar mit Meerblick und ohne Speisekarte den Fang des Tages serviert. Die Gerichte sind typisch chilenisch - *empanadas, congrio,* Lachs - und der Service freundlich. Leckeres Bier wird auch ausgeschenkt, und unter den zahlreichen Escudos im Kühlschrank verbirgt sich auch das eine oder andere aus einer Mikrobrauerei.

Isla Mechuque

🕿 065

Je weiter sich Besucher auf die kleineren Inseln von Chiloé wagen, desto stärker haben sie das Gefühl, in der Zeit zurückzureisen. Zur Isla Mechuque sind es von Tenaún nur 45 Minuten mit der Fähre, doch das Eiland scheint einer vergangenen Epoche entsprungen zu sein. Mechuque gehört zu den Islas Chauques, Chiloés schönster Inselkette. Es ist ebenso klein wie atemberaubend und ein leicht erreichbares Ziel für einen unvergesslichen Tagesausflug. Mit zwei Museen, *tejuela*-Häusern, einem herrlichen Aussichtspunkt, einer malerischen Brücke, köstlichem *curanto al hoyo* und den *palafitos* erscheint es wie ein Mini-Chiloé, das auf engstem Raum zusammengedrängt alle größeren Attraktionen der Inselgruppe in sich versammelt hat.

Wer gerne vor Ort übernachten möchte, trifft mit der neuen **Hospedaje Maria Humilde** (🕿 Mobil 9012-6233; Zi. ohne Bad pro Pers. 15 000 Ch$) eine gute Wahl.

ABSTECHER

ECOLODGE CHEPU ADVENTURES

Im Nordteil des Parque Nacional Chiloé (S. 316) 38 km südwestlich von Ancud gelegen, war Chepu früher schwer zu erreichen und wenig erschlossen. Bis heute ist der Park ein Zufluchtsort von unberührter Schönheit und verschafft Besuchern mit einem atemberaubenden Strand, großartigen Flüssen und ganzen 128 Vogelarten das seltene Gefühl, auf Entdeckungsreise zu sein. Vom Massentourismus wurde die Region bisher noch nicht erfasst, was sich aber natürlich schnell ändern kann (die Straße soll bald asphaltiert werden).

Die **EcoLodge Chepu Adventures** (Mobil 9379-2481; www.chepu.cl; Camino a Chepu Km 13,2; B 56 000 Ch$, DZ 161 000 Ch$, inkl. Kajakfahren am frühen Morgen & Halbpension; P @ 🛜) befindet sich an einem Ort mit überwältigendem Blick auf den Zusammenstoß dreier Flüsse und auf 140 km² versunkenen Wald. Ursache dieses Phänomens ist das Erdbeben in Valdivia von 1960. Damals senkte sich der Boden um etwa 2 m, sodass Salzwasser in das Gebiet eindringen konnte und die Bäume abstarben. Die perfekten Gastgeber Fernando und Amory haben jahrelang daran getüftelt, das ultimative Öko-Nirvana zu erschaffen und ihre nahezu autarke Lodge in einer der atemberaubendsten Gegenden Chiles gleich zweimal erbaut. Ihre Freude an Innovation und ihre Anpassungsfähigkeit an ihr Umfeld zeugen von einem nachhaltigen Öko-Bewusstsein, das bereits internationale Auszeichnungen erhalten hat (die Lodge war 2014 einer der Finalisten im Innovationswettbewerb der World Travel & Tourism Council Tourism for Tomorrow Awards und erhielt neben weiteren Auszeichnungen auch die für Chiles nachhaltigstes Kleinunternehmen.

Hier kann man in der Morgendämmerung auf eigene Faust mystische Kajaktouren durch die surreale Landschaft des Río Puntra machen (Nichtgäste 20 000 Ch$ pro Pers.) und sich wie in einem Albumcover von Pink Floyd fühlen, wie es ein Gast mal ausdrückte. Doch die aus Santiago stammenden Besitzer sind auch bestens bewandert in Sachen Bio-Küche, Bio-Wein und Bio-Grillen. Die rustikalen Unterkünfte bestehen aus recycelten Fasern statt aus Holz und werden über Solar- und Windenergie versorgt. Eine einzigartige Software steuert den Wasserverbrauch. Unterbringungsmöglichkeiten sind u. a. zwei *dormis* (Mini-Schlafräume) im argentinischen Stil und vier gehobene *cabañas* für Nichtcamper. Auch zelten ist möglich.

Ganz in der Nähe erstreckt sich der fast gänzlich unberührte nördliche Bereich des Parque Nacional Chiloé, aber leider werden die Wege nicht gut gewartet. Man erreicht das Schutzgebiet auf einer 30-minütigen Bootsfahrt von Chepu und einer zweistündigen Küstenwanderung, die allerdings nur bis kurz vor die Parkgrenze führt. Am Ende des Pfads stößt man auf ein kleines *refugio* für Camper, es ist jedoch schwierig, von der Conaf die Schlüssel zu bekommen. Theoretisch kann man von hier weitere drei Stunden nach Río Pescado gehen, dafür braucht man jedoch eine Machete, außerdem lohnt die Mühe nicht wirklich.

Busse von Buses Peter (Mobil 8383-1172) verkehren montags, mittwochs und freitags zweimal täglich von Ancud nach Chepu. Der Bus um 6.30 Uhr nimmt Passagiere bei der Petrobras-Tankstelle an der Kreuzung von Prat und Goycolea auf (er fährt langsam vorbei, man muss ihn per Handzeichen stoppen). Der zweite Bus um 16 Uhr startet am lokalen Busbahnhof. Zurück nach Ancud geht's um 7.45 und um 17.45 Uhr (1800 Ch$, 1 Std.). Wer mit dem Bus ankommt, ignoriert die kreative Werbung der Konkurrenz, die einem weismachen will, dass die EcoLodge ausgebucht ist oder alle möglichen Haken hätte.

Mehrere Boote fahren vom Fischereihafen in Dalcahue zur Insel: Die **Ingrid Andrea** (Mobil 9408-7842) legt dienstags um 12 Uhr ab, die **Ultima Esperanza** (Mobil 9525-9605) und die **Doña Luisa II** (Mobil 9444-0123) jeweils mittwochs um 13 Uhr, Letztere außerdem donnerstags um 16 Uhr; die **Doña Luisa** (Mobil 9376-4088) startet samstags um 12.30 Uhr. Zurück geht's montags, dienstags und freitags um 7 Uhr sowie donnerstags um 7.30 Uhr. Der Fahrpreis liegt je nach Schiff zwischen 2000 und 3500 Ch$.

Weitere Fahrten sind außer sonntags möglich, am einfachsten lässt sich Mechuque aber auf einer Tour mit Turismo Pehuén in Castro erkunden.

Dalcahue

📞 065

Dalcahue bedeutet auf Huilliche „Dalca-Ort". Die lebhafte kleine Stadt verdankt ihren Namen den *dalcas* (Boote), die Chiloés erste Bewohner einst bauten. Sie liegt an der Landseite der Insel und ist vor allem für ihren lebendigen sonntäglichen Kunsthandwerkermarkt bekannt. Außerdem dient sie als Startpunkt der Fähren zur Isla Quinchao, eine der leichter zugänglichen und interessanten Inseln des Archipels, und zur Isla Mechugue.

⊙ Sehenswertes

Nuestra Señora de Los Dolores KIRCHE
Die 1849 errichtete Kirche gehört zum Unesco-Weltkulturerbe. Besondere Beachtung verdient das Gemälde hinter der Eingangstür: Die bildliche Gegenüberstellung von Jesus und Gestalten der Chiloten-Mythologie diente den Jesuiten als wirksames Mittel zur Bekehrung der Ureinwohner. Die Komplettrestaurierung soll Ende 2015 abgeschlossen sein.

Kunsthandwerkermesse MARKT
(⊙ Dez.–Feb. 9–18 Uhr, März–Nov. bis 17 Uhr) Hier bekommt man die authentischsten kunsthandwerklichen Erzeugnisse der Insel, vor allem Pullis, Socken und Hüte, die aus *lana de oveja* (Schafswolle) gewebt und mit natürlichen Pigmenten aus Wurzeln, Blättern und eisenhaltigem Schlamm eingefärbt sind. Die Messe findet jeden Tag statt, am schönsten ist es jedoch sonntags, wenn auch die Bewohner der Nachbarinseln an der Messe teilnehmen.

🛏 Schlafen & Essen

Hostal Encanto Patagon PENSION $
(📞 065-264-1651; www.hostalencantopatagon.blogspot.com; Perdro Montt 148; B pro Pers. 8000 Ch$, Zi. ohne Bad pro Pers. 10 000 Ch$, alle inkl. Frühstück; P @ 🛜) Näher am Wasser als in diesem weitläufigen, traumhaften 100 Jahre alten Chilota-Haus ist man nur auf einem Schiff. Zu den Highlights gehören Hartholzböden im ganzen Gebäude, außerordentlich charmante, altmodische Gemeinschaftsbereiche und Cecilias hausgemachte Mahlzeiten (3000 Ch$).

Hostal Lanita PENSION $
(📞 065-264-2020; www.lanitahostal.blogspot.com; O'Higgins 50B; Zi. ohne Bad pro Pers. inkl. Frühstück ab 13 000 Ch$; P 🛜) Nur einen Häuserblock vom Meer entfernt liegt diese Pension mit tollem Preis-Leistungs-Verhältnis. Gäste können die riesige Küche benutzen (nur mittags und abends) und in den Zimmern mit Gemeinschaftsbädern warten gemütliche Betten und kuschelige Decken. Die freundliche Ana aus Valparaíso zaubert ein tolles kleines Frühstück.

★ La Cocinería Dalcahue CHILENISCH $
(Hauptgerichte 2000–6000 Ch$; ⊙ 9–19 Uhr) Hinter dem Kunsthandwerkermarkt locken mit stämmigen älteren Frauen besetzte authentische Essensstände, die *curanto* (Muschel-Fleisch-Eintopf), cazuela, *milcao* (Kartoffelbrote) und Chilota-Süßigkeiten anbieten. Am besten setzt man sich an die Theke und sucht sich aus, was einem gefällt. Einheimische bevorzugen Doña Lula (Nr. 8) und ihr herausragendes *cazuela* mit Fleisch und *luche* (Algen) – doch gut sind sie alle.

Dalca CHILENISCH $
(Calle Acceso Rampla s/n; Hauptgerichte 2500–8900 Ch$; ⊙ Mo–Sa 10–24, So 11–19.30 Uhr; 🛜) Dalcahues Top-Adresse für Fisch und Meeresfrüchte kredenzt u.a. hervorragenden gedünsteten Fisch (*al jugo*, 3900 Ch$) sowie *caldillo de mariscos* (Eintopf aus Meeresfrüchten, 2300 Ch$).

Refugio de Navagantes CAFÉ $
(www.refugiodenavagantes.cl; San Martín 165; Teilchen 1700–3500 Ch$; ⊙ 15. Dez.–Feb. 8–23 Uhr, März–14. Dez. Mi–So 13–20 Uhr; 🛜) Dalcahues Reiche und Schöne lassen sich in diesem wunderschönen, perfekten Café mit seinen hübschen Dachschindeln an der Plaza de Armas mit hervorragendem Espresso, hochwertigen Tees, Wraps und Desserts verwöhnen. Die Lounge im Obergeschoss ist ein echter Hingucker.

Casita de Piedra CAFÉ $
(Pedro Montt 144; Teilchen 900–2800 Ch$; ⊙ Di–Sa 10.30–14 & 15.30–20, So bis 19 Uhr; 🛜) Dieses wundervolle Café direkt am stimmungsvollen Meeresufer beherbergt im 1. Stock einen sehr angesagten Kunsthandwerksladen. Und in der Etage darüber gibt's Espresso, Quiche, Sandwiches und umwerfende Zitronen-Baiser-Torte.

ℹ Praktische Informationen

Ein Geldautomat der BancoEstado liegt an der Freire in der Nähe der Copec-Tankstelle.

ℹ An- & Weiterreise

Dalcahue hat keinen Busbahnhof. **Buses Dalcahue** bietet alle 15 Minuten Verbindungen von einer Haltestelle auf der Freire (der Hauptstraße) vor dem Supermarkt Otimarc zwischen Henriquez und Eugenin nach Castro (800 Ch$, 30 Min.) und Mocopulli (600 Ch$) zum Flughafen. Und entlang der Hauptstraße lassen sich noch weitere Busse heranwinken. **Cruz del Sur** (065-264-1050; San Martín 102; Mo–Sa 8.30–13 & 14.30–19 Uhr) fährt zweimal täglich nach Ancud (1700 Ch$) und Puerto Montt (6000 Ch$); die Busse starten um 9.10 und 15.15 Uhr vom Büro in der San Martín direkt neben der Kirche; eine zusätzliche Verbindung gibt's sonntags um 19 Uhr. Außerdem pendeln jeden Tag mehrere Busse zwischen Castro und Tetuán (800 Ch$), die auf Zuruf an der Hauptstraße anhalten.

Fähren zur Isla Quinchao legen regelmäßig zwischen 6 und 1 Uhr ab und sind für Fußgänger kostenlos. Am besten passt man eine ab, die einen Bus Richtung Achao an Bord hat, da man diesen zur Weiterfahrt braucht. Die Überfahrt für Autos kostet 5000 Ch$ (hin & zurück). Vom Anleger in Dalcahue verkehren auch mehrmals wöchentlich Fähren zur Isla Mechuque (S. 305) – einen Fahrplan bekommt man im Büro an der Aramda de Chile im weißen Gebäude unweit des Fischereihafens.

Isla Quinchao
065

Die langgestreckte Insel ist per Fähre von Dalacahue aus schnell zu erreichen und ein Flickenteppich aus Weiden mit eingestreuten kleinen Dörfern. Eine gut ausgebaute Straße führt der Länge nach über das gesamte Eiland. Über sie gelangt man auch zu den beliebtesten Zielen Curaco de Vélez und Achao. An klaren Tagen genießt man einen spektakulären Blick nach Chiloé im Westen und zu den schneebedeckten Bergen von Nordpatagonien im Südosten.

Curaco de Vélez

Ein überraschender Schatz wartet auf Besucher der Isla Quinchao: Curaco de Vélez, der erste Ort auf der Hauptstraße, den man vom Fähranleger aus erreicht. Hier geht's herrlich ruhig zu und bei einem Nachmittagsspaziergang kann man die faszinierenden zwei- und dreistöckigen, reich mit Schindeln gedeckten Holzhäuser sowie acht alte Wassermühlen in Augenschein nehmen, für die das liebliche Städtchen bekannt ist.

Nicht verpassen sollten Traveller die Krypta von Galvarino Riveros Cárdenas, einem Helden des Pazifikkrieges – er ist direkt auf dem Platz begraben!

Die häufig zwischen Achao und Dalcahue verkehrenden Busse halten in Curaco.

Achao

Wenn der Morgennebel in das 22 km südwestlich von Dalcahue gelegene Chilote-Dorf Achao einzieht, bietet der abgeschiedene Ort mitunter einen schaurigen Anblick. Obwohl ihm ein bisschen von dem Charme und der Ruhe von Curaco fehlt, ist er wegen seiner charakteristischen Kirche und der außergewöhnlichen Architektur doch einen Aufenthalt wert, ganz abgesehen von dem herrlichen Blick zum chilenischen Festland an klaren Tagen. Von den nahen Inseln kommen die Leute hierher, um ihre landwirtschaftlichen Erzeugnisse und andere Waren zu verkaufen. Sie sorgen für Trubel am kleinen Anleger und auf der daneben abgehaltenen Feria Artisanal, dem Kunsthandwerkermarkt.

Ein Geldautomat der BancoEstado befindet sich an der Straßenecke Delicias und Velesquez.

Sehenswertes

Iglesia Santa María de Loreto KIRCHE
(Di–Sa 11–12.45, So 14–16 Uhr) Chiloés ältestes Gotteshaus, ist eine 1740 errichtete Jesuitenkirche auf der Südseite der Plaza de Armas von Achao, die im Dezember 2000 zum Unesco-Welterbe erklärt wurde. Ihr Turm ragt 25 m in die Höhe und ist mit Alerce-Schindeln gedeckt, die nicht mit Nägeln, sondern mit Holzstiften zusammengehalten werden. Das Gebäude wurde vorsichtig restauriert, wobei man das alte Holz durch neues ersetzt, die Originalgestalt jedoch beibehalten hat.

Museo de Achao MUSEUM
(Ecke Delicias & Amunátegui; Eintritt 300 Ch$; Dez.–März 10–19 Uhr) Dieses Museum widmet sich dem Leben des Chono-Volkes von Achao und anderer indigener Gruppen auf Chiloé. Erzeugnisse aus Holz, Webwaren, Flechtwerk, Töpferei, Steine und zum Färben von Stoffen benutzte Pflanzen sind geschmackvoll und mit informativen Materialien (auf Spanisch) ausgestellt.

Grupo Artesanal Llingua MARKT
(Ecke Serrano & Ricardo Jara; Mo, Do & Fr 10–16 Uhr) Kunsthandwerker von der nahen Isla Llingua bieten ihre Erzeugnisse wie gewebte Kaffeetassen, Handtaschen und Brotkörbe in einem gut bestückten Markt an, der nur montags, mittwochs und freitags geöffnet ist, wenn die Fähre von der Isla Llingua anlegt.

ABSTECHER

TENAÚN

Für einen Besuch des winzigen Ortes 37 km von Dalcahue auf einer Schotterstraße Richtung Nordosten gibt's zwei gute Gründe. Der eine ist die großartige **Iglesia de Nuestra Señora del Patrocinio** (1837). Das Unesco-Kleinod wurde in den vergangenen zwei Jahren bis zur letzten Schindel restauriert. Seine drei herrlichen blauen Türme, die es von allen anderen Kirchen unterscheiden, scheinen das himmelblaue Meer widerzuspiegeln. Nach ihnen wurde das Dorf benannt (Tenaún bedeutet „drei Berge"). Sehenswert ist auch die Sternenverzierung.

Der zweite Grund für einen Aufenthalt in Tenaún ist die **Hospedaje Mirella** (Mobil 9647-6750; mirellamontana@gmail.com; Zi. mit/ohne Bad inkl. Frühstück 14 000/12 000 Ch$; @) direkt neben der Kirche, die zum Agroturismo-Netzwerk gehört. Die unbezahlbare Mirella, eine herausragende Köchin, tut wirklich alles, damit ihre Gäste das mehrgängige Menü (4000–8000 Ch$) richtig genießen. Sie bereitet *curanto al hoyo*, tolle Meeresfrüchte-Empanadas, *cazuelas* und alles andere zu, was die Fischer frisch von Bord bringen (am besten vorher reservieren). An klaren Tagen eröffnet sich von der Veranda hinten ein Blick über den Golf von Ancud auf den Vulkan Corcovado. Die Hospedaje organisiert auch Bootstouren zur Isla Mechugue für bis zu vier Personen (Hin- und Rückfahrt 30 000 Ch$, 45 Min.).

Werktags verkehren über 15 Busse zwischen Castro und Tenaún (1600 Ch$, 1½ Std., 7.45 bis 20 Uhr), samstags sind es halb so viele und sonntags nur drei (9.10, 16.10 und 18 Uhr). Unterwegs halten sie in Dalcahue (800 Ch$). **Expresos Tenaún** (Mobil 9875-6960) ist eine gute Adresse für aktuelle Fahrpläne aller Busse. Der (größtenteils verlässliche) Fahrplan hängt im Schaufenster des Minimercado Ita (nicht Anita) an der Hauptstraße durch den Ort.

Schlafen & Essen

Im Sommer kann alles ausgebucht sein, während im Winter fast alles zuhat. Wer nicht unbedingt den Meerblick braucht, kann auch im Restaurante El Medan an der Serrano essen.

Hospedaje Plaza PENSION $
(065-266-1283; Amunátegui 20; EZ/DZ inkl. Frühstück 8000/16 000 Ch$, ohne Bad 7000/14 000 Ch$) Angenehme Familienunterkunft direkt am Platz. Hier fühlen sich die Gäste wie bei Oma zu Hause.

Mar y Velas CHILENISCH, FISCH & MEERESFRÜCHTE $
(Serrano 2; Hauptgerichte 4500–8000 Ch$; 9–1Uhr) In diesem empfehlenswerten Fischrestaurant mit Blick auf den betriebsamen Anleger (und normalerweise auf eine dicke, einschüchternde Nebeldecke) warten eine umfangreiche Speisekarte und eine kokette Bedienung. Der mit Käse, Wurst und Muscheln belegte Fisch nach Art des Hauses verdient unbedingt eine Kostprobe und auch die Austern schmecken köstlich.

An- & Weiterreise

Der **Busbahnhof** (Ecke Miraflores & Zañartu) liegt einen Block südlich der Kirche. Busse nach Dalcahue (1200 Ch$), Castro (1600 Ch$) und Curaco de Velez (700 Ch$) verkehren täglich alle 15 bis 30 Minuten. **Queilen Bus** (065-266-1345; www.queilenbus.cl; Bus Terminal; Mo-Fr 6.30–7, 10–13, 14–18 & 21.30–22, So 10–11Uhr) fährt montags bis samstags um 7 sowie sonntags um 13 Uhr ebenfalls nach Puerto Montt. **Marorl Bus** (Mobil 9905-6884; Bus Terminal) fährt montags bis samstags um 6.30 sowie sonntags um 11 Uhr.

Castro

065 / 41 600 EW.

Wenn es eine kosmopolitische Stadt in Chiloé gibt, dann ist es Castro, wo sich alle Eigenheiten und Reize der Inselgruppe zu einem hübschen Päckchen geschnürt finden. Obwohl es hier manchmal so laut und rau zugeht wie in einer chilenischen Arbeiterstadt, bewahrt der Hauptort des Archipels seinen Chilote-Charakter mit einem Schuss moderner Entwicklung, einer bequemen touristischen Infrastruktur und einer aufkeimenden trendigen Seite. Er liegt 85 km südlich von Ancud in der Mitte der Insel und ist deshalb die wichtigste Drehscheibe sowie eine bestens geeignete Basis, um den abgeschiedenen Sehenswürdigkeiten einen Besuch abzustatten. Castro erstreckt sich auf dem Felsufer über einem geschützten Meeresarm, der von typischen *palafitos* (Pfahlbauten) gesäumt ist.

Durch das Erdbeben 1960 wurden der Hafen, der Schienenweg, das Rathaus und einige *palafitos* zerstört, doch Castro hat sich wieder erholt und in ein leicht zugängliches Reiseziel verwandelt, das man zu Fuß erkunden kann. Die Reize der Stadt und ihre ganz eigene Energie spürt man vor allem bei einem Gang durch die Straßen sowie rund um den Hauptplatz.

◉ Sehenswertes

Castro ist der beste Ort, um *palafitos* zu besichtigen. Von der Straße aus ähneln sie den anderen Häusern der Stadt, doch an der Rückseite ragen sie übers Wasser und dienen bei Hochwasser als Anleger für Boote, die an den Pfählen festgemacht werden. Die einzigartige – eigentlich verbotene – Bauweise findet sich in sechs Stadtvierteln. Einen Postkartenblick von Land aus hat man vom Puente Gamboa Mirador etwas westlich des Zentrums.

★ Iglesia San Francisco de Castro KIRCHE
(San Martín; ⊙ Jan. & Feb. 9.30–22 Uhr, März–Dez. bis 12.30 & 15.30–20.30 Uhr) Als der Italiener Eduardo Provasoli diese kunstvolle Kirche entwarf – einen von Chiloés Schätzen, der durch die Unesco geschützt ist – entschied er sich für eine Verschmelzung von Neogotik und Klassizismus. Vollendet wurde sie 1912 auf dem Gelände eines abgebrannten Vorgängerbaus (der seinerseits einen noch älteren, ebenfalls niedergebrannten Bau ersetzt hatte).

Das in Gelb mit Violett und Malve gehaltene Gotteshaus ist ein unkonventionelles optisches Highlight. Die Innenausstattung aus lackiertem Holz ist atemberaubend. Ein Sonnentag – wenn es denn einen gibt – eignet sich am besten für einen Besuch, weil dann das Innere durch die Reihen von Buntglasfenstern in schöneres Licht getaucht wird.

Iglesia Nuestra Señora de Gracia de Nercón KIRCHE
(Nercón; ⊙ 10–12.30 & 13.30–18.30 Uhr) Eine weitere Unesco-Welterbe-Kirche Chiloés liegt nur vier Kilometer südlich von Castro. Die im Jahr 2012 renovierte Kirche entstand ursprünglich zwischen 1887 und 1888 aus Zypressen- und Lärchenholz. Den markanten 25 m hohen Turm sieht man von der Ruta 5 aus. Zu den Besonderheiten im Innenraum gehören die komplett hölzerne Statue des Heiligen Michael mit einem Teufel und bemalte Säulen in Marmor-Optik. Dank des kleinen benachbarten Besucherzentrums hat diese Kirche eine bessere Tourismusinfrastruktur als die meisten anderen. Eine Taxifahrt vom Zentrum von Castro hierher kostet 2500 Ch$.

Museo Regional de Castro MUSEUM
(Esmeralda 255; ⊙ Jan. & Feb. Mo–Fr 9.30–19, Sa 9.30–18.30, So 10.30–13 Uhr, März–Dez. Mo–Fr 9.30–13 & 15–18.30, Sa 9.30–13 Uhr) GRATIS Wenige Gehminuten von der Plaza de Armas entfernt wartet das Museum mit einer gut sortierten Sammlung von Huilliche-Relikten, Musikinstrumenten, traditionellen landwirtschaftlichen Geräten sowie hölzernen Bootsmodellen der Chiloten auf und demonstriert den Prozess der Stadtentwicklung auf Chiloé. Schwarzweißfotos vom Erdbeben von 1960 verdeutlichen die Auswirkungen dieses tragischen Ereignisses.

☞ Geführte Touren

★ Chiloétnico KULTUR- & ABENTEUERTOUREN
(✆ 065-630-951; www.chiloetnico.cl; Ernesto Riquelme 1228) Eine sehr empfehlenswerte dreisprachige Agentur (hier wird fließend Deutsch, Englisch und Spanisch gesprochen), die auch Campingausrüstung und Fahrräder verleiht. Jata bietet tolle Mountainbiketouren und Wanderungen im Parque Nacional Chiloé, im Parque Tantauco sowie auf den nahen

---

CHILOÉS TYPISCHE HOLZKIRCHEN

Chiloé wartete einst mit über 150 prächtigen hölzernen *iglesias* (Kirchen) und *capillas* (Kapellen) auf; heute stehen davon noch rund 60, von denen 16 zum Unesco-Weltkulturerbe gehören. Fast alle folgen dem gleichen Schema mit einem Turm vorn, geneigten Seitendächern, bogenförmigen Eingängen und attraktiven Holzschindeln. Einige haben eine erstaunliche Außendekoration, andere eine hübsche Umgebung, aber wirklich überwältigend sind sie von innen. Verglichen mit europäischen Kirchen wirkt die Ausgestaltung völlig unorthodox. Zu unseren Favoriten gehören Achao, Castro, Tenaún, Colo und Aldachildo.

Ausflüge zu den weniger leicht zugänglichen Bauwerken organisiert Chiloétnico (siehe oben) in Castro.

MYTHISCHE GESTALTEN AUF CHILOÉ

Jahrhundertelang waberte Chiloés einzigartige Mythologie durch die Nebel der Städte, trieb von einer Insel zur anderen und formte die Kultur der Chiloten. Außerhalb der wirtschaftlichen Zentren sind die althergebrachten Glaubensvorstellungen noch sehr lebendig. Die Geschichten, die sich mit dem Katholizismus der Insel verknüpften, drehen sich um die Erschaffung des Eilandes, um Katastrophen auf hoher See und Warnungen, nicht vom rechten Pfad einer tugendhaften Lebensführung abzuweichen.

Brujos (*bru*-chos) Die im Zentrum von Chiloés Mythologie angesiedelten *brujos* sind Hexer mit Kräften der Schwarzen Magie. Sie leben an einem geheimen Ort (höchstwahrscheinlich eine Höhle) in der Nähe von Quicavi.

Cai-Cai Vilú (kai-kai-wi-*lu*) Der Schlangengott des Wassers, der mit Ten-Ten Vilú (dem Schlangengott der Erde) um die Vorherrschaft kämpfte. Letztendlich verlor er, konnte aber so viel Land mit Wasser bedecken, dass Chiloé als Insel vom Festland getrennt blieb.

El Caleuche (el ka-le-*u*-tsche) Leuchtendes Piratenschiff, das von singenden und tanzenden *brujos* gesteuert wird. Ihre melodiösen Gesänge treiben Handelsschiffe in die Falle. *El Caleuche* kann wie der Fliegende Holländer gegen den Wind segeln und unter der Wasseroberfläche fahren.

Fiura (fi-*u*-ra) Eine kleine, im Wald wohnende Hexe mit riesigem sexuellem Appetit sowie einem Atem, der bei Menschen zu Hexenschuss führt und kleinere Tiere töten kann.

Invunche (in-*wun*-tsche) Grotesk gestaltete Wächterfigur vor der Höhle der *brujos*. Invunche wurde als Mensch geboren, doch während er heranwuchs, fügten ihm die *brujos* Entstellungen zu, indem sie seinen Kopf um 180 Grad drehten, ein Bein an seiner Wirbelsäule befestigten und einen seiner Arme unter der Haut vernähten. Der Wächter isst Menschenfleisch, trinkt Katzenmilch und ist brandgefährlich.

Pincoya (pin-*koi*-a) Die Nackte Frau von sagenhafter Schönheit verkörpert die Fruchtbarkeit der Küsten Chiloés und den Reichtum des Meeres. Auf den Felsufern tanzt sie zur Musik ihres Ehemanns. Der Weg, den sie nimmt, hat Einfluss darauf, wie groß der Fischfang jeweils ausfällt.

Ten-Ten Vilú (ten-ten-wi-*lu*) Schlangengott der Erde (vergleiche Cai-Cai Vilú).

Trauco (*trau*-ko) Abscheulicher, aber mächtiger Schrat, der mit einem Blick töten und mit seiner Steinaxt Bäume fällen kann. Jungfrauen können ihm nicht widerstehen, denn er flößt ihnen erotische Träume ein und hinterlässt manchmal ein „mysteriöses" außereheliches Kind.

Viuda (wi-*u*-da) Bedeutet „die Witwe". Sie ist eine große, schattenhafte Frau in Schwarz mit schneeweißen unbekleideten Füßen, erscheint an abgelegenen Plätzen und verführt einsame Männer. Am nächsten Tag lässt sie ihre Opfer dort zurück, wo es ihr gerade gefällt.

La Voladora (la-wo-la-*do*-ra) Hexenbotin, die nachts ihre Eingeweide ausspeit, sodass sie leicht genug ist, zu fliegen und Nachrichten von den *brujos* zu übermitteln. Am Morgen darauf verschluckt sie ihre Eingeweide wieder und nimmt erneut eine harmlos erscheinende Menschengestalt an.

Inseln an. Die Kulturtrips führen zu Unesco-Welterbe-Kirchen auf den weniger besuchten Inseln Chiloés, wo der Tourismus noch in den Kinderschuhen steckt.

Chiloé Natural KAJAKFAHREN
(✆ Mobil 6319-7388; www.chiloenatural.com; Pedro Montt 210) Umweltbewusst und extrem freundlich ist dieser Veranstalter in Chiloé, der sich auf Kajaktouren spezialisiert hat. Man kann entweder ein Kajak mieten (5000 Ch$ pro Std.) oder an einer halb-/ganztägigen Tour rund um Castro und auch weiter weg teilnehmen (ab 3500 Ch$ pro Pers.).

Turismo Pehuén TIERE, GEFÜHRTE TOUREN
(✆ 065-263-5254; www.turismopehuen.cl; Latorre 238) Die renommierte Agentur organisiert

Castro

Ausflüge zu nahe gelegenen Inseln wie Mechuque (ab 50 000 Ch$) und zum Parque Nacional Chiloé (ab 31 000 Ch$) und dient als offizielles Büro von Naveira Austral in Castro.

Feste & Events

Festival Costumbrista   KULTURFEST
(Februar) Castro feiert Mitte Februar eine Party mit Volksmusik und -tanz sowie traditionellem Essen, die sich über eine ganze Woche hinzieht.

Schlafen

Der Ort bietet eine Vielzahl von erschwinglichen Unterkünften, die meisten befinden sich an der San Martin und der O'Higgins, den unmittelbar angrenzenden Seitenstraßen sowie am Ostende der Sotomayor. Letztere geht in eine breite Betontreppe namens Barros Arana über, in deren Umgebung sich zahlreiche *hospedajes* (Budgetunterkünfte) niedergelassen haben.

Hostal Cordillera   PENSION $
(065-253-2247; www.hostalcordillera.cl; Barros Arana 175; Zi. ohne Bad pro Pers. 15 000 Ch$, EZ/DZ 18 000/35 000 Ch$, alle inkl. Frühstück; @) Drückt das Wetter die Stimmung? Die wunderbare Besitzerin verwöhnt ihre Gäste mit mütterlicher Liebe und zaubert ein Lächeln auf jedes Gesicht. Und auch die Zimmer begeistern durch den Meerblick, große Bäder (die zwei frisch renovierten im Obergeschoss), gemütliche Betten, elektrische Heizkörper und Kabel-TV. Auf der hübschen kleinen Sonnenterrasse kann man sich an schönen Tagen bei ein paar Drinks ausruhen. Praktischerweise werden auch Autos vermietet.

Hospedaje Mirador   PENSION $
(065-263-3795; maboly@yahoo.com; Barros Arana 127; Zi. ohne Bad pro Pers. 14 000 Ch$, EZ/DZ 25 000/35 000 Ch$; P @) Eines der besseren Angebote in der Barros Arana verfügt über ein paar Zimmer mit Meerblick und fantastischen Bädern (zumindest nach be-

Castro

◎ Highlights
1 Iglesia San Francisco de Castro C3

◎ Sehenswertes
2 Museo Regional de Castro..................C3
3 Puente Gamboa Mirador A3

◎ Aktivitäten, Kurse & Touren
4 Chiloé Natural D2
5 Chiloétnico..A3
6 Turismo Pehuén...................................C3

◎ Schlafen
7 Hospedaje Mirador D2
8 Hostal Cordillera C2
Hostalomera.......................... (siehe 13)
9 Palafito 1326...A3
10 Palafito del Mar D1
11 Palafito Hostel......................................A3

◎ Essen
12 Café del Puente....................................A3
13 Hostalomera...C4
14 Mar y Canela A3
15 Mercadito..D2
16 Sacho C4

◎ Ausgehen & Nachtleben
17 Almud Bar C3
18 Ristretto Café C3

---

scheidenen Chiloé-Maßstäben). Darüber hinaus lockt es mit deftigem Frühstück, WLAN und einer angenehmen Atmosphäre.

Hostalomera HOSTEL $
(☎ Mobil 9386-2454; www.hostalomera.com; Balmaceda 241; B 8000 Ch$; @ 🖵) Zwar ist es in erster Linie ein Restaurant, doch dieses Bohemien-Hostel bietet die günstigsten Schlafsaalbetten der Stadt.

Palafito Hostel HOSTEL $$
(☎ 065-253-1008; www.palafitohostel.com; Ernesto Riquelme 1210; B 15 000 Ch$; EZ/DZ 30 000/42 000 Ch$; P @ 🖵) Das Flashpacker-Hostel im Stadtteil Gamboa bietet einen spirituellen Ausblick über den Fiordo de Castro. Seine Eröffnung 2008 revolutionierte das gesamte Viertel und sorgte dafür, dass sich die Stadt in ein cooles Reiseziel verwandelte. Ein Bett im Schlafsaal kostet zwar etwas mehr, aber die Qualität – ein großartiges Frühstück, der traumhafte Blick, das coole Ambiente (und die Schließfächer) – machen den Preisunterschied mehr als wett.

Private Parkplätze kosten 2000 Ch$ pro Nacht, man findet jedoch auch an der Straße eine Lücke.

Palafito del Mar BOUTIQUE-HOTEL $$
(☎ 065-263-1622; www.palafitodelmar.cl; Pedro Montt 567; Zi. ab 50 000 Ch$; 🖵) Von den vielen stylishen *palafitos* in Castro bietet dieses Hotel mit sieben Zimmern, das zu den nördlichen *palafitos* gehört, einen großen Vorteil: Zu jedem Zimmer gehört eine hübsche Terrasse, von der man den Blick aufs Meer genießen kann – oder zumindest auf einen Teil davon –, am besten mit einer Flasche Carménère. Gemütliche Duschen und helles Mañío- und Tepú-Hartholz verleihen dem Hotel eine stylishe Note.

Palafito 1326 BOUTIQUE-HOTEL $$
(☎ 065-253-0053; www.palafito1326.cl; Ernesto Riquelme 1326; EZ/DZ inkl. Frühstück ab 52 000/62 000 Ch$; @ 🖵) Dieses *palafito*-Designhotel folgt der Chilote-Ästhetik und besteht komplett aus Tepú- und Zypressenholz und die zwölf kleinen Zimmer sind mit stilvollen Elementen wie Wollüberwürfen aus Dalcahue ausgestattet. In den Räumen mit Fjord-Blick fühlt man sich, als schlafe man über einem Feuchtgebiet.

✖ Essen

★ Hostalomera CHILENISCH $
(www.hostalomera.com; Balmaceda 241; Menü 2800 Ch$; ⊙ Mo–Sa 13–17 & Di–Sa 19–22 Uhr; 🖵) Nirgends sonst kann man in einer so coolen Atmosphäre zu diesem Preis essen. Wie dies möglich ist, ohne dass der Wirt draufzahlen muss, bleibt ein Rätsel. Der kunstbeseelte Mittags-Hotspot bietet fünf außergewöhnliche hausgemachte Gerichte pro Tag, inklusive Appetizer und Saft für budgetfreundliche 2800 Ch$.

Ganz Castro strömt herbei, um wirklich gut zu essen. Inzwischen hat der Geheimtipp die Runde gemacht.

Café del Puente CAFÉ, FRÜHSTÜCK $
(Ernesto Riquelme 1180b; Hauptgerichte 1200–5200 Ch$; ⊙ Di–So 9–21 Uhr; 🖵) Hier macht Frühstücken Spaß! Das stimmungsvolle babyblaue Café und Teehaus am Wasser bietet alles, was man vermisst: Eier, Schinken, Pfannkuchen, Müsli, Weizenvollkornbrot … und das Ganze schmeckt auch noch gut. Den restlichen Tag kann man Tee und erstklassige Sandwiches genießen.

★ Mercadito MODERN, CHILENISCH $$
(www.elmercaditodechiloe.cl; Pedro Montt 210; Hauptgerichte 6400–8200 Ch$; ⊙ Mo–Mi 13–16 & 20–23 Uhr; 🖵) Dieses herrlich skurrile Lokal ist die Feinschmecker-Adresse in Castro.

ABSEITS DER ÜBLICHEN PFADE

ENTSPANNUNG PUR: DIE SCHÖNSTE UNTERKÜNFTE MITTEN IN DER NATUR

Chiloés wilde Schönheit ist allgegenwärtig, doch es gibt kaum etwas Romantischeres, als sich in eine der entlegeneren Ecken der Insel zu verziehen. Hier stehen mitten im Nichts und verborgen in der einsamen, zerklüfteten Natur ein paar Öko-Lodges und Gästehäuser der Spitzenklasse.

Tierra Chiloé (065-277-2080; www.tierrachiloe.com; Bahía Pullao, San José, Rilán Peninsula; 2 Übernachtungen mit Vollpension EZ/DZ 1650/2300 US$; P @) Das einstige La Refugia ist ein imposantes Edelhotel am Rand eines der wichtigsten Sumpfgebiete Chiloés. 2014 wurde es von Tierra Hotels übernommen und ist die neueste der immer mehr werdenden abgelegenen Boutique-Lodges, wie man sie auch in San Pedro de Atacama und Torres del Paine findet. Das Gebäude fügt sich harmonisch in die Umgebung ein und besteht aus einer bemerkenswerten Mischung heimischer Holzarten (zertifiziertes Alerce-Holz, das heilige Holz der Mapuche; *ulmo*, chilenische Scheinulme, und *mañío*) mit unverputztem Beton. In den Räumen bieten 3 m hohe Fenster Ausblick in die schöne Landschaft. Zu den zwölf Zimmern führt ein langer Flur, der sich scheinbar zu einem trapezförmigen Fenster verengt, eine architektonische Täuschung, die den Zauber des Gebäudes erhöht. Im Preis enthalten sind Mahlzeiten, Getränke und alle Ausflüge, z.B. Trekking, Ausritte, Segeltrips und Kajakfahrten.

Isla Bruja Lodge (Mobil 7732-7142; www.islabrujalodge.com; Estero Paildad, Comuna de Queilén; DZ/3BZ inkl. Frühstück ab 68 000/78 000 Ch$; P @) Unweit des Meeresarms Paildad, südwestlich von Queilén und rund 15 km abseits der Ruta 5, liegt die Isla Bruja Lodge, die ein junges chilenisch-amerikanisches Paar betreibt. Francisco und Marie haben ihr gemütliches Zuhause in eine wunderbare und geschmackvolle Lodge verwandelt, die sie voller Gastfreundschaft führen. Dauergast ist das zahme Schaf Torpé, das von seiner Mutter verlassen und hier großgezogen wurde. Die Hartholz-Einrichtung verleiht der Lodge einen gewissen Hüttencharakter und im Whirlpool sitzend kann man Delfine im Meeresarm beobachten. Der Pool ist ebenso wie Mietkajaks und -fahrräder im Preis enthalten. Die Lodge ist beliebt bei Seeleuten, die praktisch vor der Tür anlegen.

Espejo de Luna (Mobil 7431-3090; www.espejodeluna.cl; Km 35 de la ruta Chonchi-Queilén; Zi. inkl. Mittag- und Abendessen 93 000 Ch$ pro Pers.; P) In einem riesigen auf der Seite liegenden Schiff befinden sich die Rezeption und das Restaurant dieser extrem gemütlichen Öko-Unterkunft. 7 km außerhalb von Queilén liegen auf einer Fläche von drei Hektar Bungalows in verschiedenen Formen und Größen, die über Holzplanken – für besseren Halt mit recycelten Fischernetzen überzogen – miteinander verbunden sind. Alle Bungalows haben Mapudungun-Namen: die Weisen, die Familie, die Liebenden – Letztere können sich auch für eine Woche verziehen, ohne herauszukommen, außer für ein gelegentliches Bad im äußerst abgeschiedenen Whirlpool in einem Arrayán-Wald.

Auf kreative Weise werden mit heimischem Obst und Gemüse herausragende Gerichte zubereitet. Die Auswahl ist riesig und reicht von Blätterteig-Wraps mit Krebsfleischfüllung in Wermut und Seehecht im Tempura-Mantel auf Pferdebohnenmus bis hin zu gefüllten Meeresfrüchten mit Trogmuscheln in Pil-Pil-Soße. Es ist nicht günstig, aber seinen Preis wert.

★ **Rucalaf Putemún** FUSION $$
(Mobil 9579-7571; www.rucalafputemun.cl; Km 3,6 de la Ruta a Rilán; Hauptgerichte 6800–8000 Ch$; ⊙13–16 & 20–23 Uhr) Dieses Restaurant im winzigen Putamún (7 km außerhalb von Castro auf dem Weg zur Rilan-Halbinsel und nach Dalcahue) ist allein schon eine Reise nach Chiloé wert. Geschmackvolle Kunst aus der Gegend ziert den bunten und gemütlichen Raum, der an eine Hütte erinnert. In dieser schick-rustikalen Atmosphäre tischt das freundliche Personal fabelhafte moderne chilenische Gourmet-Küche wie Osso bucco in Rotwein, Merluza mit Blauschimmelkäse und Weißwein sowie leckere Bio-Weine auf.

Platz lassen für einen Nachtisch: *murta con membrillo* (chilenisches Dessert aus Myrten und Quitte) ist einzigartig und unwiderstehlich! Ein Taxi aus Castro hierher kostet 5000 Ch$.

Mar y Canela
MODERN-CHILENISCH $$

(Ernesto Riquelme 1212; Hauptgerichte 7200–9200 Ch$; ⊗ Dez.–Feb. 13.30–16 & 20–22 Uhr, März–Nov. So geschl.; ❄) Das Mar y Canela hat bei seiner Eröffnung von ein paar Jahren in puncto kreative Küche neue Maßstäbe gesetzt. Mittlerweile hat das *palafito*-Bistro Konkurrenz bekommen, doch seine zuverlässig regionale und saisonale Speisekarte ist noch immer eine der einfallsreichsten der Insel. Das Pura Isla im gleichen Gebäude verkauft Castros schönstes Kunsthandwerk.

Sacho
FISCH & MEERESFRÜCHTE $$

(Thompson 213; Hauptgerichte 4200–10 000 Ch$; ⊗ Di-Sa 12–15.30 & 20–23, So bis 15.30 Uhr; ❄) Vor zehn Jahren war das Sacho die einzige Adresse in Castro für kultiviertes Essen. Inzwischen ist um das Restaurant eine lebendige Gastronomieszene entstanden, doch der alteingesessene Meeresfrüchte-Spezialist mit tollem Ausblick schlägt sich immer noch wacker. Das Lokal wirkt mittel-schick (orangefarbene Tischdecken, Leinenservietten) und die Auswahl an frischen Fischgerichten ist beachtlich.

Ausgehen

Almud Bar
BAR

(Serrano 325; Craft Beer 2500–4000 Ch$; ⊗ Mo-Do 18.30–2, Fr 19.30–3.30, Sa ab 20.30 Uhr) Die beste „richtige" Bar in Castro – benannt nach der Maßeinheit für Kartoffeln in Chiloé – hat zahlreiche Cocktails, Craft Beers und Sektsorten im Angebot und serviert dazu leckere Kneipengerichte.

★ Palafito Patagonia
CAFÉ

(Pedro Montt 651; Kaffee 1200–2200 Ch$; ⊗ Dez.–16. Feb. 9–21 Uhr, März–15. Dez. Di–Sa 12–21 Uhr; ❄) Dieses wundervolle, makellose Galerie-Café nimmt Kaffee sehr ernst – es gibt Intelligentsia, einen der besten Kaffees Nordamerikas – und serviert dazu leichte Gerichte. Von dem luftigen Patio und der Lounge mit natürlichem Licht hat man außerdem einen tollen Blick auf die zunehmend stylishen nördlichen *palafitos*. Geleitet wird das Palafito Patagonia von einem sehr hippen Pärchen, das auch Ausstellungen mit regionaler Kunst organisiert.

Ristretto Café
CAFÉ, BAR

(Blanco 264; Gebäck 1200–2450 Ch$; ⊗ Mo-Fr 10–22, Sa ab 10.30 Uhr; ❄) Neben einer große Auswahl an Kaffee, Tee und Tapas gibt's rund 25 Biersorten, sodass man hier auch prima abends etwas trinken kann.

❶ Praktische Informationen

Büro des Parque Tantauco (☏ 065-263-3805; www.parquetantauco.cl; Panamericana Sur 1826; ⊗ Jan. & Feb. 9–18 Uhr, März–Dez. Mo–Fr bis 18 Uhr) Das offizielle Büro des Parque Tantauco.

Geldautomaten gibt's in zahlreichen Bankfilialen an der Plaza de Armas und in der näheren Umgebung.

Conaf (☏ 065-253-2501; Gamboa 424; ⊗ Mo-Do 9–13 & 14–18, Fr bis 17 Uhr) Die offizielle chilenische Auskunft für Nationalparks. Das Büro informiert in begrenztem Umfang auf Spanisch und Englisch über den Parque Nacional Chiloé.

CorreosChile (www.correos.cl; O'Higgins 388; ⊗ Mo–Fr 9–13.30 & 15–18, Sa 9.30–12.30 Uhr) An der Westseite der Plaza de Armas.

Hospital de Castro (www.hospitalcastro.gov.cl; Freire 852)

Touristeninformation (☏ 065-254-7706; www.visitchiloe.cl; Plaza de Armas; ⊗ Jan. & Feb. 10–21 Uhr, März–Dez. bis 19 Uhr) Hier bekommt man einige hilfreiche Broschüren und Karten.

❶ Anreise & Unterwegs vor Ort

BUS

Wegen seiner zentralen Lage ist Castro die wichtigste Drehscheibe für den Busverkehr auf Chiloé. Es gibt zwei große Busbahnhöfe: Das **Terminal de Buses Municipal** (San Martín) für Landbusse bedient fast alle kleineren Reiseziele rund um die Insel und einige entferntere Ziele. Von hier fahren Busse nach Mocopulli (600 Ch$), Dalcahue (800 Ch$), Chonchi (800 Ch$), zur Isla Quinchao (1400–1600 Ch$), nach Tenaún (1500 Ch$) und nach Quemchi. Die Haltestelle dient auch als Basis von **Queilen Bus** (☏ 065-253-2103; www.queilenbus.cl), zudem befindet sich vor Ort u.a. ein Büro vom Cruz del Sur, die viele größere Reiseziele wie Punta Arenas ansteuern (in der Hauptsaison montags, mittwochs und freitags um 6.25 Uhr).

Buses Ojeda (☏ Mobil 6760-8846) und **Union Express** (☏ Mobil 6668-3531) verkehren überdies nach Cucao und zum Parque Nacional Chiloé an der Westküste (15-mal tgl. zwischen 8.30 und 17.45 Uhr, 1800 Ch$). Am besten setzt man sich auf die rechte Busseite, um den herrlichen Blick auf den Lago Cucao genießen zu können.

Der zweite Busbahnhof wird vor allem von **Cruz del Sur** (☏ 065-263-5152; www.busescruzdelsur.cl; San Martín 486) genutzt, das von hier aus die größeren Chilote-Städte Quellón und Ancud und zahlreiche Fernziele bedient, darunter Punta Arenas (dienstags, donnerstags und samstags, 7 Uhr) und Bariloche (donnerstags und sonntags, 6.45 Uhr).

Beispiele für Verbindungen und Preise (variieren je nach Buskategorie und Klasse):

ZIEL	PREIS (CH$)	FAHRTDAUER (STD.)
Ancud	1500	1½
Bariloche (AR)	21 200	13
Concepción	25 000	13
Puerto Montt	6200	3¾
Quellón	2000	2
Quemchi	1500	1½
Santiago	31 000	16
Temuco	12 000	10
Valdivia	9500	7
Punta Arenas	41 000	36

FLUGZEUG

Castros recht neuer Flughafen Aeródromo Mocopulli 20 km nördlich der Stadt verbindet Chiloé endlich mit dem Rest des Landes. **LAN** (☎065-263-2866; www.lan.com; O'Higgins 412; ⊙Mo–Fr 9–13 & 15–18.15, Sa 9.30–13.15 Uhr) fliegt 5-mal pro Woche über Puerto Montt von Santiago hierher. Die Flugzeiten ändern sich ständig.

SCHIFF/FÄHRE

Naveira Austral (☎065-263-5254; www.navieraustral.cl; Latorre 238) Fähren im Sommer nach und von Chaitén legen im Januar und Februar sonntags um Mitternacht ab. Tickets kosten zwischen 12 000 Ch$ (Sitzplatz) und 25 700 Ch$ (Kabine mit Fenster). Fahrzeuge kosten 82 000 Ch$.

Parque Nacional Chiloé

Von der Pazifikküste mit ihrer eindrucksvollen Brandung erstreckt sich der 430 km² große **Parque Nacional Chiloé** (☎065-297-0724; Erw./Kind 1500/750 Ch$; ⊙Dez.–15. März 9–20.30 Uhr, 16. März–Nov. bis 18.30 Uhr) über ausgedehnte Gebiete natürlicher immergrüner Wälder. Er liegt nur 30 km westlich von Chonchi und 54 km westlich von Castro. Hier wimmelt es von einheimischen Wildtieren, darunter 110 verschiedene Vogelarten, Füchse und scheue Pudus (die kleinsten Hirsche der Welt), die in den schattigen Wäldern aus knorrigen Tepú-Bäumen leben. Im Park und am östlichen Rand gibt's ein paar Gemeinden der indigenen Huiliche, von denen einige die Campingplätze im Schutzgebiet betreiben.

Der Park besteht aus drei Abschnitten. Zum nördlichen Sektor namens **Chepu**, der nur mit einer Machete und Pioniergeist zu durchdringen ist, gehört auch die Isla Metalqui (mit ihrer Seelöwenkolonie). Aus ökologischen Gründen ist die Insel nur sehr beschränkt zugänglich und kann ausschließlich über spezielle Arrangements der Parkverwaltung besucht werden.

Der mittlere Sektor, **Abtao**, unterliegt den Einschränkungen der Conaf; dorthin gelangt man nur auf einer 18 km langen Wanderung vom Pichihué-Besitz aus.

Im leichter zu erreichenden südlichen Abschnitt, **Chanquín**, befindet sich ein Großteil der acht offiziellen Wanderrouten im Park. Vor Ort hat man die Möglichkeit, sowohl kurze Ausflüge als auch bis zu 25 km lange Gewaltmärsche zu unternehmen.

Besucher sind den Pazifikstürmen ausgesetzt, müssen sich also auf jede Menge Regen einstellen. In Cucao, dem Herzstück des Parks in der Nähe des südlichen Bereichs Chanquín, fallen im Jahr durchschnittlich 2200 mm Niederschlag, deshalb sollten alle, die länger als eine Stunde unterwegs sein wollen, wasserfestes Schuhwerk, Wollsocken und eine Regenjacke tragen. Insektenschutz ist ebenfalls ratsam. Von Cucao aus 1 km hinter der Brücke stößt man auf das **Besucherzentrum Conaf** (⊙Dez.–15. März 9–20.30 Uhr, 16. März–Nov. bis 18.30 Uhr), in dem Informationen zum Park in fünf Sprachen erhältlich sind. Das Zentrum widmet sich intensiv der Flora und Fauna und beherbergt auch ein Museum.

Cucao bietet die letzte Gelegenheit, sich mit Proviant zu versorgen, Chonchi oder Castro haben allerdings eine vielfältigere und günstigere Auswahl.

⊙ Sehenswertes & Aktivitäten

Die wilde Schönheit des Nationalparks lässt sich am besten zu Fuß genießen. Es gibt mehrere Wege, die einen oder zwei Tage in Anspruch nehmen. Der **Sendero Interpretivo El Tepual** – ein 1 km langer Naturpfad über Baumstämme, Äste und kurze Brückenstege hinweg – verläuft durch dichten, dunklen Wald. Der **Sendero Dunas de Cucao** beginnt bei der Touristeninformation und führt 2 km durch die Überreste eines versunkenen Küstenwaldes zu einem Aussichtspunkt und einem langen weißen Sandstrand.

Wer eine Tageswanderung plant, kann auf einer 3 km langen Route die Küste entlang nach Norden zum **Lago Huelde** spazieren oder nimmt die kürzere (1,5 km) Strecke zur **Playa Cucao**, einem stürmischen Pazifikstrand. Am beliebtesten ist der **Sen-**

> **ABSTECHER**
>
> ### DER PARK DES PRÄSIDENTEN
>
> Einer der 25 Hotspots der Welt in Hinblick auf Artenvielfalt, der private **Parque Tantauco** (065-263-3805; www.parquetantauco.cl; Panamericana Sur 1826, Castro; Erw./Kind 3500/500 Ch$), wurde vom chilenischen Geschäftsmagnaten und ehemaligen Präsidenten Sebastián Piñera gegründet. Für die Verwaltung ist dessen Stiftung Fundación Futura verantwortlich. 130 Wanderwege durchziehen das 1180 km² große Areal westlich von Quellón, in dem nicht nur endemische Otter, Darwinfüchse und Pudus (eine kleine chilenische Hirschart) leben, sondern auch die weltgrößten Säugetiere (Blauwale) und die kleinsten Beuteltiere (*monito del monte*, Chiloé-Beutelratten). Das Schutzgebiet gilt als lohnendes Ziel, um abseits ausgetretener Pfade zu wandern, zu campen und Wildtiere zu beobachten. Hier verbringt man seine Zeit allein mit der Natur und teilt die Luft mit immergrünem Regenwald (maximal acht Gäste werden pro Tag in den Park gelassen).
>
> Tantauco ist der einzige Ort außerhalb von Torres del Paine, den man auf einer mehrtägigen Trekkingtour von Hütte zu Hütte durchqueren kann (es gibt drei- und fünftägige Touren). Auf dem Weg liegen einfache **refugios** (Zi. 8000 Ch$ pro Pers.) sowie eine absolut wunderbare **Pension** (Zi. mit/ohne Bad inkl. Frühstück 60 000/50 000 Ch$;) in Inío, einem faszinierenden Fischerdorf im unteren Teil von Chiloé, wo der Wanderweg endet. Von Inío aus muss man ein Flugzeug chartern (180 000 Ch$, bis zu drei Passagiere) oder – in der Hauptsaison – mit dem Schiff nach Quellón fahren (60 000 Ch$ pro Pers.).
>
> Weitere Informationen bekommt man im Büro des Parks in Castro.

dero Chanquín-Cole Cole, eine 25 km lange Küstentour (einfach etwa 5 Std.) am Lago Huelde vorbei nach Río Cole Cole. Viele Leute versuchen, diese Wanderung an einem Tag komplett hinter sich zu bringen, doch normalerweise kommt kaum jemand weiter als bis zur Indigenas-Siedlung in Huentemó, wo einen einfache Campingmöglichkeiten und ein *refugio* (4000 Ch$ pro Pers., mit einer Küche ausgestattet) sowie eine örtliche *hospedaje* erwarten. Der Weg verläuft an einem Arrayán-Wäldchen vorbei noch 8 km weiter nach Norden bis **Río Anay**, wo ein rustikales *refugio* von anständiger Größe auf Besucher wartet.

Achtung: Die Trekkingtour führt über die Schotterstraße etwa 6 km hinter der Touristeninformation, die in einer Sackgasse am Strand endet. Eine der letzten Einkehrmöglichkeiten ist das El Arco de Noé Café kurz davor.

In Cole Cole betreibt Conaf einen Zeltplatz (1500 Ch$ pro Pers.) sowie ein einfaches *refugio* mit Küche und Bad (2000 Ch$ pro Pers.).

Geführte Touren

Palafito Trip ABENTEUERTOUR
(Mobil 9884-9552; www.palafitotrip.cl; Sector Chanquín, Palafito Cucao Hostel) Organisiert Kajaktouren, Ausritte und Wanderungen im und rund um den Nationalpark Chiloé und vermietet Fahrräder (16 000 Ch$ pro Tag).

Schlafen & Essen

Fast alle Unterkünfte und Restaurants befinden sich im Sektor Chanquín, von Cucao aus kurz hinter der Brücke.

Camping y Cabañas del Parque CAMPINGPLATZ $
(065-971-027; www.parquechiloe.cl; B 12 000 Ch$, Zeltplatz pro Pers. 5000 Ch$, Hütten ab 48 000 Ch$;) Der gut ausgestattete Komplex aus Zeltplätzen und Hütten wird von Conaf in Konzession betrieben und liegt rund 100 m hinter dem Besucherzentrum in Richtung des Parkinneren. Die Hütten sind überraschend hübsch und mit stylishen Möbeln, fließendem Wasser, heißen Duschen, Kaminholz sowie allen Annehmlichkeiten eingerichtet. Schlafsäle stehen nur in der Nebensaison zur Verfügung.

Vor Ort gibt es ein schönes kleines **Café** (Hauptgerichte 1500–7900 Ch$; 15. Dez.–März 9–18.30 Uhr, April–14. Dez. 10–18 Uhr;), in dem man sich für die Wanderung stärken kann und das gleichzeitig als Rezeption fungiert.

Cucao Home PENSION $
(Mobil 5400-5944; cucaohome@gmail.com; Laura Vera, Cucao; B 7000 Ch$, EZ/DZ ohne Bad 15 000/30 000 Ch$;) Das pinkfarbene Haus, einige Hundert Meter vor der Brücke und mit einem fantastischen Blick auf den Fluss, verfügt nicht nur über ein Café, sondern auch über die günstigen Schlafsaalbetten der Stadt. Ein junger aufstrebender Ge-

schäftsmann aus Puerto Natalas hat diese traditionelle Budgetunterkunft (die einstige Hospedaje Paraiso) in Cucao angemietet und sie backpackerfreundlich eingerichtet.

Hospedaje Chucao PENSION $

(Mobil 9787-7319; Huentemó; Zi. ohne Bad pro Pers. inkl. Frühstück 8000 Ch$) Anlaufstelle für eine einfache Übernachtung in Huentemó.

★ Palafito Cucao Hostel HOTEL $$

(065-297-1164; www.hostelpalafitocucao.cl; Sector Chanqúin; B 15 000 Ch$, EZ/DZ/3BZ 40 000/50 000/70 000 Ch$, alle inkl. Frühstück; P @ 🛜) Wer in diesem ebenso schicken Schwesterhotel des Palafito 1326 und des Palafito Hostel in Castro übernachtet, kommt in den Genuss der mit Abstand besten und bequemsten Betten in Cucao – sowohl in den stilvollen Einzelzimmern als auch in den ebenso eleganten Schlafsälen für bis zu sechs Personen.

Der Gemeinschaftsbereich und die Küche sind sehr gemütlich und um das Gebäude herum verläuft eine hübsche Terrasse mit einem traumhaften Blick auf den Lago Cucao. Ein Whirlpool im Freien lädt zum Entspannen ein.

Parador Darwin PENSION $$

(Mobil 6350-9051; www.paradordarwincucao.cl; Sector Chanqúin; EZ/DZ inkl. Frühstück 40 000/46 000 Ch$; April–Okt. geschl.; @ 🛜) Früher war dies Cucaos interessanteste Bleibe und eins der besten Restaurants Chiloés, doch ein tragischer Brand und ein Todesfall in der Familie bedeuteten das Aus und heute wird es vom Besitzer des Turismo Pehuen in Castro betrieben. Die renovierten Zimmer schmücken nun neue schwarze Keramikbäder, und wo früher die Garage war, befindet sich nun ein einladender Aufenthaltsraum. Es ist immer noch gemütlich, doch sowohl das Restaurant als auch die Seele des Darwin fehlt.

★ El Arrayán CHILENISCH $

(Sector Chanqúin; Hauptgerichte 3000–7000 Ch$; 13–22 Uhr, Juni & Juli geschl.; 🛜) Ein liebenswertes Paar betreibt das beste Restaurant der Stadt. Auf der Speisekarte des einladenden Arrayán findet sich alles von Pisco Sours bis hin zu raffinierten hausgemachten Varianten traditioneller chilenischer Gerichte. Zu Tintenfisch, Garnelen, frischem Fisch und Fleischgerichten werden in einem durch eine riesige *parrilla* erwärmten Speisesaal gute Weine serviert. Auch die Desserts sind empfehlenswert.

🛈 An- & Weiterreise

Cucao liegt 54 km westlich von Castro und 34 km westlich von Chonchi und ist über eine holprige Schotterstraße zu erreichen, die außer bei widrigstem Wetter immer passierbar ist. Es gibt eine regelmäßige Busverbindung zwischen Cucao und Castro (1800 Ch$, 7.30–18.30 Uhr).

Quellón

In dieser schlichten Hochburg für Lachs endet eine der großartigsten Überlandstraßen der Welt, die Panamericana (alias Highway 5). Traveller kommen meist nur wegen der Fährverbindung von/nach Chaitén hierher.

Wer aus Chaitén anreist und für diesen Tag lange genug unterwegs gewesen ist, findet einige exzellente Restaurants vor, allerdings sorgen betrunkene Seeleute dafür, dass die wenigsten Touristen im Ort verweilen.

Bargeld bekommt man in der Banco de Chile in der Juan Ladrilleros 315.

🛏 Schlafen & Essen

Hotel El Chico Leo HOTEL $$

(065-268-1567; ligorina@hotmail.com; Costanera Pedro Montt 325; Zi. ohne Bad pro Pers. 9000 Ch$, Zi. 15 000–28 000 Ch$; P 🛜) Das enge El Chico Leo ist die beste und gemütlichste Option im Ort, obwohl die niedrigen Decken in den Bädern für große Gäste eine echte Herausforderung darstellen können. Das zu Recht beliebte Restaurant wird vor allem wegen seiner Meeresfrüchtegerichte wie riesigen *curantos* (5500 Ch$) geschätzt, von denen locker zwei Personen satt werden.

Taberna Nos SPANISCH $

(O'Higgins 150; Tapas 2000–6000 Ch$; Mo–Sa 20–4 Uhr; 🛜) Für die abendliche Party ist dies ein echter Geheimtipp. Der Besitzer ist Spanier und musikbegeistert. Die in einem Wohnhaus untergebrachte Bar wird von einem musikbegeisterten Spanier betrieben und ist wesentlich cooler, als ihre Lage verspricht. Serviert werden hervorragende Tapas und Drinks.

Isla Sandwich CAFÉ $

(Juan Ladrilleros 190; Sandwiches 3500–6500 Ch$; Mo–Fr 10.30–21, Sa 12–20 Uhr; 🛜) Das winzige Café ist Quellóns Mekka für Feinschmecker. Hier gibt es tollen Espresso und Tee sowie eine große Auswahl an riesigen köstlichen Sandwiches. Ein Muss für die Mittagspause!

Nach einem der schönen Zimmer im Obergeschoss (18 000 Ch$) fragen.

ℹ An- & Weiterreise

Busse nach Castro (200 Ch$, 2 Std., 6.40–19.30 Uhr) starten am **Busterminal** (☎ 065-268-1284; Ecke Pedro Aguirre Cerda & Miramar), wo auch das Ticketbüro von Cruz del Sur ansässig ist. Außerdem gibt es Busverbindungen nach Puerto Montt (8000 Ch$, 6.40–18.10 Uhr) und Temuco (13 000 Ch$, 9.10 Uhr).

Das ganze Jahr über legt die Fähre *Don Baldo* von **Naviera Austral** (☎ 065-268-2207; www.navieraustral.cl; Pedro Montt 457; ⊙ Mo–Fr 9–13 & 15–19, Sa 10–13 & 16–22 Uhr) donnerstags um 3 Uhr morgens nach Chaitén ab. Pro Person zahlt man zwischen 12 000 (Sitzplatz) und 25 700 Ch$ (Außenkabine) und für Fahrzeuge 82 000 Ch$. Die *Barcaza Jacaf* fährt ganzjährig mittwochs und samstags um 23 Uhr nach Puerto Chacabuco. Ein Sitzplatz an Bord kostet 15 500 Ch$, die Mitnahme eines Fahrzeugs 125 100 Ch$). Die Fahrt dauert 28 Stunden.

Nordpatagonien

Inhalt ➜

Hornopirén	321
Parque Pumalín	326
Chaitén	328
Futaleufú	330
La Junta	333
Puyuhuapi	335
Coyhaique	338
Villa Cerro Castillo	345
Chile Chico	346
Cochrane	352
Villa O'Higgins	356

Gut essen

➜ Mamma Gaucha (S. 341)
➜ Cocinas Costumbristas (S. 324)
➜ Ruibarbo (S. 341)
➜ Dalí (S. 341)
➜ Mi Casita de Té (S. 335)

Schön übernachten

➜ Fundo Los Leones (S. 334)
➜ Bordebaker Lodge (S. 351)
➜ Destino No Turistico (S. 349)
➜ Terra Luna (S. 350)
➜ Patagonia House (S. 340)

Auf nach Nordpatagonien

Bis vor einem Jahrhundert war Nordpatagonien der raueste und abgelegenste Teil des chilenischen Festlandes und die wenigen Pioniere führten ein Dasein wie im Wilden Westen. Die Region wartet mit üppigen Regenwäldern, kargen Steppen und unbestiegenen Gipfeln auf, wobei sie besonders vom Wasser geprägt ist, das sich in Form von reißenden Flüssen, türkisfarbenen Seen, gewaltigen Gletschern und labyrinthartigen Fjorden zeigt. Besucher des Südens streifen die Gegend häufig nur während eines Ausflugs zum Nationalpark Torres del Paine, doch die echten Schätze sind im Hinterland.

Die größtenteils asphaltierte Carretera Austral führt über 1200 km von Puerto Montt südwärts bis nach Villa O'Higgins. In den nördlichen Regionen ohne Straßen, wo die Berge auf das Meer treffen, ist man auf Fährverbindungen angewiesen. Einige Abschnitte nördlich von Coyhaique werden derzeit asphaltiert, aber ansonsten bleibt das Autofahren hier eine Herausforderung.

Reisezeit
Coyhaique

Nov.–März Die wärmsten Monate und die besten Busverbindungen auf der Carretera Austral.

Feb. Beim Festival Costumbrista wird die Pionierkultur gefeiert. Viele Kleinstädte machen mit.

Juli–Aug. Schöne klare Tage rund um Coyhaique. Skifahren und Schneeschuhwanderungen.

Geschichte

Das lange isolierte Nordpatagonien ist die zuletzt ins Staatsgebiet integrierte Region. Erst ab dem frühen 20. Jh. wurde die Besiedlung gefördert, deshalb sind viele Städte kaum älter als 50 Jahre.

Vor Tausenden von Jahren bevölkerten die Chono und Kawésqar (auch Alakaluf genannt) das Labyrinth der Fjorde und Inseln, während die Tehuelche in den Steppen des Festlands lebten. In die unwirtliche Landschaft trauten sich nur Glücksritter auf der Suche nach der legendären „Stadt der Kaiser". Zahlreiche Expeditionen führten im späten 18. und frühen 19. Jh. in das Gebiet (an einer davon nahm Charles Darwin teil); ein paar waren auf der Suche nach einem sicheren Landweg zum Atlantik.

Anfang des 20. Jhs. überließ die Regierung der in Valparaíso ansässigen Sociedad Industrial Aisén (SIA) fast 10 000 km² in und um Coyhaique als Dauerpacht. Das Unternehmen, das rasch die regionale Wirtschaft beherrschte, nutzte das Land für die Viehzucht und zur Nutzholzgewinnung. Bald trafen auch Siedler in der Region ein, die ihrerseits Farmland forderten. Angespornt von einem chilenischen Gesetz, das Brandrodung absurderweise mit Rechtsansprüchen auf das Land belohnte, fackelten in den 1940er-Jahren SIA und Siedler in knapp zehn Jahren nahezu 30 000 km² Wald ab und zerstörten große Bestände der in Aisén heimischen Magellan-Südbuche.

Die Region ist spärlich besiedelt, vor allem im Süden von Coyhaique, wo 1991 der Hudson ausbrach. Genau wie bei der Eruption des Volcán Chaitén 2008 regneten Tonnen von Asche auf Tausende Quadratkilometer in Chile und Argentinien. Sie begruben Felder und Weiden und brachten sowohl den Ackerbau als auch die Viehzucht zum Erliegen.

Für die Lachszucht, Patagoniens mächtigen Industriezweig, bieten die regionalen kalten Gewässer optimale Bedingungen. Seit Rückstände der Aquazuchten (Fischkot, Futtermittel) Gewässer der Región los Lagos verschmutzten und ihr ökologisches Gleichgewicht erheblich beeinträchtigten, dringen die Züchter weiter nach Süden vor. Die Macht ihrer Lobby ist sehr groß, zumal es in der Gegend kaum andere Industrie gibt.

Eine große öffentliche Kampagne verhinderte 2014 den Bau einiger Wasserkraftwerke, eine Etappe in dem kontinuierlichen Hin und Her zwischen industrieller Entwicklung und Naturschutz, das Nordpatagonien in den letzten Jahren beherrscht.

Nationalparks, Naturschutzgebiete & Privatparks

Nordpatagoniens Parks bieten alles von valdivianischen Regenwäldern bis zu Gletschern, sind aber weit davon entfernt, überlaufen zu sein. Wer saftiges Grün liebt, muss den Parque Pumalín oder Parque Nacional Queulat mit seinem markanten Hängegletscher gesehen haben. Abenteuer in der Natur unweit der Zivilisation versprechen die Reservate rund um Coyhaique. Bei mehrtägigen Wanderungen auf den zahlreichen Wegen in der Reserva Nacional Cerro Castillo bietet sich ein majestätischer Ausblick. Ein weiteres Muss ist der zukünftige Parque Nacional Patagonia. Das frisch eingeweihte private Schutzgebiet bei Cochrane ist ein Geheimtipp für Fans wilder Tiere. Den Parque Nacional San Rafael und den beeindruckenden Gletschern des Campo de Hielo Norte erreicht man nur per Boot.

ⓘ Anreise & Unterwegs vor Ort

Die abgelegene Carretera Austral und ihre Nebenstraßen sind auf weiten Strecken ungepflastert. Viele Traveller nehmen zunächst die Fähre von Puerto Montt oder Chiloé nach Chaitén oder Puerto Chacabuco. Manche fliegen auch nach Chaitén oder Coyhaique. Andere entscheiden sich für den Landweg über Argentinien und gelangen via Futaleufú in die Region. Wer die Carretera Austral komplett abfahren will, ist mehrmals auf Fähren angewiesen. Einige Busrouten werden nur wenige Male pro Woche bedient (in der Nebensaison noch seltener). Während der Hauptsaison sind Fernbusse oft schnell voll und es ist nicht erlaubt, im Gang zu stehen. Man kann auf der Carretera Austral trampen, allerdings raten wir davon ab. Wenn man zusammen mit mehreren anderen durch das Land reist oder großes Gepäck dabeihat, ist es unwahrscheinlicher, dass ein Wagen anhält.

Hornopirén

♪ 065 / 2500 EW.

Nur wenige Traveller nehmen sich die Zeit, die Natur rings um diesen Ort zu entdecken, der als wichtiger Verkehrsknotenpunkt dient und von der Lachszucht lebt. Ist die Fähre voll, muss man hier eventuell mehr Zeit verbringen als geplant. Das Ruta-Bi-Modal-Schiff verbindet den straßenlosen nördlichen Abschnitt des Parque Pumalín mit Caleta Gonzalo, wo die Straße weiter gen Süden führt.

Die Straße zwischen dem Fähranleger Puelche und Hornopirén wird derzeit asphaltiert und soll 2018 fertig sein.

Highlights

1 Durch nebelverhangene Fjorde paddeln und in den gemäßigten Regenwäldern des **Parque Pumalin** (S. 326) Wanderungen unternehmen.

2 Während der Fahrt auf der mythischen **Carretera Austral** (S. 325) die Farmen, rauschende Flüsse und Hängegletscher bewundern.

3 Über entlegene Andenpfade in das **Patagonien der Pioniere** (S. 331) vordringen.

4 Sich furchtlos in die strudelnden Stromschnellen stürzen beim Rafting im fantastischen Wildwasser des **Río Futaleufú** (S. 330).

5 Die Zeit vergessen, während man in dem kleinen, auf Stegen gebauten Badeort **Caleta Tortel** (S. 354) entspannt.

Río Negro

- Norquinco
- El Maitén
- El Bolsón
- Puelche
- Parque Nacional Aletce Andino
- Parque Nacional Hornopirén
- Hornopirén
- Hueqai-Ayacara-Halbinsel
- **Parque Pumalin** ①
- Volcán Hornopirén (1572 m)

Chubut

- Tecka
- Esquel
- Trevelin
- Parque Nacional Los Alerces
- Parque Nacional Lago Puelo
- Paso Futaleufú
- Futaleufú ④
- Corcovado
- Carrenleufú
- Paso Palena
- Carrenleufú
- Palena
- Lago Palena
- Lago Vintter
- Gobernador Costa
- Paso de Río Frías
- Alto Río Senguer
- Lago Fontana
- La Plata
- La Tapera
- Lago Verde
- Villa Amengual
- Puyuhuapi
- Termas del Ventisquero ⑤
- Parque Nacional Queulat
- Puerto Cisnes
- Termas de Puyuhuapi
- Parque Nacional Isla Magdalena
- Raul Marín Balmaceda
- La Junta
- Vanguardia
- Villa Santa Lucía
- Chaitén
- Volcán Chaitén
- Volcán Corcovado (2300 m)
- Termas El Amarillo
- Lago Yelcho
- Puerto Cárdenas
- Volcán Michimahuida (2404 m)
- Caleta Gonzalo
- Parque Pumalín
- **Región X**
- Reserva Nacional Lago Rosselot ②
- **Carretera Austral**

- Puerto Varas
- Aeropuerto El Tepual
- PUERTO MONTT
- Calbuco
- Pangal
- Carelmapu
- Panamericana
- Canal de Chacao
- Chonchi
- Isla Grande de Chiloé
- Archipiélago de Chiloé
- Parque Nacional Chiloé
- Quellón
- Golfo de Ancud
- Golfo Corcovado
- Melinka
- Archipiélago de las Guaitecas
- Isla Guato
- Parque Nacional Isla Guamblín

PAZIFISCHER OZEAN

Am Hauptplatz befinden sich ein **Touristenkiosk** (oficinadeturismohualaihue@gmail.com; ⏰ Dez.–Feb. 9–19 Uhr), ein Conaf-Büro und ein Supermarkt.

🛏 Schlafen & Essen

Campingplätze säumen die Straße zum Parque Nacional Hornopirén, darunter eine große Anlage an der Hornopirén-Brücke.

Hotel Hornopirén   HOTEL $

(☎ 065-221-7256; Carrera Pinto 388; EZ/DZ ohne Bad 15 000/28 000 Ch$, DZ 35 000 Ch$; @ 📶) Das Hotel verströmt jede Menge altmodischen patagonischen Charme. Es gewährt einen Blick aufs Wasser und die Gegenwart von Señora Ollie wirkt beruhigend.

Cabañas Lahuan   HÜTTEN $$

(☎ 065-221-7239; www.turismolahuan.com; Calle Cahuelmo 40; Hütten für 5-/8-Pers. 70 000/100 000 Ch$; 📶) Hübsche zweigeschossige Hütten mit Holzöfen, Grills und riesigen Panoramafenstern samt Hafenblick. Gäste können die Kajaks nutzen, außerdem fahren die Besitzer Gruppen per Boot auf Tagesausflügen zu den entlegenen Termas Porcelanas (1½ Std. Fahrt, inkl. Verpflegung, 58 000 Ch$ pro Pers.).

⭐ Cocinas Costumbristas   MEERESFRÜCHTE $

(Ecke O'Higgins & Cordillera; Hauptgerichte 6000 Ch$; ⏰ 8:30–21 Uhr Mo–Sa, So 10–17 Uhr) An diesen marktartigen Ständen isst man wie bei einer chilenischen Großmutter. Die gebratene *merluza* (Seehecht) ist frisch, knusprig und die Portionen sind üppig. Es gibt auch Meeresfrüchtesuppen und überraschend gute Steaks.

ℹ An- und Weiterreise

Kemelbus (☎ in Puerto Montt 065-225-6450) bietet täglich vier Verbindungen von/nach Puerto Montt (4000 Ch$, 4 Std.). Das Ticket gilt gleichzeitig für die Fähre über den schmalen Estuario de Reloncaví. Sie fährt von Puerto Montt um 6 und 8 Uhr und Passagiere können zudem über die Ruta Bi-Modal bis zum Parque Pumalín oder nach Chaitén (10 000 Ch$, 10 Std.) fahren. Auch hier sind die Fährkosten im Ticketpreis enthalten.

Weniger als eine Stunde südlich von Puerto Montt setzt die Fähre von **Naviera Puelche** (☎ in Puerto Montt 065-227-0761; www.navierapuelche.cl; Fahrrad/Auto 2700/9500 Ch$; ⏰ 7–20 Uhr) von Caleta La Arena nach Puelche über (30 Min.). In der Hauptsaison starten die Schiffe alle halbe Stunde. Während der Sommermonate sind die Betriebszeiten länger.

Zwischen Hornopirén und dem Parque Pumalín kann man der Ruta Bi-Modal mit **Naviera Austral** (☎ in Puerto Montt 065-227-0430; www.taustral.cl; Angelmó 2187, Puerto Montt; 10 000/64 000 Ch$ pro Passagier/Auto) folgen. Das neue Transportsystem kombiniert zwei Fährfahrten und eine 15 km lange Strecke auf dem Festland; Passagiere bezahlen nur einmal. Insgesamt dauert die Reise von Hornopirén nach Caleta Gonzalo fünf Stunden. Von der ersten Januarwoche bis Ende Februar gibt's täglich zwei Verbindungen (9.30 und 14 Uhr). Im Sommer ist viel los, deshalb sollte man eine Woche vor der geplanten Fahrt reservieren, entweder online oder per Anzahlung auf das Konto von Naviera Austral (mit Angabe der Passnummer der Traveller und des Kfz-Kennzeichens). Die Strecke wird auch von öffentlichen Bussen bedient.

Parque Nacional Hornopirén

Der düstere **Parque Nacional Hornopirén** (Eintritt frei) schützt eine üppig bewachsene Berglandschaft. Obwohl die Wege zum und im Park markiert sind, ist es teilweise schwierig, ihnen zu folgen. Die atemberaubende Landschaft entschädigt für die Mühen, allerdings fahren keine öffentlichen Verkehrsmittel hierher. Wer wandern und über Nacht bleiben möchte, sollte sich zuvor bei der Conaf melden.

6 km südlich von Hornopirén gabelt sich die Straße. Die rechte Abzweigung endet in

---

ALERCE

Einst dienten die kostbaren wasserfesten und nahezu unverwüstlichen Alerce-Schindeln deutschen Kolonisten als Zahlungsmittel. Die Alerce (Patagonische Zypresse, *Fitzroya cupressoides*), die in der Mapuche-Sprache *lahuan* heißt, gehört zu den ältesten und größten Baumarten der Welt. Einige Exemplare erreichen ein biblisches Alter von fast 4000 Jahren. In den gemäßigten Regenwäldern spielen die 40 bis 60 m hohen Riesen eine ökologische Schlüsselrolle. Ihr großer Wert als Bauholz (das Schutz in einem regnerischen Klima bietet) hat zu starker Abholzung geführt und die Baumart fast ausgerottet. Heute steht sie deswegen unter strengstem Naturschutz. Die aus ihrem Holz hergestellten Schindeln lassen sich u. a. an Chilote-Häusern bewundern, die majestätischen Bäume selbst im Seengebiet und in den nordpatagonischen Wäldern.

UNTERWEGS AUF DER CARRETERA AUSTRAL

Zu den ultimativen Fernstraßen der Welt zählt die 1240 km lange **Carretera Austral**. Die überwiegend unasphaltierte Straße führt vorbei an uralten Wäldern, glitzernden Gletschern, Farmen aus der Pionierzeit, türkisblauen Flüssen und dem anbrandenden Pazifik. Bei Fertigstellung 1996 hatte das Großprojekt 300 Mio. US$ sowie 20 Jahre Bauzeit verschlungen und elf Arbeiter das Leben gekostet. Pinochets Bestreben, eine Straße von Puerto Montt bis zur Südgrenze der Región de Aisén zu bauen, lag kein pragmatischer Plan zugrunde und war mit gesundem Menschenverstand nicht zu erklären. Wahrscheinlich spielte der Symbolwert einer Fernstraße als Verbindung der ungleichen Regionen des Landes die ausschlaggebende Rolle.

Fernstraße ist allerdings eine ziemlich wohlwollende Bezeichnung für die abenteuerliche Strecke, die teils nur aus gewaltigen Spurrillen und Schlaglöchern besteht. Streckenweise handelt es sich um eine Art Niemandsland ohne Tankstellen, Raststätten und Schilder. Wer nicht sorgfältig plant und extrem vorsichtig fährt, hat hier schlechte Karten.

Wenn man an einer Tankstelle vorbeikommt, sollte man immer den Tank auffüllen, da die nächste sehr weit sein kann. Wer etwas Frisches essen möchte, bringt Obst und Gemüse am besten mit, denn vor Ort ist die Auswahl oft sehr dürftig.

Die Unwägbarkeiten beginnen schon im Norden der Carretera Austral, wo die unentbehrlichen Fähren das Verkehrsaufkommen kaum bewältigen können und obendrein nur im Sommer regelmäßig verkehren. Besonders im Winter rutschen häufig Felsen ab und Erdrutsche können zu mehrtägigen Straßensperrungen führen. Im Süden verläuft die Carretera Austral einen knappen Meter neben dem Überschwemmungsgebiet des Río Baker, Chiles gewaltigstem Fluss.

Eine Gefahr stellen die Laster der Unternehmen dar, in der Regel weiße Kombis. Ihre Fahrer geben meist mächtig Gas, um früh Feierabend zu haben. Achten sollte man auch auf Fahrrad- und Motorradfahrer, für die das Befahren der Carretera Austral zu einer beliebten Herausforderung und regelrechten Mutprobe geworden ist.

Aufgrund der isolierten Lage mus man in der Region mit 20 % höheren Preisen als im übrigen Land rechnen. Zur Vorbereitung empfehlen wir:

➡ Den Wagen vor der Abfahrt gründlich durchchecken lassen.

➡ Frühzeitig die Autofähre reservieren.

➡ Ausreichend Bargeld dabeihaben (nur in wenigen Orten gibt's Geldautomaten und die BancoEstado akzeptiert nur die MasterCard).

➡ Nur tagsüber fahren, da die Straßen nicht beleuchtet und die Kurven nicht mit Reflektoren markiert sind.

➡ Proviant, Wasser und reichlich Benzin mitnehmen. Bei einer Autopanne oder mit leerem Tank ist man auf sich allein gestellt.

➡ Reservereifen *(neumático)* und Wagenheber *(una gata)* sind lebensnotwendig!

➡ Die Landschaft genießen. Schnelles Fahren auf unbefestigtem Untergrund kann böse enden. 50 km/h sind ein vernünftiges Tempo.

➡ Wenn es so aussieht, als wenn jemand Hilfe bräuchte, anhalten.

➡ Großen Abstand zu den Trucks halten: Der Straßenbelag besteht aus losem Schotter, den der Fahrwind aufwirbelt, und zerbrochene Windschutzscheiben sind an der Tagesordnung.

Wer die Grenze nach Argentinien überqueren will, muss vorher alle notwendigen Papiere besorgen. Dazu gehören bei Mietwagen die Erlaubnis, das Fahrzeug außer Landes zu bringen, und die erforderlichen Versicherungsunterlagen. Benzin in Ersatzkanistern, Fleisch, Obst und Gemüse sowie Milchprodukte dürfen nicht nach Argentinien eingeführt werden. Alle in diesem Kapitel beschriebenen größeren Ortschaften in Nordpatagonien verfügen über irgendeine Art von Tankstelle.

Pichanco. Von dort geht's zu Fuß 8 km auf einem schlecht markierten Weg bis zum eigentlichen Parkeingang. 3 km davon entfernt liegt der Lago General Pinto Concha, an dessen unberührtem Ufer gezeltet werden darf.

Parque Pumalín

♪ 065

Sattgrün und unberührt ist der 2889 km² große Parque Pumalín (www.pumalinpark.org), der ein großes Areal an gemäßigtem Regenwald sowie kristallklare Flüsse, einen Küstenabschnitt und landwirtschaftliche Nutzflächen schützt. Das Reservat beginnt nahe Hornopirén, erstreckt sich bis südlich von Chaitén und verzeichnet eine große Anzahl internationaler Besucher. Er wurde von dem Amerikaner Doug Tompkins geschaffen, der Chiles größten privaten Naturpark und eines der größten privaten Schutzgebiete der Welt sein Eigen nennt und auf innovative Weise Waldschutz mit landwirtschaftlicher Nutzung wie Bienenzucht, biologische Landwirtschaft, Viehzucht und Ökotourismus verbindet. Für Chile ist der Park ein mustergültiges Umweltschutz-Projekt mit guten Straßen, Wanderrouten und einer voll ausgebauten Infrastruktur, die aber nur minimal in die Natur eingreift.

Nach dem Ausbruch des Volcán Chaitén im Jahr 2008 wurde der Park mehrere Jahre geschlossen und 2011 mit einem spektakulären Wanderweg zu dem neuen Vulkan wiedereröffnet.

Weil die Fähre vorab gebucht werden muss, kommen viele Traveller von Chaitén im Süden hierher. Caleta Gonzalo, die Anlegestelle, besteht aus Hütten und einem Café. In der *guardaparques*-(Ranger-)Station 20 km südlich von Chaitén wird ein neues Besucherzentrum eingerichtet. Im Park sind Feuer verboten.

🚶 Aktivitäten

Wanderer sollten sich vor Antritt ihrer Tour in einem der Infozentren um aktuelle Auskünfte bemühen, da sich die Gegebenheiten jederzeit ändern können.

Der Sendero Cascadas (hin & zurück 3 Std.) führt durch hügeliges, dicht bewaldetes Gelände zu einem großen Wasserfall. Bei Hochwasser kann die nach etwa einer Stunde erforderliche Flussdurchquerung gefährlich werden.

12 km südlich von Caleta Gonzalo liegt der Ausgangspunkt für die markierte Trekkingroute zur Laguna Tronador. Der Pfad beginnt als Uferweg, überquert mittels einer *pasarela* (Hängebrücke) einen reißenden Bach und verläuft über einige Holztreppen, die eine steile und brüchige Geländepassage überwinden. Nach rund einer Stunde Kletterei naht Erholung auf dem Bergsattel, wo eine Aussichtsplattform (*mirador*) einen atemberaubenden Blick auf den Volcán Michinmahuida und den Wald im Süden eröffnet. Von dort führt der Weg zum See hinunter, wo es einen winzigen Campingplatz mit zwei Stellplätzen, stabilen Picknicktischen sowie einer Latrine gibt.

1 km weiter südlich, nur ein paar Minuten von der Landstraße nach Chaitén, durchquert der Sendero los Alerces den Fluss und windet sich zu einem Hain mit uralten Alercen (auch Patagonische Zypresse genannt). Welche Bedeutung der Erhalt dieser Baumveteranen besitzt, erklären die Infotafeln entlang der Strecke. Vom Campingplatz bei den Cascadas Escondidas 14 km südlich von Caleta Gonzalo kann man einem Weg bis zu einer Reihe von Wasserfällen folgen (1 Std.).

Die zu Recht beliebteste Route nahe Puente Los Gigos, ein fünfstündiger Rundweg hinauf zum rauchenden Krater Chaitén-Vulkans, der Volcán Chaitén Crater Trail, ist 800 m lang, inklusive 250 Höhenmeter, und verläuft durch einen nur von der Hitze zerstörten Wald. Üppige Vegetation prägt die unteren Abschnitte; die Strecke im oberen Bereich ist karg und sehr schön.

Am Michinmahuida 33 km südlich von Caleta Gonzalo beginnt ein 12 km langer Weg zum Fuß des Vulkans.

Im neuesten Parkabschnitt 20 km südlich von Chaitén verläuft eine 10 km lange Route vom Ventisquero-Campingplatz gegenüber dem Fuß des Michinmahuida-Gletschers über offenes, ebenes Gelände zum Ventisquero Amarillo. Der Fluss lässt sich am besten an seiner breitesten Stelle, näher am Campingplatz, überqueren.

👉 Geführte Touren

Derzeit ist der isolierte nördliche Parkabschnitt nur übers Wasser zu erreichen. Einige Unternehmen mit Sitz in Puerto Varas organisieren Boots- und Kajaktouren durch die Fjorde sowie Ausflüge zu den ebenfalls ausschließlich per Boot zugänglichen Thermalbädern. In Chaitén informiert Chaitur über lokale Guides, die Wandergruppen zum Vulkan führen.

Al Sur Expeditions
BOOTSTOUREN

(☏ 065-223-2300; www.alsurexpeditions.com) Kajakfahrten auf dem Meer und Boottransport zu den abgeschiedenen Cahuelmo-Thermalquellen.

Ko'Kayak
KAJAKTOUREN

(☏ Mobil 9310-5272; www.kokayak.cl) Einen guten Ruf haben die mehrtägigen Kajaktouren in den Pumalín Park, mit Zwischenstopp an den Thermalquellen. Französisch- und englischsprachige Guides.

🛏 Schlafen & Essen

Die Besucherzentren und die Website des Parque Pumalín informieren über Campingplätze im Schutzgebiet. Einige liegen am Ausgangspunkt von Wanderwegen.

🛏 Parque Pumalín – Nördlicher Teil (nur per Boot erreichbar)

Camping Cahuelmo
CAMPINGPLATZ $

(☏ 065-225-0079; North Pumalín; Stellplätze 3000 Ch$ pro Pers.) Campingplatz mit Thermalquellen (Baden 5000 Ch$) und sechs guten Stellplätzen. Er liegt in der südöstlichen Ecke des Cahuelmo-Fjords und ist per Boot von Hornopirén oder Leptepu aus zugänglich. Zelten kann man hier nur nach vorheriger Reservierung.

🛏 Península Huequi-Aycara

Avellano Lodge
LODGE $$

(☏ 065-257-6433, Mobil 9641-4613; www.elavellanolodge.com; Ayacara; Halbpension 35 000 Ch$ pro Pers.; @ 🗻) Die Halbinsel, auf der diese aus Hartholz gebaute Lodge steht, befindet sich direkt außerhalb des Parks. Das Anwesen bietet nicht nur einfachen Zugang zum Park, sondern auch angenehmen Service und Komfort, sowie All-inclusive-Wanderungen, Ausflüge zum Fliegenfischen auf Forellen sowie Wander- und Seekajaktouren, die den Transfer von Puerto Montt umfassen.

🛏 Parque Pumalín – Südlicher Teil

Die nachfolgenden Campingmöglichkeiten sind von Nord nach Süd aufgelistet.

Camping Río Gonzalo
CAMPINGPLATZ $

(Caleta Gonzalo; Stellplätze 2500 Ch$) Campingplatz an der Küste des Reñihué-Fjords mit einer überdachten Kochgelegenheit, Feuerstellen und Kaltwasserduschen.

Caleta Gonzalo Cabañas
HÜTTEN $$$

(reservas@parquepumalin.cl; EZ/DZ/3BZ/4BZ 70 000/ 85 000/105 000/125 000 Ch$) Gemütliche Hütten ohne Kochgelegenheit, aber mit einer schönen Aussicht auf den Fjord und coolen Loftbetten für die Kleinen.

Café Caleta Gonzalo
CAFE $$

(Hauptgerichte 8000 Ch$; ⊙ 9–22 Uhr) Dieses attraktive Café ist das einzige Restaurant im Park und serviert frisches Brot, Honig aus der Gegend und Biogemüse. Wer nur etwas zum Mitnehmen möchte, bekommt hausgemachtes Hafergebäck, Honig und Picknickpakete.

Camping Tronador
CAMPINGPLATZ $

(Stellplätze kostenlos) Zu dem kostenlosen Zeltplatz an einem See mit atemberaubender Kulisse führt der Sendero Tronador (1½-stündige Wanderung vom Ausgangspunkt der Strecke).

Fundo del Río Cabañas
HÜTTEN $$$

(reservas@parquepumalin.cl; Hütten für 2–4 Personen 65 000–125 000 Ch$) In landwirtschaftlich genutztem Gebiet liegen einige einsame Hütten mit einem Meer- oder Talblick. Jede hat eine Kochgelegenheit. Das Feuerholz ist inklusive.

Cascadas Escondidas
CAMPINGPLATZ $

(überdachte Stellplätze 7500 Ch$) Auf dem Campingplatz am Anfang des Weges zu den Cascadas Escondidas gibt's überdachte Plattformen für Zelte.

Lago Negro
CAMPINGPLATZ $

(Stellplätze 2500 Ch$ pro Pers., überdachte Stellplätze 75000 Ch$) Großer Campingplatz unweit des Sees.

Lago Blanco
CAMPINGPLATZ $

(überdachte Stellplätze 75000 Ch$) Der Lago Blanco erstreckt sich 20 km südlich von Caleta Gonzalo bzw. 36 km nördlich von Chaitén. Vor Ort befinden sich einige überdachte Zeltplätze mit einem tollen Blick aufs Wasser. Besucher können eine kurze Wanderung zu einem Aussichtspunkt unternehmen und im See angeln (Erlaubnis gibt's in der Rangerstation).

Camping El Volcán
CAMPINGPLATZ $

(Stellplätze 2500 Ch$ pro Pers., überdachte Stellplätze 7500 Ch$) Das weitläufige Campingareal bietet Stellplätze (auch für Autos) und Infos. Es liegt am Südende des Parks vor Chaitén, 2,5 km vor der Rangerstation am Südeingang.

ALS DER CHAITÉN ERWACHTE

Niemand nahm den Chaitén als aktiven Vulkan wahr ... bis er am 2. Mai 2008 plötzlich eine 20 km hohe Aschesäule ausspuckte. Der Ausbruch zog sich über einen Monat hin, eine Explosion folgte auf die andere und allein in der ersten Woche wurden mehr als ein Kubikkilometer Aschepartikel ausgestoßen. Zu den Folgen zählten Überschwemmungen und schwere Schäden an Häusern, Straßen sowie Brücken, zudem verendeten Tausende von Nutztieren und noch über Buenos Aires verdunkelte die Asche den Himmel. Die 4000 Einwohner des Dorfes Chaitén wurden evakuiert, und die Regierung verfügte, dass der Ort einfach ein Stück nach Nordwesten in die Gemeinde Santa Barbara (Nuevo Chaitén) verlegt werden sollte. Doch nachdem die Infrastruktur in Chaitén erneuert wurde, kehrten die Einheimischen in ihre früheren Häuser zurück.

Der Vulkan befindet sich im Parque Pumalín und ist entlang einiger Abschnitte der dortigen Hauptstraße gut zu sehen. Überdies kann man von hier aus die durch pyroklastische Ströme kalzifizierten Wälder an seinem Nordosthang ausmachen. Der Krater hat einen beeindruckenden Durchmesser von 3 km und birgt zahlreiche Lavaformationen. Wer auf dem Kraterweg (S. 326) zum Kraterrand hochwandert, kann den beeindruckenden Ausblick auf den rauchenden Schlund genießen.

Dank der unermüdlichen Arbeit der Ranger konnte das Schutzgebiet 2011 wiedereröffnet werden. Der Vulkan Chaitén steht unter ständiger Überwachung durch die staatliche Agentur für Geologie und Bergbau Sernageomin (www.sernageomin.cl).

Sector Amarillo CAMPINGPLATZ $
(Stellplätze 2500 Ch$ pro Pers.) Dieser neueste Parkteil südlich von Chaitén umfasst ehemalige landwirtschaftliche Flächen oberhalb der Bäderanlage Termas El Amarillo. Das per Auto oder auch zu Fuß (mehrere Tageswanderungen von anderen Parkabschnitten entfernt) zu erreichende Gelände lockt mit herrlichem Panorama und offenen, ebenen Zeltplätzen, unterteilt in drei separate Bereiche.

ⓘ Praktische Informationen

Zwei **Centros de Visitantes** (www.parquepumalin.cl; Caleta Gonzalo & El Amarillo; ⊙ Mo–Sa 9–19, So 10–16 Uhr) bieten Broschüren über den Park, Fotos und Infos zur Ökologie. Außerdem wird dort regionales Kunsthandwerk verkauft. Wer sich schon vor der Ankunft schlau machen will, kann das Pumalín-Büro in **Puerto Varas** (☎ 065-250-079; Klenner 299; ⊙ Mo–Fr 9–17 Uhr) kontaktieren. Aktuelles erfährt man auch auf der Parkwebsite.

Im El-Amarillo-Sektor befindet sich ein vom Park betriebener Gemischtwarenladen mit Tankstelle, **Puma Verde** (Carretera Austral s/n; Duschen 1000 Ch$; ⊙ 10–20.30 Uhr), die letzte Einkaufsmöglichkeit vor La Junta. Die Auswahl an Kunsthandwerk aus der Gegend ist exzellent und die Lebensmittel (darunter Eier und Frischwaren) haben vernünftige Preise.

ⓘ An- und Weiterreise

Die Fähren von **Naviera Austral** (☎ 065-270-431; www.taustral.cl; Passagier/Auto 10 000/64 000 Ch$) verkehren in der Hauptsaison zweimal täglich von Caleta Gonzalo nach Hornopirén (5–6 Std.). Im Rahmen der kombinierten Bus- und-Boot-Verbindungen von Puerto Montt nach Chaitén können sich Traveller im Park absetzen lassen.

Chaitén

☎ 065 / 4000 EW.

Als ein bis dahin unbekannter Vulkan am 2. Mai 2008 aus dem Dornröschenschlaf erwachte, wurde in diesem Ort der Ausnahmezustand ausgerufen: Die Bewohner konnten evakuiert werden, wurden daraufhin jedoch jahrelang von der Regierung im Ungewissen über ihre Zukunft gelassen. Sie widersetzten sich dem Plan, in die 10 km weiter nördlich gelegene Küstenenklave Santa Bárbara umgesiedelt zu werden, und haben ihre Gemeinde stolz wiederaufgebaut.

Chaitén ist der wichtigste Verkehrsknotenpunkt des nördlichen Abschnitts der Carretera Austral. Hier kommen Flugzeuge und Fähren aus Puerto Montt sowie von der Insel Chiloé an. Darüber hinaus dient der Ort als Ausgangsbasis zahlreicher Busverbindungen in den Süden und als Tor zum Parque Pumalín.

Vom Fähranleger sind es zehn Gehminuten Richtung Nordwesten in das Städtchen. Chaitén liegt 56 km südlich von Caleta Gonzalo und 45 km nordwestlich von Puerto Cárdenas.

🏃 Aktivitäten

Termas El Amarillo THERMALQUELLEN
(Eintritt 3700 Ch$) Im Sommer sind der große Betonpool und die beiden kleineren, heißeren Becken am Río Michinmahuida sehr beliebt. Die Quellen liegen 25 km südöstlich von Chaitén an einer nordwärts führenden Abzweigung der Carretera Austral. Wer möchte, kann auf einem 1 km entfernten privaten Campingplatz übernachten.

Lago Yelcho ANGELN
Der 110 km² große Lago Yelcho, von dem Angler so schwärmen, bezaubert mit seinem brillanten Blau unter glitzernden Gletschergipfeln und wird gespeist vom reißenden Wasser des Río Futaleufú. Das Hafenstädtchen Puerto Cárdenas 62 km südlich von Chaitén bietet eine bescheidene Auswahl an Unterkünften, die alle nur im Sommer geöffnet haben. In den Lodges können Boote und Guides organisiert werden.

Ventisquero Yelcho WANDERN
Nach 2½-stündiger Wanderung entlang der Flussufer erreicht man einen gewaltigen Hängegletscher, den man unterwegs stets im Blick hat. In der Nähe des Parkplatzes befinden sich Stellplätze für Zelte, ein *quincho* (Grillhütte) und Waschräume. Wer nur wenig Zeit hat, sollte der Route zumindest eine Stunde lang folgen, um die herrliche Aussicht zu genießen. Sie beginnt 15 km südlich von Puerto Cárdenas an der Puente Ventisquero (Gletscher-Brücke).

👉 Geführte Touren

Chaitur TOUR
(☎ 065-273-7249, mobil 7468-5608; www.chaitur.com; O'Higgins 67) Der Besitzer Nicolas, der Englisch spricht, ist eine gute Infoquelle, verleiht Fahrräder (10000 Ch$ pro Tag) und arrangiert die meisten Bustickets sowie zweisprachige Ausflüge (Spanisch und Englisch) zum Parque Pumalín, zum Glaciar Yelcho, zu den Termas El Amarillo und zu Stränden mit Seelöwenkolonien. Die geführten Wanderungen zum Volcan Chaitén Crater Trail bieten spannende wissenschaftliche Hintergründe.

🛏 Schlafen & Essen

Doña Collita PENSION $
(☎ Mobil 8445-7500; Diego Portales 54; ohne Bad 12 000 Ch$ pro Pers., DZ 27 000 Ch$) Das altmodische *hospedaje* (Pension) hat saubere Zimmer und eine strenge Gastgeberin. Wer leicht friert, hat hier eine der wenigen Übernachtungsmöglichkeiten an der Carretera Austral, wo es permanent heiß ist.

Cielo Mar Camping CAMPINGPLATZ $
(☎ Mobil 7468-5608; www.chaitur.com; Stellplätze 2500 Ch$ pro Pers.; ☎) Stellplätze hinterm Haus und Duschen mit Warmwasser mitten im Ortszentrum.

★ Cocinerías Costumbristas
FISCH & MEERESFRÜCHTE $
(Portales 258; Hauptgerichte 3000–6000 Ch$; ⊙ 8.30–24Uhr) Señoras mit Schürzen bereiten hier heiße Empanadas mit Meeresfrüchten, Fischplatten und frische *paila marina* (Suppe mit Schalentieren) zu. Früh da sein, denn die Einheimischen lieben dieses winzige Lokal.

Cafe Pizzeria Reconquista PIZZERIA, CAFÉ $
(☎ Mobil 6671-4081; Diego Portales 269; Pizza 6800 Ch$; ⊙ Mo–Fr 9–15 & 19–23 Uhr, Sa 12.30–15 & 19–23Uhr) Blitzblankes Café mit aufmerksamem Personal. Eine gute Adresse für Pizzen mit dünnem Teig, Sandwiches und Frühstück mit Rührei.

Restobar el Volcán CHILENISCH $$
(☎ Mobil 8186-9558; Pratt 65; Hauptgerichte 8000 Ch$; ⊙ 9–24Uhr) Die nette Restaurant-Bar ist in einem weitläufigen niedrigen Bau untergebracht. Im Sommer peppen lokale Produkte sowie hausgemachte Marmelade und Säfte (z. B. mit *nalca*, einem patagonischen Verwandten des Rhabarber) das Angebot aus Sandwiches, Fisch und Fleisch aus der Region sowie Frühstück auf.

ℹ Praktische Informationen

BancoEstado (Ecke Libertad & O'Higgins) Mit einem Geldautomat. Die Wechselkurse für Bargeld sind schlecht.
Hospital de Chaitén (☎ 065-731-244; Av Ignacio Carrera Pinto; ⊙ 24 Std.) 24-Stunden-Notdienst.
Touristenkiosk (Ecke Costanera & O'Higgins; ⊙ Jan. & Feb. 9–21 Uhr) Flyer und Broschüren sowie eine Unterkunftsliste.

ℹ An- und Weiterreise

BUS
Die Fahrpläne und Busbetreiber für die Carretera Austral ändern sich häufig. Abfahrt ist am **Chaitur-Busterminal** (☎ Mobil 7468-5608; www.chaitur.com; O'Higgins 67). Kemelbus fährt täglich um 10 und 12 Uhr nach Puerto Montt (10 000 Ch$, 9 Std.). Buses Becker steuert mittwochs und sonntags um 24 Uhr Coyhaique an

und hält unterwegs in Villa Santa Lucía (wo man nach Futaleufú und Palena umsteigen kann), La Junta und Puyuhuapi. Die Strecke wird bis 2018 asphlatiert, deswegen kann es zu Verzögerungen und Straßensperrungen kommen. Aktuelles erfährt man vor Ort am Bahnhof.

Buses Cardenas fährt täglich um 13 Uhr nach Futaleufú und um 12 Uhr nach Palena. **Buses Cumbres Nevadas** startet täglich um 16 und 19 Uhr nach Palena und Futaleufú. Derzeit gibt's auf vielen Strecken bezuschusste Fahrkarten für alle Fahrgäste, aber bald gibt's womöglich nur noch Ermäßigungen für Einheimische.

ZIEL	PREIS (CH$)	FAHRTDAUER (STD.)
Coyhaique	24 000 Ch$	9–10
Futaleufú	2000 Ch$	3½
La Junta	12 000 Ch$	4
Palena	2000 Ch$	4
Puyuhuapi	15 000 Ch$	5
Villa Santa Lucía	1000 Ch$	2

FLUGZEUG
Bei Redaktionsschluss war in der Nähe von Santa Bárbara zwischen Pumalín und Chaitén ein neuer Flughafen geplant. Sowohl **Aerocord** (in Puerto Montt 065-226-2300; www.aerocord.cl; Costanera s/n) als auch **Pewen** (in Puerto Montt 065-222-4000; www.pewenchile.com) fliegen zum Aerodromo La Paloma in Puerto Montt (einfache Strecke 50 000 Ch$, 45 Min.). Beide verkehren täglich (außer So), in der Regel vormittags.

SCHIFF/FÄHRE
Die Fahrpläne ändern sich regelmäßig, deshalb sollte man sich immer aktuell informieren. Die Auto- und Passagierfähre *Don Baldo* von **Naviera Austral** (065-273-1272; www.navieraustral.cl; Corcovado 266; Sitzplatz/Koje/Auto 16 000/35 000/88 000 Ch$) startet dreimal wöchentlich nach Puerto Montt (9 Std.) und zweimal pro Woche nach Quellón (6 Std.) und Castro, Chiloé (5 Std.).

Futaleufú
065 / 1800 EW.

Das wild dahinströmende eisige Wasser des Río Futaleufú hat den gleichnamigen bescheidenen Bergort berühmt gemacht. Dieser ist nicht nur ein Eldorado für Kanufahrer und Rafter, sondern auch eine tolle Ausgangsbasis für Fliegenfischer, Wanderer und Reiter. Besser ausgebaute Straßen ziehen auch immer mehr Pauschalreisende an. Ruhiger geht es im Dezember und März oder vor und nach dem großen Ansturm im Sommer zu.

Das gitterförmige Straßennetz des Ortes besteht aus gut 20 Blocks mit pastellfarben gestrichenen Häusern. Im Wesentlichen ist Futaleufú, das 155 km südöstlich von Chaitén liegt, ein Dienstleistungszentrum für den Verkehr zur 8 km entfernten argentinischen Grenze und eine Übernachtungsmöglichkeit für Bootsfahrer. Viele Besucher reisen von hier in die nahe gelegenen argentinischen Städte Trevelín und Esquel sowie in den Parque Nacional Los Alerces.

Aktivitäten

Manche Abschnitte des Río Futaleufú, auch Futa oder Fu genannt, sind nur für erfahrene Rafter geeignet. Abhängig vom Ausrüster und den gebuchten Leistungen beginnen die Preise für eine Tour bei 40 000 Ch$ pro Person und halbem Tag. Dabei wird eine Strecke namens „Bridge to Bridge" befahren, die Stromschnellen der Schwierigkeitsgrade WW IV sowie WW IV-plus umfasst. Ganztägige Ausflüge starten bei 60 000 Ch$. Außerdem gibt's noch die anspruchsvolle Tour „Bridge to Macul" mit zwei zusätzlichen WW-V-Stromschnellen.

Ideal für Familien sind die fünfstündigen Raftingtrips mit dem Schwierigkeitsgrad WW III auf dem Río Espolón für 15 000 Ch$.

Kajakneulinge könnten entweder auf diesem Fluss oder auf dem Lago Espolón die ersten Paddelschläge wagen.

Bio Bio Expeditions OUTDOORAKTIVITÄTEN
(022-196-4258; www.bbxrafting.com) Ein regionaler Pionier. Die ökologisch orientierte Gruppe organisiert Raftingtouren sowie Pferdetrekking und mehr. Manchmal kann man an den Ausflügen auch ohne Vorabreservierung teilnehmen.

Expediciones Chile OUTDOORAKTIVITÄTEN
(065-562-639; www.exchile.com; Mistral 296) Erfahrener Veranstalter, der größten Wert auf Sicherheit legt. Spezialisiert auf einwöchige Raftingtouren, bietet aber auch Kajaktouren, Mountainbiken und Reiten an.

H2O Patagonia RAFTING
(Mobil 5340-1257; www.h2opatagonia.com) Das auf Abenteuerreisen spezialisierte US-Unternehmen organisiert All-inclusive-Ausflüge einschließlich luxuriöser Übernachtung auf der unternehmenseigenen Ranch.

Patagonia Elements RAFTING
(Mobil 7499-0296; www.patagoniaelements.com; Cerda 549) Kompetente chilenische Guides, Kajakunterricht, Fliegenfischen und Reiten.

NICHT VERSÄUMEN

PATAGONIEN WIE IN DEN ZEITEN DER PIONIERE

Wenn der Wind übers Land fegt und der Regen nicht aufhören will, setzt man sich am besten an einen Holzofen, trinkt mit den Einheimischen genüsslich *mate* (Tee) und schaltet auf *echar la talla* (Zeit vertreiben). Das ländliche Patagonien gewährt noch einen der seltenen und besonderen Einblicke in eine dahinschwindende Lebensweise. Um die flaue ländliche Wirtschaft in Schwung zu bringen, haben Regierung und Non-Profit-Initiativen für eine ausreichende Zahl von Privatunterkünften gesorgt und ortskundige Guides angeworben.

Das Angebot der Familienunternehmen reicht von *hospedajes* (Budgetunterkünfte) über Farmaufenthalte bis zu mehrtägigen Trekking- und Reittouren durch eine weithin unerschlossene Gegend. Die Preise sind vertretbar und beginnen bei 15 000 Ch$ pro Tag für einen Schlafplatz. Ein Tourführer kostet mindestens 20 000 Ch$ täglich, wobei dazu noch Extras wie Pferde kommen. Es wird übrigens nur Spanisch gesprochen.

Buchen lassen sich sowohl die Unterkünfte als auch die Guides bei der **Casa de Turismo Rural** (S. 338) in Coyhaique oder der **Municipalidad de Cochamó** (065-350-271; www.cochamo.cl; Plaza) in Río Puelo. Einige der schönsten Möglichkeiten an der Carretera Austral liegen in Bahía Murta, um den Cerro Castillo sowie in La Junta und Palena. In Sur Chico fährt man am besten nach Llanada Grande. Weil die Vermittler mit besonders abgeschieden lebenden Gastgebern per Funk Kontakt aufnehmen müssen (ja, dort gibt's keine Telefone, keinen Strom und keine Sorgen ...), sollte man eine Woche (oder mehr) im Voraus buchen.

Eine weitere gute Anlaufstelle ist das innovative, staatlich finanzierte Projekt **Discover Patagonia Circuit** (www.undiscoveredpatagonia.com), das Travellern Routenvorschläge durch das ländliche Aysén auf Englisch und Spanisch zum Herunterladen zur Verfügung stellt.

Schlafen

Las Natalias HOSTEL $
(Mobil 9631-1330; http://hostallasnatalias.info; B 10 000 Ch$, DZ/3BZ 24 000/30 000 Ch$, DZ ohne Bad 20 000 Ch$) Das gastfreundliche Hostel ist eine großartige Wahl für Backpacker, die hier auch Tipps zu Outdooraktivitäten bekommen. Es verfügt über genügend Gemeinschaftsbäder, einen großen Aufenthaltsbereich, eine Küche für Gäste und Bergblick. Vom Zentrum sind es zehn Gehminuten: einfach auf der Cerda ortsauswärts den Schildern Richtung Nordwesten folgen; oben auf dem Hügel liegt das Haus gleich rechts.

Martín Pescador B&B B&B $
(065-272-1279; Balmaceda 603; EZ/DZ 15 000/20 000 Ch$, Hütte für 6 Pers. 55 000 Ch$) Ein echtes Schnäppchen! Hinter dem Restaurant steht ein gemütliches Wohnhaus mit Lehmziegelwänden und hübschem Mobiliar. Darüber hinaus gibt's rustikale, stilvolle Hütten mit zwei Schlafzimmern, schmalen Treppen und Küchenzeilen. Mitch, der Besitzer, arbeitet auch als Guide.

Adolfo's B&B B&B $
(065-272-1256; pettyrios@gmail.com; O'Higgins 302; DZ 30 000 Ch$, ohne Bad pro Pers. 10 000 Ch$; @) Futaleufús beste Budgetunterkunft ist ein einladendes Holzhaus einer gastfreundlichen Familie. Das Frühstück umfasst Eier, selbst gebackenes Brot und Kuchen.

Posada Ely PENSION $
(065-272-1205; posada.ely.futaleufu@gmail.com; Balmaceda 409; EZ/DZ 15 000/30 000 Ch$; P) In der eleganten Lodge am Rand des Ortszentrums sind behagliche Zimmer mit geschnitzten Holzelementen, kolonialem Touch und großen Betten untergebracht. Gäste können zudem den Pool, die Sauna, das Fitnessstudio und die kostenlosen Räder nutzen. Juan Pablo, der Besitzer, liefert reichlich Infos zu Outdooraktivitäten.

Cara del Indio CAMPINGPLATZ $
(Sattelitentelefon 02-1962-4240; www.caradelindio.cl; Stellplatz pro Pers. 3000 Ch$, Hütten ab 35 000 Ch$; Nov.–April) Das 10 km lange Basiscamp für Abenteuertouren mit unterschiedlich großen Hütten, das auch Rafting anbietet, liegt spektakulär am Flussufer und wird von Luis Toro und seiner Familie betrieben. Das Campinggelände bietet heiße Duschen im Freien und eine mit Holz beheizte Sauna. Gäste können im Restaurant essen oder hausgemachte Produkte kaufen. Es liegt 15 km von Puerto Ramiréz und 35 km von der Carretera Austral entfernt.

Camping Puerto Espolón CAMPINGPLATZ $
(Mobil 7721-9239; www.lagoespolon.cl; Stellplatz pro Pers. 5000 Ch$, Hütten ab 35 000 Ch$; ☉ Jan & Feb.; 🛜) Gleich vor der Stadt erstreckt sich dieser traumhaft schöne Platz an einem sandigen Flussufer, das von Bergen flankiert wird. Gäste haben Zugang zu Warmwasserduschen. Die Gastgeber Anibal und Elma bieten *asados* (Grillgerichte; 10 000 Ch$ pro Pers.), Mahlzeiten und Ermäßigungen für längere Aufenthalte an.

★ La Antigua Casona PENSION $$
(065-272-1311; silvanobmw@gmail.com; Rodriguez 215; DZ/3BZ 50 000/60 000 Ch$; 🛜) In diesem renovierten Siedlerhaus zeugt alles von der Detailverliebtheit seiner italienischen und chilenischen Besitzer. Die Zimmer haben hübsche Naturthemen-Dekors, z. B. mit handgemalten Vögeln, und gesteppten Bettdecken. Passanten können einen Zwischenstopp in dem einladenden Café mit schattiger Terrasse einlegen, das von Silvano geführt wird, der sich für lokale Geschichte begeistert.

La Gringa Carioca B&B $$
(065-272-1260, Mobil 9659-9341; Sargento Aldea 498; DZ 60 000 Ch$) Dieses B&B ist rustikal, mit einem großen Garten voller Hängematten und hübschen Sitzgelegenheiten auf Blumenkästen. Die brasilianische Gastgeberin Adriana spricht mehrere Sprachen und hilft gern mit Tipps zur Umgebung. Zum Frühstück gibt's Eier vom Hof und echten Kaffee. Zu den Nachteilen gehören die veraltete Ausstattung und die altmodischen Bäder.

Hostería Río Grande HOTEL $$
(065-272-1320; O'Higgins 397; EZ/DZ/3BZ 40 000/55 000/65 000 Ch$; P 🛜) Auf die Gäste warten helle Zimmer mit Teppichboden, transportablen Heizkörpern und niedrigen Betten samt hohen Holzrahmen. Die komfortable, mit Schindeln gedeckte Lodge wird vor allem von nimmermüden angloamerikanischen Sportlern besucht, die zwischen zwei Raftingtouren im hauseigenen Fitnessraum Gewichte stemmen oder sich im kleinen Pub mit grasbewachsener Terrasse entspannen.

Uman Lodge LODGE $$$
(065-272-1700; http://umanlodge.cl; Fundo La Confluencia; DZ 460 US$; 🛜) Die 16 luxuriösen Zimmer blicken auf den Zusammenfluss zweier Flüsse – eins der schönsten Panoramen in ganz Patagonien. *Uman* bedeutet auf Mapundungun Unterkunft und man bemüht sich hier um Lokalkolorit ohne Hartholz: Alles ist geschmackvoll modern in Glaswände eingefasst und mit Holzschindeln gedeckt. Geboten werden z. B. Abenteuertouren auf dem Gelände sowie ein Innen- und Außenpool. Die Lodge liegt 2,5 km von der Stadt entfernt und hat eine steile Kieszufahrt.

Hotel El Barranco HOTEL $$$
(065-272-1314; www.elbarrancochile.cl; O'Higgins 172; EZ/DZ 99 000/110 000 Ch$; @ ≈) In der eleganten Lodge am Rand des Ortszentrums sind behagliche Zimmer mit geschnitzten Holzelementen, kolonialem Touch und großen Betten untergebracht. Der Service könnte besser sein, aber keine andere Option am Ort bietet mehr Atmosphäre. Gäste können den Pool nutzen und an Exkursionen teilnehmen.

Essen

Da die meisten Nahrungsmittel außer Fisch aus der Ferne herbeigeschafft werden müssen, ist frisches Gemüse mitunter rar.

Rincón de Mama CHILENISCH $
(065-272-1208; O'Higgins 465 alley; Hauptgerichte 6000 Ch$; ☉ Mo–Sa 11.30–14.30 & 18:30–22 Uhr) Zählt zu den besseren Adressen in der Stadt für hausgemachte Küche und freundlichen Service. Das zitronengelb dekorierte Lokal befindet sich im zweiten Stock eines großen Hauses an einem schmalen Durchgang.

Martín Pescador CHILENISCH $$
(065-721-279; Balmaceda 603; Hauptgerichte 8000 Ch$; ☉ Abendessen) Das exklusive Restaurant mit knisterndem Holzfeuer hat eine sich regelmäßig ändernde Speisekarte voller regionaler Spezialitäten wie Huhn mit Morcheln oder Lachs-Carpaccio – ideal für ein besonderes Abendessen. Außerdem gibt's eine gute Weinauswahl und ein Viergänge-Menü (16 000 Ch$).

❶ Praktische Informationen

BancoEstado (Ecke O'Higgins & Manuel Rodríguez) Einzige Wechselmöglichkeit, deshalb besser ausreichend Geld mitbringen. Der Bankautomat akzeptiert nur MasterCard.

Postamt (Manuel Rodríguez)

Touristeninformation (O'Higgins 536; ☉ 9–21 Uhr) Hilfsbereite Angestellte, die über Hütten, Aktivitäten und Wanderwege in der Gegend informieren.

❶ An- und Weiterreise

Buses Becker (☎ 065-272-1360; www.buses becker.com; Ecke Balmaceda & Pratt; ⊙ 9–13 & 15–19 Uhr) fährt jeden Freitag nach Coyhaique (24 000 Ch$, 10 Std.) und hält unterwegs in Villa Santa Lucía (2 Std.), La Junta und Puyuhuapi.

Cumbres Nevadas fährt montags bis samstags um 11 und um 14 Uhr gen Norden nach Chaitén (3000 Ch$, 3½ Std.). **Frontera Sur** steuert dreimal pro Woche Palena an (1200 Ch$, 2 Std.).

TransAustral (☎ 065-721-360; Ecke Balmaceda & Pratt) macht sich mittwochs und sonntags um 8 Uhr auf den Weg nach Puerto Montt (25 000 Ch$, 12 Std., über Argentinien). Bei diesem Unternehmen erhält man auch Tickets für Flüge und Fähren von Chaitén nach Puerto Montt, die man möglichst früh buchen sollte.

Internationale Busse (☎ 065-272-1458; Cerda 436, Telefonica-Büro; 2500 Ch$) zur argentinischen Grenze fahren derzeit montags und freitags um 9 Uhr ab. Am **Grenzposten von Futaleufú** (⊙ 8–20 Uhr) werden Ein-/Ausreiseformalitäten viel schneller abgewickelt als in Palena (gegenüber der argentinischen Grenzstadt Carrenleufú).

Inzwischen gibt's eine Tankstelle, doch eine Fahrt über die Grenze nach Argentinien zum Tanken ist immer noch die billigere Lösung.

Palena

In dem verschlafenen Bergstädtchen Palena an dem gleichnamigen türkisfarbenen Fluss kann man Wanderungen und Ausritte in fruchtbare Täler unternehmen, außerdem finden sich hier noch Anklänge an die Lebensart der Pioniere und wahre Gastfreundlichkeit. Am letzten Januarwochenende wird ein Rodeo abgehalten und Ende Februar lockt die einwöchige Semana Palena mit Cowboydarbietungen und Livemusik.

Zum Angebot der **Touristeninformation** (☎ 065-274-1221; www.municipalidadpalena.cl; Piloto Pardo s/n; ⊙ Mo–Sa 9–20, So bis 18 Uhr) an der Plaza zählen Pferdetrekking, Rafting und Angelausflüge mit lokalen Guides – manchmal allerdings mit Vorlaufzeit, wenn ein Veranstalter erst einmal angefunkt werden muss. Die Mitarbeiter stellen auch Kontakt zur wundervollen Farm der Casanova-Familie **Rincón de la Nieve** (☎ Mobil 8186-4942; rincondelanieve@hotmail.com; Valle Azul; 15 000 Ch$ pro Pers.) im Valle Azul her, die man zu Fuß oder mit dem Pferd erreicht. Wer dort nicht nur auf der faulen Haut liegen will, nimmt am Reitausflug zum abgelegenen Lago Palena teil. Insgesamt dauert dieser unglaubliche Trip fünf Tage; eine Voranmeldung ist erforderlich.

Aventuras Cordilleranas (☎ 065-284-1377, Mobil 5761-9207; El-Malito-Brücke; EZ 12 000 Ch$) hat zwei Sitze, in Palena und El Malito, und wird von einer netten Familie betrieben, die auch Kajaktouren und Floating auf dem Río Palena anbietet. Vorab kontaktieren. Traveller, die mit dem Bus aus dem Westen anreisen, müssen sich vom Fahrer 22 km vor Palena absetzen lassen, um nach El Malito zu kommen.

Buses Cumbres Nevadas startet täglich nach Chaitén (2000 Ch$, 4 Std.).

La Junta

☎ 067

Dieser staubige Ort, der sich aus einer Estancia (Ranch mit Weideland) entwickelt hat, verströmt ein „Ende der Welt"-Flair. Hier, auf halber Strecke zwischen Chaitén und Coyhaique, trafen einst die Farmer aufeinander, die zum Markt unterwegs waren, und es bleibt ein bedeutender Verkehrsknotenpunkt für Nord-Süd-Verbindungen. Unverwechselbar mit seinem Pinochet-Denkmal als Hauptattraktion spielt es heute als Tank- und Raststopp für Reisende eine wichtige Rolle und hat bessere Schlafgelegenheiten als das nahe gelegene Puyuhuapi. Massive Bergfelsen umgeben das mit altmodischen Eisenwarenhandlungen angefüllte Städtchen.

Ende Januar wird die **Fiesta del los Ríos** zu Ehren der beiden ineinander mündenden Flüsse mit Bootsfahrten, Barbecues und allerlei Darbietungen gefeiert. Einen Busbahnhof hat La Junta nicht. Ortsfremde müssen die Einwohner nach den Verbindungen fragen und vorbeifahrende Busse heranwinken.

🏃 Aktivitäten

Besucher können Bootsfahrten auf dem Río Palena unternehmen, Fliegenfischen oder wandern. In der Reserva Nacional Lago Rosselot und am Lago Verde wimmelt es von Seeforellen (Goldlachs), Regenbogenforellen und Königslachs.

Yagan Expeditions   ABENTEUERTOUREN
(☎ 067-231-4352; www.yaganexpeditions.com; Calle 5 de Abril 350) Kleine Reiseagentur, die Ausritte, Trekking und Ausflüge zu den Thermalquellen sowie Kajakfahrten auf dem Lago Rosselot organisiert.

Termas del Sauce   THERMALQUELLEN
(☎ Mobil 9454-2711; Camino a Raul Marin Balmaceda, Km 17; 4000 Ch$ pro Pers.; ⊙ 10–20.30 Uhr)

ABSTECHER AN DIE „VERLORENE" KÜSTE

Ein Abstecher in das abgeschiedene Küstendorf **Raul Marín Balmaceda**, das nun durch eine Straße mit der Außenwelt verbunden ist, lohnt immer! Der Ort liegt an der Mündung des Río Palena, einem neuen Wasserschutzgebiet und Lebensraum für Unmengen von Tieren wie Otter, Seelöwen und Delfine. Am ehesten bekommt man sie zu Gesicht, wenn man mit dem Kajak lospaddelt oder eine Bootsfahrt unternimmt. Vom Dorf führen breite Sandpisten und Graspfade zu einem hübschen Strand.

In La Junta starten montags, mittwochs und freitags um 8.30 Uhr Busse nach Raul Marín Balmaceda. Man kann die fast zweistündige Fahrt auch mit dem eigenen Wagen bewältigen (es geht über eine annehmbare Schotterstraße). Unterwegs muss man einmal die Fähre nutzen (kostenlos). Achtung: Der Fährbetrieb endet um 19 Uhr. Einmal in der Woche fährt auch eine Fähre nach Quellon in Chiloé.

Los Lirios (Mobil 6242-0180; violaloslirios@gmail.com; Zi. mit/ohne Bad ab 12 000/10 000 Ch$ pro Pers.) Eine gute Privatunterkunft im Dorf.

Born in Patagonia (Mobil 7769-0375; born.ricardo@gmail.com; EZ/DZ 30 000/50 000 Ch$) Bei diesem B&B am Wasser mit zwei entzückenden Zimmern muss man unbedingt reservieren. Besitzer Ricardo, ein erfahrener Seekapitän, bietet mit seinem grandiosen selbst gebauten Katamaran einwöchige Chartertouren durch die Kanäle an.

Fundo Los Leones (Mobil 6597-3986, Mobil 7898-2956; www.fundolosleones.cl; EZ/DZ in Hütte 96 000/129 000 Ch$; @) Eine wundervolle Ökotourimus-Unterkunft mit winzigen schindelgedeckten Hütten am Pitipalena-Fjord und der perfekte Rückzugsort (nur mit Reservierung). Man kann hier Speisen aus Biozutaten von der dazugehörigen Farm genießen sowie Kajak- und Bootsausflüge buchen.

Die privaten Thermalquellen 17 km außerhalb der Ortschaft Richtung Raúl Marín Balmaceda bestehen aus angenehmen, rustikalen Pools. Außerdem gibt's einen Campingplatz an einem Bach.

Schlafen & Essen

Pension Hospedaje Tía Lety PENSION $
(Mobil 8763-5191; Varas 596; Zi. 15 000 Ch$ pro Pers.; 🛜) Nette Familienpension mit sperrigen Betten und gepflegten Zimmern. Das Frühstück – hausgemachte *küchen*, Marmelade und Brot – macht ordentlich satt.

Hostería Mirador del Río FARMUNTERKUNFT $
(Mobil 6177-6894; www.miradordelrio.cl; Camino a Raul Marin Balmaceda, Km 6; Zi. mit Frühstück 15 000 Ch$ pro Pers.) In diesem bezaubernden Bauernhaus vor der Stadt serviert eine liebenswerte Familie sättigendes Frühstück mit hausgemachter Marmelade und noch backfrischem Brot aus dem Holzofen. Gäste können sich mit einem Kajak oder Raft den ruhigen Río Palena hinuntertreiben lassen.

Alto Melimoyu Hotel B&B $$
(067-231-4320; www.altomelimoyu.cl; Carretera Austral 375; EZ/DZ ohne Bad 33 000/48 000 Ch$, EZ/DZ 35 000/51 000 Ch$; 🛜) Design-B&B mit Fahrrad- und Kajakvermietung sowie Kontakten zu lokalen Touranbietern. Gäste machen es sich auf der Cordsamtcouch am Feuer gemütlich und genießen an den von Einheimischen gefertigten Gemeinschaftstischen ein großzügiges Frühstück. Es liegt an der Carretera Austral, ist aber weit genug entfernt, sodass man die Straße komplett vergisst. Eine Holzbadewanne und eine Sauna können gegen Gebühr stundenweise genutzt werden.

Terrazas de Palena B&B $$
(Mobil 9415-4274; www.terrazasdelpalena.cl; Carretera Austral s/n; DZ/4B-Apartments 55 000/85 000 Ch$, Hütten für 2-/5-Pers. 50 000/80 000 Ch$; @) Mit ihrem Panoramablick stellen die Hütten und Apartments mit Heizöfen eine nette und ruhige Adresse zum Entspannen dar. Vor Ort entsteht derzeit ein Restaurant und man hat die Möglichkeit, Ausflüge sowie Flughafentransfers zu buchen. Die Unterkunft liegt 2 km nördlich von La Junta.

★**Espacio y Tiempo** LODGE $$$
(067-231-4141; espacioytiempo.cl; Carretera Austral s/n; EZ/DZ/3BZ 102/148/192 US$; 🛜) Die komfortable Lodge verwöhnt Gäste mit klassischer Musik, einem weitläufigen grünen Garten und einer gut bestückten Bar. Die

unlängst renovierten Zimmer warten jetzt mit gedeckten Farben sowie hochwertigen Matratzen auf, außerdem gibt's Privatterrassen und ein reichhaltiges Frühstück mit Bohnenkaffee. Die Gastgeber vermitteln Ausflüge in die Umgebung. Die Einheimischen lieben das hauseigene Restaurant, in dem z. B. Wild und riesige Salate serviert werden.

i Casita de Té CHILENISCH $

(Mobil 7802-0488; Carretera Austral s/n; Menü 6000 Ch$; ⊙ 8.30–24 Uhr) Stammkunden loben die Kochkünste von Eliana und ihren Töchtern, die frische Kost in rauen Mengen und dazu Espresso servieren. Während der Sommermonate gibt's Salate mit Biozutaten und frischen Rharbarbersaft. *Cazuela* (Eintopf) mit Rind, Maiskolben, frischen Erbsen und Koriander – chilenisches Wohlfühlessen, das glücklich macht – bekommt man das ganze Jahr über.

❶ Praktische Informationen

Conaf (067-231-4128; Ecke Patricio Lynch & Manuel Montt) Infos zu den Parks und Schutzgebieten der Umgebung.

Touristenkiosk (Ecke Portales & 1era de Noviembre; ⊙ Mo–Fr 9–21, Sa & So 10.30–19.30 Uhr) In dem Stand an der Plaza erfährt man mehr zu Busverbindungen, Unterkünften und Aktivitäten.

Puyuhuapi

067

Das idyllische Dorf an der Küste des Fjords versteckt sich in einer Jurassic-Park-Szenerie aus Riesenfarnen und Nalca-Pflanzen (Mammutblatt, Riesen-Rharaber). Inspiriert durch die Forschungsreisen des Geografen Hans Steffens siedelten sich hier bereits 1935 vier deutsche Einwanderer an. Puyuhuapi liegt am Nordende des Seno Ventisquero, eines malerischen Fjords, der zum größeren Canal Puyuhuapi gehört, und bildet den Ausgangspunkt für Ausflüge in den Parque Nacional Queulat und zum renommierten Thermalbad Termas de Puyuhuapi.

Als die deutschen Einwanderer 1947 die **Fábrica de Alfombras** (www.puyuhuapi.com; Aysen s/n; Touren 5000 Ch$ pro Gruppe) gründeten und Textilarbeiter von der Insel Chiloé anwarben, vergrößerte sich die landwirtschaftliche Siedlung zusehends. Die vor Ort hergestellten hochwertigen, handgewebten Teppiche werden online vertrieben.

Auf der Plaza gibt's kostenlosen WLAN-Empfang.

🏃 Aktivitäten

Termas del Ventisquero THERMALQUELLEN

(067-231-4686; www.termasventisqueropuyuhuapi.cl; Eintritt 17 000 Ch$; ⊙ Dez.–Feb. 9–23 Uhr, im Winter kürzer) Die Termas del Ventisquero, 6 km südlich von Puerto Puyuhuapi gleich neben der Carretera Austral warten mit einem großen Pool und drei kleinen Becken samt Blick auf den Fjord auf. Die Wassertemperaturen liegen zwischen 36 und 40 °C und es stehen genügend Umkleideräume, Duschen und Schließfächer zur Verfügung.

Experiencia Austral ABENTEUERTOUREN

(Mobil 7766-1524, Mobil 8258-5799; www.experienciaustral.com; Otto Uebel 36) Der sympathische Guide Adonis bietet Abenteuertouren an, z. B. Kajakfahren im Fjord, Wandern im Parque Nacional Queluat (30 000 Ch$) und Ausflüge zur Isla Magdalena. Er vermietet Fahrräder (2000 Ch$ pro Std.) und Sit-on-top-Kajaks (6000 Ch$ proStd.).

🛏 Schlafen & Essen

Viele Tagesbesucher der Quellen übernachten in der Stadt. Im Sommer sind frühzeitige Reservierungen erforderlich.

Hostal Comuyhuapi PENSION $

(Mobil 7766-1984; comuyhuapi.cl; Llautureo 143; B/DZ 10 000/30 000 Ch$; 🌐) Dieser Anbau an ein Familienhaus ist eine gute Budgetoption mit ordentlichen Doppelzimmern und einem Schlafsaalbereich, aber die Küchennutzung kostet extra (1000 Ch$).

★ Ecocamp Arrayanes CAMPINGPLATZ $

(067-252-6906, Mobil 8549-3679; www.campingarrayanes.com; Stellplatz 5000 Ch$ pro Pers., überdachter Stellplatz 25 000 Ch$) Der Campingplatz an einem schönen Strand, 5 km nördlich der Stadt, hat einen überdachten Essbereich und rötliche Arrayán-Bäume *(Luma apiculata)* spenden Schatten. Es gibt Wanderwege, vulkanische Höhlen und Gelegenheit, Kajak zu fahren – mehr als genug für einen Tag Aufenthalt (4000 Ch$).

Camping La Sirena CAMPINGPLATZ $

(067-232-5100, Mobil 7880-6251; Costanera 148; Stellplatz 4000 Ch$ pro Pers.) Die kleinen Stellplätze haben ein Regenschutzdach, außerdem gibt's Bäder und heiße Duschen. Zum Eingang führt die Straße, die am Spielplatz entlang bis zum Wasser verläuft.

★ Casa Ludwig PENSION $$

(067-232-5220; www.casaludwig.cl; Uebel 202; EZ/DZ ohne Bad ab 18 000/30 000 Ch$, EZ/DZ

25 000/48 000 Ch$; Okt.–März) Dieses historische Denkmal verbindet Eleganz mit Gemütlichkeit. In dem großen Wohnzimmer prasselt ein Kaminfeuer und das stattliche Frühstück wird auf einem langen Gemeinschaftstisch serviert. Die Zimmerpreise variieren je nach Größe. Die Deutsch und Englisch sprechenden Besitzer helfen beim Buchen von Touren.

Cabañas Aonikenk HÜTTEN $$
(067-232-5208; www.casaturismorural.cl; Hamburgo 16; EZ/DZ ab 25 000/40 000 Ch$, Apartment ab 45 000 Ch$, Hütten für 4/5 Pers. 60 000 Ch$;
) Um die neuen Holzhütten mit Möbeln aus lokalem Holz, molligem, weißem Bettzeug und kleinem Balkon kümmert sich die liebenswerte Betreiberin Veronica. Die Apartments sind mit Küchen ausgestattet und ein Café bietet Schutz bei Regen. Gutes Frühstück.

Los Mañíos del Queulat CAFÉ $
(Mobil 7664-9866; Hauptgerichte 6000 Ch$; 10.30–22 Uhr) Das von einer aufmerksamen Familie betriebene Café serviert Sandwiches, üppige Mittagsmenüs und eine verführerische Auswahl hausgemachter Desserts.

El Muelle MEERESFRÜCHTE $$
(Mobil 7654-3598; Otto Ubel s/n; Hauptgerichte 5000–8000 Ch$; Di–So 12–22 Uhr) Angesichts der fangfrischen *merluza* (Hecht) und der großzügigen Meeresfrüchtegerichte mit Kartoffelbrei oder knusprigen Fritten nimmt man sogar die langsame Bedienung in Kauf. Das geschindelte Gebäude ist von zugewachsenen Blumenbeeten umgeben und befindet sich vor der Polizeiwache.

❶ Praktische Informationen

Touristeninformation (www.puertopuyuhuapi.cl; Otto Uebel s/n; Fr–Mi 10–13.30 & 15–20 Uhr) Gegenüber vom Park erfährt man dank der hilfsbereiten Almendra in einem der kompetentesten Infozentren Patagoniens alles zu Schlafgelegenheiten, Thermalquellen und Restaurants. Außerdem bekommt man eine Karte mit einem Ortsrundgang.

❶ An- und Weiterreise

Die Straße um Puyuhuapi, zwischen La Junta und dem Parque Nacional Queulat, wird bis 2025 ausgebaut, deswegen werden Abschnitte zeitweise gesperrt. Man sollte sich auf Verzögerungen einstellen und sich in Touristeninformationen und Hotels über die Sperrzeiten informieren.

Busse, die zwischen Coyhaique und Chaitén verkehren, setzen Reisegäste in Puyuhuapi ab. Das Hin- und Rückfahrticket sollte man so früh wie möglich kaufen, denn im Sommer sind die Plätze schnell ausgebucht. **Buses Becker** (067-232-167) steuert Chaitén dienstags um 8 Uhr und Futaleufú samstags um 8 Uhr an und fährt dabei jeweils über La Junta. **Terra Austral** (Supermarkt Nido de Puyes) und **Aguilas Patagonicas** (in Coyhaique 067-221-1288; www.aguilaspatagonicas.cl) fahren täglich um 6 Uhr nach Coyhaique ab.

ZIEL	PREIS (CH$)	FAHRTDAUER (STD.)
Chaitén	15 000	5
Coyhaique	12 000	4–5
Futaleufú	15 000	6
La Junta	2000	1

Termas de Puyuhuapi

Chiles führende Thermalanlage **Termas de Puyuhuapi Hotel & Spa** (067-232-5117, 067-232-5103; www.puyuhuapilodge.com; DZ 150 US$, all-inclusive 390 US$ pro Pers. und Tag) liegt in einem üppig wachsenden Wald an der Westküste des Seno Ventisquero und ist ausschließlich per Boot zu erreichen. In den Gebäuden vereint sich der rustikale Stil der chilotischen *palafitos* (Pfahlbauten) mit bayerischem Flair, aber einige der Standardzimmer könnten eine Modernisierung vertragen. Bei einem Großteil der Gäste handelt es sich um Pauschaltouristen. Zu den Pauschalangeboten gehören z. B. Bootsfahrten zum Gletscher und zur Laguna San Rafael. Wer nur ein Zimmer mit Frühstück bucht, hat ausschließlich Zugang zum Pool. Manchmal beträgt der Mindestaufenthalt zwei Nächte.

Drei Becken (inklusive einer heißen und von Farnen beschatteten Schlammlagune) befinden sich direkt am offenen Wasser. So können sich Besucher nach dem Schmoren im dampfenden Nass mit einem kurzen Sprung Abkühlung verschaffen. Die Innenbereiche sind aufwendiger und abwechslungsreicher gehalten, besitzen aber weniger Atmosphäre. Familien tummeln sich dort in Kaltwasserbecken, Jacuzzis sowie in einem großen Whirlpool mit verschiedenen Düsen. Spa-Anwendungen und Massage kosten extra.

In der Hochsaison (Jan. & Feb.) oder bei voller Belegung werden keine Tagesausflügler aufgenommen, ansonsten siehe sie die Außenbecken nutzen (50 000 Ch$) und den Bootstransfer sowie das Mittagessen buchen. Essen gibt's im Hotelrestaurant und in einem preiswerteren Café.

Die Boote (10 000 Ch$) zu den Termas de Puyuhuapi legen zwischen 10 und 18 Uhr vom Bahía-Dorita-Festlandhafen rund 13 km südlich von Puyuhuapi ab.

Parque Nacional Queulat

Im 1540 km² großen **Parque Nacional Queulat** (Eintritt 4000 Ch$; ⊙ 8.30–17.30 Uhr) mäandrieren die Flüsse durch dichte Südbuchenwälder mit üppigen Farnbeständen. Bei Sonnenschein sind die steilwandigen Fjorde, Hängegletscher und 2000 m hohen Vulkangipfel besonders schön. Über 70 km zieht sich die Carretera Austral durch das Schutzgebiet, das auf halber Strecke zwischen Chaitén und Coyhaique liegt.

Obwohl der 1983 gegründete Nationalpark sehr bekannt ist, nehmen nur wenige die Reise in diesen entlegenen Winkel auf sich, auch dank des ständigen Regens (jährlich 4000 mm) und der undurchdringlichen Belaubung. Zudem mangelt es an Wanderwegen und die Conaf hat Mühe, die Wegweiser instand zu halten: Entweder verschwinden sie unter der unglaublich schnell wuchernden Vegetation oder sie gehen anderweitig verloren.

Das **Centro de Información Ambiental** (⊙ 8.30–17.30 Uhr), 22 km südlich von Puyuhuapi und 2,5 km von der Straße entfernt am Parkplatz zum Ventisquero Colgante bezahlt man den Eintritt und wird anhand anschaulicher Darstellungen über die regionalen Pflanzen und Gletscheraktivitäten informiert. Zudem helfen die Ranger bei der Planung von Trekkintouren.

🏃 Aktivitäten

Unweit des Infozentrums bietet ein Aussichtspunkt freie Sicht auf die Hauptattraktion des Parks, den **Ventisquero Colgante**. Wer die Brücke des Río Ventisquero überquert und am Nordufer dem 3,2 km langen Pfad entlang einer Moräne folgt, wird zudem mit einem grandiosen Ausblick auf den Gletscher belohnt, den man nur im Sommer bei einer Bootstour von **Laguna de Los Tempanos** (12 000 Ch$ für 4 Pers.) ansteuern kann.

Nördlich vom Südeingang bei Km 170 beginnt eine feuchte Wanderroute durch das Tal des **Río de las Cascadas**. Der mit Kletterpartien verbundene Weg verläuft durch dichte Wälder voll grazieler Farne, Lianen der Copihue (Chilenische Wachsglocke, die an von Zweigen hängende Glockenblumen erinnert), baumhoher Fuchsien, Steineiben und Lenga-Südbuchen. Der heftige Regen sickert durch den mehrstöckigen Laubbaldachin. Nach etwa einer halben Stunde taucht ein imposanter Granitkessel auf, aus dessen Hängegletschern sechs Wasserfälle ins Tal stürzen.

20 km südlich des Infozentrums führt der **Sendero Bosque Encantado** als 4 km langer Rundweg zu einem Aussichtspunkt mit Blick auf den beeindruckenden Wasserfall und sein kristallklares Auffangbecken hinab. Im weiteren Verlauf windet er sich zwischen Km 175 und Km 178 auf einem abenteuerlichen Zickzackkurs den Portezuelo de Queulat hinauf. Von dort genießt man eine atemberaubende Aussicht aufs Queulat-Tal. Parken kann man in der Nähe der Chucao-Brücke.

Die größeren Gewässer wie der Río Cisnes sowie die Gletscherseen Lago Rosselot, Lago Verde und Lago Risopatrón bieten hervorragende **Angelplätze**.

🛌 Schlafen

Camping Ventisquero   CAMPINGPLATZ $
(Stellplätze 6000 Ch$) Auf dem reizvollen, abgelegenen Gelände mit überdachten Grillplätzen, Picknicktischen und warmen Duschen nahe dem Ventisquero Colgante haben zehn Zelte Platz. Der felsige Untergrund eignet sich allerdings weniger für größere Zelte.

Camping Angostura   CAMPINGPLATZ $
(Lago Risopatrón; Stellplätze 6000 Ch$) Liegt in einem triefnassen Regenwald etwa 15 km nördlich von Puerto Puyuhuapi, aber die Einrichtungen sind okay (mit Feuerstellen und Warmwasserduschen).

> **ABSTECHER**
>
> ### ISLA MAGDALENA
>
> Der **Parque Nacional Isla Magdalena**, eine Pilgerinsel mit Thermalquellen und Wanderwegen, ist ein lohnender Ausflug für Abenteurer, aber die Conaf hat ihn mit nur wenig Infrastruktur versehen und die Bootsfahrt ist teuer. Eine Möglichkeit ist, den Park mit Experiencia Austral (S. 335) in Puyuhuapi zu besuchen. Die Anreise erfolgt über Puerto Cisnes, ein kommerzielles Lachszuchtgebiet 35 km westlich der Carretera Austral. Als Verbindung dient eine Schotterstraße. Busse von La Junta (5000 Ch$, 3 Std.) fahren täglich hierher.

ⓘ An- und Weiterreise

Busse, die zwischen Chaitén und Coyhaique verkehren, halten auf Nachfrage hier. Im Sommer füllt sich das Camp schon morgens und es gibt später keine Verkehrsverbindungen mehr – also früh da sein. Wenn möglich sollte man das Ticket für die Rückreise bereits in Puyuhuapi kaufen.

Rund um den Parque Nacional Queulat

Hinter dem Parque Nacional Queulat gabelt sich die Straße an der Abzweigung nach Puerto Cisnes. Von hier an ist die Straße bis Coyhaique vollständig asphaltiert. **Villa Amengual**, ein Pionierdorf, liegt am Fuß des 2760 m hohen Cerro Alto Nevado und wartet mit einer schindelgedeckten Kapelle im Chilote-Stil und rustikalen familienbetriebenen Unterkünften auf. Die Infrastruktur ist auf das Notwendigste beschränkt.

Los Torreones (Mobil 9829-3263, Mobil 9873-9031; Camino Turistico; DZ 80 000 Ch$, halbtägiger Ausritt 25 000 Ch$), eine komfortable Lodge in der pittoresken Landschaft am Río Simpson direkt hinter dem Abzweig nach **Puerto Aisén,** bietet hervorragende Möglichkeiten zum Fliegenfischen und Reiten. Von Coyhaique sind es 42 km bis zum Camino Turístico; die erste Straße links ab.

Nach weiteren 13 km südlich von Villa Mañihuales zweigt von der Carretera Austral die ebenfalls asphaltierte Fernstraße nach Puerto Aisén und Puerto Chacabuco ab. Der landschaftlich unglaublich schöne Streckenabschnitt bis Coyhaique durchquert die Anden und führt durch Primärwald mit Farnen und Lianen.

Coyhaique

067 / 59 000 EW.

Die unaufhörlich wachsende Rinderstadt bildet den Knotenpunkt der ländlichen Region Aisén. Sie ist immerhin so urban, dass es alle technischen Neuheiten sowie moderne Klamotten und sogar Diskotheken gibt, alles inmitten einer sanft dahinwogenden Hügellandschaft mit buckeligen Felsen und schneebedeckten Bergen im Hintergrund. Für Besucher ist dies ein guter Standort für Abenteuer wie Fliegenfischen, eine Trekkingtour zu den Eiskappen oder die Weiterfahrt auf der Carretera Austral bis zu ihrem Ende in Villa O'Higgins. Wer aus der Wildnis des gemäßigten Regenwalds im Norden von Aisén kommt, dem werden der Lärm der Trucks und der Vororte allerdings unangenehm auffallen.

Weiterhin prosperierende Holz- und Lachsindustrie ziehen Landarbeiter an, die Coyhaiques Bevölkerung noch schneller wachsen lassen. Im Februar 2012 machten massive Bürgerproteste die Region unzugänglich. Die als Fuerza Aysén bekannte Bewegung drückte damit ihre Unzufriedenheit mit der zentralen Regierung, den unzulänglichen öffentlichen Einrichtungen und hohen Lebenshaltungskosten in Patagonien aus, aber die Probleme dauern an.

Das Ortszentrum am Zusammenfluss des Río Simpson und des Río Coyhaique erstreckt sich um einen fünfeckigen Platz, von dem Straßen strahlenförmig abgehen.

⊙ Sehenswertes & Aktivitäten

Mirador Río Simpson AUSSICHTSPUNKT
Wer eine erstklassige Aussicht auf den Fluss genießen will, spaziert auf der J. M. Carrera Richtung Westen.

Lago Elizalde SEE
Dies ist einer von vielen traumhaft friedlichen Bergseen rings um Coyhaique und eine tolle Adresse zum Forellenfischen, Kajakfahren oder Faulenzen am Strand. Er liegt gerade mal 33 km von der Stadt entfernt und ist vom Busterminal aus zu erreichen.

⌲ Geführte Touren

Casa del Turismo Rural KULTURELLE TOUR
(Mobil 7954-4794; www.casaturismorural.cl; Plaza de Armas; Mo–Fr 10.30–19.30, Sa 14–18 Uhr) Diese Organisation empfiehlt Touristen Unterkünfte in ländlichen Regionen und stellt den Kontakt zu einheimischen Guides her, die zu erschwinglichen Preisen für ein besonders authentisches Trekking-, Angel- oder Reiterlebnis sorgen oder auch Stadttouren und *asados* (Barbecues) veranstalten.

GeoSur Expediciones ABENTEUERTOUR
(Mobil 9264-8671; www.patagonialearning.com; Símon Bolívar 521) Der Spezialist für Abenteuer- und regionale Kultur bietet mehrtägige Trekkingtouren zum Cerro Castillo oder Jeinimeini-Chacabuco (800–1200 US$), ganztägige Kajak-, Rad- oder Landausflüge. Das Abenteuerzentrum des Anbieters liegt 57 km südlich von Coyhaique.

Alma Patagonica WANDERN
(Mobil 7618-3588; www.almapatagonica.cl; Serrano 621) Der Wanderführer Hugo Castaneda

Coyhaique

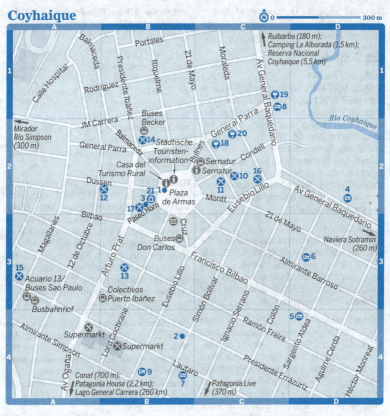

Coyhaique

Aktivitäten, Kurse & Touren
1. Casa del Turismo Rural B2
2. GeoSur Expediciones B4
3. Navimag B2

Schlafen
4. El Reloj D2
5. Hostal Español D4
6. La Estancia Cabañas D3
7. Patagonia Hostel B4
8. Raices B&B C1
9. Residencial Mónica B4

Essen
10. Café Confluencia C2
11. Café de Mayo C2
12. Café Holzer B2
13. Carnes Queulat B3
14. Casino de Bomberos B2
15. Dalí A3
16. La Ovejita C2
17. Mamma Gaucha B2

Ausgehen & Nachtleben
18. Bajo Marquesina C2
    Café
    Confluencia .... (siehe 10)
19. Cerveceria Arisca C1
20. Piel Roja C2

Shoppen
21. Feria Artesanal B2

---

leitet viertägige Rucksackwanderungen rund um den Cerro Castillo (350 000 Ch$ pro Pers.) sowie Gletschertouren auf diesen Berg und auch weitere kürzere Touren rund um Coyhaique.

Aventura Tehuelche ABENTEUERSPORT
(Mobil 5681-2848; aventuratehuelche@gmail.com) Bietet geführte Klettertouren nach Los Avellanos und Trekking rund um den Cerro Castillo, als Tagestouren (50 000 Ch$) ab dem

Dorf und auch als Dreitageswanderungen (350 000 Ch$) mit Guide, Trägern, Ausrüstung und Transfer ab Coyhaique.

Schlafen

Patagonia Hostel
HOSTEL $

(☏ Mobil 6240-6974; www.patagonia-hostel.com; Lautaro 667; B/DZ 14 000/34 000 Ch$; @ 🕾) Das einladende Hostel wird von Deutschen betrieben und verfügt über durchgestylte minimalistische Zimmer, die mit dem Luxus 2 m langer Betten und riesiger Kissen aufwarten. Das Frühstück umfasst Obst, Käse, Salami sowie Marmelade und es gibt den ganzen Tag Tee. Außerdem werden Touren vermittelt und Fahrräder vermietet (15 000 Ch$ pro Tag).

Kooch Cabins
HOSTEL $

(☏ 067-252-7186; julietasotocristi@gmail.com; Camino Piedra del Indio 2; Hütte für 2/6 Pers. 28 000/50 000 Ch$; @) Zwei gute Hütten an einer Straße am Stadtrand, 200 m von der Abzweigung nach Piedra del Indio und zehn Häuserblocks vom Hauptplatz entfernt.

Hostal Español
PENSION $

(☏ 067-242-580; www.hostalcoyhaique.cl; Aldea 343; EZ/DZ 25 000/35 000 Ch$; @) In dem geschmackvoll modernen, weiträumigen Haus gibt's zehn Zimmer mit warmem Bettzeug, Zentralheizung und persönlichem Touch. Der Service ist ausgezeichnet und ein komfortabler Aufenthaltsraum lädt dazu ein, vor einem prasselnden Kaminofen die Beine hochzulegen.

Residencial Mónica
PENSION $

(☏ 067-223-4302; Lillo 664; Zi. 12 000 Ch$ pro Pers.) Die gut gepflegte und gastfreundliche Bleibe im förmlichen Stil der 1960er-Jahre ist immer voll.

★ Patagonia House
BOUTIQUE-HOTEL $$

(☏ 067-221-1488, Mobil 7659-9963; www.patagonia-house.com; Campo Alegre s/n; EZ/DZ/Suite 110/120/160 US$, Landhaus für 3 Pers. 160 US$) Ein komfortables Landhaus 3 km vom hektischen Zentrum entfernt mit hervorragendem Service und einer Top-Ausstattung im dezent modernen Stil. In den geräumigen Zimmern mit Gartenblick hängen umfangreiche Fotografien und die Toilettenartikel sind biologisch. Das Frühstück ist üppig und die Gourmet-Dinner (17 000 Ch$) mit vegetarischen Optionen sind nach einem langen Tag auf staubigen Straßen genau das Richtige. Die Besitzerin Ruth betreibt zudem ein Reisebüro, das sich auf Wildtier-Safaris in Patagonien und maßgeschneiderte Touren spezialisiert hat.

Patagonia Live
PENSION $$

(☏ 067-223-0892, Mobil 9886-7982; www.hostalpatagonialive.cl; Lillo 826; EZ/DZ/3BZ 28 000/39 000/45 000 Ch$; 🕾) 🌱 Victor empfängt alle Gäste sehr herzlich in seinem tadellosen Vorstadthaus mit Frühstücksecke und gemütlichen, modernen Zimmern. Es gibt Rabatt für Emissionsausgleich und er hat eine Liste lokaler Künstler, die gern Besucher empfangen.

Raices B&B
B&B $$

(☏ 067-221-0490, Mobil 9619-5672; www.raicesbedandbreakfast.com; Baquedano 444; EZ/DZ 49 000/69 000 Ch$; P 🕾) Geschmackvoll und minimalistisch eingerichtete Unterkunft: In den geräumigen Zimmern mit rustikalen Kaminen oder großen Heizöfen und Echtholzelementen stehen komfortable Betten mit feiner Bettwäsche. Das B&B liegt zentral an einer stark befahrenen Straße und in einigen Zimmern ist es entsprechend laut.

La Estancia Cabañas
HÜTTEN $$

(☏ 067-250-193; cabanasla@hotmail.com; Colón 166; Hütten EZ/DZ/3BZ 30 000/40 000/50 000 Ch$; 🕾) Rustikale, geräumige Hütten inmitten einer ruhigen Apfelplantage. Die zweistöckigen Häuschen sind mit Fliesenböden, Holzöfen und Kochzeilen ausgestattet und ideal für kleine Gruppen.

El Reloj
BOUTIQUE-HOTEL $$$

(☏ 067-223-1108; www.elrelojhotel.cl; Av General Baquedano 828; EZ/DZ 90/125 US$; @) Kaum zu glauben, dass diese exklusive, komfortable Bleibe früher mal ein Lagerhaus war. Alte rustikale Elemente treffen hier auf elegantes, klares Design. Mit Zypressenholz getäfelte Wände, Möbel im Kolonialstil und ein gemütlicher gemauerter Kamin tragen zur angenehmen Atmosphäre bei. Die Zimmer sind alle ruhig, wobei die Räume im Obergeschoss mehr Licht und eine bessere Aussicht bieten.

Camping La Alborada
CAMPINGPLATZ $

(☏ 067-223-8868; Km 1 Coyhaique-Puerto Aysén; Stellplatz pro Pers 4000 Ch$) Neben den Campingmöglichkeiten in der nahe gelegenen Reserva Nacional Coyhaique bietet auch dieser Platz nur 1 km von der Stadt entfernt saubere, überdachte Stellplätze, Strom und Feuerstellen sowie jede Menge sanitäre Anlagen mit einzelnen Waschbecken und Warmwasserduschen.

Essen

Selbstversorger werden in den beiden benachbarten großen Supermärkten an der Lautaro fündig.

★ Mamma Gaucha
PIZZA $

(☏ 067-221-0721; www.mammagaucha.cl; Paseo Horn 47; Hauptgerichte 5000–9000 Ch$; ◉ Mo-Sa 10–13.30 Uhr) Diese Mischung aus patagonischem Flair und einer kultivierten Palette von Gerichten zu annehmbaren Preisen begeistert selbst den anspruchsvollsten Traveller. Decken aus Zuckerrohr und weiß getünchte Wände aus Holzlatten schaffen ein bodenständiges Ambiente. Als Auftakt bietet sich eine frische Minzlimonade, ein Biowein oder ein Glas La Tropera an. Die Spezialität des Hauses sind die Lehmofen-Pizzas, aber auch die hausgemachte Pasta und die Salate mit Zutaten aus der Region schmecken prima.

Die Zweigstelle und Brauerei La Tropera am Stadtrand ist nur mit einem eigenen Fahrzeug erreichbar.

Café Confluencia
INTERNATIONAL $

(☏ 067-224-5080; 21 de Mayo 544; Hauptgerichte 4000–7000 Ch$; ◉ So geschl.) Leckere Salate in Übergröße und gesunde Hauptspeisen, hin und wieder gibt's auch Pfannengerichte oder Tacos. Zu den beliebtesten Getränken gehören Pisco Sours mit Minze, wobei man tagsüber wohl eher die Tees und frischen Säfte bevorzugt.

Café Holzer
CAFÉ $

(www.holzer.cl; Dussen 317; Kuchen 2000 Ch$; ◉ Di-Fr 9.30–21 Uhr, Sa & So 10–21 Uhr; 🛜) Einheimischen zufolge ist das winzige Café mit der grasbewachsenen Terrasse die beste Adresse für Süßigkeiten. Die köstlichen Kuchen und Torten werden aus einer namhaften Bäckerei in Santiago eingeflogen, es gibt Bohnenkaffee und *mate*.

Cafe de Mayo
CAFÉ $

(☏ Mobil 9709-8632; 21 de Mayo 543; Hauptgerichte 3000–6000 Ch$; ◉ 9–22 Uhr; 🛜) Dieses Café hat sich spezialisiert auf Espresso-Getränke, Frühstück mit Eiern vom Bauernhof und sättigende Gerichten wie *pastel de choclo* (Mais-Schmortopf). Es gibt hier aber auch leckere Sandwiches, tolle Käseplatten und hausgemachte Kuchen, die entweder draußen an Tischen im Schatten oder in dem gemütlichen Innenraum mit zur Dekoration aufgehängten Teekannen und Kamin serviert werden.

Casino de Bomberos
CHILENISCH $

(☏ 067-223-1437; Parra 365; Hauptgerichte 5000 Ch$; ◉ 12–15.30 Uhr) Eine Art Kulturerlebnis bietet dieses klassische, aber fensterlose Speiselokal, in dem Einheimische Fisch und Meeresfrüchte oder Steaks mit Eiern, frischen Empanadas und Pommes essen.

La Ovejita
CAFÉ $

(Ecke Lillo & Moraleda; Hauptgerichte 2000–5000 Ch$; ◉ Mo-Sa 9.30–21.30 Uhr; 🛜) Gemütliches Plätzchen für eine Kanne Dilmah-Tee und ein paar Leckerbissen aus der Dessert-Theke, wie die köstliche selbst hergestellte Schokolade. Die Sandwiches mit Mandelhühnchen oder geräuchertem Schinken und Frischkäse mit Schnittlauch sind eine tolle Abwechslung zur typischen Schinken-und-Käse-Variante.

★ Dalí
GOURMET $$

(☏ Mobil 8198-2906; Lautaro 82; Hauptgerichte 10 000 Ch$; ◉ Mo-Sa 8.30–23 Uhr) Hier isst man im Haus dieses Küchenchefs – ein wirklich besonderes Erlebnis. Eine Speisekarte gibt's nicht, nur ein paar schön gedeckte, mit Kerzenlicht beleuchtete Tische. Küchenchef Cristian kombiniert saisonale Meeresfrüchte, Wild und frische lokale Produkte zu köstlichen Kreationen. Wir empfehlen *calafate sour* als Vorspeise und als Nachtisch Himbeer-Baiser.

Ruibarbo
MODERN $$

(☏ 067-221-1826; Baquedano 208; Hauptgerichte 700–13 000 Ch$; ◉ Mo-Fr 7.30–20.30, Sa 8.30–19 Uhr) Tolle Adresse für herrliche, lange Mittagessen am Holzofen. Die Highlights sind Appetizer wie gebackene Messermuscheln mit blubberndem Käse oder geräucherter Lachs mit Gemüse und Pflaumen. Zudem gibt's Pisco Sours und erschwingliche Mittagsmenüs. Der Besitzer ist außerdem ein einfallsreicher Konditor – das Crème brûlée Rhabarber sollte man sich nicht entgehen lassen.

Carnes Queulat
PARRILLA $$

(☏ 067-225-0507; www.carnesqueulat.cl; Ramón Freire 327; Hauptgerichte 5000–8000 Ch$; ◉ 13–15.30 & 19.30–23 Uhr) In einer mit Schotter bestreuten Gasse hat sich ein nettes, unscheinbares Lokal niedergelassen, das die besten Steaks in der Gegend kredenzt. Sein Aushängeschild ist *carne a las brasas* (über Holzscheiten gegrilltes Fleisch), das man am besten mit frischen, heißen, hausgemachten Empanadas und einem Pisco Sour (nach Geheimrezept) kombiniert.

🍷 Ausgehen & Unterhaltung

In den Sommermonaten lockt Coyhaique mit einem überraschend quirligen Nachtleben.

Cerveceria Arisca BRAUEREIPUB
(Baquedano 400; Sandwiches 5000 Ch$; ⊙ Di–Sa 12.30–15 & 19.30–3.30 Uhr) Bier aus Mikrobrauereien und dazu Ceviche oder hausgemachte Sandwiches mit Lammgeschnetzeltem und Minze-*chimichurri*, serviert in einem freundlichen modernen Ambiente.

Bajo Marquesina SPORTBAR
(☎ 067-221-0720; bajo.marquesina@gmail.com; 21 de Mayo 306; ⊙ Di–Fr 17–24, Sa & So 13.30–22 Uhr) Ein Sportpub und passioniertes Fußball-(Soccer-)Museum voller alter Fotos fußballspielender patagonischer Cowboys und Trikots von Fußballvereinen aus ganz Chile. Der freundliche Besitzer erzählt Besuchern gern ein wenig über die Reliquien.

Piel Roja BAR
(Moraleda 495; ⊙ 18–5 Uhr) In dieser Kneipe tummeln sich junge Leute und vereinzelt auch ein paar Tourguides. Das Obergeschoss verwandelt sich in den frühen Morgenstunden in einen brodelnden Tanzclub.

Café Confluencia CAFÉ
(☎ 067-224-5080; 21 de Mayo 548) Dank two-for-one-Drink-Aktionen und Livemusik an den Wochenenden mit Rock 'n' Roll sowie lateinamerikanischen Shownummern ist dieser coole Schuppen ab 1 Uhr immer gut besucht.

🛍 Shoppen

Feria Artesanal MARKT
(Plaza de Armas) Handwerkskunst, Artikel aus Wolle und Schnitzereien; besonders schöne, originelle Gemälde und Kunsthandwerk bietet der Laden Nr. 15.

ℹ Praktische Informationen

Auf der Condell zwischen der Plaza und der Avenida Baquedano befinden sich mehrere Banken mit Geldautomaten. Dies ist einer der wenigen Orte entlang der Carretera Austral, an denen man Bargeld mit der Visa-Karte ziehen kann.

Cabol (☎ 067-223-0101; General Para 177) Das Reisebüro bietet alle typischen Dienstleistungen.

Conaf (☎ 067-221-2109; Av Ogaña 1060; ⊙ Mo–Sa 9–20, So 10–18 Uhr) Infos über regionale Parks und andere Schutzgebiete.

Hospital Regional (☎ 067-221-9100; Ibar 68; ⊙ 24 Std.) 24-Std-Notdienst.

Polizei (☎ 067-221-5105; Baquedano 534)

Postamt (Lord Cochrane 202) Nahe der Plaza de Armas.

Sernatur (☎ 067-223-3949; www.recorreaysen.cl; Bulnes 35; ⊙ Mo–Fr 9–21, im Sommer Sa & So 10–21 Uhr) Das hilfsbereite Büro bietet Listen mit Aktivitäten, Unterkünften, Verkehrsverbindungen und Preisen sowie Infos über die ganze Region.

Städtische Touristeninformation (☎ 067-221-1253; Plaza de Armas; ⊙ Do–Di 9–13 & 15–19 Uhr) Die Mitarbeiter sprechen Englisch und geben Auskünfte zu Touren und Unterkünften.

Turismo Prado (☎ 067-223-1271; 21 de Mayo 417; ⊙ 9–18 Uhr) Geldwechsel.

ℹ An- und Weiterreise

BUS

Die Busse fahren vom **Busbahnhof** (☎ 067-225-8203; Ecke Lautaro & Magallanes) und vor den Büros der Busunternehmen ab. Fahrpläne ändern sich ständig. Aktuelle Infos gibt's bei **Sernatur** (☎ 233-949; Bulnes 35). Der Busverkehr von und nach Coyhaique ist genauso verwirrend wie das Straßennetz rund um die Plaza. Abhängig von der Nachfrage wechseln die Gesellschaften und ihre Abfahrtsstellen. Wenn nicht anders vermerkt, starten alle Linien am Busbahnhof.

ZIEL	PREIS (CH$)	FAHRTDAUER (STD.)
Chaitén	24 000	9–11
Chile Chico	6000	3½ mit Fähre
Cochrane	13 000	7–10
Futaleufú	20 000	8–9
La Junta	10 000	6
Puerto Montt	30 000	23
Puyuhuapi	8000	5

Folgende Gesellschaften bedienen Ziele im Norden:

Aguilas Patagonicas (☎ 067-221-1288; www.aguilaspatagonicas.cl) fährt täglich um 15 Uhr nach La Junta, Puyuhuapi und Puerto Cisnes.

Transaustral (☎ 067-223-2067) Verkehrt nach Osorno sowie in den Süden nach Comodoro Rivadavia, Argentinien, mit Anschluss nach Punta Arenas.

Buses Becker (☎ 067-223-2167; www.busesbecker.com; General Parra 335) Startet zweimal wöchentlich nach Puyuhuapi, La Junta, Villa Santa Lucía und Chaitén. Samstags geht's nach Futaleufú.

Transportes Terra Austral (☎ 067-225-4355) Puyuhuapi und La Junta.

Queilen Bus (☎ 067-224-0760) Osorno, Puerto Montt, Santiago und Chiloé über Argentinien.

Folgende Unternehmen steuern Orte im Süden an:

Acuario 13/Buses Sao Paulo (☎ 067-252-2143, Mobil 9874-8022) Fährt dienstags, donnerstags und samstags um 8 Uhr nach Cochrane.

Buses Don Carlos (067-223-1981; Cruz 63) Bedient Villa Cerro Castillo, Puerto Río Tranquilo, Puerto Bertrand und Cochrane.

Colectivos Puerto Ibáñez (Ecke Prat & Errázuríz) Tür-zu-Tür-Shuttle nach Puerto Ingeniero Ibáñez (3500 Ch$, 1½ Std.).

FLUGZEUG

LAN (600-526-2000; Parra 402) bietet täglich mehrere Flüge (die meisten starten vormittags) vom Airport Balmaceda nach Puerto Montt (100 000 Ch$) und Santiago (214 000 Ch$). Wer die Tickets vor Ort kauft, zahlt oft deutlich weniger.

Die Maschinen von **Sky Airline** (067-240-827; www.skyairline.cl; Arturo Prat 203) machen auf dem Weg von Santiago nach Punta Arenas eine Zwischenlandung in Balmaceda.

Aerocord (067-224-6300; www.aerocord.cl; Parra 21, Coyhaique) fliegt montags und donnerstags um 10 Uhr mit kleinen Maschinen nach Villa O'Higgins (28 000 Ch$). Charterflüge werden nach Raul Marin Balmaceda, zum Parque Nacional Laguna San Rafael und nach Chile Chico angeboten.

SCHIFF/FÄHRE

Fähren und Kreuzfahrtschiffe fahren von Puerto Chacabuco nach Puerto Montt und Chiloé sowie zum Parque Nacional Laguna San Rafael. Puerto Chacabuco liegt eine Busstunde westlich von Coyhaique, wo sich die nächstgelegenen Büros befinden.

Traveller nach Chile Chico können das Fährticket in der Stadt bei Naviera Sotramin (S. 501) kaufen. Das Unternehmen bietet fast täglich eine Verbindung auf dem Lago General Carrera zwischen Puerto Ingeniero Ibáñez und Chile Chico an (ein Segen für Autofahrer, die sich so jede Menge Zeit auf wirklich schlechten Straßen sparen können). Wer mit dem Wagen unterwegs ist, sollte im Sommer eine Woche im Voraus reservieren.

ⓘ Unterwegs vor Ort

AUTO & FAHRRAD

Ein Leihwagen ist teuer und im Sommer schwer zu bekommen, aber trotzdem beliebt, weil öffentliche Verkehrsmittel nur sporadisch und meist nur zu Hauptzielen fahren. Ein Preisvergleich und eine Vorabreservierung lohnen sich. Zu den lokalen Mietwagenfirmen gehören **Traeger** (067-223-1648; www.traeger.cl; Av General Baquedano 457) mit eigener Werkstatt und einem Abschleppdienst, sowie **Los Andes Patagónicos** (067-223-2920; Horn 48). **Figon** (067-223-4616; Simpson 888) vermietet und repariert Fahrräder.

VOM/ZUM FLUGHAFEN

Der Flughafen Balmaceda liegt 50 km südöstlich der Stadt. Tür-zu-Tür-Shuttlebusse (5000 Ch$) wie **Transfer Velasquez** (067-225-0413) holen Passagiere zwei Stunden vor dem Abflug ab.

Reserva Nacional Coyhaique

Lenga-, Ñire- und Coigue-Bäume überziehen die 21,5 km² große Reserva Nacional Coyhaique, in der zudem kleine Seen und der Cerro Cinchao (1361 m) liegen. Von Coyhaique sind es zu Fuß etwa 1½ Std. zum Schutzgebiet (5 km). Unterwegs genießt man einen grandiosen Ausblick auf die Stadt und die kolossalen Basaltsäulen des Cerro Macay. Zum Park nimmt man die Baquedano Richtung Norden, überquert die Brücke, biegt rechts auf die Schotterstraße ein und folgt dieser. Wer mit dem Auto anreisen will, braucht Allradantrieb, denn der Anstieg ist steil.

Der Sektor **Casa Bruja** mit fünf Campingplätzen (Stellplatz 5000 Ch$), Feuerstellen und sanitären Anlagen (inklusive Warmwasserduschen) liegt 2,5 km vom Parkeingang entfernt. Eine 4 km lange Wanderung durch Coigue- und Lenga-Südbuchenwälder führt zur Laguna Verde mit einem schlicht ausgestatteten Campingplatz und Picknicktischen. Andere Pfade winden sich zur Laguna Los Sapos und zur Laguna Venus.

Reserva Nacional Río Simpson

Gesäumt von mächtigen Bergen fließt der Río Simpson 37 km westlich von Coyhaique träge durch ein breites Tal. Zu beiden Seiten der Fernstraße nach Puerto Chacabuco erstreckt sich die 410 km² große Reserva Nacional Río Simpson. Vor allem bei Anglern und Sommergästen ist das leicht zugängliche, malerische Gelände beliebt. Zum **Centro de Visitantes** (Eintritt 1000 Ch$, Mo–Sa 10–16, So 11–14 Uhr) der Conaf an der Straße zwischen Coyhaique und Puerto Aisén gehören ein kleines naturkundliches Museum und ein botanischer Garten. Ein kurzer Spaziergang führt zur **Cascada de la Virgen**, einem schimmernden Wasserfall an der Nordseite der Fernstraße.

Der **Camping San Sebastián** (Stellplätze 7000 Ch$ pro Gruppe) mit überdachten Stellplätzen und heißen Duschen liegt 5 km vom Centro de Visitantes entfernt. 24 km westlich von Coyhaique erstreckt sich am Zusammenfluss des Río Simpson und Río Correntoso der **Camping Río Correntoso** (067-232-005; Stellplätze 7000 Ch$ pro Gruppe). Seine 50 geräumigen Stellplätze verteilen sich am Flussufer in einer ländlichen Idylle. Rustikal und schlicht sind auch die Duschen, aber immerhin kommt warmes Wasser raus.

Von Coyhaique fahren häufig Busse nach Puerto Aisén.

Monumento Natural Dos Lagunas

Das 181 ha große **geschützte Feuchtgebiet** (Eintritt 2000 Ch$) liegt an der Straße zum Paso Alto Coyhaique an der argentinischen Grenze. Es bietet zahlreichen Vogelarten, darunter Schwäne, Blässhühner und Arten aus der Familie der Lappentaucher einen Lebensraum. Das Reservat, in dem überall Orchideen wachsen, ist eine ökologische Übergangszone zwischen dem Südbuchenwald und der semiariden Steppe. Ein kurzer Wanderpfad führt zur Laguna El Toro, während sich eine längere Schleife um das Nordende der Laguna Escondida zieht. In der Nähe des Eingangs gibt's einen Lehrpfad (1 km) und ein Picknickgelände. An öffentlichen Verkehrsmitteln hierher mangelt es, die Conaf-Zweigstelle in Coyhaique hilft aber bei der Lösung der Transportfragen.

Parque Nacional Laguna San Rafael

In diesem fantastischen abgeschiedenen **Nationalpark** (Eintritt 4000 Ch$) stehen Besucher staunend vor dem 30 000 Jahre alten San-Valentín-Gletscher in Chiles nördlichem patagonischem Eisfeld. Das 1959 gegründete 12 000 km² große Schutzgebiet wurde von der Unesco zum Biosphärenreservat erklärt und ist die beliebteste Attraktion der Region. Der Park umfasst heute selten gewordene Torfmoore, unberührten gemäßigten Regenwald mit Südbuchen und Epyphyten sowie den 4058 m hohen Monte San Valentín, den höchsten Berg der südlichen Anden. Das Interesse der Wissenschaft gilt in erster Linie den extremen Schwankungen des Wasserspiegels der vom Gletscher gespeisten Lagune.

Bis vor Kurzem war die Anreise ein zeit- und kostspieliges Unterfangen. Die meisten Touristen kamen auf dem Seeweg an und stiegen auf kleinere (Schlauch-)Boote um, um sich der 60 m hohen Gletscherwand zu nähern. Leider konnte man auf diese Weise nur ein paar wenige Stunden ausharren und hatte auch nicht die Möglichkeit zur Erkundung der umliegenden Pfade.

Eine neue, 77 km lange Schotterstraße durchquert das **Valle Exploradres** von Puerto Río Tranquilo bis Bahía Exploradores und ermöglicht Tagesausflüge ab Río Tranquilo. Reiseagenturen arrangieren die notwendigen Bootstransfers. Übernachtungen sind sehr zu empfehlen, wenn man das Seufzen, Krachen und Knacken des kalbenden Gletschers hören möchte!

In der Nähe des Conaf-Büros an der Landebahn gibt's einen **Zeltplatz** (Stellplatz 5000 Ch$). Er bietet fünf rustikale Plätze mit fließendem Wasser und Waschräumen. Offenes Feuer ist nicht erlaubt, außerdem bekommt man nirgendwo im Park etwas Essbares.

👉 Geführte Touren

Die folgenden Fährunternehmen legen in Puerto Chacabuco und Puerto Montt ab. Auf der Website kann man sich über Abfahrtszeiten und Rabatte für Studenten/Senioren informieren.

Emtrex GLETSCHERTOUREN
(📱 Mobil 8259-4017; www.exploradores-sanrafael.cl; Tagestour/mit Übernachtung 140 000/220 000 Ch$ pro Pers.) Wird von Fachleuten für Abenteuerreisen betrieben. Man nähert sich dem Gletscher in einem offenen Zodiac-Boot (Passagiere erhalten Schwimmanzüge). Wer mag, kann in einem luxuriösen Basislager des Parks übernachten. Die Tagesexkursionen starten bei Km 75 auf der Valle Exploradores. Im Rahmen der längeren Touren unternimmt man auch Wanderungen.

Destino Patagonia GLETSCHERTOUREN
(📱 Mobil 9158-6044; www.destinopatagonia.cl; ganzer Tag 140 000 Ch$ pro Pers.) Teilnehmer werden bei Km 77 auf der Valle-Exploradores-Straße abgeholt (der Transfer ab Puerto Río Tranquilo kostet extra). Die Tour zum San-Rafael-Gletscher erfolgt in einem überdachten Boot und beinhaltet das Mittagessen und Whiskey auf 1000 Jahre altem Eis.

Cruceros Skorpios KREUZFAHRTEN
(📱 in Santiago 02-477-1900; www.skorpios.cl; 6-tägige Bootsfahrt/5 Nächte im DZ ab 4400 US$) Die opulente *Skorpios II* legt in Puerto Montt ab. Den kompletten dritten Tag verbringt man am Gletscher. Ein Highlight ist der Stopp in Quitralco, dem privaten Thermalquellenresort des Fährunternehmens. Auf dem Rückweg steht ein Besuch von Chiloé an.

Navimag FÄHRE
(067-223-3306; www.navimag.com; Paseo Horn 47-D, Coyhaique; Fähre nach Puerto Montt Passagier/Auto ab 35 000/160 000 Ch$) Auf der 24-stündigen Fahrt von Puerto Chacabuco nach Puerto Montt schippert die Fähre durch Patagoniens bezaubernde Fjorde und vorbei an Inseln. Man kann Schlafsaalbetten sowie private Einzel- und Doppelzimmer buchen.

Catamaranes del Sur KREUZFAHRTEN
(067-235-1112; www.catamaranesdelsur.cl; JM Carrera 50, Puerto Chacabuco; Tagestour zum Gletscher 190 000 Ch$ pro Pers.) Veranstaltet ab Puerto Chacabuco zwölfstündige Tagesausflüge auf dem *Catamaran Chaitén* und der kleinen *Iceberg Expedition,* in der Nebensaison zu deutlich ermäßigten Preisen. Da man tagsüber unterwegs ist, hat man einen tollen Fjord-Blick, verbringt allerdings weniger Zeit am Gletscher. Die Übernachtung im exklusiven, aber seelenlosen Loberías del Sur sowie Besuche des Privatparks Aikén sind ebenfalls buchbar.

Reserva Nacional Cerro Castillo

Die Basaltspitzen des Cerro Castillo sind das Herzstück der **Reserva Nacional Cerro Castillo** (Eintritt 2000 Ch$), eine geschützte Berglandschaft mit einem schönen Südbuchenwald. Sie dehnt sich 75 km südlich von Coyhaique auf einem über 1800 km² großen Areal aus. Lauschige Angelplätze finden sich hier neben wenig begangenen Wanderwegen. Drei bedeutende Gletscher flankieren die Südhänge des 2700 m hohen dreiteiligen Cerro Castillo. Der 16 km lange Trekkingpfad nach Campamento Neozelandés ist ein Streckenabschnitt des Sendero de Chile. Eine andere gute Fünf-Tages-Wandertour (in Lonely Planets *Trekking in the Patagonian Andes* detailliert beschrieben) beginnt im Norden des Schutzgebietes bei Km 75 und endet im Süden in Villa Cerro Castillo. Auf dieser Route passiert man Gletscher, Flüsse und Seen.

An der Laguna Chaguay 67 km südlich von Coyhaique betreibt die Forst-und Umweltbehörde Conaf einen geschützten **Campingplatz** (Zelt 3500 Ch$) mit Waschräumen und Warmwasserduschen. Auch wildes Zelten ist möglich. Touren ins Hinterland sollte man mit den Rangern besprechen, die einen über saisonal auftretende Gefahren informieren.

Öffentliche Busse setzen Fahrgäste an der Rangerstation und am Campingplatz ab.

Villa Cerro Castillo

Am Fuß des Cerro Castillo mit seinen glitzernden bizarren Spitzen erstreckt sich die staubige Pioniersiedlung Villa Cerro Castillo, ein guter Ausgangspunkt für die Erkundung des Naturschutzgebietes. Sie liegt in der Nähe der Carretera Austral nur etwa 10 km westlich von der Abzweigung nach Puerto Ingeniero Ibáñez. Das größte Fest der Gemeinde, das **Festival Costumbrista**, findet meistens im Februar statt und zieht Künstler sowie Kunsthandwerker aus ganz Chile und Argentinien an. Im Rahmen der Festlichkeiten wird auch ein authentisches patagonisches Rodeo veranstaltet. In der hilfreichen **Touristeninformation** (Ecke Carretera Austral & O'Higgins; Jan.–Feb. 10–13 & 14–18 Uhr) bekommen Besucher Auskünfte.

Die saubere Familienunterkunft **Cabañas Don Niba** (Mobil 9474-0408; Los Pioneros 872; DZ 25 000 Ch$, EZ/DZ ohne Bad 9000/18 000 Ch$) tischt ein üppiges Frühstück auf und bietet geführte Ausritte, *asados* (Barbecues) und Wanderungen an. **Baqueanos de la Patagonia** (Mobil 6513-6226, Mobil 7898-8550; www.baqueanosdelapatagonia.cl; Camino sector Arroyo el Bosque; Camping 4000 Ch$ pro Pers.) ist ein Campingplatz mit Warmwasserduschen, der Barbecues organisiert und Fahrräder verleiht. Die Betreiber arrangieren tolle Ausritte und praktizieren darüber hinaus *domo racional*, eine besonders sanfte Art der Pferdehaltung.

Nicht verpassen sollte man **La Cocina de Sole** (Mobil 9839-8135; Carretera Austral s/n; Sandwiches 4000 Ch$; 8:30–20 Uhr), einen pastellfarbenen Bus an der Straßenseite, der riesige Steaksandwiches und Säfte verkauft. Sättigende Mahlzeit im Sitzen gibt's bei **La Querencia** (Mobil 9503-0746; O'Higgins 522; Tagesmenü 5000 Ch$; 8–20 Uhr) und **Villarica** (Mobil 6656-0173; O'Higgins 592; Hauptgerichte 4000–7000 Ch$; tgl. 8–22 Uhr) in Form von hausgemachten Mittagsmenüs.

Busse auf dem Weg Richtung Norden nach Coyhaique oder Richtung Süden nach Puerto Río Tranquilo halten hier täglich.

Puerto Ingeniero Ibáñez

067 / 3000 EW.

Das verschlafene Kaff am Nordufer des Lago General Carrera ist eigentlich eine Durchgangsstation für die Passagiere der Fähren, doch immer mehr neue Kletterrouten machen den Ort zum Geheimtipp für Bergsteiger. Als

1991 der Volcán Hudson ausbrach, wurde Puerto Ingeniero Ibáñez verschüttet, mittlerweile sieht aber alles wieder aus wie früher.

Hier starten Fähren nach Chile Chico am Südufer des Sees. Wer sich für regionales Kunsthandwerk interessiert, sollte nach der Töpferin Señora Marta Aguila oder nach Señora Juana Vega, einer Spezialistin für Webarbeiten und Pflanzenheilmittel, fragen. Die Einheimischen beschreiben auch bereitwillig den Weg zu den Höhlenmalereien in der Cueva de las Manos oder zu den beeindruckenden Wasserfällen des Río Ibañez.

Etwa 1,5 km nach dem Abzweig nach Ibáñez bietet **La Casona** (Mobil 7106-3591; senderospatagonia@gmail.com; B/EZ/DZ mit Gemeinschaftsbad 12 000/15 000/30 000 Ch$, DZ 40 000 Ch$, Camping 5000 Ch$ pro Pers.) nette Zimmer in einem neonpinken Bauernhaus; Zelten ist eventuell ebenfalls möglich – ideal für Radfahrer und Wanderer.

Camper werden auch den landeinwärts gelegenen Zeltplatz **Maitenal Camping** (Mobil 8389-2832; Camino a Levican, Km 10; Stellplätze 2500 Ch$ pro Pers., B 6000 Ch$) einladend finden. Er verfügt über einige tolle Einrichtungen, es gibt Duschen, Lamm zum Barbecue und leckeres Bier. Besitzerin Lillian ist geprüfter Tourguide und ihr deutscher Ehemann Gerald kümmert sich um die Kletterrouten auf dem Gelände, die sich für alle Niveaus eignen. Auf dem Weg dorthin geht es hinter dem Wasserfall bis Levican und dann bei Km 10 rechts ab.

Die Fähre **Naviera Sotramin** (067-252-6992; www.sotramin.cl; General Carrera 202; Passagier/Auto 2100/18 650 Ch$) überquert den Lago General Carrera fast täglich; 30 Minuten vor der Abfahrt da sein. Den aktuellen Fährfahrplan bekommt man online. **Buses Acuña** (067-225-1579) fährt fast täglich nach Coyhaique (5000 Ch$, 2 Std.), immer bei Ankunft der Fähre aus Chile Chico.

Chile Chico

067 / 4600 EW

Die kleine Plantagenstadt an der Grenze zu Argentinien liegt am windigen Südufer des Lago General Carrera. Erreichbar ist der Grenzort per Fähre oder über eine nervenaufreibende Straße, die einige Gold- und Silberminen passiert. Traditionell lebten die Einheimischen von Ackerbau und Viehzucht, doch inzwischen haben sie sich als Minenarbeiter verdingt. Übrigens wird man hier gerüchtehalber kabellos im Internet surfen können.

Trekkingfans sollten sich die 60 km entfernte Reserva Nacional Jeinimeni nicht entgehen lassen. Dort erwarten sie einsame Wanderungen durch ein ausgedörrtes Wunderland mit türkisblauen Bergseen, an denen sich Scharen von Flamingos tummeln. Traveller können leicht die argentinische Grenze nach Los Antiguos überqueren und auf der Ruta 40 weiter nach Süden reisen.

Eines der Highlights der Region ist die Fahrt über den Paso Las Llaves. Westlich von Chile Chico führt die mit Haarnadelkurven gespickte Straße direkt auf die Carretera Austral. Furchteinflößend und atemberaubend zugleich sind ihre tückischen, unübersichtlichen Kurven und das steile Gefälle hoch über dem See auf losem Schotter mit Schleudergefahr. Es gibt keine Leitplanken. Hier muss man sehr vorsichtig fahren.

◉ Sehenswertes & Aktivitäten

Casa de la Cultura MUSEUM
(067-241-1355; Ecke O'Higgins & Lautaro; Mo-Fr 9–13 & 15–18 Uhr) GRATIS Zeigt eine Ausstellung mit Arbeiten regionaler Künstler. Den ersten Stock füllen Exponate aus der näheren Umgebung, darunter Mineralien und Fossilien. Hinter dem Gebäude ist die *El Andes* aufgebockt: Das im schottischen Glasgow errichtete Schiff war eigentlich für die Themseschifffahrt gedacht, wurde jedoch hierhergebracht, um Passagiere und Fracht über den See zu schippern.

Expeditions Patagonia ABENTEUERTOUREN
(Mobil 8464-1067; www.expeditionspatagonia.com; O'Higgins 333, Galeria Municipal; 9–13 & 14.30–20 Uhr) Ferdinando Georgia, ein namhafter Guide und Absolvent der Escuela de Guias (ein hartes Ausbildungsprogramm in Coyhaique) bietet Trekking im Jeinimeni-Reservat, mehrtägige Exkursionen und Bergsteigerexpeditionen an.

Patagonia Xpress ABENTEUERTOUREN
(Mobil 9802-0280; www.patagoniaxpress.cl; O'Higgins 333, Galeria Municipal #4; ganztägig Sportaktivitäten 92 000 Ch$; 9–13 & 15–18 Uhr) Mountainbiken und Wandern in der Reserva Nacional Jeinimeni, wo einen das nette Team auch hinbringt (30 000 Ch$ pro Pers.).

🛏 Schlafen & Essen

Ñandu Camp HOSTEL $
(Mobil 6779-3390; www.nanducamp.com; O'Higgins 750; B 12 000 Ch$; 📶) Große achteckige

Schlafsäle mit Gemeinschaftsküche. Die Besitzer sind Bergsteiger und bauen gerade Hütten in der Reserva Nacional Jeinimeni. Sie bieten Wanderern umfassende Informationen und organisieren Transfers in den Park.

Hospedaje Brisas del Lago   PENSION $
(067-241-1204; brisasdellago@gmail.com; Manuel Rodríguez 443; EZ/DZ-Apt. 25 000/35 000 Ch$, EZ/DZ ohne Bad 15 000/25 000 Ch$) Im Haus gibt's zahlreiche geräumige, saubere und gemütliche Zimmer und im Garten dahinter verteilen sich ebensolche Hütten zwischen den Blumenbeeten.

Kon Aiken   PENSION $
(067-241-1598; Pedro Burgos 6; Stellplätze pro Pers. 4000 Ch$, Zi. pro Pers. 12 000 Ch$, Hütte für 7 Pers. 30 000 Ch$) In der netten Unterkunft mit familiärer Atmosphäre herrscht manchmal ziemlich Trubel. Die netten Besitzer verkaufen Feuerholz und regionale Produkte. Manchmal arrangieren sie auch einen *asado* oder grillen Lachs. Eine Reihe Pappeln schützt Zelte vor dem Wind.

★ Hostería de la Patagonia   PENSION $$
(067-241-1337, Mobil 8159-2146; hdelapatagonia @gmail.com; Camino Internacional s/n; Camping 4000 Ch$ pro Pers., ohne Bad 15 000 Ch$ pro Pers., EZ/DZ/3BZ 35 000/50 000/61 000 Ch$, Hütte 50 000 Ch$;) Die Farm mit einem entzückenden Bauernhaus, Pferden, historischen Erinnerungsstücken und Whirlpool im Garten (wird extra berechnet) gehört den Nachkommen belgischer Siedler. Die Zimmer im 1. Stock sind renoviert und haben Zentralheizung. Bei der Hütte handelt es sich um ein wiederhergerichtetes Boot mit einer Küche. Die Gastgeber servieren Abendessen und geben gern Reisetipps. Wenn man aus dem Zentrum Richtung Argentinien fährt, erkennt man das Haus am gelben Dach.

La Posada del Río   HOTEL $$
(Mobil 9452-0759, Mobil 9647-0968; www.posadadelriolodge.com; Camino Internacional, Km 5; EZ/DZ/3BZ 66/88/111 US$) Mitten in der Steppe steht dieses Hotel mit hellen hübschen Zimmern. Zum Frühstück gibt's u. a. Orangensaft und *medialunas* (Croissants).

Restaurante Facundo   CHILENISCH $$
(067-241-1452; Manuel Rodriguez 243; Hauptgerichte 8000 Ch$; 12–15.30 & 19–23 Uhr) Das gut besuchte Restaurant mit Seeblick hat rustikale Details und langsamen Service, aber dafür gibt's riesige Portionen Bratkartoffeln, Salat und Lamm oder Lachs.

🛈 Praktische Informationen

BancoEstado (González 112; Mo–Fr 9–14 Uhr) Tauscht nur US-Dollars (bar). Der Wechselkurs ist akzeptabel. Für Reiseschecks wird eine Vermittlerprovision berechnet. Der Geldautomat akzeptiert nur MasterCard.

Conaf (067-241-1325; Blest Gana 121; Mo–Fr 10–18, Sa 11–16 Uhr) Infos über die Reserva Nacional Jeinimeni.

Oficina de Información Turística (067-241-1338; www.chilechico.cl; Ecke O'Higgins & Blest Ghana; Mo–Fr 8–13 & 14–17 Uhr) Sehr gute regionale Touristeninformation.

Postamt (Manuel Rodríguez 121)

🛈 An- und Weiterreise

Es gibt eine Copec-Tankstelle.

BUS
Mehrere Shuttlebusse fahren über die Grenze ins argentinische Los Antiguos (2000 Ch$, 20 Min.), eine Kleinstadt nur 9 km östlich von Chico Chile. Shuttlebusse, die in Abstimmung mit den Direktbussen nach El Chaltén unterwegs sind, starten von der O'Higgins 420.

Von Los Antiguos fahren Busse zu argentinischen Zielen wie Perito Moreno, El Chaltén und in Orte im argentinischen Teil Südpatagoniens.

Die Busrouten werden von Privatleuten bedient, die ihre Unternehmen von der Regierung genehmigen lassen müssen. Aus diesem Grund ändern sich Anbieter und Fahrpläne von Jahr zu Jahr.

Busse von **Seguel** (067-243-1214; O'Higgins 394) und **Buses Eca** (067-243-1224) fahren montags bis freitags um 16 oder 18 Uhr nach Puerto Guadal (7000 Ch$, 2½ Std.). Nach Puerto Río Tranquilo (14 000 Ch$, 4 Std.) kommt man dienstags und freitags um 11 Uhr mit Bussen von Costa Carrera. **Fernando Varas** (Mobil 7756-8234) fährt montags und freitags um 8 Uhr nach Cochrane (14 000 Ch$, 4 Std.).

Buses Acuña (067-225-1579; Rodríguez 143) und **Buses Carolina** (067-241-1490; im Fährbüro) bieten eine Kombination aus Bus und Fähre nach Coyhaique (5000 Ch$, 3½ Std.), die man im Voraus reservieren sollte. Zuerst nimmt man dann die Fähre von Naviera Sotramin nach Puerto Ibáñez.

SCHIFF/FÄHRE
Fast jeden Tag verkehrt eine Fähre von **Naviera Sotramin** (067-223-7958; www.sotramin.cl; Muelle Chile Chico; Passagier/Auto 2000/17 700 Ch$) über den Lago General Carrera nach Puerto Ingeniero Ibáñez – eine große Abkürzung nach Coyhaique! Autofahrer sollten im Sommer eine Woche im Voraus reservieren. Wer mitwill, muss 30 Minuten vor der Abfahrt da sein.

Reserva Nacional Jeinimeni

Türkisblaue Seen und eine rostbraune Steppe prägen die Landschaft der wenig besuchten Reserva Nacional Jeinimeni (Eintritt 2000 Ch$). Das 1610 km² große Schutzgebiet liegt in der Übergangszone zur patagonischen Steppe 52 km südwestlich von Chile Chico. Zu seinen Attraktionen zählen sehenswerte Höhlenmalereien und die Fauna, darunter Füchse und Flamingos.

Trekkingfans können in drei Tagen bis ins Valle Chacabuco auf der anderen Seite der Berge wandern. Nähere Infos dazu bekommt man im Parque Nacional Patagonia.

Am Ufer des strahlend blauen Lago Jeinimeni, 400 m vom Conaf-Büro entfernt, befinden sich drei private Campingplätze (Stellplatz 5000 Ch$). Eine 10 km lange Rundwanderung (3 Std.), der Sendero Lago Verde, führt Besucher zu einem See, der wie ein himmelsfarbener Edelstein in der Landschaft glitzert. Die Zufahrt zum Park ist nur mit einem Geländewagen möglich, da der Río Jeinimeni überquert werden muss. Er führt immer mal wieder sehr viel Wasser und ist kaum passierbar. Tagesausflügler sollten sich rechtzeitig auf den Rückweg machen, damit sie noch vor 16 Uhr auf der anderen Seite sind.

Die viertägige Rucksackwandertour vom Sendero Lago Verde über den Paso de la Gloria bis ins Aviles-Tal im Futuro Parque Nacional Patagonia wird bei Travellern immer beliebter, die Organisation ist aber logistisch nicht ganz einfach (die Transfers müssen im Voraus organisiert werden). Außerdem benötigen Wanderer pfadfinderische Qualitäten und Bergerfahrung, denn die Strecke ist nur spärlich gekennzeichnet und erfordert zahlreiche Flussüberquerungen.

Der Veranstalter Patagonia Huts (Mobil 6779-3390; Wanderpauschalpaket 250 US$ pro Pers./Tag) bietet einen all-inclusive-Bergführer-Service mit Unterkünften in einer neuen privaten Berghütte (*refugio*) im Park an.

Auf der Strecke zur Reserva Nacional Jeinemeni verläuft 25 km südlich von Chile Chico eine Zufahrtsstraße zur Cueva de las Manos mit Höhlenmalereien der Tehuelche, die aber nicht so beeeindruckend sind wie ihr gleichnamiges Pendant in Argentinien. Der unmarkierte Weg zur Höhle geht steil bergauf über Stock und Stein, deshalb sollte man diese nur in Begleitung eines einheimischen Guides besichtigen.

Puerto Río Tranquilo
067

Viele Traveller halten in dem bescheidenen Dorf mit schindelgedeckten Häuschen am windgepeitschten Westufer des Lago General Carrera meist nur, um zu tanken, dabei mausert es sich gerade zu einer guten Adresse für Outdooraktivitäten. Außerdem ist es die den Capilla-de-Marmol-Höhlen am nächsten gelegene Ortschaft. Seit Kurzem starten hier auch günstigere Touren zum faszinierenden San-Rafael-Gletscher. Einen Geldautomaten gibt's nicht.

Sehenswertes & Aktivitäten

Aufgrund des übermäßigen Wachstums der Kieselalge Didymo braucht man zum Boot- und Kajakfahren Genehmigungen, die in der Capitanía erhältlich sind.

Capilla de Mármol — NATURDENKMAL
(Marmorkapelle) Der Abstecher zu diesen geologischen Formationen lohnt sich. Wenn das Wetter mitspielt, gelangt man mit einem Boot über den Lago General Carrera (ab 40 000 Ch$ für 5 Pers.) hierher. Wer mit dem Auto kommt, fährt südöstlich der Stadt 8 km weit bis zu den Ausflugsbooten in der Bahia Manso. Von hier ist die Überfahrt kürzer, denn die Bucht liegt direkt gegenüber von den Höhlen.

Valle Exploradores — SPRITZTOUR
Diese neue Straße verläuft von Osten nach Westen Richtung Laguna San Rafael, endet jedoch abrupt an einem Damm. Die Strecke ist rau, aber wunderschön, gesäumt von Gletschern und wuchernden Nalcas. Man kann sie mit einem Wagen oder Rad abfahren und sollte unbedingt am Glaciar Exploradores-Aussichtspunkt (Weggebühr 1500 Ch$) bei Km 52 halten. Tagesausflügler auf dem Weg zum Glaciar San Rafael treffen die Tourveranstalter am Ende der Straße.

Schlafen & Essen

Residencial Darka — PENSION $
(Mobil 9126-5292; Arrayanes 330; Zi. 13 000 Ch$ pro Pers.) Familienbetrieb mit sauberen Zimmern. Für eine ordentliche Prise Kitsch sorgen Pastelltöne und Spitze.

Camping Pudu — CAMPINGPLATZ $
(Mobil 8920-5085; www.puduexcursiones.cl; Campingplatz 6000 Ch$ pro Pers.; Dez.–März) Der schöne Campingplatz am Seeufer mit Warmwasserduschen, Waschmöglichkeit und Sau-

na (12 000 Ch$), liegt 1 km südlich von Puerto Río Tranquilo und bietet auch touristische Informationen an.

★ El Puesto GASTHAUS $$
(☏ Mobil 6207-3794; www.elpuesto.cl; Pedro Lagos 258; EZ/DZ/3BZ 131/184/210 US$; 🛜) Das Hotel mit 10 Zimmern verwöhnt seine Gäste mit Wollpantoffeln, handgewebten Decken und Schaukelstühlen. Es gibt sogar Schaukeln für die Kleinen. Die Englisch sprechenden Besitzer bieten professionelles Eistrekking auf dem Glaciar Exploradores, Kajakfahrten und vieles mehr an. Nach vorheriger Anmeldung wird Abendessen (15 000 Ch$) serviert. Außerdem kann man sich massieren lassen und Hütten mieten.

Campo Alacaluf GASTHAUS $$
(www.campoalacaluf.com; Km 44, Valle Exploradores; Camping 3000 Ch$ pro Pers., DZ/3BZ 46 000/60 000 Ch$, DZ/3BZ ohne Bad 28 000/42 000 Ch$) Das Landhaus aus Naturstein liegt mitten im entlegenen Valle Exploradores und ist dort die einzige Übernachtungsmöglichkeit. Die deutschen Besitzer bieten außerdem Campinggästen Duschen (1500 Ch$), Mahlzeiten (ab 8000 Ch$) und Lunchpakete aus selbstgebackenem Brot an. Reservieren muss man online.

Cervecería Río Tranquilo BRAUEREIPUB $
(☏ Mobil 9895-5577; Carretera Austral s/n; Sandwiches 5000 Ch$) Gegenüber vom Touristenkiosk braut dieses Pub auf dem Gelände Arisca-Bier, dazu werden Lammsandwiches aus selbstgebackenem Brot serviert.

ℹ Praktische Informationen
Casa del Turista (☏ Mobil 5189-3146; Ecke Av Costanera & Pedro Lagos; ⊙ 9–12 & 16–21 Uhr) Organisiert Abenteuertrips und Bootsfahrten zum San-Rafael-Gletscher.

Touristenkiosk (Av Costanera s/n; ⊙ Dez.–März Di–So 10–13 & 14–18.30 Uhr) Infos zu Übernachtungsmöglichkeiten, verschiedene Transportmittel (darunter auch Kleinbusse zum Valle Exploradores) und Touren zur Capilla de Mármol.

ℹ An- und Weiterreise
Zwischen Coyhaique (10000 Ch$) und Cochrane (8000 Ch$) verkehrende Busse setzen hier Fahrgäste ab bzw. nehmen sie auf. Minibus **Vidal** (☏ Mobil 9932-9896) fährt zweimal pro Woche nach Coyhaique. Busse nach Coyhaique passieren den Ort gewöhnlich gegen 10 Uhr, solche mit Zielen weiter südlich zwischen 13 und 14 Uhr. Der Bus nach Chile Chico (14 000 Ch$) hält mittwochs und sonntags etwa um 14 Uhr im Ort.

Cruce el Maitén

Cruce el Maitén ist kaum mehr als ein Wegkreuz. Hier führt eine Straße gen Osten am Lago General Carrera entlang nach Chile Chico. Der renommierte Reiseveranstalter **Pared Sur** (☏ Mobil 9345-6736, in Santiago 022-207-3525; www.paredsur.cl; Bahia Catalina) bietet in einem neuen Abenteuerzentrum am See Luxuscamping und Pauschalangebote für Rad- und Kajakfahren, Rafting und Canopy-Touren. Die **Hacienda Tres Lagos** (☏ 067-241-1323; www.haciendatreslagos.com; Km 274; EZ/DZ ab 280/312 US$; @🛜) am See verfügt über elegante Quartiere, Einrichtungen für ein breites Publikum sowie eine Kunstgalerie, eine Zipline, eine Sauna, einen Whirlpool, ein Café und organisiert darüber hinaus Angeltouren.

Puerto Guadal

Dieser vom Wind gebeutelte einsame Ort am südwestlichen Ende des Lago General Carrera liegt an der Straße nach Chile Chico 13 km östlich der Carretera Austral und begeistert mit seiner Postkartenkulisse. Auch wenn es so scheint, als hielten hier alle rund um die Uhr Siesta, versprechen hervorragende Schlafgelegenheiten, Wandermöglichkeiten und Gletscher in unmittelbarer Nähe einen tollen Aufenthalt.

Der Abenteuerveranstalter **Kalen** (☏ 067-243-1289, Mobil 8811-2535; turismokalenpatagonia@gmail.com; Los Alerces 557; ⊙ 9–21 Uhr) wird von dem namhaften Guide Pascual Diaz geführt, der Ausritte, Gletschertouren (60 000 Ch$ pro Pers.) und Treks zu einem fantastischen Fossilienbett (25 000 Ch$ pro Pers.) arrangiert. Am besten stellt man vorab den Kontakt her, denn das Büro ist geschlossen, wenn Exkursionen stattfinden.

🛏 Schlafen

Destino No Turistico HOSTEL, CAMPINGPLATZ $
(☏ Mobil 8756-7545; www.destino-noturistico.com; Camino Laguna La Manga, Km 1; Stellplätze 5500 Ch$ pro Pers., B/DZ 12 000/28 000 Ch$) 🌿 Dem Ökocamp und Hostel Destino No Turistico, einem wunderbaren Refugium auf dem Land, eilt sein guter Ruf voraus. Rocio und Marcelo, die Inhaber, bringen Besuchern ihren autarken Lebensstil nahe und zeigen ihre praktischen Erfindungen. Die Unterkunft ist makellos, hat komfortable Betten (jedes mit einer eigenen Leselampe), Solarduschen, Gemeinschaftsküchen und Komposttoiletten. Sie liegt 1,5 km außerhalb des

Ortes, der Weg geht immer schön bergan. Bei mehrtägigem Aufenthalt wird man auch abgeholt. Autos müssen vor dem Eingangstor abgestellt werden.

★ Terra Luna HÜTTEN $$$
(☏ 067-243-1263; www.terra-luna.cl; Stellplätze 5500 Ch$ pro Pers., Hütten für 2 Pers. 36 000 Ch$, DZ/3BZ/4BZ ab 77 000/95 000/105 000 Ch$; 🛜 🐕) In der Abenteuerlodge Terra Luna am See kann kann man herrlich entspannen, aber auch einen Adrenalinkick der Extraklasse erleben. Gäste übernachten in schicken Apartments, Hütten oder fantastischen Baumhäusern; ein verführerisches Extra sind die mit Feuer beheizten Wannen am See. Im Restaurant wird jeden Abend ein Menü serviert. Die niedlichen Hütten mit Küchen und Stellplätze für Zelte sind prima für Budgetreisende, es gibt allerdings nicht so viele. Das weitläufige Gelände umfasst einen Spielplatz, Kajaks und Ziplines. Der Betreiber der Anlage ist Azimut, ein französisches Tourguideunternehmen, das hier auch Exkursionen wie Gletschertrips, Ausflüge mit dem Jetboot, Canyoning sowie Übernachtungen auf dem Campo de Hielo Norte anbietet. Es liegt 1,5 km von Puerto Guadal entfernt (Richtung Chile Chico).

ⓘ An- und Weiterreise

Busse fahren am **ECA** (☏ 067-243-1224; Las Magnolias 306) ab. Mittwochs und sonntags starten sie gegen 8 Uhr nach Coyhaique im Norden (11 000 Ch$). Busse nach Süden passieren die Kreuzung gleich außerhalb der Ortschaft, die nach Cochrane (5000 Ch$) kommen ab ca. 14 Uhr vorbei.

Seguel (☏ 067-231-1214; Los Notros 560) bedient die Strecke nach Chile Chico (7000 Ch$, 3 Std.) montags und donnerstags gegen 7 Uhr. Am besten erkundigt man sich vor Ort nach den Busfahrplänen; auf der Website von Destino No Turistico stehen meist aktuelle Informationen.

Puerto Bertrand & der Río Baker

☏ 067 / 1500 EW.
Der Ort am Ufer des ultramarinblauen Lago Bertrand unterhalb des schneebedeckten Cerro San Valentín und des Campo de Hielo Norte wartet mit einem Kontrastprogramm auf. In Puerto Bertrand teilen sich verwitterte, mit Kletterrosen berankte Schindelhäuser das Terrain mit exklusiven Anglerlodges. Das Dorf liegt 11 km südlich des Cruce el Maitén am Südostufer des Sees. Es dient als Ausgangspunkt für Raftingtouren auf dem Río Baker, Chiles gewaltigstem Fluss. Er fließt ab dem Lago Bertrand parallel zur Carretera Austral gen Süden nach Cochrane. Am Wegesrand des pittoresken Abschnitts stehen Lodges und ein Museum.

⊙ Sehenswertes & Aktivitäten

★ La Confluencia WAHRZEICHEN
(Der Zusammenfluss) An diesem Aussichtspunkt wird der Río Baker zu einem riesigen breiten Wasserfall, bevor er sich wirbelnd und kontrastreich in Minze- und Neonblautönen in den milchweißen, gletschergespeisten Río Nef ergießt. Der Zusammenfluss liegt 12 km südlich von Puerto Bertrand. Man parkt an der Straßenseite und folgt 800 m einem Pfad.

Museo Pioneros del Baker MUSEUM
(www.fundacionriobaker.cl; Carretera Austral s/n; ⊙ auf Anfrage) GRATIS Dieses schöne neue Kulturmuseum in einem Siedlerhaus ist voller faszinierender Details, von patagonischen Sprichworten bis zu Hinterlassenschaften der Pioniere und Abdrücken von Tierspuren, allers nur auf Spanisch erläutert. Den Schlüssel bekommt man im Haus des Hausmeisters hinter dem Museum. Es liegt zwischen Puerto Bertrand und der Zufahrt ins Valle Chacabuco an der Straßenseite.

Baker Patagonia Aventura RAFTING
(☏ Mobil 8817-7525; www.bakerpatagonia.com; halber Tag 28 000 Ch$) Ein- oder fünftägige Raftingausflüge auf dem Río Baker (Klasse WW III). Das Büro des Anbieters liegt am Lago Bertrand.

🛏 Schlafen & Essen

Hostería Puerto Bertrand PENSION $
(☏ Mobil 9219-1532; Costanera s/n; Zi. ohne Bad pro Pers. 12 000 Ch$, Hütte 45 000 Ch$) In dem klapprigen Holzhaus oberhalb des Gemischtwarenladens verbreiten weiche Armsessel und Spitzentischdecken eine gemütliche Atmosphäre. Möglichst ein Zimmer mit Ventilator nehmen.

Patagonia Green Baker HÜTTEN $$
(☏ Mobil 9159-7757, in Santiago 02-196-0409; www.greenlodgebaker.com; Carretera Austral s/n; DZ 60 000 Ch$; Hütten für 2-/3-/4-Pers. 60 000/75 000/90 000 Ch$) Nette zweigeschossige Hütten 3 km südlich von Puerto Bertrand. Die Anlage am Fluss wartet mit Whirlpool, Restaurant und Unterhaltungsprogramm (Kajakfahren, Reiten) auf. In den Häuschen gibt's Fernseher und Telefone.

★ **Bordebaker Lodge** HÜTTEN $$$
(☐ in Santiago 022-585-8464; www.bordebaker.cl; Carretera Austral s/n; DZ 260 US$) Das Bordebaker, ein geschmackvolles Designhotel mit rustikaler Note, hat eine zweistöckige Hauptlodge, von der ein Plankenweg zu modernen Hütten führt. Jede bietet Ausblick auf einen herrlichen Abschnitt des smaragdgrünen Río Baker. Die Lodge vermittelt Touren mit lokalen Anbietern und serviert Bio-Gerichte (Abendessen 40 US$). Sie liegt 8 km südlich von Puerto Bertrand.

Valle Chacabuco (Parque Nacional Patagonia)

Diese ehemalige *estancia* (Ranch mit Weideland) 18 km nördlich von Cochrane beherbergt Flamingos, Guanakos, die bedrohten Huemuls (Andenhirsche), Pumas, Viscachas und Füchse. Conservacion Patagonica ist die Nichtregierungsorganisation hinter dem 2004 gestarteten Projekt „Parque Nacional Patagonia". Das als die „Serengeti des Südkegels" bezeichnete Valle Chacabuco umfasst eine Fläche von 690 km² mit patagonischer Steppe, Wäldern, Bergen, Seen und Lagunen. Der Park erstreckt sich vom Río Baker bis zur argentinischen Grenze. Wer mit dem eigenen Wagen unterwegs ist, kann die Grenze bei Paso Roballos überqueren.

Noch ist der Nationalpark nicht fertig. Das Tal soll mit der Reserva Nacional Jeinimeni im Norden und der Reserva Nacional Tamango im Süden zu einem 2400 km² großen Areal verbunden werden, das eines Tages dem weltberühmten Torres-del-Paine-Schutzgebiet Konkurrenz machen könnte. Umfassende Sanierungsmaßnahmen mit Hilfe zahlloser Freiwilliger haben es inzwischen wieder zu einem wichtigen Korridor für die Tierwelt gemacht, sodass Besucher Füchse und Guanakoherden zu Gesicht bekommen werden. Forscher führen Studien zur Ökologie der Grasebenen durch und sind den Huemuls auf der Spur. Derzeit durchstreifen ca. 120 Huemuls das Gelände – weltweit besteht die Population aus etwa 2000 Tieren. Weitere Wanderwege und Campingplätze sollen eröffnet werden.

Aktivitäten

Lagunas-Altas-Wanderweg WANDERN
Diese 23 km lange Route führt vom Westwind-Campingplatz nahe der Parkverwaltung in Richtung eines südlichen Kamms hinauf und dann gen Osten über offenes Terrain sowie um kleine Seen herum, bevor es in Kurven zu den Verwaltungsgebäuden hinabgeht. Dabei genießt man einen spektakulären Blick auf das Chacabuco-Tal, San Lorenzo und das nördliche patagonische Eisfeld. Für die lange Tageswanderung viel Wasser mitnehmen!

Aviles-Tal-Wanderung WANDERN
Der wunderschöne, 16 km lange Rundweg durch die offene Steppe beginnt am Stone-House-Campingplatz (25 km talaufwärts von der Parkverwaltung), ideal für eine Tageswanderung. Wer mit dem Rucksack von weiter entfernten Reserva Nacional Jeinimeni in der Nähe von Chile Chico machen will, braucht drei bis vier Tage (ca. 45 km), sollte sich aber vorab gut informieren, denn der Park liegt weit vom Ort entfernt und es gibt keine öffentlichen Verkehrsmittel.

Valley Drive TIERBEOBACHTUNG
Die 72 km lange Strecke vom Río Baker zur argentinischen Grenze verläuft durch Steppenlandschaften mit Flamingos, Lagunen und Füchsen. Schön langsam fahren und nur dann ausfädeln, wenn wirklich ausreichend Platz dafür ist.

Geführte Touren

Geführte Touren GEFÜHRTE TOUR
(halber Tag für 6 Pers. 150 US$) Ein offizieller Parkführer bietet hervorragende Vogelbeobachtungstouren, Spaziergänge und Wanderungen auf Englisch und Spanisch an. Lange im Voraus buchen!

Schlafen & Essen

Besucher können auch im nahe gelegenen Cochrane übernachten.

Westwind Camping CAMPINGPLATZ $
(Stellplätze 5000 Ch$ pro Pers.) Die große, grasbewachsene Campinganlage im Tal 4 km von der Verwaltung verfügt über acht überdachte Kochstellen und einen Waschraum mit Warmwasser-Solarduschen. Stellplätze werden nach dem Prinzip „wer zuerst kommt, mahlt zuerst" vergeben.

Stone House Camping CAMPINGPLATZ $
(Stellplätze 5000 Ch$ pro Pers.) 25 km von der Verwaltung entfernt, ein ganzes Stück die Autoroute durchs Tal hinauf, befindet sich ein weiterer Campingplatz. Die Waschräume sind in einem historischen Steingebäude aus der Zeit untergebracht, als der Park noch eine Schaf-*estancia* war.

The Lodge at Valle Chacabuco
BOUTIQUE-HOTEL $$$
(reservas@vallechacabuco.cl; EZ/DZ 350/500 US$; ⊙ Mitte Okt.–April) Diese klassisch schöne, erlesene Lodge aus Stein wurde nach dem Vorbild englischer Architektur im Süden Argentiniens gestaltet. Gemusterte Fliesen, hübsche Holzelemente und große Drucke mit Naturmotiven schaffen ein sehr warmes Ambiente. Es gibt nur zehn Zimmer, darunter vor allem Doppelzimmer mit einigen Etagenbetten für Familien. Reservierung vorab erforderlich.

El Rincón Gaucho
INTERNATIONAL $$
(Mittagsmenü/Abendessen 10 000/17 000 Ch$) Das hübsche Bar-Restaurant nahe der Parkverwaltung bietet eine stimmungsvolle Kulisse für ein Mittag- oder Abendessen. Die meisten frischen Zutaten stammen aus dem Gewächshaus auf dem Gelände und es wird auch Lamm aus der Gegend serviert. Neben dem Tagesmenü gibt's Sandwiches, Essen zum Mitnehmen und Tee.

ⓘ Praktische Informationen
In der **Parkverwaltung** (in Puerto Varas 065-297-0833; www.conservacionpatagonica.org; ⊙ Mo–Sa 8–18 Uhr) bekommen Besucher Wanderkarten und Auskünfte. Weitere Infos über das Projekt und die Region liefert der **amtliche Blog** (www.conservacionpatagonica.org/blog). Auf der Website kann man sich auch für die umfangreiche Freiwilligenarbeit anmelden.

ⓘ An- und Weiterreise
Der Eingang des Schutzgebietes liegt 18 km nördlich von Cochrane (nach dem „Entrada Baker"-Schild Ausschau halten). Busse zwischen Cochrane und Coyhaique lassen Passagiere am Eingang aussteigen, allerdings befindet sich die Parkverwaltung 11 km weiter östlich an der Hauptstraße nach Paso Roballos.

Einen Kleinbus für 12 Passagiere kann man über den Park für Transfers nach Cochrane (50 000 Ch$) oder Fahrten im Park buchen – am besten weit im Voraus. In Cochrane bietet **El Chilotito** (Mobil 5648-6019; Teniente Merino 200) zuverlässige Transfers (LKW für 4 Pers. 30 000 Ch$) und geführte Touren durch den Park.

Cochrane
067 / 2900 EW.

Der einstige landwirtschaftliche Vorposten ist die wichtigste Ortschaft an der südlichen Carretera Austral. Nachdem Pläne für den Bau von hydroelektrischen Dämmen in der Nähe verworfen wurden, sind auch die Spekulationsgeschäfte beendet und das Dorf ist in seinen Schlummerzustand zurückgekehrt. Obwohl es für Touristen unscheinbar wirkt, ist Cochrane das Tor zum neuen Parque Nacional Patagonia, zur Reserva Nacional Tamango und zum Anglerziel Lago Cochrane. Zudem ist es der beste Ort entlang der einsamen Route, um noch ein paar Auskünfte einzuholen, und die letzte Chance, den Tank aufzufüllen.

◉ Sehenswertes & Aktivitäten

Calluqueo-Gletscher
NATUR
Dieser Gletscher an der Nordostflanke des San Lorenzo ist erst seit jüngerer Zeit eine Touristenattraktion. Zugänglich ist er nur per Boot und mit einem Guide.

Mercado Municipal
MARKT
(Ecke Pioneros & Vicente Previske; ⊙ Mo–Fr 9–19 Uhr) Auf dem überdachten Markt wird Kunsthandwerk feilgeboten und montags, mittwochs und freitags kann man hier auch lokale Erzeugnisse kaufen.

Patagonia Adventure Expeditions
ABENTEUERTOUREN
(Mobil 8182-0608; www.adventurepatagonia.com; Sol de Mayo Ranch) Dieser gehobene Abenteuer-Ausrüster leistet gerade Pionierarbeit, indem er ein Wildnis-Erlebniszentrum baut und auch wissenschaftliche Unterstützung und Ausbildung auf seine Fahnen schreibt. Bis zur Fertigstellung kann man an festen Terminen Pferdetrekkings auf dem Aysén-Gletscherweg unternehmen oder sich auf dem Río Baker mit Eis bis zum Meer treiben lassen. Der Unternehmenssitz ist vier Stunden von Cochrane entfernt; am besten zuerst Kontakt per E-Mail aufnehmen.

Lord Patagonia
TREKKING
(Mobil 8267-8115; www.lordpatagonia.cl; Lago Brown 388; Ganztagestour 50 000 Ch$) Guide Jimmy Valdes führt Gruppen auf ganztägigen Trekkingtouren zum Calluqueo-Gletscher (auch mit Übernachtung).

🛏 Schlafen & Essen

Residencial Cero a Cero
PENSION $
(067-252-2158, Mobil 7607-8155; ceroacero@gmail.com; Lago Brown 464; DZ 30 000 Ch$, Zi. ohne Bad 10 000 Ch$ pro Pers.; 🐕) Mit seinen geräumigen Zimmern und guten Betten bietet das gemütlich eingerichtete Holzhaus eine komfortable Übernachtungsmöglichkeit.

DAS TOMPKINS-VERMÄCHTNIS

„Ökobarone", reiche Philanthropen, die ihre Dollars in die „grüne Sache" investieren, haben den Umweltschutz im südlichsten Teil Südamerikas unwiderruflich geprägt. Mit an der Spitze stehen dabei die US-amerikanischen Unternehmer Douglas und Kris Tompkins. Das Paar besitzt mehr als 800 000 ha geschütztes Land in Chile und Argentinien, mehr als irgendeine Privatperson zuvor. Die Karriere des Duos begann im Einzelhandel (sie war Geschäftsführerin von Patagonia, er Begründer der Modelabels North Face und Esprit), doch mittlerweile konzentrieren sich ihre Bemühungen auf die Erhaltung wichtiger Ökosysteme.

Alles fing 1991 mit der Gründung des Parque Pumalín an, der aus unzähligen kleinen patagonischen Farmen und alten Wäldern besteht. 2004 kaufte Kris Tompkins eine heruntergekommene *estancia* (Viehfarm) nahe Cochrane über die gemeinnützige Organisation Conservación Patagonica. Die zuvor intensiv betriebene Schafwirtschaft hatte zu einer ausgedehnten Versandung des Bodens ringsum geführt, wodurch die Ranch unrentabel geworden war. Dank Sanierungsarbeiten ist das Land jetzt wieder ein wichtiger Lebensraum für Wildtiere zwischen zwei weiteren Parks. Das Areal wird Valle Chacabuco genannt (Parque Nacional Patagonia), ist 690 km^2 groß und umfasst patagonische Steppe, Wälder, Berge, Seen und Lagunen. Das Gelände umzugestalten war ein hartes Stück Arbeit: Zur Regeneration der Grasflächen mussten die ungehemmt wuchernden Neophyten, die die Viehhaltung mit sich gebracht hatte, von Hand aus dem Boden gerissen werden. Mehr als 644 km Zaun wurden entfernt, damit Guanakos und Huemuls zurückkehren würden – und das taten sie schließlich auch.

Zunächst reagierte die Bevölkerung irritiert auf den Kauf der riesigen Ländereien, doch mittlerweile sind die meisten Kritiker verstummt.

Die öffentliche Missbilligung hat sich gelegt, nachdem die Nationalparks Corcovado und Yendegaia dem Staat geschenkt wurden. Erst 2015 bekam das Paar für sein Umweltengagement den Global Economy Prize des Kiel Institute. Viele Chilenen halten die Parks heute für wertvolle nationale Güter. Die Schenkung hat Nachahmer inspiriert, z. B. den früheren chilenischen Präsidenten Sebastian Piñera, der den Parque Tantauco in Chiloé dem Staat übergab.

Latitude 47 PENSION $
(Mobil 8252-2118; Lago Brown 564; Zi. ohne Bad 10 000 Ch$ pro Pers.) Im Obergeschoss dieser gastfreundlichen Pension in einem großen weißen Gebäude gibt's ein paar enge Zimmer mit einzeln stehenden Betten und eine Gemeinschaftsküche. Wer sich etwas gönnen möchte, bucht einen der neueren Räume mit Bädern.

Cabañas Sol y Luna HÜTTEN $$
(Mobil 8157-9602; xmardonestorres@hotmail.com; Camino a la Reserva Tamango; Hütten für 4 Pers. 55 000 Ch$; @) Nett und hervorragend ausgestattet sind die Hütten dieser Anlage, 1 km außerhalb des Orts. Hier kann man sich wunderbar erholen, auch dank der Sauna und der Whirlpools.

Restaurant Ada's CHILENISCH $
(Mobil 8399-5889; Teniente Merino 374; Hauptgerichte 5500 Ch$; 12–22 Uhr) Knuspriger Fisch, zartes Rind, Wein, Salate und Kartoffeln. Die großen Portionen sind recht günstig und der Service ist aufmerksam.

Café Tamango CAFÉ $
(Mobil 9158-4521; Esmeralda 464; Hauptgerichte 5000 Ch$; Mo–Sa 9–19.30 Uhr;) In diesem Café sieht alles lecker aus, von den selbst gemachten Süßigkeiten über Maronen-Eiscreme und Sandwiches bis zu den Linsenburgern oder dem Couscous – serviert mit Gartensalat. Es gibt Sitzplätze im Freien.

Nacion Patagonia CAFÉ
(Mobil 9988-7766; Las Golondrinas 198; variierende Öffnungszeiten) Das vielseitige Café ist ideal für einen Kaffee und ein Schwätzchen, außerdem kann man sich gut über das kulturelle Geschehen informieren.

ⓘ Praktische Informationen

BancoEstado (Esmeralda 460) Der Geldautomat akzeptiert nur MasterCard.
Conaf (067-522-164; Río Nef 417; Mo–Sa 10–18 Uhr)
Krankenhaus (067-522-131; O'Higgins 755; 24 Std.) Die Notaufnahme ist rund um die Uhr besetzt.

Postamt (Esmeralda 199; ⊗ Mo–Fr 9–15, Sa 11–14 Uhr)

Touristenkiosk (www.cochranepatagonia.cl; Plaza de Armas; ⊗ Jan. & März 9–13 & 14–21 Uhr) Busfahrpläne, Angelführer und Infos zu Taxis. In der Nebensaison hilft die Touristeninformation in einem städtischen Gebäude in der Nähe des Hauptplatzes weiter.

ℹ An- und Weiterreise

Täglich fahren Busse nach Coyhaique (gewöhnlich um 8 Uhr). Zu den Anbietern gehören **Buses Don Carlos** (☏ 067-252-2150; Prat 334), **Buses Acuario 13** (☏ 067-252-2143; Río Baker 349) und **Sao Paulo** (☏ 067-252-2143; Río Baker 349).

Mehrere Busunternehmen fahren morgens oder abends nach Caleta Tortel, darunter **Buses Aldea** (☏ 067-522-143; Río Baker 349), **Pachamama** (☏ Mobil 9411-4811), Bus Patagonia und Acuario 13. Jeden Donnerstag und Sonntag um 8 Uhr startet **Buses Catalina** (☏ 067-252-2333, Mobil 8429-8970; Las Golondrinas 398) nach Villa O'Higgins (8000 Ch$).

Nach Chile Chico kommt man drei Tage in der Woche mit **Turismo Baker** (☏ 067-252-2020; Ecke Steffan & Golondrinas, Postamt). Die Busse halten in Puerto Bertrand und Puerto Guadal.

Turismo Cochrane Patagonia (☏ Mobil 8256-7718, mobil 7450-2323; www.turismo cochranepatagonia.com; Tagestour in den Park 30 000 Ch$) steuert ab einer Mindestzahl an Passagieren mit privaten Kleinbussen das Valle Chacabuco, die Confluencia (Zusammenfluss) und den Calluqueo-Gletscher an, ist aber oft lange im Voraus ausgebucht.

ZIEL	PREIS (CH$)	FAHRTDAUER (STD.)
Caleta Tortel	7000	2½
Chile Chico	15 000	4
Coyhaique	14 000	7–10
Villa O'Higgins	8000	6

Reserva Nacional Tamango

Chiles größte Population der gefährdeten Huemuls (Andenhirsche) lebt in der Reserva Nacional Tamango (Eintritt 3500 Ch$; Zeltstellplatz 5000 Ch$). Das 70 km² große Schutzgebiet liegt in der Übergangszone zur patagonischen Steppe. Huemuls sind sehr scheu, aber in Tamango besteht die größte Chance, sie zu Gesicht zu bekommen. Vom Eingang aus führen Wege (1,5–7 km) zur Laguna Elefantina und Laguna Tamanguito sowie zum 1722 m hohen Cerro Tamango. Der Park erstreckt sich 6 km nordöstlich von Cochrane. Öffentliche Busse fahren leider nicht zum Eingang, deshalb muss man von der Ecke Colonia/San Valentín zu Fuß dorthin gehen. Zu diesem Zweck folgt man der Pasaje No. 1 Richtung Norden, bis ostwärts die Zugangswege auftauchen. Am besten fragt man im Conaf-Büro in Cochrane nach einer Routenkarte.

Caleta Tortel

☏ 067 / 320 EW.

Ein Netzwerk knarrender Holzstege säumt das milchige Wasser der von Gletschern gespeisten Meerenge – Straßen gibt's keine. Zwischen zwei Eisfeldern liegt das sagenumwobene Caleta Tortel an der Mündung des Río Baker. Das zum Nationaldenkmal erklärte Fischerdorf schmiegt sich rund um einen Steilhang und ist ein wahrhaft einzigartiger Ort. Einst ließen sich in dieser Gegend die Kawésqar (oder Alakalufes) nieder, ein Seenomadenstamm, der mit Kanus umherzog. Erst 1955 kamen Siedler hierher. Die Einheimischen, die offener sind als andere Patagonier, leben vom Tourismus und der Zypressenholzgewinnung. Ihre Versorgung mit Wasser und Strom hängt von einer kleinen Turbine ab. In Dürreperioden kommt es zu Verknappungen, deshalb muss man gerade mit Ersterem sparsam umgehen! Wer wirklich ausspannen möchte, wird sich vielleicht darüber freuen, dass es hier noch kein WLAN gibt.

Die Straße endet am Ortsrand in der Nähe vom Sektor El Rincon. Holzstege und Treppen führen zum Dorfzentrum und von dort aus zum Sektor Playa Ancha. Man kann sich in Caleta Tortel mit Wassertaxis fortbewegen und reist am besten mit leichtem Gepäck, da es hier unendlich viele Treppen gibt.

⊙ Sehenswertes & Aktivitäten

Imposante Gletscher wie der Glaciar Montt (Campo de Hielo Sur) und der Glaciar Steffens (Campo de Hielo Norte) können nur auf dem Seeweg erreicht werden. Fahrten mit Motorbooten für acht bis zehn Personen kosten ca. 300 000 Ch$. Bei manchen Exkursionen wird auch gewandert oder geritten. Der Tourpreis wird durch die Anzahl der Teilnehmer geteilt. Wann es losgeht, hängt vom Wetter ab.

Paz Austral GLETSCHERTOUR
(☏ Mobil 9579-3779; www.entrehielostortel.cl) Ausflüge zum Glaciar Steffens und zur Reserva

Katalalixar (auf Anfrage) sowie zur Mündung des Río Baker und zur Isla Los Muertos (werden täglich angeboten).

Destinos Patagonia GLETSCHERTOUR
(Mobil 7704-2651; claudio.landeros@live.cl; 2-tägige Tour pro Pers. 200 000 Ch$) Das Boot *Qawasqar* nimmt Kurs auf beide Gletscher und die Isla los Muertos.

Junquillo WANDERN
Oberhalb des Sektors Rincon von Tortel verläuft ein dreistündiger Rundweg, der Ausblick auf den Ästuar und die Kanäle des Río Baker gewährt.

Schlafen & Essen

Playa Ancha Camping CAMPINGPLATZ $
(Playa Ancha; Stellplätze kostenlos) Kostenlose Zeltstellplätze in einer atemberaubenden Lage an der Flussmündung des Río Baker. Keinerlei Einrichtungen.

Brisas del Sur PENSION $$
(Mobil 5688-2723; valerialanderos@hotmail.com; Playa-Ancha-Sektor; DZ 35 000 Ch$, Zi. ohne Bad 12 000 Ch$ pro Pers.; 📶) Señora Valería verfügt über gemütliche Zimmer mit einer hübschen Aussicht auf den Strand.

Residencial Estilo PENSION $$
(Mobil 8255-8487; zuri1_67@hotmail.com; DZ/Suite 40 000/60 000 Ch$, Zi. ohne Bad 15 000 Ch$ pro Pers.) Das gut gepflegte Holzhaus von Alejandra ist in hellen Farben gestrichen und bietet ordentliche Doppelzimmer mit Daunendecken.

★ Entre Hielos B&B $$$
(Mobil 9579-3779; www.entrehielostortel.cl; EZ/DZ 118/150 US$; 📶) Am oberen Ende einer steilen Treppe steht ein wunderbares Wohnhaus aus Zypressenholz, das modernen Stil und familiäres Flair miteinander vereint. Zum Frühstück werden Bohnenkaffee sowie hausgemachte Marmeladen serviert und der Koch bereitet Gerichte mit Rindfleisch aus der Gegend oder Lachs aus dem Río Baker zu. Die Auswahl an Weinen ist super. Außerdem werden Bootsfahrten angeboten. Der Mindestaufenthalt beträgt zwei Nächte.

Sabores Locales CHILENISCH $$
(Mobil 9087-3064; Hauptgerichte 6000–10 000 Ch$; 13–1 Uhr; 📶) Maritzas Spezialität sind ihre leckeren Suppen, außerdem serviert sie geräucherten Lachs und Ceviche (roher, marinierter Fisch mit Beilagen) sowie mehrere vegetarische Gerichte.

❶ Praktische Informationen

Touristenkiosk (www.municipalidaddetortel.cl; Di–So 9–23 Uhr) Befindet sich an der Stelle beim Ortseingang, wo die Busse halten. Ein paar der hilfsbereiten Angestellten sprechen Englisch.

❶ An- und Weiterreise

Alle Busse starten an einer Haltestelle neben dem Infokiosk am oberen Dorfeingang, da es keine Zufahrt für motorisierte Fahrzeuge gibt. Nach Cochrane (7000 Ch$, 3 Std.) fahren drei Busgesellschaften. **Buses Aldea** (Mobil 6232-2798) startet viermal pro Woche zu unterschiedlichen Uhrzeiten. Pachamama (S. 354) fährt sechsmal und Buses Patagonia dreimal pro Woche. Derzeit gibt's keine öffentlichen Verkehrsmittel nach Villa O'Higgins (4 Std.), aber das kann sich jederzeit ändern; am besten erkundigt man sich im Touristenkiosk.

Bei den Bootstaxis gilt der Preis jeweils pro Fahrt, nicht pro Person. Sie schippern vom Sektor Rincon zum Ortszentrum (4500 Ch$), zur Playa Ancha (7000 Ch$) und zur Isla de los Muertos (50 000 Ch$). Touren durch die Bucht sind ebenfalls möglich (10 000 Ch$). Einer der Anbieter hierfür ist **Sergio Ganga** (Mobil 9677-1755).

Richtung Süden nach Villa O'Higgins

Reißende Flüsse und Urwald säumen die kurvenreiche Strecke, die südlich von El Vagabundo nach Caleta Tortel verläuft. Die Carretera Austral erfordert hier ständige Aufmerksamkeit, denn bei ausgewaschenen Straßenabschnitten drohen manchmal Rutschpartien. Am besten nimmt man einen Jeep oder einen anderen möglichst höchrädrigen Wagen.

In **Puerto Yungay** befördert eine **staatlich betriebene Fähre** (www.barcazas.cl) Passagiere und bis zu vier Autos zum östlichen Ende des Fiordo Mitchell am Río Bravo. Sie fährt zwischen Dezember und März täglich um 10, 12 und 18 Uhr (kostenlos, 1 Std.) und in der Nebensaison zweimal pro Tag. Traveller, die ein Auto mit auf die Fähre nehmen möchten, sollten möglichst früh da sein. Eine Wartezeit ist bei den großen Zeitabständen nicht auszuschließen, sie lässt sich aber mit einer leckeren Empanada vom nahen Kiosk überbrücken. Nach der Überfahrt geht's über eine 100 km lange holprige Straße zum nördlichen Ende eines schmalen Arms des Lago O'Higgins, der auf der argentinischen Seite Lago San Martín heißt.

NACH ARGENTINIEN DURCH DIE HINTERTÜR

Besonders abenteuerlustige Traveller können die südlichen Eisfelder umrunden, um von Villa O'Higgins aus den argentinischen Parque Nacional Los Glaciares zu besuchen und nach El Chaltén zu reisen. Die ein bis drei Tage dauernde Tour ist zwischen November und April möglich. Mitzubringen sind der gesamte Proviant, der Reisepass und Regenbekleidung. Wegen schlechtem Wetter oder Schwierigkeiten mit den Booten kann es zu Verzögerungen kommen. So verläuft die Route:

➡ Morgens um 8 Uhr geht's mit dem Bus von Villa O'Higgins nach Puerto Bahamondez (1000 Ch$).

➡ Dort nimmt man den Katamaran *La Quetru* bis nach Candelario Mansilla am Südufer des Lago O'Higgins (42 000 Ch$, 4 Std.). Dieser fährt ein- bis dreimal pro Woche, meistens samstags, manchmal auch montags oder mittwochs. In Candelario Mansilla gibt's einfache Unterkünfte, Ausflugsangebote und Packpferde zum Leihen. Hier erfolgt auch die Abfertigung durch den chilenischen Zoll.

➡ Wanderung oder Ritt zur Laguna Redonda (2 Std.); Campen ist dort nicht erlaubt.

➡ Wanderung oder Ritt zur Laguna Larga (1½ Std.); Campen ist auch dort nicht möglich.

➡ Wanderung oder Ritt zum Nordufer des Lago del Desierto (1½ Std), wo man zelten darf. Hier erfolgt die Abfertigung durch den argentinischen Zoll.

➡ Mit der Fähre geht's vom Nord- zum Südufer des Lago del Desierto (30 US$, 2¼ Std.). Die Alternative ist eine Wanderung am Ufer (15 km, 5 Std.). Neben dem Weg darf man zelten. Bei der Zollabfertigung kann man sich nach dem aktuellen Fahrplan der Fähre erkundigen.

➡ Mit dem Shuttlebus ins 37 km entfernte El Chaltén (28 US$, 1 Std.) fahren.
Weitere Infos bieten **Robinson Crusoe** (067-431-821, 067-431-822; www.villaohiggins.com) in Villa O'Higgins und das Rancho Grande Hostel (S. 397) auf der argentinischen Seite.

Villa O'Higgins

067 / 612 EW.

Die letzte Station an der Carretera Austral ist dieses geradezu mythische Dorf, das vor allem durch seine Abgeschiedenheit fasziniert. Zunächst ließen sich hier Engländer (1914–1916) nieder, denen ein paar chilenische Kolonisten folgten. Eine Straßenanbindung gibt's erst seit 1999. Das spektakuläre Umland kann zu Pferd oder zu Fuß erkundet werden und auch für Angler ist die Gegend ein Paradies. Immer mehr Wanderer und Radfahrer finden ihren Weg von El Chaltén in Argentinien hierher und der Bau einer Straße nach Argentinien über Entrada Mayer ist geplant. Außerdem soll ein Stück Straße zwischen Candelaria Mansilla und Lago del Desierto entstehen, um das Reisen ins Nachbarland zu erleichtern. Allerdings wird man selbst dann nicht komplett auf die Fähre verzichten können.

In Villa O'Higgins hat kaum etwas eine Adresse, aber die Einheimischen weisen Besuchern gern den Weg. Wegen der fehlenden Bankautomaten muss man ausreichend Bargeld dabeihaben.

Geführte Touren

Villa O'Higgins Expediciones ABENTEUERTOUR
(067-243-1821, Mobil 8210-3191; www.villaohiggins.com) Geführte Ausritte und Trekkingtouren. Eine Vorausbuchung bei Hans Silva ist erforderlich. Räder können ebenfalls gemietet werden.

Robinson Crusoe GLETSCHERTOUR
(067-243-1822; www.villaohiggins.com; Carretera Austral s/n; Gletschertour 88 000 Ch$; Mo–Sa 9–13 & 15–19 Uhr) Etwa von November bis März legt der Katamaran *La Quetru* in Puerto Bahamondez ab und fährt zum Glaciar O'Higgins. Wer nach Argentinien weiterwandern will, kann in Candelario Mansilla von Bord gehen (42 000 Ch$).

Schlafen & Essen

★ **El Mosco** HOSTEL $
(067-243-1819; www.patagoniaelmosco.blogspot.com; Carretera Austral Km 1240; Stellplätze pro Pers. 5000 Ch$; B 9000 Ch$, DZ 45 000 Ch$, EZ/DZ ohne Bad 18 000/30 000 Ch$) Nette Adresse mit Rundumservice. Hier kehren Radfahrer, Wanderer und sogar der eine oder andere „Normalo"-Reisende ein. Orfelina verwaltet

das Ganze mit mütterlicher Sorgfalt. Gästen steht eine Sammlung topografischer Karten zur Verfügung. Weitere tolle Extras sind die private Holzwanne und die finnische Sauna.

Ecocamp Tsonek CAMPINGPLATZ $
(Mobil 7892-9695; www.tsonek.cl; Carretera Austral s/n; Stellplätze 4000/3000 Ch$ pro Pers./Radfahrer;) Ein Umweltschutzprojekt in einem wunderschönen Buchenwald mit Plattformen für Zelte (einige Leihzelte), Komposttoiletten, heißen Solar-Duschen und einer Küche. Das Camp ist die Herzensangelegenheit von El Pajarero, einem talentierten Ornithologen und Guide.

Hospedaje Rural PENSION $
(067-243-1805; sector Candelario Mansilla; Zi. pro Pers. ohne Bad 8000 Ch$, Stellplätze 2500 Ch$ pro Pers.) Wer nach der ultimativen Wildnis sucht, für den ist diese mit der Fähre erreichbare Bleibe in der südlichsten Ecke des Candelario-Mansilla-Sektors eine gute Wahl. Abendessen (6000 Ch$) und Frühstück (3000 Ch$) kosten extra. Don Ricardo, der Hausherr, informiert gern über jeden Weg und Steg zu den Gletschern, Seen und Flüssen der Region.

Hospedaje Patagonia PENSION $
(067-431-818; Río Pascua & Lago Christie; EZ/DZ ohne Bad 12 000/24 000 Ch$, EZ 20 000 Ch$) Einfache, saubere Doppelzimmer in einem weitläufigen Gebäude. Eventuell bekommt man auch Essen oder Tee.

Robinson Crusoe Lodge LODGE $$$
(Deep Patagonia; Mobil 9357-8196, in Santiago 02-334-1503; www.robinsoncrusoe.com; Carretera Austral Km 1240; DZ 220 US$;) Allein auf weiter Flur in der gehobenen Preiskategorie ist dieses moderne Fertighaus, in dem bunte Tagesdecken und bequeme Sofas mit Kissen für Gemütlichkeit sorgen. Die komfortablen großen Betten rechtfertigen zwar nicht den hohen Preis, aber dafür locken weitere nette Extras wie das abwechslungsreiche Frühstücksbüfett und zwei Whirlpools aus Holz. Viele Gäste buchen das All-inclusive-Angebot, zu dem auch Aktivitäten mit bilingualen Guides gehören.

El Campanario CHILENISCH $
(Lago O'Higgins 72; Menü 4500 Ch$) Preiswerte Hausmannskost, auf die man eventuell ein bisschen länger warten muss.

Entre Patagones CHILENISCH $$
(067-243-1810; Av Carretera Austral s/n; Hauptgerichte 8000–10 000 Ch$) Restaurant-Bar am Ortseingang in pseudorustikalem Holzlook. Serviert leckere Lachsgerichte mit Salat und Grillspezialitäten, alles in großen Portionen. Vorher anrufen, um sicherzugehen, dass man nicht vor verschlossener Tür steht. Übernachtungsmöglichkeiten in Hütten.

Shoppen

Taller Marcela Stormesani KUNSTATELIER
(Mobil 6679-7125; pintaconusurpacion.blogspot.com; Lago Cisnes s/n; variierende Öffnungszeiten) Das Atelier von Marcela Stormesani lohnt einen Besuch. Ihre farbenfrohen Gemälde zu lokalen Themen und die schönen Handarbeiten regionaler Künstler sind sehr interessant.

Praktische Informationen

Touristenkiosk (Plaza Cívica; Nov.–März 8.30–13 & 14.30–19 Uhr) Der Infostand an der Plaza ist eventuell mit Wanderkarten bestückt.

An- und Weiterreise

Aerocord (S. 343) fliegt zweimal wöchentlich nach Coyhaique (28 000 Ch$, 1½ Std.) aber die Tickets sind schnell ausverkauft. Busse findet man bis zur Eröffnung des neuen Busbahnhofs an der Carretera Austral. Buses Catalina fährt montags und freitags um 8 Uhr nach Cochrane (8000 Ch$, 6 Std.). In der Nebensaison kommt es häufig zu Änderungen.

Südpatagonien

Inhalt ➜
Punta Arenas 360
Puerto Natales 371
Parque Nacional
Torres del Paine 379
Argentinisches
Patagonien 389
El Calafate 389
Perito Moreno &
Parque Nacional Los
Glaciares (Südteil).. 394
El Chaltén &
Parque Nacional Los
Glaciares (Nordteil). 395

Gut essen
➜ The Singular Restaurant (S. 376)
➜ Mi Rancho (S. 392)
➜ La Marmita (S. 367)
➜ La Aldea (S. 376)
➜ Afrigonia (S. 377)

Schön übernachten
➜ Ilaia Hotel (S. 366)
➜ Bories House (S. 375)
➜ We Are Patagonia (S. 374)
➜ Tierra Patagonia (S. 387)
➜ Refugio Grey (S. 386)

Auf nach Süpatagonien

Böige Westwinde, karge Küstenlandschaften und die zerklüfteten Gipfel des Torres del Paine bestimmen Patagoniens Charakter. In den Provinzen Magallanes und Última herrscht eine Grenzlandatmosphäre, die sich sonst höchstens noch tief im Amazonasgebiet und im abgelegenen Alaska finden lässt. Lange, ehe Menschen den Erdteil besiedelten, formten Gletscher diese herrlichen Landschaften. Heute kommen Traveller auf der Suche nach Abenteuern her, sei es, um durch die schroffe Szenerie zu wandern, Heerscharen von Pinguinen zu sehen oder die Steppe auf dem Pferd zu überqueren.

Hauptattraktion der Region ist der wunderschöne Parque Nacional Torres del Paine. Er zieht jedes Jahr Tausende Besucher an, einige von ihnen gar mit Trolleys im Schlepptau (nicht nachahmenswert ...). Überall in der Gegend kann man leicht zwischen Argentinien und Chile umherreisen, deshalb enthält dieses Kapitel zusätzlich auch die Highlights des argentinischen Patagonien.

Reisezeit
Punta Arenas

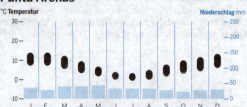

Dez.–Feb. Wärmste Monate; ideal für Rucksacktouren und Besuche von *estancias* (Viehfarmen).

Mitte Okt.–Anfang März An der Küste tummeln sich jede Menge Pinguine und Meeresvögel.

März–April Die starken Sommerwinde ebben ab und Herbstfarben fangen an zu leuchten.

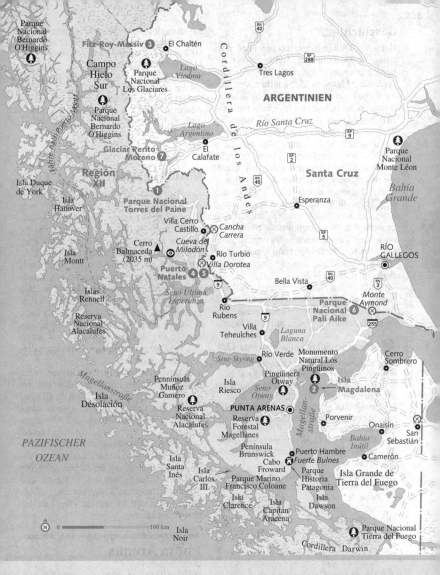

Highlights

❶ Die entlegenen Gebiete des **Parque Nacional Torres del Paine** (S. 379) entdecken.

❷ Sich auf der **Isla Magdalena** (S. 370) dem Marsch der Pinguine anschließen.

❸ Nahe der argentinischen Trekkinghauptstadt El Chaltén am scharf gezackten **Fitz Roy** (S. 395) wandern.

❹ Einen **Reitausflug machen** (S. 371) und auf einer Ranch bei Puerto Natales traditionelles asado (Grillfleisch) essen.

❺ Nach dem Besuch des Torres-del-Paine-Parks in **Puerto Natales** (S. 371) ein lokal gebrautes Bier, eine Massage und großartige Mahlzeiten genießen.

❻ Die raue Vulkansteppe des kaum bekannten **Parque Nacional Pali Aike** (S. 370) erkunden.

❼ Eine Tour über die kühlen blauen Konturen des eindrucksvollen, 15 Stockwerke hohen **Glaciar Perito Moreno** (S. 394) in Argentinien unternehmen.

Geschichte

Höhlen in Última Esperanza bezeugen, dass schon 10 000 v. Chr. das Aonikenk-Volk der Region besiedelte. Als erster Europäer kam Ferdinand Magellan 1520 hierher. Der kalifornische Goldrausch trieb die Entwicklung weiter voran, indem er mit den Schiffen, die zwischen Europa, Kalifornien und Australien segelten, den Handel in die Gegend brachte.

Im späten 19. Jh. entstanden *estancias* (Viehfarmen) und führten zu einem regionalen Boom im Wollhandel, der sich sowohl auf das chilenische als auch auf das argentinische Patagonien auswirkte. Auf Kosten der Ureinwohner, die durch Krankheit und Krieg fast ausgelöscht wurden, häuften einige wenige großen Reichtum an. Nach Eröffnung des Panamakanals 1914 verringerte sich der Schiffsverkehr rund um das Kap Hoorn beträchtlich, und die internationale Bedeutung des Gebiets sank.

Heute sorgen Fischereibetriebe, Waldwirtschaft, kleine Ölvorkommen, die Methanolproduktion und der schnell wachsende Tourismus für relativen Wohlstand in der Region.

❶ Anreise & Unterwegs vor Ort

Südpatagonien erreicht man am einfachsten mit einem der vielen täglichen Flüge von Santiago oder Puerto Montt nach Punta Arenas. Auch von anderen chilenischen Großstädten wird die Region regelmäßig, aber weniger häufig angeflogen. Zu den weiteren Anreisemöglichkeiten gehören die Navimag-Fähre von Puerto Montt nach Puerto Natales oder eine ermüdend lange Busfahrt von Puerto Montt nach Argentinien und dann hinüber nach Punta Arenas.

Anders als im übrigen Patagonien sind die Straßen rund um Punta Arenas befestigt und gut befahrbar. Busse zu wichtigen Zielen verkehren regelmäßig, aber im Sommer ist eine Vorausbuchung ratsam. Nach Porvenir oder Puerto Williams gelangt man nur per Flugzeug oder Fähre, man muss jedoch mit einem ständig wechselnden Fahrplan rechnen.

❶ Über die Grenze nach Argentinien

Zwischen Argentinien und Chile herrscht reger Grenzverkehr. Für Einheimische ist der Grenzübertritt so alltäglich wie etwa ein Gang zur Bank. Traveller aus Deutschland, Österreich und der Schweiz benötigen für die Einreise nach Argentinien kein Visum, aber einen noch mindestens drei Monate gültigen Reisepass.

Auf keinen Fall sollte man die Grenze an den Stellen passieren, wo niemand den Pass offiziell abstempelt, sonst kann die Ausweisung drohen.

Am häufigsten genutzt werden die Stationen Cancha Carrera (zwischen Torres del Paine und El Calafate) und Monte Aymond (zwischen Punta Arenas und Río Gallegos).

Regelmäßige Busse verbinden Puerto Natales mit den argentinischen Ortschaften El Calafate und El Chaltén sowie Punta Arenas mit Ushuaia. Wer per Boot von Ushuaia zur chilenischen Isla Navarino fährt, muss im Flughafen unbedingt durch die Zollabfertigung gehen.

MAGALLANES

Kaum zu glauben, dass diese schroffe, vom Wetter gebeutelte Region tatsächlich seit Hunderten, wenn nicht Tausenden von Jahren besiedelt ist. Mit den Ureinwohnern, die einst in Kanus durch die Wasserläufe paddelten und Guanakos jagten, haben die heutigen Bewohner wenig gemein. Doch auch sie sind nach wie vor vom Rest des Kontinents durch imposante Gebirge und eiskalte Gewässer abgeschnitten. Gerade die isolierte Lage (und die Gastfreundlichkeit) lockt Besucher nach Magallanes. Von Chile aus müssen sie per Flugzeug oder Schiff anreisen. Der Landweg führt durch das argentinische Patagonien.

Während die Hauptstadt der Region, Punta Arenas, alle Annehmlichkeiten einer chilenischen Großstadt bietet, zeigt sich ihr Umland einsam und unwirtlich. Hier spüren Gäste das Am-Ende-der-Welt-Gefühl noch hautnah.

Magallanes' Wirtschaft lebt vom Handel sowie von der Erdölindustrie und der Fischerei. Wohlstand bedeutet in diesem Fall: Innerhalb Chiles hat die Region eine der höchsten Quoten, was Beschäftigung und Schulbesuch betrifft, außerdem zählen Wohnungswesen und öffentlicher Dienst zu den besten des Landes.

Punta Arenas

♪ 061 / 130 136 EW.

Die weitläufige Metropole an der Magellanstraße trotzt einer simplen Beschreibung. Sie zeigt sich als eigenartige Mischung aus Grandezza und Verwahrlosung: Den prachtvollen Villen aus der Blütezeit des Wollhandels und dem aufwendig umgebauten Hafen stehen Abfallhalden und architektonische Wildwuchs gegenüber. Gutes Wetter ist am Südende des amerikanischen Doppelkontinents rar – die Sonne kämpft sich nur manchmal durch den seitwärts andrängenden Regen.

Unbeirrt von der unwirtlichen Natur (oder vielleicht durch sie genährt) sind die Bewohner von außergewöhnlicher Gastfreundlichkeit. Die Stadt gibt sich entspannt und freundlich. Ihr heutiger Wohlstand, den sie der florierenden Erdölindustrie und wachsenden Bevölkerung verdankt, hat ihren einstigen Ruf als Raubein abgeschliffen. Schön wäre es, wenn sich der Aufschwung darauf beschränken würde. Doch die Zukunft werden zollfreies Einkaufen und riesige Einkaufszentren am Ortsrand beherrschen.

Bequeme Verkehrsverbindungen nach Tierra del Fuego, zum Torres-del-Paine-Nationalpark und nach Argentinien sowie die gute touristische Infrastruktur machen Punta Arenas zu einem beliebten Ausgangspunkt für Traveller. Den Platz der Forschungsreisenden, Robbenjäger und Seeleute hat längst eine wachsende Heerschar an Passagieren von Kreuzfahrtschiffen und Trekkern eingenommen.

Geschichte

Ursprünglich war das wenig mehr als 150 Jahre alte Punta Arenas eine Militärgarnison und Strafkolonie. Später während des Goldrausches gewann es eine wichtige Bedeutung für die Schiffe, die Kalifornien ansteuerten. Im Gegensatz zu der 60 km weiter südlich gelegenen ersten chilenischen Siedlung Fuerte Bulnes besaß Punta Arenas einen besser geschützten Hafen und leichteren Zugriff auf Holz und Wasser. Auf englischen Seekarten ist der Ort als „Sandy Point" (Sandige Spitze) verzeichnet, was dem spanischen Namen entspricht.

Anfangs bildeten natürliche Ressourcen Punta Arenas' wirtschaftliche Basis, etwa Seehundfelle, Guanakowolle und -häute, Guano, Steinkohle und Gold sowie Bau- und Brennholz. Erst im letzten Viertel des 19. Jhs. nahm die Wirtschaft einen Aufschwung, als der Gouverneur der Region den Kauf von 300 reinrassigen Schafen von den Falklandinseln genehmigte. Das erfolgreiche Experiment ermutigte viele, in Schafe zu investieren, sodass um die Jahrhundertwende fast zwei Millionen Tiere in der Gegend rund um Punta Arenas weideten.

Den Aufbau der Handels- und Schafzuchtimperien verdankt die Region dem Engagement der Einwanderer aus aller Welt, darunter Deutsche, Engländer, Franzosen, Iren, Italiener, Kroaten, Schotten und Spanier. Viele Einheimische stammen von diesen Siedlern ab. Zahlreiche Villen, die einst von den Wohlhabenden erbaut wurden, beherbergen inzwischen Hotels, Banken und Museen.

⊙ Sehenswertes & Aktivitäten

Die Plaza Muñoz Gamero, auch Plaza de Armas genannt, bildet das Zentrum der Stadt. Die beiden wegführenden Straßen an ihren Enden tragen andere Namen. Rund um den Platz selbst tragen die Gebäude die Adresse

---

GEHEIMNISVOLLES PATAGONIEN: CHATWINS MEISTERWERK

1977 veröffentlichte der englische Schriftsteller Bruce Chatwin sein Buch *In Patagonia* (*In Patagonien. Reise in ein fernes Land;* 1981 erstmals auf Deutsch erschienen), das bis heute ein unverzichtbarer Begleiter für jeden Besucher dieser Region ist.

Patagonien faszinierte Chatwin schon, seit er in frühester Kindheit ein Stück Fell von einem Riesenfaultier entdeckte, ein Geschenk von Charley Milward, einem exzentrischen Verwandten, der zur See fuhr und in Punta Arenas wohnte. Nicht minder faszinierten Chatwin später die Einwanderer, die auf den ersten Blick nicht so recht nach Patagonien zu passen schienen, darunter die patagonischen Waliser und so schillernde Freigeister wie Butch Cassidy und Sundance Kid. Sein Meisterwerk schuf Chatwin nach einer sechs Monate dauernden Reise im Alter von 37 Jahren. Es umfasst die Erlebnisse und Begegnungen auf seiner Tour, die südlich von Buenos Aires begann und an dem Ort seiner Kindheitsträume endete: in der Cueva del Milodón – wo einst das prähistorische Riesenfaultier lebte.

In Chatwins Buch mischen sich Erzählkunst, faszinierende regionale Geschichte, persönliche Porträts und altmodische Reiseerinnerungen. Eine letzte Ingredienz fügte der Autor aber auch noch hinzu: Fiktion. *In Patagonien* liest sich zwar wie ein Reisesachbuch, doch es enthält auch einige Widersprüche. Man weiß nicht, ob seine Geschichten tatsächlich wahr oder nur erfunden sind. Viele der Gespräche und Charaktere, von denen Chatwin recht glaubwürdig berichtet, sind wohl lediglich ein Produkt seiner überbordenden Fantasie. Das heißt aber nicht, dass das wahre Patagonien weniger außergewöhnlich ist.

Punta Arenas

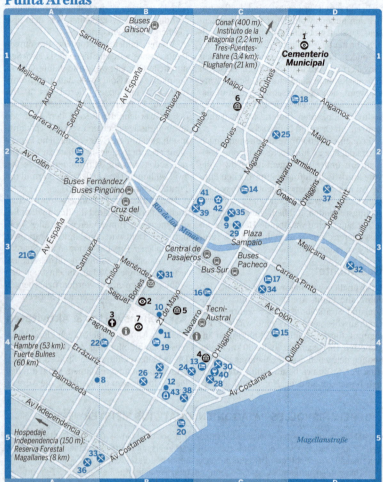

"Muñoz Gamero". Die meisten Sehenswürdigkeiten, Restaurants und Unterkünfte befinden sich in den Häuserblocks direkt an der Plaza oder wenige Straßen entfernt. Hauptdurchgangsstraßen sind die Avenida España und die Avenida Bulnes, Letztere führt zu den Läden der *zona franca* (Freihandelszone).

Plaza Muñoz Gamero   PLAZA
Prächtige Koniferen säumen die zentrale, von opulenten Villen umringte Plaza. In der **Casa Braun Menéndez** (Sara-Braun-Villa; ☎ 061-224-1489; Eintritt 1000 Ch$; ⊙ Di–Fr 10.30–13 & 17–20.30, Sa 10.30–13 & 20–22, So 11–14 Uhr) ist der private Club de la Unión untergebracht, der auch die hauseigene Taverne nutzt (für Nichtgäste zugänglich). Das nahe gelegene **Denkmal** zu Ehren des 400. Jahrestages von Ferdinand Magellans Reise hat der Wollmagnat José Menéndez 1920 gespendet. Gleich östlich liegt die ehemalige **Sociedad Menéndez Behety** mit den Büros von Turismo Comapa. Die **Kathedrale** erhebt sich im Westen der Plaza.

Museo Regional de Magallanes   MUSEUM
(Museo Regional Braun-Menéndez; ☎ 061-224-4216; www.museodemagallanes.cl; Magallanes 949; Eintritt 1000 Ch$; ⊙ Mi–Mo 10.30–17 Uhr, Mai bis Dez. 10.30–14 Uhr) Diese stattliche Villa bezeugt, welche

Punta Arenas

◎ Highlights
1 Cementerio Municipal D1

◎ Sehenswertes
2 Casa Braun-Menéndez B4
3 Kathedrale B4
4 Museo Naval y Marítimo C4
5 Museo Regional de Magallanes B4
6 Museo Regional Salesiano C2
7 Plaza Muñoz Gamero B4

⊕ Aktivitäten, Kurse & Touren
8 Solo Expediciones A4
9 Turismo Aonikenk C3
10 Turismo Comapa B4
11 Turismo Laguna Azul B4
12 Whale Sound B4

⌂ Schlafen
13 Al Fin del Mundo..................................... C4
14 Hospedaje Magallanes C2
15 Hostal Bustamante C4
16 Hostal Fitz Roy C3
17 Hostal La Estancia C3
18 Hostel Keoken D1
19 Hotel Cabo De Hornos B4
20 Hotel Dreams del Estrecho B5
21 Hotel Patagonia...................................... A3
22 Hotel Plaza B4
23 Ilaia Hotel A2

⊗ Essen
24 Café Almacen Tapiz B4
25 Damiana Elena C2
26 Fuente Hamburg B4
27 Kiosco Roca B4
28 La Cuisine C4
29 La Marmita C3
30 La Mesita Grande C4
31 Lomit's B3
32 Los Inmigrantes D3
33 Mercado Municipal................................ B5
34 Okusa C3
35 Pachamama C3
36 Remezón A5
37 Secreto de la Patagonia D2
38 Sotito's B5
39 Unimarc C3

◎ Ausgehen & Nachtleben
40 Jekus C4
41 Klub C3
La Taberna .... (siehe 2)

◎ Unterhaltung
42 Cine Estrella C3

⊚ Shoppen
43 The Art Corner B5

Reichtümer und Macht die Pioniere der Schafzucht im späten 19. Jh. besaßen. In den gepflegten Haus befinden sich ein regionales Geschichtsmuseum (Broschüren in Englisch vorhanden) und das exquisite originale Interieur der Familie, das von Fußböden mit feinen Holzintarsien bis zu chinesischen Vasen reicht. Das Café in den früheren Räumen der Diener unten ist ideal für einen Pisco Sour in grandioser Umgebung.

★ Cementerio Municipal FRIEDHOF
(Haupteingang in der Av Bulnes 949; ⊙ 7.30–20 Uhr) **GRATIS** Einer der faszinierendsten Friedhöfe Südamerikas mit bescheidenen Gräbern und imposanten Mausoleen. Laut Bruce Chatwin ist das extravagante Grabmal des Wollmagnaten José Menéndez eine maßstabsgetreue Kopie des Denkmals für Vittorio Emanuele in Rom. An der Innenseite des Haupttores hängt ein Lageplan.

Der Friedhof liegt knapp 15 Gehminuten von der Plaza entfernt. Wer lieber hinfahren möchte, kann in der Magallanes vor dem Museo Regional Braun-Menéndez in eines der *taxis colectivos* (Sammeltaxi mit fester Route) steigen.

Museo Naval y Marítimo MUSEUM
(☎ 061-220-5479; www.museonaval.cl; Pedro Montt 981; Erw./Kind 1200/600 Ch$; ⊙ Di–Sa 9.30–12.30 & 14–17 Uhr) Das Marine- und Meeresmuseum zeigt historische Exponate, darunter eine gute Darstellung des chilenischen Rettungseinsatzes, bei dem es gelang, die Mannschaft von Sir Ernest Shackleton lebend aus der Antarktis zu bergen. Eine besondere Attraktion ist der Nachbau eines vollständigen Schiffes mit Brücke, Seekarten und Funkraum.

Museo Regional Salesiano MUSEUM
(☎ 061-222-1001; Av Bulnes 336; Eintritt Erw./Kind bis 12 J. 2500/200 Ch$; ⊙ Di–So 10–12.30 & 15–18 Uhr) Der Salesianer-Orden, der einst die Besiedlung der Region maßgeblich vorantrieb, trug eine hervorragende völkerkundliche Kollektion zusammen, doch das Museum stellt insbesondere seine Rolle als Friedensstifter zwischen den Yaghan, Ona und den Siedlern in den Mittelpunkt.

Instituto de la Patagonia MUSEUM
(Av Bulnes 01890) Wieder lebendig wird die Zeit der Pioniere im **Museo del Recuerdo** (☎ 061-220-7056; www.umag.cl; Eintritt 2500 Ch$; ⊙ Mo–Fr 8.30–11 & 14.30–18 Uhr), das zum pata-

FATALE ENTDECKUNG

Mitte der 1980er-Jahre glaubten britische Forscher der Halley Station in der Antarktis, ihre Ozonmessgeräte seien defekt, denn die Werte waren so niedrig wie nie zuvor. Leider lag das nicht an den Instrumenten, sondern am Ozon selbst. Im Frühjahr sank dessen Konzentration am Himmel über der Antarktis auf einen Bruchteil der regulären Werte.

Kurz darauf entdeckte man die Schuldigen: Fluorchlorkohlenwasserstoffe (FCKW), künstlich produzierte Gase, die in Sprays, Lösungsmitteln, Kühl- und Klimaanlagen sowie im Brandschutz Verwendung finden. Meist sind diese Gase harmlos, doch im antarktischen Frühling spielen sie eine fatale Rolle: Die Kombination aus extrem niedrigen Temperaturen und der Rückkehr der Sonneneinstrahlung in die Polarregion bewirkt, dass FCKW das in der Stratosphäre gelagerte Ozon zerstört. Resultat ist das weithin bekannte Ozonloch. Wenn die antarktischen Temperaturen im Frühling ansteigen, stellt sich das Ozon wieder ein – bis zum nächsten Frühjahr.

Ozon schützt die Erdoberfläche vor den UV-Strahlen der Sonne. Ozonmangel erhöht also z. B. die Gefahr von Sonnenbrand und Hautkrebs. Vom Ozonloch ist Südpatagonien stärker betroffen als andere bewohnte Teile der Erde. Besonders schlimm ist es im Frühjahr. Für Besucher – vor allem Kinder – gilt daher: Sonnenhut und -brille tragen sowie geeignetes Sonnenschutzmittel verwenden!

Das 1987 verabschiedete Montrealer Protokoll hat die FCKW-Gase verboten, und so verbessern sich die Ozonwerte in der Antarktis allmählich. Doch es wird wohl noch mehr als 20 Jahre dauern, bis die Ozonwerte wieder im normalen Bereich liegen. Leider tragen viele der Gase, die heute anstelle von FCKW eingesetzt werden, ebenfalls zur globalen Erwärmung bei.

Jocelyn Turnbull, Klimaforscherin

---

gonischen Institut der Universidad de Magallanes gehört. Es präsentiert eine Sammlung alter Landwirtschafts- und Industriemaschinen, ein typisches Siedlerhaus, einen für die Schafschur eingerichteten Stall und ein Fuhrwerk der Hirten mit großen Holzrädern. Die Bibliothek birgt Karten sowie historische und wissenschaftliche Schriften. Jedes *taxi colectivo* Richtung *zona franca* hält gegenüber dem Museumseingang.

Reserva Forestal Magallanes PARK
(⊙ bei Tageslicht) GRATIS Tolle Möglichkeiten zum Wandern und Mountainbiken durch dichte Lenga- und Coihue-Wälder 8 km außerhalb der Stadt.

👉 Geführte Touren

Es gibt einige lohnenswerte Tagesausflüge, z. B. zur Seno-Otway-Pingüinera (Pinguinkolonie; S. 370) 48 km nördlich der Stadt. Bei gutem Wetter geht's von Oktober bis März täglich um 16 Uhr los (ab 15 000 Ch$).

Die Fahrten zu den ersten Siedlungen in der Gegend bei Fuerte Bulnes und Puerto Hambre starten um 10 Uhr (Eintritt 12 000 Ch$). Beide Touren lassen sich an einem Tag unternehmen. Mit einem Mietwagen kann man zu anderen Zeiten fahren und auf diese Weise dem Besucheransturm entgehen. Die meisten Unterkünfte helfen bei der Planung von Exkursionen, falls sie nicht selbst welche veranstalten.

Ausflüge von Punta Arenas zum Torresdel-Paine-Park gibt's in Hülle und Fülle, wegen der großen Entfernung dauern sie aber sehr lange. Günstiger ist es, in Puerto Natales loszufahren.

Wer Zeit hat, sollte die bestens gedeihenden Kolonien von Magellanpinguinen im Monumento Natural Los Pingüinos (S. 370) auf der Isla Magdalena besuchen, die stimmungsvoller sind als Seno Otway. Fünfstündige Bootstouren (Erw./Kind 30 000/15 000 Ch$) starten von Dezember bis Ende Februar dienstags, donnerstags und samstags am Hafen und umfassen eine Stunde auf der Insel. Die Zeiten sollte man vorher erfragen. Tickets verkauft **Turismo Comapa** (☎ 061-220-0200; www.comapa.com; Magallanes 990), für ein Picknick muss man selbst sorgen.

Außerdem kann man geführte Touren zum Parque Nacional Pali Aike und zu anderen Zielen buchen.

Kayak Agua Fresca KAJAKTOUREN
(☎ Mobil 9655-5073; www.kayakaguafresca.com; halbtägige Tour 50 000 Ch$) An den wenigen Tagen in Punta Arenas, an denen kaum Wind weht und das Meer wie ein Spiegel wirkt,

kann eine Seekajaktour spektakulär sein. Das Unternehmen hat kein Büro; Infos gibt's auf der Website.

Solo Expediciones — GEFÜHRTE TOUR
(061-271-0219; http://soloexpediciones.com/en; Nogueira 1255) Veranstaltet Pinguintouren zur Isla Magdalena mit schnellen, halbstarren Booten (bei anderen Touren fährt man mit der Fähre). Auch Walbeobachtungstouren im Marinepark Francisco Coloane sollen bald ins Programm aufgenommen werden.

Turismo Aonikenk — GEFÜHRTE TOUR
(061-222-8616; www.aonikenk.com; Magallanes 570) Gute Guides, die Deutsch, Englisch und Französisch sprechen, bieten Trekkingtouren zum Cabo Froward, Ausflüge zu den Pinguinkolonien in Tierra del Fuego sowie preiswertere offene Expeditionen für erfahrene Teilnehmer anbieten. Darüber hinaus gibt's Infos zur Estancia Yendegaia.

Turismo Laguna Azul — VOGELBEOBACHTUNG
(061-222-5200; www.turismolagunaazul.com; Magallanes 1011; Tour 48 000 Ch$) Wer die Königspinguine auf der Tierra del Fuego sehen will, kann eine der langen Touren dieser Agentur buchen. Los geht's bereits vor 8 Uhr morgens, die Rückkehr erfolgt gegen 21 Uhr. Einen Großteil des Trips verbringt man mit der Hin- und Rückfahrt. Guides und Mittagsverpflegung sind nicht immer inklusive (eigenes Essen mitbringen), und der Eintritt zum privaten Reserva Onaisin kostet extra (12 000 Ch$).

Turismo Pali Aike — GEFÜHRTE TOUR
(061-261-5750; www.turismopaliaike.com) Empfehlenswerter Touranbieter.

Whale Sound — WALBEOBACHTUNG
(061-222-1076; www.whalesound.com; Lautaro Navarro 1163; Paket mit 3 Übernachtungen 1500 US$ pro Person; Nov.–April) Unterstützt die wissenschaftliche Forschung mit Meeresexpeditionen zum entlegenen Marinepark Coloane. Es gibt Pakete von zwei Tagen/einer Nacht bis hin zu vier Tagen/fünf Nächten mit Unterbringung sowohl in Betoniglus als auch in der Hostería Faro San Isidro.

Patagonia Backroads — MOTORRADTOUR
(061-222-1111, Mobil 8393-6013) Genau das Richtige für Leute, die gerne *Die Reise des jungen Che* nachverfolgen möchten. Der Anbieter Aníbal Vickacka veranstaltet renommierte zehntägige Touren mit BMW-Motorrädern oder Allradwagen zu Zielen in ganz Patagonien.

✦ Feste & Events

Wintersonnenwende — KULTURELLES FEST
Am 21. Juni wird die längste Nacht des Jahres gefeiert.

Carnaval de Invierno — KULTURELLES FEST
Zweitägiger Karneval in der letzten Juliwoche mit Feuerwerk, Paraden und fröhlicher Stimmung.

🛏 Schlafen

Punta Arenas liegt auf der Route der Kreuzfahrtschiffe und hat eine Unmenge Hotels, aber nur wenige Schnäppchen zu bieten. Ausländer müssen die zusätzlichen 18 % IVA nicht berappen, wenn sie bar mit US-Dollars oder Kreditkarte zahlen. In der Nebensaison (Mitte April bis Mitte Okt.) sinken die Preise. Frühstück ist immer inbegriffen.

Hospedaje Magallanes — B&B $
(061-222-8616; www.aonikenk.com; Magallanes 570; B/DZ mit Gemeinschaftsbad 14 000/34 000 Ch$; @ 🛜) Ein deutsch-chilenisches Paar, das auch Touren im Torres-del-Paine-Park durchführt, leitet diese tolle, preiswerte Unterkunft mit ein paar ruhigen Zimmern. Oft essen die Gäste abends gemeinsam oder grillen bei der Kletterwand. Zum Frühstück werden u. a. dunkles Brot und starker Kaffee gereicht.

Hostal Fitz Roy — GÄSTEHAUS $
(061-224-0430; www.hostalfitzroy.com; Navarro 850; DZ 30 000 Ch$, B/DZ ohne Bad 10 000/25 000 Ch$, Hütte für 5 Pers. 35 000 Ch$; @) Geräumige Zimmer mit Telefon, Fernseher und gutem Preis-Leistungs-Verhältnis warten in dem Landhaus im Ortszentrum. Im einladenden altmodischen Wohnzimmer kann man sich in Bücher oder Seekarten vertiefen.

Hostal Bustamante — HOTEL $
(061-222-2774; www.hostalbustamante.cl; Jorge Montt 847; EZ/DZ 25 000/30 000 Ch$) Das urige Holzhaus hat einen ausladenden Treppenaufgang und einen Frühstücksraum voller Grünpflanzen. Es bietet einfache Doppelzimmer mit Kabel-TV, kleinen Privatbädern und häufig auch blitzblanken neuen Duschkabinen.

Hostel Keoken — GÄSTEHAUS $
(061-224-4086; www.hostelkeoken.cl; Magallanes 209; EZ/DZ mit Gemeinschaftsbad 20 000/28 000 Ch$, EZ/DZ 30 000/38 000 Ch$; @) Erfreut sich bei den Backpackern wachsender Beliebtheit. Auf den bequemen Betten liegen flauschige Daunendecken und zum Frühstück locken hausgemachte Pasteten. Bis ins Stadtzentrum sind es nur ein paar Gehminuten.

Hostal Independencia — GÄSTEHAUS $
(☎ 061-222-7572; www.hostalindependencia.cl; Av Independencia 374; Stellplatz/B 2000/7000 Ch$ p. P.; @) In puncto Preis und Jovialität ist die Pension, eine der letzten zähen Backpackerabsteigen, schwer zu schlagen. Trotz des Tohuwabohus sind die Zimmer halbwegs sauber, es gibt eine Küche, Zeltplätze und Leihfahrräder.

Al Fin del Mundo — HOSTEL $
(☎ 061-271-0185; www.alfindelmundo.cl; O'Higgins 1026; B/EZ/DZ ohne Bad 10 000/15 000/25 000 Ch$; 🛜) Die Zimmer im zweiten und dritten Stock eines Gebäudes im Zentrum wirken fröhlich, aber renovierungsbedürftig. Alle teilen sich Gemeinschaftsbäder mit Warmwasserduschen, eine große Küche sowie einen Wohnbereich mit Fernseher, Billardtisch und DVD-Sammlung. Es gibt auch einen Fahrradverleih (1000 Ch$/Std.).

★ Ilaia Hotel — BOUTIQUE-HOTEL $$
(☎ 061-272-3100; www.ilaia.cl; Carrera Pinto 351; EZ/DZ/3BZ ab 100/132/184 US$; P🛜) Das Haus wird mit familiärer Herzlichkeit geführt. Witzige Sprüche lassen sich in Spiegeln lesen, die Zimmer sind schlicht, aber schick, und ein fantastischer verglaster Aussichtsraum blickt auf die Magellanstraße. Bietet einen Shuttle zu Yogakursen und ein gesundes Frühstück aus *chapati*-Brot, selbst gemachten Marmeladen, Joghurt sowie Avocados. Nur Fernseher sucht man vergeblich.

Hotel Patagonia — HOTEL $$
(☎ 061-222-7243; www.patagoniabb.cl; Av España 1048; EZ/DZ/2BZ 30 000/40 000/50 000 Ch$; P🛜) Solide Mittelklasseoption mit nüchternen Zimmern, frischer weißer Bettwäsche und einfachem Stil. Der Service könnte ein wenig herzlicher sein. Man erreicht das Hotel über eine lange Auffahrt hinter dem Hauptgebäude.

Hotel Plaza — HOTEL $$
(☎ 061-224-1300; www.hotelplaza.cl; Nogueira 1116; EZ/DZ 105/130 US$; 🛜) Diese umgebaute Villa wartet mit Gewölbedecken, Blick auf die Plaza und historischen Fotos im Flur auf. Der Landhausstil passt leider nicht zu dieser Grandeur, doch der Service ist gediegen und die Lage unschlagbar.

Hostal La Estancia — GÄSTEHAUS $$
(☎ 061-224-9130; www.estancia.cl; O'Higgins 765; DZ 48 000 Ch$, B/EZ/DZ ohne Bad 12 500/20 000/38 000 Ch$; @🛜) Zentral gelegenes altes Haus mit großen Zimmern, Gewölbedecken und sauberen Gemeinschaftsbädern. Die langjährigen Besitzer Alex und Carmen helfen gern bei der Reiseplanung. Sie punkten außerdem mit einem Büchertausch, einer Waschmaschine, Gepäckaufbewahrung und Küchennutzung.

Hotel Dreams del Estrecho — LUXUSHOTEL $$$
(☎ gebührenfrei 600-626-0000; www.mundodreams.com/detalle/dreams-punta-arenas; O'Higgins 1235; DZ/Suite 169/201 US$; P@🛜♨) Dieses ovale gläserne Hochhaus nah am Wasser bringt einen Hauch von Las Vegas ans Ende der Welt. Alles glitzert und glänzt, die neuen Zimmer sind geräumig und luxuriös, doch der eigentliche Clou ist der Pool, der mit dem Ozean zu verschmelzen scheint. Darüber hinaus gibt's ein Spa, ein Kasino und ein vornehmes Restaurant.

Hotel Cabo De Hornos — BUSINESSHOTEL $$$
(☎ 061-224-2134; www.hoteles-australis.com; Plaza Muñoz Gamero 1025; DZ/3BZ 240/300 US$; @🛜) Das schicke Haus empfängt Besucher mit einem coolen Design aus Schindeln und spitzen Winkeln, die Zimmer sind hell und entspannt. Von einigen bietet sich ein erstklassiger Ausblick. Der Service ist gut, und die noble Bar lädt zu einem Schlummertrunk ein. Auch das Restaurant genießt einen guten Ruf.

🍴 Essen

Meeresfrüchte aus der Region sind ein wahrer Gaumenschmaus. Die *centolla* (Königskrabbe) hat zwischen Juli und November Saison und der *erizo* (Seeigel) von November bis Juli.

Café Almacen Tapiz — CAFÉ $
(☎ Mobil 8730-3481; www.cafetapiz.cl; Roca 912; Hauptgerichte 5000 Ch$; ⏱9–21.30 Uhr; 🛜) Das mit Alerce-Schindeln gedeckte lebhafte Café bietet sich für eine stimmungsvolle Kaffeepause an. Zur Wahl stehen wunderbare Sahnetorten, Salate, Pitabrot-Sandwiches mit Ziegenkäse, Fleisch und gebratenes Gemüse.

Mercado Municipal — MARKT $
(21 de Mayo 1465; ⏱8–15 Uhr) Fisch- und Gemüsemarkt mit günstigen *cocinerías* (preiswerten Restaurants) in der zweiten Etage. Ein perfektes Ziel für billige Gerichte mit Fisch und Meeresfrüchten.

La Mesita Grande — PIZZERIA $
(☎ 061-224-4312; O'Higgins 1001; Hauptgerichte 3000–6000 Ch$; ⏱12–23.30 Uhr) Die Pizzeria mit freiliegenden Ziegelmauern serviert dün-

ne, knusprige Pizzas mit Biobelägen sowie lokales Bier. Unbedingt noch Platz für das hausgemachte Eis lassen! Die Hauptfiliale befindet sich in Puerto Natales.

Kiosco Roca SNACKS $
(Roca 875; Snacks 500 Ch$; ⊙Mo-Fr 7-19, Sa 8-13 Uhr) Unwiderstehliches Lokal mit lauter Uni-Krimskrams an den Wänden, vor dem die Einheimischen geduldig auf Sitzplätze am Tresen warten. Hier gibt's ausschließlich häppchengroße Sandwiches mit Chorizo, Käse oder beidem. Am besten genießt man dazu einen Bananenmilchshake.

Los Inmigrantes CAFÉ $
(061-222-2205; www.inmigrante.cl; Quillota 559; Hauptgerichte 5000 Ch$ ⊙12-20 Uhr) Das Café im historischen kroatischen Viertel kredenzt verführerische Kuchen. Zudem zeigt es Exponate dalmatinischer Einwanderer.

Lomit's AMERICAN DINER $
(Menéndez 722; Hauptgerichte 4000 Ch$; ⊙10-2.30 Uhr) Chiles Antwort auf ein typisches amerikanisches Diner. Mittendrin stehen die Köche an einer Grillstation, wo sie auf Bestellung Burger frisch zubereiten. Die Portionen sind groß, allerdings trödelt der Service sehr.

Fuente Hamburg CHILENISCH $
(061-224-5375; Errázurriz 856; Hauptgerichte 2500-6000 Ch$; ⊙Mo-Fr 10.30-20.30, Sa bis 15 Uhr) Glänzende Barhocker flankieren einen großen Grill, der Leckeres für Eilige fabriziert, z. B. *churrascos* (dünne Rindfleischscheiben) mit Tomaten und grünen Bohnen, serviert mit frischer Mayonnaise in einem weichen Brötchen.

★ La Marmita CHILENISCH $$
(061-222-2056; www.marmitamaga.cl; Plaza Sampaio 678; Hauptgerichte 6000-12 000 Ch$; ⊙Mo-Sa 12.30-15 & 18.30-23.30 Uhr) Das klassische Bistro erfreut sich wegen seiner lockeren Atmosphäre und des leckeren Essens riesiger Beliebtheit. Neben frischen Salaten und warmem Brot gibt's herzhafte Gerichte wie Aufläufe oder Fisch und Meeresfrüchte nach traditionellen Rezepten sowie gute vegetarische Speisen. Es wird auch Essen zum Mitnehmen angeboten.

Damiana Elena CHILENISCH $$
(Mobil 6122-2818; Magallanes 341; Hauptgerichte 7000-10 000 Ch$; ⊙Mo-Sa 19-23 Uhr) Das elegante Restaurant mitten in einem Wohnviertel ist in einem romantischen alten Haus untergebracht. Ein Abstecher lohnt sich.

La Cuisine FRANZÖSISCH $$
(061-222-8641; O'Higgins 1037; Hauptgerichte 8000-9000 Ch$) Wer außer den gewohnten Kartoffeln noch anderes Gemüse essen will, sollte dieses schlichte französische Restaurant besuchen. Die Meeresfrüchte- und Fischgerichte werden mit sautiertem Gemüse, grünem Salat oder Ratatouille serviert. Es gibt auch hausgemachte Pâté, und der Wein, der in Gläsern kredenzt wird, ist billig.

Okusa CHILENISCH $$
(Ecke O'Higgins & Av Colón; Hauptgerichte 6500-9000 Ch$; ⊙Mo-Sa 12-15 & 19-24, So bis 16 Uhr) In diesem wundervollen, weitläufigen alten Gebäude mit Antikmöbeln gibt's herzhafte Speisen, übergroße Portionen von Lachs oder Lamm sowie dampfende Schmorgerichte. Der Service ist manchmal etwas nachlässig.

Remezón GOURMETKÜCHE $$$
(061-224-1029; www.patagoniasalvaje.cl; 21 de Mayo 1469; Hauptgerichte 5000-15 000 Ch$; ⊙mittags & abends) Eine Institution mit innovativer Küche und gemütlicher Atmosphäre. Als Vorspeise empfehlen wir die Knoblauchsuppe aus duftender Rindfleischbrühe. Spezialität des Hauses sind Wildgerichte, doch besonders gut schmeckt der frische, perfekt zubereitete *merluza negra* (Schwarzer Seehecht), serviert mit *chupe de espinaca* (Spinatauflauf).

Sotito's FISCH & MEERESFRÜCHTE $$$
(061-224-3565; O'Higgins 1138; Hauptgerichte 7000-15 000 Ch$; ⊙Mo-Sa 12-15 & 19-23, So bis 16 Uhr) Diese tolle Adresse in Sachen Meeresfrüchte zieht gut betuchte Einheimische und Kreuzfahrttouristen auf der Suche nach einem Königskrabbengelage an. Die Deko haut einen nicht gerade um, aber das Essen enttäuscht garantiert nicht. Wer im Obergeschoss speist, kann auch zwischen verschiedenen Pastagerichten (ab 5000 Ch$) wählen.

Secreto de la Patagonia SELBSTVERSORGER
(Sarmiento 1029) Schokolade aus regionaler Herstellung, Ziegenkäse und Fleischkonserven als Mitbringsel oder als Leckerei im Park.

Unimarc SUPERMARKT
(Bories 647) Ein großer, gut sortierter Supermarkt.

Pachamama SELBSTVERSORGER
(061-222-6171; Magallanes 619A) Laden mit jeder Menge Bioprodukten, darunter Müsli und Knabbereien wie Studentenfutter.

Ausgehen

La Taberna BAR
(Casa Braun-Menéndez, Plaza Muñoz Gamero; Mo–Fr 19–2, Sa & So bis 3 Uhr) Mit ihrem polierten Holz und den gemütlichen Ecken erinnert die dunkle und elegante unterirdische Bar an ein altmodisches Schiff. Sie ist ein typischer Altherrenclub und füllt sich am Abend mit Zigarrenrauch, doch die Gelegenheit, in der edlen Villa Pisco Sours zu nippen, sollte man sich nicht entgehen lassen.

Jekus PUB
(O'Higgins 1021; 18–3 Uhr) Das Restaurant ist auch ein beliebter Treff, um etwas zu trinken, und bietet Happy Hours, Karaoke sowie Fußball in der Röhre.

Klub CLUB
(Mobil 9435-8247; http://klubpuntaarenas.blogspot.com; Bories 655; Eintritt inkl. Freigetränk 3000 Ch$) Gasfackeln sorgen für Stimmung in diesem südlichsten Tanzclub des Landes. Wer Glück hat, erlebt den Auftritt einer Rockband.

Unterhaltung

Cine Estrella KINO
(Mejicana 777) Hier laufen die neuesten Filme.

Shoppen

The Art Corner KUNST & KUNSTHANDWERK
(Mobil 8904-5392; Errázuriz 910, 2. OG) Werkstatt und Geschäft der talentierten einheimischen Künstlerin Andrea Araneda. Toll, um innovative handgemachte Geschenke zu kaufen, darunter wunderbare Wollsachen, Gemälde mit überwiegend magellanschen Themen und Kunsthandwerk.

Zona Franca ZOLLFREI
(Zofri; Km 3,5 Norte Zona Franca Punta Arenas; So geschl.) Die Freihandelszone ist ein großes auf Hochglanz getrimmtes Sammelsurium an Läden. Der Weg dorthin lohnt sich für alle, die elektronische Geräte, Computerzubehör, Kameraausrüstungen oder Outdoor-Klamotten brauchen. *Colectivos* (Gemeinschaftstaxis) pendeln den ganzen Tag auf der Avenida Bulnes zwischen dem Stadtzentrum und der *zona franca*.

Praktische Informationen

Die Reisebüros im Stadtzentrum entlang der Roca und Lautaro Navarro wechseln Bargeld und Reiseschecks. Alle haben von Montag bis Samstag geöffnet, einige auch am Sonntagmorgen.

Banken mit Geldautomaten verteilen sich überall im Zentrum. Bei Sernatur erhält man eine Liste mit empfehlenswerten Ärzten.

Conaf (061-223-0681; Bulnes 0309; Mo–Fr 9–17 Uhr) Informiert über die umliegenden Parks.
Hospital Regional (061-220-5000; Ecke Arauco & Angamos)
Polizei (061-224-1714; Errázuriz 977)
Postamt (Bories 911) Einen Block nördlich der Plaza Muñoz Gamero.
Sernatur (061-224-1330; www.sernatur.cl; Navarro 999; Mo–Fr 8.30–20, Sa–So 10–18 Uhr) Freundliches, gut geschultes mehrsprachiges Personal sowie eine Liste mit Unterkünften und Verkehrsmitteln. Kürzere Öffnungszeiten in der Nebensaison.
Touristeninformation (061-220-0610; Plaza Muñoz Gamero; Mo–Sa 8–19, Dez.–Feb. So 9–19 Uhr) An der Südseite der Plaza.

An- & Weiterreise

In der Touristeninformation bekommt man eine nützliche Broschüre mit Details zu allen Reisemöglichkeiten vor Ort.

BUS

Busse starten von den Büros der Busunternehmen, die fast alle nur einen oder zwei Blocks von der Avenida Colón liegen. Tickets sollte man mehrere Stunden oder sogar Tage im Voraus kaufen. **Central de Pasajeros** (061-224-5811; Ecke Magallanes & Av Colón) kommt einem zentralen Ticketbüro am nächsten. Einige der täglich angefahrenen Ziele und Unternehmen:

ZIEL	PREIS (CH$)	FAHRTDAUER (STD.)
Osorno	30 000	30
Puerto Natales	6000	3
Río Gallegos	12 000	5–8
Río Grande	25 000	7
Ushuaia	30 000	10

Bus Sur (061-261-4224; www.bus-sur.cl; Av Colón 842) Puerto Natales.
Buses Fernández/Buses Pingüino (061-224-2313; www.busesfernandez.com; Sanhueza 745) Puerto Natales und Río Gallegos.
Buses Ghisoni (061-224 0646; www.busesbarria.cl; Av España 264) Komfortable Busse nach Río Gallegos und Ushuaia.
Buses Pacheco (061-224-2174; www.busespacheco.com; Av Colón 900) Puerto Natales, Río Gallegos und Ushuaia.
Tecni-Austral (061-222-2078; Navarro 975) Río Grande.
Cruz del Sur (061-222-7970; www.buses cruzdelsur.cl; Sanhueza 745) Puerto Montt, Osorno und Chiloé.

FLUGZEUG

Der Flughafen von Punta Arenas (PUQ) liegt 21 km nördlich der Stadt. DAP hat Antarktisflüge (ganzer Tag 5500 US$), Rundflüge über dem Cabo de Hornos und Verbindungen zu anderen Zielen in Patagonien wie Ushuaia und Calafate im Programm. Außerdem betreibt die Airline einen Shuttleservice zum Flughafen (2000 Ch$).

LanChile (061-224-1100; www.lan.com; Bories 884) fliegt mehrmals täglich nach Santiago (162 000 Ch$) mit Zwischenstopp in Puerto Montt (153 000 Ch$) und am Samstag zu den Falklandinseln (hin & zurück 530 000 Ch$).

Sky Airline (061-271-0645; www.skyairline.cl; Roca 935) verkehrt täglich zwischen Santiago und Punta Arenas mit Zwischenstopp in Puerto Montt oder Concepción.

Aerovías DAP (061-261-6100; www.aeroviasdap.cl; O'Higgins 891) bietet von November bis März Flüge nach Porvenir (hin & zurück 55 000 Ch$, Mo–Sa mehrmals tgl.) und nach Puerto Williams (143 000 Ch$, Mo–Sa 10 Uhr). Pro Person sind nur 10 kg Gepäck erlaubt.

SCHIFF/FÄHRE

Transbordador Austral Broom (061-258-0089; www.tabsa.cl) Verfügt über drei Fähren, die vom Fährhafen Tres Puentes nach Tierra del Fuego verkehren. Die Auto- und Passagierfähre nach/von Porvenir (6200/39 800 Ch$ pro Pers./Auto, 2½ Std.) startet meist um 9 Uhr, manchmal aber auch nachmittags (aktuelle Zeiten stehen auf der Website). Schneller geht's mit den Verbindungen (1600/13 900 Ch$ pro Pers./Auto, 20 Min.) ab Primera Angostura, nordöstlich von Punta Arenas, die zwischen 8.30 und 23.45 Uhr alle 90 Minuten bestehen.

Fähren von Broom steuern drei- oder viermal im Monat donnerstags Puerto Williams auf der Isla Navarino an (Liegesitz/Bett inkl. Mahlzeiten 98 000/137 000 Ch$, 30 Std.) und kehren samstags zurück.

Cruceros Australis (in Santiago 02-442-3110; www.australis.com; Sept.–Mai) veranstaltet vier- und fünftägige Luxuskreuzfahrten nach Ushuaia und zurück. Traveller können sie vor Ort bei Turismo Comapa buchen.

ⓘ Unterwegs vor Ort

AUTO

Mit dem Auto lässt sich der Torres-del-Paine-Park prima erkunden. Leider kostet der Grenzübertritt nach Argentinien mit einem chilenischen Mietwagen aufgrund internationaler Versicherungsbestimmungen ein Heidengeld. Wer nach El Calafate will, leiht besser in Argentinien ein Fahrzeug.

Die Mietwagenpreise im chilenischen Patagonien sind in Punta Arenas am billigsten. Dort bieten die Autoverleiher meist auch einen besseren Service. Wir empfehlen **Adel Rent a Car/Localiza** (061-222-4819; www.adelrentacar.cl; Pedro Montt 962). Hier arbeitet zuvorkommendes Personal, das gute Reisetipps parat hat, zudem gibt's einen Flughafen-Abholservice und günstige Preise. Weitere Möglichkeiten sind **Hertz** (061-224-8742; O'Higgins 987) und **Lubag** (061-271-0484; Magallanes 970).

BUS & TAXI COLECTIVO

Taxis colectivos (Sammeltaxis), die nummerierte Strecken bedienen, kosten nur wenig mehr als Busse (etwa 400 Ch$), nachts und sonntags etwas teurer), sind aber wesentlich komfortabler und schneller.

VOM/ZUM FLUGHAFEN

Busse fahren direkt vom Flughafen nach Puerto Natales. **Transfer Austral** (061-272-3358; www.transferaustral.com) hat auf die Flugzeiten abgestimmte Tür-zu-Tür-Shuttlebusse (3000 Ch$). Bus Fernández betreibt ebenfalls einen regelmäßigen Flughafentransfer (3000 Ch$).

Rund um Punta Arenas

Monumentos Históricos Nacionales Puerto Hambre & Fuerte Bulnes

Zwei nationale Monumente bilden den **Parque del Estrecho de Magallanes** (Parque Historia Patagonia; 061-272-3195; www.phipa.cl; Km 56 Sur; Eintritt 12 000 Ch$; 9.30–18.30 Uhr). Die 1584 von Pedro Sarmiento de Gamboa gegründete „Ciudad del Rey Don Felipe" zählte zu Spaniens unglückseligsten und kurzlebigsten Vorposten in Südamerika und ist heute als **Puerto Hambre** (Hungerhafen) bekannt. Ihre Bewohner kämpften mit den Elementen und starben den Hungertod.

1843 schickte der chilenische Präsident Manuel Bulnes den Schoner *Ancud* auf die Reise nach Magallanes. Kapitän John Williams, ein ehemaliger englischer Offizier, führte das mit Chiloten bemannte Schiff. Die Mission lautete, diese südliche von Ureinwohnern nur dünn besiedelte Region in Besitz zu nehmen. Nach vier Monaten landete die *Ancud* am 21. September 1843 in Puerto Hambre. Williams erklärte das Gebiet zu chilenischem Territorium und begann auf einem Hügel eine Festung zu bauen, die er **Fuerte Bulnes** nannte. Die Wind und Wetter ausgesetzte Lage, Trinkwassermangel, steiniger Boden und minderwertige Weideflächen zwangen ihn jedoch bald, seine Kolonie aufzugeben. Mit seinen Leuten zog er weiter nordwärts in eine geschütztere Gegend, die von den Siedlern Punta Arenas

NICHT VERSÄUMEN

PINGUINKOLONIEN

Man muss nicht in die Antarktis reisen, um diese possierlichen Tiere zu sehen. Zwei bedeutende Kolonien der Magellanpinguine kann man leicht von Punta Arenas aus besuchen. Wer einen ganzen Tag Zeit hat, besucht am besten das nur per Boot zu erreichende **Monumento Natural Los Pingüinos** auf der Isla Magdalena in der Magellanstraße, das mit 60 000 Brutpaaren größer und interessanter ist.

Einfacher gestaltet sich die Fahrt zum **Seno Otway** (Otway-Fjord; Eintritt 6000 Ch$, Straßengebühr 1000 Ch$; ⊙ 8–18.30 Uhr) mit 6000 Brutpaaren, der eine Stunde nordwestlich der Stadt liegt. Ausflüge dorthin finden meist nachmittags statt. Für Fotos eignet sich ein Besuch am Morgen aber besser, weil nachmittags das Gegenlicht stört. Auch die Anreise mit eigenem Auto ist möglich, bei der Fahrt Richtung Norden auf der Ruta 9 (RN 9) muss man aber aufpassen, dass man das kleine Schild am Abzweig zur Pinguinkolonie nicht übersieht. Diese liegt übrigens relativ dicht am Flughafen.

(Sandige Spitze) und von den Tehuelche Lacolet genannt wurde.

Eine 60 km lange Asphaltstraße verläuft südlich von Punta Arenas zum restaurierten Holzfort. Ein Zaun aus angespitzten Pfählen umgibt die Blockhäuser und Kasernenanlagen sowie eine Kirche. Es gibt Spazierwege, ein Besucherzentrum und Aussichtspunkte. Ein neues Museum und Café sind noch im Bau. Öffentliche Verkehrsmittel fahren nicht dorthin. Mehrere Tourveranstalter bieten jedoch einen halbtägigen Ausflug zum Fuerte Bulnes und Puerto Hambre an.

Cabo Froward

Dieses Kap ist der südlichste Punkt des südamerikanischen Festlands. Es liegt 90 km südlich von Punta Arenas und lässt sich auf einer zweitägigen Wanderung entlang windumtoster Klippen erreichen. Vor Ort steht auf einem 365 m hohen Hügel ein riesiges Kreuz, das 1987 anlässlich des Besuchs von Papst Johannes Paul II. in Chile errichtet wurde. Es ersetzt das ursprüngliche, 1913 von Monseñor Fagnano aufgestellte Kreuz. Campen ist unterwegs überall möglich. Fast alle Tourveranstalter in Punta Arenas sowie Erratic Rock in Puerto Natales bieten geführte Wanderungen zum Kap an.

15 km vor dem Cabo Froward erhebt sich am Monte Tarn (830 m) der Faro San Isidro, ein Leuchtturm. In dessen felsiger Umgebung finden sich eine üppige Vogelwelt und einige schöne Trekkingmöglichkeiten. Hier starten auch die Buckelwal-Beobachtungstouren zur Isla Carlos III. in **Parque Marino Francisco Coloane**, Chiles erstem maritimen Nationalpark. Zwischen Dezember und Mai tauchen dort regelmäßig Buckel- und Zwergwale auf. Die **Hostería Faro San Isidro** (📱 Mobil 9349-3862, mobil 9640-7968; www.hosteriafarosanisidro.cl; DZ 40 000 Ch$ pro Pers., Zweitagespaket 215 000 Ch$ pro Pers.; ⊙ Okt.–April) bietet Pauschalarrangements inklusive des Transports von Punta Arenas und Aktivitäten wie Kajakfahren sowie Wandern.

Parque Nacional Pali Aike

Eine schroffe vulkanische Steppenlandschaft, durchsetzt mit Kratern, Höhlen und bizarren Gesteinsformationen, prägt den ungefähr 50 km² großen **Park** (www.conaf.cl/parques/parque-nacional-pali-aike; Erw./Kind unter 12 J. 1000 Ch$/frei) entlang der argentinischen Grenze. Pali Aike bedeutet in der Sprache der Tehuelche „Land des Teufels". Mineralien färben das Lavagestein rot, gelb oder graugrün. Hier leben Guanakos in Scharen sowie Nandus, Graufüchse und Gürteltiere. In den 1930er-Jahren fand der Archäologe Junius Bird in der 17 m tiefen **Pali-Aike-Höhle** menschliche Artefakte zusammen mit Resten ausgestorbener neuweltlicher Fauna wie dem Mylodon (Riesenfaultier) und dem Urpferd *Onohippidium*.

Den Park durchziehen mehrere Wanderwege. Ein 1,7 km langer Pfad verläuft durch die zerklüfteten Lavaablagerungen des **Escorial del Diablo** zum beeindruckenden **Krater Morada del Diablo**. Feste Schuhe sind ein Muss, um die Füße vor Verletzungen zu schützen. Unterwegs sieht man Hunderte Krater, deren Wände teilweise die Höhe vierstöckiger Häuser erreichen. Von der Pali-Aike-Höhle kann man 9 km bis zur **Laguna Ana** laufen. Eine kürzere Strecke führt zu einer Ausgrabungsstätte an der Hauptstraße, 5 km vom Parkeingang entfernt.

Das Schutzgebiet liegt 200 km nordöstlich von Punta Arenas. Unterwegs geht's über die RN9, die Ch 255 und eine an der Cooperativa Villa O'Higgins, 11 km nördlich der Estancia Kimiri Aike, abzweigende Schotterpiste. Auch vom chilenischen Grenzposten Monte Aymond gibt's einen Zugang zum Park. Öffentliche Verkehrsmittel steuern ihn nicht an, aber die Reisebüros in Punta Arenas organisieren Tagestouren.

ÚLTIMA ESPERANZA

Der Name der einst abgeschiedenen Provinz erfüllt die Fantasie mit Vorahnungen, denn Última Esperanza bedeutet „Letzte Hoffnung". Stürme fegen über die Weiten einer Region, der es an landschaftlicher Schönheit nicht mangelt. Immerhin liegen in ihrem Hinterland der Parque Nacional Torres del Paine und Teile des südpatagonischen Eisfeldes. Häufig wird Última Esperanza der Nachbarprovinz Magallanes zugeordnet, aber es handelt sich um eine eigene Provinz im Süden des Landes. Auch wenn das Gebiet gerade im Winter noch ein unwirtliches Reiseziel ist, liegt es längst nicht mehr abseits ausgetretener Pfade. Vielmehr hat der Touristenboom dem ehemals ländlichen Charakter mancher Gegenden geradezu dekadente Züge verliehen. Trotzdem findet sich hier für beinahe jeden etwas Passendes.

Puerto Natales

061 / 18 000 EW.
Der einst ruhige Fischerhafen am Seno Última Esperanza ist zu einer Hochburg für Gore-Tex-Träger aufgeblüht. Als Ausgangspunkt für Touren zum Parque Nacional Torres del Paine fährt Puerto Natales die Früchte seiner Geschäftstüchtigkeit ein. Statt Tee konsumiert man Importbier und Wein. Coole Ausrüstungsshops haben die Garnverkäufer ersetzt. Heute nährt sich die Stadt vom Tourismus. Während sich manche Bereiche dem internationalen Geschmack angepasst haben, blieb in den dicht gedrängten Wellblechhäusern und gemütlichen Unterkünften im Stil von Großmutters Zeiten der alte Reiz bewahrt. Bemerkenswert ist auch, dass die Stadt trotz der nahezu konstanten Besucherschwärme im Sommer die für Patagonien typische bedächtige Lebensart beibehält.

Puerto Natales befindet sich 250 km nordwestlich von Punta Arenas und ist über die Ruta 9 zu erreichen. Der Blick auf die umliegenden Berge ist atemberaubend. Die Hauptstadt der Provinz Última Esperanza dient auch als südliche Endstation der Fährfahrten durch die chilenischen Fjorde.

◎ Sehenswertes

Museo Histórico MUSEUM
(*061-241-1263; Bulnes 28; Eintritt 1000 Ch$; ⊙Mo–Fr 8–19, Sa & So 10–13 & 15–19 Uhr) Ein kurzer Besuch in diesem Museum, das archäologische Funde beherbergt, ist ein Crashkurs in lokaler Geschichte. Neben einem Yaghan-Kanu gibt's *bolas*, die Wurfwaffen der Tehuelche, sowie historische Fotos zu sehen.

Mirador Dorotea WANDERWEG
(Eintritt 5000 Ch$) Die Tageswanderung durch einen privaten Lenga-Wald bietet herrlichen Ausblick auf Puerto Natales und das Gletschertal. Dorotea ist die große Felsnase gleich abseits der Ruta 9, weniger als 10 km von Natales entfernt.

🏃 Aktivitäten

Turismo Fjordo Eberhard ABENTEUERTOUR
(Estancia Puerto Consuelo; *Mobil 9380-1080; www.fiordoeberhard.com; Km 23 Norte; 2-std. Reitausflug 28 000 Ch$) Die malerische *estancia* ist von stillen Fjorden und hohen Bergen umgeben und bietet Reitausflüge sowie Kajaktouren.

Pingo Salvaje REITAUSFLÜGE
(*Mobil 6236-0371; www.pingosalvaje.com; Estancia Laguna Sofia; 3-std. Reitausflug 33 000 Ch$; ⊙Okt.–April) Auf der idyllischen *estancia* kann man reiten und Kondore beobachten. Es gibt auch Unterkünfte in komfortablen Gemeinschaftshütten (15 000 Ch$ pro Pers., Schlafsack mitbringen) sowie einen schattigen Zeltplatz (4000 Ch$ pro Pers.) mit Grill, Tischen und Warmwasserduschen. Pingo Salvaje ist 30 km von Puerto Natales entfernt; der Hin- bzw. Rücktransport kostet 10 000 Ch$ pro Person.

Mandala Andino SPA
(*Mobil 9930-2997; mandalaandino@yahoo.com; Bulnes 301; Massagen ab 18 000 Ch$; ⊙Nov.–März 10–22 Uhr) Empfehlenswertes Wellnesszentrum mit Massagen, Bädern und Behandlungen. Man kann auch interessante Geschenke und lokales Kunsthandwerk kaufen.

Patagom Lila YOGA
(*Mobil 6140-7857; www.yogapatagomlila.com; Galvarino 345) Die wundervolle Yogalehrerin Susanne bietet Kurse in englischer, deutscher und spanischer Sprache. Sie finden in

Puerto Natales

einem Haus im Stadtzentrum oder in einem spektakulären ländlichen Kuppelgebäude mit Blick auf den Seno Última Esperanza statt – hier werden auch Permakultur-Kurse, Yogaferien sowie Thai- und Klangschalenmassagen angeboten. Susanne bereichert die örtliche Yoga-Gemeinde zudem mit alternativen Therapien.

Encuentro Gourmet KOCHKURS
(Mobil 6720-3725; reservas@encuentrogourmet.com; Bories 349; 25 000 Ch$; 10.30 oder 19.30 Uhr) Ein französischer Auswanderer lehrt die Zubereitung klassischer chilenischer Gerichte wie Lammeintopf oder *chupe de centolla* (Schmorpfanne mit Königskrabben); ein gemeinsames Mittag- bzw. Abendessen ist im Kurs inbegriffen.

Geführte Touren

Antares/Big Foot Patagonia ABENTEUERTOUR
(061-241-4611; www.antarespatagonia.com; Pedro Montt 161) Antares, das sich auf den Nationalpark Torres del Paine spezialisiert hat, organisiert Klettergenehmigungen und maßgeschneiderte Touren. Das Unternehmen hat auch die Lizenz für Aktivitäten am Lago Grey und veranstaltet z. B. Eiswanderungen am Grey-Gletscher sowie Kajaktrips.

onalpark Torres del Paine sowie alternative Touren und verleiht die passende Ausrüstung. Zum Angebot gehören Trekkingtouren zum Cabo Froward, zur Isla Navarino und zu weniger bekannten Zielen.

Fortaleza Expediciones ABENTEUERTOUR
(061-261-3395; www.fortalezapatagonia.cl; Tomás Rogers 235) Erfahrener Anbieter, der auch Campingausrüstung verleiht.

Turismo 21 de Mayo GEFÜHRTE TOUR
(614420; www.turismo21demayo.com; Eberhard 560) Bootsfahrten/Wanderungen zu den Gletschern Balmaceda und Serrano.

Feste & Events

Festival de Cine de la Patagonia FILMFESTIVAL
(Mitte Feb.) Einwöchiges Open-Air-Filmfestival.

Schlafen

Es gibt zahlreiche Unterkünfte, die meist Frühstück, Wäscheservice und niedrigere Preise in der Nebensaison bieten. Wer mit der Fähre anreist, sollte im Voraus buchen. Hostels verleihen oft Ausrüstung und helfen beim Arrangieren von Verkehrsmitteln zum Nationalpark.

The Singing Lamb HOSTEL $
(061-241-0958; www.thesinginglamb.com; Arauco 779; B/DZ 22–30/80 US$; @) Sauberes, umweltfreundliches Hostel mit eigener Kompostierung und Recycling, Regenwassertonnen und Einkaufstaschen aus Leinen. Die Preise der Schlafsäle richten sich nach der Anzahl der Betten (max. 9). Es gibt viele Gemeinschaftsbereiche. Weitere Vorteile sind die Zentralheizung und hausgemachtes Frühstück. Zur Unterkunft folgt man einfach der Raimírez bis einen Block hinter der Plaza O'Higgins.

Hostal Dos Lagunas GÄSTEHAUS $
(Mobil 8162-7755; hostaldoslagunas@gmail.com; Ecke Barros Arana & Bories; B/DZ 12 000/30 000 Ch$;) Die aufmerksamen Gastgeber Alejandro und Andrea der alteingesessenen, makellosen Bleibe verwöhnen Besucher mit üppigem Frühstück, guten Duschen und Reisetipps.

4Elementos GÄSTEHAUS $
(Mobil 9524-6956; www.4elementos.cl; Esmeralda 811; DZ 30 000 Ch$, B/EZ/DZ/3BZ ohne Bad 12 000/20 000/25 000/40 000 Ch$;) Diese einfache Pension, die selbst keinerlei Ab-

Baqueano Zamora REITEN
(061-261-3530; www.baqueanozamora.cl; Baquedano 534) Empfehlenswerte Ausritte und Wildpferdbeobachtungen im Nationalpark Torres del Paine.

Chile Nativo ABENTEUERTOUR
(061-241-1835, Mobil 9078-9168; www.chilenativo.cl; Eberhard 230, 2. OG) Stellt Kontakt zu örtlichen Gauchos her und organisiert Fotosafaris sowie maßgeschneiderte Abenteuertouren.

Erratic Rock ABENTEUERTOUR
(061-241-4317; www.erraticrock.com; Baquedano 719) Veranstaltet rustikale Trips zum Nati-

Puerto Natales

◎ Sehenswertes
1 Museo Histórico C3

⊕ Aktivitäten, Kurse & Touren
Antares/Big Foot Patagonia .... (siehe 17)
2 Baqueano Zamora E4
3 Chile Nativo B2
4 Encuentro Gourmet C2
5 Erratic Rock E4
6 Fortaleza Expediciones C3
7 Mandala Andino C3
8 Patagom Lila E2
9 Turismo 21 de Mayo C2

🛏 Schlafen
10 4Elementos E3
11 Amerindia B2
12 Erratic Rock II F4
13 Hostal Dos Lagunas B2
14 Hostal Nancy E3
15 Hotel IF Patagonia B2
16 Indigo Patagonia A2
17 Kau B1
18 Lili Patagonico's Hostal C3
19 Residencial Bernardita E3
20 The Singing Lamb E5
21 We Are Patagonia F4
22 Yaganhouse C3

⊗ Essen
23 Afrigonia C2
24 Asador Patagónico C2
25 Café Kaiken E4
26 Creperia C3
27 El Bote C3
28 El Living C3
29 G Sushi C4
30 La Aldea B2
31 La Mesita Grande C2
32 Masay C3

⊙ Ausgehen & Nachtleben
33 Baguales C2
34 Base Camp E5
35 Por Que no te Callas B3

⊙ Unterhaltung
36 Centro Cultural Galpon Patagonia B1

fall produziert, gilt als Pionier des Recycelns in Patagonien und kümmert sich leidenschaftlich um Aufklärung über richtige Müllentsorgung. Die Gäste können sich auf ein sorgsam zubereitetes skandinavisches Frühstück freuen. Außerdem kann man Guides und Besuche im Park buchen, auch Touren in die Natur sind möglich. Vorher unbedingt reservieren, denn die Pension hat nicht immer geöffnet.

Lili Patagonico's Hostal HOSTEL $
(☏ 061-241-4063; www.lilipatagonicos.com; Arturo Prat 479; B 10 000 Ch$, DZ mit/ohne Bad 32 000/24 000 Ch$; @ 🖃) Großes Haus mit einer Kletterwand, unterschiedlichen Schlafsälen und farbenfrohen Doppelzimmern samt nagelneuen Bädern und Daunendecken.

Hostal Nancy GÄSTEHAUS $
(☏ 061-241-0022, Schlafsaal 061-241-4325; www.nataleslodge.cl; Raimírez 540; B/EZ/DZ/3BZ 9000/15 000/32 000/36 000 Ch$, 🖃) Die Besitzerin Nancy ist ein echter Schatz. Sie betreibt dieses familiäre Gästehaus, das vor Kurzem umgebaut wurde: Alle Zimmer sind jetzt mit Fernsehern und Bädern ausgestattet. Im Anbau auf der gegenüberliegenden Straßenseite sind Unterkünfte mit Küchennutzung zu vermieten. Außerdem gibt es auch Zimmer mit Twin- oder Doppelbetten und Gemeinschaftsbädern.

Yaganhouse HOSTEL $
(☏ 061-241-4137; www.yaganhouse.cl; O'Higgins 584; B 12 000 Ch$, DZ mit/ohne Bad 32 000/27 000 Ch$; 🖃) Ehemaliges Wohnhaus mit coolen Extras, gemütlichen Gemeinschaftsbereichen voller bunter Decken und Läufer, Wäscheservice und Ausrüstungsverleih. Auch ein paar Einzelzimmer (15 000 Ch$, Gemeinschaftsbad) sind verfügbar.

Residencial Bernardita GÄSTEHAUS $
(☏ 061-241-1162; www.residencialbernardita.cl; O'Higgins 765; EZ/DZ mit Gemeinschaftsbad 15 000/25 000 Ch$; 🖃) Viele ehemalige Gäste empfehlen das Bernardita wegen der ruhigen Zimmer mit Zentralheizung und des altmodischen Flairs. Im hinteren Anbau ist die Atmosphäre intimer als im Haupthaus. Geboten werden auch Frühstück und Küchenbenutzung.

★ We Are Patagonia B&B $$
(☏ Mobil 7389-4802; www.wearepatagonia.com; Galvarino 745; Zi. mit/ohne Bad 40 000/35 000 Ch$; 🖃) Zauberhaftes, kunstorientiertes Hotel in einem kleinen Gebäude mit minimalistischem Charme und gemütlichem Flair, das mit einer Zentralheizung ausgestattet ist. Mantras an den Wänden verbreiten positive Botschaften. Zum herrlichen Frühstück gibt's echten Kaffee, Obst, Haferflocken und Vollkornbrot.

Kau   B&B $$

(☏ 061-41-4611; www.kaulodge.com; Costanera Pedro Montt 161; DZ 60 000 Ch$; 🛜🍽) 🍃 Hier gibt Einfachheit den Ton an: Das ästhetisch gelungene Hotel ist cool und gemütlich. Dicke Wolldecken, Frühstück an Picknicktischen und schön gealtertes recyceltes Holz sorgen für lässige Intimität. Alle Zimmer bieten Fjordblick, Zentralheizung, Toilettenartikel und Schließfächer. An der Espressobar **The Coffee Maker** bekommt man fantastische Milchkaffees, und die Mitarbeiter haben tonnenweise Informationen parat.

Amerindia   B&B $$

(☏ 061-241-1945; www.hostelamerindia.com; Barros Arana 135; DZ 45 000 Ch$, ohne Bad 35 000 Ch$, Apt. für 6 Pers. 80 000 Ch$; ⊙ Juli geschl.; @🛜) Uriges Refugium mit einem Holzofen, schönen Webarbeiten und Balken aus unbehandeltem Holz. Zum Frühstück locken Kuchen, Eier und Haferbrei in einem gemütlichen öffentlichen Café, das zudem Bioschokolade und -tee sowie glutenfreie Gerichte im Angebot hat. Vermietet auch Autos.

Temauken Hotel   B&B $$

(☏ 061-241-1666; www.temauken.cl; Calle Ovejero 1123; EZ/DZ/3BZ 45 000/55 000/75 000 Ch$; 🛜) Ein neues dreistöckiges Gebäude beherbergt diese fröhliche, elegante Unterkunft abseits des Stadtzentrums. Das große, helle Wohnzimmer lockt mit Panoramablick aufs Meer, und das Restaurant kredenzt leckere Mahlzeiten.

Erratic Rock II   B&B $$

(☏ 061-241-4317; www.erraticrock2.com; Benjamin Zamora 732; DZ 40 000 Ch$, 3BZ ohne Bad 42 000 Ch$; @🛜) Das gemütliche Privathaus bezeichnet sich als „Hostel-Alternative für Paare". Es hat gemütliche Doppelzimmer mit Dekokissen und ordentlichen Bädern. Das reichhaltige Frühstück wird in einem hellen Speiseraum serviert.

★ The Singular Hotel   BOUTIQUE-HOTEL $$$

(☏ 061-241-4040, Buchung in Santiago 02-387-1500; www.thesingular.com; RN9, Km 1,5; DZ 414 US$, DZ inkl. VP & Exkursionen 1360 US$; P@🛜🍽) Das Hotel steht an der Stelle eines früheren Wahrzeichens der Region, einer ehemaligen Fleischversandanlage am Fjord. Sein industrielles Design, das durch Ideen wie Stühle aus alten Radiatoren in der Lobby nicht betont wird, ist mit interessanten alten Fotos und Antiquitäten kombiniert. Durch die Glaswände der behaglichen Zimmer schaut man aufs Wasser, und im schicken Restaurant mit Bar (neben dem Museum, auch für Nichtgäste geöffnet) steht frisches regionales Wild auf der Karte.

Gäste können das Spa mit Pool nutzen und die Umgebung mit dem Fahrrad oder Kajak erkunden. Das Hotel liegt in Puerto Bories, 6 km vom Ortszentrum entfernt.

Bories House   GASTHOF $$$

(☏ 061-241-2221; www.borieshouse.com; Puerto Bories 13-B; DZ/3BZ/Hütte 150/195/350 US$; 🛜) 🍃 Herrliche neue Unterkunft außerhalb von Puerto Natales im nahe gelegenen Puerto Bories. Der Gasthof bietet die Eleganz eines englischen Landhauses und fantastischen Blick auf die Meerenge. Es gibt einen komfortablen Aufenthaltsbereich und nur wenige Zimmer, alle mit rustikalen Holzmöbeln ausgestattet. Nach vorheriger Anmeldung wird auch Abendessen serviert.

Indigo Patagonia   BOUTIQUE-HOTEL $$$

(☏ 061-241-3609; www.indigopatagonia.com; Ladrilleros 105; DZ/Suite mit Spa 279/329 US$; @🛜) Nach einer Wanderung kann man sich zum Whirlpool auf dem Dach und ins verglaste Spa aufmachen. Materialien wie Eukalyptusholz, Schiefer und Eisen überlappen das moderne Ambiente und schaffen interessante Effekte, obwohl die Zimmer eher klein sind. Highlight ist natürlich der Fjord vor der Tür, den man sogar von der Dusche aus sieht. Das Hotel gehört zur chilenischen Luxushotelkette Noi.

Hotel IF Patagonia   BOUTIQUE-HOTEL $$$

(☏ 061-241-0312; www.hotelifpatagonia.com; Magallanes 73; EZ/DZ 140/150 US$; P🛜) 🍃 Das IF im Hotelnamen steht für die ausgesprochen netten Inhaber Isabel und Fernando. In dieser minimalistischen, hübschen Bleibe mit einem hellen, modernen Inneren werden die Gäste mit Wolldecken, Daunenbetten und einer Terrasse samt Blick auf den Fjord verwöhnt. Es gibt auch eine Gartensauna und eine Holzbadewanne.

Remota   LODGE $$$

(☏ 061-241-4040, Buchung in Santiago 02-387-1500; www.remota.cl; RN9, Km 1,5; EZ/DZ 300/350 US$; All-Inklusive ab 1950 US$; @🛜🍽) Anders als die meisten Hotels lenkt das Remota die Aufmerksamkeit auf die Umgebung: Stille unterstreicht den tosenden Wind, die Fenster imitieren alte Viehgatter, ein gewundener Durchgang würdigt die Treibgänge der *estancias*. Die Zimmer sind zwar behaglich, doch es bleibt ein Gefühl der Isolation, und auch der Service kann kühl sein.

Weskar
HOTEL $$$

(061-241-4168; www.weskar.cl; RN9, Km 5; DZ ab 160 US$; @ 🛜) Gleich außerhalb der Stadt an der Küstenstraße des Fjords liegt diese Holzlodge mit tollem Ausblick, gemütlichen Ecken und unterschiedlichen Zimmern. Für den schlichten, nicht ganz passenden Stil des Hotels sind die Preise teuer, doch in der Nebensaison stimmt das Preis-Leistungs-Verhältnis. Das Frühstück wird im Büfet-Stil serviert, und das Gourmetrestaurant kommt gut an.

Essen

La Mesita Grande
PIZZA $

(Mobil 6141-1571; www.mesitagrande.cl; Arturo Prat 196; Pizza 5000–7000 Ch$; Mo-Sa 12.30–15 & 19–23.30, So 13–15 & 19–23.30 Uhr) Glückliche Mittagsgäste sitzen an einem langen Tisch und genießen knusprige Pizza, hochwertige Pastagerichte und Biosalate.

Café Kaiken
CHILENISCH $

(Mobil 8295-2036; Baquedano 699; Hauptgerichte 5000–7000 Ch$; Mo-Sa 13–15.30 & 18.30–23 Uhr) Intimer geht's nicht: Das Lokal hat nur fünf Tische, und die Gäste werden von einem Pärchen bekocht, das die Gerichte auch selbst serviert und sich mit den Gästen unterhält. Die Besitzer sind von Santiago hierher gezogen, um dem Stress zu entfliehen. Das langsam geschmorte Lamm oder die handgemachten Ravioli mit Räucherlachsfüllung sind die Wartezeit wirklich wert. Man sollte früh da sein, um noch einen Tisch zu ergattern.

El Bote
CHILENISCH $

(061-241-0045; Bulnes 380; Menü 3500 Ch$; Mo-Sa 12–23.30 Uhr) Ein Paradies für chilenische Hausmannskost! Im schlichten Restaurant gibt's Brathähnchen, Schmorgerichte mit Meeresfrüchten und hausgemachte Suppen sowie teurere Wildgerichte mit Guanako- und Hirschfleisch. Zum Dessert empfehlen wir den Klassiker Maronen in Sahnecreme.

Cangrejo Rojo
CAFÉ $$

(061-241-2436; Santiago Bueras 782; Hauptgerichte 6000–8500 Ch$; Di-So 13.30–15 & 17.30–22 Uhr) In diesem freundlichen, günstigen Wellblechcafé kann man sich Pasteten, Eis, Sandwiches und Tontopfgerichte wie Meeresfrüchteeintopf und Lammrippchen schmecken lassen. Zum Café folgt man der Baquedano bis zur Bueras, vier Blocks südlich der Plaza O'Higgins.

El Living
CAFÉ $

(www.el-living.com; Arturo Prat 156; Hauptgerichte 4000–6000 Ch$; Nov.–Mitte April 11–22 Uhr; 🌱) Relaxen wie in einer Londoner Lounge lässt es sich in diesem coolen Café (einem der ältesten der Stadt). Dazu tragen frische vegetarische Kost (auch vegan und glutenfrei), Stapel europäischer Hochglanzmagazine und ein versteckter Hinterhof mit Tischen im Freien bei.

G Sushi
SUSHI $

(061-241-4653; Pinto 552; Hauptgerichte 4500–7300 Ch$; Mo-Sa 11.30–15.30 & 19–23.30 Uhr) Köstliches Sushi, Wokgerichte und kreative Biere, serviert in einem stilvoll umgebauten Familienhaus nur wenige Blocks vom Geschäftszentrum der Stadt. Hat auch einen Lieferservice.

Creperia
FRANZÖSISCH $

(Mobil 6657-8348; Bulnes 358; Hauptgerichte 4000–7000 Ch$; Mo-Sa 12.30–15 & 17–23 Uhr) Helles Lokal, das herzhafte und süße Crêpes sowie Tees und Kaffeegetränke auftischt. Dank regionaler Zutaten und dem lang ersehnten Nutella entkommt man hier dem ewigen Fleisch-Kartoffel-Kreislauf.

Masay
SANDWICHES $

(061-241-5008; Bulnes 427; Hauptgerichte 3000–5000 Ch$; 11–24 Uhr) Nichts Besonderes, nur gute chilenische Sandwiches aus Weißbrötchen und flinker Service.

La Aldea
MEDITERRAN $$

(Mobil 6141-4027; www.aldearestaurant.cl; Barros Arana 132; Hauptgerichte 7000–10 000 Ch$; Mi-Mo 19–23 Uhr) Koch Pato ändert die Angebote täglich, aber im Mittelpunkt stehen frische mediterrane Gerichte wie gegrillte Venusmuscheln, Lamm-Tajine und Quinoa-Speisen.

Asador Patagónico
PARRILLA $$

(061-241-3553; Arturo Prat 158; Hauptgerichte 7000–10 000 Ch$; 12.30–15 & 19–23.30 Uhr) Vornehmes argentinisch ausgerichtetes Grillrestaurant. Zur Wahl stehen flambiertes Lammfleisch, Steaks, Salate und Kalbsbries. Dazu werden gute Weine gereicht.

★ The Singular Restaurant
MODERNE KÜCHE $$$

(061-272-2030; Puerto Bories; Hauptgerichte 6000–14 000 Ch$; 8–23 Uhr) Das Restaurant bietet exquisites Essen und aufmerksamen Service. Drinnen punktet es mit Ledersofas, freiliegenden Holzbalken und fantastischem Blick auf den Fjord. Küchenchef Pasqualetto verwendet nur regionale Zutaten: Frische Ceviche, zarte Lamm-Medaillons und herrliche Salate werden mit traditionellen Beilagen und edlen chilenischen Weinen kredenzt. Auch die vegetarischen Gerichte sind überragend.

Afrigonia
FUSIONSKÜCHE $$$
(061-241-2877; Eberhard 343; Hauptgerichte 10 000–14 000 Ch$; 12.20–15 & 18.30–23 Uhr) Außergewöhnlich und total orginell, denn Restaurants, die afrochilenische Küche servieren, findet man wahrscheinlich nicht einmal in New York. Ein fleißiges sambischchilenisches Paar hat dieses romantische Schmuckstück auf die Beine gestellt. Duftender Reis, frische Ceviche und gebratenes Lamm mit Minze – alles ist sorgfältig zubereitet und lecker. Unbedingt im Voraus reservieren.

Ausgehen

Baguales
BRAUEREI
(www.cervezabaguales.cl; Bories 430; 18–2.30 Uhr;) Befreundete Kletterer gründeten diese Kleinbrauerei auf der Suche nach Qualitätsbieren. Das Bier wird vor Ort hergestellt und schmeckt super. Ein Anbau im zweiten Stock soll dem starken Ansturm gerecht werden. Die Bar im Gringo-Stil serviert eher mittelmäßiges Essen.

Por Que no te Callas
BAR
(061-241-4942; Magallanes 247; Mo-Sa 19-1.30 Uhr, am Wochenende bis 2 Uhr) Wer etwas Lokalflair sucht, ist in dieser Bar namens „Warum schweigst du nicht?" genau richtig. Hier ist es freundlicher, als der Name vermuten lässt, es ist sogar recht schick. Es gibt einen Billardtisch und am Wochenende auch Livemusik von Bossa Nova bis Rock. Die Drinks wie der auf Fernet basierende *caballo negro* sind großartig.

Base Camp
BAR
(061-241-4658; Baquedano 731; 18–2 Uhr) In diesem Gringo-Versteck kann man sich mit seinen neuesten Reiseerlebnissen brüsten. Auch Pubnächte werden veranstaltet und gelegentlich spielt Livemusik.

Unterhaltung

Centro Cultural Galpon Patagonia
KULTURZENTRUM
(Pedro Montt 16; Di-So 10–13 & 15–19 Uhr) GRATIS Das neue Kulturzentrum und Teehaus ist in einem umgebauten Warenhaus von 1920 mit freiliegenden Holzbalken und abgenutzten Holzfußböden untergebracht. Es finden Kunstausstellungen, Theater, Tanz und Konzerte statt.

Praktische Informationen

Fast alle Banken in der Stadt haben Geldautomaten. Das beste Internetportal für die Region ist www.torresdelpaine.cl.

Conaf (061-241-1438; Baquedano 847; Mo-Fr 8.30–12.45 & 14.30–17.30 Uhr) Verwaltungsbüro des Nationalparks.

Fantastico Sur (061-261-4184; www.fantasticosur.com; Esmeralda 661; Mo-Fr 9–13 & 15–18 Uhr) Betreibt die Refugios Torres, El Chileno und Los Cuernos im Torres-del-Paine-Park, bietet Touren im Schutzgebiet an, vermittelt Führer und hilft bei der Planung von Trekkingausflügen (z. B. auch Touren auf eigene Faust).

Krankenhaus (061-241-1582; Pinto 537)

La Hermandad (Bulnes 692) Gute Wechselkurse für Bargeld und Reiseschecks.

Postamt (Eberhard 429)

Sernatur (061-241-2125; infonatales@sernatur.cl; Pedro Montt 19; Mo-Fr 9–19, Sa & So 9.30–18 Uhr) Hilfreiche Stadtpläne und Regionskarten. In der Hochsaison öffnet eine zweite Filiale an der Plaza.

Städtische Touristeninformation (061-261-4808; Plaza de Armas; Di-So 8.30–12.30 & 14.30–18 Uhr) Im Museo Histórico und im Rodoviario (Busbahnhof). Unterkunftslisten für die gesamte Region.

Turismo Comapa (061-241-4300; www.comapa.com; Bulnes 541; Mo-Fr 9–13 & 15–19, Sa 10–14 Uhr) Buchungen für Navimag-Fähren und Flüge. Betreibt auch einige *refugios* im Torres del Paine.

Vertice Patagonia (061-241-2742; www.verticepatagonia.com; Bulnes 100) Betreibt die *refugios* Grey, Dickson und Paine Grande sowie Camping Perros im Torres del Paine.

An- & Weiterreise

BUS

Die Busse treffen am **Rodoviario** (Busterminal; Av España 1455) ein, einem Busbahnhof am Stadtrand. Tickets bekommt man aber auch in den Stadtbüros der Busunternehmen. Man sollte sein Ticket mindestens einen Tag im Voraus kaufen, vor allem für Verbindungen am frühen Morgen. In der Nebensaison verkehren sehr viel weniger Busse.

Busse zum Torres del Paine starten zwei- oder dreimal täglich gegen 7, 8 und 14.30 Uhr. Wer in der Nebensaison zur Berglodge Paine Grande will, muss den Morgenbus nehmen, um den Katamaran zu erwischen. Die Tickets können auch für den Transfer innerhalb des Schutzge-

bietes genutzt werden, deshalb sollte man sie aufheben.

Einige Busgesellschaften und ihre Zielorte:

ZIEL	PREIS (CH$)	FAHRTDAUER (STD.)
El Calafate	15 000	5
Punta Arenas	6000	3
Torres del Paine	8000	2
Ushuaia	36 000	13

Bus Sur (061-261-4220; www.bus-sur.cl; Baquedano 668) Punta Arenas, Río Gallegos und Ushuaia.

Buses Fernández/El Pingüino (061-241-1111; www.busesfernandez.com; Ecke Esmeralda & Ramírez) Torres del Paine und Punta Arenas. Fährt auch vom Flughafen direkt nach Puerto Natales.

Buses Gomez (061-241-5700; www.busesgomez.com; Arturo Prat 234) Torres del Paine.

Buses JBA (061-241-0242; Arturo Prat 258) Torres del Paine.

Buses Pacheco (061-241-4800; www.busespacheco.com; Ramírez 224) Punta Arenas, Río Grande und Ushuaia.

Cootra (061-241-2785; Baquedano 244) Startet täglich um 8.30 Uhr nach El Calafate.

Turismo Zaahj (061-241-2260; www.turismozaahj.co.cl; Arturo Prat 236/270) Torres del Paine und El Calafate.

FLUGZEUG

Der kleine Flughafen von Puerto Natales ist zurzeit geschlossen, wird nach einer Verlängerung der Landepiste aber wohl wiedereröffnet.

SCHIFF/FÄHRE

Für viele Traveller ist die Fahrt durch Chiles spektakuläre Fjorde an Bord der **Navimag-Fähre** (061-241-1421, Rodoviario 061-241-1642; www.navimag.com; Pedro Montt 308; zweites Büro im Rodoviario; Mo–Fr 9–13 & 14.30–18.30 Uhr) ein Highlight. Da die viertägige Reise (drei Übernachtungen) gen Norden inzwischen sehr beliebt ist, empfiehlt sich eine frühzeitige Reservierung. Natürlich kann man es auch auf gut Glück versuchen. Die Abfahrtszeiten der Fähre bekommt man bei Turismo Comapa oder Navimag ein paar Tage vor deren voraussichtlicher Ankunft. Inzwischen gibt's auch ein zweites Büro im Rodoviario (Busbahnhof).

Die Fähre legt Freitagmorgen in Nateles ab und hält auf der Strecke nach Puerto Montt in Puerto Edén (bzw. auf der Südroute beim Glaciar Pía XI). In der Regel kommen die Schiffe morgens in Natales an und fahren im Lauf des späteren Tages oder am nächsten Tag wieder ab. Dies hängt allerdings immer vom Wetter und den Gezeiten ab. Ankommende Passagiere müssen an Bord bleiben, bis die Fracht abgefertigt ist; wer sich einschifft, verbringt die Nacht bereits an Bord.

Hauptsaison ist von November bis März, Oktober und April gelten jeweils als Zwischensaison, während die Nebensaison von Mai bis September dauert. Die Preise richten sich nach Größe und Lage (inklusive Aussicht) der Kabine und ob ein eigenes oder ein Gemeinschaftsbad zur Verfügung steht. Alle Mahlzeiten und Vorträge sind inbegriffen. Wer vegetarisch essen möchte, muss dies bei der Buchung angeben. Trotzdem sollte jeder Verpflegung, Wasser und andere Getränke für unterwegs am besten selbst mitbringen. Die Preise pro Person reichen in der Hauptsaison von 450 US$ für eine Koje bis zu 2100 US$ für eine komfortable Einzelkabine (Kategorie AAA). Studenten und Senioren erhalten 10 bis 15 % Ermäßigung. Aktuelle Fahrpläne und Preise findet man auf der Navimag-Website.

ⓘ Unterwegs vor Ort

Viele Hostels verleihen Fahrräder. Mietwagen sind günstiger in Punta Arenas. Eine Möglichkeit ist **Emsa/Avis** (061-261-4388; Eberhard 577). Es gibt zwei Routen zum Torres del Paine; die kürzere Strecke, eine Schotterstraße, führt entlang des Lago Toro. Auf **Reliable Radio Taxi** (061-241-2805; Ecke Arturo Prat & Bulnes) ist stets Verlass.

Cueva del Milodón

In den 1890er-Jahren entdeckte der deutsche Pionier Hermann Eberhard in einer 25 km nordwestlich von Puerto Natales gelegenen Höhle die Überreste eines Riesenfaultiers. Das Mylodon, ein bedächtiger, fast 4 m großer Pflanzenfresser, inspirierte Bruce Chatwin angeblich zu seinem Buch *In Patagonia*. Zu Ehren des früheren Bewohners steht in der 30 m hohen **Cueva del Milodón** (cuevadelmilodon.cl; Erw./Kind bis 12 J. 4000/500 Ch$) eine lebensgroße, aber nicht sonderlich ansprechende Nachbildung. Trotzdem lohnt sich ein Abstecher hierher, sei es, um die herrliche Umgebung zu bewundern oder um zum Aussichtspunkt hinaufzuschlendern.

8 km vom Höhleneingang entfernt verläuft die Straße, auf der die Busse zum Nationalpark Torres del Paine fahren (Aussteigen möglich, in der Nebensaison verkehren sie seltener). Einige Tourveranstalter in Puerto Natales organisieren gelegentlich Ausflüge zur Höhle. Man kann auch trampen oder sich mit anderen ein *taxi colectivo* teilen (20 000 Ch$).

Parque Nacional Bernardo O'Higgins

Dieser nahezu unpassierbare Park ist das Reich unzugänglicher Gletscher. Besucher erreichen ihn nur per Boot. Turismo 21 de Mayo (S. 373) veranstaltet ganztägige Exkursionen (75 000 Ch$ inkl. Mittagessen) zum Fuß des Glaciar Serrano.

Vom Gletscher kann man mit dem Boot auch zum Torres-del-Paine-Park fahren. Ein Zodiac (Schlauchboot mit Motor) bringt Passagiere zum Mittagessen zur Estancia Balmaceda, danach geht's weiter auf dem Río Serrano bis zur südlichen Grenze des Schutzgebietes, die gegen 17 Uhr erreicht wird. Die Tour kann auch in umgekehrter Richtung erfolgen. In dem Fall muss man eventuell in der Nähe des Río Serrano campen, um am nächsten Morgen um 9 Uhr das Zodiac zu erwischen. Bei Turismo 21 de Mayo kostet der Ausflug inklusive Parkeintritt 100 000 Ch$.

Parque Nacional Torres del Paine

Fast senkrecht ragen die mehr als 2000 m hohen Torres del Paine (Türme von Paine) über die patagonische Steppe auf. Die Granitsäulen beherrschen die Landschaft des vielleicht schönsten Nationalparks Südamerikas. Bevor das Gelände 1959 unter Schutz gestellt wurde, gehörte es zu einer großen *estancia,* deren Besitzer fast 100 Jahre lang Schafzucht betrieben. Von der damit verbundenen Ausbeutung der Weiden, Wälder und Tierwelt muss sich die Natur noch heute erholen.

Die meisten Besucher kommen in den Park, um seine Hauptattraktion, die Torres del Paine, zu sehen. Doch das Schutzgebiet hat weit mehr Schönheiten zu bieten: azurblaue Seen, Wanderwege durch smaragdgrüne Wälder, rauschende Flüsse und einen riesigen, strahlend blauen Gletscher. Die landschaftliche Vielfalt reicht von weiten Steppen bis zur zerklüfteten Bergwelt mit hochaufragenden Gipfeln.

Nachdem die Unesco den Park 1978 zum Biosphärenreservat erklärte, fanden Nandu-Herden, Andenkondore, Flamingos und viele andere Vogelarten hier eine Heimat. Am deutlichsten zeigt sich der Erfolg der Artenschutzbestrebungen beim Guanako. Gelassen grasen die Tiere in der offenen Steppe, wo Pumas sich nicht unbemerkt anschleichen können. Nach mehr als einem Jahrzehnt Schutz vor Wilderern ergreifen die beständig wachsenden Guanako-Herden mittlerweile nicht einmal mehr die Flucht, wenn sich Menschen oder Fahrzeuge nähern. Auch die Pumapopulation wächst wieder, und es wurden sogar schon *huemuls* (gefährdetes Andenwild) im Valle Frances gesehen.

Bei klarem Wetter ist das Panorama atemberaubend. Man kann allerdings nicht voraussagen, wann die Wolken die Gipfel wieder mal für Stunden oder gar Tage verhüllen. Manche behaupten, hier ließen sich innerhalb eines Tages alle vier Jahreszeiten erleben. Plötzliche Regengüsse und Windböen, die einen wie ein Faustschlag treffen, sind eine gute Einstimmung auf das hiesige Wetter. Wer den Park richtig erkunden möchte, tut gut daran, sich mit solider Schlechtwetterkleidung, Synthetikschlafsack und stabilem Zelt auszurüsten. Am besten plant man ein paar Zusatztage ein, damit das schlechte Wetter nicht den ganzen Ausflug vereitelt.

Das Beste am 1810 km² großen Schutzgebiet ist jedoch seine gute Infrastruktur. So kann man das gesamte „W" durchwandern und dabei in einem richtigen Bett schlafen, duschen sowie warme Mahlzeiten und leckere Cocktails genießen. Die Unterkünfte muss man aber unbedingt rechtzeitig im Voraus buchen.

Wer in einem Hotel oder *refugio* (rustikale Hütte) übernachten will, muss diese vorher reservieren. Besucher sollten mindestens drei bis sieben Tage einplanen, um ausgiebig wandern und andere Aktivitäten auskosten zu können. Von Puerto Natales aus karren Minibusse Tagesausflügler zum Park. Leider erlauben diese kurzen Spritztouren nur einen winzigen Einblick in das Reservat.

Ende 2011 zerstörte ein schreckliches Feuer mehr als 16 000 ha Land; ihm fielen alter Wald, mehrere Gebäude im Park und Tiere zum Opfer. Erst nach zwei Wochen bekam man den Brand unter Kontrolle. Ein ausländischer Besucher wurde angeklagt, die Feuersbrunst durch ein illegales Lagerfeuer ausgelöst zu haben. Er bestritt dies, zahlte aber eine Geldstrafe von 10 000 US$ und erklärte sich bereit, bei der Wiederaufforstung mitzuhelfen. Kurz danach setzte Chile zum Schutz des Parks ein strengeres „Ley del Bosque" (Waldgesetz) in Kraft. Conaf hat begonnen, Besucher, die sich nicht an die Parkregeln halten, gezielt des Parks zu verweisen. Das betroffene Gebiet erstreckt sich

Parque Nacional Torres del Paine

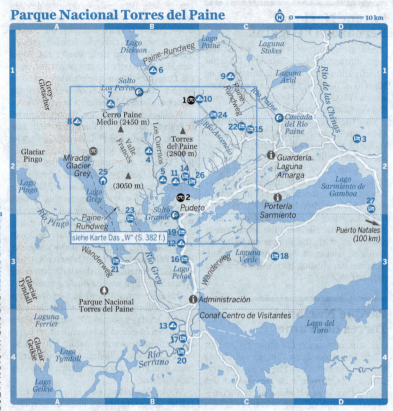

Parque Nacional Torres del Paine

◎ Sehenswertes
1. Mirador Las Torres B1
2. Mirador Nordenskjöld B2

🛏 Schlafen
3. Awasi D2
4. Campamento Británico B2
5. Campamento Italiano B2
6. Campamento Lago Dickson B1
7. Campamento Los Perros B1
8. Campamento Paso A2
9. Campamento Serón C1
10. Campamento Torres C1
    Camping Chileno .... (siehe 24)
11. Camping Francés B2
    Camping Grey ....(siehe 25)
    Camping Las Torres ....(siehe 22)
    Camping Los Cuernos .... (siehe 26)
12. Camping Pehoé B3
13. Camping Río Serrano B4
    Domos El Francés .... (siehe 11)
    Domos El Seron .... (siehe 9)
14. Domos Los Cuernos B2
15. Ecocamp C2
16. Explora B3
17. Hostería Lago del Toro B4
18. Hostería Mirador del Payne C3
19. Hostería Pehoé B3
20. Hotel Cabañas del Paine B4
21. Hotel Lago Grey B3
22. Hotel Las Torres C2
23. Mountain Lodge Paine Grande B3
24. Refugio Chileno C1
25. Refugio Grey A2
    Refugio Lago Dickson .... (siehe 6)
    Refugio Las Torres ....(siehe 22)
26. Refugio Los Cuernos B2
27. Tierra Patagonia D2

vor allem zwischen Pehoé und dem Refugio Grey, also über den westlichen Balken der „W"-Route.

Verantwortungsbewusstsein und Sorgfalt sind oberstes Gebot, denn jeder Einzelne ist einer von Hunderttausenden Gästen jährlich.

🥾 Aktivitäten

Wandern

Zu den 2800 m hohen Granitgipfeln der Torres del Paine pilgern Heerscharen von Wanderern. Fast alle entscheiden sich für die „W"-Route oder den Paine-Rundweg, um das klassische Panorama zu genießen, doch daneben gibt's zahlreiche andere Strecken. Für den Paine-Rundweg (er umfasst das „W" und die Rückseite der Gipfel) braucht man sieben bis neun Tage, für das „W" alleine nur vier bis fünf Tage („W", weil die Wege auf der Landkarte in etwa diesen Buchstaben bilden). Für diverse Fahrzeiten sollten ein oder zwei zusätzliche Tage eingeplant werden.

Beide Strecken können an der **Laguna Amarga** begonnen werden. Alternativ startet man an der Administración oder nimmt den Katamaran von Pudeto über den Lago Pehoé und folgt dem „W" von Südwest nach Nordost. Hier genießt man einen noch schöneren Blick auf die schwarzen Gipfel der Los Cuernos (2200–2600 m). Detailliertere Informationen sind im Lonely Planet *Trekking in the Patagonian Andes* zu finden.

In der Nebensaison kommen mehr Wanderer; allerdings können wegen der Wetterbedingungen dann einige Routen geschlossen sein. Von Alleingängen ist abzuraten, vor allem an der Rückseite der Berge – Conaf wird diesbezüglich bald neue Regelungen aufstellen. Veranstalter in Puerto Natales bieten geführte Trekkingtouren an, die sämtliche Mahlzeiten und die Übernachtung in *refugios* oder Hotels beinhalten. Bei Gruppen sinkt der Preis pro Person beträchtlich.

Zur Erhöhung der Sicherheit müssen alle Besucher beim Betreten des Parks einen Vertrag unterzeichnen. Das Dokument listet alle Parkvorschriften auf und erläutert die Strafen, die bei Nichtbeachtung drohen.

Das „W"

Viele Wanderer brechen an der Laguna Amarga auf, zu der zweimal täglich ein Bus von Puerto Natales (2½ Std.) fährt, und wandern die „W"-Route von Osten nach Westen. Wer jedoch in umgekehrter Richtung geht, genießt – besonders zwischen dem Lago Pehoé und dem Valle Francés – einen schönen Blick auf die schwarzen Gipfel der Los Cuernos (2200–2600 m). Dafür nimmt man den Katamaran von Pudeto über den Lago Pehoé und läuft dann nördlich am Lago Grey entlang oder zum Campamento Italiano, von wo tolle (und gepäckfreie) Tageswanderungen möglich sind. Der Wanderweg ist in dieser Richtung insgesamt 71 km lang. Die folgenden Abschnitte zählen zu den eindrucksvollsten (alle Entfernungsangaben gelten nur für einfache Strecken):

Vom Refugio Las Torres zum Mirador Las Torres (8 km, 4 Std.) Eine moderate Wanderung führt am Río Ascencio entlang zum Ufer eines Bergsees unterhalb der Ostseite der Torres del Paine. So nahe an den „Türmen" liegt kein anderer Aussichtspunkt des Parks. Die letzte Stunde besteht aus einer die Knie belastenden Kraxelei über Geröll und Felsen (im Winter ist der Schnee hier knie- bis taillenhoch). Bei Las Torres und Chileno gibt's Campingplätze und *refugios*, darunter das einfache Campamento Torres. Es eignet sich im Sommer am besten, um früh bei Sonnenaufgang aufzubrechen und den Massen zu entfliehen.

Vom Refugio Las Torres zu den Los Cuernos (12 km, 7 Std.) Wanderer sollten den unteren Weg nehmen, auf dem oberen, der auch nicht auf der Karte verzeichnet ist, sind schon viele verloren gegangen. Es gibt einen Campingplatz und ein *refugio*. Die Sommerwinde können sehr heftig wehen.

Von Los Cuernos/Lago Pehoé zum Valle Francés (10 km, 5 Std.) Bei klarem Wetter ist diese Strecke wunderschön. Sie verläuft zwischen dem 3050 m hohen Cerro Paine Grande im Westen und den niedrigeren, aber genauso spektakulären Torres del Paine und Los Cuernos im Osten. Zelten kann man in den Campamentos Italiano und Británico mitten im Tal oder an dessen Eingang im Camping Francés.

Vom Valle Francés zur Berglodge Paine Grande (13 km, 5 Std.) Vom Campamento Británico führt der Weg bergab heraus aus dem Valle Francés und über eine Hängebrücke zur Berglodge Paine Grande. Unterwegs passiert man den spektakulären Cuernos zur Rechten und den Lago Skottsberg zur Linken. Das Fährdock befindet sich gleich vor dem *refugio* und dem Campingplatz.

Von der Paine-Grande-Berglodge zum Refugio Lago Grey (10 km, ab dem Lago Pehoé einfach 4 Std.) Relativ leichte Wanderung mit einigen schwierigen Passagen

Das „W"

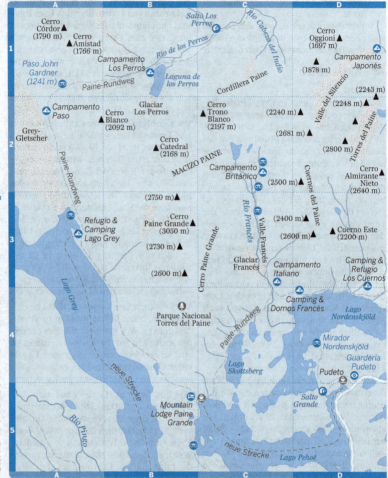

bergabwärts. Eine weitere halbe Stunde dauert der Weg zum Gletscheraussichtspunkt. An beiden Routenenden befinden sich Campingplätze und *refugios*. Die schweren Feuer 2011 wüteten hauptsächlich in diesem Gebiet, darum muss man auf Asche und verbrannten Wald gefasst sein.

Von der Berglodge Paine Grande zur Administración (16 km, 5 Std.) Die Route führt ein Stück den Lago Pehoé hinauf, dann über das weite Grasland am Río Grey entlang. Sie zählt zwar nicht mehr zum „W", am Ende der Wanderung kann man aber die Abkürzung zur Administración nehmen und muss nicht wieder zur Laguna Amarga laufen. Das Personal der Berglodge Paine Grande stellt per Funk sicher, dass Wanderer an der Administración einen Bus für die Rückkehr nach Puerto Natales bekommen. Die Lodge ist auch Ausgangspunkt für diejenigen, die das „W" von Ost nach West laufen wollen.

Der Paine-Rundweg

Wer einsame Gegenden mit spektakulärer Aussicht liebt und bei Freunden Eindruck schinden möchte, für den bietet sich diese längere Wanderung an. Der Rundweg umfasst das „W" und die nördliche Verbindung

zwischen dem Refugio Grey und dem Refugio Las Torres; die Entfernung beträgt insgesamt etwa 112 km. Die Landschaft ist öde und dennoch schön. Auf dem **Paso John Gardner**, dem schwierigsten Teil der Strecke, liegen Matsch und Schnee manchmal kniehoch. Bei Los Perros gibt's ein einfaches *refugio*, die Alternative ist schlichtes Zelten.

Viele Wanderer fahren mit dem Bus zum Parkeingang bei der Laguna Amarga und wandern dann einige Stunden bis zum Refugio und Camping Chileno. Von dort geht der Rundweg entgegen dem Uhrzeigersinn weiter und endet im Valle Francés sowie am Refugio Los Cuernos. Im Winter ist der Weg geschlossen.

Die folgenden Strecken sind am schönsten; alle Entfernungsangaben gelten für einfache Strecken.

Vom Refugio Lago Grey zum Campamento Paso (10 km, 4 Std. Richtung Norden, 2 Std. Richtung Süden) Wer von West nach Ost läuft, steigt den Pass hinauf, anstatt ihn abwärts zu schlittern.

Vom Campamento Paso zum Campamento Los Perros (12 km, 4 Std.) Auf dieser Strecke müssen Wanderer mit reichlich Schlamm und manchmal auch mit Schnee rechnen. Nicht verwirren lassen: Was nach dem Überqueren des Passes wie ein Campingplatz wirkt, ist keiner – also weiterwandern, bis eine Hütte in Sicht kommt.

Vom Campamento Los Perros zum Campamento Dickson (9 km, ca. 4½ Std.) Ein recht einfacher, aber sehr windiger Abschnitt.

Vom Campamento Lago Dickson zum Campamento Serón (19 km, 6 Std.) Diese Route führt rund um den Lago Paine, wo der Wind sehr heftig wehen kann und sich der Weg teilweise nur schwer erkennen lässt. Das auf dem Weg liegende Campamento Coiron ist seit dem Feuer 2005 geschlossen.

Vom Campamento Serón zur Laguna Amarga (15 km, 4–5 Std.) Hier können die erschöpften Wanderer mit einer geruhsamen Übernachtung und einer anständigen Mahlzeit im Refugio Las Torres ihre Trekkingtour beenden.

Andere mehrtägige Wanderungen

Von der Guardería Lago Grey verläuft eine Wanderroute (4 Std.) am Río Pingo entlang bis zum Conaf-Campingplatz Zapata. Von dort führt ein Weg (weitere 1½–2 Std.) bis zu einem Aussichtspunkt mit beeindruckendem Blick auf den **Glaciar Zapata** und den **Lago Pingo**. Da die Tierwelt und Fossilschichten derzeit noch wissenschaftlich erforscht werden, ist das Wandern in diesem unberührten Gebiet nur mit einem von Conaf lizenzierten Guide möglich.

Von der Guardería Laguna Amarga führt eine etwa vierstündige Wanderung zur **Laguna Azul**, wo man am nordöstlichen Ufer campen kann. Dieses Gebiet fiel der Feuersbrunst zum Opfer und war bei unserem Besuch gesperrt – vor der Wanderung sollte

> **DEN MASSEN AUSWEICHEN**
>
> ➜ Die meisten Wanderer beginnen ihren Aufstieg zu den Torres gegen 8 Uhr und machen sich um 16 Uhr wieder auf den Rückweg. Im Sommer kann man diesen Ansturm vermeiden, indem man einige Stunden früher oder später startet; am besten informiert man sich in seinem *refugio* oder bei der *guardaparques* (Rangerstation) über die aktuellen Zeiten des Sonnenauf- und -untergangs.
>
> ➜ Auf dem weniger überfüllten Paine-Rundweg wandern.
>
> ➜ An einem mehrtägigen Trip mit Kajakfahrt auf dem Río Serrano oder an Reitausflügen teilnehmen; so bekommt man eine komplett andere Perspektive und genießt einen herrlichen Ausblick.
>
> ➜ In der Nebensaison wandern und sich gut auf das wechselhafte Wetter vorbereiten. Im März kann es im Park toll sein. Auch im Winter ist es schön, allerdings brauchen Wanderer dann etwas mehr Erfahrung.

man deshalb bei der Conaf nach dem aktuellen Stand fragen. Nach weiteren zwei Stunden Richtung Norden erreicht man den **Lago Paine**. Auf der anderen Seite des Sees verläuft der Paine-Rundweg, der sich aber von hier aus nicht erreichen lässt, weil der Fluss dazwischen liegt.

Kaum Anstrengung erfordert die dreistündige, größtenteils ebene Strecke mit herrlicher Aussicht, die von der Administración zur Hostería Pehoé führt. Wer noch mehr Einsamkeit sucht, kann nach Überquerung des Río Paine den östlichen Abzweig nehmen und vier Stunden im Zickzack bis zum Rand der Sierra del Toro wandern, wo sich eine Seenkette mit der **Laguna Verde** erstreckt. Auf der besonders für Vogelbeobachtung geeigneten Route gibt's keine Campingmöglichkeit, übernachten kann man in der Hostería Mirador del Payne.

Tagestouren

Von der Guardería Pudeto kann man auf der Hauptstraße des Parks zum **Salto Grande** wandern, einem gewaltigen Wasserfall zwischen dem Lago Nordenskjöld und dem Lago Pehoé. Ein bequemer einstündiger Weg führt von dort weiter zum **Mirador Nordenskjöld** mit grandiosem Ausblick auf den See und die Berge.

Mehr Kondition braucht man für die vierstündige Wanderung zum **Lago Paine**, dessen Nordufer nur von der Laguna Azul aus zugänglich ist. Diese Route windet sich durch stille, atemberaubende Landschaften.

Kajakfahren & Floating

Eine tolle Art, die Gletscher aus der Nähe zu erleben, bietet Big Foot Patagonia (S. 372): Es organisiert im Sommer täglich mehrere 2½-stündige Expeditionen (55 000 Ch$ pro Pers.) zum mit Eisbergen übersäten Lago Grey. Fantastico Sur (S. 377) veranstaltet familienorientierte Floatingtouren auf dem ruhigen Río Serrano.

Bootstouren

Am Hotel Lago Grey (S. 388) beginnen täglich dreistündige Bootsrundfahrten (55 000 Ch$ pro Pers.) zum Grey-Gletscher. Reservierungen nimmt das Hotel entgegen.

Reiten

Wegen der Eigentumsverhältnisse innerhalb des Parks darf man nicht die Grenze zwischen den westlichen Bereichen (Lago Grey, Lago Pehoé, Río Serrano) und den von Fantastico Sur/Hotel Las Torres verwalteten Ostteil überqueren. Die Trennlinie verläuft ungefähr am Refugio Los Cuernos. Baqueano Zamora (S. 373) ermöglicht ein- und mehrtägige Reittouren zur Laguna Azul, zum Valle Frances, zum Dickson-Gletscher sowie in abgelegene Gebiete (Tag 60 US$).

Das Hotel Las Torres (S. 388) ist Teil einer *estancia*, die den östlichen Bereich des Parks einnimmt, und bietet ganztägige Ausritte um den Lago Nordenskjöld sowie darüber hinaus.

Gletschertrekking

Für eine wunderbare Wanderung durch die vom Eis geformte Landschaft sind keine besonderen Erfahrungen nötig. Antares' Big Foot Patagonia (S. 372) hat die alleinige Konzession im Park für Eiswanderungen (90 000 Ch$) auf dem Grey-Gletscher. Der fünfstündige Rundweg ab dem Conaf-Haus (dem früheren Refugio Grey) ist von Oktober bis Mai begehbar. Die Touren beginnen in der Hochsaison um 8.30 und 14.30 Uhr.

Klettern

Kletterer können sich bei Veranstaltern in Puerto Natales nach maßgeschneiderten Touren erkundigen. Für Anfänger eignen sich hier nur wenige Routen.

Wer allein aufbrechen will, benötigt eine Unfallversicherung und eine Genehmigung der **Dirección de Fronteras y Límites** (Difrol, 02-671-4110; www.difrol.cl; Bandera 52, 4. OG, Santiago); diese erhält man in Santiago innerhalb eines Tages, während das Ganze bei der Gobernación de Última Esperanza in Puerto Natales bis zu zehn Tage dauern kann. Es lohnt sich, um eine längerfristige Genehmigung zu bitten, sonst ist bei jedem Betreten des Parks eine zusätzliche Gebühr fällig. Mit diesen beiden Dokumenten bekommt man in der Parkverwaltung eine Klettergenehmigung.

Wer Verzögerungen vermeiden will, kann schon vor Reiseantritt alle Genehmigungen über einen Touranbieter wie Antares in Puerto Natales arrangieren.

Mountainbike-Touren

Auf Wanderwegen wie dem Laguna Azul und Cañon de Perros darf man neuerdings auch Mountainbike fahren. Infos dazu erhält man bei den Reiseagenturen in Puerto Natales.

Schlafen

Unbedingt reservieren! Spontanbesucher müssen sich, vor allem in der Hochsaison, mit Camping begnügen. Reisebüros nehmen Buchungen an, am besten wendet man sich aber direkt an die Verwaltung der jeweiligen Unterkunft. Hier genannte Preise gelten für die Hauptsaison. Unter den angegebenen Telefonnummern erreicht man die Büros in Puerto Natales.

Refugios & Domos

Wer das „W" oder den Paine-Rundweg entlangwandert, übernachtet unterwegs in *refugios*, *domos* (sehen ähnlich aus wie Iglus und werden auch Jurten genannt) oder auf Zeltplätzen. Unterkünfte müssen unbedingt vorab reserviert werden. Vegetarische Verpflegungswünsche teilt man am besten sofort mit, sobald man die Reise gebucht hat.

Die *refugios* bieten Zimmer mit Stockbetten für vier bis acht Personen, Küchenbenutzung (nur für Gäste und zu bestimmten Zei-

---

UMWELTBEWUSSTES WANDERN

Rund 200 000 Touristen strömen jedes Jahr in den Torres-del-Paine-Nationalpark. Mit jedem Bericht über die vielen Aktivitäten im Park wächst natürlich auch dessen Beliebtheit. Das hat jedoch Folgen. In den Hochsaisonmonaten Januar und Februar staut sich der Verkehr auf vielen Wegen. Und auf den Campingplätzen geht's zu wie beim Woodstock-Festival. Dessen Peace-and-Love-Stimmung dient als Vorbild für diese Reisetipps:

→ Kein abgefülltes Wasser trinken. Die Flaschen sind ein Recycling-Alptraum, weil Packpferde jedes Stück Abfall aus dem Park bringen müssen. Bessere Lösung: mitnehmbare Wasserreinigungsgeräte oder Wasseraufbereitungstabletten.

→ Abfall jeder Art ordentlich zusammenpacken und mitnehmen. Auf Campingplätzen lockt Abfall vor allem Mäuse an.

→ Jeder sollte nur dort campen, wo es die Parkverwaltung offiziell gestattet, und nur in den ausgewiesenen Gebieten wandern.

→ Lagerfeuer sind illegal!

→ Größte Vorsicht mit allem, was einen Brand verursachen kann (Zigaretten, Campingkocher, Feuerzeuge etc.). 2005 und 2011 zerstörten Feuer, die vermutlich von Wanderern verursacht wurden, große Teile des Parks.

→ Freundlich bleiben! Die Parkverwaltung hat festgestellt: Mit zunehmender Besucherzahl verringert sich das Gemeinschaftsgefühl. Doch das muss nicht so sein. Wer unterwegs auf Wanderer trifft, sollte immer freundlich grüßen und auf schmalen Wegen den Schnelleren vorbeilassen. Freiwillige können auch der gemeinnützigen Organisation **AMA Torres del Paine** (www.amatorresdelpaine.org) bei der Wartung der Wege, biologischen Studien und Zählungen des Tierbestands helfen. Zudem kann man dem **Torres del Paine Legacy Fund** (https://supporttdp.org) Geld spenden. Er unterstützt die Wiederaufforstung des Parks und das Recycling in Puerto Natales, beides organisiert von der gemeinnützigen Organisation Sustainable Travel.

ten), Warmwasserduschen und Mahlzeiten. Wer keinen eigenen Schlafsack mitbringt, muss einen ausleihen oder für Bettwäsche extra zahlen (ab 4500–24 000 Ch$). Auch die Mahlzeiten kosten extra (7500–15 000 Ch$). Falls ein *refugio* ausgebucht ist, stellen die Mitarbeiter die nötige Ausrüstung fürs Campen zur Verfügung. Die meisten Hütten schließen Ende April. *Domos* bestehen entweder aus Stoff oder Plastik und sind mit Schlafkojen oder Pritschen ausgestattet. Außerdem stehen sie meist nur für kürzere Zeit zur Verfügung.

Gäste müssen umsichtig mit den Ressourcen haushalten und Wasser/Strom sparen. Es gibt keine Steckdosen in den Zimmern, also sollte man entweder Solaraufladegeräte oder Batterien mitbringen.

Manchmal wird beim Einchecken eine Fotokopie des Lichtbildausweises verlangt. Um das Prozedere zu beschleunigen, sollte man jeweils eine Kopie pro Unterkunft mitbringen. Das Personal kann auch per Funk die Reservierung bei der nächsten Hütte bestätigen. Wegen des Ansturms der Wanderer lassen sich Warteschlangen nicht vermeiden – ein wenig Zen-Praxis könnte nützlich sein.

Die Unterkünfte sind etwa in Uhrzeigerrichtung aufgelistet – vom Refugio Las Torres bis zum Lago Dickson, also dem „W"-Pfad folgend. Die angegebenen Preise sind Grundpreise.

Ecocamp IGLU $$$
(☏ in Santiago 022-923-5950; www.ecocamp.travel; 5-tägige Wandertour Paket 1777 US$) Die Iglus sind Teil einer Pauschaltour und reichen von schlichten Versionen mit gemeinschaftlichen Komposttoiletten bis hin zu Luxusausgaben mit Heizung, Privatbädern und Himmelbetten. Sie sind durch Bretterwege mit den Speise-, Bar- und Yogabereichen verbunden. Zu den geführten Aktivitäten zählen Wanderungen, Fliegenfischen und Kajaktouren.

Refugio Las Torres LODGE $
(☏ 061-261-4184; www.fantasticosur.com; B 53 US$, inkl. VP 109 US$; ☺ Sept.–April; @) Das geräumige, attraktive Basislager verfügt über 60 Betten, eine komfortable Lounge, ein Restaurant und eine Bar. In der Hochsaison wird zusätzlich ein älteres Gebäude in der Nähe genutzt, um dem Ansturm gerecht zu werden; dort ist die Übernachtung billiger.

Refugio Chileno HÜTTE $
(☏ 061-261-4184; www.fantasticosur.com; B 53 US$, inkl. VP 109 US$; ☺ Okt.–März) Liegt den berühmten Türmen am nächsten und ist mit seinen 32 Betten sowie einem Versorgungskiosk eines der kleinsten *refugios*. Es wird mit Windenergie betrieben und hat Komposttoiletten mit Biofilter.

Refugio Los Cuernos HÜTTE $
(☏ 061-261-4184; www.fantasticosur.com; B 53 US$, inkl. VP 109 US$; Hütte für 2 Pers. 177 US$, inkl. VP 189 U$; ☺ Sept.–April) Die kleine Lodge in der Mitte der „W"-Route füllt sich immer schnell mit Wanderern und ist mehr als gemütlich. Pro Zimmer gibt's Betten für acht Personen, neue Duschen und Bäder sorgen für Entspannung. Noch mehr Privatsphäre bieten die luxuriösen Hütten mit Gemeinschaftsbad und Zugang zu einer kochend heißen hölzernen Gemeinschaftswanne.

Domos Los Cuernos IGLU $
(☏ 061-261-4184; www.fantasticosur.com; B 63 US$, inkl. VP 119 US$; ☺ Sept.–März, Öffnungszeiten variieren) Neben dem Refugio Los Cuernos.

Domos El Francés IGLU $$
(☏ 061-261-4184; www.fantasticosur.com; B 69 US$, inkl. VP 125 US$; ☺ Okt.–März, Öffnungszeiten variieren) Neue Iglus mit Speiseraum auf dem Camping Francés, nur 40 Gehminuten von Los Cuernos entfernt. Jedes ist mit vier Schlafkojen, Zentralheizung und individuellen Bädern mit Duschen ausgestattet. Cubos (Unterkünfte) mit mehr Privatsphäre befinden sich im Bau.

Mountain Lodge Paine Grande HÜTTE $
(☏ 061-241-2742; www.verticepatagonia.cl; B ab 50 US$, inkl. VP 95 US$; @) Die Einrichtung ist recht groß, doch die Schlafsäle sind netter als andere, und von allen Räumen genießt man eine wunderbare Aussicht auf die Los Cuernos. Dass die Lodge ganzjährig offen bleibt, ist ein Segen für ausgekühlte, durchnässte Winterwanderer; Mahlzeiten gibt's allerdings im Winter nicht (Mai–Sept.). Zur Lodge gehören ein Kiosk mit dem Nötigsten, ein Campingplatz und Iglus für das etwas luxuriösere Zelten.

Sie liegt zwischen dem Lago Grey und dem Valle Francés, beide eine Tageswanderung entfernt, und ist ebenfalls per Fähre über den Lago Pehoé zugänglich.

Refugio Grey HÜTTE $
(☏ 061-241-2742; www.verticepatagonia.cl; B ab 35 US$, inkl. VP 80 US$; ☺ ganzjährig) Landeinwärts vom See stößt man auf diese Deluxe-Version einer Wanderhütte. Sie verfügt über einen aufgedonnerten Wohnbereich mit Ledersofas und Bar, eine jedem Restaurant

ebenbürtige Küche und behagliche Schlafsäle für 60 Personen mit viel Platz für Rucksäcke. Außerdem gibt's einen Laden und einen überdachten Kochplatz für Camper.

Im Winter (Mai–Sept.) ist die Hütte ebenfalls geöffnet, allerdings gibt's dann keine Mahlzeiten.

Domos El Seron IGLU $
(061-261-4184; www.fantasticosur.com; B 36 US$, inkl. VP 113 US$) Auf dem Camping Seron.

Refugio Lago Dickson HÜTTE $
(061-241-2742; B 35 US$, inkl. VP 80 US$; Nov.–März) Mit 30 Betten eines der kleinsten und zugleich eines der ältesten *refugios*; tolle Lage am Paine-Rundweg unweit des Glaciar Dickson.

Camping

Im Park gibt's sowohl kostenlose als auch kostenpflichtige Campingmöglichkeiten.

In den *refugios* kostet Zelten 4000 bis 8500 Ch$ pro Stellplatz. Die Budgetunterkünfte und auch einige *domos* verleihen auch Ausrüstung wie Zelte (9500 Ch$ pro Nacht), Schlafsäcke (5500 Ch$) und Isomatten (2000 Ch$). Da in der Hauptsaison die Nachfrage das Angebot häufig übersteigt, bringt man besser seine eigenen Sachen mit. Kleine Kioske verkaufen zu gesalzenen Preisen Pasta, Tütensuppen und Butangas, die geschützten Kochecken auf einigen Campingplätzen sind bei schlechtem Wetter nützlich. In der Regel sind die Plätze von Mitte Oktober bis Mitte März geöffnet. Jene auf der Rückseite des Paine-Rundwegs öffnen wegen des raueren Wetters möglicherweise erst im November (das wird von der Conaf entschieden).

Eine vorherige Reservierung ist unbedingt erforderlich. Vertice Patagonia verwaltet die Campingplätze Grey, Dickson, Perros und Paine Grande und ist auch für die Buchungen zuständig. Camping Las Torres, Chileno, Francés, Los Cuernos und Seron gehören zu Fantastico Sur.

Auf der von der Conaf verwalteten Wanderrouten liegen kostenlose Plätze ohne Duschen und Ausrüstungsverleih. Dazu gehören die Campamentos Británico, Italiano, Paso, Torres sowie Camping Guardas. Weitere private Campingplätze sind z. B. **Pehoé** (in Punta Arenas 061-224-9581; http://camping pehoe.com; 9000 Ch$ pro Pers.) und Río Serrano.

Rund um die Plätze lauern Nagetiere. Daher sollte man Lebensmittel nicht im Gepäck bzw. Zelt lassen, sondern an einem Baum aufhängen.

Hotels

Bei der Wahl des Hotels ist die Lage besonders wichtig. Unterkünfte an der „W"-Route gestatten Wanderern mehr Unabhängigkeit und Flexibilität. Die meisten haben auch mehrtägige Pakete im Angebot.

Billigere Hotels sind im Sektor **Pueblito Río Serrano** zu finden, gleich außerhalb des Parks an der Schotterstraße von Puerto Natales. Sie liegen an den S-Kurven des Río Serrano und bieten herrlichen Ausblick auf das gesamte Paine-Massiv. Die Wanderwege sind von hier aus allerdings nicht zu Fuß erreichbar.

★**Tierra Patagonia** LODGE $$$
(in Santiago 022-207-8861; www.tierrapatagonia.com; DZ für drei Nächte inkl. VP & Transfers ab 2150 US$; @ 🗼) Elegante, einladende Luxuslodge, die sich perfekt in die weite Steppe einfügt. Sie hat einen lebendigen Wohnbereich sowie eine runde Bar mit einer großen Feuerstelle in der Mitte und einer künstlerischen Landkarte des Parks. Ihre großen, dezenten Zimmer schauen auf das Paine-Massiv. All-inklusive-Preise beinhalten den Transfer vom Flughafen, tägliche Exkursionen, die Spa-Nutzung, Mahlzeiten und Getränke.

Das Hotel liegt am Lago Sarmiento gleich außerhalb des Nationalparks und ca. 20 km von der Laguna Amarga entfernt auf dem Gelände der Cerro-Guido-*estancia*. Die angebotenen Aktivitäten rund ums Ranchleben sind ein großes Plus.

Awasi LODGE $$$
(in Santiago 022-233-9641; www.awasipatagonia.com; 3 Nächte all-inclusive 2970 US$ pro Pers.; 🗼) Luxusunterkünfte in Paine sind sehr gefragt. Awasi ist eine davon. Sie bietet modernen, dezenten Stil und eine isolierte Lage mitten in der Wildnis. Zwölf Villen mit individuellen Whirlpools umgeben die Hauptlodge, in der man edel speisen, entspannen und mit WLAN im Netz surfen kann. Per Funk sind die Villen miteinander verbunden. Die Lodge strahlt rustikalen Chic aus und ist sehr gepflegt; individuelle maßgeschneiderte Touren sind im Preis bereits inbegriffen.

Awasi liegt außerhalb des Parks an der Nordostseite des Lago Sarmiento. Für die Anreise braucht man etwas Geduld: Die Lodge ist nur über eine Schotterstraße zu erreichen und recht weit von den Hauptattraktionen der Region entfernt, doch es werden Transfers angeboten.

Hotel Lago Grey   HOTEL $$$
(☎ 061-271-2100; www.lagogrey.cl; Buchungsadresse Lautaro Navarro 1061, Punta Arenas; EZ/DZ 153/185 US$; @ 🕿) Ganzjährig geöffnetes, geschmackvolles Hotel mit gemütlichen weißen Bungalows, die durch erhöhte Fußwege miteinander verbunden sind, und neuen großartigen Deluxe-Zimmern inklusive Seeblick. Das öffentliche Café überblickt die ganze Pracht. Bootstouren zum Gletscher halten am Conaf-Büro auf der anderen Seite des Sees, um Passagiere ein- und aussteigen zu lassen.

Explora   HOTEL $$$
(☎ in Santiago 022-395-2800; www.explora.com; DZ für vier Nächte inkl. VP & Transfers ab 3000 US$; @ 🕿) Diese noble Unterkunft thront über dem Wasserfall Salto Chico am Ausgang des Lago Pehoé. Im Preis enthalten sind der Flughafentransfer, Gourmetmahlzeiten und eine breite Palette an Ausflügen mit jungen, liebenswerten zweisprachigen Guides. Von jeder Ecke des Hotels ist das gesamte Paine-Massiv zu sehen. Das Spa verfügt über einen beheizten Pool, Sauna und Whirlpools im Freien.

Hotel Las Torres   HOTEL $$$
(☎ 061-261-7450; www.lastorres.com; Buchungsadresse Magallanes 960, Punta Arenas; EZ/DZ ab 284/327 US$; ⊙ Juni geschl.; 🕿) Das freundliche, gut geführte Haus erfüllt internationale Standards, hat ein Spa mit Whirlpool und organisiert kundig geführte Touren. Besonders bemerkenswert ist das Engagement in Sachen Umwelt: Ein Teil der Einnahmen geht an die gemeinnützige Umweltgruppe AMA, die im Park ihr Hauptquartier hat. Das Büfett bietet Biogemüse aus dem hoteleigenen Gewächshaus und Biofleisch von nahe gelegenen Ranches.

Hostería Mirador del Payne   GASTHOF $$$
(☎ 061-222-8712; www.miradordelpayne.com; EZ/DZ/3BZ 200/245/265 US$) Unterkunft auf dem Gelände der Estancia El Lazo nahe der selten besuchten Laguna Verde. Sie ist bekannt für ihre ruhige Lage unweit spektakulärer Aussichtspunkte und ihren Spitzenservice – nicht aber für leichte Erreichbarkeit der Wanderwege. Zu den Aktivitäten zählen Vogelbeobachtung, Ausritte und Sportfischen. Telefonisch lässt sich die Abholung von der Straßenkreuzung arrangieren.

Hostería Pehoé   HOTEL $$$
(☎ 061-272-2853; http://altopehoe.cl; EZ/DZ/3BZ ab 138/155/200 US$) Eine lange Fußgängerbrücke verbindet das Haus mitten im Lago Pehoé mit dem Festland. Das Panorama der Los Cuernos ist eines Fünf-Sterne-Hotels würdig, doch die veralteten Zimmer, die an ein Motel am Straßenrand erinnern, lohnen ihr Geld nicht. Restaurant und Bar sind öffentlich zugänglich.

Hostería Lago del Toro   GASTHOF $$$
(☎ 061-222-3351; www.lagodeltoro.com; Pueblito Río Serrano; DZ/Superior 170/205 US$; @) Zwischen zwei Hotelburgen eingeklemmt, besitzt die Hostería viel Charme. Hier werden Gäste von frisch mit Teppich ausgelegten Zimmern und molligem Kaminfeuer empfangen. Wellblechfassade, Makrameearbeiten und Massivholzmöbel verleihen dem Haus den Charakter eines altmodischen Gasthofes.

Hotel Cabañas del Paine   HÜTTE $$$
(☎ 061-273-0177; www.cabanasdelpaine.cl; Pueblito Río Serrano; EZ/DZ/3BZ 264/275/308 US$) Die Zimmer im Bungalowstil am Ufer des Río Serrano locken mit toller Aussicht und zeichnen sich durch ihr geschmackvolles Design sowie die gelungene Integration in die Landschaft aus.

ⓘ Praktische Informationen

Der **Parque Nacional Torres del Paine** (www.parquetorresdelpaine.cl; Hoch-/Nebensaison 18 000/10 000 Ch$) ist ganzjährig geöffnet, aber nicht so einfach zu erreichen. Leider ist der neue Nationalparkpass (10 000 Ch$) von Conaf hier nicht gültig.

In der Nebensaison sind die Beförderungsmöglichkeiten eingeschränkt, weniger Unterkünfte und Serviceeinrichtungen geöffnet, und das Winterwetter erschwert das Wandern. Zu den besten Trekkingmonaten zählen November und März, dann tummeln sich nicht ganz so viele Besucher im Schutzgebiet. Im März tosen die Winde etwas weniger heftig als sonst. Man sollte vor Anreise nachprüfen, ob alle notwendigen Einrichtungen auch geöffnet haben (Öffnungszeiten variieren je nach Wetter). Auf der Website **Torres del Paine** (www.torresdelpaine.com) stehen weitere nützliche Infos.

Der Haupteingang, an dem der Eintritt kassiert wird, ist die **Portería Sarmiento**. 37 km entfernt liegt das **Conaf Centro de Visitantes** (⊙ Dez.–Feb. 9–20 Uhr) mit Infos zur Ökologie des Parks und zum Zustand der Wanderwege. Auch die **Administración** (Verwaltung) befindet sich dort. In **Pudeto** gibt's eine kleine Cafeteria; eine weitere an der Südspitze des Lago Grey ist im Bau.

Erratic Rock (S. 373) hält auf seiner Website eine gute Liste der erforderlichen Ausrüstung für Backpacker bereit. Es veranstaltet täglich um 15 Uhr an seinem Standort im Puerto Natales Base Camp eine Inforunde mit zuverlässigen

Ratschlägen, etwa zum Zustand der Wege oder zum Camping. Fantastico Sur (S. 377) bietet in seinem Büro in Puerto Natales ebenfalls Inforunden (tgl. 10 & 15 Uhr).

Die besten Karten stammen von JLM und Luis Bertea Rojas; sie sind in Puerto Natales überall erhältlich.

ⓘ An- & Weiterreise

Puerto Natales ist 112 km vom Nationalpark entfernt. Seit Kurzem ermöglicht eine unbefestigte Straße von Puerto Natales über Pueblito Río Serrano zur Administración einen kürzeren und direkteren Zugang von Süden.

Ins nahe gelegene Argentinien gibt's keine direkten Verkehrsverbindungen vom Park aus. 40 km südlich vom Haupteingang liegt bei Cerro Castillo der saisonal geöffnete Grenzübergang Cancha Carrera. Wer am Tag des Parkbesuchs nach El Calafate in Argentinien weiterreisen will, muss entweder an einer geführten Tour teilnehmen oder das Ganze im Voraus sehr genau planen. Am besten kehrt man nach Puerto Natales zurück.

ⓘ Unterwegs vor Ort

Shuttlebusse (2800 Ch$) halten an der Laguna Amarga sowie am Bootssteg des Katamarans in Pudeto und an der Administración.

Der Katamaran **Hielos Patagónicos** (☏ 061-241-1380; info@hielospatagonicos.com; einfach/hin & zurück 15 000/24 000 Ch$) legt von Dezember bis Mitte März um 9.30, 12 und 18 Uhr ab, bis Ende März und im November um 12 und 18 Uhr, im September, Oktober und April nur um 12 Uhr.

Ein anderes Boot verkehrt mehrmals täglich auf dem Lago Grey zwischen dem Hotel Lago Grey und dem Refugio Lago Grey (45 000 Ch$, 1½–2 Std.); über den aktuellen Fahrplan informiert das Hotel.

ARGENTINISCHES PATAGONIEN

Eingefleischte Patagonien-Fans möchten auch die argentinische Seite dieses Landstrichs nicht missen: Mit ihrer leicht zugänglichen Wildnis und der gut entwickelten touristischen Infrastruktur ergänzt sie bestens die Reise ins chilenische Patagonien. Im Gegensatz dazu sind die Berge auf der argentinischen Seite von weiten Steppen und Ebenen umgeben, zudem zeigen sich die Argentinier wesentlich geselliger als die Chilenen. Das macht sich auch bei den Tourveranstaltern, den Essgewohnheiten und dem Nachtleben bemerkbar.

El Calafate

☏ 02902 / 16 700 EW.

Im Volksmund heißt es: Wer die Beere isst, die dieser Stadt den Namen gab, kommt garantiert nach Patagonien zurück. Doch es sind nicht die Beeren des Calafate-Strauches, die Besucher herbeilocken, sondern eine andere unwiderstehliche Attraktion: der Perito-Moreno-Gletscher im 80 km entfernten Parque Nacional Los Glaciares. Seine enorme Popularität brachte dem einst so beschaulichen El Calafate rapiden Aufschwung und städtebaulichen Wildwuchs. Für Touristen bietet der Ort jede Menge Kurzweil und ein großes Angebot an touristischen Dienstleistern. Da er auf der Route zwischen El Chaltén und dem Torres del Paine (Chile) liegt, dient er zwangsläufig als Zwischenstopp auf der Durchreise.

Die Hauptstraße Avenida Libertador säumen knorrige Koniferen ebenso wie Souvenirshops, Süßwarenläden, Restaurants und Reisebüros. Abseits der Flaniermeile ändert sich das Bild schnell, denn dort führen schlammige Straßen zu planlos aus dem Boden gestampften Gebäudeansammlungen und weitläufigen Viehweiden.

Januar und Februar sind die beliebtesten (und teuersten) Monate für einen Besuch. Inzwischen steigt die Besucherzahl aber auch in der Nebensaison.

👁 Sehenswertes & Aktivitäten

★ **Glaciarium** MUSEUM
(☏ 497912; www.glaciarium.com; Erw./Kind 185/90 Arg$; ⊙ Sept.–Mai 9–20 Uhr, Juni–Aug. 11–20 Uhr) In diesem tollen Museum wird die Welt des Eises beleuchtet. Exponate und Filme auf Spanisch und Englisch zeigen, wie Gletscher entstehen, dokumentieren kontinentale Gletscherexpeditionen und diskutieren den Klimawandel. In der blau beleuchteten *bar de hielo* (inklusive Getränk 100 Arg$) aus Eis mit Temperaturen unter dem Gefrierpunkt bekommen Erwachsene einen Fellumhang und können Wodka oder Fernet und Cola trinken – natürlich aus Eisgläsern.

> ### ⓘ ACHTUNG INFLATION
>
> Aufgrund der ungezügelten Inflation in Argentinien steigen die Preise schneller als normal und können schnell höher sein als im Buch angegeben. Aktuelle Wechselkurse findet man unter www.xe.com.

El Calafate

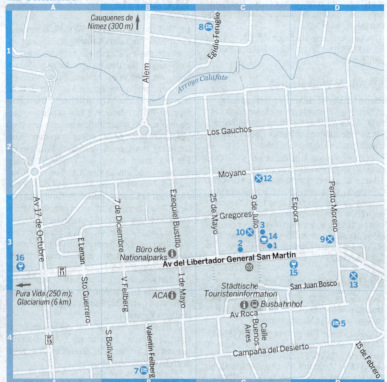

Geführte Touren

Rund 40 Reisebüros organisieren Ausflüge zum Gletscher und zu anderen Attraktionen in der Umgebung, darunter Fossilienschichten und Aufenthalte auf regionalen *estancias,* wo Besucher wandern, reiten oder einfach relaxen können. Im Preis für die Tour zum Perito-Moreno-Gletscher (ca. 150 Arg$ pro Pers.) ist der Parkeintritt nicht inbegriffen. Es lohnt sich, die Veranstalter oder andere Traveller nach Extras wie Zwischenstopps, Bootsfahrten, Ferngläsern oder mehrsprachigen Guides zu fragen.

★ **Glaciares Sur** ABENTEUERTOUR
(✆ 495050; www.glaciarsur.com; 9 de Julio 57; 225–250 US$ pro Pers.) Bei diesen empfehlenswerten Tagestouren zum unentdeckten Ende des Parque Nacional Los Glaciares kann man Gletscher bewundern und die Menschenmassen umgehen. Die kleinen Reisegruppen fahren mit einem kundigen mehrsprachigen Guide zum Lago Rocas, um den Glaciar Frias zu besichtigen. Die Abenteuertour beinhaltet eine vierstündige Wanderung, der Kulturtrip ein traditionelles *asado* (Gericht mit Grillfleisch) und einen Besuch des Glaciar Perito Moreno außerhalb der Hauptbesuchszeit.

Cal-tur GEFÜHRTE TOUR
(✆ 491368; www.caltur.com.ar; Libertador 1080) Touren rund um El Chaltén und Pauschalangebote für Übernachtungen.

Chaltén Travel GEFÜHRTE TOUR
(✆ 492480, 492212; www.chaltentravel.com; Libertador 1174) Empfehlenswerte Touren zum Glaciar Perito Moreno mit Stopps zur Tierbeobachtung (Ferngläser werden gestellt) sowie Exkursionen entlang der RN 40. Einige Ausflüge werden von **Always Glaciers** (www.alwaysglaciers.com) durchgeführt.

Overland Patagonia GEFÜHRTE TOUR
(✆ 492243, 491243; www.glaciar.com) Hat Büros im Hostel del Glaciar Libertador und im

El Calafate

Aktivitäten, Kurse & Touren
1 Cal-tur C3
2 Chaltén Travel C3
3 Glaciares Sur C3
  Overland Patagonia .... (siehe 6)

Schlafen
4 America del Sur................................... E2
5 Hostal Schilling D4
6 Hostel del Glaciar Libertador E4
7 Las Cabañitas...................................... B4
8 Miyazato Inn C1

Essen
9 La Anónima..D3
10 La Fonda del Parillero.........................C3
11 La Tablita E3
12 Mi Rancho C2
13 Viva la Pepa D3

Ausgehen & Nachtleben
14 el ba'r C3
15 Librobar D3
16 Sholken A3

Hostel del Glaciar Pioneros und organisiert alternative Gletschertrips, die auch Wanderungen und Bootsfahrten auf dem See beinhalten.

Schlafen

Je nach Jahreszeit schwanken die Preise und das Angebot erheblich. Die Hauptsaison umfasst die Monate Januar und Februar, kann aber auch bereits Anfang November beginnen und bis April dauern. Viele Hostels bieten einen Abholservice vom Busbahnhof an.

Hostal Schilling   GÄSTEHAUS $
(491453; http://hostalschilling.com; Paradelo 141; B 170 Arg$, DZ mit Gemeinschaftsbad 440 Arg$, EZ/DZ/3BZ 460/520/630 Arg$; @) Freundliches Gästehaus mit einem guten Preis-Leistungs-Verhältnis und zentraler Lage. Cecilia, Marcelo und Raimiro führen diese empfehlenswerte Bleibe und sind auch bei der logistischen Planung behilflich. Bei unserem Besuch wurde das Schilling gerade renoviert, daher variieren die Räume stark; die besten sind hell und geräumig. Es gibt außerdem zahlreiche Aufenthaltsbereiche und ein Restaurant.

Las Cabañitas   HÜTTEN $
(491118; www.lascabanitascalafate.com; Valentín Feilberg 218; Hütte für 2 Pers. 600 Arg$, B/DZ/3BZ ohne Bad 200/480/800 Arg$; ⊙ Juli geschl.; @) Ein erholsames Plätzchen mit Finnhütten wie aus dem Bilderbuch. Wendeltreppen führen nach oben zu den Betten und Apartments. Der Besitzer Gerardo strotzt geradezu vor Energie, kocht lecker, bereitet Lunchboxen zu und hilft mit nützlichen Infos weiter. Echter Lavendel, ein Grillbereich und Kochmöglichkeiten für die Gäste sind weitere Pluspunkte.

Hostel del Glaciar Libertador   HOSTEL $
(492492; www.glaciar.com; Libertador 587; B/EZ/DZ 20/76/84 US$; @) Hostel hinter einer viktorianischen Fassade mit Stockbetten samt dicken Decken. Das modern ausgestattete Haus verfügt über eine Küche im Obergeschoss, Fußbodenheizung, neue Computer und einen geräumigen Aufenthaltsbereich mit Plasmafernseher.

America del Sur   HOSTEL $
(493525; www.americahostel.com.ar; Puerto Deseado 151; B/DZ/4BZ 250/540/600 Arg$; @)

Backpacker lieben dieses stilvolle, herrlich gesellige Hostel mit toller Aussicht, Fußbodenheizung und gutem Service. Die Doppelzimmer sind hübsch, sehen aber alle gleich aus. In der Hochsaison finden Barbecue-Abende mit Salatbüfett statt.

Cauquenes de Nimez
B&B $$

(492306; www.cauquenesdenimez.com.ar; Calle 303, No 79; EZ/DZ/3BZ 93/100/135 US$; ❄🛜) Gabriels einladende Lodge bietet einen schönen Blick auf die Flamingos am See (von November bis Spätsommer). Die schicken Zimmer mit Korddecken und Naturfotografien verfügen über Schließfächer und Fernseher. Super sind der persönliche Service und das kostenlose Teegedeck mit Lavendelmuffins, ebenso kann man kostenfrei Räder ausleihen (mit einer Spende unterstützt man das Naturschutzreservat).

Hosteria La Estepa
BOUTIQUE-HOTEL $$

(493551; www.hosterialaestepa.com; Libertador 5310; EZ/DZ 90/110 US$, Deluxe 110/130 US$; @🛜) Glückliche Gäste strömen in dieses schick-rustikale Hotel, das einen Panoramablick auf den See ermöglicht und mit bäuerlichen Antiquitäten dekoriert ist. Einige der 26 Zimmer haben Seeblick, die Deluxe-Räume verfügen sogar über kleine Wohnbereiche. Im großen Gemeinschaftsraum stehen Karten der Region und Brettspiele zur Verfügung. Das Restaurant serviert hausgemachte Speisen. 5 km westlich des Stadtzentrums auf dem Weg zum Nationalpark.

Miyazato Inn
B&B $$

(491953; www.interpatagonia.com/miyazatoinn; Egidio Feruglio 150, Las Chacras; EZ/DZ 80/90 US$; P@) Das elegante B&B erinnert an einen japanischen Gasthof und ist bekannt für seinen persönlichen Service. Zum Frühstück gehören Süßwaren und *medialunas*. Wanderer bekommen Thermoskannen mit Kaffee oder Tee mit auf den Weg. Nur fünf Gehminuten vom Stadtzentrum entfernt.

✖ Essen

Viele Geschäfte in den Seitenstraßen der Avenida Libertador verkaufen frisches Brot, guten Käse, Süßigkeiten und Wein für ein Picknick. Im La Anónima (Ecke Libertador & Perito Moreno) bekommt man preiswertes Essen zum Mitnehmen und Lebensmittel.

Viva la Pepa
CAFÉ $

(491880; Amado 833; Hauptgerichte 50–90 Arg$; Mittag- & Abendessen) In diesem fröhlichen Café mit Kinderzeichnungen an den Wänden gibt's vor allem Crêpes, aber auch tolle Sandwiches aus hausgemachtem Brot (wir empfehlen das mit Hühnchen, Apfel und Blauschimmelkäse), frische Säfte sowie in einer Kalebasse servierten *mate*.

La Fonda del Parillero
PARILLA $

(9 de Julio 29; Hauptgerichte 37–57 Arg$; 10–24 Uhr) Das geschäftige Grilllokal hat ein paar Tische auf dem Gehsteig, bietet aber auch Gerichte zum Mitnehmen – besonders gut, wenn man spätabends Hunger bekommt. Neben Steaks gibt's hausgemachte Pasta, Pasteten und Empanadas.

★ Mi Rancho
ARGENTINISCH $$

(490540; Moyano 1089; Hauptgerichte 90–130 US$; 12–15.30 & 20–24 Uhr) Intimes Restaurant, in dem die Besitzer noch selbst kochen und servieren. Zu den Gerichten zählen übergroße Ossobuco, köstliche Pasta gefüllt mit Königskrabben, Salate sowie Bries mit Spinat auf Toast. Zum Dessert empfehlen wir Schokofondant oder Halbgefrorenes von der Passionsfrucht. Das Lokal, das sich in einem winzigen Ziegelgebäude aus der Pionierzeit befindet, kann nur wenige Gäste aufnehmen – also unbedingt ein paar Tage vorher reservieren.

Pura Vida
ARGENTINISCH $$

(493356; Libertador 1876; Hauptgerichte 90–140 Arg$; Do–Di 19.30–23.30 Uhr;) Dezent beleuchtetes Restaurant, das argentinische Hausmannskost bietet. Selbst nach vielen Jahren des Erfolgs sieht man den Besitzer noch beim Kochen gebutterter Hühnchenpasteten und beim Nachschenken von Wein. Der braune Reis und das Wokgemüse sowie die Salate sind ein Vergnügen für Vegetarier. Zum Dessert locken köstliche Schokoladenbrownies mit Eiscreme und warmer Beerensoße. Vorab reservieren!

La Tablita
PARRILLA $$

(491065; www.la-tablita.com.ar; Rosales 24; Hauptgerichte 100–150 Arg$; Do–Di mittags, tgl. abends) Steak und Lamm vom Spieß sind die Spezialitäten dieser beliebten *parrilla*. Für normale Esser reicht sogar ein halbes Steak, abgerundet mit gutem Malbec (Rotweinsorte), frischem Salat oder Knoblauch-Pommes.

🍷 Ausgehen

Sholken
BRAUEREI

(Libertador 1630; 20–2 Uhr) Nach einem Tag in Wind und Sonne ist die gemütliche Kleinbrauerei mit Ausschank ein wahrer Segen. Das Bier wird vor Ort hergestellt, und aus der winzigen Küche (Hauptgerichte 80 Arg$) kommen große Teller mit Fleisch, Käse sowie gut gewürzten Rindfleisch-Empanadas. Exzellente Wahl für Vegetarier ist der Endiviensalat mit Walnüssen, Blauschimmelkäse und Passionsfruchtdressing.

Librobar   PUB
(Libertador 1015) Die hippe Mischung aus Buchladen und Bar im Obergeschoss schenkt Kaffee, Flaschenbier und teure Cocktails aus. Nebenbei kann man Bildbände über die patagonische Tierwelt durchblättern oder seinen Laptop mitbringen und dank kostenfreiem WLAN im Netz surfen.

el ba'r   CAFÉ
(9 de Julio s/n; ⊘ Frühstück & Mittagessen) Dieses Patio-Café, ein Hotspot für trendige Leute, kredenzt Espresso, *submarino* (heiße Milch mit einem darin schmelzenden Riegel Bitterschokolade), grünen Tee und Sandwiches (Hauptgerichte ca. 60 Arg$).

ⓘ Praktische Informationen

Vor dem Wochenende genügend Bargeld abheben, denn nicht selten sind die Geldautomaten am Sonntag leergeräumt. Wer auf dem Weg nach El Chaltén ist, sollte hier schon etwas Bargeld besorgen.

Die meisten Reisebüros haben sich auf Touren in die unmittelbare Umgebung spezialisiert, für andere Regionen sind sie keine Hilfe.

ACA (Automóvil Club Argentino; ☏ 491004; Ecke 1 de Mayo & Roca) Argentiniens Automobilclub ist eine gute Quelle für regionale Straßenkarten.

Banco Santa Cruz (Libertador 1285) Wechselt Reiseschecks und hat einen Geldautomaten.

Büro des Nationalparks (☏ 491545; Libertador 1302) Verfügt über Broschüren und eine ordentliche Karte des Nationalparks. Hier bekommen Besucher bessere Auskunft als direkt im Park.

Hospital Municipal Dr. José Formenti (☏ 491001; Roca 1487)

Postamt (Libertador 1133)

Städtische Touristeninformation (☏ 491466, 491090; www.elcalafate.gov.ar; Ecke Rosales & Libertador; ⊘ 8–20 Uhr) Hat Stadtpläne und allgemeine Informationen auf Lager. Es gibt auch einen Kiosk am Busbahnhof. In beiden Filialen sprechen einige Mitarbeiter Englisch.

Thaler Cambio (Libertador 963; ⊘ Mo–Fr 10–13, Sa & So 15.30–19.30 Uhr) Tauscht Reiseschecks zu einem Wucherkurs, ist aber am Wochenende geöffnet.

Tiempo Libre (☏ 491207; www.tiempolibreviajes.com.ar; Gregores 1294) Bucht Flüge.

ⓘ An- & Weiterreise

BUS
El Calafates **Busbahnhof** (Roca s/n) liegt auf einem Hügel, ist zu Fuß jedoch schnell über die Treppe an der Ecke Avenida Libertador und 9 de Julio erreichbar. In der Hauptsaison unbedingt reservieren, denn die Busse sind mitunter schnell ausgebucht.

Ziele sind u. a.:

ZIEL	PREIS (ARG$)	FAHRTDAUER (STD.)
Bariloche	1290	31
El Chaltén	220	3½
Puerto Natales (Chile)	350	5
Río Gallegos	285	4

Busse nach Río Gallegos verkehren viermal täglich; Infos dazu gibt's bei **Taqsa** (☏ 491843) und **Sportman** (☏ 492680). Wer nach Bariloche oder Ushuaia will, muss möglicherweise nachts aufbrechen und in Río Gallegos umsteigen.

Busse nach El Chaltén starten täglich um 8, 14 und 18 Uhr. Sowohl **Caltur** (☏ 491368; www.caltur.com.ar; Libertador 1080) als auch **Chaltén Travel** (S. 390) steuern El Chaltén an und fahren im Sommer auf der RN 40 nach Bariloche.

Puerto Natales wird von **Cootra** (☏ 491444) und **Turismo Zahhj** (☏ 491631) täglich um 8 und 8.30 Uhr bedient. Die Busse nehmen den Grenzübergang bei Cerro Costillo, wo vielleicht Anschluss zum Nationalpark Torres del Paine besteht.

FLUGZEUG
Der **Aeropuerto El Calafate** (ECA; ☏ 491230, 491220) liegt 23 km östlich der Stadt abseits der RP 11. Die Flughafensteuer kostet 38 US$.

Aerolíneas Argentinas (☏ 492814, 492816; Libertador 1361) fliegt täglich nach Bariloche oder Esquel (300 US$), Ushuaia (185 US$), Trelew (250 US$) sowie zu den Flughäfen Aeroparque und Ezeiza in Buenos Aires (240 Arg$).

LADE (☏ 491262; Jean Mermoz 168) startet mehrmals wöchentlich nach Ushuaia und Buenos Aires.

LAN (☏ 495548; 9 de Julio 57) verkehrt wöchentlich nach Ushuaia (hin & zurück 530 US$).

ⓘ Unterwegs vor Ort

Der Flughafenshuttle **Ves Patagonia** (☏ 494355; www.vespatagonia.com) bietet einen Tür-zu-Tür-Service (einfach/hin & zurück 90/170 Arg$).

Am Flughafen gibt's mehrere Autovermietungen. Zwei weitere Unternehmen, **Localiza** (☏ 491398; www.localiza.com.ar; Libertador 687) und **Servi Car** (☏ 492541; www.servi4x4.com.ar; Libertador 695), haben günstig gelegene Büros im Stadtzentrum.

Perito Moreno & Parque Nacional Los Glaciares (Südteil)

Die größte Attraktion im Südteil des **Parque Nacional Los Glaciares** (Eintritt 215 Arg$, zahlbar nach 8 Uhr) ist der spektakuläre **Glaciar Perito Moreno**, ein 30 km langer, 5 km breiter und 60 m hoher Gletscher mit relativ leicht zugänglichen Eisflächen. Er ist einer der ganz wenigen weltweit, die noch kontinuierlich wachsen. Täglich schiebt sich seine Gletscherzunge bis zu 2 m vorwärts und kalbt dabei hausgroße Eisberge. Diese Aktivitäten zu beobachten ist ein langwieriges, aber ungemein spannendes Geduldsspiel.

Eine schmale Spalte in den Anden ermöglichte es den regenreichen Pazifikstürmen, ihre nasse Last östlich des Gebirgskamms in Form von Schnee abzusetzen, was zur Entstehung des Gletschers führte. Über die Jahrtausende verdichteten sich die Schneemassen durch ihr enormes Gewicht zu Eis, das sich langsam ostwärts schob. Die 1600 km² große Mulde des Lago Argentino, der größten zusammenhängenden Wassermasse des Landes, beweist, dass der Gletscher früher viel großflächiger war.

Der Moreno-Gletscher ist nicht nur ein optisches, sondern auch ein akustisches Erlebnis; es knackt und kracht gewaltig, wenn riesige Eisbrocken von der Gletscherwand abbrechen und in den **Canal de los Témpanos** (Eisbergkanal) stürzen. Von Stegen und Aussichtspunkten auf der Península de Magallanes kann man aus sicherer Entfernung dabei zusehen, lauschen und fotografieren. Im Verlauf des Tages verändert der Gletscher sein Gesicht, morgens etwa ist die Stirnseite in gleißendes Sonnenlicht getaucht.

⊙ Sehenswertes & Aktivitäten

Hielo y Aventura GLETSCHERTREKKING, BOOTSRUNDFAHRT
(⌀ 02902-492205, 02902-492094; www.hieloyaventura.com; Libertador 935, El Calafate) Veranstaltet die Bootsrundfahrt Safari Nautico (120 Arg$, 1 Std.) und Ausflüge zum Brazo Rico, zum Lago Argentino sowie zum südlichen Abschnitt des Canal de los Témpanos. Die Katamarane werden mit bis zu 130 Passagieren vollgestopft und legen zwischen 10.30 und 16.30 Uhr stündlich vom Puerto Bajo de las Sombras ab. Wenn die Boote morgens ausgebucht sind, kauft man sein Ticket für nachmittags am besten im Voraus.

Wer auf dem Gletscher wandern will, kann den Minitrekking-Trip (670 Arg$, weniger als 2 Std. auf dem Eis) oder die längere, anspruchsvollere Big-Ice-Tour (1070 Arg$, 4 Std. auf dem Eis) buchen. Beide beinhalten eine kurze Bootsfahrt von Puerto Bajo de las Sombras, eine Wanderung durch Lenga-Wälder, ein Gespräch über Gletscherkunde und abschließend eine Eiswanderung mit Klettereisen. Kinder unter acht Jahren sind nicht erlaubt; man sollte vorher reservieren und eigenes Essen mitbringen. Regenkleidung nicht vergessen: Rund um den Gletscher schneit es oft, und auf dem Bootsdeck kann es nass und kalt werden.

Solo Patagonia S.A. BOOTSRUNDFAHRT
(⌀ 02902-491115; www.solopatagonia.com; Libertador 867, El Calafate) Bietet eine „All-Glacier-Tour" (720 Arg$) ab Punta Bandera zu den Gletschern Upsala, Spegazzini und Perito Moreno. Wenn die Eisberge mitspielen, können die Passagiere möglicherweise an der Bahía Onelli aussteigen und zum 500 m entfernten, von Eisbergen fast erstickten **Lago Onelli** laufen, wo sich die Gletscher Onelli und Agassiz vereinigen. Ein weiterer Tagesausflug namens „Rivers of Ice" führt zu den Gletschern Upsala und Spegazzini (480 Arg$).

Cerro Cristal WANDERN
Eine anstrengende, aber lohnende dreieinhalbstündige Wanderung gewährt an klaren Tagen Aussicht auf den Glaciar Perito Moreno und die Torres del Paine. Der Weg liegt 55 km südwestlich von El Calafate und ist über die RP 15 erreichbar. Er beginnt am Bildungslager bei La Jerónima, gleich vor dem Eingang zum Camping Lago Roca.

Cabalgatas del Glaciar REITEN
(⌀ 02902-495447; www.cabalgatasdelglaciar.com) Tolle Tagesausritte und mehrtägige Touren hoch zu Ross inklusive tollem Gletscherpanorama vom Lago Rocas bis zum Paso Zamora an der chilenischen Grenze. Buchen kann man bei Caltur.

🛏 Schlafen & Essen

★ Camping Lago Roca CAMPINGPLATZ $
(⌀ 02902-499500; www.losglaciares.com/campinglagoroca; 120 Arg$ pro Pers., Hütte für 2/4 Pers. 500/750 Arg$) Der voll ausgestattete Campingplatz mit Restaurant-Bar ein paar Kilometer hinter dem Bildungslager bildet eine tolle Basis für Abenteuer in der Gegend. Seine sauberen Schlafsäle sind eine gemütliche Alternative zum Campen. In der Gegend

gibt's jede Menge Wanderwege. Vor Ort kann man Angelausrüstung leihen und Reitausflüge in der nahe gelegenen *estancia* Nibepo Aike buchen.

Estancia Cristina ESTANCIA $$$
(☏ 02902-491133, in Buenos Aires 011-4803-7352; www.estanciacristina.com; DZ inkl. VP & Aktivitäten 1200 US$; ⊙ Okt.–April) Einheimische sagen, dass hier die großartigsten Wanderungen in der Region möglich sind. Übernachtet wird in hellen, modernen Bungalows mit weitem Blick. Ein Besuch schließt geführte Aktivitäten und Bootsfahrten zum Glaciar Upsala ein. Die Estancia nahe dem Nordarm des Lago Argentino ist nur per Boot zu erreichen.

❶ An- & Weiterreise

Der Glaciar Moreno 80 km westlich von El Calafate ist über die asphaltierte RP 11 zu erreichen. Die Straße führt durch atemberaubende Landschaft rund um den Lago Argentino. Im Sommer finden regelmäßig Bustouren statt; auf der Avenida Libertador in El Calafate gibt's zahlreiche Veranstalter. Die Fahrzeuge zum Gletscher (hin & zurück 200 Arg$) starten frühmorgens und nachmittags in El Calafate und kehren gegen Mittag bzw. um 19 Uhr wieder zurück.

El Chaltén & Parque Nacional Los Glaciares (Nordteil)

☏ 02962 / 1630 EW.

Zweifellos ist das Fitz-Roy-Massiv mit seiner rauen, zerklüfteten Felslandschaft und seinen spitzen Gipfeln Argentiniens Eldorado für Wanderer. Die Gebirgskette nimmt die nördliche Hälfte des Parque Nacional Los Glaciares ein. Hier erstrecken sich zahlreiche gut markierte Wanderwege, zudem bietet sich bei wolkenlosem Himmel ein atemberaubendes Panorama. Im Winter kommt das Leben im Örtchen El Chaltén praktisch zum Erliegen. In der schlammigen Nebensaison ist das touristische Angebot sehr eingeschränkt.

Das bunt zusammengewürfelte Dorf am Eingang zum Nordteil des Parks dient als Anlaufstelle für Tausende Besucher, die im Sommer zum Bergmassiv pilgern. Es ist ein Grenzort, der 1985 eilends aus dem Boden gestampft wurde, um Chile, das die Gegend für sich beanspruchte, zu übertrumpfen. Argentiniens jüngste Ortschaft muss sich noch entwickeln, das fängt bei Details wie Banken an (es gibt keinen Geldautomaten) und reicht bis hin zu Straßenbau und Stadtplanung, doch das Dienstleistungsangebot wächst rasch.

◉ Sehenswertes & Aktivitäten

Wer zu Wanderungen aufbricht, sollte vorher beim Büro der Parkranger anhalten und sich nach den aktuellen Bedingungen auf den Wegen erkundigen.

Laguna Torre WANDERN
Bei leichtem Wind und klarem Himmel gehört diese Wanderung (einfach 3 Std.) ganz oben auf die Liste, denn an normalen stürmischen Tagen ist der zackige Cerro Torre unter den lokalen Gipfeln am schwierigsten zu erspähen. Von der Ortschaft aus erstrecken sich zwei Wege. Sie treffen sich vor dem Mirador Laguna Torre, einem Kamm mit Aussicht das Tal hinauf zum 3128 m hohen Cerro Torre, der aus einem weiten Gletscherfeld emporragt.

Die zusätzlichen 40 Minuten bis zum Campamento De Agostini lohnen die Mühe, dort kann man pausieren und die grandiose Umgebung auf sich einwirken lassen.

Laguna de los Tres WANDERN
Diese anstrengende Wanderung führt zu einem der beliebtesten Ziele, einem hochalpinen See (einfach 4–5 Std.). Die hübsche Gletscherlagune Laguna de los Tres liegt unweit des gut sichtbaren 3405 m hohen Cerro Fitz Roy. Kostenlose Stellplätze für Camper findet man an der Laguna Capri.

Loma del Pliegue Tumbado & Laguna Toro WANDERN
Die leichte Route, die vom Büro der Parkranger Richtung Südwesten verläuft (einfach 4–5 Std.), ist die einzige, bei der man den Cerro Torre und den Fitz Roy gleichzeitig sieht. Viel Wasser mitnehmen und sich auf starken Wind gefasst machen!

Lago del Desierto & Chile WANDERN
37 km nördlich von El Chaltén nahe der chilenischen Grenze liegt der Lago del Desierto, das schöne Ziel einer Tageswanderung für regnerische Zeiten, wenn der Fitz nicht zu sehen ist. Ein 500 m langer Weg führt zu einem Aussichtspunkt mit Blick auf den See und die Gletscher. Traveller, die nach Chile wollen, überqueren hier gern die Grenze.

☛ Geführte Touren

Die meisten Reisenden kommen zum Wandern nach El Chaltén, doch dort warten noch andere Outdooraktivitäten auf sie.

WENN DIE GLETSCHER SCHWINDEN

Glitzernde Bänder aus Eis, eben wie ein Brett oder modelliert von Wind und Wetter, zerklüftet und rissig vom Druck – die raue Pracht der Gletscher flößt Respekt ein. Patagonien gehört zu den besten Regionen der Welt, um dieses Potpourri aus Eis, Schnee und Felsgestein zu bewundern, zu durchwandern und zu erklettern.

Während der Eiszeit bedeckten Gletscher fast ein Drittel der gesamten Erde, heute nehmen sie nur noch 10 % der Erdoberfläche ein. Hunderte von ihnen durchsetzen Patagoniens Landschaft. Die meisten sind mehr oder weniger zugänglich und erstrecken sich in Argentiniens Parque Nacional Los Glaciares (der auch den berühmten Perito-Moreno-Gletscher beherbergt) sowie in Chiles Nationalparks Torres del Paine und Bernardo O'Higgins; zudem säumen sie den Beagle-Kanal und Chiles patagonische Fjorde.

Gletscher sind sehr komplex und viel mehr als nur eine simple Anhäufung von gefrorenem Wasser. Aufgrund der Schwerkraft bewegen sich die Eismassen im Gelände bergab, wobei sich die Eisschichten verformen. Dabei mischt sich Schmelzwasser mit dem Gestein und der Erde des Untergrunds. Ein Teil dieser Mixtur wird zerrieben und bildet eine Art Gleitmittel, das die Vorwärtsbewegung des Gletschers erleichtert. Zugleich wird Geröll zur Seite gedrückt und formt aus Gesteinsschutt die sogenannten Moränen. Die Bewegungen verursachen Risse und Verformungen, sogenannte Gletscherspalten. Schnee, der im Nährgebiet (Akkumulationsgebiet) eines Gletschers fällt, verdichtet sich zu Eis.

Wenn die im Nährgebiet gefallene Schneemenge größer ist als das im Zehrgebiet abgeschmolzene Eis, dehnt sich der Gletscher aus. Schmilzt im Zehrgebiet mehr Eis, als an Schnee hinzukommt, schrumpft er. Die globale Erwärmung fördert den Rückgang der Gletscher, der seit 1980 weltweit zu beobachten ist. Durch den generellen Schwund der Eismassen steigt der Meeresspiegel an; die Eiskappen und Gletscher, darunter jene in Chile und Argentinien, tragen dazu etwa 60 % bei.

Der immer noch wachsende Perito-Moreno-Gletscher stellt unter den patagonischen Gletschern bereits eine Ausnahme dar. Bei den meisten Gletschern Nordpatagoniens beträgt die Abschmelzrate 2 m pro Jahr. Manche von ihnen sind in den letzten Jahrzehnten aber jährlich schon um Hunderte Meter zurückgewichen. Wissenschaftler führen beide Vorgänge auf ansteigende Temperaturen und ein trockeneres Klima zurück.

Gletscher spielen für die Zukunft unserer Erde eine ausschlaggebende Rolle. Veränderungen in der Atmosphäre schaden ihnen. Im Gegenzug beeinträchtigen die Gletscherveränderungen die Atmosphäre. Ihr Abschmelzen rund um den Globus hat großen Einfluss auf den Meeresspiegel. In einer Periode beginnender Trinkwasserknappheit darf man nicht vergessen, dass die Gletscher 75 % des Trinkwassers der Welt gebunden halten.

Carolyn McCarthy mit Ergänzungen von Ursula Rick

Casa de Guias — KLETTERN
(493118; www.casadeguias.com.ar; Lago del Desierto s/n, El Chaltén) Freundliche, professionelle und Englisch sprechende Bergführer, zertifiziert vom offiziellen argentinischen Verband AAGM (Asociacion Argentina de Guías de Montaña Association). Das Unternehmen hat sich auf Touren in kleinen Gruppen spezialisiert. Zum Angebot zählen Bergwanderungen, Bergbesteigungen für Leute mit sehr guter Kondition und Kletterunterricht.

Fitzroy Expediciones — BERGSTEIGEN
(493178; www.fitzroyexpediciones.com.ar; Av San Martín 56, El Chaltén) Veranstaltet Gletschertrekking auf dem Viedma-Gletscher. Die fünftägige Tour beinhaltet Wanderungen im Gebiet von Fitz Roy und Cerro Torre sowie weitere Exkursionen. Anders als bei den meisten Veranstaltern der Stadt werden auch Kreditkarten akzeptiert.

Patagonia Aventura — ABENTEUERTOUR
(493110; www.patagonia-aventura.com; Av San Martín 56, El Chaltén) Gletschertrekking (780 Arg$, 2 Std.) und Eisklettern (1000 Arg$, ganzer Tag) auf dem Glaciar Viedma inklusive Bootsrundfahrt. Der Transport zum Puerto Bahía Túnel (90 Arg$), wo die Exkursionen starten, ist nicht inbegriffen.

El Chaltén Mountain Guides — BERGSTEIGEN
(493329; www.ecmg.com.ar; Av San Martín 187, El Chaltén) Eisfeldwanderungen, Trekkingtouren und Bergbesteigungen mit lizenzierten Guides. Je größer die Gruppe, desto günstiger.

Las Lengas BUSTOUR
(493023; Viedma 95, El Chaltén) Minibusse zum Lago del Desierto (150 Arg$, 2 Std.) fahren täglich um 8.30, 12 und 15 Uhr in El Chaltén los. Am Südende des Sees kann man im einladenden Restaurant der Hostería El Pilar (493002; www.hosteriaelpilar.com.ar) essen.

Schlafen

Für die Hauptsaison im Januar und Februar muss man mindestens einen Monat im Voraus reservieren. Andernfalls sollte man ein Zelt mitbringen, denn auf den Campingplätzen kommt man immer unter.

Albergue Patagonia HOSTEL $
(493019; www.patagoniahostel.com.ar; Av San Martín 392; EZ/DZ/3BZ 700/750/900 Arg$, B/EZ/DZ ohne Bad 170/450/500 Arg$; Sep.–Mai; @) Einladendes Holzbauernhaus mit hilfsbereiten Mitarbeitern. Die geräumigen, modernen Schlafsäle befinden sich in verschiedenen Gebäuden, der Service ist gut und die Atmosphäre lebhaft. Es gibt Zimmer mit Privatbädern, Küchennutzung und üppigem Frühstücksbüfett im Fuegia Bistro. Fahrräder werden auch verliehen.

Inlandsis GÄSTEHAUS $
(493276; www.inlandsis.com.ar; Lago del Desierto 480; EZ/DZ 520–650/550–680 Arg$; Okt.–April) Das kleine entspannte Ziegelhaus bietet preiswerte Zimmer mit Stockbetten (einigen mangelt es aber an frischer Luft – vor dem Buchen fragen) und größere, teurere Räume mit zwei Einzelbetten oder einem schmalen Doppelbett. Darüber hinaus gibt's zweistöckige Hütten mit Badewannen, Küchen und DVD-Playern.

Condor de Los Andes HOSTEL $
(493101; www.condordelosandes.com; Ecke Río de las Vueltas & Halvor Halvorsen; B 200–230 Arg$, EZ/DZ 660 Arg$; @) Mit den abgenutzten Stockbetten, mollig warmen Räumen und dem prasselnden Kaminfeuer besitzt dieses heimelige Hostel die Atmosphäre einer Skihütte. Weitere Pluspunkte sind die blitzblanke Gemeinschaftsküche und die behaglichen Aufenthaltsräume.

Rancho Grande Hostel HOSTEL $
(493092; www.ranchograndehostel.com; Av San Martín 724; B/EZ/DZ/3BZ 130/400/460/520 Arg$; @) Das Hostel fungiert gewissermaßen als Chalténs zentraler Busbahnhof (hier halten die Busse von Chaltén Travel) und zieht jede Menge Rucksacktouristen an. Es bietet jedem etwas, von der Busreservierung über Internetzugang (nicht inbegriffen) bis zum Café. In den sauberen Vierbettzimmern stapeln sich Decken, und in den Bädern reihen sich Duschkabinen. Wer ein Privatzimmer bucht, bekommt ein eigenes Bad und kostenloses Frühstück.

Camping El Refugio CAMPINGPLATZ $
(493221; Calle 3 s/n; Zeltplatz 60 Arg$ pro Pers., B 90 Arg$) Die private Anlage verfügt über ungeschützte Stellplätze und gehört zu einem einfachen Hostel mit Warmwasserduschen für die Camper (im Preis inklusive). Brennholz ist rar (Feuermachen erlaubt).

Camping El Relincho CAMPINGPLATZ $
(493007; www.elrelinchopatagonia.com.ar; Av San Martín 545; Stellplatz pro Pers./Fahrzeug 75/30 Arg$, Hütte für 4 Pers. 1000 Arg$) Privater Campingplatz mit ungeschützten Stellplätzen, die stark dem Wind ausgesetzt sind.

★ Nothofagus B&B B&B $$
(493087; www.nothofagusbb.com.ar; Ecke Hensen & Riquelme; EZ/DZ/3BZ 640/680/800 Arg$, EZ/DZ/3BZ ohne Bad 500/550/700 Arg$; Okt.–April; @) Der liebenswerte Gasthof im Stil eines Chalets ist warm und friedlich, der Service aufmerksam und das Frühstück herzhaft. Umweltschutz spielt eine wichtige Rolle und hat dem B&B schon das Sello Verde (grüne Siegel) eingebracht: Müll wird getrennt und frische Handtücher gibt's erst auf Wunsch. Die Zimmer mit Holzbalken und Teppichboden teilen sich meist zu zweit ein Bad und manche haben eine schöne Aussicht.

Senderos Hostería B&B $$
(493336; www.senderoshosteria.com.ar; Perito Moreno s/n; EZ/DZ/Suite ab 150/170/220 US$) Das moderne Wellblechhaus hält tolle Annehmlichkeiten für klamme Wanderer bereit: Das hauseigene Restaurant hat aufmerksames Personal und serviert exquisite Gourmetgerichte sowie hervorragende Weine. Die schicken Zimmer sind mit weißen Laken, stabilen Betten und Schließfächern ausgestattet; sie bieten gelegentlich Blick auf den Fitz Roy.

Posada Lunajuim GASTHOF $$
(493047; www.lunajuim.com; Trevisán 45; EZ/DZ/3BZ 95/115/140 US$;) Die einladende Pension wird viel gelobt und kombiniert modernen Komfort mit einer besonderen Note. Skulpturen und Gemälde des Besitzers schmücken die Flure. Für Regentage gibt's eine steinerne Feuerstelle sowie eine Bibliothek. Toll sind die Proviantboxen zum Selbermachen und das Frühstücksbüfett.

🍴 Essen & Ausgehen

Lebensmittel, vor allem Obst und Gemüse, sind rar und teuer. Deshalb sollte man so viel wie möglich aus El Calafate mitbringen.

La Lucinda · CAFÉ $
(✆ 493202; Av San Martín 175; Hauptgerichte 90 Arg$; ⊙ 7–24 Uhr; 🌿) Hausgemachte Suppen und Eintöpfe, warme Sandwiches (auch vegetarisch) und eine Auswahl an Kaffees, Tees und Weinen. Das unkonventionelle himmelblaue Café ist freundlich und fast immer offen. Es gibt auch Frühstück.

La Chocolatería · CAFÉ $
(✆ 493008; Lago del Desierto 105; Kakao- & Kaffeegetränke 60 Arg$; ⊙ Nov.–Mai) Die Wände dieser unwiderstehlichen Schokoladenfabrik erzählen die Geschichten lokaler Kletterlegenden. Das Angebot reicht von heißer Schokolade mit Schuss bis hin zu Wein und Fondue.

★ La Cervecería · BRAUEREI $$
(✆ 493109; Av San Martín 320; Hauptgerichte 100–125 Arg$; ⊙ 12–24 Uhr) Verführerisch sind nicht nur das sympathische Personal, besonders die temperamentvolle Bierzapferin, sondern auch die kulinarischen Genüsse wie ein kleines Blondes (Pilsener), ein Humpen Bockbier mit Pasta oder *locro* (würziger Eintopf aus Mais, Bohnen, Schweinefleisch und Würstchen).

El Muro · ARGENTINISCH $$
(✆ 493248; Av San Martín 912; Hauptgerichte 90–200 Arg$; ⊙ Abendessen) Hervorragendes, kräftiges Gebirgsessen, z. B. Pfannengerichte, Linseneintopf und Forelle mit knackig gebratenem Gemüse, bekommt man in diesem winzigen Restaurant am Ende der Straße. Die Portionen sind großzügig und die Desserts wie warmer Apfelkuchen oder Brotpudding ein Muss.

Techado Negro · CAFÉ $$
(✆ 493268; Av Antonio Rojo; Hauptgerichte 60–120 Arg$; ⊙ 7–24 Uhr) 🌿 Schlichtes, helles Café mit lässiger Atmosphäre. Die Gerichte sind vielfältig, gut und günstig – teilweise gibt's auch gesunde argentinische Kost. Im Angebot sind z. B. hausgemachte Empanadas, Kürbis gefüllt mit *humita* (süßem Tamale), vegetarische Speisen mit braunem Reis sowie Suppen und Pasta. Man kann auch Lunchboxen bestellen.

Patagonicus · PIZZA $$
(✆ 493025; Av MM De Güemes 57; Pizza 80–160 Arg$; ⊙ Okt.–April 11–24 Uhr) Die besten Pizzas des Ortes in 20 Varianten sowie Salate und verschiedene Weine werden an einfachen Holztischen vor riesigen Panoramafenstern verzehrt. Auch die Kuchen und Kaffeevariationen sind empfehlenswert.

Fuegia Bistro · INTERNATIONAL $$$
(✆ 493243; Av San Martín 342; Hauptgerichte 90–250 Arg$; ⊙ Mo–Sa abends; 🌿) Gemütliches Ambiente, herzhaftes Essen inklusive zahlreicher vegetarischer Gerichte und eine angemessene Weinkarte zeichnen das exklusive Speiselokal aus. Wir empfehlen hausgemachte Pasta mit Ricotta, Spinat und frischen Pilzen oder die Forelle mit Zitrone.

La Tapera · TAPAS $$$
(✆ 493195; Antonio Rojo 74; Hauptgerichte 95–220 Arg$; ⊙ mittags & abends) Das stimmungsvolle Restaurant hat sich auf Tapas spezialisiert, doch auch die typischen Wintergerichte wie Kürbissuppe und gegrilltes Steak sind lecker. An kalten Tagen können die Gäste ganz dicht ans offene Feuer rücken.

Estepa · PATAGONISCH $$$
(✆ 493069; Ecke Cerro Solo & Av Antonio Rojo; Hauptgerichte 100–250 Arg$; ⊙ 12–1 Uhr) In dem bei Einheimischen beliebten Lokal kommen leckere, einfallsreiche Speisen auf den Tisch, etwa Lamm mit Calafate-Soße, Forellenravioli oder Spinatpfannkuchen.

ℹ️ Praktische Informationen

Zeitungen, Handys und Wechselstuben müssen in El Chaltén erst noch erfunden werden. Immerhin gibt's inzwischen einen launischen Internetanschluss per Satellit, eine Tankstelle und einen Geldautomaten. Die Website www.elchalten.com bietet einen guten Überblick über die Ortschaft.

Büro der Parkranger (✆ 493024, 493004; pnlgzonanorte@apn.gov.ar; Spenden willkommen; ⊙ Dez.–Feb. 9–20 Uhr, März–Nov. 10–17 Uhr) Für eine rasche Orientierung (auf Spanisch und Englisch) halten tagsüber viele Busse erst einmal an diesem neuen Besucherzentrum, das kurz vor der Brücke über den Río Fitz Roy liegt. Die Parkranger haben eine Karte und einen Stadtführer und erläutern die ökologischen Aspekte des Parque Nacional Los Glaciares. Täglich um 14 Uhr laufen Dokumentarfilme über Bergtouren – ideal für Regentage.

Chaltén Travel (✆ 493092; www.chaltentravel.com; Ecke Av MM De Güemes & Lago del Desierto) Bucht Flugtickets und Busreisen auf der RN 40.

Puesto Sanitario (✆ 493033; AM De Agostini 70) Medizinische Grundversorgung.

Städtische Touristeninformation (✆ 493370; comfomelchalten@yahoo.com.ar; Terminal de

Omnibus; ⊙10–22 Uhr) Freundlich und ausgesprochen hilfsbereit. Bietet Listen mit Unterkünften sowie gute Infos über den Ort und Touren. Das Personal spricht Englisch.

Viento Oeste (493200; Av San Martín 898) Verkauft Bücher, Karten und Souvenirs und verleiht Campingausrüstung, so wie mehrere ähnliche Läden in der Stadt.

❶ An- & Weiterreise

El Chaltén liegt 220 km von El Calafate und ist über eine asphaltierte Straße zu erreichen.

Alle Busse halten am neuen Busbahnhof in der Nähe des Ortseingangs. El Calafate (220 Arg$, 3½ Std.) wird im Sommer täglich um 7.30 und 18 Uhr von **Chaltén Travel** (493092, 493005; Av San Martín 635) bedient. **Caltur** (493079; Av San Martín 520) und **Taqsa** (493068; Av Antonio Rojo 88) verkehren ebenfalls nach El Calafate, nehmen aber keine Reservierungen an. In der Nebensaison starten die Busse seltener.

Las Lengas (493023; www.transportelaslengas.com.ar; Antonio de Viedma 95) betreibt in der Hochsaison Shuttlebusse zum Flughafen El Calafate (200 Arg$) und fährt mit Minivans zum Lago Desierto (hin & zurück 200 Arg$), zur Hostería El Pilar (einfach 80 Arg$) sowie zum Río Eléctrico (einfach 60 Arg$).

Wanderer können über den Lago del Desierto nach Chile reisen (1–3 Tage, Einzelheiten S. 356).

1. Valle Chacabuco (Parque Nacional Patagonia; S. 351)
Die frühere *estancia* (Weidefarm) ist heute ein Park und beherbergt unterschiedlichste Wildtiere, darunter Guanakos.

2. Coyhaique (S. 338)
Dieses kleine Städtchen liegt landschaftlich wunderschön zwischen felsigen Gipfeln und sanft hügeligen Gebirgen.

3. Parque Nacional Laguna San Rafael (S. 344)
In diesem einsamen Park kann man die Anmut von über 30 000 Jahre alten Gletschern mit eigenen Augen sehen.

1. Parque Nacional Torres del Paine (S. 379)
Von azurblauen Seen bis zu schneebedeckten Gipfeln – hier wird ein erfurchtgebietendes Panorama direkt durch das nächste abgelöst.

2. Parque Pumalín (S. 326)
Dieser beinahe unberührte Park vereint Regenwald, klare Flüsse, Meereslandschaften und Ackerboden in einem bemerkenswerten Umweltschutzprojekt.

3. Río Futaleufú (S. 330)
Seine anspruchsvollen Stromschnellen machen diesen Fluss zu einem Mekka für Fans von Kajak- und Raftingtouren.

Tierra del Fuego (Feuerland)

Inhalt ➜

Tierra del Fuego (Chile) 405
Porvenir 408
Parque Nacional Yendegaia 410
Isla Navarino....... 411
Tierra del Fuego (Argentinien)........415
Ushuaia 416
Parque Nacional Tierra del Fuego 424
Tolhuin 425
Río Grande........ 426

Gut essen

➜ Kalma Resto (S. 422)
➜ La Picada de los Veleros (S. 414)
➜ María Lola Restó (S. 422)
➜ Club Croata (S. 409)

Schön übernachten

➜ Hostería Yendegaia (S. 409)
➜ Refugio El Padrino (S. 413)
➜ Lakutaia Lodge (S. 414)
➜ Lodge Deseado (S. 410)
➜ Antarctica Hostel (S. 421)

Auf in die Tierra del Fuego

Am Südzipfel Amerikas erstreckt sich das wilde Feuerland mit schiefergrauen Meereslandschaften, purpurroten Mooren und windgepeitschten Wäldern. Die wunderschöne Region gehört halb zu Chile, halb zu Argentinien, und ist endlos faszinierend. Den abgeschiedenen chilenischen Teil prägen karge Außenposten, einsame Schaffarmen, endlose Wälder, Seen voller Forellen und namenlose Berge.

Im Gegensatz dazu brummt der argentinische Teil vor Leben. Traveller auf dem Weg in die Antarktis finden in Ushuaia eine quirlige Gourmetszene und Dutzende Geschäfte vor. Man kann mit dem Hundeschlitten ausfahren, durch den Beagle-Kanal schippern oder sich im südlichsten Urlaubsresort der Welt auf Skiern amüsieren. Wer dem Trubel entfliehen will, reist auf die einsame Isla Navarino.

Unzählige unbewohnte Inseln ziehen sich bis zum Cabo de Hornos (Kap Hoorn). Außerdem liegt die Antarktis nur eine kurze Bootsfahrt entfernt

Reisezeit

Porvenir

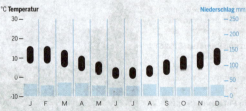

Nov.–März Warm, aber windig und toll für Wanderungen, Pinguinbeobachtung sowie Ranchbesuche.

Mitte Nov.–Mitte April Angelsaison an der Atlantikküste und an Chiles abgelegenem Lago Blanco.

Juli–Sept. Optimal zum Skifahren, Snowboarden und für Hundeschlittentouren in Ushuaia.

Geschichte

1520, als Magellan durch jene Meerenge segelte, die heute seinen Namen trägt, zeigten weder er noch andere europäische Entdecker Interesse an der Gegend und ihren Bewohnern. Die ersten Seefahrer auf der Suche nach einer Passage zu den Gewürzinseln Asiens fürchteten die steifen Westwinde, die gefährlichen Strömungen und stürmischen Gewässer, die ihre Fahrt um die Südspitze des Kontinents so erschwerten. Deshalb mussten die Ureinwohner der Region – Selk'nam, Haush, Yaghan und Alacalufes – zunächst nicht um ihr Land und ihre Ressourcen fürchten.

Alle Stämme waren Jäger und Sammler. Die Selk'nam (oder Ona) und Haush lebten hauptsächlich von der Jagd auf Guanakos und kleideten sich in deren Häute, während sich die Yaghan und Alacalufes, gemeinhin als „Kanu-Indianer" bezeichnet, von Fisch, Schalentieren und Meeressäugern ernährten. Die Yaghan (oder Yamaná) aßen „indianisches Brot", einen Pilz, der auf der Scheinbuche wächst. Trotz des unbarmherzigen Wetters trugen sie nur spärliche Kleidung und wärmten sich deshalb an ununterbrochen brennenden Feuern. Europäische Seeleute gaben der Region wegen der unzähligen Feuerstellen der Yaghan entlang der Küste den Namen „Feuerland".

Die Besiedlung durch die Europäer sorgte dann für den raschen Untergang der indigenen Feuerländer. Darwin schrieb auf seinem Besuch in der Region 1834, dass der Unterschied zwischen Feuerländern und Europäern größer sei als jener zwischen Wild- und Haustieren (er ist hier nicht sehr beliebt). Auf einer früheren Fahrt hatte Robert Fitzroy, Kapitän der *Beagle*, einige Yaghan entführt und brachte sie nun nach mehreren Jahren missionarischer Erziehung in England in ihre Heimat zurück.

Bevor die Engländer in den 1770er-Jahren die Falkland-Inseln (Islas Malvinas) besetzten, zeigte keine europäische Macht Interesse an der Besiedlung der Region. Die nachfolgenden Regierungen Chiles und Argentiniens sahen das anders. Die chilenische Präsenz an der Magellanstraße seit 1843 und die zunehmende Missionierung durch die Engländer bewog die argentinische Regierung, ihrerseits 1884 Ushuaia 1884 zu beanspruchen. 1978 fingen Chile und Argentinien wegen drei kleiner umstrittener Inseln im Beagle-Kanal beinahe einen Krieg an. Die Auseinandersetzungen in der Region wurden erst 1984 beigelegt und sind noch immer ein Streitpunkt.

Nationalparks, Naturschutzgebiete & Privatparks

Der 2014 gegründete Parque Nacional Yendegaia auf der Isla Grande ist das jüngste Schutzgebiet Chiles, allerdings ist er praktisch noch völlig unzugänglich. Auf der Isla Grande erstreckt sich auch der Parque Nacional Tierra del Fuego, Argentiniens erster Küstennationalpark. Den Parque Nacional Cabo de Hornos erreicht man per Flugzeug oder im Rahmen von Kreuzfahrten.

ⓘ An- & Weiterreise

Wer den Landweg nimmt, setzt meist mit der Fähre von Punta Arenas über. Im chilenischen Teil Feuerlands sind viele Wege holprig und unbefestigt. Bei unserem Besuch wurde gerade eine Straße zum Südende der Insel gebaut. Sie verläuft inzwischen bis zum Lago Fagnano auf der argentinischen Seite, aber man benötigt ein Allradfahrzeug, um die Strecke zu bewältigen. Wer mit einem Mietwagen in den argentinischen Teil wechseln möchte, braucht spezielle Dokumente und eine extra Versicherung. Die meisten Autovermietungen organisieren diese Papiere, wenn sie vorab darum gebeten werden.

Von Punta Arenas führt ein kurzer Flug nach Porvenir. Viele Traveller bereisen die Region von Ushuaia (Argentinien) aus, einem wichtigen Verkehrsknotenpunkt. Von dort bedienen Flugzeuge, Fähren und Busse viele regionale Ziele wie Punta Arenas und Isla Navarino.

ⓘ Unterwegs vor Ort

Die Hälfte der Insel gehört zu Argentinien, für den Grenzübertritt ist ein Reisepass nötig. Per Bus erreicht man Punta Arenas oder südargentinische Städte, wo jeweils Anschlussverbindungen bestehen.

TIERRA DEL FUEGO (CHILE)

Der windige, feuchte chilenische Teil des Feuerlands umfasst die Hälfte der Hauptinsel Isla Grande, die entlegene Isla Navarino und eine Gruppe kleiner, zumeist unbewohnter Eilande. Mit nur 7000 Einwohnern ist es die am spärlichsten besiedelte Region Chiles. Porvenir gilt als Hauptstadt, aber das grenzt an Übertreibung. Die Gegend besitzt einen rauen Charme, und wer sich so weit hinauswagt, wird von der unglaublichen Leere fasziniert sein. Mittlerweile zieht es immer mehr Angler zu den unbekannten Binnenseen, während Abenteurer in das wilde Hinterland des Parque Nacional Yendegaia reisen. So-

Highlights

① Fünf Tage lang auf dem Rundweg um die **Dientes de Navarino** (S. 412) unter zerklüfteten Gipfeln durch wilde Landschaften wandern.

② Die uralten Wälder des **Parque Nacional Tierra del Fuego** (S. 424) erkunden.

③ Frische lokale Meeresfrüchte im Kalma Restó, einem der besten **Restaurants** (S. 422) Argentiniens, verspeisen.

④ Auf einer Autotour durch die leeren Hinterstraßen rund um **Porvenir** (S. 408) die malerischen Klippen der Bahía Inútil umkurven.

⑤ Bei einer **Hundeschlittenfahrt** (S. 417) in der Nähe von Ushuaia durch eisige Täler sausen.

⑥ Mit der **Fähre** (S. 414) auf der Magellanstraße fahren und Gletscher und abgelegene Leuchttürme bewundern.

⑦ Skifahren, Snowboarden und den fantastischen Ausblick genießen in **Cerro Castor** (S. 417), dem südlichsten Resort der Welt.

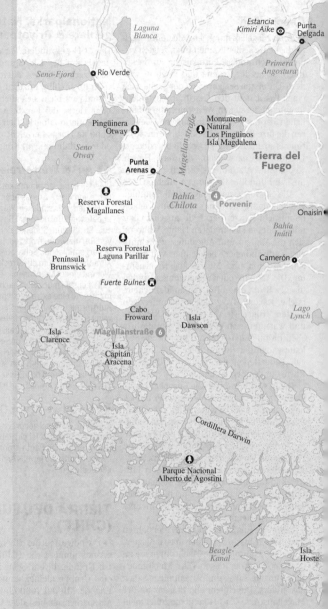

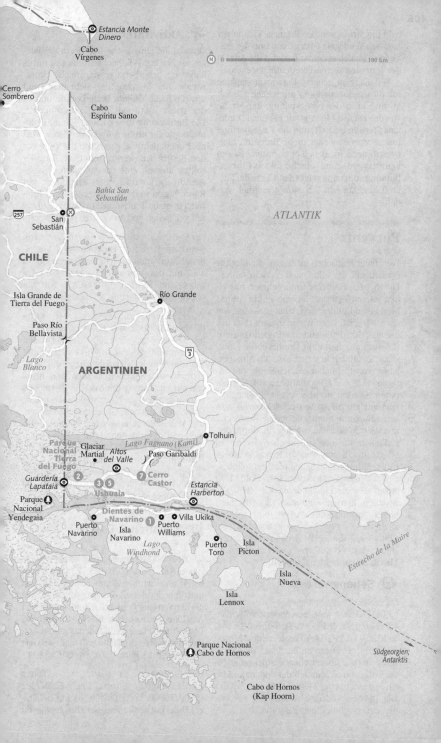

bald die Straße von der Estancia Vicuña zur Estancia Yendegaia fertiggebaut und der Passagierflughafen errichtet ist, wird die Anzahl der Touristen vermutlich deutlich steigen.

Seit Langem gehegte Entwicklungspläne für die Region nehmen allmählich Gestalt an und nach der Fertigstellung der Straße von der Estancia Vicuña zur Estancia Yendegaia (Termin ist 2021) und des Passagierflughafens werden sicher mehr Touristen hierherströmen. In den kommenden Jahren kann außerdem mit einer direkten Fährverbindung vom nahe gelegenen Tierra del Fuego (Chile) zur Isla Navarino gerechnet werden.

Porvenir

061 / 5907 EW.

Wer feuerländischen Alltag in Reinkultur erleben will, der sollte nach Porvenir fahren. Die meisten Besucher unternehmen nur einen kurzen Tagesausflug von Punta Arenas hierher und fühlen sich dabei seekrank von der Überfahrt. Doch wer in diesem Dorf mit metallverkleideten viktorianischen Häusern übernachtet, kann die umliegende Landschaft erkunden und den hiesigen Alltag erleben. Vogelliebhaber können Königspinguine sowie lebhafte Populationen von Kormoranen, Gänsen und Seevögeln beobachten. Porvenir gilt als schwer erreichbar (es gibt keine Busroute hierher), aber die Regierung investiert in den Bau von Straßen durch den südlichen Teil der chilenischen Tierra del Fuego, die Besuchern künftig eine unberührte Wildnis zugänglich machen sollen.

Nach der Entdeckung von Gold 1879 strömten viele Einwanderer, vor allem aus Kroatien, hierher. *Estancias* (Schaffarmen) boten zuverlässigere Arbeit und lockten auch Chiloten (von der chilenischen Insel Chiloé) an, die auch Fischfang betrieben. Heute ist die Bevölkerung eine einzigartige Mischung aus beiden Gruppen.

Sehenswertes

Museo de Tierra del Fuego MUSEUM
(061-258-1800; www.museoporvenir.cl; Zavattaro 402; Eintritt 500 Ch$; Mo-Do 8–17, Fr 8–16, Sa & So 10.30–13 & 15–17 Uhr) Das fesselnde Museo de Tierra del Fuego an der Plaza de Armas zeigt ein paar überraschende Stücke, darunter Schädel und Mumien der Selk'nam, Musikinstrumente der Missionsindianer auf der Isla Dawson und eine Ausstellung zur frühen chilenischen Cinematografie.

Aktivitäten

Obwohl der chilenische Teil Tierra del Fuegos als Ziel zur Wildbeobachtung fast unbekannt ist, beherbergt er eine reiche Unterwasser- und Vogelwelt. So sieht man rund um die Bahía Chilota Peale-Delfine und in der Bahía Inútil saisonal Königspinguine. Die Entdeckung dieser neuen Pinguinkolonie sorgte für große Aufregung, bisher wird aber noch nicht viel getan, um die Tiere vor den Besuchermassen zu schützen. Traveller sollten nur mit einer renommierten Reiseagentur herkommen, den Pinguinen viel Raum lassen und ihre Nistzeiten respektieren. Porvenirs Tourismusbüro kann Goldwäscherei, Reiten und Autotouren organisieren.

Far South Expeditions OUTDOORAKTIVITÄTEN
(www.fsexpeditions.com) Die gehobenen, von einem Naturkundler geleiteten Touren gibt es auch mit Transport ab Punta Arenas. Im Angebot sind Fahrten (80 000 Ch$) zur Königspinguinkolonie und All-inclusive-Pakete.

Travesia del Fin del Mundo REITEN
(Mobil 4204-0362; wilke_chile@hotmail.com; Estancia Porfin; 8-tägige Tour 500 000 Ch$) Der seit Langem als Guide tätige Wilke veranstaltet Reittouren in der Tierra del Fuego, die Beobachtung von Wildpferdeherden und Besuche auf entlegenen Ranchs. Die Pferde gelten auf der Insel als Plage, weil sie das fragile Ökosystem aus dem Gleichgewicht bringen, und Wilkes Bemühungen, die Pferde zu zähmen und zu verkaufen, zielen auf eine friedliche Lösung ab. Die rustikale Tour ist für Reiter mit Erfahrung gedacht.

Der Transfer von und nach Porvenir (80 km) ist im Preis enthalten. Wilke ist nicht immer leicht zu erreichen, da er oft in Gebieten ohne Handynetz unterwegs ist.

Schlafen & Essen

Hotel Rosas PENSION $
(061-258-0088; hotelrosas@chile.com; Philippi 296; EZ/DZ 23 000/33 000 Ch$;) Die elf sauberen, angenehmen Zimmer haben Heizung und Kabelfernsehen. Besitzer Alberto kennt die Region aus dem Effeff und organisiert Ausflüge zur historischen Mine Circuito del Loro. Zur Essenszeit füllt sich das Restaurant, das frische Meeresfrüchte und mehr serviert (Tagesgericht – *plato del día* 4600 Ch$).

Hotel España HOTEL $
(061-258-0160; Croacia 698; EZ/DZ/3BZ 18 000/30 000/35 000 Ch$;) Ein behäbiges Hotel mit geräumigen, tadellos gepflegten

Porvenir

Zimmern samt Blick auf die Bucht, Berberteppichen, Fernsehern und Zentralheizung. Unten im Hotel befindet sich außerdem ein Café und hinten kann man seinen Wagen abstellen.

★ Hostería Yendegaia B&B $$
(☎ 061-258-1919; www.hosteriayendegaia.com; Croacia 702; EZ/DZ/3BZ 25 000/40 000/50 000 Ch$; 🛜) Hier gibt's alles, was man sich in einem B&B wünscht: Naturführer (manche vom Besitzer der Pension geschrieben), ein reichhaltiges Frühstück, Blick auf die Bucht sowie geräumige Zimmer mit dicken Daunendecken. Das historische Magellan-Haus wurde liebevoll restauriert und die Gastgeber sind sehr hilfsbereit. Ihre Reiseagentur, Far South Expeditions, bietet von Naturforschern geleitete Touren.

La Chispa CAFÉ $
(☎ 061-258-0054; Señoret 202; Hauptgerichte 3000–6000 Ch$) In diesem aquamarinblauen, jahrhundertealten Feuerwehrhaus lassen sich Einheimische gern Lachs, Lamm, Kartoffelbrei und andere Hausmannskost schmecken. Vom Ufer sind es einige Blocks den Hügel hinauf.

Club Croata FISCH & MEERESFRÜCHTE $$
(☎ 061-258-0053; Señoret 542; Hauptgerichte 4000–10 000 Ch$; ⓘ Di–So 11–16 & 19–22.30 Uhr) Dieses Restaurant ist so formell, dass es beinahe schon spießig wirkt. Zur Auswahl stehen hier günstige Meeresfrüchtegerichte und kroatische Spezialitäten wie Schweinskotelett mit *chucrut* (Sauerkraut). Die dazugehörige Bar hat außerdem bis 3 Uhr morgens geöffnet.

Porvenir

👁 Sehenswertes
1 Museo de Tierra del Fuego C1

🛏 Schlafen
2 Hostería Yendegaia B1
3 Hotel España B1
4 Hotel Rosas C1

🍴 Essen
5 Club Croata C1
6 La Chispa C1

ℹ Praktische Informationen

Banco de Estado (Ecke Philippi & Croacia) Mit rund um die Uhr zugänglichem Geldautomaten.
Krankenhaus (☎ 061-258-0034; Wood, zw. Señoret & Guerrero)
Postamt (Philippi 176) Auf der Plaza.
Touristeninformation (☎ 061-258-0098, 061-258-0094; www.muniporvenir.cl; Zavattaro 434; ⓘ Mo–Fr 9–17, Sa & So 11–17 Uhr) Infos für Touristen gibt's auch im Kunsthandwerkerladen an der *costanera* (Küstenstraße) zwischen der Philippi und der Schythe.

ℹ An- & Weiterreise

Eine gute Schotterstraße (Ruta 257) führt östlich entlang der Bahía Inútil zur argentinischen Grenze in San Sebastián (4 Std.), wo es eine Tankstelle und ein Motel gibt. Ab hier sollten Autofahrer die dicht befahrene und kaputte Lkw-Strecke direkt nach Norden meiden und stattdessen von Onaisín über die Ölstadt Cerro Sombrero reisen sowie die Magellanstraße bei Punta Delgada/Puerto Espora überqueren.

Aerovías DAP (☎ 061-261-6100; www.aerovias dap.cl; Ecke Señoret & Philippi) Aerovías DAP

> ### ABENTEUER IM SÜDEN DER TIERRA DEL FUEGO
>
> Lange Zeit verlief sich die Zugangsstraße zur chilenischen Tierra del Fuego südlich von Cameron in der Wildnis und der zerklüfteten Cordillera Darwin. Das Bauministerium arbeitet jedoch hart daran, einen Zugang in diese Gegend zu schaffen und künftige touristische Ziele zu entwickeln. Gegenwärtige Projekte sollen eine Verbindungsstraße nach Ushuaia über den Lago Fagnano schaffen. In Zukunft wird dieselbe Straße weiter zum Parque Nacional Yendegaia führen.
>
> Schon jetzt gibt's mindestens ein lohnenswertes Ziel an dieser Strecke: die **Lodge Deseado** (061-9165-2564; www.lodgedeseado.cl; Hütte für 2/3 Pers. 310/370 US$), ein gemütliches Fleckchen, wo man Forellen angeln, sich in kühlen, modernen Hütten entspannen und mit dem engagierten Besitzer Ricardo schwatzen kann. Sie liegt direkt am Lago Deseado. Gäste können kostenlos Kajaks und Fahrräder nutzen und Pakete zum Fliegenfischen buchen.
>
> Für das extrem abgelegene Gebiet braucht man einen Allradwagen. Die Fahrt auf der Straße zur Westküste des Lago Fagnano ist sehr anstrengend und dauert mindestens fünf Stunden (im Sommer). Ein Abzweig führt über den nur von Dezember bis März geöffneten Bergpass Río Bellavista nach Argentinien hinüber. Vor der Reise sollte man sich in den lokalen Polizeistationen (in Chile als *carabineros* bekannt) über den Zustand der Straßen informieren.

fliegt an Wochentagen dreimal und samstags zweimal täglich nach Punta Arenas. Zwischen April und Oktober verkehren weniger Flüge.
Transbordador Austral Broom (061-258-0089; www.tabsa.cl; Passagier/Auto Porvenir–Punta Arenas 6200/39 800 Ch$)

Südlich von Porvenir

420 EW.

Camerón am Südufer der Bucht ist eine weitläufige *estancia* (Ranch), die ihren Namen einer schafzüchtenden Pionierfamilie aus Neuseeland verdankt. Möglicherweise weiß die kommunale Touristeninformation mehr zur aktuellen Entwicklung.

Wer über die San Sebastián in die argentinische Tierra del Fuego unterwegs ist, sollte im einladenden familiengeführten Teehaus **Nona Nina** (061-274-4349; www.nona-nina.cl; Ruta 257, Km 87, Estancia Miriana; ab 2500 Ch$; unterschiedlich) in der Estancia Miriana eine Pause einlegen, denn hier gibt's echten Kaffee und Tee aus losen Blättern, serviert mit hausgemachtem Brot, Rhabarbermarmelade und köstlichem Gebäck und Kuchen.

Die Region **Timaukel** südlich der Bahía Inútil („Nutzlose Bucht") umfasst den Süden des chilenischen Teils von Feuerland. Sie bemüht sich eifrig, sich als ökotouristisches Ziel neu zu erfinden – eine weitaus rosigere Alternative, als von der amerikanischen Trillium Corporation abgeholzt zu werden (was bis vor ein paar Jahren geplant war). Durch die Gegend führen nur wenige Straßen und es gibt noch weniger öffentliche Verkehrsmittel.

Nur mit dem Auto erreichen lässt sich das gepflegte Fliegenfischerrefugium **Lago Blanco** im Süden; die einzigen Unterkünfte sind die exklusiven Anglerlodges in der Nähe.

Parque Nacional Yendegaia

Dieser 1500 km² große **Nationalpark** (www.conaf.cl), Chiles jüngster, besteht aus stillen, von Gletschern gesäumten Buchten und Wäldern. Ein Drittel der Fläche wurde 2014 von der Yendegaia Foundation gestiftet. Aufgrund seiner Lage in der Cordillera Darwin ist der Park eine wichtige Verbindung zwischen dem argentinischen Parque Nacional Tierra del Fuego und dem chilenischen Parque Nacional Alberto de Agostini.

Ein 400 km² großer Teil des Parks war früher eine *estancia*, und die Verlegung der Viehherden sowie die Sanierung der Wege sind noch nicht abgeschlossen. Die Vicuña-Yendegaia-Straße durch den Park soll 2021 fertiggestellt sein. Wege und Besucherinfrastruktur sind noch in Arbeit. Leider ist der Zugang zum Park schwierig und teuer. Derzeit ist es nur möglich, in der Wildnis (ohne Toiletten und sonstige Einrichtungen) zu zelten. Besucher sollten sich darauf einstellen, sich komplett selbst zu versorgen. Es gibt weder Lebensmittelläden noch Telefone.

Die Fähre von Transbordadora Austral Broom zwischen Punta Arenas und Puerto Williams hält nach vorheriger Anfrage unterwegs, um Passagiere aussteigen zu lassen. Man muss sich vorab informieren und reservieren, denn pro Woche verkehrt nur eine Fähre pro Richtung, und aufgrund des Wetters können sich die Fahrpläne ändern.

Isla Navarino

061 / 2300 EW.

Dieser abgelegene Vorposten würde mühelos den Wettbewerb für das authentischste Ende-der-Welt-Flair gewinnen. Die Isla Navarino südlich von Ushuaia jenseits des Beagle-Kanals ist ein schroffes Backpackerparadies. Ihre weitgehend unbewohnte Wildnis umfasst Moore, Scheinbuchenwälder und die gezackten Felsspitzen namens Dientes del Navarino, durch die ein berühmter Wanderweg führt. Merkwürdigerweise wird die Insel zur chilenischen Antarktis gezählt, nicht zum chilenischen Feuerland oder zur Region Magallanes. Die Marinesiedlung Puerto Williams ist die einzige Ortschaft der Insel und offizieller Hafen für Schiffe auf dem Weg zum Kap Hoorn und in die Antarktis. Hier wohnt auch der letzte lebende Yaghan sprechende Mensch.

Die erste ständige europäische Siedlung auf der Insel wurde Mitte des 19. Jhs. von Missionaren gegründet, ihnen folgten Glücksritter während des Goldrauschs der 1890er-Jahre. Heute zählen Mitglieder der chilenischen Marine, Verwaltungsangestellte sowie Tintenfisch- und Krabbenfischer zu ihren Bewohnern. Die verbliebenen gemischtrassigen Nachfahren der Yaghan leben im Küstendorf Villa Ukika.

Puerto Williams

061 / 2262 EW.

Hier fühlt man sich von der Außenwelt abgeschnitten, doch genau das macht den Reiz von Puerto Williams aus. Es passiert nicht viel: Der Wind wirbelt durch die Gassen, Kühe grasen auf dem Dorfplatz, und die Höfe sind bis zum Dach mit Feuerholz aufgestockt. Williams ist tatsächlich das Ende der Welt. Verkehrsmittel sind teuer und erreichen den Ort nur selten. Doch darüber beschweren sich die Einheimischen weitaus häufiger als die wenigen Besucher.

Das Dorf erlebt gerade einen Sanierungsboom und errichtet Aussichtspunkte und Fußwege an der Küste, asphaltierte Straßen und eine moderne Gasversorgung. Im Zentrum gibt's eine begrünte Kreuzung und ein Einkaufscenter, das Centro Comercial. Wer

---

DIE INVASION DER BIBER

Gewehre, Keime und Stahl waren nicht nötig: Die kanadischen Biber haben Feuerland und die Isla Navarino nur mit Nagezähnen und breiten Schwänzen kolonisiert.

Alles begann in den 1940er-Jahren, als Argentiniens unglückselige Militärregierung aus Kanada 25 Biberpaare importierte, in der Hoffnung, dass sie sich vermehrten und für ein lukratives Pelzgewerbe in dieser wirtschaftlich unentwickelten Gegend sorgen würden. Ohne natürliche Feinde vermehrten sich die Biber in der Tat, doch dann gerieten verfilzte Bibermützen aus der Mode, und das geplante Pelzgewerbe scheiterte.

Heute leben um die 100 000 Biber auf Feuerland und den umliegenden Inseln, wo sie offiziell als Plage bezeichnet werden, da sie zahlreiche Schäden anrichten: Überflutungen durch Biberdämme vernichten Straßen und Weiden, zerstören die Infrastruktur und ruinieren die Viehzucht. Holzfäller konkurrieren mit den Nagern um das beste Holz und fürchten, ihren Lebensunterhalt zu verlieren. Ein einziges Biberpaar kann sich durch Hunderte von Bäumen nagen und seinen eigenen See erschaffen. Außerdem können Biber Giardien in den Wasserhaushalt ausscheiden, die die menschliche Darmflora schädigen.

Einige eifrige Biber haben bereits den Sprung über die Magellanstraße hinweg geschafft und könnten sich von dort über den gesamten südamerikanischen Kontinent ausbreiten. Mithilfe weltweiter Fördergelder setzen Umweltschützer, Wissenschaftler und Forstbeamte alles daran, die Biberpopulationen so schnell wie möglich auszurotten, zu geschätzten Gesamtkosten von 35 Mrd. US$. Erst danach ist eine Wiederaufforstung möglich.

Der chilenische Dokumentarfilm *Los Castores*, der einem jungen Wissenschaftlerpaar folgt, das die Biber zu seiner Lebensaufgabe gemacht hat, wurde bei der Präsentation auf chilenischen Filmfestivals 2014 sehr gelobt. Er soll auch in den Verleih kommen.

> ### EINFÜHRUNG IN DIE DIENTES
>
> Der Rundwanderweg um die Dientes de Navarino wird zunehmend beliebter, erfordert aber mehr Orientierungssinn und Know-how als die Torres del Paine. Hier draußen ist man auf sich allein gestellt. Vor dem Start sollte man unbedingt Folgendes beachten:
>
> ➡ Bevorzugt man spezialisierte Reiseführer oder lokale Guides?
>
> ➡ Vor der Wahl eines Guides nach dessen Erste-Hilfe-Zertifikat, Sprachkenntnissen und Erfahrungen fragen.
>
> ➡ In Flugzeugen ist nur wenig Gepäck erlaubt. Möglicherweise muss man die Ausrüstung ausleihen und die meisten Lebensmittel direkt auf der Insel kaufen. Konserven sind immer auf Lager, aber wer Energieriegel braucht, sollte sie selbst mitbringen.
>
> ➡ Einen Plan B für schlechtes Wetter aufstellen – vielleicht muss man sein Ziel ändern oder sich noch mehr Zeit nehmen.

ein paar Minuten zu Fuß aus dem Dorf läuft, findet sich in einem mit Moos bewachsenen Lenga-Wald wieder, der steil bis über die Baumgrenze hinaufwächst. An der schönen Küste mit vielen ruhigen Buchten und kleinen Wäldchen kann man wunderbar Rad fahren.

Die 150 km Wanderwege der Insel ziehen immer mehr Besucher an, sind aber stellenweise schlecht markiert und sehr anspruchsvoll. Wer wandern will, sollte dies nicht allein tun, sich vorher von Einheimischen die Routen beschreiben lassen und sich zur Sicherheit bei den *carabineros* (Polizisten) registrieren lassen.

👁 Sehenswertes

Museo Martín Gusinde　　　　MUSEUM
(Ecke Araguay & Gusinde; Eintritt gegen Spende; ⏰ Di–Fr 9–13 & 15–18.30, Sa & So 15–18.30 Uhr, in der Nebensaison kürzere Öffnungszeiten; 📞) Das schöne Museum ehrt den deutschen Priester und Ethnografen, der von 1918 bis 1923 unter den Yaghan arbeitete. Die Exponate konzentrieren sich auf Ethnografie und Naturgeschichte.

Club de Yates Micalvi　　　　WAHRZEICHEN
(⏰ Ende Sept.–Mai) 1976 wurde der gestrandete deutsche Frachter *Micalvi* zum regionalen Marinemuseum erklärt, fand aber eine bessere Verwendung als schwimmende Bar, die von Marinesoldaten und Jachtbesitzern besucht wird. Leider ist die Bar nicht öffentlich zugänglich.

Kipa-Akar　　　　KULTURELLES BAUWERK
(📞 061-9417-8823; Villa Ukika; ⏰ sporadisch) Kleiner Kunsthandwerksladen, der Bücher auf Yaghan, Schmuck und Messer aus den Knochen gestrandeter Wale verkauft. Nur für Gruppen geöffnet, die sich 24 Stunden vorher angemeldet haben; man ruft bei der Agrupación de Artesanos Yagan an.

Yelcho　　　　WAHRZEICHEN
Nahe dem Eingang zu den Militärunterkünften befindet sich der Originalbug des Schiffs, das die Antarktis-Expedition Ernest Shackletons 1916 von Elephant's Island rettete.

🚶 Aktivitäten

Mountainbiketouren sind toll, um die Insel zu sehen. An der Nordküste verläuft eine Schotterstraße. Die Lakutaia Lodge bietet auch Nichtgästen Trekking- und Reitexkursionen (30 000 Ch$; 3 Std.) an. Am letzten Wochenende im Monat fährt eine kostenlose Fähre nach Puerto Toro, ein nur in der Saison bewohntes Fischerdorf. Besucher können sich im Rathaus anmelden, die Plätze sind begrenzt.

★ Dientes de Navarino　　　　WANDERN
Diese fünftägige Trekkingtour bietet eine atemberaubend wilde und windzerzauste Aussicht unter Navarinos Felsspitzen. Der Rundkurs beginnt beim Marienaltar am Ortsrand und schlängelt sich 53,5 km um gezackte Bergspitzen sowie durch eine spektakuläre Wildnis aus blankem Fels und einsamen Seen. Mit guter Kondition lässt sich die Tour im (relativ) trockenen Sommer in vier Tagen schaffen. Leider ist die Strecke nur rudimentär markiert, deshalb ist ein GPS zusammen mit markierten Karten eine nützliche Navigationshilfe.

Wintertouren sollten nur sehr erfahrene, gut vorbereitete Wanderer unternehmen. Weitere Infos zu Wanderungen in diesem Teil Feuerlands liefert der Lonely Planet *Trekking in the Patagonian Andes*.

Cerro Bandera
WANDERN

Die vierstündige Rundtour deckt sich mit dem ersten Teil des Navarino-Wanderwegs und lockt mit einem tollen Ausblick auf den Beagle-Kanal. Der Pfad steigt zwischen Lenga-Südbuchen steil aufwärts zu einem steinübersäten Hügel, auf dem eine chilenische Flagge weht.

Lago Windhond
WANDERN

Eine weniger bekannte, aber lohnenswerte Alternative zum Dientes-Rundweg bietet dieser abgelegene See. Die viertägige Wanderung führt durch geschützte Wälder und Torfmoore direkt zum See und eignet sich auch für stürmisches Wetter. Details zur Route erfährt man bei Turismo Shila. Alternativ engagiert man einen Guide.

Geführte Touren

Fuegia & Co
GEFÜHRTE TOUREN

(Mobil 7876-6934; fuegia@usa.net; Ortiz 049) In Sachen Trekking und Logistik ist Denis Chevallay der Spezialist vor Ort. Er weiß viel und bietet Führungen auf Französisch, Deutsch und Englisch. Träger und ein Satellitentelefon für den Notfall begleiten die Touren. Interessante Tagesausflüge zu archäologischen Stätten werden ebenfalls organisiert.

Turismo SIM
BOOTSTOUREN

(www.simexpeditions.com; Kap Hoorn 1750 US$ pro Pers.; ⊙ Nov.–April) Wolf und Jeannette, die herzlichen deutsch-venezolanischen Inhaber, planen renommierte Segeltörns (rechtzeitig im Voraus reservieren!) auf dem Beagle-Kanal, zum Kap Hoorn, zur Insel Südgeorgien und in die Antarktis.

Lancha Patriota
BOOTSTOUREN

(061-262-1367; askhila1@yahoo.es; Boot für 6 Pers. 300 US$ pro Tag) Angelausflüge und individuell gestaltete Meeresexkursionen bietet Kapitän Edwin Olivares.

Wulaia Expeditions
BOOTSTOUREN

(Mobil 6193-4142; www.ptowilliams.cl/Wulaia_Expediciones.html; Yelcho 224; Charterboot für 6 Pers. 800 US$; ⊙ Mo–Sa 9–13 & 15–19 Uhr) Im Fiberglasboot geht's zur geschichtsträchtigen Wulaia-Bucht, einem rituellen Ort der Yaghan, wo Darwin einst mit der *Fitzroy* landete. Zur Tagestour gehören drei Stunden im Boot und eine einstündige Wanderung.

Parque Etnobotánico Omora
ÖKOTOUR

(www.omora.org) Für die von Wissenschaftlern geführten Touren kann man sich nur bei der Lakutaia Lodge anmelden. Die Wege sind mit Schildern versehen, die Pflanzennamen auf Yaghan und Spanisch sowie die wissenschaftlichen Bezeichnungen nennen. Wer hierher will, muss der 4 km langen Straße rechts vom Marienaltar in Richtung Puerto Navarino folgen (60 Geminuten).

Schlafen

Viele Unterkünfte bieten auch etwas zu essen und arrangieren geführte Touren oder Transfer zum Flughafen. Am besten reserviert man seine Bleibe im Voraus.

Residencial Pusaki
PENSION $

(Mobil 9833-3248; pattypusaki@yahoo.es; Piloto Pardo 222; EZ/DZ 12 500/27 000 Ch$) Die Zimmer des gemütlichen Hauses sind komfortabel, mit Teppich ausgelegt und haben eigene Bäder. Die herzliche Patty arrangiert auch Abendessen für Gruppen, sogar für Nichtgäste.

Refugio El Padrino
HOSTEL $

(061-262-1136, mobil 8438-0843; Costanera 276; B 12 000 Ch$) Sauberes Selbstversorger-Hostel, das von der quirligen Cecilia geführt wird. Es ist freundlich und fungiert auch als sozialer Treffpunkt. Die kleinen Mehrbettzimmer liegen direkt am Kanal.

Hostal Miramar
PENSION $

(061-272-1372; www.hostalmiramar.wordpress.com; Muñoz 555; DZ mit/ohne Bad 30 000/25 000 Ch$;) Señora Nuri beherbergt Gäste in ihrem hübschen, hellen Haus, von dem man einen tollen Blick auf den Beagle-Kanal hat. Abendessen gibt es nur nach Voranmeldung.

Hostal Paso Mckinlay
PENSION $

(Mobil 7998-7595; www.hostalpasomckinlay.cl; Piloto Pardo 213; B/EZ/DZ 12 000/15 000/30 000 Ch$;) Die Unterkunft wird von der freundlichen Familie eines kunstbegeisterten Fischers geführt und verfügt über saubere, neu gestaltete Zimmer mit Kabel-TV. Es gibt eine Gemeinschaftsküche und einen Wäscheservice, aber das Beste ist der frische Fisch zum Abendessen.

Hostal Coiron
PENSION $

(061-262-1127; hostalcoiron@hotmail.com; Maragaño 168; pro Pers. mit Gemeinschaftsbad/Bad 12 000/15 000 Ch$) Ordentliches kleines Haus mit schönem Garten, in dem man relaxen kann. Die Zimmer sind überwiegend mit Einzelbetten und dicken Daunendecken ausgestattet.

Lakutaia Lodge   HOTEL $$$
(061-262-1733; www.lakutaia.cl; EZ/DZ/3BZ 200/250/300 US$) Ca. 3 km außerhalb der Stadt Richtung Flughafen findet man hier Ruhe und Frieden inmitten traumhafter Umgebung. Es gibt ein reguläres Restaurant und eine Bibliothek mit Büchern über die Geschichte und Natur der Region. Einziger Nachteil ist die isolierte Lage. Auf Wunsch arrangiert die moderne Lodge den Transport von Punta Arenas und organisiert Trekkingtouren auf dem Navarino-Rundweg, Angeltouren mit Helikopter-Transport und Trips zum Kap Hoorn.

Essen & Ausgehen

Unter den wenigen Supermärkten ist Simon & Simon der beste. Dort gibt's frisches Gemüse, Snacks und Gebäck.

★ La Picada de los Veleros   CHILENISCH $
(Mobil 9833-3248; Piloto Pardo 222; Gerichte 5000–11 000 Ch$; Mahlzeiten auf Reservierung) Einer bunten Mischung aus Travellern, Gastarbeitern und anderen Leuten, die reserviert haben, wird das Essen in familiärer Runde serviert. Die gemütliche Umgebung im Residencial Pusaki lässt sich am besten genießen, wenn man Spanisch spricht. Dazu passt immer eine Flasche Wein.

Puerto Luisa Café   CAFÉ $
(Mobil 9934-0849; Costanera 317; Snacks 3000 Ch$; Nov–März Mo-Fr 10–20, Sa 7–20 Uhr) Das einladende Café neben dem Hafenbecken mit tollem Blick aufs Meer offeriert Espresso, heiße Schokolade und Kuchen in gemütlichem Ambiente.

El Alambique   ITALIENISCH, PUB $
(Mobil 5714-2087; Piloto Pardo 217; Menü 5500 Ch$; Mo-Fr 12–14.30 Di-Sa 20–1 Uhr) Das mit Bildern geschmückte Pub versorgt die Gäste mit guter hausgemachter Pasta; freitags gibt's Pizza „All you can eat". Es ist der einzige Ort, wo abends Kneipenatmosphäre herrscht.

La Picada del Castor   CAFÉ $
(061-262-1208; Plaza de Ancla, Hauptgerichte 4000–8000 Ch$; Mo-Sa 12–15 & 18–23, So 11–17 Uhr) Das schlichte Lokal serviert während der Saison Sandwiches und Tagesmenüs mit *chupe de centolla* (Krabbenauflauf).

❶ Praktische Informationen

Nahe dem Hauptkreisverkehr liegt das Centro Comercial mit einem Postamt, Aerovías DAP und Callcentern. Chile Express wechselt US-Dollar. Man sollte genug Bargeld mitbringen, denn dem Geldautomaten der Banco de Chile geht an Wochenenden und Feiertagen öfter mal das Geld aus.

Städtische Touristeninformation (Mobil 8383-2080; turismo@imcabodehornos.cl; Ecke Piloto Pardo & Arturo Prat; Mo-Fr 8–13 & 14–17 Uhr) Ausgezeichnete Touristeninformation in einem kleinen Kiosk, die Stadtpläne, Wanderkarten sowie die Wetter- und Streckenbedingungen für die Trekkingtouren Lago Windhond und Dientes de Navarino parat hat. Die Mitarbeiter sind mehrsprachig.

Turismo Shila (Mobil 7897-2005; www.turismoshila.cl; O'Higgins 220) Sehr hilfreiche Anlaufstelle für Wanderer. Vermittelt lokale Guides, verleiht Campingausrüstung, Schneeschuhe, Fahrräder (5000 Ch$ pro Tag) und Angelausrüstung und hat GPS-Karten. Verkauft auch Bootstickets und arrangiert Charterflüge nach Ushuaia.

❶ An- & Weiterreise

Puerto Williams erreicht man per Flugzeug oder Fähre, ungünstiges Wetter kann allerdings zu Verspätungen führen. Daher sollte man sich bei der An- und Abreise immer ein Zeitpolster lassen. Von Punta Arenas in Chile gibt's u.a. folgende Optionen:

Aerovías DAP (061-262-1051; www.aerovias dap.cl; Plaza de Ancla s/n) Fliegt von November bis März montags bis samstags täglich nach Punta Arenas (65 000 Ch$, 1¼ Std.), im Winter seltener. Da die Nachfrage hoch ist, sollte man rechtzeitig buchen. DAP-Maschinen in die Antarktis machen hier einen kurzen Stopp.

Transbordador Austral Broom (061-272-8100; www.tabsa.cl) Eine Fähre verkehrt viermal monatlich jeweils donnerstags vom Tres-Puentes-Sektor in Punta Arenas nach Puerto Williams. Samstags Rückfahrt nach Punta Arenas (Liegesitz/Sc,hlafkabine inkl. Mahlzeiten 98 000/137 000 Ch$, 38 Std.). Nur Schlafkabinen können vorab gebucht werden, die Sitze sind bis kurz vor der Fahrt für Einheimische reserviert; wer aber einen Sitzplatz verlangt, kriegt ihn in der Regel auch. Traveller schwärmen von dem Trip: Bei gutem Wetter hat man vom Deck tolle Aussicht und zwischen Dezember und April die Möglichkeit, Delfine und Wale zu beobachten. Auf der Fahrt von Puerto Williams kommt man nachts an den Gletschern vorbei.

Die Reisemöglichkeiten ab Ushuaia in Argentinien ändern sich häufig. Turismo Shila hat den Überblick über die aktuellen Angebote und bietet Reservierungen an.

Ushuaia Boating (in Argentinien 02901-436-193; www.ushuaiaboating.com.ar; einfach 130 US$; Mo–Fr) Sporadische Verbindungen, in der Hochsaison meist täglich mit

Zodiac-Booten. Im Ticketpreis enthalten sind die mitunter raue 40-minütige Überfahrt und ein Überlandtransfer von/nach Puerto Navarino. Bei schlechtem Wetter fallen die Fahrten oft aus und werden auf unbestimmte Zeit verschoben.

Turismo Akainij (061-262-1173; www.turismoakainij.cl; Centro Comercial Sur 156) Charterflüge nach Ushuaia.

Cabo de Hornos & umliegende Inseln

Wer es bis zur Isla Navarino oder nach Ushuaia schafft, hat fast das absolute Ende Südamerikas am Kap Hoorn erreicht. Seit jeher ist die kleine unbewohnte Inselgruppe gleichbedeutend mit Abenteuer und der Romantik der alten Seefahrt.

Das Kap wurde im Januar 1616 von den Holländern Jakob Le Maire und Willem Schouten an Bord der *Unity* „entdeckt". Sie benannten es nach ihrem Schiff *Hoorn*, das in Puerto Deseado an der argentinischen Küste Patagoniens abgebrannt war. Die Isla de Hornos, deren südlichste Landspitze das berühmte Kap bildet, ist nur 8 km lang. Die markanten schwarzen Klippen ragen bis zu 424 m hoch auf. Aerovías DAP bietet Flüge über Kap Hoorn (ohne Landung vor Ort). Besucher können auch an einem Segeltörn mit Turismo SIM teilnehmen.

Die Inselgruppe der Südlichen Shetlands liegt am Nordrand der Antarktischen Halbinsel und zählt wegen ihrer spektakulären Landschaft, der reichen Fauna und der Nähe zu Feuerland (1000 km weiter nördlich jenseits der Drakestraße) zu den meistbesuchten Regionen der Antarktis. Auf der größten Insel, King George Island, befinden sich acht nationale Forschungsstationen. Chile richtete 1969 die Station Presidente Eduardo Frei Montalva ein. Zehn Jahre später baute es die Station Teniente Rodolfo Marsh Martin jenseits der Peninsula Fildes knapp 1 km von der Frei-Station entfernt.

Als Teil der Strategie Chiles, das beanspruchte Territorio Chileno Antártico in das restliche Land so weit wie möglich einzubinden, förderte die Regierung die Ansiedlung von Familien auf der Frei-Station. Das erste von mehreren Kindern wurde 1984 geboren. Heute lebt in der Station eine Sommerbelegschaft von etwa 80 Menschen in sterilen, wetterfesten Häusern.

Möglichkeiten zum Segeln findet man unter Puerto Williams im Abschnitt „Geführte Touren".

 Geführte Touren

Der gesamte Verkehr ist wetterabhängig, Schiffe reisen bei schlechtem Wetter jedoch noch eher als kleine Flugzeuge. Man muss Verspätungen einplanen. Wer nicht warten will, darf nicht auf eine Erstattung hoffen. Im Hotel Lakutaia kann man nach Last-Minute-Angeboten von Puerto Williams aus fragen.

Antarctica XXI GEFÜHRTE TOUREN
(Punta Arenas 061-261-4100; www.antarcticaxxi.com; 7 Tage/6 Nächte mit Doppelbelegung ab 10 995 US$ pro Pers.) Hat als einziges Unternehmen eine Kombitour im Programm, bei der man mit Flugzeug und Boot unterwegs ist. Erst geht's mit dem Flieger von Punta Arenas zur Frei-Station auf King George Island, dann bricht man mit dem 46-Personen-Schiff *Grigoriy Mikheev* zur mehrtägigen Kreuzfahrt Richtung Südliche Shetlandinseln und der Region um die Halbinsel auf. Die Programme dauern unterschiedlich lange. Antarctica XXI ist Mitglied der Gesellschaft IAATO, die mit strikten Richtlinien für verantwortliches Reisen in die Antarktis sorgt.

Cruceros Australis KREUZFAHRT
(in Santiago 022-442-3115; www.australis.com; 4 Tage/3 Nächte Nebensaison/Hochsaison ab 1440/ 2298 US$; Ende Sept.–Anfang April) Luxuriöse Kreuzfahrten von Ushuaia nach Punta Arenas mit drei oder vier Übernachtungen und der Möglichkeit, am Kap Hoorn auszusteigen.

Aerovías DAP GEFÜHRTE TOUREN
(061-222-3340; www.dap.cl; Nov.–April) Fliegt von Punta Arenas zur Frei-Station auf King George Island (3 Std.). Bietet ein- und zweitägige Touren nach Villa Las Estrellas, zu den Seelöwen- und Pinguinkolonien und zu weiteren Forschungsstationen auf der Insel. Man kann auch Flüge zum Kap Hoorn chartern. Auf der Website findet man die aktuellen Startzeiten und Preise.

TIERRA DEL FUEGO (ARGENTINIEN)

Im Gegensatz zu ihrem chilenischen Pendant ist die argentinische Seite der Insel umtriebig, modern und industriell geprägt. Hier gibt's eine asphaltierte Schnellstraße und zwei größere Städte mit einer beständig wachsenden Wirtschaft. Doch die Natur ist keinesfalls weniger großartig. Man kann historische *estancias* besuchen, am Atlantik fliegenfischen und in die Antarktis reisen. Die gezackte Cordillera Darwin ragt 2500 m über Ushuaia auf; sie wartet mit zahlreichen Wanderwegen auf und bietet im Winter hervorragende Skibedingungen. Hundeschlittenfahrten und Segeltörns sind eine Alternative zu den üblichen patagonischen Aktivitäten wie Wanderungen mit anschließendem Umtrunk am Abend. Auf argentinischer Seite liegt auch der Parque Nacional Tierra del Fuego, Argentiniens erster Küstennationalpark.

Ushuaia

📞 02901 / 57 000 EW.

Die Zeiten, da die ehemalige Missionsstation und Strafkolonie ihre Bewohner umwerben oder fesseln musste, damit sie blieben, sind vorbei. Heute ist Ushuaia ein geschäftiges Hafen- und Outdoor-Zentrum und lockt jedes Jahr Hunderttausende Besucher an. Die Stadt erstreckt sich auf einem schmalen Hang zwischen dem Beagle-Kanal und den schneebedeckten Cumbres de Martial. Trotz der abgeschiedenen Lage gibt's hier inzwischen so viele Läden, Cafés und Restaurants, dass der moderne Kommerz Einzug gehalten hat. Ushuaia ist zwar nicht der südlichste Ort der Welt, aber doch die südlichste größere Stadt.

Mit großartigen Freizeitaktivitäten wie Wandern, Segeln, Skifahren, Hundeschlitten- und Kajakfahrten stellt sie so gut wie jeden Gast zufrieden. Vor allem ein Besuch im nahe gelegenen spektakulären Parque Nacional Tierra del Fuego mit seinem dichten Bestand an Lenga-Südbuchen ist ein Muss.

Die vergleichsweise hohen Löhne in Feuerland locken Argentinier aus dem ganzen Land in den Süden. Einige Alteingesessene beklagen den Verlust der Kleinstadtkultur, denn inzwischen hat der Boom zu einem willkürlichen Durcheinander an Neubauprojekten geführt.

◉ Sehenswertes

Die Maipú parallel zum Beagle-Kanal wird westlich des Friedhofs zur Malvinas Argentinas, dann zur RN 3, die nach 12 km den Parque Nacional Tierra del Fuego erreicht. Im Osten begrenzt die Yaganes den bebauten Stadtbereich; sie mündet nordwärts in die RN 3, die wiederum Richtung Norden zum Lago Fagnano führt. Fast alle Besuchereinrichtungen liegen an oder nahe der Hauptstraße San Martín, vom Ufer einen Block landeinwärts.

In der Touristeninformation bekommt man einen kostenlosen Stadtplan mit Infos zu vielen historischen Gebäuden der Stadt. Die **Legislatura Provincial** (Provinzregierung; Av Maipú 465) war die offizielle Residenz des Gouverneurs. Beim Bau der jahrhundertealten Kirche **Iglesia de la Merced** (Ecke San Martín & Don Bosco) waren auch Sträflinge beteiligt. Für die 1911 errichtete **Casa Beban** (Ecke Av Maipú & Plüschow; ⊙ 11–18 Uhr) wurde Baumaterial aus Schweden importiert. Hier finden manchmal Kunstausstellungen statt.

WEGWEISER EINES PIONIERS DURCH FEUERLAND

Seine Kindheit war fantastischer als ein Roman. E. Lucas Bridges wuchs mit dem Beagle-Kanal als Spielplatz auf, half seinem Vater bei der Rettung Schiffbrüchiger und lernte Überlebenstechniken von den eingeborenen Yaghan sowie Selk'nam (Ona). Seine Memoiren *Uttermost Part of the Earth* begeisterten viele für Patagonien. Der Klassiker von 1947 wird nun, nachdem er Jahrzehnte vergriffen war, wieder auf Englisch aufgelegt.

Bridges' Geschichte beginnt mit seinem britischen Vater, der im damals noch ungezähmten Ushuaia eine anglikanische Mission gründete. „Unsere kleine Farm" ist das Ganze nicht gerade. Nachdem die Familie das Missionars- gegen ein Pionierdasein eingetauscht und die Estancia Harberton (S. 425) gegründet hat, stirbt der Vater. Als junger Erwachsener lässt sich Bridges auf ein abenteuerliches Leben mit den Selk'nam ein, ernährt sich wie sie von magerem Guanakofleisch, überquert eisige Flüsse und handelt Frieden zwischen verfeindeten Gruppen aus.

Masernepidemien und Auseinandersetzungen mit feindlichen Kolonisten wirkten sich auf die eingeborenen Völker Feuerlands verheerend aus. Als Bridges' Buch erstmals erschien, war die indigene Bevölkerung auf weniger als 150 Einwohner geschrumpft. *Uttermost Part of the Earth* beschreibt die letzten Tage dieser abgehärteten Zivilisationen und die Transformation einer Insel von unberührter Wildnis zu einem Grenzland, das von Glücksrittern, Missionaren und Schafzüchtern geformt wurde.

★ Museo Marítimo & Museo del Presidio
MUSEUM

(☎02901-437481; www.museomaritimo.com; Ecke Yaganes & Gobernador Paz; Eintritt 150 Arg$; ◑9–20Uhr) 1906 holte man Sträflinge von der Isla de los Estados (Staateninsel) nach Ushuaia, um dieses Nationalgefängnis zu bauen, das 1920 fertiggestellt wurde. In den für 380 Insassen geplanten Zellen saßen vor der Schließung im Jahr 1947 800 Gefangene ein. Zu den berühmten Häftlingen gehören der Autor Ricardo Rojasand und der russische Anarchist Simón Radowitzky. Die Infos (nur auf Spanisch) zum Gefängnisleben sind faszinierend.

Museo Yamaná
MUSEUM

(☎02901-422874; Rivadavia 56; Eintritt 60 Arg$; ◑10–19Uhr) Klein, aber liebevoll eingerichtet, mit einem hervorragenden Überblick über das Leben der Yamaná (Yaghan). Das Museum erklärt, wie sie das raue Wetter ohne Kleidung überstanden, warum nur die Frauen schwimmen konnten und wie man Lagerfeuer in fahrenden Kanus am Brennen hielt. Die meisterhaft gestalteten detaillierten Dioramen (auch auf Englisch) zeigen die Buchten und Meeresarme des Parque Nacional Tierra del Fuego. Wer sie vor der Wanderung im Park anschaut, wird das Schutzgebiet mit anderen Augen sehen.

Museo del Fin del Mundo
MUSEUM

(☎02901-421863; www.museodelfindelmundo.org.ar; Ecke Av Maipú & Rivadavia; Eintritt 90 Arg$; ◑10–19Uhr) Im 1903 als Bank erbauten Gebäude sind heute ausgestopfte Vögel, Exponate zur Naturgeschichte, zum Leben der Einheimischen und zu frühen Strafkolonien Feuerlands sowie mäßig interessante Modelle ausgestellt. Führungen um 11 und 15.30 Uhr.

🏃 Aktivitäten

Bootfahren kann man das ganze Jahr und der Parque Nacional Tierra del Fuego bietet ausreichend Gelegenheit zum Wandern. Auch die Bergkette hinter der Stadt gilt mit ihren Seen und Flüssen als Trekkingparadies. Allerdings erstrecken sich hier viele schlechte, unmarkierte Wege; einige Wanderer, die mühelos bergauf marschiert sind, haben sich schon auf dem Rückweg verlaufen. Im Club Andino Ushuaia erhält man Karten und weitere Infos. Im Notfall unbedingt die **Zivilwache** (☎02901-22108, 103) kontaktieren.

Wenn die Gipfel mit Schnee bedeckt sind, sollten Winterbesucher die Skigebiete erkunden. In den Skizentren (über die RN 3 erreichbar) gibt's sowohl Pisten als auch Langlaufloipen. Die Saison dauert von Juni bis September, im Juli (Winterferien) herrscht am meisten Andrang. Cruceros Australis (S. 415) veranstaltet Kreuzfahrten von Ushuaia nach Punta Arenas.

Cerro Castor
SKIIFAHREN

(☎02901-499301; www.cerrocastor.com; Tagesskipass Erw./Kind 540/370 Arg$; ◑Mitte Juni–Mitte Okt.) Das größte Resort liegt 26 km über die RN 3 von Ushuaia entfernt und ist ein malerischer Ort, der jede Menge Spaß verspricht. Es verfügt über 15 Pisten auf 400 ha Land, mehrere Lodges mit Cafés und sogar eine hippe Sushi-Bar. Skier und Boards können geliehen werden. In der Nebensaison kosten die Skipässe weniger; sparen kann man auch mit Mehrtagespässen. An kalten Tagen wird ein Windschutz an den Liften befestigt.

Cerro Martial & Glaciar Martial
OUTDOORAKTIVITÄTEN

(◑10–16Uhr) Der fantastische Panoramablick auf Ushuaia und den Beagle-Kanal ist eindrucksvoller als der eher kleine Gletscher selbst. Man kann direkt herkommen oder mit einer *aerosilla* (Sessellift) von der Skipiste 7km nordwestlich der Stadt hochfahren. Für den besten Ausblick wandert man hinter der Endstation des Lifts noch eine Stunde höher. In einer gemütlichen Schutzhütte am Fuß des Lifts gibt's Kaffee, Süßes und Bier. Da das Wetter unbeständig ist, braucht man warme, trockene Kleidung und festes Schuhwerk.

Man nimmt ein Taxi den Berg hinauf oder springt in einen der Minivans (60 Arg$) zum Cerro Martial, die halbstündlich von 8.30 bis 18.30 Uhr an der Ecke Avenida Maipú und Juana Fadul abfahren.

Tierra Mayor
WINTERSPORT

(☎02901-430329; http://antartur.com.ar; RN 3, Km 3018; geführte Hundeschlittenfahrt 45 US$) Schneeschuhtouren durch ein wunderschönes Bergtal oder Hundeschlittenfahrten mit sibirischen und alaskischen Huskys durch Tierra Mayor. Für eine ganz besondere Nacht kann man die Trips auch mit einem abendlichen Lagerfeuer (650–800 Arg$) kombinieren. Ebenso gibt's geführte Fahrten auf Pistenraupen. Es liegt 19 km von Ushuaia, zu erreichen über die RN 3.

👉 Geführte Touren

Viele Reisebüros bieten Touren in die Region an. Zur Wahl stehen Ausritte, Ausflüge zum Lago Escondido und zum Lago Fagnano, Übernachtungen in einer *estancia* sowie Tierbeobachtung in der Wildnis.

Ushuaia

★ Compañía de Guías de Patagonia
ABENTEUERTOUREN

(02901-437753; www.companiadeguias.com.ar) Renommierter Anbieter für Exkursionen in den Parque Nacional Tierra del Fuego, ganztägige Wanderungen und Eistreks auf den Glaciar Vinciguerra. Besonders empfehlenswert sind die dreitägigen Ausflüge zum Valle Andorra und Paso la Oveja. Auch Mountainbiketouren, Seekajakfahren und Trips in die Antarktis sind im Angebot.

★ Tierra
ABENTEUERTOUREN

(02901-15-486886; www.tierraturismo.com; Campos 36, 5C) Ehemalige Guides haben gemeinsam diese Agentur gegründet, die Aktivtouren und ungewöhnliche maßgeschneiderte Trips als individuelleres Erlebnis gestaltet. Es gibt z.B. Geländewagentouren zum Lago Fagnano mit Bootsfahrt und Wandern (700 Arg$), Wanderungen im Parque Nacional Tierra del Fuego (halber Tag 380 Arg$) und Besuche der Estancia Harberton.

Canal Fun
ABENTEUERTOUREN

(02901-435777; www.canalfun.com; Roca 136) Das von coolen jungen Typen geführte Unternehmen hat beliebte Tagesausflüge im Programm, darunter Wanderungen und Kajakfahrten im Parque Nacional Tierra del Fuego, die berühmten Geländefahrten um den Lago Fagnano und einen Multisporttrip inklusive Kajakfahrt rund um die Estancia Harberton mit Besuch der Pinguinkolonie.

Canopy Tours
ABENTEUERTOUREN

(www.canopyushuaia.com.ar; Refugio de Montaña; Erw./Kind 35/28 US$; Okt.-Juni 10-17.15 Uhr) Canopy-Touren starten am Fuß der *aerosilla* (Sessellift). Mittels elf Kabeln und zwei Hängebrücken können Besucher eine Stunde lang tarzanähnlich durch den Wald sausen. Das höchste Kabel hängt 8 m über dem Boden.

Beagle-Kanal
BOOTSTOUREN

(Bootsfahrt ca. 450 Arg$) Eine Bootstour auf dem metallgrauen Wasser des Beagle-Kanals bietet eine ganz neue Perspektive auf

Ushuaia

◎ Highlights
1 Museo Marítimo & Museo del Presidio F2

◎ Sehenswertes
2 Iglesia de la Merced C3
3 Legislatura Provincial D3
4 Museo del Fin del Mundo E3
5 Museo Yamaná E3

✪ Aktivitäten, Kurse & Touren
6 Canal Fun D3
7 Compañía de Guías de Patagonia D3
8 Piratour C3
9 Tierra F2
10 Tolkar E3
11 Turismo Comapa D3
12 Ushuaia Turismo C2

🛏 Schlafen
13 Antarctica Hostel E3
14 Galeazzi-Basily B&B E1
15 La Casa de Tere B&B E1
16 Posada Fin del Mundo E1

✖ Essen
17 Almacen Ramos Generales C3
18 Bodegón Fueguino C3
19 Chiko E3
20 El Turco A3
21 Kalma Resto F3
22 La Anónima E2
23 La Estancia E3
24 Lomitos Martinica F3
25 María Lola Restó B3

🍸 Ausgehen & Nachtleben
26 Dublin Irish Pub C3
27 Macario 1910 ....A3

🛍 Shoppen
28 Boutique del Libro B3
29 Boutique del Libro D3

die Stadt sowie die Berge und Felsinseln dahinter. Zudem kann man dabei Tiere beobachten. Anbieter findet man am Touristenkai auf der Maipú, zwischen der Lasserre und der Roca. Morgens oder nachmittags starten vierstündige Hafenrundfahrten zu den Seelöwen- und Kormorankolonien. Die Zahl der erlaubten Passagiere sowie Verpflegung und Wanderoptionen variieren je nach Veranstalter. Highlight ist ein Inselstopp zum Wandern und Besichtigen der *conchales*, Muschelhaufen oder -hügel, die von den eingeborenen Yaghan zurückgelassen wurden.

Patagonia Adventure Explorer BOOTSTOUREN
(☏ 02901-15-465842; www.patagoniaadvent.com.ar; Touristenkai) Hat komfortable Boote. Der Fahrpreis schließt kleine Snacks und eine kurze Wanderung auf der Isla Bridges ein. Mehr Abenteuer verspricht ein Törn auf dem 5,5 m langen Segelboot. Ganztägige Segeltörns mit Wein und Gourmetimbiss oder mehrtägige Bootstouren sind ebenfalls möglich.

Piratour BOOTSTOUREN
(☏ 02901-435557; www.piratour.com.ar; Av San Martín 847) Touren für 20 Personen zur Isla Martillo, um Magellan- und Eselspinguine zu sehen. Betreibt auch ein weiteres Büro am Touristenkai.

Che Tango BOOTSTOUREN
(☏ 02901-15-517967; navegandoelfindelmundo@gmail.com; Touristenkai; ☏) In Zwölf-Personen-Booten geht's zu Wanderungen auf die Isla Bridges. Auf der Rückfahrt wird den Teilnehmern dann Beagle-Bier vom Fass serviert. Besonders beliebt sind die Fahrten bei Hostelgästen. Es gibt keine Website, der Anbieter ist aber auf Facebook vertreten.

ANTARKTIS: DAS EWIGE EIS

Für viele Traveller ist eine Fahrt in die Antarktis ein einmaliges und unvergleichliches Abenteuer. Und das nicht, weil man einen weiteren Kontinent auf der persönlichen Reiseliste abhaken kann. Land- und Eisflächen sind mit Hunderte Meter dicken, sanft gewellten, unberührten Schneeschichten bedeckt. Gletscher rutschen Hänge hinab, Eisberge bilden haushohe Skulpturen. Darüber hinaus ist die Tierwelt schlichtweg atemberaubend. Sie reicht von Tausenden neugierigen Pinguinen bis zu einer außergewöhnlich großen Vielfalt an Vogelarten, Robben und Walen.

Über 90 % aller Schiffe in die Antarktis passieren Ushuaia. Das sind Zehntausende Touristen – ein riesiger Kontrast zur Einwohnerzahl des Kontinents (5000 im Sommer, 1200 im Winter), die hauptsächlich aus Wissenschaftlern und deren Angestellten besteht. Wer zwei bis drei Wochen Zeit hat, kann durchaus eine Kreuzfahrt unternehmen.

Einige Touren schließen die Islas Malvinas (Falklandinseln) und Südgeorgien ein, andere steuern nur die Antarktische Halbinsel an, die vom Kontinent Antarktika weit in den Norden ragt. Manche begeben sich auch auf die Spuren historischer Expeditionen. Ein kleines Grüppchen von Besuchern fährt auf privaten Segelbooten (ausgestattet mit Hilfsmotoren) in die Antarktis.

Die Saison dauert je nach Eisbedingungen von Mitte Oktober bis Mitte März. Früher waren die Kreuzfahrten nur in der Spitzensaison ausgebucht, jetzt sind sie es fast immer. Vor einer Reservierung sollte man fragen, wie viel Zeit tatsächlich in der Antarktis verbracht wird, da die Schiffsreise alleine schon ein oder zwei Tage in Anspruch nimmt. Zu klären gilt auch, wie viele Landgänge geplant sind. Je kleiner das Schiff, desto mehr Anlandungen pro Passagier sind möglich (immer abhängig vom Wetter). Reiseveranstalter verlangen zwischen 7000 und 70 000 US$ für solche Törns, bei einigen privaten Kapitänen kann man direkt zusteigen und zahlt dann nur 5000 US$.

Dank der Nähe Ushuaias zur Antarktischen Halbinsel legen dort die meisten Kreuzfahrtschiffe ab. Last-Minute-Buchungen sind bei Ushuaia Turismo (S. 421) möglich. Pauschalreisen bieten neben vielen anderen **Rumbo Sur** (02901-421139; www.rumbosur.com.ar; Av San Martín 350), **All Patagonia** (02901-433622; www.allpatagonia.com; Juana Fadul 48) und Canal Fun (S. 418).

Man sollte überprüfen, ob der Reiseveranstalter ein Mitglied der IAATO (International Association Antarctica Tour Operators; www.iaato.org) ist, die sich durch strikte Richtlinien für verantwortliche Antarktisreisen einsetzt. Folgende Anbieter sind nur eine kleine Auswahl.

Hurtigruten (www.hurtigruten.de) Modernes, komfortables Expeditionsschiff, speziell für die Polarregionen konzipiert.

National Geographic Expeditions (www.nationalgeographicexpeditions.com) Sehr empfehlenswert, mit guten Naturforschern und Experten. Die *National Geographic Explorer* bietet Platz für 148 Passagiere.

Peregrine Adventures (www.peregrineadventures.com) Dieser Veranstalter wartet mit einzigartigen Trips in den südlichen Polarkreis auf, zu denen auch Kajakfahrten und Übernachtungen im Zelt gehören.

Quark Expeditions (www.quarkexpeditions.com) Hat drei Arten von Schiffen von einem Eisbrecher bis hin zu einem kleinen 48-Personen-Schiff für Gruppen.

Weitere Auskünfte bietet der Lonely Planet *Antarctica*. Zusätzliche Infos, aktuelle Hinweise und Artikel gibt's unter www.70south.com. Die **Oficina Antárctica** (02901-430015; www.tierradelfuego.org.ar/antartida; Av Maipú 505) am Kai in Ushuaia ist ebenfalls hilfreich.

Tres Marías Excursiones BOOTSTOUREN (02901-436416; www.tresmariasweb.com; Touristenkai) Der einzige Veranstalter mit der Genehmigung, an der Isla „H" im Naturreservat Isla Bridges anzulegen. Dort können die Muschelhaufen und eine Kolonie von Felsenscharben begutachtet werden. In die Boote passen nur acht Personen.

Tolkar GEFÜHRTE TOUREN
(☎ 02901-431408, 02901-431412; www.tolkarturismo.com.ar; Roca 157) Hilfsbereite, beliebte Universalagentur, die mit Tecni-Austral Buses zusammenarbeitet.

Turismo Comapa GEFÜHRTE TOUREN
(☎ 02901-430727; www.comapa.com; Av San Martín 409) Die bewährte Agentur erledigt Schiffsbuchungen für Navimag und Cruceros Australis und verkauft auch normale Touren und Bootsfahrten nach Puerto Williams, Chile.

Ushuaia Turismo GEFÜHRTE TOUREN
(☎ 02901-436003; www.ushuaiaturismoevt.com.ar; Gobernador Paz 865) Last-Minute-Buchungen für Antarktis-Kreuzfahrten.

🛏 Schlafen

Von Januar bis Anfang März muss man vorab reservieren. Bei der Buchung auf kostenlose Abholung achten! Im Winter ist es ein bisschen günstiger, und manche Unterkünfte schließen komplett. Viele bieten einen Wäscheservice.

Die städtische Touristeninformation hat ein Verzeichnis von B&Bs und *cabañas* (Hütten) und hängt außerhalb seiner Öffnungszeiten draußen eine Liste mit den Namen der freien Bleiben aus. Es gibt zahlreiche Hostels; alle haben Küchen und die meisten Internetzugang. In der Nebensaison (April–Okt.) fallen die angegebenen Preise um 25%.

★ Antarctica Hostel HOSTEL $
(☎ 02901-435774; www.antarcticahostel.com; Antártida Argentina 270; B/DZ/3BZ 170/450/500 Arg$; @ 🛜) Freundliche Backpackerherberge mit warmherziger Atmosphäre und hilfsbereitem Personal. Der offene Flur und das Bier vom Fass sind neuen Freundschaften förderlich. Im Gemeinschaftsraum entspannen sich die Gäste und spielen Karten, in der kühlen Balkonküche wird gekocht. Die Betonzimmer mit Fußbodenheizung sind sauber und groß.

Los Cormoranes HOSTEL $
(☎ 02901-423459; www.loscormoranes.com; Kamshen 788; B/DZ/3BZ/4BZ 150–240/580/650/720 Arg$; @ 🛜) Relaxtes HI-Hostel, 10 Gehminuten nördlich des Stadtzentrums auf einem Hügel. Seine guten, warmen Schlafsäle für je sechs Personen gehen auf Flure mit Holzböden hinaus, einige haben ein eigenes Bad. Die modernen Doppelzimmer sind mit polierten Betonböden und hellen Daunendecken ausgestattet (Raum 10 hat einen tollen Blick auf die Bucht). Zum reichlichen Frühstück gibt's Toast, Kaffee, Eier zum Selberbraten und frisch gepressten Orangensaft.

★ Galeazzi-Basily B&B B&B $$
(☎ 02901-423213; www.avesdelsur.com.ar; Valdéz 323; EZ/DZ ohne Bad 46/70 US$, Hütte für 2/4 Pers. 110/140 US$; @ 🛜) Das Beste an dieser friedlichen und eleganten Holzvilla ist die herzliche Familie. Die Zimmer sind klein, aber persönlich eingerichtet; einige teilen sich ein Gemeinschaftsbad. Sie verfügen über je zwei Einzelbetten. Wer ein großes Bett möchte, sollte sich in den modernen Hütten hinten einquartieren.

Mysten Kepen PENSION $$
(☎ 02901-430156, 02901-15-497391; http://mystenkepen.blogspot.com; Rivadavia 826; DZ 105 US$; 🛜) Für einen authentischen Aufenthalt bei einer argentinischen Familie ist man hier genau richtig. Roberto und Rosario erzählen noch immer von ihren Lieblingsgästen der vergangenen Jahre, und ihr Haus, das sie mit ihren zwei Kindern bewohnen, ist angenehm lebhaft. Die Zimmer sind modern mit hellen Bettdecken samt Kordbezug und praktischen Regalen eingerichtet. Es gibt auch einen Transfer vom Flughafen und im Winter Rabatt.

La Casa de Tere B&B B&B $$
(☎ 02901-422312; www.lacasadetere.com.ar; Rivadavia 620; DZ 110 US$, ohne Bad 80 US$) Tere überschüttet ihre Gäste mit großer Aufmerksamkeit, lässt ihnen aber alle Freiheiten in diesem schönen, modernen Haus mit toller Aussicht. Die drei ordentlichen Zimmer sind schnell belegt. Gäste dürfen kochen, es gibt Kabel-TV und einen Kamin im Wohnzimmer. Vom Stadtzentrum ist es ein kurzer, aber steiler Fußweg bergauf.

Posada Fin del Mundo B&B $$
(☎ 02901-437345; www.posadafindelmundo.com.ar; Ecke Rivadavia & Valdéz; DZ/3BZ 125/155 US$, ohne Bad 100/120 US$) Das weitläufige Familienhaus verströmt eine angenehme Atmosphäre, angefangen vom gemütlichen Wohnzimmer mit Folklorekunst und weitem Blick über das Wasser bis hin zum freundlichen braunen Labrador. Jedes der neun Zimmer ist individuell gestaltet, die besten befinden sich oben. Einige Zimmer sind klein, doch die Betten lang. Das Frühstück ist reichlich, und nachmittags gibt's Tee und Kuchen. Im Winter kommen manchmal ganze Ski-Teams.

Cabañas del Beagle HÜTTEN $$$
(☎ 02901-432785; www.cabanasdelbeagle.com; Las Aljabas 375; Hütte für 2 Pers. 185 US$, Mindestaufenthalt 4 Nächte) Pärchen, die nach einer romantischen Zuflucht suchen, treffen mit den rustikal-schicken Hütten eine gute Wahl. Die

Häuschen haben beheizte Steinböden, knisternde Kamine und voll ausgestattete Küchen, die täglich mit frischem Brot, Kaffee und anderen Köstlichkeiten aufgefüllt werden. Alejandro, der sympathische Besitzer, wird für seinen aufmerksamen Service hoch gelobt. Vom Stadtzentrum geht's über die Avenida Leandro Alem 13 Blocks bergauf.

Cabañas Aldea Nevada — HÜTTEN $$$
(02901-422851; www.aldeanevada.com.ar; Martial 1430; Hütte für 2/4 Pers. ab 1230/1630 Arg$, Mindestaufenthalt 2 Nächte; @) In einem wunderschönen Scheinbuchenwald verbergen sich 13 Holzhütten mit Grillplätzen und groben Bänken, die beschaulich um Teiche gruppiert sind. Innen sind sie rustikal, aber modern mit viel Holz, funktionalen Küchen und Holzöfen.

Cumbres del Martial — GASTHOF $$$
(02901-424779; www.cumbresdelmartial.com.ar; Martial 3560; DZ/Hütte 332/477 US$; @) Diese stilvolle Unterkunft am Fuß des Glaciar Martial, eine Oase der Stille, möchte man gar nicht mehr verlassen. Die Standardzimmer verströmen einen Hauch englischer Cottage-Atmosphäre und die zweistöckigen Holzhütten haben Steinkamine, Whirlpools sowie schöne Bogenfenster. Flauschige Bademäntel, Massagen (kosten extra) und die heimische Zeitung im (E-Mail-) Postfach sind nur einige der angenehmen Sonderleistungen.

🍴 Essen

El Turco — CAFÉ $
(02901-424711; Av San Martín 1410; Hauptgerichte 50–119 Arg$; 12–15 & 20–24 Uhr) Altmodisches, nicht allzu schickes argentinisches Café, das mit günstigen Preisen und flinken Kellnern überzeugt. Letztere freuen sich, ihr Französisch an Touristen ausprobieren zu können. Zu den Standardgerichten zählen *milanesa* (paniertes Fleisch), Pizza, knusprige Pommes Frites und Brathühnchen.

Lomitos Martinica — ARGENTINISCH $
(02901-432134; Av San Martín 68; Hauptgerichte 70–100 Arg$; Mo-Sa 11.30–15 & 20.30–24 Uhr) In dem kleinen Lokal mit Plätzen am Grill geht's fröhlich zu. Auf der Karte stehen riesige *milanesa*-Sandwiches und mittags gibt's ein günstiges Tagesgericht.

Bodegón Fueguino — PATAGONISCH $$
(02901-431972; Av San Martín 859; Hauptgerichte 92–170 Arg$; Di–So 12–14.45 & 20–23.45 Uhr) Das Lokal in dem gelben, 100 Jahre alten traditionellen Haus voller Schafsfellbänke, Zedernfässer und Farnkraut ist der beste Ort, um herzhafte hausgemachte patagonische Küche zu probieren oder Wein und Appetizer zu genießen. Wir empfehlen die *picada* (Platte mit Appetithäppchen) für zwei Personen, die Auberginen, Lammspieße, Krabben und in Schinken eingerollte Pflaumen enthält.

María Lola Restó — ARGENTINISCH $$
(02901-421185; Deloquí 1048; Hauptgerichte 100–180 Arg$; Mo-Sa 12–24 Uhr) Ein Besuch in diesem kreativen Café-Restaurant am Kanal stellt eigentlich alle zufrieden: Das silberfarbene Haus ist stets voll mit Einheimischen, angelockt von hausgemachter Pasta mit Meeresfrüchten oder Rumpsteak in dicker Champignonsoße. Der Service kann sich sehen lassen, und die Portionen sind so gigantisch, dass die Nachspeisen für zwei reichen. Es ist eines der wenigen Lokale im Zentrum mit Parkplätzen auf dem Grundstück.

Chiko — FISCH & MEERESFRÜCHTE $$
(02901-436024; Antártida Argentina 182; Hauptgerichte 58–190 Arg$; Mo-Sa 12–15 & 19.30–23.30 Uhr) Das beliebte Restaurant im 2. Stock bietet tolle Preise und ist für Meeresfrüchtefans ein Segen. Knusprige Tintenfischringe, *paila marina* (Meeresfrüchteeintopf) und Fischgerichte wie *abadejo a pil pil* (Pollack in Knoblauchsoße) sind so perfekt zubereitet, dass man den langsamen Service verzeiht.

Almacen Ramos Generales — CAFÉ $$
(02901-4247317; Av Maipú 749; Hauptgerichte 152–180 Arg$; 9–24 Uhr) Die eigenartigen Dinge, die den ehemaligen Gemischtwarenladen schmücken, und die Zeitungsausschnitte zu örtlichen Umweltproblemen gewähren Einblick ins echte Ushuaia. Hier versammeln sich die Einheimischen, während der französische Konditor knusprige Baguettes bäckt. Zudem gibt's lokales Bier vom Fass, eine Weinkarte und leichte Gerichte wie Sandwiches, Suppen und Quiche.

La Estancia — STEAKHAUS $$
(02901-431421; Ecke Godoy & San Martín; Hauptgerichte 70–190 Arg$; 12–15 & 20–23 Uhr) Das authentische argentinische *asado* (Barbecue) dieses günstigen Grillrestaurants ist unschlagbar. An der Hauptstraße gibt's noch viele andere Lokale, doch La Estancia bietet verlässliche Qualität. Nachts versammeln sich sowohl Einheimische als auch Traveller und genießen gebratenes Lamm, saftige Steaks, zischende Rippchen sowie riesige Salate.

★ Kalma Resto — INTERNATIONAL $$$
(02901-425786; www.kalmaresto.com.ar; Antártida Argentina 57; Hauptgerichte 155–250 Arg$;

⊙ Di–Sa 20–24 Uhr, Mittags nur nach Reservierung) In dem winzigen, tollen Restaurant kommt man in den Genuss feuerländischer Spezialitäten wie Krabben und Tintenfisch im kreativen neuen Kontext. Schwarzer Sägebarsch, ein reichhaltiger Meeresfisch, wird z. B. mit einer herben Tomatensoße kombiniert und Lammeintopf mit erdigen Matsutake-Pilzen. Sommerkräuter und essbare Blumen stammen aus dem hauseigenen Garten.

La Anónima SUPERMARKT $
(Ecke Gobernador Paz & Rivadavia) Lebensmittelladen mit preiswerten Gerichten zum Mitnehmen.

 Ausgehen

Kneipengänger mit geografischem Konkurrenzdenken seien daran erinnert, dass die allersüdlichste Bar der Welt nicht hier liegt, sondern in einer ukrainischen Forschungsstation in der Antarktis.

Dublin Irish Pub PUB
(⌨02901-430744; www.dublinushuaia.com; 9 de Julio 168) Dublin scheint in der von Ausländern bevorzugten dämmrigen Bar mit fröhlichem Geplänkel und frei fließenden Getränken gar nicht mal so weit entfernt zu sein. Manchmal wird auch Livemusik gespielt. Wer hier einkehrt, sollte sich mindestens eine der drei lokalen Beagle-Biersorten gönnen.

Macario 1910 KNEIPE
(⌨02901-422757; Av San Martín 1485; ⊙18 Uhr-open end) Einladende Kneipe im Transatlantikstil mit Sitznischen aus poliertem Holz und Leder. Es gibt leckeres Beagle-Bier vom Fass und überdurchschnittlich gutes Essen, darunter frische Thunfischsandwiches mit selbst gebackenem Brot sowie selbstgemachte Pommes frites. Hier gibt's auch preiswerte Menüs (25 Arg$).

 Shoppen

Boutique del Libro BÜCHER
(⌨02901-432117; 25 de Mayo 62; ⊙10–21 Uhr) Herausragendes Angebot an Literatur, Reiseführern und Bildbänden zu Patagonien und zur Antarktis (auf Spanisch und Englisch). In der **Avenida San Martín** (⌨02901-424750; Av San Martín 1120) gibt's eine weitere Filiale.

 Praktische Informationen

Mehrere Banken auf der Maipú und San Martín haben Geldautomaten.
Automóvil Club Argentino (ACA; www.aca.org.ar; Ecke Malvinas Argentinas & Onachaga) Argentiniens Automobilclub ist eine gute Quelle für regionale Straßenkarten.
Cambio Thaler (Av San Martín 209; ⊙Mo–Sa 10–13 & 17–20, So 17–20 Uhr) Praktisch, aber etwas schlechtere Wechselkurse.
Club Andino Ushuaia (⌨02901-422335; www.clubandinoushuaia.com.ar; Juana Fadul 50; ⊙Mo–Fr 9–13 & 15–20 Uhr) Verkauft Karten und einen zweisprachigen Führer zum Wandern, Bergsteigen und Mountainbiken. Der Club organisiert gelegentlich Wanderungen und kann Guides empfehlen. Wer auf eigene Faust losziehen will, sollte sich hier vor dem Aufbruch registrieren lassen und nach der Rückkehr wieder abmelden.
Einwanderungsbehörde (⌨02901-422334; Beauvoir 1536; ⊙Mo–Fr 9–12 Uhr)
Hospital Regional (⌨107, 02901-423200; Ecke Fitz Roy & 12 de Octubre)
Instituto Fueguino de Turismo (Infuetur; ⌨02901-421423; www.tierradelfuego.org.ar; Av Maipú 505) Im Erdgeschoss des Hotel Albatros.
Nationalparkverwaltung (⌨02901-421315; Av San Martín 1395)
Postamt (Ecke Av San Martín & Godoy)
Städtische Touristeninformation (⌨02901-432000; www.turismoushuaia.com; Av San Martín 674; ⊙17–21 Uhr) Sehr hilfsbereit, hat ein Schwarzes Brett und mehrsprachige Broschüren sowie gute Infos zu Unterkünften, Aktivitäten und Verkehrsmitteln. Filialen am Flughafen (⌨02901-423970; ⊙bei Ankünften) und am Kai (⌨02901-437666; Prefectura Naval 470; ⊙8–17 Uhr).

 An- & Weiterreise

BUS
Ushuaia hat keinen Busbahnhof; die Busse fahren vom Büro des jeweiligen Busunternehmens los. Tickets müssen stets so früh wie möglich gebucht werden, denn viele Leser haben sich beschwert, dass sie in der Hochsaison nicht aus der Stadt weggekommen sind. Manchmal ist mit langen Wartezeiten an den Grenzübergängen zu rechnen.

Einige Fahrtziele:

ZIEL	PREIS (ARG$)	FAHRTDAUER (STD.)
Bariloche	1474	36
Calafate	789	18
Punta Arenas, Chile	650–1080	11
Río Gallegos	580	12
Río Grande	180	4
Tolhuin	115	2

Bus Sur (⌨02901-430727; Av San Martín 245) Verkehrt dreimal wöchentlich um 5.30 Uhr nach Punta Arenas und Puerto Natales, Chile. Arbeitet mit Montiel zusammen. Das Büro ist in

Comapa, es bietet auch geführte Touren und Tickets für Fähren in Chile.

Lider (☏02901-442264; Gobernador Paz 921) Sechs- bis achtmal täglich Tür-zu-Tür-Minivans nach Tolhuin und Río Grande, sonntags weniger Verbindungen.

Montiel (☏02901-421366; Gobernador Paz 605) Ebenso häufige Tür-zu-Tür-Minivans nach Tolhuin und Río Grande.

Taqsa (☏02901-435453; Godoy 41) Fährt täglich um 5 Uhr via Tolhuin nach Río Grande sowie nach Río Gallegos, El Calafate und Bariloche. Dreimal wöchentlich geht's um 5 Uhr nach Punta Arenas und Puerto Natales, Chile.

Tecni-Austral (☏02901-431412, 02901-431408; Roca 157) Täglich um 5 Uhr verkehrt ein Bus via Tolhuin nach Río Grande und einer nach Río Gallegos. Dreimal wöchentlich um 5 Uhr wird Punta Arenas bedient.

FLUGZEUG

Der beste Anbieter für Flüge nach Buenos Aires ist LAN (hin & zurück 1823 Arg$). Tickets erhält man in lokalen Reisebüros.

Aerolíneas Argentinas (☏0810-2228-6527; Ecke Av Maipú & 9 de Julio) fliegt mehrmals täglich nach Buenos Aires, manchmal mit Zwischenstopp in Río Gallegos oder El Calafate.

LADE (☏02901-421123; Av San Martín 542) hat Flüge nach Buenos Aires, Comodoro Rivadavia, El Calafate und Río Gallegos.

❶ Unterwegs vor Ort

Die Taxifahrt vom/zum modernen Flughafen (USH) 4 km südwestlich des Stadtzentrums kostet 75 Arg$.

Regionale Busse verkehren entlang der Maipú.

Kleinwagen (inkl. Versicherung) kann man ab 750 Arg$ pro Tag mieten. Empfehlenswert ist z. B. **Localiza** (☏02901-430739; Sarmiento 81). Einige Unternehmen verlangen keine Gebühr für die Rückgabe des Autos in anderen Orten des argentinischen Teils Feuerlands.

Stündlich starten Skishuttles (hin & zurück 250 Arg$) an der Ecke Juana Fadul und Maipú. Sie verkehren täglich zwischen 9 und 14 Uhr entlang der RN 3 zu den Resorts. Jedes Resort betreibt auch einen eigenen Shuttle vom Zentrum Ushuaias.

Parque Nacional Tierra del Fuego

Im Süden Feuerlands säumen stille, duftende Wälder von atemberaubender Schönheit den Kanal. Der **Parque Nacional Tierra del Fuego** (Eintritt 140 Arg$, zahlbar 8–20 Uhr) 12 km westlich von Ushuaia ist der erste Küstennationalpark Argentiniens. Er erstreckt sich über 630 km² vom Beagle-Kanal bis über den im Norden gelegenen Lago Fagnano (auch Lago Kami) hinaus. Allerdings sind nur ein paar tausend Hektar am Südende des Schutzgebiets öffentlich zugänglich. Dort gibt's ein winziges Netz von kurzen, einfachen Wanderwegen, die eher für Familien auf Tagesausflug als für Rucksackwanderer konzipiert wurden. Der restliche Park ist als *reserva restricta* (Nationalpark-Kernzone) geschützt. Trotzdem lohnt es sich, einige der malerischen Trekkingrouten entlang der Buchten und Flüsse und ein paar der Pfade durch dichten Wald aus immergrünen Coihue-, Canelo- und sommergrünen Lenga-Südbuchen abzuwandern. Der Herbst bietet ein spektakuläres Farbenspiel, wenn die Hügel im leuchtenden Rot der *ñire* aufleuchten.

Besonders an der Küste lebt eine reiche Vogelwelt. Häufig zu sehen sind Kondore, Albatrosse, Kormorane, Möwen, Seeschwalben, Austernfischer, Lappentaucher, Kelpgänse und drollige, flugunfähige Magellan-Dampfschiffenten. Zu den eingeführten Spezies zählen das europäische Kaninchen und der kanadische Biber, die beide große ökologische Schäden anrichten, obwohl sie so harmlos aussehen. Gelegentlich entdeckt man auch Grau- und Rotfüchse.

🚶 Aktivitäten

3 km vom Eingangstor entfernt führt die **Senda Pampa Alta** (5 km) bergauf; oben erwartet die Wanderer eine eindrucksvolle Aussicht. Nur 300 m weiter erreicht man einen Weg parallel zum Río Pipo und ein paar Wasserfällen. Beliebt ist auch die **Senda Costera** (6,5 km), die am Ende der Straße an der Bahía Ensenada beginnt und sich an jener Bucht entlangschlängelt, wo einst die Yaghan lebten. Unterwegs sind mit Gras überwachsene Muschelhaufen zu sehen. Der Pfad führt bis zu einer Straße, die 1,2 km später auf die **Senda Hito XXIV** (5 km) trifft: Diese ebene Route durch Lenga-Wald folgt dem Nordufer des Lago Roca und endet an einer unscheinbaren argentinisch-chilenischen Grenzmarkierung. An der gleichen Stelle wie die Senda Hito XXIV beginnt auch die **Senda Cerro Guanaco** (8 km), die einen 970 m hohen Hügel zu einem herrlichen Aussichtspunkt hinaufklettert.

Nach 3242 km ab Buenos Aires verabschiedet sich die RN 3 an der überwältigenden Bahía Lapataia. Der **Mirador Lapataia** (1 km) verbindet sich mit der **Senda del Turbal** (2 km) und zieht sich durch Lenga-Wald bis

> **NICHT VERSÄUMEN**
>
> ### ESTANCIA HARBERTON
>
> Die erste *estancia* (Weidefarm) Feuerlands, **Harberton** (Skype estanciaharberton. turismo; www.estanciaharberton.com; Erw./Kind unter 10 Jahren 140 Arg$/frei; EZ/DZ/3BZ inkl. HP 260/440/600 US$, Hostel 50 US$ pro Pers.; 15. Okt.–15. April 10–19 Uhr) wurde 1886 vom Missionar Thomas Bridges und seiner Familie gegründet. Hier steht auch das älteste noch bewohnte Haus der Insel, weltbekannt geworden durch die bewegenden Memoiren *Uttermost Part of the Earth* von Bridges' Sohn Lucas. Dieser erzählt darin von seiner Jugend unter dem heute untergegangenen Selk'nam- und Yaghanvolk (s. S. 416).
>
> Die wunderschön gelegene *estancia* befindet sich im Besitz der Nachkommen von Thomas Bridges und dient auch als Unterkunft. Tagesbesucher können an geführten Rundgängen (u. a. zum ältesten Haus der Insel und einer nachgebauten Yaghan-Wohnstätte) teilnehmen, im Restaurant dinieren und die Pinguinkolonie Reserva Yecapasela besichtigen. Die Farm ist auch ein beliebtes Ziel für Vogelbeobachter.
>
> Zur Anlage gehört das eindrucksvolle **Museo Acatushún** (www.acatushun.com; Eintritt mit Besuch der *estancia* 140 Arg$), dessen riesige Sammlung von der Biologin Natalie Prosser Goodall zusammengetragen wurde. Hier sind Tausende von Säugetieren, Meeressäugern und Vogelarten aus der Region zu sehen; zu den seltensten Exemplaren zählt ein Hector-Schnabelwal. Der größte Teil des Inventars wurde in der Bahía San Sebastián nördlich von Río Grande gefunden, wo ein Tidenhub von bis zu 11 km die Tiere stranden lässt. Die Öffnungszeiten des Museums erfährt man auf der *estancia*.
>
> Man muss seinen Besuch weit im Voraus reservieren, denn es gibt vor Ort keine Telefone, möglicherweise aber Skype. Nach Absprache ist wildes Zelten am Río Lasifashaj, Río Varela und Río Cambaceres erlaubt. Harberton liegt 85 km östlich von Ushuaia und ist über die RN 3 und die holprige RC-j zu erreichen. Für die Fahrt dorthin braucht man anderthalb bis zwei Stunden. Busse starten um 9 Uhr am unteren Ende der 25 de Mayo an der Avenida Maipú in Ushuaia und kehren gegen 15 Uhr zurück. Die Agenturen in Ushuaia organisieren auch ganztägige Ausflüge mit dem Katamaran.

zum Endpunkt der Fernstraße. Zu weiteren Wanderwegen in diesem Abschnitt gehören der Naturlehrpfad **Senda Laguna Negra** (950 m) durch ein Feuchtgebiet und die **Senda Castorera** (800 m), an der man Biberdämme und manchmal auch Biber erblickt.

🛏 Schlafen

Der einzige gebührenpflichtige Campingplatz mit *refugio* befindet sich am **Lago Roca** (15-412649; Stellplatz pro Pers./B 40/80 Arg$). Er liegt 9 km vom Parkeingang entfernt und ist immer offen, außer wenn das Wetter keinen Transport zum Park erlaubt. Der Zeltplatz und die anderen Unterkünfte bieten heiße Duschen, eine gute *confitería* (Café mit leichten Mahlzeiten) und einen winzigen, teuren Lebensmittelladen. Alternativ kann man an vielen Stellen in der Wildnis campen. Wer das Wasser des Lago Roca trinken möchte, muss es vorher unbedingt abkochen.

❶ An- & Weiterreise

In der Hochsaison starten Busse zwischen 9 und 18 Uhr alle 40 Minuten von der Ecke Maipú und Juana Fadul in Ushuaia und kehren zwischen 8 und 20 Uhr zurück. Je nach Zielort kostet die Hin- und Rückfahrt etwa 200 Arg$ (man muss nicht am gleichen Tag zurück). Private Reisebusse verlangen etwas mehr. Wer sich mit anderen Travellern ein Taxi teilt, zahlt möglicherweise genauso wenig wie für den Bus.

Der touristischste und (abgesehen vom Wandern) langsamste Weg zum Park ist der **El Tren del Fin de Mundo** (02901-431600; www.trendelfin demundo.com.ar; Erw./Kind 380/100 Arg$ plus Parkeintritt), der ursprünglich Sträflinge zum Arbeitsdienst transportierte. Dieser Zug startet in der Estación del Fin de Mundo 8 km westlich von Ushuaia (Taxis einfach 80 Arg$). Im Sommer verkehrt er drei- bis viermal und im Winter ein- bis zweimal täglich. Auf der einstündigen malerischen Tour mit der Schmalspurbahn bekommen die Fahrgäste auf Englisch und Spanisch Erläuterungen zur Geschichte. Beste Zeit für eine Fahrt sind Januar und Februar, wenn alle Welt Kreuzfahrten bucht. Man kann auch ein einfaches Ticket lösen und mit dem Minibus zurückkehren.

Tolhuin

02901 / 2000 EW.

Tolhuin, das in der Sprache der Selk'nam übersetzt „wie ein Herz" heißt, erstreckt sich mitten in Feuerland. Asphaltstraßen verbinden es mit dem 132 km weiter nördlich gelegenen Río Grande, 104 km weiter südwestlich befindet sich Ushuaia, ein schnell wachsender Grenzort mit kleinen Plätzen und einem schützenden immergrünen Wald am Ostufer des Lago Fagnano (Lago Kami). Die meisten Traveller beachten Tolhuin gar nicht, aber wer einzigartige und extrem gelegene Siedlungen liebt, sollte es sich durchaus einmal anschauen.

Ein Highlight und meist auch ein Stopp für Busse Richtung Ushuaia ist die **Panadería La Unión** (02901-492202; www.panaderialaunion.com.ar; Jeujepen 450, Tolhuin; Snacks 15 Arg$; 24 Std.) mit erstklassigen Backwaren und leckeren Empanadas. Wer eine schlichte Unterkunft sucht oder zelten möchte, sollte den **Camping Hain** (02964-15-603606; Lago Fagnano; Stellplatz pro Pers. 65 Arg$, Refugio für 3/6 Pers. 390/780 Arg$) ansteuern. Dort gibt's mit Gras bewachsene geschützte Stellplätze, Warmwasserduschen, einen großen Grillplatz und einen *fogón* (Herd mit Küchenbereich). Roberto, der aufmerksame Besitzer, empfiehlt Ausflüge in die Umgebung und bei Bedarf auch Guides.

Río Grande

02964 / 70 042 EW.

Das stark zersiedelte Verwaltungs- und ökonomische Zentrum Feuerlands ist zollfreie Zone. Außerhalb der Stadt befinden sich einige der besten Forellenfischgründe der Welt und exklusive Unterkünfte für passionierte Angler. Letztere werden sich hier wohlfühlen, aber alle anderen halten sich vermutlich maximal eine knappe Stunde im windigen Río Grande auf, um in den Bus nach Ushuaia (230 km weiter südwestlich) umzusteigen.

Auf gut betuchte Angler zielt die **Posada de los Sauces** (02964-432895; www.laposadadelossauces.com.ar; Elcano 839; DZ 850 Arg$; @) ab, die mit frischem Duft und Holzakzenten für Lodge-Atmosphäre sorgt. Gegenüber vom Casino Status verfügt das **Hotel Villa** (02964-424998; hotelvillarg@hotmail.com; Av San Martín 281; DZ/3BZ 550/625 Arg$; P@) über ein beliebtes Restaurant und ein Dutzend große, stilvolle Zimmer.

Das **Tante Sara** (Belgrano 402; Hauptgerichte 80–160 Arg$) serviert gute Café-Speisen. Hierher kommen Ladys zu Tee und Kuchen sowie Männer für einen Burger oder ein Bier an der lackierten Bar. Doch der Service kann ziemlich langsam sein.

Die meisten Einrichtungen für Touristen findet man in der San Martín und der Belgrano. Hilfreiche Infos bekommt man im **Instituto Fueguino de Turismo** (Infuetur; 02964-426805; www.tierradelfuego.org.ar; Av Belgrano 319; 9–21 Uhr) an der Südseite der Plaza oder im städtischen Touristenkiosk an der Plaza, der nützliche Karten, Broschüren über *estancias* und Infos für Angler bereithält. **Mariani Travel** (02964-426010; mariani@marianitravel.com.ar; Rosales 281) bucht Flüge und vertritt *estancias* in der Umgebung.

An- & Weiterreise

Der **Flughafen** (02964-420699) liegt abseits der RN 3 nur eine kurze Taxifahrt von der Ortschaft entfernt. **Aerolíneas Argentinas** (02964-424467) fliegt täglich nach Buenos Aires (250 Arg$). **LADE** (02964-422968; Lasserre 445) startet mehrmals wöchentlich nach Río Gallegos (265 Arg$), El Calafate (457 Arg$) und Buenos Aires (1091 Arg$). Die Preise gelten für eine einfache Strecke.

Empfehlenswerte Van-Anbieter im **Terminal Fueguina** (Finocchio 1194):

Bus Sur (02964-420997; www.bus-sur.cl; Ticketbüro 25 de Mayo 712) Startet dreimal wöchentlich um 5.30 Uhr nach Ushuaia, Punta Arenas und Puerto Natales, Chile. Arbeitet mit Montiel zusammen.

Buses Pacheco (02964-421554) Busse nach Punta Arenas dreimal wöchentlich um 10 Uhr.

Lider (02964-420003, 424-2000; www.lidertdf.com.ar; Moreno 635) Beste Option für Fahrten nach Ushuaia und Tolhuin ist dieser Tür-zu-Tür-Minivan-Service, der mehrmals täglich verkehrt. Telefonisch reservieren.

Montiel (02964-420997; 25 de Mayo 712) Busse nach Ushuaia und Tolhuin.

Taqsa/Marga (02964-434316) Busse nach Ushuaia via Tolhuin.

Tecni-Austral (02964-434316; Ticketbüro Moyano 516) Dreimal wöchentlich um 8.30 Uhr Busse nach Ushuaia via Tolhuin; dreimal wöchentlich Busse nach Río Gallegos und Punta Arenas.

ZIEL	PREIS (ARG$)	FAHRTDAUER (STD.)
Punta Arenas, Chile	550	9
Río Gallegos	350	8
Tolhuin	115	2
Ushuaia	180	4

Osterinsel (Rapa Nui)

032

Inhalt ➜

Hanga Roa 428
Parque Nacional
Rapa Nui 437
Rapa Nui verstehen ... 439
Rapa Nui aktuell 439
Geschichte 439
Bevölkerung 440
Kunst 440
Geografie 441
Praktische
Informationen 441

Gut essen

➜ Au Bout du Monde (S. 435)
➜ Te Moana (S. 435)
➜ Mikafé (S. 434)
➜ Tataku Vave (S. 435)

Schön übernachten

➜ Cabañas Ngahu (S. 432)
➜ Hare Noi (S. 434)
➜ Cabañas Christophe (S. 432)
➜ Camping Mihinoa (S. 432)
➜ Cabalgatas Pantu – Pikera Uri (S. 434)

Auf zur Osterinsel

Nur wenige Orte haben eine ähnlich mystische Anziehungskraft wie diese Insel, ein besonders abgeschiedenes Fleckchen Erde. Dass es zum 3700 km weiter östlich gelegenen Chile gehört (und Teil unseres Universums ist!), kann man sich eigentlich kaum vorstellen. Es sind vor allem die *moai*, jene rätselhaften Steinstatuen mit Gesichtern, die einander gleichen wie ein Ei dem anderen, die die Osterinsel (oder Rapa Nui, wie die polynesischen Bewohner ihre Heimat nennen) so geheimnisvoll und unwiderstehlich machen.

Die Osterinsel ist aber mehr als ein Freilichtmuseum. Man kann tauchen, schnorcheln und surfen. Die wilde Natur lässt sich am besten umweltfreundlich zu Fuß, auf dem Pferd oder Fahrrad erkunden. Und wer einfach nur seine Batterien wieder aufladen möchte, kann sich an einen der wunderschönen weißen Sandstrände legen.

Die Osterinsel ist weltbekannt und die Besucherzahlen steigen, dennoch hat sie sich ihren persönlichen Charme bewahrt. Ökotourismus wird großgeschrieben.

Reisezeit
Hanga Roa

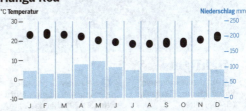

Jan.–März Hauptsaison. Zum Tapati-Rapa-Nui-Fest im Februar gibt's hohe Preise und wenig Zimmer.

Juli–Aug. Kühles Wetter. Weniger toll für die Strände, aber umso besser zum Wandern und Reiten.

April–Juni & Okt.–Dez. Mit dem gemäßigten Klima ist die Zwischensaison keine schlechte Zeit.

HANGA ROA

6700 EW.

Eine Metropole ist Hanga Roa, der einzige größere Ort auf Rapa Nui, nicht gerade. Doch die meisten Sehenswürdigkeiten befinden sich gewissermaßen vor der Haustür, und das Städtchen beherbergt fast alle Hotels, Restaurants, Läden sowie Serviceunternehmen der Insel. So liegt es nahe, sich hier einzuquartieren. Auf Besucher warten ein malerischer Hafen, ein paar bescheidene Strände und Surfplätze. In unmittelbarer Reichweite locken sogar mehrere verstreute archäologische Stätten.

Sehenswertes

Museo Antropológico Sebastián Englert MUSEUM

(032-255-1020; www.museorapanui.cl; Tahai s/n; Eintritt 1000 Ch$; Di–Fr 9.30–17.30, Sa & So bis

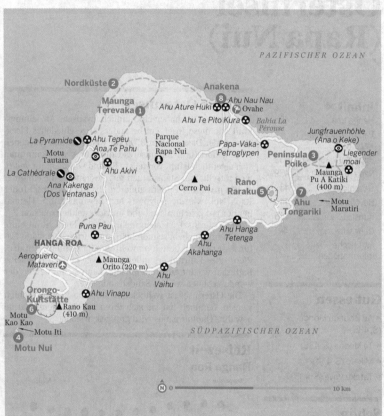

Highlights

1. Auf den erloschenen Vulkan **Maunga Terevaka** (S. 437) reiten.

2. Die zerklüftete schöne **Nordküste** entlangwandern (S. 431).

3. Auf der geheimnisvollen **Poike-Halbinsel** (S. 438) die Einsamkeit genießen.

4. Bei einem Schnorchel- oder Tauchausflug vor **Motu Nui** (S. 429) über das klare, blaue Wasser staunen.

5. Am **Rano Raraku** (S. 438) seine Archäologiekenntnisse vertiefen.

6. An der **Orongo-Kultstätte** (S. 437) am Rande des Rano Kau über die Vergangenheit der Insel nachdenken.

7. Beobachten, wie die Sonne hinter den beeindruckenden Statuen des **Ahu Tongariki** (S. 438) aufgeht.

8. Unter Palmen in der Bucht von **Anakena** (S. 438) ein Nickerchen machen.

12.30 Uhr) Dieses gut organisierte Museum informiert über die Geschichte und Kultur der Insel. Es zeigt Angelhaken aus Balsaholz, Speerspitzen aus Obsidian und andere Waffen sowie einen *moai*-Kopf mit rekonstruierten Fragmenten seiner Augen.

Caleta Hanga Roa & Ahu Tautira
ARCHÄOLOGISCHE STÄTTE

Die erste Begegnung mit den *moai* findet für viele Besucher am **Ahu Tautira** (Av Te Pito o Te Henua) statt. Diese Zeremonialplattform (*ahu*) mit zwei Statuen thront über der Caleta Hanga Roa, dem Fischerhafen der Stadt, am Ende der Avenida Te Pito o Te Henua.

Ahu Tahai
ARCHÄOLOGISCHE STÄTTE

Eine fotogene Stätte mit drei restaurierten *ahu*. Der Ahu Tahai, die mittlere dieser drei Zeremonialplattformen, trägt einen einzelnen großen *moai* ohne Kopfaufsatz. Nördlich davon befindet sich der Ahu Ko Te Riku mit einem *moai* samt Kopfaufsatz und Augen. Auf dem Ahu Vai Uri (südlich des Ahu Tahai) stehen fünf *moai*, die sich in Größe und Form unterscheiden. Außerdem birgt die Hügellandschaft Fundamente von *hare paenga*, den traditionellen Häusern, die an ein kieloben liegendes Kanu erinnern und eine enge Eingangsöffnung aufweisen.

Ahu Akapu
ARCHÄOLOGISCHE STÄTTE

Nördlich des Hanga Roa an der Küste befindet sich diese Stätte mit einem *moai*.

Caleta Hanga Piko & Ahu Riata
HAFEN

Viele Besucher übersehen die Caleta Hanga Piko, eine kleine Bucht, die von den örtlichen Fischern genutzt wird. An der *caleta* (Bucht) thront auf dem restaurierten Ahu Riata ein einzelner *moai*.

Iglesia Hanga Roa
KIRCHE

(Av Tu'u Koihu s/n) Die nicht zu verfehlende Iglesia Hanga Roa lohnt wegen der spektakulären Holzschnitzereien einen Besuch. Letztere verdeutlichen, wie Traditionen der Rapa Nui in die christliche Lehre eingeflossen sind. Sonntagmorgens geht's hier bunt und lebhaft zu.

Playa Pea
STRAND

Für einen kurzen Sprung ins Wasser erfüllt die winzige Playa Pea an der Südseite der Caleta Hanga Roa ihren Zweck.

Aktivitäten

Tauchen & Schnorcheln

Immer mehr Taucher entdecken die Osterinsel für sich, denn die Sichtweite im glasklaren Wasser beträgt bis zu 50 m, es ist (noch) wenig los, die Unterwasserlandschaft ist spektakulär und es gibt jede Menge intakte, unberührte Korallen. Viele Meeresbewohner darf man hingegen nicht erwarten.

Dafür kann hier das ganze Jahr über getaucht werden, mit Wassertemperaturen von mindestens 20 °C im Winter und bis zu 26 °C im Sommer. Fast alle Tauchspots befinden sich entlang der Westküste. Ein fortgeschrittenes Niveau ist keine Voraussetzung, auch für Anfänger sind Tauchstellen dabei. Zu den neuen Favoriten zählen **Motu Nui** sowie die landschaftlich beeindruckenden Stellen namens La Cathédrale und La Pyramide.

Mike Rapu Diving Center
TAUCHEN, SCHNORCHELN

(032-255-1055; www.mikerapu.cl; Caleta Hanga Roa s/n; Mo–Sa 8–17 Uhr) Zum Programm des alteingesessenen Tauchzentrums gehören „Schnuppertauchen" (40 000 Ch$), Einzeltauchgänge (30 000 Ch$) und Kurse. Wer mehr als drei Tauchgänge absolviert, spart gut 15 %. An drei Tagen pro Woche werden Schnorchelausflüge (15 000 Ch$) nach Motu Nui angeboten.

Orca Diving Center
TAUCHEN, SCHNORCHELN

(032-255-0877; www.orcadivingcenter.cl; Caleta Hanga Roa s/n; Mo–Sa 8–17 Uhr) Das moderne Unternehmen führt alle Arten von Tauchabenteuern durch: „Schnuppertauchen" (50 000 Ch$), einzelne Tauchgänge (40 000 Ch$), Kurse und Pauschalpakete, aber auch Schnorchelausflüge nach Motu Nui (25 000 Ch$).

NICHT VERSÄUMEN

TRADITIONELLE TÄNZE

Ein absolutes Muss für jeden Osterinsel-Besucher sind die Vorführungen traditioneller Tänze. Zwei der namhaftesten Ensembles:

Kari Kari (032-210-0767; Av Atamu Tekena s/n; Tickets 15 000 Ch$; Vorführung Di, Do & Sa 21 Uhr) Eine talentierte Tanztruppe mit wunderbaren Kostümen. Auf einer Bühne an der Hauptstraße stellt sie die Insellegenden durch Gesang und Tanz dar.

Vai Te Mihi – Maori Tupuna (032-255-0556; Av Policarpo Toro s/n; Vorführung Mo, Do & Sa 21 Uhr) Die Tanzdarbietungen sind hervorragend. Sitzplätze in der ersten Reihe kosten 17 000 Ch$.

Hanga Roa

Surfen

Rapa Nui ist das ganze Jahr mit Dünungen aus allen Himmelsrichtungen gesegnet, die tolle Lefts und Rights erzeugen – hauptsächlich Lavariff-Breaks, die bis zu 5 m hoch werden. Die beliebtesten Surfspots verteilen sich entlang der Westküste. Nahe der Caleta Hanga Roa gibt's ein paar Wellen für Anfänger. Während der Saison (Dez.–März) findet man am Strand eine Handvoll Anbieter, die Kurse geben und Surfbretter verleihen.

Hare Orca
SURFEN
(📞032-255-0877; Caleta Hanga Roa s/n; Brettverleih halber Tag 10 000 Ch$; ⊙ Mo–Sa 8–17 Uhr) Hier kann man Bodyboards, Surfbretter, Stand-up-Paddleboards und Schnorchelausrüstungen leihen sowie Surfunterricht buchen.

Reiten

Auf einem Netz von Wegen lassen sich einige der schönsten Plätze hoch zu Ross erkunden – eine typische Art, Rapa Nui zu erleben.

Cabalgatas Pantu
REITEN
(📞032-210-0577; www.rapanuipantu.com; Sector Tahai s/n; Halb-/Ganztagestour 30 000/70 000 Ch$; ⊙ tgl. nach vorheriger Anmeldung) Geführte Ausritte zu einigen Zeremoniestätten um Hanga Roa oder auch zu entlegeneren Orten wie

Hanga Roa

⊙ Sehenswertes
1 Ahu Akapu	C1
2 Ahu Tahai	C2
3 Ahu Tautira	A1
4 Ana Kai Tangata	A5
5 Caleta Hanga Piko & Ahu Riata	A4
6 Iglesia Hanga Roa	C3
7 Museo Antropológico Sebastián Englert	C2
8 Playa Pea	A1

✪ Aktivitäten, Kurse & Touren
9 Aku Aku Turismo	C3
10 Cabalgatas Pantu	C2
11 Hare Orca	A1
12 Kava Kava Tours	D3
13 Kia Koe Tour	A2
14 Makemake Rentabike	A2
Mike Rapu Diving Center	(siehe 15)
15 Orca Diving Center	A1
16 Rapa Nui Travel	C4

🛌 Schlafen
17 Aloha Nui	B4
18 Altiplanico	C1
19 Aukara Lodge	B4
Cabalgatas Pantu – Pikera Uri	(siehe 10)
20 Cabañas Christophe	A5
21 Cabañas Mana Nui	C2
22 Cabañas Ngahu	A2
23 Camping Mihinoa	A4
24 Hanga Roa Eco Village & Spa	A3
25 Hare Swiss	C1
26 Hostal Petero Atamu	C3
27 Hostal Raioha	B1
28 Hostal Tojika	A4
29 Inaki Uhi	A2
30 Tau Ra'a	A2
31 Vaianny	A2

⊗ Essen
32 Au Bout du Monde	C2
33 Caramelo	B4
34 Casa Esquina	C3
35 Haka Honu	A1
36 Inkai	B3
37 Kanahau	A2
38 Kuki Varua	A1
39 La Taverne du Pêcheur	A1
40 Mara Pika	A3
Mikafé	(siehe 39)
41 Moiko Ra'a	A2
Motu Hava Kafe	(siehe 39)
42 Tataku Vave	A4
43 Te Moana	A1

⊙ Ausgehen & Nachtleben
Haka Honu	(siehe 35)
Kanahau	(siehe 37)
44 Kopakavana Club	C3
45 Marau	B2
Mikafé	(siehe 39)
Te Moana	(siehe 43)
46 Toromiro	A2

⊙ Unterhaltung
47 Kari Kari	A2
48 Vai Te Mihi – Maori Tupuna	C2

🛍 Shoppen
49 Feria Artesanal	B1
50 Mercado Artesanal	C3

Terevaka, Anakena und der Nordküste. Anfänger willkommen.

Wandern

Über die Insel führen fantastische Wanderwege. Eine unvergessliche Tour verläuft über die markierte Ruta Patrimonial vom Museo Antropológico Sebastián Englert bis zur Kultstätte Orongo (ca. 4 Std., 7 km). Ebenfalls zu empfehlen sind der Aufstieg auf den Maunga Terevaka (ab dem Ahu Akivi ca. 3 Std.) und die Wanderung rund um die Península Poike (ein Tag).

Für die (nicht markierte) Wanderung vom Ahu Tepeu bis zum Anakena-Strand an der Nordküste benötigt man einen Guide.

Radfahren

Mit dem Rad lässt sich die Insel wunderbar erkunden, vorausgesetzt man kommt mit den kurvigen Straßen im südlichen Inselteil zurecht. Eine leichte Rundtour führt von Hanga Roa hoch zum Ahu Tepeu, dann zum Ahu Akivi im Osten und wieder zurück in das Städtchen (ca. 17 km).

Makemake Rentabike FAHRRADVERLEIH
(☎ 032-255-2030; Av Atamu Tekena; 10 000 Ch$ pro Tag; ⊙ Mo–Sa 9–13 & 16–20, So 9–13 Uhr) Vermietet Mountainbikes in bestem Zustand. Dazu gibt's Helme und Karten.

👉 Geführte Touren

Ein empfehlenswertes Vergnügen sind geführte Touren. Hier profitiert man von den Englisch sprechenden Führern, die anschaulich die kulturellen Hintergründe der archäologischen Stätten erklären.

Zahlreiche Veranstalter organisieren Ausflüge zu den spannenden Plätzen der Insel. Ganztagestouren kosten meist 45 000 Ch$, Halbtagestouren 25 000 Ch$. Der Eintritt für den Parque Nacional Rapa Nui (30 000 Ch$ oder 60 US$) ist nicht inbegriffen.

> **NICHT VERSÄUMEN**
>
> **TAPATI RAPA NUI**
>
> Tapati Rapa Nui, das wichtigste Fest der Osterinsel, ist eine Kulturschau vom Feinsten, die Travellern die Möglichkeit bietet, ein authentisches Stück Rapa Nui kennenzulernen. Es findet in der ersten Februarhälfte statt, dauert zwei Wochen und ist so beeindruckend, dass es sich lohnt, den Besuch in diese Zeit zu legen (über den genauen Termin und das Programm gibt die Touristeninformation Auskunft). Musik, Tanz und Kultur stehen im Mittelpunkt. Besonders attraktiv sind die vielen verschiedenen Wettbewerbe, die sich um die jährlich neu zu kürende Inselkönigin drehen. Das spektakulärste Event ist Haka Pei: Dabei gleiten zwölf Teilnehmer auf Schlittenkonstruktionen die Flanken des Cerro Pui hinab und erreichen eine Geschwindigkeit von bis zu 70 km/h.

Aku Aku Turismo — KULTURTRIP
(032-210-0770; www.akuakuturismo.cl; Av Tu'u Koihu s/n; 8.30–17 Uhr) Etabliertes Unternehmen mit kompetenten Guides.

Kava Kava Tours — KULTURTRIP
(Mobil 9352-4972; www.kavakavatour.cl; Ana Te Tama s/n; nach vorheriger Reservierung) Ein junger, kundiger Einheimischer organisiert maßgeschneiderte private Touren und Wanderungen.

Kia Koe Tour — KULTURTRIP
(032-210-0852; www.kiakoetour.cl; Av Atamu Tekena s/n; 9–13 & 15–18 Uhr) Hat einen guten Ruf und gut geschulte Guides.

Rapa Nui Travel — KULTURTRIP
(032-210-0548; www.rapanuitravel.com; Av Tu'u Koihu; nach vorheriger Reservierung) Dieses Unternehmen wird von einem Mann aus Rapa Nui und seiner deutschen Ehefrau geführt.

Schlafen

Wenn nicht anders angegeben, gelten die Preise für Zimmer mit eigenem Bad inklusive Frühstück. Klimaanlagen sind rar, aber in den heißen Monaten stehen zumindest Ventilatoren zur Verfügung. Flughafentransfers sind im Preis inbegriffen.

Camping Mihinoa — CAMPINGPLATZ $
(032-255-1593; www.camping-mihinoa.com; Av Pont s/n; Stellplatz 5000 Ch$ pro Pers., B 10 000 Ch$, DZ 20 000–30 000 Ch$;) Bietet verschiedene Schlafoptionen: sorgsam geschrubbte Zimmer (die teureren gewähren mehr Privatsphäre), ein paar Schlafsäle mit zwei bis sechs Betten (teils mit eigenem Bad) und einen graswachsenen Zeltplatz (kein Schatten!). Morgens und abends gibt's warmes Wasser in der Sanitäranlage. Weitere Extras: Zeltverleih, WLAN (5000 Ch$ für den kompletten Aufenthalt), eine gut ausgestattete Gemeinschaftsküche und Waschmaschinen. Die Lage ist top: Bis zum Wasser sind es nur ein paar Schritte.

Hostal Raioha — HÜTTEN $
(Mobil 7654-1245, 032-210-0851; abseits der Av Te Pito o Te Henua; EZ oder DZ 40 000 Ch$) Ein nettes Paar betreibt diese diskrete Unterkunft, eine gute, sichere und komfortable Option, die angesichts ihrer Lage im Zentrum einen vernünftigen Preis hat. Die sieben gepflegten Zimmer kommen ohne Schnickschnack aus und liegen zu einem üppigen Garten hin. Frühstück gibt's nicht, dafür aber eine Gästeküche. Kein WLAN, aber das nächste Internetcafé ist nur ein Stück die Straße hoch.

Hostal Tojika — PENSION $
(Mobil 9358-0810; www.rapanuiweb.com/hostal-tojika/hostal.htm; Av Apina s/n; B/EZ 10 000/25 000 Ch$, DZ 30 000–45 000 Ch$;) Eine gute Anlaufstelle für Budgetreisende. Das Gebäude mit Blick übers Meer beherbergt mehrere individuell gestaltete Zimmer, einen Schlafsaal mit fünf Betten und eine Gemeinschaftsküche. Ein paar Unterkünfte sind recht dunkel, aber der Schlafsaal ist ein guter Deal. Kein Frühstück, aber ein kleines Restaurant am Eingang zum Gelände.

★ Cabañas Christophe — BUNGALOWS $$
(032-210-0826; www.cabanaschristophe.com; Av Policarpo Toro s/n; DZ 60 000–90 000 Ch$;) Ganz ohne Zweifel das beste Preis-Leistungs-Verhältnis in Hanga Roa und genau das Richtige für all jene, die Komfort und Individualität suchen. Die drei Bungalows haben ein tolles Design (mit Hartholz und Vulkangestein), sind geräumig, schön eingerichtet (sehr große Doppelbetten, Küche, private Terrasse) und lichtdurchflutet. Sie stehen am Ausgangspunkt des Orongo-Wanderwegs, ca. 1,5 km vom Zentrum entfernt. Weit im Voraus buchen.

Cabañas Ngahu — HÜTTEN $$
(Mobil 9090-2774, Mobil 8299-1041; www.ngahu.cl; Av Policarpo Toro s/n; DZ 40 000–80 000 Ch$;

🛜) Ebenfalls top. Hier haben wir hilfsbereite Angestellte, nette Besitzer und glückliche Gäste vorgefunden. Die fünf gut ausgestatteten Hütten in unterschiedlicher Größe und Zuschnitt trumpfen größtenteils mit Meerblick auf und die entspannte Atmosphäre sorgt dafür, dass man schnell vergisst, welcher Tag gerade ist. Die Sonnenuntergänge sind legendär. Angesichts der Lage auf Rapa Nui wirklich günstig. Kein Frühstück.

Hare Swiss   BUNGALOWS $$
(☎ 032-255-2221; www.hareswiss.com; Sector Tahai; EZ/DZ 52 000/75 000 Ch$; 🛜) Solide Unterkunft mit drei tadellosen Bungalows an einem Hang überm Wasser, die allerdings etwas weitab vom Schuss liegt (man braucht ein Fahrrad). Die Bäder sind blitzsauber, die Betten schön groß, die Böden gefliest. Außerdem warten die Häuser mit Küchen und Terrassen mit Meerblick auf. Das Betreiberpaar stammt aus Rapa Nui bzw. der Schweiz.

Tau Ra'a   HOTEL $$
(☎ 032-210-0463; www.tauraahotel.cl; Av Atamu Tekena s/n; EZ/DZ 75 000/90 000 Ch$; 🛜) Eine verlässliche Option im mittleren Preissegment. Die sechzehn blitzsauberen Zimmer sind lichtdurchflutet und verfügen über feste Matratzen sowie ordentliche Bäder, bieten aber leider keinen Meerblick. Ein Plus ist das reichhaltige Frühstück, außerdem ist der Einbau von Klimaanlagen geplant. Bill, der australische Besitzer, gilt als unerschöpfliche Infoquelle.

Die erstklassige Lage fast direkt an der Hauptstraße lädt zu Streifzügen durch die Stadt ein.

Aukara Lodge   HÜTTE $$
(☎ 032-210-0539, Mobil 7709-5711; www.aukara.cl; Av Pont s/n; EZ/DZ 40 000/65 000 Ch$; 🛜) „Lodge" trifft es nicht wirklich, immerhin beherbergt das Aukara eine Kunstgalerie mit Bildern und Holzschnitzereien des Besitzers, Bene Tuki. Die Zimmer selbst sind nichts Besonderes, aber durchaus schmuck, das Leben tobt in Gehweite und der schattige Garten eignet sich wunderbar, um alle viere von sich zu strecken. Benes Frau Ana Maria spricht hervorragend Englisch und weiß sehr gut über die Geschichte der Insel Bescheid. Eine solide Wahl für alle, die sich für Kunst und Kultur interessieren.

Cabañas Mana Nui   HÜTTEN $$
(☎ 032-210-0811; www.mananui.cl; Sector Tahai; EZ/DZ 40 000/60 000 Ch$; 🛜) Gut geführt und zuverlässig. Die sieben aneinander angrenzenden Räume reißen einen vielleicht nicht vom Hocker, doch die Anlage ist sauber, liegt in einer ruhigen Gegend und der atemberaubende Blick aufs Meer macht sie zu einem Schnäppchen. Selbstversorger können eine der beiden separaten Hütten beziehen und die Gästeküche nutzen.

Inaki Uhi   HÜTTEN $$
(☎ 032-210-0231; www.inakiuhi.com; Av Atamu Tekena s/n; EZ/DZ 50 000/80 000 Ch$; 🛜) Alvaro jr. hat 15 Jahre in Australien gelebt und viel Erfahrung darin, Besucher auf Englisch zur Logistik und Reiseplanung zu beraten. Die 15 eher kleinen Zimmer wurden umfassend modernisiert und verteilen sich über zwei Reihen aus niedrigen, sich gegenüberstehenden Gebäuden. Frühstück gibt's nicht, aber vier Gemeinschaftsküchen. Das Inaki Uhi steht direkt an der Hauptstraße und ist somit nah am Geschehen.

Aloha Nui   PENSION $$
(☎ 032-210-0274; haumakatours@gmail.com; Av Atamu Tekena s/n; EZ/DZ 37 000/70 000 Ch$) Nette Pension mit sechs gut durchdachten Zimmern und einem großen Gemeinschaftsraum, von dem man in einen mit Blumen bepflanzten Garten gelangt. Vor allem lohnt sich der Besuch hier aber für die Gespräche über Archäologie auf der Insel mit Josefina Nahoe Mulloy und ihrem Mann Ramon, die ausgezeichnet Englisch sprechen und renommierte Touren anbieten. Kein WLAN.

Vaianny   PENSION $$
(☎ 032-210-0650; www.residencialvaianny.com; Av Tuki Haka He Vari; EZ/DZ 40 000/55 000 Ch$; 🛜) Alteingesessenes und zentral gelegenes Gästehaus, ideal für Sparfüchse. Die einfachen, aber sauberen Zimmer verteilen sich über einen winzigen Garten. Für Selbstversorger steht eine Gästeküche zur Verfügung. Das Beste ist aber die Lage, denn die besten Bars und Restaurants der Stadt sind um die Ecke.

Hostal Petero Atamu   PENSION $$
(☎ 032-255-1823; www.hostalpeteroatamu.com; Petero Atamu s/n; mit/ohne Bad EZ 40 000/25 000 Ch$, DZ 60 000/40 000 Ch$; 🛜) Ein Favorit bei japanischen Rucksacktouristen ist diese schlichte Pension unweit des Zentrums. Wer aufs Geld achten muss, wird sich auf die kahlen, aber annehmbaren Zimmer mit Gemeinschaftsbad stürzen, „wohlhabendere" Reisenden ziehen gewöhnlich die Unterkünfte mit En-suite-Bad und eigener Terrasse vor. Besonders schön sind die Nummern 1, 2 und 3. Außerdem gibt's einen Fernsehraum und eine Küche.

★ **Cabalgatas Pantu – Pikera Uri** BUNGALOWS $$$
(☎ 032-210-0577; www.rapanuipantu.com; Tahai s/n; DZ 110 000–125 000 Ch$; 🐾) Der ideale Standort und die hübsche Ästhetik machen die Anlage zu einer der besten Adressen in Hanga Roa. Genächtigt wird in unfassbar niedlichen Bungalowzimmern an einem Hang mit Blick auf den Ozean. Die schönste Aussicht hat man in Rito Mata und Uri. Alle Unterkünfte haben viel Platz, viel Licht und eine wunderbare Ausstattung. Vor den Türen erstreckt sich ein kleiner Paddock, auf dem Besitzer Pantu allmorgendlich seine Pferde zusammentreibt.

★ **Hare Noi** BOUTIQUE-HOTEL $$$
(☎ 032-255-0134; www.noihotels.com; Av Hotu Matua s/n; DZ 380 000 Ch$; 🌐🏊) Ein Nobelhotel ohne die übliche Förmlichkeit. Gäste übernachten in Bungalows aus Holz und Stein auf einem reizenden Anwesen nicht weit vom Flughafen. Sie sind geräumig, hell und gut geschnitten, das Mobiliar ist elegant, die Einrichtung solide und es gibt eine private Terrasse. Da das Gelände ziemlich weitläufig ist, bleibt die Privatsphäre meistens geschützt. Das Restaurant vor Ort ist exzellent. Das Zentrum befindet sich ein Stück weit entfernt, da sind die kostenlosen Leihräder umso praktischer.

Altiplanico HOTEL $$$
(☎ 032-255-2190; www.altiplanico.cl; Sector Tahai; EZ/DZ 205 000/230 000 Ch$; @🌐🏊) Das Beste an diesem gut geführten Hotel mit Boutique-Flair ist seine hervorragende Lage auf einer leichten Erhöhung in Tahai. Die Bungalows 1, 2, 3, 10, 11 und 17 bieten einen Panoramablick über das Meer. Alle 17 Wohneinheiten sind blitzsauber und schrullig eingerichtet. Sie liegen recht eng beieinander und wir fanden den Standardpreis etwas übertrieben. Das Restaurant der Anlage ist elegant und ebenfalls teuer (Pizzas kosten 30 US$).

Hanga Roa Eco Village & Spa LUXUSHOTEL $$$
(☎ 032-255-3700; www.hangaroa.cl; Av Pont s/n; EZ/DZ ab 225 000/300 000 Ch$; 🌐🏊) Seit der Komplettrenovierung 2012 zählt die weitläufige Anlage zu den besten Unterkünften der Insel. Sie hat zahlreiche Zimmer mit kreativem Design und Suiten inklusive Meerblick. Alle Gebäude bestehen aus natürlichen Materialien, ihre gebogenen Linien und Formen sind von Höhlen inspiriert. Obwohl sie schick und groß sind, fügen sie sich in die Umgebung ein. Das Restaurant auf dem Gelände serviert feine Küche und das Spa ist einfach der Knaller. Darüber hinaus nutzen die Hotelbetreiber ein umweltfreundliches Sparsystem für Wasser und Strom.

🍴 Essen

Selbstversorger finden an der Avenida Atamu Tekena ein paar gut sortierte Supermärkte.

★ **Mikafé** CAFETERIA, SANDWICHES $
(Caleta Hanga Roa s/n; Eiscreme 1800–3200 Ch$, Sandwiches & Kuchen 3500–6000 Ch$; ⏱ Mo-Sa 9–20.30 Uhr) Mmm, unbedingt *helados artesanales* (hausgemachtes Eis) probieren! Oh, und der Bananenkuchen macht süchtig! Außerdem gibt's Panini, Sandwiches, Muffins und Brownies sowie Frühstück (ab 3500 Ch$).

Motu Hava Kafe FAST FOOD $
(☎ Mobil 9301-5104; Caleta Hanga Roa s/n; Hauptgerichte 2500–7000 Ch$; ⏱ Mo-Sa 9–19 Uhr) Wer nicht aufpasst, übersieht den Eingang dieses alternativen, kleinen Imbisses mit Blick auf die Caleta Hanga Roa. Hier kann man sich frisch frittierte Empanadas, Sandwiches oder die köstlichen Tagesgerichte zu günstigen Preisen einverleiben. Es gibt leckeres Frühstück (ab 2800 Ch$) und alles auch zum Mitnehmen.

Casa Esquina FAST FOOD $
(☎ 032-255-0205; Av Te Pito o Te Henua; Hauptgerichte 5000–9000 Ch$; ⏱ 12–23.30 Uhr) Eine preiswerte Wahl inklusive windumwehter Terrasse mit Blick auf die Kirche. Die Karte beinhaltet Pastagerichte, Pizzas, Sandwiches, Salate und (juhhuuh!) authentisches Sushi. All das kann man dann mit einem *jugo natural* (frisch gepresster Saft) hinunterspülen.

Mara Pika FAST FOOD $
(Av Apina s/n; Hauptgerichte 2500–6000 Ch$; ⏱ 8–20 Uhr) Das wohl günstigste „richtige" (sprich: mit Sitzplätzen) Restaurant von Hanga Roa erinnert eher an eine Kantine, aber an eine gute. Der Service ist freundlich und packt ordentlich chilenische Hausmannskost auf die Teller, darunter Empanadas und verschiedene Tagesangebote.

Caramelo CAFETERIA $
(☎ 032-255-0132; Av Atamu Tekena s/n; Hauptgerichte 6500–8500 Ch$; ⏱ Mo-Sa 9.30–21 Uhr) Wen es nach einem großen Salat oder nach Edelsandwiches gelüstet, der sollte ins Caramelo gehen. Davon abgesehen steht ein verlockendes Angebot an süßen Teilchen und

Kuchen zur Auswahl. Dazu können Tee, Kaffee, Smoothies und heiße Schokolade bestellt werden.

Moiko Ra'a CAFETERIA $
(032-255-0149; Av Atamu Tekena s/n; Snacks 2500–7000 Ch$; tgl. 9–22 Uhr;) Kleine Cafeteria mit lauter leckeren Sachen: Kaffeeteilchen, deren Anblick schon Karies verursacht, tolle Sandwiches, Törtchen und Empanadas. Unbedingt Platz lassen für die dickflüssige heiße Schokolade!

Tataku Vave FISCH & MEERESFRÜCHTE $$
(032-255-1544; Caleta Hanga Piko s/n; Hauptgerichte 11 000–19 000 Ch$; Mo-Sa 12–22 Uhr) Hinter der Caleta Hanga Piko liegt ein schwer zu findender „Geheimtipp", der gern von Einheimischen empfohlen wird. Auf der Terrasse nur wenige Schritte vom Ufer entfernt weht eine herrliche Brise und jede Mahlzeit wird vom Rauschen der Wellen begleitet. Die Fischgerichte sind ein Gedicht. Vorher anrufen, um sich kostenlos vom Hotel abholen zu lassen.

Au Bout du Monde INTERNATIONAL $$
(032-255-2060; www.restaurantauboutdumonde.com; Av Policarpo Toro s/n; Hauptgerichte 11 000–18 000 Ch$; Mi-Mo 12–14.30 & 19–22.30 Uhr, Juni & Juli geschl.) Gäste dieses netten Lokals, das von einer Belgierin betrieben wird, sollten den Thunfisch in tahitianischer Vanillesoße, die hausgemachten Tagliatelle oder das (Bio-)Rinderfilet probieren. Für den Nachtisch Platz lassen: Die belgische Mousse au Chocolat ist göttlich.

Haka Honu CHILENISCH $$
(Av Policarpo Toro s/n; Hauptgerichte 11 000–16 000 Ch$; Di-So 12.30–22 Uhr) Die Fischgerichte, Steaks, hausgemachten Nudeln, Burger und Salate sorgen für eine ausgewogene Mischung in diesem angesehenen Restaurant, dessen größter Trumpf sein traumhafter Meerblick ist.

Kanahau FISCH & MEERESFRÜCHTE, CHILENISCH $$
(032-255-1923; Av Atamu Tekena s/n; Hauptgerichte 10 000–16 000 Ch$; 12–23.30 Uhr) Ob man aus den vielen schmackhaften Gerichten den fangfrischen Thunfisch oder *lomo kanahau* (Rindfleisch mit hausgemachter Soße) auswählt, alles wird sorgfältig zubereitet und in einem stimmungsvollen Ambiente zuvorkommend serviert.

Inkai PERUANISCH $$
(Mobil 7880-8886; Av Apina s/n; Hauptgerichte 12 000–16 000 Ch$; Mi-Mo 12.30–22 Uhr) Keine Lust mehr auf Ceviche und Rindfleisch? Dann ist die wunderbare Karte des direkt am Ufer gelegenen Inkai vielleicht etwas. Sie wartet mit peruanischen Gerichten wie delikatem *aji de gallina* (Hühnerbrust in einer leicht pikanten, sämigen Soße) auf. Auf der einladenden Terrasse eröffnet sich der Blick aufs Meer.

Kuki Varua FISCH & MEERESFRÜCHTE, CHILENISCH $$
(032-255-2072; Av Te Pito o Te Henua s/n; Hauptgerichte 9000–13 000 Ch$; Mi-Mo 12–16 & 19–22 Uhr) Tag für Tag wird das Kuki Varua mit frischem Fisch beliefert, darunter Thunfisch und *mero* (Zackenbarsch). Auf der Terrasse oben weht immer ein laues (Meeres-)Lüftchen.

★ Te Moana CHILENISCH $$$
(032-255-1578; Av Atamu Tekena s/n; Hauptgerichte 10 000–21 000 Ch$; Di–So 12.30–23 Uhr) Eine der verlässlichsten Optionen in Hanga Roa überzeugt schon allein durch ihre herrliche Lage und eine stimmungsvolle Veranda, die sich zum Meer hin öffnet. Das gut besuchte Restaurant hat sich mit leckeren Fleisch- und Fischgerichten einen Namen gemacht. Ein weiterer Magnet ist das polynesische Dekor, das aus Holzschnitzereien und traditionellen Artefakten an den Wänden besteht.

INSIDERWISSEN

VOM AHU TEPEU BIS ZUM ANAKENA-STRAND

An dem Küstenabschnitt zwischen dem Ahu Tepeu und dem Anakena-Strand präsentiert sich die Osterinsel von einer besonders reizvollen Seite mit einer weitflächigen, wilden Felslandschaft, hohen Klippen, kahlen Landstrichen und einem sensationellen Meerblick. Am Wegesrand liegen zahlreiche archäologische Stätten und Höhlen voll beeindruckender Zeichnungen. Für die Wanderung vom Ahu Tepeu bis zum Anakena-Strand benötigt man sechs bis sieben Stunden. Anschließend trampt man zurück oder organisiert ein Taxi für den Rückweg nach Hanga Roa. Weil die Route nicht markiert ist und es keine Wegweiser zu den archäologischen Stätten gibt, braucht man auf jeden Fall einen Guide, den man über die Touristeninformation oder die Unterkunft engagieren kann.

La Taverne du Pêcheur FRANZÖSISCH $$$
(032-210-0619; Caleta Hanga Roa s/n; Hauptgerichte 12 000–25 000 Ch$; ⊙ Mo-Sa 12–15 & 18–23 Uhr) Eine wahre Institution am Hafen. Dieser Franzose bereitet den Gästen ein fantastisches, wenn auch teures kulinarisches Erlebnis. Die französischen Leibspeisen werden mit chilenischer Note zubereitet – besonders lecker ist der *thon Rossini*, Thunfisch mit Foie gras, flambiert mit Cognac. Auf der schicken Terrasse oben kann man wunderbar die Uferatmosphäre in sich aufnehmen, ein paar Leser haben allerdings die mürrischen Kellner bemängelt.

Ausgehen & Nachtleben

Viele Restaurants haben auch eine Bar.

Te Moana BAR
(Av Atamu Tekena s/n; ⊙ Mo-Sa 12.30–24 Uhr) Gute Stimmung, gut gemischtes Publikum und gute Cocktails.

Kopakavana Club BAR
(Av Te Pito o Te Henua s/n; ⊙ 18–2 Uhr) Die Gäste kommen nicht nur wegen der Cocktails, sondern auch wegen der hippen Atmosphäre.

Toromiro BAR
(Av Atamu Tekena s/n; ⊙ Mo-Fr 10–24, Sa & So 10–14 & 18–24 Uhr) Coole Bar im Zentrum. Das Essen ist nur mäßig.

Marau BAR
(Av Atamu Tekena s/n; ⊙ 17–24 Uhr) Treffpunkt der Einheimischen (hier kennt jeder jeden), die hier mit teuflisch guten Tropencocktails versorgt werden.

Haka Honu BAR
(Av Policarpo Toro s/n; ⊙ Di-So 12.30–22 Uhr) Auf der Außenterrasse weht immer eine kühlende Brise – ein wunderbarer Ort zum Entspannen.

Kanahau BAR
(Av Atamu Tekena s/n; ⊙ 12–23.30 Uhr) In der netten, mit Holz verkleideten Bar kann man bei einem starken Pisco Sour die Nacht ausklingen lassen. Die *picoteos* (Tapas) sind klasse.

Mikafé CAFÉ
(Caleta Hanga Roa s/n; ⊙ Mo-Sa 9–20.30 Uhr) Hier bekommt man echten Espresso und Cappuccino.

Pikano BAR
(Eintritt 3000 Ch$; ⊙ Mi & Fr 23–4 Uhr) Eine etwas andere Bar. Das Pikano liegt abgeschieden an der Straße nach Anakena, rund 3 km vom Flughafen entfernt. Mittwochs und freitags ist hier der Teufel los, wenn ein bunt gemischtes Publikum jede Menge Bier und Grillfleisch konsumiert, während Livemusik gespielt wird. Zu vorgerückter Stunde verwandelt sich der Laden dann in einen Club.

Shoppen

In Hanga Roa gibt's jede Menge Souvenirshops. Die meisten befinden sich in der Avenida Atamu Tekena und der Avenida Te Pito o Te Henua.

Feria Artesanal KUNST, KUNSTHANDWERK
(Ecke Avs Atamu Tekena & Tu'u Maheke; ⊙ Mo-Sa 10–20 Uhr) Gute Preise. Die kleinen *moai* aus Stein oder Holz und die Obsidian-Stücke sind ihr Geld wert.

Mercado Artesanal KUNST, KUNSTHANDWERK
(Ecke Avs Tu'u Koihu & Ara Roa Rakei; ⊙ Mo-Sa 10–20 Uhr) Gegenüber der Kirche gibt's von allem etwas.

ⓘ Praktische Informationen

BancoEstado (Av Tu'u Maheke s/n; ⊙ Mo-Fr 8–13 Uhr) Wechselt US-Dollars und Euros. Der Geldautomat akzeptiert nur MasterCard.

Banco Santander (Av Policarpo Toro; ⊙ Mo-Fr 8–13 Uhr) Wechselt Geld und hat zwei Geldautomaten, die Visa und MasterCard akzeptieren. Mit der Kreditkarte bekommt man während der Öffnungszeiten Bargeld am Bankschalter (Pass mitbringen!).

Farmacia Cruz Verde (Av Atamu Tekena; ⊙ Mo-Sa 8.30–22, So 9.30–21 Uhr) Große Apotheke.

Hare Pc (Av Atamu Tekena s/n; 1200 Ch$ pro Std.; ⊙ Mo-Sa 8.30–14 & 16–19, So 8.30–14 Uhr; 🛜) Internetzugang und WLAN.

Hospital Hanga Roa (032-210-0215; Av Simon Paoa s/n) Wurde gerade modernisiert.

Omotohi Cybercafé (Av Te Pito o Te Henua s/n; 1000–1500 Ch$ pro Std.; ⊙ Mo-Fr 8.30–22, Sa & So 9.30–22 Uhr; 🛜) Internetzugang, WLAN, Telekommunikationszentrum.

Polizei (133)

Puna Vai (Av Hotu Matua; ⊙ Mo-Sa 8.30–13.30 & 15–20, So 9–14 Uhr) Die Tankstelle dient gleichzeitig als Wechselstube und verfügt über eine Geldautomaten (nur MasterCard). Sie ist eine bessere Anlaufstelle als die Bank (keine Warteschlangen, besserer Wechselkurs längere Öffnungszeiten).

Sernatur (032-210-0255; www.chile.travel/en.html; Av Policarpo Toro s/n; ⊙ Mo-Fr 9–18, Sa 10–13 Uhr) Broschüren, Karten und Infos zu Unterkünften. Einige Mitarbeiter sprechen etwas Englisch.

PARQUE NACIONAL RAPA NUI

Seit 1935 bilden der größte Teil des Inselgebiets und alle archäologischen Stätten gemeinsam einen **Nationalpark** (www.conaf.cl; Erw./Kind 30 000/15 000 Ch$; ⊙9–16 Uhr). Er wird von der Conaf verwaltet, die an den Kultstätten Orongo und Rano Raraku das Eintrittsgeld kassiert. Das Ticket gilt fünf Tage für das ganze Reservat ab dem ersten Besuchstag. Man darf Orongo und Rano Raraku jeweils einmal besuchen. Infostationen der Parkwächter befinden sich in Orongo, an der Anakena-Bucht und am Rano Raraku.

> **TICKETS FÜR DEN PARQUE NACIONAL RAPA NUI**
>
> Eintrittskarten für den Besuch im Parque Nacional Rapa Nui können nach der Ankunft an dem kleinen Kiosk am Flughafen gekauft werden. Meist ist es günstiger, in US-Dollar zu zahlen (60 US$ gegenüber 30 000 Ch$). Kinder bekommen 50 % Rabatt. Die Tickets sind ab dem ersten Besuchstag fünf Tage lang gültig. Eine alternative Bezugsquelle ist **Conaf** (✆ 032-2100-827; www.conaf.cl; Sector Mataveri; Tickets Erw./Kind 30 000/15 000 Ch$; ⊙9–16 Uhr). Achtung: In Orongo und Rano Raraku gibt's keine Karten!

⊙ Sehenswertes

⊙ Nördlicher Rundweg

Die Straße nördlich des Ahu Tahai ist ganz schön holprig. Am besten lässt sich diese Gegend zu Fuß, mit dem Pferd oder per Mountainbike erkunden.

Ana Kakenga   HÖHLE
2 km nördlich des Ahu Tahai befindet sich diese Höhle, auch Dos Ventanas (Zwei Fenster) genannt, mit Öffnungen zum Ozean. Taschenlampe mitbringen.

Ahu Tepeu   ARCHÄOLOGISCHE STÄTTE
Auf diesem *ahu* liegen mehrere umgekippte *moai*. Hier erstreckt sich auch eine Dorfanlage mit Fundamentresten von *hare paenga* (ellipsenförmigen Häusern) und den Mauern einiger Rundhäuser, bestehend aus lose übereinander gestapelten Steinen.

Ana Te Pahu   HÖHLE
Abeseits der Piste nach Akivi stößt man auf frühere Wohnhöhlen mit einem verwilderten Garten für Süßkartoffeln, Taro (Wasserbrotwurzel) und Bananen. Die Höhlen sind sogenannte Lavaröhren, die entstanden, als Gestein um fließende Lavaströme erstarrte.

Ahu Akivi   ARCHÄOLOGISCHE STÄTTE
Der 1960 restaurierte Ahu Akivi hat sieben *moai*, was für die Lage im Inland ungewöhnlich ist. Es sind die einzigen, deren Gesichter Richtung Meer weisen, doch wie alle Statuen blicken sie auf ein Dorf, dessen Spuren man noch erkennt. Wie sich herausgestellt hat, ist die Stätte von astronomischer Bedeutung: Bei den Tagundnachtgleichen schauen die sieben Statuen direkt in die untergehende Sonne.

★ Maunga Terevaka   BERG
Dieser alte kahle Vulkan (507 m) ist die höchste Erhebung der Insel. Er lässt sich nur zu Fuß oder zu Pferd erklimmen. Der Aufstieg lohnt sich, denn oben eröffnet sich ein sensationeller Rundumblick.

Puna Pau   ARCHÄOLOGISCHE STÄTTE
In dem vulkanischen Steinbruch wurden rötliche, zylinderförmige *pukao* (Kopfaufsätze) für die *moai* hergestellt. Etwa 60 davon transportierte man zu verschiedenen Stätten auf der Insel, 25 verblieben in oder nahe dem Steinbruch.

⊙ Südwestlicher Rundweg

Ana Kai Tangata   HÖHLE
Die weitläufige Höhle hat sich in das schwarze Felsgestein hineingefressen und wartet mit wunderschönen Felszeichnungen auf. Wegen Steinschlages ist das Betreten verboten.

★ Rano Kau & Kultstätte Orongo   KRATERSEE
Der von Totora-Schilf fast vollkommen zugewachsene Kratersee ähnelt einem riesigen Hexenkessel. Oben auf dem Rand liegt die **Kultstätte Orongo** (Erw./Kind 30 000/15 000 Ch$; ⊙9–16 Uhr), dahinter fallen steile Klippen 400 m bis zum kobaltblauen Ozean ab. Dies ist eine der spektakulärsten Landschaften im Südpazifik. Von Orongo lassen sich mehrere kleine *motu* (vorgelagerte Inselchen) überblicken, darunter Motu Nui, Motu Iti und Motu Kau Kau. Die Wände der an den Hang geschmiegten Häuser bestehen aus übereinanderliegenden Platten. Aus dem gleichen Material wurde das gebo-

gene Dach gebaut, sodass es den Anschein erweckt, als befände es sich teilweise unter der Erde. Orongo bildete das Zentrum des Vogelmannkults, der dem Gott Makemake huldigte und bis weit ins 19. Jh. hinein auf der gesamten Insel eine bedeutende Rolle spielte. Auf einer Ansammlung von Felsbrocken zwischen der Klippenoberkante und dem Kraterrand sind Zeichnungen des Vogelmannes zu sehen. Die Stätte liegt 4 km vom Stadtzentrum entfernt; man erreicht sie entweder auf einer steilen Wanderung oder nach einer kurzen Fahrt durch schöne Landschaft.

Ahu Vinapu ARCHÄOLOGISCHE STÄTTE
Vom östlichen Ende des Rollfelds am Flughafen führt eine Straße an einigen großen Öltanks vorbei nach Süden zu dieser Kultstätte mit zwei wichtigen *ahu*. Einer zeichnet sich durch ordentlich behauene, mörtellose Steinblöcke aus, die an Inka-Ruinen denken lassen. Auf beiden standen einst *moai*, die aber leider zerbrochen sind und nun mit dem Gesicht nach unten liegen.

Nordöstlicher Rundweg

Anakena STRAND
Sonnenanbeter, die nach einem Ort zum Faulenzen suchen, sollten sich direkt zu diesem idyllischen weißen Sandstrand begeben. Er ist auch ein guter Ausgangspunkt für eine Wanderung zum **Ahu Nau Nau** mit sieben *moai*, einige inklusive Kopfaufsätzen. Auf einer Erhebung südlich des Strandes liegt der **Ahu Ature Huki** samt einem einsamen *moai*, den der norwegische Entdecker Thor Heyerdahl 1956 zusammen mit einem Dutzend Inselbewohnern wieder aufrichtete.

Vor Ort gibt's Toiletten sowie Essens- und Souvenirstände.

Ovahe STRAND
Wer gern Robinson Crusoe spielt, findet hier mehr Abgeschiedenheit als in Anakena. Allerdings gilt der Sandstreifen wegen fallender Felsbrocken als gefährlich.

Ahu Te Pito Kura ARCHÄOLOGISCHE STÄTTE
Neben der Bahía de La Pérouse liegt ein fast 10 m langer *moai* mit gebrochenem Genick auf seinem Gesicht. Es handelt sich um die größte Statue, die aus Rano Raraku abtransportiert und auf einem *ahu* errichtet wurde. In der Nähe befindet sich ein *pukao*, ein *moia*-„Hut", der in diesem Fall eher oval als rund geraten ist wie auf dem Vinapu.

Papa-Vaka-Petroglyphen ARCHÄOLOGISCHE STÄTTE
100 m abseits der Küstenstraße (auf die Beschilderung achten) befinden sich massive Basaltplatten mit Zeichnungen, u. a. von einem Hai, einem Tintenfisch und einem großen Kanu.

Península Poike HALBINSEL
Der erloschene Vulkan **Maunga Pu A Katiki** (400 m) krönt das von steilen Klippen begrenzte Hochplateau am östlichen Ende der Insel. Ebenfalls auffällig sind die drei kleinen Lavadome. Einer davon besticht durch die Felsritzung einer Maske im Stein, die an eine riesige Fratze erinnert. Außerdem sollte man Ausschau halten nach den kleinen *moai*, die mit dem Gesicht nach unten versteckt im Gras liegen, und sich nach der in den Fels gehauenen **Jungfrauenhöhle** (Ana O Keke) erkundigen. Es lohnt sich, hineinzukrabbeln, falls man sich für Petroglyphen interessiert. Auf einer geführten Tageswanderung lässt sich die Ursprünglichkeit der Península Poike am besten erleben, denn manche Attraktionen sind nicht ganz leicht zu finden.

Ahu Tongariki ARCHÄOLOGISCHE STÄTTE
Der monumentale Ahu Tongariki bietet schöne Fotomotive. Mit 15 beeindruckenden Statuen ist er der größte je errichtete *ahu*. Die Figuren blicken über die verstreuten Ruinen eines großen Dorfes. In der Nähe gibt's auch einige Felszeichnungen, z. B. von einer Schildkröte mit einem menschlichen Gesicht, einem Thunfisch und einem Vogelmann. Von 1992 bis 1995 kümmerte sich ein japanisches Expertenteam um die Restaurierung der Stätte, denn 1960 hatte ein Tsunami die Statuen umgeworfen und mehrere Kopfaufsätze weit ins Inland getragen. Nur einer dieser „Hüte" wurde wieder zurück an seinen Ursprungsort, auf den Kopf eines *moai*, gesetzt.

Rano Raraku ARCHÄOLOGISCHE STÄTTE
(Erw./Kind 30 000/15 000 Ch$; 9–16 Uhr) 18 km von Hanga Roa entfernt diente der Vulkan Rano Raralu, „die Wlege" genannt, als Steinbruch für den harten Tuff, aus dem die *moai* gehauen wurden. Bei einem Spaziergang am Südhang des Vulkans zwischen Dutzenden Steinstatuen in allen Entstehungsstufen fühlt man sich wie auf einer Reise in frühe polynesische Zeiten. Der Panoramablick vom Gipfel ist umwerfend. Im Krater befinden sich ein glitzernder See und 20 stehende *moai*. Am Südosthang des Bergs ist der einzigartige kniende Moai Tukuturi zu sehen.

RAPA NUI VERSTEHEN

Rapa Nui aktuell

Seit 2007 bildet die Osterinsel innerhalb Chiles eine *territoria especial,* eine Art Sondergebiet, was für die Inselbewohner größere Autonomie mit sich bringt. Allerdings stehen Unabhängigkeitsbestrebungen nicht auf der Tagesordnung, denn die fortdauernde ökonomische Abhängigkeit vom chilenischen Festland lässt diese Option in absehbarer Zukunft wahrscheinlich nicht zu.

Der neue Status kann aber zumindest helfen, in den nächsten Jahren das Hauptanliegen der Rapa Nui (die Ureinwohner) durchzusetzen: die Rückgewinnung ihres Heimatlandes. Außerhalb von Hanga Roa haben sie so gut wie keine Kontrolle über Grund und Boden. Ein Nationalpark (1935 eröffnet) nimmt mehr als ein Drittel des Eilandes ein, und fast die gesamte restliche Fläche gehört dem chilenischen Staat. Einheimische Gruppen haben die chilenische Regierung und die UN gebeten, wenigstens den Park wieder an die Ureinwohner zu übertragen. Seit 2010 entzweit ein Streit um Land einen Rapa-Nui-Clan mit den Besitzern des Hanga-Roa-Luxushotels.

Darüber hinaus fordern die Rapa Nui eine Mitsprache bei der Entwicklung und Überwachung der Tourismusindustrie. Von Massentourismus kann hier zwar noch keine Rede sein, aber die zunehmende Zahl an Besuchern – vor zehn Jahren waren es noch ca. 30 000, 2014 bereits ca. 95 000 – wirkt sich natürlich dennoch auf die Umwelt aus.

Der kürzliche Zustrom von Festlandchilenen (meist Bauarbeiter) führte zu Spannungen mit einigen Inselbewohnern, die die Zuwanderer als „Unruhestifter" empfinden. Strengere Einwanderungskontrollen für Rapa Nui sind in Planung, vergleichbar mit denen, die auf den Galapagosinseln in Ecuador gelten.

Geschichte

Zwischen dem 4. und 8. Jh. kamen die ersten Bewohner von den Marquesas, den Mangareva-, Cook- oder Pitcairn-Inseln hierher.

Die Rapa Nui entwickelten eine einzigartige Zivilisation, für die der Bau von kultischen Steinplattformen – den *ahu* – und die berühmten Statuen der Osterinsel – die *moai* – charakteristisch sind. Im 17. Jh. erreichte die Bevölkerung wahrscheinlich einen Höchststand von 15 000 Einwohnern. Schon zu dieser Zeit kam es zu Streitigkeiten um Land und knapp gewordene Güter. Kurz darauf landeten die Europäer auf der Insel und es setzte ein Bevölkerungsrückgang ein. Spätere Konflikte zwischen verschiedenen Clans führten zu blutigen Kriegen und Kannibalismus, und viele *moai* wurden auf ihren *ahu* umgestürzt. Doch auch Naturkatastrophen wie Erdbeben und Tsunamis richteten erhebliche Schäden an. Die einzigen *moai,* die heute noch stehen, wurden im vergangenen Jahrhundert restauriert.

Der Kontakt mit Fremden führte fast zur Ausrottung der Rapa Nui. Bei einem Überfall peruanischer Sklavenhändler 1862 wurden 1000 Inselbewohner verschleppt, um in den Guano-Depots der peruanischen Chincha-Inseln zu arbeiten. Auf intensiven Druck der katholischen Kirche brachte man einige Überlebende zur Osterinsel zurück, aber fast 90 % fielen Krankheiten und Überarbeitung zum Opfer. Eine kurze Phase französischer Missionsarbeit in den 1860er-Jahren führte dazu, dass die meisten Inselbewohner zum Katholizismus konvertierten.

1888 annektierte Chile die Osterinsel. Dies geschah während der Expansionsphase nach dem Salpeterkrieg (1879–1884), in deren Verlauf sich auch peruanisches und bolivianisches Territorium in großem Rahmen einverleibte.

1897 fiel Rapa Nui in die Hände einer einzelnen Wollhandelsgesellschaft. Das Unter-

> **NACHHALTIG REISEN**
>
> Die Osterinseln sind ein fantastisches Freilichtmuseum, aber die zunehmende Besucherzahl stellt eine Bedrohung dar. Hier einige Verhaltensregeln:
>
> ➡ Nicht die *ahu* (kultische Steinplattformen) betreten, denn die Einheimischen verehren sie als Begräbnisstätten.
>
> ➡ Es ist verboten, Gestein von archäologischen Ausgrabungsstätten aufzuheben oder mitzunehmen.
>
> ➡ Felszeichnungen nicht berühren, sie sind sehr empfindlich.
>
> ➡ Auf den markierten Wegen bleiben.
>
> ➡ Motorisierte Fahrzeuge sind auf der Península Poike und auf dem Terevaka nicht erlaubt.
>
> ➡ Im Park keine Zelte aufstellen.

WIE MAN AHU UND MOAI AUSEINANDERHÄLT

Um die archäologischen Stätten der Osterinsel schätzen zu lernen, braucht man keinen Universitätsabschluss. Hilfreich sind die folgenden Erklärungen.

Ahu
Ahu, die Begräbnis- und Zeremonialstätten der Dörfer, haben sich wahrscheinlich aus Altären Französisch-Polynesiens entwickelt. Entlang der Küste stößt man auf etwa 350 dieser Plattformen. Sie sind mit mehr oder weniger flachen Steinen gepflastert und an jedem Ende sowie an der dem Meer zugewandten Seite mit einer Mauer verblendet.

Moai
Am stärksten geprägt wird die Osterinsel durch ihre rätselhaften *moai* – mächtige Statuen, die vielleicht Ahnen der Clans repräsentieren. Die 2 bis 10 m hohen Figuren mit steinernen Gesichtern stehen mit dem Rücken zum Pazifik. Einige wurden komplett restauriert, andere nur wieder aufgerichtet – sie sind von der Erosion gezeichnet. Viele weitere liegen umgestürzt am Boden.

Viele Jahrhunderte war nicht klar, wie *moai* transportiert und aufgestellt wurden. Experten glaubten lange, dass sie auf einer Art Holzschlitten gezogen oder auf Rollen geschoben wurden, doch seit Anfang des 21. Jh. sind viele Archäologen davon überzeugt, dass die *moai* nicht liegend, sondern stehend und mithilfe von Seilen geschleppt wurden. Diese Theorie würde mit den mündlichen Überlieferungen übereinstimmen, nach denen die *moai* „zu ihrem *ahu* gingen". Beendet ist die Debatte damit aber noch lange nicht.

Kopfaufsatz
Archäologen halten die rötlichen zylinderförmigen *pukao* (Kopfaufsätze), die zahlreiche *moai* krönen, für eine Männerfrisur, die einst auf Rapa Nui verbreitet war.

---

nehmen übte de facto die Regierungsgewalt über die Insel aus und betrieb den Wollhandel bis Mitte des 20. Jhs. 1953 übernahm dann die chilenische Regierung das Kommando, doch an den Restriktionen, unten denen die Inselbewohner litten, änderte sich nichts. Aufgrund ihrer beschnittenen Rechte, darunter Reisebeschränkungen und der Entzug des Wahlrechts, fühlten sich die Einheimischen wie Bürger zweiter Klasse. 1967 wurde eine reguläre Flugverbindung zwischen Santiago und Tahiti etabliert – mit Tankstopp auf Rapa Nui. So bekam die Osterinsel Kontakt zur Welt – für die Bewohner ein großer Vorteil.

Bevölkerung

Die Rapa Nui sind konservativ. Familienleben, Ehe und Kinder spielen eine zentrale Rolle, ebenso wie die Religion.

Mehr als ein Drittel der Bevölkerung stammt vom chilenischen Festland oder aus Europa. Am verblüffendsten ist die faszinierende Mischung von polynesischen und chilenischen Gewohnheiten. Obwohl es niemand offen zugeben will, sind die Bewohner der Insel heute ebenso stark mit Südamerika wie mit Polynesien verbunden.

Trotz ihrer einzigartigen Sprache und Geschichte wirkt die Gesellschaft der Rapa Nui heute wenig „traditionell" – ihre Kontinuität wurde durch die fast komplette Auslöschung der Bevölkerung im vergangenen Jahrhundert beinahe zerstört. Die Osterinsel hat sich dem modernen westlichen Lebensstil angepasst, doch auf ihre Vergangenheit sowie ihre Kultur sind die Menschen sehr stolz und bemühen sich, wenigstens die verbliebenen Traditionen zu pflegen.

Kunst

Wie auf Tahiti ist traditioneller Tanz auf der Osterinsel keine reine Touristenattraktion, sondern eine der lebendigsten Ausdrucksformen der polynesischen Kultur. Ein paar talentierte Gruppen treten regelmäßig in verschiedenen Hotels auf. Auch Tätowierungen sind ein Element der polynesischen Kultur und stehen bei der jungen Generation seit den 1980er-Jahren wieder hoch im Kurs. Die Osterinsel hat eine stark ausgeprägte Schnitztradition.

Geografie

Die Form der Osterinsel gleicht einem Dreieck und in jeder Ecke befindet sich ein erloschener Vulkankegel. Als höchster Punkt ragt im Nordwesten der Maunga Terevaka mit 507 m auf. Die Insel ist maximal 24 km lang und misst an der breitesten Stelle 12 km. Einen Großteil des Landesinneren bedecken Wiesen, Ackerland und zerklüftete Lavafelder. Steile, von der Brandung geformte Klippen dominieren die Küste; der einzige breite Sandstrand ist Anakena an der Nordküste.

Die Erosion, verstärkt durch Überweidung und Abholzung, stellt das größte Problem dar. Mit einem kleinen Aufforstungsprogramm wird auf der Península Poike versucht, dem entgegenzuwirken.

PRAKTISCHE INFORMATIONEN

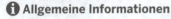 Allgemeine Informationen

ESSEN

Die angegebenen Preise basieren auf den Kosten für ein Standardhauptgericht.
$ unter 8000 Ch$
$$ 8000–15 000 Ch$
$$$ mehr als 15 000 Ch$

GELD

Die lokale Währung ist der chilenische Peso (Ch$). Eine Reihe von Unternehmen, vor allem *residenciales*, Hotels und Verleiher von Ausrüstungen etc., geben ihre Preise in US-Dollar an und akzeptieren Barzahlungen mit Dollars, notfalls aber auch mit Euros.

Geldautomaten Auf der Osterinsel gibt's drei Bankautomaten, von denen einer nur Master-Card akzeptiert. Traveller sollten also Bargeld in Reserve haben.

Geldwechsel Hanga Roa verfügt über zwei Banken und eine Wechselstube. Der US-Dollar ist die beste Fremdwährung, die man mitbringen kann, gefolgt vom Euro. Die Osterinsel wartet mit etwas besseren Wechselkursen auf als das chilenische Festland.

PRAKTISCH & KONKRET

→ Mehrere Läden in Hanga Roa verkaufen die überregionale Tageszeitung Mercurio.
→ Stromspannung: 240 V, 50 Hz AC.
→ Metrisches System.

Kreditkarten Viele *residenciales*, Hotels, Restaurants und Tourveranstalter akzeptieren Kreditkarten.
Steuern Alle Preise sind inklusive Mehrwertsteuer angegeben.
Trinkgeld & Handeln Trinkgeld und Handeln sind in der polynesischen Kultur nicht üblich.

INTERNETZUGANG

In Hanga Roa gibt's ein paar Internetcafés. Die meisten Hotels und Pensionen verfügen über (oftmals sehr langsames) WLAN.

ÖFFNUNGSZEITEN

Dies sind die typischen Öffnungszeiten auf Rapa Nui:
Büros Mo–Fr 9–17 Uhr
Restaurants Mo–Sa 11–22 Uhr

TELEFON

Die internationale Telefonvorwahl der Osterinsel ist dieselbe wie die für Chile (56) und die regionale Vorwahl (32) gilt für die gesamte Insel. In der Stadt gibt's zahlreiche so genannte *centros de comunicación*, in denen gesurft, telefoniert, gefaxt und gedruckt werden kann. Entel bietet GSM-Handyservice und man kann Prepaid-SIM-Karten kaufen. Den Handy-Anbieter zuhause fragen, wie es mit den Roaming-Gebühren aussieht.

TOURISTENINFORMATION

Easter Island Foundation (www.islandheritage.org) Hintergrundinfos zu Rapa Nui.
Lonely Planet (www.lonelyplanet.com/chile/rapa-nui-easter-island) Infos und Tipps für Reisende.

UNTERKUNFT

Wer vom chilenischen Festland auf die Osterinsel kommt, sollte sich auf einen Schock einstellen, denn trotz zahlreicher Unterkünfte – ca. 150 bei unserem letzten Besuch – sind die Preise im Vergleich zur Leistung sehr hoch. Bis auf ein Luxushotel befinden sich alle Häuser in Hanga Roa. Es gibt hier vor allem *residenciales* (Privatunterkünfte), aber auch immer mehr Luxusbleiben. Am unteren Ende des Spektrums bietet Hanga Roa zudem einige Campingplätze. Wildes Zelten ist im Nationalpark verboten.

Die folgenden Preisangaben beziehen sich auf ein Doppelzimmer mit Bad und Frühstück.
$ unter 40 000 Ch$
$$ 40 000–80 000 Ch$
$$$ mehr als 80 000 Ch$

An- & Weiterreise

FLUGZEUG

Als einzige Airline fliegt **LAN** (032-210-0279; www.lan.com; (210-0920; www.lan.com; Av Atamu Tekena s/n; Mo–Fr 9–16.30, Sa bis

12.30 Uhr) auf die Osterinsel. Sie bietet tägliche Verbindungen von/nach Santiago und verkehrt einmal pro Woche von/nach Pape'ete (Tahiti). Der Preis für ein Standardticket in der Economy-Klasse ab Santiago liegt bei 550 bis 900 US$.

ÜBERS MEER

Rapa Nui wird nur von wenigen Passagierschiffen angesteuert. Zudem machen hier ein paar Jachten Halt, meist im Januar, Februar und März. Es mangelt an gut geschützten Liegeplätzen.

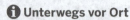 Unterwegs vor Ort

Außerhalb des Stadtgebiets von Hanga Roa gibt's zwei geteerte Straßen: die östliche Küstenstraße und die Straße nach Anakena.

AUTO & MOTORRAD

Manche Hotels und Agenturen vermieten Geländewagen für 40 000 bis 60 000 Ch$ pro 24 Stunden (Preise abhängig vom Fahrzeug). Da es keine Versicherung gibt, haftet der Mieter persönlich für jeden Autoschaden und sollte deshalb unbedingt vorsichtig fahren. Keine Wertsachen im Auto lassen, denn Diebstähle sind häufig. Motorroller und Motorräder bekommt man für 20 000 bis 25 000 Ch$ pro Tag.

Autoverleiher auf der Insel:

Haunani (032-210-0353; Av Atamu Tekena s/n; Mo–Sa 9–20 Uhr) An der Hauptstraße.

Insular Rent a Car (032-210-0480; www.rentainsular.cl; Av Atamu Tekena s/n; 9–20 Uhr) Verleiht auch Mountainbikes.

Oceanic Rapa Nui Rent a Car (032-210-0985; www.rapanuioceanic.com; Av Atamu Tekena s/n; 8–20 Uhr) An der Hauptstraße.

FAHRRAD

In Hanga Roa werden für ca. 10 000 Ch$ pro Tag Mountainbikes vermietet.

VOM/ZUM FLUGHAFEN

Der Flughafen liegt am Rand von Hanga Roa. Dort warten die Besitzer der Unterkünfte auf ihre Gäste und kutschieren sie kostenlos ins Hotel oder in die *residencial*.

TAXI

Innerhalb von Hanga Roa kosten Taxifahrten etwa 2000 Ch$. Die Fahrt zum Flughafen schlägt mit 3000 Ch$ zu Buche.

Chile verstehen

CHILE AKTUELL 444
Lateinamerikas stärkste Volkswirtschaft will Chancengleichheit für Arm und Reich schaffen und der Abenteuertourismus boomt.

GESCHICHTE 446
Obwohl es als Staat erst zwei Jahrhunderte existiert, hat Chile eine erstaunlich bewegte Vergangenheit.

LEBEN IN CHILE 461
Die Kultur im wirtschaftlich soliden und sehr traditionellen Chile macht gerade gravierende Veränderungen durch.

CHILENISCHER WEIN 464
Winzer Grant Phelps wirft einen Blick auf die Anfänge Chiles im Weinbau, verrät, nach welchen Weinen man Ausschau halten sollte, und erklärt den neuen Trend des Garagenweins.

LITERATUR & KINO 468
Das Land hat große Literaten hervorgebracht und glänzt zudem mit einer wachsenden Kunstszene sowie international geschätzten Filmen.

NATUR & UMWELT 472
Chiles Landschaft erstreckt sich von der weltweit trockensten Wüste bis hin zum eisbedeckten Süden.

NATIONALPARKS 478
Torres del Paine ist zwar die größte Attraktion Chiles, aber auch viele andere private Schutzgebiete und Nationalparks lohnen einen Besuch.

Chile aktuell

In Chile bewegt sich etwas. Dieses Mal ist allerdings kein Erdbeben schuld daran, sondern Präsidentin Michelle Bachelet, die schon einmal Präsidentin des Landes war. Als Ziel ihrer jetzigen Amtsperiode hat sie sich die Bekämpfung der sozialen Ungleichheit vorgenommen. Gleichzeitig kommt Chiles stetiger Wachstumsschub erstmals ins Stocken. Angesichts der fallenden Preise für Chiles wichtigstes Exportgut Kupfer fragen sich viele, ob nicht umfassende Reformen ins Haus stehen. Eins ist auf jeden Fall sicher: Den Status quo zu halten reicht auf Dauer nicht mehr aus.

Top-Filme

Gloria (2013) Witziges Porträt einer unkonventionellen 58-Jährigen.
La Nana – Die Perle (2009) Ein Dienstmädchen stellt seine lebenslange Loyalität in Frage.
Violeta ging in den Himmel (2012) Filmbiografie über die rebellische Ikone Violeta Parra.
Die Reisen des jungen Che (2004) Roadtrip, der einen Revolutionär formte.
No! (2013) War es tatsächlich eine Werbekampagne, die einen Diktator zu Fall brachte?
180° Süd (2010) Einem Reisenden in unberührtes Territorium folgen.

Top-Bücher

Deep Down Dark (Hector Tobar) Die fesselnde Geschichte der 33 verschütteten Bergarbeiter.
In Patagonien (Bruce Chatwin) Das Buch über das patagonische Ethos hat Kultcharakter.
Patagonien Express (Luis Sepúlveda) Meisterhaft geschriebene, witzige Geschichten vom Ende der Welt.
20 Liebesgedichte und ein Lied der Verzweiflung (Pablo Neruda) Emotionaler Klassiker.
Die Fahrt der Beagle (Charles Darwin) Beobachtungen zu einheimischer Fauna und Vulkanen.
Kauderwelsch Band 101. Spanisch für Chile Wort für Wort (Enno Witfeld) Chilenisches Spanisch – Deutsch.

Hin zu mehr Gleichheit und Gerechtigkeit

Das höchste Bauwerk auf dem südamerikanischen Kontinent, der 64-stöckige Gran Torre Santiago, ist seit 2013 fertig, ein untrügliches Symbol für die wiederentdeckte Stärke Chiles. Etwa zu derselben Zeit wurde Chile Mitglied der Organisation für Wirtschaftliche Zusammenarbeit und Entwicklung (OECD) – als erstes Land Südamerikas. Raum für Verbesserungen gibt's aber natürlich immer, denn in keinem der OECD-Mitgliedsstaaten ist die soziale Ungleichheit größer als hier:

Die Hälfte des Landesvermögens ist im Besitz von gerade mal 1% der Bevölkerung. Die Zahl der Millionäre hat sich nach der Jahrtausendwende verdoppelt, gleichzeitig leben 14,4 % aller Chilenen unterhalb der Armutsgrenze. Die Armut ist zwar in den letzten zehn Jahren um ein Drittel gesunken, aber das reicht den Kritikern nicht. Investitionen in die öffentliche Bildung und das Gesundheitswesen sind geplant, zwei Bereiche in denen die Bevölkerung Veränderungen fordert.

Eine noch größere, kontrovers diskutierte „Baustelle" ist die Reform der Verfassung, die aus den Zeiten der Diktatur stammt. Das binominale Wahlrecht wird abgeschafft, ein System, das die Stimmverteilung verzerrt, da die Hälfte der Sitze in den einzelnen Bezirken automatisch der zweitplatzierten Koalition zugesprochen wird, sofern sie mindestens ein Drittel der Stimmen auf sich vereinen konnte. Das neue Wahlsystem, das 2017 in Kraft tritt, wird dazu beitragen, dass auch parteilose Kandidaten die Chance bekommen, einen Fuß in die Tür zu bekommen.

Rückschläge

Ganz Chile sehnt sich nach einer Modernisierung. Die Bürger verhandeln die Bedingungen dafür mit einer gewissen Frustration. Man bedenke, dass das Land ein paar harte Jahre hinter sich hat. Das Erdbeben vor der Zentralküste im Februar 2010 hatte eine Stärke von 8,8 und die Wucht von 10 000 Hiroshima-Bomben. Zusammen mit dem anschließenden Tsunami forderte die Katastrophe Hunderte Menschenleben und verursachte einen Schaden von 30 Mrd. US$. Doch bereits nach zwei Monaten gingen die Kinder wieder zur Schule und Straßen, Häfen sowie Flughäfen waren wieder intakt. Die Nothilfe wurde vor allem von den Einwohnern geleistet, die einander ohne offizielle Unterstützung von Seiten des Staats unter die Arme griffen.

Ein paar Monate später rückten die Chilenen erneut zusammen, als 33 Bergbauarbeiter bei einem Grubenunglück in der San-José-Kupfermine verschüttet wurden. Für die Rettungsteams begann ein Wettlauf gegen die Zeit, um die Männer zu bergen, dennoch mussten diese 69 Tage unter Tage ausharren. Ihre Befreiung wurde live in aller Welt übertragen.

Gäbe es einen Preis für das am meisten gebeutelte Land, wäre Chile ein ernst zu nehmender Kandidat.

Neu & besser

Allen Schicksalsschlägen zum Trotz strebt Chile nach Fortschritt und ist emsig bemüht, sich in vielerlei Hinsicht neu zu definieren. In der Wüste im Norden wird derzeit ein E-ELT (European Extremely Large Telescope) gebaut, ein riesiges Hightech-Teleskop und Observatorium, mit dem die Herkunft der Planeten erforscht und nach Wasserquellen im Weltraum gesucht werden soll. Derweil entsteht in Rancagua in Zentralchile eine Kapelle von Antoni Gaudí. Das neobarocke Gebäude soll 2017 eingeweiht werden und wird Gaudís einziges Werk außerhalb Spaniens sein.

Auch gesellschaftliche Neuerungen stehen auf der Agenda. Seit Januar 2015 dürfen homosexuelle und unverheiratete Paare ihre Lebenspartnerschaften eintragen lassen. Fortschrittlich denkende Chilenen hoffen, dass die Reform des Gesundheitswesens auch die Legalisierung von Abtreibungen nach sich ziehen wird, es gibt aber unverändert viele Gegner.

Auch Chiles Straßennetz wird weiter ausgebaut. Selbst die entlegensten Winkel sind angeschlossen. Zuletzt wurden die lange bestehenden Pläne für den Bau der längsten Hängebrücke Lateinamerikas abgesegnet; sie wird Chiloé mit dem Seenbezirk verbinden.

Den Weg in die Zukunft zu beschreiten bedeutet auch, gegebenenfalls die Prioritäten zu verlagern. 2014 lehnte die Regierung HidroAyséns kontroverses 3,2 Milliarden US-Dollar schweres Wasserkraftprojekt ab, das die Errichtung mehrerer Dämme in ganz Patagonien vorsieht. Die Dämme an den Flüssen Manso, Puelo und Cuervo im Seenbezirk und in Patagonien sollen jedoch trotz Widerstands vor Ort gebaut werden. Dennoch hoffen viele, dass die Absage der Regierung an HidroAysén als Signal dafür zu deuten ist, dass Chile endlich seine schützende Hand über das wichtigste Kapital des Landes hält – die Natur.

In Chile liegt die trockenste Wüste der Erde, zudem ist das Land die Heimat von 80 % aller Gletscher auf dem Kontinent und besticht durch abwechslungsreiche, dünn besiedelte Gegenden. Kein Wunder, dass Insider voraussagen, dass es sich zu einem der führenden Reiseziele für Abenteuerurlauber mausern wird.

BEVÖLKERUNG: **17 MIO.**

DURCHSCHNITTSALTER: **33**

INTERNETNUTZER: **7 MIO.**

ARBEITSLOSIGKEIT: **6 %**

LEBENSERWARTUNG:
78 JAHRE

INFLATIONSRATE: **1,7 %**

BIP: **277 MRD. US$**

Gäbe es nur 100 Chilenen, wäre(n) ...

89 weiß
9 Mapuche
2 Angehörige einer anderen Gruppe

Religiöse Gruppen
(% der Bevölkerung)

2 Andere christliche Glaubensrichtungen
4 Andere
11 Atheisten

Einwohner pro km²

≈ 23 Personen

Geschichte

Erst allmählich kommt die erstaunliche Vergangenheit dieses Landes mit der ältesten besiedelten Stätte Amerikas zum Vorschein. Seit den Anfangstagen unter der Herrschaft des spanischen Reiches hat sich hier eine Menge getan. Noch heute ist die Kultur geprägt von einer kleinen Landbesitzerelite, langer Bergbautradition und einer Politik, die Reformen abwechselnd verhindert und vorangetrieben hat. Seine Unverwüstlichkeit machte Chile letztendlich zu einem der stabilsten und einflussreichsten Länder Südamerikas.

Die Anfänge

In den 1980er-Jahren brachte der 12 500 Jahre alte Fußabdruck eines Kindes auf einer sumpfigen Wiese die Grundüberzeugungen der amerikanischen Archäologie ins Wanken. Er belegte nämlich die Existenz von Siedlern in Monte Verde ganz in der Nähe von Puerto Montt. Andere Nachweise waren sogar 33 000 Jahre alt. Die neuen und zunächst sehr umstrittenen Erkenntnisse ließen die lange gültige Clovis-Hypothese auf einmal fragwürdig erscheinen. Ihr zufolge wurde der amerikanische Kontinent erst vor rund 11 500 Jahren über eine Landbrücke in der Beringstraße von der sogenannten Clovis-Kultur besiedelt, die von dort aus allmählich Richtung Süden wanderte. Neue Theorien gehen von unterschiedlichen Wegen nach Amerika oder gar einer Ankunft der ersten Siedler auf dem Seeweg aus. 1998 wurde der Fundort Monte Verde offiziell als älteste Siedlung auf dem amerikanischen Doppelkontinent anerkannt, wobei man mittlerweile Überreste entdeckte, vor allem in New Mexico, die sogar 40 000 Jahre alt sind.

> Rund 2000 Jahre vor den Ägyptern begannen die Chinchorro mit der Mumifizierung ihrer Toten. Die älteste bekannte Mumie stammt von ca. 5050 v. Chr.

Frühe Kulturen

Die meisten Funde aus präkolumbischer Zeit gab es im Norden Chiles, denn dort blieben die Fundstücke in der extremen Trockenheit der Wüsten erhalten. Nomadische Chinchorro hinterließen nach heutiger Kenntnis die ältesten bewusst konservierten Mumien der Welt. In den Tälern der nördlichen Wüste bauten sesshafte Aymara Mais und Kartoffeln an und hielten bereits Lamas und Alpakas. Ihre Nachkommen wenden in der Gegend des heutigen Nationalparks Lauca nach wie vor

ZEITACHSE

12 500 v. Chr.
Der Fußabdruck eines Kindes, entdeckt in Monte Verde bei Puerto Montt, widerlegt die These, dass die ersten Menschen über die Beringstraße einwanderten.

1520
Ferdinand Magellan erblickt am 1. November 1520 als erster Europäer chilenisches Territorium, während er durch die heute nach ihm benannte Meerenge segelt.

1535
Diego de Almagro marschiert mit 500 Mann, 100 Sklaven und 10 000 Indio-Trägern gen Chile. Viele erfrieren auf den Andenpässen. De Almagro findet keine Reichtümer und gibt seinen Anspruch auf.

ähnliche landwirtschaftliche Techniken an. Auch von der Kultur der Atacameño im Norden Chiles existieren bemerkenswert gut erhaltene Objekte von Mumien bis zu verzierten Platten, die bei der Verarbeitung halluzinogener Stoffe zum Einsatz kamen. Die El Molle und die Tiwanaku hinterließen riesige Geoglyphen (Erdzeichnungen), aber auch Felszeichnungen und Keramiken; einige dieser Bilder sind noch in Nordchile zu sehen. Fischer vom Volk der Chango siedelten an der nördlichen Küste, und Diaguita lebten in den Flusstälern im Landesinneren.

Die Inka drangen bis nach Nordchile vor, allerdings erstreckte sich ihr Einfluss kaum ins Landesinnere oder auf die Wälder des Südens, denn dort widersetzten sich die Picunche und die Mapuche entschlossen jedem feindlichen Übergriff. Die Cunco schließlich lebten als Fischer und Ackerbauern auf der Insel Chiloé sowie entlang der Küsten im Golf von Reloncaví und Ancud.

Einfall der Europäer

1495 konnten Amerikas Ureinwohner noch nicht ahnen, dass die beiden Großmächte jener Tage – Spanien und Portugal – das Land bereits unter sich aufteilten. Der päpstliche Vertrag von Tordesillas schlug alle Gebiete westlich von Brasilien den Spaniern zu, die Mitte des 16. Jhs. dann tatsächlich den größten Teil des Kontinents zwischen Florida, Mexiko und Zentralchile beherrschten. Zwar war ihre Zahl vergleichsweise gering, aber das machten die Europäer durch Entschlossenheit und Rücksichtslosigkeit wett. Sie nutzten Streitigkeiten zwischen den einzelnen Urvölkern geschickt aus und schüchterten die Menschen mit ihren Pferden und Feuerwaffen ein. Ihre Hauptverbündeten waren allerdings Infektionskrankheiten, gegen die Einheimische keinen Immunschutz hatten.

Diego de Almagro führte 1535 die erste spanische Expedition nach Nordchile, wählte aber die schwierigste Route über eisige Andenpässe. Obwohl er scheiterte, bereitete er den Boden für den Vorstoß von Pedro de Valdivia, dessen Truppen die ausgedörrte Wüste überlebten und 1540 das fruchtbare Tal des Río Mapocho erreichten. Valdivia unterwarf die

> Wer hätte gedacht, dass die Menschen schon in der Antike Drogen nahmen? Die alten Atacameños konsumierten Halluzinogene, wovon heute alte Werkzeuge zeugen: Mini-Spachtel, Bretter zum Schnupfen, Röhrchen, kleine Schachteln und Taschen aus Wolle.

NACKTE TATSACHEN

Über die Selk'nam, die einst auf Feuerland lebten, weiß man relativ wenig. Gut dokumentiert ist allerdings die Tatsache, dass sie ganz ohne Kleidung oder nur mit wenigen Textilien am Leib extreme Temperaturen ertragen konnten. Auf der **Website zum chilenischen Kulturerbe** (www.nuestro.cl) findet man einige interessante historische Anekdoten. U. a. berichtet hier der Anthropologe Francisco Mena: „Ein Forscher des 19. Jhs. erzählte, dass er einst einen nackten Mann traf und ihn fragte, warum er denn nicht friere. Der Selk'nam antwortete: ‚Mein ganzer Körper ist zum Gesicht geworden.'"

1535–1880	1540	1541	1548
Mit dem Arauco-Krieg beginnt der dreihundertjährige Widerstand der Mapuche gegen die spanischen Eroberer. Die Gegend südlich vom Río Biobío bleibt ihre Hochburg.	Nachdem sie die Atacama-Wüste überquert und ihre Extreme erduldet haben, gründen Pedro de Valdivia und 150 Spanier am Ufer des Río Mapocho eine Kolonie.	Santiago wird am 12. Februar trotz des erbitterten Widerstands der etwa 500 000 indigenen Araukaner gegründet. Die Kolonialisten bringen den Ureinwohnern Krankheit und Tod.	Missionare und Konquistadoren führen Wein in Chile ein. Anfangs kultivieren die Jesuitenpriester robuste *país*-Trauben. Heute gibt's im Land über 70 Weingüter und Wein ist ein Exportgut.

dort ansässigen Bewohner und gründete am 12. Februar 1541 die Stadt Santiago. Ein halbes Jahr später schlugen die Ureinwohner zurück und zerstörten den jungen Ort. Doch die Spanier gaben nicht auf und Santiago wuchs weiter. Als Valdivia 1553 von Mapuche, angeführt von den berühmten *caciques* (Häuptlingen) Caupolicán und Lautaro, enthauptet wurde, hatte er bereits zahllose Siedlungen und damit die Grundlage für eine neue Gesellschaft geschaffen.

> Caupolicán führte die Mapuche in ihren ersten Kampf gegen die spanischen Invasoren. Angeblich stellte er seine Qualifikation zum *toqui* (militärischen Anführer) unter Beweis, indem er drei Tage und Nächte hindurch einen Baumstamm in die Höhe stemmte und mit einer packenden Rede den Willen seines Volkes zur Rebellion gegen die Spanier weckte.

Chile in der Kolonialzeit

Die Spanier suchten eigentlich Gold und Silber, doch bald erkannten sie, dass der eigentliche Reichtum der Neuen Welt die vielen Ureinwohner waren. Das *encomienda*-System garantierte einzelnen spanischen Bürgern Rechte auf einheimische Arbeitskräfte und Tribute. Besonders in Nordchile, damals Teil von Peru, ließ sich das System leicht einführen, denn die hiesige Bevölkerung war gut organisiert und bereits mit ähnlichen Formen der Ausbeutung vertraut.

Auch das Zentrum Chiles brachten die Spanier unter ihre Kontrolle, allerdings leisteten die nomadischen und halbnomadischen Völker des Südens erbitterten Widerstand. Wildpferde aus der argentinischen Pampa halfen den Mapuche dabei, denn die neue Mobilität vergrößerte ihre Fähigkeit zum kriegerischen Angriff.

Gegen den Willen der spanischen Krone belohnte Valdivia seine Gefolgsleute mit riesigen Ländereien. Die *latifundios* (Güter) übten einen prägenden Einfluss auf die Landwirtschaft und Gesellschaft Chiles aus und viele von ihnen existierten bis in die 1960er-Jahre.

Schnell gab es mehr Mestizen – also Mischlinge spanisch-indianischer Herkunft – als Ureinwohner, deren Zahl infolge von Krankheiten, Zwangsarbeit und Kriegen immer weiter abnahm. Die neuen spanischen Herren ermutigten die landlosen Mestizen, auf ihren Gütern als Pächter *(inquilinos)* tätig zu werden.

> Isabel Allendes historischer Roman *Inés meines Herzens* basiert auf tatsächlichen Begebenheiten aus dem Leben der einstigen Näherin Inés, die dem ersten Gouverneur des Landes, Pedro de Valdivia, bis nach Chile folgte.

Revolution

Zwischen 1808 und 1810 gab es erste Unabhängigkeitsbestrebungen. Sie gingen vor allem von den Kreolen (*criollo*) aus – Nachfahren der Spanier, die bereits in Amerika geboren waren und auf eine Abnabelung vom spanischen Mutterland drängten. Um das Eintreiben der Steuern zu erleichtern, hatte Madrid damals angeordnet, jeglichen Handel mit Spanien auf dem Landweg über Panama abzuwickeln statt auf dem Seeweg. Dieses umständliche Verfahren behinderte den Handel erheblich und trug letztlich mit zum Verlust von Spaniens Weltreich bei.

In der Kolonialzeit war Chile dem Vizekönigreich Peru mit Sitz in Lima untergeordnet. Es wurde Audiencia de Chile genannt und erstreckte sich vom heutigen Chañaral bis nach Puerto Aisén, dazu kamen die

1553	1818	1834–1835	1860
In der Schlacht von Tucapel, bei der 6000 Mapuche-Krieger spanische Festungen im Süden angreifen, wird Valdivia gefangen genommen, an einen Baum gefesselt und enthauptet.	Unabhängigkeitsbewegungen überschwemmen den Kontinent. José de San Martín befreit Santiago und Bernardo O'Higgins wird „Director Supremo" der chilenischen Republik.	Charles Darwin segelt mit der HMS Beagle Chiles Küste entlang und trägt Material für seine spätere Evolutionstheorie zusammen. Die für zwei Jahre geplante Expedition dauert fünf.	Der französische Abenteurer Orélie-Antoine de Tounens freundet sich mit Mapuche-Häuptlingen an und ernennt sich zum „König von Araukanien und Patagonien". Später wird er abgeschoben.

heutigen argentinischen Provinzen Mendoza, San Juan und San Luis. Chile entwickelte sich aber fast völlig unabhängig von Peru und bildete eine ganz eigene Identität aus.

In den 1820er-Jahren hatten sich überall in Südamerika Unabhängigkeitsbewegungen formiert. Von Venezuela aus drang eine Kreolenarmee unter Führung von Simón Bolívar bis nach Peru vor, während der argentinische Befreier José de San Martín über die Anden hinweg nach Chile marschierte, Santiago besetzte und auf dem Seeweg weiter nach Norden bis Lima reiste.

San Martín ernannte Bernardo O'Higgins zum zweiten Befehlshaber über seine Truppen. Dem unehelichen Sohn eines Iren, der im spanischen Auftrag das Amt des Vizekönigs von Peru bekleidet hatte, wurde die neue Republik Chile anvertraut.

Auch aus Peru vertrieb San Martín die Spanier. Seine Soldaten beförderte er in Schiffen, die er entweder der spanischen Flotte abgenommen oder Briten und Nordamerikanern abgekauft hatte, die auf Handelsvorteile erpicht waren.

Die chilenische Marine wurde von dem Schotten Thomas Cochrane, einem ehemaligen Offizier der britischen Seestreitkräfte, aufgebaut.

Die junge Republik

Das vom Krieg geschwächte, doch auf die Unabhängigkeit stolze Chile besaß damals nur den Bruchteil seiner heutigen Fläche. Der Verlauf der Grenzen zu Bolivien und Argentinien und zum Land der feindlichen Mapuche südlich des Río Biobío war umstritten.

Rasch entwickelten sich in dem politisch stabilen Staat Landwirtschaft, Bergbau, Industrie und Handel. Nach der formellen Unabhängigkeit 1818 blieb O'Higgins noch fünf Jahre die beherrschende politische Figur im Lande, doch die Unzufriedenheit der Landbesitzerelite über Steuererhöhungen, die Aberkennung von Titeln und Einschränkungen beim Erbrecht wuchs und zwang O'Higgins 1823 zum Rücktritt und ins peruanische Exil.

Diego Portales wurde Innenminister und regierte Chile bis zu seiner Hinrichtung nach einem Aufstand 1837 faktisch wie ein Diktator. Seine Verfassung, die bis 1925 in Kraft blieb, bündelte die Macht in Santiago, stärkte die Rechte der Wohlhabenden und etablierte ein indirektes Wahlverfahren für die Senats- und Präsidentschaftswahlen.

Das späte 19. Jh. war eine Ära der territorialen Veränderungen. Durch Verträge mit den Mapuche (1881) gelangten die gemäßigten südlichen Gebiete unter die Befehlsgewalt Chiles. Das Land konzentrierte sich auf die Ausdehnung im Norden und den Salpeterkrieg. Da Chile große Teile Patagoniens Argentinien überlassen musste, bemühte es sich um eine stärkere Präsenz im Pazifik und annektierte 1988 die winzige entlegene Osterinsel (auch als Rapa Nui bekannt).

> Chile wirkt heute ziemlich homogen, aber tatsächlich ist auch die Kultur der Schwarzen dort schon sehr lange verankert. In Arica wurde z. B. bereits 1620 ein Schwarzer zum Bürgermeister gewählt – der Vizekönig von Peru annullierte den Wahlsieg allerdings. Die Stiftung *Fundación Oro Negro* dokumentiert diesen Teil des kulturellen Erbes.

1879–1884	1881	1885–1900	1888–1960er-Jahre
Chile baut Nitratvorkommen auf peruanischem und bolivianischem Territorium ab, was zum Salpeterkrieg führt. Das Land besiegt beide Nachbarn und vergrößert sein Staatsgebiet um ein Drittel.	Der Staat will sich nach Norden ausdehnen und verzichtet in einem Abkommen mit Argentinien auf den Osten Patagoniens. Es behält jedoch die Souveränität über die Magellanstraße.	Britische, nordamerikanische und deutsche Investoren verwandeln die Atacama-Wüste dank des Nitrats in eine Goldgrube. Eine reiche städtische Mittelschicht entsteht.	Chile annektiert die Osterinsel und verbannt die Ureinwohner in die Stadt Hanga Roa. Das restliche Gebiet wird zu Weideland und darf von den Rapa Nui erst in den 1960er-Jahren wieder betreten werden.

Bürgerkrieg

Die Expansion des Bergbaus schuf eine neue Arbeiterschaft und eine Klasse neureicher Unternehmer. Beiden Gruppen standen die Landbesitzer äußerst misstrauisch gegenüber. Der erste Politiker, der das chilenische Problem des ungleich verteilten Reichtums anging, war Präsident José Manuel Balmaceda, Wahlsieger von 1886. Er leitete wichtige öffentliche Projekte ein, revolutionierte die Infrastruktur und investierte in Krankenhäuser und Schulen. 1890 stimmte die konservative Mehrheit des Kongresses für seine Abberufung.

Zum Chef einer Übergangsregierung wählte man den Marinekommandanten Jorge Montt. Während des folgenden Bürgerkriegs kontrollierte Montts Marine die Häfen und besiegte schließlich die Regierung, obwohl die Armee Balmaceda unterstützte. Mehr als 10 000 Chilenen starben und Balmaceda beging Selbstmord.

Das 20. Jahrhundert

Die Abhängigkeit von Nitraten machte der chilenischen Wirtschaft schwer zu schaffen, als diese zunehmend durch Dünger auf Erdölbasis ersetzt wurden. Mit der Eröffnung des Panamakanals verloren die Route um Kap Hoorn und die vielen chilenischen Häfen an Bedeutung.

Nach einer Reihe unfähiger Regierungen riefen einige linksgerichtete Gruppierungen eine kurzlebige sozialistische Republik aus und fusionier-

> In seinem lesenswerten Buch *Liberators: South America's Struggle for Independence* (2002) berichtet Robert Harvey vom kolonialzeitlichen Lateinamerika. Damals gaben echte oder vermeintliche Helden wie O'Higgins, San Martín und Lord Cochrane den Ton an.

WOHLSTAND DURCH BERGBAU

Chile hat seinen Wohlstand teilweise dem Gerangel im Norden 1879 zu verdanken: Während des fünfjährigen Pazifischen Kriegs (Salpeterkrieg; 1879–1884) annektierte es große Teile von Peru und Bolivien. Auslöser des Konflikts war der Versuch Boliviens, einem chilenischen Unternehmen die Ausbeutung der Nitratvorkommen in der Atacama-Wüste zu untersagen, die damals zu Bolivien gehörte. Chile übte Vergeltung und eroberte den bolivianischen Hafen Antofagasta sowie die peruanischen Provinzen Tacna und Arica. Damit hatte es Bolivien seines Zugangs zum Pazifik beraubt. Auf den erbittert geführten Kampf blicken die Chilenen immer noch mit großem Stolz zurück, doch die Peruaner und Bolivianer haben ihre Verluste bis heute nicht verwunden. Und so ist das damalige Geschehen nach wie vor ein Stachel in der Beziehung zwischen den Nachbarländern.

Für Chile erwies sich die Vorgehensweise bald als Glücksgriff. Die enorme Nachfrage nach Nitrat brachte der hiesigen Oberschicht beträchtlichen Wohlstand. Das Kapital stammte vorwiegend von britischen, nordamerikanischen und deutschen Investoren. Eisenbahnen revolutionierten die Infrastruktur und die Wirtschaft boomte. Neue Häfen wie Iquique und Antofagasta trugen zusätzlich zum Erfolg Chiles bei.

Als die Nitrat-Blase platzte, wurde es ersetzt durch Kupfer, das noch immer ein Zugpferd der chilenischen Wirtschaft ist.

1890–1891
Präsident Balmaceda will die Verteilung von Wohlstand und Macht reformieren und löst eine Kongress-Revolte aus. Im folgenden Bürgerkrieg sterben 10 000 Menschen und Balmaceda begeht Selbstmord.

1927
General Carlos Ibáñez del Campo errichtet faktisch eine Diktatur, die in dieser von Instabilität geprägten Dekade zu einer der zehn Regierungen mit der längsten Amtszeit wird.

1938–1946
Kommunisten, Sozialisten und Radikale bilden die Frente Popular, die bei Arbeitern schnell Rückhalt findet und eine wichtige Rolle in der Geschichte der chilenischen Arbeiterbewegung spielt.

1945
Gabriela Mistral erhält als erste Lateinamerikanerin und als fünfte Frau überhaupt den Nobelpreis für Literatur. Sie begann ihre Karriere als schüchterne Dorfschullehrerin.

ten zur Sozialistischen Partei. Die Kommunistische Partei war gespalten, und aus den Splittergruppen teils radikaler, teils reformorientierter Gruppen bildete sich eine bunte Mischung neuer politischer Organisationen. In den 1930er- und 1940er-Jahren wurde die chilenische Politik von den demokratischen Linken dominiert.

Unterdessen gelang es vor allem nordamerikanischen Unternehmen, den chilenischen Kupferbergbau, der bis heute das Fundament der chilenischen Wirtschaft ist, weitgehend unter ihre Kontrolle zu bringen. Die weltweite Nachfrage nach Kupfer stieg im Zweiten Weltkrieg rapide an, wodurch das neutrale Chile sichtlich von dem Konflikt profitierte.

Landreform

In den 1920er-Jahren kontrollierten die Besitzer der Haziendas (große Landgüter) 80 % des besten Ackerlandes und die *inquilinos* (Pächter) kamen nur über sie an Wohnraum, Ackerland sowie Lebensunterhalt und mussten dafür ihr Wahlrecht auf die Besitzer übertragen. Dieses System ließ keine Reformimpulse zu und so stagnierte die Produktion, woran sich bis in die 1960er-Jahre kaum etwas änderte.

Die aufkommende Reformstimmung weckte bei den Vertretern der alten Ordnung Ängste und so beschlossen Liberale und Konservative, ihre Kräfte zu bündeln. Doch ihr Kandidat Jorge Alessandri, Sohn des ehemaligen Präsidenten Arturo Alessandri, gewann die Wahl 1958 nur knapp mit nicht einmal 32 % der Stimmen und musste zwangsläufig einige von der Opposition geforderte moderate Landreformen akzeptieren. Daraufhin begann ein jahrelanger Kampf mit den Großgrundbesitzern.

Bei der Präsidentschaftswahl 1964 trat der Sozialist Salvador Allende gegen den Christdemokraten Eduardo Frei Montalva an, der von konservativen Gruppierungen unterstützt wurde. Im Wahlkampf versprachen beide Parteien dem Volk eine Agrarreform und ein Ende des Hazienda-Systems. Allende blieb wegen Querelen unter den Linken chancenlos und Frei errang einen klaren Wahlsieg.

Die Zeit der Christdemokraten

Die Christdemokraten fühlten sich dem sozialen Wandel verpflichtet und versuchten, die Inflation einzudämmen, ein Gleichgewicht zwischen Importen und Exporten zu erreichen sowie Reformen zu verwirklichen. Doch sowohl die alte Elite als auch die radikale Linke, die um ihren Rückhalt in der Arbeiterschaft fürchtete, empfanden diese Politik als Bedrohung.

Unter Allesandri war es mit der chilenischen Wirtschaft bergab gegangen. Viele verarmte Landarbeiter zogen in die Städte, wo über Nacht illegale Siedlungen, *callampas* (Pilze) genannt, aus dem Boden schossen. Mit dem Export stand es ebenfalls nicht zum Besten, zumal der Wirtschaftssektor von US-amerikanischen Interessen dominiert wurde.

> In Santiagos Armenviertel La Victoria hat die BRP (Brigada Ramona Parra) ihre Proteste seit den 1940er-Jahren in Form von Wandbildern an die Öffentlichkeit getragen. Die subversiven Werke sind entlang der Avenida 30 de Mayo zu sehen.

1948–58
Aus Angst vor einer zu großen Anhängerschaft wird die Kommunistische Partei im zunehmend konservativen Klima des Kalten Kriegs verboten.

1952
Ibáñez kehrt als gewählter Präsident mit dem Versprechen zurück, die Korruption zu beenden. Er hebt das Verbot der Kommunistischen Partei auf, scheitert aber mit Plänen für einen „Selbstputsch".

1960
Das schwerste Erdbeben seit Menschengedenken erschüttert Chiles Süden und zerstört Küstenstädte zwischen Concepción und Chiloé. Der folgende Tsunami erreicht sogar Hawaii und Japan.

1964
Die Ureinwohner der Osterinsel erhalten die vollen chilenischen Bürgerrechte und das Wahlrecht. Drei Jahre später sorgen kommerzielle Flüge für eine Verbindung zum Rest der Welt.

Präsident Frei trat dafür ein, die Kupferindustrie in chilenische Hände zu legen (und die ausländischen Investoren loszuwerden), und Allendes Lager sprach sich sogar für eine komplette Verstaatlichung des Industriezweigs aus.

Die Christdemokraten standen großen Herausforderungen gegenüber, etwa gewaltbereiten Gruppierungen wie Movimiento de Izquierda Revolucionario (MIR; Linke Revolutionäre Bewegung), einer Bewegung, die von Studenten der Mittelschicht ausging. Städtische Arbeiter schlossen sich an und bildeten die Frente de Trabajadores Revolucionarios (Revolutionäre Arbeiterfront). Der Aktivismus riss auch die Bauern mit, die auf eine Landreform hofften. Andere linke Gruppen unterstützten die Streiks und Landbesetzungen der Mapuche und Landarbeiter.

Freis Reformen verliefen den Linken zu schleppend, die Konservativen hielten sein Vorgehen dagegen für überstürzt. Die Lebensbedingungen der Landarbeiter verbesserten sich zwar, zudem zeichneten sich im Bildungs- und Gesundheitssektor Erfolge ab, doch das Land wurde weiterhin von der hohen Inflationsrate, der Abhängigkeit von ausländischen Märkten und fremdem Kapital sowie einer ungleichen Einkommensverteilung geplagt. Es gelang den Christdemokraten nicht, den Erwartungen einer zunehmend polarisierten und gewaltbereiten chilenischen Gesellschaft gerecht zu werden.

Allendes Weg an die Macht

In dieser politisch schwierigen Lage formierte sich ein neues Linksbündnis: die Unidad Popular (UP) unter dem Vorsitz Allendes. Sie hatte sich radikale Forderungen auf die Fahnen geschrieben, z. B. eine Verstaatlichung der Bergwerke, Banken und Versicherungen sowie die Enteignung und Neuverteilung der großen Ländereien. 1970 gewann Allende die Wahlen knapp mit 36 % der Stimmen, die Nationalpartei erhielt 35 %. Damit wurde er zum ersten demokratisch gewählten marxistischen Präsidenten der Welt.

Doch das Land und selbst Allendes eigene Koalition waren von Einheit weit entfernt. Die UP bestand aus Sozialisten, Kommunisten und Mitgliedern von Splitterparteien, die sich über ihre Ziele uneinig waren. Allende sah sich konfrontiert mit einem oppositionellen Kongress, einer misstrauischen US-Regierung und einer radikalen Rechten, die unverhohlen zum gewaltsamen Sturz des Präsidenten aufrief. Sein Wirtschaftsprogramm, das die Verstaatlichung zahlreicher Privatunternehmen und eine Umverteilung des Einkommens vorsah, konnte er nur durch Umgehung des Parlaments durchsetzen. Der Versuch, durch erhebliche Staatsausgaben das Land aus der Rezession herauszuführen, funktionierte nur kurzfristig. Letztendlich verkauften zu viele besorgte Landbesitzer und Unternehmer aus Angst vor einer drohenden Enteignung ihr Vieh bzw.

1915 versenkten deutsche Seeleute den Kreuzer *SMS Dresden* im Hafen der Isla Robinson Crusoe, nachdem sie von der britischen Marine angegriffen worden waren. Das berüchtigte Kriegsschiff war seinen Verfolgern im Laufe des Ersten Weltkriegs mehrmals entkommen und wurde angeblich auch nur deshalb aufgespürt, weil die Besatzung an Land gegangen war, um an einem Fußballspiel teilzunehmen.

1970
Salvador Allende wird der erste demokratisch gewählte marxistische Präsident der Welt. Er bewirkt u. a. radikale soziale Reformen und eine massive Einkommensumverteilung.

1973
Am 11. September 1973 stürzt ein Militärputsch die Regierung; Allende begeht offenbar Selbstmord und Tausende seiner Anhänger werden ermordet.

1973–1989
General Pinochet steht an der Spitze einer Militärjunta, die das Parlament auflöst, linke Parteien verbietet, alle anderen Parteien unterdrückt und zahlreiche politische Aktivitäten untersagt.

1978
Drei kleine Inseln im Beagle-Kanal lösen beinahe einen Krieg zwischen Chile und Argentinien aus. 1979 wird der Konflikt durch Vermittlung des Papstes beigelegt.

ihre Maschinen, woraufhin die Industrieproduktion zusammenbrach, was einen Mangel an Bedarfsgütern, Hyperinflation sowie das Entstehen eines Schwarzmarkts nach sich zog.

Pächter und Landarbeiter, die an der Agrarreform zweifelten, nahmen gewaltsam Ländereien in Besitz, sodass auch die landwirtschaftliche Produktion einbrach. Nun war die Regierung gezwungen, mittels Devisenreserven Lebensmittel zu importieren. Immer häufiger gingen die verschiedenen Gruppierungen innerhalb der chilenischen Politik auf Konfrontationskurs, zumal vielen Allende-Anhängern die Durchsetzung von Reformen nicht schnell genug passierte. Die MIR verstärkte ihren Guerilla-Kampf, und in den Fabriken von Santiago kursierten Gerüchte über neu bewaffnete Organisationen der Kommunisten.

Die USA werteten die Enteignung der von ihnen kontrollierten Kupferminen und anderer Unternehmen ebenso als feindseligen Akt wie die offenkundig guten Beziehungen der neuen Regierung zu Kuba. Später kam bei Anhörungen vor dem Kongress der Vereinigten Staaten ans Licht, dass US-Präsident Nixon und Außenminister Kissinger Allendes Arbeit aktiv sabotierten, indem sie z. B. internationale Organisationen daran hinderten, Kredite an Chile zu vergeben, und seinen Gegnern finanziell unter die Arme griffen. Aus den Memoiren eines KGB-Überläufers weiß man, dass auch Moskau Allende damals die Unterstützung entzog, weil dieser sich weigerte, gegen seine Widersacher Gewalt anzuwenden.

Angesichts derart gravierender Probleme bemühte sich die chilenische Regierung, den Konflikt durch klare Regeln für die Verstaatlichung zu begrenzen. Leider war weder die extreme Linke, die den Sozialismus mit Gewalt erzwingen wollte, noch die extreme Rechte, die ihn mit Gewalt verhindern wollte, zu einem solchen Kompromiss bereit.

Reaktion von rechts

1972 legte ein Streik der Lkw-Fahrer, den die Christdemokraten und die Nationalpartei unterstützten, das Land weitgehend lahm. Da der Einfluss der Regierung zusehends schwächer wurde, bot der verzweifelte Allende dem verfassungstreuen General Carlos Prats den wichtigen Posten des Innenministers an, außerdem berief er einen Admiral und einen General der Luftwaffe ins Kabinett. Die Parlamentswahlen vom März 1973 zeigten, dass die Unterstützung für Allende trotz der Wirtschaftskrise sogar zugenommen hatte. Dennoch lag der Kongress in den Händen der vereinten Oppositionsparteien, die eine Polarisierung der Gesellschaft weiter forcierten. 1973 kam es zu einem ersten Putschversuch, der allerdings scheiterte.

Im folgenden Monat streikten die Lkw-Fahrer und andere rechtsgerichtete Gruppen erneut und wurden dabei von der gesamten Opposition unterstützt. General Prats reichte seinen Rücktritt ein, da er den Rückhalt

> Der Norweger Thor Heyerdahl nahm bei seiner Pazifiküberquerung von 1950 die Osterinsel unter die Lupe. In seiner Theorie vom südamerikanischen Ursprung der polynesischen Kultur kommt dem Eiland eine zentrale Bedeutung zu. Näheres dazu findet man in Heyerdahls Büchern *Aku-Aku* und *Kon Tiki*.

1980
Pinochet legt dem Volk eine auf ihn zugeschnittene Verfassung vor, die seine Präsidentschaft bis 1989 verlängert. Viele bleiben der Abstimmung aus Protest fern.

1989
Der Kandidat der Concertación para la Democracia (Koalition für die Demokratie), Christdemokrat Patricio Aylwin, besiegt Pinochet bei den ersten freien Wahlen seit 1970.

1994
Chiles neuer Präsident, Christdemokrat Eduardo Frei, leitet eine linkspolitische Ära ein, wird aber durch die Verfassung behindert, die dem Militär noch immer beträchtliche Macht zugesteht.

1998
Pinochet wird in Großbritannien verhaftet und des Mordes angeklagt. Dies ist eine der ersten Verhaftungen eines Diktators nach dem Weltrechtsprinzip. Sieben Jahre juristischer Gefechte folgen.

in der Armee verloren hatte, sein Amt übernahm der etwas obskure General Augusto Pinochet Ugarte, den Prats und Allende für loyal hielten.

Am 11. September 1973 führte Pinochet einen brutalen Staatsstreich durch: Die UP-Regierung wurde gestürzt, Allende kam (offenbar durch Selbstmord) ums Leben, unzählige seiner Anhänger wurden getötet. Polizei und Militär verhafteten Tausende Angehörige linker Parteien, vermeintliche Linke und Sympathisanten. Viele von ihnen wurden im Stadion von Santiago zusammengetrieben, geschlagen, gefoltert und hingerichtet. Hunderttausende Chilenen gingen damals ins Exil.

Das Militär verteidigte seine brutale Vorgehensweise mit dem Hinweis, Allende habe ein politisches und wirtschaftliches Chaos angerichtet und angeblich sogar die gewaltsame Abschaffung der verfassungsmäßigen Ordnung erwogen. Zweifellos waren untaugliche Maßnahmen schuld an der wirtschaftlichen Misere, aber Allendes von Ausland noch angehetzte Widersacher verschärften mit ihrer Vorgehensweise die Krise weiter und der zwangsläufig entstandene Schwarzmarkt untergrub die Ordnung zusätzlich. Allende war ein überzeugter Demokrat, allerdings hatte seine Unfähigkeit, die linken Splittergruppen des Volksfront-Bündnisses auf eine politische Linie zu bringen, die Mittelschicht ebenso gegen ihn aufgebracht wie die Oligarchie der Gutsbesitzer.

Natürliche Nitrat- bzw. Salpetervorkommen sorgten Anfang des 20. Jhs. für ein rasantes Wirtschaftswachstum. Heute verteilen sich in der Atacama-Wüste 170 Geisterstädte aus der Zeit des Nitratabbaus; nur ein Ort – María Elena – ist noch immer bewohnt.

Militärdiktatur

Viele Oppositionsführer, von denen einige den Putsch durchaus herbeigesehnt hatten, erwarteten eine rasche Rückkehr zur zivilen Regierungsform, aber General Pinochet verfolgte andere Pläne. Von 1973 bis 1989 hielt er sich an der Spitze einer Militärjunta. Diese löste das Parlament auf, verbot linksgerichtete Parteien und ächtete gleich auch alle übrigen Parteien. Nahezu sämtliche politischen Aktivitäten waren untersagt und das Land wurde durch Militärverordnungen regiert. Nachdem sich Pinochet 1974 zum Präsidenten erklärt hatte, begann er mit der kompletten Umgestaltung der politischen und wirtschaftlichen Struktur des Landes – vornehmlich durch gewaltsame Unterdrückung, Folter und Mord. Sogenannte Todesschwadronen – kleine Militäreinheiten, die per Hubschrauber von Stadt zu Stadt reisten –, töteten vor allem im Norden Chiles unzählige politische Gegner des Regimes, selbst wenn diese sich freiwillig ergeben hatten. Dabei traf es Vertreter aller sozialen Schichten – vom Hochschullehrer bis zum einfachen Bauern. Rund 35 000 Menschen wurden während der 17-jährigen Schreckensherrschaft gefoltert und 3000 „verschwanden" spurlos.

Maßgeblich verantwortlich für diese Form des Staatsterrors waren der Geheimdienst CNI (Centro Nacional de Informaciones) und die Nachfolgeorganisation DINA (Directoria de Inteligencia Nacional). Selbst vor der Ermordung von Kritikern im Ausland schreckte man nicht zurück:

In The Pinochet File *enthüllt Peter Kornbluh die tiefe Verstrickung der US-Regierung in die chilenische Politik und ihren Beitrag am Sturz der Regierung Allendes.*

2000
Der gemäßigte Linke Ricardo Lagos schlägt bei den Wahlen einen früheren Vertrauten Pinochets und wird Präsident. In ganz Südamerika werden zahlreiche linksgerichtete Regierungen gewählt.

2002
Chile wird lockerer: Trotz bitterer Kälte machen 3000 Einwohner mit, als der Fotokünstler Spencer Tunick für ein inzwischen berühmtes Fotoshooting in Santiago nackte Menschen sucht.

2002
Mit einem Porträt der unzufriedenen städtischen Jugendlichen Chiles landet Alberto Fuget auf dem Cover der *Newsweek*. Er hält die Zeit des „magischen Realismus" in Lateinamerika für beendet.

2003
Die Wirtschaft boomt und Chile schließt als erstes Land Südamerikas ein umstrittenes Freihandelsabkommen mit den USA.

> **DIE DOKUMENTATION DER PINOCHET-JAHRE**
>
> → In seinem Film *Machuca, mein Freund* (2004) porträtiert der chilenische Regisseur Andrés Wood zwei sehr unterschiedliche Jungen, deren Wege sich im Schicksalsjahr 1973 in Santiago kreuzen.
>
> → Der monumentale Dokumentarfilm *La Batalla de Chile* von Patricio Guzman ist eine brillante Chronik des Jahres, das zum Militärputsch führte. Er wurde heimlich mit teilweise aus dem Ausland beschafften Materialien gedreht und musste aus Chile herausgeschmuggelt werden.
>
> → In seinem Buch *Pinochet and Me: A Chilean Anti-Memoir* (2002) wirft March Cooper, einst Allendes Dolmetscher, einen kenntnisreichen und kritischen Blick auf die chilenische Gesellschaft – von den Tagen des Putsches bis zur zynischen Konsumgesellschaft von heute.

Ein Jahr nach dem Putsch starb General Prats in Buenos Aires durch eine in seinem Auto angebrachte Bombe, während der Vorsitzende der Christdemokraten, Bernardo Leighton, 1975 in Rom nur knapp einem Attentatsversuch entging. Internationales Aufsehen erregte 1976 der Mord an Allendes Außenminister Orlando Letelier in Washington, D.C., ebenfalls durch eine Autobombe.

1977 argumentierte sogar Luftwaffengeneral Gustavo Leigh, ein Mitglied der Junta, der Kampf gegen die „Subversion" sei so erfolgreich gewesen, dass man eine Rückkehr zur Zivilregierung wagen könne. Daraufhin zwang Pinochet den General zum Rücktritt, denn seine eigene Machtstellung und die der Armee wollte er keinesfalls aufgeben. 1980 fühlte er sich schließlich so sicher, dass er den Wählern einen neuen Verfassungsentwurf vorlegte und seine eigene politische Zukunft damit verband. Bei einem Plebiszit, das allerdings wenige Auswahlmöglichkeiten vorsah, votierten zwei Drittel der Wähler für die Annahme der Verfassung, womit sie auch Pinochets Präsidentenrolle – er war seit 1974 Regierungschef – bis 1989 verlängerten; allerdings blieben viele Wähler aus Protest der Stimmabgabe fern.

Der aufrüttelnde Film Sub Terra (2003) erhebt schwere Vorwürfe gegen die Ausbeuter im chilenischen Bergwerksgeschäft. Viele der Unternehmen werden von Ausländern geführt.

Rückkehr zur Demokratie

1983 zeigte das Regime erste Schwächen. Linke Gruppen wagten Demonstrationen und in den ärmlichen Vorstädten wuchs allmählich eine militante Opposition heran. Die politischen Parteien formierten sich vorsichtig neu, kamen allerdings erst 1987 aus der Deckung. Ende 1988 unternahm Pinochet einen Versuch, seine Präsidentschaft noch einmal bis 1997 verlängern zu lassen, doch diesmal verweigerten ihm die Chilenen die Gefolgschaft.

2004	2005	2006	2006
Der Staat bricht mit seiner erzkonservativen Tradition und legalisiert Scheidungen. Daraufhin werden die Gerichte mit Trennungsklagen überflutet.	Mehr als 50 Verfassungsreformen zur Stärkung der wiedererlangten Demokratie werden gebilligt. Der Präsident erhält das Recht, nicht gewählte Senatoren und Militärführer zu entlassen.	Michelle Bachelet wird zur ersten Präsidentin des krisengeschüttelten Landes gewählt. Massive Studentenproteste fordern Bildungsreformen. Eine Verkehrsreform legt Santiago lahm.	General Augusto Pinochet stirbt mit 91 Jahren, ohne dass er je verurteilt wurde. Er bekommt kein Staatsbegräbnis und Präsidentin Bachelet erscheint nicht zu seiner Beerdigung.

1989 fand wieder eine Mehrparteienwahl statt. Dabei siegte der Christdemokrat Patricio Aylwin, der Kompromisskandidat eines Wahlbündnisses verschiedener Oppositionsparteien, die sich unter dem Namen Concertación para la Democracia (kurz Concertación) zusammengeschlossen hatten, über einen konservativen Ökonomen. Aylwin festigte die wiederauferstandene Demokratie und dasselbe Wahlbündnis stellte auch seinen Nachfolger Eduardo Frei Ruiz-Tagle.

Die Concertación behielt Pinochets marktwirtschaftliche Reformen bei, doch neue Vorstöße konnten die von ihm ernannten Senatoren verhindern. Pinochet selbst gab seinen Senatssitz erst mit seinem Rückzug aus den militärischen Ämtern 1997 auf – sicher auch, weil ihm dies in Chile Immunität vor der Strafverfolgung verschaffte.

Die Relikte aus der Zeit der Diktatur blieben noch bis Juli 2005 erhalten; erst dann bekam der Präsident das Recht, Offiziere zu entlassen und Senatoren, die ihr Amt keiner demokratischen Wahl verdankten, ihren Sitz zu entziehen.

Aufregung um Pinochet

Im September 1998 veranlasste der spanische Richter Báltazar Garzón, der wegen des Verschwindens spanischer Staatsbürger nach dem Militärputsch in Chile Ermittlungen aufgenommen hatte, dass General Pinochet bei einem Besuch in London unter Hausarrest gestellt wurde, und sorgte damit für großes internationales Aufsehen.

US-Präsident Clinton gab kurze Zeit später Akten frei, die den großen Einfluss der damaligen US-Regierung auf den Sturz Allendes deutlich machen. Pinochet wurde nach seiner Abschiebung aus London auch in Chile unter Arrest gestellt. Vier Jahre wurde über seine Verhandlungsfähigkeit gestritten und schließlich eine Demenz attestiert. Pinochet wurde für prozessunfähig erklärt und musste auch seinen lebenslangen Sitz im Senat räumen. Damit schienen alle Versuche gescheitert, ihn doch noch für die schweren Menschenrechtsverletzungen zur Verantwortung zu ziehen. 2004 gab Pinochet allerdings ein Fernsehinterview, bei dem er vollkommen klar und zurechnungsfähig wirkte. Daraufhin erkannte man ihm die Immunität als ehemaliges Staatsoberhaupt ab. In der Folge wurden viele Klagen gegen ihn erhoben, in einem wichtigen Fall ging es um Pinochets Verwicklung in die „Operation Kondor" aus den 1970er- und 1980er-Jahren, ein zwischen mehreren südamerikanischen Diktaturen abgestimmtes Vorgehen zur Auslöschung der linken Opposition.

Um die Immunität des Ex-Diktators entwickelte sich schon bald eine Art Tauziehen: Ein Gericht entzog ihm den gesetzlichen Schutz, das nächste hob diese Entscheidung wieder auf, ein anderes stellte fest, Pinochet sei durchaus verhandlungsfähig. Die Anklagen wurden auf seine Ehefrau und seinen Sohn ausgeweitet, als sich Anfang 2005

Am 22. Mai 1960 erschütterte das schwerste Erdbeben seit Menschengedenken den Süden Chiles zwischen Concepción und Chiloé. Seine Stärke lag zwischen 8,6 und 9,5 auf der Richterskala. Der folgende Tsunami richtete sogar an den 10 000 km entfernt liegenden Küsten von Hawaii und Japan Schaden an.

2007 Santiagos Jugend wird radikal. Das reicht von Protestlern bis zu Pokemones, einer kurzlebigen Bewegung Jugendlicher im Gothic-Stil, die sich auf öffentlichen Kusspartys umarmen.

2009 China löst die USA als führender Handelspartner Chiles ab, Ende 2010 erreichen die chinesischen Investitionen im Land 440 Mio. US$.

2010 Am 27. Februar fordern ein Erdbeben der Stärke 8,8 und ein Tsunami 525 Menschenleben und richten massive Schäden an. Das Epizentrum liegt 113 km von Concepción entfernt.

2010 Nur elf Tage nach dem Erdbeben wird Milliardär und Unternehmer Sebastián Piñera der erste rechtsgerichtete Präsident seit der Pinochet-Ära. Seine wichtigste Aufgabe ist der Wiederaufbau Chiles.

herausstellte, dass Pinochet 27 Mio. US$ auf ausländische Bankkonten geschafft hatte. Dem Ermittler, der die Bankgeschäfte überprüft hatte, wurde mehrfach mit Mord gedroht.

Trotz engagierter juristischer Bemühungen kam es nie zu einem Prozess gegen Pinochet, der am 10. Dezember 2006 im Alter von 91 Jahren starb. 6000 Demonstranten versammelten sich spontan auf der Plaza Italia in Santiago und feierten das Ereignis mit Konfetti und Champagner; woanders gab es allerdings gewaltsame Ausschreitungen. An Pinochets Beisetzung ehrten ihn Zehntausende Anhänger als Patriot, der die Wirtschaftslage des Landes gestärkt hatte.

2014 setzte ein chilenisches Gericht ein Zeichen, als es 31 einstigen Dissidenten, die auf Dawson Island inhaftiert und gefoltert worden waren, eine Entschädigung von 6,8 Mio. Euro zusprach. Sollte das Urteil nicht in Berufung aufgehoben werden, wäre es die erste Entschädigung für Opfer der Diktatur. 2015 wurden zwei ehemalige Offiziere des Geheimdiensts für das Verschwinden und den Tod zweier Amerikaner im Jahr 1973 angeklagt. Auf der Geschichte einer der Männer, des Journalisten Charles Horman, basiert der Film *Vermisst* aus dem Jahr 1982.

Der Aufstieg der Linken

Im Jahr 2000 gelang der Concertación der dritte Wahlsieg. Ihr Kandidat, der gemäßigte Linke Ricardo Lagos, fügte sich gut in das Bild Südamerikas, denn in vielen Staaten waren linksgerichtete Regierungen wieder auf dem Vormarsch. Einig waren sich alle in dem Bestreben, auf Distanz zu den USA zu gehen. 2003 kam Lagos eine bedeutende Rolle zu, als er im UN-Sicherheitsrat entschieden den Plänen der USA für eine Invasion des Irak widersprach.

In jenen Jahren legte Chile große Teile seines traditionellen Konservatismus ab. 2001 wurde die Todesstrafe abgeschafft, und seit 2004 sind auch Scheidungen gesetzlich geregelt (die „Pille danach" bleibt allerdings umstritten). Die Freiheit der Kunst und der Presse wird nicht mehr angetastet, und die Rechte der Frauen wurden zunehmend gesetzlich verankert.

Als Michelle Bachelet – unter Lagos noch Verteidigungsministerin – 2006 zur Präsidentin gewählt wurde, galt dies als Wendepunkt in der Geschichte des Landes. Und nicht nur, weil sie eine Frau ist: Sie ist religionslos, Sozialistin und alleinerziehende Mutter, also eigentlich das genaue Gegenteil von dem, was Chile vermeintlich ausmacht. Ihr Vater, ein Luftwaffengeneral, war unter Pinochet umgekommen. Auch sie selbst war inhaftiert und gefoltert worden, kam aber frei und lebte lange im Ausland. Ihr Geschick bei der Kompromissfindung half ihr, alte Wunden im Verhältnis von Militär und Gesellschaft zu heilen. Inhaltlich fühlt sie sich der Politik ihres Vorgängers Lagos verpflichtet und kümmert sich vor allem um eine Stärkung der ohnehin schon robusten Wirtschaft.

Während sie unter der Erde festsaßen, baten die 33 Minenarbeiter um Wein und Zigaretten zur Linderung des Stresses. Stattdessen bekamen sie von ihrem Nasa-Arzt Nikotinpflaster.

Eine fesselnde Darstellung des Überlebens der 33 Minenarbeiter, die 69 Tage in der Mine von San José festsaßen, ist Hector Tobars Buch *Deep Down Dark* (auf Englisch).

2010	2011	2011	2011
Das Schicksal von 33 Bergarbeitern, die nahe Copiapó 69 Tage lang 700 m unter der Erde eingeschlossen sind, fesselt die Welt. Es ist die längste Verschüttung in der Geschichte.	Um eines der letzten Geheimnisse Chiles zu lüften, werden die Überreste von Salvador Allende exhumiert. Es sollte untersucht werden, ob die Ursache für seinen Tod wirklich Selbstmord war.	Beim Absturz eines Militärflugzeugs vor der Isla Robinson Crusoe sterben 21 Menschen, darunter ein chilenischer Fernsehstar und Leiter gemeinnütziger Vereine.	Nachdem die Studentenproteste ihren Höhepunkt erreicht haben, führt die 23-jährige Camila Vallejo Gespräche mit der Regierung und wird eine nationale Ikone.

Anfänglich war die Zustimmung für Bachelets Regierung hoch, doch zunehmende Spaltungen innerhalb ihrer Koalition (La Concertacíon Democratica) erschwerten Reformen. Bei der Einführung des Nahverkehrssystems Transantiago wurden abrupt Routen zusammengelegt, andere aufgegeben, und anfangs strandeten viele Fahrgäste am Straßenrand. Auch die Studentenproteste in den Jahren 2006 und 2007 stellten die Regierung vor Probleme. Erst eine schwere Naturkatastrophe sorgte dafür, dass sich die Öffentlichkeit wieder um Bachelet scharte.

Die Erde bebt

Am frühen Morgen des 27. Februar 2010 erschütterte eines der stärksten Erdbeben seit Beginn der Aufzeichnungen die Küste Zentralchiles. Mit einer Stärke von 8,8 löste es einen Tsunami an der Küste sowie im Archipiélago Juan Fernández aus und forderte 525 Menschenleben. Viele Wohnhäuser und Straßen wurden zerstört, es wurde von Schäden in Milliardenhöhe ausgegangen.

Anfangs kam es in den betroffenen Gebieten vereinzelt zu Plünderungen, doch die Ordnung wurde schnell wiederhergestellt. Der chilenische Teletón, eine jährliche Benefizveranstaltung, brachte Spenden in nie da gewesener Höhe ein, umgerechnet 42 Mio. Euro. Mehrere Regierungsbeamte wurden juristisch belangt, weil sie den Archipiélago Juan Fernández nicht vor dem Tsunami gewarnt hatten. Auch die mögliche Mitschuld Bachelets wurde diskutiert, doch letztlich gab es keine Anklage. Insgesamt erhielt die Regierung viel Lob für ihr rasches Handeln bei den ersten Entschädigungen. Gleichzeitig löste die große Solidarität des chilenischen Volkes eine Welle des Nationalstolzes aus.

Bachelets Amtszeit war zu dem Zeitpunkt der Katastrophe fast vorüber. Nach 20-jähriger Herrschaft der liberalen Concertacíon wählte Chile einen konservativen Unternehmer und Milliardär, Sebastián Piñera von der Zentrum-Rechts-Koalition Alianza por Chile, an die Spitze des Landes. Während Piñera seinen Amtseid leistete, erschütterte ein Nachbeben der Stärk 6,9 Santiago. Liberale Kommentatoren, unter ihnen die Autorin Isabel Allende, begriffen dies als Metapher, doch in der ganzen Welt warteten Beobachter gespannt, was die erste rechtsgerichtete Regierung seit Pinochet bringen würde.

Die Rettung der 33

Sechs Monate nach dem schweren Erdbeben kehrte Chile ins globale Rampenlicht zurück, als in der Atacama-Wüste 33 Bergarbeiter 700 m unter der Erde verschüttet wurden. Nach 17 Tagen, in denen man sie bereits für tot gehalten hatte, erreichte endlich ein Rettungsbohrer ihren Schutzraum. Die Männer übermittelten eine gekritzelte Nachricht, die Präsident Piñera live im Fernsehen vorlas: „Uns geht es im Schutzraum gut. Die 33."

Der 11. September ist für die Chilenen nicht weniger schicksalhaft als für die US-Amerikaner. Am 11. September 1973 nämlich begann der Militärputsch unter General Pinochet. Bis heute erinnert daran eine Straße in Santiago.

2013	2013	2014	2015
Das höchste Gebäude Südamerikas, der 64-stöckige Gran Torre Santiago, wird eingeweiht. Nach der Weltfinanzkrise 2008 waren die Arbeiten zeitweise eingestellt worden.	In einer Stichwahl am 15. Dezember wird die frühere Präsidentin Bachelet erneut gewählt und bringt die Linken zurück an die Macht. Erstmals ist eine Wahlteilnahme nicht Pflicht und die Beteiligung sehr niedrig.	Ein chilenisches Gericht ordnet an, 6,9 Mio. € an 30 ehemalige politische Häftlinge zu zahlen, die unter Pinochet zwei Jahre auf der Isla Dawson gefangen gehalten und gefoltert wurden.	Die Überreste des Dichters Pablo Neruda werden erneut auf Spuren von Gift untersucht, doch ohne Erfolg. Im Februar ordnet ein Gericht an, dass der Leichnam wieder in sein Grab zurückkehren soll.

Es wurden Rohre hinabgeführt und *palomas* – Brieftauben – eingesetzt. In Kapseln wurden Videos und Liebesbriefe nach oben sowie Lebensmittel und Medikamente nach unten übersandt. Auf diese Weise war die Welt mit den Arbeitern in der Tiefe verbunden. Milliarden Zuschauer verfolgten das Schicksal der 33 verängstigten Menschen. Ihre Rettung erwartend, harrten ihre Familien und Reporter aus aller Welt nahe dem Bergwerk in der Wüste 45 km nördlich von Copiapó aus. Die weltweite Aufmerksamkeit und das überwältigende Mitgefühl der Öffentlichkeit ermutigten die Regierung, die schwierigen Rettungsarbeiten mithilfe der Nasa und privater Unternehmen selbst in die Hand zu nehmen. Doch Komplikationen zogen das Drama in die Länge. Nach 69 scheinbar endlosen Tagen in der Tiefe wurden die 33 am 13. Oktober schließlich gerettet.

Die Nachwirkungen für die Überlebenden waren groß: Viele litten an posttraumatischen Belastungsstörungen, finanziellen Sorgen und Depressionen. Der Zwischenfall führte zu längst fälligen Reformen im Bergbau, so wurde ein Jahr nach dem Unfall die Konvention der Internationalen Arbeitsorganisation (ILO) zur Sicherheit von Minen angenommen.

Proteste auf den Straßen

Öffentliche Proteste, wie sie in der Diktatur nur selten vorkamen, sind mittlerweile in Chile ganz in normal. Zu Beginn der Amtszeit Bachelets protestierten chilenische Schüler – wegen ihrer Uniformen scherzhaft *pinguinos* (Pinguine) genannt – gemeinsam mit Studenten gegen die erbärmliche Qualität an staatlichen Schulen. Bei einigen Aktionen kam es zu Gewalt, doch letztendlich gelang es den Demonstranten, der angeprangerten Regierung Verbesserungen in der Grund- und Sekundarschulbildung abzuringen.

Das Problem war soziale Ungerechtigkeit: In einem nationalen Test schnitten Viertklässler an Privatschulen um 50 % besser ab als die in staatlichen Schulen. Nicht einmal jeder zweite Schüler besucht eine der unterfinanzierten öffentlichen Lehranstalten, und wer sich den Besuch einer Privatschule leisten kann, hat später beträchtliche Vorteile. Die Bachelet-Regierung versprach staatliche Stipendien und eine neue Agentur zur Qualitätssicherung bei der Ausbildung. Unter Sebastián Piñera wurden die übeteuerten Hochschulen zum Thema. Als von Seiten der Regierung keine Reaktion kam, gab es erneut Proteste: Aufständische marschierten zu den Klängen von Michael Jacksons *Thriller* vor dem Präsidentenpalast auf und ab. Der sogenannte Chilenische Winter entwickelte sich zum längsten öffentlichen Protest seit Jahrzehnten.

Im Februar 2012 legten Bürgerproteste in Puerto Aisén und Coyhaique große Teile der Provinz Patagonien fast einen Monat lahm. Mit Unterstützung von Gewerkschaften organisierten Demonstranten des Movimiento Social por Aysén (soziale Bewegung für Aisén) Blockaden und Straßensperren und machten so den lukrativsten Monat für den Tourismus zu einer Nullrunde. Die Demonstranten beklagten u. a. die schlechte medizinische Versorgung, Bildungsmöglichkeiten und Infrastruktur der Region sowie die deutlich höheren Lebenshaltungskosten in den wenig beachteten Provinzen.

Zusammen mit öffentlichen Appellen führten die großflächigen Proteste dazu, dass die Regierung 2014 das geplante Staudammprojekt HidroAysén mit Investitionskosten von 3,2 Mrd. US$ absagte. Das größte jemals in Chile geplante Energieprojekt mit fünf Staudämmen an zwei der größten Flüsse Patagoniens hätte starke Auswirkungen auf die umliegenden Gemeinden und Parks gehabt.

Eine weitere Konstante der chilenischen Politik sind die Mapuche-Unruhen. Landstreitigkeiten mit Forstunternehmen und Privatpersonen gipfeln seit 2011 immer wieder in verheerenden Brandstiftungen. Um

> Als 2008 die Weltwirtschaftskrise ausbrach, stellte sich Chile der Herausforderung und bot den USA Kredite an. Dieser Rollentausch stand der damaligen Präsidentin Bachelet gut.

die Beziehungen des Volksstammes zum Staat steht es schlecht, seit Polizisten 2005 und 2008 jugendliche Mapuche getötet und damit massive Demonstrationen und Vandalismus ausgelöst hatten. Die Spannungen zwischen dem Staat und den heute ca. eine Million indigenen Einwohnern dauern an.

Schöne neue Welt

Im ersten Jahrzehnt des neuen Jahrtausends wurde Chile zur Wirtschaftsmacht. Vor allem der Rekordpreis für sein wichtigstes Exportprodukt, Kupfer, befeuerte das Wachstum. Selbst die Weltwirtschaftskrise überstand Chile gut. Als erstes lateinamerikanisches Land unterzeichnete es ein Freihandelsabkommen mit den USA, heute ist Chiles wichtigster Handelspartner jedoch China. Das Land bemüht sich zwar, seine Wirtschaft breiter aufzustellen, doch Kupfer macht noch immer beträchtliche 60 % aller Exporte aus. Aufgrund der sinkenden Nachfrage in China verliert der einst bombensichere chilenische Peso inzwischen an Wert.

Chile beendete das Jahr 2013 mit der Wiederwahl von Michelle Bachelet zur Präsidentin. Beim ersten Urnengang im November konnte sie zwar keine absolute Mehrheit erlangen, schlug jedoch am 15. Dezember in einer Stichwahl die Kandidatin der konservativen Partei, Evelyn Matthei. Erstmals bestand keine Wahlpflicht und die Wahlbeteiligung war allgemein extrem niedrig. Einige junge Reformkandidaten zogen in den chilenischen Kongress ein, darunter Camila Vallejo und Giorgio Jackson, die zu ihrer Studienzeit Studentenproteste angeführt hatten.

Vielleicht muss Chile auf dem Weg zwischen wirtschaftlichen Erfolgen und innenpolitischen Sorgen seinen Kompass neu ausrichten, um das Land durch die wachsenden sozialen, ökologischen und wirtschaftlichen Probleme zu steuern – eine komplizierte Aufgabe, doch das liegt in der Natur des Fortschritts.

Leben in Chile

Chile wurde lange vom Pazifik und den Anden förmlich eingeschnürt, doch die Globalisierung ist inzwischen auch hier angekommen: Internet und soziale Medien haben die früher sehr konservative Gesellschaft grundlegend verändert. Aber die Neuerungen erfolgen langsam und Chile hat noch immer etwas Provinzielles. Davon zeugen weiterhin gepflegte Rituale wie der Sonntag im Kreis der ganzen Familie. Chile befindet sich in einer Umbruchphase und Besucher können in diesem Land viel entdecken und erleben.

Mentalität

Jahrhunderte der Isolation und ein starker Einfluss der römisch-katholischen Kirche: Diese Mischung brachte eine kulturell homogene und erzkonservative Gesellschaft hervor. In den Jahren der Militärdiktatur haben Repressionen und Zensur diese Isolation noch verstärkt. Vielleicht heißt es deshalb, Chilenen seien zurückhaltender als andere Lateinamerikaner, weniger mitteilsam, bodenständiger und vor allem arbeitsam.

Heute gilt das allerdings nicht mehr in vollem Umfang, denn das Land erlebt große gesellschaftliche Veränderungen. Auch die katholische Kirche hat sich modernisiert und geöffnet. Allmählich werden liberalere Gesetze verabschiedet und konservative Werte gelten nicht als unantastbar. Insbesondere die Jugend in den größeren Städten steht den Neuerungen sehr offen gegenüber.

Früher galten Chilenen eher als folgsam und politisch desinteressiert, heute herrscht im Land jedoch viel Bewegung. Die jüngere Generation, die ohne die Restriktionen des Pinochet-Regimes aufgewachsen ist, stellt alte Regeln ohne Scheu infrage und macht von ihren Freiheiten Gebrauch, auch wenn es für die traditionellen Autoritäten bedrohlich wirken mag. Die neuen Impulse beeinflussen auch die Provinzen, allen voran Magallanes und Aisén, die gegen erhöhte Lebenshaltungskosten und die Vernachlässigung durch die Regierung protestieren.

Dessen ungeachtet, sind die Chilenen grundsätzlich auf Harmonie bedacht – gastfreundlich, hilfsbereit und an den Erlebnissen ihrer Besucher interessiert: Wer durch das Land reist, fühlt sich dort schnell heimisch.

> Einen Einblick in die Kultur und aktuelle Lage der Mapuche vermittelt die Website www.mapuche-nation.org. Die Texte sind in vier Sprachen verfügbar, u. a. auf Deutsch.

Lebensart

Traveller, die über Bolivien oder Peru nach Chile kommen, stellen häufig verwundert fest, dass der „typische Südamerikaner" jenseits der Grenze plötzlich wie vom Erdboden verschluckt ist. Auf den ersten Blick orientiert sich die chilenische Lebensart nämlich stark an Europa. Die Kleidung ist konservativ und im Geschäftsleben eher formell; nach der neuesten Mode ausstaffierte Teenager sieht man selten. Viele Chilenen sind sehr stolz auf ihr traditionelles, wenn auch zeitgeschichtlich kurzes Erbe. Allerdings tun sie kaum etwas für dessen Bewahrung.

Die meisten Einwohner konzentrieren sich auf drei Dinge: ihre Familie, ihr Zuhause und ihre Arbeit. Kinder sollen nicht allzu schnell erwachsen werden, Familien verbringen gern Zeit miteinander und dieses Gemeinschaftsgefühl hat einen höheren Stellenwert als persönliche Unabhängigkeit. Alleinerziehende Mütter sind dennoch nichts Ungewöhnliches, denn in der nach wie vor sehr traditionellen Gesellschaft darf man im-

ETIKETTE

→ Höfliches und umsichtiges Verhalten ist ganz besonders wichtig, wenn man mit Angehörigen der indigenen Völker des Landes zu tun hat. Vor allem auf dem Altiplano und in den Mapuche-Zentren im Süden sollte man Zurückhaltung zeigen.

→ Zur Begrüßung und zum Abschied tauschen Männer und Frauen, aber auch Frauen untereinander Wangenküsse aus. Man berührt sich leicht mit den Wangen und haucht den Kuss in die Luft. Treffen sich zwei Männer, schütteln sie einander die Hand.

→ Die Zeit der Militärdiktatur ist für viele Chilenen nicht mehr interessant. Kommt man mit Einheimischen ins Gespräch, sollte man sich auf aktuelle Themen beschränken.

→ Chilenen halten ihre Ansichten oft aus Höflichkeit zurück. Wer seine Meinung zu schnell äußert, macht sich unbeliebt.

mer noch nicht abtreiben (die derzeitige Bachelet-Regierung versucht, dies zu ändern). Die Legalisierung der Scheidung vor einem Jahrzehnt hat dazu beigetragen, dass eine gescheiterte Partnerschaft kein Stigma mehr ist, und einen Ansturm auf die Gerichte verursacht. Homosexualität ist in Chile zwar nicht direkt geächtet, die Öffentlichkeit bringt aber wenig Verständnis dafür auf. Im Januar 2015 hat Chile allerdings mit der Einführung eingetragener Partnerschaften für homosexuelle Paare (und für unverheiratete heterosexuelle Paare) einen großen Schritt nach vorne getan. Der berühmt-berüchtigte lateinamerikanische *machismo* wird hier weniger offen zur Schau gestellt als anderswo und Männer gehen durchaus respektvoll mit Frauen um. Daraus folgt allerdings nicht, dass die traditionelle Rollenverteilung überwunden wäre, und enge Freundschaften werden in der Regel nur mit Gleichgeschlechtlichen geschlossen.

Chilenen zeichnen sich durch eine strenge Arbeitsethik aus und arbeiten sechs Tage pro Woche, wissen aber auch eine gute Party (*carrete*) zu schätzen. Der Militärdienst ist freiwillig, obwohl das Recht auf Zwangseinberufungen nach wie vor existiert. Mittlerweile melden sich immer mehr Frauen und auch die Polizei ist bei Frauen ein beliebter Arbeitgeber.

Die Kluft zwischen hohen und niedrigen Einkommen ist groß und die Lebensverhältnisse im Lande könnten kaum unterschiedlicher sein, was oft genug ein dezidiertes „Klassenbewusstsein" zurfolge hat. Junge *cuicos* in Santiago, die „Yuppies" der Oberschicht, führen ein luxuriöses Leben, wohnen in schicken Apartments und beschäftigen oft mehrere Hausmädchen. Dagegen leben die Armen in schäbigen Häusern ohne fließendes Wasser. Immerhin konnte ihre Zahl im Laufe der vergangenen Jahrzehnte halbiert werden, zudem haben Wohnungs- und Sozialprogramme die Not der Allerärmsten ein wenig gelindert.

Da das Land in ethnischer und religiöser Hinsicht sehr homogen ist, sind rassistische Vorurteile kaum verbreitet. Dennoch klagen die Mapuche bis heute über Vorbehalte und Benachteiligungen. Überdies ist das Bewusstsein für die Zugehörigkeit zu einer bestimmten Gesellschaftsschicht so stark ausgeprägt wie eh und je

Bevölkerung

Die Mehrheit der Bevölkerung zählt Spanier und Ureinwohner zu ihren Vorfahren, aber im Laufe der Geschichte kam es immer wieder zu weiteren kleinen Einwanderungswellen, etwa durch Briten, Iren, Franzosen, Italiener, Kroaten (besonders an der Magellanstraße und in Feuerland) sowie Palästinenser. Deutsche strömten nach 1848 ins Land und siedelten vor allem im Seengebiet. Heutzutage steigt die Zahl der Immigranten, vor allem aus Peru und Argentinien, aber auch zunehmend Europäer, Asiaten und Nordamerikaner wandern nach Chile ein.

In den nördlichen Anden leben rund 69 200 Ureinwohner, darunter viele Angehörige der Aymara und Atacameño. Im Süden (La Araucanía) sind die Mapuche beheimatet, deren Zahl fast das Zehnfache – gut 620 000 – beträgt. Ihr Name leitet sich von den Wörtern *mapu* (Land) und *che* (Volk) ab. Auf der Osterinsel gibt's noch 3800 Rapa Nui, deren Vorfahren aus Polynesien stammen.

75 % aller Chilenen drängen sich auf 20 % des Staatsgebietes, hauptsächlich in der wichtigsten landwirtschaftlichen Region in Zentralchile. Dazu zählt auch Gran Santiago (die Hauptstadt mitsamt ihren Vorstädten), wo sich mehr als ein Drittel der 17 Mio. Chilenen niedergelassen haben, sodass hier die Bevölkerungsdichte 150 Einwohner pro Quadratkilometer umfasst. Mehr als 85 % aller Chilenen sind Städter. Im patagonischen Aisén findet man nur einen Einwohner pro Quadratkilometer und in der Región Metropolitana, dem Bezirk um die Hauptstadt, teilen sich 400 Menschen die gleiche Fläche.

Chilenischer Wein
von Grant Phelps

Viele günstige Faktoren wie das ideale Klima und geringe Vorkommen von Schädlingen machen Chile ideal für den Weinanbau. Teilweise gedeihen Trauben, ohne jemals bewässert zu werden, wodurch chilenische Weinanbauer zunehmend auf Bioweine und biodynamischen Weinbau umsteigen konnten. Hinzu kommen die milden Sommertemperaturen und über 250 Sonnentage pro Jahr, neue Technologien sowie niedrige Labor- und Landkosten. Kein Wunder also, dass chilenische Weine die Welt im Sturm erobern. Weinführungen sind eine tolle Gelegenheit, Chiles Weinanbaugebiete kennenzulernen.

Eine Geschichte von Aufstieg und Niedergang

Wie auch in anderen Teilen der Neuen Welt kam der Wein mit dem Christentum nach Chile. Der katholische Priester Francisco de Carabantes brachte Rebstöcke aus Spanien mit und legte 1548 die ersten historisch belegten Weinberge an. Die *pais*-Trauben, ähnlich den kalifornischen Mission-Trauben, waren robust, aber von wenig Finesse, und am besten für die Herstellung von Tischwein zu gebrauchen.

Erst in der zweiten Hälfte des 19. Jhs. wurden die ersten chilenischen Qualitätsweine gekeltert, darunter die französischen Edel-Rebsorten Cabernet Sauvignon und Merlot. Technisches Know-how folgte in Form französischer Winzer, die wegen der verheerenden Reblausepidemie ihre Heimat verlassen mussten und nun verzweifelt versuchten, sich in Chile eine neue Existenz aufzubauen.

Grant Phelps ist der leitende Winzer in der Viña Casas del Bosque.

Um 1877 war der Weinanbau der am stärksten wachsende Wirtschaftszweig des Landes und chilenische Weine wurden bis nach Europa exportiert. In den folgenden 20 Jahren verdoppelte sich die hiesige Produktion und 1900 wurden auf 400 km² bereits 275 Mio. Liter hergestellt. Zu diesem Zeitpunkt lag der jährliche Konsum der Gesamtbevölkerung Chiles pro Kopf bei 100 l, was schon als nationaler Alkoholismus bezeichnet werden kann. Daraufhin erhob die Regierung ab 1902 eine hohe Alko-

DAS GROSSE BEBEN

Am 27. Februar 2010 um 3.34 Uhr war das Weinanbaugebiet Valle del Maule Epizentrum eines Erdbebens mit der Stärke 8,8, das Chiles Weinindustrie erschütterte. Innerhalb von drei Minuten durchzogen Risse die Schnellstraße 5, Häuser und Brücken stürzten ein. Moderne Gebäude waren zwar erdbebensicher, die alten, größtenteils aus Lehmziegelstein bestehenden Bauten auf den Weingütern sowie die Behälter und übereinandergestapelten Fässer allerdings nicht. Mauern stürzten ein, Wein floss aus den Behältern und Zehntausende Eichenfässer stürzten auf den Boden. Insgesamt verloren die Winzer zwischen 125 und 200 Millionen Liter (40% des gelagerten Weines) im Gesamtwert von geschätzten 250 Mio. US$. Die Ernte stand nur wenige Tage bevor, und auf Chiles Weingütern wurde rund um die Uhr geschuftet, um die Löcher in den Tanks zu stopfen. Alte Rivalitäten waren vergessen und Nachbarn halfen sich gegenseitig so gut es ging, die Ernte in einem Rutsch zu erledigen. Das bemerkenswerte Ergebnis ist, dass 2010 trotz der schwierigen Situation eine Rekordernte eingefahren wurde.

> ### AUF IN DIE WEINBERGE: WEINTOURISMUS
>
> Weintourismus ist eine der größten Freuden, die Chile zu bieten hat und man kann sich nicht besser mit den inländischen Weinerzeugnissen befassen, als in einem eleganten Restaurant inmitten von Weinreben zu entspannen. Mittlerweile sind rund 70 von Chiles 260 Weingütern für Besucher zugänglich. Aufgrund ihrer Nähe zu Santiago sind die zwei besten Weinanbaugebiete für einen Besuch die Täler Casablanca und Maipo, beide sind eine gute Stunde von der Hauptstadt entfernt. In Casablanca lohnt ein Besuch der Casas del Bosque (S. 110), Bodegas Re, Loma Larga und Matetic (S. 110), im Maipo-Tal Concha y Toro (S. 84), Haras de Pirque, Perez Cruz und De Martino (S. 84). Das weiter entfernte Colchagua-Tal ist ein tolles Ziel für einen Wochenendausflug. Hier liegen die Weingüter Montes (S. 116), Lapostolle (S. 116), Viu Manent (S. 116) und ein Dutzend weitere, die alle ihre Tore für Besucher öffnen. Die schönste Zeit für einen Besuch ist das jährliche Erntefest, das Mitte März auf dem Hauptplatz stattfindet.

holsteuer, gefolgt von einem 1908 erlassenen Gesetz, das die Errichtung neuer Weinberge verbot. Eine dreißigjährige Stagnation der Produktion war die Folge.

Unter dem Pinochet-Regime wurden dann 1974 wieder neue Weinberge erlaubt, was allerdings Anfang der 1980er-Jahre zu einer Überproduktion und einem entsprechenden Preisverfall führte. 1986 war fast die Hälfte der chilenischen Weinberge aufgegeben worden und selbst renommierte Weinkellereien standen am Rand des Bankrotts.

Doch das Schicksal des chilenischen Weinanbaus wandte sich wieder zum Guten, als sich Firmen wie Miguel Torres aus Spanien oder Baron Rothschild aus Frankreich dem Land zuwandten und kenntnisreiche Winzer sowie moderne önologische Technologie wie temperaturkontrollierte rostfreie Stahltanks und Eichenfässer mitbrachten. Innerhalb kürzester Zeit erlebten Chiles Weine eine ungeahnte Qualitätssteigerung. Auch an herkömmlichen Methoden orientierte einheimische Winzer passten sich schnell an, um neue Exportmärkte zu erschließen. Mitte der 1990er-Jahre begann ein neuerlicher Boom für den chilenischen Weinanbau. Zwischen 2000 und 2010 steigerte sich die Anbaufläche um 80 % und über 70 % des Weins wurden exportiert. Die Industrie ist mittlerweile 1,7 Mrd. Ch$ schwer. Chilenischer Wein wird in 150 verschiedene Länder exportiert und jedes Jahr von 1,5 Mrd. Kunden konsumiert. Damit ist Chile das fünftgrößte Exportland der Welt.

> Einst machte sich Chile international mit günstigen, trinkbaren Rotweinen einen Namen. Heute ist es zunehmend für äußerst hochwertige Weine bekannt, die in niedriger Stückzahl auf Weingütern in den Hügeln abgefüllt werden.

Chilenische Spezialitäten

Trotz der neuen Faszination für weniger bekannte Traubenvarianten ist Cabernet Sauvignon nach wie vor Chiles Rotwein Nummer eins. Die beiden besten Anbaugebiete dafür sind das Valle del Maipo und das Valle de Colchagua. Mit den meisten Weinen unter 10 000 Ch$ aus diesen Gebieten macht man nichts verkehrt. Chiles lieblichste Traubenvariation ist definitiv Carménère. Die recht unbekannte Traube stammt aus der französischen Bordeaux-Region und verschwand im 19. Jh. größtenteils, da sie im ungleichmäßigen Klima von Bordeaux nur schlecht reifte. Sie wurde Ende des 18. Jh. weitläufig in Chile gepflanzt, weil man sie fälschlicherweise lange Zeit für Merlot hielt. Erst 1994 wurde sie hier „wiederentdeckt". Es hat sich herausgestellt, dass man mit der Traube außergewöhnliche Weine produzieren kann.

Während Weine aus heißeren Shiraz-Anbaugebieten seit über zehn Jahren die Weltmärkte erobern, machen seit kürzerer Zeit die Frische und natürliche Säure der Weine aus kühleren Shiraz-Anbaugebieten Schlagzeilen. Pinot Noir gedeiht nirgendwo besser als im kühleren Klima von Casablanca und San Antonio.

Obwohl Chile vor allem für seine exzellenten Rotweine bekannt ist, gibt es auch hervorragende Weißweine, darunter vor allem Sauvignon Blanc und Chardonnay, die in den kühleren Küstentälern von Casablanca und San Antonio und in der Limani-Region angebaut werden.

Neue Trends

Die Revolution der Supermarkt-Weine verleitete einen Journalisten aus Großbritannien dazu, verlässliche, trinkbare chilenische Weine mit einem Volvo zu vergleichen. In den letzten fünf Jahren gab es eine Kehrtwende, nachdem chilenische Weinbauern ihre Produkte neu erfanden und ihr Image international aufbesserten. Dank des Aufschwungs erleben viele alte Weinsorten eine Renaissance. Das gilt besonders für Weine aus den südlicheren Tälern und lange wenig beachtete Rebsorten, die oftmals von Jahrhunderte alten Weingütern stammen.

Der herkömmliche *vino de país* (Landwein), einst verschrien als meist nichtssagender Wein aus der Karaffe, ist nahezu vollständig verschwunden, da die Pflanzungen zwischen 2006 und 2012 nicht mehr gefragt waren. Der führende Produzent Miguel Torres merkte, dass sie kurz vor dem Verschwinden standen, und sicherte ihr Überleben. Das Ergebnis war der sensationelle Sekt Santa Digna Estelado, der heute immer wieder zusammen mit dem leichteren, an Beaujolais erinnernden Rotwein Reserva del Pueblo zu einem der besten Erzeugnisse Chiles gekürt wird. Cinsault verkaufte sich anfänglich nicht gut, hat aber mittlerweile dem *vino de país* den Rang abgelaufen. Sogar die großen Weingüter wie Concha y Toro haben in letzter Zeit sehr gute Cinsaults auf den Markt gebracht. In Santiagos erstklassigen Weinbars ist Cinsault momentan in aller Munde.

Eine weitere alte Rebsorte, die gerade ein Comeback erlebt, ist Carignan. Die 2011 von 12 visionären Weinherstellern ins Leben gerufene Vigno-Bewegung hat Maules alter Rebsorte Carignan eine Renaissance ermöglicht. Weine, die das Vigno(„vinio" ausgesprochen)-Gütesiegel tragen, erfüllen strenge, selbst auferlegte Regeln: Sie müssen von mindestens 35 Jahre alten, noch nie bewässerten Weingütern stammen, in denen zu 65 % Carignan hergestellt wird. Wer sich an die Vigno-Weine herantasten möchte, sollte eine der hervorragenden Abfüllungen Garcia-Schwaderer, Valdivieso, Morandé oder Odjfell probieren.

Nur drei große Weingüter erzeugen knapp 80% des gesamten jährlich produzierten chilenischen Weines: Concha y Toro, San Pedro und Santa Rita. Auffallend wenig vertreten waren kleinere, luxuriöse Weingüter. Dies änderte sich, als vor einigen Jahren der *movimiento de viñateros*

> Chile ist das einzige Land der Welt, dessen Weinstöcke nicht von den zwei schlimmsten Reben-Schädlingen befallen sind – Mehltau und der berüchtigten Reblaus.

DIE BESTEN WEINE FÜR UNTER 10 €

Auf der Suche nach einem guten Tropfen für wenig Geld? *Ningún problema* – hier unsere Empfehlungen:

Sekt Viña Mar Brut

Sauvignon Blanc Casas del Bosque Reserva

Chardonnay Veramonte Reserva

Riesling Cousiño Macul Isidora

Rosé Emiliana Adobe Reserva

Pinot Noir Santa Carolina Estrella de Oro

Syrah Leyda Reserva

Carmenere Tarapacá Gran Reserva

Cabernet Sauvignon Casa Silva Doña Dominga

independientes (MOVI; Zusammenschluss unabhängiger Winzer) ins Leben gerufen wurde. Sie produzieren zwar immer noch im kleinen Stil, dafür findet man die Weine des 20 Mitglieder starken Zusammenschlusses in den meisten ernst zu nehmenden Weinbars in Chile. Gute Hersteller sind Polkura, Garcia-Schwaderer, Garage Wine Co, Gillmore und Flaherty.

Chilenische Bio-Weine sind stark im Kommen. Kaum ein anderes Land hat so gute Voraussetzungen für biologischen Weinanbau und so liegt das heute größte biologisch betriebene Weingut – Viñedos Organicos Emiliana (oder VOE) mit einer guten Auswahl an Weinen mit anständigem Preis-Leistungs-Verhältnis – in Chile. Lapostolle und Matetic sind noch einen Schritt weiter gegangen und produzieren mittlerweile ausschließlich biodynamisch.

Besonders beliebt bei jungen Weintrinkern ist Sekt – seine Verkaufszahlen haben sich zwischen 2012 und 2014 verdoppelt –, der hervorragend zu Chiles erstklassigem Fisch und Meeresfrüchten schmeckt: Nichts passt besser zu frischen Austern als ein feiner *blanc de noir* (heller Sekt aus Pinot Noir). 20 Weingüter produzieren derzeit erstklassigen Sekt, die besten sind eindeutig die trockeneren Sorten mit der Aufschrift *Brut* oder *Extra Brut*. Empfehlenswerte Weingüter sind Undurraga Titillum, Morandé Brut Nature und Miguel Torres Cordillera.

> Einen ersten Überblick über chilenische Weine liefert die Website www.winesofchile.org. Mehr über die Untergrund-Weinbewegung erfährt man unter www.movi.cl.

Literatur & Kino

Während die Poesie lange das Lieblingsgenre dieses schmalen Landes war, erlangen die heutigen Filme mittlerweile in der ganzen Welt Berühmtheit. In der letzten Generation führte die Militärdiktatur zu Zensur und zum Exodus der Kultur, doch das moderne Chile hat sich wieder berappelt und präsentiert eine frische, teilweise gewagte Herangehensweise an die Künste.

Literatur & Dichtung

Einige der berühmtesten Schriftsteller Lateinamerikas waren Chilenen, darunter die beiden Nobelpreisträger Pablo Neruda und Gabriela Mistral.

Mistral (geborene Lucila Godoy Alcayaga; 1889–1957) wurde schon für ihre geheimnisvoll-mystische Lyrik bewundert, als die schüchterne junge Lehrerin aus dem Valle de Elqui noch an einer ländlichen Schule arbeitete. 1945 erhielt sie als erste Vertreterin Südamerikas den Nobelpreis für Literatur. *Ausgewählte Gedichte von Gabriela Mistral* von Langston Hughes stellt eine gute Einführung in ihr Werk dar.

Nicanor Parra (geb. 1914) „Antipoesie" erregte weithin Aufsehen. Zu seinen bekanntesten Büchern zählen *Hojas de Parra (Seiten von Parra)* und *Poemas y antipoemas (Und Chile ist eine Wüste. Poesie und Antipoesie).* Die Arbeiten des unkonventionellen Dichters Jorge Teillier (1935–1996) handeln von der Angst und Einsamkeit junger Menschen.

Von der Brüchigkeit der gesellschaftlichen Fassade handelt das Werk von José Donoso (1924–1996), der aus Protest gegen Pinochet emigrierte. In *La Desesperanza (Die Toteninsel)* schildert er den Alltag in der Diktatur aus der Sicht eines Heimkehrers, während *Coronación (Die Krönung)* den Niedergang einer Dynastie betrachtet. Letzterer wurde auch verfilmt.

Die derzeit international wohl bekannteste chilenische Schriftstellerin ist Isabel Allende (geb. 1942), Nichte des Ex-Präsidenten Salvador Allende. In ihre Geschichten, die einem „magischen Realismus" verpflichtet sind, mischt sie immer wieder Ereignisse aus der realen Geschichte ihres Landes. Zu ihren berühmten Werken gehören *Das Geisterhaus, Von Liebe und Schatten, Eva Luna, Fortunas Tochter, Porträt in Sepia* und *Mayas Tagebuch. Mein erfundenes Land* (2004) bietet eine sehr persönliche Sicht auf Chile und Allende selbst. 2014 wurde die Autorin mit der US-amerikanischen Freiheitsmedaille des Präsidenten geehrt.

Aus der Feder des in den USA lebenden Schriftstellers Ariel Dorfman (geb. 1942), ein weiterer bedeutender Literat, stammen Werke wie *La Negra Ester* („Schwarze Ester") und *Der Tod und das Mädchen,* das vom Sturz eines südamerikanischen Diktators handelt und auch als Verfilmung hochgelobt wurde.

Der Erzähler Antonio Skármeta (geb. 1940) erregte mit seinem von Pablo Neruda inspirierten Roman *Ardiente Paciencia (Mit brennender Geduld)* große Aufmerksamkeit, der als Grundlage für den preisgekrönten Film *Il Postino (Der Postmann)* diente.

Luis Sepúlveda (geb. 1949), einer der produktivsten chilenischen Autoren, schuf berühmte Werke wie *Nombre de Torero* („Der Name des Toreros"), das in Deutschland und Chile spielt, sowie die hervorragende Kurzgeschichtensammlung *Patagonia Express.* Leichtere Kost bieten die

---

Chile: A Traveler's Literary Companion (2003), herausgegeben von Katherine Silver, führt seinen Lesern den Reichtum der chilenischen Literatur vor Augen und macht neugierig auf mehr. Enthalten sind Auszüge aus den Werken berühmter chilenischer Autoren, darunter Neruda, Dorfman, Donoso und Rivera Letelier.

DER POET UND POLITIKER PABLO NERUDA

Nerudas kämpferische, sentimentale, gelegentlich surrealistische und provozierende Dichtung führt mitten hinein in die Seele des Landes. Die eigene Lebensgeschichte des Dichters und Politikers spiegelt die Höhen und Tiefen der chilenischen Geschichte des 20. Jhs. detailliert wider.

Pablo Neruda, wie sich der Autor schon früh nannte, kam in einer Provinzstadt als Neftalí Ricardo Reyes Basoalto zur Welt. Das Pseudonym wählte er, da er fürchten musste, seine aus einfachen Verhältnissen stammende Familie würde sich seinen literarischen Ambitionen in den Weg stellen. Trotz seiner Nähe zur politischen Linken lebte er auf großem Fuß und ließ sich luxuriös anmutende Häuser in Santiago, Valparaíso sowie auf der Isla Negra errichten. Seinem berühmtesten Wohnsitz gab er den Namen La Chascona, eine Anspielung auf die zerzausten Haare seiner dritten Frau Matilde Urrutia.

Nach seinem frühen literarischen Erfolg wurde ihm ein diplomatischer Posten angeboten. Neruda erlangte internationale Berühmtheit und machte nie einen Hehl aus seinen politischen Überzeugungen. Im Spanischen Bürgerkrieg verhalf er politischen Gefangenen zur Flucht und nach seiner Rückkehr in die Heimat, wo er zum Senator gewählt wurde, trat er offiziell der Kommunistischen Partei bei. 1946 unterstützte Neruda den Präsidentschaftswahlkampf von Gabriel González Videla, musste aber über die Anden ins Exil fliehen, als der Präsident die Kommunistische Partei verbieten ließ. Während dieser ganzen Zeit verfasste er Gedichte.

1969 trat er sogar selbst als Präsidentschaftskandidat an, zog dann aber seine Kandidatur zugunsten Salvador Allendes zurück. Während Neruda als Botschafter für Allende in Frankreich arbeitete, erhielt er den Nobelpreis für Literatur. Er war erst der dritte Lateinamerikaner, dem diese Ehre zuteil wurde.

Kurz nach der Auszeichnung kehrte Neruda schwer krank nach Chile zurück. Die Regierung Allende stand schon unter erheblichem Druck. Wenige Tage nach dem Militärputsch von 1973 starb der Dichter an einem Krebsleiden, vielleicht aber auch aus Trauer über die Niederlage der Demokratie. Testamentarisch hatte er eine Stiftung eingesetzt und sein gesamtes Erbe dem chilenischen Volk vermacht. Das Pinochet-Regime ließ seine Häuser zerstören. Später wurden sie im Auftrag von Nerudas Witwe sorgfältig restauriert und sind heute öffentlich zugänglich.

Viele Gedichtbände des Autors liegen auch in deutscher Übersetzung oder in zweisprachigen Ausgaben vor.

Kriminalromane von Roberto Ampuero (geb. 1953), darunter *El Alemán de Atacama* („Der Deutsche aus Atacama"). Hauptfigur ist ein kubanischer Ermittler, der in Valparaíso lebt.

Roberto Bolaño (1955–2005) zählt verdientermaßen zu den ganz Großen der lateinamerikanischen Literatur. Sein Werk erfährt derzeit eine Renaissance. Die posthume Veröffentlichung seines umfassenden enzyklopädischen Werkes *2666* hat Bolaños Kultstatus endgültig besiegelt, aber auch seine sonstigen Bücher sind eine lohnende Lektüre. Der in Santiago geborene Schriftsteller verbrachte einen Großteil seines Erwachsenenlebens im mexikanischen und spanischen Exil.

Die Bestsellerautorin Marcela Serrano (geb. 1951) widmet sich in ihren Romanen wie *Antigua Vida Mía* („Mein früheres Leben") u. a. Frauenthemen. Pedro Lemebel (geb. 1950) dagegen behandelt Fragen der Homosexualität und andere Tabuthemen, z. B. in *Tengo Miedo Torero* („Mein süßer Matador"). Jüngere Autoren lehnen den magischen Realismus der lateinamerikanischen Literatur ab. Zu ihnen zählen Alberto Fuguet (geb. 1964), dessen *Sobredosis* („Überdosis") und *Mala Onda* („Ein ungutes Gefühl") viel Lob, aber auch Kritik bekamen. Weitere Werke talentierter junger Autoren sind die erotischen Erzählungen von Andrea Maturana und die Romane von Carlos Franz, Marcelo Mellado, Gonzalo Contreras sowie Claudia Apablaza.

> Dichter, Dealer und Sex spielen in dem großartigen Roman *Los Detectives Salvajes (Die wilden Detektive)* von Roberto Bolaño eine wichtige Rolle. Die Hauptfigur ähnelt dem Autor, einem chilenischen Dichter im spanischen und mexikanischen Exil.

ANDRÉS WOOD

Chiles angesagtester Filmemacher hat vielleicht in New York studiert, aber seine Werke sind durch und durch chilenisch – von *Fiebre de Locos* („Das Loco-Fieber"), der Geschichte eines patagonischen Dorfes, bis hin zum gefeierten *Machuca* und *Violeta Se Fue a Los Cielos* („Violeta ging in den Himmel"; 2012) über die Künstlerin und Musikerin Violeta Parra, der den Jurypreis beim Sundance Film Festival gewann. Er hat uns einiges über das chilenische Kino erzählt.

Sie erzählen Geschichten aus einer Mikroperspektive, die auch ein globalisiertes Chile widerspiegelt ... Glauben Sie, dass es dem chilenischen Kino an Perspektive fehlt? Das kann man nicht allgemein beantworten. Uns beschäftigt mehr, was Ausländer über uns denken und wie wir bei ihnen ankommen können. Chile hat eine Art Identitätskrise, die durch verschiedene Faktoren verursacht wurde und sich in Unsicherheit bei unseren eigenen Gedanken und Gefühlen bemerkbar macht.

Das chilenische Kino ist international sehr erfolgreich. Zum richtigen Zeitpunkt? Die jüngeren Generationen sind stärker mit der Welt verbunden und machen Barrieren immer deutlicher sichtbar. Das Problem ist, dass wir oftmals Filme machen, in denen wir der Welt eher erklären, wer wir sind, als dass sie ein Spiegel dessen sind, was wir behaupten und worüber wir nachdenken. Diese Kluft muss sich schließen, damit wir einen besseren Draht zu unseren Zuschauern bekommen.

Hat das chilenische Kino bestimmte Merkmale, die es auszeichnen? Wir haben keinen reichhaltigen Bestand an Filmen, doch das macht nichts. Der chilenische Film ist in Ästhetik und Thematik recht heterogen.

Kino

Vor dem Militärputsch 1973 entstanden in Chile die interessantesten experimentellen Filme des Kontinents, darunter Alejandro Jodorowskys *El Topo* („Der Maulwurf"; 1971), ein Kultklassiker, der lange vor Tarantino mit vielen Genres spielt. Allmählich knüpft das Land wieder an diese Tradition an.

Unter Pinochet kam die chilenische Filmproduktion praktisch zum Erliegen, doch chilenische Regisseure im Exil arbeiteten fortan im Ausland weiter. Der Dokumentarfilmemacher Patricio Guzmán machte beispielsweise vielfach die Militärdiktatur zum Thema seiner Werke. Auch Raúl Ruiz floh ins Ausland (nach Paris) und erlangte u. a. mit seinem Psychothriller *Shattered Image* (*Phantom des Todes;* 1998) Bekanntheit.

Die chilenische Filmindustrie, die sich nur langsam von den Folgen der Diktatur erholt, thematisiert diese düstere Epoche verständlicherweise immer wieder. In *La Frontera* (*Am Ende der Welt*; 1991) geht Ricardo Larrain dem inneren Exil nach. Gonzalo Justiniano sorgte mit seinem Streifen *Amnesia* (*Gedächtnisschwund;* 1994) dafür, dass seine Landsleute die Gräueltaten Pinochets nicht so schnell vergessen. Der Film handelt von einem Soldaten, dem befohlen wird, Gefangene zu erschießen.

Später hellte sich die Stimmung dann etwas auf. Der erfolgreichste chilenische Film aus jüngster Zeit ist *El Chacotero Sentimental* (*Der sentimentale Spaßvogel*; 1999) von Cristian Galaz. Der Filmemacher hat 18 nationale und internationale Preise für die wahre Geschichte eines Radiomoderators gewonnen, dessen Hörer ihre Techtelmechtel preisgaben. Silvio Caiozzi ist einer der renommiertesten älteren Regisseure des Landes. Er verfilmte José Donosos Roman *Coronación* („Die Krönung"; 2000) über den Niedergang einer Familiendynastie. Die Komödie *Taxi Para Tres* („Ein Taxi für drei"; 2001) von Orlando Lubbert handelt von Banditen in ihrem geklauten Auto. Pablo Larraíns *Tony Manero* (2008) erzählt die Geschichte eines discobesessenen Mörders.

Die Art und Weise, mit der sich das chilenische Kino der traumatischen Vergangenheit gestellt hat, lässt sich gewissermaßen als Zelluloid-Therapie beschreiben und war international erfolgreich. *No!* (2013), Pablo Larraíns Drama um das Referendum zur Präsidentschaftswahl Pinochets, wurde als erster chilenischer Film aller Zeiten für den Oscar als bester ausländischer Film nominiert. Die Hauptrolle spielt Gael García Bernal. *Machuca* (*Machuca, mein Freund;* 2004) von Andrés Wood erzählt die Geschichte zweier Jungen zur Zeit des Sturzes der Regierung Allende. *Sub Terra* (2003) handelt von der Ausbeutung in den Kupferminen des Landes. *Mi Mejor Enemigo* („Mein bester Feind"; 2004), eine chilenisch-argentinisch-spanische Koproduktion, beschreibt den Beagle-Konflikt in Patagonien 1978 (damals stritten sich Argentinien und Chile um drei Inseln im Beagle-Kanal.

Natürlich drehen sich nicht alle Filme um die Themen Krieg, Folter und Politik. *Promedio Rojo* (frei übersetzt: „Schlechte Noten"; 2005) von Regisseur Nicolás López leitete den Siegeszug einer neuen Reihe von Globalisierung geprägter Teenie-Streifen ein. In *Crystal Fairy – Hangover in Chile* (2013) verkörpert Schauspieler Michael Cera einen arroganten Touristen, der mithilfe des berüchtigten San-Pedro-Kaktus high werden will. Auch *La Vida de los Peces* („Das Leben der Fische"; 2010) und *En La Cama* (*Im Bett;* 2005) von Regisseur Matías Bize erlangten internationale Aufmerksamkeit. Ebenso interessant sind die Werke von Alicia Scherson. Sie führte bei *Il Futuro* (*Il Futuro – Eine Lumpengeschichte in Rom;* 2013) Regie. Der düstere Film basiert auf einem Roman von Roberto Bolaño und wurde auf dem Sundance Film Festival sehr gut vom Publikum angenommen.

Aktuell auf dem Vormarsch sind Filme, die sich mit dem Konflikt zwischen den gesellschaftlichen Schichten beschäftigen. Außerdem werden vermehrt weibliche Darsteller herangezogen, um Geschichten aus Chile zu erzählen. Der Favorit des Sundance-Filmfestivals *La Nana* (2009) handelt von einer Hausangestellten, deren persönliches Leben zu stark mit ihren Aufgaben verknüpft ist. Auch *Gloria* (2013) war bei internationalen Filmfestivals sehr erfolgreich.

Seine herrliche Landschaft macht Chile auch zu einer traumhaften Kulisse für ausländische Filme. Viele internationale Produktionen sind deshalb zumindest teilweise in Chile entstanden, darunter *Die Reise des jungen Che* (2004) und der James-Bond-Blockbuster *Ein Quantum Trost* (2008). *180° Süd* (2010), ein Streifen im Dokumentarfilmstil, folgt einem Surfer durch Patagonien und spricht dabei verschiedene Umweltprobleme an. Die Landschaftsaufnahmen sind atemberaubend. In *Die 33*, der Verfilmung des chilenischen Grubenunglücks, das sich 2010 ereignete, spielt Antonio Banderas die Rolle des Anführers der Gruppe verschütteter Bergbauarbeiter.

Natur & Umwelt

Was nach einer Chile-Reise im Gedächtnis bleibt, ist die Natur – sogar Santiagos Skyline erscheint winzig vor den majestätischen Anden und Geografiestudenten könnten hier bei Exkursionen vermutlich ihren gesamten Lehrplan abdecken. Das Land zwischen Anden und Pazifik ist etwa 4300 km lang, maximal 200 km breit und beinhaltet alles von der trockensten Wüste der Erde über gemäßigte Regenwälder bis zum eisigen, fast antarktischen Süden, dazu 50 aktive Vulkane, Flüsse, Seen und Ackerland. In den letzten Jahren wurde die ursprüngliche Naturlandschaft allerdings durch Bergbau, Lachsfarmen und Wasserkraftprojekte spürbar beeinträchtigt.

Geografie

Chiles geologisches Rückgrat bilden die vor etwa 60 Mio. Jahren entstandenen Anden. Während der Süden von Gletschern bedeckt war, lag der Norden einst unter dem Meeresspiegel. Deshalb dehnen sich dort heute pastellfarbene Salzebenen aus, während der Süden übersät ist mit gletschergeformten Seen, kurvenreichen Moränenhügeln und eindrucksvollen Gletschertälern.

Obwohl die chilenischen Anden aus geologischer Sicht noch relativ jung sind, erreichen sie mehrfach Höhen von über 6000 m, am Ojos del Salado – der zweithöchste Gipfel des Kontinents und der höchste aktive Vulkan der Erde – sogar stolze 6893 m.

Das Land erinnert in seiner Form an einen schlanken indianischen Totempfahl und kann in verschiedene horizontal verlaufende Abschnitte unterteilt werden. Nördlich und südlich vom Südlichen Wendekreis liegt die Region Norte Grande mit der Atacama-Wüste, dem trockensten Gebiet der Erde mit Gegenden, in denen es seit Menschengedenken nicht geregnet hat. Gemildert wird die Hitze nur durch den kalten Humboldtstrom entlang der Küstenlinie. Die von ihm verursachte hohe Luftfeuchtigkeit erzeugt dichte Nebelschwaden namens *camanchaca*, die sich dort ablagern. Küstenstädte gewinnen und sammeln ihr Wasser aus Flusstälern, unterirdischen Quellen sowie weit entfernten Flüssen. Die Canyons in den Ausläufern der Kordilleren verlaufen in östlicher Richtung zum Altiplano und zu hohen, schneebedeckten Gebirgspässen. Weiter südlich, im Norte Chico, macht die Wüste Platz für eine Landschaft voller Strauchwerk und Waldgebiete. Von Ost nach West erstrecken sich mehrere grüne Flusstäler, in denen Landwirtschaft betrieben wird.

> 10 % aller weltweit aktiven Vulkane befinden sich auf chilenischem Staatsgebiet.

Südlich des Rio Aconcagua beginnt das fruchtbare Herzland Zentralchiles, gesprenkelt mit Weinbergen und fruchtbaren Äckern und Feldern. Hier befindet sich auch Santiago. Die Hauptstadt des Landes ist ein lebendiger Hafen- und Industrieort mit einer modernen Agglomeration, wo mindestens ein Drittel der Gesamtbevölkerung lebt.

Noch weiter südlich liegt das Seengebiet mit seinen grünen Weideflächen, gemäßigtem Regenwald und schönen Gewässern am Fuße schneebedeckter Vulkane. In dieser Region fällt immer viel Regen, vor allem zwischen Mai und September. Die warmen, meist kräftig aus östlicher Richtung wehenden Winde werden *puelches* genannt. Hier sind die Winter schneereich – schlecht für Fahrten über die Grenze.

Die größte Insel des Landes, Isla Grande de Chiloé, ist den pazifischen Winden und Stürmen ausgesetzt. Östlich davon bilden die umliegenden kleineren Inseln einen Archipel, auf dem man den ständigen Regenfällen kaum entkommen kann. Mit 150 Regentagen im Jahr muss man hier durchaus rechnen.

Die Region Aisén ist ein Mix aus Fjorden, wild schäumenden Flüssen, nahezu undurchdringlichen Wäldern und hohen Bergen. Dort verlaufen die Anden in Richtung Pazifik und zum riesigen Eisfeld Campo de Hielo Norte, wo 19 große Gletscher unter dem Einfluss heftiger Schnee- und Regenfälle fast miteinander verschmelzen. Nach Osten hin weicht der hoch gelegene Regenwald allmählich der kahlen patagonischen Steppe mit dem tiefsten See Südamerikas, dem Lago General Carrera, der bis nach Argentinien reicht.

Das Eisfeld Campo de Hielo Sur trennt die Carretera Austral von Feuerland. Vor Ort ist das Wetter ausgesprochen wechselhaft, und die Winde sind gnadenlos. Je weiter man sich in den tiefen Süden des Kontinents vorwagt, desto häufiger stößt man auf perlfarbene Gletscher, herrliche Fjorde, riesige Eisfelder und Berge, bevor die Magellanstraße und das nördliche Feuerland in Sicht kommen. Im nördlichen Feuerland erstreckt sich die kahle östlich Pampa bis zur Darwin-Kordillere.

Pflanzen & Tiere

Ein weiterer Punkt, der für eine Reise nach Chile spricht, ist die vielfältige, faszinierende Tier- und Pflanzenwelt des Landes. Eingegrenzt von Pazifik, Wüste und hohen Bergen, hat sich eine einzigartige Flora und Fauna mit vielen endemischen Arten entwickelt.

Tiere

Auf reges Interesse bei Reisenden stoßen die domestizierten Lamas und Alpakas sowie ihre wildlebenden, schmächtigeren Verwandten. Ähnlich ungewöhnlich sind Tiere wie der Nandu, der im nördlichen Altiplano

ANDENKAMELE

Jahrtausendelang waren die Andenvölker auf die Kamelarten der Neuen Welt – wildlebende Guanakos und Vikunjas sowie domestizierte Lamas und Alpakas – angewiesen. Die Menschen nutzten das Fleisch, aber auch die Wolle der Tiere.

Das scheue Guanako, ein fast zierliches Tier mit hohen, schlanken Beinen und langem geschwungenem Hals, trifft man im hohen Norden wie im Süden in fast allen Höhenlagen von Normalnull bis über 4000 m. Die größte Population lebt in den Ebenen Patagoniens, vor allem im Parque Nacional Torres del Paine. Weniger verbreitet und noch scheuer sind die Tiere im Norden: dort ergreifen sie sofort die Flucht und man sieht sie nur von hinten.

Die zierlicheren Vikunjas mit ihren eleganten Hälsen und winzigen Köpfen sind die kleinsten Kamele überhaupt. Sie leben nur oberhalb von 4000 m in der Puna und im Altiplano von Südperu bis ins nordwestliche Argentinien. Ihre feine goldfarbene Wolle war einst den Inkaherrschern vorbehalten; die Spanier eröffneten allerdings eine gnadenlose Jagd auf diese Tiere. Erst in jüngerer Zeit wurden Schutzgesetze zur Rettung der Art erlassen. Im und um den Parque Nacional Lauca hat sich ihre Population von nur noch 1000 Tieren 1973 dank umfangreicher Wildschutzprogramme auf 25 000 im Jahr 2012 gesteigert.

Viele Dörfer im nördlichen Hochland sind nach wie vor auf die domestizierten Lamas und Alpakas angewiesen. Ersteres dient als Lasttier, und seine Wolle wird für Decken, Stricke und andere Haushaltswaren verwendet. Das Fleisch ergibt ein gutes *charqui* (Dörrfleisch). Die genügsamen Tiere überleben auch auf trockenen und kargen Weideflächen.

Das etwas kleinere und zottelige Alpaka sieht aus wie ein zu groß geratener Pudel mit zu kurzen Beinen. Alpakas sind keine Lasttiere und benötigen feuchtes Grasland, damit ihnen ein wirklich schönes Fell wächst. Ihr feines, reiches Vlies ist meist schwarz, seltener weiß oder gescheckt. Im Norden Chiles findet man überall Verkaufsstände mit Alpakawolle.

WALSCHUTZ

Vor wenigen Jahrzehnten stand das größte Tier der Welt kurz vor dem Aussterben. Und so war die Aufregung immens, als 2003 in den geschützten Fjorden südöstlich von Chiloé im Golfo de Corcovado eine Art „Blauwal-Kinderkrippe" entdeckt wurde. Hier versammelten sich über 100 Tiere, um zu fressen, darunter elf Mütter mit ihren Jungen.

Chile verbot 2008 die Waljagd an der gesamten Küste. Dann richtete die Regierung Anfang 2014 das 120 000 ha große Meeresschutzgebiet Área Marina Costera Protegida de Tic Toc ein, damit sich die schrumpfende Meerestierpopulation wieder erholen kann. Infos gibt's bei der **Whale and Dolphin Conservation Society** (www.wdcs.org).

Walbeobachtung wird in Patagonien immer beliebter. Teilnehmer können mehrere Spezies beobachten, darunter Finn-, Buckel-, Orca- und Pottwale. Zu den besten Anlaufstellen gehören das Küstendorf Raul Marín Balmaceda und Argentina Puerto Madryn.

---

und in der südlichen Steppe umherstolziert, und das plumpe Viscacha, eine wildlebende Chinchilla-Art, die in felsigen Höhenlagen haust.

In den Anden gehen noch immer zahlreiche Pumas auf Beutejagd, allerdings bekommt man sie kaum je zu Gesicht. Die seltene, nur knapp die Größe eines Hasen erreichende Hirschart Pudú versteckt sich in den dichten Waldgebieten im Süden des Landes. Noch seltener sind die Huemuls (Andenhirsche), die es nur in Patagonien gibt und die inzwischen vom Aussterben bedroht sind.

Chiles ungewöhnlich lange Küstenlinie dient vielen Meeressäugern als Heimat. So findet man hier ganze Kolonien von Seelöwen, Seebären und anderen Robben sowie Verwandte des Fischotters, vor allem im Süden des Landes. Auch Delfine und Wale kann man erspähen, zudem zeugen zahlreiche Seevögel von der Vielfalt des Meereslebens.

Zu Zeiten der Inka lebten in den Anden Millionen Vikunjas. Heute sind es nur noch 25 000.

Hobbyornithologen kommen vielerorts auf ihre Kosten. Vor allem im nördlichen Altiplano findet man eine interessante Vogelwelt vor, die von Andenmöwen bis zu riesengroßen Blässhühnern reicht. Prachtvolle Flamingokolonien färben an hoch gelegenen Seen ganze Landstriche vom hohen Norden bis zum Torres-del-Paine-Park rosa. Es gibt drei Arten dieser großen Vögel, darunter die seltenen *parina chicas* (Kurzschnabelflamingos). Zu den absoluten Publikumsmagneten gehören die gefährdeten Humboldt- und Magellanpinguine entlang der chilenischen Küste, besonders im Parque Nacional Pingüino de Humboldt, vor der nordwestlichen Küste der Insel Chiloé und nahe Punta Arenas. Vor Kurzem wurde in Tierra del Fuego überdies eine Kolonie von Königspinguinen entdeckt.

Die legendären Kondore kreisen in ganz Chile am Himmel. Immer häufiger erblickt man im Weideland auch einen unbeholfen wirkenden südamerikanischen Kiebitz (*Vanellus chilensis*), wenn man seinen lauten Klopflauten folgt. Der *queltehue*, eine Stelzvogelart mit schwarz-grauweißem Gefieder, verteidigt sein Nest mit lauten Rufen – viele sagen, er sei besser als ein Wachhund.

Pflanzen

Chile kann sich einer außergewöhnlichen Pflanzenwelt rühmen. Viele Arten in der nördlichen Wüste fristen ihr Leben auf oft erstaunliche Weise. Mehr als 20 Kakteen- und Sukkulentenarten überleben ausschließlich dank der Feuchtigkeit, die der pazifische Nebel mit sich bringt, darunter der eindrucksvolle Kandelaber-Kaktus mit einer Höhe von bis zu 5 m.

Der hoch gelegene Altiplano ist geprägt von Grassteppchen, dornenartigem Gestrüpp aus *queñoa* und am Boden kauernden Pflanzen wie der limonenfarbigen *llareta*, einem dichten, kissenähnlichen Busch. Einst bedeckte der endemische *tamarugo*-Baum große Flächen in der nördlichen Wüste, wo er seine Wurzeln auf der Suche nach Wasser bis zu 15 m in die Tiefe treiben musste.

Die größte Überraschung hat die Wüste jedoch immer dann zu bieten, wenn es im Norte Chico alle paar Jahre zu plötzlichen Regenfällen kommt. Dann brechen zarte Wildblumen durch die trockene Erde und lassen die Gegend in einem Farbenspektakel erblühen, das *desierto florido* genannt wird.

Vom Norte Chico bis nach Zentralchile besteht die vorherrschende Vegetation weitgehend aus Gestrüpp, dessen glänzendes Blattwerk während der langen trockenen Jahreszeit Wasser speichert. Die Südbuchen (*Nothofagus*) an den Hängen entlang der Küste leben von den dichten Nebelschwaden des Pazifiks. Größere Bestände der endemischen Chile-Palme sind leider seltener geworden, am besten findet man sie noch im Parque Nacional La Campana.

In Südchile dehnt sich einer der größten gemäßigten Regenwälder der Erde aus. Seine nördlichen Teile werden Valdivianischer Regenwald genannt, ein Gewirr aus immergrünen Pflanzen, deren Wurzeln unterhalb eines dichten Flechtwerks von Kletterpflanzen und bambusähnlichen Gewächsen verborgen liegen. Hinsichtlich seiner Flora ist der Magellan-Regenwald weiter südlich zwar nicht so vielfältig, beherbergt aber einige hochinteressante Arten. Ähnlich atemberaubend präsentieren sich die Araukarienwälder, deren eigenartige Bäume (bei uns werden sie manchmal als „Zimmertannen" gehalten) bis zu 1000 Jahre alt werden können.

Im südlichen Seenbezirk wächst die Alerce, die bis zu 4000 Jahre alt werden kann und eine der langlebigsten Baumarten der Welt ist. Bestaunen kann man sie vor allem im Parque Nacional Alerce Andino und im Parque Pumalín.

Auf Chiloé, im Seenbezirk und in der Region Aisen gedeiht das größte „Kraut" der Welt, die rhabarberähnliche Nalca mit gigantischen Blättern, die jeweils an der Spitze eines Stängels sitzen. Bei jungen Pflanzen ist dieser im November sogar essbar.

Der Juan-Fernández-Archipel hat sich zu einer Art Schutzraum der biologischen Vielfalt entwickelt: Von den hier vertretenen 140 Pflanzenarten sind 101 endemisch.

Umweltprobleme

Aufgrund der boomenden Industrie ist Chile mit zahlreichen Umweltproblemen konfrontiert. Ähnlich wie Mexiko-Stadt und Sao Paulo zählt Santiago zu den südamerikanischen Weltstädten mit der höchsten Umweltverschmutzung. Der Smog ist zeitweilig so stark, dass viele Menschen in der Stadt Atemmasken tragen, Schulkinder nicht an Sportübungen teilnehmen und ältere Menschen das Haus nicht mehr verlassen. Die Stadt hat autofreie Tage für Privatfahrzeuge eingeführt und plant, Fahrradspuren zu bauen und das U-Bahn-Netz zu erweitern. 2014 war Chile das erste südamerikanische Land, das mit einem „Green Act" genannten Gesetz Umweltsünder mit einer Geldbuße für CO_2-Emissionen bestraft.

Die artenreichen chilenischen Wälder weichen mehr und mehr Plantagen mit schnell wachsendem exotischem Nutzholz wie Eukalyptus oder Monterey-Kiefern. Im Kampf zwischen ökonomischen Interessen und ökologischen Erfordernissen fielen viele wertvolle endemische Baumarten Kettensägen zum Opfer und gelten mittlerweile als extrem gefährdet. Demnächst soll der Nadelbaum Alerce, auch Patagonische Zypresse genannt, gesetzlich geschützt werden, sodass das Fällen und der Export des Holzes untersagt wären. In der Praxis umgeht die Holzindustrie aber schamlos viele Gesetze oder ignoriert sie einfach.

Wegen ihres begehrten Fells wurden in Chile Kanadische Biber ausgewildert, mit dem Ergebnis, dass die Tiere riesige Umweltschäden in ganz Tierra del Fuego angerichtet haben und sich nun in Richtung Festland bewegen. Ähnlich verhält es sich mit den ausgewilderten Nerzen in Südchile.

Bevor man sich in die Wildnis wagt, sollte man sich mit etwas Fachliteratur eindecken, darunter Bücher wie *Birds of Patagonia, Tierra del Fuego & Antarctic Peninsula* (2003) und *Flora Patagonia* (2008), veröffentlicht von Fantástico Sur.

DER VERSCHWINDENDE SEE

Im April 2008 verlor der Lago Cachet 2 innerhalb weniger Stunden seine gesamten 200 Mio. Kubikmeter Wasser, was zu einem Abwärtsstrom zum Baker, Chiles wasserreichstem Fluss, führte und eine große Welle schuf, die schließlich in den Pazifik mündete. In der Natur geschehen seltsame Dinge, aber dieses mysteriöse Ereignis wiederholte sich in zwei Jahren ganze sieben Mal!

Laut der Zeitschrift *Nature* liegt die Ursache im Klimawandel. Der Gletscherlauf entstand durch die Ausdünnung und den Rückgang der nahen patagonischen Gletscher, was den natürlichen Gletscherdamm schwächte. Nachdem der See sich entleert hat, füllt er sich erneut mit Schmelzwasser. Dieser Prozess ist eine konstante Bedrohung für die Menschen, die am Ufer des Río Colonia leben, doch dank Unterstützung durch die Nasa und eine deutsche Universität wurden nun Überwachungssysteme vor Ort installiert.

Die durch den Bergbau verursachte Wasser- und Luftverschmutzung ist ebenfalls ein großes Problem. Einige der Bergbaustädte waren so stark kontaminiert, dass sie komplett aufgegeben und an anderer Stelle neu errichtet werden mussten. Ein großer Teil des Problems besteht darin, dass die Bergbauindustrie immense Energie- und Wasserreserven verbraucht, zudem verunreinigen Schadstoffe aus dem Bergbau nicht selten die Wasserspeicher und zerstören die Landwirtschaft.

Eine Reihe umstrittener Staudammprojekte, die HidroAysén an patagonischen Flüssen wie am Río Baker und am Río Pascua geplant hatte, rief massive öffentliche Proteste hervor. Im Juli 2014 zog die Regierung ihre Zustimmung zu diesen Projekten zurück und brachte sie de facto damit zu Fall. Andere Flüsse, darunter der unberührte Río Puelo, sind nach wie vor gefährdet.

Ein weiteres Problem liegt in der Verwendung von Chemikalien und Pestiziden in der Landwirtschaft zur Steigerung der chilenischen Obstexporte. 2011 erteilte die chilenische Regierung die Zulassung für die Verwendung genetisch veränderten Saatguts und öffnete damit Tür und Tor für den umstrittenen multinationalen Konzern Monsanto, der die Zukunft der chilenischen Landwirtschaft gestalten soll. Industrieabfälle sind ebenfalls ein großes Thema.

Die fortschreitende Ausweitung der Lachszucht in Südchile führt zu großer Wasserverschmutzung, zerstört die Meeresökologie und bedroht andere Fischbestände. Immerhin hat 2007 ein Bericht in der *New York Times* Virusinfektionen in der chilenischen Lachszucht aufgedeckt, was die Fischindustrie alarmiert und zu schärferen staatlichen Kontrollen geführt hat. Dennoch hat sich die Produktion wieder erholt, und Chile ist der zweitgrößte Lachsproduzent der Welt. Eine 2014 von Oxford University Press veröffentlichte Studie wies nach, dass der Einsatz von Antibiotika zu antibiotikaresistenten Bakterien in Fischen geführt und die Ökosysteme in der Umgebung von Fischfarmen zerstört hat.

Viele Wildgebiete und Parks sind weiterhin von Waldbränden bedroht. Besondere Aufmerksamkeit erregte 2011 ein Brand im Torres-del-Paine-Park, der unabsichtlich von einem illegalen Camper entzündet wurde. Neue Kampagnen sollen die Öffentlichkeit für die Waldbrandgefahr sensibilisieren und so den unzureichenden Etat für die professionelle Brandbekämpfung in Chile kompensieren.

Die Osterinsel (Rapa Nui) steht aufgrund steigender Besucherzahlen stark unter Druck. Da sie nur über eingeschränkte Naturressourcen verfügt, ist sie vom weit entfernten Festland abhängig, von wo Benzin und Vorräte hergebracht werden müssen. 2014 stellte die Regierung 165 Mio. US$ für die Verbesserung der Infrastruktur bereit, errichtete Abwasseraufbereitungsanlagen und baute einen neuen Flughafen.

Die neuesten Entwicklungen im Naturschutz kann man im englischsprachigen News-Portal der *Santiago Times*, www.santiagotimes.cl, nachlesen, indem man den Button „Environment" anklickt.

Inzwischen ist das ständig wachsende Ozonloch über der Antarktis so groß, dass Ärzte in Chile dazu raten, Schutzkleidung zu tragen und Sonnenschutzmittel gegen die krebsfördernde UV-Strahlung zu verwenden, vor allem in Patagonien.

Die globale Klimaerwärmung wirkt sich in Chile besonders stark aus, was sich u. a. am Abschmelzen der Gletscher zeigt. Wissenschaftler haben nachgewiesen, dass sich das Schmelztempo in wenigen Jahren verdoppelt hat und dass sich die Eisfelder im Norden und Süden viel schneller als anfangs vermutet auf dem Rückzug befinden. Insbesondere das Eisfeld in Nordpatagonien trägt maßgeblich zum Ansteigen des Meeresspiegels bei. Und das liegt nicht nur an der höheren Erdtemperatur und den rückläufigen Niederschlagsmengen. Für die Tier- und Pflanzenwelt sowie den natürlichen Wasserhaushalt hat all das verheerende Folgen.

Umweltorganisationen

Ancient Forest International (AFI; 707-923-4475; www.ancientforests.org) US-Organisation mit enger Anbindung an chilenische Umweltschutzorganisationen.

Codeff (Comité Pro Defensa de la Fauna y Flora; 02-777-2534; www.codeff.cl; Ernesto Reyes 035, Providencia, Santiago) Organisiert Kampagnen zum Schutz der chilenischen Flora und Fauna und veranstaltet Ausflüge, Seminare sowie Workshops für Freiwillige.

Greenpeace Chile (02-634-2120; www.greenpeace.cl; Agromedo 50, Centro, Santiago) Konzentriert sich auf die Erhaltung der Wälder, der Meeresökologie und auf die Vermeidung des Einsatzes von Giftstoffen.

Patagonia Sin Represas (Chilean Patagonia Without Dams; www.patagoniasinrepresas.cl) Ein Bündnis unterschiedlicher Umweltschutzgruppen im Kampf gegen die Dammbauprojekte in Patagonien.

Terram (02-269-4499; www.terram.cl; Bustamente 24, Providencia, Santiago) Derzeit eine der einflussreichsten Lobbygruppen in Sachen Umweltschutz.

WWF (063-244-590; www.wwf.cl; Carlos Andtwander 624, Valdivia, Casa 4) Der WWF kümmert sich vor allem um die Erhaltung des gemäßigten Regenwaldes rund um Valdívia sowie im südlichen Patagonien und allgemein um die chilenische Tierwelt.

Der spanischsprachige Bildband *Patagonia Chile ¡Sin Represas!* (2007), der vom chilenischen Umweltschützer Juan Pablo Orrego herausgegeben wurde, illustriert mit Vorher-Nachher-Fotos die Auswirkungen geplanter Wasserkraftprojekte in Patagonien.

Nationalparks

20 % der Landesfläche Chiles sind Teil von über 100 Nationalparks, Naturdenkmälern und Schutzgebieten. Sie zählen zu den größten Attraktionen des Landes und ziehen jährlich etwa 2 Mio. Besucher an, wobei sich die Zahlen inerhalb des letzten Jahrzehnts fast verdoppelt haben. Doch während die schönsten Parks wie Torres del Paine von den Massen überrannt werden, ist die Mehrheit der Gebiete kaum genutzte Wildnis. Es gibt ein paar Wege für Wanderer, und wer nicht gerade zur Hochsaison im Januar und Februar kommt, findet hier völlige Einsamkeit vor.

Chiles Schutzgebiete sind in drei Kategorien unterteilt: *parques nacionales* (Nationalparks), *reservas nacionales* (Nationalreservate), die begrenzt wirtschaftlich genutzt werden dürfen, und *monumentos naturales* (Naturdenkmäler), kleinere, aber streng geschützte Regionen oder Orte.

Alle Nationalparks und -reservate werden von der Nationalen Forstgesellschaft Conaf (S. 491) verwaltet. Das Hauptaugenmerk der Organisation liegt darauf, die chilenischen Wälder und ihre Entwicklung zu kontrollieren. Aus diesem Grund hat der Tourismus für sie nicht die höchste Priorität und die internen Parkeinrichtungen wie *refugios* (rustikale Schutzhütten), Zeltplätze und Restaurants werden zunehmend von privaten Konzessionären geleitet. Es gibt Bestrebungen, eine Nationalparkverwaltung einzurichten, bislang aber ohne Erfolg.

In Santiago lohnt sich ein Besuch des zentralen **Informationsbüros** (✆02-663-0000; Av Bulnes 265, Centro; ◷Mo–Fr 9.30–17.30 Uhr) der Conaf. Hier erhält man einfache Karten und Broschüren. Leider ist die Conaf chronisch unterfinanziert, deshalb fehlt vielen Parks eine adäquate Pflege, was beispielsweise Waldbrände zu schweren Problemen macht.

Einige von der Regierung bezuschusste Projekte widmen sich dem Ökotourismus, darunter auch der Sendero de Chile, der 8000 km Wanderwege vom tiefsten Süden bis in den höchsten Norden Chiles miteinander verbindet.

CHILES NATIONALPARKS

SCHUTZGEBIET	MERKMALE	HIGHLIGHTS	BESTE REISEZEIT
Parque Nacional Archipiélago Juan Fernández (S. 147)	Entlegenes Archipel, ökologische Schatzkammer für endemische Pflanzen	Wandern, Bootstouren, Tauchen, Flora	Dez.–März
Parque Nacional Bernardo O'Higgins (S. 3579)	Isolierte Eisfelder, Gletscher, Wasserfälle; Kormorane und Kondore	Bootstouren	Dez.–März
Parque Nacional Bosques de Fray Jorge (S. 214)	Nebelwald in trockener Wüste, Küstenlinie	Wandern, Flora	ganzjährig
Parque Nacional Chiloé (S. 316)	Dünen, Lagunen & Wälder entlang der Küsten; reiche Vogelwelt; Pudus, Seelöwen	Wandern, Tierbeobachtung, Kajakfahren, Reitausflüge	Dez.–März

SCHUTZGEBIET	MERKMALE	HIGHLIGHTS	BESTE REISEZEIT
Parque Nacional Conguillío (S. 242)	Bergige Araukarienwälder, Seen, Schluchten, aktiver Vulkan	Wandern, Klettern, Skifahren, Bootfahren, Skifahren	Juni–Okt.
Parque Nacional Huerquehue (S. 260)	Wald, Seen, Wasserfälle & fantastischer Ausblick	Wandern	Dez.–März
Parque Nacional La Campana (S.111)	Küstenkordilleren: Eichenwälder & chilenische Palmen	Wandern, Flora	Nov.–Feb.
Parque Nacional Laguna del Laja (S. 140)	Andenausläufer, Wasserfälle, Seen, seltene Bäume, Kondore	Wandern	Dez.–März
Parque Nacional Laguna San Rafael (S. 344)	Die Gletscher dieses beeindruckenden Eisfeldes reichen bis ans Meer	Bootstouren, Flüge, Wandern, Klettern	Sept.–März
Parque Nacional Lauca (S. 202)	Altiplano-Vulkane, Seen, Steppen; reiche Vogelwelt & Vikunjas	Wandern, Tierbeobachtung, traditionelle Dörfer, Thermalquellen	ganzjährig
Parque Nacional Llanos de Challe (S. 226)	Küstenebenen; nach schweren Regenfällen eine blühende Wüste; Guanakos	Flora & Fauna	Juli–Sept. in regnerischen Jahren
Parque Nacional Nahuelbuta (S. 142)	Hohe Küstengebirgskette mit Araukarienwäldern, Wildblumen; Pumas, Pudus, seltene Spechte	Wandern	Nov.–Apr.
Parque Nacional Nevado Tres Cruces (S. 229)	Vulkan Ojos del Salado; Flamingos, Vikunjas, Guanakos	Klettern, Wandern, Tierwelt	Dez.–Feb.
Parque Nacional Pan de Azúcar (S. 233)	Küstenwüste; Pinguine, Seeotter, Seelöwen, Guanakos & Kakteen	Bootstouren, Tierwelt, Schwimmen, Wandern	ganzjährig
Parque Nacional Patagonia	Zurückgewonnene Steppe & hohes Bergterrain; Guanakos, Flamingos, Pumas	Wandern, Tierbeobachtung	Dez.–März
Parque Nacional Puyehue (S. 271)	Vulkanische Dünen, Lavaströme, Wald	Wandern, Skifahren, Thermalquellen, Radfahren, Kanufahren	Wandern Dez.–März, Skifahren Juni–Okt.
Parque Nacional Rapa Nui (S. 437)	Isolierte polynesische Insel mit rätselhaften archäologischen Reichtümern	Archäologie, Tauchen, Wandern, Reiten	ganzjährig
Parque Nacional Torres del Paine (S. 379)	Chiles Vorzeigepark mit spektakulären Gipfeln, Wäldern, Gletschern; Guanakos, Kondore, Nandus, Flamingos	Trekking, Tierbeobachtung, Klettern, Gletschertrekking, Kajakfahren, Reiten	Dez.–März
Parque Nacional Vicente Pérez Rosales (S. 284)	Der Älteste Nationalpark des Landes, voller Seen und Vulkane	Wandern, Klettern, Skifahren, Bootstouren, Raften, Kajakfahren, Canyoning, Skifahren	Juni–Okt.
Parque Nacional Villarrica (S. 257)	Rauchender Vulkankegel mit Ausblick auf Seen & Resorts	Trekking, Klettern, Skifahren	Wandern Dez.–März, Skifahren Juni–Okt.
Parque Nacional Volcán Isluga (S. 186)	Entlegener Altiplano, Vulkane, Geysire, einzigartige ländliche Kultur, reiche Vogelwelt	Dörfer, Wandern, Vogelbeobachtung, Thermalquellen	ganzjährig

> **TORRES IN FLAMMEN**
>
> Am 27. Dezember 2011 zerstörte ein Waldbrand im Torres-del-Paine-Park 103 784 ha Land. Für das Feuer wurde ein Camper verantwortlich gemacht, der 10 000 US$ Strafe zahlen musste und sich bereit erklärte, 50 000 Bäume zu pflanzen. Es wurden neue Kampagnen für mehr Bewusstsein gegenüber Waldbränden ins Leben gerufen, um die Öffentlichkeit aufzuklären, und zudem ein Nueva Ley del Bosque (Neues Waldgesetz) erlassen, das strengere Regelungen enthält. So müssen Besucher von Torres del Paine eine Vereinbarung unterzeichnen, dass sie die Vorschriften des Parks befolgen, die jetzt energisch durchgesetzt werden.

Private Schutzgebiete

Das chilenische Recht erlaubt die Errichtung privater Reservate, sogenannter *areas de protección turística* (Tourismus-Schutzgebiete) und *santuarios de la naturaleza* (Naturschutzgebiete). Diese gerieten in die Schlagzeilen, als die amerikanischen Naturschützer Kris und Douglas Tompkins begannen, in ganz Patagonien Privatparks zu gründen. Der erste war der Parque Pumalín, gefolgt vom Corcovado-Nationalpark und dem Yendegaia–Nationalpark in Tierra del Fuego, der 2014 gestiftet wurde. Der Futuro Parque Nacional Patagonia, ein ambitioniertes Projekt von Kris Tompkins, ist für Besucher zugänglich. An diesen Parks entzündete sich eine große Debatte um Landbesitz und Landnutzung, aber sie inspirierten auch andere Menschen wie den früheren Präsident Sebastián Piñera, der den Parque Tantauco auf Chiloé gründete.

Es gibt in Chile rund 133 private Schutzgebiete, die insgesamt etwa 4000 km² der Landesfläche einnehmen. Codeff (S. 477) betreibt eine Datenbank mit allen Reservaten, die sich zum Red de Areas Protegidas Privadas (RAPP; Netzwerk der privaten Schutzgebiete) zusammengeschlossen haben.

> Bei Conaf ist ein Parkpass erhältlich, der für alle Nationalparks außer dem Torres del Paine und dem Parque Nacional Rapa Nui gilt. Ein Einjahrespass kostet 10 000 Ch$ pro Person und 30 000 Ch$ für eine Familie.

Praktische Informationen

ALLGEMEINE INFORMATIONEN.. 482
Adressen 482
Arbeiten in Chile........ 482
Botschaften & Konsulate............... 482
Essen 482
Feiertage 483
Freiwilligenarbeit 483
Geld 483
Gesundheit 484
Internetzugang......... 485
Karten 485
Öffnungszeiten......... 486
Rechtsfragen........... 486
Reisen mit Behinderung 486
Schwule & Lesben 487
Sicherheit 487
Shoppen............... 487
Strom................. 488
Telefon 489
Toiletten.............. 489
Touristeninformation.... 489
Unterkunft............ 490
Visa................... 491
Zoll 491

VERKEHRSMITTEL & -WEGE............... 493
AN- & WEITERREISE 493
Einreise 493
Flugzeug 493
Auf dem Landweg 494
UNTERWEGS VOR ORT 496
Auto & Motorrad 496
Bus 498
Fahrrad............... 499
Flugzeug 499
Geführte Touren 500
Nahverkehr 500
Schiff/Fähre 500
Trampen............... 501
Zug 501

SPRACHE......... 502
Glossar............... 506

Allgemeine Informationen

Adressen

Die Namen von Straßen, Plätzen und Ähnlichem sind im Spanischen oft sehr lang, deshalb werden sie in den Plänen meistens abgekürzt. So heißt die Avenida Libertador General Bernardo O'Higgins auf Karten Avenida B O'Higgins und manchmal auch nur O'Higgins oder wir benutzen einen (kürzeren) allgemein verwendeten Alternativnamen (in diesem Fall: Alameda). Mit *costanera* wird eine Küstenstraße bezeichnet.

Einige Adressen beinhalten den Ausdruck *local* (lokal), gefolgt von einer Ziffer. *Local* meint dabei eines von mehreren Büros, die sich eine Adresse teilen. Manchmal beginnen Hausnummern mit einer 0, z. B. Bosque Norte 084. Diese verwirrende Nummerierung taucht immer dann auf, wenn eine alte Straße bei Haus Nr. 1 in der Gegenrichtung verlängert wurde.

Die Abkürzung s/n nach einem Straßennamen steht für *sin número* (ohne Hausnummer), was bedeutet, dass die Adresse keine eigene Hausnummer besitzt.

Arbeiten in Chile

Es ist schwer, für Chile eine Aufenthalts- und Arbeitserlaubnis zu bekommen, folglich versuchen es die meisten Ausländer erst gar nicht. Verantwortungsbewusste Arbeitgeber bestehen aber auf einem entsprechenden (Arbeits-)Visum. Wer eines benötigt, wendet sich an das **Departamento de Extranjería** (Karte S. 50 f.; ☎02-550-2484; www.extranjeria.gob.cl; Agustinas 1235, Santiago; ⊙Mo–Fr 9–14 Uhr).

In Santiago bieten viele Jugendherbergen und Hostels Jobs an; die Ausschreibungen findet man auf ihren Websites. **Contact Chile** (www.contactchile.cl) listet Praktikumsangebote auf, meist aus dem Dienstleistungssektor. Nicht selten arbeiten Traveller als Sprachlehrer in Santiago und anderen Städten. Die Bezahlung erfolgt gewöhnlich auf Stundenbasis, und wer einen Vollzeitjob sucht, muss sich für längere Zeit verpflichten.

Botschaften & Konsulate

Argentinien Santiago (☎022-582-2606; http://csigo.cancilleria.gov.ar/; Vicuña Mackenna 41)

Bolivien Santiago (☎022-232-8180; cgbolivia@manquehue.net; Av Santa María 2796)

Brasilien Santiago (☎022-698-2486; www.embajadadebrasil.cl; Ovalle 1665)

Deutschland Santiago (☎022-463-2500; http://www.santiago.diplo.de; Las Hualtatas 5677, Vitacura)

Österreich Santiago (☎022-223-4774; http://www.bmeia.gv.at/botschaft/santiago-de-chile.html; Barros Errazuriz 1968, 3. OG, Providencia)

Peru Santiago (☎022-235-4600; conpersantiago@adsl.tie.cl; Padre Mariano 10, Oficina 309, Providencia)

Schweiz Santiago (☎022-928-0100; https://www.eda.admin.ch/countries/chile/de/home/vertretungen/botschaft.html; Américo Vespucio Sur 100, 14. OG, Las Condes)

Essen

Alle im Buch genannten Restaurants sind nach Vorlieben der Autoren und nach Preisen geordnet.

In den Lokalen herrscht Rauchverbot, manchmal gibt's jedoch separate, abgeschlossene Bereiche speziell für Raucher.

Wer sich für Events rund ums Essen interessiert und mehr über chilenische Spezialitäten erfahren will, kann die englischsprachige Website **Foody Chile** (www.foodychile.com) besuchen.

Gerichte

Das chilenische Essen ist herzhaft und traditionell. Meist gibt's Suppen, Fleisch, Kartoffeln und Kasserollen wie *pastel de choclo* (mit Mais) oder *chupe de jaiva* (mit Krabben).

Fast alle Küstenstädte haben einen *mercado de mariscos* (Fischmarkt) mit Verkaufsständen und kleinen Lokalen. Wer Gewürze mag, sollte nach dem Mapuche-

Gewürz *merkén* (geräuchertes Chilipulver) oder *ají Chileno*, eine leicht scharfe, in einigen Restaurants angebotene Soße, Ausschau halten.

Das Frühstück besteht aus weißen Brötchen mit Butter und Marmelade sowie Tee und Instantkaffee. Kaffee aus ganzen Bohnen heißt *café en grano* und ist in einigen Cafés und Unterkünften erhältlich.

Mittagsmenüs, *menú del dia* genannt, kosten meist wenig und schmecken gut. Sie umfassen eine Vorspeise oder ein Dessert und ein Hauptgericht.

Zuhause essen die Chilenen abends oft leichte Speisen, z. B. Brot, Tee, Käse und Schinken. Im Süden ist auch die nachmittägliche Kaffee- bzw. Teepause, *once* genannt, sehr beliebt. Dank des deutschen Einflusses gibt's süße Sachen wie Kuchen & Co.

Getränke

Auch wenn Wein im Rampenlicht steht, hat Chile noch einiges mehr zu bieten. Pisco, ein Brandy aus Trauben, die im hohen Norden angebaut werden, ist das alkoholische Nationalgetränk. Der populäre Cocktail Pisco Sour besteht aus Pisco, Zucker und frischer *limon de pica*. Studenten bevorzugen oft *piscolas* und mixen den Alkohol mit Cola oder anderen Softdrinks.

Fassbier wird *schop* genannt. Biere aus Kleinbrauereien und lokale, handwerklich gebraute Sorten erfreuen sich ebenfalls großer Beliebtheit, besonders im Süden, wo der deutsche Einfluss noch stark ist. Wir empfehlen die Biere von Szot, Kross und Spoh.

Feiertage

Im Folgenden findet man eine Übersicht über staatliche Feiertage, an denen Behörden und Geschäfte geschlossen haben. Einige sollen abgeschafft oder zumindest auf Montage verschoben werden, um die Brückentage zu reduzieren, die von vielen Chilenen zwischen dem Wochenende und den Feiertagen genommen werden.

Año Nuevo (Neujahr) 1. Januar

Semana Santa (Osterwoche) März oder April

Día del Trabajo (Tag der Arbeit) 1. Mai

Glorias Navales (Gedenken an die Seeschlacht von Iquique) 21. Mai

Corpus Christi (Fronleichnam) Mai/Juni; Termin variiert

Día de San Pedro y San Pablo (Hl. Peter und Paul) 29. Juni

Asunción de la Virgen (Mariä Himmelfahrt) 15. August

Día de Unidad Nacional (Tag der Nationalen Einheit) Erster Montag im September

Día de la Independencia Nacional (Unabhängigkeitstag) 18. September

Día del Ejército (Tag der Streitkräfte) 19. September

Día de la Raza (Kolumbus-Tag) 12. Oktober

Todos los Santos (Allerheiligen) 1. November

Inmaculada Concepción (Mariä Empfängnis) 8. Dezember

Navidad (Weihnachten) 25. Dezember

Freiwilligenarbeit

Erfahrene Outdoor-Guides finden in der Hochsaison manchmal Jobs als Leiter von Touren mit freier Übernachtung als Gegenleistung, müssen sich aber meist für die ganze Saison verpflichten. Auch Sprachschulen engagieren häufig Freiwillige. Im Parque Nacional Torres del Paine können Interessierte bei der Instandsetzung und Pflege der Wanderwege, bei biologischen Studien und bei der Tierzählung, etwa der Guanakos, mithelfen. Spanischkenntnisse sind natürlich von Vorteil.

AMA Torres del Paine (www.amatorresdelpaine.org) Arbeitet im Nationalpark mit einer begrenzten Zahl von Volontären.

Chile inside (www.chileinside.cl) Maßgeschneiderte Praktika, Sprachkurse und Freiwilligenarbeit.

Experiment Chile (www.experiment.cl) Organisiert vierzehntägige Sprachkurse/Volontärprogramme.

Freiwilligenarbeit (www.freiwilligenarbeit.de/freiwilligenarbeit-chile.html) Infoportal für verschiedenste Projekte.

Go Voluntouring (www.govoluntouring.com) Internationale Organisation mit einem Verzeichnis verschiedener Nichtregierungsorganisationen (z. B. Earthwatch) sowie Sozialprojekten und Unterrichtsprogrammen.

Un Techo Para Chile (www.untechoparachile.cl, auf Spanisch) Die gemeinnützige Organisation baut im ganzen Land Häuser für Familien mit niedrigem Einkommen.

WWOOF Chile (Worldwide Opportunities on Organic Farms; Mobil 9129-5033; http://www.wwoofchile.cl) Freiwillige Helfer – Wwoofer (Wufer gesprochen) – arbeiten, leben und lernen auf Biobauernhöfen u. Ä.

Geld

Die chilenische Währung ist der Peso (Ch$). Banknoten gibt's zu 500, 1000, 2000, 5000, 10 000 und 20 000 Pesos. Münzen haben die Werte 1, 5, 10, 50, 100 und 500 Pesos, die 5- und 10-Peso-Münzen sind ebenso wie die 1-Peso-Münze weitgehend aus dem Zahlungsverkehr verschwunden. Kleingeld

---

PREISE

Die folgenden Preiskategorien beziehen sich jeweils auf ein Standardhauptgericht.

**$** unter 8000 Ch$

**$$** 8000–14 000 Ch$

**$$$** mehr als 14 000 Ch$

wird immer gebraucht, denn in ländlichen Gebieten kann das Wechseln größerer Noten schnell zum Problem werden. Tankstellen und Läden mit alkoholischen Getränken können meistens wechseln – einfach folgenden Satz formulieren: *¿Tiene suelto?* (Haben Sie Kleingeld?)

Die besten Wechselkurse bekommt man in Santiago. Chiles Währung war in den letzten Jahren relativ stabil, der Wert des Dollars scheint allerdings in der Hauptsaison immer zu fallen, um dann pünktlich im März wieder zu steigen ... Ab und zu kann man auch mit US-Dollars bezahlen, vor allem bei Tourveranstaltern (dort allerdings sorgfältig die Kurse überprüfen). Viele Spitzenklassehotels geben ihre Zimmerpreise ebenfalls in US-Dollar an – zu einem etwas niedrigeren Kurs als der Tageskurs. Am besten bezahlt man alles in Pesos.

Geldüberweisungen von Banken in der Heimat brauchen ein paar Tage. Die chilenischen Banken geben den Betrag auf Wunsch auch in US-Dollar heraus. Western-Union-Büros findet man in ganz Chile. Normalerweise liegen sie direkt neben der Post.

Bargeld

Ein paar Banken und *casas de cambio* (Wechselstuben) wechseln Bargeld (gewöhnlich nur US-Dollars). In Letzteren sollte man ein waches Auge auf Provisionen und den Wechselkurs haben (ist oft etwas schlechter als in der Bank). Manchmal können teurere Rechnungen – etwa für Ausflüge oder Hotelzimmer – auch in US-Dollar bezahlt werden.

Geldautomaten

Die unzähligen Geldautomaten (*redbanc*) in Chile sind die einfachste und bequemste Art, an Bargeld zu kommen. Viele verfügen über Anleitungen in Spanisch und Englisch. Traveller müssen die Taste *tarjeta extranjera* (ausländische Karte) drücken. Auf die Automaten in Pisco Elqui, Bahía Inglesa und in kleinen patagonischen Ortschaften ist kein Verlass. In den patagonischen Dörfern gibt's oft nur eine Bank, die Banco del Estado, deren Automaten die MasterCard nicht immer annehmen.

Wer auf dem Landweg von El Chaltén, Argentinien, nach Villa O'Higgins in Chile reist, sollte sich vorab mit chilenischen Pesos eindecken, denn die nächsten zuverlässigen Banken befinden sich in Coyhaique.

An den Geldautomaten muss man pro Transaktion eine Gebühr von bis zu 4000 Ch$ zahlen. Einige ausländische Banken erstatten diese zurück (vorab mit der Bank im Heimatland abklären). Man kann pro Transaktion höchstens 200 000 Ch$ abheben.

Kreditkarten

Wer mit seiner Plastikkarte unterwegs ist (vor allem mit Visa oder MasterCard), wird in den meisten besseren Läden damit zahlen können. Viele Geschäfte verlangen aber einen Aufschlag von 6 %, um damit ihre Kosten für die Transaktion zu decken. Kreditkarten sind oft hilfreich, um „ausreichend Geldmittel" nachzuweisen, wenn man in ein anderes südamerikanisches Land weiterreist.

Trinkgeld

In Restaurants gibt man 10 % der Rechnung als Trinkgeld (wird manchmal automatisch berechnet und ist dann auf der Rechnung unter *servicio* vermerkt). Taxifahrer erwarten kein Extrageld, aber normalerweise rundet man den geforderten Betrag auf.

Gesundheit

Wer einfache Vorsorgemaßnahmen trifft, wird in Chile kaum Probleme haben. Spezielle Impfungen sind nicht vorgeschrieben, trotzdem sollte man Routineimpfungen auffrischen. Im gemäßigten Südamerika sind von Moskitos übertragene Krankheiten nicht problematisch und die meisten Infektionen werden von kontaminierten Speisen und Getränken verursacht.

Medizinische Versorgung & Kosten

In Santiago gibt's zwei moderne Einrichtungen, die rund um die Uhr Notfälle versorgen und nach Vereinbarung spezielle Behandlungen durchführen können: die **Clínica Las Condes** (022-210-4000; www.clinicalascondes.cl; Lo Fontecilla 441, Las Condes) und die **Clínica Alemana** (022-212-9700; http://portal.alemana.cl; Av Vitacura 5951, Santiago). Bei Fragen zu Ärzten, Zahnärzten und speziellen Laboratorien kann man sich an die Botschaft seines Heimatlandes wenden.

In Santiago und anderen Städten ist eine gute medizinische Versorgung gewährleistet, in abgelegenen Regionen des Landes dagegen nicht unbedingt. Viele Ärzte und Krankenhäuser erwarten Barzahlung, auch wenn man eine Auslandskrankenversicherung hat.

Fast alle Apotheken sind gut sortiert und haben gut ausgebildetes Personal. Die Qualität der Medikamente lässt sich mit der in Industrieländern vergleichen. Vieles, was in Deutschland, Österreich und der Schweiz verschreibungspflichtig ist, bekommt man hier ohne Rezept. Falls man bestimmte Medikamente einnimmt, sollte man sich den wissen-

VERSICHERUNG

Weltweit gültige Reiseversicherungen werden unter www.lonelyplanet.com/bookings angeboten. Man kann den Versicherungsschutz jederzeit online erwerben und erweitern, selbst wenn man schon unterwegs ist.

schaftlichen Namen des Wirkstoffs notieren, um das Mittel in Chile auch unter anderem Namen wiederzuerkennen.

Auf der Osterinsel und im Norden Patagoniens ist die medizinische Versorgung sehr eingeschränkt. Die ländlichen *postas* (Kliniken) sind selten mit ausreichend Arzneimitteln ausgestattet und meist ausschließlich mit Rettungssanitätern besetzt. Ernsthafte medizinische Probleme erfordern den Transfer in eine größere Stadt.

Infektionen & Gesundheitsrisiken

BARTONELLOSE (OROYA-FIEBER)

Bartonellose wird von einer Sandfliege in den westlichen Anden zwischen 800 und 3000 m Höhe übertragen. Zum Krankheitsverlauf gehören hohes Fieber und heftige Schmerzen. Möglich sind auch ein Anschwellen der Leber und Milz oder eine schwere Anämie. Gelegentlich verläuft die Erkrankung tödlich. Behandelt wird sie mit Chloramphenicol oder Doxycyclin.

CHILENISCHE EINSIEDLERSPINNE

Die Chilenische Einsiedlerspinne ist im gesamten Land zu finden und nicht aggressiv. Ihr gefährliches Gift bewirkt großflächige Wunden mit absterbendem Gewebe, zudem kann es zu Nierenversagen und zum Tod kommen. Mit Beinen gemessen sind die Tiere 8 bis 30 mm lang. Sie weisen eine braune Farbe, eine violinartige Zeichnung am Körper und die ungewöhnliche Zahl von sechs Augen (die meisten Spinnen haben acht) auf. Wer gebissen wurde, sollte die Wunde mit Eis kühlen und schnell einen Arzt aufsuchen.

HANTAVIRUS-LUNGENSYNDROM

Diese rasch fortschreitende, lebensbedrohliche Infektion wird durch den Kontakt mit Exkrementen von wild lebenden Nagetieren übertragen. 2010 wurde über Fälle in ländlichen Gegenden im Süden sowie im Zentrum Chiles berichtet. Seither gab es immer wieder vereinzelte Erkrankungen. Meist tritt die Krankheit bei Menschen auf, die in unmittelbarer Nähe von Ratten und Mäusen leben.

Reisende sind nicht unmittelbar bedroht, aber bei Aufenthalten in Waldgebieten besteht ein gewisses Risiko. Keinesfalls sollte man irgendeine einsame und verlassene Hütte beziehen, denn dort könnte verseuchter Mäuse- oder Rattenkot die Krankheit übertragen. Sicherer ist die Übernachtung im eigenen Zelt.

In betroffenen Gebieten kann man sich bei den zuständigen Rangern nach der aktuellen Lage erkundigen.

HÖHENKRANKHEIT

Von dieser Krankheit sind alle bedroht, die schnell in Höhen über 2500 m aufsteigen. Körperliche Fitness schützt davor nicht, und wer die Krankheit schon einmal erlebt hat, ist auch in Zukunft anfällig. Die Gefahr nimmt mit der Schnelligkeit des Aufstiegs, der erreichten Höhe und dem Grad der Anstrengung zu. Zu den Symptomen zählen Kopfschmerzen, Übelkeit, Erbrechen, Schwindel, Schlaf- und Appetitlosigkeit sowie Ohrensausen. In schweren Fällen gelangt Wasser in die Lunge oder es kommt zu Schwellungen des Gehirns (Lungen- und Hirnödem).

Das beste Mittel gegen die Höhenkrankheit ist der unverzügliche Abstieg. Wer erste Symptome spürt, darf den Aufstieg nicht fortsetzen. Bei anhaltenden oder schweren Symptomen muss man sich sofort in tiefere Lagen begeben.

Bei Reisen in großer Höhe sollte man darüber hinaus Überanstrengungen meiden, nur leichte Mahlzeiten einnehmen, nicht rauchen und keinen Alkohol trinken. In einigen hoch gelegenen Regionen gibt's Kliniken, die über Sauerstoff verfügen.

WASSER

Das Leitungswasser in chilenischen Städten eignet sich im Allgemeinen zum Trinken, ist aber sehr mineralhaltig. Wer einen empfindlichen Magen hat bzw. sich im Norden des Landes befindet, sollte Mineralwasser aus Flaschen vorziehen.

Abkochen ist die beste Art der Reinigung. Wasser muss mindestens eine Minute und in Höhen über 2000 m mindestens drei Minuten sprudelnd kochen, damit es keimfrei wird. Man kann es auch mit Jodtabletten, einem Wasserfilter oder Steripen desinfizieren.

Internetzugang

Viele Orte im Land haben hervorragende Internetverbindungen. Hotels, Hostels und Cafés bieten ihren Gästen meist einen WLAN-Zugang. Anders sieht es in Pensionen aus, vor allem in ländlichen Regionen, obwohl einige Gemeinden auf der zentralen Plaza kostenloses WLAN anbieten. In Internetcafés variieren die Tarife zwischen 500 und 1200 Ch$ pro Stunde. Teuer ist das Surfen nur in abgelegenen Regionen.

Karten

In Santiago erstellt das **Instituto Geográfico Militar** (022-460-6800; www.igm.cl; Dieciocho 369, Centro; Mo–Fr 8.30–13 & 14–17 Uhr) gleich südlich der Alameda hervorragende Karten, die auch online verkauft werden. Die topografische Kartenserie (Maßstab 1:50 000) kann nützlich für Trekker sein, auch wenn manche Karten mittlerweile schon etwas veraltet sind. Leider bekommt man Karten, die sensible Grenzbereiche (und damit auch einige Nationalparks) abdecken, oft nur schwer.

JLM Mapas verlegt Karten für alle wichtigen Landesteile

und Wandergebiete sowie für einige Innenstadtbereiche; die Maßstäbe reichen von 1:50 000 bis 1:500 000. Sie sind weit verbreitet, leicht zu handhaben und bieten brauchbare Infos, auch wenn sie nicht immer ganz exakt sind.

In zahlreichen größeren Städten betreibt der chilenische **Automóvil Club de Chile** (Acchi; www.automovil club.cl) Büros, in denen auch Straßenkarten verkauft werden, allerdings sind nicht alle gleichermaßen gut bestückt.

Karten von Santiago gibt's bei **Map City** (www. mapcity.cl). Autofahrer finden vielleicht auch die Copec-Pläne von **Compass** (www. mapascompass.cl) nützlich, die an Copec-Tankstellen erhältlich sind. Einige Regionalregierungen bieten auf ihren Homepages interaktive Karten ihrer Region an, die z. B. bei der Suche nach einer Straße in einer Großstadt helfen.

Öffnungszeiten

In diesem Band haben wir die Öffnungszeiten während der Hauptsaison angegeben. Auf dem Land bleiben Restaurants, Geschäfte und Behörden in vielen Ortschaften am Sonntag geschlossen. Touristeninformationen öffnen nur in der Hauptsaison.

Banken	wochentags 9–14 Uhr, manchmal Sa 10–13 Uhr
Geschäfte	10–20 Uhr, z. T. 13–15 Uhr Mittagspause
Museen	oft Mo geschlossen
Regierungsbehörden & -einrichtungen	wochentags 9–18 Uhr
Restaurants	12–23 Uhr, oft 16–19 Uhr geschlossen

PRAKTISCH & KONKRET

→ **Maße & Gewichte** Chile verwendet das metrische System; nur bei Autoreifen wird der Druck in Pfund pro Quadratzoll (psi) gemessen.

→ **Radio** Ein anerkannter Radiosender ist Radio Cooperativa (103,1 kHz).

→ **Strom** Stromversorgung: 220 V, 50 Hz. Die Steckdosen haben zwei oder drei Löcher, sodass gewöhnlich auch deutsche Stecker passen.

→ **TV** Satellitenfernsehen ist weit verbreitet und gehört zum Service vieler Hotels sowie *hospedajes* (Budgetunterkünfte).

→ **Zeitungen** *El Mercurio* (www.elmercurio.cl) ist eine konservative und ziemlich trockene, aber hoch angesehene Zeitung. Die Alternative, *The Clinic* (www. theclinic.cl), hat topaktuelle Leitartikel und satirische Berichte über politische und gesellschaftliche Themen.

Rechtsfragen

Chiles *carabineros* (Polizisten) treten in der Regel professionell und höflich auf. Der Bußgeldkatalog für die üblichen Verstöße entspricht dem in Europa. Alkohol am Steuer wird nicht toleriert (auch nicht in geringen Mengen). Der Besitz, Gebrauch von und/oder das Handeln mit Drogen – darunter fallen auch „weiche" Drogen wie Cannabis – werden sehr streng mit hohen Geldstrafen und Gefängnis geahndet.

Polizisten können jederzeit verlangen, dass man sich ausweist, man sollte den Reisepass also immer bei sich tragen. Überall im Land gilt die kostenfreie Notrufnummer der Polizei, ☏133.

Chilenen sprechen von Polizisten oft als den *pacos*, eine respektlose (allerdings nicht obszöne) Bezeichnung, die man als Ausländer niemals in Anwesenheit eines Polizeibeamten laut aussprechen sollte.

Das Militär nimmt sich selbst immer noch sehr wichtig und man sollte auf keinen Fall militärische Einrichtungen fotografieren!

Wer in einen Autounfall verwickelt ist, dem wird der (internationale) Führerschein abgenommen, bis die Schuldfrage geklärt ist, meistens erhält man aber innerhalb weniger Tage eine zeitlich befristete Fahrerlaubnis als Ersatz. In jedem Fall wird ein Alkoholtest durchgeführt. Anschließend wird man zur Polizeiwache gebracht, um ein Unfallprotokoll aufzusetzen. Dann kann man meist wieder gehen. Laut dem Gesetz dürfen Unfallbeteiligte das Land nicht verlassen, bis der Fall geklärt ist. Wer in eine solche Situation gerät, sollte den Rat des Konsulats, der zuständigen Versicherung und eines Anwalts einholen.

Niemals versuchen, einen Polizisten zu bestechen – die meisten sind sehr stolz auf ihre Integrität.

Reisen mit Behinderung

Chile zu besuchen ist für Menschen mit einer Behinderung eine große Herausforderung, aber mit sorgfältiger Planung durchaus möglich. Selbst Spitzenhotels und Luxusresorts haben oftmals keine Rampe bzw. behindertengerecht eingerichtete Zimmer. Lediglich etwa 10 % der Hotels in der Hauptstadt verfügen über Rollstühle. Aufzüge findet man vor allem in größeren Hotels. Bei allen öffentlichen Neubauten ist der behindertengerechte Zugang dagegen mittlerweile gesetzlich vorgeschrieben.

Santiagos **Metro** (www.metrosantiago.cl; Mo–Sa 6.30–23, So 8–23 Uhr) baut derzeit ihre Linien behindertengerecht um. Die öffentliche Busgesellschaft **Transantiago** (800-730-073; www.transantiago.cl) hat in ihren neuen Bussen Zugangsrampen und Platz für Rollstühle. Einige Ampeln sind mit akustischen Warnsignalen für Sehbehinderte ausgestattet. Rollstuhlfahrer empfinden die Bürgersteige meist als zu eng und schlecht gepflegt. Eine Straßenüberquerung ist nicht einfach, doch eines muss man den chilenischen Autofahrern lassen: Sie sind auffallend aufmerksam gegenüber Fußgängern, vor allem gegenüber körperlich eingeschränkten.

Die amerikanische Organisation **Accessible Journeys** (www.disabilitytravel.com) organisiert Individualreisen für Traveller mit Behinderungen.

Nationalparks verlangen oft ermäßigte oder gar keine Eintrittsgebühren; bei der **Conaf** (Corporación Nacional Forestal; www.conaf.cl) nachfragen. Kreuzfahrtschiffe oder Fähren wie Navimag gewähren behinderten Reisenden manchmal ein Gratis-Upgrade. Einige Skigebiete in der Nähe von Santiago verleihen spezielle Skiausrüstungen für körperlich eingeschränkte Fahrer.

Schwule & Lesben

Obwohl Chile ein sehr konservatives, katholisches Land ist, unternimmt es große Schritte hin zu einer toleranteren Gesellschaft. So wurden 2015 eingetragene Lebenspartnerschaften legalisiert. Die Schwulen- und Lesbenszene von Santiago, in deren Zentrum das Barrio Bellavista steht, ist aktiv. **Movil H** (Bewegung zur Integration und Befreiung von Homosexuellen; www.movilh.cl) setzt sich für die Rechte von Homosexuellen ein. **Guia Gay Chile** (www.guiagay.cl) ist ein landesweiter Online-Guide für schwul-lesbische Ausgehmöglichkeiten.

Shoppen

Chile ist eines der wenigen Länder, in denen der Halbedelstein Lapislazuli abgebaut wird. Dieser hat eine tiefblaue Farbe und wird zu wunderschönem Schmuck verarbeitet, der bei vielen Juwelieren im Land und auf einigen wenigen *ferias* (Kunsthandwerksmärkten) angeboten wird. Allerdings ist er nicht gerade billig: Für ein Paar hochwertige Ohrringe muss man um die 20 000 Ch$ hinblättern. Interessenten sollte unbedingt die Qualität der Einfassung sowie des verwendeten Silbers prüfen, denn oft werden nur dünne Silberplatten aufgebracht, die sehr weich sind.

Handwerksmärkte finden überall im Land statt. Im Norden fertigen Künstler aus Lama- und Alpakawolle schöne Jacken, Schals und andere nützliche Kleidung für die bitterkalten Hochlandnächte an. Viele der Stücke ähneln denen, die man in Bolivien und Peru kaufen kann. Außerdem gibt's kunsthandwerkliche Arbeiten aus Kaktusholz. Norte Chico begeistert mit Lederwaren.

Auf Chiloé und in Patagonien sind dicke, handgestrickte Wollpullover (wie sie Fischer gerne tragen) und Decken vergleichsweise günstig zu bekommen; sie leisten in kalten Wintern gute Dienste. In Araukanien sollte man nach Schmuck im Mapuche-Stil Ausschau halten – er wird nur hier hergestellt. Die Mapuche produzieren darüber hinaus gute Webarbeiten und Korbwaren. Im Seengebiet und in Patagonien schnitzen Künstler Holzteller und Holzschüsseln aus dem Hartholz der Raulí-Südbuche.

Für Weinkenner lohnt sich die Suche nach chilenischen Weinen, die in Europa normalerweise nicht verkauft werden. Auch den starken Traubenbrandy Pisco findet man außerhalb des Landes nur sehr selten. Etwas Besonderes sind *miel de ulmo*, ein aromatischer, wohlschmeckender Honig aus Patagonien, und *mermelada de murtilla*, Marmelade aus sauren roten Beeren. Solange sie versiegelt sind, kann man alle genannten Lebensmittel problemlos ins Ausland mitnehmen.

In vielen Städten gibt's gute Antiquitätenmärkte. Am bekanntesten sind der Santiagoer Mercado Franklin und der Markt auf der Plaza O'Higgins in Valparaíso. Flohmärkte werden in Chile *ferias persas* (persische Märkte) genannt.

Einen Überblick über die Vielfalt des lokalen Kunsthandwerks bietet die Website der **Fundación Artesanías de Chile** (Stiftung des chilenischen Kunsthandwerks; www.artesaniasdechile.cl).

Feilschen

Einzig auf Kunsthandwerkermärkten ist Feilschen erlaubt. Ticket- und Zimmerpreise sind normalerweise gut sichtbar ausgehängt und nicht verhandelbar. Die Chilenen fühlen sich eventuell durch aggressives Handeln vor den Kopf gestoßen, denn Feilschen ist nicht Teil ihrer Kultur.

Sicherheit

Verglichen mit anderen südamerikanischen Ländern ist Chile erstaunlich sicher. Kleinkriminalität, vor allem Diebstahl, kommt allerdings in größeren Städten, an Busbahnhöfen und in Ferienorten durchaus vor. Also immer auf die Wertsachen achten. Strikt verboten ist das Fotografieren von militärischen Anlagen.

Diebstahl

Übergriffe ereignen sich meist in dicht besiedelten städtischen Regionen. Während des Sommers treiben in den Touristenzentren vor allem Diebe ihr Unwesen. Wer in einer Hütte wohnt, sollte beim Verlassen darauf achten, dass alle Fenster

> **REISEHINWEISE**
>
> Die folgenden staatlichen Websites geben Reisetipps und informieren über aktuelle Krisenherde:
>
> **Deutsches Auswärtiges Amt** (www.auswaertiges-amt.de)
> **Außenministerium Österreich** (www.bmeia.gv.at)
> **Schweizerische Eidgenossenschaft** (www.eda.admin.ch)

geschlossen und verriegelt sind. Das gilt besonders für die beliebten Urlaubsresorts. Am Strand darf man seine Sachen nicht unbeaufsichtigt lassen, wenn man schwimmen geht. Auch abgestellte Autos müssen immer abgeschlossen und von Wertgegenständen leergeräumt werden.

Wem aus heiterem Himmel jemand auf die Schulter klopft, wer angespuckt oder anderweitig belästigt wird oder wem scheinbar versehentlich Flüssigkeit auf die Kleidung geschüttet wird, sollte unbeirrt weitergehen bzw. doppelt aufmerksam auf sein Gepäck achten: Meist handelt es sich bei diesen „Unfällen" um geschickte Ablenkungsmanöver. Man sollte seine Wertsachen sicher verwahren und keinen teuren Schmuck zur Schau tragen.

Von politischen Demonstrationen, insbesondere in der Hauptstadt, hält man sich besser fern. Leider haben sie die Tendenz auszuarten und gewalttätig zu werden.

Empfehlenswert ist eine Gepäckversicherung. Bargeld oder Kameras nie unbeaufsichtigt in den Zimmern liegen lassen. Manchmal hilft auch schon ein eigenes solides Vorhängeschloss. Bessere Hotels bieten ihren Gästen Zimmersafes.

Hunde & Insekten

Die unzähligen streunenden Hunde sind ein wachsendes Problem, zudem leiden sie oftmals unter Räude. Wer auf ein solches Tier stößt, sollte es auf keinen Fall anfassen, die Krankheit ist hochgradig ansteckend! Bei Autofahrten muss man damit rechnen, dass bellende Hunde hinter dem Wagen herlaufen.

Im Sommer tauchen im Süden die unangenehmen Bremsen *(tábano)* auf. Ihre Bisse sind weniger ein Gesundheitsrisiko als vielmehr eine lästige Plage. Mückenschutzmittel, ein schneller Schlag und pastellfarbene Kleidung sind erprobte Gegenmittel.

Naturkatastrophen

Erdbeben gehören für viele Chilenen zum Alltag, trotzdem erfüllt die lokale Bauweise häufig nicht die internationalen Sicherheitsstandards für Risikogebiete. Gefährdet sind vor allem die aus Lehmziegeln errichteten Häuser. Angesichts der Unvorhersehbarkeit von Naturkatastrophen ist es praktisch gar nicht möglich, sich vor Erdbeben zu schützen.

Aktive Vulkane sind nur selten ein Sicherheitsrisiko, da sie ausreichend Warnsignale (grollende Geräusche, Rauch) von sich geben. Nichtsdestotrotz wurde nach unerwarteten Ausbrüchen in den letzten Jahren das Überwachungsnetz noch enger gestrickt.

Vor der Küste muss häufig mit gefährlichen Strömungen gerechnet werden, deshalb empfehlen wir, vor jedem Tauchgang Einheimische zu fragen und jemanden über seinen genauen Aufenthaltsort zu informieren. An zahlreichen Stränden hängen Schilder: *„Apto para bañar"* weist darauf hin, dass das Schwimmen erlaubt ist, während *„no apto para bañar"* vom Schwimmen abrät. Das Schild *„peligroso"* („gefährlich") warnt dringend davor, ins Wasser zu gehen.

Im Winter wird der Smog in Santiago zu einem echten Gesundheitsrisiko. Die Stadtverwaltung unterscheidet zwischen einer Vorwarnstufe und der konkreten Gefahr bei Überschreitung der Grenzwerte. Kinder, ältere Personen und all jene mit Atemproblemen sollten dann das Zentrum meiden.

Strom

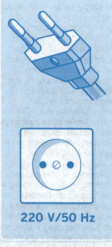

220 V/50 Hz

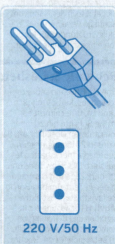

220 V/50 Hz

Telefon

Überall in Chile gibt's Callcenter mit privaten Kabinen und günstigen Tarifen für Ferngespräche, obwohl diese inzwischen oft von Internetcafés mit Skype ersetzt werden. Tourveranstalter und Unterkünfte in isolierter Lage haben Satellitentelefone mit der Vorwahl von Santiago.

Bei Anrufen vom Mobil- und Festnetz müssen verschiedene Vorwahlen eingetippt werden. In diesem Buch sind die Nummern für Anrufe vom Handy angegeben, da sich viele Traveller eine chilenische SIM-Karte zulegen.

Handys

Handynummern sind achtstellig. Wenn man von einem Festnetz- oder Skype-Anschluss anruft, muss die zweistellige Vorwahl 09 mitgewählt werden. In diesem Buch werden alle Handynummern ohne Vorwahl angegeben. Wer ein Gespräch vom Handy ins Festnetz führt, muss die Ortsvorwahl des Festnetzes (drei Ziffern) mitwählen (die Vorwahlen sind in den jeweiligen Unterkapiteln zu finden).

Handys werden für nur 12 000 Ch$ verkauft und können mit Prepaidkarten betrieben werden. Anrufe vom Mobiltelefon ins Festnetz sind teuer und Guthaben in dem Fall schnell aufgebraucht.

Wer sein eigenes Handy mitbringt, sollte mit dem Provider klären, ob das Gerät in Chile funktioniert. Nötig ist ein entsperrtes, GSM-kompatibles Handy, das auf einer Frequenz von 850 oder 1900 MHz sendet. Dafür kann man sich in Chile eine SIM-Karte bei einem chilenischen Provider (z. B. Entel oder Movistar) besorgen. Die jeweiligen Guthabenkarten bekommt man in Kiosken, Apotheken oder an den Kassen der Supermärkte. Wer viel Zeit in Patagonien verbringen will, sollte wissen, dass Entel eine größere Netzreichweite als andere Anbieter hat.

> **ARGENTINISCHE HANDYNUMMERN**
>
> Wer eine argentinische Handynummer aus dem Ausland anrufen möchte, muss die jeweilige internationale Zugangsnummer wählen, gefolgt von der Ländervorwahl 54, der 9 und der Ortsvorwahl (ohne die 0 am Anfang), dann kommt die Rufnummer (ohne die 15, mit der die meisten argentinischen Handynummern beginnen).

In den meisten bewohnten Regionen hat man guten Empfang, im Zentrum der Atacama-Wüste und in Teilen Patagoniens sieht es schlechter aus.

Vorwahlen

Von Mitteleuropa aus ist Chiles internationale Vorwahl ⌕56. Alle Telefonnummern in Santiago und im Großraum Santiago sind siebenstellig; alle übrigen Nummern im Land sechsstellig – mit Ausnahme der kostenfreien und der Notrufnummern. Die Gratisnummer der Polizei ist die ⌕133, Krankenwagen werden mit der ⌕131 gerufen, die Auskunft hat die Nummer ⌕103.

Ferngespräche funktionieren nach folgendem System: Vor die Teilnehmernummer gehört die Vorwahl der Telefongesellschaft, z. B. von **Entel** (⌕123). Wer ein R-Gespräch führen will, erreicht die Vermittlung über die ⌕182.

Toiletten

Die Rohre in alten Häusern verstopfen leicht, deshalb sollte man dort das Toilettenpapier nicht im WC entsorgen, sondern die dafür vorgesehenen Abfallbehälter benutzen. Preiswerte Unterkünfte und öffentliche Toiletten halten nur selten Papier für die Gäste bereit, also muss man sein eigenes mitbringen. Öffentliche Toiletten sind leider meistens ziemlich verschmutzt, eine gute Alternative sind gehobene Restaurants und Cafés.

Touristen-information

In jeder Regionalhauptstadt und in einigen weiteren Städten gibt's Büros von **Sernatur** (⌕022-731-8310; www.chile.travel/en.html), dem nationalen Fremdenverkehrsamt. Die Filialen sind von sehr unterschiedlicher Qualität. In einigen arbeiten erstaunlich gut informierte mehrsprachige Angestellte, in anderen ist das Wissen um die verschiedenen Regionen, die betreut werden, eher beschränkt.

Viele Städte haben eine eigene Touristeninformation, meist am Hauptplatz oder beim Busbahnhof. Manche dieser Anlaufstellen sind allerdings nur im Sommer geöffnet.

Wer Wanderungen unternehmen möchte, sollte sich ein paar gute topografische Karten in einem Outdoor-Fachgeschäft zulegen, denn in den Parks selbst gibt's selten detailliertes Material für Besucher.

In einigen Ländern ist der chilenische Tourismusverband offiziell mit einem Büro vertreten, auch Konsulate informieren häufig über Reisen ins Land. Bessere und umfangreichere Infos erhält man über Spezial-Reiseagenturen oder das Internet.

Chile hat einige wenige Reisebüros, die mit Partnern rund um die Welt arbeiten. **Chilean Travel Service** (CTS; ⌕02-251-0400; www.ctsturismo. cl; Antonio Bellet 77, Providencia) beschäftigt gut informierte und mehrsprachige Mitarbeiter und kann über heimische Reisebüros in Deutschland, Österreich und der Schweiz bei der Organisation von Unterkünften sowie Touren im ganzen Land helfen.

Unterkunft

Chile bietet Unterkünfte für jedes Budget. In diesem Buch sind sie nach Präferenz und Preis-Leistungs-Verhältnis geordnet. Bei den genannten Preisen handelt es sich – soweit nicht anders beschrieben – um eine Übernachtung in einem Zimmer mit eigenem Bad und Frühstück während der Hochsaison. Zimmerpreise sind für Einzel- und Doppelbelegung oft gleich. Manchmal gibt's Preisunterschiede zwischen einem Doppelzimmer mit zwei Betten oder einem *matrimonial*-Doppelbett (Letztere kosten oft mehr). WLAN-Anschlüsse sind weit verbreitet.

In touristischen Hochburgen können die Zimmerpreise in der Hauptsaison (Ende Dezember bis einschließlich Februar) auf das Doppelte ansteigen. Besonders hoch sind sie an Weihnachten, Neujahr und in der Osterwoche. Wer nach Rabatten oder billigeren Zimmern fragen will, sollte dies bei der Reservierung tun. Bei der Ankunft bessere Preise auszuhandeln ist nicht üblich.

In vielen Mittelklasse- und Luxushotels umgeht man mit der Bezahlung in US-Dollar (bar oder per Kreditkarte) auf legale Weise die lästigen 19 % Mehrwertsteuer (IVA; *impuesto de valor agregado*). Wer sich unsicher ist, ob im genannten Zimmerpreis bereits die IVA enthalten ist, sollte das vor der Bezahlung klären – einige Hotels bieten den Abzug erst auf Nachfrage an. Theoretisch erhält man ihn nur, wenn man in US-Dollar oder mit der Kreditkarte zahlt.

Wer ein Zimmer reservieren will, sollte wissen, dass gerade kleine Pensionen und Hotels nicht immer auf E-Mails antworten. Besser anrufen.

Camping

Chile hat eine gut entwickelte Camping-Infrastruktur, auf den Plätzen kann es aber unruhig zugehen (schlaflose Nächte nicht ausgeschlossen). Wer Einsamkeit in der Natur sucht, wird oft enttäuscht sein. Viele kommerzielle Campingplätze richten sich an Familien: Die Stellplätze sind großzügig bemessen, es gibt Bäder und Waschmaschinen, Feuerstellen, Restaurants oder Snackbars und den obligatorischen Grill für den lebenswichtigen *asado*. Viele sind relativ teuer, weil sich die Preise auf eine Belegung mit mindestens fünf Personen beziehen. Trotzdem lohnt es sich, nach Preisen pro Person zu fragen. In unzugänglichen Gebieten gibt's auch kostenfreie Zeltplätze, die oft aber weder Trinkwasser noch Sanitäranlagen haben.

Mancherorts kann man auch in der freien Natur zelten, im Norden Chiles geht die Polizei allerdings hart gegen wilde Camper vor. In ländlichen Gebieten einfach die Landbesitzer fragen, ob man auf ihrem Grund und Boden übernachten darf. Niemals ohne Genehmigung ein Feuer entzünden, sondern immer feste Feuerplätze nutzen. Campingausrüstung bekommt man überall im Land, doch die Produkte der international bekannten Ausrüsterfirmen kosten deutlich mehr als No-Name-Produkte.

Die staatliche Touristenorganisation **Sernatur** (www.chile.travel/en.html) in Santiago vertreibt eine kostenlose Broschüre, die Zeltplätze im ganzen Land aufführt. Eine weitere Infoquelle ist www.solocampings.com.

Hospedajes

Sowohl *hospedajes* als auch *residenciales* (Budgetunterkünfte) bieten gemütliche, einfache Unterkünfte, die meist mit Schaummatratzen, harten Kissen, sauberer Bettwäsche und Decken ausgestattet sind. Bäder und Duschen müssen sich die Gäste oft teilen, ab und zu ergattert man aber auch ein Zimmer mit eigenem Bad. Man kann das Personal bitten, den

> ### PREISE
>
> Die folgenden Preiskategorien beziehen sich auf die Tarife für ein Zimmer mit eigenem Bad und Frühstück in der Hauptsaison.
>
> $ weniger als 40 000 Ch$
>
> $$ 40 000–75 000 Ch$
>
> $$$ mehr als 75 000 Ch$

Heißwasserboiler (*calefón*) eine halbe Stunde vor dem Duschen anzustellen. Zum Frühstück gibt's meist Kaffee und Brötchen.

Hostels

Hostels umfassen neben den üblichen Schlafsälen oft auch einige teurere Doppelzimmer für Paare, die zwar die Herbergsatmosphäre lieben, aber mehr Komfort und Privatsphäre wünschen. Eine gute Quelle sind die Broschüren von **Backpackers Chile** (www.backpackerschile.com), die zahlreiche Häuser unter europäischer Leitung auflisten und Wert auf einen guten Standard legen. Viele Herbergen verlangen zwar nicht unbedingt eine Hostelling-International-Karte (HI-Karte), berechnen Nichtmitgliedern jedoch etwas mehr. HI-Partner vor Ort ist die **Asociación Chilena de Albergues Turísticos Juveniles** (022-577-1200; www.hostelling.cl; Hernando de Aguirre 201, Oficina 602, Providencia, Santiago). In der Hauptverwaltung bekommt man eine Jahresmitgliedschaft für 14 000 Ch$.

Hotels

Das Angebot reicht von ganz schlicht bis zu luxuriösen fünf Sternen. Hotels verfügen über Zimmer mit eigenem Bad, Telefon sowie Kabel- oder Satellitenfernsehen. Frühstück wird immer angeboten (auch wenn es z. T. nicht unbedingt opulent ausfällt) und ist oft im Preis enthalten. Ohne Reservierung kommt man nicht weit, vor allem bei der Anreise zu einer ungünstigen Zeit oder an einem Ferienwochenende bzw. in der sommerlichen Hochsaison.

Achtung: In Südamerika kann der Begriff „Motel" auch eine euphemistische Umschreibung für ein Stundenhotel sein.

Hütten

Hütten, die man vor allem in Ferienanlagen und Nationalparkregionen und manchmal auch auf Campingplätzen findet, sind besonders für kleine Gruppen und Familien eine interessante Übernachtungsmöglichkeit. Meistens verfügen sie über ein eigenes Bad und eine voll eingerichtete Küche (in dem Fall ohne kostenloses Frühstück). In Resorts drängen sich *cabañas* oft auf kleinen Grundstücken. Wenn einem Privatsphäre wichtig ist, sollte man bei der Buchung nach den örtlichen Gegebenheiten fragen.

Mietunterkünfte

Wer länger in Santiago bleiben will, kann sich die Anzeigen in den Sonntagszeitungen **El Mercurio** (www.elmercurio.cl) und **Santiago Craigslist** (http://santiago.en.craigslist.org) sowie in der Wochenzeitung **El Rastro** (www.elrastro.cl) ansehen. In Urlaubsregionen wie Viña del Mar, La Serena, Villarrica oder Puerto Varas stehen oft Einheimische an den Hauptstraßen, die über die Sommermonate ihre Häuser und Wohnungen untervermieten möchten. Weitere Quellen sind die Touristeninformationen, Schwarze Bretter in Supermärkten und Lokalzeitungen.

Pensionen & Privatunterkünfte auf dem Land

Alle, die noch mehr lokale Kultur erleben wollen, übernachten am besten in einer *casa de familia* (Pension). Vor allem im Süden, wo der Tourismus weniger formell ist, vermieten viele Familien und Bauernhofbesitzer Zimmer an Besucher. Die Gäste haben nicht immer Zugang zur Küche, bekommen aber meist gegen eine faire Bezahlung eine umfangreiche Mahlzeit oder frisch gewaschene Kleidung. Die Touristeninformationen verfügen über Listen mit Adressen der *casas de familia*.

Offizielle Netzwerke gibt's vor allem auf Chiloé, am Lago Ranco, rund um Pucón und in Patagonien. Wer sich für Patagonien interessiert, sollte Kontakt mit der **Casa del Turismo Rural** (Karte S. 339; Mobil 7954-4794; www.casaturismorural.cl; Plaza de Armas; Mo–Fr 10.30–19.30, Sa 14–18 Uhr) in Coyhaique aufnehmen. Landesweit helfen **Turismo Rural** (www.turismoruralchile.cl) oder die jeweiligen Touristeninformationen weiter.

Refugios

In einigen Nationalparks unterhält die **Conaf** (Corporación Nacional Forestal; www.conaf.cl) rustikale Hütten (*refugios*) für Wanderer. Diese sind recht dürftig ausgestattet, da die Forstbehörde über beschränkte Mittel verfügt. Vor allem im Torres-del-Paine-Reservat betreiben immer mehr Privatleute mit Konzession *refugios* und Parkrestaurants. Privat geführte Schutzgebiete bieten ebenfalls *refugios* entlang der dort angelegten Wanderwege.

UNTERKUNFT ONLINE BUCHEN

Weitere Hotelbeschreibungen von Lonely Planet Autoren gibt's unter http://lonelyplanet.com/hotels. Dort findet man unabhängige Kritiken und Empfehlungen zu den besten Unterkünften, außerdem kann man sie gleich online buchen.

Visa

EU-Bürger brauchen für eine Reise nach Chile kein Visum. Es wird nur die Vorlage eines noch sechs Monate gültigen Reisepasses verlangt. Diesen sollte man immer bei sich tragen, da die chilenische Polizei befugt ist, jederzeit nach den Papieren zu fragen. Auch beim Einchecken in Hotels, Einlösen von Reiseschecks und vielen weiteren Routineaktivitäten muss der Pass vorgezeigt werden.

Geht er verloren oder wird er gestohlen, muss man so schnell wie möglich die Polizei und das Konsulat informieren. Die Polizei sollte den Diebstahl bzw. Verlust schriftlich bescheinigen.

Touristenkarten

Bei der Einreise wird eine 90 Tage gültige (kostenlose) Touristenkarte ausgestellt. Diese darf man auf keinen Fall verlieren, denn sie muss beim Verlassen des Landes wieder abgegeben werden! Im Fall der Fälle bleibt nur der Gang zur **Policía Internacional** (02-737-1292; Borgoño 1052, Santiago; Mo–Fr 8.30–17 Uhr) oder zur nächstgelegenen Polizeiwache.

Für eine Verlängerung des Visums um weitere 90 Tage ist das **Departamento de Extranjería** (Karte S. 50 f.; 02-550-2484; www.extranjeria.gob.cl; Agustinas 1235, Santiago; Mo–Fr 9–14 Uhr) zuständig. Für die Ausstellung sind Fotokopien des Reisepasses und der Touristenkarte nötig. In jeder Regionalhauptstadt gibt's ein Departamento de Extranjería. Um sich die Kosten zu sparen, fahren manche Traveller einmal kurz über die Grenze nach Argentinien.

Zoll

Wer sich unsicher ist, was und welche Mengen er einführen darf, sollte sich auf der offiziellen Seite des **chilenischen Zolls** (www.aduana.cl) informieren.

Für die chilenische und alle ausländischen Währungen gibt's keine Import- oder Exportbeschränkungen. Duty-free-Ware darf den Wert von 500 US$ nicht überschreiten.

An den Grenzen finden meist nur Routinekontrollen statt, manchmal muss man aber auch umfangreiche Inspektionen über sich ergehen lassen. Traveller, die aus den Regionen I und XII mit dem Status einer *zona franca* (zollfreien Zone) kommen, werden regelmäßig überprüft.

Bei der Einreise nach Chile sollte man sicherstellen, dass sich in den Taschen keine Lebensmittel befinden. Es gibt deftige Strafen für die Einfuhr von Früchten, Milchprodukten, Gewürzen, Nüssen sowie Fleisch und organischen Produkten. Das SAG (Servicio Agrícola-Ganadero; Ministerium für Landwirtschaft und Nutzvieh) untersucht rigoros das Gepäck, um das Einschleppen von Krankheiten und Seuchen, die Chiles boomenden Obstexport gefährden könnten, zu verhindern.

An internationalen Grenzübergängen wie Los Libertadores (Übergang vom argentinischen Mendoza) und Pajaritos (Grenzübergang von Bariloche in Argentinien) werden die Gepäckstücke auch durchleuchtet.

Verkehrsmittel & -wege

AN- & WEITER-REISE

Flüge, Mietwagen und geführte Touren kann man online auf lonelyplanet.com/bookings buchen.

Einreise

Bei der Einreise muss der mitgeführte Pass noch mindestens sechs Monate gültig sein.

Weiterreiseticket

Chile verlangt von allen Travellern, dass sie über ein Rück- oder Weiterreiseticket verfügen, und man kann auch schon am Abflugschalter des Heimatflughafens danach gefragt werden. Um solche Situationen zu vermeiden, sollte man sich vorab ein voll rückerstattungsfähiges Flug- oder ein möglichst günstiges Busticket (bei einer Busgesellschaft, die Onlinebuchungen anbietet) in ein Nachbarland kaufen und den Beleg ausdrucken.

Flugzeug

Chile wird von Europa aus direkt angesteuert, ebenso wie die meisten angrenzenden Länder. Flugverbindungen zwischen verschiedenen südamerikanischen Staaten sind recht teuer, außer sie wurden gleich als fester Bestandteil eines internationalen Flugs mitgebucht. Günstige Hin- und Rückverbindungen gibt es zwischen Buenos Aires oder Lima und Santiago. Die chilenische Abflugsteuer für internationale Flüge ist im regulären Ticketpreis bereits enthalten.

Flughäfen

Die meisten Langstreckenflüge nach Chile enden in Santiago am **Aeropuerto Internacional Arturo Merino Benítez** (www.aeropuertosantiago.cl) in der Vorstadt Pudahuel. Von den Nachbarländern aus werden aber auch Regionalflughäfen wie Arica, Iquique, Temuco und Punta Arenas bedient.

Tickets

ROUND-THE-WORLD-TICKETS

Die meisten interkontinentalen Airlines, die nach Chile fliegen, bieten auch RTW-Tickets in Allianz mit bestimmten weiteren Fluglinien an. Andere Gesellschaften wie **Airtreks** (gebührenfrei 877-247-8735; www.airtreks.com) verfügen über flexiblere, stärker auf die Bedürfnisse der Kunden zugeschnittene Tickets, die Kunden nicht an feste Airline-Partner binden. Mit einfachen „Circle-Pacific"-Flügen sind Zwischenstopps in Australasien, Chile und oft sogar auf der Osterinsel möglich. Da solche Angebote eventuell mit bestimmten Einschränkungen versehen sind, sollte man das Kleingedruckte lesen. RTW-Tickets kann man direkt über die Allianzen buchen (oft günstiger) oder bei Reisebüros wie:

High Fly (www.high-fly.de/)

STA (www.statravel.de)

Travel Overland (www.travel-overland.de/)

KLIMAWANDEL & REISEN

Fast jede Art der motorisierten Fortbewegung erzeugt CO_2 (die Hauptursache von globaler Erwärmung), doch Flugzeuge sind mit Abstand die schlimmsten Klimakiller – nicht nur wegen der großen Entfernungen und der entsprechend großen CO_2-Mengen, sondern auch weil sie diese Treibhausgase direkt in hohen Schichten der Atmosphäre freisetzen. Auf vielen Websites wie www.atmosfair.de kann man mit speziellen „CO_2-Rechnern" ermitteln, wie das persönliche Emissionskonto nach einer Reise aussieht, und mit einer Spende für Umweltprojekte eine Art Wiedergutmachung leisten. Auch Lonely Planet spendet Gelder, wenn Mitarbeiter und Autoren auf Reisen gehen.

Europa

LAN und Iberia verkehren regelmäßig zwischen Madrid und Santiago. Mehrere Gesellschaften fliegen von europäischen Flughäfen via Argentinien oder Brasilien nach Chile, darunter die Lufthansa. Flüge von amerikanischen Fluggesellschaften über die USA sind relativ günstig.

Französisch-Polynesien

LAN fliegt einmal pro Woche nach und von Papeete auf Tahiti mit Zwischenstopp auf den Osterinseln.

Südamerika

Zahlreiche Airlines verkehren täglich zwischen Santiago und Buenos Aires; der Durchschnittspreis liegt bei 275 US$ für einen Hin- und Rückflug. Europäische Airlines, deren Passagiere meistens in Buenos Aires aussteigen, bieten manchmal günstige Hin- und Rückverbindungen zwischen der argentinischen und der chilenischen Hauptstadt an, um nicht genutzte Plätze zu füllen.

LAN fliegt auch günstig von Santiago nach Mendoza (hin & zurück 210 US$, 2-mal tgl.) und Córdoba (hin & zurück 250 US$, 2-mal tgl.).

LAN und Taca haben jede Menge Verbindungen von Lima (Peru) nach Santiago für rund 550 US$ (hin & zurück) im Angebot und es gibt immer wieder auch Schnäppchen. LAN verkehrt darüber hinaus von Lima direkt zu den Osterinseln, von Lima nach Tacna im Süden Perus (von wo es nur etwa 50 km bis zur chilenischen Grenzstadt Arica sind; hin & zurück 300 US$), und täglich von Santiago nach La Paz (hin & zurück 400 US$) mit einem Zwischenstopp in Nordchile.

Taca und Avianca verbinden Santiago täglich mit Bogotá in Kolumbien (hin & zurück 750 US$), teilweise mit einem Zwischenstopp an einem anderen südamerikanischen Flughafen. LAN steuert die uruguayische Hauptstadt Montevideo an (hin & zurück 450 US$). Gol und TAM haben überdies Flüge nach Brasilien und Paraguay im Angebot.

Empfehlenswerte Reisebüros:

ASATEJ (Al Mundo; 0810-777-2728; www.asatej.com) In Argentinien.

Student Travel Bureau (011-3038-1551; www.stb.com.br) In Brasilien.

USA

Die wichtigsten amerikanischen Flughäfen mit Anschlussflügen nach Südamerika sind Miami, New York, Los Angeles, Atlanta und Dallas. Wer die Atacama-Wüste auf seinem Reiseprogramm stehen hat, dem bieten sich zeitsparende Alternativen zu Flügen nach Santiago, darunter Verbindungen nach Lima in Peru (und von dort die Weiterreise über Land in die peruanische Grenzstadt Tacna) oder nach Arica in Nordchile.

Exito (www.exitotravel.com) ist für Onlinebuchungen aus den USA zu empfehlen.

Auf dem Landweg

Auto & Motorrad

Wenn man mit einem chilenischen Mietwagen über die Landesgrenze fahren will, muss man auf zusätzliche Kosten und einen Papierkrieg gefasst sein. Unbedingt der geplante Grenzüberschreitung mit der Mietwagenfirma abklären.

Von Argentinien

Wer nicht gerade in Chiles äußerstem Süden über die Grenze fährt, kann eine Andenüberquerung nicht vermeiden. Die öffentlichen Busse nutzen nur wenige Grenzübergänge nach Argentinien. Im Winter sind zahlreiche Pässe geschlossen.

ROUTEN IM NORDEN

Von Calama nach Jujuy und Salta Eine beliebte ganzjährige Strecke über die Anden und San Pedro de Atacama ist die Ruta 27, die über den Paso de Jama führt. Es gibt eine regelmäßige Busverbindung, die man früh reservieren sollte. Etwas weiter südlich verläuft die Ruta 23. Für Motorradfahrer ist der 4079 m hohe Paso de Lago Sico eine zwar rauere, aber passable Sommeralternative. Die chilenischen Grenzkontrollen finden in San Pedro de Atacama statt.

Von Iquique nach Oruro Ein paar vereinzelte Busse fahren auf der asphaltierten Straße von Iquique am Volcán-Isluga-Nationalpark vorbei zum Paso Colchane. Von dort verkehren Laster und Busse auf einer ungeteerten Straße nach Oruro.

Von Copiapó nach Catamarca und La Rioja Den 4726 m hohen Paso de San Francisco überquert kein öffentlicher Bus. Auf dieser Piste können sich nur Autos mit großer Bodenfreiheit fortbewegen. Wer sich für die Strecke entscheidet, den erwarten atemberaubende Landschaften, einschließlich der leuchtenden Laguna Verde.

Von La Serena nach San Juan Mit Dynamit sprengte sich die argentinische Armee während des Streits um den Beagle-Kanal (1978/79) ihren Weg frei. Die Fahrt über den 4779 m hohen Paso del Agua Negra folgt einer landschaftlich wunderschönen Strecke. Da die Straße ab Guanta ungeteert ist, meiden Busse die Route. Radfahrer sind dagegen ebenso begeistert wie alle, die zu den heißen Quellen auf argentinischer Seite wollen.

ROUTEN IN ZENTRALCHILE

Von Santiago oder Valparaíso nach Mendoza und Buenos Aires Die Ruta 60 verbindet beide Länder als unersetzliche Lebensader, deshalb nutzen mehr als ein Dutzend Busgesellschaften die herrliche Strecke durch den Los-Libertadores-Tunnel ins Nachbarland. Im Winter wird die Straße nach Schneefällen schon mal geschlossen, aber nie lange.

Von Talca nach Malargüe und San Rafael Es gibt keine regelmäßigen Busse auf der Ruta 115 über den 2553 m hohen Paso Pehuenche südöstlich von Talca. Eine weitere Straße von Curicó über den 2502 m hohen Paso Vergara wird gerade gebaut, bei Redaktionsschluss war sie aber nur schwer zu erreichen.

ROUTEN IM SÜDEN

Einige landschaftlich malerische Straßen führen von Temuco nach Puerto Montt, Abstecher nach Argentinien inklusive. Da bei einigen Strecken zwischenzeitlich ein Umsteigen aufs Boot notwendig ist und die Routen sehr beliebt sind, sollte man frühzeitig buchen.

Von Temuco nach Zapala und Neuquén Die befestigte Straße über den 1884 m hohen Paso de Pino Hachado verläuft gleich östlich von Temuco entlang des oberen Río Biobío. Eine ungeteerte Nebenstraße windet sich direkt südlich über den 1298 m hohen Paso de Icalma. Gelegentlich verkehren in den Sommermonaten Busse auf dieser Route.

Von Temuco nach San Martín de los Andes Die meistfrequentierte Strecke von Temuco führt am Lago Villarrica, an Pucón und Curarrehue entlang zum Paso de Mamuil Malal (in Argentinien heißt er Paso Tromen). Auf argentinischer Seite geht's an den Nordhängen des Volcán Lanín vorbei. Im Sommer sind hier regelmäßig Busse unterwegs. Im Winter ist der Pass eventuell gesperrt.

Von Valdivia nach San Martín de los Andes Mit dem Bus fährt man von Valdivia nach Panguipulli, Choshuenco sowie Puerto Fuy und nimmt die Fähre über den Lago Pirihueico zur gleichnamigen Ortschaft. Dort starten lokale Busse zur argentinischen Grenze auf dem 659 m hohen Paso Huahum. Anschließend geht's per Bus weiter nach San Martín.

Von Osorno nach Bariloche über den Paso Cardenal Samoré Die Querung des Passes, die gemeinhin als Pajaritos bekannt ist, gilt als schnellste Landroute im südlichen Seengebiet. Sie führt durch den Parque Nacional Puyehue auf der chilenischen und den Parque Nacional Nahuel Huapi auf der argentinischen Seite. Hier verkehren ganzjährig die Busse verschiedener Gesellschaften.

Von Puerto Varas nach Bariloche Diese vor allem im Sommer genutzte, aber das ganze Jahr über angebotene Kombination aus Bus- und Schiffsreisen verläuft durch den Parque Nacional Vicente Pérez Rosales. Startpunkt ist Puerto Varas. Eine Fähre setzt von Petrohué am westlichen Ende des Lago Todos Los Santos nach Peulla über. Dann nimmt man einen Bus über den 1022 m hohen Paso de Pérez Rosales zur argentinischen Grenzstation in Puerto Frías. Nach der Überquerung des Lago Frías in einer Barkasse folgt eine kurze Busfahrt nach Puerto Blest am Lago Nahuel Huapi. Anschließend nimmt man die Fähre nach Puerto Pañuelo (Llao Llao), wo regelmäßig Linienbusse nach Bariloche starten.

ROUTEN IN SÜD-PATAGONIEN

Von Puerto Ramírez nach Esquel Es gibt zwei Routen: Von Villa Santa Lucía an der Carretera Austral führt eine gute Nebenstraße, die sich in Puerto Ramírez teilt. Der nördliche Arm verläuft nach Futaleufú, wo eine Brücke den Fluss zur argentinischen Seite überquert. Dort fahren *colectivos* nach Esquel. Die Südroute führt nach Palena und zur argentinischen Grenze bei Carrenleufú, wo ein paar Busse nach Trevelin und Esquel starten. Der Grenzübergang in Futaleufú ist effizienter.

Von Coyhaique nach Comodoro Rivadavia Mehrere meist ausgebuchte Busse pro Woche fahren von Coyhaique via Río Mayo nach Comodoro Rivadavia. Für Privatwagen gibt's eine Alternativstrecke von Balmaceda nach Perito Moreno über den 502 m hohen Paso Huemules.

Von Chile Chico nach Los Antiguos In Puerto Ibáñez startet eine Fähre nach Chile Chico am Südufer des Lago Carrera, dann nimmt man einen Shuttlebus nach Los Antiguos, wo Anschluss zu Küstenstädten am Atlantik und zur Ruta 40 besteht. Von Cruce el Maitén am südwestlichen Ende des Lago General Carrera fahren Busse nach Chile Chico.

Von Cochrane nach Bajo Caracoles Der 647 m hohe Paso Roballos führt ins Valle Chacabuco (Parque Nacional Patagonia) und verbindet das Dorf Cochrane mit einem winzigen Außenposten, Baja Caracoles in der argentinischen Provinz Santa Cruz.

Von Puerto Natales nach Río Turbio und El Calafate Das ganze Jahr über fahren regelmäßig Busse von Puerto Natales über Río Turbio nach Río Gallegos und El Calafate. Busse von Puerto Natales steuern El Calafate, die Ausgangsbasis zum Eisfeld im Parque Nacional Los Glaciares, direkt an (über den Paso Río Don Guillermo).

Von Punta Arenas nach Río Gallegos Viele Busse verkehren zwischen Punta Arenas und Río Gallegos. Für die Strecke muss man fünf bis acht Stunden rechnen, da der Zoll an der Grenze sehr langsam arbeitet und sich die argentinische Ruta Nacional (RN) 3 in einem schlechten Zustand befindet.

Von Punta Arenas nach Tierra del Fuego Von Punta Arenas ist man mit der Fähre in 2½ Stunden oder mit dem Flieger ab Porvenir in zehn Minuten im chilenischen Teil Feuerlands. Derzeit gibt's keine Anschlussbusse zur argentinischen Seite der Grenze. Die beste Option ist ein Direktbus von Punta Arenas nach Ushuaia über Primera Angostura. Ein kurzes Stück des Weges wird per Fähre zurückgelegt.

Von Puerto Williams nach Ushuaia Personenschiffe starten von Puerto Williams auf der Isla Navarino (dorthin kann man mit Flugzeug oder Schiff von Punta Arenas aus anreisen) ganzjährig, aber wetterabhängig in Richtung der argentinischen Hafenstadt Ushuaia.

Von Bolivien

Zwischen Chile und Bolivien führt eine asphaltierte Straße von Arica nach La Paz. Auch die Straße von Iquique nach Colchane ist geteert, allerdings nur bis Oruro. Beide Routen werden von Bussen genutzt, vor allem die zwischen Arica und La Paz.

Es ist auch möglich, im Rahmen organisierter Jeeptouren von Uyuni (Bolivien) über Portezuelo del Cajón nach San Pedro de Atacama zu fahren.

Von Peru

Die Straße von Tacna nach Arica ist der einzige existierende Landweg. Auf ihm verkehren Busse, *colectivos* und Taxis. Der Zugverkehr ist gegenwärtig eingestellt.

Bus

Beliebte Reiseziele werden von den nachfolgend genannten Busgesellschaften angesteuert, die alle einen Schalter im **Terminal de Buses Santiago** (www.terminaldebusessantiago.cl) haben.

ARGENTINEN

Andesmar (0810-122-1122; www.andesmar.com) Mendoza.

Buses Ahumada (022-696-9337; www.buses ahumada.cl) Buenos Aires.

Cata (022-779-3660; www.catainternacional.com) Mendoza.

Crucero del Norte (022-776-2416; www.crucero delnorte.com.ar) Fährt auch nach Brasilien und Paraguay.

El Rápido (022-779-0316; www.elrapidoint.com.ar) Verkehrt auch nach Uruguay.

Via Bariloche (www.viabariloche.com.ar) Fährt vom chilenischen Seengebiet nach Bariloche.

BRASILIEN

Chilebus Internacional (022-776-5557)

Pluma (022-779-6054; www.pluma.com.br)

PERU

Ormeño (022-779-3443; www.grupo-ormeno.com.pe) Bedient auch Ecuador und Argentinien.

Tas-Choapa (022-776-7307; www.taschoapa.cl) Lima. Steuert auch Orte in Argentinien an.

Grenzübergänge

Im Norden grenzt Chile an Peru und Bolivien, während es sich die lange Ostgrenze mit Argentinien teilt. Leider stehen nur wenige der zahlreichen Grenzübergänge auf den Fahrplänen der Busse. Viele internationale Busse starten am Terminal de Buses in Santiago.

UNTERWEGS VOR ORT

Eine Reise von Norden nach Süden durch Chile ist unproblematisch: Immer wieder wechseln sich von Stadt zu Stadt Flug- und Busverbindungen ab. Weniger angenehm sind Ost-West-Verbindungen bzw. die generelle Verkehrslage südlich von Puerto Montt: Hier weicht das Festland einem Labyrinth aus Fjorden, Gletschern und Bergen. Immerhin werden derzeit einige Strecken verbessert.

Auto & Motorrad

Ein eigenes Auto ist für den Besuch abgelegener Nationalparks und Sehenswürdigkeiten fast schon ein Muss, insbesondere für die Atacama-Wüste und entlang der Carretera Austral. Sicherheitsprobleme gibt's wenige, trotzdem sollte man sein Fahrzeug immer abschließen und keine Wertsachen sichtbar herumliegen lassen. Wegen des großen Smogproblems in Santiago und Umgebung werden immer wieder Fahrverbote ausgesprochen.

Die Karten im jährlich neu aufgelegten Copec-Führer sind eine gute Infoquelle für kurzfristige Änderungen im Straßennetz; sie weisen sogar aus, welche Strecken kürzlich neu geteert wurden.

Automobilclubs

Der **Automóvil Club de Chile** (Acchi; 600-464-4040; www.automovilclub.cl; Andrés Bello 1863, Santiago) hat Vertretungen in allen wichtigen chilenischen Städten. Er bietet nützliche Infos, verkauft Straßenkarten und vermietet Autos. Für Mitglieder gibt's Zusatzdienste und Mitglieder ausländischer Automobilclubpartner (etwa des ADAC) bekommen großzügige Rabatte.

Benzin & Ersatzteile

Der Preis für *bencina* (Benzin) liegt bei etwa 910 Ch$ pro Liter und variiert je nach Oktanzahl. Diesel (*gas-oil*) ist billiger als Benzin.

Selbst in den kleinsten Dörfern findet sich meist ein kompetenter Mechaniker für notwendige Reparaturen.

Eigenes Fahrzeug

Traveller können ihr Fahrzeug per Schiff nach Chile transportieren lassen, müssen dafür allerdings hohe Kosten in Kauf nehmen. Näheres erfährt man bei entsprechenden Spediteuren im Heimatland. Vor der Reise sollte das Auto völlig leergeräumt sein.

Die Genehmigung für den vorübergehenden Import eines touristisch genutzten Fahrzeugs kann auch über die 90-Tage-Frist hinaus beantragt werden. Leichter ist es aber, zwischenzeitlich nach Argentinien aus- und mit neuen Papieren wieder einzureisen.

Zu den Speditionen, die Autos von Chile nach Übersee befördern, gehört **Ultramar** (022-630-1000; www.ultra mar.cl).

Fahrzeugkauf

Wenn man mehrere Monate im Land bleiben möchte, lohnt sich eventuell ein Fahrzeugkauf. Der Wagen bzw. das Motorrad muss innerhalb von 30 Tagen auf den Namen des Käufers umgemeldet werden, sonst drohen hohe Strafen. Die notwendigen Formalitäten erledigt ein Notar, der Kaufvertrag (*compraventa*) kostet um die 8000 Ch$. Man benötigt eine RUT-Steuernummer (Rol Unico Tributario), die man bei der chilenischen Steuerbehörde **Impuestos Internos** (www.sii.cl) anfordern kann (Bearbeitungszeit rund 10 Tage). Chilenische Fahrzeuge dürfen nicht im Ausland verkauft werden.

Preiswerte Wagen/Motorräder werden in den zollfreien Regionen I und XII (Tarapacá und Magallanes) angeboten, allerdings haben nur die dortigen Bewohner ein Anrecht darauf. Die Fahrzeuge dürfen maximal ein Vierteljahr oder 90 Tage außerhalb der Zonen genutzt werden.

Führerschein

Wer selbst in Chile fahren möchte, braucht einen internationalen und seinen nationalen Führerschein, wobei einigen Mietwagenverleihern auch die Vorlage des Letzteren reicht.

Gefahren

Streunende Hunde laufen erschreckend häufig auf den Straßen und sogar auf Autobahnen herum. Außerdem nutzen immer wieder Leute ausgerechnet die Schnellstraßen als Fußgängerwege.

Mietwagen

Große internationale Mietwagenfirmen **Hertz** (022-360-8600; www.hertz.cl), **Avis** (600-368-2000; www.avis.cl) und **Budget** (600-441-0000; www.budget.cl) unterhalten Büros in Santiago sowie in anderen Großstädten und touristischen Regionen.

Wicked Campers (022-697-0527; http://wickedsouthamerica.com) verleiht ganz schlichte Camper. Um sie auszuleihen, braucht man einen gültigen internationalen Führerschein, eine Kreditkarte von einer bekannten Firma wie MasterCard oder Visa (ansonsten muss eine hohe Kaution hinterlegt werden) und muss mindestens 25 Jahre alt sein (mit etwas Glück bekommen aber manchmal auch Jüngere einen Wagen).

Mietwagen sind in Chile nicht gerade billig. Selbst kleine Autovermieter verlangen stolze Preise. Für die kleinsten Modelle muss man mindestens 24 000 Ch$ pro Tag (inklusive 150 bis 200 Freikilometer oder ohne Kilometerbeschränkung) hinblättern. Weitere Kosten entstehen durch Zusatzversicherungen, Benzin und die 19 % *IVA (impuesto de valor agregado;* Mehrwertsteuer). Tarife fürs Wochenende oder eine komplette Woche (mit unbegrenzter Kilometerzahl) sind häufig günstiger.

Einen Wagen nur für eine Hinfahrt zu mieten und dann am Zielort abzugeben ist schwierig, besonders bei unabhängigen kleinen Mietwagenfirmen, und möglicherweise wird ein saftiger Aufschlag verlangt. Einige kleinere Firmen helfen jedoch immerhin beim Papierkrieg für die Fahrt über die Grenze nach Argentinien – vorausgesetzt, der Mietwagen wird nachher in seine Heimatgarage zurückgebracht. Für grenzüberschreitende Fahrten werden ein Aufschlag und diverse Extraversicherungen fällig.

Wer abgelegene Gebiete ansteuern will, wo die Tankstellen eher rar sind, sollte zusätzlich Benzin mitnehmen. Manche Mietwagenfirmen verleihen zu diesem Zweck große Benzinkanister *(bidón).*

Parken

In vielen Städten ist das Parken an der Straße kostenpflichtig (ab 200 Ch$ pro ½ Std.). Aufseher klemmen einen Zettel mit der Ankunftszeit unter die Windschutzscheibe. Bezahlt wird vor dem Wegfahren. Meistens ist das Parken am Wochenende kostenfrei. Eventuell gibt die Aufseher trotzdem vor Ort, doch die Bezahlung erfolgt freiwillig.

Straßenzustand

An der Panamericana gibt's hochwertige Abschnitte und gelegentlich Mautstellen *(peajes).* Entweder entrichtet man entfernungsabhängige Gebühren (500–2500 Ch$) oder zahlt beim Verlassen der Straße in der Nähe großer Städte (600 Ch$). Eine Gebührentafel (nur auf Spanisch) zur Vorausplanung findet sich auf der Homepage www.turistel.cl.

Viele Straßen im Süden werden gerade asphaltiert. Auf der Panamericana und der Carretera Austral stehen alle 5 km Kilometersteine. Schilder beziehen sich oftmals auf diese Markierungen.

Verkehrsregeln

Chilenische Autofahrer überraschen Besucher mit einer eher zurückhaltenden Fahrweise, die sich sehr vom Verhalten der südamerikanischen Nachbarn unterscheidet. Vor allem Fußgängern gegenüber benehmen sie sich überaus rücksichtsvoll. Autofahrer in den größeren Städten sind trotzdem berüchtigt dafür, rote Ampeln zu ignorieren und beim Abbiegen oder Spurwechsel nicht zu blinken. Die chilenische Polizei ahndet Geschwindigkeitsüberschreitungen mit 35 000 Ch$.

Chile hat eine Null-Toleranz-Politik, was Alkohol am Steuer angeht. Schon ein einziger Drink ist illegal. Die Strafen reichen von Bußgeldern und Führerscheinentzug bis zu Gefängnis.

In Santiago gilt bei extremem Smog für Autos eine *restricción vehicular* (Fahrbeschränkung). Grundlage des Systems sind die letzten Ziffern des Kraftfahrzeug-Kennzeichens: Die Ziffernkombinationen, die am kommenden Tag einem Fahrverbot unterliegen, werden am Vortag in den Medien genannt. Wer das Verbot ignoriert, muss mit Bußgeldern rechnen. Die aktuellen Verbote lassen sich auch im Internet unter www.uoct.cl (auf Spanisch; Stichwort: *restricción vehicular)* abrufen.

Versicherung

Für alle Fahrzeuge schreibt der Staat eine *seguro obligatorio* (Minimalversicherung) vor. Eine zusätzliche

Haftpflichtversicherung wird allerdings dringend empfohlen. Mietwagenfirmen bieten entsprechende Policen an. Unbedingt nach Ausschlusskriterien im Kleingedruckten suchen! Fahrten auf ungeteerten Pisten sind kein Problem und lassen sich manchmal kaum vermeiden, Offroadfahrten mit Mietwagen dagegen sind generell verboten. Vorher sollte man ruhig einmal prüfen, ob die eigene Kreditkarte nicht schon eine ausreichende Mietwagenversicherung beinhaltet.

Wer nach Argentinien reisen will, braucht eine spezielle Versicherung (bei jedem Versicherungsbüro erhältlich), die etwa 20 000 Ch$ für sieben Tage kostet.

Bus

Chilenische Fernbusse gelten allgemein als pünktlich, effizient und komfortabel, allerdings gibt's bei Preisen und Klassen zwischen den einzelnen Anbietern erhebliche Unterschiede. Im Vergleich zu Europa sind sie aber immer günstig. Fast alle Städte des Landes verfügen über einen zentralen Busbahnhof, teilweise betreiben die unterschiedlichen Gesellschaften sogar eigene Büros. In den gut organisierten Busbahnhöfen hängen Zielorte, Fahrpläne und Tarife deutlich sichtbar aus.

Die großen Fern- und auch einige weniger wichtige Überlandstraßen sind geteert (mit Ausnahme einiger Abschnitte der Carretera Austral), Nebenstraßen können allerdings reine Schotter- oder Staubpisten sein. Überlandbusse haben Toiletten an Bord und servieren oft Kaffee, Tee oder auch komplette Mahlzeiten. Busse, die diesen Service nicht bieten können, legen dafür regelmäßig Pausen ein.

Auf den abgelegenen Strecken geht's allerdings langsam voran und die *micros* (oft Minibusse) verkehren seltener, häufig nur mit veralteten und einfacher ausgestatteten Modellen.

Herz und Zentrum des Landes ist natürlich Santiago. Die Hauptstadt verfügt über vier große Busbahnhöfe, von denen Verbindungen nach Norden, ins Zentrum und in den Süden bestehen.

Chiles größtes Busunternehmen **Tur Bus** (600-660-6600; www.turbus.cl) deckt fast das ganze Land ab und ist für seine Pünktlichkeit bekannt. Bei Onlinebuchungen gibt's Preisnachlässe; Tickets werden später am Schalter ausgestellt.

An zweiter Stelle steht **Pullman** (600-320-3200; www.pullman.cl) mit einem ebenfalls ausgedehnten Streckennetz.

Backpacker reisen oft mit **Pachamama by Bus** (022-688-8018; www.pachamamabybus.com; Agustinas 2113, Barrio Brasil, Santiago): Auf zwei Überlandstrecken des Unternehmens nach Norden bzw. nach Süden kann man an beliebigen Stellen ein- und aussteigen. Dieser Service ist nicht gerade billig (z. B. kostet ein 7-Tage-Pass in den Süden 119 000 Ch$), andererseits gelangt man auf diesem Weg direkt zu vielen abgelegenen Nationalparks und anderen Landschaftsattraktionen, die von öffentlichen Bussen nicht angesteuert werden. Zudem werden Fahrgäste im gewünschten Hotel abgeholt (bzw. können dort aussteigen) und die Gesellschaft stellt auch die Campingausrüstung für Übernachtungen an abgelegenen Orten zur Verfügung.

Argentiniens Busgesellschaft **Chaltén Travel** (www.chaltentravel.com) verkehrt zwischen El Calafate und dem Nationalpark Torres del Paine sowie auf der argentinischen Ruta 40.

Klassen

Das Spektrum an Namen für die unterschiedlichen Komfortklassen der Überlandbusse ist groß: So bietet der *clásico* oder *pullman* rund 46 normale Sitze, die sich kaum verstellen lassen; von den Toiletten darf man auch nicht zu viel erwarten. Eine Stufe höher ist der *executivo* und noch eine höher der *semi-cama*: rund 38 Sitze, mehr Beinfreiheit und größere Toiletten. *Semi-cama*-Busse sind teilweise Doppeldecker und besitzen Polstersessel, die weiter zurückklappbar sind. *Salón-cama*-Schlafbusse haben nur 24 Sitze, die sich fast vollständig nach hinten klappen lassen. Die Sitze der exklusiven, eher selten anzutreffenden *premium*-Busse können komplett waagerecht eingestellt werden. Leider entspricht die Qualität der unterwegs gezeigten Filme nicht unbedingt dem Standard des Busses. Im Preis der Nachtfahrten ist auch ein Frühstück eingeschlossen; wer darauf verzichtet, spart etwas Geld.

Salón-cama- und *premium*-Busse starten abends und kosten mindestens 50 % mehr als normale Linienbusse, bei langen Fahrten lohnt sich diese Differenz aber. Doch selbst die Linienbusse sind relativ bequem, vor allem im Vergleich zu den Nachbarländern Peru und Bolivien. Es gilt Rauchverbot.

Preise

Die Preisspanne zwischen den Anbietern und Klassen ist gewaltig, deshalb lohnt sich ein Vergleich. *Ofertas* (Angebote) außerhalb der sommerlichen Hochsaison liegen bis zu 50 % unter dem Hochsaisonpreis. Studenten erhalten 25 % Rabatt.

Reservierung

Außerhalb der Ferienzeit (Weihnachten, Januar, Februar, Ostern und Mitte September um die Feiertage) sowie an Freitagen und Sonntagen reicht eine Reservierung einige Stunden vor Abfahrt. Auf langen Strecken wie der von Arica nach Santiago oder auf Routen mit wenig Busverkehr (z. B. auf der Carretera Austral) sollte man unbedingt frühzeitig reservieren.

Fahrrad

Für eine Radtour durch Chile braucht man ein *bici todo terreno* (Mountainbike) oder ein Reiserad mit breiten Reifen. Das Klima ist ein nicht unwichtiger Faktor: Von Temuco Richtung Süden muss man mit Regen rechnen. Wer von Santiago aus nach Norden radelt (vor allem durch die Weite der Atacama-Wüste), sollte bedenken, dass nicht regelmäßig Trinkwasser entlang der Strecke zur Verfügung steht und die Ortschaften für europäische Verhältnisse weit voneinander entfernt sind. In einigen Gegenden spielt der Wind eine große Rolle; generell gilt, dass eine Fahrt von Norden nach Süden leichter zu bewältigen ist, allerdings klagen Leser über heftigen Gegenwind im Sommer. Chilenische Autofahrer verhalten sich umsichtig, aber auf den engen zweispurigen Straßen ohne Bankette sind überholende Fahrzeuge trotzdem nicht ganz ungefährlich.

Autofähren in Patagonien sowie Fluglinien verlangen oft einen Aufpreis für den Radtransport. In den meisten Städten an der Carretera Austral gibt's Läden, die Räder reparieren. In Busse kann man sein Rad meist mitnehmen.

Fahrradkauf

Räder sind nicht gerade billig. Ein gutes Mountainbike mit Federung kostet 150 000 Ch$ und mehr. Wer sein Rad am Ende der Reise wieder verkaufen und wenig Zeit aufwenden will, sollte Reisebüros oder Tourveranstalter kontaktieren, die nebenher Räder vermieten.

Leihfahrrad

In vielen touristischen Orten werden Räder ganz unterschiedlicher Qualität angeboten, meistens von *hospedajes* (Budgetunterkünfte) oder Tourveranstaltern. Für diesen Service zahlt man etwa 8000 bis 12 000 Ch$. Ein gepflegtes Mountainbike mit Vorderbremse und guten Hinterbremsen kostet rund 18 000 Ch$ pro Tag. Ein solches Rad findet man aber oft nur in ausgesprochenen Outdoor-Destinationen wie dem Seengebiet oder in San Pedro de Atacama.

Es ist üblich, beim Verleiher als Sicherheit eine Kaution oder eine Kopie des Personalausweises zu hinterlegen.

Flugzeug

Der Flugverkehr ist in Chile mittlerweile erschwinglicher geworden und teilweise sogar preiswerter als die bequemen Langstreckenbusse. Ein Flug von Arica nach Santiago z. B. dauert nur ein paar Stunden, während man mit dem Bus 28 Stunden einplanen muss. Und wer langsame Fähren vermeiden möchte, schafft es oft nur mit dem Flugzeug, in einer noch vertretbaren Zeit in die abgelegenen Orte des Südens vorzudringen. Hin- & Rückreisetickets sind oft günstiger.

Airlines in Chile

In Chile gibt es zwei große Inlandsfluggesellschaften. Regionale Airlines und Flugtaxis bedienen abgeschiedene Regionen im Süden und den Juan-Fernández-Archipel. Viele chilenische Städte liegen in der Nähe von kommerziellen Inlandsflughäfen. Der **Aeropuerto Internacional Arturo Merino Benítez** (www.aeropuertosantiago.cl) in Santiago hat sogar ein eigenes Terminal für Inlandsflüge, außerdem gibt's in der Hauptstadt kleine Landebahnen für Flugtaxis zum 670 km entfernten Juan-Fernández-Archipel. Die Abflugsteuer ist im Ticketpreis enthalten.

LAN (600-526-2000; www.lan.com) Centro (Paseo Huérfanos 926-B, Centro, Santiago); Las Condes (Av El Bosque Norte 0194, Las Condes, Santiago); Providencia (Providencia 2006, Providencia, Santiago) Südamerikas größte Airline besitzt das ausgedehnteste Netz an Inlandsverbindungen, darunter Flüge zu den Osterinseln.

Sky Airline (600-600-2828; www.skyairline.cl; Huérfanos 815, Santiago) Ist eventuell günstiger.

Tarife

Die besten Tarife stehen auf der chilenischen Website von LAN, die man nur in Chile selbst aufrufen kann. Jede Woche gibt's dort Angebote,

BUSTARIFE & FAHRTDAUER

ZIEL	PREIS (CH$)	FAHRTDAUER (STD.)
Asunción, Paraguay	76 000	45
Buenos Aires, Argentinien	72 000	22
Córdoba, Argentinien	45 000	17
Lima, Peru	95 000	48
Mendoza, Argentinien	31 000	7
Montevideo, Uruguay	65 000	32
Río de Janeiro, Brasilien	104 000	72
São Paulo, Brasilien	94 000	55

die bis zu 40 % unter dem offiziellen Preis liegen können – das gilt vor allem für häufig genutzte Strecken wie Puerto Montt–Punta Arenas. Im Voraus zu buchen und sich für ein Hin- und Rückreiseticket zu entscheiden ist oft günstiger.

Mit dem Vielfliegerprogramm LANPASS kann man Meilen für die One World Alliance sammeln. Partner sind u. a. Unternehmen wie American Airlines, British Airways, Iberia und Qantas.

ZIEL	PREIS (HIN & ZURÜCK, CH$)
Antofagasta	105 000
Arica	160 000
Calama	100 000
Concepción	80 000
Copiapó	85 000
Coyhaique	120 000
Iquique	115 000
La Serena	60 000
Puerto Montt	75 000
Punta Arenas	165 000
Temuco	90 000

Geführte Touren

Altué Active Travel (022-235-1519; www.altue.com) Ein chilenischer Pionier in puncto Abenteuertourismus: Bietet fast alle erdenklichen Outdoor-Sportarten an, der Schwerpunkt liegt allerdings auf Kajakfahren und Kulturausflügen nach bzw. auf Chiloé.

Azimut 360 (022-235-1519; www.azimut360.com) Vulkanbesteigungen, Mountainbiketouren im nördlichen Altiplano und verschiedene Touren in Patagonien.

Cruceros Australis (022-442-3115; www.australis.com) Luxuriöse Kreuzfahrten zwischen Punta Arenas und Ushuaia, die drei bis sieben Tage dauern.

Cruceros Skorpios (065-227-5646; www.skorpios.cl; Av Angelmó 1660; DZ inkl. Mahlzeiten & alkoholische Getränke ab 4000 US$; Mo–Fr 8.30–12.30 & 14.30–18.30 Uhr) Ein regulärer Kreuzfahrtveranstalter, der sich selbst als "semi-elegant" bezeichnet. Am beliebtesten ist die fünftägige Rundfahrt auf der MV Skorpios II von Puerto Montt zur Laguna San Rafael. Sie startet von September bis April jeden Samstag und hält unterwegs im exklusiven Thermalresorts Quitralco und im Chiloé-Archipel.

Geoturismo Patagonia (067-258-3173; www.geoturismopatagonia.cl) Renommierter Spezialist für die Carretera Austral mit gutem Insiderwissen.

Opentravel (in Puerto Montt 065-226-0524; www.opentravel.cl) Hervorragende Trekkingtouren und Ausritte abseits der ausgetretenen Pfade in abgelegene Regionen Nordpatagoniens sowie Andenüberquerungen nach Argentinien.

Pared Sur (022-207-3525; www.paredsur.cl) Aktivurlaub und anspruchsvolle Mountainbiketrips in ganz Chile.

Santiago Adventures (022-244-2750; www.santiagoadventures.com) Sachkundige, Englisch sprechende Guides leiten maßgeschneiderte Touren rund um Essen und Wein in Santiago sowie Tagestouren an die Küste und in ganz Chile.

Trails of Chile (065-233-0737; www.trailsofchile.cl) Superteure, professionell durchgeführte Exkursionen und Abenteuerausflüge mit exzellentem Service.

Nahverkehr

Bus

In Chile gibt's viele Buslininien und die Tickets sind billig (ca. 500 Ch$ für eine Kurzstrecke). Da viele Fahrzeuge mit der gleichen Liniennummer auf leicht voneinander abweichenden Strecken unterwegs sind, muss man genau auf die Schilder mit der Endstation achten. Beim Einsteigen sagt man dem Fahrer deutlich die gewünschte Haltestelle; dieser nennt dann den Preis und händigt das Ticket aus.

Santiagos Bussystem **Transantiago** (800-730-073; www.transantiago.cl) hat Ticketautomaten. Die Strecken kann man sich auch online anzeigen lassen.

Colectivo

Die praktischen *taxis colectivos* ähneln Taxis, fahren aber wie Busse auf festgelegten Strecken: Auf dem Dach oder im Fenster wird das Ziel angegeben. *Colectivos* sind schnell, bequem und nicht viel teurer als Busse (meistens 500–1000 Ch$ innerhalb einer Stadt).

Metro

Santiago verfügt über eine sehr effiziente Metro. Am besten vermeidet man die Stoßzeiten, denn dann kann es sehr voll werden.

Pendlerzug

Sowohl in Santiago als auch in Valparaíso gibt's Pendlerzüge. In Santiago fährt der moderne *metrotren* von San Fernando auf der Alameda durch Rancagua (Hauptort der Región VI) zum Hauptbahnhof (Estación Central). In Valparaíso verbindet der Zug den Terminal Rodoviario und Viña del Mar.

Taxi

Fast alle Taxis haben Kilometerzähler. In Santiago wird beim Losfahren (*bajar la bandera*, d. h. „die Flagge senken" wie beim Rennbahnstart) ein Grundbetrag von 300 Ch$ fällig, für jeweils 200 m werden dann 130 Ch$ verlangt. Im Taxi hängen die geltenden Tarife aus.

Schiff/Fähre

Obwohl sich an der Küste von Chile unzählige Häfen befinden, gibt's nur im Süden touristische Fährverbindungen.

Bei einer Reise entlang der zerklüfteten chilenischen Pazifikküste gilt die Redewendung „Der Weg ist das Ziel". Die Region südlich von Puerto Montt, der chilenische Teil Patagoniens und Feuerland (Tierra del Fuego) werden alle von Schiffen bedient. Diese verkehren durch ein unglaubliches Labyrinth aus Inseln und Fjorden, die eine spektakuläre Küstenlandschaft bilden.

Außerhalb der typischen Reisesaison sind die Verbindungen deutlich seltener.

Eine Tour mit den Fähren der Reederei Navimag von Puerto Montt nach Puerto Natales zählt zu den großen Reiseerlebnissen Südamerikas. Nachfolgend nennen wir nur die bedeutendsten Schifffahrtsgesellschaften. Außerdem gibt's auch einige exklusive Touranbieter, die eigene Kreuzfahrtschiffe unterhalten.

Zu den beliebten Strecken zählen die folgenden:

Von Castro nach Laguna San Rafael Navimags *Mare Australis* steuert die beeindruckende Laguna San Rafael an.

Von Chiloé nach Chaitén Transmarchilay, Naviera Austral und Navimag verkehren im Sommer zwischen Quellón auf Chiloé und Chaitén. Zudem bestehen Verbindungen zwischen Castro und Chaitén.

Von Hornopirén zur Caleta Gonzalo Im Sommer bedient Naviera Austral die Ruta Bi-Modal: Zwei Fähren sind über eine Art kurze Landzunge in der Mitte miteinander verbunden und fahren zur Caleta Gonzalo im Parque Pumalín (60 km nördlich von Chaitén).

Von La Arena nach Puelche 45 km südöstlich von Puerto Montt gibt's einen Shuttledienst über einen Fjord zwischen zwei nördlichen Straßenabschnitten der Carretera Austral.

Vom Festland nach Chiloé Zwischen Pargua und Chacao am Nordende von Chiloé verkehrt eine regelmäßige Fähre.

Von Puerto Ibáñez nach Chile Chico Sotramin schickt Auto- und Personenfähren südlich von Coyhaique über den Lago General Carrera. Außerdem gibt's Shuttledienste von Chile Chico nach Los Antiguos auf argentinischer Seite.

Von Puerto Montt nach Chaitén Naviera Austral betreibt Autofähren von Puerto Montt nach Chaitén.

Von Puerto Montt nach Laguna San Rafael Catamaranes del Sur und Cruceros Skorpios haben Rundfahrten zur Laguna San Rafael im Programm.

Von Puerto Montt nach Puerto Chacabuco Navimag fährt von Puerto Montt nach Puerto Chacabuco, von wo man per Bus weiter nach Coyhaique und zum Parque Nacional Laguna San Rafael gelangt.

Von Puerto Montt nach Puerto Natales Navimag-Fähren legen wöchentlich in Puerto Montt ab. Sie brauchen vier Tage bis Puerto Natales. Das unvorhersehbare patagonische Wetter bringt den Fahrplan allerdings oft durcheinander.

Von Puerto Williams nach Ushuaia Auf dieser wichtigen Route gibt's immer noch keine öffentlichen Fähren. Motorboote übernehmen den Linienverkehr.

Von Punta Arenas nach Tierra del Fuego Transbordador Austral Broom schickt Fähren auf den Weg vom Anleger Tres Puentes in Punta Arenas nach Porvenir, außerdem von Punta Delgada (östlich von Punta Arenas) nach Bahía Azul und von Tres Puentes nach Puerto Williams auf der Isla Navarino.

Naviera Austral (✆065-227-0430; www.navieraustral.cl; Angelmó 2187, Puerto Montt)

Naviera Sotramin (✆067-223-7958; http://sotramin.cl; Baquedano 1198, Coyhaique; Passagier/Auto 2100/18 650 Ch$)

Navimag (✆022-442-3120; www.navimag.cl; Av El Bosque Norte 0440, Piso 11, Santiago; ◷Mo–Fr 9–18.30 Uhr; MTobalaba) Fährtickets ins chilenische Patagonien sollte man im Voraus kaufen.

Transbordador Austral Broom (✆061-221-8100; www.tabsa.cl; Av Bulnes 05075, Punta Arenas)

Transmarchilay (✆065-227-0700; www.transmarchilay.cl; Angelmó 2187, Puerto Montt)

Trampen

In puncto Trampen ist Chile zwar eines der sichersten Ländern in Lateinamerika, dennoch können wir es nicht empfehlen, weil Trampen nie hundertprozentig sicher ist.

Im Sommer sind die meisten chilenischen Fahrzeuge schon randvoll mit Familienmitgliedern auf dem Weg in den Urlaub, sodass man entsprechend lange auf eine Mitfahrgelegenheit warten muss. Nur wenige Fahrer nehmen Gruppen mit. Aggressive Taktiken sind verpönt. Im weitläufigen Patagonien, wo auf den Straßen wenig los ist, muss man mit langen Wartezeiten rechnen. Es empfiehlt sich auch, ausreichend Essen und Trinken dabeizuhaben, vor allem in den nördlichen Regionen.

Zug

Chiles Schienennetz erlebte seine Blütezeit Ende des 19. Jhs., doch heute sind die meisten Strecken vernachlässigt oder wurden ganz aufgegeben. Immerhin gibt's mittlerweile wieder einen regulären Bahnbetrieb im Zentrum des Landes sowie Pendlerzüge *(metrotren)* zwischen Santiago und San Fernando. Weitere Details und Tarife stehen auf der Website von **Empresa de Ferrocarriles del Estado** (✆600-585-5000; www.efe.cl).

Es ist schwierig, aber nicht vollkommen unmöglich, einen Güterzug von Baquedano (an der Panamericana nordöstlich von Antofagasta) zur Grenzstadt Socompa zu nehmen und von dort die Reise nach Salta auf argentinischer Seite, wo Züge verkehren, fortzusetzen.

Sprache

Die Aussprache des Spanischen ist nicht schwierig, da sie dem Deutschen ähnelt. Ch ist ein kehliger Laut (wie das „ch" in „Loch"), v und b spricht man wie ein weiches „w" (zwischen einem „w" und einem „b") und das r wird stark gerollt. Betonte Silben haben einen Akzent (z. B. días) und sind in unserer Aussprachehilfe kursiv.

In diesem Kapitel geben wir die höfliche Form an. Wenn sowohl die höfliche als auch die informelle Anrede genannt werden, sind diese mit den Abkürzungen „höfl." und „inf." gekennzeichnet. Maskuline und feminine Formen werden durch einen Schrägstrich getrennt und beginnen mit der männlichen Form, etwa perdido/a (m/f)

GRUNDLAGEN

Hallo.	Hola.	o·la
Tschüs.	Adiós.	a·djos
Wie geht's?	¿Qué tal?	ke tal
Gut, danke.	Bien, gracias.	bjen gra·sjas
Entschuldigung.	Perdón.	per·don
Tut mir leid.	Lo siento.	lo sjen·to
Bitte.	Por favor.	por fa·wor
Danke.	Gracias.	gra·sjas
Gern geschehen.	De nada.	de na·da
Ja./Nein.	Sí./No.	si/no

NOCH MEHR SPANISCH?

Wer sich intensiver mit der Sprache beschäftigen möchte, legt sich am besten den praktischen *Reise-Sprachführer Spanisch* zu. Das *Latin American Spanish Phrasebook*, ebenfalls von Lonely Planet, ist bisher nur auf Englisch erhältlich. Letzteres kann man unter shop.lonelyplanet.com bestellen.

Ich verstehe nicht.
Yo no entiendo.   jo no en·tjen·do

Ich heiße …
Me llamo …   me ja·mo …

Wie heißen Sie/heißt du?
¿Cómo se llama Usted?   ko·mo se ja·ma u·ste (höfl.)
¿Cómo te llamas?   ko·mo te ja·mas (inf.)

Sprechen Sie/sprichst du Deutsch?
¿Habla alemán?   a·bla ale·man (höfl.)
¿Hablas alemán?   a·blas ale·man (inf.)

ESSEN & TRINKEN

Kann ich bitte die Karte haben?
¿Puedo ver el menú, por favor?   pue·do wer el me·nu por fa·wor

Was empfehlen Sie?
¿Qué recomienda?   ke re·ko·mjen·da

Haben Sie vegetarisches Essen?
¿Tienen comida vegetariana?   tje·nen ko·mi·da we·che·ta·rja·na

Ich esse kein (rotes Fleisch).
No como (carne roja).   no ko·mo (kar·ne ro·cha)

Das war köstlich!
¡Estaba buenísimo!   es·ta·ba bue·ni·si·mo

Zum Wohl!
¡Salud!   sa·lu

Die Rechnung bitte.
La cuenta, por favor.   la kuen·ta por fa·wor

Ich hätte gern einen Tisch für …	Quisiera una mesa para …	ki·sje·ra u·na me·sa pa·ra …
(acht) Uhr	las (ocho)	las (o·tscho)
(zwei) Personen	(dos) personas	(dos) per·so·nas
Frühstück	desayuno	de·sa·ju·no
Mittagessen	comida	ko·mi·da
Abendessen	cena	se·na
Restaurant	restaurante	res·tau·ran·te

FRAGEWÖRTER

Wann?	¿Cuándo?	kuan·do
Warum?	¿Por qué?	por ke
Was?	¿Qué?	ke
Wer?	¿Quién?	kjen
Wie?	¿Cómo?	ko·mo
Wo?	¿Dónde?	don·de

NOTFÄLLE

Hilfe! ¡Socorro! so·ko·ro
Gehen Sie weg! ¡Vete! we·te
Rufen Sie ...! ¡Llame a ...! ja·me a ...
   einen Arzt un médico un me·di·ko
   die Polizei la policía la po·li·si·a

Ich habe mich verlaufen.
Estoy perdido/a. es·toi per·di·do/a (m/f)

Ich bin krank.
Estoy enfermo/a. es·toi en·fer·mo/a (m/f)

Es tut hier weh.
Me duele aquí. me due·le a·ki

Ich bin allergisch gegen (Antibiotika).
Soy alérgico/a a soy a·ler·chi·ko/a a
(los antibióticos). (los an·ti·bjo·ti·kos) (m/f)

Wo sind die Toiletten?
¿Dónde están los don·de es·tan los
baños? ba·njos

SHOPPEN & SERVICE

Ich möchte ... kaufen
Quisiera comprar ... ki·sje·ra kom·prar ...

Ich schau mich nur um.
Sólo estoy mirando. so·lo es·toi mi·ran·do

Kann ich das mal sehen?
¿Puedo verlo? pue·do wer·lo

Das gefällt mir nicht.
No me gusta. no me gus·ta

Wie viel kostet das?
¿Cuánto cuesta? kuan·to kues·ta

Das ist zu teuer.
Es muy caro. es mui ka·ro

Können Sie mit dem Preis runtergehen?
¿Podría bajar un po·dri·a ba·char un
poco el precio? po·ko el pre·sjo

In der Rechnung ist ein Fehler.
Hay un error ai un e·ror
en la cuenta. en la kuen·ta

Geldautomat	cajero	ka·che·ro
	automático	au·to·ma·ti·ko
Internetcafé	cibercafé	si·ber·ka·fe
Markt	mercado	mer·ka·do
Postamt	correos	ko·re·os
Touristen-	oficina	o·fi·si·na
information	de turismo	de tu·ris·mo

UHRZEIT & DATUM

Wie spät ist es? ¿Qué hora es? ke o·ra es
Es ist (10) Uhr. Son (las diez). son (las djes)
Es ist halb Es (la una) es (la u·na)
(zwei). y media. i me·dja

Morgen	mañana	ma·nja·na
Nachmittag	tarde	tar·de
Abend	noche	no·tsche
gestern	ayer	a·jer
heute	hoy	oi
morgen	mañana	ma·nja·na
Montag	lunes	lu·nes
Dienstag	martes	mar·tes
Mittwoch	miércoles	mjer·ko·les
Donnerstag	jueves	chue·wes
Freitag	viernes	wjer·nes
Samstag	sábado	sa·ba·do
Sonntag	domingo	do·min·go

UNTERKUNFT

Ich hätte gern ein Einzel-/Doppelzimmer.
Quisiera una ki·sje·ra u·na
habitación a·bi·ta·sjon
individual/doble. in·di·vi·dual/do·ble

Wie viel kostet es pro Nacht/Person?
¿Cuánto cuesta por kuan·to kues·ta por
noche/persona? no·tsche/per·so·na

Ist das Frühstück inklusive?
¿Incluye el in·klu·je el
desayuno? de·sa·ju·no

Badezimmer	baño	ba·njo
Bett	cama	ka·ma
Campingplatz	terreno de	te·re·no de
	cámping	kam·ping
Fenster	ventana	wen·ta·na
Gasthof	hostería	os·te·ri·ja
Hotel	hotel/hostal	o·tel/os·tal
Hütte	cabaña	ka·ba·nja
Jugend-	albergue	al·ber·ge
herberge	juvenil	chu·we·nil
Klimaanlage	aire acondi-	ai·re a·kon·di·
	cionado	sjo·na·do
Pension	pensión/	pen·sjon/
	hospedaje	os·pe·da·che

SCHILDER

Abierto	Offen
Cerrado	Geschlossen
Entrada	Eingang
Hombres/Varones	Männer
Mujeres/Damas	Frauen
Prohibido	Verboten
Salida	Ausgang
Servicios/Baños	Toiletten

VERKEHRSMITTEL & -WEGE

Bus	autobús	au·to·bus
(kleiner) Bus	micro	mi·kro
Flugzeug	avión	a·wjon
Sammeltaxi	colectivo	ko·lek·ti·wo
Schiff	barco	bar·ko
Zug	tren	tren
erste(r/s)	primero	pri·me·ro
letzte(r/s)	último	ul·ti·mo
nächste(r/s)	próximo	prok·si·mo

Ein Ticket für ..., bitte.	Un billete de ..., por favor.	un bi·je·te de ... por fa·wor
1. Klasse	primera clase	pri·me·ra kla·se
2. Klasse	segunda clase	se·gun·da kla·se
einfach	ida	i·da
hin und zurück	ida y vuelta	i·da i wuel·ta

Ich möchte nach ...
Quisiera ir a ... ki·sje·ra ir a ...

Hält er/sie/es in ...?
¿Para en ...? pa·ra en ...

Welche Haltestelle ist das?
¿Cuál es esta parada? kual es es·ta pa·ra·da

Wann kommt/fährt er/sie/es an/ab?
¿A qué hora llega/sale? a ke o·ra je·ga/ sa·le

Können Sie mir sagen, wann wir in ... ankommen?
¿Puede avisarme cuando lleguemos a ...? pue·de a·wi·sar·me kuan·do je·ge·mos a ...

Ich möchte hier aussteigen.
Quiero bajarme aquí. kje·ro ba·char·me a·ki

Bahnhof	estación de trenes	es·ta·sjon de tre·nes
Bushaltestelle	parada de autobuses	pa·ra·da de au·to·bu·ses
Fahrplan	horario	o·ra·rjo
Flughafen	aeropuerto	a·e·ro·puer·to
Fensterplatz	asiento junto a la ventana	a·sjen·to chun·to a la wen·ta·na
Gangplatz	asiento de pasillo	a·sjen·to de pa·si·jo
gestrichen	cancelado	kan·se·la·do
Gleis	plataforma	pla·ta·for·ma
Ticketschalter	taquilla	ta·ki·ja
verspätet	retrasado	re·tra·sa·do

Ich möchte ein(en) ... mieten.	Quisiera alquilar ...	ki·sje·ra al·ki·lar ...
Wagen mit Allradantrieb	un todo-terreno	un to·do-te·re·no
Auto	un coche	un ko·tsche
Fahrrad	una bicicleta	u·na bi·si·kle·ta
Motorrad	una moto	u·na mo·to

Benzin	bencina/ gasolina	ben·si·na ga·so·li·na
Diesel	petróleo	pet·ro·le·o
Helm	casco	kas·ko

ZAHLEN

1	uno	u·no
2	dos	dos
3	tres	tres
4	cuatro	kua·tro
5	cinco	sin·ko
6	seis	sejs
7	siete	sje·te
8	ocho	o·tscho
9	nueve	nue·we
10	diez	djes
20	veinte	wejn·te
30	treinta	trejn·ta
40	cuarenta	kua·ren·ta
50	cincuenta	sin·kuen·ta
60	sesenta	se·sen·ta
70	setenta	se·ten·ta
80	ochenta	o·tschen·ta
90	noventa	no·wen·ta
100	cien	sjen
1000	mil	mil

DIE SPRACHE DER RAPA NUI

Die Rapa Nui auf der Osterinsel sprechen zwar Spanisch, unterhalten sich untereinander aber gern in ihrer ursprünglichen indigenen Sprache, die ebenfalls Rapa Nui genannt wird. Aufgrund der isolierten Lage der Insel entwickelte sich diese weitgehend unberührt von äußeren Einflüssen, wobei Ähnlichkeiten zu anderen polynesischen Sprachen wie Hawaiianisch, Tahitianisch und Maori bestehen. Heute unterliegt sie starken spanischen und englischen Einflüssen. Die hieroglyphenartigen Rongo-Rongo-Zeichen, die von den Inselbewohnern nach der Ankunft der Spanier 1770 entwickelt wurden und bis in die 1860er-Jahre in Gebrauch waren, gelten als erste Beispiele für eine eigenständige Schrift auf der Osterinsel. Die mittlerweile verwendete Schreibung des Rapa Nui wurde im 19. Jh. von Missionaren ersonnen, welche die an Vokalen reiche Lautung der Sprache ins lateinische Alphabet übertrugen. Fast alle Einheimischen verstehen Rapa Nui, allerdings können es nur noch wenige der jungen Leute auf der Insel fließend sprechen. Immerhin bemüht man sich, die gefährdete Sprache und somit auch die hiesige Kultur am Leben zu erhalten.

Die Aussprache ist relativ simpel; lange und kurze Vokale werden ähnlich wie im Spanischen oder Italienischen artikuliert. Es gibt nur zehn Konsonanten und einen an der Stimmritze gebildeten Verschlusslaut ('), der wie die Pause im Wort „oh-oh" gesprochen wird. Einheimische freuen sich natürlich, wenn Auswärtige Redewendungen oder Grußformeln benutzen, selbst wenn es nur ein paar Brocken sind. Wer sich eingehender mit der Sprache beschäftigen möchte, besorgt sich das South Pacific Phrasebook von Lonely Planet; auf Deutsch sind derzeit keine Bücher zu diesem Thema erhältlich. Welche Maßnahmen zum Erhalt dieser Kultur ergriffen werden, erfährt man unter www.islandheritage.org.

Hallo.	'Iorana.		**Ich heiße …**	To'oku ingoa ko …
Auf Wiedersehen.	'Iorana.		**Was?**	Aha?
Wie geht's?	Pehē koe/kōrua? (Sg./Pl.)		**Welche(r/s)?**	Hē aha?
Gut.	Rivariva.		**Wer?**	Ko āi?
Danke.	Maururu.		**Wie viel kostet das?**	'Ehia moni o te me'e nei?
Wie heißen Sie?	Ko āi to'ou ingoa?		**Zum Wohl!**	Manuia paka-paka.

Kindersitz	asiento de seguridad para niños	a·sjen·to de se·gu·ri·da pa·ra ni·njos
Laster	camion	ka·mjon
Mechaniker	mecánico	me·ka·ni·ko
Tankstelle	gasolinera	ga·so·li·ne·ra
trampen	hacer botella	a·ser bo·te·ja

Ist das die Straße nach …?
¿Se va a … por esta carretera?   se wa a … por es·ta ka·re·te·ra

(Wie lange) Kann ich hier parken?
¿(Cuánto tiempo) Puedo aparcar aquí?   (kuan·to tjem·po) pue·do a·par·kar a·ki

Das Auto ist (in …) liegen geblieben.
El coche se ha averiado (en …).   el ko·tsche se a a·we·rja·do (en …)

Ich hatte einen Unfall.
He tenido un accidente.   e te·ni·do un ak·si·den·te

Mir ist das Benzin ausgegangen.
Me he quedado sin gasolina.   me e ke·da·do sin ga·so·li·na

Ich habe einen Platten.
Tengo un pinchazo.   ten·go un pin·tscha·so

WEGWEISER

Wo ist …?
¿Dónde está …?   don·de es·ta …

Wie lautet die Adresse?
¿Cuál es la dirección?   kual es la di·rek·sjon

Können Sie das bitte aufschreiben?
¿Puede escribirlo, por favor?   pue·de es·kri·bir·lo por fa·wor

Können Sie mir das (auf der Karte) zeigen?
¿Me lo puede indicar (en el mapa)?   me lo pue·de in·di·kar (en el ma·pa)

an der Ampel	en el semáforo	en el se·ma·fo·ro
an der Ecke	en la esquina	en la es·ki·na
gegenüber …	frente a …	fren·te a …
geradeaus	todo recto	to·do rek·to
hinter …	detrás de …	de·tras de …
links	izquierda	is·kjer·da
nah	cerca	ser·ka
neben …	al lado de …	al la·do de …
rechts	derecha	de·re·tscha
vor …	enfrente de …	en·fren·te de …
weit	lejos	le·chos

GLOSSAR

(RN) bedeutet, dass ein Begriff aus dem Rapa Nui, der Sprache der Osterinsel, stammt.

ahu (RN) – zeremonielle Steinplattform für *moai* (Statuen)
alameda – Allee/Boulevard (von Bäumen gesäumt)
albergue juvenil – Jugendherberge
Alpaka – mit dem Lama verwandtes kamelartiges Haustier, das Wolle liefert
Altiplano – Hochland in den Anden
anexo – Telefonnebenstelle
apunamiento – Höhenkrankheit
arroyo – Wasserlauf, Bach
asado – Grill/Grillparty
ascensor – Lift, Seilbahn
Ayllu – indigene Gemeinschaft aus dem Norte Grande
Aymara – indigene Bewohner des Anden-*Altiplano* von Peru, Bolivien und Nordchile

bahía – Bucht
balneario – Baderesort oder Strand
barrio – Stadtviertel
bencina – Benzin
bencina blanca – Gas für Campingkocher
bidón – Benzinkanister
bodega – Keller oder Lager für Wein
bofedal – Hochmoor im Altiplano

cabañas – Hütten
cacique – Indianerhäuptling
calefón – Boiler
caleta – kleine Bucht
callampas – Elendsviertel, Slum; wörtlich: „Pilze"
cama – Bett; auch Liegesitz im Schlafwagen
camanchaca – dichter Küstennebel
camarote – (Schlaf-)Kajüte auf einem Schiff oder Etagenbett
carabineros – Polizei
caracoles – Serpentinenstraßen; wörtlich: „Schnecken"
carretera – Schnellstraße
casa de cambio – Wechselstube
casa de familia – einfache Unterkünfte bei Familien
cerro – Hügel
chachacoma – Pflanzenart in den Anden, die angeblich gegen die Höhenkrankheit hilft
Chilote – Bewohner der Insel Chiloé
ciervo – Hirsch
ciudad – Stadt
cocinerías – Lokale mit einfachen, preiswerten Gerichten
Codelco – Corporación del Cobre; staatliches Unternehmen, das den Kupferminenabbau beaufsichtigt
colectivo – Gemeinschaftstaxi; auch: *taxi colectivo*
comparsa – Gruppe von Musikern oder Tänzern
comuna – Gemeinde(-verwaltung)
congregación – Konzentration verschiedener indigener Völker in einer Stadt; siehe auch *reducción*
cordillera – Gebirgszug
costanera – Straße, die am Meer oder auch an Flüssen und Seen entlangführt
criollo – Begriff aus der Kolonialzeit für einen in Südamerika geborenen Spanier

desierto florido – das seltene Erscheinen kurzlebiger Wüstenblumen in der Region Norte Chico
DINA – Dirección de Inteligencia Nacional; gefürchteter oberster Geheimdienst, der nach 1973 gegründet wurde, um Polizei und Militär zu überwachen

Empanada – Pastete mit süßer oder pikanter Füllung
encomienda – Arbeitssystem zur Kolonialzeit; die indigenen Gemeinschaften mussten für die spanischen *encomenderos* hart arbeiten
esquí en marcha – Skilanglauf
estancia – sehr großes Landgut mit Viehwirtschaft und vor Ort ansässigen Arbeitern
estero – Flussmündung

feria – Markt für Kunsthandwerk
fuerte – Fort, Festung
fundo – *Hazienda*, kleinerer Bauernhof in Zentralchile

garúa – Küstennebel
Geoglyph – große präkolumbische Figur oder Erdzeichnung an den Bergen in der Wüste
golfo – Golf
golpe de estado – Staatsstreich
Guanako – wilde Kamelart, die mit dem Lama verwandt ist; zudem eine Bezeichnung für Wasserwerfer der Polizei

hare paenga (RN) – elliptisches Haus, das die Form eines Bootes aufweist
Hazienda – großes Landgut mit zahlreichen abhängigen Arbeitskräften
hospedaje – preiswerte Unterkunft mit Gemeinschaftsbad, meist bei einer Familie
hostal – Hotel, Hostel
hostería – Gasthof oder Pension, in dem/der man auch essen kann
huaso – Viehhirte, eine Art chilenischer Gaucho oder Cowboy

IGM – Instituto Geográfico Militar; Institut, das die Kartografie des chilenischen Territoriums erstellt

intendencia – spanische Kolonialverwaltung
invierno boliviano – „bolivianischer Winter"; Regenzeit im Sommer im chilenischen Altiplano
isla – Insel
islote – kleine Insel
istmo – Isthmus, Meerenge
IVA – *impuesto de valor agregado*, Mehrwertsteuer

küchen – süßer Kuchen

lago – See
laguna – Lagune
latifundio – Latifundium, Großgrundbesitz, z. B. ein *fundo*, eine *Hazienda* oder eine *estancia*
lista de correos – postlagernd
llareta – dichtes, hartes Gebüsch im chilenischen *Altiplano*, das wie eine Art Kissen aussieht
local – Bestandteil der Adresse; gibt die Nummer des Büros an, wenn sich in einem Gebäude mehrere befinden
lomas – gebirgige Wüste an der Küste

maori (RN) – weiser Mann, der in der Lage ist, *Rongo-Rongo*-Schrifttafeln zu lesen
Mapuche – indigene Bewohner der Gegend südlich des Río Biobío
marisquería – Restaurant, in dem Fisch- und Meeresfrüchtegerichte serviert werden
matrimonial – Doppelbett
matua (RN) – Vorfahr, Vater; wird mit dem mythischen Häuptling der ersten polynesischen Einwanderer assoziiert
media pensión – Halbpension im Hotel
mestizo – Person halb indianischer, halb spanischer Herkunft
micro – Kleinbus
minga – auf Gegenleistung beruhendes Arbeitssystem der *Mapuche*-Indianer

mirador – Aussichtspunkt
moai (RN) – große monolithische Statue
moai kavakava (RN) – geschnitzte „Skelettskulptur" aus Holz
motu (RN) – kleine Insel
municipalidad – Rathaus
museo – Museum

Nandu – großer Laufvogel, ähnlich dem Strauß
nevado – mit Schnee bedeckter Berggipfel

oferta – Sonderangebot für Flug- oder Busreisen, oft saisonabhängig
onces – Nachmittagstee in Chile; wörtlich: „die Elfer" (von der Zahl Elf)

palafitos – Reihen von Pfahlhäusern, die auf der Insel Chiloé über dem Wasser errichtet wurden
Pampa – weitläufiges Wüstengebiet in Chile
parada – Bushaltestelle
parrillada – verschiedene Fleischsorten vom Grill
peatonal – Fußgängerzone
peña folclórica – Club mit Volksmusik und Kulturangebot
pensión – Pension für Kurzzeitaufenthalte, meist Familienbetrieb
pensión completa – Vollpension im Hotel
picada – informelles Restaurant für die ganze Familie
pingüinera – Pinguinkolonie
playa – Strand
Porteño – Einwohner von Valparaíso
portezuelo – Gebirgspass
posta – Krankenhaus oder Erste-Hilfe-Station
precordillera – Vorgebirge der Anden
propina – Trinkgeld
puente – Brücke
puerto – Hafen

pukao (RN) – zylinderförmiger Aufsatz auf dem Kopf eines *moai*
pukará – präkolumbische Festung auf einem Berg
puna – Andenhochland, zumeist über 3000 m
punta – Spitze
quebrada – Schlucht
quinoa – Getreidesorte aus den Anden, die in der nördlichen *precordillera* angebaut wird

Rapa Nui – polynesische Bezeichnung für die Osterinsel
reducción – zur Kolonialzeit gegründete Siedlung mit indigenen Einwohnern innerhalb der Städte; sie hatte das Ziel der politischen Kontrolle und religiösen Unterweisung
refugio – rustikale Hütte in einem Nationalpark oder in einer entlegenen Gegend
residencial – preiswerte Unterkunft
Rhea – fachsprachlich und englisch für *Nandu* (auf Spanisch: ñandú)
río – Fluss
Rodeo – jährliches Zusammentreiben des Viehs auf einer *estancia* oder einer *Hazienda*
Rongo-Rongo (RN) – Schrift auf Holztafeln, die sich heute nicht mehr dechiffrieren lässt
ruka – traditionell gedecktes Haus der *Mapuche*
ruta – Route, Schnellstraße

salar – Salzsee, Salzsumpf oder Salzpfanne
salón de cama – Bus mit Liegesitzen
salón de té – wörtlich: „Teehaus", jedoch eher ein exklusives Café
Santiaguino – Person, die in Santiago geboren wurde oder dort lebt
seno – Meerenge

sierra – Gebirgszug
s/n – „sin número"; Adresse ohne Angabe einer Hausnummer
soroche – Höhenkrankheit

tábano – Bremse (eine Insektenart)
tabla – großer Vorspeisenteller für alle
tejuelas – Dachziegel; typisch für die Architektur auf der Insel Chiloé

teleférico – Seilbahn
termas – Thermalquellen
torres – Türme
totora (RN) – Riedgrasart, die zur Herstellung von Flößen genutzt wird

ventisquero – Gletscher
Vikunja – eine mit dem Lama verwandte Wildtierart, die in großer Höhe im Norden lebt
villa – Dorf, kleine Stadt

Viscacha – mit dem Chinchilla verwandte Tierart in den Anden
volcán – Vulkan

Yaghans – Bezeichnung für die indigenen Bewohner des Archipels Tierra del Fuego (Feuerland)

zona franca – Freihandelszone (ohne Mehrwertsteuer)

Hinter den Kulissen

WIR FREUEN UNS ÜBER EIN FEEDBACK

Post von Travellern zu bekommen, ist für uns ungemein hilfreich – Kritik und Anregungen halten uns auf dem Laufenden und helfen, unsere Bücher zu verbessern. Unser reiseerfahrenes Team liest alle Zuschriften genau durch, um herauszufinden, was an unseren Reiseführern gut und was schlecht ist. Wir können solche Post zwar nicht individuell beantworten, aber jedes Feedback wird garantiert schnurstracks an die jeweiligen Autoren weitergeleitet, rechtzeitig vor der nächsten Nachauflage.

Wer uns schreiben will, erreicht uns über **www.lonelyplanet.de/kontakt**

Hinweis: Da wir Beiträge möglicherweise in Lonely Planet Produkten (Reiseführer, Websites, digitale Medien) veröffentlichen, ggf. auch in gekürzter Form, bitten wir um Mitteilung, falls ein Kommentar nicht veröffentlicht oder ein Name nicht genannt werden soll. Wer Näheres über unsere Datenschutzpolitik wissen will, erfährt das unter www.lonelyplanet.com/privacy.

DANK AN UNSERE LESER

Wir danken unseren Lesern, die mit der letzten Ausgabe unterwegs waren und hilfreiche Hinweise, Tipps und interessante Geschichten beigetragen haben:

Abi Mcanally, Alain Vada, Alex Anderson, Alexandra Boissonneault, Amy Skewes-Cox, Angelica Aguilar, Anna Steinert, Anne Sorensen, Armando Nogueira, Audun Lem, Barry Weiss, Brian Fagan, Bryan Booth, Carol Janney, Christopher Cheung, David Lacy, Dirk Verhulst, Eduardo Vial, Eve Masi, Gabriela Saez, Gilles Caouette, Han Wong, Helen Stanley, Houda Lazrak, Ines Ruestenberg, Joan Reid, Johan Engman, Jonathan Freeman, Juan Zuazo, Judith Baker, Juliette Giannesini, Kathrin Birner, Liz Rushton, Louis-Francois Delannoy, Manuela Holfert, Mark Miller, Martin Grancay, Martin Hellwagner, Martin Vest Nielsen, Michael Stolar, Michelle Washington, Miriam Price, Mirjam Hiller, Murray Jones, Naomi Joswiak, Naomi Sharp, Noelle Ehrenkaufer, Oskar Op de Beke, Patrick Cafferty, Pierre Naviaux, Piet Hageman, Remco Wulms, Rich Lang, Ron McDowell, Ron Witton, Roxanne Cote, Sabine Doorman, Sean Casey, Steve Sample, Susannah Glynn, Tobias Rönnertz, Tom Kowalczyk, Wendy Horton, Wendy Pickering, Wendy Salvo

DANK DER AUTOREN

Carolyn McCarthy

Vielen Dank an meine Kopilotin Estefania, meine Gastgeber Angela und Jim Donini, an Susanne in Natales für das Lunchpaket, an Eliana in La Junta für die Hilfe mit dem Auto und an den einzigartigen Trauko, der den Planeten hütet wie kein anderer. Ebenso bedanke ich mich bei dem Team in Coyhaique, Mery und Mauricio, Nicolas Lapenna, Carolina Morgado, Andres, Philip Cary, Ruth und den erstaunlichen Frauen aus Puerto Williams. In der letzten Ausgabe habe ich Subarito gedankt, weil er nicht mit dem Auto auf der Carretera Austral liegen geblieben ist. Da war ich wohl etwas voreilig.

Greg Benchwick

Gracias an Carolyn McCarthy und meine Lektorin MaSovaida Morgan, die meine Arbeit an diesem Buch sehr angenehm gemacht haben. Die schöne Natalia hat mir sehr geholfen, mich in den Hügeln von Valparaíso zurechtzufinden. Mein allergrößtes Dankeschön geht an Brian Kluepfel, der mich auf meiner ersten Reise durch dieses lange schmale Land durch die *schopperias* von Arica und Iquique begleitet hat.

Jean-Bernard Carillet

Ganz großen Dank an das Lektorats- und Kartografieteam von Lonely Planet für ihre großartige Arbeit. Hauptautorin Carolyn verdient ein *grand merci* für ihre Unterstützung und

Gastfreundschaft – ich werde den schönen Aufenthalt in ihrem Haus nicht vergessen und auch nicht die großartige Gesellschaft von Richard, *moniteur de kayak extraordinaire* (der Wein war auch klasse!). Auf den Osterinseln bedanke ich mich ganz besonders bei Sebastian, Lionel, Antoine, Henri und Michel.

Kevin Raub
Ich danke meiner Frau Adriana Schmidt Raub, die sich schon wieder damit abfinden musste, dass ich Weihnachten, an meinem Geburtstag und Silvester nicht daheim war. Ebenso danke ich MaSovaida Morgan und meinen Kollegen Carolyn McCarthy, Lucas Vidgen, JB Carillet und Greg Benchwick. In Chile gilt mein Dank Richard Carrier, Alfonso Spoliansky, Britt und Sandra Lewis, Fernando Claude und Amory Uslar, Mirella Montaña, Juan Pablo Mansilla, Karin Terrsy, Cyril Christensen, Tracy Katelman, Claudio Ansorena, Sarina Hinte, Vincent Baudin, Ben Miray, Raffaele di Blasé, Rodrigo Condezza, Sirce Santibañez und Mariela Del Pillar.

Lucas Vidgen
Zuallererst danke ich den Chilenen, die so ein zum Reisen und Arbeiten wunderbares Land bewohnen, – *ire bacán, compadres!* Bedanken möchte ich mich auch bei Vicky Toledo, die in allem hervorragend war, bei Patrizia, Flavio und Gerardo in Putre, bei Marco Iglesias in Vicuña, bei Doménica in Caldera und bei allen Travellern, die geschrieben oder unterwegs Tipps gegeben haben. Und zuletzt, aber ganz und gar nicht an letzter Stelle danke ich Teresa und Sofia, dass sie da sind und auch da waren, als ich zurückkam.

QUELLENANGABEN
Klimakartendaten von Peel MC, Finlayson BL & McMahon TA (2007) „Updated World Map of the Köppen-Geiger Climate Classification", *Hydrology and Earth System Sciences*, 11, 163344.

Umschlagfoto: Parque Nacional Torres del Paine, Michele Falzone/AWL.

DIESES BUCH
Dies ist die 3. Auflage von *Chile & Osterinsel*, basierend auf der mittlerweile 10. Auflage von *Chile & Easter Island*. Sie wurde von Carolyn McCarthy, Greg Benchwick, Jean-Bernard Carillet, Kevin Raub und Lucas Vidgen verfasst. Die vorherige Auflage stammt von Carolyn McCarthy, Jean-Bernard Carillet, Bridget Gleeson, Anja Mutić und Kevin Raub. Dieses Buch wurde von folgenden Personen produziert:

Verantwortliche Redakteurin MaSovaida Morgan

Leitende Redakteure Carolyn Boicos, Tracy Whitmey

Leitende Kartografen Mark Griffiths, Alison Lyall

Buchdesign Clara Monitto

Redaktionsassistenz Andrea Dobbin, Anne Mulvaney, Christopher Pitts, Ross Taylor, Simon Williamson

Umschlagrecherche Naomi Parker

Dank an Imogen Bannister, Kate Mathews, Claire Naylor, Karyn Noble, Martine Power, Jessica Rose, Wibowo Rusli, Ellie Simpson, Maureen Wheeler

Register

33, die 458–459

A
Abholzung 475
Abtao 316
Achao 308–309
Aconcagua-Tal 112–114
Adressen 482
ahu 429, 437, 438, 440, **12**
Aktivitäten 24, 25–27, 33–37,
 *siehe auch einzelne
 Aktivitäten*
Alcoguaz 222
Aldea de Tulor 166
Alerce 324
Allende, Isabel 448, 468
Allende, Salvador 49, 57,
 452–454
Alpakas 473
Anakena-Strand 18, 435,
 438, **18**
Ancud 300–304, **302**
Anden 15, 115, 472–473, **15**
Angeln 37
 Chaitén 329
 Coyhaique 338
 Lago Blanco 410
 Parque Nacional Queulat
  337
 Puerto Aisén 338
 Puerto Varas 275
 Río Grande 426
Angol 141
Antarktis 364, 420
Anticura 272–273
Antillanca 272
Antofagasta 173–176
An- & Weiterreise 493,
 493–496
Arbeiten in Chile 482
Archipiélago Juan Fernández
 142–148, **143**

Kartenverweise **000**
Fotoverweise **000**

Argentinien
 An- & Weiterreise 356,
  360, 494–495
 Patagonien 389–399
 Tierra del Fuego (Feuer-
  land) 415–426
Arica 188–196, **190–191**
Aschrams 198
Astronomie 157, 176, 217,
 222, 445
Atacama-Wüste 157, 454,
 472, **23**, **164–165**
Atacameño 463
Autofahren 494–496,
 496–498
Aymara 463
Ayquina 168
Azapa-Tal 196–197

B
Bachelet, Michelle 457–458
Bahía Inglesa 231–232
Bahía Mansa 270
Bartonellose 485
Beagle-Kanal 416, 417, 418
Behinderung, Reisen mit
 486–487
Belén 200
Bergbau 450, 455, 476
 Chuquicamata 172–173
 Copiapó 226–229
 Lota 133
Bergleute, Grubenunglück
 San-José-Mine 445
Bergsteigen *siehe* Klettern
Bevölkerung 444–445,
 461–463
Biber 411
Bier 218, 262, 274, 483
Blühende Wüste 226
Bolaño, Roberto 469
Bolivien, An- & Weiterreise
 495–496
Bootstouren
 Arica 192
 Caldera 230
 Coquimbo 212

Iquique 181
Parque Nacional Laguna
 San Rafael 344
Parque Nacional Los
 Glaciares (Südteil) 394
Parque Nacional Torres
 del Paine 384
Tierra del Fuego (Feuer-
 land) 418–420
Valdivia 263
Botschaften 482
Brauereien 216–218, 262, 274
Bridges, E. Lucas 416
Bücher 444
 Geschichte 448, 450, 453
 Literatur 468–469
 Patagonien 361
 Tierra del Fuego (Feuer-
  land) 416
 Umweltprobleme 477
 Vogelbeobachtung 475
Buchupureo 132
Budget 21, 483, 490
Busfahren
 in Chile 498–500
 von/nach Chile 496

C
Cabo de Hornos (Kap
 Hoorn) 415
Cabo Froward 370
Cachagua 109
Cahuil 120
Cajón del Maipo 84–87
Cajón de Mapocho – Tres
 Valles 87
Calama 170–172
Caldera 230–231
Caleta Condor 19, 270, **19**
Caleta Hanga Piko 429
Caleta Hanga Roa 429
Caleta Manzano 270
Caleta Tortel 354–355
Caleta Tril-Tril 270
Camerón 410
Campeonato Nacional de
 Rodeo 26, 116, **26**

Canyoning 37, 246, 252,
 274–275
Capilla de Mármol 348
Carnaval Ginga 25
Carretera Austral 16, 325, **16**
Casablanca-Tal 110–111
Casa Colorada 52–53
Casa de Isla Negra 111
Cascada de las Animas
 85–86
Caspana 168
Castillo Wulff 105
Castro 309–316, **312**
Caupolicán 448
Cementerio General 67
Centro Cultural Palacio La
 Moneda 49
Centro Gabriela Mistral 53
Cerro Aconcagua 112, 113
Cerro El Roble 112
Cerro La Campana 112
Cerro-Paranal-
 Observatorium 176
Cerro San Cristóbal 55, 62
Chaitén 328–330
Chanquín 316
Chatwin, Bruce 361
Chepu 306, 316
Chile Chico 346–347
Chilenische Einsiedler-
 spinnen 485
Chillán 127–130, **128**
Chiloé 12, 41, 298–319, **299**
 An- & Weiterreise 300
 Essen 298
 Geschichte 300
 Highlights 299
 Klima & Reisezeit 298
 Sehenswertes 12
 Unterkunft 298
 Unterwegs vor Ort 300
Chinchorro-Mumien 197, 446
Chiu Chiu 168
Choshuenco 269
Chuquicamata 172–173
Cobquecura 131–132

Cochamó 286–287
Cochamó-Tal 288–289
Cochiguaz 222–223
Cochrane 352–354
Codpa 200
Colchagua-Tal 115–118
Colchane 186
colectivos 500
Concepción 132–134
Concón 109
Copiapó 226–229
Coquimbo 212–213
Cordillera de la Sal 14, 167
Coyhaique 338–343, **339**, **401**
Crater Morada del Diablo 370
Cráter Navidad 245
Cruce el Maitén 349
Cruz del Tercer Milenio 212
Curacautín 244–245
Curaco de Vélez 308
curanto 304
Curarrehue 261–262
Curicó 121–122

D
Dakar, Rallye 189
Dalcahue 307–308
Delfine 223–224, 270, 334, 408
desierto florido 226
Diebstahl 487–488
Dientes de Navarino 411, 412
Donoso, José 468
Dorfman, Ariel 468

E
Einwanderungsbehörde 491, 493
El Calafate 389–393, **390–391**
El Cañi 259
El Caulle 272
El Chaltén 395–399
El Colorado 87
El Enladrillado 126
El Gigante de Atacama 186
El-Molle 245, 447
Elqui-Tal 14, 216–223
El-Tatio-Geysire 17, 169–170, **17**, **164–165**

Kartenverweise **000**
Fotoverweise **000**

Ensenada 283–284
Entre Lagos 275
Erdbeben 444–445, 458, 464, 488
Escorial del Diablo 370
Essen 22–23, 304, 482–483, 502, *siehe auch einzelne Orte und Regionen*
  Kochkurse 95, 372
Estancia Harberton 425
Etikette 462
Events, *siehe* Feste & Events

F
Fahrradfahren, *siehe* Mountainbiking, Radfahren
Fantasilandia 62
Farellones 87
Farmaufenthalte 331
Ferien & Feiertage 483
Feilschen 487
Fernsehen 486
Feste & Events 25–27
Feuerland *siehe* Tierra del Fuego (Feuerland)
Fiestas Patrias 27
Filme 444, 455, 470–471
Fitz-Roy-Massiv 395
Flamingos 168, 204, 229
Flugreisen 493–494, 499–500
Folklore 311
Frei-Station 415
Freiwilligenarbeit 483
Friedhöfe
  Pisagua 188
  Punta Arenas 363
  Santiago 67
  Valparaíso 95
Frutillar 18, 278, **18**
Fuerte San Antonio 301
Fuguet, Alberto 469
Fußball 76
Futaleufú 330–333

G
Galerien & Kulturzentren, *siehe auch* Museen
  Casa del Arte Diego Rivera 290
  Centro Cultural Palacio La Moneda 49
  Centro Gabriela Mistral 53
  Galería Animal 61
  Galería Isabel Aninat 61

  La Sala Galería de Arte 61
  Parque Cultural de Valparaíso 95
Gärten, *siehe* Parks & Gärten
Gaudí, Antoní 445
Gefahren & Ärgernisse, *siehe* Sicherheit
Geführte Touren 500, *siehe auch einzelne Orte und Regionen*
Geld 20, 21, 483–484
Geldautomaten 484
Geoglyphen von Lluta 197–198
Geografie & Geologie 441, 472–473
Geschäftszeiten 486
Geschichte 24, 446–460
  20. Jahrhundert 450–451
  21. Jahrhundert 457–460
  Bergbau 450
  Besetzung durch die Spanier 448
  Bücher 448, 450, 453
  Bürgerkrieg 450
  Militärdiktatur 64, 454–455
  Militärputsch 453–454
  Präkolumbische Zeit 446–447
  Unabhängigkeit von Spanien 448–449
  Weinanbau 464–465
Getränke 483, *siehe auch* Bier, Pisco, Wein
Gewichtseinheiten 486
Geysire 17, 169–170, **17**, **164–165**
Gigantes de Lluta 197–198
Gletscher 396, 476, 477
  Caleta Tortel 354–355
  Calluqueo-Gletscher 352
  Glaciar El Morado 86
  Glaciar Martial 417
  Glaciar Montt 354
  Glaciar O'Higgins 356
  Glaciar Perito Moreno 389, **390–391**, **394–395**
  Glaciar Serrano 379
  Glaciar Steffens 354
  Glaciar Zapata 383
  Glaciarium 389
  Grey-Gletscher 384
  Parque Nacional Los Glaciares 389–390
  Parque Nacional Queulat 337
  Pío XI 297

  Reserva Nacional Cerro Castillo 345
  San-Valentín-Gletscher 344
  Yelcho 329
Gletschertrekking 384, 394, 396
Gesundheit 484–485
Góndola Carril 113
Granizo 112
Gran Torre Santiago 59
Grenzübergänge 494–496
Guallatire 204
Guanakos 473, **17**, **163**, **400**
Guanaqueros 213
Guevara, Ernesto „Che" 172

H
Handys 20, 489
Hanga Roa 428–436, **430**
Hantavirus-Lungensyndrom 485
Harberton 425
Heiße Quellen *siehe* Thermalquellen
Heyerdahl, Thor 453
Höhenkrankheit 485
Höhlen
  Ana Kai Tangata 437
  Ana Kakenga 437
  Ana Te Pahu 437
  Cueva de las Manos 348
  Cueva del Milodón 378
  Cueva de los Pincheira 130
  Cuevas de los Patriotas 146
  Iglesia de Piedra 131–132
  Pali-Aike-Höhle 370
Höhlenmalereien 346, 348
Holzgewinnung 475
Homestays 270, 331, 491
Horcón 109
Hornopirén 321–324
Huasco 225–226
Huasco-Tal 224–226
Huilliche 270
Huilo-Huilo Reserva Natural Biocfora 267
Humberstone 185–186
Hunde 488
Hundeschlittenfahrten 247, 417

I
Infos im Internet 21, 461, 467, 476, 477
Insektenstiche 488
Internetzugang 485

Inti Runa 216
Iquique 176–185, **178**, **12**
Isla Alejandro Selkirk 146
Isla Chañaral 224
Isla Choros 224
Isla Damas 223–224
Isla Grande de Chiloé 473
Isla Magdalena 337
Isla Margarita 286
Isla Mechuque 305–306
Isla Metalqui 316
Isla Navarino 411–415
Isla Negra 111
Isla Pan de Azúcar 233
Isla Quinchao 308–309
Isla Robinson Crusoe 143, 145–147, **143**
Isluga 186

K

Kajakfahren 37, 306, *siehe auch* Rafting
  Castro 311
  Coyhaique 338
  Futaleufú 330
  Parque Nacional Torres del Paine 384
  Parque Pumalín 327
  Pucón 251
  Puerto Varas 274–275
  Punta Arenas 364–365
  Puyuhuapi 335
Kap Hoorn 415
Karten 485–486
Kathedralen, *siehe* Kirchen & Kathedralen
Kindern, Reisen mit 38–39, 62
King George Island 415
Kino, *siehe* Filme
Kirchen & Kathedralen
  Catedral de Chillán 127
  Catedral de San Marcos 189
  Catedral Metropolitana 48–49
  Iglesia Catedral 207
  Iglesia de Nuestra Señora del Patrocinio 309
  Iglesia del Sagrado Corazón 274
  Iglesia de San Francisco (Chiu Chiu) 168
  Iglesia de San Francisco (Santiago) 49
  Iglesia de San Lucas 168
  Iglesia Hanga Roa 429
  Iglesia La Matriz 97
  Iglesia Nuestra Señora de Gracia de Nercón 310
  Iglesia San Francisco (Valparaíso) 97
  Iglesia San Francisco de Castro 310
  Iglesia San Pedro 155
  Iglesia Santa María de Loreto 308
  Nuestra Señora de Los Dolores 307
  Parroquia Nuestra Señora de Dolores 105
Kitesurfen 37, 218, **36**
Klettern 34–35, 285, 385
  Ojos del Salado 229
  Parque Nacional Conguillío 243
  Parque Nacional Los Glaciares (Nordteil) 396
  Parque Nacional Nevado Tres Cruces 229
  Parque Nacional Torres del Paine 385
  Pucón 250
  Puerto Ingeniero Ibáñez 345–346
  San Pedro de Atacama 156
  Volcán Osorno 284–285
  Volcán Villarica 257–258
Klima 20, 25–27, 472–473, *siehe auch einzelne Orte und Regionen*
Kolibris 144
Kondore 474
Konsulate 482
Budget 21, 483, 490
Kreditkarten 484
Kultstätte Orongo 437–438
Kultur 444–445, 461–463
Kulturzentren, *siehe* Galerien & Kulturzentren
Kunst 468–471
Kunstgalerien *siehe* Galerien & Kulturzentren
Kunsthandwerk 487
Kurse
  Kochen 98, 372
  Sprache 61, 98, 119, 181, 209

L

La Araucanía 239–262
La Chascona 54–55
Lachse 294, 476
La Confluencia 350
la cueca 75
Lago Cachet 476
Lago Calafquén 269
Lago Chungará 202
Lago Elizalde 338
Lago Llanquihue 277
Lago Panguipulli 269
Lago Ranco 269
Laguna Azul 383
Laguna Chaxa 168
Laguna Cotacotani 202
Laguna Inca Coya (Laguna Chiu Chiu) 168
Laguna Miñiques 169
Laguna Miscanti 169, **31**
Laguna Tuyajto 169
Laguna Verde 229
Lagunillas 87
La Junta (Cochamó-Tal) 288–289
La Junta (Nordpatagonien) 333–335
Lamas 473
Landschaften 23–24
Landsegeln 37
La Parva 15, 87–88, **15**
Lapislazuli 487
Las Cuevas 203
La Sebastiana 95–96
La Serena 207–212, **208**
La Tirana 187
La Victoria 451
Lemebel, Pedro 469
Lesben 487
Limarí-Tal 215–216
Literatur 468–469, *siehe auch* Bücher
Llanada Grande 290
Lluta, Geoglyphen von 197–198
Lolol 118
Londres 38 52
Los Andes 112–114
Los Angeles 135–140
Los Ríos 262–268
Lota 133

M

Magallanes 360–371, 447
Maicolpué 270
Maipo-Tal 82–84
Maitencillo 109
Mano del Desierto 176
Manzano 270
Mapuche 238, 459, 461, 462, 463
Märkte 487
  Achao 308
  Chillán 127
  Cochrane 352
  Dalcahue 307
  Horcón 222
  Santiago 48, 77
  Valdivia 262
  Valparaíso 98
Maßeinheiten 486
Maule-Tal 13, 123–125, 464
Maunga Pu A Katiki 438
Maunga Terevaka 437
Medizinische Versorgung 484–485
Melipeuco 246–247
Memorial del Detenido Desaparecido y del Ejecutado Político 67
Metro 500
Mistral, Gabriela 220, 468
moai 12, 429, 437, 438, 440, **12**, **163**
Mobiltelefone 20, 489
Montegrande 220
Monumento Arqueológico Valle del Encanto 215
Monumento Nacional Isla de Cachagua 109
Monumento Natural Dos Lagunas 344
Monumento Natural Islotes de Puñihuil 304–305
Monumento Natural La Portada 174
Monumento Natural Los Pingüinos 19, 370, **19**
Monumento Natural Salar de Surire 186, 204
Monumentos Históricos Nacionales Fuerte Bulnes 369–370
Monumentos Históricos Nacionales Puerto Hambre 369–370
Motorradfahren 365, 494–496, 496–498
Mountainbiking 35–36, *siehe auch* Radfahren
  Isla Navarino 412
  Parque Nacional Torres del Paine 385
  Pucón 250–251
Mumien, *siehe* Chinchorro-Mumien
Museen, *siehe auch* Galerien & Kulturzentren
  Aldea Intercultural Trawupey 261
  Artequin 105
  Casa Museo Eduardo Frei Montalva 58
  Casa Tornini 230
  Centro Cultural Augustín Ross 119
  Centro de Visitantes Inmaculada Concepción 300
  Glaciarium 389
  La Casa del Arte (Concepción) 133

Museo Acatushún 425
Museo a Cielo Abierto 96
Museo Antiguo Monasterio del Espíritu Santo 113
Museo Antropológico Sebastián Englert 428–429
Museo Arqueológico de Santiago 53
Museo Arqueológico (La Serena) 207
Museo Arqueológico (Los Andes) 113
Museo Arqueológico San Miguel de Azapa 196
Museo Artequín 62
Museo Artesanía Chilena 118
Museo Chileno de Arte Precolombino 48
Museo Corbeta Esmeralda 179
Museo de Achao 308
Museo de Arqueología e Historia Francisco Fonck 105
Museo de Arte Contemporáneo 53
Museo de Arte Contemporáneo Espacio Quinta Normal 57
Museo de Artes Visuales 53
Museo de Bellas Artes 93
Museo de Colchagua 117
Museo de la Memoria y los Derechos Humanos 57
Museo de la Moda 59
Museo de la Solidaridad Salvador Allende 57
Museo del Automóvil 118
Museo del Fin del Mundo 417
Museo de Limarí 215
Museo del Presidio 417
Museo del Recuerdo 363–364
Museo de Sitio Colón 10 189
Museo de Tierra del Fuego 408
Museo de Volcanes 267

Kartenverweise **000**
Fotoverweise **000**

Museo Gabriela Mistral 216
Museo Gustavo Le Paige 153–155
Museo Histórico Casa Gabriel González Videla 207
Museo Histórico Nacional 52
Museo Histórico y Antropológico 262
Museo Interactivo Mirador 62
Museo Lukas 95
Museo Marítimo 417
Museo Martín Gusinde 412
Museo Mineralógico 227
Museo Minero de Tierra Amarilla 227
Museo Nacional de Bellas Artes 53
Museo Naval y Marítimo 97, 363
Museo Pioneros del Baker 350
Museo Regional de Ancud 300
Museo Regional de Castro 310
Museo Regional de La Araucanía 239
Museo Regional de Magallanes 362–363
Museo Regional Salesiano 363
Museo Yamaná 417
Mythologie 311

N
Nachtleben 22–23, *siehe auch einzelne Orte und Regionen*
Nandus 204
Nationalparks & Naturschutzgebiete 478–480
  Cascada de las Animas 85
  Huilo-Huilo Reserva Natural Biosfera 267
  Monumento Natural Dos Lagunas 344
  Monumento Natural El Morado 86
  Monumento Natural Los Pingüinos 19, 370, **19**
  Parque Nacional Archipiélago Juan Fernández 147–148
  Parque Nacional Bernardo O'Higgins 379, **165**

Parque Nacional Bosques de Fray Jorge 214
Parque Nacional Chiloé 306, 316–318
Parque Nacional Conguillío 15, 242–244
Parque Nacional Hornopirén 324
Parque Nacional Huerquehue 260–261
Parque Nacional Isla Magdalena 337
Parque Nacional La Campana 111–112
Parque Nacional Laguna del Laja 140–141
Parque Nacional Laguna San Rafael 344–345, **401**
Parque Nacional Lauca 186, 202–204
Parque Nacional Llanos de Challe 226
Parque Nacional Los Glaciares (Nordteil) 395–399
Parque Nacional Los Glaciares (Südteil) 394–395
Parque Nacional Nahuelbuta 142–145
Parque Nacional Nevado Tres Cruces 229
Parque Nacional Pali Aike 370–371
Parque Nacional Pan de Azúcar 233–234
Parque Nacional Patagonia 17, 351–352, **17**, **400**
Parque Nacional Puyehue 271–273, **273**
Parque Nacional Queulat 337–338
Parque Nacional Rapa Nui 437–438
Parque Nacional Tierra del Fuego 424–425
Parque Nacional Tolhuaca 15, 243
Parque Nacional Torres del Paine 11, 164, 379–389, **380**, **7**, **10–11**, **33**, **162**, **164**, **402–403**
Parque Nacional Vicente Pérez Rosales 284–286, **285**
Parque Nacional Villarica 257–259
Parque Nacional Volcán Isluga 186

Parque Nacional Yendegaia 410–411
Parque Pumalín 326–328, **403**
Reserva Nacional Altos de Lircay 126–127
Reserva Nacional Cerro Castillo 345
Reserva Nacional Coyhaique 343
Reserva Nacional Jeinimeni 348
Reserva Nacional Las Vicuñas 204
Reserva Nacional Los Flamencos 167–169, **31**
Reserva Nacional Malalcahuello-Nalcas 15, 245–246, **15**
Reserva Nacional Pingüino de Humboldt 223–224
Reserva Nacional Radal Siete Tazas 122–123
Reserva Nacional Río Clarillo 82
Reserva Nacional Río Simpson 343–344
Reserva Nacional Tamango 354
Neruda, Pablo 95–96, 111, 469
Nordpatagonien 42, 320–357, **322–323**
  An- & Weiterreise 321
  Essen 320
  Geschichte 321
  Highlights 322–323
  Klima & Reisezeit 320
  Unterkunft 320
  Unterwegs vor Ort 321
Norte Chico 41, 205–234, **206**
  Essen 205
  Highlights 206
  Klima & Reisezeit 205
  Unterkunft 205
  Unterwegs vor Ort 207
Norte Grande 41, 149–204, **150–151**
  An- & Weiterreise 152
  Essen 149
  Geschichte 152
  Highlights 150–151
  Klima & Reisezeit 149
  Sicherheit 152
  Unterkunft 149
  Unterwegs vor Ort 152
Notfälle 21, 503

O

Observatorio Cancana 222
Observatorio Cerro Mamalluca 217
Observatorio Collowara 217
Observatorio del Pangue 217
Observatorio Interamericano Cerro Tololo 217
Ocoa 112
Öffnungszeiten 486
O'Higgins, Bernardo 449
Ojos del Salado 229
Orongo-Kultstätte 437–438
Oroya-Fieber 485
Ortsvorwahlen 489
Osorno 268–271
Osterinsel (Rapa Nui) 12, 42, 427–442, 453, **428**
 Aktivitäten 429–431
 An- & Weiterreise 441–442
 Ausgehen & Nachtleben 436
 Bevölkerung 440
 Essen 427, 434–436, 441
 Feste & Events 432
 Geführte Touren 431–432
 Geografie & Geologie 441
 Geschichte 439–440
 Highlights 428
 Internetzugang 441
 Klima & Reisezeit 427
 Kultur 439, 440
 Kunst 440
 Sehenswertes 428–429, 437–438
 Shoppen 436
 Sprache 505
 Touristeninformation 441
 Umweltprobleme 441, 476
 Unterkunft 427, 432–434, 441
 Unterwegs vor Ort 442
Ovalle 215
Ozonloch 364

P

Palacio Cousiño 57–58
Palacio de la Moneda 49
palafitos 310
Palena 333
Panguipulli 269
Papa-Vaka-Petroglyphen 438
Paragliding 37, 180
Parinacota 202
Parks & Gärten, *siehe auch* Nationalparks & Naturschutzgebiete
 Cerro San Cristóbal 55, 62
 Cerro Santa Lucía 49
 Jardín Botánico Mapulemu 55
 Jardín Botánico Nacional 105
 Jardín Japonés 55
 Parque Bicentenario 59
 Parque Botánico Isidora Cousiño 133
 Parque de las Esculturas 58
 Parque del Estrecho de Magallanes 369
 Parque Forestal 53
 Parque Japones Kokoro No Niwa 207
 Parque Marino Francisco Coloane 370
 Parque Metropolitano 55
 Parque por la Paz 64
 Parque Quinta Normal 57
 Parque Quinta Vergara 105
 Parque Tagua-Tagua 291
 Parque Tantauco 317
 Reserva Forestal Magallanes 364
Parra, Nicanor 468
Paso del Agua Negra 223
Pässe 491, 493
Patagonien, Argentinisches 389–399, *siehe auch* Nordpatagonien, Südpatagonien
Patio Bellavista 56
Península Poike 438
Persa Bío Bío 77
Peru, Anreise 496
Petroglyphen 168, 197, 215, 438
Petrohué 285–286
Pferdebremsen 488
Pferderennen 76
Pflanzen 226, 474–475
Pica 183
Pichilemu 119–121
Piedra de la Lobería 131
Piñera, Sebastián 317, 458
Pinguine
 Humboldtpinguine 109, 223, 233, 304–305, 474
 Königspinguine 365, 408, 474
 Magellanpinguine 19, 304–305, 364–365, 370, 474, **19**
Pinochet, Augusto 453–455
Pintados 187
Pisagua 187–188
Piscina Antilén 55, 59–60
Piscina Tupahue 59–60
Pisco 216, 218, 220–221, 222, 483, 487
Pisco Elqui 220–222
Plaza de Armas (Santiago) 48
Plaza de Juegos Infantiles Gabriela Mistral 55
Poconchile 198
Poesie 468–469
Politik 444–445, 450–451, 461–462
Pomaire 81–82
Portillo 114–115, **4**
Porvenir 408–410, **409**
Private Schutzgebiete 480, *siehe auch* Nationalparks & Naturschutzgebiete
Privatunterkünfte, *siehe* Homestays
Proteste 459–460, 461
Pucatrihue 270
Pucón 250–256, **252**
Pudus 316
Puerto Aisén 338
Puerto Bertrand 350–351
Puerto Fonck 279
Puerto Guadal 349–350
Puerto Ingeniero Ibáñez 345–346
Puerto Montt 290–297, **292**
Puerto Natales 371–378, **372–373**
Puerto Octay 277
Puerto Río Tranquilo 348–349
Puerto Varas 273–283, **276**
Puerto Williams 16, 411–415, **16**
Puerto Yungay 355
Pukará de Copaquilla 199
Pukará de Lasana 168
Pukará de Quitor 166
Puna Pau 437
Punta Arenas 360–369, **362**
Punta de Lobos 120
Putre 199–202
Puyuhuapi 335–336

Q

Quebrada de Jere 169
Quellón 318–319
Quemchi 305
Quintay 111

R

Radfahren 36, 60–61, 156, 431, 499, *siehe auch* Mountainbiking
Radio 486
Rafting 37, *siehe auch* Kajakfahren
 Futaleufú 330–331, **402**
 Palena 333
 Pucón 251
 Puerto Varas 274–275
 Río Baker 350
 Río Maipo 85
Rallye Dakar 189
Rancagua 26, 116, 445
Rano Kau 437–438
Rano Raraku 438
Rapa Nui, *siehe* Osterinsel (Rapa Nui)
Raul Marín Balmaceda 334
Rechtsfragen 486
Regierung 450–451
Reisepässe 491, 493
Reiseplanung, *siehe auch einzelne LOrte und Regionen*
 Aktivitäten 33–37
 Basisinformationen 20
 Budget 21, 483, 490
 Chiles Regionen 40–42
 Infos im Internet 21
 Kindern, Reisen mit 38–39, 62
 Reiserouten 28–32, 48
 Reisezeit 20, 25–27
 Veranstaltungskalender 25–27
Reiserouten 28–32, 48
Reiten 36–37
 Cochamó 287
 Osterinsel (Rapa Nui) 430–431
 Parque Nacional Los Glaciares 394
 Parque Nacional Torres del Paine 384
 Patagonien 331
 Pichilemu 119
 Pucón 251
 Puerto Aisén 338
 Puerto Natales 371
 Puerto Varas 275
 San Pedro de Atacama 156
 Tierra del Fuego (Feuerland) 408
Religion 445, 461
Reñaca 109
Río Baker 350–351

Río Grande 426
Río-Hurtado-Tal 214–215
Río-Liucura-Tal 259–260
Río Puelo 289
Río-Puelo-Tal 289–290
Río Puntra 306
Robinson Crusoe 143, 145, siehe auch Isla Robinson Crusoe, Selkirk, Alexander
Roca Oceánica 109
Rodeos 26, 116, **26**
Ruta 11 (11-CH) 197–199, **198–199**

S

Salar de Atacama 168
San Alfonso 85–86
Sandboarding 37, 156
Sanitäre Anlagen 489
San Juan Bautista 145–147, **147**
San Juan de la Costa 270
San Pedro de Atacama 153–161, **154**
 An- & Weiterreise 161
 Essen 159–161
 Feste & Events 157
 Geführte Touren 155–156
 Medizinische Versorgung 161
 Sehenswertes 153–155
 Shoppen 161
 Unterhaltung 160–161
 Unterkunft 157–159
 Unterwegs vor Ort 161
Santa Cruz 117–118
Santa Laura 185
Santiago 11, 40, 44–88, **46–47**, **50–51**, **54**, **56**, **58**, **60**
 Aktivitäten 59–61
 An- & Weiterreise 78–80
 Ausgehen & Nachtleben 16, 72–74
 Barrio Brasil & Barrio Yungay 56–57, 66, 70, 73
 Barrio Estación Central 57–58
 Barrio Lastarria & Barrio Bellas Artes 53, 64–66, 69–70, 72–73
 Barrio Recoleta 65

Bellavista 54–56, 66–67, 69–70, 73, **2**, **16**
Centro 45–53, 63–64, 68, 72
Essen 16, 44, 65, 68–81
Feste & Events 63
Geführte Touren 61–62
Geschichte 45
Highlights 46–47
Internetzugang 78
Kindern, Reisen mit 62
Klima & Reisezeit 44
Kurse 61
Las Condes, Barrio El Golf & Vitacura 59, 67–68, 71, 74
Medizinische Versorgung 78
Notfälle 78
Ñuñoa 71–72, 74
Providencia 58, 67, 71, 74
Reiserouten 48
Sehenswertes 45–59, 61, 64
Shoppen 76–77
Sicherheit 77
Touristeninformation 78
Unterhaltung 74–81
Unterkunft 44, 63–68
Unterwegs vor Ort 80–81
Saxamar 200
Schiff/Fähre 500–501
Schmuck 487
Schneeschuhwandern 417
Schnorcheln 429
Schwimmen 37, 59–60
Schwule 487
Seebären 144
Seelöwen 109, 131, 270, 316, 334
Seengebiet 18, 268–297
Seilbahnen 55
Seilrutschen 130, 418
Selkirk, Alexander 143, 145
Selk'nam (Ona) 447
Sendero Bicentenario 97
Sepúlveda, Luis 468
Serrano, Marcela 469
Shoppen 487, 503, siehe auch einzelne Orte und Regionen
Sicherheit 77, 487–488, 497
Siete Tazas 122
Skármeta, Antonio 468
Skifahren 15, 35, **15**
 Antillanca 272
 Centro de Ski y Montaña Volcán Osorno 285

Cerro Castor 417
El Colorado 87
Farellones 87
Lagunillas 87
La Parva 15, 87–88, **15**
Nevados de Chillán Ski Center 130
Parque Nacional Conguillío 244
Parque Nacional Laguna del Laja 140
Portillo 114, **4**
Reserva Nacional Malalcahuello-Nalcas 245–246
Ski Pucón 258–259
Tres Valles 87
Valle Nevado 88
Smog 475, 488
SMS *Dresden* 452
Snowboarden 35
Snowmobilfahren 246
Socaire 169
Socoroma 199
Spinnen 485
Sprache 502–508
 Kurse 61, 98, 119, 181, 209
Stadtspaziergänge 61–62
Stehpaddeln 276–277
Sternbeobachtung 157, 176, 217, 222
Strände
 Anakena 18, 435, 438, **18**
 Arica 191
 Bahía Inglesa 231–232
 Cachagua 109
 Caldera 230–231
 Caleta Condor 270
 Cobquecura 131–132
 Concón 109
 Guanaqueros 213
 Horcón 109
 Iquique 180
 Isla Damas 224
 La Serena 208–209
 Maitencillo 109
 Osterinsel (Rapa Nui) 429
 Ovahe 438
 Petrohué 286
 Playa La Virgen 232
 Reñaca 109
 Sicherheit 488
 Tongoy 213–214
 Zapallar 109
Strom 486, 488
Südliche Shetlandinseln 415

Südpatagonien 42, 358–399, **359**
 An- & Weiterreise 360
 Essen 358
 Geschichte 360
 Highlights 359
 Klima & Reisezeit 358
 Unterkunft 358
 Unterwegs vor Ort 360
Sur Chico 41, 235–297, **236–237**
 An- & Weiterreise 239
 Essen 235
 Geschichte 238
 Highlights 236–237
 Klima & Reisezeit 235
 Unterkunft 235
 Unterwegs vor Ort 239
Surfen 37
 Arica 12, 191
 Cobquecura 131–132
 Iquique 12, 180, **12**
 La Serena 207–208
 Osterinsel (Rapa Nui) 430
 Pichilemu 119

T

tábano 488
Talca 124–125
Taltal 177
Tanz 75, 429
Tapati Rapa Nui 25, 432, **26**
Tauchen 37
 Isla Damas 224
 Isla Robinson Crusoe 146
 Osterinsel (Rapa Nui) 429
Taxis 500
Teillier, Jorge 468
Telefon 20, 489
 Argentinische Handynummern 489
 Ortsvorwahlen 489
Teleskope 157, 176, 216, 217, 445
Temuco 239–242, **240–241**
Tenaún 309
Terraza Bellavista 55
Territorio Mapa Lahual 270
Thermalquellen
 Aguas Calientes 271–272
 Balneario Termal Baños Morales 86
 Chaitén 329

517

Enquelga 186
La Junta 333–334
Puyuhuapi 335
Reserva Nacional Malalcahuello-Nalcas 246
Termas de Chillán 130–131
Termas de Puritama 167
Termas de Puyuhuapi 336–337
Termas de Socos 216
Termas Geométricas 260
Termas Valle de Colina 86
Valle Hermoso 130
Vegas de Turi 168
Tiere 22, 351, 473–474, *siehe auch einzelne Arten*
Tierra del Fuego (Feuerland) 42, 404–426, **406–407**
An- & Weiterreise 405
Essen 404
Geschichte 405
Highlights 406
Klima & Reisezeit 404
Unterkunft 404
Unterwegs vor Ort 405
Tignamar 200
Timaukel 410
Toconao 169
Toconce 168
Tocopilla 177
Todeskarawane 454–455, 456–457
Toiletten 489
Tolhuin 425–426
Tompkins, Douglas & Kris 353
Tongoy 213–214
Touristeninformation 489
Touristenkarten 491
Trampen 501
Trekking, *siehe* Gletschertrekking, Schneeschuhwandern, Wandern
Tren Sabores del Valle 117
Tres Valles 87–88
Tril-Tril 270
Trinkgeld 484
Trinkwasser 485
TV 486

U
Überfälle 487–488
Última Esperanza 371–389

Umweltprobleme 288, 364, 475–477, 488
Unterkunft 490–491, 503, *siehe auch einzelne Orte und Regionen*
Unterwegs in Chile 496–501
Ushuaia 416–424, **418–419**
Uyuni (Bolivien) 158

V
Valdivia 262–268, **264**
Valle Chacabuco (Parque Nacional Patagonia) 17, 351–352, **17, 400**
Valle de la Luna 14, 167, **14, 164–165**
Valle del Encanto 215–216
Valle Hermoso 130
Valle Las Trancas 130–131
Vallenar 224–225
Valle Nevado 88
Valparaíso 19, 92–104, **94–95, 19, 23, 163**
Aktivitäten 93–98
An- & Weiterreise 103–104
Ausgehen & Unterhaltung 102–103
Essen 101–102
Feste & Events 98
Geführte Touren 98
Geschichte 92–93
Kurse 98
Medizinische Versorgung 103
Sehenswertes 93–98
Shoppen 103
Sicherheit 103
Touristeninformation 103
Unterkunft 99–101
Unterwegs vor Ort 104
Ventisquero Colgante 337
Verbrechen 487–488
Verkehrsmittel & -wege 504–505
Versicherung 484, 497–498
Vicuña 216–220
Vikunjas (*vicuñas*) 204, 473
Villa Amengual 338
Villa Cerro Castillo 345
Villa Cultural Huilquilemu 127
Villa Grimaldi 64
Villa O'Higgins 356–357
Villarrica 247–250, **248**
Viña del Mar 104–110, **106–107**

Virgen de la Inmaculada Concepción 55
Visa 20, 491
Viscacha 204
Vögel 474, *siehe auch einzelne Vogelarten*
Vogelbeobachtung
Bücher 475
Huilo-Huilo Reserva Natural Biosfera 267
Monumento Natural Dos Lagunas 344
Parque Nacional Chiloé 306, 316
Parque Nacional Nahuelbuta 142
Parque Nacional Tierra del Fuego 424
Parque Saval 262
Parque Tagua-Tagua 291
Porvenir 408
Puerto Varas 276
Tierra del Fuego (Feuerland) 365
Vorwahlen 489
Vulkane 34, 35–36, 472, 488
Cráter Navidad 245
Krater Morada del Diablo 370
Maunga Pu A Katiki 438
Ojos del Salado 226
Parque Nacional Pali Aike 370
Parque Nacional Villarrica 257–259
Rano Raraku 438
Volcán Antuco 140
Volcan Calbuco 283
Volcán Chaitén 326, 328
Volcán Descabezado 126
Volcán Isluga 186
Volcán Llaima 242, 243
Volcán Lonquimay 245
Volcán Osorno 285
Volcán Parinacota 202
Volcán Pomerape 202
Volcán Puyehue 271
Volcán Tolhuaca 245
Volcán Villarrica 257–259

W
„W", das 381–382, **382–383**
Währung 483–484
Walbeobachtung 304, 365, 370, 474
Waldbrände 476, 480
Wale 304, 317, 474
Wandbilder 93, 451, **2**

Wandern 22, 34–35, *siehe auch* Gletschertrekking, Schneeschuhwandern
Anticura 272–273
Cabo Froward 370
Caleta Tortel 355
Cerro Castillo 338–339
Cochamó-Tal 288
Dientes de Navarino 412
El Caulle 272
Isla Navarino 412–413
Llanada Grande 290
Osterinsel (Rapa Nui) 431
Paine-Rundweg 382–383
Parque Nacional Archipiélago Juan Fernández 148
Parque Nacional Bosques de Fray Jorge 214
Parque Nacional Conguillío 243
Parque Nacional Huerquehue 260
Parque Nacional Laguna del Laja 140
Parque Nacional Los Glaciares 394, 395–396
Parque Nacional Nahuelbuta 142
Parque Nacional Pali Aike 370–371
Parque Nacional Pan de Azúcar 233
Parque Nacional Puyehue 272
Parque Nacional Queulat 370
Parque Nacional Tierra del Fuego 424–425
Parque Nacional Torres del Paine 381–385, **33**
Parque Nacional Vicente Pérez Rosales 284–285
Parque Nacional Villarrica 259
Parque Tantauco 317
Puerto Natales 371
Parque Pumalín 326
Reserva Nacional Altos de Lircay 126
Reserva Nacional Cerro Castillo 345
Reserva Nacional Coyhaique 343
Reserva Nacional Jeinimeni 348
Reserva Nacional Malalcahuello-Nalcas 245
Reserva Nacional Radal Siete Tazas 122–123
Río-Liucura-Tal 259–260

San Pedro de Atacama 156
Sendero Andinista 112
Sendero La Cascada 112
Sendero Los Peumos 112
Ushuaia 417
Valle Chacabuco (Parque Nacional Patagonia) 351
Ventisquero Yelcho 329
Volcán Chaitén Crater Trail 326
„W", das 381–382, **382–383**
Wandmalereien 93
Wasser *siehe* Trinkwasser
Wasserfälle
 Cascada de las Animas 85
 Cascada de la Virgen 343
 Cascadas Escondidas 326
 Salto de Huilo Huilo 267
 Salto del Laja 135
 Salto de Las Chilcas 140
 Salto del Torbellino 140
 Salto Grande 384
 Salto la Leona 122
 Saltos del Petrohué 286
 Velo de la Novia 122

Wasserkraft 288, 476, 477
Websites 461, 467, 476, 477
Wechselkurse 21, 484
Wein 24, 464–467, 487
Weingüter 465
 Casa Donoso 124
 Catrala 111
 Cavas del Valle 222
 Emiliana (Casablanca-Tal) 110
 Emiliana (Colchagua-Tal) 116
 Estampa 116
 House of Morandé 110
 Lapostolle 116
 Montes 116
 MontGras 116
 Via Wines 123–124
 Viña Almaviva 84
 Viña Aquitania 82
 Viña Balduzzi 123
 Viña Bisquertt 116
 Viña Casas del Bosque 110
 Viña Casa Silva 116
 Viña Concha y Toro 84
 Viña Cousiño Macul 82–84

Viña de Martino 84
Viña Gillmore 124
Viña Indómita 110, **137**
Viña J. Bouchon 124
Viña Las Niñas 116, **13**
Viña Mar 111
Viña Matetic 110
Viña Santa Cruz 118
Viña Santa Rita 84
Viña Undurraga 84
Viña Veramonte 111
Viu Manent 116
William Cole Vineyards 111
Weinregionen
 Casablanca-Tal 13, 110–111, **138**
 Colchagua-Tal 13, 115–118, **137, 138**
 Maipo-Tal 13, 82–84, **137, 139**
 Maule-Tal 13, 123–125, 464
Weintourismus 465
Wetter 20, 25–27, *siehe auch einzelne Orte und Regionen*
Wildblumen 226
Windsurfen 207–208

Wirtschaft 444–445, 451–454, 459, 464–465
Wood, Andrés 470
„W"-Wanderung 381–382, **382–383**

Y
Yaghan 411, 417
Yamaná 417
Yoga 371–372

Z
Zapallar 109
Zeit 20
Zeitungen 486
Zentralchile 40, 89–148, **90–91**
 An- & Weiterreise 92
 Essen 89
 Highlights 90–91
 Klima & Reisezeit 89
 Unterkunft 89
 Unterwegs vor Ort 92
Ziplining 130, 418
Zollbestimmungen 491–492
Zoos 55–56
Zugfahren 500, 501

Kartenlegende

Sehenswertes
- Strand
- Vogelschutzgebiet
- Buddhistisch
- Burg/Festung
- Christlich
- Konfuzianisch
- Hinduistisch
- Islamisch
- Jainistisch
- Jüdisch
- Denkmal
- Museum/Galerie/ Historisches Gebäude
- Ruine
- Sento/Onsen
- Shintoistisch
- Sikhistisch
- Taoistisch
- Weingut/Weinberg
- Zoo/Tierschutzgebiet
- Andere Sehenswürdigkeit

Aktivitäten, Kurse & Touren
- Bodysurfen
- Tauchen
- Kanu-/Kajakfahren
- Kurs/Tour
- Skifahren
- Schnorcheln
- Surfen
- Schwimmen/Pool
- Wandern
- Windsurfen
- Andere Aktivität

Schlafen
- Hotel/Pension
- Campingplatz

Essen
- Restaurant

Ausgehen & Nachtleben
- Bar/Kneipe/Club
- Café

Unterhaltung
- Theater/Kino/Oper

Shoppen
- Geschäft/Einkaufszentrum

Praktisches
- Bank
- Botschaft/Konsulat
- Krankenhaus/Arzt
- Internet
- Polizei
- Post
- Telefon
- Toilette
- Touristeninformation
- Noch mehr Praktisches

Landschaften
- Strand
- Hütte/Unterstand
- Leuchtturm
- Aussichtspunkt
- Berg/Vulkan
- Oase
- Park
- Pass
- Rastplatz
- Wasserfall

Städte
- Hauptstadt
- Landeshauptstadt
- Stadt/Großstadt
- Ort/Dorf

Transport
- Flughafen
- Grenzübergang
- Bus
- Seilbahn/Standseilbahn
- Fahrradweg
- Fähre
- Metro/MRT-Bahnhof
- Einschienenbahn
- Parkplatz
- Tankstelle
- Skytrain-/S-Bahn-Station
- Taxi
- Bahnhof/Eisenbahn
- Straßenbahn
- U-Bahn-Station
- Anderes Verkehrsmittel

Hinweis: Nicht alle Symbole kommen in den Karten dieses Reiseführers vor.

Verkehrswege
- Mautstraße
- Autobahn
- Hauptstraße
- Landstraße
- Verbindungsstraße
- Sonstige Straße
- Unbefestigte Straße
- Straße im Bau
- Platz/Fußgängerzone
- Stufen
- Tunnel
- Fußgängerbrücke
- Spaziergang/Wanderung
- Wanderung mit Abstecher
- Pfad/Wanderweg

Grenzen
- Staatsgrenze
- Bundesstaaten-/Provinzgrenze
- Umstrittene Grenze
- Regionale Grenze/Vorortgrenze
- Meeresschutzgebiet
- Klippen
- Mauer

Gewässer
- Fluss/Bach
- Periodischer Fluss
- Kanal
- Gewässer
- Trocken-/Salz-/ Periodischer See
- Riff

Gebietsformen
- Flughafen/Start- & Landebahn
- Strand/Wüste
- Christlicher Friedhof
- Sonstiger Friedhof
- Gletscher
- Watt
- Park/Wald
- Sehenswertes Gebäude
- Sportanlage
- Sumpf/Mangroven

UNSERE AUTOREN

Carolyn McCarthy
Hauptautorin, Nordpatagonien, Südpatagonien, Tierra del Fuego Eine Tour durch Patagonien erinnert Carolyn immer wieder daran, was es alles Schönes auf der Welt gibt. Dieses Mal ist sie an Bord von acht Fähren gegangen, erkundete Punta Arenas im Schneegestöber, hatte einen Platten und dann noch eine Panne auf der Carretera Austral, ließ den Wagen mittels Crowdsourcing reparieren, traf Tramper und zog mit dem Rucksack durch die Reserva Nacional Jeinimeni und den Parque Nacional Patagonia. Sie schreibt vor allem über Lateinamerika und den Westen der USA und hat schon an mehr als 30 Lonely Planet Bänden mitgearbeitet, darunter *Panama, Trekking in the Patagonian Andes, Argentinien, Peru, Colorado, USA Südwesten* und Nationalpark-Reiseführer. Darüber hinaus hat sie für *Outside, BBC Magazine, National Geographic* und andere Magazine geschrieben. Mehr Infos zu ihr gibt's unter www.carolynmccarthy.pressfolios.com oder auf Instagram (@mas merquen) und Twitter (@roamingMcC). Neben den oben genannten Kapiteln hat Carolyn auch die Reiseplanungstexte vom Anfang dieses Buches sowie „Chile verstehen" und die „Allgemeinen Informationen" verfasst.

Greg Benchwick
Santiago, Zentralchile Greg machte 2000 zum ersten Mal Urlaub in Chile; zu jener Zeit war er Reporter bei *The Bolivian Times*. Seither ist er regelmäßig hierher zurückgekehrt. Für diese Auflage hatte er endlich die Gelegenheit, in den Süden von Santiago zu reisen und die dortigen Weinanbaugebiete und Surfspots kennenzulernen sowie Andenwanderungen in Zentralchile zu unternehmen. Greg hat Reden für die Vereinten Nationen geschrieben, Gewinner des Grammy Award interviewt und Dutzende von Videos und Online-Beiträgen für www.lonelyplanet.com verfasst. Er ist ein Experte in Sachen nachhaltiges Reisen, internationale Entwicklung, Essen, Wein und Spaß.

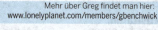

Mehr über Greg findet man hier:
www.lonelyplanet.com/members/gbenchwick

Jean-Bernard Carillet
Osterinsel (Rapa Nui) Der Journalist und Fotograf Jean-Bernard ist ein eingefleischter Fan polynesischer Geschichte und Kultur. Er hat schon oft das polynesische Dreieck erkundet und war davon allein fünfmal auf der Osterinsel. Dabei suchte er nach den Unterkünften und Restaurants mit dem besten Preis-Leistungs-Verhältnis sowie nach der spektakulärsten Wanderung. Außerdem verbrachte er Zeit „im Feld" und begleitete hiesige Archäologen. Am schönsten fand er die Wanderung um die Península Poike und den Abstieg in den erloschenen Vulkan Rano Kau mit einem fachkundigen Einheimischen. Jean-Bernard hat schon bei mehreren Lonely Planet Büchern mitgewirkt und schreibt für Reisemagazine.

Kevin Raub
Kevin stammt aus Atlanta und arbeitete zunächst als Musikjournalist in New York, z. B. für Zeitschriften wie *Men's Journal* und *Rolling Stone*, doch dann kehrte er dem Rock-'n'-Roll-Lebensstil den Rücken, um Reisebücher zu schreiben, und zog nach Brasilien. Auf dieser Reise, seiner dritten Tour nach Sur Chico und Chiloé, fand er durch akribisches Suchen und systematisches Probieren heraus, dass der Stern des handwerklich gebrauten Biers jetzt auch in Chile strahlt. Wenn seine Kapitel also Lücken aufweisen, so ist das der Bierrecherche geschuldet. Dies ist Kevins 33. Lonely Planet Projekt. Er twittert: @RaubOnTheRoad.

Mehr über Kevin findet man hier:
www.lonelyplanet.com/members/kraub

Lucas Vidgen
Norte Grande, Norte Chico Lukas blickte 2003 zum ersten Mal in den weiten, offenen Himmel über Nordchile und erkundete die dortige Traumküste. Seither kehrt er, wann immer er kann, hierher zurück. Er lebt inzwischen in Guatemala und zieht im Auftrag von Lonely Planet durch ganz Lateinamerika, von Mexiko bis in den argentinischen Teil Patagoniens. Bei seinen Stippvisiten zuhause veröffentlicht er Quetzaltenangos führendes Magazin zu Kultur und Nachtleben, *XelaWho*.

Beitrag von ...
Grant Phelps übte sich in seiner Heimat Neuseeland in der Kunst der Weinherstellung und war zehn Jahre lang als Weinexperte in der Welt unterwegs. Er half in sieben verschiedenen Ländern bei der Weinernte, bevor er in Chile ein Aha-Erlebnis hatte. Heute ist er der leitende Winzer der Viña Casas del Bosque im Casablanca-Tal. Von ihm stammt das Kapitel „Chilenischer Wein".

DIE LONELY PLANET STORY

Ein uraltes Auto, ein paar Dollar in den Hosentaschen und Abenteuerlust, mehr brauchten Tony und Maureen Wheeler nicht, als sie 1972 zu der Reise ihres Lebens aufbrachen. Diese führte sie quer durch Europa und Asien bis nach Australien. Nach mehreren Monaten kehrten sie zurück – pleite, aber glücklich –, setzten sich an ihren Küchentisch und verfassten ihren ersten Reiseführer *Across Asia on the Cheap*. Binnen einer Woche verkauften sie 1500 Bücher und Lonely Planet war geboren. Heute unterhält der Verlag Büros in Franklin, London, Melbourne, Oakland, Peking und Delhi mit über 600 Mitarbeitern und Autoren. Sie alle teilen Tonys Überzeugung, dass ein guter Reiseführer drei Dinge tun sollte: informieren, bilden und unterhalten.

Lonely Planet Publications,
Locked Bag 1, Footscray,
Melbourne, Victoria 3011,
Australia

Verlag der deutschen Ausgabe:
MAIRDUMONT, Marco-Polo-Straße 1, 73760 Ostfildern,
www.lonelyplanet.de, www.mairdumont.com
info@lonelyplanet.de

Obwohl die Autoren und Lonely Planet alle Anstrengungen bei der Recherche und bei der Produktion dieses Reiseführers unternommen haben, können wir keine Garantie für die Richtigkeit und Vollständigkeit dieses Inhalts geben. Deswegen können wir auch keine Haftung für eventuell entstandenen Schaden übernehmen.

Chefredakteurin deutsche Ausgabe: Birgit Borowski

Redaktion: Thomas Grimpe, Meike Etmann, Tina Steinhilber, Margit Riedmeier; Verlagsbüro Wais & Partner, Stuttgart
Mitarbeit: Nadine Beck
Übersetzung der 3. Auflage: Julie Bacher, Anne Cappel, Britt Maaß, Claudia Riefert, Petra Sparrer, Katja Weber
(An früheren Auflagen haben zusätzlich mitgewirkt: Brigitte Beier, Petra Dubilski, Beatrix Gehlhoff, Christiane Gsänger,
Raphaela Moczynski, Thomas Pago, Christiane Radünz, Jutta Ressel, Heinz Vestner, Renate Weinberger)
Technischer Support: Primustype, Notzingen

Chile & Osterinsel
3. deutsche Auflage Februar 2016,
übersetzt von *Chile & Easter Island 10th edition*, Oktober 2015
Lonely Planet Publications Pty
Deutsche Ausgabe © Lonely Planet Publications Pty, Februar 2016
Fotos © wie angegeben 2015

MIX
Papier aus verantwortungsvollen Quellen
FSC® C018236

Printed in Poland

Alle Rechte vorbehalten. Das Werk einschließlich all seiner Teile ist urheberrechtlich geschützt und darf weder kopiert, vervielfältigt, nachgeahmt oder in anderen Medien gespeichert werden, noch darf es in irgendeiner Form oder mit irgendwelchen Mitteln – elektronisch, mechanisch oder in irgendeiner anderen Weise – weiter verarbeitet werden. Es ist nicht gestattet, auch nur Teile dieser Publikation zu verkaufen oder zu vermitteln, ohne schriftliche Genehmigung des Herausgebers. Lonely Planet und das Lonely Planet Logo sind eingetragene Marken von Lonely Planet und sind im US-Patentamt sowie in Markenbüros in anderen Ländern registriert. Lonely Planet gestattet den Gebrauch seines Namens oder seines Logos durch kommerzielle Unternehmen wie Einzelhändler, Restaurants oder Hotels nicht. Informieren Sie uns im Fall von Missbrauch: www.lonelyplanet.com/ip.